Geschichtsbuch Oberstufe

Band 1

Von der Antike bis zum Ende des 19. Jahrhunderts

Mit Methodenarbeitsteilen und Anregungen für thematische Längsschnitte

Herausgegeben von

Prof. Dr. Hilke Günther-Arndt
Dr. Dirk Hoffmann
Prof. Norbert Zwölfer

Cornelsen

Geschichtsbuch Oberstufe
Herausgegeben von Prof. Dr. Hilke Günther-Arndt, Dr. Dirk Hoffmann und Prof. Norbert Zwölfer

Didaktische Beratung: Horst Koch, Voerde; Dr. Klaus Schaap, Oldenburg
Fachwissenschaftliche Beratung: Prof. Dr. Ernst Hinrichs, Oldenburg; Prof. Dr. Christoph Kleßmann, Potsdam; Prof. Dr. Jürgen Kocka, Berlin

---

Band I: Von der Antike bis zum Ende des 19. Jahrhunderts

Kapitel 1:
Prof. Dr. Jochen Martin, Freiburg/B. (S. 18–37)
Elisabeth Zwölfer, Freiburg/B. (S. 44–53)
Prof. Norbert Zwölfer, Freiburg/B. (S. 12–13, 38–53)
Essay: Prof. Dr. Paul Zanker, München (S. 54–57)
Kapitel 2:
Dr. Hans-Georg Hofacker, Stuttgart (S. 58–59, 64–103)
Prof. Dr. Hanna Vollrath, Bochum (S. 64–84)
Essay: Prof. Dr. Michael Borgolte, Berlin (S. 104–107)
Kapitel 3:
Prof. Dr. Hilke Günther-Arndt, Oldenburg (S. 141–144)
Prof. Dr. Ernst Hinrichs, Oldenburg (S. 108–109, 114–136)
Dr. Hans-Georg Hofacker, Stuttgart (S. 137–140, 145–148)
Dr. Thomas Schleich, Oldenburg (S. 149–153)
Essay: Friedrich Schorlemmer, Wittenberg (S. 154–157)
Kapitel 4:
Prof. Dr. Ernst Hinrichs, Oldenburg (S. 158–159, 164–187)
Dr. Christoph Prignitz, Oldenburg (S. 188–203)
Essay: Dr. Harro Zimmermann, Bremen (S. 204–207)
Kapitel 5:
Prof. Dr. Hilke Günther-Arndt, Oldenburg (S. 208–209)
Dr. Christoph Prignitz, Oldenburg (S. 237–253)
Dr. Thomas Schleich, Oldenburg (S. 254–257)
Prof. Dr. Hans-Christoph Schröder, Darmstadt (S. 214–236)
Essay: Prof. Dr. Jürgen Kocka, Berlin (S. 258–261)
Kapitel 6:
Prof. Dr. Ute Frevert, Konstanz (S. 262–263, 268–295)
Dr. Dirk Hoffmann, Stadthagen (S. 286–303)
Essay: Milton und Rose Friedman, New York (S. 304– 307)
Kapitel 7:
Prof. Dr. Gottfried Niedhart, Mannheim (S. 308–309, 314–327)
Dr. Dietmar von Reeken, Bielefeld (S. 328–345)
Essay: Prof. Dr. Ute Gerhard, Frankfurt/M. (S. 346–349)
Kapitel 8:
Prof. Dr. Peter Brandt, Hagen (S. 350–351, 356–376)
Prof. Dr. Gerhard Brunn, Siegen (S. 389–392)
Prof. Dr. Ute Frevert, Konstanz (S. 385–388)
Prof. Dr. Hans Henning Hahn, Oldenburg (S. 381–384)
Dr. Dietmar von Reeken, Bielefeld (S. 372–380)
Essay: Dr. Peter Glotz, München (S. 393–395)
Kapitel 9:
Prof. Dr. Hans Henning Hahn, Oldenburg (S. 396–397, 401–417)
Dr. Dirk Hoffmann, Stadthagen (S. 418–430, 436–439)
Dr. Thomas Schleich, Oldenburg (S. 431–435)
Essay: Dr. Josef Joffe, München (S. 440–443)
Methoden:
Dr. Christina Böttcher, Halle (S. 462–463)
Dr. Gudrun Gleba, Oldenburg (S. 457–461)
Prof. Dr. Hilke Günther-Arndt, Oldenburg (S. 8–11, 448, 452–454)
Dr. Dirk Hoffmann, Stadthagen (S. 455–456)
Elisabeth Zwölfer, Freiburg/B. (S. 449–451)
Prof. Norbert Zwölfer, Freiburg/B. (S. 444–447)

Redaktion: Dr. Christine Keitz; Götz Schwarzrock
Karten/Grafik: Klaus Becker, Frankfurt/M.; Carlos Borrell, DTP-Kartographie & Grafik, Berlin
Umschlaggestaltung: Knut Waisznor
Technische Umsetzung: Jutta Debo; Christina Scheuerer, DTP-Werkstatt München

1. Auflage ✔ Druck 5 4 3 Jahr 99 98
Alle Drucke dieser Auflage können im Unterricht nebeneinander verwendet werden.

Druck: Cornelsen Druck, Berlin

ISBN 3-464-64301-8

Bestellnummer 643018

gedruckt auf säurefreiem Papier, umweltschonend
hergestellt aus chlorfrei gebleichten Faserstoffen

Inhalt

9. Internationale Politik im 19. Jahrhundert 396–443

Methodenarbeitsteile 444–463

Anhang 464–496

Hinweise zum Aufbau des Geschichtsbuchs Oberstufe

Der Band I des *Geschichtsbuchs Oberstufe* behandelt in neun Kapiteln die Geschichte von der Antike bis zum Ende des 19. Jahrhunderts. Das Buch ist allerdings kein „lückenloser" Durchgang durch die Geschichte, vielmehr setzt es thematische Schwerpunkte. Diese Schwerpunkte orientieren sich an Gegenständen und Problemen, die von der neueren Geschichtswissenschaft als zentral angesehen werden, sowie an der Bedeutung der Geschichte für unsere Gegenwart und Zukunft.

Der Aufbau des Buches bietet zwei Wege zum Kursunterricht: Über die Kapitelkurse können für eine begrenzte Epoche die grundlegenden historischen Strukturen und Probleme erarbeitet werden, während die Vorschläge für thematische Längsschnitte im Anhang die Möglichkeit bieten Themen und Probleme von der Antike bis zur Gegenwart in diachroner Betrachtung zu untersuchen.

Auftaktseiten

Jedes Kapitel beginnt mit einer Doppelseite (grüner Farbton), die in das Kapitel einführt. Neben einer Abbildung, die für das Kapitelthema repräsentativ ist, greift ein kurzer Text die zentralen Frage- und Problemstellungen auf und thematisiert die Relevanz des Themas für die Gegenwart. Die Auftaktseiten wurden von den Herausgebern in Zusammenarbeit mit den jeweiligen Autoren des Darstellungsteils verfasst. Die Fußnoten sind im Anhang aufgeführt.

Grundinformation

Im Anschluss an die Auftaktseiten folgen in der Regel vier Seiten (roter Farbstreifen am oberen Rand), die mit Hilfe von Zeittabellen, Erläuterungen zentraler Begriffe, Karten und Statistiken über die wichtigsten Ereignisse und historischen Strukturen des Kapitelthemas informieren. Die Nachweise zu Karten und Statistiken sind im Anhang aufgeführt.

Darstellungen

Die Texte der Autorinnen und Autoren des Buches (gelber Farbstreifen) entfalten argumentativ die zentralen Problemzusammenhänge des Kapitelkurses. Da die Darstellungen optisch und inhaltlich in Abschnitte untergliedert und mit Arbeitsaufträgen versehen sind, können auch Einzelaspekte des Kursthemas im Unterricht behandelt werden. Verweise auf Materialien ermöglichen das schnelle Auffinden von Quellen in den Arbeitsteilen. Mit Sternchen (*) gekennzeichnete Wörter sind für das Kapitelthema von zentraler Bedeutung und werden in der Grundinformation erklärt. Die Fußnoten sind im Anhang aufgeführt.

Arbeitsteile

Zu jedem Kapitel gibt es Arbeitsteile (blauer Farbstreifen), die unterschiedliche Materialien wie schriftliche Quellen (mit einem **Q** gekennzeichnet), Abbildungen, Karten, Statistiken und Auszüge aus der Sekundärliteratur (mit einem **D** gekennzeichnet) enthalten. Die Arbeitsteile untergliedern sich in zwei Typen: Zu jedem Kapitel gibt es direkt im Anschluss an die Darstellungen eine Materialsammlung, die zentrale Dokumente zum gesamten Kapitelthema enthält (Basismaterialien). Danach folgen mehrere thematisch konzipierte Arbeitsteile.

Historische Essays

In der öffentlichen Diskussion über historisch-politische Themen nimmt der Essay heute einen wichtigen Platz ein. Für das *Geschichtsbuch Oberstufe* haben deshalb Schriftsteller, Journalisten, Wissenschaftler und Politiker historische Essays verfasst, die als Originalbeiträge zur gegenwartsbezogenen Auseinandersetzung mit der Geschichte auffordern und Bezüge zu anderen Fächern und Lebensbereichen herstellen. Sie sind am grauen Farbstreifen zu erkennen.

Methodenarbeitsteile

Die Methodenarbeitsteile am Ende des Bandes stellen die wichtigsten Quellengattungen vor und verbinden diese Abschnitte über Arbeitsfragen mit den Kapitelkursen des Buches. Zusammen mit den Arbeitsteilen benutzt bieten sie eine kurzgefasste Einführung in den Umgang mit Geschichte. Die Fußnoten sind im Anhang aufgeführt.

Anmerkungen, Nachweise, Literaturhinweise

An dieser Stelle werden die Fußnoten der Auftaktseiten, Darstellungen und Methodenarbeitsteile aufgeführt, Hinweise auf Sekundärliteratur zum Weiterlesen gegeben und Nachweise zu Materialien der Grundinformationen aufgelistet.

Lexikon

Ergänzend zu den zentralen Begriffen der Grundinformationen bietet das Lexikon Erklärungen von Fremdwörtern sowie Hinweise zu historischen Ereignissen und Begriffen. Die zentralen Begriffe aus den Grundinformationen erscheinen hier mit Verweis.

Längsschnitte

Um im Kursunterricht auch wichtige Themen und Probleme von der Antike bis zur Gegenwart in diachroner Betrachtung untersuchen zu können, halten die Längsschnitte ausführliche Informationen darüber bereit, wo welche Darstellungen und Materialien zu den einzelnen Themen zu finden sind.

Sach- und Personenregister

Über seine eigentliche Funktion hinausweisend dient das Register auch als biografisches Nachschlagewerk, das Personen mit Lebens- bzw. Regierungsdaten und wichtigen Funktionen auflistet.

Was ist und wozu betreiben wir „Geschichte"?

1 *Der Historiker Michael Stürmer (geb. 1938) vor dem Schülerverein des Friedrichsgymnasiums Kassel (1984):*
Die Schwierigkeiten im Selbstverständnis unserer Zivilisation kommen [...] nicht allein aus dem Verhältnis zu Gegenwart und Vergangenheit, das wir Geschichte nennen. Schwierigkeiten kommen auch aus der tiefen Kluft zwischen den Generationen in diesem Lande. [...]
Im Niemandsland zwischen den Generationen [...] wird deutlich, dass irgendetwas fehlt: Es fehlt an geistigen Tauschplätzen, an der politischen Kultur, die aus Siegen und Niederlagen der Geschichte stammt, und an der Sicherheit des nationalen Selbstbewusstseins und Konsensus. Der Republik fehlt es offenkundig nicht an Prosperität, privatem und öffentlichem Wohlstand, nicht an sozialer und nicht an militärischer Sicherheit. Der Republik mangelt es an hinreichender Sicherheit im Umgang mit sich selbst, Zustimmung zur eigenen Existenz. [...]
Die deutsche Geschichte ist 1945 nicht in den Abgrund gestürzt und sie hat seitdem nicht neu begonnen. Ihre politische Dynamik und ihre geostrategische Schlüsselrolle sind geblieben. Sie fordern von den Deutschen die Fähigkeit Freiheit und Verantwortung zu verbinden, die Disziplin der mitteleuropäischen Realpolitik zu bewahren, Mut zu haben zur arbeitsteiligen Leistungsgesellschaft und Kraft zu ihrer geistigen Identität. Niemand wird sagen, dass Politik allein diesen Weg bestimmen kann. Aber kluge Politik muss wissen, dass der Mensch allein vom Brot nicht lebt. Nirgendwo stärker als in der Schule und in den Einrichtungen der Bildung aber wird Identität gewonnen oder verloren, wird Konsensus gestiftet oder zerstört, wird mit dem Bild der deutschen und europäischen Kultur auch das Bild der deutschen und europäischen Zukunft gestaltet oder verspielt. [...]
Wenn es uns nicht gelingt die geistigen Tauschplätze wieder zu definieren, uns auf einen elementaren Lehrplan der Kultur zu einigen, damit Kontinuität und Konsens im Lande vorzuarbeiten und Maß und Mitte des Patriotismus wiederzufinden, dann könnte es sein, dass die Bundesrepublik Deutschland den besten Teil ihrer Geschichte hinter sich hat.

Michael Stürmer, Dissonanzen des Fortschritts. Essays über Geschichte und Politik in Deutschland, München u. a. 1986, S. 268 ff.

2 *Der Historiker Jürgen Kocka (geb. 1941) diskutierte 1986 in einem Zeitungsartikel die Frage „Geschichte als Aufklärung oder Geschichte als Identitätslieferantin?":*
Bekanntlich wird derzeit häufig von der Besinnung auf die gemeinsame Geschichte erwartet, dass sie zur Stärkung von Identität [...] als konsensförderndes Gemeinsamkeitsgefühl und -bewusstsein verstanden wird, das die Legitimität und die kollektive Handlungsfähigkeit (Zukunftsfähigkeit) von Gesellschaften stärkt. Daran ist vieles problematisch. [...]
Erstens sind Formen der Identitätsstiftung denkbar und beobachtbar, die mit Geschichtswissenschaft und ihrer spezifischen, aufklärungsgeprägten Rationalität nicht vereinbar sind. Dazu gehört jede Stilisierung und jede Beschönigung der eigenen Geschichte, dazu gehören Mythen und Legenden, dazu gehört jede primär über Emotion und Suggestion vermittelte Aneignung von Geschichte. Sicherlich, Stolz, Sympathie und Rührung mögen die Beschäftigung mit der eigenen Geschichte begleiten, häufiger noch Trauer und Mitleid, Verachtung und Hass. Aber wenn man Geschichte als Aufklärung will, darf man dabei nicht stehen bleiben, sondern muss diese Gefühle gedanklich einholen. Die ehrlichste Betroffenheit und die angestrengteste Trauerarbeit können das Begreifen, die Erklärung, die Einordnung des historischen Phänomens nicht ersetzen, und darauf kommt es an, wenn Geschichte orientieren und zukunftsfähig machen soll.
Zweitens halte ich es für eine merkwürdige neokonservative Illusion zu glauben, dass die Erinnerung der gemeinsamen Vergangenheit automatisch zu mehr Konsens und Gemeinschaftlichkeit in der Gegenwart führt. Blickt man nüchtern, unvoreingenommen und um Wahrheit bemüht in die Vergangenheit, dann entdeckt man auch vieles, was schmerzt, und vieles, was trennt. Streit ist die Folge, zumindest erfährt man aber Pluralität, Ambivalenz, Relativierung und Zweifel. [...] Drittens ist zu betonen, dass die gesellschaftlichen Funktionen von Geschichte vielfältig und durch den Begriff „Identitätsbildung" sehr ungenau beschrieben sind. Zu diesen Leistungen der Geschichte für die Gegenwart gehört die Erklärung historisch bedingter Gegenwartsphänomene um sich ihnen gegenüber angemessener verhalten zu können. Beispielsweise sind Antisemitismus, die nationale Frage, das Problem der sozialen Ungleichheit zwischen den Geschlechtern solche Gegenwartsprobleme, die man ohne Begreifen ihrer historischen Dimension gar nicht vernünftig behandeln kann. Zu den Leistungen der Geschichte für die Gegenwart gehört es weiterhin, dass man durch genaue Analyse vergangener Zusammenhänge, Erfolge oder Katastrophen Kategorien gewinnt, die auch unter veränderten Konstellationen in Gegenwart und Zukunft praktische Orientierung erleichtern, Sensibilität erhöhen und gesellschaft-

lich-politisches Handeln indirekt anleiten. Und die Geschichte kann helfen durch sekundäre Fremdheitserfahrungen, durch Verfremdungen Möglichkeitsbewusstsein zu erzeugen, im Lichte dessen die gegebene Wirklichkeit unter Legitimationsdruck gerät und ihre scheinbare Selbstverständlichkeit verliert. Hier [...] zeigt sich die Kraft der Geschichte als Kritik.

Jürgen Kocka, Wider die historische Erinnerung, die Geborgenheit vorspiegelt, in: Frankfurter Rundschau, 4. Januar 1986, S. 10.

3 *Friedrich von Schiller (1759–1805), seit 1789 Professor für Geschichte in Jena, in seiner Antrittsrede „Was heißt und zu welchem Ende studiert man Universalgeschichte?“:*

Fruchtbar und weit umfassend ist das Gebiet der Geschichte; in ihrem Kreise liegt die ganze moralische Welt. Durch alle Zustände, die der Mensch erlebte, durch alle abwechselnden Gestalten der Meinung, durch seine Torheit und seine Weisheit, seine Verschlimmerung und Veredlung, begleitete sie ihn, von allem, was er sich *nahm* und *gab*, muss sie Rechenschaft abgeben. Es ist keiner unter Ihnen allen, dem Geschichte nicht etwas Wichtiges zu sagen hätte; alle noch so verschiedenen Bahnen Ihrer künftigen Bestimmung verknüpfen sich irgendwo mit derselben; aber eine Bestimmung teilen Sie alle auf gleiche Weise miteinander, diejenige, welche Sie auf die Welt mitbrachten – sich als Menschen auszubilden – und zu den Menschen eben redet die Geschichte. [...] Der Mensch verwandelt sich und flieht von der Bühne; seine Meinungen fliehen und verwandeln sich mit ihm: Die Geschichte allein bleibt unausgesetzt auf dem Schauplatz, eine unsterbliche Bürgerin aller Nationen und Zeiten. [...]

Unser *menschliches* Jahrhundert herbeizuführen haben sich – ohne es zu wissen oder zu erzielen – alle vorhergehenden Zeitalter angestrengt. Unser sind alle Schätze, welche Fleiß und Genie, Vernunft und Erfahrung im langen Alter der Welt endlich heimgebracht haben. Aus der Geschichte erst werden Sie lernen einen Wert auf die Güter zu legen, denen Gewohnheit und unangefochtener Besitz so gern unsre Dankbarkeit rauben.

4 *Der Philosoph Friedrich Nietzsche (1844–1900) schrieb 1873/74 in der Abhandlung „Vom Nutzen und Nachteil der Historie für das Leben“:*

In dreierlei Hinsicht gehört die Historie dem Lebendigen an: Sie gehört ihm als dem Tätigen und Strebenden, ihm als dem Bewahrenden und Verehrenden, ihm als dem Leidenden und der Befreiung Bedürftigen. Dieser Dreiheit von Beziehungen entspricht eine Dreiheit von Arten der Historie: sofern es erlaubt ist eine *monumentalische*, eine *antiquarische* und eine *kritische* Art der Historie zu unterscheiden. [...]

Wodurch [...] nützt dem Gegenwärtigen die monumentalische Betrachtung der Vergangenheit, die Beschäftigung mit dem Klassischen und Seltenen früherer Zeiten? Er entnimmt daraus, dass das Große, das einmal da war, jedenfalls einmal möglich war und deshalb auch wohl wieder einmal möglich wird; er geht mutiger seinen Gang, denn jetzt ist der Zweifel, der ihn in schwächeren Stunden anfällt, ob er nicht vielleicht das Unmögliche wolle, aus dem Felde geschlagen. [...]

Die Geschichte gehört [...] zweitens dem Bewahrenden und Verehrenden, dem, der mit Treue und Liebe dorthin zurückblickt, woher er kommt, worin er geworden ist; durch diese Pietät trägt er gleichsam den Dank für sein Dasein ab. Indem er das von alters her Bestehende mit behutsamer Hand pflegt, will er die Bedingungen, unter denen er entstanden ist, für solche bewahren, welche nach ihm entstehen sollen – und so dient er dem Leben. [...] Hier ist immer eine Gefahr sehr in der Nähe: Endlich einmal wird alles Alte und Vergangene [...] einfach als gleich ehrwürdig hingenommen, alles aber, was diesem Alten nicht mit Ehrfurcht entgegenkommt, also das Neue und Werdende, abgelehnt und angefeindet. [...] Die antiquarische Historie entartet selbst in dem Augenblicke, in dem das frische Leben der Gegenwart sie nicht mehr beseelt und begeistert. [...]

Hier wird deutlich, wie notwendig der Mensch [...] eine dritte Art nötig hat, die kritische: und zwar auch diese wiederum im Dienste des Lebens. [...] Mitunter [...] verlangt eben dasselbe Leben, das die Vergessenheit braucht, die zeitweilige Vernichtung dieser Vergessenheit; dann soll es eben gerade klar werden, wie ungerecht die Existenz irgendeines Dinges, eines Privilegiums, einer Kaste, einer Dynastie zum Beispiel, ist, wie sehr dieses Ding den Untergang verdient. Dann wird seine Vergangenheit kritisch betrachtet, dann greift man mit dem Messer an seine Wurzeln, dann schreitet man grausam über alle Pietäten hinweg.

Quelle 3 und 4 zit. nach Kurt Rossmann (Hg.), Deutsche Geschichtsphilosophie von Lessing bis Jaspers, Basel 1959, S. 88ff. und 343ff.

5 *Der Schriftsteller Siegfried Lenz (geb. 1926) in dem Essay „Geschichte erzählen – Geschichten erzählen“ (1986):*

Geschichte – wir erfahren es bei jeder Gelegenheit – ist immer schon dargestellte Geschichte. Was sich auch wo und wann begeben hat, es kommt auf uns durch einen Vermittler, durch einen Augenzeugen, einen Betroffenen, einen Chronisten. So sehr wir uns auch bemühen, menschliche Vergan-

genheit in reinem, in purem Zustand zu erfahren, am Ende zeigt sich, dass es vergeblich ist: Das Überlieferte ist immer schon interpretiert. Gebrochen durch ein Temperament, verdunkelt durch Interessen, entstellt durch unzureichendes Wissen oder in Anspruch genommen durch Ideologie zeigt sich uns das historische Faktum zumindest in seltsamer Oszillation. Selbst auf die Quelle ist nicht unbedingt Verlass: Der Historiker weiß, wie sehr er auf „Zeugen wider Willen" angewiesen ist. [...] Marc Bloch[1] hat gezeigt, dass drei Viertel aller Heiligenviten des Hochmittelalters keinerlei zuverlässige Befunde über die Porträtierten enthalten; das unbeabsichtigt Erzählte indes verschafft uns stichhaltige Kenntnisse über die Lebensweise der Epoche.
Dass der historische Stoff nicht ein für alle Zeit unumstrittener Besitz ist, dass er unter dem Blickwinkel einer jeweiligen Epoche immer wieder anders referiert, analysiert, beurteilt wird, liegt an seinem Charakter: Er ist unerschöpflich. Er ist von angestammter Mehrdeutigkeit. „Tief ist der Brunnen der Vergangenheit", schrieb Thomas Mann. Geschichte als vergangenes menschliches Tun, als abgelebte Wirklichkeit ist nicht restlos ergründbar. Sie ist der ambivalente Reichtum universaler Erfahrung. Sie ist das verrätselte Geflecht von Lebensbedingung und Handlung, von Menschen in der Zeit, von Kräften in der Zeit. Geschichte ist der Fundus von Ängsten, Taten, Irrtümern und Träumen, den wir mit wechselnden Resultaten befragen. Sie ist ein trügerisches Kontinuum ohne Ziel, das vertraute Fremde, in dem nach einem Sinn zu suchen müßig ist. [...] Wer das Staunen vor der Historie noch nicht verlernt hat, wird zugeben müssen, dass sie auch mit feinstem wissenschaftlichen Besteck nicht so an die Gegenwart heranerklärt werden kann, dass kein fragwürdiger Rest mehr bleibt. Vermutlich liegt das daran, dass alle Geschichte die Tendenz hat in Geschichten aufzugehen oder in Dramen; und jede bedeutende Geschichte, jedes große Drama ist kaum auslotbar, bietet uns nur Erkenntnisse auf Zeit.

1 Marc Bloch, französischer Historiker (1886–1944)

Siegfried Lenz, Über das Gedächtnis, Hamburg 1992, S. 20f.

6 *Der Ägyptologe Jan Assmann (geb. 1938) zur „Erinnerungskultur":*
Die Vergangenheit [...], das ist unsere These, entsteht überhaupt erst dadurch, dass man sich auf sie bezieht. Ein solcher Satz muss zunächst befremden. Nichts erscheint natürlicher als das Entstehen von Vergangenheit; sie entsteht dadurch, dass Zeit vergeht. So kommt es, dass das Heute morgen „der Vergangenheit angehört". Es ist zum Gestern geworden. Zu diesem natürlichen Vorgang können sich aber Gesellschaften auf ganz verschiedene Weise verhalten. Sie können, wie es Cicero von den „Barbaren" behauptet, „in den Tag hineinleben" und das Heute getrost der Vergangenheit anheimfallen lassen, die in diesem Fall Verschwinden und Vergessen bedeutet, sie können aber auch alle Anstrengungen darauf richten das Heute auf Dauer zu stellen, etwa dadurch, dass sie, wie Ciceros Römer, „alle Pläne auf die Ewigkeit ausrichten" [...] und wie der ägyptische Herrscher „sich das Morgen vor Augen stellen" und sich „die Belange der Ewigkeit ins Herz setzen". Wer in dieser Weise schon im „Heute" auf das „Morgen" blickt, muss das „Gestern" vor dem Verschwinden bewahren und es durch Erinnerung festzuhalten suchen. In der Erinnerung wird Vergangenheit rekonstruiert. In diesem Sinne ist die These gemeint, dass Vergangenheit dadurch entsteht, dass man sich auf sie bezieht. [...]
Damit man sich auf die Vergangenheit beziehen kann, muss sie als solche ins Bewusstsein treten. Das setzt zweierlei voraus: a) Sie darf nicht völlig verschwunden sein, es muss Zeugnisse geben; b) Diese Zeugnisse müssen eine charakteristische Differenz zum „Heute" aufweisen.

Jan Assmann, Das kulturelle Gedächtnis. Schrift, Erinnerung und politische Identität in frühen Hochkulturen, München 1992, S. 31ff.

7 *Claudio Magris (geb. 1939), Professor für deutsche Literatur in Triest, zu Zeit- und Geschichtsbewusstsein (1988):*
Die Zeiteinheiten, welche die Handbücher der Geschichte unterscheiden, beispielsweise das Quartär oder das Augusteische Zeitalter oder die Zeitabschnitte unseres Lebens – die Zeit auf dem Gymnasium, die Zeit, in der man eine bestimmte Person liebte –, sind geheimnisvoll, sie sind nur schwer messbar. [...]
Große Historiker wie Braudel[1] haben sich vor allem mit diesem rätselhaften Aspekt der Zeitdauer auseinander gesetzt, mit der Ambiguität, der Vieldeutigkeit dessen, was sich „zeitgenössisch" nennt. Dieses Wort nimmt ganz verschiedene Bedeutungen an [...]: Für jemanden, der in Görz lebt und in der Alltagswelt, die ihn umgibt, ständig auf die Spuren eines Kaisers Franz Joseph stößt, ist dieser ein Zeitgenosse, während er für jemand anderen, der in Vignale Monferrato lebt, einer weit zurückliegenden Zeitepoche angehört. Für Hamsun[2], der bereits zu der Zeit der Schlacht von Sedan geboren war und noch den Beginn des Koreakrieges erlebte, waren diese beiden Ereignisse gewissermaßen von einem einzigen Horizont eingefasst, während sie für einen Weininger[3], der 1903 sehr früh starb, einerseits einer vor seiner Geburt liegenden Vergangenheit und andererseits noch einer ganz fernen Zukunft, einer Welt, die er sich nicht einmal hätte vorstellen können, zugehören.
Die Geschichte erhält ihre Realität immer ein wenig im

Nachhinein, erst wenn sie vergangen ist, und die allgemeinen Zusammenhänge, die Jahre später in den Annalen festgelegt und beschrieben werden, ordnen einem Ereignis Rolle und Bedeutung zu. In Erinnerung an die bulgarische Niederlage – ein entscheidendes Ereignis für den Ausgang des Ersten Weltkrieges und somit auch für das Ende einer ganzen Kultur – schreibt Graf Károly, dass er, während er sie erlebte, ihre Bedeutung nicht wahrgenommen habe, weil „in jenem Augenblick" „jener Augenblick" noch nicht „jener Augenblick" geworden war. [...] Wie Zenon[4] die Bewegung eines vom Bogen abgeschossenen Pfeils leugnete – weil er in jedem Augenblick in einem Punkt des Raumes verharre und eine Abfolge von unbeweglichen Augenblicken nicht Bewegung heißen könne –, so müsste man auch sagen, dass es nicht die Abfolge jener Momente ohne Geschichte sei, welche die Geschichte hervorbringe, sondern die Wechselbeziehungen und die nachträglichen Ergänzungen der Geschichtsschreibung. Das Leben, sagt Kierkegaard[5], könne nur verstanden werden, indem man nach rückwärts schaue, auch wenn es gelebt werden müsse, indem man nach vorn sehe – das heißt auf etwas, was nicht existiert.

1 Fernand Braudel, französischer Historiker (1902–1985)
2 Knut Hamsun, norwegischer Schriftsteller (1859–1952)
3 Otto Weininger, österreichischer Philosoph (1880–1903)
4 Zenon der Jüngere, griechischer Philosoph und Begründer der Stoa (um 336–264 v. Chr.)
5 Sören Kierkegaard, dänischer Philosoph (1813–1855)

Claudio Magris, Donau. Biografie eines Flusses, München u. a. 1988, S. 42ff.

1. *Was verstehen die Autoren (Mat. 1 bis 7) jeweils unter Geschichte? Wie erklären sie jeweils deren Entstehung?*
2. *Benennen und erläutern Sie die zentralen Begriffe, mit denen die Autoren argumentieren.*
3. *Welche Funktionen der Geschichte für das Individuum, die Gesellschaft und den Staat stellen die Texte heraus? Diskutieren Sie die darin vertretenen Ansichten.*

8 *Der Historiker Dietrich Kurze (geb. 1928) schrieb 1987 zur 750-Jahr-Feier der Stadt Berlin über die historischen Grundlagen der Feierlichkeiten:*

Zum 28.Oktober 1237 wird in einer Urkunde Pfarrer Simeon von Cölln *(Symeon plebanus de Colonia)* als Zeuge aufgeführt. Wenige Jahre später, im Januar 1244, begegnet er uns als Probst von Berlin *(dominus Symeon de Berlin prepositus)*. Kein datierter Gründungsakt, keine „Geburtsbescheinigung" berechtigt und veranlasst uns, 1987 auf 750 Jahre Berliner Geschichte zurückzublicken, sondern die eher beiläufige Erwähnung des Pfarrers und Probstes, der der erste namentlich bekannte Cöllner und Berliner ist. Allgemeine politische und stadtgeschichtliche Erwägungen legen es nahe und die Funde der Archäologen im Boden Berlins und Cöllns machen es zur Gewissheit, dass die Anfänge der beiden Schwesterstädte vor 1237 liegen müssen. Doch dem, der für historische Besinnung bestimmter Daten bedarf, mag es lieber sein, das Alter seiner Stadt mit genau 750, statt mit ungefähr 800 Jahren anzugeben.

Dietrich Kurze, Bürger, Bauer, Edelmann, in: Berlin im Mittelalter, hg. vom Museum für Vor- und Frühgeschichte Berlin, Berlin 1987, S. 130.

9 *Anzeige des Verbandes Deutscher Verkehrsunternehmen und der Deutschen Bahnen in „Monumente. Magazin für Denkmalkultur in Deutschland", Oktober 1993*

1. *Erörtern Sie das in Mat. 8 angesprochene Problem der Datierung von historischen „Ereignissen".*
2. *Welche Formen des Umgangs mit Geschichte illustrieren Mat. 8 und 9? Suchen Sie nach weiteren Beispielen.*

1. Die antike Welt

Die moderne Demokratie geht zwar auf die antike griechische Demokratie zurück, hat aber über den Namen hinaus kaum etwas mit ihr gemeinsam. Die griechische Demokratie war eine kurzlebige Schöpfung: Sie ist um 500 v. Chr. entstanden und schon im 2. Jahrhundert v. Chr. wieder verschwunden. Als Idee und Vorbild hat sie allerdings weiter gewirkt, vor allem wohl, weil die Griechen erstmals die Frage gestellt haben, wer herrschen soll – Monarch, Adel oder Volk –, und damit den Weg zum Nachdenken über den Sinn und Zweck von politischer Ordnung und von Verfassungen gewiesen haben.

Unser Bild der modernen, liberalen und rechtsstaatlichen Demokratie ist mit den Prinzipien des allgemeinen, gleichen und geheimen Wahlrechts für alle erwachsenen Bürgerinnen und Bürger verbunden, auch mit dem der Gewaltenteilung, der Kontrolle der Exekutive sowie mit der Verwirklichung von Grund- und Menschenrechten. Demokratie bedeutet zwar nicht Gleichheit für alle, wohl aber gleiche Chancen für alle, z.B. im Hinblick auf Bildung oder politische Partizipation. In der modernen Demokratie wird die politische Willensbildung im Wesentlichen durch Parteien und Öffentlichkeit hergestellt; ein weiteres Kennzeichen ist eine hierarchisch gegliederte Bürokratie, in der Beamte nach Qualifikation ausgewählt und bezahlt werden. Zur modernen Demokratie gehört auch, dass der Staat den Bürgern eine Privatsphäre garantiert, in die er vom Prinzip her nicht eingreifen darf.

Diese Merkmale machen bereits einige grundlegende Unterschiede zwischen dem antiken und modernen Staat deutlich. Die Antike ist nirgends zu einer Formulierung allgemeiner Menschenrechte gelangt. Sklaven wurden noch nicht einmal als Menschen anerkannt. Der athenische Philosoph Aristoteles hat sogar die Theorie vertreten, es gebe Menschen, die von Natur aus Sklaven seien und damit keine Befähigung zum selbstständigen Leben hätten. Diejenigen, die in der Antike politisch aktiv waren, konnten die Zeit dafür aufbringen, weil Sklaven für sie die notwendigen Tätigkeiten verrichteten.

Frauen konnten zwar in der Antike das Bürgerrecht besitzen, d.h. zum Beispiel Rechtsschutz genießen, erben, über Vermögen verfügen; aber nirgends in der antiken Welt haben sie aktive oder passive politische Rechte erlangt. Im Gegenteil: In Griechenland war beispielsweise eine zunehmende politische Organisation mit einem wachsenden Ausschluss von Frauen aus der politischen Welt verbunden.

„Der Raub der Europa". Wandgemälde aus Pompeji, 1. Jh. n. Chr., Neapel, Nationalmuseum

Zum Selbstverständnis antiker Staaten gehörte auch, dass man sich von Barbaren absetzte. Für die Griechen waren Barbaren solche, die kulturell auf niedrigem Niveau standen, für Römer solche, die es zu keiner richtigen politischen Organisation brachten.

Die Athener bezeichneten ihren Staat als „die Athener", die Römer ihren als „Senat und Volk von Rom". Damit wird die personale Grundlage des Staates deutlich. Anders als in der Moderne wurden bei aller politischer Organisation viele Bereiche wie z.B. die innere Sicherheit, soziale Vorsorge oder die Bildung nicht vom Staat bestimmt und geregelt. Insofern finden wir in der Antike viel weniger Staatlichkeit vor als im modernen Verwaltungsstaat.

Damit ist auch deutlich, dass es zu einer Trennung von Staat und Gesellschaft, von „öffentlich" und „privat" nicht kommen konnte. Zwar bildeten sich Vorstellungen heraus von dem, was alle oder nur einen Einzelnen anging; in Athen wurde der „Bürger" vom *idiotes* unterschieden, der sich nur um seine Dinge kümmert; in Rom war der *privatus* derjenige, der kein Amt innehatte. Aber diese Vorstellungen haben nichts mit der Unterscheidung von „öffentlich" und „privat" zu tun, wie wir sie heute kennen.

Angesichts solcher Unterschiede kann man fragen, ob der Begriff Staat überhaupt auf die Antike anwendbar ist. Geht man vom Staatsbegriff aus, wie er sich seit der Französischen Revolution entwickelte, dann gab es in der Antike keinen Staat. Man müsste statt dessen von politischer Organisation sprechen. Da sich aber der Begriff „Staat" auch für die Antike eingebürgert hat, wird er beibehalten. Er bezeichnet nur etwas anderes als in der Moderne.

Es gibt verschiedene Formen sich mit Geschichte auseinanderzusetzen. Eine besteht darin Äußerungen der Vergangenheit als Möglichkeiten des Menschseins zu interpretieren. Eine zweite besteht darin die Unterschiede verschiedener Gesellschaften innerhalb einer Epoche – z. B. Griechenland und Rom in der Antike – zu unterstreichen. Und eine dritte Möglichkeit ist der Vergleich zwischen Vergangenheit und Gegenwart, d. h. Vergangenheit gerade nicht als etwas zu begreifen, zu dem wir einen unmittelbaren Zugang haben, sondern in ihr das Fremde zu sehen, das wir nicht einfach für uns vereinnahmen können. Das kann den kritischen Blick für die eigene Gegenwart schärfen. Im folgenden Kapitel wird der Schwerpunkt auf die Frage nach Herrschaft und Partizipation gelegt – einerseits im Vergleich der Demokratie in Athen mit dem „politischen System" des Römischen Reiches, andererseits in der Herausstellung der Unterschiede zwischen der Antike und der Gegenwart.

Griechische Geschichte

1100–750 v. Chr.	„Dunkles Zeitalter"
776	Beginn der Spiele in Olympia
750–550	Griechische Kolonisation in der Mittelmeerwelt
um 700	Homer zeichnet seine Epen auf
594/93	Reformen Solons in Athen
510	Vertreibung der Tyrannen in Athen
508/507	Reformen Kleisthenes'
500–479	Perserkriege
480	Sieg der Athener in der Seeschlacht bei Salamis; Aufstieg der attischen Polis zur Seemacht
478/477	Gründung des Delisch-Attischen Seebundes
462/461	Reformen des Ephialtes
ca. 460–429	Zeitalter des Perikles, Blüte der attischen Demokratie
431–404	Peloponnesischer Krieg zwischen Sparta und Athen
355	Beginn des Aufstiegs von Makedonien
334–323	Feldzug Alexanders des Großen gegen die Perser
323	Tod Alexanders des Großen in Babylon; Zerfall des Reiches in einzelne Herrschaftsgebiete; Beginn des Zeitalters des Hellenismus

Römische Geschichte

753 v. Chr.	Sagenhaftes Gründungsdatum Roms
ca. 510–27 v. Chr.	Zeitalter der Römischen Republik
500–300	Ständekämpfe zwischen Patriziern und Plebejern
um 450	Zwölftafelgesetz
300	Provokationsrecht
264–241	Erster Punischer Krieg: Beginn der Expansion außerhalb des italischen Gebietes
227	Sardinien, Korsika und Sizilien werden als erste römische Provinzen organisiert
218–201	Zweiter Punischer Krieg
149–146	Dritter Punischer Krieg endet mit der Zerstörung Karthagos
133	Volkstribunat des Tiberius Gracchus; Beginn der Krise der Römischen Republik
82–79	Diktatur Sullas: Versuch zur Wiederherstellung der alten Senatsherrschaft
73–71	Sklavenaufstand unter Spartakus
49–46	Bürgerkrieg zwischen Caesar und Pompeius
46–44	Neuordnung des Staates durch Caesar: Caesar wird Diktator auf Lebenszeit
44	Ermordung Caesars
27	Beginn des Prinzipats unter Octavian (Augustus)
27 v. – 476 n. Chr.	Zeitalter der Römischen Kaiserzeit
14	Tod des Augustus; bis zur Regierung Hadrians (117–138) Herausbildung der Reichs- und Zentralverwaltung
98–117	Kaiser Trajan; größte Ausdehnung des Imperiums
235–285	Reichskrise (22 Kaiser)
249	Erste allgemeine Christenverfolgung
um 260	Alamannen überrennen den obergermanisch-rätischen Limes
270/275	Dakien wird geräumt
284–305	Kaiser Diokletian
303–311	Größte Christenverfolgung
311	Toleranzedikt für die Christen
306–337	Kaiser Konstantin
391	Christentum wird Staatsreligion
395	Teilung des Reiches in Weströmisches und Oströmisches Reich
476	Ende des Weströmischen Reiches
395–1453	Oströmisches bzw. Byzantinisches Reich

Adel: in der Antike eine in der Gesellschaft hervorgehobene Gruppe, deren Macht und Einfluss sich auf Reichtum, Bildung und eigenen Lebensstil stützt. Man gehörte zum Adel durch Geburt – so in Griechenland und beim Patriziat in Rom. Seit um 300 v. Chr. wählten Zensoren in Rom die Mitglieder des Senats aus, in der Regel aus (ehemaligen) Magistraten. Innerhalb dieses Senatsadels bildete die Nobilität die Gruppe, aus deren Familien Mitglieder zum Konsulat gelangt sind. In der Kaiserzeit hatten die Kaiser maßgeblichen Einfluss auf die Zusammensetzung des Adels. Wenn der Adel in einem Staat die politische Macht ausübt, spricht man von einer Aristokratie.

Aristokratie: heißt wörtlich „Herrschaft der Besten"; bezeichnet die organisierte Herrschaft des Adels. Sie ist in der Antike dadurch gekennzeichnet, dass Adlige die wichtigsten Ämter bekleiden und ein Adelsrat (z. B. Areopag in Athen, Senat in Rom) maßgeblich die Politik beeinflusst.

Beamte: sind Personen, denen der Staat oder die Gemeinschaft für eine bestimmte Zeit oder für eine längere Dauer fest umschriebene Aufgaben zuweisen. In Griechenland wurden die Beamten, z. B. die Archonten, meistens für ein Jahr durch Los oder Wahl bestimmt. Nach Ablauf ihrer Amtszeit konnten sie zur Rechenschaft für ihre Amtsführung herangezogen werden. Die römischen Beamten (Magistrate) wurden vom Volk gewählt, und zwar für ein Jahr (Annuität). Jedes Amt (Magistratur) war mindestens doppelt besetzt (Kollegialität). Nach Ablauf ihrer Amtszeit konnten Magistrate einen Sitz im Senat erhalten.

Bürgerrecht: bezeichnet in der Antike einen Rechtsstatus, der für erwachsene Männer die Möglichkeit zu politischer Betätigung einschloss, für Frauen und Männer bestimmte Rechte, z. B. in Athen das auf Landbesitz in Attika, in Rom das Recht eine vollgültige Ehe zu schließen, ferner einen besonderen Rechtsschutz, den z. B. der Apostel Paulus als römischer Bürger für sich in Anspruch nahm. Fremde (in Athen „Metöken" genannt) und Sklaven waren vom Bürgerrecht ausgeschlossen. In Griechenland wie in Rom war das Bürgerrecht erblich, konnte darüber hinaus jedoch auch verliehen werden. Während es aber in Athen äußerst selten an Fremde verliehen wurde und auch freigelassene Sklaven es nicht erhielten, konnten in Rom Sklaven zu römischen Bürgern werden; es wurde auch häufig an besiegte Städte, in der späten Republik an ganz Italien, in der Kaiserzeit auch an provinziale Städte und ganze Provinzen verliehen, bis Kaiser Caracalla es 212 n. Chr. allen freien Reichsbewohnern gab. In der Tatsache, dass Rom – anders als in Athen – das Bürgerrecht häufig an Unterworfene verliehen hat, sieht die Forschung eine Bedingung für die römische „Weltherrschaft".

Demokratie (griech. *demokratia* = Herrschaft des Volkes): Sie ist eine Regie-

Das antike Griechenland

rungsform, die zuerst in Athen entstanden ist. In der attischen Demokratie hatte im Gegensatz zur Römischen Republik die Versammlung der Vollbürger die höchste politische Macht. Sie traf alle politischen Entscheidungen durch Mehrheitsbeschluss. Durch Los, nur in wenigen Fällen durch Wahl, wurden die Beamten, der Rat der Fünfhundert und die Geschworenengerichte bestimmt. Da alle Vollbürger direkt die politischen Entscheidungen trafen, spricht man von einer unmittelbaren Demokratie. Frauen, Metöken und Sklaven waren von der politischen Beteiligung ausgeschlossen.

Klientel: Fast jeder nichtadlige Römer war Klient (Schutzbefohlener) eines adligen Patrons (Schutzherrn). Zu den Hauptpflichten der Klienten gehörte die tägliche Begrüßung des Patrons, die Begleitung in der Öffentlichkeit sowie die politische Unterstützung bei Wahlen. Der Patron hatte seinen Klienten vor Gericht zu vertreten und ihn vor Gefahren zu schützen.

Liturgie (griech. *leiturgia*): Darunter versteht man in der griechischen Demokratie eine Dienstleistung bzw. eine finanzielle Verpflichtung wohlhabender und reicher Bürger für die Polis (z. B. Ausrüstung und Erhaltung eines Kriegsschiffes, Finanzierung der Einstudierung eines Chores bei Theateraufführungen und Festen). In Rom entsprachen den Liturgien Munera. Zu ihnen gehörte in der Republik z. B. die Verpflichtung für bestimmte Magistrate, Spiele abzuhalten. In der Kaiserzeit und besonders in der Spätantike wurden immer mehr Munera von den Reichsbewohnern insgesamt gefordert, z. B. die Unterhaltung von öffentlichen Straßen und Gebäuden, die Feuerwehr, Transportleistungen für das Heer.

Magistrat → Beamte

Nobilität → Adel

Patrizier: hießen die Mitglieder des Adels der frühen Römischen Republik. Sie allein hatten alle Macht und stellten den Senat. Patrizier war man von Geburt; man konnte die Zugehörigkeit nicht durch Ämter oder Leistungen erlangen. Nach dem Ausgleich mit den Plebejern hatten die Patrizier keine politischen Sonderrechte mehr.

Plebejer: in der frühen Römischen Republik der Stand, der von der Herrschaft ausgeschlossen war und mit den Patriziern um die Beteiligung an der Macht kämpfte. Zu den Plebejern gehörten sowohl wohlhabende als auch arme Familien. Erst als reiche Plebejer Aufnahme in den Adel (Nobilität) fanden und sich die Ritter als eigenständige Gruppe ausbildeten, wurde „Plebejer" zur Bezeichnung der sozialen Unterschicht, d. h. der einfachen Handwerker und Bauern.

Polis (griech. = Burg, Siedlung, Stadt; Plural: Poleis): Die Polis war der politische Mittelpunkt eines umliegenden Gebietes. Hier hatten die Beamten ihren Sitz, hier tagten die Volksversammlung und der Rat; deshalb spricht man auch von Stadtstaat. Die einzelnen Poleis waren bestrebt ihre Selbstständigkeit und wirtschaftliche Unabhängigkeit zu wahren. Unser Adjektiv politisch bzw. der Begriff Politik leitet sich von diesem Wort ab.

Princeps, Prinzipat: Prinzipat bezeichnet die staatliche Ordnung, die sich unter Augustus herausgebildet hat und während der römischen Kaiserzeit bis zum 3. Jahrhundert galt. Augustus nannte sich Princeps (lat. = der Erste) um seine politische Stellung von der Monarchie oder der Diktatur abzuheben. Obwohl der Princeps der mächtigste Mann war, konnte er nicht ohne die Hilfe der traditionellen Eliten (Senatoren, Ritter) regieren; ebenso war er auf die Zustimmung des Heeres und des römischen Stadtvolkes angewiesen.

Republik: Der Begriff ist abgeleitet von *res publica* = die öffentliche, die gemeinsame Sache. In unserem Sprachgebrauch gilt Republik als Staatsform, die – außer mit der Monarchie oder der Despotie – mit unterschiedlichen Regierungsformen (Demokratie, Aristokratie) verträglich ist. Als Römische Republik bezeichnen wir die politische Ordnung Roms zwischen dem Sturz des Königtums (um 510 v. Chr.) und der Errichtung des Prinzipats (27 v. Chr.). Diese Republik hatte eine Mischverfassung (gemischt aus Monarchie, Aristokratie, Demokratie), war aber nach heutiger Auffassung eher eine Aristokratie.

Senat: Der Begriff bedeutet zunächst Rat der Alten. In Rom gab es schon in der Königszeit einen Senat; in der Republik

Das Römische Reich vom 1. bis 3. Jahrhundert n. Chr.

hatte er praktisch die Leitung des Staates in der Hand, obwohl seine Befugnisse rechtlich nicht festgelegt waren. Aber da er die gesammelte politische Erfahrung verkörperte – in ihm saßen die ehemaligen Magistrate –, verfügte er über eine große Autorität, sodass seine „Ratschläge" von den Magistraten in der Regel als bindend betrachtet wurden. Die Zahl der Senatoren veränderte sich im Lauf der römischen Geschichte: Ursprünglich 300, gehörten dem Senat seit Sulla 600, unter Caesar 900 und unter Augustus wieder 600 Mitglieder auf Lebenszeit an. Entsprechend den Ämtern, die sie vorher bekleidet hatten, standen die Senatoren in einer hierarchischen Rangfolge.

Sklaven: In allen antiken Hochkulturen hat es Sklaverei gegeben. Nach griechischem und römischem, später auch nach islamischem Recht waren Sklaven ein unbeschränktes Sacheigentum, über das der Besitzer frei verfügen durfte. Sie wurden im Bergbau und in der Landwirtschaft eingesetzt, waren im Haushalt, als Lehrer, Ärzte oder in der Verwaltung und im Handwerk tätig, und da sie dabei ihre Kompetenzen selbstständig wahrnehmen mussten, kann man sie nicht als willenlose Werkzeuge bezeichnen. Ihre tatsächliche Lage hing stark von ihrem Tätigkeitsbereich ab. Sklave wurde man durch Kriegsgefangenschaft, durch Raub (Sklavenhandel) und Verkauf, durch Verschuldung oder dadurch, dass man von Sklaven abstammte. Im Römischen Reich war das Sklavendasein kein unabänderliches Schicksal, denn viele Sklaven wurden von ihren Herren freigelassen. Sie erhielten dann ein eingeschränktes, ihre frei geborenen Kinder das volle römische Bürgerrecht.

Stand: Als Stand bezeichnet man eine Gruppe in einer Gesellschaft, die durch rechtliche Bestimmungen klar umgrenzt ist, die bestimmte Vorrechte hat oder auch von bestimmten Rechten ausgeschlossen ist. In diesem Sinne bildeten Patrizier und Plebejer in der frühen Römischen Republik Stände. Auch Senatoren und Ritter in der Kaiserzeit waren Stände. Dagegen waren die Plebejer in der späten Republik eine soziale Unterschicht, die durch ihre wirtschaftliche Lage, nicht aber durch rechtliche Bestimmungen umschrieben war.

Volksversammlung: ist die Versammlung aller stimmberechtigten Bürger eines Staatswesens, in der sie ihre politischen Rechte wahrnehmen. Im demo-

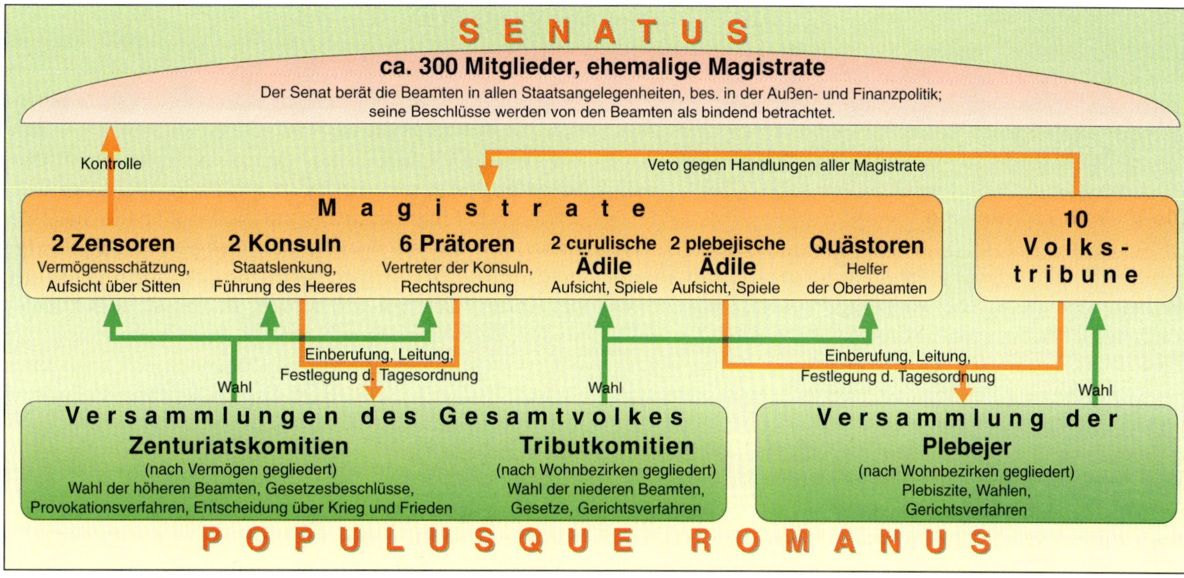

Die politische Ordnung der Römischen Republik

Die Verfassung der attischen Demokratie

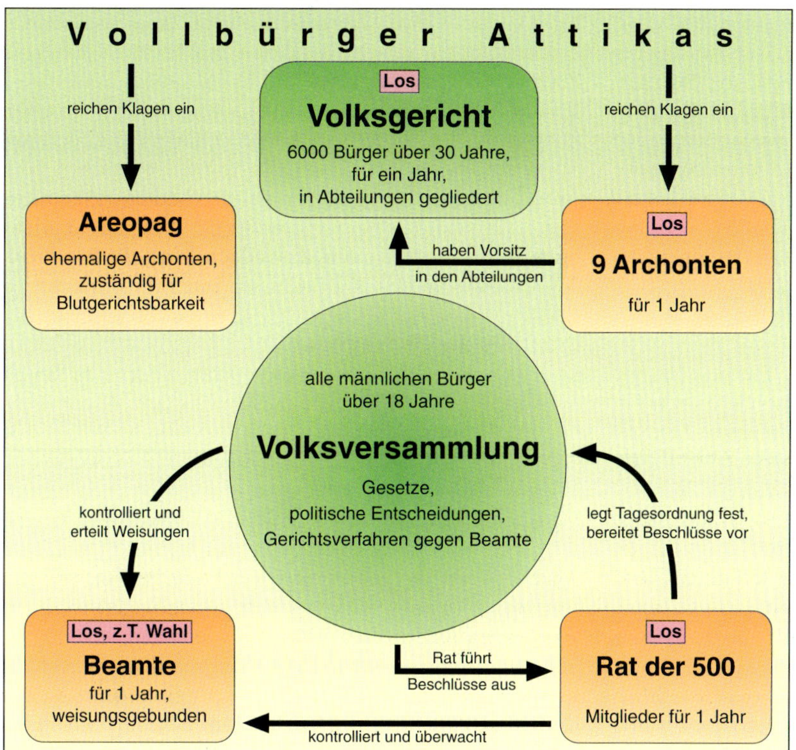

kratischen Athen war die Volksversammlung das Zentrum der politischen Willensbildung; sie allein entschied in allen politischen Fragen mit einfacher Mehrheit. Die Versammlung war nicht gegliedert; abgestimmt wurde nach Personen. Die Römische Republik kannte verschiedene Formen der Volksversammlung, die alle nach Abstimmungsbezirken (Tribus, Zenturien) gegliedert waren. Es zählten nicht die Einzelstimmen, sondern die Ergebnisse in den Abstimmungseinheiten. In der Volksversammlung wurden die Beamten gewählt, Gesetze beschlossen und über Krieg und Frieden entschieden, ein Initiativrecht hatte sie allerdings nicht. Erst in der Römischen Kaiserzeit verlor die Volksversammlung ihren politischen Einfluss.

1. *Stellen Sie mit Hilfe der Materialien die wichtigsten Merkmale der politischen, wirtschaftlichen, gesellschaftlichen und kulturellen Entwicklung Griechenlands und Roms zusammen.*
2. *Vergleichen Sie mit Hilfe der Materialien die politische Ordnung in Athen mit der in der Römischen Republik.*

Die attische Demokratie

Institutionen, politische Elite und Willensbildung in der attischen Demokratie

Die Volksversammlung

Im Zentrum der attischen Demokratie stand die Volksversammlung*. Zu ihr hatte jeder erwachsene, d. h. mindestens 18 Jahre alte männliche Vollbürger Zutritt. Abgestimmt wurde nach Personen; jede Stimme hatte gleiches Gewicht. Entschieden wurde nach dem Mehrheitsprinzip. Nur in ganz seltenen Fällen war eine Mindestzahl von Anwesenden, z. B. ein Quorum von 6000, vorgeschrieben. Darüber hinaus war es für das demokratische System wesentlich, dass eine Mindestzahl von Versammlungen im Jahr stattfinden musste.

Die Volksversammlung verstand sich in der zweiten Hälfte des 5. Jahrhunderts v. Chr. so, dass sie über jedes nur denkbare Problem entscheiden konnte. Ein Gegenstand durfte zwar nicht unvorbereitet am Versammlungstag auf die Tagesordnung gesetzt werden, aber die Volksversammlung konnte erzwingen, daß er bei der nächsten Tagesordnung aufgenommen wurde. Für bestimmte Versammlungen waren feste Themen vorgeschrieben, z. B. die Amtsführung der Beamten, die Getreideversorgung der Stadt, die Verteidigung des Landes, Hochverratsklagen. In ihren Entscheidungen war die Volksversammlung zunächst weder durch eine Verfassung noch durch bestehende Gesetze eingeschränkt. Erst am Ende des 5. Jahrhunderts v. Chr. kam es zur Unterscheidung zwischen Gesetzen und einfachen Volksbeschlüssen. In der Folgezeit wurden Gesetze der einfachen Beschlussfassung des Volkes entzogen.

Der Rat der 500 und die Beamten

Die Volksversammlung herrschte direkt. Sie beschäftigte sich also nicht nur mit Grundsatzfragen, sondern auch mit den Modalitäten der Ausführung von Beschlüssen. Zur Seite stand ihr dabei der Rat der 500 *(boule)*, dessen Mitglieder jeweils für ein Jahr erlost und besoldet wurden. Der Rat der 500 bereitete die Volksversammlungen vor und setzte deren Tagesordnungen fest. Zusammen mit Ausschüssen der Volksversammlung überwachte er die Beamten*, aber auch jeder einzelne Bürger konnte jederzeit einen Beamten anklagen; Beamte konnten auch während ihrer Amtszeit abgesetzt werden.

Die Aufgabenbereiche der meistens zehn Mitglieder umfassenden und ebenfalls besoldeten Beamtenkollegien waren genau definiert, sodass ihnen kaum selbstständiger Handlungsspielraum blieb. Man ging also kein Risiko damit ein, dass die Beamten (wie die Ratsleute für ein Jahr) erlost wurden. Wo ein solches Risiko bestand – z. B. bei der militärischen Führung, den Strategen, sowie den Verwaltern der wichtigsten Finanzkassen –, trat die Wahl an die Stelle des Loses. Da das Amt des Strategen der persönlichen Entfaltung noch einen gewissen Spielraum gewährte, richtete sich der Ehrgeiz der Adligen hierauf. Insgesamt aber konnten weder die Beamten noch der Rat ein Gegengewicht zur Volksversammlung bilden. Beide unterlagen auch einer strikten Rechenschaftspflicht. Das System war so konstruiert, dass im Konfliktfall immer die Volksversammlung die Oberhand behielt.

Die Volksgerichte

Die Gerichtsbarkeit lag in der attischen Demokratie beim Volksgericht, für das jährlich 6000 Richter erlost wurden. Auch sie erhielten einen Sold. Prozesse fanden in einzelnen Abteilungen des Volksgerichtes statt, die je nach der Schwere eines Falles 201, 501, 1001 usw. Richter umfassten. Der Ausgang der Gerichtsverfahren war oft ungewiss, da den Laienrichtern juristische Belehrung praktisch nur durch die Plädoyers der Parteien zuteil wurde. Im Grunde unterschied sich das Urteil der Volksgerichte kaum von den politischen Entscheidungen in der Volksversammlung. Mord und mit Mord zusammenhängende Fälle wurden allerdings vom Areopag, der sich aus ehemaligen Archonten zusammensetzte, verhandelt. Ursprünglich war der Areopag das wichtigste politische Gremium, das jedoch durch die Reformen des Ephialtes im Jahr 462 v. Chr. entmachtet worden war.

Die Rolle der Demagogen

Im 5. Jahrhundert v. Chr. gab es in Athen weder eine Regierung noch etwas, das auch nur ansatzweise mit unseren heutigen Parteien vergleichbar wäre. Die politische Willensbildung fand zum einen auf dem Markt, bei Gastmählern, in Gymnasien oder überall dort statt, wo Menschen zusammenkamen, zum anderen in den Volksversammlungen selbst. Dort konnte zwar jeder sprechen und Anträge stellen. Aber in der Praxis beeinflussten Reichtum, Bildung und Zugang zu Informationen die tatsächliche Auswahl der Redner. Wir kennen auch solche, die immer wieder redeten und Anträge stellten; sie wurden als *Demagogen* bezeichnet. Man kann die Demagogen als die politische Elite der attischen Demokratie bezeichnen. Meist stammten sie aus dem Adel. Sie konnten gleichzeitig Amtsträger, z. B. Strategen, sein

Wie entstand die attische Demokratie?

Die attische Demokratie ist nicht das Ergebnis zielgerichteten Handelns. Verschiedene Reformer (z. B. Solon, Kleisthenes) haben aus unterschiedlichen Motiven heraus Einrichtungen geschaffen, die später im demokratischen Sinn umgeformt werden konnten. Dabei waren die politisch-sozialen Verhältnisse im frühen, archaisch genannten Griechenland so, dass sie die Entstehung einer Demokratie begünstigten.

Der griechische Adel der archaischen Zeit übte keine organisierte Herrschaft aus. Vielmehr rivalisierten die Adligen untereinander um Ruhm und Ehre; ihr Handeln bezog sich nicht primär auf die Stadt, in der sie lebten. Deshalb konnte die Stadt (Polis) und damit auch die „Staatlichkeit" nur gestärkt werden, wenn der Adel gleichsam in die Stadt hineingezwungen wurde. Das geschah dadurch, dass der Adel an Gesetze gebunden wurde und das Volk politische Rechte erhielt. Diese Ausgangssituation gilt für alle griechischen Städte. Doch sie musste nicht zu einer Demokratie, sondern konnte auch – wie in Korinth – zu einer organisierten Aristokratie oder Oligarchie führen.

Für die Entwicklung in Athen kamen als weitere Bedingungen hinzu, dass die lange Tyrannis der Peisistratiden (561–510 v. Chr.) das Zentrum Athen stärkte und die Macht vieler Adelsfamilien schwächte. Durch das Flottenbauprogramm des Themistokles (ab 483 v. Chr.) wurde die unterste Gesellschaftsschicht, die die Schiffsbesatzungen stellenden *Theten,* entscheidend für die militärische Macht Athens. Schließlich suchten sich bei Adelsrivalitäten einzelne Aristokraten Vorteile zu verschaffen, indem sie Zugeständnisse an das Volk machten.

In diesem Rahmen ist auch das Handeln der Gesetzgeber zu verstehen, die mit der Entwicklung der attischen Demokratie in Verbindung gebracht werden. *Solon* wollte durch seine Reformen (594 v. Chr.) eine Tyrannis in Athen und Bürgerkriege verhindern und die Macht der Stadt stärken. Er befreite deshalb die Bauern von Schulden, gab dem Volk wichtige politische Mitwirkungsrechte (Volksversammlung, Volksgericht) und betonte die Verantwortung, die alle Bürger für die Stadt haben. Nach der Tyrannis der Peisistratiden hat *Kleisthenes* (508/07 v. Chr.) durch seine Phylenreform den Einfluss adliger Geschlechter weiter geschwächt. Stadt, Land und die Küstenregion Attikas wurden in 10 Phylen eingeteilt, von denen jede 50 Mitglieder in den neuen Rat der 500 entsandte. Dieser bereitete die politischen Entscheidungen vor, die in der Volksversammlung gefällt wurden. Das schon von Solon geschaffene Volksgericht scheint erst jetzt stärkeren Einfluss gewonnen zu haben. Die Demen als kleinste Gebietseinheiten Attikas erhielten wichtige Selbstverwaltungsfunktionen. Der Zugang zu den Archontenämtern blieb weiterhin den obersten Gesellschaftsschichten vorbehalten; auch die Rechte des Areopags, der sich aus gewesenen Archonten zusammensetzte, schränkte Kleisthenes nicht ein. Der Adel nahm deshalb auch nach dieser Reform eine führende Stellung ein, konnte jetzt aber nur noch im Rahmen der politischen Institutionen Macht ausüben. Diese Ausweitung der Staatlichkeit und die Beseitigung der sozialen Abhängigkeitsverhältnisse müssen als wichtige Voraussetzungen für die Entstehung der attischen Demokratie gesehen werden.

Seit dem Jahr 487 v. Chr. wurden die Archonten nicht mehr gewählt, sondern durch das Los bestimmt, wodurch der Einfluss des Volkes weiter gestärkt wurde. Zu den wenigen Wahlämtern gehörte das Strategenamt (die militärische Führung), für das es keine Beschränkung der Wiederwahl gab.

Im Zusammenhang mit Auseinandersetzungen um außenpolitische Fragen entmachtete Ephialtes 462/61 v. Chr. den Areopag, indem er die Kontrolle der Behörden der Volksversammlung, dem Rat der 500 und den Volksgerichten übertrug. Dem Areopag blieb nur die Blutgerichtsbarkeit. Um ärmeren Athenern den Zugang zu politischen Tätigkeiten zu erleichtern wurde bald nach 462/61 v. Chr. die Zahlung von Tagegeldern für Ratsherren, Richter und wohl auch für die meisten Beamten eingeführt.

und aus diesem Amt einen Informationsvorsprung gegenüber anderen Demagogen gewinnen; Grundlage der Demagogie war aber nicht das Amt, sondern – wie Thukydides das für Perikles formulierte, der über mehrere Jahrzehnte die Politik in Athen bestimmte – „Ansehen und Einsicht" sowie rhetorische Fähigkeiten (siehe S. 38, Mat. 2 und 3).

Die Demagogen waren zwar kein institutionelles, wohl aber ein strukturelles Element der Demokratie*. Politische Führung wurde in der attischen Demokratie nicht institutionalisiert; sie konnte dadurch kein dauerhaftes Gegengewicht zur Volksversammlung bilden. Die Tatsache, dass Perikles im 5. Jahrhundert v. Chr. die attische Politik über längere Zeit entscheidend beeinflusste, war die Ausnahme, nicht die Regel des attischen Systems.

Bedingungen und Kosten des demokratischen Systems

Adliges Handeln war vor dem 6. Jahrhundert v. Chr. in Griechenland nicht auf die einzelne Stadt, sondern auf die adlige Lebenswelt bezogen. Adlige verschiedener Städte trafen sich zu sportlichen Wettkämpfen, waren Gastfreunde und häufig auch miteinander verwandt. Da dieser Adel* in seiner Lebensführung und seinem politischen Denken nicht auf die Polis ausgerichtet war, konnte er deshalb auch nicht zum Träger der Staatlichkeit werden. Er musste vielmehr in die Stadt hineingezwungen werden. In Sparta geschah das durch das Zwangssystem des spartanischen Kosmos, in Athen dadurch, dass Solon mit seinen Reformen 594/93 v. Chr. dem Adel das Volk, den *demos*, gegenüberstellte.

Im 6. Jahrhundert v. Chr. veränderte sich die Situation noch einmal – vor allem durch die Tyrannis der Peisistratiden und durch die Reformen des Kleisthenes 508/507 v. Chr. Die Adligen waren jetzt gezwungen ihre Machtrivalitäten in den politischen Institutionen der Polis* auszutragen. In jeder Volksversammlung kam es dabei zu Mehrheitsentscheidungen, d. h. zu Siegern und Besiegten.

Eine ganze Reihe von Maßnahmen im Athen des 5. Jahrhunderts v. Chr. kann man als Antworten auf die Gefahren interpretieren, die aus der dauernden Anwendung der Mehrheitsregel und der damit verbundenen Machtkämpfe erwuchsen:

- Entweder schon unter Kleisthenes oder in den 80er Jahren des 5. Jahrhunderts v. Chr. wurde der Ostrakismos eingeführt. Bei diesem „Scherbengericht" konnte jeder Teilnehmer an der entsprechenden Volksversammlung den Namen eines Politikers auf eine Tonscherbe ritzen; wer die meisten „Scherben" erhielt, musste für zehn Jahre außer Landes gehen ohne dadurch allerdings sein Bürgerrecht und sein Vermögen zu verlieren. Durch diese „Verbannung auf Zeit" sollten die Spannungen in der Stadt abgemildert werden.
- Im Jahr 492 v. Chr. brachte der attische Tragödiendichter Phrynichos ein Stück über die Unterwerfung Milets durch die Perser (494 v. Chr.) auf die Bühne und rührte die Athener zu Tränen. Er wurde zu einer Geldstrafe verurteilt, weil er die Athener an eine politische Schmach erinnert hatte. Nach dem Bürgerkrieg von 404/03 v. Chr. mussten sich alle Athener eidlich verpflichten nicht an die Schatten der Vergangenheit zu erinnern. Erinnerung wurde also in der Spannungssituation des 5. Jahrhunderts v. Chr. als Gefahr empfunden.
- 451 v. Chr. setzte Perikles ein Bürgerrechtsgesetz durch, nach dem attischer Bürger nur derjenige werden konnte, dessen beide Eltern attische Bürger waren. Da insbesondere unter attischen Adligen der Brauch bestand adlige Frauen aus anderen Städten zu heiraten ist es wohl der Zweck dieses Gesetzes gewesen, die Loyalität aller Bürger eindeutig an Athen zu binden.

Auch die äußere Politik Athens im 5. Jahrhundert v. Chr. hatte eine klare Integrationsfunktion im Hinblick auf die attische Gesellschaft (siehe S. 21). Nach dem Verlust des Peloponnesischen Krieges kam es zu inneren Umstürzen und Bürgerkriegen.

Neben diesen Maßnahmen gab es eine ganze Reihe von Ausgrenzungsvorgängen, die die politische Stabilität der attischen Demokratie sichern sollten. Ausgegrenzt wurden die Frauen, die – wie Aristoteles es formulierte – keine Fähigkeit zum Regieren hätten. In der attischen Demokratie zeigt sich diese Ausgrenzung jedoch nicht nur in der Tatsache, dass Frauen nicht an der Politik teilnehmen durften, sondern auch darin, dass über sie in einer herabsetzenden Weise gesprochen wurde.

Ausgegrenzt blieb auch der häusliche Bereich. Während in der Polis der Gedanke der Gleichheit und der Rotation bei der Besetzung von politischen Ämtern vorherrschte, war das Haus ein Ort der Ungleichheit. Im häuslichen Umfeld herrschte keine Demokratie, die Ungleichheit z. B. zwischen Adligen und Armen wurde nicht aufgehoben oder eingeschränkt. Die personalen Beziehungen waren durch klare Hierarchien bestimmt. Die Häuser mussten zwar Leistungen für die Polis erbringen, spielten aber in der Politik keine Rolle. Die politisch fähigen Bürger hatten bei verschiedenen Gelegenheiten sogar zu schwören, dass sie ihre häuslichen Eigeninteressen hinter das Engagement für die Polis stellen würden.

Ausgegrenzt war auch die große Zahl der Sklaven*, denen das demokratische Athen keinerlei Rechte zubilligte, die es aber durch ihre Arbeit überhaupt erst möglich machten, dass die Vollbürger sich ganz der Politik widmen konnten. In der attischen Philosophie – besonders bei Aristoteles – konnte sogar die These entwickelt werden, dass es Sklaven „von Natur aus" gebe.

Eine letzte Ausgrenzung betraf schließlich die militärisch besiegten Völker. Während Rom Methoden entwickelte Unterworfene in das Bürgerrecht* aufzunehmen, und es viele Abstufungen zwischen Bürgerrecht und „Fremdheit" gab, war in Athen die Barriere zwischen Bürgern und Beherrschten fast unüberwindbar. Da der politische Status der Athener auf unmittelbarer politischer Teilnahme beruhte, hätte eine großzügige Ausdehnung des Bürgerrechtes die innere Integration unmöglich gemacht.

Es ist nur scheinbar ein Widerspruch, dass parallel zu diesen Ausgrenzungsprozessen die Polis in viele Lebensbereiche eingriff: Die Form der Eheschließung, das Verhalten in der Ehe, die Modalitäten der Erbschaft, der Umgang mit dem Hausvermögen, häusliche Kulte u. a. gehören ebenso dazu wie die Ausrichtung von Festen und die Beaufsichtigung des Handels. Legitime Bürger konnte die Polis nur durch legitime Ehen bekommen; für die Finanzierung ihrer Aufgaben war sie auf die Wirtschaftskraft der einzelnen Häuser angewiesen.

Man kann, dass in Athen das politische System der Tendenz nach die Gesellschaft in sich aufsaugte. Der Staat griff in so viele Bereiche ein, dass jeder – ob er wollte oder nicht – sich immer wieder mit ihm konfrontiert sah. Deshalb konnte es auch keinen Begriff des „Privaten" geben. Die griechische Sprache kennt zwar den *idiotes*, d. h. denjenigen, der sich nur um seine eigenen Belange kümmert; aber zu einer grundsätzlichen Unterscheidung zwischen „öffentlichem" und „privatem" Raum kam es nicht.

Die Herrschaft der Demokratie nach außen

Als ein Kampfbund gegen die Perser entstand in der ersten Hälfte des 5. Jahrhunderts v. Chr. der Delisch-Attische Seebund. Der Bund beruhte nicht auf einer gemeinsamen Bundesakte. Vielmehr schloss Athen mit Küsten- und Inselstädten der Ägäis zeitlich unbefristete Einzelverträge. Die Bündnispartner hatten Schiffe zu stellen oder jährliche Abgaben in Geld zu leisten. Verträge untereinander waren den Partnern verboten. Die Bundesversammlung, in der jeder Partner eine Stimme hatte, tagte in Delos; dort befand sich auch zuerst die Bundeskasse, die später nach Athen gebracht wurde. Athen hatte in diesem Bund die eindeutige Vorherrschaft, die Hegemonie. Durch die jährlichen Tribute der Städte, die keine Schiffe stellten, wurde die eigene Flotte gestärkt. Attische Strategen hatten auch die Leitung bei Bundesunternehmungen.
Obwohl der Delisch-Attische Seebund gegen die Perser gerichtet war, lassen sich schon früh starke Eigeninteressen Athens erkennen, z. B. wenn Städte oder Inseln erobert und dort attische Kolonien gegründet wurden oder wenn Städte, die aus dem Seebund austreten wollten, mit Gewalt wieder in ihn hineingezwungen wurden. Im Laufe der Zeit konzentrierte sich die militärische Macht immer mehr in Athen.
Nach dem Friedensschluss mit Persien im Jahr 448 v. Chr. wurde der Seebund nicht etwa aufgelöst, sondern von Athen

Der Delisch-Attische Seebund 478–431 v. Chr.

zu einem Instrument gemacht um seine Vorherrschaft zu sichern: Keine Stadt durfte aus dem Seebund austreten. In politisch unzuverlässigen Gebieten gründeten die Athener Kolonien. Gleichzeitig griffen sie rigoros in die inneren Angelegenheiten von „Bündnern" ein und unterstützten in verschiedenen Städten demokratische Bewegungen, da sie hofften mit ihnen besser kooperieren zu können als mit oligarchischen Regimen. Für bestimmte Straftaten und Strafarten wurde das Volksgericht in Athen der alleinige Gerichtsstand. Außerdem galt jetzt im gesamten Herrschaftsgebiet des Bundes das attische Münz- und Maßsystem. Und schließlich hatten alle Städte weiterhin Tribute an Athen zu zahlen, die auch für innere Angelegenheiten – z. B. für den Ausbau der Akropolis – verwendet wurden.
Insgesamt haben wir es hier mit einem Herrschaftssystem zu tun, dessen Herrschaftscharakter besonders krass in Erscheinung tritt. Die Integration von Beherrschten – z. B. durch die Verleihung des Bürgerrechtes – war unmöglich, weil eine Ausweitung des Bürgerrechtes mit der damit verbundenen politischen Teilhabe die innere Integration der attischen Bürgerschaft gefährdet hätte. Die Tatsache, dass Athen sein Imperium nur beherrschen und nicht integrieren konnte, war also durch den demokratischen Charakter des attischen politischen Systems bedingt.
Freiheit im Innern und äußere Macht bedingten sich gegenseitig. Das bedeutete zugleich, dass der demokratische Gedanke nicht universalisiert wurde. Athen konnte zwar demokratische Bewegungen in anderen Städten unterstützen; das demokratische Prinzip aber in anderen Städten zu fördern um dort auch Selbstbestimmung zu verwirklichen hätte bedeutet auf den eigenen Machtanspruch zu verzichten. Die Herrschaft Athens im Seebund und die vielen Kriege, die Athen im 5. Jahrhundert v. Chr. geführt hat, sind wohl auch als eine Voraussetzung dafür anzusehen, dass es in Athen selbst nicht zu Bürgerkriegen kam, die für viele andere Städte Griechenlands im 5. und 4. Jahrhundert v. Chr. charakteristisch sind. Insofern stärkte die äußere Macht die Integration im Innern.
Schließlich war unter wirtschaftlichen Gesichtspunkten die Macht nach außen eine weitere Bedingung für die attische Demokratie. Der Unterhalt einer starken Flotte wäre ohne die Tribute der Bündner nicht möglich gewesen. Militärische Macht als Flottenmacht hing unmittelbar mit der Demokratie zusammen. Denn es waren die Theten, d. h. die Mitglieder der untersten Gesellschaftsschicht in Athen, die als Ruderer auf den Schiffen dienten und damit die Seemacht Athens ermöglichten. Im Übrigen schuf die attische Herrschaft auch die Voraussetzungen dafür, dass Athen zu einem Handelszentrum werden konnte.

Antike und moderne Demokratie

Vergleicht man die attische und die moderne Demokratie, dann fallen wichtige Unterschiede ins Auge. Zuerst einmal haben heute fast alle Bewohner eines Staatsgebietes bürgerliche und politische Rechte. Eine Ausnahme bilden die Ausländer, die das Bürgerrecht in ihrem Heimatstaat haben; ihr Status ist etwa dem der Metöken in Athen vergleichbar. Aber es gibt keine Sklaven mehr und die Diskriminierung von Frauen im Hinblick auf das aktive und passive Wahlrecht ist zumindest grundsätzlich aufgehoben.
Die moderne Demokratie ist außerdem in der Regel eine repräsentative Demokratie, d. h. das Volk herrscht nicht direkt, sondern durch von ihm gewählte Vertreter. In dem attischen Rat der 500 war zwar auch ein Repräsentationsprinzip verwirklicht, aber insgesamt widersprach dieses Prinzip der antiken Auffassung, dass die Athener selbst der Staat seien, d. h. es keinen von den Menschen unterschiedenen „objektivierten Staat" gab (siehe S. 38 f., Mat. 1 und 4).
Ein weiterer wichtiger Unterschied ist, dass die antike Demokratie keine Gewaltenteilung kannte. Das attische Volk herrschte unmittelbar über die Volksversammlung, es richtete im Volksgericht. Die Beamten hatten keinen eigenen Entscheidungsspielraum, sie wurden von der Volksversammlung und dem Rat strikt kontrolliert und konnten jederzeit abgesetzt werden. Es gab also keine Exekutive – keine Regierung im modernen Sinn. Eine solche Regierung bildete sich erst zu Beginn der Neuzeit heraus, als die Bereiche staatlichen Handels sich stark ausdehnten und viel komplexer wurden. Demgegenüber war in der Antike politisches Handeln sehr viel stärker von unmittelbaren Interessen abhängig und unterlag keiner langfristigen Programmatik. Hinzu kommt noch etwas anderes, das mit der Entstehungsgeschichte der attischen Demokratie zu tun hat: Erst durch die Reformen von Solon und Kleisthenes war der Adel in die Polis eingebunden, waren Willkür und Tyrannisbestrebungen der griechischen Adligen eingeschränkt worden, indem ihnen das organisierte Volk entgegengestellt wurde. Aber auch in der Demokratie bekleideten Adlige noch wichtige Ämter, vor allem die Strategie, bestimmte Finanzämter und wahrscheinlich teilweise den Archontat. Die Ämter mussten also strikt kontrolliert werden, wenn nicht wieder Adelskämpfe ausbrechen sollten.
Ein letzter wichtiger Unterschied zwischen antiker und moderner Demokratie besteht darin, dass die heutige Demokratie in der Regel eine Parteiendemokratie ist, d. h. die Parteien entscheidend an der politischen Willensbildung beteiligt sind. In Athen gab es keine Parteien. Um das zu verstehen

muss man sich bewusst machen, was moderne Parteien konstituiert: Es geht dabei unter anderem um unterschiedliche Auffassungen von der Rolle des Staates, um die Ausrichtung der Politik an bestimmten Grundsätzen und Wertvorstellungen, um die Vertretung der Interessen einer bestimmten sozialen Schicht. Alles dies war in Athen kein Thema. Und da die Programmatik keine Rolle spielte und das Volk direkt herrschte, ist auch niemand auf die Idee gekommen eine Partei zu gründen. Die Kehrseite der Medaille war freilich, dass ein nicht in Gruppen organisiertes Volk viel leichter dem Einfluss von Demagogen unterliegen konnte. Umgekehrt ging aber auch jeder Demagoge das Risiko ein die Gunst des Volkes zu verlieren.

1. *Erläutern Sie, wie die einzelnen institutionellen Elemente der attischen Demokratie bei der „Volksherrschaft" zusammenwirkten.*
2. *Stellen Sie die gesellschaftlichen, wirtschaftlichen und außenpolitischen Bedingungen zusammen, auf die sich die attische Demokratie gründete.*
3. *Beurteilen Sie unter Berücksichtigung der Rolle der Demagogen den politischen Willensbildungsprozess. Vergleichen Sie diesen Prozess mit der politischen Willensbildung in der modernen Demokratie.*
4. *Diskutieren Sie die Unterschiede zwischen der antiken und der modernen Demokratie.*

„Senat und Volk von Rom": Herrschaft in der Römischen Republik

Die politischen Institutionen der Römischen Republik

Der Senat

Im Zentrum der politischen Organisation der Römischen Republik stand ein aristokratisches Gremium, der Senat*. Er hatte 300 Mitglieder, die von den Zensoren in der Regel aus gewesenen Magistraten ausgewählt wurden. 81/80 v. Chr. wurde die Zahl der Senatoren verdoppelt und wer das Amt des Quästors bekleidet hatte, bekam automatisch einen Senatssitz. Die Mitgliedschaft im Senat war lebenslänglich; die Zensoren konnten aber Senatoren, denen Verfehlungen in ihrem politisch-moralischen Verhalten nachgewiesen wurden, aus dem Gremium ausschließen.

Entstanden war der Senat in vorrepublikanischer Zeit als ein Beratungsorgan der Könige. In der Republik wurde er dann zu einem Beratungsorgan der Magistrate, die ihn vor wichtigen Entscheidungen befragten. Entsprechend hießen die Beschlüsse des Senats *senatus consulta,* d. h. Ratschläge des Senats. Faktisch war der Senat aber das entscheidende Regierungsorgan, denn in ihm war die politische Elite Roms versammelt, die in ihrer Gesamtheit die politische Erfahrung repräsentierte.

Politische Entscheidungen waren meistens das Ergebnis der Kommunikation dieser Elite, d. h. sie vollzogen sich über politische Freundschaften und Familienbeziehungen zwischen den adligen Häusern. Im Zentrum dieser Kommunikation stand der Senat. In ihm gab es eine klare Rangabstufung. Wer eigenständig Politik machen wollte, konnte durch Ausschluss aus dem Senat „bestraft" werden; er war damit politisch ausgeschaltet.

Der Senat nahm für sich in Anspruch die Tradition verbindlich zu interpretieren. Das war deshalb wichtig, weil in Rom viele Regeln des politischen Verhaltens nicht gesetzlich festgelegt waren und es eine Verfassung im modernen Sinn nicht gab. Durch die starke Bindung an die Tradition waren Veränderungen nicht ausgeschlossen, aber es kam darauf an, dass der Senat solche Veränderungen initiierte und als Fortentwicklung der Tradition billigte (siehe S. 39, Mat. 5).

Die Magistrate

Die Kompetenzen zu politischem Handeln – wir würden heute sagen: die Regierungsgeschäfte – lagen bei den Magistraten*. Diese hatten in der Regel genau definierte Amtsbereiche (siehe Tabelle S. 25). Es gab jedoch auch zwei Ausnahmen: die Konsuln, denen neben der Heerführung die allgemeine Leitung der staatlichen Angelegenheiten oblag, sowie die Volkstribune als Vertreter der Plebs. In den Ständekämpfen des 5. und 4. Jahrhunderts v. Chr. hatten die Volkstribune Beschlüsse der Versammlungen der Plebejer (Plebiszite) herbeigeführt und Handlungen von Magistraten gegen Plebejer zu verhindern versucht. Nach dem Ausgleich der Stände* waren ihnen diese Kompetenzen in modifizierter Form geblieben: Sie konnten weiterhin Plebiszite herbeiführen, die seit 287 v. Chr. Gesetzeskraft hatten, konnten gegen magistratische Handlungen ihr Veto einlegen und Prozesse vor der Volksversammlung wegen politischer De-

Die Entstehung und Entwicklung der Römischen Republik

Aus archäologischen Zeugnissen wissen wir, dass auf dem Gebiet des späteren Rom schon im 9. Jahrhundert v. Chr. mehrere Siedlungen bestanden, aus denen im 8. Jahrhundert v. Chr. dann – in diese Zeit verlegt die spätere römische Geschichtsschreibung die Legende von Romulus und Remus – eine zusammenhängende Siedlung entstand. Im Zuge der Ausdehnung der etruskischen Kultur nach Süden geriet auch Rom unter deren Einfluss und wurde zu einer etruskischen Stadt. Machtkämpfe unter den Herrschern verschiedener etruskischer Städte führten um 500 v. Chr. dazu, dass der römische Adel* die Königsherrschaft abschütteln und eine Republik* errichten konnte, in der alle politischen und religiösen Funktionen dem Patriziat, einem Geburtsadel, vorbehalten waren.
Die von der Herrschaft ausgeschlossene Schicht, die Plebs, konnte im Lauf der Ständekämpfe bis um 300 v. Chr. den Zugang zu allen politischen Ämtern erringen. Die führenden Familien der Plebs verschmolzen mit den Patriziern zu dem neuen Amtsadel der Nobilität. Von den Ständekämpfen ging ein starker Druck auf die Patrizier* und die Plebejer* aus sich zu organisieren. Die auf strikter Einordnung beruhende politische und soziale Organisation der Römer ist in dieser Zeit zwar nicht entstanden, aber entscheidend gefestigt worden.
Nicht zuletzt aufgrund dieser „Verfassung" gelang es den Römern, im 4. und 3. Jahrhundert v. Chr. zunächst die Vorherrschaft in Italien, seit dem ersten Punischen Krieg (264–241 v. Chr.) dann im westlichen und schließlich auch im östlichen Mittelmeerraum zu erringen. Um die Mitte des 1. Jahrhunderts v. Chr. war das Römische Reich nach damaligen Vorstellungen ein „Weltreich".
Die Folgen dieser Eroberungen erschütterten das innere Gefüge der Römischen Republik. Römische Adlige lernten im Osten griechische Lebensform kennen. Feldherrn und Statthalter gewannen in den Provinzen große Reichtümer und konnten vom Senat immer weniger kontrolliert werden. Viele römische Bauern, die mit den Bundesgenossen die Legionen stellten, verloren auf den Schlachtfeldern ihr Leben, sodass schließlich Besitzlose zum Kriegsdienst eingezogen werden mussten. Im Zusammenhang damit kam es zu einer Professionalisierung des Heeres, die wiederum die Stellung der Feldherrn stärkte. Mit diesen Heeren konnten Adlige auch gegen Rom ziehen. Aus den erbitterten Machtkämpfen des letzten Jahrhunderts der Römischen Republik ging schließlich Augustus als Sieger hervor, der hinter einer republikanischen Fassade eine Monarchie errichtete.

likte führen. Da die Volkstribune seit der zweiten Hälfte des 4. Jahrhunderts v. Chr. weitgehend aus der Führungsschicht stammten, wirkten sich diese Kompetenzen nicht im Sinn einer Lähmung staatlichen Handelns aus, im Gegenteil: Das Volkstribunat wurde ein Mittel des Senats um politische Initiativen durchzusetzen oder Magistrate an Alleingängen zu hindern.
Die Macht der Magistrate war durch mehrere Faktoren begrenzt. Zum einen wurden sie nur für ein Jahr gewählt (Prinzip der Annuität), zum anderen wurde jedes Amt mit mindestens zwei Beamten besetzt, von denen jeder die Anordnung seines Kollegen durch ein Veto außer Kraft setzen konnte (Prinzip der Kollegialität). Außerdem hatte auch jeder Volkstribun das Recht ein Veto gegen Amtshandlungen des Magistrates einzulegen. Schließlich muss man auch noch bedenken, dass alle Magistrate auf die Senatsmehrheit Rücksicht nehmen mussten, wenn sie weiter politische Karriere machen wollten. Nur gegenüber der Volksversammlung hatten die Magistrate eine relativ unabhängige Stellung: Sie wurden zwar von ihr gewählt, konnten danach aber von ihr nicht mehr zur Rechenschaft gezogen werden. Umgekehrt stand den Magistraten kein „Apparat" zur Verfügung (z. B. Polizei); sie mussten sich vielmehr aufgrund ihrer Autorität und ihrer Überzeugungskraft durchsetzen.

Die Volksversammlungen

Anders als in der attischen Demokratie gab es in Rom verschiedene Volksversammlungen, die nach Stimmeinheiten gegliedert waren. Solche Stimmeinheiten waren zum einen die Zenturien, denen die Bürger je nach Vermögen zugewiesen wurden. In den Zenturiatskomitien hatten die Zenturien der Senatoren und der wohlhabenden Bürger lange Zeit die Mehrheit, während die Masse der Besitzlosen sich in ganz wenigen Zenturien zusammendrängte. Zum anderen richteten sich die Stimmeinheiten nach Wohnbezirken (lat. *tribus*, von daher Tributkomitien). Bei den Abstimmungen der Volksversammlung* zählten die Ergebnisse in den Stimmeinheiten, nicht die Einzelstimmen. Auf diese Weise sicherten sich der Adel* und die Reichen ein Übergewicht – auch in den Tributkomitien, denn einfache Bauern, die weit entfernt von Rom wohnten, konnten in der Regel die Volksversammlungen nicht besuchen.
Das Recht mit den Volksversammlungen zu verhandeln hatten nur die Magistrate. Sie beriefen die Volksversammlungen ein, setzten die Tagesordnung fest und stellten Anträge. Während der beschließenden Versammlungen gab es keine Debatten; Abänderungsanträge waren nicht gestattet. Das Volk konnte über die Vorlagen der Magistrate nur mit „Ja" oder „Nein" abstimmen. Allerdings hatten die Magistrate

die Möglichkeit vor den beschließenden Versammlungen formlose Versammlungen *(contiones)* einzuberufen. Doch auch hier gab es keine freie Aussprache: Reden durfte nur, wer vom Magistrat aufgefordert wurde. Dadurch bestand in der Römischen Republik nicht die Möglichkeit wie in der attischen Demokratie, dass geschickte Redner als Demagogen entscheidenden Einfluss gewinnen konnten.
Anders als in Athen war auch keine bestimmte Zahl von Volksversammlungen vorgeschrieben, die jährlich abgehalten werden mussten. Und die Kompetenzen der Versammlungen waren sehr beschränkt: Sie wählten die Magistrate und stimmten über Krieg und Frieden sowie über die Gesetze ab. Schließlich konnte seit 300 v. Chr. ein römischer Bürger, der durch Zwangsmaßnahmen eines Magistrats an Leib und Leben bedroht wurde, das Volk „herausrufen" *(provocatio)*; der entsprechende Magistrat musste dann ein Verfahren vor der Volksversammlung durchführen. Dieses „Provokationsrecht", das oft als „Grundrecht" bezeichnet wird, wurde aber dadurch unterhöhlt, dass sich der Senat das Recht herausnahm bei politischen Vergehen Sondergerichte mit senatorischen Richtern einzusetzen.
Insgesamt war die institutionelle Stellung der Volksversammlung in der Römischen Republik sehr schwach; sie kann als eine Art Vollzugsorgan des politischen Willens der Aristokratie* angesehen werden.

Herrschaft der Aristokratie und politische Willensbildung

Der Senat sorgte in der Römischen Republik durch seinen Einfluss und seine Autorität dafür, dass alle Institutionen nur das verwirklichten, was in der Absicht der römischen Führungsschicht lag. In jeder Theorie der Macht aber gilt der Grundsatz, dass Machtausübung von oben auf einem Minimum an Gegenleistungen beruhen muss. Da die politischen Institutionen der Römischen Republik dies nicht leisteten, stellt sich die Frage, welche anderen Formen die Römer zur Sicherung und Legitimation der aristokratischen Herrschaft entwickelt haben.
Wenn wir heute von politischer Willensbildung sprechen, denken wir zuerst an politische Parteien und Interessengruppen. Das war in der Römischen Republik anders. Wenn einzelne Gruppierungen eigene politische Interessen artikulierten, stieß dies auf das Misstrauen der aristokratischen Führung. Im Jahr 186 v. Chr. wurden z.B. viele Anhänger des Bacchus-Kultes hingerichtet, weil die Bacchanalien als eine Gefahr für die staatliche Ordnung angesehen wurden. Im Jahr 132 v. Chr. fanden viele Anhänger des Tiberius Gracchus den Tod, weil er als Volkstribun versucht hatte eigenständig Politik gegen den Senat zu machen.

Römische Beamte und ihre Aufgaben um 150 v. Chr.

2 Zensoren	Sie schätzen alle fünf Jahre die Bürger nach ihrem Vermögen und tragen sie in die Bürgerlisten ein. Sie wählen die Senatsmitglieder aus. Sie haben die allgemeine Aufsicht über die Sitten, verwalten die staatlichen Häuser und Grundstücke und verpachten die staatlichen Bergwerke und Zölle.
2 Konsuln	Sie üben die allgemeine Leitung des Staates aus und führen das römische Heer. Sie berufen und leiten die Versammlungen des Gesamtvolkes (Komitien) und den Senat.
6 Prätoren	Der Stadtprätor vertritt die Konsuln. Zuständig ist er für die Gerichtsbarkeit in Rom und für die Durchführung feierlicher Spiele. Der Fremdprätor ist zuständig für die Gerichtsbarkeit zwischen Bürgern und Fremden. Die 4 Provinzprätoren verwalten die Provinzen Sizilien, Sardinien mit Korsika und die 2 spanischen Provinzen.
4 Ädilen	Die 2 plebejischen Ädilen können (wie die Volkstribunen) die Versammlung der Plebs, die beiden kurulischen Ädilen die Tributkomitien einberufen und leiten. Allen Ädilen obliegt die Sorge für die Sicherheit und Sauberkeit der Stadt Rom, die Aufsicht über Verkehr, Kultstätten, Märkte, öffentliche Bäder und Brunnen. Außerdem sind sie für die Getreide- und Ölversorgung, die Magazinaufsicht und die Getreideverteilung zuständig.
Quästoren (Anzahl wechselnd)	2 Quästoren sind in Rom Gehilfen der Konsuln und Verwalter der Staatskasse; weitere sind Gehilfen der Feldherrn und Verwalter der Kriegskasse und Proviantmagazine. Andere Quästoren sind für die römische Flotte zuständig. Zusätzlich gibt es noch Provinzquästoren, die in den Provinzen Gelder verwalten und den Statthalter vertreten.
10 Volkstribunen	Als Vertreter der Plebs gehören sie ursprünglich nicht zu den ordentlichen Magistraten, werden aber im Laufe der Zeit in die Ämterlaufbahn eingeordnet. Sie berufen und leiten die Versammlung der Plebs. Sie können Bürgern gegen andere Magistrate helfen – ihre Haustür darf deshalb nie verschlossen sein – und Handlungen aller anderen Beamten verbieten.

Klientel und „Wohltätigkeiten"

Dennoch fand in der Römischen Republik ein ständiger Austausch zwischen Volk und Führung statt. Die eine Institution dafür war die Klientel*, durch die praktisch alle Nichtsenatoren an Mitglieder der Senatorenschicht gebunden waren. Die Klientel war ein soziales Bindungsverhältnis, das auf Gegenseitigkeit beruhte: Der Patron hatte den Klienten vor allem vor Gericht zu vertreten, der Klient stimmte dafür in den Volksversammlungen für die Anliegen seines Patrons. Damit das Verhältnis Patron – Klientel funktionierte, musste zwischen beiden eine Kommunikation stattfinden. Für diese gab es außer den normalen Situationen des Alltags auch besondere Gelegenheiten, so etwa die Geburtstage des Patrons, bei denen auch die Klienten ihre Aufwartung machten, oder die Morgenempfänge des Patrons, die z.B. von Gaius Gracchus so formalisiert worden sein sollen, dass drei Gruppen von Klienten gebildet wurden: Einige wurden allein, andere in kleinen Gruppen, die meisten in großen Gruppen empfangen. Bei solchen Empfängen konnten Stimmungen und Wünsche der Klienten erkundet und von der Senatorenschicht ins politische Kalkül einbezogen werden.
Als ein weiteres Mittel zur Anerkennung der aristokratischen Herrschaft gewährte die Führungsschicht dem Volk verschiedene „Wohltätigkeiten" (Euergesien), d.h. Leistungen, auf die die römischen Bürger als Bürger einen Anspruch hatten: Ädilen und Prätoren richteten Spiele aus, Patrone kümmerten sich um die Getreideversorgung für das Volk; beim Tod eines Familienmitgliedes hielten Senatoren prachtvolle Leichenbegräbnisse ab, die in der Regel auch Speisungen und Geldverteilungen umfassten; Mitglieder der Führungsschicht übernahmen die Ausrichtung von Götterfesten oder sorgten beispielsweise für Wasserleitungen und andere öffentliche Bauten. Im Zusammenhang mit diesen Leistungen gab es immer wieder Möglichkeiten zu politischen Stellungnahmen. Nach Cicero konnten das Urteil und der Wille des römischen Volkes außer in Volksversammlungen vor allem „beim Zusammensein bei Spielen und Gladiatorenkämpfen" erkannt werden. Die stadtrömische Plebs nutzte demzufolge Spiele zu politischen Willensäußerungen nicht nur gegenüber dem Spielgeber, sondern auch im Hinblick auf allgemeine politische Probleme.
Man muss alle diese Leistungen der Aristokratie als die eine Seite des Gabentausches interpretieren, dessen andere Seite in der Anerkennung der Herrschaft der aristokratischen Führungsschicht bestand. Das römische Volk „gehorchte" in der Regel der politischen Führung, und zwar in einer für uns heute erstaunlichen Weise. Es gab in Rom keine organisierte Polizei. Bis in die Mitte des 1. Jahrhunderts v. Chr. wurde nie Militär zu Ordnungszwecken in Rom eingesetzt. Die zwölf Liktoren, die ein Konsul zur Verfügung hatte, marschierten bei öffentlichen Auftritten im Gänsemarsch vor ihm – schon dies ein Zeichen dafür, dass sie den Konsul eher symbolisch beschützten, denn im Ernstfall hätten sie gegen eine größere Menge rebellierender Bürger kaum etwas ausrichten können.

Bedingungen und Grenzen des römisch-republikanischen Systems

Patria Potestas und die politische Funktion der Familie

Die Anerkennung der Herrschaft der Aristokratie lag freilich nicht nur in den dargestellten Austausch- und Kommunikationsbeziehungen, sondern auch in der römischen Sozialstruktur begründet.
Schon Gajus, ein römischer Jurist im 2. Jahrhundert n. Chr., hat die römische Familienstruktur als eine Besonderheit Roms gegenüber allen anderen Völkern betrachtet: Nirgendwo sonst, betonte er, gebe es eine so ausgeprägte *patria potestas,* d.h. hausväterliche Gewalt, wie in Rom.
Die römische *familia* (Hausverband) stand unter der strikten Kontrolle des *pater familias* (Hausvater). Sie umfasste in der Regel die eigene Ehefrau, ferner alle direkten Abkömmlinge männlicher Linie und deren Ehefrauen, alle unverheirateten weiblichen Familienmitglieder und schließlich die Sklaven. Über all diese übte der Hausvater eine gesetzlich unbeschränkte Macht aus, die lebenslänglich war. Solange der Vater oder Großvater lebten, besaßen z.B. die Söhne oder Enkel kein eigenes Vermögen, auch wenn sie 40 oder 60 Jahre alt waren. Durch die Emanzipation, d. h. die Entlassung aus der hausväterlichen Gewalt, konnte der *pater familias* Söhne enterben. Und er konnte aufgrund seiner Gewalt über Leben und Tod auch Haussöhne oder -enkel zum Tode verurteilen.
Es gibt berühmte Beispiele dafür, dass dies auch wirklich geschehen ist. Ausnahmslos handelte es sich dabei um Fälle von Ungehorsam oder Disziplinlosigkeit im politischen und militärischen Bereich, niemals um häuslichen Ungehorsam. Wir können daraus schließen, dass die hausväterliche Gewalt offensichtlich die magistratische Gewalt ergänzte, d.h. der Hausvater die Zuverlässigkeit von Handlungen der seiner Gewalt Unterworfenen im politischen und militärischen Bereich garantierte. Insofern muss die *patria potestas* als eine politische Gewalt angesehen werden, ohne die die Ordnung der römischen *res publica* nicht hätte aufrechterhalten werden können.
Die Autorität des Hausvaters war zwar nicht gesetzlich ein-

geschränkt, aber unterlag in der Praxis doch mannigfachen Beschränkungen. Dazu gehörte die soziale Kontrolle, die von den Zensoren ausgeübt wurde, außerdem die Rolle, die Verwandte im Familienleben spielten. Diese nahmen nicht nur am Hausgericht teil, das einberufen werden musste, wenn ein Familienmitglied zum Tode verurteilt wurde. Die väterlichen Verwandten unterstützen auch die Disziplinierungsfunktionen des Vaters, während die mütterlichen Verwandten die Pflicht hatten ihren Neffen und Nichten immer zur Seite zu stehen.

Was die alleinige Vermögensfähigkeit des Hausvaters anging, so war es spätestens seit dem 3. Jahrhundert v. Chr. üblich Hauskindern ein Sondervermögen *(peculium)* zu gewähren, mit dem sie wirtschaften konnten. Es gehörte zwar weiterhin dem Hausvater, wurde aber in der Regel nicht zurückgerufen. Es gab auch den Fall, dass die Ehefrau bei der Heirat nicht in die Gewalt ihres Mannes überging, sondern in ihrer Herkunftsfamilie blieb. Sie konnte, wenn ihr Vater gestorben war, über ein großes Vermögen verfügen, sodass ihr Mann finanziell von ihr abhängig werden konnte. Die hausväterliche Gewalt war also keine tyrannische, die alle Lebensvollzüge im Hause bestimmte. Aber sie wurde gesellschaftlich immer dann eingefordert, wenn es um die Ordnung der *res publica* ging.

Adlige Hausväter standen nicht nur an der Spitze eines Familienverbandes, sondern waren auch Patrone einer großen Klientel. Diese umfasste zum einen alle, die sich freiwillig unter den Schutz eines Patrons begaben oder deren Vorfahren das getan hatten, denn das Klientelverhältnis wurde in der Regel vererbt. Ferner gehörten dazu alle freigelassenen Sklaven, die ihren ehemaligen Herren und deren Nachkommen gegenüber bestimmte Verpflichtungen wahrnehmen mußten. Schließlich gab es auch ganze Städte oder Provinzen, die – z. B. wegen Hilfe und Wohltaten, die ihnen während einer Statthalterschaft erwiesen worden waren – in ein besonderes Klientelverhältnis zu einer Adelsfamilie getreten waren. Die Herrschaft der römischen Aristokratie ruhte also auf einem dichten Netz sozialer Beziehungen und war ohne dieses Netz nicht denkbar.

Die Integration der Aristokratie

Da Adlige an der Spitze mächtiger sozialer Gruppen standen, ist zu fragen, wie diese Adligen selbst in die *res publica* integriert wurden. Wir können diese Frage allerdings nur zum Teil beantworten, weil wir zu wenige Informationen über die römische Frühgeschichte haben.

Römische Adlige konkurrierten um Ämter und damit verbundenes Ansehen, um militärische Siege und Triumphe. Das alles kam dem Staat zugute. Voraussetzung dafür war freilich eine gewisse Gleichheit der Lebensverhältnisse und eine etwa gleiche Verteilung der Klientel. Durch die politische Organisation der Magistratur wurde außerdem verhindert, dass ein Amtsträger zu viel Macht auf sich vereinigte und Politik gegen die Senatsmehrheit machte. Hinzu kam schließlich noch, dass in der Aristokratie ein weitgehender Konsens über adlige Lebensformen herrschte und sie durch Verwandtschaftsverhältnisse und Freundschaften eng miteinander verbunden war. Dieser Konsens war so wichtig, dass die Zensoren die Aufgabe hatten die adlige Lebensführung zu kontrollieren.

Durch die Expansion Roms nach Sizilien, Sardinien und Korsika erhielt die Aristokratie neue Möglichkeiten durch Handel und Sklavenwirtschaft zu Reichtum zu gelangen. Die Kriege und die Statthalterschaften in den neuen Provinzen eröffneten den Aristokraten Karriereaussichten und Möglichkeiten sich in einem bis dahin unbekannten Ausmaß Popularität in der *res publica* zu verschaffen. Weil dadurch die traditionelle Gleichheit des Senatorenstandes gefährdet war, wurde im Jahr 218 v. Chr., zu Beginn des zweiten Punischen Krieges, ein Gesetz erlassen, das der Senatorenschicht den Besitz großer Schiffe und Handelsgeschäfte untersagte. Um die Kosten für die Wahlkämpfe um die Prätur – sie war die Voraussetzung für eine lukrative Statthalterschaft – einzudämmen, erließ man Gesetze zur Einschränkung der Wahlbestechung und Ämterwiederholung. Aber alle diese Maßnahmen konnten an der Tatsache nichts ändern, daß in der späten Republik die alte Gleichheit des Senatorenstandes nicht mehr herzustellen war und dass innerhalb dieser Schicht einzelne den Kampf um die Macht in der Republik nur noch für sich führten.

Das Scheitern der republikanischen Reichsverwaltung

Unter der Führung einer Aristokratie hat Rom ein Weltreich erobert: in der Auseinandersetzung mit Karthago im 3. Jahrhundert v. Chr. Sizilien, Sardinien, Korsika und Spanien, im 2. Jahrhundert v. Chr. das heutige Tunesien in Nordafrika; in der Auseinandersetzung mit hellenistischen Mächten im 2. Jahrhundert v. Chr. Makedonien, Achaia und das mächtige Königreich Pergamon, das durch Erbschaft an Rom fiel. Um 100 v. Chr. setzten sich die Römer in Cilicia (Kleinasien) fest, 96 v. Chr. erbten sie Cyrene, 75/74 Bithynia. Im großen Stil erweiterte dann Pompeius im Kampf gegen Mithridates von Pontos die römische Herrschaft im Osten: Pontos wurde zu Bithynia geschlagen, Syria als neue Provinz eingerichtet. Caesar fügte schließlich Gallien der römischen Herrschaft hinzu.

Die zuletzt genannten Erweiterungen des Römischen Rei-

ches kann man schon nicht mehr der römischen Aristokratie zuschreiben. Die Außenpolitik wurde hier klar durch die Innenpolitik bestimmt, d. h. die Eroberungen waren durch die Versuche römischer Feldherren bedingt, ihre Position in Rom selbst zu stärken.
Die römische Aristokratie geriet durch die Eroberungen in ein Dilemma: Auf der einen Seite wurde ihre Macht ins Unermeßliche gesteigert, wurde der Senat zu einer „Versammlung von Königen". Auf der anderen Seite kam es genau deshalb zu einer gewaltigen „privaten" Aneignung der Vorteile, die das Weltreich bot. Dazu gehörten nicht nur wirtschaftliche Mittel, sondern vor allem auch militärische Macht, die man als Statthalter oder Heerführer gewinnen und in innenpolitischen Kämpfen einsetzen konnte. Diese „private" Aneignung von wirtschaftlicher und militärischer Macht hat die Republik gesprengt. Der Senat konnte seine Kontrollfunktion nicht mehr wahrnehmen. Und aus den erbitterten Kämpfen der letzten Jahrzehnte der späten Republik ging schließlich Augustus als Sieger hervor, der auch formell die Monarchie institutionalisierte und damit der Konkurrenz innerhalb der Aristokratie ein Ende setzen konnte.

1. *Vergleichen Sie die Römische Republik mit der attischen Demokratie unter folgenden Gesichtspunkten: Funktion der politischen Institutionen, politischer Willensbildungsprozess, Bedingungen der Herrschaftsausübung.*
2. *Erklären Sie – ausgehend von der Rolle, die die Aristokratie spielte –, warum sich die Römische Republik nicht zu einer Demokratie entwickelt hat.*
3. *Wie begründet der Autor der Darstellung den Untergang der Römischen Republik? Nehmen Sie dazu Stellung.*

Die Organisation des Imperium Romanum im Prinzipat

Die Funktion der Städte

Mit der Herrschaft des Augustus (27 v. Chr. – 14 n. Chr.) begann der Prinzipat*. Augustus nannte sich selbst Princeps, d. h. der „Erste". Damit hatte er im Kreise der Senatoren eigentlich nur aufgrund seines Ansehens und seiner Verdienste eine herausragende Stellung. In Wirklichkeit war er Alleinherrscher. Zwar blieben die alten Einrichtungen der Republik bestehen, aber Augustus vereinte verschiedene Amtsgewalten auf sich – so bekleidete er lebenslang die tribunizische Gewalt, ließ sich bei wichtigen Gelegenheiten zum Konsul wählen, hatte die Befehlsgewalt über das Heer und die wichtigsten Provinzen.
Die römischen Kaiser übernahmen aus der Republik die Aufteilung des Reiches in Provinzen und städtische Selbstverwaltungseinheiten. Die Stadt war die unterste Ebene der Vermittlung römischer Herrschaft an die einzelnen Reichsbewohner. Ohne Städte hätte die römische Verwaltung keinen „Ansprechpartner" gehabt. Deshalb wurden in Gebieten wie Gallien, wo es nur wenige Städte gab, neue Städte als Zentren der einzelnen Stämme gegründet.
Jede Stadt bestand aus einem städtischen Zentrum und dessen Umland. Die römische Stadt war also mit einem heutigen „Kreis" vergleichbar, wobei freilich das Territorium antiker Städte weit über das von heutigen Kreisen hinausging. Jede Stadt verwaltete sich selbst, d. h. sie war zuständig für die innere Ordnung, den größten Teil der Gerichtsbarkeit, die Versorgung der städtischen Bevölkerung, für städtische Straßen und Bauten, für die städtischen Kulte und für den Einzug der Steuern. Es gab überall Magistraturen, die den stadtrömischen Ämtern nachgebildet waren, sowie einen städtischen Rat *(curia)*, dessen Mitglieder, Dekurionen genannt, aus der Honoratiorenschicht der Städte stammten. Volksversammlungen existierten zwar anfangs noch, verloren aber im Laufe der Kaiserzeit an Bedeutung.
Das heißt jedoch nicht, dass damit auch die städtische Plebs an Bedeutung verlor. Jede Stadt wurde in der Kaiserzeit geradezu verschwenderisch mit öffentlichen Bauten ausgestattet: Dazu gehörten das Forum, Bauten für den Rat und die Gerichtsbarkeit (Basiliken), Theater, Gärten, Thermen und Wasserleitungen, Hafengebäude und Speicher, ferner viele Tempel. Alle diese Bauten bildeten einen Raum, in dem die städtische Bevölkerung miteinander kommunizieren konnte. Wie in Rom nahm die Plebs bei Spielen und Zirkusrennen auch zu politischen Fragen Stellung. Politische Parolen konnten auch, wie z. B. in Pompeji überliefert, an Hauswände gekritzelt werden.
Diese politische Kommunikation war Teil eines umfassenden Austauschs zwischen den Honoratioren und der Stadtbevölkerung. Die Honoratioren erbrachten umfangreiche Leistungen für die Stadt; das Volk und der Rat ehrten dafür

Das Römische Reich damals und die Europäische Einigung heute

Im Rahmen heutiger Bemühungen um eine europäische Einigung wird nicht selten auf das Römische Reich verwiesen, und zwar unter unterschiedlichen Gesichtspunkten: Zum einen geht es um den Bereich, den ein zukünftiges Europa umfassen soll. Auf der Suche nach gemeinsamen Traditionen, die ein solches Europa mitbegründen können, denken viele an das Römische Reich, vor allem an die römische Zivilisation, das römische Recht und das lateinische Christentum. In einer solchen Perspektive fallen Gebiete, die einst auch zum Römischen Reich gehörten, aus den Projektionen für ein gemeinsames Europa heraus: so alle Länder, in denen sich das Christentum in seiner byzantinisch-orthodoxen Form ausgebreitet hat.
Zum anderen wird das Römische Reich im Hinblick auf die politische Organisation eines Großraumes als Beispiel herangezogen. Nun handelt es sich allerdings beim Römischen Reich zunächst um die Herrschaft über Unterworfene, bis 212 n. Chr. alle freien Reichsbewohner römische Bürger wurden. Die Integration von Nichtbürgern wurde dadurch erleichtert, daß Neubürger in die hierarchisch aufgebauten Sozialverbände eingegliedert wurden. Es gab zwar eine stark ausgeprägte Identität von Städten oder Regionen, aber keine Nationalstaaten und kein entsprechendes Nationalbewusstsein. Und vor allem: Trotz regen Handelsaustausches fehlte so etwas wie ein gemeinsamer Markt und es gab nicht die Probleme, die aus unterschiedlichen Sozial- oder Bildungssystemen erwachsen. Entsprechend waren auch die Anforderungen an die Zentrale weniger groß.
Die bisherigen Europaplanungen scheinen darauf hinauszulaufen, dass Europa zumindest im Hinblick auf bestimmte Regelungsbereiche als eine Art Superstaat gedacht wird – mit einem großen Verwaltungsapparat, einem Parlament, einem höchsten Gericht usw. Der Nationalstaat wird gleichsam auf die europäische Ebene projiziert. Viele haben die Befürchtung, dass ein solches Europa nur um den Preis der Aufgabe demokratischer Rechte erkauft werden kann und die Möglichkeiten der Mitbestimmung für den Einzelnen kaum gegeben sind.
Dass ein Zusammenwachsen Europas wünschbar und notwendig ist, wird niemand bezweifeln. Das Römische Reich kann wegen der genannten Unterschiede nicht als unmittelbares Modell dafür herangezogen werden. Aber die dort praktizierte Verbindung von Zentralgewalt und Selbstverwaltung, von Bewusstsein der Zugehörigkeit zum Reich und städtischer bzw. regionaler Identität kann doch zumindest unser Nachdenken über ein zukünftiges Europa anregen.

die Spender durch Monumente, Ehreninschriften oder die Wahl zu Magistraten.
Man kann die Städte der römischen Kaiserzeit grob in drei Typen unterteilen: solche mit römischem Bürgerrecht*, solche mit latinischem Recht und gewöhnliche Provinzstädte. In Städten mit latinischem Recht wurden diejenigen, die zu Magistraten und Dekurionen gewählt wurden, gleichzeitig mit dieser Wahl zu römischen Bürgern. Das römische Bürgerrecht dehnte sich also immer mehr aus.
Die städtischen Ämter bildeten gleichzeitig die wichtigste Rekrutierungsbasis für die Führungsschicht des Reiches: In der Stadt Rom wirkten ständig 5000 Richter als Geschworene, die aus dem Ritterstand stammten und in der Regel vorher städtische Ämter bekleidet hatten. Nach der Geschworenentätigkeit konnten sie entweder wieder in ihre Städte zurückkehren und so die Verbindung zwischen Rom und den Städten stärken oder sie stiegen weiter auf: über wichtige militärische Posten bis hin zu den höchsten ritterlichen Zivilämtern und – wenn auch meistens erst eine oder mehrere Generationen später – zu senatorischen Würden. Als Ritter im Reichsdienst oder als Senatoren konnten sie ihren Städten als Patrone dienen, d. h. Stiftungen machen oder auch die Interessen der Stadt beim Kaiser vertreten. In diesem Austausch liegt vielleicht eine der wichtigsten Klammern für den Zusammenhalt des Römischen Reiches.

Die Provinzen und die kaiserliche Zentrale

Zwischen den Städten und der Zentrale in Rom lag die Ebene der Provinzen. Deren Leiter, die Statthalter, waren zuständig für die Sicherung der Ordnung in der Provinz. Sie waren zugleich Gerichtsherren für die Fälle, deren Entscheidung sich Rom vorbehalten hatte. Für die Verwaltung der Steuern gab es eigene Provinzbeamte. Wo Militär lag, waren die Statthalter zugleich Kommandeure der Heereseinheiten und zuständig für den Grenzschutz. Jährlich ein- bis zweimal trafen sich die Städte einer Provinz zu Provinziallandtagen, die dem Kaiserkult dienten. Ferner konnten dort gemeinsame Anliegen der Städte formuliert und Gesandtschaften an den Kaiser geschickt werden.
Die kaiserliche Zentrale in Rom kam – gemessen an der Größe des Reiches – mit einem Minimum an Verwaltungspersonal aus. Der Kaiser war für die Provinzen der oberste Gerichtsherr. Römische Bürger, die wegen Kapitalverbrechen angeklagt waren, kamen vor das Kaisergericht. Im Übrigen antwortete der Kaiser auf die Anfragen der Statthalter durch amtliche Bescheide, die dann auch für zukünftige Fälle Rechtskraft hatten. Er empfing Gesandtschaften der Städte und Provinziallandtage. Wenn er Reisen durch die Provinzen machte, wurde er von den Städten feierlich emp-

Arles in Südfrankreich, zur Zeit des römischen Kaiserreiches die Hauptstadt der Provinz Narbonensis. Fotografie

fangen, erwies ihnen Wohltaten *(beneficia)* und nahm dafür Ehrungen entgegen. Die normalen Beziehungen der Städte zum Kaiser liefen über Gesandtschaften oder darüber, dass Patrone beim Kaiser für die Städte wirkten. Eine andere Ebene der Verbindung zum Kaiser war der Kaiserkult, der nicht nur auf Provinziallandtagen gepflegt wurde. Im Laufe der Zeit errichteten fast alle Städte Tempel für den Kaiserkult. Bis zum Opferedikt des Decius im Jahr 249 n. Chr. brauchte aber niemand am Kaiserkult teilzunehmen.
Rom hat kein kulturelles Einheitsreich zu errichten versucht. Man kannte keine offizielle Religion, die für alle verbindlich war. Jede Stadt hatte ihre besonderen Schutzgottheiten und daneben andere Gottheiten, die traditionell in einer Stadt verehrt wurden. Selbst im Bereich des Rechtes haben die Provinzstädte einheimische Rechtstraditionen fortgeführt bei allen Entscheidungen, für die sie zuständig waren. Rom hat zwar dem ganzen Reich seinen Stempel aufgeprägt und durch Straßen und Brücken die Teile des Reiches einander näher gerückt. Aber Griechen und Syrer blieben kulturell Griechen und Syrer, auch wenn sie rechtlich zu römischen Bürgern wurden und sich unter römischer Herrschaft befanden. Rom hat also das Kunststück fertig gebracht ein großes Reich zu schaffen und dennoch die Identität der Reichsbewohner in den Provinzen und Städten unangetastet zu lassen.

Die Bedingungen für die Beherrschung des Römischen Weltreiches

Die von Augustus geschaffene Ordnung des Weltreiches hatte bis etwa zur zweiten Hälfte des 2. Jahrhunderts n. Chr. Bestand. Danach begannen Veränderungen, die zur Reichskrise des 3. Jahrhunderts und schließlich zu den Reformen Diokletians und Konstantins führten.
Die Provinzen des Reiches erlebten in den ersten beiden Jahrhunderten der Kaiserzeit eine fast beispiellose Blüte. Nach den Bürgerkriegen der späten Römischen Republik begann mit Augustus eine Friedenszeit. Landwirtschaft, Handel und Handwerk konnten sich weitgehend ungestört entwickeln, in manchen Regionen wurden durch die römische Herrschaft überhaupt erst Verhältnisse geschaffen, die ein geregeltes Wirtschaftsleben erlaubten. Der vor allem zu militärischen Zwecken geförderte Straßenbau diente auch dazu die Provinzen unter wirtschaftlichen Gesichtspunkten zu verbinden. Und schließlich: Das Ende der Konkurrenzkämpfe unter den Adligen und die strikte Kontrolle der Statthalter durch die Monarchen beendeten zwar sicher nicht alle Formen der Ausbeutung der Provinzialen, aber immerhin war die bedenkenlose Ausplünderung der Provinzen, wie sie

in der späten Republik üblich geworden war, nicht mehr möglich. Alles dies, verbunden mit der Respektierung des Eigenlebens der Städte und Provinzen, förderte die Akzeptanz der römischen Herrschaft.
Auch von außen wurden bis zum Ende des 2. Jahrhunderts n. Chr. nur geringe Anforderungen an das Reich gestellt. Das Partherreich hatte seine Schrecken für die Römer verloren, die Germanen waren in viele Stämme aufgespalten. Das römische Heer war deshalb über weite Zeiträume ein Friedensheer, das viele zivile Aufgaben in den Provinzen erfüllte und die Reichsbewohner wenig belastete.
Zwei strukturelle Merkmale machten die besondere Form der römischen Reichsverwaltung möglich. Das erste ist, dass die Römer auch nicht in Ansätzen so etwas wie ein Nationalbewusstsein ausbildeten. Sie waren stolz auf ihr Römersein, aber Römer konnte bis zum freigelassenen Sklaven jeder werden, der die römische Zivilisation respektierte. Alle Nichtrömer hatten grundsätzlich die Möglichkeit Römer zu werden und die damit verbundenen Vorteile zu genießen. Ein Weg dazu führte über den Dienst im römischen Heer, denn nach Ablauf der Dienstzeit erhielten die Soldaten das römische Bürgerrecht, das danach auch für die Nachkommen galt. Das Bürgerrecht wurde auch an ganze Städte verliehen. Angehörige führender Schichten aus nichtrömischen Städten oder Stämmen bekamen das römische Bürgerrecht um sie an Rom zu binden. So setzte sich schon gegen Ende des 1. Jahrhunderts n. Chr. die Führungsschicht des Reiches aus immer mehr Nichtrömern zusammen. Durch den Erlass der *Constitutio Antoniniana* des Kaisers Caracalla im Jahr 212 n. Chr. erhielten schließlich alle Bewohner des Reiches das römische Bürgerrecht. Allerdings wurde dieses Gesetz zu einer Zeit erlassen, als mit dem römischen Bürgerrecht schon beinahe mehr Lasten als Vorteile verbunden waren. Vorurteile gegenüber fremden Völkern innerhalb des Reiches existierten nicht. Als sich z. B. die Senatoren unter Claudius (41–54 n. Chr.) dagegen wehrten, dass die gallischen Führungsschichten Zugang zum Senat erhielten, hat der Kaiser sie dezent daran erinnert, dass viele von ihnen ursprünglich auch nicht aus Rom stammten.
Das zweite Merkmal ist, dass die Gesellschaft strikt hierarchisch gegliedert war. Wie in der Republik konnten dadurch Neubürger immer in mehrschichtige Beziehungsnetze eingegliedert werden: Die römische Führungsschicht kooperierte mit den Führungsschichten der Städte. Senatoren und Ritter übernahmen das Patronat über Städte.

1. *Skizzieren Sie die politischen und gesellschaftlichen Prinzipien des Imperium Romanum.*
2. *Nehmen Sie Stellung zu den Gedanken des Autors, die Organisation und Verwaltung des Römischen Reiches könne zum Nachdenken über den europäischen Einigungsprozess anregen.*

Der Wandel von Herrschaft, Macht und Religion in der Spätantike

Die Krise des Römischen Reiches im 3. Jahrhundert

Äußere Bedrohung und ihre Folgen

Was in den ersten beiden Jahrhunderten der Kaiserzeit der Grund für die breite Akzeptanz des Reiches und des Kaisertums war, bewirkte seit dem 3. Jahrhundert n. Chr. genau das Gegenteil: Die bisherigen Herrschaftsmittel genügten nicht mehr angesichts zunehmender äußerer Bedrohungen. Im Partherreich setzte sich die neue Dynastie der Sassaniden durch, die sich die Wiederherstellung des Perserreiches zum Ziel gesetzt hatten. Auf dem Balkan und im Westen geriet das Römische Reich unter den Druck germanischer Völkerschaften: Goten und andere Stämme bedrängten die Balkanprovinzen, die Alamannen zerstörten 259/60 das römische Grenzsystem des Limes in Südwestdeutschland, andere Germanen stießen nach Spanien vor.
Das Reich konnte in der Form, in der es unter Augustus errichtet worden war, diesen Belastungen nicht standhalten. Zwischen 235 und 284 war keine Kaiserdynastie mehr in der Lage sich durchzusetzen; die Kaiser lösten sich in schneller Folge ab, weil sich keiner von ihnen die Anerkennung sichern konnte, welche die Grundlage des augusteischen Systems gebildet hatte. Vielfach setzten sich kurzfristig separatistische Bewegungen durch; 259 entstand im Westen ein Sonderreich, das Gallien, Spanien und Britannien umfaßte, 267 bildete sich im Osten um Palmyra ein weiteres

Sonderreich, zu dem neben Arabien auch Syrien, Mesopotamien und Ägypten gehörten.
Das römische Heer befand sich jetzt in dauerndem Einsatz. Dadurch wurden die Kosten erheblich gesteigert. Die Städte des Reiches und die Zivilbevölkerung wurden verstärkt zu Leistungen für das Heer (Einquartierung, Verpflegung, Transport) herangezogen. Sie hatten sowohl unter feindlichen Einfällen und Zerstörungen als auch unter Plünderungen der eigenen Soldaten zu leiden.
In fast allen Städten überwachten jetzt kaiserliche Kommissare die Verwaltung, d. h. die Verwaltung wurde zentralisiert und die Respektierung des Eigenlebens der Städte und Provinzen – eine wichtige Grundlage für den Zusammenhalt des Reiches – hörte auf.

Die Suche nach neuen Grundlagen

In dieser Situation, in der die Stadtbewohner immer weniger ihr Schicksal selbst gestalten konnten und immer mehr von Bedingungen abhängig wurden, auf die sie keinen Einfluss hatten, wuchs die Bereitschaft göttliche Hilfe für das eigene Schicksal einzufordern. Menschen wählten sich göttliche Begleiter, die sie schützen konnten. Viele wandten sich auch der Zauberei zu. Apollonius von Tyana, ein vorher wenig bekannter Philosoph des 1. Jahrhunderts n. Chr., wurde in einer Lebensbeschreibung am Beginn des 3. Jahrhunderts zu einem Muster an Frömmigkeit und zum Wundermann stilisiert und erreichte eine große Wirkung. Auch die alten Götter wurden so umgedeutet, dass ihre schützenden Kräfte in den Vordergrund traten.
Parallel dazu fand ein Prozess der Verinnerlichung statt. Charakteristisch dafür war z. B. in der zweiten Hälfte des 3. Jahrhunderts die Blüte der philosophischen Richtung des Neuplatonismus. Auch bei den Christen lässt sich beobachten, dass die Sorge um das ewige Heil größere Bedeutung gewann: Seit dem Ende des 3. Jahrhunderts wurden verstärkt Heilige als Vermittler für das Heil angerufen. Insgesamt trat jetzt gegenüber den politischen Beziehungen die Frage in den Vordergrund, wie man sein eigenes Leben führen sollte. Auf der Ebene des Staates wurde die neue Einstellung darin sichtbar, dass die Kaiser die Krise des 3. Jahrhunderts auf die mangelnde Verehrung der Götter zurückführten. Deshalb ordnete Kaiser Decius im Jahr 249 an, dass jeder Reichsbewohner den alten Göttern zu opfern habe. Da über diese Opfer amtliche Bescheinigungen ausgestellt werden mussten, löste der Opferbefehl die erste allgemeine Christenverfolgung im Römischen Reich aus.
In unmissverständlicher Weise hat Kaiser Diokletian in der Vorrede zu einem Edikt des Jahres 297 die neue Bedeutung der Religion formuliert: Die Götter „haben sich in ihrer Voraussicht herabgelassen zu regeln und festzulegen, dass das, was gut und wahr ist, durch den Rat und die Erörterung vieler guter, hervorragender und sehr weiser Männer geprüft und festgesetzt werde; dem entgegenzuhandeln und zu widerstehen ist Frevel. Die alte Religion darf nicht von der neuen angegriffen werden.“[1] Niemals zuvor war eine Verbindung zwischen dem gottgefälligen Verhalten der Bevölkerung und dem Wohl des Reiches, um das es Diokletian ging, hergestellt worden. Vielmehr war es vorher immer nur um die rechte Durchführung der Riten und Opfer gegangen. Jetzt verlangten die Götter mehr von den Menschen. Diokletian sei von allen Kaisern am meisten dahin gelangt die Götter zu Weltherrschern zu machen – so beschreibt ein Autor des 4. Jahrhunderts die neue Politik.

Zentralisierung durch die Reformen Diokletians und Konstantins

Das Mehrkaisertum

Schon im Laufe des 3. Jahrhunderts haben die römischen Kaiser auf die Krise des Reiches reagiert. Vor allem in der Regierungszeit Diokletians (284–305) und Konstantins (306–337) wurden aber entscheidende Reformen durchgeführt.
Diokletian hat sich gleich in den ersten Jahren seiner Herrschaft drei Mitkaiser erwählt: einen mit ihm im Rang gleichen Augustus und zwei im Rang niedrigere Caesares. Dadurch wurde nicht nur das Kaisertum vervierfacht (wir nennen das diokletianische System deshalb Viererherrschaft, „Tetrarchie“); es entstanden auch vier kaiserliche Zentralen. Wahrscheinlich waren die einzelnen Herrschaftsgebiete nicht genau voneinander abgetrennt, aber die Kaiser agierten doch jeweils vorwiegend in bestimmten Gebieten. Auf diese Weise konnte immer ein Kaiser an Gefahrenherden präsent sein, sodass sich die Gefahr von Usurpationen verminderte. Das System der Tetrarchie brach zwar nach der Abdankung Diokletians schnell zusammen. Die Aufteilung des Reiches in vier bis fünf Großregionen und das Mehrkaisertum setzten sich aber im Laufe des 4. Jahrhunderts durch. Diokletian und seinen Nachfolgern gelang es so, die Situation an den Grenzen zumindest zeitweise zu konsolidieren.

Steuer- und Währungsreformen

Eine der ersten Maßnahmen Diokletians war eine umfassende Steuerreform, durch die die Steuererhebung im ganzen Reich vereinheitlicht und gerechter gestaltet werden sollte. Zu diesem Zweck wurden das gesamte landwirtschaftlich nutzbare Land sowie alle Personen, die einen Haushalt bil-

Die Gruppe der Tetrarchen. Diokletian und seine Mitkaiser Maximianus, Galerius und Constantius, Anfang 4. Jahrhundert, Porphyrsäule, Höhe 130 cm, Venedig, Museum San Marco

deten, erfasst und in verschiedene Steuereinheiten aufgeteilt. Die konkrete Steuer bemaß sich dann nach den Anforderungen des Staates, die auf die verschiedenen Steuereinheiten umgelegt wurden. Erstmals in der Antike wurden seit Diokletian auch Haushaltsvoranschläge aufgestellt, aus denen der Finanzbedarf des Staates hervorging. Die Steuern wurden zunächst wohl hauptsächlich in Naturalien gezahlt, die aber auch in Geldsteuern umgewandelt werden konnten. Neben den Steuern verlangte der spätantike Staat von den Reichsbewohnern aber noch eine große Zahl unentgeltlicher Leistungen, die sogenannten Liturgien*. Dazu gehörte die Steuereintreibung und die Instandhaltung von Straßen ebenso wie die Stellung von Fahrzeugen und Tieren für den Transport von Nahrung und Kleidung für die Truppen sowie die Stellung von Schiffen für den Getreidetransport.

Um Steuern, Liturgien und die Durchführung bestimmter Tätigkeiten zu sichern, auf die der Staat angewiesen war – z. B. die der Soldaten, Dekurionen, Schiffer und Bäcker – führte Konstantin den Erbzwang ein: Die Söhne mussten die Tätigkeit des Vaters fortsetzen. Dieser Erbzwang ist einer der Gründe, warum in der Geschichtswissenschaft von einem „spätantiken Zwangsstaat" gesprochen wird.

Mit der Steuerreform Diokletians war eine Währungsreform verbunden, denn in der Krise des 3. Jahrhunderts hatte der Edelmetallgehalt des Geldes rapide abgenommen und das Geld war weitgehend wertlos geworden. Von jetzt an wurden alle provinzialen Münzprägungen unterbunden; dafür wurden 14 über das ganze Reich verteilte Prägestätten eingerichtet und neue Münzen eingeführt, durch deren Edelmetallgehalt die Währung stabilisiert werden sollte. Um die neuen Münzwerte durchzusetzen wurden Höchstpreise für Waren und Dienstleistungen (Maximaltarife) festgelegt. Doch diese staatlich verordnete Politik hatte keinen Erfolg. Deshalb gab Konstantin sie zugunsten einer reinen Geldpolitik auf: Er schuf zwei neue Edelmetallmünzen, den *solidus* (Gold) und die *siliqua* (Silber) und ließ sie durch Staatsaufträge in Umlauf setzen. Das Ergebnis war, daß im 4. Jahrhundert die Geldwirtschaft wieder zunahm.

Die zentralistischen Regelungstendenzen Diokletians werden noch auf einem anderen Gebiet sichtbar: Obwohl seit 212 alle freien Reichsbewohner römische Bürger waren, hatten sich vielfach alte einheimische Rechtstraditionen in den Provinzen gehalten. Diokletian drang nun darauf, dass überall das römische Recht angewandt wurde. Waren z. B. im Osten Heiraten zwischen Verwandten vorher üblich und geduldet, so verlangte Diokletian jetzt die Beachtung der römischen Heiratsverbote unter Verwandten.

Verwaltungsreformen

Durch die Steuerreform, die Überwachung des Maximaltarifes und die Durchsetzung des römischen Rechts nahmen die Aufgaben der Statthalter stark zu. Diokletian hat deshalb viele Provinzen geteilt, sodass sich die Zahl der Provinzen verdoppelte. Aufgrund dieser Vermehrung klappte die bisherige Verbindung zwischen den Provinzen und der kaiserlichen Zentrale nicht mehr. Unter Konstantin und seinen Nachfolgern wurde deshalb eine eigenständige Regionalverwaltung aufgebaut: Vier Prätorianerpräfekten bildeten die Spitze der Zivilverwaltung und der Rechtsprechung in den vier Großregionen des Reiches. Jede Großregion war

wiederum in Unterbezirke, Diözesen, aufgeteilt, die von Vikaren geleitet wurden. Die unterste Ebene bildeten schließlich die von Statthaltern verwalteten Provinzen.
Die Städte verloren in diesem Verwaltungsaufbau an Bedeutung. Zwar oblagen ihnen auch weiterhin bestimmte Funktionen, z. B. der Einzug der Steuern und die Versorgung der Stadtbevölkerung mit Getreide, aber die meisten dieser Funktionen wurden vom Staat eingefordert. Mehrfach wurde städtischer Landbesitz vom Kaiser enteignet, sodass die städtischen Eigenmittel stark beschnitten wurden. Im Zuge der Christianisierung verloren die städtischen Oberschichten auch die Funktionen, die mit dem religiösen und kultischen Leben der Städte zusammenhingen, z. B. die Bekleidung von Priestertümern und die Ausrichtung von religiösen Festen. Insgesamt änderte sich so die Rolle der Städte: Aus Selbstverwaltungseinheiten wurden Vollzugsorgane des staatlichen Willens. Da städtische Ämter keine Ehre und keinen Aufstieg mehr einbrachten, fand auch der innerstädtische Austausch nicht mehr statt.
Im 4. Jahrhundert wurde aber nicht nur die Verbindung von der kaiserlichen Zentrale zu den Provinzen neu geordnet, sondern auch die kaiserliche Zentrale selbst. Zwei oberste Finanzbeamte waren jetzt für die kaiserlichen Domänen bzw. für Sondersteuern, die Münzprägestätten, die kaiserlichen Waffenfabriken und Manufakturen zuständig; ein weiterer Beamter leitete alle Büros der Zentrale und ein vierter war für die kaiserliche Gesetzgebung zuständig. Diese vier obersten Beamten bildeten den Kern des kaiserlichen Konsistoriums, d. h. des Beratungsorgans des Kaisers.

Römischer Staat und Christentum

Römische Religion und Christentum

Im Römischen Reich der ersten drei Jahrhunderte n. Chr. war an sich jede religiöse Betätigung erlaubt, soweit sie nicht mit staatlichen Interessen kollidierte. Umgekehrt haben die Christen den Staat als Ordnungsmacht akzeptiert. Sie waren allerdings insofern Beschränkungen unterworfen, als fast alle politischen Ämter und auch der Militärdienst mit heidnischen Opfern verbunden waren, an denen Christen nicht teilnehmen durften. Aus Polemiken christlicher Schriftsteller lässt sich freilich entnehmen, dass nicht wenige Christen Wege fanden städtische Ämter zu bekleiden oder den Soldatendienst auszuüben.
Das Christentum unterschied sich vom Heidentum durch seinen Monotheismus, d.h. durch den Glauben an einen Gott. Da es eine Schriftreligion war, also eine Lehre hatte, ließ es keine anderen „Wahrheiten“ neben der von ihm verkündeten zu. Das Heidentum kannte eine solche religiöse Intoleranz nicht.
In den antiken Religionen der Griechen und Römer wurde den Göttern Macht zugesprochen. Götter konnten den Menschen helfen oder schaden; man musste deshalb die Götter verehren und ihnen Opfer darbringen um ihre Hilfe zu erlangen bzw. Schaden abzuwenden. Die Römer hatten dafür ein sehr rigides System von Riten geschaffen, deren genaue Beachtung die Götter gleichsam verpflichtete den Menschen zu Willen zu sein. Jedem Gott wurden bestimmte Zuständigkeitsbereiche zugeschrieben (z. B. Blitz und Donner, Hilfe bei der Geburt, Aufgehen der Saaten) und diese Zuständigkeitsbereiche wurden im Laufe der Zeit so differenziert, dass immer mehr Gottheiten entstanden. Kein Gott wurde aber für allmächtig gehalten; Götter standen nicht über der Welt, sondern waren eher Teil von ihr. Sie stellten keine moralischen Forderungen an die Menschen. „Fromm“ *(pius)* zu sein bedeutete, den Göttern den nötigen Respekt zu erweisen, den gleichen Respekt *(pietas)*, der auch den Eltern oder den Magistraten zukam.
Auf dieser Grundlage konnten keine spezifischen Glaubensgemeinden wie die christlichen Gemeinden entstehen. Vielmehr war eine Stadt zugleich politische Gemeinde und Kultgemeinde. Die Beamten einer Stadt vollzogen auch die vorgeschriebenen Opfer, ein Klerus im christlichen Sinn konnte sich deshalb nicht bilden.
Die christlichen Gemeinden dagegen bildeten umfassende, alle Bereiche des Lebens betreffende Gemeinschaften. Im Laufe des 2. Jahrhunderts n. Chr. entstand überall im Römischen Reich eine einheitliche Organisation dieser Gemeinden: An der Spitze stand ein Bischof, dem die Feier des heiligen Abendmahls, die Bußgewalt und die Verkündigung der rechten Lehre oblag. Dem Bischof zur Seite standen Presbyter, die im Auftrag des Bischofs kirchliche Handlungen vollziehen konnten, und Diakone, die als Helfer des Bischofs z. B. bei karitativen Angelegenheiten auftraten.
Bis zum 3. Jahrhundert n. Chr. hatte sich in den christlichen Gemeinden überall eine Trennung zwischen Klerus und einfachem Kirchenvolk (Laien) vollzogen. Mitglied des Klerus konnte man nur durch die bischöfliche Weihe werden. Frauen konnten zwar im Leben der Gemeinde eine wichtige Rolle spielen, waren aber zum Klerus nicht zugelassen.
Jede christliche Gemeinde war zunächst selbstständig, aber viele Gemeinden hielten untereinander Kontakte: Man schrieb Briefe, in denen über besondere Ereignisse berichtet und andere Gemeinden ermahnt wurden; man schickte Abgesandte und leistete sich gegenseitig Hilfe; christliche Reisende wurden von ihren Mitchristen aufgenommen und bewirtet. Gegen Ende des 2. Jahrhunderts sind auch schon

Apotheose des Antoninus und der Faustina. Die Vergöttlichung des Kaisers, 161 n. Chr., Fuß einer Marmorsäule, 272 x 338 cm, Rom, Vatikanische Museen

Synoden bezeugt, d. h. Zusammenkünfte der Bischöfe einer Region, auf denen Lehrfragen und disziplinarische Probleme besprochen wurden. Im Laufe des 3. Jahrhunderts scheinen sich im Osten des Reiches auch schon Vorformen der späteren Kirchenprovinzen herausgebildet zu haben. Sie bestanden aus den Gemeinden einer politischen Provinz, wobei der Bischof der Provinzhauptstadt einen gewissen Vorrang erlangte.

Das Gottesgnadentum der Spätantike

Ein Gedanke, der in den Jahrhunderten zuvor nur sporadisch geäußert worden war, wurde seit Diokletian konsequent vertreten: Jeder Kaiser sei vom obersten Gott Jupiter erwählt worden. Diokletian hat diesen Gedanken noch dadurch weiter ausgebaut, dass er verkündete, er und sein Caesar Galerius gehörten der göttlichen Familie Jupiters an, während Maximian und sein Caesar mit der göttlichen Familie des Herkules verbunden seien. Durch diese theologische Ableitung wurden die Herrscher weit über alles menschliche Maß hinausgehoben, was sich nicht zuletzt auch in neuen Formen des Hofzeremoniells äußerte: Alles, was mit dem Kaiser in Verbindung stand, galt als *sacer,* d. h. den Göttern gehörig. Gegenstände des Kaisers durfte man deshalb nur mit verhüllten Händen berühren – ein Ritus, der sich z. B. in der katholischen Messfeier erhalten hat; dem Kaiser selbst durfte man sich nur in der Form der kniefälligen Verehrung (Proskynese) nähern.

Herrscher sind auch schon vor der Spätantike in die Nähe von Göttern gerückt oder als Götter verehrt worden. Die römischen Kaiser wurden in der Regel nach ihrem Tod unter die Götter erhoben, einige verstanden sich auch zu ihren Lebzeiten als Götter. Dennoch enthielt die Beauftragung durch Jupiter in der Spätantike eine besondere Verschärfung: Während in früheren Zeiten Herrscher als Götter verehrt wurden, waren sie doch nur Götter unter anderen. Seit dem 3. Jahrhundert wurde nun eine Tendenz erkennbar alle Götter als Einheit zu fassen. Diese Einheitsvorstellung kommt besonders deutlich in einer Lobrede zum Ausdruck, die im Jahr 289 gehalten wurde: „Wenn auch alles Gute, was Himmel und Erde hervorbringen, uns durch die Macht unterschiedlicher göttlicher Wirkkräfte zuzukommen scheint, gingen sie doch von den höchsten Urhebern aus, nämlich von Jupiter als dem Herrn des Himmels und Herkules als dem, der die Erde befriedet.“ [2]

Wenn Diokletian und seine Mitkaiser ihre Macht von so verstandenen Göttern ableiteten, dann waren sie damit die Stellvertreter der beiden höchsten Götter auf Erden, was wesentlich mehr war als die Göttlichkeit vorangegangener Herrscher. Damit hatte die Religion eine neue Bedeutung für die kaiserliche Herrschaft bekommen (siehe S. 42, Mat. 8).

Das Verhältnis zwischen dem Kaiser und Gott, wie es von Diokletian für die römische Religion ausgestaltet worden war, konnte ohne Bruch später auf das Verhältnis zwischen dem christlichen Kaiser und dem Christengott übertragen werden: Auch Konstantin wusste sich als vom höchsten Gott erwählt und mit der Regierung der Welt beauftragt.
Durch das Gottesgnadentum wurde der Kaiser weit über alle Reichsbewohner emporgehoben, ja tendenziell wurde der Kaiser aller Kritik entrückt, denn er handelte in Gottes Auftrag. Nach der Auffassung von Justinian, der im 6. Jahrhundert das Oströmische Reich regierte, handelte sogar Gott im Kaiser; wir nennen diese Ausprägung des Gottesgnadentums Theokratie, d. h. Gottesherrschaft.
In der Wendung zum Gottesgnadentum kommt ein grundsätzlicher Wandel des Herrschafts- und Machtbegriffs in der Spätantike zum Ausdruck: Im antiken Griechenland und im antiken Rom waren Machtbeziehungen Beziehungen zwischen Menschen. Ein römischer Magistrat z. B. musste zwar für viele seiner Handlungen die Zustimmung der Götter einholen und die Götter befragen, seine Macht war aber nicht durch die Götter begründet, sondern wurzelte im römischen Sozialsystem (siehe S. 25–27). Ein hellenistischer Monarch konnte von seinen Untertanen als Gott verehrt werden, weil seine Erfolge ihn in den Augen der Untertanen den Göttern anglichen. Auch hier war aber die Macht nicht allein durch die Götter begründet, sondern sie musste sich immer wieder in Taten, besonders in militärischen Siegen, erweisen. Gelang das nicht mehr, dann konnte man sich ohne Skrupel von dem Herrscher abwenden. Er verlor das ihm zugeschriebene Charisma, seine besondere herrscherliche Kraft. Auch hier blieb also die Macht eine Beziehung zwischen Menschen.
Durch die Veränderungen, die seit Diokletian stattfanden und die in das Gottesgnadentum der Spätantike einmündeten, wurde Macht dagegen zu einem Phänomen der Beziehungen zwischen den Menschen und Gott. Das gilt nicht nur für das Kaisertum, das die Herrschaft Gottes auf Erden repräsentierte, sondern auch für andere Bereiche, etwa die Macht, die Heilige als Patrone ausübten.
Ein zweiter Wandel, der im neuen Herrschertum der Spätantike zum Ausdruck kam, war die Universalisierung der Herrschaft. Der kaiserliche Herrschaftsanspruch wurde auf die ganze Welt bezogen. Wenn der Kaiser Repräsentant des einen Gottes war, dann konnte es nicht mehrere Kaiser geben. Die universale Macht Gottes forderte gleichsam als Entsprechung eine irdische Instanz, die diese Macht repräsentierte. Und genau in diesem Sinne einer universalen Ordnungsvorstellung konnte auch die Idee des römischen Kaisertums ins Mittelalter übertragen werden.

Das Christentum in der Spätantike: Von der Verfolgung zur Staatsreligion

Diokletian hat im Jahr 303 die letzte große reichsweite Christenverfolgung im Römischen Reich initiiert. Ihr Ziel war es – anders als bei allen vorherigen Christenverfolgungen seit der ersten Verfolgung unter Kaiser Nero im Jahr 64 n. Chr. – das Christentum vollständig auszurotten. Im Jahr 311 brach Kaiser Galerius jedoch diese reichsweite Christenverfolgung ab. Er sah ein, dass die Christen nicht mit Gewalt bezwungen werden konnten, und verkündete ein allgemeines Toleranzedikt für die christliche Religion.
Der Sieg Kaiser Konstantins über seinen politischen Rivalen Maxentius im Jahr 312 veränderte endgültig die Situation zugunsten der Christen. Kaiser Konstantin übernahm nicht nur das Toleranzedikt, sondern begünstigte auch das Christentum durch großzügige Schenkungen und dadurch, dass er die Kleriker von bestimmten Leistungen befreite. Das Christentum sollte die Einheit des Reiches stützen. Obwohl er als Kaiser deshalb den Einfluss des Christentums in der Gesell-

Silbermedaillon Kaiser Konstantins aus dem Jahr 315 n. Chr., in Erinnerung an den Sieg über den Gegenkaiser Maxentius im Jahr 312 geprägt. Am Helm zeigt eine runde Scheibe das sogenannte Christogramm mit den griechischen Buchstaben X (CH) und P (R). München, Staatliche Münzsammlung

schaft vergrößerte, ließ er selbst sich erst kurz vor seinem Tode im Jahr 337 taufen. Das Heidentum unterdrückte er nicht, aber durch die Förderung des Christentums beschleunigte er den Zerfall des heidnischen Polytheismus, den Glauben an viele Götter. Schließlich verbot Kaiser Theodosius 391 alle heidnischen Kulte und erhob das Christentum zur verbindlichen Religion. Es wurde zur Staatsreligion.

Mit dem Wandel der Stellung des Christentums im Staat trat für die christlichen Gemeinden seit Kaiser Konstantin ein neues Problem auf: Der Kaiser verstand sich nicht nur als ein von Gott erwählter Herrscher, sondern nahm auch gegenüber der Kirche Funktionen wahr, die er gegenüber den heidnischen Kulten ausgeübt hatte: Als Oberpriester *(pontifex maximus)* hatte er die Oberaufsicht über den gesamten Kult; ferner fielen alle religiösen Angelegenheiten unter seine Rechtssetzungskompetenz, sodass er auch die Kirche betreffende Gesetze erlassen konnte. Die christliche Kirche war jetzt also mit einer Instanz konfrontiert, die nicht aus ihr selbst hervorgegangen war, aber dennoch in Anspruch nahm auch kirchliche Angelegenheiten zu regeln. Kaiser Konstantin berief z. B. im Jahr 325 alle Bischöfe zu einem Konzil nach Nicäa, auf dem sie sich auf eine Lehre einigen und gegen Irrlehren gemeinsam vorgehen sollten.

Kirche und Staat im Weströmischen und Oströmischen Reich

Was hatte der Kaiser konkret mit der Kirche zu tun? Konnte er den Bischöfen und Gemeinden Vorschriften machen? Diese Fragen wurden im Westen anders als im Osten des Römischen Reiches beantwortet.

In der Osthälfte bestand eine lange Tradition des Herrscherkultes. Herrscher wurden in die Nähe von Göttern gerückt oder als Götter verehrt. Diese Tradition hat dazu geführt, dass auch der Kaiser als Gott verehrt wurde. Von hier aus war es nur ein Schritt zu der Auffassung, dass auch im christlichen Kaiser sich der göttliche Wille manifestiere, dass der Kaiser so etwas wie ein Stellvertreter Gottes auf Erden sei. Eine solche Stellung ist dem Kaiser im Westen des Römischen Reiches nicht zugeschrieben worden.

Auf der anderen Seite hat die östliche Kultur nie ein der westlichen vergleichbares Amtsverständnis ausgebildet. Im Westen war ein Magistrat unangreifbar, seine Autorität war unabhängig von seiner persönlichen Qualifikation. Während seiner Amtszeit konnte ein Magistrat nicht abgesetzt werden. Seine Amtshandlungen waren gültig, ob er nun persönlich kompetent war oder nicht. Für den Osten dagegen galt die persönliche Qualität viel mehr als das Amt. Erwies sich diese Qualität nicht in Taten, dann konnte ein Amtsträger auch abgesetzt werden.

Diese Verhältnisse haben auch auf die kirchliche Organisation zurückgewirkt. Zwar waren die Formen der Gemeindeorganisation im Westen wie im Osten die gleichen; aber im Osten konnten z. B. Asketen, Mönche oder Heilige ein viel höheres Ansehen gewinnen als ein Bischof. Im Westen dagegen wurde sowohl die Heiligenverehrung als auch das klösterliche Leben strikt von den Bischöfen kontrolliert.

Ein nicht weniger wichtiger Unterschied war auch, dass im Westen Einheit als Wesensmerkmal des Christentums vor allem als organisatorische Einheit verstanden wurde. Das war eine der Voraussetzungen dafür, dass der Bischof von Rom allmählich einen Vorrang über alle anderen westlichen Bischöfe erringen, dass sich also das Papsttum entwickeln konnte, dessen theoretische Grundlagen von Papst Leo I. (440–461) in Anlehnung an das römische Recht formuliert wurden. Die gesamtkirchlichen Ansprüche des römischen Bischofs wurden aber im Osten nicht akzeptiert und dort konnte auch kein anderer Bischof gegenüber dem Kaiser den Status erlangen, wie ihn der römische Bischof im Westen hatte (siehe S. 43, Mat. 9). Bis heute ist das römische Amtsverständnis einer der Hauptstreitpunkte, wenn es um ökumenische Gespräche zwischen der römisch-katholischen und der orthodoxen Kirche geht.

Im Westen konnten – und dazu hat sicher auch der Untergang des westlichen Kaisertums beigetragen – das Papsttum und die kirchliche Organisation einen eigenständigen Status gegenüber der weltlichen Gewalt erlangen, so daß es hier zu der für Europa bis in die Gegenwart typischen Konstellation eines Spannungsverhältnisses zwischen Staat und Kirche kommen konnte. Die antiken Kulturen und die jeweiligen Ausprägungen des Christentums sind also miteinander verschmolzen und haben gemeinsam auf die nachfolgende Geschichte des Westens wie auch die des Ostens eingewirkt.

1. *Charakterisieren Sie die Krise des spätantiken Staates und den Wandel, den die Krise bewirkte.*
2. *Beurteilen Sie die Reformen der Kaiser Diokletian und Konstantin. Welche alternativen Lösungsmöglichkeiten hätte es nach Ihrer Meinung für die Krise des Römischen Reiches gegeben?*
3. *Erklären Sie, wie sich das Gottesgnadentum herausgebildet hat und welche Bedeutung es für den staatlichen Machtbegriff hatte.*
4. *Diskutieren Sie die Probleme, die sich aus der engen Beziehung von Kirche und Staat für das Christentum ergaben.*

1 *Der griechische Philosoph Aristoteles (384–322 v. Chr.) schreibt über den Sinn des Staates:*

Q Wer nun aber um eine gute Gesetzgebung bemüht ist, der hat sich um die Sittlichkeit und Unsittlichkeit der Bürger zu kümmern. Und so ist es denn klar, dass der Staat, der in Wahrheit diesen Namen verdient und nicht bloß so heißt, seine Bürger zur Rechtschaffenheit erziehen muss. Denn sonst würde die staatliche Gemeinschaft zu einer bloßen Bundesgenossenschaft. […] Und die Gesetzgebung würde zu einem Vertrage, der den Teilnehmern daran nur ihr Recht gegenseitig verbürgen würde; sie wäre aber nicht imstande die Bürger gut und gerecht zu machen.
Es ist also klar, dass der Staat nicht nur eine örtliche Gemeinschaft ist und auch nicht eine solche zum Zwecke gegenseitigen Schutzes vor Unrecht oder zu dem des Güteraustausches. Das ist alles zwar notwendig, wenn ein Staat bestehen soll, aber auch wenn das alles vorhanden ist, so haben wir noch keinen Staat, sondern der Zweck eines solchen ist eine sittliche Lebensgemeinschaft in Familien und Geschlechtern zur Verwirklichung eines in sich geschlossenen und selbstständigen Daseins. […]
Wir haben also festzustellen, dass die staatliche Gemeinschaft zum Zweck sittlichen Handelns da ist und nicht bloß wegen des Zusammenlebens. Deswegen gebührt denjenigen, die am meisten zu einer solchen Gemeinschaft beitragen, mehr Recht im Staat als denen, die zwar hinsichtlich freier Geburt und Abstammung ihnen gleich oder auch überlegen sind, dagegen an bürgerlicher Rechtschaffenheit ihnen nachstehen, oder als denen, die sie zwar an Reichtum übertreffen, an Rechtschaffenheit aber von ihnen übertroffen werden.

Aristoteles, Politik I. Zit. nach Wilhelm Nestle, Aristoteles. Hauptwerke, Stuttgart 1953, S. 88f.

1. *Erklären Sie, wodurch nach Aristoteles der Staat erst zum „richtigen" Staat wird und was ihn von der Bundesgenossenschaft unterscheidet (Mat. 1).*
2. *Welche Folgen ergeben sich für den Einzelnen, wenn „die staatliche Gemeinschaft zum Zweck sittlichen Handelns da ist"?*
3. *Beurteilen Sie von der Theorie der modernen pluralistischen Demokratie aus Leistung und Grenzen des Denkansatzes von Aristoteles.*

2 *Der griechische Philosoph Aristoteles (384–322 v. Chr.) erklärt den Begriff „Polisbürger" folgendermaßen:*

Q Polisbürger ist man nicht bloß dadurch, dass man an einem Ort wohnt […], noch dadurch, dass man berechtigt ist an der Gerichtsbarkeit in der Weise teilzuhaben, indem man vor Gericht gezogen werden oder selbst Klage vor Gericht erheben kann, sondern in diesem Fall verhält es sich wie mit den Kindern, die wegen ihres Alters nocht nicht in die Bürgerlisten eingeschrieben sind, und den Alten, die von den Bürgerpflichten befreit sind. Sie sind in gewisser Weise Bürger, aber nicht schlechthin, sondern mit dem Zusatz, dass die einen es unvollständig und die anderen es als Ausgediente sind. […] Der Polisbürger schlechthin lässt sich durch nichts anderes besser bestimmen als dadurch, dass er am Richten und Regieren teilhat. […]
Wer das Recht hat an der beratenden und der richtenden Behörde teilzunehmen, den nennen wir Bürger der betreffenden Polis, Polis aber ist eine in der Weise hinreichende Menge von Bürgern, die zu einem selbstgenügsamen Leben (autarkia) notwendig ist. Gebräuchlicherweise freilich bezeichnet man als Polisbürger denjenigen, der beiderseits von Polisbürgern abstammt, nicht nur von der einen Seite, also von Vater und Mutter. […] In Bezug auf den Polisbürger bleiben noch einige Fragen offen. Soll man als wahren Bürger nur den bezeichnen, dem es möglich ist an der Ausübung von Herrschaft teilzuhaben, oder zählen auch die handwerklich Arbeitenden zu den Polisbürgern? In alten Zeiten war der Handwerker Sklave oder Fremder; das ist ja auch heute noch meistens der Fall. Die vollkommene Polis wird jedenfalls keinen Handwerker zum Polisbürger machen.

Aristoteles, Politik I, 1275 a 7–1278 a 8. Zit. nach Olof Gigon, Aristoteles, Zürich 1973, S. 103ff.

3 *Der griechische Philosoph Sokrates (470–399 v. Chr.) in einem Dialog über die Lasten der reichen Bürger:*

Q „Ja, denn das Meinige ist hinreichend mir mein Auskommen zu gewähren; für den Aufwand aber, mit dem Du dich umgibst, und für eine gesellschaftliche Stellung scheint mir auch das Dreifache von dem, was du jetzt besitzt, trotzdem für dich nicht hinreichend zu sein." „Wie in aller Welt meinst du das?" fragte Kritobulos. Sokrates gab folgende Erklärung: „Erstens sehe ich, dass für dich die Notwendigkeit besteht viele und große Opfer zu bringen oder – so glaube ich – weder Götter noch Menschen würden dich ruhig gewähren lassen; zweitens obliegt es dir viele Gäste aufzunehmen, und zwar so, wie es einem angesehenen Manne zukommt; schließlich bist du verpflichtet Bürger zu bewirten und ihnen gefällig zu sein oder ohne Verbündete zu leben; überdies höre ich, dass dir auch der Staat schon jetzt aufträgt, große Leistungen zu erbringen: Bereitstellung von Pferden, Chorausstattungen, Ausrichtung sportlicher Wettkämpfe und die Übernahme öffentlicher Ämter. Wenn es erst zum

Kriege kommen sollte, so weiß ich, dass sie dir Schiffsausrüstungen und Abgaben in solcher Höhe auferlegen, wie du sie nicht leicht aufbringen wirst. Wo immer aber du den Anschein erweckst etwas von den genannten Dingen unzureichend auszuführen da weiß ich, dass die Athener dich bestrafen werden, nicht weniger als wenn sie dich bei einem Diebstahl an ihrem Eigentum ertappten."

Xenophon, Oikonomikos 2, 5–8. Übers. von J. Martin.

1. *Wodurch wird nach Aristoteles der Polisbürger charakterisiert (Mat. 2)? Wodurch unterscheidet sich dieser Begriff vom Bürger in unserer modernen Demokratie?*
2. *Erläutern Sie, warum es für Sokrates nicht erstrebenswert ist ein reicher Bürger zu sein und was Kritobulos davon hat, dass er diese Leistungen für die Polis erbringt (Mat. 3).*

4 *Nach Ausbruch des Peloponnesischen Krieges (431–404 v. Chr.) zwischen Sparta und Athen hielt Perikles eine Rede, die von dem griechischen Geschichtsschreiber Thukydides (um 460–396 v. Chr.) folgendermaßen wiedergegeben wird:*

Q Wir leben in einer Staatsform, die die Einrichtungen anderer nicht nachahmt; eher sind wir für etliche ein Vorbild, als dass wir andere uns zum Muster nähmen. Mit Namen wird sie, weil wir uns nicht auf eine Minderheit, sondern auf die Mehrheit im Volke stützen, Volksherrschaft (Demokratie) genannt. Und es genießen auch alle für ihre eigenen Angelegenheiten vor den Gesetzen gleiches Recht; in der öffentlichen Bewertung jedoch fragt man allein nach dem Ansehen, das sich jemand auf irgendeinem Felde erworben hat; nicht die Zugehörigkeit zu einem bestimmten Volksteil, sondern allein die persönliche Tüchtigkeit verleiht im öffentlichen Leben einen Vorzug. Auch wird bei Armut keiner, der doch dem Volke Gutes zu leisten vermöchte, um der Geringheit seines Standes willen ausgeschlossen. Ein freier Geist herrscht in unserem Staatsleben und wirkt auch im täglichen Leben und Treiben aller gegenseitigen Beargwöhnung entgegen. So nehmen wir es unserem Mitmenschen auch nicht übel, wenn er sich einiges zu seinem Vergnügen leistet, und legen uns keine engherzigen Beschränkungen auf. [...] Und wie wir im persönlichen Umgang unbeschwert miteinander verkehren, so meiden wir im öffentlichen Leben schon aus Pflichtgefühl Verstöße gegen Recht und Sitte. [...] Auch für mancherlei Erholung des Geistes von allen Anstrengungen ist bei uns gesorgt, teils durch die Pflege von Kampfspielen und Festen während des ganzen Jahres, teils durch schöne, jedem offenstehende Anlagen. Wir lieben das Schöne in Schlichtheit, lieben Wissen und Bildung, aber frei von Weichlichkeit. Reichtum ist bei uns zum Gebrauch in der rechten Weise, aber nicht zum Geprahl mit Worten da. Armut einzugestehen bringt keinem Schande, sondern nicht tätig aus ihr fortzustreben ist schlimme Schande. In derselben Männer Hand ruht die Sorge für ihre häuslichen wie auch für die öffentlichen Angelegenheiten, und selbst wer völlig in seiner Arbeit lebt, dem fehlt es doch nicht an Blick für die politischen Dinge. Bei uns allein nämlich heißt einer, der dem politischen Leben gänzlich fernsteht, nicht „ungeschäftig", sondern „unnütz" und selber hat das Volk in den Fragen der Staatsführung mindestens ein Urteil, wo nicht gar fruchtbare eigene Gedanken. Denn wir sehen nicht in einer bedächtigen Vorbesprechung eine Gefahr für die Tat, sondern vielmehr darin sich nicht vorher in Beratungen zu belehren, ehe man das, was Not tut, mit der Tat in Angriff nimmt. [...]

Mit einem Wort: Unsere Stadt ist im Ganzen die hohe Schule Griechenlands. Im Einzelnen aber will mir scheinen, dass jeder bei uns sich gleichzeitig auf den verschiedensten Gebieten anmutig und mit vollendeter Sicherheit als ganze, auf sich selbst gestellte Persönlichkeit erweist.

Thukydides, Peloponnesischer Krieg 2, 47ff. Übers. von E. Zwölfer.

1. *Erläutern Sie das Bild des Bürgers, das Perikles in seiner Rede entwirft (Mat. 4).*
2. *Erläutern Sie, worin Perikles die Vorteile der Staatsform der Demokratie sieht.*
3. *Interpretieren Sie die Absicht dieser Rede, indem Sie den historischen Zusammenhang herstellen und den Adressaten beachten.*

5 *Der griechische Historiker Polybios (200–120 v. Chr.) schildert die Bestattungsfeierlichkeit in Rom:*

Q Wenn bei den Römern einer der angesehenen Männer stirbt, wird der Tote bei der Bestattungsfeier in feierlichem Zeremoniell zu den sogenannten Rostra, der Rednertribüne, auf das Forum gebracht, meistens in aufrechter Stellung, weithin sichtbar, selten liegend. Hat sich sodann das gesamte Volk ringsherum aufgestellt, steigt auf die Rostra der Sohn, wenn der Tote einen erwachsenen Sohn hinterlassen hat und dieser gerade in Rom anwesend ist, sonst irgendein anderer Angehöriger des Geschlechtes. Dieser preist dann die Vorzüge des Verstorbenen und die Taten, die dieser in seinem Leben vollbracht hat. Dadurch erinnert sich die Menge an jene geschichtlichen Ereignisse und stellt sie sich vor Augen, nicht nur diejenigen, die einst selbst an diesen Taten teilgenommen haben, sondern auch die nicht unmittelbar Beteiligten. Daraus erwächst ein solches Mitgefühl, dass der Trauerfall nicht nur für die Angehörigen als persönlicher Verlust, sondern für das gesamte Volk als ein Unglück erscheint.

Hierauf bestatten sie ihn und verrichten die herkömmlichen Riten; dann stellen sie das Bildnis des Verstorbenen im vornehmsten Raum des Hauses auf, und zwar in einem tempelartigen Schrein aus Holz. Das Bildnis ist eine Maske, die plastisch und farblich ganz naturgetreu den Gesichtszügen des Verstorbenen nachgebildet ist. Diesen Bildschrein öffnen sie an den Staatsfeiertagen und schmücken die Masken ehrerbietig. Jedes Mal, wenn ein angesehenes Familienmitglied stirbt, führen sie die Masken im Trauerzug mit, indem sie sie Leuten anlegen, die dem Verstorbenen an Größe und in ihrem sonstigen Äußeren am meisten gleichen. Diese tragen auch ein entsprechendes Gewand: War der Verstorbene Konsul oder Prätor, so tragen sie eine Toga mit Purpursaum, war er Zensor, eine solche ganz aus Purpurstoff, hatte er einen Triumph gefeiert oder etwas Entsprechendes vollbracht, eine golddurchwirkte. Sie selbst fahren auf Wagen; Rutenbündel, Beile und sonstige Amtsinsignien trägt man ihnen voraus, je nach der Würde des Ranges, den jeder zu Lebzeiten im Staate bekleidet hatte. Wenn sie dann bei den Rostra angelangt sind, nehmen sie der Reihe nach auf Elfenbeinsesseln Platz.

Wenn dann der Sprecher seine Rede über den eben Verstorbenen beendet hat, wendet er sich den anderen zu, die hier in ihren Masken gegenwärtig sind, und berichtet mit dem Ältesten des Geschlechts beginnend von den Erfolgen und Taten eines jeden.

Auf diese Weise wird die Erinnerung an die Verdienste tüchtiger Männer immer wieder erneuert und der Ruhm derer, die Bedeutendes vollbracht haben, unsterblich. Bekannt wird so dem Volke und zugleich an die kommenden Generationen weitergegeben der Name all derer, die sich um das Vaterland verdient gemacht haben.

Polybios, Historien 6, 53–54. Zit. nach Rudolf Till, Res publica. Texte zur Krise der frührömischen Tradition, Darmstadt 1984, S. 107f.

1. *Erläutern Sie die politische Funktion, die das beschriebene Zeremoniell der Totenehrung für die Römische Republik gehabt hat (Mat. 5).*
2. *Erklären Sie, welche Rückschlüsse man aus dem Beerdigungsritual für das private und öffentliche Wertebewusstsein in der Römischen Republik ziehen kann.*

6 *Der Grieche Polybios (200–120 v. Chr.) beurteilt die römische Verfassung:*

Q Die meisten, die uns eine Verfassungslehre haben geben wollen, unterscheiden drei Verfassungsformen, die sie Königtum, Aristokratie und Demokratie nennen. Man kann aber [...] mit Recht an sie die Frage richten, ob sie uns diese als die einzigen oder vielmehr als die besten vorstellen. In jenem wie in diesem Falle sind sie meines Erachtens gleichermaßen im Irrtum. Denn es ist klar, dass als die beste Verfassung die anzusehen ist, die alle drei genannten Einzelverfassungen in sich vereinigt. [...]

Auch die Römer sind mit ihrer Staatsordnung an dasselbe Ziel gelangt, jedoch nicht durch theoretische Einsicht, sondern unter vielen Schwierigkeiten und Kämpfen. Aus jedem Fehlschlag zogen sie eine Lehre, wählten das Bessere und kamen so zu demselben Ziel wie Lykurgos: Sie besitzen die beste Verfassung, die es heute gibt. [...]

Es gab [...] drei Teile, die im Staat Gewalt hatten. So gerecht und angemessen aber war alles geordnet, waren die Rollen verteilt und wurden in ihrem Zusammenspiel die staatlichen Aufgaben gelöst, dass auch von den Einheimischen niemand mit Bestimmtheit hätte sagen können, ob die ganze Verfassung aristokratisch, demokratisch oder monarchisch war. Und so musste es jedem Betrachter ergehen. Denn wenn man seinen Blick auf die Machtvollkommenheit der Konsuln richtete, erschien die Staatsform vollkommen monarchisch und königlich, wenn auf die des Senats, wiederum aristokratisch, und wenn man auf die Befugnisse des Volkes sah, erschien sie unzweifelhaft demokratisch.

Die Bereiche des Staatslebens nun [...] sind diese: Solange die Konsuln in Rom anwesend sind, das heißt, ehe sie ins Feld ziehen, haben sie in der Stadt die Entscheidung über alle staatlichen Angelegenheiten. Denn alle anderen Beamten, mit Ausnahme der Volkstribunen, sind ihnen untergeordnet und zum Gehorsam verpflichtet. Sie führen die Gesandtschaften in den Senat ein; ferner berichten sie über alle wichtigen Sachen an den Senat und befragen ihn nach seiner Meinung; in ihrer Hand liegt die Ausführung der Beschlüsse. In allen politischen Fragen, in denen die Entscheidung beim Volk liegt, haben sie das Notwendige zu veranlassen, die Volksversammlung einzuberufen, Vorschläge zu machen und Anträge einzubringen und für die Ausführung der Beschlüsse der Mehrheit zu sorgen. In der Vorbereitung und Rüstung für den Krieg und in der gesamten Führung der Operationen besitzen sie eine fast unumschränkte Gewalt. [...]

Der Senat sodann hat erstens die Finanzhoheit. Er verfügt über alle Einnahmen und ebenso über die Ausgaben. Denn unter keinem einzigen Titel können die Quästoren Zahlun-

gen leisten, ohne dass ein Senatsbeschluss dafür vorliegt, mit Ausnahme der Zahlungen an die Konsuln. Ebenso hat der Senat die Entscheidung über die bei weitem größten und wichtigsten Aufwendungen, die die Zensoren alle vier Jahre für die öffentlichen Arbeiten, Reparaturen und Neubauten, machen; er muss ihnen das Geld bewilligen. Alle Verbrechen in Italien ferner, die eine staatliche Untersuchung notwendig machen, z. B. Verrat, Verschwörungen, Giftmord, Meuchelmord, unterliegen der Jurisdiktion des Senats. [...] Wenn es ferner notwendig wird an einen außeritalischen Staat eine Gesandtschaft zu schicken, entweder um Frieden zu vermitteln, die Unterwerfung anzunehmen oder Krieg zu erklären, dann ist der Senat dafür zuständig.[...] In all diesen Dingen hat das Volk nicht das Geringste zu sagen. [...]
Und doch bleibt [dem Volk] immer noch ein Anteil, und ein äußerst wichtiger. Denn allein das Volk entscheidet über die Ehrung und Bestrafung. Aber auch Ämter vergibt das Volk an die, welche ihm dessen würdig scheinen: der schönste Preis für hervorragende Eigenschaften in einem Staat. Es entscheidet ferner über Annahme oder Ablehnung von Gesetzen und, was das Wichtigste ist, es berät über Krieg und Frieden. [...] Nach all dem könnte man daher mit gutem Grund erklären, dass der Anteil des Volkes der größte ist und dass eine demokratische Verfassung vorliegt.
Im Vorstehenden habe ich dargelegt, wie die staatlichen Kompetenzen auf die drei Faktoren der Verfassung verteilt sind. Nun will ich zeigen, in welcher Weise sie wiederum, wenn sie wollen, einander entgegenwirken oder sich gegenseitig unterstützen können. Wenn der Konsul im Besitz der geschilderten Machtvollkommenheit an der Spitze des Heeres ins Feld zieht, scheint er unumschränkte Gewalt zur Durchführung seiner Pläne zu haben, in Wirklichkeit aber bleibt er auf Volk und Senat angewiesen. [...] Denn in der Macht des Senats liegt es, wenn das Amtsjahr abgelaufen ist ihm einen Nachfolger zu schicken oder ihm das Kommando zu verlängern. Vollends ist es für sie [die Konsuln] notwendig die Gunst des Volkes zu gewinnen, auch wenn sie noch so weit von der Heimat entfernt sind. Denn das Volk hat wie gesagt alle Abkommen und Friedensverträge zu bestätigen oder abzulehnen. Vor allem aber muss der Konsul bei der Niederlegung seines Amtes vor dem Volk Rechenschaft über seine Handlungen ablegen. [...]
Der Senat wiederum, der doch so große Macht hat, ist erstens in allen politischen Angelegenheiten gezwungen auf die Stimmung des Volkes zu achten und seine Wünsche zu berücksichtigen. Wenn nur ein einziger Volkstribun sein Veto einlegt, kann der Senat weder eine Beratung zu Ende führen, noch auch nur zusammenkommen und eine Sitzung abhalten. [...] Ebenso ist wiederum das Volk vom Senat abhängig und muss sich nach ihm richten, im staatlichen wie im privaten Leben. [...]
Obwohl jeder der drei Teile solche Macht hat einander zu schaden oder zu helfen so wirken sie doch in allen kritischen Situationen so einträchtig zusammen, dass man unmöglich ein besseres Verfassungssystem finden kann.

Polybios, Historien 6, 1ff. Übers. von E. Zwölfer.

1. *Worin sieht Polybios den großen Vorteil der Verfassung der Römischen Republik im Gegensatz zu anderen Verfassungen (Mat. 6)?*
2. *Erklären Sie, inwiefern die römische Verfassung nach Ansicht des Polybios monarchische, aristokratische und demokratische Elemente enthält und wie diese wechselseitig miteinander verbunden sind.*
3. *Überprüfen Sie die Beurteilung des Polybios anhand der Ausführungen in der Darstellung (siehe S. 23–28) und der Grafik zur politischen Ordnung der Römischen Republik (siehe S. 17). Wodurch erklären sich die unterschiedlichen Interpretationen?*

7 *Der römische Politiker und Schriftsteller Cicero (106–43 v. Chr.) vergleicht die Rolle der Volksversammlungen in Athen und Rom:*

Q O berühmte, von den Vätern überkommene sittenstrenge Haltung und Zucht, wenn wir sie uns doch hätten bewahren können! Mir ist es schleierhaft, auf welche Weise sie unseren Händen entglitten. Jene, unsere sehr weisen und moralisch unangreifbaren Männer haben nämlich nicht im Traum daran gedacht dem ungegliederten Volk irgendwelche politische Macht zuzuweisen; im Hinblick auf Plebiszite und Volksbeschlüsse waren sie vielmehr der Auffassung, dass erst ein Beschluss gefasst oder ein Verbot ausgesprochen werden könnte, wenn die Versammlung des ungegliederten Volkes aufgelöst worden sei, wenn die Interessengruppen und Parteiungen sich zerstreut hätten, wenn die Stände, Vermögensklassen und Altersgruppen nach Tribus und Zenturien [zwei verschiedenen Formen von Stimmbezirken bzw. Stimmblöcken] eingeteilt und die Urheber der Gesetzesanträge und Volksbeschlüsse gehört worden seien und wenn die gesamte Angelegenheit bereits viele Tage lang veröffentlicht worden und allen bekannt gewesen sei.
Alle öffentlichen Angelegenheiten der Griechen werden hingegen durch den Leichtsinn einer ungegliederten, sitzenden Volksversammlung entschieden. Ich will mich nicht lange über dieses Griechenland auslassen, das schon so lange aufgrund eigenen Verschuldens niedergeschmettert am Boden liegt, über jenes alte Griechenland, das einstmals durch

Reichtum, Herrschaft über andere und Ruhm in Blüte stand und das durch dieses einzige Übel zugrunde ging, durch die ungezügelte Freiheit und die Willkür seiner Volksversammlungen nämlich. Wenn im Theater in allen wichtigen Angelegenheiten unerfahrene, ungebildete und unwissende Menschen zusammensaßen, dann nahmen sie unnütze Kriege auf, dann stellten sie verbrecherische Menschen an die Spitze ihres Staatswesens, dann jagten sie Bürger, die sich bestens um den Staat verdient gemacht hatten, aus der Bürgerschaft. Wenn dies schon in Athen – Athen war bekanntlich nicht nur in Griechenland, sondern bei beinahe allen Völkern berühmt – zu geschehen pflegte, welche Zurückhaltung und Mäßigung, glaubt ihr, hätten etwa die Volksversammlungen in Phrygien oder Mysien geübt? Häufig bringen Menschen jener Nationen unsere Versammlungen durcheinander; was, glaubt ihr, pflegt zu geschehen, wenn diese unter sich sind? Mit Ruten geschlagen wurde jener Athenagoras aus Kyme, der es gewagt hatte, in einer Hungersnot Getreide zu exportieren. Dem Laelius wurde in der betreffenden Volksversammlung das Rederecht erteilt. Jener Athenagoras zog in die Versammlung ein und redete als Grieche unter Griechen nicht von seiner Schuld, sondern beklagte sich über seine Bestrafung. Dann reckten sie die Hände empor; ein Volksbeschluss war geboren. Ist das ein Zeugnis? [...] Ich habe öffentlich Zeugen aus Sizilien beigebracht; aber diese Zeugnisse rührten nicht von einer erregten Volksversammlung her, sondern von einem geschworenen Senat.

Cicero, Pro Flacco 7 [15–18]. Übers. von E. Zwölfer.

1. *Welche Grundsätze haben die „sehr weisen und moralisch unangreifbaren" früheren Römer für die Willensbildung in der Volksversammlung aufgestellt (Mat. 7)?*
2. *Erläutern Sie die Kritik Ciceros an der Volksversammlung von Athen, und überprüfen Sie anhand der Darstellung S. 18–21 die Berechtigung dieser Kritik.*
3. *Vergleichen Sie die Rolle, die die Volksversammlungen in Athen und Rom bei der politischen Willensbildung gespielt haben, und klären Sie, welche unterschiedlichen Auffassungen von Politik damit verbunden waren (siehe auch Darstellung S. 18 und 24 f.).*
4. *Vergleichen Sie die Beurteilung der römischen Verfassung durch den Griechen Polybios (Mat. 6) mit der Einschätzung der griechischen Verfassung durch den Römer Cicero (Mat. 7).*
5. *Vergleichen Sie die Argumente, die Cicero gegen die unmittelbare Demokratie im antiken Griechenland anführt (Mat. 7), mit heutigen Stellungnahmen gegen die Aufnahme von direktdemokratischen Elementen, z. B. dem Volksentscheid, in die Verfassung der Bundesrepublik.*

8 *Aurelius Victor aus Nordafrika (4. Jh. n. Chr.) war hoher Beamter im Römischen Reich und schrieb eine Geschichte der römischen Kaiser. Über Kaiser Diokletian (284–305) heißt es:*

Q Aufgrund einer Entschließung der militärischen Führer und Tribunen wurde Valerius Diocletianus, der Kommandeur der Garden, wegen seiner Einsicht [zum Kaiser] gewählt; ein bedeutender Mann, doch war es bezeichnend für ihn, dass er der Erste war, der für sich goldbestickte Kleider wählte und seidene, purpurne und mit der Pracht von Edelsteinen besetzte Fußbekleidung beanspruchte. Wenn das allein schon mehr ist, als einem Bürger zukommt und von einer aufgeblasenen und verschwenderischen Gesinnung zeugt, so ist es noch geringfügig neben dem anderen: Denn er zuerst – wie vor ihm nur Caligula und Domitianus – ließ sich öffentlich mit „Dominus" anreden und wie ein Gott verehren und anrufen. [...] Als er erfuhr, dass beim Abmarsch des Carinus in Gallien Aelianus und Amandus mit einer aufgebotenen Schar von Landleuten und Räubern – Bagauden von den Einwohnern genannt – weit und breit die Äcker verwüsteten und viele Städte in ihre Gewalt zu bringen versuchten, ernannte er sogleich seinen treuen Freund Maximianus, einen zwar halbbäurischen, jedoch kriegstüchtigen Mann von guter Veranlagung, zum Imperator. Dieser erhielt später, wegen seiner Verehrung des Hercules, den Beinamen Herculius, so wie Valerius (Diocletianus) den Beinamen Jovius annahm. Von da an wurden auch die Streitkräfte, die lange an der Heerspitze standen, mit diesem Beinamen versehen. Dieser Herculius hatte gleich nach seinem Aufbruch nach Gallien die Feinde besiegt oder ihre Unterwerfung angenommen und so in kurzem die allgemeine Ruhe wiederhergestellt. [...]

Zur gleichen Zeit erschütterten die Perser den Osten. Deshalb ernannten [die beiden Imperatoren] den Julius Constantius und Galerius Maximianus, der den Namen Armentarius hatte, zu Caesaren und fesselten sie durch Verwandtschaftsbande an sich; beide nahmen sich nach Auflösung ihrer früheren Ehen neue Frauen, Constantius die Stieftochter des Herculius, Galerius die Tochter des Diocletianus, so gut wie einst Augustus seine Tochter Julia mit Tiberius verheiratet hatte. [...] Zu Diocletianus schauten sie alle wie zu einem Vater oder wie zu einem mächtigen Gotte auf. Da die Last der Kriege, von der ich schon sprach, immer heftiger und drückender wurde, teilten sie gleichsam das Reich: Constantius wurde alles Land jenseits der Alpen, das zu Gallien gehörte, anvertraut, Afrika und Italien dem Herculius; Illyrien und die Meerengen des Schwarzen Meeres dem Galerius, alles übrige blieb bei Diocletianus.

Aurelius Victor, Über die Kaiser 39, 1 ff. Übers. von E. Zwölfer.

1. Vergleichen Sie die Machtstellung und Herrschaftsauffassung von Diokletian und Augustus (Mat. 8).

2. Erklären Sie den Begriff „Tetrarchie"; kennzeichnen Sie Absicht und Folgen dieser Umstrukturierung der Machtverhältnisse im Reich (siehe auch Darstellung S. 31–33).

3. Wie beurteilt Aurelius Victor (Mat. 8) den Wandel der Stellung des Kaisers unter Diokletian?

9 *Verärgert über die Einquartierung kaiserlicher Soldaten, war in Thessalonike der kaiserliche Stadtkommandant von der Bevölkerung umgebracht worden. Daraufhin wurden 390 auf Befehl des Kaisers Theodosius I. (379–395) aus Rache Tausende von Einwohnern von Thessalonike umgebracht. Der Bischof Ambrosius von Mailand (339–397), der den Kaiser vor einem Blutbad gewarnt hatte, schrieb an den Kaiser:*

Q Dem Erhabenen Kaiser Theodosius Ambrosius der Bischof.

Nun ist es also geschehen, die Schandtat von Thessalonike. [...] Hier ist Buße vor unserm Gott notwendig. Oder schämt Ihr Euch, Kaiser, das zu tun, was David, der König und Prophet, getan hat? An David richtete sich das Gleichnis von dem Reichen, der viele Herden besaß, und doch um eines eben angekommenen Gastes willen das einzige Schaf eines armen Menschen raubte und schlachtete. Und als David erkannte, dass mit dem Gleichnis sein eigenes Tun gerügt wurde, sprach er: „Ich habe gesündigt vor meinem Herrn!"

Nehmt es darum nicht entrüstet zur Kenntnis, o Kaiser, wenn auch Euch gesagt wird: „Ihr habt verbrochen, was der Prophet dem König David vorwarf." [...] Dies schreibe ich nicht um Euch zu beschämen, sondern um Euch an dem Vorbild heiliger Könige Mut zu machen, den Schandfleck von Eurer Kaiserwürde wieder abzuwaschen. Ihr werdet ihn abwaschen durch herzliche Demütigung vor Gott. Ihr seid ein Mensch und seid einer Versuchung unterlegen – besiegt sie wieder. Sünde tilgt man nur mit Tränen und Buße. [...]

Ich rate, bitte, mahne, warne. Denn tief schmerzt es mich Euch ohne Reue über die Ermordung so vieler Unschuldiger zu sehen, Euch, der Ihr bisher das Vorbild einer nie gesehenen Frömmigkeit wart. [...]

Eure köstliche Tugend hat der Teufel geneidet – schlagt ihm aufs Haupt, solange es noch Zeit ist ihn zu schlagen! Häuft nicht auf Eure Sünde noch eine zweite, indem Ihr Euch hartnäckig auf Euer „Recht" versteift. Solche Verhärtung hat schon vielen geschadet. [...]

Aber ich sage es jetzt schon und mit Furcht: Nicht wage ich es, das Messopfer darzubringen, wenn Ihr daran teilnehmt! Wenn das schon nicht ginge nach dem Mord an einem einzigen, unschuldigen Menschen, darf man es dann nach dem Mord an Tausenden? Ich denke nein!

Ambrosius, Brief 51 (Migne, PSL, Bd. 16, Sp. 1160 ff.). Zit. nach Geschichte in Quellen, Bd. 1, bearb. von Walter Arend, 3. Aufl., München 1978, S. 764 f.

10 *Papst Gelasius I. (492–496 Papst in Rom) schrieb an den oströmischen Kaiser Anastasios (491–518) über das Verhältnis von Kirche und Staat im Jahr 494:*

Q Zwei sind es nämlich, erhabener Kaiser, durch die an oberster Stelle diese Welt regiert wird: die geheiligte Autorität der Bischöfe und kaiserliche Gewalt. Von diesen beiden ist die Last der Priester um so schwerer, als sie auch selbst für die Könige der Menschen vor Gottes Gericht Rechnung abzulegen haben. Denn Ihr wisst es, allergnädigster Sohn: Wohl überragt ihr an Würde das ganze Menschengeschlecht; dennoch beugt Ihr fromm den Nacken vor den Amtswaltern der göttlichen Dinge und erwartet von ihnen die Mittel zum Seelenheil. Ebenso erkennt Ihr, dass Ihr beim Empfang der himmlischen Sakramente, wenn sie geziemend ausgespendet werden, nach geheiligter Ordnung eher der demütig Nehmende, nicht aber der Befehlende seid. In diesen Dingen seid Ihr demnach vom Urteil der Priester abhängig und dürft sie nicht Eurem Willen unterjochen wollen. Wenn nämlich im Bereich der staatsrechtlichen Ordnung auch die Vorsteher der Religion willig anerkennen, dass Euch die kaiserliche Herrschaft durch göttliche Anordnung übertragen ist und deshalb auch sie Euren Gesetzen Gehorsam zu leisten haben, um nicht etwa in weltlichen Dingen Eurer einzig maßgeblichen Befehlsgewalt entgegen zu sein, wie freudig, so frage ich Euch, muss man dann denen Gehorsam sein, die zur Ausspendung der schauervollen Mysterien gesetzt sind? [...] Und wenn sich schon allen Priestern insgesamt, falls sie der göttlichen Dinge würdig walten, die Herzen der Gläubigen demütig hingeben müssen, um wieviel mehr ist dann dem Bischof jenes Stuhls Beipflichtung zu zollen, welchen die höchste Gottheit erwählte alle Bischöfe zu überragen, und welchen auch in der Folgezeit die gesamte Kirche immerdar in kindlicher Verehrung gefeiert hat.

Gelasius, Brief 12. Zit. nach Geschichte in Quellen, Bd. 1, bearb. von Walter Arend, 3. Aufl., München 1978, S. 820.

1. Erklären Sie, von welchem Maßstab aus der Bischof Ambrosius sich das Recht nimmt das Verhalten des Kaisers zu kritisieren (Mat. 9).

2. Erläutern Sie anhand von Mat. 10 die Konsequenzen, die die darin vertretene Auffassung für das Verhältnis von Kirche und Staat hat.

Frau, Familie und Gesellschaft in der Antike

1 *Der englische Historiker Moses I. Finley (1912–1986) beschreibt den Rahmen, in dem die Rolle der Frau und die Familie im antiken Griechenland und in Rom gesehen werden müssen (1973):*

D Das Wort „Ökonomie“, griechischen Ursprungs, ist zusammengesetzt aus oikos = der Haushalt und der vieldeutigen Wurzel nem-, die hier „regeln, verwalten, organisieren“ bedeutet. Vorbild für die Tradition […] war das Buch mit dem Titel „Oikonomikos“ geworden, das Xenophon von Athen vor der Mitte des 4. Jahrhunderts v. Chr. geschrieben hatte. Xenophons „Oikonomikos“, in der Form eines sokratischen Dialogs abgefasst, ist ein Lehrbuch für den adligen Landbesitzer. Es beginnt mit einer langen Einleitung über die richtige Lebensweise und die sinnvolle Verwendung des Reichtums; darauf folgt ein Abschnitt über die guten Eigenschaften und Fähigkeiten, die ein Hausvater benötigt, sowie über die Schulung und Behandlung seiner Sklaven, dann ein noch längerer Teil über hausfrauliche Tugenden und die Ausbildung einer Ehefrau und schließlich als längster ein Abschnitt über Landwirtschaft. […]

Weder das Griechische noch das Lateinische besitzen einen Ausdruck mit dem ganz normalen Sinngehalt „Familie“, wie wenn man sagt: „Ich verbringe Weihnachten mit meiner Familie.“ […] Wie bei dem griechischen Wort oikos lag ein starker Akzent auf dem Besitzaspekt; es ergab sich zu keiner Zeit die Notwendigkeit eine spezielle Bezeichnung mit der eingeschränkten Bedeutung unseres heutigen Wortes „Familie“ zu finden. Der pater familias war nicht der Vater im biologischen Sinne, sondern derjenige, der die Autorität über den Haushalt ausübte.

Das römische Recht unterteilte diese Autorität in drei Elemente, die ich schematisch skizzieren möchte: Potestas ist die Gewalt über die Kinder (Adoptivkinder eingeschlossen), über Kindeskinder und Sklaven; manus ist die Gewalt über die Ehefrau und die Ehefrauen der Söhne; dominium ist die Gewalt über den Besitz. Der Herr führt und kontrolliert die Menschen und den Besitz der Gruppe, ohne zwischen wirtschaftlichen, individuellen und sozialen Belangen zu unterscheiden. Solche Unterscheidungen nämlich könnte man nur auf Grund theoretischer Überlegungen treffen, nicht aber in der Praxis.

Eben diese Dreiteilung ist es, auf die Xenophon im Oikonomikos aufbaut, […] und sie blieb eine Grundlage der europäischen Zivilisation bis weit in das 18. Jahrhundert hinein (in sehr vielen Gebieten sogar noch länger).

Moses I. Finley, Die antike Wirtschaft (1973), München 1980, S. 7 ff.

1. *Erläutern Sie, wodurch sich die Familie in der Antike von der Familie heute unterscheidet (Mat. 1).*
2. *Welche Konsequenzen hatte die andere Bedeutung der Familie in der Antike für die gesellschaftliche Rollenverteilung von Frauen und Männern?*
3. *Nehmen Sie zu der These Stellung, dass die besondere Rolle des Hausvaters „Grundlage der europäischen Zivilisation bis weit in das 18. Jahrhundert hinein“ blieb.*

Frau und Mann im antiken Griechenland

2 *Unser Wissen über die Rolle der Frau im antiken Griechenland wird wesentlich durch das in Text 1 erwähnte Buch „Oikonomikos“ des griechischen Geschichtsschreibers Xenophon (um 426–um 355 v. Chr.) bestimmt. In dieser Schrift lässt Xenophon den Ischomachos zu seiner 15 Jahre alten Frau Folgendes sagen:*

Q Es scheint mir, dass die Götter […] dieses Gespann, das man das Weibliche und das Männliche nennt, in bester Voraussicht zusammengeführt haben, damit sie in Gemeinschaft einander nützlich sind. Zuerst einmal heiratet das Paar um miteinander Kinder zu zeugen, damit das männliche Geschlecht nicht ausstirbt. Dann wird durch die Vereinigung erreicht, dass sie im Alter eine Stütze für sich selbst besitzen. Weiterhin ist es bei den Menschen nicht wie bei den Tieren üblich im Freien zu leben, sondern sie benötigen offensichtlich Obdach. Wenn die Menschen Vorräte unter dem Dach anlegen wollen, brauchen sie allerdings jemanden, der die Arbeit unter freiem Himmel verrichtet. Denn Pflügen, Säen, Pflanzen und auch Weiden sind Beschäftigungen im Freien. Aus diesen wird der Lebensunterhalt gewonnen. Sobald das nun unter Dach ist, ist wiederum jemand erforderlich, der es verwahrt und der solche Arbeiten verrichtet, die innerhalb des Hauses anfallen. Der Schutz des Daches ist notwendig bei der Versorgung der neugeborenen Kinder; unter einem Dach muss die Aufbereitung der Feldfrüchte stattfinden, ebenso die Herstellung der Kleidung aus Wolle.

Da nun jede der beiden Tätigkeiten, diejenigen innerhalb als auch diejenigen im Freien der Ausführung und der Aufsicht bedürfen, hat Gott […] von vornherein die körperliche Beschaffenheit entsprechend ausgestattet, und zwar, wie mir scheint, die der Frau für die Arbeiten und Besorgungen im Innern, die des Mannes hingegen für die Tätigkeiten und Beaufsichtigungen außerhalb.

Dass die Natur des Weibes furchtsamer ist als die des Mannes, darin sahen die Götter keinen Mangel. Dem Manne aber gaben sie mehr Kühnheit, da es zuweilen nötig sein könnte sein Hab und Gut gegen zugefügtes Unrecht zu verteidigen. Weil aber beide Teile geben und nehmen müssen, verteilte er Gedächtnis und die Sorge in gleicher Weise. Daher kann man nicht unterscheiden, welches Geschlecht darin den Vorzug verdient, das männliche oder das weibliche. Auch das Maßhalten in manchen Dingen teilte er beiden gleichmäßig zu und gab ihnen die Möglichkeit, dass, wer der Beste sei, sei es Mann oder Frau, von diesem Gut den größeren Nutzen habe. Da aber der Gott die Natur beider nicht zu allem gleich gut geschaffen hat, sind sie aufeinander angewiesen und können einander helfen, weil der eine kann, was dem anderen fehlt.

Xenophon, Oikonomikos 7, 18–22. Zit. nach Beate Wagner-Hasel, Das antike Griechenland, Frankfurt/M. 1988, S. 114f.

3 *In demselben Jahrhundert wie Xenophon haben Platon und Aristoteles zwei völlig unterschiedliche Konzeptionen über den Staat verfasst. Beiden ging es um die Einheit der Polis, des Staates. Platon schlug in seinen Büchern über den Staat vor, diese Einheit dadurch herzustellen, dass zumindest bei den führenden Schichten im Staat alle Unterschiede aufgehoben werden sollten: Es sollte kein Privateigentum, keine Ehe und damit auch keine Familie geben. An der Spitze des Staates sollten Philosophen stehen, die durch philosophische Erkenntnis das für den Staat Gute und Richtige erkennen sollten. Nach Aristoteles hat Platon mit seiner Lehre, dass der Staat möglichst „eins" sein soll, den Staat selbst aufgehoben, denn dieser sei seiner Natur nach eine „Vielheit". Aristoteles geht denn auch von der Existenz von Privateigentum, Ehe und Familie aus. Für ihn ist Herrschaft das Mittel die Einheit des Staates herzustellen. Alle Beziehungen sind bei Aristoteles Herrschaftsbeziehungen. Das Haus und die Familie werden in den Staat eingeordnet, sind also auf ihn hin ausgerichtet. Im Rahmen dieser Konzeptionen kommt es auch zu unterschiedlichen Vorstellungen über den Status der Frau.*

Die folgenden Ausführungen Platons gehen von dem „Gesetz" aus, dass auch Mädchen die für Jungen übliche (höhere) musische und gymnastische Bildung erhalten sollten.

Q Zeigt sich nun, fuhr ich fort, dass das männliche Geschlecht gegenüber dem weiblichen in Bezug auf irgendeine Kunst oder sonst eine Beschäftigung verschieden ist, so würden wir verlangen, daß einem jeden das Seine zugewiesen wird. Stellt sich dagegen heraus, daß der Unterschied nur gerade darin besteht, dass das Weib gebiert und der Mann zeugt, so werden wir darin noch gar keinen Beweis dafür sehen, dass sich das Weib auf dem Gebiet, wovon wir reden, vom Manne unterscheidet, sondern bleiben immer noch der Meinung, unsere Wächter und ihre Frauen sollten dieselben Beschäftigungen ausüben. [...]

Es gibt also, mein Freund, in der Verwaltung der Stadt keine Beschäftigung eigens für die Frau, nur weil sie Frau ist, und auch keine für den Mann, nur weil er Mann ist. Die Begabungen finden sich vielmehr gleichmäßig bei beiden Geschlechtern verteilt und an allen Beschäftigungen hat die Frau und hat auch der Mann von Natur aus Anteil, nur ist das Weib überall schwächer als der Mann. [...]

Wir kommen also im Kreis herum wieder auf das Vorige zurück und stimmen darin überein, dass es nicht der Natur zuwider ist, wenn wir den Frauen der Wächter musische und gymnastische Bildung vermitteln. [...] Es war also nicht etwas Unmögliches und auch kein bloßes Wunschgebilde, was wir als Gesetz aufgestellt haben, denn wir stellten das Gesetz ja der Natur gemäß auf. Eher scheint doch das, was demgegenüber heute üblich ist, gegen die Natur zu sein.

Die Auffassung des Aristoteles lehnt sich an die Praxis der attischen Demokratie des 5. Jahrhunderts an:

Q Desgleichen ist das Verhältnis des Männlichen zum Weiblichen von Natur so, dass das eine besser, das andere geringer ist und das eine regiert und das andere regiert wird. [...] Also gibt es von Natur mehrere Arten von Herrschendem und Dienendem. Denn anders herrscht der Freie über den Sklaven, das Männliche über das Weibliche und der Erwachsene über das Kind. Bei allen finden sich die Teile der Seele, aber in verschiedener Art. Der Sklave besitzt das planende Vermögen überhaupt nicht, das Weibliche besitzt es zwar, aber ohne Entscheidungskraft, das Kind besitzt es, aber noch unvollkommen. Ebenso muss es sich auch mit den ethischen Tugenden verhalten. Alle müssen an ihnen teilhaben, aber nicht auf dieselbe Weise, sondern soviel jedes für seine besondere Aufgabe bedarf. So muss der Regent die ethischen Tugenden vollkommen besitzen – denn seine Aufgabe ist die des Werkleiters und der Werkleiter ist die Vernunft – und von den anderen jedes so viel als ihm zukommt. Also gehört die ethische Tugend allen Genannten, doch ist die Besonnenheit des Mannes und der Frau nicht dieselbe und auch nicht die Tapferkeit und die Gerechtigkeit, wie Sokrates meinte, sondern das eine ist eine regierende Tapferkeit, das andere eine dienende und so weiter.

Platon, Der Staat V, 454–456 und Aristoteles, Politik I, 1254 b und 1260 a. Übers. von J. Martin.

1. *Wie wird in Mat. 2 die unterschiedliche Rolle von Mann und Frau begründet? Nehmen Sie Stellung zu diesem Rollenverständnis.*

2. *Ordnen Sie die Aussagen über die Stellung der Frau bei Platon und Aristoteles in die politischen Konzeptionen der beiden Autoren ein (Mat. 3).*
3. *Xenophon vertritt gegenüber Platon und Aristoteles eine eigene Position. Warum kann er die Fähigkeiten der Frauen positiv würdigen? Beachten Sie dabei die unterschiedlichen Themen, mit denen es Platon und Aristoteles einerseits, Xenophon (Mat. 2) andererseits zu tun haben.*
4. *Stellen Sie Bedingungen zusammmen, die nach Ihrer Auffassung die Vorstellungen von der Rolle der Frauen und die gesellschaftliche Praxis beeinflussen.*

4 *Die deutsche Historikerin Beate Wagner (geb. 1950) über Eherecht und Heiratspolitik bei den Griechen (1982):*

D Die Frauen wurden mit der Hochzeit dem Bräutigam „ausgehändigt" und in einem besonderen Ritual zum Haushalt des Ehemanns überführt. Dort wurde ihnen beim Empfang durch die Schwiegermutter eine Quitte als Symbol der Fruchtbarkeit überreicht. Diese Geste verweist deutlich auf die Funktion der Ehefrau für den Haushalt des Ehemannes. [...] Da jedes in einem solchen Oikos hineingeborene Kind in seiner Existenz von dem Besitz oder den Nutzungsrechten an dem zum Oikos gehörigen Land abhängig war, während umgekehrt die Alten auf die Arbeit ihrer Kinder im Oikos angewiesen waren, ist der Nachwuchs für alle Mitglieder eines Oikos von existentieller Bedeutung gewesen.

Erst durch den Umstand, dass der Familienbesitz an die Söhne vererbt wurde, während die Ansprüche der Frauen auf Lebensunterhalt durch eine Mitgift abgegolten wurden, deren Höhe der zukünftige Ehemann mit dem Vater der Braut aushandelte, wirkte sich das Eherecht gegen die Frauen aus. Als Gebärerin legitimer Erben eines patrilinearen Oikos musste die attische Frau jungfräulich in die Ehe gehen. So war es erlaubt ein junges Mädchen, das vor der Ehe Geschlechtsverkehr hatte, in die Sklaverei zu verkaufen. Eine verheiratete Ehefrau, die Ehebruch beging, wurde zwangsweise verstoßen. Für den Mann galten diese Bestimmungen nicht. In Sparta, wo sich kein patrilineares Erbrecht durchgesetzt hatte, fehlte das Delikt „Ehebruch". [...]

Die Ehebeziehungen waren in Griechenland nicht nur von der Notwendigkeit geprägt die Kontinuität der Oikenstruktur herzustellen. Mit ihnen wurden gleichzeitig Außenbeziehungen zwischen den Haushalten geregelt. Indem die Haushalte untereinander in Ehebeziehungen traten, entstanden zwischen ihnen quasi-verwandtschaftliche Verbindungen. Sie schufen ähnlich normative Verpflichtungen, wie sie unter den Mitgliedern eines Haushalts selbst vorhanden waren. Mit den Heiratsbeziehungen wurden somit größere gesellschaftliche Einheiten geschaffen. [...] Ihre Funktion als gesellschaftliches Bindeglied klingt auch in der Äußerung Aristoteles' an, wenn er die Ehegemeinschaft „als eine dem Staate eigentümliche Gemeinschaftsform" (Pol. 1280) bezeichnet. [...]

Da Beispiele überliefert sind, dass Frauen im 6. und 5. Jahrhundert v. Chr. ihren Ehemann frei wählen konnten, während dies in der darauffolgenden Zeit in Attika eine Sache des Kyrios (d. h. des Herrn) der Braut wurde, war zumindest eine Voraussetzung für eine eigenständige Aktivität der Frauen im Rahmen der Heiratsbeziehungen gegeben.

Beate Wagner, Zwischen Mythos und Realität. Die Frau in der frühgriechischen Gesellschaft, Frankfurt 1982, S. 174ff.

5 *Der englische Historiker Walter K. Lacey über die Stellung der Frau im antiken Griechenland (1968):*

D Auch gesetzlich genoss die verheiratete Frau in Athen eine Sicherheit, die nicht jede verheiratete Frau heute hat. Ihr Besitz war ihr sicher vermacht und wenn sie ihr eheliches Heim verließ, was sie konnte, wenn sie wollte, musste ihr Gatte ihren Besitz zurückgeben oder Zinsen darauf bezahlen; wenn sie ihr Heim nicht verließ, musste der Gatte sie erhalten. Zugegeben, dies war keine Garantie dagegen mittellos zu werden, falls ihr Gatte alles verlor und starb, aber es gab einen Schutz gegen den widerspenstigen Ehemann moderner Scheidungsgerichte, der seine Familie unterhalten könnte, sich aber weigert es zu tun.

Das antike Athen versuchte auch (ob bewusst oder nicht) mit dem Problem der Einsamkeit fertig zu werden. Die Mutter, die allein leben muss, ist ein unbekanntes Phänomen allein schon wegen der Verordnung für den Unterhalt und auch die unverheiratete Tante ist fast unbekannt, es sei denn, ihr Vater wäre wirtschaftlich bankrott gegangen. Nur Kurtisanen lebten als Frauen wirklich allein. [...]

Wenn wir zusammenfassen, kann man sagen, dass die Normen der Mittelklasse, wie sie von der Demokratie gefordert wurden, den aristokratischen Familien die Freiheit des geselligen Verkehrs raubten, den sie vorher in der homerischen Gesellschaft [...] besessen hatten. Innerhalb der Mittelklasse waren jedoch Frauen vermutlich genauso gut durch das Gesetz geschützt wie in irgendeinem anderen Jahrhundert vor unserem und einen vernünftigen Gatten oder Vater vorausgesetzt genossen sie ein Leben, das nicht viel enger und nicht viel weniger interessant war als das der Frauen in vergleichbaren Gesellschaftsklassen anderswo.

Emanzipierte Frauen heute haben natürlich sehr viel mehr persönliche Freiheit, aber weniger Schutz gegen Männer ohne Skrupel. [...] Athenische Frauen wurden ebenso wie athenische Männer als Teil der Stadt betrachtet. Man erwartete folglich von ihnen, dass sie ihre Pflicht gegen sich selbst der Pflicht gegenüber dem Staat unterordnen würden, ebenso wie gegenüber jenem Oikos, dem sie durch Heirat zugehören würden oder schon eingegliedert waren. Zu dieser Pflicht gehörte das Gebären der nächsten Generation von Kriegern, Ehefrauen und Müttern, die Partnerschaft mit dem Gatten in der Erhaltung der wirtschaftlichen Kraft des Oikos und die Weiterführung des religiösen Lebens.

Walter K. Lacey, Die Familie im Antiken Griechenland (1968), Mainz 1983, S. 167 und 171.

1. *Wie erklärt Wagner (Mat. 4) den Wandel der Heiratspolitik in Griechenland? Welche Bedeutung hatte dieser Wandel für die Rolle der Frau in der Gesellschaft?*
2. *Überprüfen Sie anhand der Mat. 1 bis 3 und der Darstellung S. 20, inwiefern Lacey (Mat. 5) die Stellung der Frau verklärt.*

Die Stellung der Frau im antiken Rom

6 *Der römische Geschichtsschreiber Cornelius Nepos (um 100–um 25 v. Chr.) schreibt über die Rolle der Frau bei den Griechen und bei den Römern:*

Q Im Gegensatz zu den Griechen nehmen wir an bestimmten Verhaltensweisen keinen Anstoß, die bei ihnen als ungebührlich gelten. Denn welcher Römer hätte Scheu seine Frau zu einem Gastmahl mitzunehmen? Oder welche Hausherrin sitzt nicht dank ihrer Ehrenstellung im vorderen Teil des Hauses und bewegt sich nicht in der Öffentlichkeit? Das ist in Griechenland ganz anders. Denn sie wird zu keinem Gastmahl mitgenommen, es sei denn zu Verwandten, und sie hält sich auch nur im inneren Teil des Hauses auf, welches Gynaikon (Frauenwohnung) genannt wird; nur die nächsten Verwandten haben Zutritt.

Cornelius Nepos, De excellentibus ducibus exterarum gentium, praefatio 6 f. Übers. von E. Zwölfer.

7 *Eine römische Grabinschrift aus dem 2. Jh. v. Chr.:*

Q Dies ist der wenig schöne Grabstein einer schönen Frau.
Mit Namen nannten sie die Eltern Claudia.
Ihren Mann liebte sie aus ganzem Herzen.
Zwei Söhne gebar sie: Den einen lässt sie in der Erde, den andern auf der Erde.
Ihre Sprache war anmutig, auch ihr Gang war gefällig.
Sie besorgte ihr Haus, spann Wolle. Ich habe gesprochen.

Corpus Inscriptionum Latinarum I, 1007. Übers. von E. Zwölfer.

8 *Der römische Geschichtsschreiber Titus Livius (59 v. Chr.–17 n. Chr.) berichtet von einer Begebenheit, die sich im Jahre 196 v. Chr. in Rom zutrug. 20 Jahre zuvor war in der Not des zweiten Punischen Krieges ein Gesetz beschlossen worden, dass keine Frau mehr als ein bestimmtes Maß an Goldschmuck besitzen, bunte Kleider tragen und mit dem Wagen – außer zu religiösen Zwecken – innerhalb der Stadt fahren durfte. Dieses Gesetz sollte auf Betreiben einiger Volkstribunen, allerdings gegen den Willen zahlreicher Römer, abgeschafft werden. Nun griffen die Frauen selbst in das Geschehen ein: Sie widersetzten sich der Weisung ihrer Ehemänner – wie Livius schreibt –, sie belagerten die Straßen und die Zugänge zum Forum und baten die Männer ihnen ihren alten Schmuck wiederzugeben, jetzt, wo es dem Staat doch gut gehe. Livius lässt den Konsul Cato (234–149 v. Chr.) dazu folgende Rede halten:*

Q Wenn es jedem von uns bei seiner eigenen Frau gelungen wäre, das Gefühl für das dem Mann zustehende Recht und sein Ansehen zu wahren, dann hätten wir jetzt mit allen Frauen weniger Mühe. Jetzt ist daheim unsere Freiheit des Bestimmens dahin und hier auf dem Forum wird sie durch die Zügellosigkeit der Frauen zerstört. [...] Ich jedenfalls bin nicht ohne schamvolles Erröten soeben mitten durch die Schar der Frauen gegangen und hätte mich nicht die Scheu – mehr vor der Verletzung des Ansehens und des Ehrgefühls einzelner Frauen als der Gesamtheit – daran gehindert sie zu schelten, dann hätte ich ihnen gesagt: Was ist das für ein Benehmen so in die Öffentlichkeit zu laufen und die Wege zu besetzen und fremde Männer anzureden! Ihr hättet doch daheim eure Ehemänner darum bitten können. Es ist doch wohl nicht anzunehmen, dass eure schmeichelnden Bitten in der Öffentlichkeit mehr Erfolg haben als zu Hause und bei fremden Männern mehr als bei euren eigenen!
Allerdings, wenn Zurückhaltung euch Frauen noch in den euch gesteckten Grenzen hielte, hättet ihr euch auch daheim nicht darum kümmern dürfen, welche Gesetze hier zur Annahme oder Ablehnung vorgelegt werden. Unsere Vorfahren haben gewünscht, dass die Frauen nichts, wirklich nichts Privates tun ohne die Zustimmung ihres Vormundes, also ihres Vaters, Bruders oder Ehemannes. Wir hingegen, wir lassen es leider zu, dass sie sich an der Regierung beteiligen und sich auch auf dem Forum in Beratungen und Abstimmungen einmischen. Was tun sie denn jetzt anderes auf den Straßen und an den Kreuzungen, als dass sie den Antrag der Volkstribunen, dass das Gesetz abgeschafft werden müsse, unterstützen. [...] Was werden sie alles versuchen, wenn sie ihre heutige Forderung durchgesetzt haben. Geht alle Gesetze durch, mit denen eure Vorfahren ihren Freiheitsdrang gebändigt und sie den Männern unterworfen haben: Obwohl

diese Bestimmungen sie bändigen sollten, könnt ihr sie doch kaum im Zaum halten! Und wenn ihr duldet, dass sie sich einzelne Rechte nehmen und euch entwinden und so die endgültige Gleichstellung mit den Männern erreichen, ja glaubt ihr dann, dass sie erträglich sein werden? Sobald sie mit euch gleich sind, werden sie über euch sein! [...] Sie fordern, dass ihr ein Gesetz, das ihr angenommen und durch eure Abstimmung gutgeheißen, dass ihr so viele Jahre erprobt habt, abschafft. Das bedeutet aber, dass ihr durch die Abschaffung eines Gesetzes alle anderen erschüttert.

Livius berichtet weiter, daß die Frauen nicht locker ließen und schließlich das Gesetz abgeschafft worden sei.

Livius, Ab urbe condita 34,1 ff. Übers. von E. Zwölfer.

1. *Welches Bild der Frau wird in Mat. 6 und durch die Grabinschrift (Mat. 7) vermittelt?*
2. *Erklären sie den Konflikt, um den es in Mat. 8 geht.*
3. *Beurteilen Sie die Rolle, die Cato der Frau in der römischen Gesellschaft zuweist, und nehmen Sie Stellung dazu (Mat. 8).*
4. *Erörtern Sie, inwiefern das Verhalten der Frauen als ein Akt der Emanzipation bezeichnet werden kann.*

9 *Der Autor des Darstellungstextes, der Historiker Jochen Martin (geb. 1936), zur Stellung der Frau in der römischen Gesellschaft (1994; Originalbeitrag):*

D Die römische Frau erhält bei der Geburt keinen eigenen Vornamen, sondern trägt nur den Namen der Familie (Gentilname, z. B. Sempronia). Wie ihre männlichen Geschwister steht sie unter der Gewalt des „Hausvaters“ (das muss nicht der leibliche Vater, sondern kann auch der Großvater väterlicherseits sein, wenn dieser noch lebt). Diese Gewalt bedeutet, dass die Kinder und Enkel kein eigenes Vermögen haben oder erwerben können und dass sie dem Hausvater gegenüber zu Gehorsam und Respekt verpflichtet sind; diesem steht ein umfangendes Züchtigungsrecht zu. Die Vermögenslosigkeit der Hauskinder wird abgemildert dadurch, dass ihnen der Hausvater ein „Sondervermögen“ aussetzen kann, mit dem sie eigenständig wirtschaften können. Es bleibt zwar Eigentum des Hausvaters, wird aber in der Regel nicht zurückgerufen. Auch im Erbrecht sind Männer den Frauen gleichgestellt: Haussöhne und -töchter erben zu gleichen Teilen, wenn der Hausvater kein Testament macht.
Stirbt der Hausvater, so erlischt damit die hausväterliche Gewalt über die unmittelbaren Nachkommen des Verstorbenen: Die männlichen Nachkommen werden nun ihrerseits Hausväter, die weiblichen werden zwar auch frei (sui iuris), erhalten aber einen Vormund (Tutor, in der Regel der nächste väterliche Verwandte), der z. B. Vermögenstransaktionen oder einer Heirat zustimmen muss. Dennoch ist die Frau Eigentümerin des ererbten Vermögens, und in der Zeit der späten Republik und vor allem des Prinzipats ist die Vormundschaft zu einer reinen Formsache geworden.
Heiratet eine Frau, so kann sie entweder in der Herkunftsfamilie bleiben – sie untersteht dann weiterhin der Gewalt ihres Hausvaters und ist in der Herkunftsfamilie erbberechtigt; sie kann aber auch in die Familie ihres Ehemanns übergehen, dessen Gewalt sie dann untersteht. In rechtlicher Hinsicht nimmt sie hier den Status einer Tochter des Ehemannes ein. Das besagt nichts über die ehelichen Beziehungen, sondern dient dem Schutz der Frau, die durch ihre Stellung als Tochter des Ehemannes diesem (und dessen Hausvater, falls er noch lebt) gegenüber erbberechtigt wird.
Die römische Familie setzt sich allein über Männer fort. Bei einer Scheidung, die sowohl von der Frau als auch vom Mann ausgesprochen werden kann, bleiben die Kinder immer beim Mann. Dennoch kommen der über die Ehefrau vermittelten Verwandtschaft wichtige Aufgaben auch in der Familie ihres Ehemannes zu: Die Mutterschwester und der Mutterbruder müssen z. B. immer ihren Nichten und Neffen beistehen; sie bilden damit ein Gegengewicht gegen die Disziplinierungsvorschriften des Hausvaters.
Wie die griechischen dürfen auch die römischen Frauen keine politischen Ämter bekleiden oder in politischen Institutionen mitwirken. Im Unterschied aber zum demokratischen Athen wird in Rom Politik nicht nur in den politischen Institutionen gemacht: Für die Kommunikation unter den Adligen spielen die Häuser, die dort stattfindenden Empfänge und Gastmähler, von denen die Frauen nicht ausgeschlossen sind, eine große Rolle. Ferner haben sich Frauen in durchaus organisierter Form in die Politik eingemischt, wenn sie davon betroffen waren. Ansatzpunkt für solche organisierte Aktionen können Funktionen der Frauen im Kult gewesen sein (es gab z. B. religiöse Feste nur für Frauen).

1. *Erläutern Sie die Stellung, die die römische Frau nach Ansicht des Verfassers von Mat. 9 in Politik und Gesellschaft hat. Vergleichen Sie diesen Text mit den Aussagen in Mat. 6 bis 8.*
2. *Diskutieren Sie über die Stellung der Frau in der Antike. Wo gibt es Kontinuitäten, die bis in die Gegenwart reichen?*
3. *Erstellen Sie eine Bilddokumentation über die Rolle der Frau in der Antike. Kontrastieren Sie diese Dokumentation mit Bildern von Frauen, wie sie heute publiziert werden, und kommentieren Sie Ihre Ergebnisse schriftlich.*

Kultur in der Antike – Menschenbild und Kunst

Griechisches und römisches Menschenbild in der Antike

1 *In der Tragödie „Antigone" des Dichters Sophokles (497–406 v. Chr.) geht es um den Interessenkonflikt zwischen König Kreon und Antigone. Kreon verbietet die Leiche des „Vaterlandverräters" Polyneikes zu bestatten. Antigone hingegen sieht in dem Toten, ihrem Bruder, in erster Linie einen Menschen, der den Anspruch auf Bestattung hat. Als Kreon den Machtanspruch des Staates absolut setzt, antwortet der Chor:*

Vieles Gewaltige lebt, doch nichts
Ist gewaltiger als der Mensch.
Er, der über die dunkle See
In des stürmenden Südens Wehn
Hinzieht durch schwellende Wogen
Den lautumtosten Pfad,
Er müdet ab die hohe Göttin,
Die unerschöpfliche Erde, die ewige,
Kreisenden Pfluges von Jahre zu Jahre sie
Mit der Kraft der Rosse durchfurchend.

Leicht hinträumender Vögel Schar
Führt er in der Umgarnung hin
Und im Walde des Wildes Volk
Und die wimmelnde Brut des Meers
Mit netzgeflochtenen Fäden,
Der vielbegabte Mensch;
Bezwingt erfindungsreich des Berges
Einsames Tier und umschirret den mähnigen
Nacken dem Ross mit umhalsender Fesselung,
Wie dem nie gebeugten Bergstier.

Auch hat er die Sprache, den Flug
Des luft'gen Gedankens, den Trieb
Der Städteregierung erlernt und wie man
Dem Reif der unwirtbar'n Nacht,
Dem Regenpfeil mag entfliehn;
Reich an Rat und ohne Rat dem Künft'gen nie
Begegnend. Nur vor dem Tod
Wird er finden kein Entfliehn;
Doch für der Seuchen schwerste Not
Fand er Heilung.

Mit klugen Erfindungen so
Weit über Verhoffen begabt,
Neigt bald er zum Bösen, bald zum Guten.
Getreu der Heimat Gesetz,
Der Götter schwurheil'gem Recht,
Groß im Staat, im Staate nichts, wen Wagemut
In Ungebühr heimisch macht.
Mög er nie ein Herdgenoss,
Mir nie ein Gleichgesinnter sein,
Tut er also.

Sophokles, Antigone, V, 334ff. Zit. nach Otto Güthling (Hg.), Antigone, Stuttgart 1974, S. 19f.

2 *Um 300 v. Chr. begründete Zenon (um 336–264 v. Chr.) die Philosophenschule der Stoiker – benannt nach der Säulenhalle in Athen, in der er zuerst seine Gedanken verkündete –, die folgende Lehre vertrat:*

Q Wir sind von der Natur so geschaffen, dass die Kinder von den Eltern geliebt werden; und das ist der Ausgangspunkt, von dem wir zu der allumfassenden Gemeinschaft des Menschengeschlechts gelangen. [...] Schon Ameisen, Bienen, Störche tun manches um anderer willen; viel enger ist noch die natürliche Verbundenheit der Menschen. Darum sind wir von Natur zum Beisammensein, zur Versammlung, zum staatlichen Leben geschaffen. Die ganze Welt aber wird von dem Willen der Götter gelenkt; sie ist sozusagen die gemeinsame Stadt und Staatseinheit von Menschen und Göttern und jeder Einzelne von uns ist ein Teil dieser Welt. [...] Keiner ist adliger als der andere, außer wer eine bessere und leistungsfähigere Naturanlage hat. Kein Mensch ist von Natur Sklave. Nicht der Verkauf macht den Käufer zum Herrn oder den Verkauften zum Sklaven. Nicht durch Verkauf und Kaufgeld kennzeichnet die Wahrheit den Sklaven, sondern durch die Unfreiheit der Gesinnung. Die Freiheit besteht in der Möglichkeit selbstständigen Handelns, die Knechtschaft in dem Fehlen dieser Möglichkeit. Frei ist darum nur der Weise, die Toren sind unfrei.

Zit. nach Stoa und Stoiker, eingel. und übertr. von M. Pohlenz, Zürich u. a. 1950, S. 108ff.

3 *Im Jahre 44 v. Chr. verfasste Marcus Tullius Cicero (106–43 v. Chr.) eine Schrift vom „rechten Verhalten" des Menschen, eine Ethik, die er seinem Sohn Marcus widmete. Dieser Verhaltenslehre legt er folgende Betrachtung der menschlichen Natur zugrunde:*

Q Vom Urbeginn an hat die Natur in allen Lebewesen den

Trieb angelegt sich selbst Leib und Leben zu erhalten, allem, was schädlich sein könnte, auszuweichen und alles, was zum Leben notwendig ist, zu suchen und sich zu verschaffen, z.B. Nahrung, Schlupfwinkel und dergleichen mehr. Allen Lebewesen gemeinsam ist ferner der Geselligkeitstrieb zum Zweck der Fortpflanzung und die Sorge für den Nachwuchs. Zwischen Mensch und Tier besteht aber vor allem folgender Unterschied: Das Tier lässt sich nur von Sinneseindrücken leiten und passt sich nur an das an, was sich ihm zeigt; für Vergangenes und Zukünftiges hat es nur wenig Gespür. Der Mensch aber ist ein vernunftbegabtes Wesen; die Vernunft ermöglicht ihm Schlussfolgerungen zu ziehen, Ursachen zu sehen, Entwicklungsstufen und Vorbedingungen zu erkennen, einander ähnliche Erscheinungen zu vergleichen, Gegenwärtiges mit Zukünftigem zu verbinden und zu verknüpfen. Dank der Vernunft also überschaut er leicht den Lauf seines Lebens und versorgt sich mit allem Notwendigen zu dessen Gestaltung.

Dieselbe Natur verbindet dank der Vernunft die Menschen zu einer Sprach- und Lebensgemeinschaft. Sie weckt in ihnen eine zärtliche Liebe zu ihren Kindern, sie drängt die Menschen zur Geselligkeit und zur Teilnahme an geselligen Veranstaltungen; deshalb wollen sie das beschaffen, was zu einer kultivierten Lebensart gehört, nicht nur jeweils für sich allein, sondern für Frau und Kind und für alle, die ihnen lieb sind und die sie beschützen sollten. Solche Sorge gibt den Menschen Auftrieb, der Mensch wächst mit seinen Aufgaben.

Ganz besonders charakteristisch für den Menschen ist das Suchen nach der Wahrheit. Wenn wir von den Alltagsgeschäften und Alltagssorgen frei sind, dann verlangt es uns danach etwas Neues zu sehen, zu hören, zu lernen und wir sehen in der Erkenntnis von bislang unverständlichen oder staunenswerten Dingen einen wichtigen Bestandteil eines glücklichen Lebens. [...]

Platon bemerkt zutreffend, dass wir nicht für uns allein geboren sind, sondern dass das Vaterland einen Teil unsres Daseins verlangt, einen Teil unsere Freunde. Die Stoiker[1] sind dazu der Überzeugung, dass alles, was auf Erden wächst, zum Nutzen der Menschen geschaffen sei; die Menschen aber seien für einander da, dazu sich gegenseitig zu nützen. Deswegen haben wir die Verpflichtung, der Natur als unserer Führerin zu folgen, indem wir nämlich zum allgemeinen Nutzen beitragen und dadurch den Austausch von Leistungen, durch Geben und Nehmen, durch unsere geistigen und materiellen Möglichkeiten und unsere Bemühungen die Gemeinschaft der Menschen untereinander festigen.

1 siehe Einleitung zu Mat. 2

Cicero, De officiis I, 11 ff. Übers. von E. Zwölfer.

4 *Der Kirchenlehrer Augustinus (354–430 n. Chr.), der nicht nur richtungsweisend für die Theologie und die Stellung der Kirche zum Staat, sondern auch einer der bedeutendsten Philosophen der Spätantike war, schreibt:*

Q Wie steht es mit den sogenannten Erstlingsgaben des Geistes, unter denen man die Sinne und den Verstand an die Spitze stellt, weil sie die Wahrheit auffassen und begreifen sollen? Aber was taugen die Sinne noch, wenn der Mensch, um von anderem zu schweigen, taub und blind wird? Wohin kommen denn Vernunft und Einsicht, wo schlummern sie, wenn der Mensch durch eine Krankheit wahnsinnig wird? [...] Menschen, die das gleiche Haus bewohnen, sind miteinander befreundet oder sollten es sein und doch, wer ist dessen sicher? Denn oft entstand schweres Unglück aus geheimer List der Nächsten, um so bitterer, je schöner zuvor der Friede gewesen war; man hatte ihn für echt gehalten, und er war aufs verschlagenste vorgetäuscht. [...] Wenn nun sogar das Haus, die gemeinsame Zuflucht für alle Menschen in solchem Unheil, nicht sicher ist, wie dann der Stadtstaat, in dem, je größer er ist, der Hauptplatz desto mehr erfüllt ist von Streit! Wenn auch die wilden und oft blutigen Aufstände und Bürgerkriege einmal aussetzen, sind die Staaten bloß manchmal von ihrem Ausbruch, niemals von ihrer Drohung frei. [...] Nach dem Stadtstaat kommt der Erdkreis, der nach Haus und Stadt die dritte Stufe menschlicher Gesellschaft sein soll. Er ist wie eine Wassermasse desto gefahrenreicher, je größer er ist.

Augustinus, De civitate Dei XIX, 4, 5 und 7. Zit. nach Bekenntnisse und Gottesstaat, hg. von Joseph Bernhart, Stuttgart 1930, S. 125.

1. *Vergleichen Sie die unterschiedlichen Aussagen, die in Mat. 1 bis 4 über das Wesen des Menschen getroffen werden.*
2. *Wie begründet der griechische Dichter Sophokles, dass nichts „gewaltiger" ist als der Mensch (Mat. 1)? Klären Sie dazu das Verhältnis des Menschen zu seiner Umwelt, zur Natur und zu den Göttern. Welche Schlussfolgerungen zieht Sophokles?*
3. *Charakterisieren Sie das Menschenbild der Stoiker (Mat. 2).*
4. *Welche Gedanken des Menschenbildes der Stoiker greift Cicero (Mat. 3) auf? An welchen Punkten entwickelt er es weiter?*
5. *In welcher Weise modifiziert Augustinus dieses Menschenbild (Mat. 4)?*
6. *Welchem der vier Texte würden Sie aus der heutigen Welterfahrung heraus am ehesten zustimmen?*
7. *Diskutieren Sie die „Modernität" des antiken Menschenbildes, von der heute häufig gesprochen wird.*

Begegnungen

5 *Frauenfigur aus der kykladischen Frühbronzezeit (um 2500 v. Chr.), weißer Marmor, ca. 150 cm hoch, Athen, Archäologisches Nationalmuseum*

6 *Die Schriftstellerin Christa Wolf (geb. 1929) beschreibt 1989 ihre Eindrücke beim Anblick der Frauenfigur unter der Überschrift „Rätselfrau von den Kykladen“:*

D Meines Erlebnisses bin ich sicher: Ich war ergriffen von jener Frauenstatue in einem der vorderen Säle des Archäologischen Nationalmuseums in Athen. Unsicher bin ich, wie ich mir selbst dieses Erlebnis erklären soll. […] Diese Statue ist nicht klein. Sie ist einen Meter fünfzig groß. Sie ist aus Stein – parischer Marmor – weiß. Sie tut nichts. Sie blickt mich an. Hat sie überhaupt Augen? Ja, Reste davon. Die könnten, lese ich später, ursprünglich aus dunklen Steinen gewesen sein oder, wie das Haar, gemalt. Sie sei gut viertausend Jahre alt: spätes Neolithikum, frühe Bronzezeit. Sie komme von den Kykladen – eine aus einer Vielzahl gleichartiger Skulpturen, meist kleine Idole, Grabbeigaben. Die Größe dieser Statue macht es wahrscheinlich, dass man das Abbild einer Göttin vor sich habe. Eine jener von den Ur-Müttern herkommenden vielfältigen und vielgestaltigen weiblichen Gottheiten, die den Ackerbauern und Viehzüchtern in ihren stärker matriarchalisch bestimmten Gesellschaften Fruchtbarkeit, Lebensfülle verhießen. […]
Diese Frau, durch die Skulptur auf ihre Grundform gebracht, ohne reduziert zu sein, ist rätselhaft. Sie hat ein Geheimnis. Dieses Urbild, dessen Wesentliches hervorgetrieben ist, fordert mich heraus mein Wesentliches zu suchen, mich ihm zu stellen. […] Welche Erfahrung in mir antwortet dieser Figur? Sie ist ja kein unbeschriebenes Blatt, nicht neutral, nicht beliebig deutbar und verwendbar. Ackerbauern und Viehzüchter, die ersten Menschen, die zu ihren Gunsten in die Natur eingriffen, haben sich diese Frauenfiguren gegenübergestellt. Herrinnen? Göttinnen? Zeichen der ersten Angst, des ersten Zwiespalts und Mangels, der frühen Entfremdung. In diesem Sinn – der uns geläufig ist – scheint diese Frau mir „wissend“, nicht naiv. […] Später wird sie, die Liebesgöttin, Fruchtbarkeitsgöttin, Todesgöttin in einer Person war, durch den männlichen Götterhimmel ersetzt werden, das Patriarchat wird Ersatz auf Ersatz häufen müssen, das Bild der furchteinflößenden Jungfrau immer tiefer zu verdrängen um sich zu rechtfertigen und zu behaupten.

Christa Wolf, Rätselfrau von den Kykladen, in: Zeitmuseum der 100 Bilder, hg. von Fritz J. Raddatz, Frankfurt/M. 1989, S. 20f.

1. *Beschreiben Sie Ihren Eindruck von der Abbildung links (Mat. 5).*
2. *Erläutern Sie die Gedanken, die Christa Wolf anhand dieser Statue entwickelt (Mat. 6). Vergleichen Sie diese mit Ihren eigenen Eindrücken.*
3. *Schreiben Sie Ihre Eindrücke zum Auftaktbild dieses Kapitels (siehe S. 12) in einer entsprechenden Form auf.*

Die Darstellung des Menschen am Beispiel der Frauengestalt

7 *Statuette einer Spinnerin aus Ephesos, Ende 7. Jh. v. Chr., Elfenbein, 10,5 cm hoch, Istanbul, Museum*

8 *Statuette einer Göttin von Menelaion, 7. Jh. v. Chr., Bronze, 13 cm hoch, Sparta, Museum*

9 *Statuette einer Frau aus Olympia, Mitte des 5. Jh. v. Chr., Bronze, 16,7 cm hoch, Berlin, Staatliche Museen*

10 *Aphrodite von Capua, Statue von Lysippos aus Sikyon, um 330/20 v. Chr., Marmor, 210 cm hoch, Neapel, Nationales Archäologisches Museum*

11 *Pablo Picasso (1881–1973), Frauenfigur, Bronze, New York, Museum of Modern Art*

1. *In einem Handbuch über die griechische Skulptur der klassischen Zeit heißt es: „Das ist das Wesentliche an der griechischen Skulptur, dass sie ganz und gar auf den Menschen ausgerichtet ist, dass in ihr der Mensch nicht bloß im griechischen Gewande, sondern zugleich als Mensch an sich erscheint und dargestellt wird“ (W. Fuchs). Nehmen Sie anhand der Abbildungen (Mat. 7 bis 10) zu dieser Aussage Stellung.*
2. *Interpretieren Sie, welche Veränderung die Darstellung der weiblichen Gestalt in den Abbildungen erfährt.*

„Der Barbar im Kopf“

Kampf- und Feindbilder in der griechischen Polis und im römischen Kaiserreich

Von Paul Zanker

Wenn man das Schlagwort von der Macht der Bilder hört, denkt man vor allem an politische Propaganda oder an Werbung, jedenfalls an bewusste Benutzung von Bildern zum Zwecke der Beeinflussung oder Verdummung. Nicht weniger mächtig aber sind die Bilder, die wir meist unbewusst in uns tragen und die sich von selbst aktivieren, wenn sie durch entsprechende Signale angesprochen werden. Es gibt wahrscheinlich keine wirkungsvolle Bildpropaganda, die nicht auf Bilder, die „in den Köpfen“ der Betrachter bereits in irgendeiner Form vorhanden sind, rekurriert.

Auf einem berühmten Schlachtenfries, der später in den Konstantinsbogen in Rom verbaut wurde, reitet der Kaiser Trajan an der Spitze seiner Truppen die feindlichen Daker nieder. Die Dakerkriege waren für die römische Armee schwere Kämpfe, auf dem Bild aber kommt es gar nicht erst zu einem wirklichen Kampf. Die Barbaren stürzen nieder, noch bevor sie getroffen sind, fliehen oder liegen bereits verwundet oder tot am Boden. Die römische Armee aber triumphiert mühelos ohne die geringste Störung ihrer perfekten Ordnung und natürlich ohne eigene Opfer. Das pathetische Aktionsbild entpuppt sich bei näherer Betrachtung als eine Komposition, die aus einzelnen Bildformeln zusammengesetzt ist. Diese wiederholten sich tausendfach in der römischen Bilderwelt und transportierten unabhängig vom konkreten Zusammenhang immer wieder die gleichen stereotypen Vorstellungen, die die Zeitgenossen automatisch mit Krieg und feindlichen Barbaren verbanden.

Noch deutlicher wird das auf dem Prunksarkophag der Heiligen Helena, der Gemahlin Konstantins des Großen (siehe Abbildung S. 55). Hier erscheinen die Bildformeln ganz unverbunden nebeneinander, oben die römischen Reitertruppen in strenger Schlachtordnung, darunter besiegte, waffenlose Feinde. Erstaunlicherweise hat aber von den vier Barbaren nur der stürzende unmittelbar mit der Schlacht zu tun, die anderen drei Typen weisen auf die Zeit nach der Schlacht. Der am Boden hockende ist als bereits versklavter Diener charakterisiert. Die beiden knienden mit auf dem Rücken gebundenen Händen bitten um Gnade, sie weisen auf den Triumphzug voraus, in dem die Barbaren gefesselt vorgeführt wurden.

Die meisten römischen „Schlachtenbilder“ setzen sich aus solchen werthaltigen Stereotypen zusammen, die auf der einen Seite die Disziplin und absolute Überlegenheit der römischen Armee, auf der anderen ein völlig negatives Feindbild einschließlich des Schicksals, das die Besiegten erwartete, zeigen. Die Barbaren haben in diesen Stereotypen alle nur denkbaren schlechten Eigenschaften, sind wild, schlecht bewaffnet, feige, tollkühn, grausam, hinterhältig – kurz, sie sind durch und durch unmoralische, ja, unmenschliche Wesen (was mit entsprechenden körperlichen Defekten und mimischen Formeln aus dem Repertoire der griechischen Sklaven-Ikonographie vermittelt wird).

Hinzu kommt, dass die römische Armee und die Kaiser selbst sich ihres harten, zumindest für unsere Augen grausamen Vorgehens gegen die Barbaren sogar rühmten, etwa wenn auf den Reliefs der großen Ehrensäule für den Kaiser Marc Aurel in Rom gezeigt wird, wie sich die Soldaten an Frauen und Kindern vergreifen oder wenn sie dem Kaiser stolz die abgeschlagenen Köpfe der Barbaren entgegen halten.

Solche Bildstereotypen wurden nun aber nicht nur in der Staats- bzw. Kaiserkunst verwendet. Man findet sie auch in den Häusern und sogar an Gräbern. Dabei handelt es sich keineswegs nur um einfache Wiederholungen der Formeln der Staatskunst. Auf den von einfachen Steinmetzen hergestellten Soldatengrabsteinen vom Rhein oder aus England haben die Barbaren zum Teil besonders fratzenhafte Gesichter, und zum Hausrat der Einwohner des kriegsfernen Pompeji gehörten z. B. Kohlebecken, auf denen ein gefesselter Barbar saß, also gleichsam geröstet wurde, um nur ein allerdings besonders krasses Beispiel aus dem Bereich der häuslichen Bilderwelt zu nennen.

Wie soll man sich dieses extreme, offenbar von weiten Teilen der Bevölkerung geteilte Feindbild erklären?

Italien und das ganze Imperium waren in der Kaiserzeit zumindest bis zu den schweren Markomannen-Kriegen, die Marc Aurel an der Donau zu führen hatte, völlig unbedroht. Vor allem aber: Die Römer waren alles andere als fremdenfeindlich oder gar rassistisch. Im Römischen Reich lebten Menschen unterschiedlicher Religion, kultureller Tradition und sogar verschiedener Rassen in der Regel friedlich miteinander und mehr als das: Sie fühlten sich dem Reich und seiner Kultur auch innerlich zugehörig, ohne dabei ihre spezifische Identität als Kelten, Germanen, Gallier, Syrer usw. aufzugeben. Das bezeugen wieder die Bilder: die vielen Grabreliefs aus den nördlichen und östlichen Grenzprovinzen, auf denen vor allem die Frauen oft stolz in ihrer einheimischen, „barbarischen" Tracht gezeigt werden, z. B. mit weit ausladenden Hüten oder Hauben und schweren, verglichen mit klassischem Schmuck, „geschmacklosen" Ohrringen und Ketten oder Brustplatten. Sie hätten sich nicht so darstellen lassen, wenn sie sich in ihrem Anderssein nicht sicher gefühlt hätten.

Die Ideologie des Schönseins

Warum verwandeln sich dieselben „Barbaren" zu nichtswürdigen Unwesen, sobald sie als Feinde gesehen werden? Die Frage drängt sich umso mehr auf, als sich in der griechischen Kunst, die man im Römischen Reich so verehrte und so hingebungsvoll nachahmte, zumindest in klassischer Zeit völlig andere Bilder für Krieg, Kampf und Feind entwickelt hatten. Dort wurden Kriege und Schlachten nämlich fast ausschließlich in Gestalt von Einzelkämpfen dargestellt, bei denen sich zwei in Bewaffnung und Beherrschung der Kampfestechnik grundsätzlich gleichwertige Gegner gegenüberstehen. Sie kämpfen nach bestimmten Regeln und mit überaus schönen Bewegungen, selbst das Sterben wird entsprechend der Maxime vom schönen Tod für die Polis ästhetisch überhöht. Den Bildtypen entsprachen höchstwahrscheinlich sogar Bewegungen und Rhythmen, die wie beim Fechten eingeübt worden sein müssen. Sie erinnern zum Teil mehr an Tanz als an Kampf um Leben und Tod, wären jedenfalls, nähme man sie wörtlich, nicht besonders angemessen oder effizient. Als Vergleich mag man an die mittelalterlichen Ritterturniere denken. Tatsächlich hören wir vor allem aus Athen von Waffentänzen, bei denen natürlich alles auf Schönheit und Rhythmus der Bewegungen ankam.

Der frei geborene Grieche war Bürger mit Haut und Haar. Dazu gehörte ganz wesentlich seine Waffenfähigkeit. Er konnte seinen vollen Wert nirgendwo so umfassend und eindeutig erweisen wie im sportlichen Wettkampf bei den panhellenischen Spielen oder eben im „schönen" Kämpfen und Sterben. Nach Vorstellungen, die weit in die archaische Zeit zurückreichten und die homerische Helden zum Modell hatten, zeigte sich auch die moralische Qualität eines Mannes vor allem an der Vollkommenheit und Leistungsfähigkeit seines Körpers. Diese Ideologie der *kalokagathia* (des Schönseins der Guten) prägt auch die Kunst. Deshalb werden die Krieger so oft nackt oder halbnackt dargestellt: Man soll wirklich sehen, dass die Kämpfer so schön und stark und das heißt so rundherum vollkommen sind wie die Heroen Homers. Die Vorstellung vom heroischen Einzelkämpfer war eine von den tatsächlichen Kriegstechniken unabhängige Stereotype in den „Köpfen". Sie hat ebenso wenig mit dem zu tun, was sich in der wirklichen

Sarkophag der Heiligen Helena, 4. Jh. n. Chr., Rom, Vatikanische Museen

Schlacht ereignete, wie die Barbarenstereotypen der Kaiserzeit.

Ein solcher „Held" braucht natürlich einen „Helden" zum Gegner, sonst könnte er seine körperlichen und sportlich kämpferischen Qualitäten nicht entfalten. Die Gleichwertigkeit der Gegner in der griechischen Kunst sagt deshalb kaum etwas über die tatsächliche Einschätzung der Feinde aus. In Wirklichkeit verachteten die Griechen den Barbaren und diskriminierten ihn als Sklaven auch im Bild, indem sie ihn mit hässlichen Zügen (wie stumpfe Nase, dicke Lippen, langes Glied) und unschönen Bewegungen und unanständigen Verhaltensweisen darstellten. Nur in den Kampfbildern ist dies wegen des angedeuteten Dilemmas äußerst selten.

Damit hängt wohl auch zusammen, dass seit den Perserkriegen Schlachten gegen Barbaren gern in Gestalt von Amazonenkämpfen dargestellt werden. Eine kämpfende Frau war nach griechischer Vorstellung die Perversion schlechthin.

Die wilden Amazonen kämpfen schön und diszipliniert wie Helden, aber sie sind eben Frauen mit „weichen" Körpern. Schon die Tatsache, dass sie Röcke tragen, muss beim griechischen Betrachter dieselben negativen Assoziationen hervorgerufen haben, wie man sie etwa mit den „weibischen" Persern verbunden hat.

Dass diese „heroischen" Einzelkämpfe als Bildformel für die straff organisierte Berufsarmee der römischen Kaiserzeit, die sich zu Recht ihrer überlegenen Strategie, Taktik, Kriegstechnik und -maschinen rühmte und bei der alles auf das Agieren im Verband ankam, unbrauchbar war, versteht sich von selbst. Wie aber ist das Zerrbild vom Barbaren als Feind zu verstehen? Zumindest für unsere heutigen Vorstellungen könnte doch gerade die Niederwerfung eines starken Feindes der bewundernswürdigen Armee zur Ehre gereichen.

Gemma Augustea, Anfang 1. Jh. n. Chr., Onyx, 19 x 23 cm, Wien, Kunsthistorisches Museum

Eine Bedrohung der Weltordnung schlechthin

Man kann die Feindesstereotypen nur im Zusammenhang mit dem gesamten Bildersystem der römischen Kaiserkunst und der hinter dieser stehenden Ideologie von Kaiserherrschaft und Weltordnung verstehen: Sicherheit, Frieden und Wohlfahrt beruhen auf der unwiderstehlichen militärischen Potenz des Kaisers und seiner Armee. Der römische Kaiser ist kein Potentat von Gottes Gnaden, er muss seine Herrscherfähigkeit immer wieder beweisen, vor allem durch Siege. Die Barbaren aber sind die einzigen, die von Zeit zu Zeit seine Herrschaft bedrohen, sind die einzigen, an denen er dies demonstrieren kann. Dabei geht es aber nicht, wie etwa bei den Kriegen zwischen griechischen Städten um einen Wettkampf, in dem sich zeigt, welche Stadt die stärkere ist bzw. die besseren Männer hat, sondern um eine Bedrohung der Weltordnung schlechthin, von der das Glück aller bis hin zur Fruchtbarkeit der Erde abhängt. So jedenfalls verkündeten es die staatstragenden Dichter und die Bilder der Kaiserkunst, seit Augustus die Republik in eine Monarchie verwandelt hatte. Es waren Bilder, die für die Zeitgenossen offenbar sehr eingängig waren. Jedenfalls scheinen sie in hohem Maße verinnerlicht und mit dem Imperium Romanum als Garanten einer geordneten, sicheren Welt verbunden worden zu sein. In besonders klarer Weise kommen diese Vorstellungen auf der berühmten Gemma Augustea zum Ausdruck, einem der kostbarsten geschnittenen Steine (Kameen), die aus dem Altertum erhalten geblieben sind (siehe Abbildung S. 56).

Im Hauptbild thront Augustus als siegreicher Weltherrscher in einem Bildtypus, der sonst für den Göttervater Jupiter/Zeus verwendet wurde, neben der bewaffneten Göttin Roma. Hinter ihm sieht man die Personifikation von Meer, Erde und den Städten des Reiches bzw. der glücklichen Bewohner des Reiches. Vor ihm aber stehen zwei kaiserliche Prinzen, der eine feiert seinen Sieg mit einem Triumph (Tiberius), der andere steht zum Einsatz bereit, falls es irgendwo zur Bedrohung dieser Ordnung kommen sollte. In einem zweiten Bild wird diese ständige Gefahr in Gestalt besiegter Barbaren als Gegenwelt gezeigt. Aber auch hier ist wie in den Schlachtbildern die Gefahr bereits gebannt. Römische Soldaten richten ein Siegeszeichen auf, zu dessen Füßen bereits ein gefesselter Barbar mit seiner trauernden Frau sitzt. (Immer ist das Trauern über ihr „selbstverschuldetes Los“ die Rolle der Barbarenfrau!) Rechts wird eine Barbarin an den Haaren herbeigezerrt, während ein Alter sich bittflehend auf den Boden geworfen hat. Die Barbaren sind hier deutlich als die „Anderen“ charakterisiert. Sie stehen für alles, was die vollkommene Kaiserherrschaft bedrohen könnte. Ihr Aufbegehren gegen Rom ist ein Verbrechen an der Weltordnung, an Wohlfahrt, Kultur und an allen, die daran teilhaben. Die Barbaren verkörpern die Gegenwelt des Chaos, sie wohnen „draußen“, in Wäldern und Sümpfen. Auf den großen Kaisersäulen sieht man immer wieder, wie die römischen Legionäre Bäume fällen, wenn sie in das Feindesland vordringen. Das Roden war ein Sinnbild für Ordnung schaffen.

Nun könnte man dies alles als leicht zu durchschauende Kaiserpropaganda abtun, wenn nicht der begründete Verdacht bestünde, dass sich diese Vorstellungen nicht auch in den Köpfen der Zeitgenossen tief eingenistet und von dort aus politisches und gesellschaftliches Handeln mitbestimmt hätten. Dafür nur zwei Stichworte: Limes und Arena. Die Spezialisten haben schon seit längerem festgestellt, dass der gewaltige Grenzwall des Limes, mit dem die römische Armee die Grenzen zu den nicht unterworfenen Barbaren hin „sicherte“, unter rein militärischen Aspekten zum Teil so wenig effizient war, dass man kaum versteht, weshalb er mit solch ungeheurem Aufwand gebaut wurde. Offenbar spielte dabei die Vorstellung von einer symbolischen Grenzziehung zwischen zwei Welten eine Rolle: der mit Straßen erschlossenen und mit Städten kultivierten Welt der Ordnung auf der einen Seite und der Welt der Wildnis mit unwegsamen Wäldern, Sümpfen und staatlichem Chaos auf der anderen Seite. Man könnte unschwer zeigen, dass solche Vorstellungen auch bei unseren heutigen Feindbildern noch immer vorhanden sind, vor allem wenn (scheinbar) klare ethnische und kulturelle Gegensätze ins Spiel kommen.

In der Arena wurden bekanntlich neben Kriminellen bis in die Spätantike hinein auch immer wieder kriegsgefangene Barbaren zu Tode gebracht, sei es als Gladiatoren, sei es im Kampf gegen wilde Tiere. Das war nur möglich, weil diese Barbaren als Verbrecher und Wilde galten. Und dies, obwohl ihre Landsleute, die unter Umständen nach derselben Schlacht begnadigt worden waren, also die vielgerühmte *clementia* erfahren hatten, nicht nur leben, sondern sogar römische Bürger werden konnten, wenn nicht sie selbst, so doch ihre Nachkommen. Ich vermute, dass das Zerrbild vom Barbar als Feind, das sich so fest in den Köpfen der Menschen eingenistet hatte, für diese eigenartige kollektive Schizophrenie mitverantwortlich ist. Bilder sind gefährlich.

Im Altertum haben sich diese Vorstellungen mit den dazugehörigen Bildstereotypen bezeichnenderweise erst in dem Moment entwickelt, als die Römer ihre Herrschaft als ein den ganzen kultivierten Erdkreis umfassendes Ordnungssystem zu propagieren begannen, also unter Caesar und Augustus. Die Konstruktion des Anderen hängt immer eng mit der Konstruktion des Eigenen zusammen.

Paul Zanker (geb. 1936), Professor für Archäologie an der Universität München

Skizzieren Sie die Gedanken von Paul Zanker über die Bedeutung von Feindbildern in der griechischen und römischen Gesellschaft. Vergleichen Sie die Feindbilder antiker und moderner Gesellschaften. Nehmen Sie Stellung zu der These: „Bilder sind gefährlich“.

2. Die mittelalterliche Welt

Wenn wir heutzutage beim Fernsehen oder beim Durchblättern der Presse auf die Begriffe „Mittelalter" bzw. „mittelalterlich" stoßen, begegnen uns zwei völlig unterschiedliche Auffassungen vom Mittelalter: eine negative und eine positive. Die einen sehen in der Epoche zwischen dem Ende der Antike und dem Zeitalter der Entdeckungen (ca. 500 bis 1500) eine Zeit rückständiger Verhältnisse, die im Gegensatz zur „aufgeklärten" Zivilisation der Moderne steht. In dieser Vorstellung spiegelt sich heute noch das Weltbild der Humanisten, die um 1500 voller Bewunderung auf die Kultur der griechischen und römischen Antike zurückblickten und die ihre eigene Epoche als Aufbruch in eine Zeit frei von Aberglauben, kirchlicher Bevormundung und dumpfer Primitivität betrachteten. Das Mittelalter war nach dieser Anschauung nur ein historisches „Zwischentief", eben ein Mittel-Alter, das sich zwischen die Kulturblüte der griechisch-römischen Antike und die Neuzeit geschoben hatte. Der Historiker Otto Gerhard Oexle schreibt: „Die Funktionen des Wortes ‚mittelalterlich' als Diffamierungsbegriff treten noch deutlicher zutage, wenn man den alltagssprachlichen Besetzungen des Gegen-Begriffs ‚antik' nachgeht. Denn unser Alltagswort ‚antik' ist die Bezeichnung des Inbegriffs jener Relikte der Vergangenheit, die wir als schön, edel, kostbar empfinden ... Nichts könnte dies deutlicher demonstrieren als die Werbung, welche sich gerne antiker Motive bedient und dabei mit ganz wenigen bildlichen Symbolen der antiken Kunst, mit Säule und Kapitell, mit Torso und Portraitbüste, offenbar erfolgreich für Damenwäsche und Herrenhemden, für Kosmetika, Spirituosen, Automobile und die Erzeugnisse der pharmazeutischen Industrie sich einsetzt."[1]

Auf der anderen Seite gibt es aber auch das positiv besetzte Bild vom Mittelalter. Nach der Idealisierung des Mittelalters durch die Romantiker Anfang des 19. Jahrhunderts ist das Mittelalterliche auch heute für viele Menschen, denen die Errungenschaften der modernen technischen Zivilisation fragwürdig geworden sind, ein Hort der Sehnsucht nach einer anderen, besseren Welt. Die große Resonanz auf die Veranstaltung mittelalterlicher Märkte, mehrtägiger Ritterturniere und großer Ausstellungen zeigt, wie sehr das Mittelalter auch Bewunderung erfährt. „Das Mittelalter wird zum ‚fernen Spiegel' der Gegenwart, in dem der moderne Mensch fasziniert sich selbst betrachten kann, wie auch die Literatur und der Film unserer Tage dokumentieren – wobei schließlich sogar Brutalität, Hass, Gewalt und Zerstörung im dargestellten Mittelalter zum Faszinosum werden." (Oexle)

Beide Sehweisen des Mittelalters, die positive wie die negative, haben jedoch eine Gemeinsamkeit: Beide betrachten diese Zeit als eine einheitliche Epoche. Kann man aber z. B. einen Germanenkönig der Völkerwanderungszeit – im Grunde ein Stammeshäuptling – mit den Monarchen des ausgehenden Mittelalters vergleichen, die wohlgeordnete Verwaltungen, Rechts- und Wirtschaftssysteme aufbauten und – so in Spanien und Portugal – die Grundlagen für weltumspannende Kolonialreiche schufen?

Das Mittelalter war keineswegs eine tausendjährige Zeit des entwicklungsfeindlichen Beharrens. Vielmehr ergab sich aus dem Zusammentreffen der germanischen mit der antiken Kultur, wobei Letztere vor allem durch das Christentum vermittelt wurde, eine vielfältige Mischung. Aus ihr bildeten sich schon lange vor 1500 jene alteuropäischen Lebensformen heraus, die in ihren Grundzügen bis ins 18. Jahrhundert Bestand haben sollten (und die in Kapitel 4 dieses Buches behandelt werden). Das 11./12. Jahrhundert stellt dabei eine Zeit dar, in der auf allen Ebenen der Gesellschaft Umbrüche zu verzeichnen sind. Dies gilt nicht zuletzt für die Quellensituation: Während bis zum 11. Jahrhundert nur wenig schriftliche, bildliche oder architektonische Überreste existieren, wächst mit dem 12. Jahrhundert vor allem die Schriftlichkeit rapide an. Gleichzeitig löst sich die Schriftproduktion von kirchlich-religiösen Zielsetzungen und gibt nun verstärkt auch auf sozial- und mentalitätsgeschichtliche Fragestellungen Antworten.

Aus dem im 11. Jahrhundert einsetzenden Wandel leitet sich auch die Gliederung der folgenden Darstellung ab.

In der Forschung wird immer öfter die Frage gestellt, ob man auf den Begriff des „Mittelalters" nicht ganz verzichten könnte. Auch die gängige Periodisierung des Mittelalters in Früh-, Hoch- und Spätmittelalter wird diskutiert, weil sie offenkundig auf dem biologischen Entwicklungsmodell von Wachstum, Blüte und Verfall beruht. Eine andere, nicht weniger fragwürdige Einteilung orientiert sich an der politischen Geschichte des Frankenreiches und Deutschlands: Auf die Epoche der Merowinger und Karolinger (482–911) folgen demnach die Kaiserzeit der Ottonen, Salier und Staufer (Mitte 10. bis 13. Jh.) und das vom Untergang der Staufer bis zur Reformation reichende Spätmittelalter (14. und 15. Jh.). Auf die gesamteuropäische oder gar die Weltgeschichte lässt sich dieses Schema natürlich nicht übertragen. Da aber auch alle anderen Periodisierungen umstritten sind, müssen sich die Historiker über ihre Zeitbegriffe von Fall zu Fall verständigen.

Gott als Architekt, Miniatur aus der „Bible moralisée", Mitte 13. Jh., Wien, Nationalbibliothek

ca. 375	Beginn der germanischen Völkerwanderung
395	Teilung des Römischen Reiches
476	Absetzung des letzten römischen Kaisers
482–751	Merowingerdynastie
498/99	Unter Chlodwig I. (482–511) Übernahme des Christentums durch die Franken
529	Gründung des ersten abendländischen Klosters durch Benedikt von Nursia (um 480–543)
633	Beginn der Ausbreitung des Islam
8. Jh.	Herausbildung des Lehnswesens
732	Sieg der Franken über die Araber bei Poitiers
751	Krönung Pippins zum Frankenkönig
751–911	Karolingerdynastie
754	„Pippinische Schenkung": Beginn des Kirchenstaats
768–814	Karl der Große
774	Karl der Große König der Langobarden
800	Kaiserkrönung Karls des Großen in Rom
9./10. Jh.	Invasion der Normannen, Ungarn, Sarazenen in Europa
10. Jh.	Beginn der Ostsiedlung
10. Jh.	Beginn der Romanik
936–73	Otto der Große
11. Jh.	Entstehung von Städten in Mittel- und Nordeuropa; Beginn der Scholastik
1054	Bruch zwischen römischer und griechischer Kirche
1059	Papstwahldekret
1066	Eroberung Englands durch den Normannenherzog Wilhelm
1073–85	Papst Gregor VII.
1075–1122	Investiturstreit
1096–1270	Kreuzzüge
1098	Zisterzienserorden
12. Jh.	Beginn der Zünfte; Beginn der Gotik
1103	Erster Landfrieden im Deutschen Reich durch Heinrich IV.
1122	Wormser Konkordat
1152–90	Friedrich I. Barbarossa
um 1200	Höhepunkt der mittelhochdeutschen Dichtung
13.–15. Jh.	Hochphase der Universitätsgründungen
1212–50	Friedrich II.
1214	Sieg der Franzosen über ein deutsch-englisches Heer bei Bouvines
1215	*Magna Charta libertatum* in England
1216	Dominikanerorden
Anfang 13. Jh.	Bettelorden (Franziskaner)
1258	Allgemeines Fehdeverbot in Frankreich
1258–65	Aufstand der Barone in England
14. Jh.	Beginn der Renaissance
1309–77	Residenz der Päpste in Avignon
1347	Beginn der Pest in Europa
1356	Goldene Bulle
1378–1417	Großes Schisma
um 1450	Erfindung des Buchdrucks mit beweglichen Bleilettern
1453	Ende des Byzantinischen Reiches nach der Eroberung Konstantinopels durch die Osmanen
1492	Entdeckung Amerikas
1495	Ewiger Landfriede im Deutschen Reich durch Maximilian I.
1517	Thesenanschlag Martin Luthers

Adel → Begriffe Kap. 3
Bürger → Begriffe Kap. 5
Fehde: Nach germanischem Recht war es dem Opfer einer Missetat und seiner Sippe erlaubt am Verbrecher Rache zu üben. Da in der archaischen Zeit des Mittelalters die Gerichtsgewalt der Grafen und des Königs kaum durchgesetzt werden konnte, durfte jeder Selbsthilfe anwenden. Die ritterliche Fehde des hohen Mittelalters setzte dagegen keine Missetat voraus und konnte auch aus Streitigkeiten um Recht und Besitz entstehen. Seit dem 11. Jh. versuchten weltliche und geistliche Herrscher durch Land- und Gottesfrieden die Fehden einzudämmen. In der frühen Neuzeit unterdrückt das entstehende Gewaltmonopol des Staates die Fehde als Rechtsmittel.
Feudalismus → Lehnswesen
Frondienst: bezeichnet die unbezahlte Arbeit, die der Hörige seinem Grund- oder Gutsherrn leistete (Säen, Ernten, Hilfe beim Wegebau, Pflügen, Transportieren).
Frühkapitalismus: Die Epoche des Frühkapitalismus (15.–18. Jh.) ist dadurch gekennzeichnet, dass einzelne Unternehmer, Unternehmerfamilien und Handelsgesellschaften alle für Produktion und Handel erforderlichen Mittel besaßen, nämlich Geld, Gebäude und Arbeitsgeräte (Kapital). Sie versuchten häufig eine marktbeherrschende Stellung für bestimmte Waren durchzusetzen (Monopole).
Grundherr: konnte eine Person oder eine Institution sein, also z. B. ein Adliger oder ein Kloster. Er verfügte über das Obereigentum an Grund und Boden und gab diesen an abhängige, oft unfreie Untereigentümer (Hörige) zur Bewirtschaftung aus. Für den Schutz, den der Grundherr gewährte, waren die Hörigen zu Abgaben und Diensten (Frondienste) verpflichtet. Die Grundherrschaft bestimmte weitgehend die Wirtschaftsweise und das gesamte Leben der Bauern bis ins 19. Jh.
Hausmacht: Gebiete, die ein Fürst besitzt und die ihm dazu dienen im Reich Macht auszuüben. Seit dem 14. Jh. versuchten die Kaiser den Aufstieg der Landesherren durch Ausweitung ihrer Hausmacht auszugleichen.
Heiliges Römisches Reich Deutscher Nation: Das deutsche Kaiserreich erhob im Mittelalter den Anspruch als Kaiserreich den Königreichen übergeordnet zu sein. Die Kaiser sahen sich als Nachfolger der römischen Kaiser; ihr Reich wurde daher „Heiliges Römisches Reich" genannt. Es ging über die heutigen Grenzen Deutschlands hinaus. Im 15. Jh. erhielt der Name den Zusatz „Deutscher Nation".
Hörige: sind von einem Grundherrn abhängige Bauern, denen der Herr gegen Abgaben und Dienste (Frondienste) Land zur selbstständigen Bewirtschaftung überläßt. Sie waren an den von ihnen bearbeiteten Boden gebunden und konnten mit ihm zusammen verkauft oder verschenkt werden. Die Unfreiheit der Hörigen ist von der Unfreiheit der Sklaven und Leibeigenen zu unterscheiden: Hörige konnten im Gegensatz zu Leibeigenen bewegliches Eigentum erwerben. Freie wurden hörig, wenn sie sich dem Schutz eines Grundherrn unterstellten oder durch Schulden dazu gezwungen wurden. Während des Mittelalters besserte sich die Stellung der Hörigen, die

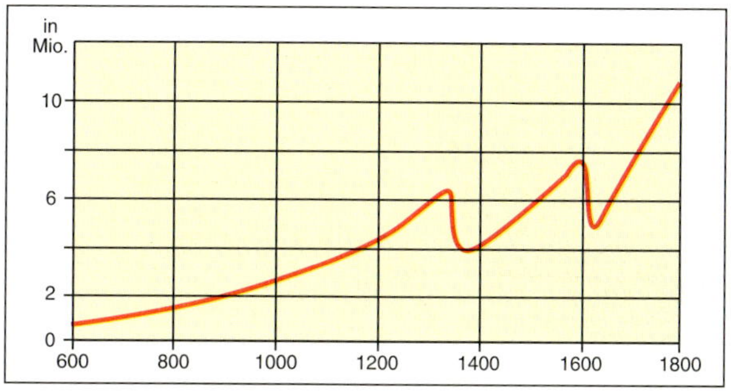

Bevölkerung Westdeutschlands 600–1800

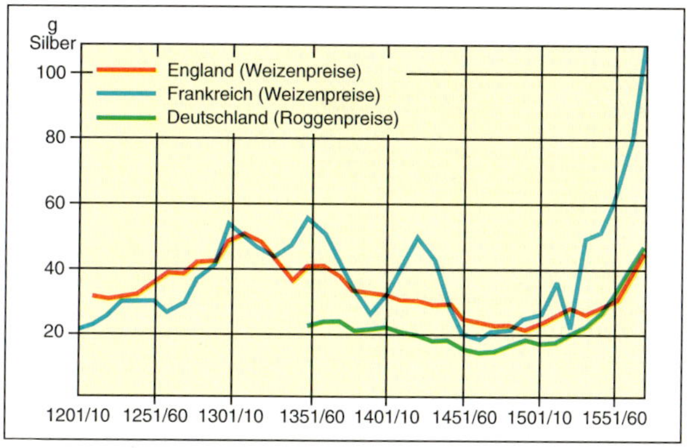

Getreidepreise in Mitteleuropa 1200–1560 (gleitende Zehnjahresdurchschnitte, in g Silber je 100 kg Getreide)

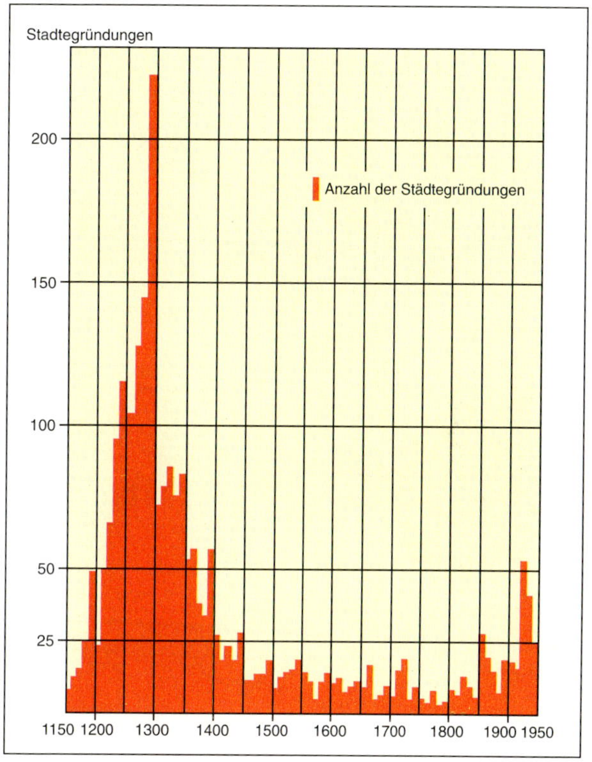

Städtegründungen in Mitteleuropa 1150–1950

von ihnen bewirtschafteten Höfe wurden erblich, die Dienste und Abgaben festgelegt.

Humanismus: In Italien entstandene Bildungsbewegung vom 14. bis zum 16. Jh. Ausgehend vom Ideal des edlen Menschen, das die Humanisten in der von ihnen gesammelten Literatur der Antike fanden, kritisieren sie vor allem die Theologie und die kirchliche Bildungstradition. Ziel der Humanisten war eine am Vorbild der Antike geformte Bildung, die die Entfaltung der Persönlichkeit und eine individuelle Lebensgestaltung ermöglicht.

Klerus → Begriffe Kap. 3

Landesherr: bezeichnet eine Person, die über ein festumrissenes Gebiet (= Territorium) des Reiches herrscht (in Deutschland seit dem 11. Jh.). Während sich vor dem Aufkommen der Landesherren Herrschaft in erster Linie auf Personen unabhängig von deren Wohnsitz richtete, sind nun die Bewohner eines Territoriums der Gewalt der Landesherren unterworfen. Jeder Landesherr (z. B. Graf, Herzog) musste sich beim Ausbau seiner Herrschaft gegen benachbarte Herren durchsetzen. Vom 13. Jh. an gelang es großen Herren sich wichtige Befugnisse vom König übertragen zu lassen.

Lehnswesen: Im Mittelalter vergab der König an Adlige, die Kriegs- und Verwaltungsaufgaben übernahmen, Lehen, d. h. Ländereien oder nutzbare Rechte (z. B. Zolleinnahmen). Bei der Übergabe des Lehens verpflichteten sich der König als Lehnsherr und der Adlige als Lehnsmann (Vasall) durch Eid zu gegenseitiger Treue: Der Vasall war zu Gefolgschaft, zur Unterstützung seines Herrn in Krieg und Frieden verpflichtet. Wie der König vergaben auch die Adligen Lehen an eigene Vasallen, sodass eine ganze Lehnspyramide entstand. Der mittelalterliche Staat ruhte im Wesentlichen auf diesen persönlichen Beziehungen zwischen Herren und Vasallen. Diese politische Ordnung wird daher auch als Lehnssystem oder Feudalismus (abgeleitet von lat. *feudum* = Lehen) bezeichnet. Feudalismus im weiteren Sinn bezieht die Grundherrschaft als wirtschaftliche Grundlage des Lehnssystems mit ein. So verstanden kann man das gesellschaftlich-wirtschaftliche System des 8. bis 18. Jh. als Feudalsystem, den Zeitraum als Epoche des Feudalismus bezeichnen.

Leibeigenschaft → Hörige

Ministerialen (= Dienstmannen): waren ursprünglich Unfreie. Vom 10. Jh. an wurden sie von ihren Herren mit Verwaltungs- und Kriegsdiensten beauftragt. Seit der Stauferzeit (12. Jh.) verbanden sie sich mit dem Adel zum Ritterstand. Im Spätmittelalter verloren sie die Unfreiheit und gehörten zum niederen Adel.

Europa in der zweiten Hälfte des 13. Jahrhunderts

Patrizier: Angehörige der bürgerlichen Oberschicht in der mittelalterlichen Stadt; rekrutierten sich aus in der Stadt lebenden Adligen, Ministerialen und Fernkaufleuten. Bis ins 14. Jh. waren allein Patrizier ratsfähig und berechtigt hohe städtische Ämter zu bekleiden.

Personenverbandsstaat: eine mittelalterliche Herrschaftsordnung, die auf der rechtlichen Bindung zwischen Personen beruht. Das moderne Staatsverständnis geht von einem Gebiet aus, das von der durch Beamte ausgeübten Verwaltung einheitlich erfasst wird.

Reichskirchensystem: bezeichnet eine Form kirchlicher Organisation, bei der Adlige zugleich die hohen geistlichen Ämter und führenden Funktionen in der weltlichen Herrschaft übernahmen. Seit der Karolingerzeit überließen die Könige den Bischöfen und Äbten große Gebiete, zahlreiche Herrschaftsrechte und hohe Reichsämter, denn bei ihnen war die Gefahr nicht so groß, dass das Übertragene dem königlichen Zugriff entzogen würde. Die Geistlichen konnten im Gegensatz zu weltlichen Herrschern ihre Ämter ja nicht vererben. Die Bischöfe und Äbte waren zur Mitarbeit in der Reichsverwaltung und Stellung von Heeresabteilungen verpflichtet; als Mitglieder der Kanzlei verfassten sie die königlichen Urkunden; der Erzbischof von Mainz war als Reichskanzler höchster Würdenträger nach dem König. Die Reichskirche bestand nur so lange, wie der König Bischöfe und Äbte einsetzen konnte.

Reichsfürsten: seit dem 12. Jh. die geistlichen und weltlichen Fürsten, die direkt vom König belehnt wurden. Reichsfürstentümer mussten nach dem Tod des Fürsten neu verliehen werden. Im Reichstag bildeten sie seit dem Spätmittelalter den Reichsfürstenrat.

Renaissance: seit dem 16. Jh. Bezeichnung für die „Wiedergeburt" der griechisch-römischen Kunst und Bildung. Seit dem 19. Jh. wird Renaissance auch als Epochenbegriff für die Zeit des Übergangs vom Mittelalter zur Neuzeit benutzt, in der sich der Mensch aus der kirchlichen und geistigen Ordnung des Mittelalters löste.

Ritter: Seit der Karolingerzeit treten berittene Berufskrieger neben das fränkische Volksheer und ersetzen es schließlich. Die Reiterkrieger erhalten vom König Grund und Boden als Lehen; seit dem 11. Jh. entstand aus adligen Rittern und ursprünglich unfreien Ministerialen das Rittertum, das sich mit der höfisch-ritterlichen Kultur eigene Lebensformen schuf. Ursprünglich konnte die Ritterwürde nicht vererbt werden, sondern wurde nach langer Ausbildung und Bewährung durch den Ritterschlag erworben. Im Spätmittelalter

Wirtschafts- und Handelswege in Europa um 1300

bezeichnet „Ritter" den niederen Adel.

Scholastik: Bezeichnung für die Theologie und Philosophie des Mittelalters, die als „Schulwissenschaft" gelehrt wurde. Ziel der Scholastiker war es Vernunft *(lat. = ratio)* und Glauben miteinander zu verbinden. Mit der Hilfe der Philosophie sollte die christliche Offenbarung erklärt und der Glaube in einem einheitlichen System zusammengefasst werden. Deshalb war es notwendig Begriffe genau zu definieren und Fragestellungen und Beweisführung logisch zu begründen. Der Höhepunkt der Scholastik lag im 13. Jh.

Stände → Begriffe Kap. 3

Territorialstaat: entstanden im deutschen Reich seit dem 13. Jh. durch die Zusammenfassung wichtiger Herrschaftsrechte in der Hand der Landesherren. Als Kernstück der Landeshoheit galt in der frühen Neuzeit die hohe Gerichtsbarkeit. In manchen Territorialstaaten kam es zum Konflikt zwischen den Herrschaftsansprüchen des Landesherrn und den Mitwirkungsrechten der Landstände im Steuer- und Rechtswesen. Typisch für den frühneuzeitlichen Territorialstaat ist der Aufbau einer zentralisierten Verwaltung und das Zurücktreten lehnsrechtlicher Bindungen.

Vasall → Lehnswesen

Zunft: Vereinigung von Handwerkern eines Berufes in einer Stadt. Jeder Meister musste der Zunft beitreten (Zunftzwang). Die Zunft beschränkte die Zahl der Meister, Gesellen und Lehrlinge, regelte Produktionstechnik und Arbeitszeit, kontrollierte Erzeugnisse und Preise (Zunftordnung).

1. *Bestimmen Sie mit Hilfe der Materialien Phasen, in denen sich im Mittelalter grundlegende Wandlungen in Wirtschaft, Politik, Gesellschaft und Kirche vollzogen.*
2. *Inwiefern unterscheidet sich die mittelalterliche Gesellschaft grundlegend von unserer heutigen?*

Die „archaische Zeit" des Mittelalters – Grundzüge der Entwicklung bis zum 11. Jahrhundert

Als im Jahr 410 die Westgoten Rom eroberten, glaubten viele Zeitgenossen, dass das Ende der Welt gekommen sei. Rom, das ein halbes Jahrtausend lang Zentrum der Mittelmeerwelt gewesen war, hatte den „barbarischen" Eindringlingen nicht standhalten können.

Wenn man auf die Geschichte der folgenden drei Jahrhunderte blickt, kann man tatsächlich den Eindruck gewinnen, als ob sich die Welt der Antike in einer Reihe von Katastrophen aufgelöst hätte: Auf dem Boden des Weströmischen Reiches entstanden Germanenstaaten – kurzlebige Gebilde, wie die Reiche der Vandalen in Afrika und der Ostgoten in Italien, oder stabilere, wie die der Westgoten in Spanien und der Franken in Gallien. Die Stadtkultur, einst Grundlage der römischen Wirtschaft und Kultur, erlosch weitgehend in Westeuropa, wo die alten Römerstädte nur vereinzelt und in rudimentären Formen weiterlebten. In die weiten Räume Ostmitteleuropas rückten seit dem 6. Jahrhundert slawische Stämme ein und besetzten im Zuge dieser Eroberungen auch den Balkan. Der Verbindungsweg zwischen West und Ost, zwischen Rom und Konstantinopel, war damit unterbrochen.

Im 7. Jahrhundert zerbrach die alte Einheit der Mittelmeerwelt. Die durch eine religiös-politische Revolution geeinten arabischen Stämme eroberten die Gebiete am östlichen und südlichen Rand des Mittelmeers. Über die Zentren des alten Christentums herrschte jetzt der Islam. Arabische Heere drangen von Spanien nach Gallien vor, wo die Franken ihren Vorstoß erst 732 vor Poitiers aufhalten konnten.

Kulturzentren der nachantiken Welt

Islamische Welt – Byzanz – Westeuropa

Anders als im Westteil des alten Römischen Reichs blieb im islamischen Kulturbereich die städtische Zivilisation erhalten. Die Städte, die in ein von Spanien bis Indien reichendes Wirtschaftssystem eingebettet waren, erlebten als Zentren des Handels und der Bildung sogar eine neue Blütezeit. Bis zum 12. Jahrhundert war die islamische Welt dem Westen wirtschaftlich und in der technischen Zivilisation weit überlegen. Arabische Gelehrte kannten die griechische Philosophie, Naturwissenschaft und Medizin und entwickelten sie weiter. Noch im 11. Jahrhundert galten sie dem Westen hierin unangefochten als Lehrmeister.

Das zweite Zentrum der frühmittelalterlichen Welt war das oströmisch-byzantinische Reich, dessen Kaiser sich als die einzig legitimen Erben Roms betrachteten und den Königen des Westens nur einen untergeordneten Rang zubilligten. In Kleinasien, dem Kerngebiet des Reiches, lebten die Städte und mit ihnen die antike Bildung weiter. Hier war das Christentum seit der Spätantike tiefer verwurzelt als im Westen. Am Anfang des 6. Jahrhunderts misslang zwar der Versuch Kaiser Justinians den Westen wieder unter die Herrschaft Ostroms zu bekommen, und im 7. und 8. Jahrhundert konnte sich das Reich nur mit größter Anstrengung der arabischen Angriffe erwehren. Doch gerade deshalb blieb es eine wichtige Barriere, die Europa vor der weiteren Expansion des Islam schützte. Durch die Missionierung der Balkanslawen und der ostslawischen Völker wurde Byzanz zum Zentrum der griechisch-orthodoxen Christenheit – des „zweiten" Europa.

Aus der Sicht eines gebildeten Byzantiners oder Arabers waren die Westeuropäer des frühen Mittelalters wenig mehr als Barbaren. Westeuropa war eine Randkultur der bekannten Welt, abgeschnitten von weiträumigen Handels- und Kulturbeziehungen, über die sowohl Byzanz als auch die Araber verfügten, und geeint nur durch den christlichen Glauben, an dessen Verbreitung und Vertiefung unter den Germanenvölkern sich seit Gregor dem Großen (590–604) auch die Päpste beteiligten. Dass seit Karl dem Großen die weströmische Kaiserwürde wieder auflebte, schien angesichts der neuerlichen Gefährdung der westlichen Christenheit im 9. und 10. Jahrhundert durch die Einfälle der Normannen, Ungarn und Sarazenen wenig zu bedeuten.

Doch seit dem 11. Jahrhundert setzten im Westen Wandlungen auf allen Gebieten des Lebens ein, die die Staaten, die Wirtschaft, Gesellschaft und Kultur „Alteuropas" über Jahrhunderte hinweg prägen sollten.

Westeuropa – Zusammenwachsen spätantiker und fränkischer Traditionen

Grundherren, Bauern und Grundherrschaft

Die sich in der archaischen Zeit des Mittelalters entwickelnde Grundherrschaft* bildet neben dem Lehnswesen* eine der fundamentalen Organisationsformen der mittelalterlichen Gesellschaft. Wie kam es dazu?

Die Könige der germanischen Stammesvölker, die sich im Zuge der Völkerwanderung auf dem Boden des Weströmischen Reiches niederließen, mussten sich mit ihren Kriegern die Beute teilen. Die Beute – dazu zählten die kaiserlichen Domänen, die nach dem Zusammenbruch der römischen Herrschaft herrenlos waren. Zur Beute in Gallien gehörten aber auch Latifundien, d.h. der von Sklaven bewirtschaftete Großgrundbesitz der einheimischen romanisierten Adelsfamilien, die geflohen oder vertrieben worden waren. Die frühfränkischen adligen Kriegsherren übernahmen den Großgrundbesitz und knüpften an die Latifundienwirtschaft an. Die abhängigen Bauern ließen sie vermutlich weiter für sich arbeiten; hinzu kamen Kriegsgefangene. Einer breiten Schicht von Abhängigen stand eine dünne Schicht fränkischer Grundherren gegenüber, die sich früh mit der ehemaligen gallo-römischen Oberschicht vermischte.
Informationen über die Organisation des grundherrlichen Landbesitzes, über den auch Bistümer und Klöster verfügten, sind für das 6. bis 8. Jahrhundert kaum vorhanden. Erst im Laufe des 9. Jahrhunderts ließen einige geistliche Grundherren oder auch Herrscher wie Karl der Große ihren Grundbesitz in Form von Urbaren inventarisieren, d. h. in Güter- und Abgabenverzeichnissen eintragen, in denen ihre Rechte und Einkünfte festgehalten wurden.
Diesen Urbaren ist zu entnehmen, dass der Herrenhof vom Grundherrn oder seinem Verwalter mit dem Hausgesinde in eigener Regie bewirtschaftet wurde. Der größere Teil des Grundbesitzes war aber in Hufen, d.h. Bauernstellen, aufgeteilt. Die Familien, die sie bewirtschafteten, mussten dem Grundherrn Abgaben aus den Erträgen ihrer Höfe liefern und auf dem Herrenhof Frondienste* leisten, wie z.B. Brot backen, Bier brauen, Zäune setzen, Bäume fällen, Botengänge und Transportdienste erledigen; typische Frondienste der Frauen waren Schafschur, Flachsschlagen, Wäschewaschen oder das Weben von Stoffen und das Nähen von Kleidern.
Wieviele freie fränkische Bauern es in den Anfängen des Frankenreiches gab, ist nicht bekannt. Vermutlich ging ihre Zahl immer mehr zurück, da viele teils aus Not, teils mit offener Gewalt in den Dienst mächtiger Grundherren gezwungen wurden. Den Grundherren mangelte es nicht an Grund und Boden, sondern es fehlten Menschen, die das Land bearbeiteten. Die Gesellschaft war schließlich, abgesehen vom niederen Klerus und den Mönchen, weitgehend zweigeteilt, in weltliche und geistliche Grundherren auf der einen Seite und in die von diesen abhängigen Bauern (Hörige*) auf der anderen Seite – eine Zweiteilung, die über Jahrhunderte hinweg die Geschichte Europas prägte (siehe S. 86f., Mat. 4 und 5 sowie S. 90, Mat. 13 und 14.)

Die Grundlagen der politischen Herrschaft und das Lehnswesen

Im frühen Mittelalter war das Leben der Menschen außerordentlich hart und Hungersnöte blieben eine sehr reale Bedrohung. Das lag vor allem an der geringen landwirtschaftlichen Produktivität. Bei einem Ernteertrag, der nicht mehr als das Dreifache der Einsaat erbrachte und von dem wiederum ein Drittel als Saatgut gebraucht wurde, konnte jeder sommerliche Hagelschlag, jede Dürre, jede Plünderung durch Feinde eine Hungerkatastrophe auslösen. Fehlende Kommunikations- und Verkehrsstrukturen sowie die geringen Ernteerträge machten eine Vorratshaltung unmöglich. Die meisten Menschen lebten in kleinen Siedlungen; und im östlichen Teil des Frankenreichs lagen große, fast undurchdringliche Wald- und Sumpfgebiete, die die Siedlungen voneinander trennten, sofern sie nicht ein schiffbarer Fluss – im Mittelalter der wichtigste Verkehrsweg – verband.
In dieser kargen Welt besaßen Herrschaft und Reichtum einen anderen Charakter als in der Antike. Reichtum bestand vor allem in Land und abhängigen Leuten, über die adlige Herren geboten. Auch Bischöfe und Äbte zählten wegen ihrer Herkunft zur Welt des Adels*. Zwar war auch die römische Gesellschaft eine Agrargesellschaft gewesen, in der Aristokraten über großen Grundbesitz verfügten. Aber Wirtschafts- und Herrschaftsbeziehungen waren im Römischen Reich in eine städtische Kultur mit weiträumigen Verkehrs- und Kommunikationsstrukturen eingebunden.
Die Gesellschaft im Frankenreich hingegen war eine Welt der kleinen bäuerlichen Siedlungen, der Herrenhöfe und Königspfalzen, d. h. eine Welt von kleinen autarken Einheiten. Im Frankenreich war der Lebenskreis der Menschen nicht durch die Einbindung in ein abstraktes, übergeordnetes Staatswesen bestimmt, sondern durch die Bindung zwischen Personen, wobei Schutz und Hilfe zuallererst die Blutsverwandten boten. König und Adel geboten über freie Gefolgsleute (Vasallen*), die zu Dienst und Treue verpflichtet waren. Als Gegenleistung gewährten ihnen die Herren Schutz und sorgten für ihren Lebensunterhalt. In der Regel genügte der Herr seiner Unterhaltspflicht durch Verleihung eines Gutes, also eines Leihelandes *(feudum)* oder auch eines nutzbaren Rechtes oder Amtes wie beispielsweise Zolleinnahmen. Ursprünglich nur zur lebenslangen Nutzung übertragen setzte sich im Laufe des 9. Jahrhunderts die Erblichkeit der Lehen durch.
Ebenso wie die Grundherrschaft bestand auch das Lehnswesen*, so wie es sich im Laufe des 8. Jahrhunderts herausgebildet hat, aus einer Mischung von spätantiken und germanischen Elementen: der in germanischen Gefolgschaften üblichen Treueverpflichtung, der gallo-römischen Vasallität

und dem Lehen als materieller Grundlage dieses Abhängigkeitsverhältnisses. Gemeinsam mit der Grundherrschaft entwickelte sich das Lehnswesen zum Grundpfeiler der mittelalterlichen Gesellschaft (siehe S. 88, Mat. 8 und 9), die daher auch als feudalistische* Gesellschaft bezeichnet wird.

Christentum und Kirche

Der Glaubenswechsel der Franken vom Heidentum zum Christentum römischer Prägung seit Chlodwig (498/99) bildete für den westeuropäischen Raum nicht nur kultur- und religionsgeschichtlich eine bedeutsame Zäsur. Der Glaubenswechsel ermöglichte auch ein Zusammenwachsen der gallo-römischen Bevölkerung mit dem fränkischen Erobervolk und brachte dem Frankenreich damit eine politische Stabilisierung. Chlodwig gewann dabei insbesondere die Unterstützung der Bischöfe, die überwiegend aus der adligen Oberschicht stammten und nun bereit waren ihre in der antiken Bildungstradition geschulten Fähigkeiten in den Dienst der Frankenkönige zu stellen. In der kirchlichen Organisationsform lebten Reste antiker Staatlichkeit fort. Hatte sich doch die Kirchenorganisation zur Römerzeit in Anlehnung an die Gliederung der römischen Verwaltung in Provinzen und Städte herausgebildet: Gemeindevorsteher war der Bischof einer *civitas;* seiner Weisungs- und Aufsichtspflicht unterstanden die Priester in den Pfarreien.
Eine wichtige Stütze königlicher und kirchlicher Herrschaft waren die Klöster. Auf Dauer setzten sich als anerkannte Richtschnur klösterlichen Lebens im Frankenreich wie in Westeuropa die Regeln durch, die Benedikt von Nursia im 6. Jahrhundert niedergeschrieben hatte. Sie verpflichteten Mönche und Nonnen zu Armut, Arbeit und Keuschheit sowie zum Gehorsam gegenüber dem Abt oder der Äbtissin. Klosterleben bedeutete zwar Rückzug aus der Welt. Nichtsdestoweniger hatten auch die Mönche „Waffendienst" für die Gemeinschaft zu leisten: Ihre Waffe war das Gebet, mit dem sie den Teufel und alle finsteren Mächte Tag und Nacht bekämpften und für Herrscher und Christenvolk an Gott Fürbitten richteten. Die überall im Frankenreich entstehenden Klöster waren aber auch Zentren, wo antik-christliche Bildung gepflegt, die heiligen Bücher des Christentums und Werke antiker Autoren abgeschrieben und verbreitet wurden.
Die aus der Antike stammende überregionale Kirchenorganisation wandelte sich im 6. und 7. Jahrhundert, da die Adelsfamilien in ihren Herrschaftsbereichen immer öfter Verwandte als Bischöfe, Äbte und Äbtissinnen einsetzten. Großen Einfluss auf die Kirchen erhielten die Adligen auch durch das sogenannte Eigenkirchenrecht, das sich im Zusammenhang mit der Grundherrschaft entwickelt hatte: Demnach blieb eine von einem Herrn auf seiner Grundherrschaft errichtete Kirche samt Grund und Einkünften in dessen Verfügungsgewalt. Der Grundherr konnte sogar den Geistlichen einsetzen, während dem Bischof nur das Recht blieb Kirche und Priester zu weihen. Von den Einkünften der Pfarrkirche war der Zehnt – die nach biblischen Vorschriften des Alten Testaments geforderte Abgabe an die Kirche – von besonderer Bedeutung, denn ihr Einzug wurde im 8. Jahrhundert von den ersten karolingischen Königen Pippin und Karl dem Großen als Reichsverordnung verkündet und durchgesetzt. Das Eigenkirchenrecht bestand bis zum Ende des 11. Jahrhunderts.
Der Papst in Rom hatte für die frühfränkischen Bischöfe und Äbte noch keine Bedeutung. Er genoss als Hüter von zwei Apostelgräbern und als Bischof der alten Reichshauptstadt zwar ein besonderes Ansehen. Aber die Kirche war im frühen Frankenreich noch weit davon entfernt eine Organisation zu bilden, die mit dem Papst an der Spitze das ganze westliche Europa umschloss.

Das fränkische Königtum: Wegbereiter der europäischen Königslegitimation

Die Bindung zwischen Personen war das zentrale gesellschaftliche Ordnungselement im Frankenreich. Es wird daher auch als Personenverbandsstaat* bezeichnet. An der Spitze der zahlreichen und vielgestaltigen Personenverbände stand der König. Er galt als Herr aller freien Franken und war im Kriegsfall unumstrittener Heerführer. Die Frankenkönige aus dem Geschlecht der Merowinger, die das Frankenreich bis 751 regierten und kontinuierlich erweiterten, hatten gleichwohl Mühe sich gegenüber den Adligen durchzusetzen.
Wie der König besaßen die Adligen großen Landbesitz, eine Vielzahl von Abhängigen und Gefolgsleuten und scherten sich wenig um ihren obersten Herrn. Der König musste sie daher immer wieder an sich binden: durch Krieg, der vor allem Aussicht auf Ruhm und Beute versprach, durch Geschenke, wie beispielsweise Land aus dem Königsgut, oder durch Ruhmes- und Ehrentitel. Um seine Herrschaft durchzusetzen stützte sich der König auf die Bischöfe und Äbte (Reichskirchensystem*) sowie auf Grafen, die von ihm in die einzelnen Teile des Reiches entsandt wurden. Ihre Aufgabe königliche Erlasse bekannt zu machen und im Land durchzusetzen konnten sie jedoch in der Praxis nicht umsetzen. Schon Anfang des 7. Jahrhunderts nötigte der grundbesitzende Adel den Merowingerkönigen die Zusage ab Grafenämter nur noch mit ortsansässigen Grundherren zu besetzen. Erbteilungen und Machtkämpfe führten Ende des 7. Jahrhunderts zu einer Destabilisierung und schließlich

zum Niedergang des merowingischen Herrscherhauses. Aus den Machtkämpfen gingen die aus dem östlichen Teil des Frankenreiches stammenden Karolinger als Sieger hervor. Sie übernahmen als Hausmeier *(major domus)* die tatsächliche politische Führung und beließen den merowingischen Königen nur noch die nominelle Herrschaft. Die Hausmeier reorganisierten mit Hilfe des Papstes auch die fränkische Kirche. Insbesondere der angelsächsische Mönch Bonifatius legte im 8. Jahrhundert den Grundstein für die mittelalterliche Kirchenstruktur in Deutschland und bahnte eine engere Verbindung zwischen dem römischen Oberhirten und den Hausmeiern an.

Nach dem Tod des letzten Merowingerkönigs stellte sich das Problem des Dynastiewechsels. Denn der Abstammung vom Königshaus, d. h. dem königlichen Geblüt, schrieb man magische Kräfte zu. Gleichzeitig war dies mit der Vorstellung verbunden, dass der Untergang des Königsgeschlechts den Untergang des fränkischen Volkes nach sich ziehen würde. Letztlich handelte es sich um das Problem, wie die fränkische Königsherrschaft neu legitimiert werden konnte.

Es ist anzunehmen, dass der eng mit den karolingischen Hausmeiern zusammenarbeitende Bonifatius den fränkischen Großen den Rat gab bei Papst Zacharias nachzufragen, ob der, der schon wie ein König regiere – also Pippin – nicht auch den Namen „König“ tragen solle. Der Papst antwortete: „Es sei besser den als König zu bezeichnen, der die Macht habe, statt den, der ohne königliche Macht blieb.“ Kraft seiner apostolischen Autorität benannte er Pippin als König, woraufhin die fränkischen Adligen den Hausmeier zum König wählten. Als Zeichen seiner gottgewollten Würde wurde Pippin im Auftrag des Papstes gesalbt, so wie im Alten Testament die dem Volk Israel von Gott gegebenen Könige gesalbt worden waren. Seither galt nicht mehr die Geblütsheiligkeit, sondern die Salbung als Legitimation königlicher Herrschaft in Europa.

Das Frankenreich unter Karl dem Großen: Wurzel der europäischen Staatenwelt

Karl, der Sohn Pippins, schuf auf der Grundlage der fränkischen Tradition und in Verbindung mit Kirche und Papst ein Reich, aus dem die europäische Staatenwelt hervorging; insbesondere die französische und die deutsche Geschichte wurden durch Karls Wirken tief geprägt. Der entscheidende Ansatz war eine umfassende Bildungsreform, die 789 allen geistlichen und weltlichen Großen durch einen „allgemeinen Mahnerlass“ eingeschärft wurde. Durch Rückgewinn des reinen Latein, durch Schriftreform und Förderung der Schulbildung an Klöstern wie am Hofe selbst, durch systematische Abschrift antiker, biblischer und patristischer (Kirchenväter-) Texte sowie durch die Erneuerung der Wissenschaften versuchte der Herrscher erst den Grund für eine administrative Durchdringung des Riesenreiches zu legen. Vom Hof als der Zentrale gingen Grafen und Sendboten *(missi)* aus, die neue Königsgesetze, die „Kapitularien“, im Reich verkünden und durchsetzen sollten. Auch die partikularen Stammesrechte (der Bayern, Alamannen usw.) suchte Karl schriftlich zu fixieren und damit überprüfbar zu machen. Zur Einbindung der adligen Grundbesitzer, seiner führenden Militärs, bediente er sich des Lehnswesens, in dem sich der Treueid und die Kommendation, ein symbolischer Unterwerfungsakt, verbanden; indem der König und Kaiser diese Großen zu seinen Vasallen zu machen verstand, dämmte er deren Streben nach Herrschaft aus eigenem Recht ein. Auch Bischöfe und Äbte wurden ihm personenrechtlich verpflichtet.

Silberdenar Karls des Großen, der den Kaiser als römischen Imperator zeigt, nach 800, Berlin, Münzkabinett der Staatlichen Museen

Die Durchsetzung all dieser Vorhaben stieß auf viele Schwierigkeiten, da die Schrift nicht sehr verbreitet war. Vor allem aber das Fortbestehen des traditionellen Rechts der Fehde* setzte der Verwirklichung dieses Programms enge Grenzen. Tatsächlich trat nicht einmal bei Verbrechen die königliche Gewalt, d. h. der König selbst oder einer seiner Grafen, auf den Plan. Rache am Rechtsbrecher übten die Familien, nicht der „Staat“. Ein Monopol auf legitime Gewaltanwendung – wie im modernen Staat – gab es im Mittelalter nicht. Als Antwort auf erlittenes Unrecht konnte man sich nicht an ein öffentliches Gericht wenden, denn Gerichte hatten weitgehend nur den Charakter von Schiedsgerichten, die auf der Basis bereits vorher zwischen den Parteien festgesetzter Kompromisse tätig wurden.

Nicht nur im Innern, sondern auch in seinen Beziehungen nach außen gab Karl dem Frankenreich ein neues Gesicht. Unter seiner Herrschaft expandierte das Reich in drei Richtungen: erstens nach Norden durch Unterwerfung und Missionierung der heidnischen Sachsen; zweitens in Richtung Italien, wo Karl dem von den Langobarden bedrohten römischen Papst zu Hilfe kam, mit der Folge, dass der Frankenkönig seither in Personalunion auch König der Langobarden war (774); drittens nach Südosten durch Unterwerfung der Awaren und die dauerhafte Einbindung der Bayern. Die Beziehungen der Karolinger zu Oberitalien gehen allerdings schon auf den Vater Karls des Großen zurück. Die Übertragung der Königswürde an die karolingischen Könige durch Unterstützung des Papstes hatte nämlich schon Pippin in die Konflikte des Papstes mit den Langobarden verwickelt, war Pippin bereits 753 einem päpstlichen Hilferuf folgend nach Oberitalien gezogen. Das auf diesem Zuge eingenommene Land hatte Pippin dem heiligen Petrus geschenkt und an den Papst, als dem Stellvertreter Petri auf Erden, übergeben. Die sogenannte „Pippinische Schenkung" legte den Grundstein für die Existenz des Kirchenstaats.

Vor dem Hintergrund dieser Ereignisse wird verständlich, warum der Papst im Frankenkönig immer mehr seinen Beschützer sah, obwohl er rechtlich gesehen Untertan des oströmischen Kaisers war, zu dessen Restbesitzungen in Italien auch die Stadt Rom gehörte. Das Reich von Byzanz konnte dem Papst indes keine Hilfe mehr leisten, da es durch innere Konflikte und den Abwehrkampf gegen die Araber geschwächt war.

Das Frankenreich war zu einem Großreich geworden, das

Europa im 9. und 10. Jahrhundert

mit Ausnahme der britischen Inseln, der oströmischen Besitzungen in Italien und des nicht unter arabischer Herrschaft stehenden Nordspanien die gesamte westliche Christenheit umfasste. Die Krönung Karls zum Kaiser im Jahr 800 in Rom – sie war mit Papst Leo wohl schon einige Zeit vorher vereinbart worden – unterstrich die hegemoniale Geltung des Frankenreichs. Das erneuerte westliche Kaisertum sollte dem Ostreich ebenbürtig sein: Karl war Schutzherr der Christenheit und verstand sich in der Tradition der römischen Imperatoren als Oberhaupt der Welt, dem die restlichen Herrscher im Westen untergeordnet waren.
Das erneuerte westliche Kaisertum überlebte auch den Zerfall des Frankenreichs und war seit der Zeit Ottos des Großen (936–973) mit dem deutschen Königtum verbunden. Dies wurde für die Geschichte des Deutschen Reichs im hohen und im späten Mittelalter von grundlegender Bedeutung.

Die Anfänge der Staatenbildung: Deutschland und Frankreich

Hundert Jahre nach dem Tod Karls des Großen war das Frankenreich in Teilreiche zerfallen. Zu seiner Auflösung haben sicherlich auch die Einfälle der Normannen, Sarazenen und Ungarn beigetragen: Doch entscheidender waren die Strukturmängel dieses Großreichs. Es war nie gelungen, die Königsgewalt im ganzen Reich gleichermaßen durchzusetzen. Zudem trug die Auffassung, daß die Königsherrschaft Eigentum der Königssippe und folglich nach dem Tod eines Herrschers wie der übrige Besitz zwischen den Erben zu teilen sei, zum Zerfall des Reiches bei. Im Teilungsvertrag von Verdun (843) erhielt Ludwig der Deutsche das Ostfrankenreich, Karl der Kahle das Westfrankenreich und Lothar I. Italien und einen schmalen Streifen zwischen West- und Ostfrankenreich. Obwohl auch das Reich Lothars theoretisch die Chance hatte sich zu einem Staat zu entwickeln, blieben am Ende der Teilungen nur das Ost- und Westfrankenreich als selbstständige Gebilde übrig. Die westfränkischen Könige kamen noch bis zum Ende des 10. Jahrhunderts (d. h. bis zum Beginn der Dynastie der Kapetinger 987) aus dem Karolingergeschlecht, konnten sich allerdings gegenüber dem starken Feudaladel kaum mehr durchsetzen. Das ostfränkische Reich hingegen, mit dem seit dem 10. Jahrhundert Italien verbunden war, stellte ein wesentlich stabileres Gebilde dar, für das in der Mitte des 10. Jahrhunderts die Bezeichnung „Reich der Deutschen“ *(regnum teutonicum)* aufkam. Die alten Stämme der Bayern, Schwaben, Franken und Sachsen traten wieder als politische Verbände hervor, mit eigenen Herzögen an der Spitze; hinzu kam das Herzogtum Lothringen, das sowohl französisch- als auch deutschsprechende Bevölkerungsteile umfasste. Nach Karl dem Großen war erst wieder Otto der Große mächtig genug um das Abendland zu beherrschen. Zu Beginn des 11. Jahrhunderts gelang es dem damaligen deutschen König, Konrad II., König in Burgund zu werden und damit jene aus Deutschland, Italien und Burgund bestehende Trias zu begründen, die von da an das Reich in der Hand des Kaisers bildete.

1. *Erklären Sie, inwiefern römische und germanische Elemente die Entwicklung der Herrschaftsform und der Gesellschaft im Frankenreich bestimmt haben.*
2. *Erläutern Sie den Aufbau der frühmittelalterlichen Grundherrschaft an einem Schaubild.*
3. *Die Zeit Karls des Großen ist seit dem 19. Jahrhundert wiederholt als „Karolingische Renaissance“ bezeichnet worden. Erörtern Sie, inwiefern dieser Begriff berechtigt ist.*

Die Formierung „Alteuropas“ im Mittelalter – Wirtschaft und Gesellschaft seit dem 11. Jahrhundert

Etwa seit Mitte des 11. Jahrhunderts machten sich im lateinischen Europa in fast allen Lebensbereichen Veränderungen bemerkbar; die Forschung hat diese Erscheinungen lange Zeit als den „Aufbruch Europas“ bezeichnet, als ob es sich um einen einheitlichen, zielgerichteten Vorgang handelte. Tatsächlich weiß man aber noch wenig über Ursachen und Zusammenhänge der zweifelsohne tiefgreifenden Wandlungen.
Im Investiturstreit zerbrach die herkömmliche Ordnung von geistlicher und weltlicher Gewalt; mit den Kreuzzügen griff das christliche Europa erstmals über seine Grenzen hinaus. Mit der Entstehung von Städten in Mittel- und Westeuropa trat langsam eine neue soziale Gruppe in Erscheinung, das Bürgertum*, das Handel und Gewerbe trieb und sich nicht mehr in das ständische Gefüge einordnen ließ. Hinzu kamen Klimaveränderungen und ein Wachstum der Bevölkerung, infolgedessen alle Bereiche des Lebens, Wirtschaft und Gesellschaft, Politik und Kultur, nachhaltig verändert wurden.

Bevölkerung und Siedlung

Die absoluten Zahlen, mit denen die Forschung in diesem Bereich arbeitet, beruhen mangels statistischer Angaben ausschließlich auf Schätzungen.
Mitte des 11. Jahrhunderts verbesserte sich in Europa das Klima, d.h. die Durchschnittstemperatur stieg vermutlich etwa um ein Grad Celsius. Im Rückblick glaubt man heute an verschiedenen Befunden erkennen zu können, dass sich das Bevölkerungswachstum, das mit dem 8. Jahrhundert einsetzte, nach der Mitte des 11. Jahrhunderts deutlich beschleunigte: an der Ausdehnung der Siedlungsflächen durch Rodungen in ungünstigen Mittelgebirgslagen und Flussniederungen, an der Eindeichung der Marschen, an der Vermehrung der Kirchen und Klöster sowie an der Vergrößerung der Mauerringe befestigter Siedlungen. Das gilt für Nordfrankreich, England, Skandinavien und Deutschland; in Italien und Südfrankreich begann diese Entwicklung schon im 10. Jahrhundert (siehe S. 86, Mat. 1). Andererseits wurden auch alte Siedlungen aufgegeben (wüst).
Eine oft genannte Schätzung geht für die Zeit um 650 von insgesamt etwa 5,5 Millionen Menschen in ganz West-, Mittel- und Nordeuropa aus, d. h. in Europa ohne den slawischen und byzantinischen Osten. Für die Zeit um 1000 schätzt man etwa 12 Millionen und um 1340 insgesamt 35,5 Millionen Einwohner.
Dieser Bevölkerungs- und Siedlungsaufschwung scheint abrupt in der Mitte des 14. Jahrhunderts geendet zu haben, vor allem, als sich die Pest aus China und dem Orient über Italien nach Mittel- und Westeuropa ausdehnte. Schon 1350 waren von 35 Millionen Menschen in West- und Mitteleuropa etwa 10 Millionen der Seuche zum Opfer gefallen.

Ländliche Gesellschaft und Wirtschaft

Verbesserte Anbaumethoden und Agrartechnik

Mit der Zunahme der Bevölkerung zwischen dem 11. und 13. Jahrhundert wird eine Verbesserung der Anbaumethoden und der Agrartechnik in Verbindung gebracht, vor allem mit der Dreifelderwirtschaft, die sich im Laufe dieser Zeit in zahlreichen Regionen Nordwest- und Mitteleuropas durchsetzte. Gegenüber der alten Zweifelderwirtschaft vergrößerte sie nicht nur die Anbaufläche, sondern beugte auch der schnellen Erschöpfung des Bodens vor. Eine Missernte bei Wintergetreide konnte durch gute Ernteerträge bei den Sommerfrüchten (Hafer, Gerste, Gemüse, Bohnen) ausgeglichen werden. Dies verbesserte die Ernährungsgrundlage der Bevölkerung. Der bereits seit der archaischen Zeit bekannte Räderpflug mit eiserner Pflugschar und die Egge ermöglichten die Bearbeitung schwerer, nasser Böden. Effizientere Anspannvorrichtungen vergrößerten die Zugkraft von Ochsen und von Pferden, die jetzt erstmals im nördlichen Europa als Zugtiere eingesetzt wurden. Man vermutet, dass diese Neuerungen zusammen mit der Erwärmung zu einer Steigerung der Getreideerträge um 33 bis 50 Prozent geführt haben. Berücksichtigt man außerdem, dass Wasser- und Windmühlen bereits in ganz Europa bekannt waren, kann gesagt werden, dass die Bauern im 13. Jahrhundert ein agrartechnisches Niveau erreicht hatten, das sich bis zur Industriellen Revolution nicht mehr wesentlich verbesserte.

Die Herausbildung des Dorfes als Rechtsgemeinschaft

Das ganze Wirtschaftsleben gewann seit dem 11. Jahrhundert an Flexibilität, in das die altüberlieferte zweigeteilte Grundherrschaft mit ihren festgelegten Abgaben und Frondiensten aus dem frühen Mittelalter nicht mehr passte. Vielerorts parzellierten die Grundherren das bis dahin in Eigenregie bewirtschaftete Herrenland und machten daraus Bauernstellen. Die starren Frondienste wurden überflüssig, Abgaben und Dienste in Geldabgaben umgewandelt. Dies brachte beiden, Grundherren wie Grundholden, größere wirtschaftliche Handlungsspielräume. Zugleich hatte damit der Unterschied zwischen geburtsständischer Freiheit und Unfreiheit seine Bedeutung verloren. Die Berufsbezeichnung „Bauer" *(rusticus, agricola)* für alle, die mit eigener körperlicher Arbeit ihren Bauernhof bewirtschafteten, tritt in den Quellen nun an die Stelle der alten geburtsständischen Bezeichnungen *(liber, servus)*.
Ein Ergebnis dieser Umwälzung ist die Entstehung des Dorfes als einer bäuerlichen Genossenschaft, in der die Herren den Bauern und den oft unter ihrer Mitwirkung bestellten Schultheißen die Organisation der landwirtschaftlichen Produktion überließen. So gewannen die Bauern – unabhängig von ihrer grundherrschaftlichen Abhängigkeit – eine früher unbekannte Selbstständigkeit.

Die Ostkolonisation

Im 12. Jahrhundert war das Gebiet westlich von Elbe, Saale und Böhmerwald soweit besiedelt und landwirtschaftlich nutzbar gemacht, dass neues Bauernland nur noch östlich dieser Grenze zwischen deutscher und slawischer Siedlung erschlossen werden konnte. Nach der Eroberung und Sicherung des Landes zwischen Elbe und Oder gründeten deutsche Territorialherren Klöster, die in diesen dünn besiedelten und agrartechnisch rückständigen Gebieten den Landesausbau vorantrieben, und warben im übervölkerten Rheinland, in den Niederlanden und in Nordfrankreich Siedler an. In den von ihnen und den „Siedlungsunternehmern" planmäßig angelegten Dörfern genossen die Bauern eine bessere Rechtsstellung als im Altsiedelland, auch war die Abgabenlast geringer. Diese Siedlungsvorgänge verliefen meist friedlich; deutsche Neu- und slawische Altsiedlungen lagen oft in unmittelbarer Nachbarschaft und es war durchaus üblich das „bessere" deutsche Recht auch auf slawische Bauern zu übertragen.

Die Welt des Adels

Nicht nur das Leben der Bauern, sondern auch das Leben des Adels wandelte sich seit Mitte des 11. Jahrhunderts. Hochadelsgeschlechter, die aus der karolingischen Reichsaristokratie hevorgegangen waren, besaßen großen, weitgestreuten Grundbesitz und bauten seit dem 11. Jahrhundert Höhenburgen. Dies geschah nicht nur zur Verteidigung und zur Sicherung wichtiger Herrschaftskomplexe. Der Burgenbau war vielmehr Ausdruck einer Absonderungstendenz und eines neuen dynastischen Bewusstseins, das sich auch in der Benennung dieser Geschlechter nach ihren wichtigsten Burgen zeigt – so die Hohenzollern, die Habsburger oder die Wittelsbacher. Die Adligen des Hochmittelalters gründeten auch Hausklöster, in denen ihre Angehörigen begraben wurden und Mönche und Nonnen für das Seelenheil der Lebenden und Verstorbenen beteten.

Unter dem Hochadel entstand die Schicht der Ritter*. Die Ritter bildeten eine Kriegerelite, deren Angehörige über freien Eigenbesitz verfügten. Als Vasallen von Königen, Bischöfen, Äbten und Hochadligen empfingen sie Lehen, die bald als erblicher Eigenbesitz galten. Obwohl der Hof des Königs und die Höfe von weltlichen und geistlichen Fürsten immer Bezugspunkt der ritterlichen Vasallen blieben, begannen sie selbst Burgen zu bauen und sich nach ihnen zu benennen. Mit dem Rittertum entstanden Ritterideale, also Normen spezifisch mittelalterlichen Lebens. Der „wahre" Ritter war ein tugendhafter Held, dessen Aufgabe es war gegen die Ungläubigen zu kämpfen, Arme und Wehrlose zu schützen und den Frieden im Land zu wahren. Er war aber auch ein höfischer Held, der sich in der vornehmen Welt des Adels mit ihren festgelegten Verhaltensformen bewegen konnte. Im Rahmen einer langen Lehr- und Erziehungszeit, die nicht in der eigenen Familie, sondern auf den Burgen befreundeter Ritter oder an Fürsten- und Königshöfen absolviert wurde, musste der Ritter die Pflichten und Lebensformen seines Standes erlernen, bevor er mit 20 Jahren den Ritterschlag erhielt (siehe S. 87, Mat. 6 und 7).

Darstellung eines Ritters in einem französisches Kalksteinrelief, 12. Jh.

Die Ritter schufen mit ihrer höfischen Dichtung zum ersten Mal eine Bildungswelt, die – obwohl tief vom Christentum geprägt – von der Kirche und damit von dem bis dahin einzigen Bildungsträger unabhängig war. Heldenepen und höfische Romane feierten den tapferen Krieger, der allen Anfechtungen widersteht. Mit dem Minnesang entstand eine Literatur, die die Liebe zur adligen Frau besang und diese in bislang unbekannter Weise aufwertete.

Die Hochadligen versuchten ihre Besitzungen durch Tausch, Kauf oder Erbe zu geschlossenen Herrschaftsgebieten zusammenzufassen und durch Burgen zu sichern. Landesherren* und Könige zogen Ministerialen*, d. h. unfreie Dienstleute, zur Verwaltung ihrer Gebiete heran, die im Laufe der Zeit den adligen Rittern gleichgestellt wurden. In der Stauferzeit war die Ministerialität Träger ritterlicher Kultur

und Stütze der Königsherrschaft in Deutschland und Italien. Der Ministeriale Werner von Bolanden beispielsweise, ein mächtiger Reichsdienstmann Friedrichs I., soll über 1000 Ritter in seinem Dienst und 17 Burgen zu seiner Verfügung gehabt haben. Die Zahl der Adelsburgen wird im 13. Jahrhundert allein für Deutschland auf über 25 000 geschätzt.
Diese Ausdifferenzierung und Erweiterung des Adels, die gelegentlich auch als „Adelsinflation" des Mittelalters bezeichnet wird, hat in Deutschland schließlich zur Unterscheidung zwischen dem Hochadel – Könige, Herzöge und Grafen – und dem niederen Adel, d.h. den Rittern und freien Herren, geführt. Das Ideal höfischer Kultur überdeckte die sozialen Unterschiede innerhalb dieser Adelswelt, die sich im 13. Jahrhundert gegenüber anderen Schichten wie dem städtischen Bürgertum abgrenzte.

Wirtschaft und Gesellschaft in der Stadt

Wandel der Gesellschaftsstruktur

Mehr als Bauern und Adel wurden die Bürger* der seit dem 11. Jahrhundert in Mittel- und Westeuropa entstehenden Städte zum Motor wirtschaftlicher Prosperität und sozialen Wandels (siehe Mat. S. 100–103).
Seit dem 10. und 11. Jahrhundert hatten sich im Schutze von Bischofsresidenzen, Burgen, Pfalzen und Klöstern, aber auch an verkehrsgünstig gelegenen Marktorten Handwerker und Kaufleute angesiedelt. Anfänglich bestand rechtlich kein Unterschied zwischen den hörigen Bauern und den ebenfalls zur *familia* des Herrn gehörenden Bewohnern dieser neuen Zentren, die *burgus* genannt und schon früh von Mauer und Graben geschützt waren. Noch trennte man diese Siedlungen begrifflich nicht von der „Burg", sodass man ihre Bewohner folgerichtig Bürger nannte.
Vom Dorf unterschieden sich diese städtischen Siedlungen durch die soziale Differenzierung der Einwohnerschaft. Zur Oberschicht zählten die mit Verwaltungsaufgaben betrauten Ministerialen des Stadtherrn und die Fernkaufleute, die über weitreichende Handelsbeziehungen verfügten. Charakteristisch für die Stadt war aber die breite Mittelschicht der Handwerker, die mit ihren arbeitsteiligen, spezialisierten Gewerben zum wirtschaftlichen und auch technischen Fortschritt erheblich beitrugen. Man darf aber nicht außer Acht lassen, dass diese Ausweitung und Differenzierung der Produktion und die Intensivierung von Handel und Verkehr erst durch den Anstieg der landwirtschaftlichen Produktivität möglich geworden war.
Seit dem Ende des 11. Jahrhunderts kam es oft zu erbitterten Auseinandersetzungen zwischen den Bürgern und ihren

Anonymus, Die Unterrichtsstunde, aus der „Chroniques de Hainaut", 15. Jh., Paris, Bibliothèque Nationale (Ausschnitt)

Stadtherren, so in Bischofsstädten wie Köln und Worms. Die Bürger traten dabei als Schwurgemeinschaften, d.h. als Genossenschaften ihrem Herrn gegenüber und erstritten sich wichtige Zuständigkeiten in Rechtsprechung und Steuerverwaltung. Bürgermeister und Ratsherren, die sich aus dem Patriziat*, der Oberschicht reicher Kaufleute und ehemaliger Ministerialen, rekrutierten, übten die Rechte des Stadtherrn aus. Neben Mauern, Graben und Markt wurde auch das Rathaus Symbol städtischen Lebens. Mit der Erringung der Selbstverwaltung war die Entwicklung der Stadt im Rechtssinn abgeschlossen.
Zu Beginn des 12. Jahrhunderts war die Stadt aber noch ein Fremdkörper inmitten einer feudal-agrarischen Umwelt. Ein französischer Geistlicher bezeichnete den Begriff „Kommune", d.h. Stadtgemeinde, als ein neues, hassenswertes Wort, weil es im Widerspruch zur gottgewollten, unveränderbaren Ordnung stehe und sogar die Hörigen der Gewalt ihrer Herren entziehe. Viele Bauern versuchten nämlich sich ihrer

Verpflichtungen gegenüber den Herren durch Wegzug in die Städte zu entziehen, wo sie – in der Regel nach Jahresfrist – freie Bürger werden konnten. Vor allem aber unterschieden sich die Kaufleute und Handwerker durch eine neue Mentalität von den Bauern, Adligen und Geistlichen: Sie orientierten sich an Gewinn, ökonomischer Rationalität und Risiko. Die Haltung der Adligen zu den Städten war zwiespältig. Denn seit dem 12. Jahrhundert wollten auch adlige Grundherrn durch die Gründung von Städten am allgemeinen Wirtschaftsaufschwung und an der aufblühenden Geldwirtschaft teilhaben. Sie riefen Kaufleute und Handwerker in die Stadt, denen sie persönliche Freiheit, freie Verfügung über ihr Eigentum und eigene Rechtsprechung zusicherten. Die durch Handel und Handwerk gesicherten Zoll- und Marktabgaben sollten dafür im Gegenzug die fürstlichen Kassen füllen. In Deutschland war das 13. Jahrhundert die große Zeit der Stadtgründungen (siehe S. 90, Mat. 15). Im Elsass hatte es z. B. im 12. Jahrhundert nur sechs Städte gegeben; bis zur Mitte des 13. Jahrhunderts kamen 14 und in den nächsten 100 Jahren noch 70 weitere hinzu.

Anonymus, Italienische Bankiers im Ausland, 14. Jh., London, British Library

Großräumige Wirtschaftstrukturen

Im 13. Jahrhundert bildeten sich jene Elemente heraus, die das europäische Wirtschaftsleben der beiden folgenden Jahrhunderte in grundlegender Weise prägten. In Italien stiegen die Städte Venedig, Genua und Pisa zu führenden Hafen- und Handelsstädten auf, denn der Transport der Kreuzfahrer (siehe S. 79) und die Versorgung ihrer Staaten brachte Geld in ihre Kassen. Gestützt auf Handelsprivilegien im östlichen Mittelmeer, in der Ägäis und im Schwarzen Meer bauten Genua und Venedig Handelsreiche auf, die auch vom Zusammenbruch der Kreuzfahrerstaaten am Ende des 13. Jahrhunderts nicht gefährdet wurden. Der lukrative Orienthandel blieb in der Hand der Italiener, Florenz stieg zum Bankenzentrum auf und der hier geprägte Goldgulden entwickelte sich zur Leitwährung der europäischen Wirtschaft. Venedig und die Handels- und Gewerbestädte der Lombardei kontrollierten den Handel mit Nordeuropa, wo zwischen Seine und Rhein ein Wirtschaftszentrum entstand, dessen Mittelpunkt die flandrischen Städte bildeten. Flandern und Oberitalien – das waren neben Süddeutschland und dem Hanseraum die wichtigsten Wirtschafts- und Städtezentren im mittelalterlichen Europa (siehe Karte S. 63).

Den Nord- und Ostseeraum beherrschten seit dem 13. Jahrhundert die Kaufleute der Hanse. „Hanse" war ursprünglich die Bezeichnung für die Genossenschaften, die deutsche Fernkaufleute zur Wahrung ihrer Rechte gebildet hatten. Aus diesen Bünden entstand eine Gemeinschaft der häufig von den Familien dieser Großhändler regierten Städte. Die Hanse sicherte die Seewege gegen Piraten, schützte ihre Kaufleute vor unlauterer Konkurrenz und sorgte dafür, dass der Handel nicht durch Zölle und Steuern behindert wurde. Wegen seiner zentralen Lage zwischen Nord- und Ostsee wurde Lübeck zum Vorort dieser Handelsvereinigung, deren Macht im 14. Jahrhundert so groß war, dass die skandinavischen Reiche nicht nur wirtschaftlich, sondern auch politisch in ihre Abhängigkeit gerieten. Das Wirtschaftsgebiet der Hanse reichte von London und Brügge im Westen bis zum russischen Nowgorod im Osten. Hier und in anderen Städten besaß die Hanse Kontore, die die Geschäfte abwickelten. Die Koggen der Hansestädte – die ersten Massengutfrachter der Seefahrtsgeschichte – versorgten die Gewerbezentren des Westens mit Rohstoffen aus dem Ostseeraum, vor allem aber mit Getreide und Fisch. In den Osten und Norden transportierten sie gewerbliche Erzeugnisse des Westens und Südens, aber auch Luxuswaren aus dem Orient. Als 1277 erstmals ein genuesisches Schiff in Brügge eintraf, waren die beiden zentralen Wirtschaftsräume Europas, Flandern und Oberitalien, auch zur See verbunden. Wichtigstes Scharnier, das die Kommunikation sicherstellte, blieben bis zur Mitte des 14. Jahrhunderts die Messen in den Städten der Champagne in Ostfrankreich. Hier fanden zeitlich über das ganze Jahr verteilt Messen statt, auf denen sich Kaufleute und Bankiers aus ganz Europa trafen.

Kultureller Wandel

Das 13. Jahrhundert brachte in kultureller Hinsicht grundlegende Veränderungen hervor. Die kulturelle Entwicklung

der westlichen Christenheit erreichte einen Höhepunkt. In der Architektur setzte sich die Gotik durch, die in Nordfrankreich entstanden war und die Romanik ablöste. Unumstrittene Sprache der Kirche und der Wissenschaft blieb zwar das Latein, obwohl erstmals auch die Volkssprachen „literaturfähig“ wurden. Die Themen und Werke der höfischen Dichtung waren in ganz Europa bekannt. Das 13. Jahrhundert gilt als Blütezeit der mittelhochdeutschen Dichtung, und mit der „Göttlichen Komödie“ von Dante Alighieri entwickelte sich das Italienische Anfang des 14. Jahrhunderts zu einer der wichtigsten Literatursprachen Europas.
Die europäische Kultur verdankt vieles auch den Kontakten mit dem Islam. Vor allem die Beziehungen zwischen Christen und Muslimen in Spanien sorgten dafür, dass die hoch entwickelten, den Kenntnissen der Christen in vielen Bereichen weit überlegene islamisch-arabische Naturwissenschaft und Medizin in Europa bekannt wurde. Im islamischen Spanien arbeiteten christliche, jüdische und arabische Gelehrte zusammen und übersetzten nicht nur Werke arabischer Wissenschaftler, sondern auch die des Aristoteles, dessen Schriften die Christen bis dahin nur unvollständig gekannt hatten. Er galt bald als oberste Autorität in allen Bereichen der Wissenschaft und der Theologie. Jetzt gingen die Theologen daran die Glaubenslehre verstandesmäßig zu begründen; die neue wissenschaftliche Methode der Scholastik* verlangte, alle Begriffe und die Glaubensinhalte logisch abzuleiten und zu definieren; man verglich die Aussagen der Bibel mit denen der Kirchenväter, wog sie gegeneinander ab und systematisierte sie. Das 13. Jahrhundert war die Zeit der großen, ganz vom christlichen Glauben bestimmten Lehrwerke. Albertus Magnus sammelte und stellte das naturwissenschaftliche und medizinische Wissen seiner Zeit dar, Thomas von Aquin fasste Theologie und Philosophie in einem großen Lehrgebäude zusammen, das über Jahrhunderte hinweg für die Kirche bestimmend blieb.
Zentren der neuen Wissenschaft und Bildung waren nicht mehr die Domschulen und Klöster, sondern die Universitäten, übernationale Gemeinschaften von Lehrenden und Lernenden, die sich selbst verwalteten. Die Pariser Universität genoss höchstes Ansehen auf dem Gebiet der Theologie, Oxford wurde durch seine Naturwissenschaft berühmt, Salerno und Montpellier durch die Medizin. Zentrum der Rechtswissenschaften war Bologna, wo das römische Recht neu interpretiert und weiterentwickelt wurde.
Im 14. Jahrhundert war die innere Entwicklung der Universitäten abgeschlossen. Sie gliederten sich in vier Fakultäten, deren wichtigste die Theologie war, gefolgt von der Medizin, der Rechtswissenschaft und der Philosophie. Lehrende und Lernende lebten zum Teil in klosterähnlichen Gemeinschaften, den Bursen, zusammen. Vor dem eigentlichen Studium mussten die Studenten den Grundunterricht in den sieben „freien Künsten“ absolvieren: der Grammatik, Rhetorik, Dialektik, Arithmetik, Geometrie, Musik und Astronomie.

Die Ausbreitung der Universitäten im Mittelalter

Die Krise am Ausgang des Mittelalters

Die Verschlechterung der Lebensbedingungen seit Anfang des 14. Jahrhunderts, insbesondere aber die großen Pestepidemien seit 1347 stürzten Wirtschaft und Gesellschaft des Mittelalters in eine schwere Krise.
Der „schwarze Tod“, der einen tiefen Einschnitt in die gesellschaftliche und wirtschaftliche Entwicklung Europas mit sich brachte, war aber nur der Höhepunkt einer Serie von Krisen, die seit der Wende vom 13. zum 14. Jahrhundert Europa erschütterten. Jetzt kehrten auch die Hungersnöte zurück, von denen Europa im 12. und 13. Jahrhundert verschont geblieben war. Der Grund lag vermutlich in einer Klimaverschlechterung. Das feuchter und kälter werdende Wetter in Mittel- und Westeuropa sorgte für zahllose Missernten; in den Alpen rückten die Gletscher vor und an der Nordseeküste fiel Siedlungsland den Sturmfluten zum Opfer. In manchen Gegenden Deutschlands verschwand fast die Hälfte der im 13. Jahrhundert vorhandenen Siedlungen (siehe

S. 86, Mat. 2). In Frankreich und England wurden ganze Landstriche entvölkert. Die deutsche Siedlungsbewegung in die Gebiete östlich der Oder brach ab. Bis in das 15. Jahrhundert hinein war die Widerstandskraft der Menschen so geschwächt, dass die Sterblichkeitsrate die Geburtenrate überstieg. Erst gegen Ende des 15. Jahrhunderts kehrte sich dieser Trend um, zogen auch die Getreidepreise wieder an (siehe Grafik S. 61).

Folgen der Krise für die ländlich-adlige Welt

Der Verfall der Preise für landwirtschaftliche Erzeugnisse traf den grundbesitzenden Adel besonders hart, denn den größten Teil seines Einkommens bezog er aus den Naturalabgaben der Bauern. Noch im 15. Jahrhundert deckten die Erträge grundherrlicher Eigenwirtschaft in Sachsen kaum die Kosten für die Gesindelöhne und die für die landwirtschaftliche Produktion notwendigen Handwerkserzeugnisse. Es lohnte sich kaum verödete Höfe wieder zu bewirtschaften, denn die Bauern forderten dafür oft Zinsnachlass oder zeitliche Befreiung von Abgaben. Um ihre Einkünfte zu sichern versuchten viele Grundherren Löhne für landwirtschaftliche Arbeiten zu senken oder wenigstens zu fixieren. Ein weiterer Weg war der Versuch die Bauern durch die Intensivierung von Herrschaftsrechten ans Land zu binden und ihnen neue Abgaben und Dienste aufzuerlegen. Dies führte am Ende des 14. Jahrhunderts zu ersten Bauernaufständen in England; in Deutschland wurde seit der Mitte des 15. Jahrhunderts der „Bundschuh" zum Symbol der bäuerlichen Opposition.
Doch nicht nur wirtschaftliche, sondern auch politische Entwicklungen führten dazu, dass die Bedeutung vor allem der Ritter schwand: Neuerungen in der Kriegstechnik – Feuerwaffen und Söldnerheere – machten den gepanzerten ritterlichen Einzelkämpfer überflüssig. Nicht mehr ritterliche Qualitäten, sondern juristisches Spezialwissen war in Zukunft nötig, wenn man als Rat oder Beamter in den Dienst eines Fürsten treten wollte.

Die Städte überwinden die Krise

Die Städte überwanden die Krisenjahrzehnte schneller als das Land. Sie konnten durch Zuzug vom Land ihre Bevölkerungsverluste ausgleichen, da das Leben in der Stadt attraktiv geworden war: Die Lebensmittelpreise hielten sich auf niedrigem Niveau und der Mangel an Arbeitskräften ließ die Löhne, aber auch die Preise für gewerbliche Produkte schnell steigen.
Aufschwung der Zünfte. Seit der Mitte des 14. Jahrhunderts erkämpften sich die Zünfte* (siehe S. 100 f., Mat. 2 bis 5) in vielen deutschen Städten gegen die patrizische Oberschicht eine Beteiligung an der Stadtregierung. Meist wurde der Rat durch die Aufnahme der Zunftmeister erweitert; in einigen Städten, unter ihnen Köln, übernahmen die Zünfte sogar die Regierung. Diese genossenschaftlichen Zusammenschlüsse der Handwerker regelten das Wirtschaftsleben. Sie organisierten die Versorgung der Handwerker mit Rohstoffen, überprüften die Qualität der Produkte und setzten Preise und Löhne fest. Die Zünfte schützten ihre Mitglieder vor Konkurrenz und garantierten den Handwerkerfamilien eine „auskömmliche" Existenz. Im 15. Jahrhundert wirkte sich dieser Dirigismus noch nicht lähmend aus; die Städte waren Zentren des technischen Fortschritts. Süddeutsche Leinwand und Barchent – ein Mischgewebe aus Leinen und Baumwolle – waren in ganz Europa begehrt und die Metallverarbeitung blühte auf.
Erfindung des Buchdrucks. Aus den Städten kamen wichtige Neuentwicklungen wie die Papierherstellung und der Buchdruck. Dem Mainzer Patrizier Johannes Gutenberg gelang es in der Mitte des 15. Jahrhunderts die Drucktechnik mit beweglichen Metallettern so zu vervollkommnen, dass es möglich wurde, Werke aus allen Wissensgebieten in großer Zahl und schnell zu publizieren. Binnen weniger Jahrzehnte breitete sich der Buchdruck in ganz Europa aus und revolutionierte die Kommunikation. Man schätzt, dass bis zum Jahr 1500 rund 30 000 Titel verlegt worden sind. Mit gedruckten Flugschriften konnte man schnell in politische und religiöse Streitigkeiten eingreifen und zu aktuellen Fragen Stellung nehmen. Erst die Erfindung des Buchdrucks schuf eine „öffentliche Meinung". Durch das gedruckte Wort konnte sie gesteuert werden, was zum ersten Mal in den Auseinandersetzungen um den rechten Glauben in der Zeit der Reformation deutlich wurde.
Beginn des Frühkapitalismus. Vom Niedergang der Champagnemessen im 14. und 15. Jahrhundert profitierten süddeutsche Städte wie Ulm, Augsburg und Nürnberg. Die wichtigsten Nord-Süd-Handelsrouten liefen jetzt über den Gotthard- und den Brennerpass. Süddeutschland wurde zu einem zentralen europäischen Wirtschaftsraum. Frankfurt entwickelte sich zur wichtigsten Messestadt Mitteleuropas, und die Leipziger Messe verband West- und Osteuropa.
In Augsburg entstanden im 15. Jahrhundert Handelsfirmen neuer Art, die zum Kennzeichen frühkapitalistischer* Wirtschaftweise wurden (siehe S. 102 f., Mat. 6 bis 10): Die Firmen, wie z. B. die der Fugger und Welser oder des Franzosen Jacques Cœur, verbanden Handel, Kreditgeschäfte und Eigenproduktion. Die Leitung dieser straff organisierten und mit Niederlassungen in allen europäischen Wirtschaftszentren vertretenen Häuser lag in der Hand weniger Familienangehöriger. Die Fugger brachten mit der Hilfe der

Habsburger, denen sie dafür große Kredite gewährten, Bergbaurechte in Österreich, Ungarn und Spanien an sich; das verschaffte ihnen eine Monopolstellung in der Metallproduktion. Große Gewinne brachte auch der Gewürzhandel und der Vertrieb von Textilien und Metallwaren.
Darüber hinaus stellten die Handelshäuser Stadt- und Landhandwerkern Rohstoffe zur Verfügung und kauften die daraus produzierten Waren auf. Dieses „Verlagssystem" machte die Handwerker und ihre Zünfte zwar von den Handelshäusern abhängig, sicherte ihnen aber im Gegenzug Lohn und Absatz.

1. *Erklären Sie, wodurch die Stadt zu einem „revolutionären Element" in Europa wurde.*
2. *Beschreiben Sie (siehe auch Karte S. 63) die großräumigen Wirtschaftsstrukturen in Europa im 13. Jahrhundert.*
3. *Mit welchen Faktoren lässt sich der Aufstieg der Städte und der Bedeutungsverlust der feudal-agrarischen Lebenswelt im späten Mittelalter erklären?*
4. *Erläutern Sie, warum ein Teil der Forschung das 11. Jahrhundert als Wendezeit der europäischen Geschichte betrachtet, und nehmen Sie kritisch Stellung (siehe auch S. 59).*

Die Formierung „Alteuropas" im Mittelalter – Geistliche und weltliche Herrschaft

Geistliche Autoren haben die sozialen Umbrüche seit dem 11. Jahrhundert in sogenannten „Ständelehren" verarbeitet. Danach gliederte sich die Gesellschaft in drei Gruppen (Stände*), die Beter *(oratores)*, die Ritter *(bellatores)* und die Bauern *(laboratores)*. Gegenüber der älteren Lehre über die Zweiteilung der Gesellschaft in Klerus* und Laien kommt hierbei die fortschreitende soziale Differenzierung der „weltlich" lebenden Menschen zum Ausdruck (siehe S.86, Mat.3). Allerdings nur begrenzt. Denn in dieser Wahrnehmung und Deutung der gewandelten Gesellschaft werden die Bürger* der Städte, ein besonders dynamischer Faktor sozialen und wirtschaftlichen Wandels, nicht berücksichtigt.
Die Kirche blieb von den Wandlungen der Zeit nicht unberührt. Im 11. Jahrhundert gerieten „Kirche" und „Welt" erstmals aneinander, kam es zum Konflikt zwischen geistlichem und weltlichem Herrschaftsanspruch (siehe S. 88 f., Mat. 10 und 11).

Geistliche und weltliche Herrschaft im Aufbruch

Kirchliche Reformbewegung

Seit dem Beginn des 11. Jahrhunderts wurden Rufe nach einer Verbesserung, einer Reform der Kirche laut. Gab es nicht den offenen Widerspruch zwischen den Worten Jesu und der alltäglichen Realität? Stand die von der Kirche abverlangte Ausrichtung am Wort Gottes nicht immer und überall in Gefahr durch menschliche Unzulänglichkeit und Rücksicht auf weltliche Interessen beeinträchtigt zu werden? Viele Geistliche begannen ein Bewusstsein dafür zu entwickeln, dass bislang geübte Praktiken dem alten, in der frühen Kirche des 3. und 4. Jahrhunderts ausgearbeiteten Kirchenrecht widersprachen. Man verehrte zwar dieses alte Kirchenrecht, hatte es aber nicht intensiv studiert und nicht zum Maßstab des eigenen kirchlichen Lebens gemacht.
Vom Kloster Cluny in Burgund ging in diesem Sinne eine Bewegung aus, die nicht nur das Leben in den Klöstern reformieren wollte – die Mönche sollten wieder das alte Armutsideal beachten und ihr Leben ganz dem Gebet und dem Gottesdienst widmen –, sondern die Kirchen und Klöster auch von ihrer Einbindung in weltliche Herrschaftsstrukturen zu befreien suchte.
Die meist aus dem klösterlichen Bereich stammenden Kirchenreformer des 11. Jahrhunderts betrachteten Nikolaitismus und Simonie als schlimmste Missstände der Kirche. Nikolaitismus war die Übertretung des Zölibatgebots, was zur gängigen Praxis in der Kirche geworden war: Niedere Geistliche hatten ganz selbstverständlich Frau und Kinder und Priesterstellen wurden vom Vater auf den Sohn vererbt. Beides war bis dahin eher selbstverständlich gewesen, weil zumindest die Pfarrer auf dem Lande wirtschaftlich und sozial nur so ihr Leben bewältigen konnten. Jetzt empfand man die Praxis des Alltags als Skandal.
Das Gleiche galt auch für die Simonie. Darunter verstand man im 11. Jahrhundert die materiellen Leistungen, die traditionellerweise bei Antritt eines geistlichen Amtes an den Kirchenherrn fällig wurden. Bis zum 11. Jahrhundert hatte man darin nichts Unrechtes gesehen, denn ein Bistum

oder ein Kloster hatte ja große Einkünfte oder Besitzungen und die Gebühr beim Amtsantritt war so etwas wie eine pauschalisierte Pacht.

Der Investiturstreit – Streit um die Laienrechte in der Kirche

Die Ausgangssituation. Die Kirche als eine länderübergreifende Institution mit dem Papst und der Kurie als Regierungsspitze und mit einem eigenen Behördenapparat gab es bis zum 11. Jahrhundert nicht. Der Papst war vor allem Bischof von Rom. Er wurde aus dem stadtrömischen Adel von den Römern nach den jeweiligen innerstädtischen Machtkonstellationen gewählt, genoss aber überregionales Ansehen, weil man glaubte, dass er als Hüter zweier Apostelgräber der göttlichen Wahrheit besonders nahe stehe. Von der Vorstellung deshalb auch für die vielen verschiedenen Kirchen des lateinischen Europa als Haupt einer Gesamtkirche zuständig zu sein waren die Päpste weit entfernt.
Als Inhaber eines Amtes, das durch Salbung und Krönung selbst sakralen Charakter besaß (siehe S. 66f.), hatten die Könige mit größter Selbstverständlichkeit das Recht in Anspruch genommen bei der Wahl von Erzbischöfen, Bischöfen und Äbten der Reichsklöster mitzubestimmen. Seit der Zeit Kaiser Ottos I. (936–973) waren Bischöfe und Äbte wichtige Stützen der Königsherrschaft in Deutschland. Sie dienten den Herrschern als Ratgeber und Diplomaten. Viele hatten ihre Karriere als Angehörige der königlichen Kanzlei begonnen, in der Geistliche den Schriftverkehr bewältigten und Urkunden schrieben. Bischöfe und Äbte beherbergten die Könige auf ihren Reisen durch das Reich und stellten bei Reichskriegen mehr Panzerreiter als die weltlichen Fürsten. Als Ausgleich für diese Dienste übertrugen ihnen die Könige Land und Herrschaftsrechte, die Befugnis Zölle zu erheben und Münzen zu prägen. „Geistliche" und „weltliche" Herrschaft konnten kaum voneinander geschieden werden.
Kritik an der Investitur. Im Zuge der Reformbewegungen rückte indes im 11. Jahrhundert auch die Frage der Investitur, d. h. der Amtseinweisung, in das Zentrum der Kritik. Bei Erzbistümern und Bistümern nahm sie der König vor, indem er dem gewählten Kandidaten in einer feierlichen Zeremonie den Bischofsring und den bischöflichen Hirtenstab überreichte. Diese „Investitur mit Ring und Stab" führte den Anwesenden vor Augen, dass die Bischöfe als geistliche Gefolgschaft des Königs eine wichtige Rolle in den Königreichen spielten – für die Reformer war sie aber das Symbol für die Unterwerfung der Kirche unter Laiengewalt.
Entscheidend wurde, dass die vielen verschiedenen Reformgruppierungen in dem Moment einen einigenden Mittelpunkt erhielten, als sich der deutsche König Heinrich III. aus dem Geschlecht der Salier (1039–1056) zum Wortführer und Vorkämpfer der Kirchenreform machte. Als Kaiser sah er es als seine Aufgabe an auch die römische Kirche, die Kirche des Papstes also, zu reformieren, die gerade im Jahre 1046, als Heinrich III. zur Kaiserkrönung in Italien erschien, drei miteinander konkurrierende Päpste hatte. Heinrich III. ließ alle drei absetzen und einen reformgesinnten deutschen Bischof inthronisieren. Die Kooperation zwischen Kaiser und Reformpäpsten bestimmte dann die folgenden Jahre, zumal sich bei ihnen bald die Auffassung durchsetzte, dass sich der Papst genauso wenig wie der Kaiser auf Stadt und Kirche von Rom beschränken dürfe, vielmehr Verantwortung für die Besserung aller Kirchen zu tragen hätte.
Als Heinrich III. 1056 starb und seinen gerade sechs Jahre alten Sohn Heinrich als Nachfolger zurückließ, beklagten die in Rom versammelten Kirchenreformer, dass sie mit dem Kaiser ihrer wichtigsten Stütze beraubt seien. Zwar vertrat damals einer der Kardinäle die Auffassung, dass Simonie und Nikolaitismus eine Folge der Laienherrschaft über die Kirche seien und eine Reform bedeute diese Herrschaft von Königen und Grundherren zu brechen; aber das war in der Mitte des 11. Jahrhunderts noch eine vereinzelte Stimme. Den Reformern war vielmehr daran gelegen das Amt des Papstes dem Einfluss des römischen Adels zu entziehen.
Diesem Ziel diente auch das Papstwahldekret von 1059: In Zukunft sollten die Kardinäle, die seit der Zeit Leos IX. (1049–1054) zu den Hauptstützen der päpstlichen Regierung geworden waren, über die Wahl des Papstes entscheiden. Die Römer waren damit ausgeschaltet; dem deutschen König sollte als Vorrecht die Bestätigung des Gewählten verbleiben.
Die Auseinandersetzungen zwischen Heinrich IV. und Gregor VII. Zwanzig Jahre später hatte sich das Verhältnis zwischen Papst und deutschem König gründlich geändert. Über die Besetzung des Erzbistums Mailand war es zu einer vehementen Auseinandersetzung zwischen dem deutschen König Heinrich IV. (1056–1106) und Gregor VII. gekommen, der seit 1073 Papst war. Nach Auffassung des Papstes und seiner mailändischen Anhänger hatte der König einen Priester als Bischof eingesetzt, der nicht rechtmäßig gewählt worden war. Heinrich IV. dagegen pochte auf sein Investiturrecht, Gregor VII. auf die „kanonische Wahl", für die er sich im Sinne der Kirchenreform zuständig erklärte. Schließlich bannte der Papst die Ratgeber des Königs, was Heinrich IV. damit beantwortete, dass er zusammen mit seinen Bischöfen dem Papst den Gehorsam aufkündigte. Heinrich IV. musste bald zurückstecken, denn der Papst fand Verbündete gegen den König im deutschen Laienadel und im Episkopat. Auf seinem Bußgang nach Canossa, durch den er

Buchmalerei aus dem Decretum Gratiani zur kirchlichen Gewaltenteilungslehre, 14. Jh., Rom, Bibliotheca Apostolica Vaticana (Ausschnitt)

die Vergebung des Papstes erlangte, zeigte sich Heinrich IV. als gehorsamer Sohn der römischen Kirche.

Die Ablehnung der Laienrechte in der Kirche, darunter derjenigen der Könige, ist durch den Streit um Mailand ungeheuer angefacht worden. 1078 verbot der Papst allen Königen und Eigenkirchenherren, Investituren vorzunehmen. Damit waren die verfassungsmäßigen Grundlagen nicht nur Deutschlands, sondern auch aller anderen Königreiche Westeuropas in Frage gestellt. Denn mit Bistümern und Abteien waren schließlich Landbesitz und Einkünfte verbunden – konnten die weltlichen Herren jetzt nicht mehr über sie verfügen? Hatten nun die Bischöfe und Äbte – anders als die weltlichen adligen Grundherren – keinerlei Verpflichtungen mehr gegenüber König und Reich?

Kompromisslösungen in England, Frankreich und Deutschland. Die Quellen zeigen, wie schwer es für die Zeitgenossen war auf diese Fragen eine für alle Beteiligten befriedigende Antwort zu finden. Es dauerte Jahrzehnte, bis man begrifflich klar zu formulieren gelernt hatte, dass ein Bischof Funktionen sowohl im weltlichen als auch im geistlichen Bereich wahrzunehmen hatte, und dass der König für das Weltliche, die Kirche für das Geistliche zuständig war.

Auf dieser Grundlage kam es in England und Frankreich zu Beginn des 12. Jahrhunderts zu tragfähigen Kompromissen, die den Königen die materielle Hilfe der Bischöfe sicherte, ohne dass dadurch deren geistliche Stellung berührt wurde. In ähnlicher Weise legte man 1122 durch das Wormser Konkordat den Streit in Deutschland bei. Kaiser Heinrich V.

garantierte die kanonische Wahl der Bischöfe und verzichtete auf die Investitur mit Ring und Stab. Allerdings gestand der Papst den deutschen Königen ein Mitspracherecht zu, wenn es bei der Wahl durch den Klerus der Domkirche zu Streitigkeiten oder Regelwidrigkeiten kam. Die deutschen Bischöfe durften zudem erst dann kirchlich geweiht werden, wenn sie vom König mit den Regalien, d.h. ihren weltlichen Herrschaftsrechten, belehnt worden waren. Anders war dies für Burgund und Italien geregelt; hier folgte die Belehnung der kirchlichen Weihe nach. In Deutschland hatte sich der König also wichtige Einflussmöglichkeiten gesichert, denn es war kaum anzunehmen, dass ein gewählter Bischof, dem der König die Belehnung verweigerte, geweiht werden konnte. Der Papst hatte aber den Grundsatz der freien Wahl durchgesetzt.

Die Folgen des Investiturstreits. In den Jahrzehnten des Investiturstreits hatte sich das Verständnis von „Kirche" gewandelt: Durch die länderübergreifenden Aktivitäten der Päpste entwickelten die Einzelkirchen zunehmend ein Bewußtsein der Zusammengehörigkeit und sahen sich als Glieder einer durch Papsttum und Kurie geleiteten, eigenständigen Institution. Der Investiturstreit hatte letztlich die Unterscheidung von „geistlicher" und „weltlicher" Herrschaft mit ihren je eigenen Zuständigkeitsbereichen erst in die Wege geleitet.

Kreuzzugsbewegung

Mit dem Investiturstreit hatte sich das Papsttum als Anführer der lateinischen Christenheit etabliert. Noch vor seiner Beendigung wurde dies geradezu im wörtlichen Sinne deutlich: Es war Papst Urban II., der 1095 im französischen Clermont die Christen des Westens zum Kampf gegen die Ungläubigen im Heiligen Land aufrief um die heiligen Stätten der Christenheit zu befreien. Der Kreuzzugsaufruf hatte eine ungeheure Resonanz, nicht nur bei den Rittern, an die er eigentlich gerichtet war, sondern auch bei Scharen von Männern und Frauen, die nicht zum Kriegführen ausgebildet waren. Religiöse Sehnsüchte nach dem „himmlischen Jerusalem" wurden verstärkt durch wirtschaftliche Not, die das Bevölkerungswachstum vor allem auf dem Lande herbeigeführt hatte.

Es war eine der fatalen Folgen der Kreuzzugspropaganda, dass sie die Christen als Einheit ansprach und sie allen anderen, den „Ungläubigen", gegenüberstellte. Es gab Leute, die das auf ihre Weise umsetzten, indem sie sich daranmachten die „Ungläubigen" im eigenen Land zu verfolgen. Die Zeit des ersten Kreuzzuges ist die Zeit der ersten großen Judenpogrome in Westeuropa. Die Juden, die bis dahin unbehelligt unter den Christen gelebt hatten, wurden in Worms, Mainz und Speyer, in Straßburg und Tours von fanatisierten Kreuzfahrerhorden angegriffen. Die Bischöfe der betroffenen Städte, die als Stadtherren für den Schutz aller Stadtbewohner zu sorgen hatten, handelten keineswegs alle wie der Bischof von Speyer, der die Juden seiner Stadt in seine Bischofsburg aufnahm und so weitgehend vor dem Morden bewahren konnte. In vielen Städten wurden große Teile der jüdischen Gemeinde ermordet.

Nur ein Teil der Kreuzfahrer erreichte das Heilige Land. 1099 eroberten sie Jerusalem und richteten ein fürchterliches Blutbad an. Die Kreuzfahrer gründeten im Heiligen Land eine Reihe von Kreuzfahrerstaaten, hatten aber von Anfang an einen unsicheren Stand in ihrer muslimischen Umwelt. In der Folgezeit sandten sie immer wieder Hilferufe nach Europa und lösten dadurch weitere Kreuzzüge aus. 1291 wurde schließlich mit Akkon der letzte Stützpunkt im Heiligen Land aufgegeben.

Die Kirche am Ausgang des Mittelalters

Seit dem Investiturstreit hatten die Päpste beansprucht die von Gott beauftragten Lenker der christlichen Welt zu sein. Auch später war es daher zwischen ihnen und den Kaisern zu Konflikten gekommen. Die Ziele der Reformer waren vergessen. Päpste und große Kirchenfürsten lebten als weltliche Herren und mischten sich in die weltliche Politik ein.

Die Ketzerbewegung. Viele Menschen sahen in der so mächtig gewordenen Kirche, in den ausgeklügelten Lehrgebäuden der Theologen, dem riesigen Behördenapparat und dem komplizierten Kirchenrecht, das die Päpste zur Absicherung ihrer Herrschaftsansprüche heranzogen, nur noch ein Abbild der sündigen Welt, die sich vom wahren, einfachen Glauben abgewendet hatte. Vor allem in Südfrankreich und Norditalien bildeten sich Gemeinschaften, die die Kirche und die bestehende Gesellschaftsordnung radikal ablehnten. Diese Katharer, das heißt Ketzer, glaubten, dass die Welt vom Kampf des Guten gegen das Böse bestimmt werde. Die Welt war für sie eine Schöpfung Satans; in Kirche und Papsttum sahen sie die Verkörperung des Bösen, das der Mensch nur durch ein streng asketisches Leben und die Hoffnung auf Erlösung erdulden konnte. Die Katharer gaben sich eine eigene Organisation, sodass mitten in der offiziellen Kirche eine „Gegenkirche" entstand, die mit allen Mitteln bekämpft wurde (siehe S. 99, Mat. 9).

Dominikaner und Franziskaner. Aber auch wer nicht mit der Kirche brach, suchte neue Formen des Lebens und Glaubens. In Italien forderte Franz von Assisi die Menschen auf, in völliger Armut und Gewaltlosigkeit das Leben Jesu nachzuleben. Wie die ebenfalls am Beginn des Jahrhunderts entstandenen Dominikaner lebten die Franziskaner nicht zurückgezogen in Klöstern, sondern zogen missionierend und predigend durch ganz Europa, vor allem durch die Städte. Indem sie diese neuen Bewegungen in die Kirche integrierten, gewannen die Päpste aktive Streiter für ihre Sache. Hauptaufgabe der Dominikaner wurde der Kampf gegen die Ketzer. Die beiden neuen Orden prägten das geistige Leben, denn aus ihren Reihen kamen die größten Gelehrten der Zeit.

Andere religiöse Bewegungen. Aber es entstanden auch ganz neue Formen der Frömmigkeit. Die Mystiker wollten durch völlige Abkehr von der Welt in Stille und Meditation Gott schauen und ihm näher kommen. Frauen schlossen sich als Beginen zu klosterähnlichen Gemeinschaften zusammen und widmeten sich in den Städten der Kranken- und der Altenpflege. In die Nachfolge Christi stellten sich auch die „Brüder vom gemeinsamen Leben", d. h. Gemeinschaften frommer Laien, die sich dem Studium der Bibel, der Predigt und dem Unterricht widmeten. Die Ablehnung der hierarchisch geordneten und bürokratisierten Kirche, aber auch der komplizierten und abstrakten Lehrsysteme der scholastischen Theologie war diesen Strömungen gemeinsam.

Das Große Schisma. Das Papsttum geriet im 14. Jahrhundert in die tiefste Krise seiner mittelalterlichen Geschichte. Am Beginn dieses Jahrhunderts war es zur letzten großen Auseinandersetzung zwischen weltlicher und geistlicher Gewalt gekommen: Der französische König lehnte den universalen Herrschaftsanspruch des Papstes ab, ließ den Papst verhaften und zwang seine Nachfolger in Avignon zu residieren (1309–1377). Die Päpste waren jetzt von Frankreich abhängig. In Avignon modernisierte sich das Papsttum durch den Aufbau zentraler Behörden im Stil der französischen Monarchen, also nach dem Vorbild weltlicher Einzelherrscher. Die aufwendige Hofhaltung und ein ausgeklügeltes System von Steuern und Abgaben verbitterten aber die Gläubigen, vor allem in Deutschland. Immer lauter wurden daher die Forderungen nach einer Reform der Kirche an „Haupt und Gliedern".

Die Refom schien auch deshalb notwendig, weil seit 1378 die westliche Christenheit zwei Päpste hatte, einen in Rom und einen in Avignon. Das Große Schisma (1378–1417) war Ergebnis einer Doppelwahl. Obwohl es nicht um Glaubensfragen ging, spaltete der Streit Europa und gefährdete den universalen Anspruch der Kirche, denn die weltlichen Herrscher entschieden je nach politischem Nutzen, welchem der beiden Päpste sie gehorsam sein wollten. Angesichts der verfahrenen Situation setzte sich die von Theologen der Pariser Universität entwickelte Lehre durch, dass nicht der Papst, sondern ein Konzil der Bischöfe als Vertreter aller Gläubigen die höchste Autorität der Kirche sei und die notwendigen Reformen einleiten müsse. Dem von Kaiser Sigmund 1414 nach Konstanz einberufenen Konzil gelang es einen allgemein anerkannten Papst zu wählen.

Die Reform scheiterte aber: Die wieder in Rom residierenden Päpste fühlten sich in der zweiten Hälfte des 15. Jahrhunderts weniger als Nachfolger Christi denn als Herren des Kirchenstaats. Tatkräftig beteiligten sie sich an den Kämpfen um die Vorherrschaft in Italien und setzten die Förderung ihrer Familien mit der Wohlfahrt der Kirche gleich.

Königreiche und Territorien: Deutschland

Seit dem 12. Jahrhundert reichte die Machtbasis der deutschen Könige nicht mehr aus um ihnen eine zentrale Herrschaftsposition im Reich zu sichern. Im 9. und 10. Jahrhundert war das Ostfränkische Reich noch ungleich gefestigter gewesen als das Westfrankenreich, das sich durch die zentrifugalen Tendenzen des Feudalismus* fast aufgelöst hatte. Jetzt verlief die Entwicklung in umgekehrter Richtung: Während die französischen Könige ihren monarchischen Vorrang über den Lehnsadel festigten, gewannen in Deutschland die Landesherren* an Gewicht und legten den Grundstein für den bis in die Gegenwart hineinwirkenden Föderalismus. Gleichzeitig begann der Wandel vom Personenverbandsstaat zum modernen Territorialstaat*.

Staufer und Welfen

Die zentrifugalen Kräfte wurden vor allem durch den Machtkampf zwischen Staufern und Welfen, d. h. dem Kampf zwischen den beiden mächtigsten Geschlechtern im Reich gestärkt. Die Wahl des Staufers Friedrich I. Barbarossa (1152–1190), dessen Mutter eine Welfin war, zum König sollte den Gegensatz zwischen beiden Geschlechtern zunächst überbrücken helfen und für inneren Frieden sorgen – jedoch vergeblich. Machtzentrum der Staufer war Südwestdeutschland, wo sie ausgedehnten Besitz der Salier geerbt und die schwäbische Herzogwürde innehatten. Hier zeichnete sich ein staufischer Machtkomplex als Basis der Königsherrschaft Friedrichs I. ab; durch Inbesitznahme „heimgefallener" Lehen, durch Burgenbau und Städtegründungen sollte diese Machtbasis gesichert und personell von der Ministerialität getragen werden (siehe S. 71). Friedrich wollte damit ein Königsterritorium schaffen, das der Krondomäne des französischen Königs vergleichbar war. Allerdings erreichte es nie die territoriale Geschlossenheit des französischen Vorbilds.

Friedrich I. strebte auch nach Ausbau seiner Königsmacht in

Italien, wo er etwa 16 seiner 38 Regierungsjahre verbrachte. Vor allem die reichen Städte in Oberitalien standen im Zentrum seiner Italienpolitik. Friedrich stellte eine lange Liste der Regalien, d.h. der wirtschaftlich nutzbaren königlichen Hoheitsrechte auf, die die lombardischen Städte im Laufe der Zeit an sich gerissen hatten. Gestützt auf das wiederentdeckte römische Recht, das seinen umfassenden kaiserlichen Herrschaftsanspruch legitimierte, forderte er diese Hoheitsrechte von ihnen zurück.

Ähnlich wie der König bauten auch die Fürsten ihre territoriale Stellung aus. Dies galt auch für den Welfen Heinrich den Löwen. Er eroberte östlich der Elbe das Slawenland, gründete Städte, baute Burgen und erweiterte sein Hausgut auf Kosten des sächsischen Adels. Im Norden und Nordosten Deutschlands konnte er sich dadurch eine Machtbasis schaffen, die ihm als Territorialherrn und Herzog in Bayern und Sachsen eine fast königgleiche Stellung verlieh.

Auf die Dauer war dies für den Stauferkönig nicht tragbar. Als Heinrich der Löwe sich 1178 weigerte Friedrich I. Heeresfolge gegen die Aufständischen in Oberitalien zu leisten nahm Friedrich die Klagen sächsischer Großer über den mächtigen Herzog zum Anlass, Heinrich vor das Hofgericht zu laden. Hier wurden dem Welfen die Herzogtümer Bayern und Sachsen aberkannt, er selbst nach England verbannt. Bayern kam an die Wittelsbacher, die dort bis 1918 regierten; Sachsen wurde geteilt und damit das letzte der alten Stammesherzogtümer zerschlagen. Die Auflösung der alten Stammesherzogtümer und die Herausbildung kleinerer neuer Herzogtümer leitete einen grundlegenden Wandel in der politischen Struktur des Deutschen Reiches ein: den Wandel vom Personenverbandsstaat* zum modernen Territorialstaat*.

Da Friedrich die Lehen des Welfen nicht für das Reich einziehen konnte (im Reich verpflichtete das Lehnsrecht den Lehnsherren jedes Lehen nach dem Tode des Vasallen wieder zu verleihen, während es in Frankreich und England bei der Krone bleiben konnte), war er gezwungen sie wieder zu verleihen und damit die Stellung der Reichsfürsten* zu stärken. Reichsfürst war, wer sein Lehen unmittelbar vom König erhielt. Diese Spitzengruppe unter den weltlichen Großen band den Adel in ihren Territorien lehnsrechtlich an sich. Auf die innere Entwicklung dieser „Landesherrschaften" konnten die Könige fortan immer weniger einwirken.

Friedrich II.

Trotz dieser Strukturprobleme der deutschen Königsherrschaft war die Autorität der Staufer ungebrochen, als Friedrich I. 1190 während des Kreuzzugs ums Leben kam. Sein Sohn und Nachfolger Heinrich VI. konnte mittels einer Heirat sogar die Herrschaft über das sizilische Normannenreich erlangen. Jetzt zeichnete sich ein staufisches Großreich ab, das von Apulien bis zur Nordsee reichte. Aber sein Plan Deutschland fest mit Sizilien zu verbinden und in eine Erbmonarchie umzuwandeln scheiterte nicht nur am Widerstand des Papstes, sondern auch an den Fürsten – und damit einmal mehr an den zentrifugalen Kräften im Reich.

Der Sohn Heinrichs VI., Friedrich II. (1212–1250), konnte sich erst nach langen Kämpfen in Sizilien als König durchsetzen, musste jedoch dem Papst versprechen Sizilien nicht mit Deutschland zu vereinen.

Friedrich II. betrachtete Sizilien als Basis seiner Herrschaft. Hier versuchte er einen zentralistischen Staat aufzubauen, in dem feudale Strukturen kaum mehr eine Rolle spielten und der bereits viele Züge des frühneuzeitlichen absolutistischen Staates trug. Er brach zunächst die Macht des Adels und brachte alle Burgen unter seine Kontrolle. Juristisch gebildete, fest besoldete Beamte verwalteten das Land, in dem ein einheitliches Recht galt. Die von Friedrich II. gegründete Universität in Neapel sorgte für die Ausbildung des juristischen Nachwuchses. Zölle, direkte und indirekte Steuern sowie die Verstaatlichung des Seehandels sicherten die Einkünfte des Königs, während sich seine militärische Macht auf ein stehendes Heer und auf eine eigene Flotte stützten.

Für Friedrich II. war Deutschland nur noch ein Nebenland, dessen Hilfe er für die Absicherung seiner Herrschaft über Italien benötigte. Deshalb kam er den geistlichen und weltlichen Fürsten in vielen ihrer Ansprüche entgegen und überließ ihnen die Münz-, Zoll- und Markthoheit sowie das Recht Burgen zu bauen. Außerdem verzichtete er auf weitere Städtegründungen. Faktisch hatte Friedrich damit die Territorialisierung des Reiches anerkannt und auf die Ausübung königlicher Rechte in den Gebieten der Landesherren verzichtet. Trotzdem zeigte sich in diesen für das staatliche Leben in Deutschland grundlegenden Privilegien auch ein Fortschritt, denn jetzt ließen sich erstmals die den Fürsten und dem König zustehenden Rechte präzise umschreiben. Erst jetzt war klar festgelegt, was Recht des Königs und was Recht des Landesherrn war.

Aufstieg der Habsburger und Beginn der Hausmachtpolitik

Die Zeit zwischen dem Tod des letzten Staufers und dem Regierungsantritt Rudolfs von Habsburg (1273) wird als „Interregnum" bezeichnet. Wohl gab es in dieser Zeit deutsche Könige. Sie konnten aber keine reale Herrschaft ausüben, so dass der Ausbau der Landesherrschaften weiter fortschritt.

In Deutschland setzte sich jetzt endgültig das Prinzip der freien Königswahl seitens der Kurfürsten durch. Eine Spit-

zengruppe unter den weltlichen und geistlichen Fürsten beanspruchte das Recht den König wählen zu können. Zu diesen Kurfürsten gehörten die Erzbischöfe von Mainz, Köln und Trier, der Pfalzgraf bei Rhein, der Herzog von Sachsen, der Markgraf von Brandenburg und der König von Böhmen. Endgültig wurde diese Form der Königswahl in der „Goldenen Bulle“ (1356) festgeschrieben.
1273 wählte das Kurfürstenkollegium den Grafen Rudolf von Habsburg zum König, der insofern mit den Traditionen der staufischen Politik brach, als er auf alle Ansprüche in Unteritalien und Sizilien verzichtete. Zwar setzte er sich in Deutschland tatkräftig für die Wahrung des Friedens ein, aber er scheiterte, als er versuchte das herrenlose staufische Reichs- und Hausgut in seine Hand zu bringen. Mit der Erwerbung Österreichs und der Steiermark für sein Haus legte er das Fundament für den späteren Aufstieg der Habsburger zur deutschen und europäischen Großmacht (siehe S. 114 f.). Mit der Aufgabe der Italienpolitik wurde auch die universale Reichsidee aufgegeben. Von nun an bestimmte nicht mehr universale Kaiserpolitik, sondern Hausmachtpolitik* das deutsche Königtum: Nur der Herrscher, der im Reich über eine ausreichende territoriale Macht verfügte, vermochte sich gegen die Landesfürsten durchzusetzen.

Hausmachtpolitik im 13. und 14. Jahrhundert

Frankreich und England

Während die Grundlagen des deutschen Königtums immer brüchiger wurden, entwickelte sich die Monarchie in den Königreichen des Westens zum Machtzentrum, das – so in Frankreich – die zentrifugalen Tendenzen des Lehnswesens absorbierte oder – wie in England – einen tragfähigen Ausgleich möglich machte.

Frankreich: Überwindung der zentrifugalen Tendenzen

Im Frankreich des 11. Jahrhunderts schien zunächst alles gegen eine Festigung des Königtums zu sprechen. Die Oberhoheit der Könige über die mächtigen Feudalherren war mehr Anspruch als Wirklichkeit. Als 1066 der Normannenherzog Wilhelm England eroberte, wurde der mächtigste Vasall als König von England ranggleicher Herrscher. Oft kümmerten sich die englischen Könige wenig um ihren französischen Lehnsherrn und über Jahrhunderte hinweg bestimmte der Gegensatz zwischen England und Frankreich die Geschichte Westeuropas. Als 1154 der Normannenherzog Heinrich König von England wurde, herrschte er durch seine Ehe mit Eleonore von Poitou über fast ganz Nord- und Westfrankreich; die Macht der französischen Könige hingegen blieb faktisch auf die Krondomäne in der Ile de France zwischen Paris und Orléans beschränkt.
Doch trotz vieler Rückschläge festigte sich ihre Autorität. Französische Historiker betrachten das Jahr 1124, als König Ludwig VI. (1108–1137) sich gegen ein deutsch-englisches Bündnis behauptete, und das Jahr 1214, als König Philipp II. August (1180–1223) ein deutsch-englisches Heer bei Bouvines besiegte, als Wendepunkte in der Geschichte der Monarchie, die bewiesen hatte, dass sie sich mächtiger äußerer Gegner erwehren konnte. Im Innern trugen die wirksame Friedenswahrung in der Krondomäne, die Förderung der Städte und eine enge Zusammenarbeit mit der Kirche zur Festigung der Autorität der Könige bei (siehe S. 89, Mat. 12). Dazu kam die Struktur des französischen Lehnsrechts, das im 12. Jahrhundert anders als in Deutschland auch die Vasallen der großen Lehnsfürsten an den König band: Der Gehorsam, den sie ihrem Lehnsherrn schuldeten, durfte ihre übergeordnete Treuepflicht gegenüber dem König als dem obersten Herrn im Lehnssystem nicht beeinträchtigen. Der König konnte auch an ihn zurückfallende Lehen einziehen (im Gegensatz zum Reich), der Krondomäne zuschlagen oder an königliche Prinzen verleihen. Ein unbestrittenes Erbrecht – der erstgeborene Königssohn war Erbe der Krone – trug zur Stabilität der Monarchie bei.

Nach dem Sieg von Bouvines blieben die englischen Besitzungen nördlich der Loire in der Hand der französischen Könige. Dies sicherte ihnen das Übergewicht über den Lehnsadel. Ihr Hof wurde zur Regierungszentrale; die zügige Rechtsprechung durch das Parlament von Paris, den obersten Gerichtshof, und die effiziente Verwaltung des Landes durch königliche Beamte sicherten den Frieden, so dass 1258 ein allgemeines Verbot der Fehde* erlassen wurde.
Während der Jahrzehnte des Niedergangs der Staufer entfalteten die französischen Könige, die aufgrund ihrer führenden Rolle in der Kreuzzugsbewegung als vornehmste Fürsten der Christenheit galten, eine vorher nicht gekannte Aktivität im Innern und nach außen. Am Ende des 13. Jahrhunderts hatte ihr Herrschaftsbereich das Mittelmeer erreicht und sie begannen bestimmenden Einfluss in Italien auszuüben. Erfolgreich bestand die Monarchie auch den großen Konflikt mit dem Papsttum, der an der Wende vom 13. zum 14. Jahrhundert ausbrach, als König Philipp IV. (1285–1314) den Besitz der französischen Kirche besteuern und sie zum Machtausbau heranziehen wollte. Papst Bonifaz VIII. wies dieses Ansinnen zurück und erneuerte den Anspruch auf Oberherrschaft über alle christlichen Könige, die ihm als Papst zustehe. Dem stellte der französische König seine aus dem römischen Recht abgeleitete monarchische Gewalt gegenüber, die von jeder Einschränkung frei sei. Er ließ sich diesen Anspruch vor einer Versammlung des französischen Klerus, des Adels und der Bürger bestätigen. Aus dieser Ständeversammlung entstanden die Generalstände, die Reichsangelegenheiten berieten und Steuern bewilligten, aber nicht zu einem Gegengewicht der Monarchie wurden. Philipp ließ – ein einmaliger Vorgang – Papst Bonifaz verhaften und zwang seine Nachfolger nach Avignon auszuweichen (siehe S. 80).

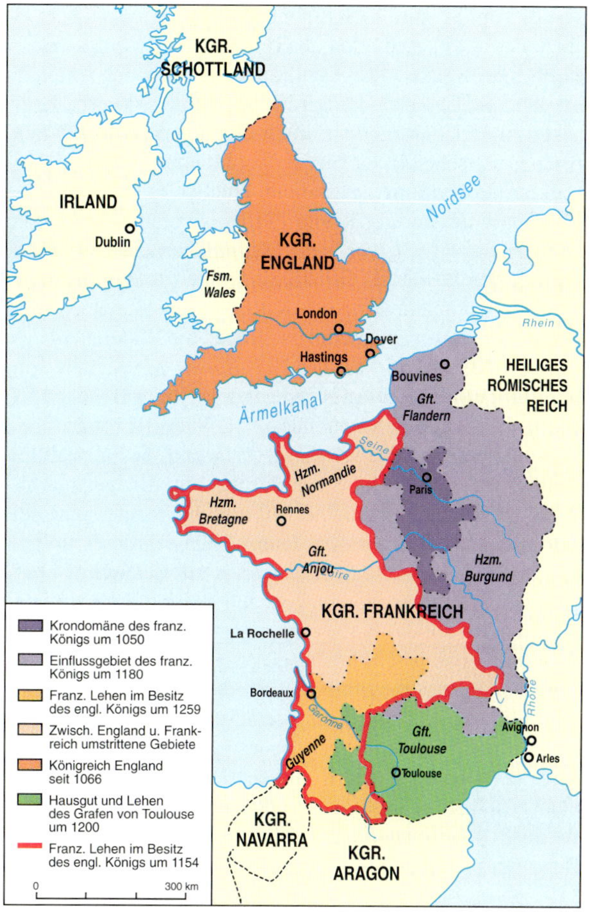

Frankreich und England vom 11. bis 13. Jahrhundert

England: Bindung des Königs an das Parlament

In der Geschichte Englands ist die Eroberung durch die Normannen im Jahre 1066 ein epochaler Einschnitt. Unter der Regierung Wilhelms des Eroberers wurde das Land zu einem Modell des Lehnsstaats. Jedes weltliche und geistliche Lehen hing unmittelbar vom König ab und nur mit seiner Zustimmung durften Burgen gebaut werden. Mit Kanzlei und Schatzamt besaßen die normannischen Könige eine effiziente Zentralverwaltung, die über die Sheriffs der Grafschaften das ganze Land erfasste. Die meist aus der Normandie und aus Frankreich stammenden Adligen und Bischöfe trugen als neue Führungsschicht entscheidend zur Durchsetzung der Königsherrschaft bei: Die französisch-normannische Kultur überlagerte die angelsächsisch-skandinavischen Traditionen und band das Land dauerhaft an Westeuropa.

Auch in England kam es nach dem Investiturstreit zu neuen Konflikten zwischen König und Kirche. Sie entzündeten sich an der Frage, ob und inwieweit die Geistlichen der weltlichen Gerichtsbarkeit unterworfen waren. Als sich Thomas Beckett, Erzbischof von Canterbury, auf die Freiheit der Kirche von weltlicher Gewalt berief und den Herrschaftsanspruch des Königs zurückwies, ließ König Heinrich II. (1154–1189) den Erzbischof ermorden – eine Tat, die unerhörtes Aufsehen erregte, den König zu öffentlicher Buße zwang und das Grab des bald heilig gesprochenen Märtyrers in Canterbury zu einer der wichtigsten Wallfahrtsstätten der Christenheit machte.
Für die Entwicklung der englischen Monarchie waren aber die Auseinandersetzungen mit Frankreich wichtiger. An der

Wende vom 12. zum 13. Jahrhundert zeigten sich die Schwächen des weitgespannten, halb Frankreich umfassenden englischen Reichs. Die Könige hielten sich nur selten in England auf, wo sich die Barone gegen die rigorose Handhabung der Königsgewalt durch die Beamten auflehnten. Außenpolitische Misserfolge König Johanns I. (1199–1216) stärkten die Stellung der Barone, und nach der Niederlage von Bouvines war der König 1215 gezwungen die Rechte des Adels und der Kirche in der Magna Charta zu bestätigen. Diese Urkunde, die als Grundlage der Verfassungsentwicklung Englands gilt, band den König an das alte Recht und räumte den Baronen sowohl das Recht des Widerstands als auch die Mitwirkung bei der Festsetzung der Steuern ein. Nach einem weiteren Aufstand gestand König Heinrich III. (1216–1272) den Baronen im Jahr 1259 das Recht zu einen Ausschuss zu bilden, der ihn beraten und die Verwaltung kontrollieren sollte. Doch auch das wirtschaftlich erstarkende Bürgertum beanspruchte Mitwirkungsrechte, und seit dem *Model Parliament* des Jahres 1295 wurde es üblich, dass auch Vertreter der Städte und des Adels der Grafschaften zu den Beratungen herangezogen wurden. Im Laufe der Zeit trennte sich das Parlament in das Oberhaus, in dem die geistlichen und weltlichen Großen saßen und das auch als oberstes Gericht fungierte, und in das Unterhaus mit den Vertretern der Städte und Grafschaften. Eine „Volksvertretung" war das Parlament aber ebenso wenig wie die Ständeversammlungen auf dem Kontinent. Die Mitglieder wurden nicht gewählt, sondern vom König und den Sheriffs berufen; sie durften Beschwerden und Bitten vorbringen, die nach Bewilligung durch den König Gesetzeskraft erhielten. Seit 1297 stand aber fest, dass Steuern und Zölle nur mit Zustimmung des Parlaments erhoben werden durften. Damit war ein tragfähiger Ausgleich gefunden.

Deutschland, Frankreich und England – ein Fazit

Französische und englische Historiker betrachten das 13. Jahrhundert oft als Höhepunkt der mittelalterlichen Geschichte, als eine Epoche, in der sich das staatliche Leben konsolidierte und in der die Voraussetzungen für den modernen Staat geschaffen wurden. Für die von einer traditionell-nationalstaatlichen Sicht ausgehenden deutschen Historiker sah das anders aus. Für sie war das Jahrhundert eine Zeit des politischen Niedergangs und der Krise. Der Versuch die Macht auf Italien auszudehnen und die daraus folgenden Konflikte zwischen Kaisertum und Papsttum hätten das deutsche Königtum so geschwächt, dass eine den „erfolgreicheren" westlichen Nachbarstaaten gleichende Entwicklung nicht mehr möglich gewesen sei. Heute sieht man diese Unterschiede in der Entwicklung der europäischen Königreiche eher als Ergebnis einer verschiedenartigen Ausformung des Lehnswesens, dessen Grundstrukturen das ganze politische Leben der westlichen Christenheit bestimmten. In Deutschland vollzog sich der Weg zur modernen Staatlichkeit eben nicht über eine zentrale Monarchie, sondern in den im Heiligen Römischen Reich Deutscher Nation* vereinten kleinräumigen Landesfürstentümern.

1. *Erklären Sie, inwiefern der Investiturstreit ein typisch mittelalterlicher Konflikt war.*
2. *Vergleichen Sie die politische Ordnung des Deutschen Reiches, Englands und Frankreichs im 13. Jahrhundert. Erläutern Sie die jeweils unterschiedlichen Entwicklungen.*

Aufbruch in die Neuzeit: Die Renaissance in Italien

Im 14. und 15. Jahrhundert waren die Städte in Nord- und Mittelitalien in vielen Bereichen „moderner" als die Welt nördlich der Alpen. Durch Gewerbe, Bankwesen und Fernhandel wurden sie zu einem der wichtigsten Wirtschaftszentren Europas. Trotz Pest und Notzeiten wuchs der Reichtum der bürgerlichen Oberschicht. Zwischen ihr und dem Adel gab es keine scharfe Abgrenzung, denn der Adel lebte hier auch in den Städten. Insgesamt war die Gesellschaft dieser Handels- und Gewerbestädte durchlässiger als im übrigen Europa.

Ein neues Menschenbild

Diese bürgerlich-aristokratische Elite entwickelte im 14. und 15. Jahrhundert ein ganz neues Denken. Als gut und tugendhaft galt ein aktives, selbstbewusstes Leben. Reichtum, der durch eigene Leistung erworben worden war, wurde nicht verachtet, sicherte er doch die Freiheit und die Unabhängigkeit des Einzelnen und auch seiner Stadt, deren Wohl jeder zu fördern hatte. Die Ideale des christlichen Mittelalters – Abkehr von der Welt, Armut, Frömmigkeit und die Ergebung in das jedem Menschen von Gott

zugedachte Schicksal – spielten für diese Bürger keine Rolle mehr. Vorbild für die Gebildeten in Florenz wurde das antike Rom zur Zeit der Republik. Aus der griechisch-römischen Philosophie und Literatur, nicht mehr aus der Bibel und den Werken der Kirchenväter, entwickelte man Richtlinien für das private und öffentliche Leben.
Diese Hinwendung zur Antike hat man bereits im 16. Jahrhundert als Renaissance*, d.h. Wiedergeburt, bezeichnet. Es galt, die in den dunklen Jahrhunderten des Mittelalters – auch dieser Begriff wurde jetzt geprägt – verschütteten Quellen des Wissens wieder freizulegen. Man fühlte sich an der Schwelle zu einer neuen Epoche, die nicht nur den Einzelnen, sondern auch die Gesellschaft zum Guten verändern werde. Optimismus ist also ein Charakteristikum der Renaissance. Man glaubte, dass die Menschen als selbstbestimmte, vernunftbegabte und schöpferische Wesen sich selbst und die Welt verändern konnten. Die Hinwendung zu einer idealisierten Antike hieß aber nicht, dass der christliche Glaube abgelehnt wurde. Die Gebildeten beriefen sich auf die Aussage der Kirchenväter, dass auch in der antik-heidnischen Literatur und Philosophie die von Gott offenbarte Wahrheit zu finden sei.

Michelangelo Buonarroti (1475–1564), Madonna Doni (Die Heilige Familie), um 1504, Öl auf Holz, Durchmesser 120 cm, Florenz, Galleria degli Uffizi

Bildung und Erziehung genossen einen hohen Rang. Auf das verdorbene Latein des Mittelalters sah man mit Verachtung herab. Der Gebildete sollte sich in klassischem Latein ausdrücken und für öffentliche Tätigkeiten rhetorisch geschult sein; die Beschäftigung mit der Geschichte, Literatur und Philosophie der Antike sollte die jungen Menschen auf ein Leben vorbereiten, das Wettbewerb und Verantwortung nicht scheute. Dieses neue Erziehungs- und Bildungsideal hat man als Humanismus* bezeichnet. Nicht weltabgewandtes Gelehrten- oder Spezialistentum war das Ziel. Ideal der Erziehung war der umfassend gebildete Mensch, der sein Leben im privaten und öffentlichen Bereich durch die harmonische Verbindung von individueller Fähigkeit, umfassender Bildung und Aktivität meisterte.

Kunst und Naturwissenschaften

Die Künstler der Renaissance versuchten diesem Ideal gleichzukommen. Keiner von ihnen war nur Maler oder nur Bildhauer. Die moderne Spezialisierung auf einige Bereiche war ihnen fremd. Leonardo da Vinci befasste sich ganz selbstverständlich mit Architektur, Malerei, Technik, Naturwissenschaften und Medizin, Städteplanung und Fragen der Kriegsführung. Heute gelten die Malerei und die Architektur als klarste Ausprägung der Renaissance (siehe S. 91, Mat. 16). Nach der Auffassung der Künstler hatte die antike Kunst das Ideal der Schönheit und Harmonie am reinsten verwirklicht. Diesem Ideal nachzufolgen war Aufgabe der Kunst; es ging also nicht um eine möglichst „naturgetreue" Wiedergabe des Gesehenen. Jetzt blühte auch die Porträtmalerei: Man wollte das unverwechselbare und selbstständige Individuum darstellen – eine Haltung, die dem Mittelalter gänzlich fremd gewesen war.
Zögernder als Kunst und Architektur entwickelten sich die Naturwissenschaften. Doch in den Jahrzehnten um 1600 zerbrach das alte, von der Kirche propagierte Weltbild vollständig und endgültig: Nikolaus Kopernikus wies nach, dass nicht die Erde, sondern die Sonne Mittelpunkt der Welt war; die Entdeckungsreisen der Spanier und Portugiesen bestätigten nun die schon in der Antike vertretene Auffassung, dass die Erde eine Kugel sei.

1. *Stellen Sie die Merkmale zusammen, die das Aufkommen der Renaissance in Italien begünstigt haben.*
2. *Erläutern Sie, inwiefern eine Verbindung zwischen den Entdeckungsreisen und der Renaissance besteht.*

1 *Wandlungen im Siedlungsbild der Diemellandschaft (Mitteldeutschland) um 500 bis um 1290*

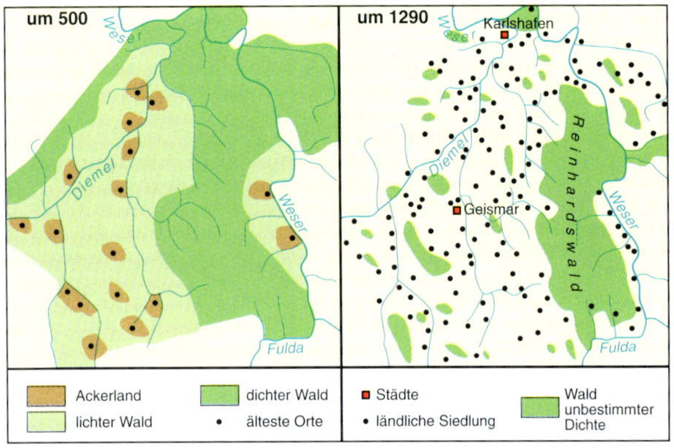

Nach Hermann Aubin/Wolfgang Zorn (Hg.), Handbuch der deutschen Wirtschafts- und Sozialgeschichte, Bd. 1, Stuttgart 1971, S. 174.

2 *Wüstungen in Südwestdeutschland im 14. und 15. Jahrhundert*

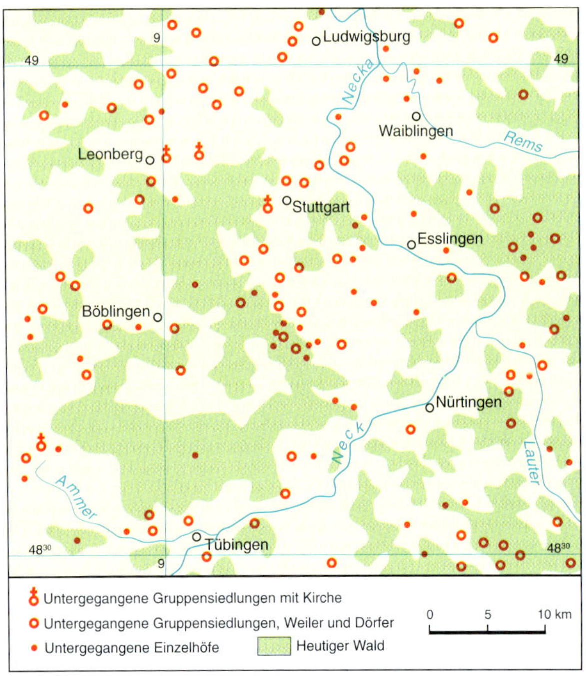

1. *Erläutern Sie anhand von Mat. 1 und 2 den Wandel des Landschaftsbildes im Verlauf des Mittelalters.*
2. *Analysieren Sie Ursachen und Folgen der Wandlungen.*

3 *Bischof Adalbero von Laon (vor 977–ca. 1030) legte in einer Dichtung auf den Kapetingerkönig Robert den Frommen um 1020 den Gesellschaftsaufbau dar (Auszug):*

Q Die Gesellschaft der Gläubigen bildet nur einen Leib; der Staat aber umfasst drei. Denn das andere Gesetz, das Gesetz der Menschen, unterscheidet noch zwei weitere Klassen: Adlige und Hörige unterstehen nicht demselben Gesetz [...]. Die einen sind die Krieger, die Beschützer der Kirchen; sie sind die Verteidiger des Volkes, der Großen wie der Kleinen, kurzum aller, so wie sie gleichzeitig für ihre eigene Sicherheit sorgen. Die andere Klasse ist die der Hörigen. Diese armen Tröpfe besitzen nur, was sie sich um den Preis der Mühsal erwerben. Wer könnte, das Rechenbrett in der Hand, all ihre Plagen, ihre langen Märsche, ihre harten Arbeiten zusammenzählen? Geld, Kleidung, Nahrung, all das beschaffen die Hörigen für alle Welt; kein freier Mann könnte ohne die Hörigen sein Leben fristen. Gibt es eine Arbeit zu verrichten? Will man Aufwand treiben? Wir sehen Könige und Prälaten sich zu Hörigen ihrer Hörigen machen; der Herr wird vom Hörigen ernährt, er, der vorgibt, ihn zu ernähren. Und der Tränen und Seufzer des Hörigen ist kein Ende abzusehen. Das Haus Gottes, das man für eins hält, ist also in drei geteilt: Die einen beten, die anderen kämpfen, die dritten schließlich arbeiten. Diese drei Teile, die miteinander leben, dürfen nicht auseinandergerissen werden; die Dienste des einen sind die Voraussetzungen für die Werke der anderen beiden. Jeder verpflichtet sich für seinen Teil das Los der Gesamtheit zu erleichtern. So ist diese dreifache Einheit darum doch nicht weniger einheitlich und so hat das Gesetz obsiegen und die Welt sich des Friedens erfreuen können.

Zit. nach Jacques Le Goff, Kultur des europäischen Mittelalters, München u. a. 1970, S. 126.

1. *Stellen Sie anhand von Mat. 3 ein Schema zusammen, das den Aufbau der mittelalterlichen Gesellschaft wiedergibt. Vergleichen Sie Ihre Ergebnisse mit der Darstellung S. 64 f. und 70–73.*
2. *Erläutern Sie die Funktion, die solche normativen Texte für die damalige Gesellschaft gehabt haben könnten.*

4 *Im bayerischen Landfrieden von 1244 heißt es in Artikel 71 über die Bauern:*

Q Von den Bauern. Die Bauern wie ihre Söhne sollen das Haar bis zu den Ohren abschneiden. Sie dürfen Panzer, Eisenhut, Koller, Joppen von feinem Gewebe, ein lateinisches Messer, irgendeinen Kettenpanzer und kriegerischen Schmuck – ein Schwert nur die Hauswirte und keine anderen – zum Kirchgang tragen. An Werktagen dürfen sie nur ein kurzes Messer und einen Reutil[1] tragen. Alles aber, was die gemeinsame Not des Landes erfordert um die Gerichtsfolge zu leisten oder die Heimat gegen einen feindlichen Einfall zu verteidigen können sie, wenn sie wollen, in ihren Häusern aufbewahren. Ebenso sollen sie keine vornehmere Kleidung als graue und billige und nur rindsledernes Schuhwerk tragen, mit Ausnahme derer, die ein angestammtes Amt irgendeines Herren innehaben. Wenn die übrigen mit diesen verbotenen Stücken angetroffen werden, sollen diese ihnen weggenommen werden und eine jede Person soll, für ein Talent auslösbar, dem Richter überantwortet werden.

1 zum Pflug gehörender Eisenstab

5 *Der Schwabenspiegel über die Leibeigenschaft, 1280:*

Q Hie pewert man mit der heiligen Geschrift, das niemant des andern aigen sol sein. Got hat den Menschen nach im selber gepildet. Des sol im der Mensch Genade sagen. Er hat auch den Menschen mit seiner Marter von der Hell erlost. Des soll es im groslichen loben und eren. [...] Do man erste Recht saczte, do warn die Leut all frei. Do unser Vodern her zu Land chomen, do warn die Leut all frei.

In der alten Geschrift vinden wir nicht, das jemant des andrn aigen sei. [...] Wir vinden auch in unsern Lantrechten, das sich niemant ze aigen geben mag, es widersprechent seine Magte[1] wol mit Recht. [...] Wir sullen den Hern darumb dienen, das si uns schirmen. Und als sie die Lant nit schirment, so sind si nicht Diensts schuldig. Nach rechter Barhait[2], so hat sich Aigenschaft erhaben von Getwange und von Fangknus[3] und von manigen unrechten Gewalt, den die Hern her von Alter in unrecht Gewonheit habent gezogen, und die Herrn habent das nu fur recht. Nu ist in gesagt, das wir in der heiligen Geschrift nicht vinden, das jemant des andern aigen nicht recht sull sein. Nu habent es die Hern in ain Gewohnhait pracht, die habent[4] si fur recht.

1 Verwandte
2 Wahrheit
3 Zwang und Gefängnis
4 halten

Quelle 4 und 5 zit. nach Günther Franz (Hg.), Quellen zur Geschichte des deutschen Bauernstandes im Mittelalter, Darmstadt 1967, S. 327f. und 368f.

6 *Der aus England stammende Philosoph Johannes von Salisbury (um 1115–1180) verfasste mit seinem „Policraticus" die erste große Staatstheorie des Mittelalters, in der er auch die Funktion der Ritter beschrieb:*

Q Der Privatmann wie der Krieger dienen Gott, wenn sie denjenigen treu lieben, der auf Gottes Veranlassung herrscht. Sie [die Ritter] schwören, sagte ich, alles das eifrig zu tun, was der Fürst befahl, niemals aus der Ritterschaft zu desertieren oder den Tod für das Gemeinwesen zu verschmähen, dessen Ritterschaft sie angehören. Wenn sie aber diesen Schwur abgelegt haben, werden sie mit dem Rittergürtel und den entsprechenden Vorrechten versehen. [...]
Was ist denn die gewöhnliche Aufgabe der von Gott eingesetzten Ritterschaft? Die Kirche zu schützen, den Unglauben zu bekämpfen, das Priestertum zu verehren, Unrecht von den Armen abzuwehren, im Land Frieden zu schaffen, für seine Brüder (wie es der Wortlaut des Eides besagt) sein Blut zu vergießen und, wenn nötig, das Leben zu lassen. Mit dem Lobpreis Gottes im Munde und mit dem zweischneidigen Schwert in ihren Händen sollen sie Vergeltung üben gegen die heidnischen Stämme, die Völker tadeln, ihren Königen Fußfesseln und ihrem Adel Handschellen anlegen. Zu welchem Zweck? Um ihrem eigenen Wüten, ihrer eigenen Eitelkeit, ihrer Habsucht oder dem eigenen Mutwillen zu frönen? Keineswegs. Sondern: um an ihnen das festgelegte Urteil zu vollstrecken; dabei folgt jeder nicht so sehr seinem Urteil, sondern dem gerechten und allgemein nützlichen Urteil des Gottes der Engel und Menschen. [...]
Diese Vorschrift ist der ganzen Ritterschaft gegeben, dass zuerst Gott die geschuldete Treue zu leisten ist, dann soll sie dem Fürsten und dem Gemeinwesen unversehrt dienen. [...]
Zu Recht hat die Ritterschaft viele Privilegien, wie sie auf Grund alten Rechts offenbar sind: Denn sie sind freier und erfreuen sich vieler Immunitäten: von Fronarbeit und anderen Lasten, von schmutzigen Arbeiten sind sie frei, rechtliche Beschränkungen ignorieren sie rechtmäßig, Burgvermögen, wenn es in ihrer Verfügung ist, können sie vererben und, was das Größte ist, die Vorsorge der Allgemeinheit lässt nicht zu, dass sie Mangel leiden, und anderes dieser Art.

7 *Im sogenannten „Gesetz gegen die Brandstifter" von 1186 erlässt Kaiser Friedrich I. (1152–1190) wahrscheinlich auch auf Veranlassung der Reichsministerialität folgende Bestimmung über die Ritter:*

Q Wir haben über die Söhne von Priestern, Diakonen und Bauern beschlossen, dass sie den Rittergürtel nicht annehmen dürfen, und die ihn schon angenommen haben, sollen durch den Landrichter aus der Ritterschaft ausgeschlossen werden. Wenn ihr Herr sie aber gegen das richterliche Verbot in seiner Ritterschaft zu behalten sucht, muss der Herr selbst dem Richter 10 Pfund als Strafe zahlen; der Unfreie aber soll seiner Rechte als Ritter verlustig gehen.

Quelle 6 und 7 zit. nach Peter Hilsch, Mittelalter. Grundkurs Geschichte 2, Frankfurt/M. 1989, S. 205f.

8 *Buchmalerei aus dem Sachsenspiegel (um 1230) zum Lehnswesen. Heidelberger Handschrift, um 1330, Heidelberg, Universitätsbibliothek*

9 *Der zur gelehrten Elite seiner Zeit gehörende Bischof Fulbert von Chartres, Theologe und Jurist (gest. 1028), gab auf Bitten des Herzogs Wilhelm V. von Aquitanien 1020 eine Art Gutachten über Treue und Lehnswesen ab:*

Q An Wilhelm, den glorreichen Herzog der Aquitanier, Bischof Fulbert mit einer Fürbitte. Ihr hattet mich gebeten etwas über das Wesen der Lehnstreue zu schreiben; so habe ich Euch das Folgende […] aufgezeichnet. Wer seinem Herrn den Treueid leistet, muss folgende sechs Punkte immer im Gedächtnis haben: gesund und unversehrt, sicher, ehrenhaft, nützlich, leicht, möglich. Gesund und unversehrt: dass der Herr durch ihn an seinem Körper keinen Schaden erleide. Sicher: dass er seinem Herrn nicht durch Verrat seines Geheimnisses oder seiner Befestigungen, die seine Sicherheit garantieren, Schaden zufüge. Ehrenhaft: dass er die Gerichtsbarkeit seines Herrn oder andere ihm zustehende und zur Ehre gereichenden Rechte nicht antaste. Nützlich: dass er den Besitz seines Herrn nicht schädige. Leicht und möglich: dass er seinem Herrn nicht erschwere Gutes zu tun, wenn dieser es leicht tun könnte, und dass er nicht unmöglich mache, was seinem Herrn möglich wäre. Es gehört sich von Rechts wegen, dass der Vasall diese Schädigungen vermeide. Aber sein Lehen verdient er damit noch nicht; denn es genügt nicht sich des Schlechten zu enthalten, sondern man muss das Gute tun. Er soll also die sechs genannten Forderungen so erfüllen, dass er seinem Herrn treu Rat und Hilfe (consilium et auxilium) leiht, wenn er seines Lebens würdig erscheinen und seinen Treueschwur halten will. Der Herr muss sich auf allen diesen Gebieten seinem Lehensmann gegenüber genauso verhalten. Täte er es nicht, so würde er mit gutem Recht für treulos erklärt; ebenso würde sich ein Vasall, den man dabei ertappt, wie er durch Tat oder Bildung seine Pflichten verletzt, der Untreue und des Meineids schuldig machen.

Zit. nach Peter Hilsch, Mittelalter. Grundkurs Geschichte 2, Frankfurt/M. 1989, S. 93.

1. *Arbeiten Sie aus Mat. 4 bis 9 heraus, welche Rechte und Aufgaben die einzelnen sozialen Gruppen im Mittelalter hatten. Berücksichtigen Sie eventuelle Veränderungen.*
2. *Wie werden gesellschaftliche Unterschiede begründet? Vergleichen Sie mit Begründungen gesellschaftlicher Ungleichheit in der Gegenwart.*
3. *Beschreiben Sie mit Hilfe von Mat. 8 und 9 Rechte und Pflichten des Lehnsmanns und des Lehnsherrn und beurteilen Sie Leistungen und Grenzen dieses personellen Verhältnisses.*

10 *Kaiser Friedrich I. (1152–1190) in einem Rundschreiben vom Oktober 1157 zur Zwei-Schwerter-Lehre (Auszug):*

Q Als wir nämlich vor kurzem zu Besançon einen Hoftag abhielten und pflichtgemäß unsere Regierungsgeschäfte zur Ehre des Reiches und zum Wohle der Kirchen sorgfältig erledigten, erschienen päpstliche Gesandte, die versicherten sie hätten unserer Majestät eine Botschaft zu überbringen, welche die Ehre des Reiches nicht wenig fördern würde. Wir empfingen sie ehrenvoll am ersten Tage ihrer Ankunft und setzten uns dann wie üblich am zweiten Tage mit den Fürsten zusammen um ihre Botschaft entgegenzunehmen. Da legten sie uns, als wären sie vom Teufel der Bosheit aufgebläht, so ganz von oben herab, voll Stolz und Anmaßung, das Herz verfluchter Bosheit übervoll, ihre Botschaft in einem päpstlichen Handschreiben vor. Dies besagte, wir müssten uns immer vor Augen halten, wie der Papst uns die Auszeichnung der Kaiserkrone verliehen habe, und dass es ihn nicht reuen würde, wenn unsere Herrlichkeit noch größere Lehen von ihm empfangen hätte.

Das also war die Botschaft der väterlichen Liebe, dadurch sollte die Einheit zwischen Kirche und Reich gefördert, das Band des Friedens um beide geschlungen und alle, die solches hörten, für die Eintracht zwischen beiden und für den Gehorsam gegen beide gewonnen werden.

Bei diesen ruchlosen und jeglicher Wahrheit baren Worten war die kaiserliche Majestät mit Recht empört, und alle anwesenden Fürsten erfasste solcher Grimm und solche Wut, dass sie die beiden Priester auf der Stelle zum Tode verurteilt hätten, wenn wir nicht dazwischengetreten wären. […]

Da uns das Königtum und das Kaisertum einzig von Gott durch die Wahl der Fürsten zuteil wurde, von Gott, der bei dem Leiden seines Sohnes Christi die Welt der Regierung durch die beiden notwendigen Schwerter unterwarf, und da der Apostel Paulus der Welt die Lehre gab: „Fürchtet Gott, ehret den König!“, so ist jeder, der da sagt, wir hätten die Kaiserkrone vom Herrn Papste als Lehen empfangen, ein Widersacher der göttlichen Ordnung und der Lehre Petri; solch einer ist ein überwiesener Lügner.

11 *Papst Bonifatius (1294–1303) in der Bulle „Unam Sanctam“ vom 18. November 1302 über die Zwei-Schwerter-Lehre (Auszug):*

Q Beide Schwerter hat die Kirche in ihrer Gewalt, das geistliche und das weltliche. Dieses aber ist für die Kirche zu führen, jenes von ihr. Jenes gehört dem Priester, dieses ist zu führen von der Hand der Könige und Ritter, aber nur wenn und solange der Priester es will. Ein Schwert aber muss dem anderen untergeordnet sein; die weltliche Macht muss sich der geistlichen fügen. Denn der Apostel sagt: „Es ist keine Obrigkeit außer von Gott, wo aber Obrigkeit besteht, ist sie von Gott verordnet“ (Römer 13,1). Sie wäre aber nicht geordnet, wenn nicht ein Schwert unter dem anderen stände und gleichsam als das niedere von der Hand eines anderen nach oben gezogen würde. Dass aber die geistliche Macht an Würde und Adel jede weltliche überragt, müssen wir um so freier bekennen, als überhaupt das Geistliche mehr wert ist als das Weltliche. Das ersehen wir auch deutlich aus dem Regiment in der Welt. Denn in Wahrheit: Die geistliche Macht hat die weltliche einzusetzen und ist Richterin über sie, wenn sie nicht gut ist. So bewahrheitet sich über die Kirche und die kirchliche Gewalt die Voraussage des Propheten Jeremia: „Siehe, ich habe dich heute über Völker und Reiche gesetzt“ (Jer. 1,10).

Quelle 10 und 11 zit. nach Geschichte in Quellen, Bd. 2, bearb. von Wolfgang Lautemann, 2. Aufl., München 1978, S. 401 und 786.

1. *Begründen Sie die Zwei-Schwerter-Lehre aus der Sicht des Kaisers und des Papstes (Mat. 10 und 11).*
2. *Warum ist der Konflikt zwischen der weltlichen und der geistlichen Macht mit solcher Schärfe geführt worden?*
3. *Erörtern Sie, ob die Religion noch heute bei der Besetzung wichtiger politischer Ämter eine Rolle spielt.*

12 *Auszug aus dem Testament König Ludwigs IX. von Frankreich (1226–1270) für seinen Sohn (1270):*

Q Mein Sohn, vor allem ermahne ich dich, dass du dein Herz gewöhnest Gott zu lieben; denn ohne das kann niemand selig werden. Hüte dich etwas zu tun, was Gott missfällt, nämlich eine Todsünde; im Gegenteil, lieber sollst du jede Gemeinheit und Qual erdulden, als eine Todsünde begehen. [...] Dein Herz sei sanft und mitleidig gegen die Armen, Mühseligen und Beladenen; tröste sie und hilf ihnen nach deinen Kräften. [...] Wahre die guten Bräuche deines Königreichs und unterdrücke die schlechten. Begehre nichts gegen den Willen deines Volkes und belaste es weder mit Abgaben noch mit Steuern, wenn du sie nicht unbedingt nötig hast. Um Gerechtigkeit walten und deinen Untertanen Recht zuteil werden zu lassen sei ohne Falsch und unbeugsam, ohne dich nach links und rechts zu wenden. Aber stehe dem Rechte bei und stütze die Klage des Armen, bis die Wahrheit kundgeworden. Und wenn jemand eine Klage gegen dich einreicht, glaube nichts, bis du darüber die Wahrheit kennst; denn dann werden deine Richter kühner urteilen, der Wahrheit gemäß für oder gegen dich.

Du sollst deine Aufmerksamkeit darauf richten, wie deine Leute und deine Untertanen unter deiner Regierung in Frieden und Gerechtigkeit leben. Bewahre vor allem die guten Städte und Gemeinden deines Königreichs in dem Zustand und in der Freiheit, in der sie deine Vorfahren gelassen haben, und wenn es dort etwas zu verbessern gibt, ändere und verbessere es und halte sie dir günstig und gewogen. Denn wegen der Macht und des Reichtums der großen Städte werden sich deine Untertanen und die Fremden fürchten dir zu schaden, vor allem deine Pairs[1] und Barone. [...] Hüte dich einem christlichen Fürsten ohne größere Überlegung den Krieg zu erklären, und wenn du es tun musst, schone die Heilige Kirche und die, welche dir kein Unrecht getan haben. Wenn sich Kriege und Streitigkeiten zwischen deinen Untertanen erheben, stille sie, so rasch es dir möglich ist. Achte darauf gute Prévôts[2] und Baillis[3] zu haben und erkundige dich nach ihnen und den Beamten deines Palastes, wie sie sich halten und ob unter ihnen irgendein Missstand herrsche, sei es zu große Begehrlichkeit oder Falschheit oder Betrug. Bestrebe dich jede gemeine Sünde aus diesem Lande zu verbannen; vor allem vertilge mit deiner ganzen Macht die Gotteslästerung und die Ketzerei. Achte darauf, dass die Ausgaben deines Hofhaltes sich in vernünftigen Grenzen halten.

1 hohe Kronvasallen, Mitglieder des königlichen Rats
2, 3 königliche Beamte

Zit. nach Gottfried Guggenbühl/Otto Weiss (Hg.), Quellen zur allgemeinen Geschichte des Mittelalters, Zürich 1946, S. 177f.

1. *Entwerfen Sie anhand von Mat. 12 den Pflichtenkatalog eines mittelalterlichen Herrschers.*
2. *Überprüfen Sie anhand der Darstellung S. 80–84, welche Probleme dabei entstehen konnten.*

13 *Ehevorschriften des Klosters St. Blasien im Schwarzwald. Auszug aus einer Urkunde von 1311:*

Q Heinrich, durch Gottes Fügung Abt, und der ganze Konvent des Benediktinerklosters St. Blasien in der Diözese Konstanz geben [...] von dem Nachgeschriebenen Kenntnis. Alle mögen es wissen, denen es zu wissen frommt, dass Ulrich, genannt Keris, der nach Hörigenrecht dem in Christo zu verehrenden Herrn Abt und Konvent des Benediktinerklosters St. Georgen zugehört, Adelheid, die als Unfreie unserem Kloser zugehört, als rechtmäßige Gattin heimgeführt hat. Ulrich ist von den vorgenannten Herren Abt und Konvent des Klosters St. Georgen, dafür, dass er keine Frau seines Standes zur Gattin genommen hat, in den Wagen gespannt[1] worden. [...] Ulrich ist deswegen zu uns gekommen und hat uns flehentlich gebeten, dass wir ihm wegen der erwähnten Übertretung Rat und Hilfe zuteil werden ließen. Nach vorausgegangener Beratung haben wir auf das inständige Bitten des Ulrich bestimmt und ist es so vereinbart worden, dass die Kinder beiderlei Geschlechts, die Ulrich und seine Frau Adelheid in ihrer Ehe gezeugt haben oder zeugen werden, zwischen uns und dem genannten Kloster St. Georgen vollkommen gleich geteilt werden, so dass die eine Hälfte der Kinder uns zufällt, dem Kloster St. Georgen aber die restliche Hälfte.

1 bestraft

Zit. nach Günther Franz (Hg.), Quellen zur Geschichte des deutschen Bauernstandes im Mittelalter, Darmstadt 1967, S. 422f.

14 *Aus einem Weistum der Propstei Nellingen in Schwaben zum Erbrecht (1354):*

Q Wenn ein Gotteshausmann stirbt, der Weib oder Kinder hat oder Witwer ist, nimmt der Propst für das Gotteshaus [von den Erben] den Fall; das ist das beste Haupt [das beste Stück Vieh], das der Verstorbene hatte; außerdem nimmt der Propst das beste Gewand, das der Verstorbene an Festtagen getragen hat, soweit es der Gürtel umgreift: Rock, Wams, Juppe, Kappe, Hut, Gürtelmesser, Taschen, Hosen und Schuhe. Hat der Mann nur eine Tochter und keinen Sohn, so nimmt der Propst alle Waffen und Harnische, die der Mann hinterlassen hat. Hat er aber einen Knaben, so werden weder Harnisch noch Waffen genommen [...].

Wenn eine Gotteshausfrau im Ehestand oder als Witwe stirbt, nimmt der Propst als Fall ihre besten Kleider, in denen sie an Weihnachten zur Kirche ging: Mantel, Pelzzeug, Rock, Wollschläger, Schuhe. Wenn sie keine Tochter hinterlässt, nimmt das Gotteshaus das beste Bettzeug und das Bett. Wenn sie kein Bett hatte, nimmt das Gotteshaus das beste Kopfkissen oder das beste Kissen. Wenn ihr Mann noch lebt, so soll er es bis zu seinem Tod oder bis er ein anderes Eheweib nimmt, behalten, dann erhält es der Propst. Hinterlässt sie eine unverheiratete Tochter, so soll diese das beste Bett nehmen. Hinterlässt sie aber Töchter, die ihre Mitgift schon erhalten haben, so nimmt das Gotteshaus das beste Bettzeug.

Zit. nach Württembergische ländliche Rechtsquellen, Bd. 2, bearb. von Friedrich Winterlin, Stuttgart 1922, S. 124.

15 *Gründungsurkunde des Herzogs Konrad von Zähringen (1095–1152) für Freiburg/Breisgau. Die Urkunde gilt als das älteste deutsche Stadtrecht (1122):*

Q Kund sei allen, sowohl Künftigen wie jetzt Lebenden, dass ich, Konrad, an einer Stätte meines eigentümlichen Rechtes, nämlich Freiburg, einen Markt errichtet habe im Jahre nach der Fleischwerdung des Herrn 1120. Deshalb habe ich beschlossen den angesprochenen, von überallher zusammengerufenen Kaufleuten mittels einer eidlichen Vereinbarung diesen Markt anzufangen und auszubauen. Daher habe ich jedem einzelnen Kaufmann ein Grundstück auf dem errichteten Markt zugeteilt für unter Eigentumsrecht zu erbauende Häuser und ich habe verfügt, dass von jedem Grundstück 1 Schilling öffentlicher Münze mir und meinen Nachkommen als Zins alljährlich am Fest des heiligen Martin [11. November] zu zahlen sei. Daher sei allem kund, dass ich gemäß ihren Bitten und Wünschen die Privilegien, welche folgen, gewährt habe. Und es hat mich ein heilsamer Rat gedünkt, wenn sie als Chirograph[1] niedergeschrieben werden würden, damit man sie auf lange Zeit im Gedächtnis behalte, sodass meine Kaufleute und ihre Nachfahren von mir und meinen Nachfahren dieses Privileg auf ewig behalten. [1.] Ich aber verspreche allen, die meinen Markt aufsuchen, Frieden und Sicherheit des Weges binnen meiner Gewalt und Herrschaft. Wenn einer von ihnen in diesem Bereich beraubt wird, werde ich, wenn er den Räuber benennt, entweder das Geraubte zurückgeben lassen oder es selbst bezahlen. [2.] Wenn einer meiner Bürger stirbt, soll seine Ehefrau mit ihren Kindern alles besitzen und ohne jede Bedingung erhalten, was ihr Mann hinterlassen hat. [3.] Ich gewähre, soweit ich kann, dass alle (Grund-) Besitzer des Marktes Teilhaber der Rechte meiner Leute und der Landleute seien, damit sie nämlich ohne Strafgebot Weiden, Gewässer, Auwälder und Forsten benutzen mögen. [4.] Allen Kaufleuten erlasse ich den Zoll. [5.] Niemals werde ich meinen Bürgern einen anderen Vogt, niemals einen anderen Priester ohne Wahl vorsetzen, sondern, wen immer sie dazu erwählen, den sollen sie von mir bestätigt erhalten. [6.] Wenn ein Streit oder eine Klage unter meinen Bürgern entsteht, soll sie nicht nach meinem oder ihres Vogtes Gutdünken diskutiert werden, sondern sie soll nach gewöhnlichem und legitimem Recht aller Kaufleute, vorzüglich aber der Kölner, im Gericht geprüft werden. [7.] Wenn einer sich in einen Mangel an notwendigen Dingen verstrickt, mag er seinen Besitz verkaufen, an wen er will. Der Käufer aber entrichte von dem Grundstück den festgesetzten Zins.

Damit meine Bürger den angeführten Zusagen nicht geringeren Glauben schenken, habe ich mit zwölf meiner angesehensten Ministerialen, die auf die Reliquien der Heiligen einen Eid leisteten, Sicherheit gegeben, dass ich und meine Nachkommen das eben Angeführte immer erfüllen werden. Und damit ich diesen Eid nicht aus irgendeinem Grunde breche, habe ich durch Handschlag dem freien Manne und den Vereidigten des Marktes ein Treueversprechen in Bezug auf diese Sache gegeben. Amen.

1 Handschrift

Zit. nach Ernst Pitz, Lust an der Geschichte. Leben im Mittelalter, München 1990, S. 339f.

1. *Vergleichen Sie die rechtliche Stellung von Bürgern und Bauern (Mat. 13 bis 15) nach folgenden Gesichtspunkten: Eigentums- und Erbrecht, Freizügigkeit (Mobilität), Heirat.*
2. *Welche geschlechterspezifischen Aspekte der sozialen Ungleichheit lassen sich erkennen?*
3. *Ordnen Sie Mat. 15 mit Hilfe der Grafik S. 61 zur Stadtentwicklung historisch ein.*
4. *Erläutern Sie anhand von Mat. 15, welche Merkmale eine Stadt im 12. Jahrhundert in Mitteleuropa charakterisieren. Arbeiten Sie anhand einer Tabelle Gemeinsamkeiten und Unterschiede der römisch-antiken (siehe S. 28f.) und der mittelalterlichen Stadt heraus.*
5. *Untersuchen Sie mit Hilfe von Mat. 16 und der Darstellung S. 84f., inwieweit sich die Gesellschaft in den Städten Nord- und Mittelitaliens im 14. und 15. Jahrhundert von derjenigen in Mitteleuropa unterschied. Diskutieren Sie die These des Autors der Darstellung (siehe S. 84), „im 14. und 15. Jahrhundert waren die Städte in Nord- und Mittelitalien in vielen Bereichen ‚moderner' als die Welt nördlich der Alpen". Ziehen Sie dazu auch die Erläuterung des Begriffs „Modernisierung" aus den Grundinformationen S. 161 heran.*

16 *Vittore Carpaccio (ca. 1455/65–1525/26), Die Rückkehr der Gesandten, Ende 15. Jh., Öl auf Leinwand, 297x527 cm, Venedig, Gallerie dell'Accademia*

Frauen und Geschlechterbeziehungen im Mittelalter

Die Frau im kirchlichen und weltlichen Recht

1 *Johannes Chrysostomos (344/54–407), Bischof und Patriarch von Konstantinopel, schrieb über die Aufgaben von Frauen und Männern (2. Hälfte 4. Jh.):*

Q Die Frau ist geschaffen dem Manne zu helfen. Ich höre aber viele, die sagen, jener ist nach der Heirat reicher gemacht worden, obwohl er vorher arm gewesen ist; nun ist er von einer reichen Frau geheiratet worden und er selbst lebt in Freuden. Was sagst du, guter Mann? Du willst dich an der Frau bereichern und errötest nicht? Und du vergräbst dich nicht aus Scham unter der Erde einen so großen Reichtum anzustreben? Sind das Worte eines Mannes?

Es ist eine Pflicht der Frau, dass sie den Teil bewachen möge, das Übergebene bewahrt und für die häuslichen Angelegenheiten sorgt, denn deshalb hat Gott diese [die Frau] gegeben, damit sie uns in dieser und übrigen Sachen eine Hilfe sei. Da ja unser Leben aus zwei Sachen besteht, aus der privaten und öffentlichen, hat der Herr jedem von beiden einen Teil zugewiesen, dem weiblichen Geschlecht die Sorge um die häuslichen Angelegenheiten, dem männlichen aber die öffentlichen Aufgaben, Redneraufgaben, richterliche und senatorische, militärische und endlich die übrigen. Die Frau ist nicht in der Lage die Lanze zu schwingen, die Speere zu werfen; aber sie kann das Seihsieb nehmen, Stoffe weben, und die übrigen häuslichen Aufgaben ausgezeichnet übernehmen. Sie ist nicht in der Lage im Senat ihre Meinung zu sagen; aber sie ist fähig über Familienangelegenheiten ihre Meinung hervorzubringen und oft besser als der Mann in Hausangelegenheiten Vorsorge zu treffen. Sie ist nicht in der Lage Öffentliches zu verwalten, aber sie kann schön Kinder erziehen; das ist nämlich ihr hervorragender Besitz: Sie kann das Faulenzen der Mägde verhindern und in Pflicht die Familie erhalten, dem Gatten andere Sicherheiten erweisen und ihn von Sorgen befreien, darauf sorgt sie für den Speisevorrat des Hauses, die Verarbeitung von Wolle, für die Küche, den Schmuck der Kleider und die übrigen Sachen, nicht aber jedoch für das, was den Männern zukommt, wie auch nicht Leichtfertiges, wenn sie jenes für sich in Gebrauch nehmen wollen. Es ist dies auch von göttlicher Vorsehung, daß derjenige, der für größere Aufgaben von Nutzen ist, in den kleineren schlichter wiedergefunden wird, sodass dies notwendigerweise Aufgaben der Frauen sind. Wenn auch in beiden Sachen der Mann sich auszeichnet, wird leicht das Geschlecht der Frauen verachtet; dagegen, wenn der Gebrauch von Frauen bei den Vortrefflicheren größer wäre, wären sie voll von Unmäßigkeit. Deswegen vertraut sich jeder einem Einzigen an, damit nicht die Erschaffung des anderen Geschlechtes schlechter wird, wie die des einen Geschlechtes überflüssig. [...] So teilte er jedem seinem Rang entsprechend geschlechtsspezifische Aufgaben zu, sodass der nützlichere und notwendigere Teil dem Mann zufiel, der geringere und schlechtere aber der Frau. Deshalb wurde jener wegen seines außerordentlichen Nutzens ehrenvoll, diese aber erhebt sich wegen der niedrigeren Dienste nicht gegen den Gatten.

2 *Die Stellung der Frau im Schwabenspiegel (um 1275):*

Q § 26. [...] Wo die Söhne nicht zu ihren Jahren gekommen sind, da soll der älteste Bruder das Schwert seines Vaters als Nachlass nehmen und er ist der Vogt der Kinder, bis sie zu ihren Jahren gekommen sind. [...]. Er ist auch der Vormund der Witwe, die Zeit über, die sie ohne Mann ist. Von dem Nachlass soll die Frau (zuerst) ihre Morgengabe nehmen und alles, was zum fahrenden Gut gehört. Das sind Schafe und Ziegen und Schweine, Hühner und alles Geflügel und Kästen, die nicht angenagelt sind, und Garn und das Bett, das sie mitbrachte. Die Federkissen, die sie mitbrachte, alle Bettücher, Tischdecken, Becken, Leuchter und alle Frauenkleider, Fingerringe, Armreifen, allen Kopfschmuck, Psalter und alle Bücher, die zum Gottesdienst gehören, Sessel und Kisten, die nicht angenagelt sind, Teppiche, Wandteppiche, Vorhänge und aller Kopfschmuck. Dies alles gehört zum fahrenden Gut der Frau. Außerdem gehören noch mancherlei Dinge, wie zu Kleidern verschnittenes Gewand, der Frau. Ist aber unverarbeitetes Gold oder Silber vorhanden, das gehört den Erben und nicht der Frau. [...]

§75. Mägde und Frauen müssen mit Recht vor jeglichem Gericht und bei jeglicher Klage ihren Vormund bei sich haben, oder der Richter soll sie nicht anhören. Und hat sie einen Ehemann, der sich im Lande befindet, so soll der es tun. Und ist er nicht im Lande, so soll sie sich einen vor dem Richter wählen. Dies soll der nächste männliche Verwandte ihres Ehemannes oder ihr eigener sein.

1. *Fassen Sie die Aussagen in Mat. 1 und 2 über Rechte und Aufgaben der Frauen zusammen. Wie wird die Rollenverteilung zwischen den Geschlechtern begründet (Mat. 1)?*
2. *Welche Aussagen von Mat. 1 und 2 treffen noch auf unsere heutige Gesellschaft zu? Differenzieren Sie zwischen Gleichberechtigung und Gleichstellung.*

Frauenbilder

3 *Thomasin von Zirclaere (geb. ca. 1186) entfaltet in seinem 1215/16 entstandenen Lehrgedicht „Der welsche Gast" eine Tugendlehre (Auszug):*

Q Hausfrau, sei dessen gemahnt, wenn dir mein Buch in die Hände gerät, missfällt dir dann etwas daran, so lass das nicht einen Mann büßen, der ohne jeden Tadel ist. […] Beide, Frauen und Herren, sollen fremde Leute ehren. Ist ein fremder Mann dessen nicht wert, so haben sie sich selbst geehrt. […] Eine Frau soll nicht mutwillig schimpfen, das ist ganz und gar unweiblich. Ich will auch das erklären, eine Frau soll keinen fremden Mann fest ansehen, das steht ihr wohl. […] Die Zucht verwehrt allen Frauen mit übereinander geschlagenen Beinen zu sitzen. […] Will eine Frau ihre Zucht bewahren, so soll sie nicht ohne Obergewand ausgehen. Wenn sie keinen Mantel anhat, soll sie ihr Gewand zusammenhalten. […] Mir dünkt, eine Frau soll nicht zu oft hinter sich blicken. Sie soll mit nach vorne gerichtetem Blick gehen und soll sich nicht oft umsehen. […] Eine Jungfrau soll selten sprechen, wenn man sie nicht gefragt hat. Eine Frau soll gleichfalls nicht oft sprechen, wenn sie mir glauben will. Und sie soll vor allem dann nicht sprechen, wenn sie isst, das wisst.

1. *Inwieweit unterscheidet sich Mat. 3 in der Quellenart von Mat. 1 und 2? Welcher Quelle messen Sie eine größere Aussagekraft hinsichtlich der tatsächlichen sozialen Lage von Frauen zu? Begründen Sie Ihr Urteil.*
2. *Suchen Sie in Ihrer Stadtbibliothek nach Büchern aus den 1950er/60er Jahren, die sich mit Regeln über „richtiges und gutes Benehmen" befassen. Analysieren und interpretieren Sie das dort entfaltete Frauenbild und vergleichen Sie mit Mat. 3.*

Frauenarbeit – Männerarbeit

4 *Kapitular Karls des Großen (768–814) von 789 (Auszug):*

Q Wir bestimmen zweitens, was bereits im Gesetz Gottes befohlen worden ist, dass an den Tagen des Herrn [den Sonntagen] keine Frondienste ausgeführt werden dürfen. […] Das bedeutet, dass die Männer keine Feldarbeiten ausführen, weder in den Weinbergen arbeiten noch auf den Äckern pflügen oder Heu machen noch Zäune errichten noch den Wald roden oder Bäume fällen noch Steine zurechtschlagen noch Häuser bauen noch im Garten arbeiten noch zur Gerichtsversammlung zusammenkommen noch zur Jagd gehen. Dreierlei Fuhrwerk darf am Tag des Herrn getan werden: Fahrt für den Heerdienst, Fahrt von Lebensmitteln oder, wenn es nötig ist, eine Leiche zu Grabe fahren. Desgleichen dürfen die Frauen nicht weben noch Kleidung zuschneiden, noch nähen noch sticken noch Wolle rupfen noch Flachs schlagen noch in der Öffentlichkeit Kleidung waschen oder die Schafe scheren.

Quelle 1 bis 4 zit. nach Peter Ketsch, Frauen im Mittelalter, Bd. 2, Düsseldorf 1984, S. 48, 172 f., 243 und 84 f.

5 *Der Historiker Michael Mitterauer (geb. 1937) hat in einer Untersuchung weibliche und männliche Tätigkeiten im Bauernhaus als Grundlage spezialisierter Handwerkszweige zusammengestellt (1981):*

Häusliche Arbeit von Frauen	Männerhandwerk
Weben	Weber
Färben	Färber
Walken	Walkmüller
Stampfen	Stampfmüller
Mahlen von Getreide mit der Handmühle	Müller
Brennen von irdener Ware	Hafner
Kleidung nähen	Schneider
Betreuung des Hausgartens	Gärtner
Verkauf von Eiern, Geflügel und Milchprodukten	Kleinhändler
Sammlung von Heilkräutern	Apotheker
Wundbehandlung	Bader
Brotbacken	Bäcker, Lebzelter
Bierbrauen	Brauer
Gästebeherbergung	Gastwirt

Häusliche Arbeit von Männern	Männerhandwerk
Hausbau	Maurer, Zimmermann, Dachdecker
Herstellung von hölzernen Geräten	Siebmacher, Binder, Drechsler
Herstellung von Holzschuhen	Holzschuhmacher
Schmiedearbeiten	Schmied
Herstellung von Seilen	Seiler
Zubereitung von Häuten	Gerber
Herstellung von Lederwaren	Riemer, Sattler
Tötung von Haustieren	Fleischhauer
Brunnengraben	Brunnengräber

Nach Michael Mitterauer, Geschlechtsspezifische Arbeitsteilung in vorindustrieller Zeit, in: Beiträge zur historischen Sozialkunde 11, 1981, S. 83.

1. *Vergleichen Sie die Aussagen von Mat. 4 und 5.*
2. *Wie lassen sich die Veränderungen der Tätigkeitsbereiche in Mat. 5 erklären?*

Frauen in der Stadt

6 *Frauenberufe in Hamburg 1340–1400:*

Zahl der genannten Gewerbetreibenden insgesamt	1322
Zahl der genannten gewerbetreibenden Frauen	77
Frauenanteil an den Gewerbetreibenden	5,8 %
Zahl der aufgeführten Gewerbe	98
Zahl der Gewerbe mit Frauen	8
Anteil der Gewerbe mit Frauen	8,2 %

Gewerbe mit erwerbstätigen Frauen:

Gewerbe	Zahl der Gewerbetreibenden	davon Frauen	Frauenanteil in %
Gänsehöker	38	35	92,1
Grützmacher	9	1	11,1
Schlachter	171	1	0,6
Schuhmacher	93	1	1,1
Wandbereiter	15	1	6,6
Wollweber:			
allgemein	2	1	50,0
schmales Werk	12	12	100,0
Leineweber:			
allgemein	8	7	87,5
breites Werk	14	6	42,9
schmales Werk	17	11	64,7
Apotheker	11	1	9,1

7 *Auszug aus der Zunftordnung der Lübecker Lohgerber (6. April 1454):*

Q Weiterhin, wenn ein Mann aus unserem Amt verstirbt und eine Frau hinterlässt, so darf die Frau die volle Zahl gerben, solange die Lohe ausreicht, die ihr Mann ihr hinterlassen hat, falls sie im Amt bleibt. Wenn sie dann Witwe bleiben will, so kann ein rechtschaffener Mann aus unserem Amt sie zu sich nehmen und für sie wöchentlich drei Häute gerben. Und davon soll er sie, solange sie lebt, ernähren. Aber sie selbst darf diese weder verkaufen noch versetzen.

8 *Auszug aus der Zunftordnung der Lübecker Rußfärber (12. Dezember 1500):*

Q Weiterhin, wenn einer ehrbaren Frau im Amt der Mann stirbt und sie innerhalb des Amtes einen gleichen nicht wieder bekommen kann oder sie nicht wieder heiratet und sie dennoch das Recht des Amtes gebraucht oder gebrauchen will, so soll und kann sie das Amt gebrauchen, solange ihr dies gefällt und sie sich ehrbar hält. Wenn sie sich aber außerhalb des Amtes verheiratet oder sich ungebührlich beträgt, so soll sie das Amt damit verloren haben. Weiterhin, wenn eine Frau innerhalb des Amtes wegen Armut, Alter oder Krankheit das Amt nicht mehr gebrauchen kann oder will, so soll ihr das Amt wöchentlich vier Lübecker Schilling gleich einem Mann, wie es vorgeschrieben ist, geben. Und sie sollen sich untereinander einigen, sodass sie ihren Teil mitfärben können.

Quelle 6 bis 8 zit. nach Peter Ketsch, Frauen im Mittelalter, Bd. 1, Düsseldorf 1983, S. 118, 133 und 210.

9 *Arbeitsteilung in einer Schneiderwerkstatt. Miniatur aus dem „Codex picturatus" von Balthasar Behaim, 1. Hälfte 15. Jh.*

1. *Beschreiben Sie die Tätigkeit der Frauen im mittelalterlichen Handwerk (Mat. 6 bis 9).*
2. *Informieren Sie sich über die Entwicklung der Erwerbstätigkeit von Frauen in der Bundesrepublik seit 1950 (z. B. im Statistischen Jahrbuch der Bundesrepublik Deutschland) und vergleichen Sie mit dem Frauenanteil an den Gewerbetreibenden in Hamburg im 14. Jh. (Mat. 6). Analysieren und interpretieren Sie Ihre Befunde und berücksichtigen Sie dabei den Aussagewert der Statistiken.*
3. *Erläutern Sie, wie sich die Rolle der Frau in der Stadt von ihrer Rolle in der vorstädtischen, rein agrarischen Gesellschaft unterscheidet (siehe auch Mat. 4 und 5).*

Frau und Mann in der Familie

10 *Die ehelichen Kinder des Augsburger Kaufmanns Burkhard Zink und seiner vier Frauen (Mitte 15. Jh.):*

Familienname (Mann)	Eheschließung	Name der Frau	Name der Kinder	Geburtenintervalle (Monate)	Lebensalter
Zink, Burkhard	1420	Elisabeth	Aendlin	11	9
			Johannes	21	36
			Dorothea I	19	6
			Konrad	37	9
			Dorothea II	34	–
			Anna II	9	2 Mon.
			Wilhelm	18	–
			Jakob	26	2 Tage
		† 1440	Barbara	27	12
				Ø 22,4	
	1441	Dorothea † 1449			
	1454	Dorothea	Anna III	9	
			Johannes II	16	
			Barbara	19	
		† 1459	Elisabeth	16 (17)	2 Wo.
				Ø 15	
	1460		Ursula I	24	
			Ursula II	36	
				Ø 30	

Nach Peter Ketsch, Frauen im Mittelalter, Bd. 2, Düsseldorf 1984, S. 217.

11 *Aus den 1364–1396 entstandenen Aufzeichnungen des Basler Steuer- und Kaufhausschreibers Konrad Iselin:*

Q 1395 trat ich am Tag nach dem Dreifaltigkeitssonntag [7.6.] in den Dienst der Herren Bürgermeister von Basel. 1404 starb mein Vater Heinrich Iselin am Othmarstag [16.11.] Gott schenke ihm ewigen Segen, Amen. Tags darauf erhielt ich sein Amt [als Mahlsteuerschreiber].
1401 nahm ich am Tag der hl. Lucia und Jodok [13.12.] Agnes zur Frau. Wir bekamen innerhalb von zwei Jahren einen Sohn, Johannes, und eine Tochter, Elsine.
1405 starb meine Frau am Allerheiligentag [1.11.]
1406 nahm ich am dritten Tag nach St. Barbara [14.6.] Clara zur Frau.
1408 wurde meine Tochter Gretel am Vortag des Kreuzerhöhungsfestes [13.9.] geboren; Paten waren der Stadtschreiber, Frau Dreimaß [die Gattin eines Ratsherrn aus der Zunft der Weinkaufleute] und die Frau zu Freudnau [reiche Hausbesitzerin].
1410 wurde meine Tochter Agnes am Sonntag vor St. Simon und Juda [26.10] geboren; Paten waren Johannes Wegenstetter [Mitglied der Kaufmannszunft], die Frau von Nikolaus Stolz und die Frau von Mathias [Eberli, Schreiber am bischöflichen Hof].
1411 starb meine Frau Clara am 5. Tag nach St. Lucia [18.12.], als sie einen Sohn namens Johannes geboren hatte. Paten waren der Schustermeister Burkard Surli, Mathias Eberli, Schreiber am bischöflichen Hof, und die Frau des Stadtschreibers. Und Mutter und Sohn starben beide nachts zwischen 11 und 12 Uhr.
1412 nahm ich an Aschermittwoch [17.2.] Else zur Frau. Sie gebar mir eine Tochter gleichen Namens; Paten waren Speirer, der Kaufagent aus der Gärtnerzunft, die Frau des Krämerzunftmeisters Heinrich von Biel und die Frau von Nikolaus Gottschalk aus der Krämerzunft. Das Kind wurde 18 Wochen alt und starb an Karfreitag 1413 [21.4.]. 1414 wurde mein Sohn Johannes am Agnestag [21.1.] geboren; Paten waren Johannes Bömli [vermögender Hausbesitzer], der Ratsherr der Schneiderzunft Hans Kesseler und die [hausbesitzende] Witwe Anna Schöderlin.
1418 wurde meine Tochter Agnes am Tag Mariä Himmelfahrt [15.8.] geboren; Paten waren [der Tuchhändler und Zunftmeister] Konrad Siebental und die Frau des Bäckermeisters Franz Oltinger und die Tochter des [Webermeisters] Peter Berner.
1418 starb meine Tochter Gretel am Sonntag vor Michaelis [25.9.]
1424 starb meine Frau Else – Gott hab sie selig – am fünften Tag nach St. Georg [27.4.].

Zit. nach Norbert Fuchs/Werner Goez, Die deutsche Stadt im Mittelalter. Lehrerheft, München 1977, S. 47.

12 *Durchschnittliche Haushaltsgröße in norditalienischen Städten, 1. Hälfte 15. Jh. (in Personen):*

Stadt	Jahr	Personen
Bologna	1395	4,30
Siena	1453	4,28
Florenz	1427	3,80
Lucca	1411	3,91

Nach Georges Duby (Hg.), Geschichte des privaten Lebens, Bd. 2, Frankfurt/M. 1990, S. 162.

1. *Schreiben Sie auf der Grundlage von Mat. 10 bis 12 eine kurze Geschichte der Familie im Mittelalter. Grenzen Sie Ihren Untersuchungsgegenstand nach dem vorhandenen Quellenmaterial ein und berücksichtigen Sie besonders die Rolle von Mann und Frau.*

Denk- und Lebensformen im Mittelalter

Lebensbedingungen

1 *Auszug aus den Xantener Annalen (873):*

Q Im Jahr 873. Ludwig [der Deutsche], der Ostkönig, feierte in Frankfurt einen Reichstag der Bischöfe und Laienfürsten. Dorthin kamen zwei seiner Söhne, Ludwig und Karl [der Dicke], voll böser Pläne gegen ihn. Sie führten Gewalt im Schild, wollten frühere Eide missachten, den Vater um die Herrschaft bringen und in Gewahrsam nehmen. [...]
In der gleichen Winterszeit schwoll das Wasser bei der Schneeschmelze plötzlich zur Überschwemmung an, vor allem an den Ufern des Rheins. In den gewaltigen Wasserfluten kamen viele Menschen mit zahllosen Gebäuden und Erntevorräten um.
In der Sommerszeit desselben Jahres hielt der erwähnte König zu Aachen in der Pfalz noch einen zweiten Reichstag. Als alles dort zweckmäßig geregelt worden war, erschien beim König ein blinder Kleriker [Karlmann], der Sohn seines Bruders Karl [des Kahlen], des westfränkischen Königs. Der eigene Vater hatte ihn blenden und mit der Drohung ihm noch Schlimmeres anzutun ins Kloster stecken lassen; nun bat er um Schutz. [...] Nicht lange danach fiel Ruodold[1] ein [...] Er richtete schreckliche Verwüstungen an in sehr vielen Gebieten jenseits des Ärmelkanals, allenthalben im Frankenreich, im Westreich und fast im gesamten Friesland. In dieser Gegend, im Ostergau, wurde er mit fünfhundert Mann vom Friesenvolk behende niedergemacht und endete wiewohl getauft sein Hundeleben mit einem verdienten Tod.
Nachher, in der Mitte des Monats August, kam die alte Plage der Ägypter aus dem Osten von neuem über unsere Länder, nämlich ein unendlicher Schwarm von Heuschrecken, wie Bienen aus dem Korb ausschwärmen. Wenn sie durch die Luft schwirrten, machten sie ein feines Geräusch wie kleine Vögelchen. Und sobald sie aufflogen, konnte man den Himmel kaum noch wie durch ein Sieb sehen. An sehr vielen Orten zogen ihnen die Oberhirten und die ganze Geistlichkeit mit Reliquienschreinen und Kreuzen entgegen und erflehten Gottes Barmherzigkeit, dass er sie vor dieser Plage bewahre. Sie richteten aber nicht überall, sondern nur strichweise Schaden an. Ferner lag vom 1. November bis zum Sonntag Sexagesima [14. 2.] Schnee auf der ganzen Erdoberfläche. Mit verschiedenen Plagen schlug der Herr ohne Unterbrechung sein Volk; er strafte „mit der Rute ihre Missetaten und mit Hieben ihre Sünden" (Psalm 88,33).

1 Normannenführer

Zit. nach Arno Borst, Lebensformen im Mittelalter, Frankfurt/M. u. a. 1979, S. 109f.

2 *Der Historiker Georges Duby (geb. 1919) über Darstellungen mittelalterlichen Lebens durch Chronisten:*

D Diese Schriftsteller waren alle Männer der Kirche. Und wenn sie die Zeiten höchster Not oder die endemischen Krankheiten, die das anfällige Volk langsam dahinrafften und manchmal in regelrechten Sterblichkeitsschüben die schlimmsten Aggressionen auslösten, derart sorgfältig und genau beschrieben haben, taten sie es nur, weil solche Schicksalsschläge in ihren Augen das Elend des Menschen und das Gewicht Gottes gleichermaßen deutlich machten. Das ganze Jahr satt zu essen zu haben, erschien damals als ein außerordentliches Privileg, das Privileg einiger Adliger, einiger Priester und einiger Mönche. Alle anderen waren Sklaven des Hungers. Sie empfanden ihn als die spezifische Bedingung des menschlichen Daseins. Das Leiden, so dachten sie, liegt in der Natur des Menschen. Und dieser Mensch fühlt sich nackt, völlig entblößt, dem Tod, dem Bösen und dem Schrecken ausgeliefert. Weil er Sünder ist. Seit Adams Fall quält ihn der Hunger und wegen der Erbsünde kann niemand von sich behaupten ihn überwunden zu haben. Diese Welt lebt in Angst, insbesondere der Angst vor ihren eigenen Schwächen.

Georges Duby, Die Zeit der Kathedralen. Kunst und Gesellschaft 980–1420, 5. Aufl., Frankfurt/M. 1987, S. 11f.

Menschenbilder

3 *Papst Innozenz III. (1198–1216) in seinem Buch „Über das Elend des menschlichen Daseins" über den Menschen (Auszug):*

Q Wer gibt meinen Augen den Tränenquell, dass ich beweine den bejammernswerten Eintritt in das menschliche Dasein, beweine das schuldhafte Fortschreiten menschlichen Lebens, beweine das verdammenswerte Ende menschlicher Vernichtung? [...] Aus Erde geschaffen, in Schuld empfangen, zur Strafe geboren tut der Mensch Böses, was er nicht soll, Verwerfliches, was sich nicht ziemt, Nutzloses, was sich nicht lohnt, wird er Nahrung für das Feuer, Köder für den Wurm, ein Haufen Dreck. [...] Geschaffen ist der Mensch aus Staub, aus Lehm, aus Asche. [...] Empfangen ist er [...] im Sumpf der Sünde. Geboren ist er für die Qual, für die Furcht, für den Schmerz und was noch elender ist: für den Tod.

Zit. nach Arnold Bühler, Imago Mundi, in: Geschichte in Wissenschaft und Unterricht 41, 1990, S. 485.

4 *Anonymus, Der Kosmosmensch, Miniaturmalerei aus den „Relevationes“ der Äbtissin Hildegard von Bingen (gest. 1179), 1. Hälfte 13. Jh.*

1. *Stellen Sie aus den Mat. 1 bis 4 positive und negative Aussagen über den Menschen zusammen und begründen Sie diese aus der Sicht der Verfasser.*
2. *Vergleichen Sie die Menschenbilder in Mat. 3 und 4. Welches ist Ihrer Meinung nach für die Epoche des Mittelalters repräsentativ? Begründen Sie Ihre Meinung.*

Geschichtsverständnis

5 *Der Kölner Kleriker Alexander von Roes (ca. 1225–um 1300) widmete dem italienischen Kardinal Jakob Colonna die Denkschrift „Memoriale de praerogativa Romani imperii“ (Über den Vorrang des Römischen Reiches), 1281:*

Q Es entspricht – das ist der Beachtung wert – durchaus einer gebotenen und notwendigen Ordnung, dass die Römer als die Älteren das Papstum, die Germanen oder Franken als die Jüngeren das Kaisertum, die Franzosen oder Gallier aber als die besonders Scharfsinnigen das Studium der Wissenschaft bekamen, sodass die Römer fest und beständig den katholischen Glauben bewahren, die Deutschen hochgemut mit der Kaisermacht dafür sorgen, dass er gehalten wird, die Gallier aber scharfsinnig und beredt die Gründe nachweisen und aufzeigen, warum er für alle verbindlich ist. In diesen dreien nämlich, Papsttum, Kaisertum und Studium, wie in den drei Kräften von Seele, Leib und Geist, lebt, wächst und gestaltet sich der Sinn der heiligen katholischen Kirche.

[…] Das Christentum *(fides christiana),* das heißt die römische Kirche, ist der höchste Inbegriff der Menschheit und deshalb ist an seinen Wandlungen am ersten der Zeitwandel abzulesen. Nun hat die Gemeinschaft der römischen Kirche ihren Sitz in Europa, vor allem aber im Römer- und Frankenreich *(Gallia).* Denn der dreieinige Gott, Vater, Sohn und heiliger Geist, hat es so gewollt, dass das Papsttum, das Reich und das Studium *(sacerdotium, regnum et studium)* die eine Kirche bilden. […]

Denn der Antichrist wird nicht kommen, solange die Kirche im römischen Kaisertum ihren Beschützer in weltlichen Dingen und im Studium der Franzosen ihren Helfer in geistlichen Dingen hat. Wenn diese beiden aber untergehen, wenn die Kirche nach Vernichtung des Kaisertums und der weltlichen Streitmacht in Deutschland sich selbst in weltlichen Dingen wird gegen die Tyrannen wehren wollen und nach Vernichtung des Studiums und der geistlichen Streitmacht in Frankreich sich der Ketzer nicht mehr wird erwehren können, dann wird, wie ich schon sagte, jener Sohn der Verdammnis kommen und ungestraft in der Christenheit tun, was er will. Deshalb sollte der Papst auf der Hut sein, dass das Kaisertum nicht vernichtet werde, und der König von Frankreich sollte auf der Hut sein, dass das Studium nicht verfällt – ist man doch gegen beides schon mit des Teufels Hilfe unter schönen Vorwänden am Werk! Wie Christus nicht kam, ehe nicht das Reich der Juden zerstört war, so wird der Antichrist nicht kommen, ehe nicht das Römische Reich zerstört ist.

Zit. nach Joachim Leuschner, Das Reich des Mittelalters, 5. Aufl., Stuttgart 1971, S. 36f.

1. *Erarbeiten Sie aus Mat. 5, wie im Mittelalter die Rolle von Kirche und Kaisertum in der Gesellschaft verstanden und begründet wurde.*
2. *Erörtern Sie, welche Funktion die Geschichte in der Argumentation des Autors übernimmt.*
3. *Wie beurteilen Sie die Tatsache, dass der Autor bestimmte Eigenschaften bestimmten Völkern zuschreibt? Benennen Sie Parallelen zur Gegenwart.*

Jugend und Erziehung

6 *Auszug aus der Erziehungslehre des Scholastikers und Mystikers Dionys des Karthäusers (um 1402–1471):*

Q Die Eltern sind verpflichtet ihre Kinder nach Möglichkeit von dem Bösen und der Sünde abzuhalten, sie in den guten Sitten zu unterweisen und ihre Ausschreitungen zu ahnden und gebührend zu bestrafen. Solange sie noch klein, sind sie mit der Rute und mit Schlägen zu züchtigen, was später, wenn sie älter geworden, nicht mehr wohl geschehen kann; desgleichen sind sie mit scharfen Worten und strengen Strafen zurechtzuweisen, jedoch mit Vernunft, damit sie nicht zu sehr erbittert werden, gemäß der Mahnung des Apostels: „Ihr Väter! Erzürnet eure Kinder nicht, damit sie nicht entmutigt werden, sondern erziehet sie in der Zucht und Zurechtweisung des Herrn!" [...]

Deshalb versündigen sich jene Eltern schwer, welche wohl wissen, dass ihre bereits erwachsenen Söhne ein ausgelassenes Leben führen, aber sich so stellen, als ob sie es nicht wüssten; die sich zwar vornehmen dieselben zu verheiraten, aber um zeitlicher Vorteile willen es lange Zeit verschieben, indem ihnen an diesen mehr gelegen ist als an der Ehre Gottes und dem Heile der Seelen. Das ist aber nicht nur der Liebe, sondern auch der Gerechtigkeit zuwider. – Es gibt auch allzu weichherzige und zu mitleidige Mütter, die es nicht leiden können, dass ihre Kinder von den Vätern gebührend gestraft werden. Die Eltern mögen wohl beherzigen, was die Heilige Schrift sagt: „Wer seinen Sohn lieb hat, wird stets für denselben die Rute haben, damit dieser Freude habe an seinem Ende." [...]

Endlich sollen sich die Eltern hüten ihre Söhne und Töchter ungewöhnlich, übermäßig und prunkvoll zu kleiden. Insbesondere sind auch die Töchter und Mädchen zu belehren und in Schranken zu halten, dass sie nicht schamlos, frech, ausgelassen oder geschwätzig, nicht Tänzerinnen und gemeine Dirnen werden. Sie sollen niemals müßig umherstehen, sondern sich stets mit irgendeiner nützlichen Arbeit beschäftigen. Sie sollen überall, besonders in der Kirche, ihre Augen wohl bewachen und sie nicht auf das Angesicht der Jünglinge heften. Auch auf der Straße, kurz überall sollen sie sittsam, still, fromm, musterhaft und behutsam sein. Deshalb ermahnt sie der hl. Ambrosius: „Lernet, o Jungfrauen, euch nicht in fremden Häusern herumzutreiben, nicht auf den Straßen euch zu verweilen und euch nicht mit eurer Zunge öffentlich in alles einzumischen. Es ist der wahren Jungfrau eigen, sittsam zu sein und vor jeder Begegnung und jeder Anrede von Männern sich zu fürchten."

Zit. nach Michael Kaufmann (Hg.), Bibliothek der katholischen Pädagogik, Bd. 15, Freiburg 1904, S. 326–331.

1. *Stellen Sie in Mat. 6 die Grundsätze der Erziehung zusammen. Unterscheiden Sie dabei die Erziehung der Jungen und der Mädchen.*
2. *Vergleichen Sie diese Erziehungsgrundsätze mit Erziehungszielen der Aufklärung (siehe Mat. S. 192–195) und der Gegenwart.*

Armut und Tod

7 *Gedicht aus dem 15. Jahrhundert, eingemeißelt am Südportal der Kathedrale der französischen Stadt Bourges:*

Auf ewig selig werden jene sein,
die weinen, denn sie werden lachen,
und die Armen im Geiste.
Die Armen, die Geduld haben,
werden schließlich das Paradies besitzen.
Und der Reiche geht häufig zugrunde.
  Selig werden jene sein, die betteln,
  und jene, die über niemanden übel reden,
  die im Namen Gottes bitten
  und um milde Gaben betteln,
  wenn sie für jene, die ihnen geben, beten
  und für den, der dieses Haus gebaut hat.
Die Armen, die Geduld haben
und die nach ihrem Gewissen leben
und die Liebe und Eintracht wahren,
die ihre Not aushalten
und sie als Buße auffassen,
sie werden Barmherzigkeit erlangen.
  Deshalb, ihr Armen, haltet durch,
  und alle die Übel, die ihr erleidet,
  nehmt sie geduldigen Sinnes hin,
  denn dadurch werdet ihr
  die Seligkeit erlangen und
  ganz sicher das Paradies erwerben.
Ihr alle, gebt großzügig um Gottes willen
den Armen; denn beim Jüngsten Gericht
wird Unser Herr es euch vergelten.
Durch häufige Almosen
wird kein Mensch verarmen,
niemand, der guten Herzens gibt.
  Gebt alle, die ihr hier vorübergeht,
  Almosen für die Verstorbenen
  um sie aus dem Fegefeuer zu erlösen.
  Durch die Wohltaten und Almosen,
  die jeder von euch spendet,
  gelangen sie ins Himmelreich.

Zit. nach Michel Mollat, Die Armen im Mittelalter, München 1987, S. 240.

8 *Der italienische Dichter Giovanni Boccaccio (1313–1375) schrieb zur Zeit der großen Pest in der Einleitung zu seiner Novellensammlung „Decamerone" (1350):*

Q Es schien, als wäre zur Heilung dieser Erkrankungen kein Rat eines Arztes, keine Kraft einer Arznei wirksam oder förderlich. Im Gegenteil, entweder ließ es die Natur der Seuche nicht zu; oder die Unwissenheit der Ärzte – ihre Zahl war, abgesehen von den Studierten, an Frauen wie an Männern, die nie eine ärztliche Unterweisung erhalten hatten, sehr groß geworden – erkannte die Ursache der Seuche nicht und wandte folglich kein wirksames Heilmittel an; jedenfalls genasen nur wenige. [...]
So nahmen die Überlebenden notgedrungen Verhaltensweisen an, die den früheren Bürgergewohnheiten zuwiderliefen. Es war Brauch gewesen – wie es noch heute ist –, dass sich die Frauen aus der Verwandtschaft und Nachbarschaft im Totenhaus versammelten um dort mit den nächsten Angehörigen die Totenklage zu halten; andererseits versammelten sich draußen vor dem Totenhaus die Männer, Angehörige, Nachbarn und andere Bürger in Menge und je nach dem Stand des Toten erschien dort auch die Geistlichkeit. Der Tote wurde von Männern seines Standes auf die Schultern gehoben und mit Leichengepränge, Kerzen und Gesängen zu der Kirche getragen, die er vor dem Tod angegeben hatte. Als nun die Pest immer gefährlicher wurde, unterblieben diese Bräuche ganz oder zum größten Teil und sehr andere traten an ihre Stelle. Die Leute starben nicht nur ohne von vielen Frauen umgeben zu sein; es gab ihrer genug, die ohne Zeugen aus diesem Leben schieden, und nur ganz wenigen wurden die mitleidigen Klagen und bitteren Tränen ihrer Verwandten zuteil. Statt dessen hörte man meist Gelächter, Witze und gesellige Kurzweil; auch die Frauen hatten es um ihrer Gesundheit willen gründlich gelernt daran teilzunehmen und weibliches Mitgefühl großenteils zurückzustellen. [...] Diese Toten wurden nicht mit Tränen, Kerzen oder Geleit geehrt; vielmehr war es so weit gekommen, dass man sich um sterbende Menschen nicht mehr kümmerte als heutzutage um krepierende Ziegen.

Zit. nach Arno Borst, Lebensformen im Mittelalter, Frankfurt/M. u. a. 1979, S. 114f.

1. *Erläutern Sie anhand von Mat. 7 und 8, wie die mittelalterliche Gesellschaft mit Armut umging. Was verlangte man von den Reichen, was von den Armen?*
2. *Wie und warum hat sich die Zeremonie einer Beerdigung nach Mat. 8 im 14. Jahrhundert verändert?*
3. *Erläutern Sie, welche Bedeutung nach Mat. 8 der Tod im Mittelalter besaß. Diskutieren Sie darüber, wie unsere Gesellschaft heute mit dem Tod umgeht.*

Außenseiter

9 *Der Geschichtsschreiber Petrus de la Valle de Cernay (gest. um 1218) schrieb in seiner „Historia albigensis" über das Schicksal der Ketzer von Castres bzw. die Bekehrung der Albigenser (1209):*

Q Wir wollen ein Wunder nicht vergessen, das in Gegenwart des Grafen in dieser Burg geschah. Man führte ihm zwei Ketzer vor: Einer von ihnen gehörte ganz der Sekte an, der andere war erst sein Novize oder sein Jünger. Nach einer Beratung wollte der Graf beide verbrennen lassen. Doch der zweite Ketzer, der ein Jünger des anderen schien [...], begann Reue zu zeigen und versprach dem Ketzertum abzuschwören und in allem der römischen Kirche Gehorsam zu zollen. Daraufhin erhob sich eine große Diskussion unter den unsrigen: Die einen meinten, man dürfe ihn nicht zum Tode verurteilen [...], andere behaupteten, dass er sterben müsse, denn er war eindeutig ein Ketzer und man konnte annehmen, dass seine Versprechungen eher aus der Furcht vor dem bevorstehenden Tode als aus seiner Liebe zur christlichen Religion hervorgingen. Was dann? Der Graf war ebenfalls der Meinung, dass er verbrannt werden sollte, und zwar insofern, als das Feuer seine Sünden sühnen würde, wenn seine Reue aufrichtig war; hatte er jedoch gelogen, so würde er für seine Falschheit bestraft. So wurden also beide festgebunden; man legte ihnen starke und feste Fesseln um Schenkel, Bauch und Hals und band ihnen die Hände hinter dem Rücken zusammen. Nachdem dies geschehen war, fragte man den, der reumütig schien, in welchem Glauben er sterben wolle; er antwortete: „Ich schwöre der ketzerischen Verderbtheit ab; ich will im Glauben der heiligen römischen Kirche sterben; ich bete, dass mir dieses Feuer ein Fegefeuer sei." Man zündete also ein großes Feuer um einen Pfahl herum an. Jener, der ein treuer Anhänger des Ketzertums war, verbrannte völlig in einem kurzen Augenblick; der andere ging unversehrt aus dem Feuer hervor; denn seine äußerst starken Fesseln hatten sich sofort gelöst; er zeigte nicht die geringste Spur von Verbrennungen, außer ein wenig an den Fingerspitzen.

Zit. nach Georges Duby, Europa im Mittelalter, Stuttgart 1984, S. 114.

1. *Welche Begründung wird in Mat. 9 für die Verbrennung der Ketzer gegeben?*
2. *Erörtern Sie, inwieweit man Ketzer als Außenseiter bezeichnen kann.*
3. *Diskutieren und beurteilen Sie, wie unsere Gesellschaft heute mit Außenseitern umgeht.*

Städtisches Leben im Mittelalter

Sozialstruktur

1 *Vermögensverteilung in Basel 1429 (in fl = Gulden):*

Steuerrolle	Steuernde	davon mit einem Vermögen bis 10 fl	über ... fl bis ... fl: 10–150	150–2000	2000–9500	über 9500 fl
Ritter und Patrizier	89	–	2	26	49	12
Großkaufleute	77	2	4	52	18	1
Münzer/Wechsler/ Goldschmiede	56	–	13	36	7	–
Krämer	181	19	63	80	19	–
Weinhändler	121	23	48	45	5	–
Wollweber/Winzer	213	78	127	8	–	–
Schmiede	172	15	77	78	2	–
Gärtner	159	23	82	51	3	–
Metzger	95	23	38	2	2	–
Brotbäcker	70	4	31	34	1	–
Schneider/Kürschner	123	26	74	23	–	–
Zimmerleute/Maurer	219	20	137	59	3	–
Barbiere / Ärzte/ Maler / Sattler	76	12	27	36	1	–
Leinweber / Weber	93	33	40	20	–	–
Schiffsleute / Fischer	95	15	55	24	1	–
Schuhmacher / Gerber [1]	–	–	–	–	–	–
Klein-Basel [2]	213	61	130	20	2	–
Nichtzünftige Bevölkerung	484	295	169	20	–	–
Insgesamt: absolut	2536	649	1117	644	113	13
in %	100	25,6	44,0	25,4	4,5	0,5
davon aus den Handwerkszünften absolut	1315	249	688	365	13	–
in %	100	19,0	52,3	27,7	1,0	–

1 Die Liste der Schuhmacher- und Gerberzunft fehlt. Ihre Steuerzahler sind daher auch in den Gesamtzahlen nicht berücksichtigt.
2 Klein-Basel bildete einen eigenen Steuerbezirk.

Nach Gisela Möncke (Hg.), Quellen zur Wirtschafts- und Sozialgeschichte mittel- und oberdeutscher Städte, Darmstadt 1982, S. 285.

Zünfte

2 *Aus der Bestätigung der Ordnung der Kürschnerzunft in Basel durch Bischof Heinrich als Stadtherr (1226):*

Q Und wer immer von ihrem Handwerk in ihrer Gesellschaft und Bruderschaft sein will, soll bei seinem Eintritt 10 s bezahlen […]. Diejenigen aber von ihrem Handwerk, die nicht in ihrer Gesellschaft […] sein wollen, sollen von dem Recht des Arbeitens nach ihrem Belieben und von dem Markt in Kauf und Verkauf und von aller Gemeinschaft mit ihnen gänzlich ausgeschlossen sein. Außerdem ist zu wissen, dass in dieser Übereinkunft nicht nur die Männer, sondern auch die Frauen, die von ihrem Handwerk sind, inbegriffen werden. Ferner sollen die 5 s, welche von ihnen als Bußen bezahlt werden, sowie auch das, was beim Eintritt in die Gesellschaft entrichtet wird, zum Nutzen der Zunft verwendet werden, damit bei allen Festen ein in der Kirche von Basel hängender Leuchter mit Kerzen reichlich bestückt sei.

Zit. nach Wilhelm Oechsli, Quellenbuch zur Schweizergeschichte, Zürich 1918, S. 39.

3 *Aus der Ordnung der Ulmer Leineweber (1346):*

Q 1. Zum ersten haben sie festgesetzt, dass sie alle Zeit einen vereidigten Leinwandmesser haben sollen. Dieser soll jährlich den Meistern einen [...] Eid bei den Heiligen schwören Reichen und Armen, Bürgerkindern, Fremden und einem jeden die Leinwand richtig zu messen.
2. Sie sollen auch allzeit zwei ehrbare Männer haben [...] um die Leinwand zu beschauen [überprüfen]. Diese werden aus dem Handwerk genommen und schwören die Leinwand nach den Vorschriften des Handwerks zu beschauen.
3. Sie sollen auch allzeit zwölf Geschworene haben, die das Handwerk in allen Stücken besorgen und ausrichten nach dem Recht und der Gewohnheit des Handwerks.

4 *Aus der Verordnung über den Zutritt zur Ulmer Leineweberzunft und über das Baumwollweben (1403):*

Q Wir Bürgermeister, großer und kleiner Rat der Stadt Ulm setzen fest:
1. Vom heutigen Tag an soll keiner unserer Bürger, der Handwerker ist und in der Stadt wohnt, ihrer Zunft beitreten und sie [die Leinweber] sollen keinen in ihre Zunft aufnehmen.
2. Allen Bürgern und Bürgerinnen, die seit fünf Jahren bei uns wohnen, gestatten wir, dass ihre Kinder, die das Weberhandwerk lernen wollen, das tun dürfen. Wenn sie die Lehrzeit beendet haben, dürfen die Weber diesen Bürgerkindern ihr Zunftrecht verleihen [d.h. sie in die Zunft aufnehmen].
3. Weiter haben wir festgesetzt und befehlen: Wenn von heute an ein Fremder vom Land oder aus anderen Städten, der ihr Handwerk betreibt, zu uns zieht und Bürgerrecht haben will, soll er von dem Tag an, da er Bürger wird, fünf Jahre lang das Weberhandwerk nicht ausüben und sie [die Weber] sollen ihn auch nicht in die Zunft aufnehmen [...].
4. [...] Webergesellen, die in der Stadt wohnen und kein Bürgerrecht haben, hilft es nicht, wie lange sie auch hier ansässig sind oder im Handwerk tätig waren. Sie dürfen erst in die Zunft aufgenommen werden, wenn sie fünf Jahre lang das Bürgerrecht besitzen.
5. Kein Geselle darf selbständig in Ulm arbeiten oder einen Webstuhl betreiben.
6. Wir haben ferner festgesetzt, dass fremde Weber und Weberinnen, die keine Bürger sind, außerhalb der Stadt und im Umkreis von einer halben Meile ihr Handwerk treiben und ihre Erzeugnisse zu unserer Leinwandschau bringen dürfen. Die auswärtigen Weber sollen aber nur Barchent zur Schau bringen, der aus Baumwolle gewebt ist, die in Ulm geprüft und von unseren Beschauern für gut befunden worden ist.

Quelle 3 und 4 zit. nach Friedrich Keutgen, Urkunden zur städtischen Verfassungsgeschichte, Nachdruck Aalen 1965, Nr. 286f.

5 *Die „Reformatio Sigismundi", eine anonyme Reformschrift des 15. Jahrhunderts, über die Zünfte (1476):*

Q Es ist auch zu wissen, dass in den guten Städten, nämlich Reichsstädten, Zünfte sind; die sind nun sehr gewaltig geworden, und muss man sich in die Zünfte teuer einkaufen. Sie machen Satzungen unter sich, wie etwa die Städte getan haben. Sie ordnen in vielen Städten den Rat, wieviel aus jeglicher Zunft in den Rat sollen gehen. [...] Ist eine Zunft da, die man strafen sollte ihres Handwerks wegen, das sie vollführt, dass es einer Gemeinde in einer Stadt nicht wohl kommt – Metzger, die das Fleisch zu teuer geben, oder Bäcker, die das Brot zu klein backen, oder Schneider, die zu großen Lohn nehmen und dergleichen –: Von Zünften, die im Rat sitzen und der Stadt und der Gemeinde Treue und Wahrheit geschworen haben, hilft doch mächtig eine Zunft der anderen, als ob ich spräche: „Hilf mir, ich helfe dir desgleichen mit Übersehen." Damit ist dann die Gemeinde betrogen. [...] Will man aber wirklich Besserung herbeiführen und haben, dass jeder dem andern treu sei, so schaffe man die Zünfte ab und stelle eine wahre Gemeinschaft und eine unparteiische Gemeindevertretung, einen lauteren Rat her. [...]
Es ist auch zu wissen ein Arges in Städten und auf dem Land an viel Enden, dass einer mehr Gewerbe treibt als ihm zugehört. Einer ist ein Weinmann und hat dabei Salz feil oder Tuch; einer ist ein Schneider und treibt auch eine Kaufmannschaft. [...] Es sind Handwerke darum erdacht, dass jedermann sein täglich Brot damit gewinne, und niemand soll dem andern in sein Handwerk greifen. Da soll man verhüten bei kaiserlichem Gebot und vierzig Mark Geldes, wo man innewürde, dass die Reichsstädte das übersähen, dass jemand dem andern in sein Handwerk griffe mit keinerlei Gewerbe.

Zit. nach Gottfried Guggenbühl/Otto Weiss (Hg.), Quellen zur allgemeinen Geschichte des Mittelalters, Zürich 1946, S. 282f.

1. *Beschreiben Sie die Wirtschafts- und Sozialstruktur Basels mit Hilfe von Mat. 1. Erklären Sie die Unterschiede in den Vermögenswerten.*
2. *Erläutern Sie anhand von Mat. 2 bis 4, welche wirtschaftlichen und politischen Ziele die Zünfte verfolgen.*
3. *Vergleichen Sie die von den Zünften propagierte Wirtschaftsordnung mit den Grundsätzen der „freien Marktwirtschaft". Erläutern sie Leistungen und Grenzen beider Wirtschaftsordnungen.*
4. *Welche Missstände prangert die „Reformatio Sigismundi" (Mat. 5) an? Diskutieren Sie über die Gründe, die Anlass für die Forderungen gewesen sein könnten. Versetzen sie sich in die Rolle der Zunftvertreter und erarbeiten Sie eine Verteidigungsschrift.*

Frühkapitalismus

6 *Das Handelsreich des Franzosen Jacques Cœur, 1. Hälfte 15. Jh.*

7 *Der Historiker Hellmut Diwald (geb. 1929) über den französischen Kaufmann und Finanzier Jacques Cœur aus Bourges (1975):*

D Er [Jacques Cœur] reüssierte im Orienthandel, wobei seine Erfolge nicht auf den gewöhnlichen Geschäften oder einem besonderen Glück, sondern auf dem Scharfblick basierten die italienischen Handelsmetropolen als Zwischenstation zu umgehen um auf diese Weise zu einem Direktimport und -export zwischen Frankreich und der Levante zu kommen. Außerdem bemerkte er die erheblichen Handelswert-Unterschiede bei den Edelmetallen zwischen Abendland und Orient und so belud er seine Galeeren mit Silber, tauschte es in der Levante gegen Gold, das hier um die Hälfte billiger war, fuhr zurück und wechselte das Gold wiederum in Silber; sein Gewinn war enorm. Nach und nach gelang es ihm in allen namhaften Städten des östlichen Mittelmeers Faktoreien einzurichten. Karl VII. erhob Jacques Cœur in den Adelsstand und ernannte ihn um das Jahr 1443 zum Mitglied des Kronrates. Seine amtliche Stellung kam der eines Finanzministers gleich; später erfüllte er auch die Aufgaben eines Wirtschaftsministers. [...]
Aus seiner unermüdlichen Aktivität und der Spannweite seiner Unternehmungen ergab sich eine besondere Geschäftspraxis. Wie bei jedem modernen Unternehmer bestand sein Reichtum nicht im Besitz großer Beträge flüssigen Geldes, sondern in Investitionen – ein echt kapitalistischer Zug; denn Geld, das nicht arbeitete und umlief, war steriles, totes Geld. [...] Am berühmtesten und politisch bedeutungsvollsten wurde die materielle Vorbereitung zur endgültigen Befreiung Frankreichs von den Engländern: seine Finanzierung des siegreichen normannischen Feldzuges von 1449/50.

Hellmut Diwald, Propyläen Geschichte Europas, Bd. 1, Frankfurt/M. u. a. 1975, S. 217–220.

8 *Martin Luther (1483–1546) schrieb über den Nutzen der Handelsgesellschaften in seinem Buch „Von Kaufhandel und Wucher" (1524):*

Q Erstlich haben die kauffleut unter sich eine gemeyne regel, das ist yhr heubtspruch und grund aller fynantzen, da sie sagen ‚Ich mag meyne wahr so thewr geben alls ich kan'. Das hallten sie für eyn recht, da ist dem geytz der raum gemacht und der hellen thur und fenster alle auffgethan. Was ist das anders gesagt denn so viel: Ich frage nichts nach meynem nehisten? Hette ich nur meynen gewynn und geytz vol, was gehet michts an, das es zehen schaden meynem nehisten thet auff eyn mal? Da sihestu, wie diser spruch so stracks unverschampt nicht alleyne widder die Christliche liebe, sondern auch widder das naturlich gesetz feret. Was sollt nu gutts ym kauffhandel seyn? Was sollt on sunde seyn, wo solch unrecht das haubstuck und regel ist des gantzen handels? Es kan damit der kauffhandel nichts anders seyn, denn rawben und stelen den andern yhr gutt [...].
Von den Gesellschafften sollt ich wol viel sagen. Aber es ist alles grundlos und bodelos mit eyttel geytz und unrecht, das nichts dran zufinden ist, das mit gutem gewissen zu handeln sey. Denn wer ist so grob, der nicht sihet, wie die gesellschafften nichts anders sind denn eyttel rechte Monopolia? Wilche auch die weltliche heydenische rechte verbieten als eyn offentlich schedlich ding aller welt, ich will des goetlichen rechts und Christlichs gesetz schweygen. Denn sie haben alle wahr unter yhren henden und machens damit wie sie wollen und treyben on alle schew die obberuerten stuck, das sie steygern odder nyddrigen nach yhrem gefallen, und drucken und verderben alle geringe kauffleute, gleich wie der hecht die kleyne fisch ym wasser [...]. Konige und Fuersten sollten hie dreyn sehen und nach gestrengem recht solchs weren. Aber ich hoere, sie haben kopff und teyl dran.

9 *Der Humanist Conrad Peutinger (1465–1547), der auch Stadtschreiber von Augsburg war, schrieb in einem Gutachten (1530):*

Q Es dürfte niemandem unbekannt sein, dass, je mehr und besser in Geld und Waren Geschäfte gemacht werden (von Monopolen und unerlaubten Geschäften abgesehen), desto größerer Nutzen daraus folgt. Nicht nur für den Kaufmann wegen der reichen Güter, die aufgrund von Geschäften nach Deutschland eingeführt werden [...], sondern auch für die Heiligen Kaiser und Könige, alle Fürsten und Herren wächst der Gewinn. Deshalb können sie auch derartige Beschränkungen am wenigsten dulden [...].
Der dritte Vorschlag ist, dass allen Kaufleuten für alle Waren ein bestimmter Höchstpreis taxiert und auferlegt werden müsse und dass der Verkaufspreis der Waren etc. nicht darüber, sondern darunter liegen solle. Dies verstößt auch nicht nur gegen das gemeine Recht, sondern zeugt auch von schlechtem Urteil in allgemeinen Geschäften, ja, es ist unmöglich diese Vorschrift so und nicht anders zu beachten. Denn [...] das würde bedeuten, dass aller kaufmännischer Handel unmöglich wird. Und wenn man anordnen muss, dass es so beschlossen und beachtet werden soll, wird man auch zuerst und vor allem mit jenen Ausländern verhandeln müssen, ob sie ihre Gewürze und andere Waren immer zu einem festen Preis verkaufen wollen [...]. So würde, wenn dieser heuchlerische Ratschlag so ausgeführt würde, wie er den Ständen des Reiches und ihren Abgeordneten vorgeschlagen worden ist, später mit absoluter Sicherheit die Folge davon sein, dass alle nützlichen und ehrbaren Geschäfte deutscher Kaufleute völlig ausgelöscht [...] würden.

Quelle 8 und 9 zit. nach Johannes Burkhardt, Frühe Neuzeit. Grundkurs Geschichte 3, Königstein 1985, S. 127f.

10 *Der Historiker Erich Maschke über den wirtschaftlichen Wandel am Ende des 15. Jahrhunderts (1974):*

D Eben im Geld- und Kreditwesen kam es zu der Neuerung, die das städtische Leben am Ausgang des Mittelalters am intensivsten veränderte. Die Geldwirtschaft hatte sich allgemein durchgesetzt. Damit vollzog sich ein geistiger Wandel von solcher Wirksamkeit, dass er stärker als alle Widerstände war. Weithin verbreitete sich ein geldwirtschaftliches Denken, das auf Gewinne in Form von Geld zielte. Die Möglichkeit Geld gewinnbringend anzulegen, war im Immobiliarbesitz, im Handel, dem Kreditwesen, der gewerblichen Produktion und dem Transportwesen gegeben. Die außerordentliche Verbreitung solcher Kapitalanlagen auch geringen Umfangs und die hohe Kapitalkonzentration waren dabei zwei neue Erscheinungen, die das Wirtschaftsleben gegen Ende des Mittelalters und darüber hinaus maßgeblich bestimmten. Sie waren mit einer Erhöhung der Risikobereitschaft in breiten Bevölkerungsschichten verbunden. [...]
Die Form der Kapitalgesellschaft erlaubte die stille Teilhaberschaft von Nichtkaufleuten, nicht nur von Angehörigen des Adels oder des gehobenen Bürgertums, sondern auch von kleinen Leuten. In Augsburg gab es gegen Endes des 15. Jahrhunderts Dienstmägde, die kleine Beträge von 10 Gulden in die Handelsgesellschaft der Höchstätter einlegten. [...]
In der geldwirtschaftlich orientierten Gesellschaft der spätmittelalterlichen Stadt war die Vermögenshöhe das Kriterium der Geltung und des Ansehens. Doch gerade die Polarisierung der Gesellschaft, durch welche zunehmend Arme und Reiche ohne starke vermittelnde Zwischenglieder einander gegenübergestellt wurden, löste Veränderungen im sozialen Bewusstsein aus, die ihrerseits nicht selten Aktivitäten zur Folge hatten. Weiterhin eingebettet in die christliche Glaubensordnung, brach angesichts der außerordentlichen Kapitalkonzentration eine neue Bewusstseinslage durch, in der die soziale Lage als solche wesentlich wurde und weithin kritisch diskutiert werden konnte. Ganz allgemein wird der Umfang dieser Veränderung unter anderem sichtbar in der veränderten Wertung von Armut und Arbeit. Hatte die christliche Caritas Jahrhunderte hindurch jedem Armen, der um ein Almosen bat, geholfen, so wurde jetzt zwischen verschuldeter und unverschuldeter Armut unterschieden.

Erich Maschke, Deutsche Städte am Ausgang des Mittelalters, in: Die Stadt am Ausgang des Mittelalters, hg. von Wilhelm Rausch, Linz 1974, S. 6–17.

1. *Skizzieren Sie anhand des Beispiels von Jacques Cœur (Mat. 6 und 7) Grundzüge frühkapitalistischer Wirtschaftsweise.*
2. *Erarbeiten Sie in Referaten die Entwicklung der Handelshäuser der Fugger (Augsburg), Welser (Augsburg), Stromer (Nürnberg) und Tucher (Nürnberg) und vergleichen Sie deren Geschichte mit der von Jacques Cœur. Inwieweit bestätigen die deutschen Beispiele Ihre Befunde aus Frage 1, inwieweit müssen Sie Ihre Ergebnisse korrigieren oder differenzieren?*
3. *Fassen Sie die Stellungnahmen Luthers und Peutingers zu den Handelsgesellschaften in Thesen zusammen (Mat. 8 und 9). Von welchem Verständnis wirtschaftlicher Tätigkeit gehen beide aus? Welche Auffassung von Mensch und Gesellschaft prägt beide Positionen?*
4. *Erläutern Sie, inwieweit der Frühkapitalismus die mittelalterliche Gesellschaft veränderte (Mat. 10).*

„Als die Moderne zu Ende ging, wurde das Mittelalter neu entdeckt“

Gesellschaft, Individuum und Freiheit – im Mittelalter und nach der Moderne

Von Michael Borgolte

In der Moderne schützten wir uns vor dem Mittelalter wie durch eine zweite Haut. Wir datierten uns das Mittelalter vom Halse, und auch wer sich – das waren wenige – ins Mittelalter zurücksehnte, sah in ihm die fremde, die andere Zeit. Wer modern sein wollte, fand im Menschen des Mittelalters sein Gegenbild. Vor allem unsere wichtigste Errungenschaft sich selbst bestimmen zu können in einer freien Gesellschaft haben wir im Mittelalter vermisst. Jacob Burckhardt schrieb darüber 1860, das Subjektive habe sich mit voller Macht erst in der italienischen Renaissance erhoben; im Mittelalter habe dagegen auf dem Individualismus ein Bann gelegen, der das Bewusstsein des Menschen wie durch einen Schleier trübte. „Der Schleier war gewoben aus Glauben, Kindesbefangenheit und Wahn.“ Der Einzelne lebte in der Bindung an Gemeinschaften, „der Mensch erkannte sich nur als Rasse, Volk, Partei, Korporation, Familie“.

Dafür bietet das Mittelalter in der Tat vielhundertfache Beispiele. Nicht einmal Kaiser Ludwig, der Sohn Karls des Großen, konnte die Macht der Bindungen durchstoßen. Karl hatte Ludwig zusammen mit einem Unfreien namens Ebo aufwachsen lassen. Um Ebo eine geistliche Karriere zu ermöglichen schenkte er ihm schließlich die Freiheit. Als aber Ludwig seinen freigelassenen Freund zum Bischof machte, wollten die adligen Prälaten Ebo den Zugang zu ihrem Stand verwehren.

Geburt und Stand bestimmten das Leben und beschränkten die Lebensplanung. „Gott hat drei Stände geschaffen: Bauern, Ritter und die Pfaffen“ – mit Formeln dieser Art deutete und stabilisierte man die gesellschaftliche Ordnung und harmonisierte die Ungleichheit religiös. Auch wenn die soziale Wirklichkeit viel wandlungsfähiger und dynamischer war, als das Mittelalter selbst glaubte – seine Welt der unfreien Gemeinschaften ist nicht erstrebenswert. Wissen das alle, die heute ein neues Mittelalter und eine Kultur der Gemeinschaft herbeireden wollen? Haben sie vergessen, wie gerade in Deutschland die Faszination durch das gemeinschaftliche Leben politisch missbraucht wurde? Brachten die Nationalsozialisten durch das Wort von der „Volksgemeinschaft“ nicht die Demokratie in Misskredit und wollte nicht Walter Ulbricht das Land hinter der Mauer zur „sozialistischen Menschengemeinschaft“ formen?

„Freiheit, Gleichheit, Brüderlichkeit“

Als die Moderne zu Ende ging, wurde allerdings das Mittelalter neu entdeckt. Die Zeithaut riss, die uns von ihm schied, weniger, weil man in der Gegenwart Mittelalterliches fand, als durch die Entdeckung der Moderne im Mittelalter. Viele von uns haben zwar nicht davon Kenntnis genommen, aber die Fachleute konnten sich darüber verständigen, dass die Geschichte des modernen Europa im 11. und 12. Jahrhundert begann. Auffällig einig waren sich in dieser Frage vor 1989 sogar die westlichen mit den marxistischen Historikern. Auch die Geschichte der Freiheit wurde nun umgeschrieben: Obschon die Unfreiheit im Mittelalter allgegenwärtig war, begehrten einzelne Gruppen von Menschen gegen sie immer wieder auf. Es ging nicht nur um die Freiheit von Sünde und Tod, die das Christentum verhieß, sondern um die Freiheit des Willens, die Freizügigkeit bei der Bewegung von Ort zu Ort, um sozialen Aufstieg, der die Fesselung des Standes sprengte, die Freiheit des Besitzes, nicht zuletzt um die Unversehrbarkeit des Körpers. Wer Gelegenheit hatte den Okzident mit der Welt des Islam, des Kaiserreiches von Byzanz und Asiens zu vergleichen entdeckte erst recht die Freiheit im Abendland. Nach dem Mongoleneinfall von 1240/42, der den Osten Europas heimgesucht hatte, schickte der Papst den Franziskaner Johannes de Plano Carpini zum Mongolenkhan nach Karakorum. Der Mönch war ein guter Beobachter und schilderte später die Bewaffnung, das politische System, die Herrschafts- und Besitzverhältnisse, die Mobilität und die Heiratsbräuche des Steppenvolkes. Das Reich des Khans sei riesig und habe zahllose Völkerschaften in Knechtschaft gebracht, eine „Knechtschaft, die geradezu unerträglich für unser Geschlecht ist". Die Abendländer müssten sich deshalb rüsten und den Mongolen im offenen Krieg Widerstand leisten: „Man darf keine Kosten scheuen sich diese Ausrüstung zu verschaffen, wenn anders man Seele und Leib, Freiheit und die anderen Güter erhalten will. Denn niemand ist frei unter ihnen." Zur gleichen Zeit wusste der Staufer Friedrich II. ebenfalls um diese Freiheitsdifferenzen, obgleich er sie anders bewertete als der Klosterbruder. Der „Missbrauch pestbringender Freiheit", so klagte der Kaiser, erschüttere Europa und den Westen, weil weltliche und geistliche Herren im Bunde mit den Untertanen sich gegen Könige und Fürsten erhöben. Die orientalische Herrschaft, die diese Freiheit nicht kenne, sei zu preisen: „Glückliches Asien, glückliche Herrscher im Orient, die die Waffen der Untertanen nicht fürchten und sich vor den Machenschaften der Bischöfe nicht scheuen!"

Allerdings – die individuelle Freiheit als Grundrecht wurde im Mittelalter noch nicht verkündet; die Erklärung der Menschenrechte bleibt eine Errungenschaft der Moderne, auch wenn sie in der englischen Magna Charta (1215) ihre Vorläuferin hatte. Was die amerikanische Unabhängigkeitserklärung dekretierte, wäre im Mittelalter undenkbar gewesen: „We hold these truths to be self-evident, that all men are created equal, that they are endowed by their Creator with certain unalienable rights, that among these are life, liberty and the pursuit of happiness." (Folgende Wahrheiten halten wir für selbstverständlich: dass alle Menschen gleich geschaffen sind; dass sie von ihrem Schöpfer mit gewissen unveräußerlichen Rechten ausgestattet sind; dass dazu Leben, Freiheit und das Streben nach Glück gehören.) Freiheit im Mittelalter war, wo sie in sozialem Wandel verwirklicht wurde, die Freiheit der Gruppen, nicht der Einzelmenschen. Eine der tiefgreifendsten und stärksten Wurzeln westlicher Freiheitstradition war die Idee der Kirche als einer Gesellschaft, die von der politischen Organisation unabhängig war. Schon im 5. Jahrhundert hatte Papst Gelasius die Lehre von den zwei Schwertern verkündet; an oberster Stelle werde die Welt durch zwei Gewalten regiert, die geheiligte Autorität der Bischöfe und die kaiserliche Gewalt. Beide waren der anderen in mancher Hinsicht untergeordnet, in anderer behaupteten sie den Vorrang. Dieses Spannungsverhältnis sicherte der Kirche Freiheit, die im Osten, in Russland beispielsweise, fehlte.

Im 11. Jahrhundert führte der Ruf nach der „Freiheit der Kirche" geradezu zum Umsturz der Weltordnung. Unter Gregor VII. befreite sich die römische Kirche von der Leitungsmacht des deutschen Königs und schwang sich bald danach zum monarchischen Papsttum auf. Einer unumschränkten Regierung des Papstes stand aber schon das religiöse Verständnis seines Amtes im Wege. Er wusste die Leitung der irdischen Kirche in Gottes Hand und bezeichnete sich in Demut als „Knecht der Knechte Gottes". Diese Dialektik von Herrschaft und Dienst, Freiheit und Unfreiheit bestimmte das ganze Mittelalter. An der Schwelle zur Neuzeit sollte noch der Reformator Luther sagen: „Eyn Christen mensch ist eyn freyer herr über alle ding und niemandt unterthan – eyn Christen mensch ist eyn dienstpar knecht aller ding und yderman unterthan." Der weltliche Herrscher ließ sich vom Papst aus der Kirchenleitung seines Reiches auch keineswegs verdrängen. Er machte die Bischöfe vielmehr zu seinen Lehnsleuten und regelte deren Pflichten in rechtlichen Formen. Die wechselseitigen Bindungen im Lehnswesen, auch zwischen höher- und niedriggestellten Laien, begründeten wiederum eine Vorstellung gewohnheitsmäßige Rechte, die für den europäischen Westen charakteristisch war.

Anonymus, Eine Frau malt ihr Selbstporträt, 1402, Paris, Bibliothèque Nationale

Fast gleichzeitig mit der römischen Kirche befreiten sich die Bürger in den Städten von alter Bevormundung. Städte hatte es natürlich in allen Hochkulturen gegeben und das abendländische Mittelalter konnte, wenn man Paris, Köln, London oder Genua betrachtet, nicht mit den großen und reichen Metropolen des Ostens konkurrieren. Aber eben nur hier im Westen banden sich die Bürger zu Gemeinden zusammen, die sie von weltlicher und geistlicher Herrschaft befreien und die Autonomie und Selbstverwaltung ermöglichen sollten. In den mittelalterlichen Städten lagen, vor den modernen Erklärungen der Menschen- und Bürgerrechte, die Ursprünge des menschlichen Grundrechtsgedankens.

Einige italienische Stadtkommunen des 13. Jahrhunderts gingen das Freiheitsproblem sogar noch radikaler an; sie begnügten sich nicht damit, dass die Inhaber des Bürgerrechts die Freiheit ihres Verbandes genossen, sondern hoben die Hörigkeitsverhältnisse in ihren Hoheitsgebieten auf. Um die Unfreiheit in ihrer Stadt und ihrem Territorium abzuschaffen kaufte die Kommune von Bologna 1256/57 alle Leibeigenen frei, indem sie deren Herren mit ansehnlichen Summen entschädigte. Die Namen der fast 6 000 Hörigen und ihrer Besitzer wurden in einem „Paradiesbuch" festgehalten, in dem die Bürger ihre Maßnahmen feierlich begründeten: „Die edle Stadt Bologna, die stets für die Freiheit gekämpft hat, hat zur Ehre unseres Erlösers und Herrn Jesus Christus für bares Geld alle ausgelöst, die sie in Stadt und Diözese nach gründlicher Nachforschung in den unfreien Status gefesselt fand, und ihnen den Status freier Menschen zugesprochen und sie hat festgesetzt, dass niemand, der in irgendeiner Form durch Unfreiheit gebunden ist, es künftig wagen darf in der Stadt oder in der Diözese Bologna zu wohnen, damit dies Ganze sowohl angeborener wie durch Kauf wiedererlangter Freiheit nicht durch irgendein Ferment der Unfreiheit verdirbt."

Gewiss war diese großzügige Befreiungstat nicht so selbstlos motiviert, wie sie sich hier gibt. Man weiß, dass die zunehmende Zahl der Unfreien in Bologna die politische Handlungsfähigkeit der Stadt bedrohte, weil die Hörigen anders als die freien Bürger keine Steuern zahlen mussten. Aber die erkennbaren Interessen rechtfertigen noch keinen Ideologieverdacht gegen die religiöse Begründung. Was die Bologneser aus praktischen Erwägungen taten, haben sie selbst als so tiefgreifende soziale Änderung beurteilt, dass sie die religiösen Grundlagen der Freiheit in Worte zu fassen suchten.

Freiheit, Gleichheit, Brüderlichkeit – die Leitbegriffe der Französischen Revolution hatten ihre Vorgeschichte im Mittelalter. Zwar bezeichneten sie hier nicht allgemeine und universal gültige Lebensnormen. Aber Freiheit, Parität und Brüderlichkeit werden schon innerhalb einzelner Gruppen verwirklicht. Das Mittelalter war nicht nur eine Zeit unfreier Gemeinschaften, sondern kannte eine erstaunliche Vielfalt freier Zusammenschlüsse von Menschen, die sich an die Schranken der Stände und des Geschlechts nicht gebunden fühlten. Die städtische Kommune ist nur eine Sonderform dieser freien Genossenschaften, die häufig auf dem gegenseitigen Eid der Beteiligten beruhten und deshalb in zeitgenössischen Quellen als „Verschwörung" bezeichnet werden. Der Schutz nach außen, die Bewältigung von natürlicher Bedrohung und Unfrieden, die Hilfe für den Einzelnen bei Krankheit, Armut und Not, aber auch das gemeinsame Gebet und das gesellige Leben in Festmahl, Tanz und Spiel erklären die Attraktivität dieser Sozialform. Der Amtskirche und auch der weltlichen Herrschaft waren derartige Schwurgemeinschaften meistens verdächtig, zumal sich die in ihr verbundenen Menschen gleich welcher Herkunft als „Bruder" und „Schwester" anredeten. Auf dem Lande bildeten schon im frühen Mittelalter die Pfarrer mit Männern und Frauen ihrer Gemeinden „Gilden" um die Isolation ihres Standes zu überwinden. Bruderschaften und Schwesterschaften der Bürger in den Städten versorgten die Armen und Kranken in genossenschaftlich organisierten Spitälern.

Ein Astronom mit einem Astrolabium in der Hand zwischen einem Schreiber und einem Rechner. Malerei aus dem Psalterium des hl. Ludwig, 13. Jh.

Die Kaufleute von Tiel an der Waal (Niederlande) schlossen sich um 1020 zu einer Gilde zusammen um bei mangelndem Königsschutz ihren Güterverkehr mit England betreiben zu können. Die Fernhändler setzten sich eigenes Recht, bestellten ein eigenes Gericht und schufen eine gemeinsame Kasse um ihren Mitgliedern Darlehen gewähren zu können. Von außen betrachtet zog diese Kaufmannsgenossenschaft nur Neid auf sich. Ein Priester diffamierte das Leben der Gildebrüder mit folgenden Worten: „Schon ganz früh am Morgen geben sie sich ihren

Trinkgelagen hin und wer dort mit erhobener Stimme Zoten erzählt um die anderen zum Lachen zu bringen und wer das ungebildete und unwissende Volk zum Trinken animiert, der erntet großes Lob bei ihnen. Sie bringen Geld auf, teilen es und geben es den Einzelnen um damit Gewinne zu machen und daraus bestreiten sie zu bestimmten Zeiten im Jahr gewisse Trinkgelage und feiern so an höheren Festen gewissermaßen der Trunkenheit einen Gottesdienst". Von den „Schwureinungen" des Mittelalters haben wenn auch in reduzierter und stark veränderter Form bis heute die städtischen Kommunen überlebt – und die Universitäten. Zwar kannten viele Kulturen seit der Antike Hochschulen als Institutionen gelehrter Studien, der Schultyp „Universität" ist jedoch mittelalterlich-okzidental und beruhte wiederum auf dem freien Zusammenschluss von Lehrern und Lernenden. Bei den Anfängen der Universitäten in Paris und Bologna um 1200 verschworen sich die Scholaren und Magister zu einem autonomen Rechts- und Friedensbereich und schufen so die Voraussetzung für die Entstehung freier Wissenschaft. Dass das eine mit dem anderen untrennbar verknüpft ist, musste auch Kaiser Friedrich II. in Sizilien erfahren. Um Bologna Konkurrenz zu machen gründete er 1224 in Neapel eine hohe Schule als Staatsanstalt, er verhinderte also den freien Zusammenschluss der Lehrer und Schüler. Neapel wurde ein Misserfolg und als später deutsche Landesherren bei ihren Residenzen Universitäten gründeten, räumten sie den Genossenschaften des Studiums die nötigen Freiräume ein. Noch die Humboldtsche Universitätsreform Anfang des 19. Jahrhunderts ist von dieser Erfahrung geprägt.

„Die Freiheit des Individuums ist in den Monolog ausgewichen"

Die Geschichte der Freiheit vom Mittelalter zur Moderne verlief trotzdem nicht konsequent; der Freiheitsprozess wurde unterbrochen durch die vormodernen „absoluten" Monarchien und die großen Revolutionen radikalisierten die Freiheitsnormen beim Übergang von der Gruppe zum Individuum. Andere Errungenschaften der Moderne sind heute in Frage gestellt. Die moderne Zeit war zwar immer eine Epoche der Krisen, jetzt aber dürfte ein neues Zeitalter begonnen haben. Denn der Glanz der Ideale von Aufklärung und Revolution verblasst, der Glaube an den Fortschritt durch Industrialisierung, Technisierung, Verwissenschaftlichung überhaupt wird angefressen vom Zweifel. Die Grenzen des wirtschaftlichen und sozialen Wachstums sind uns seit Beginn der siebziger Jahre immer deutlicher geworden. Die Natur, die wir uns nutzbar machen wollten, scheinen wir abzuwürgen – auf Kosten späterer Generationen und unser Wohlstand im Westen ist erkauft mit dem Elend der Armen ferner Länder. Die Freiheit des Individuums ist nach einem Wort von Arno Borst in den Monolog ausgewichen. Ob wir von neuen Utopien Orientierung für politisches Handeln im globalen Rahmen erwarten können, stellen viele in Frage. Trotzdem ist es nötig darüber nachzudenken, ob sich nicht die individuellen Freiheitsrechte nur im Rahmen einer allgemeinen und identitätsstiftenden Konzeption des Guten entwickeln und verbreiten lassen. Jedenfalls müssen wir am Postulat der Freiheit des Einzelnen festhalten, mit ihm aber die Sorge für den anderen verbinden. Gesellschaft und Gemeinschaft brauchen keine Gegensätze zu sein; schon im Mittelalter gab es Gemeinschaften, die auf freiem Vertrag ihrer Mitglieder beruhten. Und in Amerika ist die Idee der Demokratie von Anfang an mit derjenigen der Gemeinschaft verknüpft gewesen. Das Miteinander- und Füreinanderleben hat auch in der DDR eine große Rolle gespielt und viele Ostdeutsche frieren heute in der sozialen Kälte einer anonymen westlichen Industriegesellschaft. Warum sollte es nicht möglich sein diese Lebensform, in einem totalitären Regime zweifellos manipuliert, in die gesamtdeutsche Wirklichkeit zu überführen? Gemeinschaftliches Leben in einer freien Gesellschaft – vielleicht läge in dieser Synthese auch eine Chance die inneren Spannungen des vereinten Deutschlands zu überwinden.

Michael Borgolte (geb. 1948), Professor für Geschichte des Mittelalters an der Humboldt-Universität zu Berlin

Nach Ansicht von Michael Borgolte liegt die Vorgeschichte der Moderne im Mittelalter. Erläutern und beurteilen Sie seine These.
Diskutieren Sie über den Stellenwert von „Individuum" und „Gemeinschaft" in einer Gesellschaft.

3. Staaten und Staatensystem in der frühen Neuzeit

Überwältigend ist der Einfluss des Staates auf das menschliche Leben in der Gegenwart. Wo immer es sich zu entfalten sucht, ist der Staat mit im Spiel: Er bewacht und schützt den Menschen, er straft ihn, er regelt seine sozialen Beziehungen; er bestätigt, dass er geboren ist, sich verheiratet hat, dass er starb; er sichert ihn ab, wenn er in wirtschaftlichen Schwierigkeiten ist; er verschafft ihm die Möglichkeit sich innerhalb des Landes zu bewegen, indem er Straßen, Schiffahrtswege und Eisenbahnen baut; er verpflichtet ihn zum Wehrdienst. Für all diese und viele andere Leistungen kassiert er ein kräftiges Stück von dem Einkommen, das der Mensch erwirtschaftet. Der Staat ist die universelle Form, in der Herrschaft in der Gegenwart organisiert wird; er ist zugleich die zentrale Ordnungsmacht, die ein gedeihliches Zusammenleben vieler Menschen innerhalb eines Landes möglich macht.
Wo die Menschen, wie in den meisten Ländern Europas, in dem Bewusstsein leben, dass sie ein gewisses Maß an Kontrolle über diesen Staat gewonnen haben, indem sie durch Wahlen, Volksabstimmungen und Bürgerinitiativen an den staatlichen Entscheidungsprozessen teilnehmen, lässt sich das Verhältnis der Menschen zum Staat als im Großen und Ganzen befriedigend bezeichnen. Dies hindert viele Menschen nicht auf diesen Staat zu schimpfen, sich von ihm bevormundet oder betrogen zu fühlen. Ihre Unzufriedenheit zeigt, dass sich der Staat inzwischen zu einer umfassenden, schwer überschaubaren Maschinerie entwickelt hat, die zu begreifen ungeachtet aller formalen Mitwirkungsrechte schwer ist. Wo der Staat seinen Bürgern gar die elementaren Möglichkeiten der Mitwirkung in Gestalt von Wahlen verweigert – historische wie gegenwärtige Diktaturen bieten dafür Beispiele –, ist das Verhältnis des Staats zu seinen Bürgern äußerst problematisch; Herrschaft, die zu ihrer eigenen Sicherung der Legitimität bedarf, d. h. der Anerkennung der Beherrschten, dass über sie zu Recht Herrschaft ausgeübt wird, muss dieser Anerkennung in einem solchen Fall entbehren und sie womöglich durch physischen Zwang („Polizeistaat", „Militärdiktatur") ersetzen.

Francisco de Goya (1746–1828), Der Koloss, um 1810, Öl auf Leinwand, 116 x 105 cm, Madrid, Prado

Aus dem Gesagten wird deutlich, dass „der Staat" nicht nur Abstraktum ist und keine unwandelbare, feste, überall gleiche Größe, dass er vielmehr sehr unterschiedliche, konkrete Erscheinungsformen hat, die historisch bedingt sind. Der Staat wie er uns im gegenwärtigen Europa entgegentritt ist im späten Mittelalter und in der frühen Neuzeit entstanden. Davor gab es in Europa keine Staaten in unserem Sinn, wenn es auch staatsähnliche Gebilde gab. Ein jüngst veröffentlichtes „Lexikon des Mittelalters" verzichtet daher mit einigem Recht auf eine Berücksichtigung dieses Begriffs.
Vor allem in der frühen Neuzeit entschied sich auf vielen Ebenen des alltäglichen Lebens, wie der Staat einmal aussehen würde, ohne dessen Hilfe man sich in ganz Europa die Organisation von Herrschaft nicht mehr vorstellen konnte. Viele Begriffe, die uns aus dem gegenwärtigen Staatsleben vertraut sind, hatten ihren Ursprung im politischen Denken und in der Praxis der frühneuzeitlichen Staatsentwicklung: so die Ideen der Souveränität, der Gewaltenteilung und des Widerstandsrechts; so auch die Idee der Utopie als einer idealen Gegenwelt zum realen Geschehen; so die Erscheinungen des Beamtentums und der Bürokratisierung.
Zu keinem Zeitpunkt in der Geschichte haben sich Menschen an einen grünen Tisch setzen können um den Staat vorab so zu planen, wie sie ihn sich vorstellten. Keine der staatlichen Errungenschaften ist ihnen von Natur aus zugewachsen.
Alles, was den Staat der Gegenwart als Staat ausmacht, schälte sich vielmehr in historischen Prozessen heraus, oft als Ergebnis von politisch-sozialen Konflikten, nicht minder häufig als Produkt von Prozessen der Rationalisierung und Modernisierung, die für die europäische Geschichte der Neuzeit so überaus charakteristisch waren und die frühe Modernität Europas im Vergleich zu anderen Kontinenten begründeten.
Auf den folgenden Seiten werden die Wege der Staatsentwicklung im Europa der frühen Neuzeit in einigen wesentlichen Ausschnitten aufgezeigt. Zwei Perspektiven werden dabei angelegt: Einmal soll gezeigt werden, wie sich die Staatsstrukturen, die uns heute noch vertraut sind, in ihrer konkreten Entfaltung zwischen dem Beginn des 16. und der Mitte des 18. Jahrhunderts herausgebildet haben; zum anderen sollen die historischen Staaten Europas in ihrer Eigenentwicklung wie in den Beziehungen zueinander dargestellt werden. Damit ist dann eine Grundlage gegeben um zu begreifen, wie der europäische Staat im 19. und 20. Jahrhundert zu jener überragenden Realität werden konnte, von der eingangs die Rede war.

1492	Landung von Christoph Kolumbus in Amerika (Insel Guanahani)
1494	Vertrag von Tordesillas zwischen Spanien und Portugal über die Aufteilung der überseeischen Kolonien
1517	Beginn der Reformation (95 Thesen von Martin Luther)
1519	Wahl Karls V. zum Kaiser (bis 1556)
1524–25	Bauernkrieg im Deutschen Reich
1534	Begründung der anglikanischen Kirche unter Heinrich VIII. (1509–1547) durch Trennung von Rom
1545–63	Konzil von Trient: Reform der katholischen Kirche, Beginn der Gegenreformation
1547–98	Bürgerkriege in Frankreich, beendet mit dem Edikt von Nantes
1555	Augsburger Religionsfrieden
1566	Freiheitskampf der Niederlande (bis 1648); 1581 Unabhängigkeitserklärung der sieben nördlichen Provinzen der Niederlande
1576	Jean Bodin, *Les six livres de la république:* Begründung der monarchischen Souveränität
1600	Britische Ostindienkompanie
1602	Niederländisch-Ostindische Kompanie
1618–48	Dreißigjähriger Krieg; beendet durch Westfälischen Frieden
1648–53	*Fronde* in Frankreich: vergeblicher Aufstand von Teilen des Hochadels und hoher Gerichtshöfe gegen den Absolutismus
1649	Hinrichtung Karls I. von England (1625–1649)
1649–58	England unter Oliver Cromwell Republik
1651	Thomas Hobbes, *Leviathan:* Begründung der absolutistischen Staatstheorie
1655–60	1. Nordischer Krieg, beendet durch den Frieden von Oliva
1661	Regierungsantritt Ludwigs XIV. in Frankreich (bis 1715)
1663–64	1. Türkenkrieg
1667–68	Devolutionskrieg, beendet mit dem Frieden von Aachen
1672–78	Niederländischer Krieg, beendet mit dem Frieden von Nimwegen
1668–97	Pfälzischer Krieg, beendet mit dem Frieden von Rijswijk
1683	Niederlage der Türken vor Wien im 2. Türkenkrieg (1683–1699)
1688/89	*Glorious Revolution* in England
1700–21	2. Nordischer Krieg
1701–14	Spanischer Erbfolgekrieg; beendet mit dem Frieden von Utrecht, in dem erstmals das Prinzip des Mächtegleichgewichts in Europa Geltung erhielt
1714	Beginn der drei Türkenkriege des 18. Jahrhunderts (1714–1718, 1736–1739, 1787–1792)
1740	Regierungsantritt von Maria Theresia von Österreich (bis 1780) und Friedrich II. von Preußen (bis 1786)
1740–42	1. Schlesischer Krieg
1744–45	2. Schlesischer Krieg
1756–63	Siebenjähriger Krieg in Mitteleuropa und den Kolonien
1772–95	Teilungen Polens zwischen Russland, Preußen und Österreich
1776	Amerikanische Revolution; Unabhängigkeitserklärung der USA
1789	Französische Revolution

Absolutismus: Eine Regierungsform mit einem starken Monarchen an der Spitze, der nach zentralisierter Macht und unbeschränkter Herrschaft strebt, welche er von Gott herleitet. Absolutistische Herrscher stützen sich auf Bürokratien und stehende Heere. Als Regierungsform in Europa im 17. und 18. Jh. vorherrschend; sie endete relativ früh in England (spätestens 1688) und relativ spät in Russland (1905).

Adel: Bis um 1800 (teilweise länger) war der Adel in Europa die mächtigste Führungsschicht mit erblichen Vorrechten, besonderen politischen und militärischen Pflichten, mit ausgeprägtem Standesbewusstsein und besonderen Lebensformen. Adel war in der Regel verbunden mit Grundbesitz und daraus begründeten Herrschafts- und Einkommensrechten (Grundherrschaft, Gutsherrschaft). Der Adel als Stand setzt sich zusammen aus dem Hofadel, dem Amtsadel und dem Landadel. Obwohl politisch und rechtlich zur sozialen Oberschicht gehörend konnte insbesondere der Landadel wirtschaftlich zur Mittelschicht gehören. Der Absolutismus verminderte und die bürgerliche Gesellschaft beseitigte schrittweise die politische Macht des Adels; ein Teil seiner gesellschaftlichen Vorrangstellung bestand jedoch bis ins 20. Jh. weiter.

Altes Reich: Begriff, der rückblickend aus dem 19. und 20. Jh. das Heilige Römische Reich Deutscher Nation bezeichnet.

Aufklärung → Begriffe Kap. 4

Balance of power: Prinzip der englischen Außenpolitik seit dem 17. Jh., deren Ziel das machtpolitische Gleichgewicht zwischen den europäischen Mächten war.

Bürger, Bürgertum → Begriffe Kap. 5

Bürokratie (wörtlich „Schreibstubenherrschaft"): bezeichnet seit dem 18. Jh. die Verwaltung des Staates durch Beamte im Rahmen von Gesetzen und Verordnungen auf der Grundlage von Akten; als Prinzip bereits im Absolutismus entwickelt, wo es die Verwaltung durch Lehnsträger ablöste. Im Unterschied zu dieser älteren Form ist die Amtsführung in der Bürokratie nicht vererbbar. Die Bürokratie ist fachlich (in der frühen Neuzeit in der Regel Finanzen und Krieg, im 19. Jh. Inneres, Äußeres, Finanzen, Justiz, Kirchen und Schulen, Krieg) und geographisch (Kreis, Provinz) streng von oben nach unten aufgebaut. Die Beamten haben bestimmte Vorrechte wie lebenslängliche Anstellung und Anspruch auf Pension, aber auch eine besondere Gehorsamspflicht gegenüber dem Staat und die Pflicht zur Sachlichkeit und Unbestechlichkeit. Seit Ende des 19. Jh. können auch die Verwaltungen großer nichtstaatlicher Organisationen als Bürokratie bezeichnet werden.

Diplomatie: Im weiteren Sinne Bezeichnung für internationale Beziehungen oder Außenpolitik, im engeren Sinne die Tätigkeit, die außenpolitische Entscheidungen vorbereitet und auf friedlichem Wege durchführt. Die moderne Diplomatie wurde von den oberitalienischen Stadtstaaten in der Renaissance ausgebildet. Die Gesandten oder Botschafter eines Staates, die in einem anderen Land weilten, berichteten ihrer Regierung über das Land und dessen Politik und führten in ihrem Auftrage Verhandlungen. Auf internationalen Konferenzen wurde seit dem 17. Jh. das Instrumentarium der Diplomatie entwickelt, das vor allem aus Verträgen zwischen zwei Staaten (bilateral) oder zwischen mehreren Staaten (multilateral) besteht. Aus den zwischen Staaten geschlossenen Verträgen entwickelte sich allmählich das Völkerrecht.

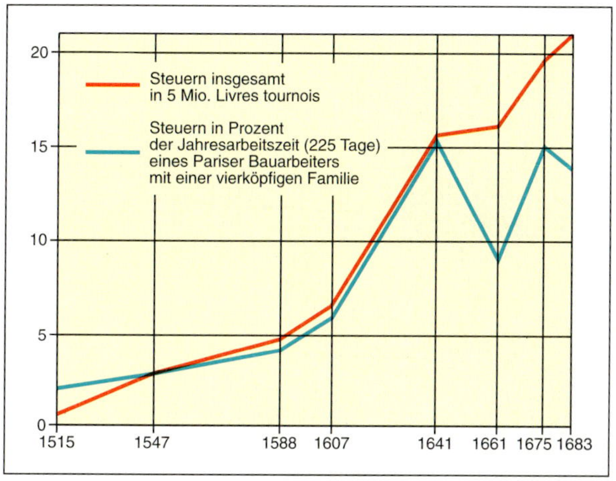

Staatssteuern in Frankreich 1515–1683

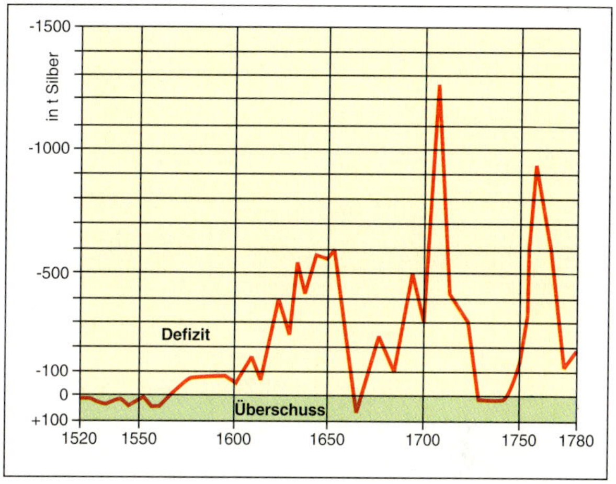

Überschüsse und Defizite der königlichen Kassen in Frankreich 1520–1780 (in Tonnen Silber)

Gesellschaftsvertrag: Die vor allem in den Staatstheorien der Aufklärung entwickelte Theorie vom Gesellschaftsvertrag ging von der (fiktiven) Vorstellung aus, dass die ehemals ganz freien Menschen in einem Vertrag miteinander auf einen Teil ihrer Rechte verzichteten und diese – zu ihrem Schutz und Wohl – auf den dadurch entstehenden Staat übertrugen. Dessen Macht wurde so als ursprünglich vom Volk übertragene gerechtfertigt und gleichzeitig begrenzt.

Hegemonie: Bezeichnet die Vormachtstellung eines Staates innerhalb einer Gruppe von Staaten. Die Hegemonie stützt sich in der Regel auf militärische Überlegenheit, die eine politische Führungsrolle begründet und absichert. Die Hegemonie kann sich aber auch nur auf das wirtschaftliche Gebiet beziehen.

Klerus: Gesamtheit der Personen, die durch eine kirchliche Weihe in den Dienst der Kirche getreten sind (= Geistliche). Als eigener Stand besaßen die Geistlichen bis ins 19. Jh. hinein politische und wirtschaftliche Vorrechte: Recht zur Erhebung von Kirchenabgaben (Zehnt), eigene Gerichtsbarkeit, Steuerfreiheit.

Kolonialismus: Die Errichtung von Handelsstützpunkten und Siedlungskolonien in militärisch und politisch schwächeren Ländern (vor allem in Asien, Afrika und Amerika) sowie deren Inbesitznahme durch überlegene Staaten (insbesondere Europas) seit dem 16. Jh. Die Kolonialstaaten verfolgten dabei vor allem wirtschaftliche und militärische Ziele.

Konfessionalisierung: Bezeichnet als Begriff den im letzten Viertel des 16. Jh. einsetzenden Prozess der intensiven Durchdringung von Staat und Gesellschaft mit Regelungen und Einstellungen, die unmittelbar mit dem jeweiligen Glauben (katholisch, lutherisch, reformiert bzw. calvinistisch) zusammenhingen. Innerstaatlich bedeutete Konfessionalisierung die Etablierung einer vorherrschenden Religion durch Verwaltungs-, Kirchen- und Schulreformen, aber auch den Ausschluss Andersgläubiger aus führenden Stellungen. Zwischenstaatlich bewirkte die Konfessionalisierung eine massive Abgrenzung konfessionell geprägter Territorien voneinander.

Mächtegleichgewicht: Prinzip der internationalen Beziehungen, das auf ein Gleichgewicht von Staaten mit vergleichbarer Militär- und/oder Wirtschaftskraft setzt um die Hegemonie eines Staates zu verhindern. Als Prinzip in der italienischen Staatenwelt des 13. bis 16. Jh. entwickelt wurde es im 18. Jh. zur leitenden Vorstellung der Außenpolitik der fünf europäischen Großmächte (Pentarchie).

Merkantilismus (lat. *mercator* = Kaufmann): Begriff für die Politik eines Staates im Zeitalter des Absolutismus, die die Staatsfinanzen und den Handel als entscheidend für die Stärkung der staatlichen Macht betrachtet. Mittel dazu waren: Stärkung der Ausfuhr und Beschrän-

Heeresstärken in Europa 1550–1750

Jahr	Preußen	Frankreich	England	Niederlande	Schweden	Russland
1550	–	50 000	20 000	–	–	–
1590	–	80 000	30 000	20 000	15 000	–
1630/40	2 000	150 000	–	50 000	45 000	35 000
1670/80	27 000	290 000	70 000	110 000	63 000	130 000
1700/10	40 000	400 000	87 000	100 000	100 000	170 000
1740/50	83 000	–	150 000	–	–	–

Europa um 1550

kung der Einfuhr von Gütern, Errichtung von staatlichen Wirtschaftsbetrieben (Manufakturen), Bau von Straßen und Kanälen u. a.

Modernisierung → Begriffe Kap. 4

Pentarchie (griech. = Fünfherrschaft): Bezeichnung für das Mächtesystem der fünf europäischen Großmächte (Großbritannien, Frankreich, Russland, Österreich, Preußen bzw. Deutsches Reich), das von der Mitte des 18. Jh. bis 1914 Europa beherrschte.

Reformation (lat. *reformatio* = Umgestaltung, Erneuerung): Bezieht sich als historischer Begriff auf die von Luther ausgelöste christliche Erneuerungsbewegung im 16. Jh. Im Zentrum der Begründung stand die Lehre vom Priestertum aller Gläubigen, damit wurde der Anspruch des Papstes auf die Herrschaft über die Welt und die allgemeingültige Auslegung der Bibel bestritten. Neben Luther waren Ulrich Zwingli und Jean Calvin als Begründer der reformierten oder calvinistischen Lehre die bedeutendsten Reformatoren.

Reichsstände: Im Heiligen Römischen Reich Deutscher Nation bis 1806 die Reichsfürsten, -grafen, -prälaten (= Angehörige der Reichskirche) und -städte, die die Reichsstandschaft besaßen, d. h. zur Führung einer Stimme im Reichstag berechtigt waren. Diese erwuchs mit Ausnahme der Reichsritter und Reichsdörfer aus der Reichsunmittelbarkeit. Die Reichsstände waren seit dem 14. Jh. in drei gleichberechtigte Gruppen geteilt (Kurfürstenkollegium, Reichsfürstenrat, Städtekollegium) und repräsentierten zusammen mit dem Kaiser das Reich.

Reichstag: Stände- oder Volksvertretung eines Reiches. Im Heiligen Römischen Reich die Ständeversammlung, die sich zunächst nur aus den Fürsten, später auch Grafen und freien Herren sowie Vertretern der Reichs- und Bischofsstädte zusammensetzte; sie befasste sich mit Heerfahrt, Reichskriegen, -steuern, -gesetzen und Erhebungen in den Reichsfürstenstand. Seit 1663 tagte der Reichstag als ständiger Gesandtenkongress in Regensburg (Immerwährender Reichstag). Im Norddeutschen Bund und dann im Deutschen Reich bis 1933 übte der Reichstag (teils mit dem Reichsrat) die Reichsgesetzgebung aus.

Repräsentation: Bedeutet politisch die stellvertretende Wahrnehmung politischer Rechte und Pflichten durch dazu legitimierte Vertreter. In der frühen Neuzeit nahmen die Ständeversammlungen diese Funktion wahr. In modernen Verfassungsstaaten seit dem späten 18. Jh. wird die Vertretung des Volkes durch frei gewählte Abgeordnete ausgeführt. Die Abgeordneten vertreten die ganze Nation und sind an Weisungen nicht gebunden.

Souveränität: Der von Jean Bodin im 16. Jh. geprägte Begriff (lat. *superanus* = darüber befindlich, überlegen) bezeichnet

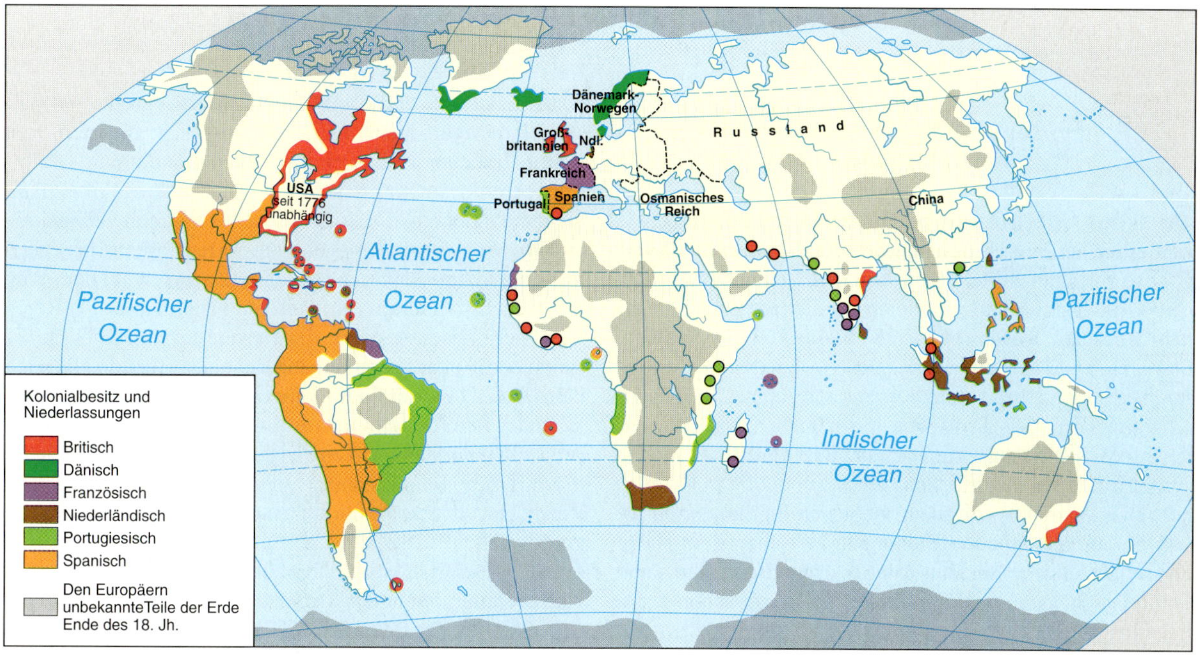

Die Entwicklung der europäischen Kolonialreiche bis 1763

die höchste und unabhängige Staatsgewalt nach innen und außen (innere und äußere Souveränität). Im Absolutismus war alleiniger Souverän, d. h. Träger aller Staatsgewalt und damit Herrschaftsgewalt, der Fürst. Dagegen gilt in demokratischen Staaten das Prinzip der Volkssouveränität. Alle Gewalt geht vom Volke aus, das seinen Willen direkt oder indirekt durch Abgeordnete zur Geltung bringt. Die Idee der Volkssouveränität setzte sich zuerst in der Amerikanischen und Französischen Revolution durch. Die Volkssouveränität wird nur durch die in der Verfassung festgelegten Menschenrechte beschränkt. Völkerrechtlich, d. h. nach außen, gilt ein Staat als souverän, der nicht von einer anderen Macht besetzt ist und unabhängig von anderen Staaten handeln kann (Staatssouveränität).

Staatsräson: Der Begriff bezeichnet nach Niccolò Machiavelli ein Prinzip, nach dem das Staatswohl Maßstab und Ziel staatlichen Handelns ist und Vorrang vor allem anderen hat, selbst wenn es gegen Recht und Moral verstößt.

Stände: Sind einerseits gesellschaftliche Großgruppen, die sich voneinander durch jeweils eigenes Recht, Einkommensart, politische Stellung, Lebensführung und Ansehen unterscheiden und die Gesellschaftsordnung des Mittelalters und der frühen Neuzeit prägten („ständische Gesellschaften"). Man unterschied vor allem Geistlichkeit (Klerus), Adel, Bürger und Bauern sowie unterständische Schichten. Andererseits Körperschaften zur Wahrnehmung politischer Rechte, etwa der Steuerbewilligung, in den Vertretungsorganen (Landtagen, Reichstagen) des frühneuzeitlichen „Ständestaates". Der Adel, der Klerus, die Vertreter der Städte und manchmal auch die der Bauern traten als „Stände" gegenüber dem Landesherrn auf. Der Absolutismus höhlte die Rechte der Stände aus. Mit den Revolutionen und Reformen um 1800 hörten die Stände auf, vorherrschendes Prinzip in Gesellschaft und Politik zu sein.

Stehende Heere: Sie entstanden im 17. Jh. und lösten die bis dahin vorherrschenden Söldnerheere ab, die nur in Kriegszeiten aufgestellt wurden. Stehende Heere werden dagegen auch in Friedenszeiten unterhalten um jederzeit Kriegsbereitschaft sicherzustellen. Sie dienten auch dem Ziel der absolutistischen Fürsten sich vom Steuerbewilligungsrecht der Stände unabhängig zu machen um Kriege ohne deren Zustimmung führen zu können.

1. *Skizzieren Sie mit Hilfe der Materialien und der Karte S. 129 Grundzüge der politischen und territorialen Entwicklungen in Mitteleuropa von der Reformation bis zum Ende des Dreißigjährigen Krieges.*
2. *Stellen Sie aus den Materialien und den Karten S. 119 und 129 eine Übersicht zur politischen Geschichte Frankreichs und Englands in der frühen Neuzeit zusammen.*

Die europäische Staatenwelt im 16. Jahrhundert

Die Anfänge der modernen Staaten in Europa

Zwischen Spätmittelalter und Frühmoderne

Zu Beginn der Neuzeit trug die europäische Staatenwelt verglichen mit dem Mittelalter schon erste Züge des Modernen*. Auf der Landkarte erkennen wir dies am besten bei einem Blick auf Westeuropa (siehe Karte S. 112). Spanien, Frankreich und England sahen nach Größe und innerer Geschlossenheit schon so ähnlich aus wie heute. Sie waren Königreiche, und die Dynastien, die in ihnen herrschten, waren im Wesentlichen unumstritten. Ihre Herrscher fanden zumindest in normalen Zeiten Gehorsam bei ihren Untertanen. Dies lag nicht mehr allein wie in den Jahrhunderten zuvor an den persönlichen Bindungen zwischen dem Herrn und seinen Vasallen, die ihm Treue und denen er „Schutz und Schirm" schuldete. Vielmehr hatte der König schon staatliche Institutionen und Beamte zur Hand, mit deren Hilfe er in gewissem Umfang Recht sprechen, Steuern erheben und auch Gehorsam erzwingen konnte. Die Historiker nennen diesen Staat „institutionellen Flächenstaat" und machen damit deutlich, dass seine Herrschaft sich auf ein geschlossenes Territorium erstreckt und durch staatliche Einrichtungen vollzogen wird.

Viele Untertanen begannen sich mit diesem Staat und seiner Dynastie zu identifizieren. Es gab schon so etwas wie ein Nationalgefühl, und wenn es auch noch keine Nationalstaaten im Sinne des 19. und 20. Jahrhunderts waren, so haben wir es zumindest in Westeuropa schon mit Staaten auf dem Wege zum Nationalstaat zu tun.

Anderswo hatte die europäische Staatenwelt um diese Zeit keine Ähnlichkeit mit dem gegenwärtigen Zustand. Im Osten Europas sehen wir mit dem Königreich Polen und dem Zarentum Moskau Mächte, die es in dieser Gestalt heute nicht mehr gibt. Vor allem Polen hatte durch seine dynastische Verbindung mit dem Großfürstentum Litauen zu jener Zeit eine Ausdehnung und Macht wie niemals zuvor und danach. Im Süden, auf der Appeninhalbinsel, findet sich nirgends der uns heute gewohnte Name Italien; wir sehen hier eine verwirrende Ansammlung von Herzogtümern, Republiken und Königreichen, die großenteils unter der Herrschaft auswärtiger europäischer Mächte standen.

Am buntesten ist das Bild jedoch in der Mitte Europas. Das Heilige Römische Reich Deutscher Nation – dieser komplizierte Name wurde am Ende des 15. Jahrhunderts üblich – war von der Idee und vom Anspruch her das größte europäische Imperium. Doch Idee und Anspruch, die sich vom mittelalterlichen Kaiserreich herleiteten und an die lateinische Antike anknüpften, stimmten mit der Wirklichkeit nicht mehr überein. Die italienischen Herrschaften, Savoyen und die Schweizer Eidgenossenschaft gehörten praktisch nicht mehr zum Reich, die Niederlande waren auf dem Weg zur Verselbständigung. Im Übrigen gaben in diesem Reich nicht der Kaiser, sondern die Herren der einzelnen Territorien den Ton an, vor allem die sieben Kurfürsten, die nach dem Verfall des mittelalterlichen Kaiserreichs das Recht zur Wahl des Reichsoberhaupts errungen hatten. Dass ihre Wahl seit 1438 regelmäßig auf einen Habsburger fiel, auf einen der mächtigsten Reichsstände* also, verlieh der zentralen Reichsgewalt zwar Kontinuität und Gewicht. Doch blieb der grundsätzliche Dualismus zwischen Kaiser und Ständen* erhalten. Deutlich wurde dies auf den Reichstagen, die der Kaiser einberufen musste, wenn er die Hilfe der Reichsstände – etwa bei der Bekämpfung der Türken oder bei der Lösung der Glaubensfrage – benötigte.

Im Gegensatz zu den westeuropäischen Staaten war das Reich somit noch kein institutioneller Flächenstaat, obwohl es einige zentrale Reichsinstitutionen kannte. Unter ihnen war das Reichskammergericht die wichtigste. Eine reichsständische Reforminitiative hatte 1495 zu seiner Gründung geführt. Es blieb bis hin zum Ende des Reichs im Jahr 1806 als Behörde der höchsten Gerichtsbarkeit bestehen.

Die Beziehungen der großen europäischen Staaten untereinander waren um diese Zeit noch durch kein verbindliches Völkerrecht geregelt. Anders als im Mittelalter gab es auch keine anerkannten übernationalen Autoritäten. Der Papst in Rom und der deutsche Kaiser versuchten zwar immer wieder die universalen Normen der mittelalterlichen Weltordnung für sich zu nutzen. Doch die kaiserlichen Ansprüche auf das Reich des Mittelalters, das ja wesentliche Teile der heutigen Staaten Italien, Frankreich und Deutschland umfasste, standen im 16. Jahrhundert nur noch auf dem Papier. Und das Papsttum beging schon seit langem den Fehler die friedensstiftende Wirkung seiner geistig-moralischen Autorität durch seine machtpolitisch bestimmte Teilnahme am weltlich-politischen Geschehen zu untergraben.

Souveränität und Gewaltmonopol

Die Zukunft gehörte hingegen einem anderen Prinzip: dem Macht- und Souveränitätsanspruch der europäischen Einzelstaaten. Je mächtiger und ehrgeiziger sie waren, umso mehr betonten sie ihre Unabhängigkeit nach innen und nach außen. Es ist kein Zufall, dass die Lehre von der Souveränität*, bis heute eines der wirkungsvollsten Elemente internationaler Politik, in der europäischen politischen Theorie des 16. Jahrhunderts entwickelt wurde. Sie verband sich mit der Lehre vom Gewaltmonopol: Keiner im Staat durfte sich neben den staatlichen Organen mehr herausnehmen Probleme auf gewaltsamem Wege zu lösen oder sich zur Durchsetzung seiner Interessen auf Gewalt zu stützen. Der Staat sollte nun allein im Besitz dieses Monopols bleiben. Darauf beruht bis heute seine Stärke; dies bestimmt bis heute aber auch die Verantwortlichkeit jener Personen und Institutionen, die im Auftrag des Staates handeln. Beide Lehren wurden in der frühen Neuzeit formuliert. Sie brauchten aber noch lange, ehe sie in der politischen Praxis der europäischen Staatenwelt zu einem festen Bestand wurden.

Diplomatie und Kriegswesen

Unabhängigkeit bedeutete nicht Beziehungslosigkeit. Wer politisch handeln wollte, konnte dies nur in Bezug auf einen anderen tun, etwa einen Nachbarstaat, der sich gleichfalls als souverän begriff. Ihn mit Gewalt zu bedrängen bedeutete Krieg, sich mit ihm friedlich zu verständigen setzte Institutionen und Mechanismen der Verständigung voraus. Im 15. und 16. Jahrhundert bauten die europäischen Fürstenstaaten beide Sektoren – das Kriegswesen und die Diplomatie* – kräftig aus. Die oberitalienischen Staaten sowie das Machtvakuum, das hier nach dem Zusammenbruch des mittelalterlichen Reichs der Staufer entstanden war, hatten viel zur Ausbildung dieser beiden Elemente beigetragen, mit deren Hilfe man zwischenstaatliche Konflikte regelte. Da Italien aus vielen, oft miteinander verfeindeten Einzelstaaten, zumeist Stadtstaaten, bestand, waren diese auf Bündnisse mit auswärtigen Mächten angewiesen. Die wiederum waren nur zu gern bereit ihren begehrlichen Blick auf das politisch schwache, wirtschaftlich und kulturell aber außerordentlich blühende Oberitalien zu richten. Erhebliche Mittel wurden reserviert, damit Heere von beachtlicher Größe, in der Regel gemietete Söldnerarmeen, für den Mächtekampf unterhalten werden konnten. Zugleich überzogen die Staaten Europa mit einem Netz von diplomatischen Verbindungen (Botschaften, Gesandtschaften). Heute gilt das als selbstverständlich; damals war es völlig neu. Politische Verhandlungen eines Staates mit dem anderen, aber auch intensive Information über ein Land, seine Ressourcen und seine Absichten, waren die Aufgaben der Diplomaten. Venedig, die maritime Großmacht des späten Mittelalters, hatte mit seinem internationalen Gesandtschaftswesen den Maßstab gesetzt.
So begannen die Staaten Europas, ihre Beziehungen untereinander als ein System zu begreifen. Wer außenpolitisch handelte, musste damit rechnen, dass die anderen Staaten darauf reagierten. Die Vorstellung der Balance, des Gleichgewichts, gewann regulative Kraft für die Staatenbeziehungen. Große Mächte wie Frankreich in der Zeit Franz I. (1515–1547) und Habsburg unter Kaiser Karl V. (1519–1556) versuchten aber auch den bestehenden, am Ende des 15. Jahrhunderts mühsam errungenen Zustand des Mächtegleichgewichts* zu verändern. Sie strebten nach Hegemonie* und nutzten vorhandene Machtchancen wie etwa die Kandidatur zur deutschen Kaiserwahl im Jahr 1519 für ihre Ziele aus. Karl V. wurde gewählt und sein entstehendes Großreich drohte das europäische Gleichgewicht auf Dauer zu stören. Frankreich wurde so für mehr als anderthalb Jahrhunderte zum Gegengewicht Habsburgs und es scheute sich nicht mit dem Osmanischen Reich der Türken, aus der Sicht eines christlichen Europäers so etwas wie das Böse schlechthin, diplomatisch gegen Habsburg zu paktieren.
Als Kaiser Karl V. seine Großreichidee aufgab, sein Reich aufteilte und sich schließlich resignierend in ein Kloster zurückzog, wurde Spanien unter seinem Sohn König Philipp II. (1556–1598) zum Antipoden Frankreichs. Aus französischer Sicht war das immer noch gefährlich. Denn zu Spanien gehörten auf dem europäischen Kontinent damals nicht nur das heutige spanische Territorium, sondern auch die Niederlande. Das Jahrhundert zwischen 1560 und 1660 stand im Zeichen ständiger diplomatischer und militärischer Kämpfe zwischen beiden Mächten. Im Selbstbewusstsein der Spanier galt diese Zeit als Epoche der spanischen Hegemonie. Der spanische Staat verausgabte sich dabei völlig und hätte den Konflikt ohne die Edelmetallzuflüsse aus der „Neuen Welt" vermutlich nicht lange durchstehen können. Im späteren 17. Jahrhundert, unter König Ludwig XIV. (1661–1715), strebte Frankreich dann selbst nach Hegemonie und rief entsprechende Reaktionen anderer europäischer Mächte, jetzt vor allem Englands, hervor (siehe S. 129).

Ständisch-korporative Gesellschaft und Fürstenherrschaft

Das Kurfürstentum Brandenburg – ein Beispiel

Als Friedrich Wilhelm, der „Große Kurfürst" (1640–1688), in der zweiten Hälfte des 17. Jahrhunderts daranging sein zersplittertes Staatswesen mit kräftiger Hand zu einem nach den Begriffen der Zeit modernen Staatswesen auszubauen traf er überall im Land auf heftigen Widerstand. Sein Herrschaftsgebiet, der noch unbedeutende Staat Brandenburg, aus dem später das Königreich Preußen werden sollte, be-

stand zu dieser Zeit noch aus einzelnen, verstreuten Ländern – unter anderem der Kurmark Brandenburg im Zentrum, den Grafschaften Cleve und Mark im Westen sowie dem Herzogtum Preußen (das spätere Ostpreußen) im Osten. Und diese Länder sahen sich keinesfalls als integrierter Bestandteil eines Gesamtstaats. Im Gegenteil: Mit Ausnahme von Brandenburg hatten sie bis vor kurzem einen eigenen Landesherrn besessen und waren durch die Heirats- und Machtpolitik der Brandenburger in diesen neuen Staatenverbund geraten. Sie sahen jetzt ihre regionalen Interessen aufs Höchste gefährdet und versuchten alles, diese gegen den neuen Landesherrn zu verteidigen. Dabei half ihnen die Tatsache, dass sie über eine wirkungsvolle Organisation verfügten, mit der sie dem Kurfürsten gegenübertreten konnten: die Stände*, die sich auf Landtagen trafen, um über ihre Politik gegenüber dem Landesherrn zu beraten und damit die Stimme ihres Landes zur Geltung zu bringen.
Wer diese Stände im Einzelnen waren, wer Zugang zu den Landtagen hatte, das war von Land zu Land sehr verschieden. Im ländlich geprägten Brandenburg dominierte der Adel*, in Preußen spielte neben dem Adel das Bürgertum*, vor allem die Stadt Königsberg, eine Rolle, in den westlichen Grafschaften waren Adel, Bürgertum und geistlicher Stand (Klerus*) gleichermaßen von Bedeutung.
Jahrelang musste sich Kurfürst Friedrich Wilhelm mit den Ständen seiner Länder auseinandersetzen. Immer ging es dabei um grundlegende Fragen der Staatsverwaltung, z. B. um die Art und den Umfang von Steuererhebungen für den Staat, um die Besetzung von Amtsstellen mit einheimischem oder landesfremdem Personal, um das Ausmaß der Erhebung und Unterbringung von Truppen im Land, um das Verhältnis des Landes zum Kaiser und vieles andere. Am heftigsten verlief der Konflikt mit den Ständen des Herzogtums Preußen, das bis 1660 unter der Lehnshoheit des Königreichs Polen gestanden hatte. Hier ging der Konflikt tief ins Grundsätzliche, bis hin zur Frage, ob der Brandenburger überhaupt das Recht hatte sich als Souverän des Landes zu bezeichnen. Eine Beendigung des Streits wurde erst möglich, nachdem der Kurfürst, im Prinzip stets zu weitgehenden Kompromissen bereit, einen Feldzug gegen die Stadt Königsberg und damit gegen die Anführerin der preußischen Ständepolitik angedroht und vorbereitet hatte.

Die Stände

Was im Kurfürstentum Brandenburg geschah, war typisch für die gesamte europäische Staatenwelt. Überall traten neben die allmählich heranwachsenden zentralstaatlichen Institutionen – den Gerichten, Finanzämtern, Einrichtungen der Heeresverwaltung – die Stände. Sie erhoben den Anspruch, bei der Verwaltung und der Steuererhebung ihres Landes mitzuwirken und insofern am Regierungsgeschehen teilzuhaben. Sie legten größten Wert darauf die Rechte und Privilegien ihrer Länder oder Provinzen – z. B. die Besetzung von Beamtenstellen im Land nur durch „Eingeborene" (Indigenatsrecht) – zu bewahren und immer wieder vom Landesherrn bestätigt zu bekommen. Sie begriffen sich als Repräsentanten des Landes, nicht im Sinne einer modernen Volksvertretung, wohl aber in einer früheren, vordemokratischen Form der Repräsentation*. Der Historiker Otto Brunner hat das einmal in die anschauliche Formel gekleidet: „Die Stände vertreten nicht das Land, sie sind es."[1]
In der Tat hatte „Standschaft" etwas mit dem Besitz eines Berechtigten zu tun; man konnte sie nicht erwerben, wurde vielmehr in sie hineingeboren oder hineingebeten. Für einen Adligen etwa „klebte" sie am Boden seiner Grundherrschaft. Ein Stadtbewohner erhielt sie erst mit der förmlichen Verleihung des Bürgerrechts. Und diese Ehre blieb in der Regel auf einen kleinen Kreis von alteingesessenen Familien beschränkt. Der Klerus, die Geistlichkeit, war am ehesten Stand im Sinne unserer modernen Vorstellung von „Berufsstand", denn am Beginn seiner Entwicklung standen die Aufgaben des geistlichen Berufs – die Seelsorge, der Gottesdienst, die Armenpflege. Die besitzenden Bauern galten zwar auch als Stand, doch wurden ihnen nur in wenigen europäischen Landschaften oder Staaten (z. B. in Ostfriesland und in Schweden) die politischen Rechte der Standschaft, d.h. die Landtagsfähigkeit, zuerkannt. Die vielen nichtbesitzenden Einwohner eines Landes, ob nun auf dem Lande oder in der Stadt, fanden im ständischen Ordnungsgefüge keinen Platz.
Das wichtigste mit der Standschaft verbundene Recht war die Teilnahme an den Versammlungen der Stände, den Landtagen, und an deren Beschlüssen. Gewiss kamen hier nur Bevorrechtigte zusammen, aber für jedes Land war es von großer Bedeutung, dass solche Versammlungen gut funktionierten. Denn immerhin trat dem Fürsten damit eine Körperschaft gegenüber, die ihm, wenn es einmal hart auf hart ging, Paroli bieten und ihn etwa zu einer behutsamen Steuerpolitik gegenüber seinem Land veranlassen konnte. Und das konnte auch für die nichtberechtigten Einwohner günstige Folgen haben.
In unserem Beispiel Brandenburg hatte sich Kurfürst Friedrich Wilhelm freilich vor allem mit dem Adel seiner Länder – der stärksten ständischen Kraft – arrangiert. Indem er dem Adel des Landes Brandenburg weitgehende Rechte und Freiheiten auf seinen Gütern einräumte, gewann er ihn für seine Staatsidee und legte damit die innere Grundlage für den Aufstieg Preußens im 18. Jahrhundert.

Ständeversammlungen

Landtage, d. h. Versammlungen der Stände, gab es im 16. Jahrhundert in vielen regionalen Herrschaftsbezirken der großen europäischen Staaten. Dies galt für die französischen oder niederländischen Provinzen ebenso wie für die spanischen Landschaften Kastilien und Aragon (hier nannte man die Stände Cortes), die Schweizerischen Eidgenossenschaften und die Territorien des Heiligen Römischen Reichs. Neben den Landtagen gab es in manchen europäischen Staaten eine allgemeine, überregionale, auf den ganzen Staat bezogene Ständeversammlung. In Frankreich hieß sie Generalstände *(états généraux)* und diese hatten im 15. und 16. Jahrhundert einen gewissen Einfluss auf die Politik des Landes. Der König rief sie vor allem in schwierigen Zeiten zu seiner Beratung zu sich. Sie tagten, etwa während der Religionskriege (1562–1593), recht häufig. Ihre Stimme hatte deshalb Gewicht, weil zumindest die Abgeordneten des Adels und der Städte von ihren Standesgenossen gewählt wurden. Damit besaß die ganze Versammlung eine beträchtliche Repräsentativität. Es gehört zu den Besonderheiten der französischen Geschichte, dass sich die *états généraux* gleichwohl nicht auf Dauer neben dem mächtigen Königtum halten konnten. 1614 verbauten sie sich selbst durch ihren Zwist über die Frage, ob der neue Beamtenadel im dritten oder im zweiten Stand Platz finden sollte, den Weg zu politischer Stärke gegenüber der Krone. Danach „schliefen sie ein" und tagten erst wieder 174 Jahre später, am Beginn der Französischen Revolution.

Ganz anders hingegen das Königreich England: Hier entwickelte sich mit dem Parlament *(parliament)* die bedeutendste europäische Institution dieser Art. Seit dem 14. Jahrhundert war es in das „Unterhaus", als Vertretung des niederen Adels und der Städte, und das „Oberhaus", die Vertretung des hohen Adels, der Aristokratie, unterteilt. Unser heutiger Begriff Parlamentarismus leitet sich mit Recht von England her, denn das englische Parlament war schon in der frühen Neuzeit die modernste repräsentative Institution in ganz Europa. Es verfügte über Mitwirkungsrechte bei der Gesetzgebung und über das Recht der Steuerbewilligung. Auch in England wurde gewählt, wenn auch nur die Abgeordneten des Unterhauses. Spanien kannte eine solche überregionale Ständeversammlung nicht; hier verhandelte der König mit den verschiedenen Cortes direkt und spielte sie, wenn es ging, gegeneinander aus.

Am kompliziertesten lagen die Dinge in Deutschland. Oberste Ständevertretung war der Reichstag*, der durch den deutschen König bzw. Kaiser einberufen wurde. Gewählt wurde nicht, denn jeder Platz auf den Bänken dieses an den verschiedensten Orten, zumeist in bedeutenden Reichsstädten wie z. B. Augsburg, Nürnberg, Regensburg, Worms oder Speyer tagenden Gremiums war durch das Reichsrecht festgelegt und vergeben: sieben Plätze im Kurfürstenrat, 302 im Fürstenrat und 85 auf der Städtebank. Reichsstand war und konnte nur werden, wer vom Kaiser seine Reichsunmittelbarkeit verbrieft bekam. Im Wesentlichen kam diese Würde den über die deutschen Einzelstaaten herrschenden Landesherren zu, die damit über eine bemerkenswerte rechtliche Doppelposition verfügten: Nach unten, gegenüber ihren Landständen, waren sie Herr, Landesherr; aber nach oben, gegenüber dem Kaiser, waren sie Stand, Reichsstand.

Mit dem Reichstag hatte sich der deutsche Kaiser über eine niemals genau festgelegte Zahl von Themen und Problemen

Sitzung der Generalstände in Orleans 1560/61. Zeitgenössischer Holzschnitt
Vordere Bildhälfte links: Geistliche, Dritter Stand; Mitte: Marschälle, Staatssekretäre; rechts: Geheimer Rat, Ordensritter, Dritter Stand. Hintere Bildhälfte Mitte: König und Königinmutter (erhöht), Mitglieder der königlichen Familie, dahinter Wachen; vorne links: Kardinäle, der Konnetabel; vorne rechts: der Kanzler, Prinzen von Geblüt.

auseinanderzusetzen. War der Kaiser stark, dann konnte er reichsständischen Widerstand leicht überwinden; war er aber schwach, setzten die deutschen Reichsstände über den Reichstag gelegentlich eine ständische Mitregierung durch. Ständeversammlungen der frühen Neuzeit waren keine Parlamente im modernen Sinne und dürfen mit diesen nicht verwechselt werden. Abgesehen davon, dass in den meisten Fällen nicht frei gewählt wurde, verfügten die Ständevertreter auch nur über ein „gebundenes" Mandat. Dies bedeutete, dass sie nur so abstimmen durften, wie ihre sie entsendenden Standesgenossen es wollten. Demgegenüber besitzt ein moderner Parlamentsabgeordneter ein „freies" Mandat; er ist in seinem Abstimmungsverhalten nicht an seine Wähler gebunden, sondern nur seinem Gewissen verantwortlich. Dennoch gehören die spätmittelalterlichen und frühneuzeitlichen Ständevertretungen in die Ahnengalerie unserer Parlamente. Ohne ihre Vorarbeit hätte es den modernen Parlamentarismus nicht gegeben.

Landesherren und Stände

Was gab es zwischen den Landesherren und den Ständen zu verhandeln? Das englische Beispiel mit dem frühzeitig durchgesetzten Steuerbewilligungsrecht zeigt, dass die Finanzen eine besondere Rolle spielten. Grundsätzlich musste, so die spätmittelalterliche Staatstheorie, jeder Landesherr mit den ihm aus seinem Amt zufließenden Einkünften auskommen. Damit waren vor allem die Erträge aus den Domänen, d. h. dem Königsland und der Gesamtheit der königlichen Herrschaftsrechte (Münzrecht, Zölle usw.), gemeint. Aber dies war spätestens im 15. Jahrhundert schon graue Theorie. Für politische Vorhaben, die das ganze Land angingen, verlangten die Landesherren um diese Zeit schon kräftige Steuerzahlungen ihrer Untertanen. Und eben hier setzten die Stände an, indem sie sich ihre Zustimmung zu Steuererhebungen gegen Zugeständnisse des Landesherren, etwa bei der Besetzung von landesherrlichen Beamtenstellen, abringen ließen. *Quod omnes tangit, ab omnibus approbetur!* (Was alle berührt, muss von allen gebilligt werden!) – so lautete eine der Parolen, die die ständische Mitwirkung einforderten. Nicht überall hatten die Stände dabei so viel Erfolg wie das englische Parlament. Vielerorts gab es über Jahrhunderte Auseinandersetzungen zwischen den Landesherren und ihren Ständen. Nicht immer siegte der Landesherr, häufig gab es Kompromisse, gelegentlich setzten sich die Stände durch. Für die Territorien des Römischen Reichs insgesamt hat sich die Forschung in den letzten Jahren auf die Aussage geeinigt, dass im Verhältnis zwischen Landesherrn und Landständen weit mehr ein Miteinander als ein Gegeneinander geherrscht habe.

Staat und Kirche, Staaten und Kirchen

Die Folgen der Reformation

Als zunächst in Deutschland, später in der Eidgenossenschaft, in England, den Niederlanden, Frankreich und anderswo die Reformation* die mittelalterliche Kircheneinheit auflöste, blieben die Staaten davon nicht unberührt. Politische Herrschaft hatte in der mittelalterlichen Welt immer etwas mit Gott zu tun. Sie war kein weltlicher Selbstzweck, sondern stets Verwirklichung des Willens Gottes auf Erden. Zwar war es in Europa, im Gegensatz etwa zu asiatischen Monarchien oder zu den Staaten der Antike, nicht üblich irdische Herrschaft als gottgleich zu begreifen. Aber es war selbstverständlich, dass jeder Fürst in einer umittelbaren Beziehung zu Gott stand, Bildnis Gottes *(imago dei)* war. Seine irdische Legitimation bezog er von der himmlischen Herrschaft; zwischen ihm und Gott stand niemand anderes. Und das hieß natürlich auch, dass jeder Fürst in besonderer Weise verpflichtet war für das Wohl der Kirche zu sorgen.
Nur gab es jetzt nicht mehr die Kirche, sondern mehrere, miteinander konkurrierende Kirchen. Und jede behauptete im alleinigen Besitz der Glaubenswahrheit zu sein. Das forderte auch die Staaten heraus und zwang sie Stellung zu beziehen. Im Verlauf des 16. Jahrhunderts bekam damit innerhalb des europäischen Staatensystems die Frage eine besondere Bedeutung, ob ein Staat und seine Untertanen Anhänger der alten, jetzt als „katholisch" bezeichneten Religion blieben oder ob sie sich zu einer der neuen, „evangelischen" Konfessionen bekannten. Mit dem Ende des Dreißigjährigen Krieges war diese Frage im Allgemeinen entschieden.
In Deutschland, dem Zentrum der Reformation, schuf der Augsburger Religionsfrieden von 1555 nach langen Auseinandersetzungen zwischen Kaiser und Reichsständen eine erste Grundlage für die neue deutsche Glaubensgeographie. Danach war es Sache der Landesherren über das in ihrem Territorium herrschende Bekenntnis zu entscheiden. Wer von den Untertanen dem nicht Folge leisten wollte, konnte unter Aufgabe von Hab und Gut das Land verlassen.
Große Teile Nord- und Ostdeutschlands sowie Hessen, Ansbach-Bayreuth, das Kurfürstentum Sachsen, Württemberg und andere kleinere Territorien waren um diese Zeit lutherisch, zahlreiche Herrschaften entlang der westlichen Reichsgrenze calvinistisch; die Mehrzahl der geistlichen Territorien in Süddeutschland, das Herzogtum Bayern und die habsburgischen Ländereien – von beträchtlichen Teilen des Adels abgesehen – waren hingegen katholisch. Im Zuge der Gegenreformation zwischen 1555 und 1648 gewann der Katholizismus erhebliche Anteile zurück, ohne dass sich die

Konfessionskarte fundamental änderte. Außerhalb des Reichs gelang es dem Luthertum nur noch in den skandinavischen Monarchien staatliche Territorien als Ganzes zu erobern. Der Calvinismus, von Genf ausgehend, wurde Mehrheitskonfession in den Niederlanden und in einer Reihe von Schweizer Kantonen. In Frankreich hingegen musste er nach mehr als 30 Jahren heftigster Religionskriege dem von Rom weitgehend unabhängigen Katholizismus französischer Prägung (Gallikanismus) die Rolle der Staatsreligion überlassen. Merkwürdig verlief die Entwicklung in England. Zwar trat es unter Heinrich VIII. zum neuen Glauben Genfer Herkunft über, doch die spezifischen Kirchenformen und -traditionen, die sich hier herausbildeten, bewahrten viel vom alten Glauben und bildeten den Rahmen für eine besondere Spielart evangelischer Kirchenbildung, die man als Anglikanismus bezeichnet.

Die Obrigkeit bei Luther und Calvin

Wie standen die neuen Konfessionen zu Staat und Politik? Weder Martin Luther noch Jean Calvin haben eigenständige Staatslehren entworfen. Ihr Problem war der Glaube, ihre Basis die Bibel. Luther hat sich freilich in mehreren Schriften zur Obrigkeit geäußert (siehe S. 137, Mat. 1). Er begriff Glaube und Politik als zwei voneinander getrennte Reiche und verlangte von den Gläubigen Unterordnung unter die Obrigkeit, solange diese nicht in die Glaubensfragen hineinredete. Für die Weltsicht Luthers war alles Weltliche ohnehin ein Reich der Sünde. Es war daher zumutbar, dass der Gläubige, der nur vorübergehend in diesem Reich leben musste, das Schwert der weltlichen Gewalt ertrug, selbst wenn es ungerecht oder gar tyrannisch war. Für die Entwicklung der lutherischen Reichsstände gewann dieses Obrigkeitsverständnis eine große Bedeutung. Denn in den meisten Territorien bereitete es – unter dem Schutz der dem Glauben dienenden Landesherrn – einem geordneten Nebeneinander beider Gewalten den Weg. Man spricht vom landesherrlichen Kirchenregiment, das für die lutherischen Reichsstände im Heiligen Römischen Reich typisch wurde. Eine besondere Obrigkeitsgläubigkeit, gar Obrigkeitsvergottung lässt sich keinesfalls auf Luther zurückführen, steht

Staaten und Konfessionen in Europa um 1570

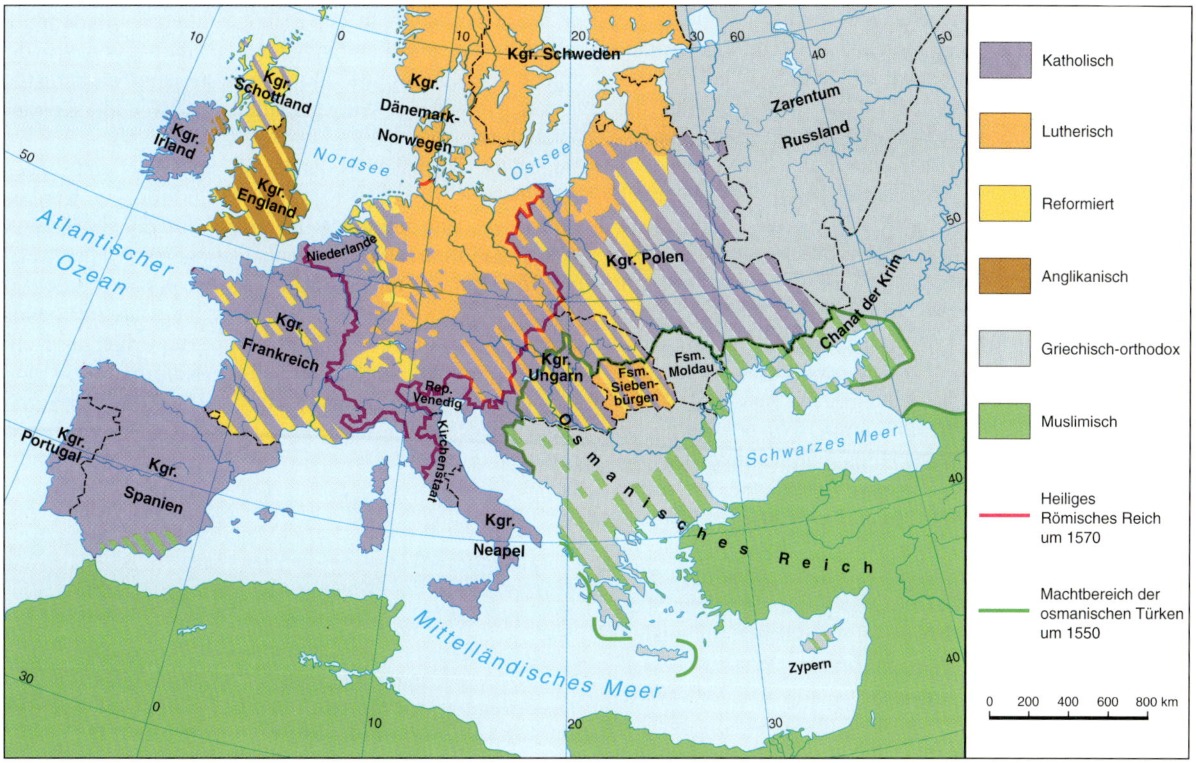

vielmehr in schroffem Gegensatz zu seiner Lehre. Calvins wichtigstes Wirkungsfeld war die Stadt Genf. In konsequenter Auseinandersetzung mit den politischen Autoritäten der Stadt versuchte er seine Vorstellungen von einem gottgefälligen, im Dienst der „Beförderung des Gottesreichs" stehenden Gemeinwesen zu verwirklichen. Mehr als für Luther war für Calvin Obrigkeit etwas, das von „unten", von den Beteiligten her mitgestaltet werden musste, etwa durch die Wahl der Obrigkeit durch das Volk (siehe S. 137, Mat. 2). Im Gegensatz zu Luther war Calvin Städter, er lebte und dachte als Bürger*. Das bedeutete einerseits Aufsicht und strengste Disziplin, andererseits Engagement, Mitbeteiligung, wenn auch noch keinesfalls Demokratie im modernen Sinne. Diese gemeindliche Einstellung, dieses auf öffentliche Beteiligung gerichtete Denken wurde kennzeichnend für den Entstehungsprozess der angelsächsischen Demokratien, die sich zu Recht auf Calvin zurückführen.

Konfessionalisierung

Die Reformation veränderte die Staatenwelt Europas mit dem Wirken Luthers. Den größten Einfluss gewann sie aber erst, seitdem die einzelnen Glaubensgemeinschaften – das Luthertum, der Calvinismus und die durch das Konzil von Trient (1545–1563) erneuerte alte Kirche – einander als Konfessionen in heftiger, durch kein Religionsgespräch mehr zu überwindender Konkurrenz um die Gläubigen gegenüberstanden. Das war seit dem letzten Viertel des 16. Jahrhunderts der Fall. Dort, wo sich eine neue Konfession, entweder die lutherische oder die calvinistische, festgesetzt hatte bzw. dort, wo sich die alte Kirche erfolgreich behauptet oder ihr Terrain wiedererobert hatte, begann in dieser Zeit ein Prozess intensiver Durchdringung des ganzen Landes mit Fragen und Problemen, die unmittelbar mit dem Glauben zusammenhingen. Ob die staatlichen Autoritäten es wollten oder nicht: Das Bekenntnis griff in alle Bereiche des öffentlichen Lebens ein und beherrschte auch die Politik so intensiv, dass von einer Trennung der Reiche im Sinne Luthers keine Rede mehr sein konnte. Wir nennen diesen Prozess auch Konfessionalisierung* und meinen damit die massive Abgrenzung konfessionell geprägter Territorien voneinander. Insbesondere in der kleinräumigen Staatenwelt des Deutschen Reichs trat in dieser Zeit damit etwas ein, das wir uns heute kaum mehr als europäische Realität vorstellen können: Menschen desselben Volks, desselben Standes, derselben Landschaft wurden zu Gegnern, ja Feinden. Der einzige Gegensatz, der sie im Zeichen der Konfessionalisierung voneinander zu trennen begann, war kein politischer, kein sozialer, er lag auch nicht in der Sprache oder gar in der Rasse, nicht einmal im Glauben, denn sie nannten sich alle Christen, sondern allein in der Konfession, im unterschiedlichen christlichen Bekenntnis. So etwas hatte Europa zuvor nicht gekannt. Es war ein Prozess von grundlegender kultureller Bedeutung, der Europa bis in das 20. Jahrhundert hinein seinen Stempel aufdrückte.

In vielen von der Reformation berührten Territorien führte der Prozess der Konfessionalisierung zu Religions- und Bürgerkriegen: Der Dreißigjährige Krieg, der Deutschland zwischen 1618 und 1648 entzweite, war nur der längste und grausamste unter ihnen. Er wurde dadurch so lang und folgenreich, dass in den Religionskonflikt von vornherein machtpolitische Erwägungen und Entscheidungen hineinspielten, die sich, je länger der Krieg dauerte, immer mehr in den Vordergrund drängten. Zuvor hatte es schon in Frankreich mehr als dreißigjährige blutige Kämpfe zwischen zwei mächtigen, um Einfluss auf den Hof ringenden Parteien gegeben. Sie wurden ganz wesentlich vom französischen Hochadel getragen, zogen aber ihre innere, ideologische Stärke aus dem religiösen Bekenntnis: die Partei des französischen Protestantismus, die von vornehmen, dem Königshaus nahestehenden Familien geführt wurde, und die katholische Hofpartei, die unter Führung des lothringischen Adelsgeschlechts der Guisen stand. Dass die Religionskriege in Frankreich nicht Parteikämpfe blieben, sondern allmählich das ganze Land in Mitleidenschaft zogen, war die eigentliche Katastrophe, aus der eine massive Stärkung der über den Parteien stehenden staatlichen Gewalt, des Königs, herausführte.

Auch der Freiheitskampf der nördlichen Niederlande gegen Spanien war in seinem Kern ein Religions- bzw. Konfessionskrieg, denn mit seinen Heeren zog dort der eiserne Wille König Philipps II. ein alle zum Calvinismus übergetretenen Niederländer in den Schoß der alten Kirche zurückzuholen. Dass ihm dies nicht gelang, hatte weitreichende Folgen. Denn zum ersten Mal in Europa führte hier das Konfessionsproblem – mittelbar also die Reformation – zum Entstehen eines ganz neuen Staates: die Republik der Vereinigten Niederlande (siehe Mat. S. 145–148).

1. *Beschreiben Sie die wesentlichen Veränderungen der Staaten und des Staatensystems im Europa des 16. Jahrhunderts.*
2. *Stellen Sie die Pflichten und die Rechte der Fürsten und der Stände in einem Schema dar. Welche Gründe gab es für das im 16./17. Jahrhundert anwachsende Übergewicht der Fürsten?*
3. *Erläutern Sie das Verhältnis von Religion und Staat im 16. Jahrhundert (siehe auch S. 137, Mat. 1 und 2).*

Absolute Monarchie und Absolutismus

Wandel des Staates

Die Idee der Staatsraison

Im Verlauf des 16. und frühen 17. Jahrhunderts veränderten die europäischen Monarchien und mit ihnen der Staat der frühen Neuzeit ihren Charakter. Bis dahin trug das Herrscherbild noch Züge, die dem Mittelalter und der Renaissance entstammten. Die Monarchen begriffen sich als vornehmste Adlige ihres Landes, sahen sich als Ritter, betonten den Gedanken der Gefolgschaft. Sie reisten in ihren Ländern umher, hielten an vielen Orten Gerichtssitzungen ab und kamen ihrer vornehmsten Aufgabe, der des obersten Richters, nicht selten persönlich nach. Ihr Lebens- und Herrschaftsstil hatte viel Persönliches, Direktes, Unvermitteltes, wenig Amtliches an sich. Hin und wieder riskierten die Renaissancefürsten sogar noch ein persönliches Duell oder die Teilnahme an einem Ritterturnier. Kaiser Karl V. schlug seinem französischen Gegner, König Franz I., im Verlauf ihrer langen Kriege einmal ein Entscheidungsduell vor. König Heinrich II. von Frankreich wurde dieses der vergangenen Ritterwelt entstammende Denken sogar zum Verhängnis. Die Lanze eines adligen Turniergegners kostete ihn 1559 das Leben. Die Beziehungen der Renaissancefürsten zu Ständen und Untertanen waren durch persönliche Elemente bestimmt; zwischen Herrschern und Beherrschten spielte das Abstraktum „Staat" noch keine bedeutende Rolle.

Spätestens seit Mitte des 17. Jahrhunderts sah dies völlig anders aus. Die neuen Fürsten waren strenge Amtspersonen, von einer Aura der Ordnung umgeben, von den Untertanen weit entfernt, zumeist in großen Hofanlagen außerhalb der mittelalterlichen Stadtkerne residierend, von einer Fülle von Beamten abgeschirmt, dem Irdischen fast entrückt und, ihrem Selbstverständnis nach, tatsächlich dem Göttlichen nahe.

Dieser Wandel kam nicht von ungefähr, sondern er hatte tiefere Ursachen. Zu Beginn der frühen Neuzeit lebten die europäischen Staaten in relativem Wohlstand. Die günstige Entwicklung der Wirtschaftskonjunktur überall in Europa begünstigte eine expansive Politik. Viele Staaten versuchten immer mehr Land, immer mehr Provinzen zu vereinnahmen. Die Großreichbildung, wie sie der deutsche Kaiser Karl V. in der ersten Hälfte des 16. Jahrhunderts unternahm, ist dafür das berühmteste Beispiel. Doch andere Herrscher dachten genauso. Mit den gewaltigen materiellen und sozialen Kosten, die die Religionskriege in allen beteiligten Ländern verursachten, brach diese expansive Phase in der Entwicklung des frühneuzeitlichen Staates ab. Um das zu verstehen brauchen wir nur an die verheerenden wirtschaftlichen Auswirkungen des Unabhängigkeitskampfes der Niederlande auf die rebellierenden Provinzen wie auf das spanische Königreich selbst zu denken, oder an die Huge-nottenkämpfe in Frankreich und an den Dreißigjährigen Krieg in Deutschland.

Mit diesen Kriegen in Mittel- und Westeuropa veränderte sich die wirtschaftliche, politische und religiöse Lage auf dem Kontinent und das politische Denken stellte sich darauf ein. Politische Philosophen und Staatsmänner entwarfen eine durch den Staat zu schaffende und zu überwachende Ordnung. Je mehr Unordnung in diesen Staaten herrschte, hervorgerufen vor allem durch das Religionsproblem, umso mehr Faszination übte eine solche Idee aus. Immer mehr Menschen glaubten an die Vorstellung, der Staat sei eine über den Interessen der Bevölkerungen, insbesondere über den religiösen Parteien stehende Kraft, die über eine eigene *raison*, eine eigene, nicht weiter ableitbare Begründung – die *Staatsraison** – verfüge. Und in diesem Zusammenhang entwickelte sich auch die Auffassung, dass den Repräsentanten des Staates – den Fürsten – eine deutlich über alle Untertanen hinausgehobene Stellung eingeräumt werden müsse, wenn sie der Ordnungskraft „Staat" und seinen „Interessen", seiner *raison*, wirkungsvoll dienen sollten.

Der absolutistische Staatsbegriff

Man spricht von der Epoche der absoluten Monarchie oder des Absolutismus*, die nach dem Ende der Religionskriege in Europa anbrach. Das Wort „absolut" bedeutet wörtlich „losgelöst"; es entstammt der römischen Rechtslehre und wurde im 16. Jahrhundert von dem französischen Juristen Jean Bodin in die Staatslehre eingeführt. In seiner grundlegenden Schrift *Les six livres de la république* (siehe S. 141, Mat. 1) definiert er die oberste Gewalt, die Souveränität*, in einem Staat und nennt sie die „gegenüber den Bürgern und Untertanen höchste und von den Gesetzen losgelöste Gewalt".

Die europäischen Landesherren bedienten sich dieser Begriffe und leiteten aus ihnen eine umfassende Legitimation ihrer Herrschaft ohne Beschränkungen von innen oder außen ab. Die Idee der „absoluten Monarchie" wurde zum Inbegriff fürstlichen Herrschaftswillens und Machtstrebens und verband sich im 17. Jahrhundert mit einer Steigerung der religiösen Weihe des Fürstenamts. Das Gottesgnadentum

Titelkupfer der Erstausgabe des „Leviathan" von Thomas Hobbes, 1651, London, British Museum (Ausschnitt)

der europäischen Fürsten, bis dahin eher dafür geschaffen sie zu demütigen Erfüllungsgehilfen Gottes auf Erden zu machen, bekam nun eine neue Dimension. Die Fürsten rückten ein Stück näher an Gott heran oder, genauer, sie holten Gott ein Stück näher zu sich herab.

Im Spanien Philipps II. wurden Elemente des Absolutismus zum ersten Mal systematisch eingesetzt. Frankreich, während der Religionskriege zeitweise dem Ruin nahe, baute die absolute Monarchie unter Heinrich IV., Ludwig XIII. und Ludwig XIV. am konsequentesten aus. Der langjährige Berater und Minister Ludwigs XIII., Kardinal Richelieu, war der bedeutendste europäische Theoretiker und Praktiker der absoluten Monarchie. In der Selbstdarstellung Ludwigs XIV. kulminierten alle Ansprüche des Absolutismus (siehe S. 138, Mat. 3 und 4) und führten dazu, dass dieses Regiment für den Fürstenstaat in Europa zum Vorbild schlechthin wurde. Unter den deutschen Reichsständen* sind Habsburg unter Ferdinand II., Bayern unter Maximilian I. und das Kurfürstentum Brandenburg unter Friedrich Wilhelm, dem Großen Kurfürsten, die prominentesten Vertreter dieser Regierungsform.

In Nordeuropa griffen absolutistische Tendenzen seit der Mitte des 17. Jahrhunderts in Dänemark und im späten 17. Jahrhundert in Schweden um sich. Für das Russland Peters des Großen hat sich hingegen trotz vieler Ähnlichkeiten seines Systems mit den mittel- und westeuropäischen Verhältnissen der Begriff Absolutismus niemals wirklich durchgesetzt. Der Sache nach gehörte aber auch Peters Regiment zum Typus der absoluten Monarchie.

Staatsfinanzen und Gesellschaft im Absolutismus

Der Prozess der Bürokratisierung

Was bedeutete Absolutismus im Einzelnen? Es ging nicht allein um den Fürsten und seine Stellung zu Gott, zu den Ständen, zu den Untertanen und zu den Gesetzen. Die neue Staats- und Regierungsform brachte vielmehr einen grundsätzlichen Wandel der Regierungstechnik mit sich. Schon im 15. und 16. Jahrhundert war in Europa der Bedarf nach professionell eingestellten Beamten gewachsen. Die *Geheimen Räte* in Deutschland, die *letrardos* in Spanien, die *officiers* in Frankreich sind Beispiele für die Neuentwicklung von Staatsämtern auf der Basis einer beruflichen Qualifikation in der Jurisprudenz. Aus ihr entwickelte sich später das Juristenmonopol unserer Staatsverwaltungen. Der Absolutismus nahm diese Tendenzen auf und systematisierte sie. Im Gerichtswesen, in der Diplomatie und an den Höfen, in der Finanzverwaltung, im Heeres- und Verkehrswesen, in der Wirtschaftsförderung, selbst im Bildungswesen – überall wuchsen dem frühneuzeitlichen Fürstenstaat neue Aufgaben zu, denen er mit einer beachtlichen Ausweitung der Staatstätigkeit und des Staatspersonals entsprach. Man bezeichnet diesen wichtigen Vorgang als *Bürokratisierung**. In der frühen Neuzeit erlebte der moderne Staat seinen ersten bedeutenden Bürokratisierungsschub, dem erst wieder im 19. Jahrhundert etwas Ähnliches folgte.

Das Heerwesen

Schrittmacher der absolutistischen Bürokratisierung war das Heerwesen. Im Zeichen der europäischen Mächtekonkurrenz und der religionspolitischen Verwicklungen nahezu aller Mächte nahm der Staat der frühen Neuzeit ein kriegerisches Aussehen an. Auch soziale Unruhen im Innern der Staaten, d.h. die fruhneuzeitlichen Volks- und Adelsaufstände, trugen zum Wachstum der Heere bei; denn ein ausgedehntes Polizeiwesen kannten die Staaten um diese Zeit noch nicht, sodass die Armeen oft „innere" Aufgaben zu übernehmen hatten. Die schwer bewaffneten Hauptbeteiligten des Dreißigjährigen Krieges – das Frankreich Richelieus, das Habsburg Ferdinands II. und Wallensteins, das Schweden Gustav Adolfs – gewannen geradezu den Charakter von Militärmonarchien. Ihr Wesen war in gewisser Weise die Kriegsführung, der Krieg stand in enger Beziehung zum Aufbau des ganzen Staates und zur Legitimation seiner Herrschaft. Kein Wunder also, dass vom Kriegswesen in diesen Staaten ein mächtiger Impuls für den Aufbau einer neuen Bürokratie ausging.

Zwischen 1600 und 1760 vergrößerten die europäischen Heere ihre Kopfstärke um das Fünffache, ihre Feuerkraft gar etwa um das Hundertfache (siehe Tabelle S. 111). Dahinter verbirgt sich ein Strukturwandel des alteuropäischen Staates, der im Wesentlichen von den absoluten Monarchien vorangetrieben wurde. Noch im Dreißigjährigen Krieg operierten viele jener Staaten, die sich überhaupt eine aktive Teilnahme am Kriegsgeschehen leisten konnten, vornehmlich mit „geliehenen" Armeen, mit Söldnerheeren. Danach erst wuchsen moderne stehende Heere* heran. „Stehendes" Heer meint, dass die staatlichen Heeresverwaltungen die geworbenen Soldaten auch in Friedenszeiten unterhielten, d.h. unterbrachten, ernährten, einkleideten, trainierten und besoldeten. Das hatte Folgen für die übrige zivile und militärische Verwaltung. Die alten Offizierskorps mussten reformiert, neue, von einem modernen Disziplinbegriff durchdrungene geschaffen werden. Kasernen mussten gebaut, Manufakturen für die Herstellung von Uniformen und Waffen eingerichtet, große Gestüte für die Reiterei gegründet werden. Die stehenden Heere wurden so zum Vorläufer der modernen Berufsarmeen und sie brachten für den Staat der frühen Neuzeit ähnlich gravierende finanzielle Probleme mit sich, wie wir es in der Gegenwart angesichts enormer Verteidigungshaushalte gewohnt sind. Dies galt vor allem für jene Mächte, die es sich von ihrem Anspruch her nicht leisten konnten den Prestige- und Machtwettkämpfen innerhalb des europäischen Staatensystems fernzubleiben, obwohl sie bei weitem nicht über die Ressourcen verfügten um dies ohne Gefährdung ihrer Existenzbasis zu tun.

Zivilverwaltung

Nicht nur im Heerwesen, auch in der zivilen Verwaltung setzte sich der neue Ordnungsgedanke durch. Die alten Gerichts- und Finanzinstitutionen wurden reformiert und mit einem neuen, beruflich besser qualifizierten Personal besetzt. Um diese Fachleute auszubilden, wurden Universitäten mit neuen juristischen und staatswissenschaftlichen Fakultäten gegründet – in Deutschland z.B. in Marburg (1527), Jena (1558), Helmstedt (1576) und Rinteln (1627). Besonders erfolgreich bei der Neueinrichtung ihrer Verwaltung waren die absoluten Monarchien Frankreichs und Preußens im 17. und 18. Jahrhundert. Frankreich ragt heraus durch die Schaffung des Intendanten, eines von der Zentrale abhängigen Verwaltungsbeamten mit umfassenden Kompetenzen im Gerichts-, Finanz-, Polizei- und selbst im Heerwesen. Durch die Intendanten trug der König seinen Willen direkt in die entferntesten Provinzen, bzw. er versuchte es, denn nicht alle Pläne dieser Art waren von Erfolg gekrönt. In Preußen richtete 1723 König Friedrich Wilhelm I. mit dem Generaldirektorium eine für den Gesamtstaat zuständige höchste Verwaltungsbehörde ein. Von ihr gingen von nun an entscheidende Impulse für die Finanz- und Wirtschaftspolitik Brandenburg-Preußens aus.

Sozialdisziplinierung

Mit der Zeit begründete der Absolutismus ein neues Verhältnis zwischen dem Staat und den einzelnen Menschen. Die Historiker haben dafür den Begriff der Sozialdisziplinierung entwickelt. Sie meinen damit, dass die Menschen in ihrem Zusammenleben miteinander und in ihrem Verhalten gegenüber der Staatsautorität im Verlauf des 17. und 18. Jahrhunderts von der Idee der Disziplin, d.h. der Verinnerlichung von Zwängen, erfasst wurden. Die noch im Mittelalter und in der Renaissance vorhandene Vielfalt und Ungebundenheit der Lebensformen und Lebensbezüge wurde allmählich aufgegeben. Der Mensch, bisher vor allem Mitglied seines Standes, seiner Familie, seines Dorfes, wurde immer mehr zum Untertanen. Beachtet man, dass es sich dabei nicht um eine Veränderung von heute auf morgen, sondern um einen langen, mehr als zwei Jahrhunderte dauernden Prozess handelt, dann bietet die These von der Sozialdisziplierung wertvolle Einsichten. Sie hilft auch zu verstehen, dass die Gesellschaften Europas im 19. und 20. Jahrhundert erst demokratisiert werden konnten, nachdem sie zunächst „sozialdiszipliniert", d. h. nachdem die Untertanen in ein annähernd gleichförmiges Verhältnis zum Staat gebracht worden waren.

Staatsausgaben und -einnahmen

Nicht nur Heere und Verwaltung, auch die Höfe verschlangen in den absolutistischen Staaten der frühen Neuzeit Unsummen. Und dabei war nicht nur Verschwendungssucht am Werk. Selbst wenn er es wollte, konnte ein frühneuzeitlicher Fürst nicht sehr intensiv in das alltägliche Leben seiner Untertanen hineinregieren. Er konnte zwar täglich die detailliertesten Verordnungen erlassen, ihre Durchsetzung aber zu kontrollieren, dazu fehlten ihm angesichts der schwierigen Verkehrs- und Kommunikationsverhältnisse dieser Zeit alle Möglichkeiten. So vollzog sich ein Großteil des damaligen Regierungshandelns auf hoher Ebene, der des Hofes, wo der Fürst handelte, indem er repräsentierte. Hier zog er Mitglieder der oberen Stände an sich, beeinflusste sie auf diese Weise und sorgte dafür, dass sie ihrerseits ihre fernen Standesgenossen beeinflussten. Der frühneuzeitliche Fürstenstaat war demnach nicht in erster Linie Verwaltungsstaat, sondern Repräsentationsstaat.
Hier liegt der Grund dafür, dass die Höfe aller frühneuzeitlichen Residenzen so überaus aufwendig gerieten, gleich-

gültig, ob wir nun an Madrid, Versailles, Wien, München, Dresden, Mannheim oder Karlsruhe denken. Nach den Heeren beanspruchten die Residenzen den Löwenanteil der staatlichen Einkünfte. Heere und Höfe sorgten dafür, dass die Frage der Finanzen im Staat der frühen Neuzeit, vor allem in den großen absolutistischen Monarchien (Spanien, Frankreich, Habsburg), zu einem dauerhaften Strukturproblem wurde, das erst in der Epoche der staatlich-politischen Reformen und Revolutionen im späten 18. und 19. Jahrhundert gelöst wurde.

Im Gegensatz zu heute war der Staat in der frühen Neuzeit noch kein Steuerstaat, wohl aber ein „Abgabenstaat". Direkte Steuern zahlten in aller Regel nur die nichtprivilegierten Bevölkerungsschichten, und deren besteuerbare Einkünfte und Besitztümer waren begrenzt. Fürstliche Begehren um eine massive Erhöhung der direkten Steuern oder um die Einführung von Sondersteuern stießen oft auf den Unwillen und den Protest der unteren Bevölkerungsschichten, die durchaus Möglichkeiten zu passivem oder aktivem Widerstand hatten. Das soll freilich nicht heißen, dass die direkten Steuern nicht häufig angehoben wurden. Als sich Frankreich 1635 zur unmittelbaren Teilnahme am Dreißigjährigen Krieg entschloss, begann die *taille*, die wichtigste direkte Steuer des Landes, kräftig zu steigen. Dieser Anstieg dauerte Jahre und er war unwiderruflich. Es war dann allerdings kein Zufall, dass heftige Bauern- und Volksaufstände das Land in den Folgejahren erschütterten (siehe S. 126 f.).

Auch die Stände hatten, wo sie über Ständeversammlungen oder Ausschüsse als Institutionen der ständischen Meinungsbildung verfügten, stets ein wachsames Auge auf die fürstliche Steuerpolitik. Selbst wenn er von direkter Besteuerung ausgenommen war, konnte es z. B. dem Adel eines Landes nicht gleichgültig sein, ob die von ihm abhängigen Bauern von fürstlichen Steuerbeamten hart angepackt wurden oder nicht. Die Steuer- und Finanzpolitik des Fürsten war der häufigste Konfliktgegenstand zwischen Fürsten und Ständen, und nicht selten endeten Konflikte damit, dass die Fürsten einlenkten.

So musste der frühneuzeitliche Fürstenstaat sehr oft auf andere Finanzierungspraktiken ausweichen. Im Verlaufe der frühen Neuzeit wurden die indirekten Steuern, die beim Kauf und Verkauf von bestimmten Waren und Lebensmitteln erhoben wurden, immer wichtiger; dasselbe galt für Zölle, Zahlungen für Monopole, Bannrechte, Privilegien und viele andere aus den Souveränitätsrechten fließende Abgaben. Ein dichtes Abgabennetz überzog diesen Staat und drohte ihn zeitweise zu ersticken ohne damit seine Finanzierungsprobleme zu lösen. Nicht wenige der staatlichen Wirtschaftsunternehmungen, die im Zeichen des Merkantilismus* eingeleitet wurden, hatten in erster Linie einen fiskalischen Hintergrund und wurden von den fürstlichen Beamten oder den Fürsten selbst so verstanden – oder besser: missverstanden.

Staatsverschuldung und Finanziers

Direkte und indirekte Steuern, Zölle, Abgaben, wo immer solche möglich waren – all das reichte nicht aus um den unermesslichen Finanzbedarf des frühneuzeitlichen Fürstenstaats zu decken. So griff er zu einem weiteren Mittel: dem Schuldenmachen (siehe Tabellen S. 111). Hierin entwickelte er eine große Virtuosität. Der Sache nach wurde er damit zum Vorbild für den modernen Staat des 19. und 20. Jahrhunderts. Denn kein Staatswesen der Gegenwart kommt ohne den Gang auf den Kreditmarkt aus und die Frage über Höhe und Zwecke der Verschuldung steht in den parlamentarischen Demokratien alljährlich im Zentrum der Auseinandersetzung zwischen Regierung und Opposition, zwischen Politikern und Wählern. Die Verschuldungspraktiken freilich, die im Absolutismus üblich wurden, waren aus heutiger Sicht ungewöhnlich und nicht selten bizarr. Es war kein Zufall, dass im 18. Jahrhundert im Zeichen des aufgeklärten Absolutismus gerade das Finanzwesen der europäischen Staaten zum zentralen Gegenstand von Reformen oder Reformvorschlägen wurde. In Frankreich gehörten Gedanken zur Finanzreform zum breiten Ideengut der vorrevolutionären Zeit. Sie sorgten dafür, dass der französische Staat nach 1789 tatsächlich in seinem Finanzwesen grundlegend umgewandelt wurde.

Will ein Staat Schulden machen, so braucht er Menschen, die bereit sind ihm Geld zu leihen. Das Vertrauen, das die europäischen Fürsten der frühen Neuzeit in dieser Hinsicht genossen, war nicht besonders groß. Zwar fanden sich immer wieder einzelne Bankiers, die in der Aussicht auf Vergünstigungen durch ihren fürstlichen Schuldner erhebliche Summen vorstreckten und nicht selten bereit sein mussten auf die pünktliche Rückzahlung ihres Geldes zu verzichten oder die Zinsen zu stunden: Die Fugger in Augsburg sind hier zu nennen, die Medici in Florenz oder die sogenannten „Hofjuden".

Doch mit dem Wachstum der Staaten und ihres politischen Betriebs konnten einzelne Bankiers oder Bankiersfamilien solche Lasten nicht mehr tragen. Die Geldbeschaffung musste auf mehrere Schultern verlagert werden. Für die Fürsten ging es letztlich darum auf irgendeine Weise an den Reichtum ihrer vermögenden Untertanen heranzukommen, die durch das Steuerprivileg geschützt waren. Besondere Fantasie legten in dieser Hinsicht die französischen Könige an den Tag. Sie gaben Staats- und Rentenpapiere aus und erhielten auf diese Weise Zugang zum Vermögen des Bürgertums, insbesondere der reichen Bürger von Paris. Sie verpachteten oder verpfändeten den staatlichen Immobilienbesitz und gaben staatliche Hoheitsrechte, z. B. die Steuer- und Zolleintreibung, gegen Pauschalzahlungen an private Unternehmer ab. Sie verkauften Ämter, Titel und Würden an Privatpersonen und schufen zu diesem Zweck Tausende neuer Amtsstellen, ohne dass die Amtsinhaber jemals wirklich als Beamte tätig wurden. Ämterkäuflichkeit und Ämtererblichkeit, verbunden mit der Erhebung der Amtsinhaber in den persönlichen oder gar erblichen Adel, gehörten im 17. und frühen 18. Jahrhundert zum festen Haushaltsgebaren der französischen Monarchie, mit weitreichenden negativen Folgen für die Wirtschaftsgesinnung der Käufer, die sich aus den produktiven bürgerlichen Berufen zurückzogen.

Das alles bedurfte der Dienste von Gehilfen und Mittelsmännern, sodass Gewinne aus dem Geschäft vom König und seinen Ministern mit erheblichen Ausgaben für Vermittlung, Verwaltung und Korruption erkauft werden mussten. Dennoch vermochte sich kein Staat solchen Praktiken ganz zu entziehen. Unterhalb der offiziellen staatlichen Verwaltung entstand ein ganz eigenes Geflecht von gelegentlich dubiosen Leuten, die mit dem Management der Staatsfinanzen beschäftigt waren. In kleineren Staaten war es überschaubar, bestand gelegentlich nur aus wenigen Leuten. Je größer ein Staat war, umso breiter war die Schicht der *financiers*, die mit der Finanzierung dieses Staats verbunden waren. Finanzmann des Königs zu werden wurde zu einem Beruf eigener Art. Ganze Familien aus allen Schichten des Bürgertums wandten sich von ihren bisherigen, produktiven Tätigkeiten ab und versuchten im Dienst der königlichen Finanzen ihr Glück zu machen. Und vielen gelang dies, wenn sie Geduld hatten, auf glänzende Weise. Denn die Fürsten waren im Allgemeinen bereit die Zahlungs- und Hilfsbereitschaft von Untertanen großzügig zu honorieren, z. B. mit Adelstiteln. Und welcher Bürger träumte im Ancien Régime nicht davon seinem niederen Stand zu entkommen und als Adliger ein Stück näher an die strahlende Sonne in Versailles oder Madrid, in Wien oder Dresden zu rücken? Der französische Dichter Molière (1622–1673), ein Günstling Ludwigs XIV., hat seine Komödien mit Figuren dieser Art, mit den Parvenus der absolutistischen Hofgesellschaft, bevölkert.

So lässt sich sagen, dass der Absolutismus, der von seiner Idee her ein politisches System war, das dem Fürsten viel, den Untertanen hingegen wenig Handlungsspielraum einräumte, im alltäglichen Regierungsgeschäft eine enge Verflechtung von Regierenden und Regierten voraussetzte. Die Untertanen hatten keine verfassungsmäßig einklagbaren Rechte. Einigermaßen geschützt waren nur die wohlhabenden Bevölkerungsschichten, die über ihren Wohlstand direkt an den staatlichen Finanzgeschäften partizipierten. Aber es herrschte auch keine Rechtlosigkeit in einem solchen Staat, denn der Fürst musste die Eigentumsrechte seiner Untertanen respektieren, wollte er weiterhin ein Minimum an Vertrauen – und das heißt auch: Kredit – im Lande haben. Der enge Zusammenhang von Freiheit und Eigentum in der späteren bürgerlichen Gesellschaft hat hier eine seiner Wurzeln.

Merkantilismus

Auch die Wirtschaft stand für den frühneuzeitlichen Fürstenstaat unter fiskalischen Vorzeichen. Im Zeitalter des Absolutismus gab es in Europa erstmals so etwas wie staatliche Wirtschaftspolitik in größerem Stil. Sie erstreckte sich in der Regel über drei Sektoren: die inländische Gewerbeproduktion, den Erwerb von ausländischen Ländereien, insbesondere von Kolonien* in Übersee und darauf aufbauend den Fernhandel. Zeitgenössische Autoren, darunter königliche Minister, haben darüber geschrieben und dabei Leitlinien des wirtschaftspolitischen Handelns aufgestellt. Historiker haben daraus später ein umfassendes System gemacht und sich vorgestellt, die frühneuzeitlichen Fürsten hätten systematische Wirtschaftspolitik betrieben. Man spricht von Merkantilismus* und meint damit, dass alles gefördert wurde, was den wirtschaftlichen Nutzen des eigenen Staates mehrte: das Erreichen einer positiven Handelsbilanz etwa, die Hortung der wertvollen Edelmetalle im eigenen Land, die Rohstoffgewinnung und Weiterverarbeitung im Inland, die Ausfuhr von fertigen Manufakturgütern, die Förderung von Handelsflotten oder der Ausbau der Verkehrswege.

In der Tat hat es viele Versuche und Ansätze dieser Art gegeben, nicht nur in den absoluten Monarchien, sondern in allen bedeutenden europäischen Staaten. Führende Merkantilisten waren die Holländer und Engländer, deren Kaufleute von ihren Staaten wirkungsvoll bei der Durchsetzung ihrer Interessen unterstützt wurden. In den großen absoluten Monarchien sah das anders aus. Hier stand die Wirtschaft im Dienst von Staat und Monarchen, nicht umgekehrt. So hat Frankreich unter Richelieu und Colbert eine Reihe von merkantilistischen Wirtschaftsgedanken wie im Lehrbuch ausgeführt. Es baute seine Handelsflotte aus, erwarb im Norden Amerikas große Kolonien, errichtete Manufakturen für die Waffenproduktion oder für gewerbliche Güter des gehobenen Bedarfs (Seide, Gobelins, Glas), es gründete Handelsgesellschaften und führte gegen die Konkurrenz im Norden, die Niederlande, regelrechte Handelskriege. Die im

18.Jahrhundert gegründete Porzellanmanufaktur von Sèvres hat Weltruf erlangt, nicht anders als die sächsischen Gründungen in Meißen und Dresden. Und dennoch ist Frankreich niemals, wie die Niederlande oder England, zu einer führenden Handelsnation in Europa geworden. Zu sehr standen Handels- und Wirtschaftspolitik hier im Zeichen der Militärmonarchie, zu sehr ging es um staatliche Geldabschöpfung statt um Freiheit des Handels, zu sehr hatte überall der Fiskus seine Hände im Spiel.

Opposition gegen den Absolutismus

Der Prozess staatlicher Verdichtung, den wir Absolutismus nennen, vollzog sich nicht reibungslos. Im Gegenteil: Fast alle europäischen Staaten waren vom Anfang bis über die Mitte des 17. Jahrhunderts hinaus Schauplatz von inneren Konflikten und Aufständen, und dies zu einer Zeit, als die meisten Staaten gleichzeitig Krieg gegen andere führten. Wetterkatastrophen, Pestepidemien, Erntekrisen, Viehseuchen und große Teuerungen waren fast immer Begleiter, gelegentlich auch Auslöser von Aufständen.

Vielerorts waren die Aufstände von konfessionellen Auseinandersetzungen überlagert, sodass sich viele verschiedene Aufstandsmotive vermischten. In Frankreich, im habsburgischen Österreich, in Bayern, Böhmen, Spanien, Neapel und Sizilien sind besonders heftige Unruhen nachgewiesen, die zeitweise den Charakter von Volksaufständen annahmen und in mancher Hinsicht an die Bauernkriege zu Beginn des 16. Jahrhunderts erinnern. Man muss sorgfältig unterscheiden, von wem solche Aufstände ausgingen, wer an ihnen beteiligt war und welchen Zielen sie dienten.

Adelsaufstände

In allen Staaten zählte der Adel in dieser Zeit zu den unruhigsten sozialen Gruppen, weil seine Vorrechte durch den königlichen Machtzuwachs am meisten bedroht waren. So finden wir Adlige fast überall an Aufstandsunternehmungen beteiligt. In der großen katalanischen Revolte von 1640 gegen den spanischen König spielte der Adel die Hauptrolle und er kämpfte in dieser von früherer Selbstständigkeit träumenden Nordostprovinz um die Abtrennung vom neu entstandenen spanischen Zentralstaat. Soziale Unzufriedenheit des Standes verband sich mit einem Regionalismus, der sich erhalten hat und sich gerade heute wieder in dem Selbstbewusstsein Kataloniens – der Region um Barcelona – gegenüber der Zentrale in Madrid äußert.

Auch anderswo, etwa in Frankreich, machte der Adel gegen die Krone mobil. Anders als in Spanien geschah dies hier nicht nur an der Peripherie, in einer zur Abspaltung von der Zentrale neigenden Provinz, sondern im Zentrum selbst, in Paris, am Hof, in der Regierung. Richelieu und Mazarin, die beiden Kardinäle, die jahrzehntelang die Politik Frankreichs bestimmten, bevor Ludwig XIV. 1661 die Regierung selbst übernahm, hatten zeitlebens mit der Niederwerfung von Adelsaufständen zu tun. Mehrfach stand dabei ihr persönliches Schicksal auf des Messers Schneide.

So etwa im Jahr 1627, als sich, einem strengen Duellverbot des Königs zuwiderhandelnd, zwei Hochadlige mitten in Paris duellierten. Zu jener Zeit war das Duell Inbegriff und Höhepunkt der adligen Lebensweise. König und Regierung hingegen wollten durch ihre Duellgesetzgebung das Ausbluten des Standes verhindern und der adligen Selbstherrlichkeit Einhalt gebieten. Beide Kontrahenten wurden verhaftet und vom höchsten französischen Gerichtshof, dem Pariser Parlament, zum Tod durch Enthauptung verurteilt. Die Fürsprache aus dem Hochadel war überwältigend, eine der Gattinnen intervenierte persönlich beim König. „Die Dame erweckt mein Mitleid, aber ich will und muss meine Autorität wahren", soll der König zu seiner Umgebung gesagt haben. Von Richelieu gestärkt verweigerte er die Begnadigung. Diese und ähnliche Entscheidungen drängten den französischen Adel über Jahre, vor allem in der sogenannten *Fronde* 1648–1653, in Opposition zum Königtum. Erst Ludwig XIV. gelang es ihn zu befrieden und durch den Aufbau des glanzvollen Hofsystems in Versailles mit der Krone zu versöhnen.

Volksaufstände

Doch nicht nur im Adel gab es Unzufriedene. Noch größerer Druck auf die monarchischen Regierungen ging von den zahllosen Volkserhebungen aus, die Europa in der Frühphase des Absolutismus erschütterten. Ihre Träger kamen vor allem aus den nichtständischen Unterschichten, doch nahmen auch Bauern, Bürger, selbst Landadlige an diesen Aufständen teil. Selten hatten ihre Kämpfe ein klares und eindeutiges politisches Ziel. Denn sie stritten in der Regel nicht für die Verbesserung oder Veränderung von politischen Gegebenheiten, sondern gegen die Verschlechterung von Lebensbedingungen. Nicht die Herrscher oder gar „der Staat" waren Ziel ihres Angriffs, vielmehr deren Repräsentanten vor Ort, die Beamten, die Steuern eintreiben, Abgaben kassieren, Truppen einquartieren, Getreide requirieren, unbeliebte herrschaftliche Edikte durchsetzen oder willkürliche Verhaftungen durchführen mussten. „Es lebe der König – ohne die Salzsteuer!" war der bekannteste Schlachtruf französischer Bauern, wenn sie gegen königliche Beamten vorgingen, Wagenladungen voll requiriertem Getreide in die Gräben warfen oder Steuerbüros plünderten. Im Gegensatz

Das europäische Ausgreifen nach Übersee: Der Kolonialismus

Ein Charakteristikum der europäischen Geschichte ist die politische und geographische Zersplitterung, was die dauerhafte Ausbildung von dezentralisierten Machtzentren förderte. Die Vielzahl konkurrierender Zentren brachte ein Wettrüsten mit einer beständigen Verbesserung der Waffen und der Kampftechniken mit sich. Politische Rivalitäten und Erfordernisse des Fernhandels hatten auch die Schiffs- und die Navigationstechnik in Europa nach 1400 derart verbessert, dass die europäischen Flotten auf den Weltmeeren bald konkurrenzlos waren. Diese Entwicklung ermöglichte die im 15. Jahrhundert einsetzende Überseeexpansion, begünstigt durch den Niedergang Chinas und des Osmanischen Reiches. In Portugal und Spanien, den Vorreitern einer über Europa hinausgreifenden Expansion, war es zum Aufbau von großen Militärpotentialen gekommen, die deren Herrscher nach der Zurückdrängung des Islam in überseeische Räume lenkten. Im Vertrag von Tordesillas (1494) teilten sie die außereuropäischen Gebiete unter sich auf: Amerika fiel (mit Ausnahme von Brasilien) an Spanien, Portugal reservierte sich Asien (mit Ausnahme der Philippinen) und Afrika.

In Asien ging es den Europäern um den lukrativen Fernhandel mit Gewürzen und Luxustextilien. Im 16. Jahrhundert baute Portugal zu dessen Kontrolle ein Stützpunktsystem um den Indischen Ozean auf. Nach dem Machtverfall der iberischen Mächte folgten ihnen im 17. und 18. Jahrhundert vor allem englische und niederländische Handelsgesellschaften. Typisch für die europäische Expansion in Asien bis in das 18. Jahrhundert hinein war ihre Beschränkung auf Stützpunkte in Küstennähe und die weitgehend friedliche Zusammenarbeit mit den einheimischen Eliten. Die Niederländische Ostindienkompanie, die besonders am Export von indischen Textilien verdiente, trug mit der Zeit jedoch zur politischen Destabilisierung der Region bei. Sie wurde in regionale militärische Konflikte hineingezogen, was imperialistische Tendenzen nährte (siehe Mat. S. 149–153).

In Amerika traten die Europäer mehr als Siedler auf. In Mittel- und Südamerika errichteten sie Silberbergwerke und große Plantagen, auf denen überwiegend Zucker, Kaffee und Kakao von indianischen und afrikanischen Sklaven in Zwangsarbeit angebaut wurden. Im Osten Nordamerikas siedelten dagegen vor allem englische, mittel- und nordeuropäische Siedler als unabhängige Bauern, nachdem sie die indianischen Einwohner vertrieben hatten. Diese bald wohlhabende und politisch selbstbewusste Mittelschicht erkämpfte in der Amerikanischen Revolution die Unabhängigkeit vom Mutterland England. Im 19. Jahrhundert folgten ihnen die südamerikanischen Staaten mit ihrer Unabhängigkeitserklärung von den Kolonialmächten Spanien und Portugal.

zu den königlichen Heeren waren die städtischen oder ländlichen Volkshaufen schlecht bewaffnet und schlecht organisiert. Und sie hatten keine Chance, wenn sich der Landesherr zu einer massiven Gegenwehr entschloss. In einem überschaubaren Staat wie dem Herzogtum Bayern wurden Volksaufstände zu Beginn des 17. Jahrhunderts daher auch schnell und kompromisslos niedergeschlagen. In einem Großreich wie Frankreich war es nicht so leicht möglich überall Truppen zur Stelle zu haben, zumal Volksaufstände in den 1630er Jahren an vielen Plätzen zugleich ausbrachen – in der Provence, in der Normandie, in der Bretagne und anderswo. Hier hat es häufig Verhandlungen und befristete Kompromisse gegeben: Steuerforderungen der Krone wurden ausgesetzt, die alten Freiheiten und Privilegien von Provinzen erneuert oder Einquartierungen von Soldaten zurückgenommen.

Aufhalten ließ sich der Prozess der absolutistischen Staatsbildung auf diese Weise nicht. Immerhin zeigen die Volksaufstände des 17. Jahrhunderts, dass „das Volk" auch damals gelegentlich schon handelndes Subjekt, nicht immer nur willenloses Objekt der Politik war. Wo gar viele Aufstandsmotive in eine einzige, große Bewegung flossen und geeignet waren ganze Provinzen in ihrer Konfliktbereitschaft gegen den König zusammenzuschweißen konnte ein regionaler Aufstand auch zu ganz unerwarteten, weitreichenden Ergebnissen führen. Der „Volksaufstand" wurde dann zum „Freiheitskampf". Die Provinzen der nördlichen Niederlande führten in der zweiten Hälfte des 16. Jahrhunderts einen solchen Kampf gegen „ihren" König, den Spanier Philipp II., der weit weg von ihnen im fernen Madrid residierte. Am Ende dieses Kampfes stand die Gründung eines neuen Staates. Das war dann kein absolutistischer Staat mehr, sondern eine ständische Republik und sie entwickelte sich zu einer markanten Alternative zum Absolutismus (siehe Mat. S. 145–148).

1. *Beschreiben Sie die Strukturmerkmale des Absolutismus.*
2. *Stellen Sie das Finanzsystem des Absolutismus in einer Übersicht dar. Vergleichen Sie die Staatsausgaben und -einnahmen jener Zeit mit denen in der Gegenwart.*
3. *Diskutieren Sie die These des Autors, der Absolutismus sei in der Praxis weniger „absolutistisch" gewesen als in der Theorie.*

Das europäische Staatensystem im 17. Jahrhundert

Der Westfälische Frieden (1648)

Das Jahr 1648 war für alle europäischen Staaten und Völker ein Schicksalsjahr. Mit den Friedensschlüssen von Münster und Osnabrück („Westfälischer Friede") ging der Dreißigjährige Krieg zu Ende, der für damalige Verhältnisse den Charakter eines Weltkriegs trug. Zum ersten Mal seit der Ausbildung des europäischen Staatensystems waren zahlreiche Mächte und Parteien zu gleicher Zeit in einen Krieg verwickelt, für den vor allem das Reich und seine im Westen und Osten angrenzenden Territorien den Schauplatz bildeten.

Der Dreißigjährige Krieg war Konfessions- und europäischer Mächtekrieg zugleich. In ihm wurde über die konfessionellen Besitzstände im Reich und über die vorherrschenden Machtpositionen in Europa gerungen. Je länger der Krieg dauerte, umso mehr schob sich der Mächtekampf in den Vordergrund. Frankreich, seit eineinhalb Jahrhunderten im Dauerkonflikt mit Spanien liegend, sah und fand hier die Gelegenheit einen gewaltigen Schlag gegen Gesamthabsburg – Österreich, das Reich und Spanien – zu führen. Zu diesem Zweck entwickelte es das Instrument des Bündnisses über alle Konfessionsgrenzen hinweg zur Perfektion und gewann mit dem protestantischen Schweden die neben Frankreich bedeutendste militärische Großmacht zum Partner. Beide Mächte beendeten den Krieg als Sieger und eigentliche Kriegsgewinner; sie diktierten in Münster und Osnabrück die wesentlichen Züge des Friedensabkommens.

Französische Hegemonie

Wichtigstes Ziel Frankreichs war es, im Zentrum Europas keine neue habsburgische Großmacht entstehen zu lassen. Folglich wurde das Reich in dem Vertrag geschwächt, soweit es irgend ging. Den Reichsständen, d.h. den deutschen Einzelstaaten, wurde ihre Landeshoheit ausdrücklich bestätigt. Sie erhielten darüber hinaus ein weitgehendes Mitbestimmungsrecht in Reichsangelegenheiten einschließlich des Rechts mit ausländischen Mächten Bündnisse zu schließen. Sie verfügten damit über die entscheidenden Insignien moderner Staatlichkeit. Dies war ein gegen die Interessen und die Verfassung des Reichs gerichteter Schlag, von dem es sich nicht mehr erholte.

Damit waren endgültig die Voraussetzungen für eine Vorherrschaft Frankreichs in Europa geschaffen. Ihr erster Bauherr war Richelieu, ihr Vollender Ludwig XIV. Hatte Frankreich schon unter Richelieu den Weg zu einer kontinentalen Militärmonarchie mit Entschiedenheit beschritten, so trieb Ludwig diese Entwicklung in einem bis dahin nicht vorstellbaren Maße voran. Alles, was mit dem Heer, der Logistik, den Befestigungen, der Ausbildung von Offizieren zu tun hatte, wurde in einer für die Zeit hochmodernen Weise angepackt und organisiert. Ein Kriegsministerium wurde eingerichtet, ein Generalinspekteur für die Überwachung von Ausbildung und Disziplin in den Truppen ernannt sowie der Bau von Kasernen, Lazaretten und Übungsplätzen organisiert. Und obwohl Ludwig angetreten war um Ordnung in sein durch Volksaufstände und Bürgerkrieg durcheinandergewirbeltes Reich zu bringen riskierte er für seinen Kriegsruhm und die militärische Präsenz seines Landes in Europa erneut Schulden, Misswirtschaft und innere Übelstände, wie kein Franzose sie bis dahin erlebt hatte.

Für die Nachbarn Frankreichs stellte dies eine neue Situation dar, auf die sie im Sinne des europäischen Mächtesystems reagieren mussten. England, nach der *Glorious Revolution* (1688/89) aus einer langen Epoche innerer Zerwürfnisse und Bürgerkriege heraustretend, übernahm nun jene Rolle, die Frankreich zuvor gegen Habsburg gespielt hatte. Es suchte durch Bündnisse und Kriege das Übergewicht des kontinentalen Nachbarn einzuschränken so gut es ging. *Balance of Power**, d. h. das Gleichgewicht der Mächte, war der Begriff, unter dem die englische Politik von nun an umso mehr stand, je mehr sich der ruhmes- und kriegssüchtige Nachbarstaat um Hegemonie* bemühte. Die Vereinigten Niederlande, dem handelspolitisch unterentwickelten Frankreich ohnehin ein Dorn im Auge, wurden zum gleichsam „geborenen Feind" des Sonnenkönigs, dem das kleine Land freilich in einer ganzen Serie von Kriegen standzuhalten wusste. England und die Niederlande, handelspolitisch Konkurrenten und mehrfach im Handelskrieg miteinander liegend, waren neben dem immer schwächer werdenden Spanien die Länder, die in den folgenden Jahrzehnten den Druck Frankreichs auf das übrige Europa durch Diplomatie und durch die Bildung von Kriegskoalitionen abzufangen versuchten.

Anlässe zum Krieg boten sich vielfach und wurden von Ludwig XIV. systematisch gesucht: Gebietsansprüche gegenüber einzelnen Reichsständen an der Ostgrenze Frankreichs, vor allem im Elsass; Ansprüche auf die südlichen, spanisch gebliebenen Niederlande; Ansprüche auf die seit 1665 in Aussicht stehende Erbfolge des spanischen Throns – all diese oft mit vorgeschobenen Rechtsgründen erhobenen Forderungen führten zu einer ganzen Serie von Kriegen. 1667/68 sicherte sich Ludwig im sogenannten Devolutionskrieg eine Reihe von brabantischen Festungen; zwischen

1672 und 1678 führte er einen Handelskrieg gegen die nördlichen Niederlande, in den zahlreiche Reichsstände und England hineingezogen wurden. Im Frieden von Nimwegen (1678/79) konnte Ludwig gegen eine militärisch überlegene Koalition Verhandlungsvorteile erzielen und z. B. die Freigrafschaft Burgund für Frankreich gewinnen. 1681 führte er im Elsaß sogenannte Reunionen durch: die Angliederung angeblich zu Frankreich gehöriger Herrschaften und Städte. 1688 geriet er in der Absicht verschiedene offene Herrschaftsverhältnisse im Reich zu seinen Gunsten zu gestalten mit einer Koalition zwischen England, den Niederlanden und dem Reich in Konflikt, an dessen Ende, im Frieden von Rijswijk (1697), nicht einmal mehr Territorialgewinne zu verzeichnen waren. Und schließlich sah er sich im Kampf um die spanische Erbfolge für sein eigenes, das bourbonische Haus, zwischen 1701 und 1714 einer großen europäischen Kriegskoalition gegenüber. Im Frieden von Utrecht konnte ein völlig erschöpftes Frankreich nur noch konstatieren, dass es selbst seine Ziele nicht erreicht, dass aber das europäische Mächtesystem seine Gestalt inzwischen zum Nachteil Frankreichs verändert hatte.

Veränderung des Staatensystems

Spätestens seit dem Frieden von Utrecht 1714 konnte von einer französischen Vorherrschaft in Europa nicht mehr gesprochen werden. England war der eigentliche Gewinner dieses Friedens. Und dies nicht nur in Europa. Dem Inselstaat boten sich jetzt die Möglichkeiten anstelle des erschöpften Frankreichs und der Niederlande ein weltweites Handels- und Kolonialimperium aufzubauen (siehe Karte S. 113). Auch Österreich stand wieder stark da, hatte es doch mit der Schlacht am Kahlenberg bei Wien (1683) und der anschließenden Offensive gegen das Osmanische Reich sein größtes Problem, die Türkenabwehr, lösen können.
Doch noch etwas anderes wurde wichtig. Der Osten und Nordosten Europas hatte bis zur Mitte des 17. Jahrhunderts in der Entwicklung des europäischen Staatensystems nur eine untergeordnete Rolle gespielt und das europäische

Europa nach dem Dreißigjährigen Krieg

Geschehen nur am Rande beeinflussen können. Das änderte sich nach dem Westfälischen Frieden. Schweden, ein kleiner Staat mit einer Riesenarmee, die abgerüstet oder beschäftigt werden musste, entschied sich für eine überdimensionierte Machtpolitik. Sein Ziel unter Karl X. Gustav war das *Dominium maris Baltici*, die Vorherrschaft im Ostseeraum. Im ersten Nordischen Krieg (1655–1660), den Schweden gegen Dänemark, Polen und Russland führte, in den aber nach und nach sämtliche Ostseeanrainer und deren Nachbarn, dazu Frankreich als Partner Schwedens und schließlich auch das Reich eingriffen, ging dieser Kampf mit den Friedensschlüssen von Roskilde (1658) und Oliva (1660) noch unentschieden aus. Allein Polen schied aus dem internationalen Wettbewerb um das *Dominium maris Baltici* aus. In der Neuauflage seit 1701 nahm der Konflikt dann gewaltige Dimensionen an und trug zum Aufstieg einer neuen europäischen Großmacht bei.

Russlands Weg zur Großmacht

Schon seit langem hatten sich die Moskauer Großfürsten darum bemüht Gebiete im Westen und Südwesten Moskaus, die sie an Polen-Litauen verloren hatten, zurückzuerobern. 1558 hatte der russische Zar Ivan der Schreckliche Livland überfallen; seitdem sprach man im Westen vom „russischen Drang nach Westen". Doch erst unter Peter I., dem Großen (1682–1725), war die russische Macht stark genug um eine europäische Großmacht zu werden. Peter plante von seinem Regierungsantritt an Reformen mit dem Ziel Russland im Sinne einer Orientierung nach Westen umzuformen und dem Land Anschluss an moderne Entwicklungen zu ermöglichen. Mit einem großen Stab von Begleitern bereiste er eineinhalb Jahre lang Westeuropa und informierte sich über Krankenhäuser, Schulen, Manufakturen und Werften.

Peter nahm nicht nur seine Eindrücke mit zurück nach Russland, sondern auch eine Vielzahl von westlichen Experten. Mit ihrer Hilfe versuchte er aus Russland ein modernes, nach Westen orientiertes und offenes Land zu machen – ein Vorhaben, das nicht ohne Gewalttätigkeit und Verletzung angestammter Traditionen und der Gefühle vieler einheimischer Menschen vonstatten ging. Im technischen, institutionellen und sozialen Sinne baute Peter Russland um: Manufakturen wurden gegründet, Kanäle gezogen, eine Handels- und Kriegsflotte gebaut und ein stehendes Heer* geschaffen. Die orthodoxe russische Kirche wurde dem Zaren unterstellt, der alte Adel aus den entscheidenden Positionen der Verwaltung verdrängt und durch neue, dem Zaren ergebene Beamte ersetzt. Schließlich veränderte Peter durch eine Entscheidung die überkommene Herrschaftsgeographie seines Landes: Er verlegte seine Residenz und damit die Machtzentrale von Moskau nach St. Petersburg. Auch dies war ein deutliches Zeichen für die Westausrichtung Peters I. Im Krieg gegen Schweden fand diese Politik ihren ersten, für die zukünftige europäische Geschichte entscheidenden Ausdruck.

Der Nordische Krieg (1701–1721)

Den Ursprung dieses zweiten, des eigentlichen Nordischen Krieges bildete eine Konstellation, die der Westen Europas schon seit geraumer Zeit gut kannte: eine Mächtekoalition (Russland, Dänemark, Polen) zur Abwehr eines scheinbar übermächtigen Nachbarn – Schweden mit seinem König Karl XII.

Karl XII. war in seinen ersten Regierungsjahren militärisch und politisch überaus erfolgreich. Und es spricht manches dafür, dass dieser wie ein diktatorischer Feldherr agierende Monarch bei seinem Vorgehen vor allem gegen Polen und Russland tragfähige politische Konzepte verfolgte, die auf eine dauerhafte Eindämmung der russischen Machtausdehnung hinausliefen. Mit der Niederlage gegen die Russen bei Poltawa (1709) begann sein Niedergang. Zug um Zug wurde die schwedische Großmacht auf kleinere Dimensionen zurückgestutzt und es war bezeichnend für die neuen Verhältnisse in Europa, dass Frankreich seinem Traditionspartner kaum mehr beistehen konnte. England hingegen folgte genau seiner Politik des Mächtegleichgewichts* und wusste zu dem Zeitpunkt einen Frieden zu vermitteln, an dem Schweden nicht mehr und Russland noch nicht stark genug waren um die Rolle einer wirklichen europäischen Großmacht zu spielen. Immerhin rückte Russland am Ende des Nordischen Krieges diesem Ziel ein Stück näher.

Der Aufstieg Brandenburgs

Im übrigen Europa orientierte man sich nach dem Ende des Dreißigjährigen Krieges an der eigenen Interessenlage und drängte die zuvor noch wirksamen konfessionspolitischen Gesichtspunkte völlig zurück. Entscheidend war jetzt welchen politischen Gewinn ein Bündnisvertrag dem eigenen Land bringen konnte. Bündnisse wurden geschlossen, gebrochen oder gewechselt, wie es die Politik zu erfordern schien.

Besonders virtuos betrieb dieses Spiel das kleine Kurfürstentum Brandenburg, eine im europäischen Mächtesystem bis dahin unbedeutende Macht. Wie kein anderer Reichsstand* profitierte es unter dem Großen Kurfürsten von den neuen Möglichkeiten des Westfälischen Friedens. Der Große Kurfürst baute das kleine Territorium durch opportunistische, nur von den eigenen Interessen geleitete Bündnispolitik, durch Landerwerb, Heeresreformen und den Aufbau einer absolutistischen Verwaltung zu einer Militärmonarchie aus, die einen Platz in der internationalen Politik beanspruchte. Geschicktes Eingehen vor allem auf die französische Politik brachte Brandenburg schon am Ende des 17. Jahrhunderts in eine Position, die das Entstehen einer neuen Großmacht Preußen ahnen ließ.

Der Beginn des Systems der „Großen Mächte"

So zeichnete sich im ersten Drittel des 18. Jahrhunderts eine neue Konstellation im Mächtesystem ab. Keine Großmacht verfügte mehr über die Möglichkeit zur Vormacht. Stattdessen hob nun ein auf gegenseitige Kontrolle gegründetes Zusammenspiel von mehreren Mächten an. Es waren vor allem fünf Staaten, die zu den bestimmenden „großen Mächten" (Leopold von Ranke) Europas im 18. und 19. Jahrhundert werden sollten: In der Mitte Österreich, Brandenburg-Preußen und Frankreich; an seinen Rändern der Handelsstaat England im Westen und die neue Militärmonarchie Russland im Osten. Alle anderen, ob Polen, Schweden, Spanien, die Niederlande oder das Reich, rückten in eine untergeordnete Position. Dies war für die einen, Schweden zum Beispiel, Anlass zu einer Wendung nach innen und zu einer stetigen Modernisierung, während andere durch diesen Machtverlust zum Spielball ihrer Nachbarn wurden, wie etwa Polen, das am Jahrhundertende einer zu seiner Aufteilung führenden Existenzkrise entgegensah.

1. *Analysieren Sie die Konstellationen internationaler Beziehungen, die im 17. und 18. Jahrhundert als Hegemonie- oder als Gleichgewichtspolitik bezeichnet werden können.*
2. *Setzen Sie die Innenpolitik der jeweiligen Mächte in Beziehung zu ihrer Außenpolitik. Was spricht nach Ihrer Meinung für die Auffassung von einer eher autonomen internationalen Politik, was für die Abhängigkeit der Außen- von der Innenpolitik eines Staates? Vergleichen Sie mit Entwicklungen in der Gegenwart.*

Nichtabsolutistische Staaten in Europa

Die Schweizer Eidgenossenschaft

Nicht alle europäischen Staaten wurden im Verlauf der frühen Neuzeit absolutistisch. Die Schweizerische Eidgenossenschaft etwa, die mit dem Westfälischen Frieden 1648 definitiv aus dem Verband des Heiligen Römischen Reichs ausschied, hatte mit einer absoluten Monarchie gar nichts gemein. Wir dürfen sogar fragen, ob sie überhaupt ein Staat war. Denn sie bestand aus dreizehn „Orten", die nach innen und außen souveräne Genossenschaften bildeten. Auf dem Lande hatten die Landsgemeinden, in den Städten der jeweilige Große Rat die oberste Gewalt inne. Wenn überhaupt, so waren diese Genossenschaften Staaten im Sinne der Souveränitätstheorie*. Zur Regelung von Fragen, die sie alle angingen, vereinigten sie sich zu einem Bund, zu dessen Zusammenkünften – den sogenannten Tagsatzungen – die einzelnen Genossenschaften Gesandte schickten. Nirgendwo waren die Befugnisse dieser Kongresse genau beschrieben. Wegen des scharf ausgeprägten Regionalbewusstseins der Genossenschaften, das durch konfessionelle Gegensätze verstärkt wurde, gewannen sie nie den Charakter eines gesamtstaatlichen Organs.
Die Modernisierung der Schweiz hin zu einem Bundesstaat, wie wir ihn heute vor uns haben, vollzog sich erst im 19. und 20. Jahrhundert. In der frühen Neuzeit blieb die Eidgenossenschaft ein lockerer Verband von Einzelgenossen, der ein mittelalterliches Aussehen hatte; entscheidend war in ihm das ständische Eigenleben in den einzelnen Dörfern, Landstädten und Talschaften, von dem auch heutige Besucher der Schweiz noch viel spüren können.

Die Republik der Vereinigten Niederlande

Auch in der Republik der Vereinigten Niederlande spielten die Stände der einzelnen Provinzen eine besondere Rolle. Die Republik entstand zwischen 1576 und 1609 durch die Rebellion der sieben nördlichen Provinzen Spanien-Habsburgs (siehe Karte S. 145). Durch die Hinwendung vieler ihrer Einwohner zum Calvinismus ermutigt nahmen sie den Kampf gegen die harte Macht des absolutistischen Königs auf. Es war ein Religions- und Freiheitskampf in einem. Und lange bevor er erfolgreich beendet wurde, bildete sich in den aufständischen Provinzen ein eigenes Staatswesen aus, das sich von der Staatsform des Unterdrückers abwandte (siehe S. 145, Mat. 2) und zur „Republik" erklärte.
Die Zusammensetzung der Stände war von einer Provinz zur anderen verschieden, je nachdem, welche soziale Schicht jeweils den Ton angab. Im Norden, in Friesland oder Groningen, war es das bürgerlich-großbäuerliche Element; im Süden, in Limburg etwa, der Adel. In Holland, der bevölke-

rungsreichsten Provinz mit der mächtigen Stadt Amsterdam im Zentrum, war es das wohlhabende Handelsbürgertum. Das reiche Holland gewann innerhalb dieses Bundes von Provinzen im Laufe der Zeit eine dominierende Stellung.
Die sieben Provinzen beschickten die zentrale Ständeversammlung der Republik, die Generalstände. Gegenüber den einzelnen Provinzen hatten die Generalstände nur eingeschränkte Befugnisse. Sie konnten in Fragen der allgemeinen Finanzpolitik, der Außenpolitik und der Kolonialpolitik Entscheidungen treffen, wenn die sieben Provinzen nicht weiterwussten. Sie konnten aber den Willen einer Provinz nicht übergehen. In den Generalständen herrschte das Prinzip der Einstimmigkeit, es gab also ein Vetorecht für jede Provinz. Politik wurde so zu einem komplizierten Geschäft, vor allem, wenn es um wichtige, schnell zu entscheidende Fragen der Außenpolitik ging.
Im Gegensatz zur Schweizerischen Eidgenossenschaft bildeten sich in den Niederlanden im Laufe der Zeit jedoch einige zentrale Institutionen und Funktionen aus. Der Leiter der Geschäfte der Generalstände, der „Ratspensionär", war zwar formal nur ein ausführendes Organ. Doch regelmäßig besetzte die Provinz Holland dieses Amt, und da sie bei der Auswahl ihres Kandidaten mehrfach großes Glück hatte, entwickelte das Amt ein gewisses Eigengewicht.
Die zweite dauerhafte Funktion war die des Generalstatthalters. Einen Statthalter, der vor allem militärische Aufgaben wahrnahm, gab es in jeder Provinz. Über diesem stand der Generalstatthalter und damit militärische Oberbefehlshaber aller Provinzen und Leiter der Exekutive des Staates. Diese Funktion lag seit dem Beginn des Freiheitskampfes traditionsgemäß in der Hand der Familie Oranien. Sie hatte in der Person Wilhelms von Oranien die Befreiung der Provinzen von Spanien angeführt. Ihr und dem von ihr besetzten Amt kam daher auch nach dem Tod Herzog Wilhelms ein besonderes Gewicht zu. Als im 17. Jahrhundert der Druck der Spanier gewichen war, zeigte sich, dass die Funktionen des Ratspensionärs und des Statthalters gegensätzliche Elemente in der Verfassungswirklichkeit der Niederlande waren. Den Oraniern wurden Bestrebungen zur Errichtung einer Landesherrschaft, gar einer Monarchie nachgesagt. Mehrfach kam es in dieser Frage zu heftigen inneren Konflikten.

England

Waren die Niederlande und die Schweiz Alternativen zur absoluten Monarchie, die eher in die Vergangenheit, ins Mittelalter zurückwiesen, wuchs in England im Verlauf der frühen Neuzeit die einzige zukunftsträchtige Alternative zum europäischen Absolutismus heran. Verantwortlich dafür war das Parlament *(parliament)*, die englische Ständeversammlung, die eine andere Entwicklung genommen hatte als die zentralen Ständeversammlungen auf dem Kontinent.
Schon im späten Mittelalter hatte das englische Parlament das Recht auf Steuerbewilligung erkämpft (siehe S. 83 f. und 117). Daneben hatte sich die Tradition herausgebildet das Parlament am Gesetzgebungsverfahren teilnehmen zu lassen. Man hatte sich angewöhnt dies nicht als Schmälerung der königlichen Rechte, sondern als Ausdruck eines besonders engen Verhältnisses zwischen Königtum und den beiden Häusern des Parlaments anzusehen *(King in Parliament)*. So waren dem englischen Königtum Grenzen gesetzt, die sich allerdings, wenn der König sie respektierte und zu nutzen wusste, durchaus zum Vorteil des Königtums auswirken konnten. Die englische Reformation, z.B. durch die Einnahme des Kirchenguts auch materiell ein großer Erfolg für die Monarchie, war im Konsens mit dem Parlament vollzogen worden.
Im 17. Jahrhundert versuchten die Könige Jakob I. und Karl I. aus dem Hause Stuart die politischen Verhältnisse in England in Richtung auf ein absolutistisches Regiment zu verändern. Dieser von kontinentalen Vorbildern beeinflusste Versuch scheiterte und mündete in jahrzehntelange Verfassungskämpfe, Unruhen und Bürgerkriege ein, die wir unter dem Stichwort „die Revolutionen Englands" zusammenfassen (siehe S. 214–218). Aus ihr ging der englische Staat verändert hervor. Jetzt entwickelte sich das Parlament zum zentralen Element des politischen Systems und beschnitt die exekutive Gewalt der Krone entscheidend. Doch nicht nur die Rechte des Parlaments wurden ausgebaut, es wurden auch wegweisende Schritte zur Sicherung der modernen Individualrechte – Gewissensfreiheit, Schutz der Persönlichkeit, Rechtsgleichheit – unternommen. Um 1700, als in Frankreich der Absolutismus auf seinem Höhepunkt stand, hatte England damit eine vergleichsweise moderne Verfassung. Mit ihrer Hilfe stieg England endgültig zu einer europäischen Führungsmacht auf.

1. *Vergleichen Sie die Staatsform der Schweizerischen Eidgenossenschaft mit der der Republik der Vereinigten Niederlande. Berücksichtigen Sie bei der Erklärung der Unterschiede auch die geographische Lage und die Wirtschafts- und Sozialstruktur beider Länder (siehe auch Mat. S. 145–148).*
2. *Erörtern Sie die vom Autor vertretene Auffassung, die Regierungsform Englands sei im Gegensatz zu jener der Niederlande zukunftsweisend gewesen.*

Politischer Wandel im 18. Jahrhundert

Abkehr von der absoluten Monarchie

Das Ende des sakralen Königtums

Um die Mitte des 18. Jahrhunderts waren die Grundlagen des sakralen Königtums überall in Europa erschüttert. An die Stelle traditionaler, allein auf Gott und die Dynastie gerichteter Begründungen für die Herrschaft eines Einzelnen waren andere, „vernunftgemäßere" getreten, wie man sich jetzt gern ausdrückte. Der Staat war nach den politischen Auffassungen der Zeit nicht mehr nur Sache des Königs oder der Dynastie, er war Sache aller. Man nahm jetzt einen ursprünglichen Gesellschaftsvertrag* (siehe S. 141, Mat. 2) zur Begründung von politischer Herrschaft an. Zweck eines solchen Vertrages war es sicherzustellen, dass Herrschaft, auch die eines Königs, nur legitim sei, wenn sie die Sache aller befördere. Man war keinesfalls gegen Königsherrschaft, aber man wollte sie durch die Vernunft und durch vernunftgemäße Gesetze kontrollieren.

Für diese Wandlung der Herrschaftsauffassung, der man überall – in der Philosophie, der Dichtung, der bildenden Kunst, der Hofarchitektur, der Staatstheorie und der Musik – begegnete, waren viele Faktoren verantwortlich. Der wichtigste war wohl folgender: Im 17. Jahrhundert hatten die Wissenschaften und mit ihnen der kritisch-wissenschaftliche Geist einen enormen Aufschwung erlebt. Bedeutende Namen der Wissenschafts- und der Philosophiegeschichte gehören in dieses Jahrhundert. Im Zeichen der „exakter" und „kritischer" werdenden Wissenschaften war man nicht mehr bereit überkommene Aussagen ungefragt als Wahrheiten zu akzeptieren. Das neue Denken betraf nicht nur die Politik, sondern viele Lebens- und Denkbereiche und es begann in Theologie und Philosophie. Im Zeichen der Aufklärung*, die im späten 17. Jahrhundert in England einsetzte, verbreitete es sich über weite Teile des Kontinents.

Aufgeklärter Absolutismus

Das politische Denken der Aufklärung setzte sich ohne sogleich alles Bestehende zu verändern im Verlauf des 18. Jahrhunderts weitgehend durch. Maßgeblich war nicht mehr die Tradition, das Überkommene, sondern das „Vernunftrecht" mit seinen Prinzipien. Diese verwiesen die Fürsten und alle, die im öffentlichen Leben Verantwortung trugen, auf ihre Pflicht dieses Leben so einzurichten und zu reformieren, dass Glück und das allgemeine Beste für möglichst viele Menschen verwirklicht wurden.

So stand nun auch das politische Handeln der Fürsten unter der Bestimmung durch die Vernunft. Sie selbst mussten sich, wollten sie weiterhin auf einer sicheren Legitimationsbasis agieren, über neue Begründungen ihres Amts Gedanken machen. Sie mussten sich Reformen gegenüber öffnen und mit jenen Kräften im Lande, die an Aufklärung interessiert waren, ins Gespräch kommen. Seit der Mitte des 18. Jahrhunderts geschah das an so vielen Höfen, dass eine veränderte Form des Absolutismus entstand. Später haben die Historiker dafür auch eine neue Bezeichnung gefunden: „aufgeklärter Absolutismus".

Die Bezeichnung weist auf ein Paradox, einen Widerspruch in sich. Aufklärung meint vernunftgeleitetes Handeln nach Gesetzen, die der menschlichen Kritik und Analyse jederzeit zugänglich sind, Absolutismus jedoch eine an menschliche

K. L. Pauer nach Josef Anton Kapeller (1761–1806), Kaiser Josef II. am Pflug (Entwurf für ein Denkmal), vor 1787, Kupferstich, 25 x 20 cm, St. Pölten, Stadtmuseum

Satzungen nicht gebundene politische Herrschaft, die in der Regel durch einen Einzelnen ausgeübt wird. Viele Historiker lehnen die Bezeichnung daher ab und ersetzen sie durch andere, etwa „Reformabsolutismus“, weil politische, wirtschaftliche und soziale Reformen ein besonderes Kennzeichen der europäischen Staaten in dieser Zeit waren.
Schauen wir auf die Fürsten selbst, so hat zweifellos der Begriff „aufgeklärter“ Absolutismus seine Berechtigung. Denn niemals zuvor wurde an den europäischen Höfen so viel zur Begründung ihrer Politik geschrieben, niemals vorher oder nachher gaben sich so viele Könige als Philosophen. Friedrich II. von Preußen (siehe S. 139, Mat. 7 und 8), Joseph II. von Österreich und die russische Zarin Katharina II. sind im 18. Jahrhundert als Schriftsteller oder als Teilnehmer des Gesprächs mit Aufklärern ebenso bekannt geworden wie als Politiker.
Mit der Idee des aufgeklärten Absolutismus versuchte die alteuropäische Monarchie den rasanten ökonomischen, politischen und kulturellen Fortschritt des 18. Jahrhunderts für sich selbst nutzbar zu machen. Sie setzte sich gleichsam selbst an die Spitze des Fortschritts. In großen territorialen Flächenstaaten war das sehr schwer ins Werk zu setzen. Frankreich etwa, ein Land mit einer großen Aufklärungsbewegung, hat keinen wirklich aufgeklärten Absolutismus gekannt. Minister wie Turgot schlugen zwar viele Reformen vor; sie hatten aber wegen der halbherzigen Unterstützung durch den König nur kurzfristige Erfolge und mussten ihre Pläne bald wieder aufgeben. Die französischen Könige klammerten sich immer wieder an die Traditionen der absoluten Monarchie. In der zweiten Hälfte des 18. Jahrhunderts wurden auf diese Weise in Frankreich viele Hoffnungen geweckt und betrogen – Vorgänge, die zur Entstehung einer revolutionären Stimmung im Lande beitrugen.

Preußen

In kleineren Staaten hingegen hat der aufgeklärte Absolutismus beachtliche Erfolge errungen. Die deutsche Staatenwelt des späten 18. Jahrhunderts hält dafür viele Beispiele bereit. Berühmt geworden ist das preußische Beispiel, das gelegentlich ein wenig überschätzt wird. Es erstreckte sich vor allem auf eine umfassende Reform des Justizwesens in allen preußischen Staaten, die seit dem Regiment Friedrichs II. ihre einzelstaatlichen Besonderheiten allmählich abzulegen und zu einem wirklichen Staat zusammenzuwachsen begannen. Im Zuge der Justizreform erhielt jede Provinz ein einziges Obergericht; darüber wurde in Berlin ein Obertribunal als letzte Instanz geschaffen. Die Richter wurden überprüft, sie erhielten zum ersten Mal feste Gehaltszahlungen und konnten sich dadurch von der direkten Bezahlung durch die Prozessparteien, den Sporteln, lösen. Die preußische Justizreform gipfelte 1794 im „Allgemeinen Landrecht für die preußischen Staaten“, das zwar nicht alles verwirklichen konnte, wovon seine Schöpfer – aufgeklärte Juristen aus der Umgebung Friedrichs II. – geträumt hatten. Es stellte gleichwohl eine bedeutende Leistung und die erste moderne Rechtskodifikation auf deutschem Boden dar. Bis zur Schaffung des Bürgerlichen Gesetzbuchs (BGB) im Jahr 1900 blieb es in Kraft.

Dänemark

Außerhalb Deutschlands verdient das dänische Beispiel Beachtung. Im Zeichen der Aufklärung kam hier seit der Mitte des 18. Jahrhunderts eine grundlegende Reform der Gesellschaft in Gang. Sie fand ihren Höhepunkt in der Bauernbefreiung: Nach gründlicher öffentlicher Diskussion wurden die auf dem bäuerlichen Land ruhenden wirtschaftsfremden Lasten und Beschränkungen – die Bindung des Bauern an seine Scholle, der durch diese Bindung gesicherte bäuerliche Militärdienst, die bäuerlichen Frondienste und Abgaben – schrittweise abgeschafft. Auf den großen Rittergütern wurden neue Bauernstellen geschaffen, die mittelalterlichen Formen der Mehrfelderwirtschaft aufgelöst und die gemeindliche Nutzung von Land (Allmende) eingeschränkt. Das Ganze ging nicht ohne Konflikte ab, doch im Vergleich zu einem Staat wie Preußen, in dem ähnliche Gedanken kursierten, konnte Dänemark diese Reformen ohne Hast und Störung von außen durchführen. Denn seit dem Ende des Nordischen Kriegs 1721 betrieb das kleine Dänemark, zu Beginn des 17. Jahrhunderts noch ein Staat mit Großmachtambitionen, eine aktive Neutralitätspolitik und hielt sich die kostspielige Teilnahme am europäischen Mächtekampf klug vom Leibe.

Das europäische Staatensystem im 18. Jahrhundert

Das System der „Großen Mächte“

Mit dem Ende des Nordischen Krieges (1721) zeichnete sich in Europa eine neue Mächtekonstellation ab, die bis in das 19. Jahrhundert hinein von Bedeutung bleiben sollte. In der Mitte des 18. Jahrhunderts ist die Ordnung von 1648 endgültig abgelöst, das Europa der „Großen Mächte“ – auch Pentarchie* genannt – mit den alten Großmächten Frankreich, England und Österreich sowie den mächtepolitischen „Parvenus“ Russland und Brandenburg-Preußen konstituiert. Trotz aller Unterschiede zum 17. Jahrhundert: Die Möglichkeit zum Krieg, sei es, um die eigene Position zu verteidigen, sei es, um sie entscheidend zu verbessern, blieb für jede Macht zentraler Beweggrund ihres Handelns. Alte und neue Konkurrenz- und Bündnissituationen standen dabei nebeneinander. Frankreich und England, die großen Machtrivalen, belauerten sich im Westen nach einer Zeit der Entspannung seit 1735 wieder und dehnten ihren Wettbewerb auf die Kolonien in Nordamerika und Indien aus.

In der Mitte Europas, wo England seit 1714 durch die Personalunion mit Hannover plötzlich zur Kontinentalmacht geworden war, kam es zu einer schwierigen und lang dauernden „innerdeutschen" Konfliktsituation zwischen Preußen und Österreich. Dabei war Preußen das treibende, das innerdeutsche Gleichgewicht gefährdende Element. Unter Friedrich II. wurde die machtpolitische Sicherung dieses Staates wichtigstes Ziel und er konnte sich eine solche nur durch Arrondierung und Vergrößerung seines Territoriums, und das heißt durch die Einverleibung von Nachbarterritorien, vorstellen. Damit aber kam Österreich ins Spiel. Denn die Vergrößerung Preußens musste in jedem Fall zur Verringerung des österreichischen Einflusses in der Mitte Europas beitragen – ob nun durch eine direkte Annexion österreichischer Gebiete, wie bei der Einverleibung Schlesiens (1740), oder ob indirekt, wie bei Angriffen auf das zwischen Österreich und Preußen liegende Sachsen.

Schließlich war da Russland, das am wenigsten gebunden war und daher am aggressivsten in das Mächtegeschehen eingreifen konnte. Es tat dies, sofern es nicht durch innere Machtkämpfe geschwächt war, mit großem Geschick und viel Erfolg, indem es seine politische Gunst dorthin vergab, wo durch Bündnisse Gewinne an Einfluss und Macht zu erhoffen waren.

Neben dem Ostseeraum, der seit dem Nordischen Krieg weitgehend Russlands Kontrolle unterlag, spielte dabei die russische Machtausweitung in Ostmitteleuropa und vor allem in Polen eine besondere Rolle. Schon im frühen 18. Jahrhundert begann hier eine Tradition, an der Russland unter den verschiedensten Regimen bis in die jüngste kommunistische Vergangenheit festgehalten hat.

Angesichts dieser neuen Mächtekonstellation kam es in Europa auch im 18. Jahrhundert zu einer Fülle von Kriegen zur Verbesserung von Positionen innerhalb eines relativ stabilen Gleichgewichtssystems. Das bedeutete nicht, dass die Kriege weniger hart und grausam waren und auf den Bevölkerungen weniger lasteten als zuvor. Es bedeutete aber wohl, dass das Instrument der Diplomatie, seit dem 15. Jahrhundert entwickelt und unablässig ausgebaut und verfeinert, ständig und intensiv neben der Kriegsmaschinerie genutzt wurde um den günstigsten Moment für Friedensverhandlungen auszuloten.

Die europäische Pentarchie nach dem Siebenjährigen Krieg

Der Siebenjährige Krieg (1756–1763)

Nur ein einziges Mal flossen alle Konfliktlinien innerhalb des europäischen Mächtesystems wie in einem Brennspiegel zusammen: im Siebenjährigen Krieg. In seinem Kern war es ein Krieg zwischen Preußen und Österreich, bei dem es ein drittes Mal um Schlesien ging. Im Westen nahmen Frankreich und England den Krieg zum Anlass eine Entscheidung über den umstrittenen Kolonialbesitz in Nordamerika und Indien zu suchen. Frankreich verlor diese Partie, denn es nahm gleichzeitig am kontinentalen Geschehen teil und unterstützte Österreich bei seinem Vorgehen gegen Preußen. Im Osten vertrat Russland zunächst die Position Österreichs. Es zog sich dann aber in eine vorübergehende Neutralität zurück, rettete damit vermutlich das von allen Seiten schwer bedrängte Preußen vor der Niederlage und leitete schließlich eine auf lange Dauer angelegte pro-preußische Politik ein.

Die Friedenschlüsse nach diesem langen und schlachtenreichen Krieg, der vor allem deutsche Schauplätze hatte, bestätigten den territorialen Status quo und die schon vor dem Krieg wirksamen Tendenzen: Preußen gewann Schlesien definitiv und konnte nun als wirkliche Großmacht gelten.

Sachsen, obwohl von Preußen ungemein drangsaliert und als Aufmarschgebiet missbraucht, behielt seine Unabhängigkeit. Österreich verlor seine starke Position im Reich, erhielt jedoch als Kompensation Herrschaften in Italien. Frankreich wahrte mit Mühe seine kontinentale Position, musste aber im Kampf um die Kolonien England endgültig den Vortritt lassen. Russland schließlich ging erneut gestärkt aus dem Friedensschluss hervor und hielt nun alle Trümpfe für weitere europäische Unternehmungen in Händen. Aus den Aufteilungen Polens 1772 bis 1795, an denen sich mit unterschiedlicher Intensität Russland, Preußen und Österreich beteiligten, ging Russland als der eigentliche Sieger hervor. Es war von den deutschen Großmächten förmlich in das zentraleuropäische Mächtegeschehen hineingezogen worden und ließ sich daraus nicht mehr verdrängen.

Das 18. Jahrhundert als Beginn der Moderne – ein Ausblick

Mit dem Siebenjährigen Krieg hattte sich das europäische Mächtesystem der Pentarchie* endgültig etabliert. Es geriet erst mit der Französischen Revolution und der sich anschließenden Machtpolitik Napoleons I. erneut unter Druck. Leopold von Ranke, 1833 noch unter dem Eindruck der Revolution seinen Essay „Die großen Mächte" schreibend, wertete darin die Französische Revolution und das Ausgreifen Napoleons auf die Welt als einen national motivierten Reflex der Franzosen auf die verlorene machtpolitische Größe Frankreichs, wie es sie unter Ludwig XIV. besessen hatte. In der Tat suchten die Revolutionsarmeen und die napoleonischen Heere mit ihrem Hinausgreifen über die bestehenden Grenzen Frankreichs jenes Bewusstsein außer Kraft zu setzen, das sich in Europa gerade erst mühsam durchgesetzt hatte: dass keine Macht zum Schaden anderer zu einer dominanten Großmacht in Europa werden durfte. Napoleon wusste sehr genau, wo er anzusetzen hatte um die Gleichgewichtskräfte des europäischen Systems zu zerstören: Nicht ohne guten Grund trieb er seine Heere im Osten in einen opferreichen Gewaltmarsch tief nach Russland hinein. Im Westen fasste er eine vergleichbare Gewaltleistung ins Auge und errichtete das Kontinentalsystem gegen England, die zweite europäische Hauptmacht, die in die Knie gezwungen werden musste, wenn er ein neuer Ludwig XIV. werden wollte (siehe Mat. S. 424–427).
Napoleon scheiterte schließlich an den intakten Funktionsmechanismen des Staatensystems. Als er 1815 durch gemeinsame Anstrengungen der übrigen Pentarchiemächte endgültig gestürzt wurde, zeigte sich, dass die regulative Idee des Mächtegleichgewichts* noch wirkte. Zumindest bis 1848 sorgte die Pentarchie für Stabilität in der europäischen Mächtepolitik und auch später noch, etwa in der komplizierten Bündnispolitik Bismarcks, kamen Ideen aus der frühneuzeitlichen Vergangenheit Europas zum Tragen. In gewisser Weise wurde die Pentarchie erst außer Kraft gesetzt, als globale Machtverschiebungen seit 1885 und mehr noch seit dem Ende des Ersten Weltkrieges ein neues, über Europa hinausgreifendes, „bipolares" Mächtesystem entstehen ließen, das der bedeutende französische Historiker und Politiker Alexis de Tocqueville schon um 1850 vorausgeahnt hatte und das zwei Großmächte im Zentrum des Weltgeschehens sah: Amerika und Russland.
Und noch in einer anderen Hinsicht wirkte der Staat der frühen Neuzeit weit in das 19. und 20. Jahrhundert hinein. Zu seinen wesentlichen Errungenschaften gehörten die Bürokratisierung* und die Sozialdisziplinierung, Elemente staatlich-politischen Lebens, ohne die die europäischen Staaten des 19. und 20. Jahrhunderts nicht zu denken sind. Hier legte die frühe Neuzeit Grundlagen, hier leitete sie Lernprozesse ein, von denen wir heute noch zehren. Auch viele bedenkliche Aspekte der modernen Staatsentwicklung waren in der frühen Neuzeit schon angelegt: Bürokratisierung heißt einerseits Ordnung, nachvollziehbare Regeln, möglichste Gleichbehandlung der Untertanen durch die Staatsorgane; sie kann aber ausufern in rücksichtslose Gängelung, Maßregelung, übertriebene Staatsbezogenheit und Staatsvergottung. Sozialdisziplinierung war gewiss eine notwendige Voraussetzung für die Verwandlung des Untertanen in einen freien Staatsbürger. Doch sie führt zu einem Übermaß an Anpassung, zu mangelnder Zivilcourage, politischer Feigheit und Denunziantentum, wenn ihr das notwendige Korrelat fehlt, das sich erst mit der Entwicklung des Staates im 19. und 20. Jahrhundert herausbildete: die Demokratie.

1. *Erläutern Sie die Gründe, die zu einer Reform des Absolutismus führten, und beschreiben Sie die wesentlichen Merkmale des aufgeklärten Absolutismus. Welche Unterschiede sehen Sie zwischen den Staatsformen Preußens und Dänemarks?*
2. *Von welchen Grundgedanken geht das System der Pentarchie aus?*
3. *Erörtern Sie die These des Autors, im 18. Jahrhundert habe die „Moderne" begonnen. Welche Gründe sprechen für, welche gegen diese These?*

1 *Martin Luther (1483–1546) in seiner 1523 erschienenen Schrift „Von weltlicher Obrigkeit ...“:*

Q Hie müssen wir [...] alle Menschen teilen in zwei Teil: die ersten zum Reich Gottes, die andern zum Reich der Welt. Die zum Reich Gottes gehören, das sind alle Rechtgläubigen in Christo und unter Christo. [...]
Nun siehe, diese Leute bedürfen keines weltlichen Schwerts noch Rechts. Und wenn alle Welt rechte Christen, das ist recht Gläubige wären, so wäre kein Fürst, König, Herr, Schwert noch Recht not oder nütze. [...]
Zum Reich der Welt oder unter das Gesetz gehören alle, die nicht Christen sind. [...]
Darum hat Gott die zwei Regiment verordnet: das geistliche, welchs Christen und fromm Leut macht durch den Heiligen Geist, unter Christo, und das weltliche, welchs den Unchristen und Bösen wehret, dass sie äußerlich müssen Fried halten und still sein. [...]
Darum muss man diese beiden Regiment mit Fleiß scheiden und beids bleiben lassen, eins, das fromm macht, das ander, das äußerlich Frieden schaffe und bösen Werken wehret. [...]
Das weltlich Regiment hat Gesetz, die nicht weiter erstrecken, denn über Leib und Gut und was äußerlich ist auf Erden. Denn über die Seele kann und will Gott niemand lassen regieren, denn sich selbst allein. Darum wo weltliche Gewalt sich vermesse, der Seele Gesetz zu geben, da greift sie Gott in sein Regiment und verführet und verderbet nur die Seelen. [...]
Wenn nun dein Fürst oder weltlicher Herr dir gebietet mit dem Papst zu halten so oder so zu glauben, [...] sollst du also sagen: „[...] Lieber Herr, ich bin Euch schuldig zu gehorchen mit Leib und Gut, gebietet mir nach Eurer Gewalt Maß auf Erden, so will ich folgen. Heißt Ihr mich aber glauben [...], so will ich nicht gehorchen. Denn da seid Ihr ein Tyrann und greift zu hoch, gebietet, da Ihr weder Recht noch Macht habt [...].“ Nimmt er dir darüber dein Gut und straft solchen Ungehorsam: Selig bist du und danke Gott, dass du würdig bist um göttlichen Worts willen zu leiden [...].
Und sollst wissen, dass von Anbeginn der Welt gar ein seltner Vogel ist um einen klugen Fürsten, noch viel seltnerer um einen frommen Fürsten. [...] Denn es sind Gottes Stockmeister und Henker und sein göttlicher Zorn gebraucht ihrer zu strafen die Bösen und äußerlichen Frieden zu halten. Es ist ein großer Herr, unser Gott, darum muss er auch solch edle, hochgeborene, reiche Henker und Büttel haben [...].
Wie, wenn denn ein Fürst Unrecht hätte, ist ihm sein Volk auch schuldig zu folgen? Antwort: Nein. Denn wider Recht gebührt niemand zu tun; sondern man muss Gott [...] mehr gehorchen denn den Menschen. – Wie, wenn die Untertanen nicht wüssten, ob er Recht hätte oder nicht? Antwort: Solange sie es nicht wissen noch erfahren konnten [...], so mögen sie folgen ohn Gefahr der Seelen. [...] Denn welchs Teil hie geschlagen wird, es habe Recht oder Unrecht, muss es für eine Strafe von Gott aufnehmen. [...] Denn es gilt bei Gott gleich viel, ob er dich durch einen rechten oder unrechten Herrn um dein Gut und Leib bringet. Du bist seine Kreatur, er mag's mit dir machen, wie er will; wenn nur dein Gewissen unschuldig ist.

Zit. nach Arnold Bergstraesser/Dieter Oberndörfer (Hg.), Klassiker der Staatsphilosophie, Bd. 1, Stuttgart 1975, S. 126ff.

2 *Johannes Calvin (eigentl. Jean Cauvin, 1509–1564) in seinem 1536 verfassten Hauptwerk „Institutio Christianae Religionis“ zum Widerstandsrecht:*

Q Hier [gegenüber einer ungerechten Obrigkeit] offenbart sich nun Gottes wunderbare Güte, Macht und Vorsehung. Denn bald erweckt er aus seinen Knechten öffentliche Erwecker und rüstet sie mit seinem Auftrag aus um eine mit Schandtaten beladene Herrschaft zur Strafe zu ziehen [...]. So hat er das Volk Israel aus der Tyrannei des Pharao durch Mose [...] zur Freiheit führen lassen [...].
Aber wie man auch die Taten der Menschen selbst beurteilen mag, so führte der Herr doch durch diese Taten gleichermaßen sein Werk aus, indem er das blutige Zepter schamloser Könige zerbrach und manch unerträgliche Herrschaft stürzte. Das sollen die Fürsten hören – und darob erschrecken!
Wir aber sollten uns unterdessen nachdrücklich hüten diese Autorität der Obrigkeit, die mit verehrungswürdiger Majestät erfüllt ist und die Gott durch die ernstesten Gebote bekräftigt hat, zu verachten oder zu schänden – selbst wenn sie bei ganz unwürdigen Menschen liegt [...]. Denn wenn auch die Züchtigung einer zügellosen Herrschaft Gottes Rache ist, so sollen wir deshalb doch nicht gleich meinen solch göttliche Rache sei uns aufgetragen – denn wir haben keine andere Weisung, als zu gehorchen und zu leiden.
Dabei rede ich aber stets von amtlosen Leuten. Anders steht nun die Sache, wo Volksbehörden eingesetzt sind um die Willkür der Könige zu mäßigen [...]. Diese Gewalt besitzen, wie die Dinge heute liegen, vielleicht auch die drei Stände in den einzelnen Königreichen, wenn sie ihre wichtigsten Versammlungen halten. Wo das also so ist, da verbiete ich diesen Männern nicht etwa der wilden Ungebundenheit der Könige pflichtgemäß entgegenzutreten, nein ich behaupte geradezu: Wenn sie Königen, die maßlos wüten und das niedrige Volk quälen, durch die Finger sehen, so ist solch ihr absichtliches Übersehen immerhin nicht frei von schänd-

licher Treulosigkeit; denn sie verraten ja in schnödem Betrug die Freiheit des Volkes, zu deren Hütern sie, wie sie wohl wissen, durch Gottes Anordnung eingesetzt sind!

1. *Fassen Sie die Zwei-Reiche-Lehre Luthers in eigenen Worten zusammen und erläutern Sie, welche Aufgaben die Regierung hat. Von welchem Menschenbild geht Luther aus?*
2. *Wie sieht Calvin das Verhältnis des Einzelnen zur Obrigkeit? Wer darf Widerstand leisten?*
3. *Vergleichen Sie die Aussagen Luthers und Calvins zum Widerstandsrecht.*

3 *Ludwig XIV. (1661–1715) erläuterte in den Aufzeichnungen für seinen Sohn, später als „Memoiren" bezeichnet, das von ihm gewählte Symbol der Sonne. Die Idee entstand 1662 bei einem Fest:*

Q Das Ringelstechen [...] war zunächst nur als angenehme Belustigung geplant worden. Mehr und mehr ereiferte man sich und es wurde zu einem großartigen und bedeutenden Schauspiel, sei es durch die Anzahl der Spiele, durch die neuartigen Kostüme oder durch die Mannigfaltigkeit der Sinnbilder. Damals wählte ich zum ersten Mal die Devise, die ich seitdem immer beibehalten habe und die Du an so vielen Orten erblickst. Ich war der Meinung, dass sie sich nicht bei irgendetwas Untergeordnetem und Gewöhnlichen aufhalten, sondern gewissermaßen die Pflichten eines Herrschers darstellen und mich selber ständig an ihre Erfüllung mahnen sollte. Man wählte daher als Figur die Sonne, die in den Spielregeln dieser Kunst die Vornehmste von allen ist und durch ihre Einzigartigkeit, durch den Glanz, der sie umgibt, durch das Licht, das sie anderen, sie wie ein Hofstaat umgebenden Sternen mitteilt, durch die gleichmäßige Gerechtigkeit, mit der sie dieses Licht allen Zonen der Erde zuteilt, durch das Gute, das sie allerorten bewirkt, indem sie unaufhörlich auf allen Seiten Leben, Freude und Tätigkeit weckt, durch ihre unermüdliche Bewegung, die gleichwohl als ständige Ruhe erscheint, durch ihren gleichbleibenden und unveränderlichen Lauf, von dem sie sich nie entfernt und niemals abweicht, sicher das lebendigste und schönste Sinnbild eines großen Herrschers darstellt.

Quelle 2 und 3 zit. nach Geschichte in Quellen, Bd. 3, bearb. von Fritz Dickmann, München 1966, S. 251 f. und S. 428.

1. *Interpretieren Sie die Herrscherauffassung Ludwigs XIV. und vergleichen Sie mit Bodin (siehe S. 141, Mat. 1).*
2. *Beschreiben Sie die Herrscherauffassung, die Mignard in seinem Gemälde von Ludwig XIV. ausdrückt (Mat. 4).*

4 *Pierre Mignard (1612–1695), Ludwig XIV., um 1664, Öl auf Leinwand, 399 x 305 cm, Versailles, Schloss*

5 *Der Professor der Rechte und Historiograph Samuel von Pufendorf (1632–1694) schrieb 1667 über die Reichsverfassung in seinem Werk „De statu imperii Germanici":*

Q Es bleibt also nichts übrig, als Deutschland, wenn man es nach den Regeln der Politik klassifizieren will, einen unregelmäßigen und einem Monstrum ähnlichen Staatskörper zu nennen, der sich im Laufe der Zeit durch die träge Nachgiebigkeit der Kaiser, durch den Ehrgeiz der Fürsten und die Ruhelosigkeit der Pfaffen aus einer Monarchie zu einer so ungeschickten Staatsform umgestaltet hat. Jetzt ist daher Deutschland weder eine Monarchie, auch nicht einmal eine beschränkte, wenn auch in gewisser Beziehung der äußere Schein darauf hindeutet, noch auch, genau genommen, eine aus mehreren Staaten zusammengesetzte Föderation, sondern vielmehr ein Mittelding zwischen beiden. Dieser Zwitterzustand aber verursacht eine zehrende Krankheit und fortwährende innere Umwälzungen, indem auf der einen

Seite der Kaiser nach Wiederherstellung einer monarchischen Herrschaft, auf der anderen die Stände nach völliger Unabhängigkeit streben.
Wir werden demnach der Wahrheit am nächsten kommen, wenn wir sagen, Deutschlands Verfassung nähert sich der einer Föderation, in der ein mit monarchischem Scheine ausgestatteter Fürst als Bundesoberhaupt eine hervorragende Stellung einnimmt, dass aber diese Bundeskörperschaft von schweren Krankheiten heimgesucht wird.

6 *Der Philosoph Gottfried Wilhelm von Leibniz (1646–1716) schrieb 1677 über die reichs- und völkerrechtliche Stellung der deutschen Fürsten:*

Q Souverän [...] ist derjenige, der Herr eines hinreichend großen Gebietes ist um sich in Europa in Friedens- und Kriegszeiten durch Verträge, militärische Macht und Bündnisse Ansehen zu verschaffen. Es macht dabei nichts aus, wenn er seine Gebiete nur als Lehen innehat oder gar die Majestät eines Oberhauptes über sich anerkennt, wenn er nur Herr im eigenen Hause ist und darin nicht anders als durch Waffengewalt beeinträchtigt werden kann. Die Majestät besteht in dem Recht zu befehlen, ohne selbst Befehlen unterworfen zu sein, die Souveränität dagegen ist das anerkannte Recht, über seine Untertanen eine ungehinderte Zwangsgewalt auszuüben, seinerseits aber von niemanden zu etwas gezwungen werden zu können [...], es sei denn durch kriegerische Gewalt [...].
Die größeren Fürsten Deutschlands und Italiens, die durch ihre Machtmittel und Allianzen Ansehen genießen, sind Souveräne, mögen sie auch die Majestät von Kaiser und Reich anerkennen. Der Westfälische Friede verleiht ihnen die Befugnis unter sich und mit auswärtigen Mächten Allianzen und Verträge zu schließen; sie können aus eigener Machtvollkommenheit Krieg erklären, sofern nur das Reich dadurch keinen Schaden erleidet; und wenn das Reich seinerseits an jemanden Krieg erklärt, können sie neutral bleiben, sofern sie nur ihren Anteil an der Kriegssteuer bezahlen. Sie sind also nicht Untertanen im eigentlichen Sinne, denn ihre Person ist unverletzlich und ein Strafverfahren gegen sie persönlich daher nicht möglich; man kann sich allerdings dafür an ihre Staaten halten [...]. Wenn die Eigenschaft als Reichsfürst die Träger dieser Würde zu Untertanen machte, so würde daraus folgen, dass die Könige von Spanien, Schweden und Dänemark, die ja auch Lehen vom Kaiser tragen und ihm denselben Eid leisten wie die deutschen Fürsten, damit Untertanen geworden wären.

1. *Warum nennt Pufendorf (Mat. 5) Deutschland einen „einem Monstrum“ ähnelnden Staat?*
2. *Beschreiben Sie die staats- und völkerrechtliche Stellung der Reichsfürsten (Mat. 5 und 6). Wessen Interesse vertritt Leibniz (Mat. 6)?*

7 *Friedrich II. von Preußen (1740–1786) in seinem 1752 verfassten Politischen Testament:*

Q Eine gut geleitete Staatsregierung muss ein ebenso fest gefügtes System haben wie ein philosophisches Lehrgebäude. Alle Maßnahmen müssen gut durchdacht sein, Finanzen, Politik und Heerwesen auf ein gemeinsames Ziel steuern: nämlich die Stärkung des Staates und das Wachstum seiner Macht. Ein System kann aber nur aus einem Kopfe entspringen; also muss es aus dem des Herrschers hervorgehen. Trägheit, Vergnügungssucht und Dummheit: diese drei Ursachen hindern die Fürsten an ihrem edlen Berufe für das Glück der Völker zu wirken [...].
Der Herrscher ist nicht zu seinem hohen Rang erhoben, man hat ihm nicht die höchste Macht anvertraut, damit er in Verweichlichung dahinlebe, sich vom Mark des Volkes mäste und glücklich sei, während alles darbt. Der Herrscher ist der erste Diener des Staates. Er wird gut besoldet, damit er die Würde seiner Stellung aufrechterhalte. Man fordert aber von ihm, dass er werktätig für das Wohl des Staates arbeite und wenigstens die Hauptgeschäfte mit Sorgfalt leite. Er braucht zweifellos Gehilfen. Die Bearbeitung der Einzelheiten wäre zu umfangreich für ihn. Aber er muss ein offenes Ohr für alle Klagen haben [...].

1. *Was sind nach Friedrich II. die Aufgaben des Herrschers und welche Eigenschaften sollte ein Herrscher besitzen (Mat. 7)?*
2. *Vergleichen Sie diese Herrscherauffassung mit der von Bodin (siehe S. 141, Mat. 1).*

8 *In einer Buchbesprechung verteidigte Friedrich II. von Preußen (1740–1786) die Erbmonarchie (1770):*

Q Solange die Welt steht, haben die Völker alle Regierungsformen durchprobiert, [...] aber es gibt keine, die nicht Nachteile hätte. Die Mehrzahl der Völker hat jedoch die Ordnung der Thronfolge innerhalb einer regierenden Familie gutgeheißen, weil dies bei der Wahl, die sie zu treffen hatten, das kleinste Übel war. Der Nachteil, der sich aus dieser Einrichtung ergibt, besteht darin, dass in einer Familie Talent und Verdienst unmöglich während einer langen Reihe von Jahren ununterbrochen vom Vater auf den Sohn übergehen können [...]. Aber selbst in diesem Fall bleibt immer noch das Aushilfsmittel tüchtiger Minister, die durch ihr Geschick gutmachen können, was die Unfähigkeit des Herrschers ohne Zweifel verderben würde. Das Gute, das offensicht-lich aus diesem System folgt, besteht darin, dass die geborenen Prinzen auf dem Thron weniger Dünkel und Eitelkeit zeigen als die Emporkömmlinge, die, aufgeblasen über ihre Größe und voll Verachtung für ihre früheren Genossen, sich etwas darauf zugute tun, sie bei jedem Anlass ihre Überlegenheit fühlen zu lassen. Vor allem aber bedenke man, dass ein Fürst, der genau weiß, dass seine Kinder ihm nachfolgen werden, sich in dem Glauben, für seine Familie zu arbeiten, mit sehr viel mehr Eifer um das wahre Interesse des Staates, den er wie sein Eigentum betrachtet, bemühen wird.

Quellen 5 bis 8 zit. nach Geschichte in Quellen, Bd. 3, bearb. von Fritz Dickmann, München 1966, S. 473, 474 f., 608 und 601 f.

1. *Welche Vorteile hat nach Friedrich II. die monarchische Regierungsform?*
2. *Vergleichen Sie die Herrscherauffassung, die in Mat. 9 zum Ausdruck kommt, mit der Auffassung in Mat. 4 (siehe S. 138).*

9 *Johann Gottlieb Geyser (1742–1803) nach Vincenzo Vangelisti (1744–1798), Balance de Frédéric, um 1780, Kupferstich und Radierung, 21 x 25 cm, Berlin, Staatsbibliothek Preußischer Kulturbesitz*

Staat und Absolutismus in der frühen Neuzeit: Zeitgenössische Theorien und historische Erklärungen

1 *Der Staatstheoretiker und Philosoph Jean Bodin (1529–1596) in seiner 1576 erschienenen Schrift „Sechs Bücher über den Staat":*

Q Die souveränen Herrscher dürfen auf keine Weise den Befehlen anderer untertan sein, denn sie können den Untertanen Gesetze auferlegen, Gesetze brechen, veraltete aufheben und dafür neue machen. Dies ist aber dem, der den Gesetzen oder anderen Personen unterworfen ist, nicht möglich. Das ist der Grund, weshalb das Gesetz bestimmt, dass der Fürst von der Gewalt der Gesetze ausgenommen ist [...]. Ist aber der souveräne Fürst den Gesetzen seines Vorgängers nicht unterworfen, so ist er noch weniger an seine eigenen Gesetze und Erlasse gebunden. [...]

Gänzlich anders verhält es sich mit dem göttlichen und den natürlichen Gesetzen. Alle Fürsten der Erde sind ihnen unterworfen, es liegt nicht in ihrer Macht sich ihnen entgegenzustellen, sie wollten denn sich der göttlichen Majestätsbeleidigung schuldig machen und gegen Gott Krieg führen. Allen Monarchen der Welt ist Sein Joch auferlegt. Vor Seiner Größe müssen sie in Furcht und Verehrung ihr Haupt beugen. Und so erstreckt sich die absolute Gewalt der Fürsten [...] nicht auf die Gesetze Gottes und der Natur. [...]

Wenn nun der Fürst keine Gewalt hat die Gesetze der Natur zu überschreiten, die Gott selbst, dessen Ebenbild er ist, eingesetzt hat, kann er ohne gerechten und billigen Grund das Eigentum des Nächsten nicht wegnehmen. [...]

Der souveräne Fürst ist an die mit seinem Untertan oder mit dem Ausland eingegangenen Verträge gebunden. Gerade weil er seinen Untertanen die Verträge und wechselseitigen Verpflichtungen garantiert, die sie untereinander eingegangen sind, muss er in seinen eigenen Taten umso mehr der Gerechtigkeit verpflichtet sein [...].

Denn wenn die Gerechtigkeit das Ziel des Gesetzes ist, das Gesetz aber das Werk des Fürsten ist und der Fürst das Ebenbild Gottes, so folgt mit Notwendigkeit, dass das Gesetz des Fürsten nach dem Bild des göttlichen Gesetzes gebildet sein soll. [...]

Man denke sich den Fürsten hoch erhaben über seine Untertanen. Seine Majestät gestattet keine Teilung, sie ist die Einheit schlechthin, ohne ihn haben alle anderen keine Macht, keine Gewalt, keine Einheit. Unter ihm stehen die drei Stände in der Reihenfolge, wie sie schon immer in allen wohlgeordneten Königreichen und Republiken üblich war. Zuerst kommt der Stand der Geistlichkeit wegen der Würde und des Vorrechts, das ihm durch seinen Dienst an Gott zuteil wird. Er setzt sich sowohl aus Adligen wie aus Bürgern zusammen. Dann der Stand der Militärs, der ebenfalls aus Bürgern und Adligen besteht. Dann die kleinen Leute, die Gelehrten, Kaufleute, Handwerker und Bauern. Jeder dieser drei Stände sollte jeweils nach Verdienst und Qualität der Personen Anteil an Ämtern, Benefizien, Rechtsprechung und ehrgemäßen Pflichten haben. Auf diese Weise wird sich eine angenehme Harmonie der Untertanen untereinander und dieser aller zusammen in ihrem Verhältnis zum Fürsten einstellen.

2 *Der englische Philosoph Thomas Hobbes (1588–1679) begründete 1651 im „Leviathan" die fürstliche Souveränität:*

Q Hieraus [aus der großen Furcht, welche die Menschen allgemein gegeneinander hegen] ergibt sich, dass ohne eine einschränkende Macht der Zustand der Menschen ein solcher sei, wie er zuvor beschrieben wurde, nämlich ein Krieg aller gegen alle. Denn der Krieg dauert ja nicht etwa nur solange, als tätige Feindseligkeiten geübt werden, sondern solange der Vorsatz herrscht Gewalt mit Gewalt zu vertreiben. [...] Die Zeit aber, in der kein Krieg herrscht, heißt *Frieden*. [...]

Die Absicht und Ursache, warum die Menschen sich bei allem ihrem natürlichen Hange zur Freiheit und Herrschaft dennoch entschließen konnten sich gewissen Anordnungen, welche die bürgerliche Gesellschaft erfordert, zu unterwerfen, lag in dem Verlangen sich selbst zu erhalten und ein bequemeres Leben zu führen oder [...] aus dem elenden Zustande eines Krieges aller gegen alle gerettet zu werden. Dieser Zustand ist aber notwendig wegen der menschlichen Leidenschaften mit der natürlichen Freiheit so lange verbunden, als keine Gewalt da ist, welche die Leidenschaften durch Furcht vor Strafe gehörig einschränken kann. [...]

Um aber eine allgemeine Macht zu gründen, [...] ist der einzig mögliche Weg hierzu der: dass jedweder alle seine Macht oder Kraft einem oder mehreren Menschen übertrage, wodurch der Wille aller gleichsam in einen Punkt vereinigt wird; sodass dieser Mensch oder diese eine Gesellschaft eines jeden Einzelnen Stellvertreter werde und ein jeder die Handlungen jener so betrachte, als habe er sie selbst getan, weil sie sich dem Willen und Urteile jener freiwillig unterworfen haben.

Dies fasst aber noch etwas mehr in sich als Übereinstimmung und Eintracht; denn es ist eine wahre Vereinigung in eine Person und beruht auf dem Vertrage eines jeden mit einem jeden, wie wenn ein jeder zu einem jeden sagte: „Ich übergebe mein Recht mich selbst zu beherrschen, diesem Menschen oder dieser Gesellschaft unter der Bedingung, dass du ebenfalls dein Recht über dich ihm oder ihr abtretest." Auf diese Weise werden alle Einzelnen eine Person und heißen Staat oder Gemeinwesen. [...]
Dies macht das Wesen eines Staates aus, dessen Definition folgende ist: Staat ist eine Person, deren Handlungen eine große Menge Menschen, kraft der gegenseitigen Verträge eines jeden mit einem jeden, als ihre eigenen ansehen, damit dieselbe nach ihrem Gutdünken die Macht aller zum Frieden und zur gemeinschaftlichen Verteidigung anwende. Von dem Stellvertreter des Staats sagt man: Er besitzt die höchste Gewalt. Die übrigen alle heißen Untertanen und Bürger.

1. *Stellen Sie die Rechte und die Pflichten des souveränen Herrschers bei Bodin und Hobbes (Mat. 1 und 2) zusammen. Wo liegen jeweils die Grenzen der Fürstensouveränität?*
2. *Warum entsteht der Staat? Welche Aufgaben hat der Staat?*
3. *Erklären Sie die Unterschiede zwischen Bodin und Hobbes aus der jeweiligen historischen Situation, in der die Texte entstanden; Bodin schrieb in Frankreich, Hobbes in England.*

3 *John Locke (1632–1704) schreibt in seinem Hauptwerk „Two Treatises of Government" (1690):*

Q Wie Usurpation die Ausübung der Gewalt ist, auf die ein anderer ein Recht hat, so ist die Tyrannei die Ausübung der Gewalt außer allem Recht, wozu niemand berechtigt sein kann. Das geschieht, wenn jemand von der Gewalt, die er in Händen hat, nicht zum Wohle derjenigen Gebrauch macht, die unter ihr stehen, sondern zu seinem eigenen, privaten, besonderen Vorteil; wenn der Regierende, wie er auch betitelt sein mag, nicht das Gesetz, sondern seinen Willen zur Norm macht und seine Befehle und Handlungen nicht auf die Erhaltung des Eigentums seines Volkes gerichtet sind, sondern auf die Befriedigung seines eigenen Ehrgeizes, seiner Rache, Begierde oder einer anderen regellosen Leidenschaft. [...]
Es ist ein Irrtum zu glauben, dieser Fehler sei allein den Monarchien eigen. Andere Regierungsformen sind ihm ebenso gut ausgesetzt wie diese; denn, wo nur immer die Gewalt, die in irgendwelche Hände zur Regierung des Volkes und zur Erhaltung seines Eigentums gelegt ist, für andere Zwecke angewandt und gebraucht wird das Volk auszusaugen, zu quälen und den willkürlichen, regellosen Befehlen derjenigen zu unterwerfen, die sie besitzen, wird sie sofort zur Tyrannei, gleichviel ob es einer ist, der sie so benutzt, oder viele. [...]
Überall, wo das Gesetz ein Ende findet, wenn das Gesetz überschritten wird zum Schaden eines anderen, fängt die Tyrannei an. Jeder, der in seiner Autorität über die ihm gesetzlich eingeräumte Macht hinausgeht und von der Gewalt, über die er verfügt, Gebrauch macht den Untertanen das aufzuzwingen, was das Gesetz nicht gestattet, hört in dieser Beziehung auf Obrigkeit zu sein; und da er ohne Autorität handelt, darf ihm Widerstand geleistet werden wie jedem anderen, der mit Gewalt in das Recht eines anderen eingreift. [...]
Der Grund, weshalb Menschen sich zu einer Gesellschaft vereinigen, ist die Erhaltung ihres Eigentums; und der Zweck, warum sie eine Legislative wählen und bevollmächtigen, ist der, dass Gesetze gegeben und Regeln festgesetzt werden zu Wächtern und Beschützern des Eigentums aller Glieder der Gesellschaft um die Gewalt jedes Teiles und jedes Gliedes der Gesellschaft zu begrenzen und ihr Dominium einzuschränken. Niemals darf als Wille der Gesellschaft vorausgesetzt werden, dass die Legislative eine Macht habe das zu vernichten, was jeder Einzelne durch den Eintritt in die Gesellschaft zu sichern bezweckte und wofür das Volk sich Gesetzen unterwarf, die es selbst geschaffen hat. Deshalb versetzen sich die Gesetzgeber, sooft sie versuchen das Eigentum des Volkes wegzunehmen und zu vernichten oder das Volk in Sklaverei unter willkürlicher Gewalt zu bringen, in einen Kriegszustand mit dem Volke, das dadurch von jedem ferneren Gehorsam losgesprochen und der gemeinsamen Zuflucht überlassen wird, die Gott für alle Menschen gegen Macht und Gewalt vorgesehen hat.

Quelle 1 bis 3 zit. nach Arnold Bergstraesser/Dieter Oberndörfer (Hg.), Klassiker der Staatsphilosophie, Bd. 1, Stuttgart 1975, S. 150ff., S. 166ff. und S. 209ff.

1. *Analysieren Sie den Text unter den Gesichtspunkten:*
   a) Rechte des Volkes und deren Ursprung,
   b) Merkmale der Tyrannei,
   c) Begründung des Widerstandsrechts.
2. *Vergleichen Sie die Positionen von Hobbes und Locke (Mat. 2 und 3). Erörtern Sie die Bedeutung des Eigentums bei Locke. Berücksichtigen Sie dabei auch den historischen Hintergrund der englischen Revolution (siehe S. 214–218).*

4 *Der deutsche Historiker Hans-Ulrich Wehler (geb. 1931) zur Ausprägung des modernen Staates (1987):*

D Sieht man auf den modernen Staat des 20. Jahrhunderts, steckt eine tiefe Einsicht in dem Satz, dass „die wirkliche Herrschaft ... in der Handhabung der Verwaltung im Alltagsleben" besteht [Max Weber]. Damit wird der Bürokratie eine zentrale Rolle in Politik und Gesellschaft zuerkannt. Dass sie diese Rolle übernehmen könne und werde, war am Ausgang des 18. Jahrhunderts unschwer zur erkennen. [...] Worin lag, abstrakt gefasst, der entscheidende Grund für das offenbar unaufhaltsame Vordringen der bürokratischen Organisation? In erster Linie wahrscheinlich in ihrer „rein technischen Überlegenheit" über andere Herrschaftsformen, denn „Präzision, Schnelligkeit, Eindeutigkeit, Aktenkundigkeit, Kontinuierlichkeit, Diskretion, Einheitlichkeit, straffe Unterordnung, Ersparnisse an Reibungen, sachlichen und persönlichen Kosten" sind, wenn geschulte Beamte die Verwaltungsaufgaben ausführen, im Vergleich mit „allen kollegialen oder ehren- und nebenamtlichen Formen auf das Optimum gesteigert". [...] Eine voll ausgebaute Bürokratie ist deshalb „das Kernstück des Machtsystems" des modernen Staates schlechthin geworden, sie gehört zugleich auch „zu den am schwersten zu zertrümmernden sozialen Gebilden".

Im alten Reich, wo es von Herrschaftseinheiten, die „aus lauter Grenzen" (Möser) bestanden, nur so wimmelte, gab es für jeden Staatslenker oder Zwergpotentaten genug Gründe eine eigene Verwaltung aufzubauen. [...] In der Entwicklungsgeschichte der neuzeitlichen Bürokratie – und das trifft auf die deutschen Länder gleichermaßen zu wie auf England und Frankreich – sind aber zuerst einmal zwei Wurzeln klar zu unterscheiden, wobei die zeitliche Priorität an dieser Stelle zweitrangig ist.

Auf der einen Seite existiert außer den städtischen Behörden der ältere Typ der ständischen Selbstverwaltung: etwa in den südwestdeutschen Kantonen der Reichsritterschaft oder in den Provinzialregierungen Ostelbiens, welche Verwaltung und Gerichtsbarkeit in einem Organ vereinigen. Die lokale Ebene blieb durchweg der ständischen Selbstregierung, d. h. der Vogteigewalt des Grund- oder Gutsherrn überlassen, der hier, wie in den alten Tagen autonomer Herrschaftsausübung, ziemlich unbehelligt als Miniaturautokrat schalten und walten durfte. Alle diese ständischen Körperschaften dienten völlig unverhohlen und uneingeschränkt den Interessen des Adels.

Auf der anderen Seite entfaltete sich der jüngere Typ der fürstlichen, zentralstaatlichen Behörde, die nach dem Scheitern des englischen Frühabsolutismus auf dem Kontinent vor allem in Frankreich und Preußen ihre klarste Ausprägung erfuhr. Dabei treten zwei bürokratisch ausgestaltbare Grundlagen der Landesherrschaft hervor: hier die Eigenverwaltung der fürstlichen Domänen und Regalien, dort die Steuer- und Militärangelegenheiten, für welche der ortsfremde Kommissar oder Intendant die charakteristische, da allein vom Zentrum abhängige Figur darstellt.

In dieser Dichotomie der ständisch-städtischen und der landesherrlichen Behörden lag je nach wechselnder Kräftekonstellation beides angelegt: Konflikt oder Kompromiss. Im Allgemeinen haben sich nach unterschiedlich intensiven Auseinandersetzungen, die nur in England mit einem langlebigen Sieg der von Adelsclans ausgeübten ländlichen Selbstverwaltung endeten, Kompromisslösungen, die bis ins 19., ja 20. Jahrhundert anhielten, herauskristallisiert.

Hans-Ulrich Wehler, Deutsche Gesellschaftsgeschichte, Bd. 1, München 1987, S. 254 ff.

1. *Welchen historischen Vorgang in der Ausprägung des modernen Staates hebt der Autor hervor? Wie fasst er diesen Prozess begrifflich und historisch?*
2. *Erörtern Sie die Bedeutung der Bürokratie im modernen Staat (siehe auch Darstellung S. 122 f.)*

5 *Der deutsche Historiker Rudolf Vierhaus (geb. 1922) zur absoluten Monarchie (1978):*

D Die absolute Monarchie wie auch die aufgeklärte monarchische Regierung sind europäische Erscheinungen gewesen. Sieht man die Herrschaft Ludwigs XIV. von Frankreich als Paradigma der absoluten Monarchie an, dann hat es Vergleichbares in Deutschland nicht gegeben. Der Absolutismus ist jedoch nicht nur in einer Gestalt aufgetreten. Zu ihm gehört nicht notwendig die hohe Stilisierung monarchischer Herrschaft, wie sie Ludwig in Versailles zelebrierte, und auch nicht die prunklos-prosaische, rücksichtslose und fromme Machtvollkommenheit, mit der Friedrich Wilhelm I. in Preußen regierte. Beide waren extreme Erscheinungen einer oft mehr angestrebten als realisierten, mehr beanspruchten als praktizierten, im Wesentlichen sich auf die obere Staatsebene erstreckenden, nicht aber bis in die Lebenswelt der ländlichen Untertanen hineinreichenden Herrschaftsform. Nur der Theorie nach beruhte sie auf der ungeteilten und uneingeschränkten Gewalt einer Person, die als Gesetzgeber nicht den Gesetzen unterworfen ist, keiner Kontrolle unterliegt und bei der Herrschaftsausübung an keine Mitwirkung von Organen gebunden ist, es sei denn, sie habe sie selbst eingesetzt.

Absolute Gewalt ist souveräne Gewalt, „summa perpetuaque potestas"[1], wie Jean Bodin sie definiert hat. Begrifflich und rechtlich schließt sie Konkurrenz und Widerstand aus – und tatsächlich hat das Bedürfnis nach einer Gewalt, die Bürgerkriege zu verhindern, Ordnung, Besitz, Nahrung zu sichern, Wideraufbau und Verbesserung der Lebensverhältnisse zu bewirken in der Lage war, der absoluten Monarchie im Europa des 17. Jahrhunderts Vorschub geleistet, ja politische Berechtigung verliehen. Und in dem Maße, wie sie innerstaatliche Ruhe herstellte, konfessionellen Frieden sicherte, zum Teil auch grundherrliche Übergriffe verhinderte – wozu sie jedoch durchaus nicht immer in der Lage war –, das wirtschaftliche Leben förderte und einen administrativen Apparat von tendenziell einheitlicher Organisation aufbaute, stellte sie eine wesentliche Etappe auf dem Wege zum modernen Staat dar. Sie hat den Begriff und in Ansätzen auch die Praxis einer einheitlichen Staatsgewalt gegenüber der Vielfalt historisch begründeter Hoheitsrechte zur Geltung gebracht, ebenso die Vorstellung und rechtliche Konzeption des einheitlichen Staatsgebietes als Wirkungsraum dieser Staatsgewalt wie als Begründung der Herrschergewalt über das ganze Staatsgebiet. Die Anerkennung einer noch höheren politischen und rechtlichen Ordnung war damit ebenso ausgeschlossen wie die Anerkennung einer Teilhabe der Landstände an der Staatsgewalt. Innerhalb der absoluten Monarchie konnten die Funktionen und Rechte der Stände nur als überlassene, zugestandene und aufgetragene interpretiert werden.

1 höchste beständige Macht, Gewalt

Rudolf Vierhaus, Deutschland im Zeitalter des Absolutismus (1648–1763), Göttingen 1978, S. 147 f.

6 *Der Autor des Darstellungstextes, der Historiker Ernst Hinrichs (geb. 1937), zur Diskussion um den „Absolutismus"-Begriff in der Geschichtswissenschaft (1994; Originalbeitrag):*

D Schon immer hatten die Historiker Mühe mit den „ismus"-Begriffen. Sie entstehen nicht selten lange nach der historischen Erscheinung, die sie begreifbar zu machen versuchen. Und sie fügen gern zu einem umfassenden System zusammen, was in der historischen Wirklichkeit aus vielen kleinen, sehr unterschiedlichen Facetten bestand. So war es auch mit dem „Absolutismus". Das Wort entstand vermutlich zu Beginn des 19. Jahrhunderts in England. Es trug sofort einen abwertenden, „pejorativen" Charakter und bezeichnete ein politisches System, in dem alles von oben entschieden wurde und die Möglichkeiten der Menschen, auf diese politischen Entscheidungen Einfluss zu nehmen, gering oder nicht vorhanden waren. Im 19. Jahrhundert, als sich in den meisten Staaten Europas die Spielarten ständischer Beteiligung an den politischen Entscheidungen überlebt hatten und neue, parlamentarische Formen der Kontrolle erst in den Anfängen steckten, waren nach Ansicht englischer Autoren, die der liberalen Whig-Tradition verpflichtet waren, auf dem Kontinent, nicht jedoch auf ihrer fortschrittlichen Insel, absolutistische Staaten vorhanden. Die Engländer gingen noch einen Schritt weiter und übertrugen ihre Vorstellungen von den kontinentalen Verhältnissen auf die frühere Zeit; ein Monarch wie Ludwig XIV. hatte sich doch selbst gerühmt „absolut" zu sein, über den Gesetzen zu stehen, also war schon in dieser Zeit „Absolutismus" ein besonderes Kennzeichen der kontinentalen Monarchien, während England durch die Revolutionen des 17. Jahrhunderts einen „modernen" Weg, den Weg zur konstitutionellen Monarchie fand. Absolutismus war für sie gleichbedeutend mit „Despotismus", er war etwas spezifisch Kontinentales, Unenglisches.

Die deutschen Historiker des 19. Jahrhunderts übernahmen den Absolutismusbegriff, jedoch ohne seinen pejorativen Einschlag. Für sie war damit die Vorstellung verbunden, dass sich in den frühneuzeitlichen Monarchien Europas die Gewichte eindeutig zugunsten der Monarchen verschoben, obwohl immer noch viele Elemente ständischer Beteiligung vorhanden waren. Aus diesem „pragmatischen" Absolutismusbegriff entwickelte sich allmählich eine umfassende Epochenbezeichnung („Das Zeitalter des Absolutismus").

Heute gibt es eine – erneut von England ausgehende – Debatte über den Absolutismus. Englische Historiker bezeichnen ihn als „Mythos". Sie meinen, dass die englische Monarchie der frühen Neuzeit viel „absoluter", die kontinentalen Monarchien jedoch viel weniger „absolut" waren, als die liberalen englischen Historiker des 19. Jahrhunderts glaubten. England und der Kontinent waren sich demnach viel ähnlicher als angenommen, das Verhältnis zwischen allen Monarchien und ihren Untertanen weit mehr durch Zusammenarbeit, Befragung und Übereinstimmung (*cooperation, consultation, consent*) gekennzeichnet, als es der abstrakte Absolutismusbegriff erkennen lässt. Von einem Zeitalter des Absolutismus könne daher keine Rede sein.

1. *Stellen Sie aus Mat. 5 Merkmale und historische Ausprägungen der absoluten Monarchie zusammen. Vergleichen Sie mit Mat. 1 und 2.*
2. *Erläutern Sie die Begriffe „Absolutismus" und „absolute Monarchie". Diskutieren Sie, wie sinnvoll es ist (oder nicht ist) den „Absolutismus"-Begriff abzuschaffen (Mat. 6). Ziehen Sie dazu auch die Darstellungen S. 121–127 und 214–218 heran.*

Die Republik der Vereinigten Niederlande im 17. Jahrhundert

1 *Der niederländische Freiheitskampf und die Republik der Vereinigten Niederlande 1559–1648*

2 *Aus der „Abschwörungserklärung" der Mitglieder der Utrechter Union vom 26. Juli 1581, der sogenannten Unabhängigkeitserklärung der Niederlande („Plakkat van Verlatinge") von Spanien, die völkerrechtlich mit dem Westfälischen Frieden von 1648 wirksam wurde:*

Q Es ist allgemein bekannt, dass ein Fürst eines Landes von Gott zum Oberhaupt seiner Untertanen eingesetzt worden ist um diese vor Unrecht, Schaden und Gewalt zu schützen und zu bewahren, genauso wie ein Hirte seine Schafe hütet, und dass die Untertanen von Gott nicht für den Fürsten geschaffen worden sind um ihm in allem, was er befiehlt – sei es gerecht oder ungerecht – untertänig zu sein und ihm als Sklaven zu dienen. Im Gegenteil, der Fürst ist da zum Willen des Volkes, ohne welches er kein Fürst wäre um es gerecht und vernünftig zu regieren und zu verteidigen und es lieb zu haben wie ein Vater seine Kinder und ein Hirte seine Schafe; er setzt Leib und Leben aufs Spiel es zu beschützen. Wenn er dies nicht tut, sondern, statt seine Untertanen zu schützen, versucht sie zu unterdrücken, übermäßig zu belasten, sie ihrer Freiheit, Privilegien und alten Gewohnheiten zu berauben und sie zu befehligen und zu benutzen wie Sklaven, muss er nicht als ein Fürst, sondern als ein Tyrann angesehen werden. Dann steht es seinen Untertanen mit Fug und Recht frei ihn nicht mehr als Fürsten anzuerkennen – vor allem nachdem hierüber in der Staatenversammlung des Landes getagt worden ist –, sondern sich von ihm loszusagen [...] und einen anderen zum Souverän zu wählen [...].
Dies ist umso mehr erlaubt, wenn es den Untertanen nicht gelungen ist ihren Fürsten durch demütige Darlegung zu erweichen und ihn von seiner tyrannischen Absicht abzubringen, sodass ihnen kein anderes Mittel mehr bleibt um die ihnen und ihren Frauen, Kindern und Nachkommen angeborene Freiheit zu verteidigen und zu schützen. Hierzu sind sie gemäß dem Naturgesetze verpflichtet, [...]. So ist es auch mehrere Male aus ähnlichen Gründen in verschiedenen Ländern und Zeitaltern geschehen; [...]. So muss es sich auch vorrangig in den Niederlanden ereignen, die immer regiert wurden – und auch regiert werden müssen – gemäß dem Eid, den der Fürst bei Regierungsantritt ablegte, in Übereinkunft mit den Privilegien, Gewohnheitsrechten und alten Bräuchen. Die meisten dieser Länder haben ihren Herrscher nämlich angenommen aufgrund von Bedingungen, Übereinkünften und Einvernehmen; wenn der Herrscher diese bricht, hat er auch rechtens die Herrschaft über das Land verwirkt. [...]
Darum tun wir kund und zu wissen, dass wir, durch die äußerste Not gezwungen, nach Beratung untereinander und in allgemeinem Einverständnis den König von Spanien seiner Herrschaft, Gerichtsbarkeit und erblicher Ansprüche auf dieses Land ipso iure für enthoben erklärt haben und erklären.

Zit. nach Plakkat van Verlatinge 1581 (Einleitung, Transcription und Übersetzung ins moderne Niederländisch von M. E. H. N. Mout), Staatsuitgeveriy 1979, S. 97ff. Übers. von F. H. Schmidt und H. Günther-Arndt.

1. *Erarbeiten Sie aus Mat. 1 und der Darstellung S. 131f. eine Übersicht zur niederländischen Geschichte bis zur Unabhängigkeit.*

2. *Analysieren Sie die Argumentation der aufständischen niederländischen Provinzen in Mat. 2 und vergleichen Sie diese mit der Staatstheorie Lockes (siehe S. 142, Mat. 3) und der amerikanischen Unabhängigkeitserklärung von 1776 (siehe S. 238, Mat. 3).*

3 *1676 berichtete der englische Diplomat und Schriftsteller Sir William Temple (1628–1699):*

Q Jene Familien, die in den großen Städten vom Ertrag ihrer Vermögen leben, sind anders erzogen und leben anders als die Kaufleute, obwohl sie ihnen in der Bescheidenheit von Kleidung, Auftreten und Lebensführung gleichen. Ihre Söhne werden üblicherweise in Schulen und an den Universitäten von Leiden und Utrecht in den üblichen Fächern der klassischen Bildung erzogen, vor allem aber studieren sie das bürgerliche Recht ihres Landes […]. Wo diese Familien reich sind, unternehmen ihre Söhne nach Abschluss ihrer Studien einige Jahre lang Reisen, ebenso wie es die Söhne unseres Adels tun. Aber sie reisen hauptsächlich nach England und Frankreich, nicht sehr oft nach Italien und noch seltener nach Spanien oder in die nordeuropäischen Länder, es sei denn als Begleiter oder im Gefolge von Regierungsmitgliedern. Der Hauptzweck der Erziehung ist es, die jungen Männer für den Dienst in der Regierung ihrer Städte, Provinzen und des Staates zu befähigen. Und aus solchen Leuten rekrutieren sich im Allgemeinen die Inhaber politischer Ämter. Sie gehören Familien an, deren Mitglieder oft viele Jahre lang im Magistrat ihrer Heimatstädte tätig waren, manche von ihnen sogar über Generationen hinweg. Von solcher Art waren die meisten oder alle leitenden Staatsmänner, als ich dort [als Botschafter] weilte; es waren nicht Männer geringer Herkunft oder gar Handwerker, wie man im Ausland oft glaubt und was Gegenstand von Scherzen über ihre Regierung ist. Das schließt nicht aus, dass man viele Kaufleute und vor allem Großhändler in städtischen Ämtern sieht und dass sie manchmal in die Ständeversammlungen entsandt werden […]. Aber die Inhaber der Spitzenämter gehören zur ersten Gruppe; ihr Vermögen und ihr Einkommen bestehen aus dem Sold, den sie für ihre Ämter erhalten, aus Einkünften aus ihrem Landbesitz und aus den Zinsen des Kapitals, das in Handelsniederlassungen oder in der Handelstätigkeit der Ostindischen Kompanie angelegt ist, oder aus Anteilen an Handelsunternehmungen großer Kaufleute. Und diese Familien, die traditionell an der Regierung ihrer Städte und Provinzen beteiligt sind, gelangen üblicherweise nicht zu übermäßigem Reichtum. Die Einkünfte im öffentlichen Dienst und aus Kapitalanlagen sind gering, doch sind die Erträge aus Landbesitz noch sehr viel niedriger. […] Sie geben sich mit der Ehre zufrieden der Öffentlichkeit zu dienen, und mit der Hochschätzung, die ihnen von ihren Städten und Provinzen entgegengebracht wird, sowie mit dem Genuss ihres Vermögens, das wegen ihrer sparsamen Lebensführung selten in Gefahr gerät […].

Dagegen ist der Reichtum der Kaufleute und der Fernhändler außerordentlich gewachsen. Ihre Tätigkeit liegt allein auf diesem Gebiet und sie sind es zufrieden wenig Anteil an der Regierung zu haben. Sie wünschen nur Sicherheit für ihr Vermögen und kümmern sich nur um dieses und ihre Geschäfte; wenn sie noch Zeit haben, widmen sie sich einem angenehmen Leben. Aber wenn sie sehr reich geworden sind, lassen sie ihre Söhne auf die oben genannte Art erziehen und lassen ihre Töchter in die angesehensten und politisch führenden Familien ihrer Städte einheiraten. So führen sie ihre Familien zu politischem Einfluss und hohem Ansehen, das sich hierzulande nicht auf Titel, sondern auf Dienst an der Gemeinschaft gründet […].

Sir William Temple, Observations upon the United Provinces of the Netherlands, London 1676, S. 161 ff. Übers. von H.-G. Hofacker.

4 *Aus dem „Holländischen Kirchen- und Schulen-Staat" (1698) des lutherischen Theologen Heinrich Ludolph Benthem (1661–1723):*

Q [a] Hieselbst wird die Gerechtigkeit beobachtet und das Gericht ohn grosse Freyheiten erlangen, aber Gottes und des Landes gesetz nicht beugen. Die Grossen und die Reichen können nicht unterdrücken die Kleinen und Armen. Es ist die Obrigkeit zwar reformierter Lehr, aber ich habe noch nie gehöret, dass ein Lutheraner, Papist oder Mennonit oder Jude in einer Streitsache mit einem Reformierten des Glaubens wegen unterliegen müssen. […]

[b] Unterdessen werden die Underthanen von den Gebietenden mit aller Sanfftmuth gelind regiret. Beginnet das Volck zu murren über die Schwehre der Imposten[1], welche zur Bestreitung der vielen Ausgaben hier allgroß sind: So weiß die kluge Obrigkeit mit Nachlassung eines guten Theils die bewegten Gemüther wieder zu stillen. Es lieben die Einwohner nichts so ser als die Freyheit: Und solte ein grosser Herr einen Leibeigenen in Holland bringen, wird solcher sofort sein eigen Herr. […]

[c] Wer anmercket, wie fleißig ein jeder in seinem Beruff allhie ist, und die Nahrung so emsig gesuchet werde, der kan einiger massen begreiffen, woher so viel tausend Menschen in einem so engen Lande nicht nur sich des Hungers erwehren, sondern auch Reichthum erwerben können. Alles ist hier in Bewegung und sind auch die rentenierer[2] nicht müßig. Dieser Orten wird der Spruch zum festen Gesetz: Wer nicht ar-

beitet, der soll auch nicht essen. Hergegen heisset es auch: Wer arbeiten will darff nicht Hungers sterben [...].

[d] Der Sparsam- und Mäßigkeit muss nicht vergessen werden, weil die Holländer damit uns vorleuchten. Käse, Butter, Fisch, Salat und Brot ist ihre beständige Speise. Ein jeder stellet seine Sache so an, dass er des Jahrs mehr einnehme als verzehre. Man wird nicht leicht ein Exempel finden, dass jemand durch Fressen oder Sauffen sich in Schulden gesetzet. [...]

[e] Die Geringeren ehren auch nicht sonderlich die Obern [...]. Die Frau im Hause kan man von ihrer Dienst-Magd nicht wohl unterscheiden, es sey denn, dass man jene beym Manne im Bette siehet: Am Tische wird keine Ordnung gehalten und Antje plappert und lachet wol so viel und laute als Mevrouwe[3]. [...] Was die Ehegatten betrifft, hat die Freyheit des Landes Gottes Gebot und Ordnung umgekehret: Denn hier krehet die Henne und der Hahn muss nur keckeln. Gehet man und Frau am Sonntage wandeln, muss jener das Kind auf dem Arme tragen und diese schlendert auf ihren muilen[4] sorglos neben ihm her. Es wird nicht leicht eine Holländerin sich an einen Teutschen verheyrathen, weil sie gehöret, dass einige mussen ihre Weiber hart halten. [...]

[f] Die Kinderzucht ist insgemein allhie auch nicht die beste. Die Freyheit des Landes und Affen-Liebe der Eltern benimmt den Kindern die Ehrerbietung, welche sie jenen schuldig sind. Es ist nichts seltsames, dass Vater und Mutter mit dem Lehrmeister einen Contract machen, das Kind nicht hart zu halten, ob es schon bübisch und ungehorsam ist [...].

1 Abgaben
2 Rentiers; Personen, die von den Zinsen ihres Vermögens leben
3 die Frau, gnädige Frau
4 Pantoffeln

Heinrich Ludolph Benthem, Holländischer Kirchen- und Schulen-Staat, Frankfurt u. a. 1698, S. 8ff.

5 *Zur Gesellschaftsstruktur der Niederlande im 17. Jahrhundert schreibt der deutsche Historiker Michael North (1992):*

D Insgesamt erscheint die niederländische Gesellschaft des 17. Jahrhunderts als einzigartig im frühneuzeitlichen Europa. Hier herrschten kein König, kein Adel und kein Klerus, sondern hier bestimmten die Angehörigen der Regenten- und der Oberschicht, d. h. Bürger, das politische und gesellschafliche Leben. In Frankreich sollte diese Gruppe als *Tiers Etat* erst mit der Französischen Revolution die politische Macht übernehmen. Dagegen trugen in den Niederlanden bereits die Mittelschichten in den kleineren und mittelgroßen Städten politische Verantwortung. Gerade diese wohlhabenden Mittelschichten waren zusammen mit den reichen Bauern ein wichtiges Potential für die ökonomische, gesellschaftliche und künstlerische Entwicklung des Landes. Sie bildeten nicht nur eine Reserve gut ausgebildeter Amtsträger, sondern sie stellten auch einen wachsenden Markt für die gewerblichen und künstlerischen Erzeugnisse des In- und Auslands dar. Gleichzeitig trug ihre Spendenbereitschaft wie die der Oberschicht dazu bei die wirtschaftliche Entwicklung der Niederlande sozial verträglich abzufedern. Zahlreiche soziale Einrichtungen, wie Armenkassen, Armenküchen, Waisenhäuser und Altenheime, verdankten ihre Existenz dem Engagement und der Mildtätigkeit wohlhabender Bürger. Aufgrund dieses ausgebauten – natürlich nur grob geknüpften – sozialen Netzes brauchte in den Niederlanden selbst bei Teuerungen keiner mehr zu verhungern, wenn auch länger andauernde Getreidepreissteigerungen die Konstitution der Armen schwächten.

Michael North, Kunst und Kommerz im Goldenen Zeitalter, Köln u. a. 1992, S. 71f.

6 *Bevölkerungsentwicklung und Urbanisierung*

a) Einwohner der Niederlande 1500–1795 (in Mio.)

Jahr	Einwohner	Jahr	Einwohner
1500	0,90–1,00	1700	1,85–1,95
1600	1,40–1,60	1750	1,85–1,95
1650	1,85–1,90	1795	2,08

b) Bevölkerung der Provinz Holland 1514–1795

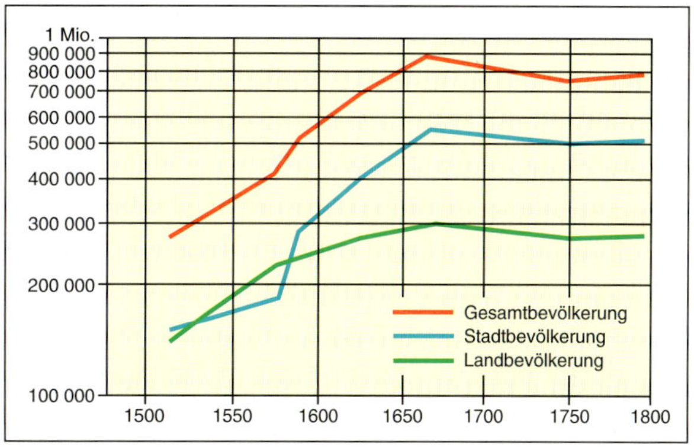

Nach Twee culturen: de Republiek en Java. Oriëntaticcursus culturwetenschappen 2, Herheen: Open universiteit 1991, S. 102; Michael North, Kunst und Kommerz im Goldenen Zeitalter, Köln u. a. 1992, S. 27.

7 *Jan van der Heyden (1637–1712), Zimmerecke mit Raritäten, 1711/12, Öl auf Leinwand, 75 x 63,5 cm, Budapest, Szépmüvészeti Múseum*

8 *Der englische Historiker Charles Henry Wilson (geb. 1914) über die Ursachen des niederländischen Aufstiegs (1968):*

D In Holland ging mehr als irgendwo sonst die reine Wissenschaft unmerklich in die angewandte, die Theorie in die Technologie über. Weder Stevin[1] noch Snellius[2] oder Huygens[3] hielten die Behebung der praktischen Schwierigkeiten, die sicherer Navigation und längeren Seereisen im Weg standen, für unter ihrer Würde. Vielleicht liegt, wie auch beim lebhaften Aufblühen der Künste, die Erklärung für diese Verschmelzung von reiner und angewandter Wissenschaft zum Teil in den einfachen Lebens- und Gesellschaftsverhältnissen Hollands – einer verhältnismäßig dichten Bevölkerung, die sich in Städten von beträchtlicher Größe zusammendrängte und sich herausgefordert sah mit wenig oder gar keinen natürlichen Hilfsmitteln einen möglichst hohen Lebensstandard zu erreichen.
Ihre einzigartige Maklerwirtschaft und die äußerste Ausnutzung ihrer Möglichkeiten machten Unterricht und Bildung zu einer Notwendigkeit und nicht zu einer Zierde. Die holländischen Kinder wurden schon mit drei Jahren in eine Unterrichtsmaschine gesteckt, die sie von der Grundschule zur Lateinschule und von dort zur Universität [...] weiterführte. Lesen und Schreiben waren folglich wesentlich verbreiteter als irgendwo sonst in Europa. Besondere Aufmerksamkeit wurde der Pflege der Handschrift gewidmet, die häufig ein Niveau von höchster Eleganz erreichte. Daher wiederum das weitverbreitete Talent für Kupferstechen und Gravieren, das zur Entstehung einer Schule der Land- und Seekartenherstellung beitrug.

1 Simon Stevin (1548–1620), Mathematiker und Physiker (Parallelogramm der Kräfte; kommunizierende Röhren)
2 Willebrord S. van Roijen Snellius (1591–1628), Mathematiker
3 Christian Huygens (1629–1695), Physiker (entwickelte die Wellentheorie des Lichts)

Charles Henry Wilson, Die Früchte der Freiheit. Holland und die europäische Kultur des 17. Jahrhunderts, München 1968, S. 95.

1. *Erarbeiten Sie aus den Materialien dieses Arbeitsteils und der Darstellung (siehe S. 131 f.) eine Übersicht der politischen und der gesellschaftlichen Struktur der Niederlande. Vergleichen Sie diese Strukturen mit denen der Nachbarstaaten.*
2. *Wie ist der wirtschaftliche Aufschwung der Niederlande zu erklären? Welche Mentalitäten und Auffassungen heben Zeitgenossen (Mat. 3 und 4) und Historiker der Gegenwart (Mat. 5 und 8) hervor?*
3. *Analysieren Sie die in Mat. 7 dargestellten Gegenstände und entschlüsseln Sie die bildhaften Anspielungen. Vergleichen Sie diese Selbstdarstellung des niederländischen Bürgertums mit den Aussagen in Mat. 3 und 4 sowie 5 und 8.*
4. *Erörtern Sie die Bedeutung der niederländischen Entwicklung für den Modernisierungsprozess in Europa. Ziehen Sie dazu auch die Darstellung S. 131 f. heran; zum Begriff der „Modernisierung“ siehe Begriffe Kap. 4 (S. 161).*

Indien in der frühen Neuzeit

1 *Eine Übersicht:*

1498–1640 Vasco da Gama entdeckt den Seeweg nach Indien. Es gelingt den Portugiesen ein Vizekönigreich Indien zu errichten, das vor allem auf der Kontrolle der innerasiatischen Seewege beruht. Ein Netz von Handelsniederlassungen zwischen der afrikanischen Ostküste und der indischen Westküste ermöglicht den Gewürzhandel und die teilweise Ausschaltung des auf dem Landweg versorgten europäischen Konkurrenten Venedig.

1526–1707 Nachdem er in der Schlacht von Panipat den letzten Sultan von Delhi bezwungen hat, errichtet Babur von Kabul, ein Nachkomme des mongolischen Eroberers Timur, eine muslimisch geprägte Herrschaft, die von Afghanistan bis Bengalen reicht. Unter seinen Nachfolgern expandiert das Reich trotz heftigen Widerstandes stetig nach Süden, bis es beim Tode Aurangzebs den gesamten Subkontinent mit Ausnahme des äußersten Südens und Ceylons umfasst. Ein einheitliches Steuersystem sowie ein Militärlehensystem für die Reichsbeamten ermöglichen eine zentrale Kontrolle des Großreiches bei gleichzeitiger Dezentralisierung.

1526–1646 Errichtung des hinduistisch geprägten Reiches von Viynagar im Süden Indiens.

1600–1742 Europäische Ostindienkompanien, vor allem die 1600 gegründete englische East India Company (EIC) und die 1602 gegründete niederländische Vereenigde Oostindische Compagnie (VOC), verdrängen den portugiesischen Handel in Asien und exportieren Textilien und Gewürze nach Europa. Die Entstehung vieler kleiner Herrschaften im indischen Süden nach dem Zerfall des Reiches von Viynagar eröffnet den Europäern viele Kooperationsmöglichkeiten.

1707–1765 Der Zerfall des Mogul-Reiches, der durch religiöse Intoleranz und Ressourcenverknappung infolge von Naturkatastrophen und Inflation vorangetrieben wurde, führt, bei Beibehaltung des Mogul-Kaisertums, zur Errichtung neuer Herrschaften in verschiedenen Teilregionen des Reiches.

1742–1763 Ein inner-indischer Streit um die Nachfolgeregelung des Nizam von Haiderabad ermöglicht der französischen und der englischen Handelskompanie ein Eingreifen in Südindien. Aus dem Konkurrenzkampf gehen die Engländer als Sieger hervor, im Frieden von Paris verlieren die Franzosen ihre indischen Gebietsansprüche.

1757–1765 In der Schlacht von Plassey besiegt Robert Clive, an der Spitze einer Koalition von abtrünnigen muslimischen Soldaten, unzufriedenen hinduistischen Landbesitzern aus Westbengalen und um den Handel fürchtenden muslimischen Kaufleuten den Nawab von Bengalen. Als der von der Kompanie installierte Marionettenherrscher sich der wachsenden Auspressung des Landes entgegenstellt, wird er in der Schlacht von Baksa, zusammen mit dem Nawab von Avadh, geschlagen. Der Mogul verleiht der EIC die zivile Oberhoheit über Bengalen.

1773 Ein Finanzskandal der EIC führt zur *Regulating Act*. Die EIC wird staatlicher Aufsicht unterstellt. Sie ist in ihrem Finanzgebaren dem Schatzamt, in ihrer Politik den Staatssekretären verantwortlich; der Gouverneur von Bengalen wird Generalgouverneur.

1784 Pitts *India Act* unterstellt die politischen und militärischen Angelegenheiten „der englischen Besitzungen in Indien" einem *Board of Control*, dessen Vorsitzender praktisch englischer Indienminister ist. Da die EIC ihre Herrschaft aber durch ein Privileg des indischen Kaisers ausübt, ändert sich in Indien nur wenig.

2 *Der Zusammenbruch des indischen Mogul-Reiches und der Aufstieg der Nachfolgestaaten bis ca. 1770*

Reichtum und Fremdheit Indiens

3 *Der englische Gesandte Sir Thomas Roe (um 1580–1644) schildert einen Empfang am Hof des Moguls (1617):*

Q Der König stieg die Treppe herab, begleitet vom Beifallsruf „Heil dem König", der wie Kanonendonner schallte. Am Fuße der Treppe, wo ich mich zu ihm gesellte und drängeln musste um neben ihm zu bleiben brachte jemand einen mächtigen Karpfen, ein anderer eine Schüssel voll weißen Materials, das wie Stärke aussah, in welches er seinen Finger legte; dann berührte er den Fisch und rieb einen Finger an seiner Stirn, eine Zeremonie, die gewöhnlich Glück bedeutete. Dann kam ein anderer und gürtete ihm Schwert und Schild um, die überall mit großen Diamanten und Rubinen besetzt waren, was zu den güldenen Gürteln passte. [...] Auf dem Haupte trug er einen reich verzierten Turban mit einem Federbusch aus dem Kopfgefieder eines Reihers; es waren nicht viele, aber lange Federn. Auf einer Seite hing ein ungefasster Rubin herunter, groß wie eine Walnuss, auf der anderen Seite ein ebenso großer Diamant, in der Mitte ein Smaragd in Herzform, aber viel größer. Seine Schärpe war umkränzt mit einer Kette großer Perlen, Rubine und durchbohrter Diamanten. Um den Hals trug er eine Kette äußerst vorzüglicher Perlen, drei Doppelreihen (so groß, wie ich sie noch nie sah); an seinen Ellbogen diamantenbesetzte Armbinden und an seinen Handgelenken drei Reihen mit Schmuck verschiedener Art. Seine Hände waren zwar bloß, aber an nahezu jedem Finger steckte ein Ring; seine Handschuhe, englischer Herkunft, steckten in einem Gürtel; sein goldenes Wams ohne Ärmel war aus einem schönen Semianleder, fein wie Batist; an seinen Füßen ein Paar mit Perlen bestickte Halbstiefel, die vorne spitz zuliefen und aufwärts gekrümmt waren.

Zit. nach William Foster (Hg.), The Embassy of Sir Thomas Roe to India, London 1926, S. 137. Übers. von Th. Schleich.

4 *Die Lebensweise mohammedanischer Frauen – aus einem Bericht des Leiters der niederländischen Handelsgesellschaft in Agra (1625):*

Q Beim Zustandekommen einer Heirat hat der Bräutigam keinen Anteil an der Auswahl, noch weniger die Braut, denn die Partnerwahl nehmen die Eltern vor oder, wenn sie verstorben sein sollten, andere Freunde. Wenn ein junger Mann zwischen 15 und 18 Jahre alt ist, suchen seine Freunde nach der Tochter eines Mannes, der zum Freundeskreis zählt. Das trifft allerdings eher auf die reichen als auf die armen Leute zu, denn nach einer Grundregel heiraten Soldaten unter Soldaten, Kaufleute unter Kaufleuten und so weiter je nach dem Berufsfeld. Wenn sie keine geeignete Partie ausmachen können, wenden sie sich an weibliche Heiratsvermittler, die alle wählbaren Mädchen kennen. [...] Die Vermittlerinnen verstehen ihr Geschäft und schlagen statt einer vielleicht 25 vor. Nachdem man diese Vorschläge in Bezug auf Herkunft und aktuelle Verhältnisse einer Überprüfung unterzogen hat, wählen die Eltern die Kandidatin aus, die am geeignetsten erscheint. [...] Dem unglücklichen Bräutigam ist es nicht gestattet die [in Frage kommenden] Mädchen zu treffen und er erhält keine Gelegenheit zu sehen, ob seine zukünftige Braut weiß oder schwarz, gerade gewachsen oder buckelig, hübsch oder hässlich ist; er muss dem Urteil seiner Mutter und seiner Freunde vertrauen. [...]

Nach gängigem Brauch nehmen die reichen Männer drei oder vier Frauen – alle Töchter würdiger Männer –, aber der ältesten Frau kommt die größte Achtung zu. Sie leben in einem mit einer hohen Mauer umfriedeten Bezirk zusammen, den man *mahal* nennt, in dem es Gärten und Zisternen gibt. Jede Frau verfügt über separate Wohnungen, für sich und ihre Sklaven, die sich, je nach ihrem Reichtum, auf 10, 20 oder 100 belaufen können. Jede erhält einen monatlichen Betrag für ihre Ausgaben. Juwelen und Kleidung verehrt ihnen der Ehemann, je nach dem Grad seiner Zuneigung. [...]

Zwei oder drei Eunuchen, manchmal auch mehr, bei denen es sich zwar um gekaufte bengalische Sklaven handelt, die ihrem Besitzer aber in der Regel treu ergeben sind, werden jeder Frau zugeordnet um sicherzustellen, dass kein anderer Mann die Frauen zu Gesicht bekommt. Sie genießen deshalb das Vertrauen ihres Herrn, aber die Frauen erweisen ihnen noch größere Achtung, denn die gesamte Verwaltung des *mahal* liegt in ihren Händen und bei ihnen liegt es, ob Wünsche erfüllt oder abgelehnt werden. [...]

Die Frauen unseres Landes sollten nach dieser Beschreibung in der Lage sein das Glück ihrer Geburt [in Europa] ermessen zu können und das Ausmaß ihrer Freiheiten.

Zit. nach William Harrison Moreland/Pieter Geyl (Hg.), Jahangir's India. The Remonstrantie of Francisco Pelsaert, Delhi 1925, S. 64–66 und 81. Übers. von Th. Schleich.

5 *Ein Venezianer, als Arzt und Artillerist im Dienst indischer Fürsten, schreibt um 1670 über das Kastenwesen der Hindus:*

Q Die Hindus teilen die Menschen in vier Arten ein. Von den einen sagen sie, dass sie aus dem Gesicht [des Schöpfergottes] Brahma geboren seien, solche Menschen nennen sie daher Brahmanen und gliedern sie in verschiedene Unterabteilungen auf. Die zweite Menschenart ist ihrer Meinung nach aus den Schultern des besagten Brahma geboren; solche nennen sie Radchas und gliedern auch sie in mehrere

Unterabteilungen auf. Von der dritten Art wird gesagt, sie sei aus den Schenkeln des besagten Brahma geboren; das sind die Kaufleute und Händler und davon gibt es auch viele Unterabteilungen. Schließlich gibt es die vierte und letzte Art, von der es heißt, sie sei aus den Füßen des Brahma geboren: Die Menschen heißen Sudra und wie die anderen Grundkasten hat auch diese viele Unterabteilungen [...].
Zu diesen vier Grundkasten fügen sie eine weitere, die unter den oben genannten nicht mitangeführt ist, sondern die sie als abgetrennt vom allgemeinen Menschengeschlecht erachten. In ihrer Sprache heißen diese Leute Chandalam oder Schwarze [Unberührbare]. Sie werden in vier Arten eingeteilt, genannt Vettiyar, Palli, Paria und Alpaqueros. Alle diese Leute, die sie Schwarze nennen, sind und gelten unter den Einheimischen dieses Landes als so niedrig und so schändlich, dass es eine nicht wiedergutzumachende Ansteckung und Schande ist mit ihnen zu essen, ja noch mehr sie auch nur essen und trinken zu sehen. Das eine wie das andere vermeiden daher die anderen Kasten unter allen Umständen. Ferner darf kein Angehöriger der anderen Kasten im Hause irgendwelcher dieser Schwarzen wohnen oder aus ihrer Hand irgendetwas zu essen oder zu trinken annehmen. Viel lieber würden sie ohne Beistand sterben, als dass sie einen dieser Schwarzen berührten oder sich von ihm berühren ließen oder aus seiner Hand irgendetwas zu essen oder zu trinken annähmen. Denn wenn solches geschieht und die Behörde von dieser Tatsache erfährt, dann wird zusätzlich zur damit verknüpften Todesstrafe die gesamte Familie und Nachkommenschaft in Verruf gebracht und auf die gleiche Ebene wie die Schwarzen gestellt und es gibt für sie keine Hoffnung je wieder in ihre Kaste zurückzukehren.
Diese Schwarzen leben also außerhalb der bewohnten Ortschaften und Städte, die von anderen Kasten belegt werden, einschließlich der Gelehrten, die sie Acharya nennen, und der Mönche, die sie Sannyai nennen, und alle diese besseren Klassen dürfen nicht einmal zu den Ausgestoßenen sprechen.

Zit. nach Nicolao Manucci, Storia do Mogor, Bd. 3, London 1907, S. 35–37. Übers. von Th. Schleich.

6 *Titelblatt des Buches von Philipp Baldaeus „Beschreibung der ostindischen Küsten von Malabar und Koromandel", Amsterdam 1672, Kupferstich, 33 x 22 cm*

1. *Welche Merkmale Indiens heben die europäischen Berichte hervor (Mat. 3 bis 6)? Was kann daraus über die Interessen geschlossen werden, die die Europäer nach Indien geführt haben? Wie würde wohl ein indischer Kaufmann über Europa im 17. Jahrhundert berichten?*
2. *Charakterisieren Sie das indische Kastenwesen und dessen Begründung (Mat. 5). Welche Folgen ergaben sich daraus für das indische Regierungs- und Gesellschaftssystem (siehe auch Mat. 1)? Vergleichen Sie das indische Kastenwesen mit der europäischen Ständegesellschaft (siehe Darstellung S. 173–175 und S. 86 f., Mat. 3 bis 5).*
3. *Schildern Sie die Stellung der Frauen unter den indischen Mohammedanern (Mat. 4). Wo sehen Sie Ähnlichkeiten und Unterschiede zu den weiblichen Lebensverhältnissen im Europa der frühen Neuzeit (siehe Darstellung S. 166–169)?*

Vom Handel zur Herrschaft in Bengalen

7 *Ein Kaufmann der französischen Ostindiengesellschaft erläutert die Handelsmodalitäten in Bengalen (um 1760):*

Q Um sich die gewünschten Handelswaren [d.h. Stoffe] zu beschaffen bediente man sich früher hinduistischer Makler, die man hier *dalal* nennt. Man übergab ihnen eine bestimmte Summe Geldes und sie verpflichteten sich innerhalb von sieben oder acht Monaten die vertraglich vereinbarte Warenmenge zu liefern, wobei der Preis pro Stoffballen festgesetzt worden war. Dafür billigte man ihnen eine Gebühr von 3,5 % der Vertragssumme zu.

Nachdem sie mit uns zu einem Abschluss gekommen waren, schlossen sie mit anderen, *paiecards* genannten Kaufleuten einen Vertrag. Für die Lieferung der gewünschten Waren verteilten sie unter ihnen, je nach deren Vermögen oder Ansehen, Summen zwischen 1000 und 10 000 Rupien. Für den Erhalt dieses Auftrags zahlten die *paiecards* eine *dousstougs* genannte Gebühr zwischen 3 und 5 %. Nach dieser Übereinkunft begab sich jeder von diesen Kaufleuten in seine Provinz und verteilte an die Weber Geldbeträge, damit sie sich Baumwolle kaufen und mit den Webarbeiten beginnen konnten. Von Zeit zu Zeit kontrollierten sie im Haus der Weber den Fortgang der Arbeiten, und in dem Maße, wie die Leinen- und Mousselinstoffe sich ihrer Vollendung näherten, verhandelten sie mit den Webern über den Preis. Wenn sie sich einigen konnten, nahmen die Kaufleute dann die Waren mit sich. Wenn sie die Anzahl der Stoffballen gesammelt hatten, zu deren Lieferung sie sich verpflichtet hatten, schafften sie sie in das Haus des Maklers und dieser ließ sie dann, wenn sich eine bestimmte Menge angesammelt hatte, in die französische Faktorei transportieren, wo die Angestellten die Stoffe anhand der vorliegenden Bestellmuster überprüften. Wenn die Lieferung den Vorgaben entsprach, zahlte man dem Makler seine Gebühr und versah die Stoffballen mit dem Zeichen der Handelsgesellschaft um sie zum Bleichen zu schicken.

Außer dieser Form des Tuchhandels gibt es auch noch öffentliche Tuchmärkte, wo die von dem *dalal* beschäftigten Kaufleute die gewünschten Waren gegen Barzahlung einkaufen. Auf diesen Märkten, die ich oft aufgesucht habe, versammeln sich mitunter 200 oder 300 Weber und jeder von ihnen bietet eine oder zwei Tuchbahnen zum Verkauf an. Wenn sie den von ihnen dafür geforderten Preis erzielen, verkaufen sie die Stücke. Oft kommt es vor, dass sie die Stücke verkaufen, zu deren Lieferung sie sich vertraglich verpflichtet und für deren Fertigung sie bereits einen Vorschuss erhalten hatten.

Unveröffentlichter Bericht, Archives Nationales Paris, Col. F3 46. Übers. von Th. Schleich.

8 *Aus einem Brief des Gouverneurs von Bengalen, Robert Clive (1725–1774), an den englischen Premierminister Pitt (1760):*

Q Die großen Veränderungen, die der Erfolg der englischen Waffen [in der Schlacht von Plassey] herbeigeführt hat, und die zahlreichen Vorrechte, die der Gesellschaft vertraglich zugestanden wurden, haben nach meinem Eindruck die Aufmerksamkeit der [englischen] Öffentlichkeit auf sich gezogen [...]. Ich habe der Ostindiengesellschaft nachdrücklich dargelegt, wie nützlich die Entsendung und dauerhafte Stationierung einer Truppe wäre, die allerdings so stark sein müsste, dass man die nächstbeste Gelegenheit zu weiteren Besitzerweiterungen nutzen könnte. Mit Blick auf eine gründliche Kenntnis der hiesigen Regierungsart und im Wissen um die Eigenarten der einheimischen Bevölkerung darf ich mir die Bemerkung erlauben, dass sich eine solche Gelegenheit recht bald bieten wird. Der regierende Subah, der durch den Sieg bei Plassey die Herrschaft über diese Provinzen erlangt hat, zeigt sich jetzt zwar noch anhänglich, aber er wird in dieser Einstellung wohl nur so lange verharren, wie sich ihm keine anderweitige Unterstützung bietet [...]. Außerdem ist er in vorgerückten Jahren. Sein Sohn aber ist von solcher Grausamkeit und alles in allem ein so nichtswürdiger junger Mann und zu allem noch ein so offenkundiger Feind der Engländer, dass man kaum das Wagnis eingehen dürfte ihm die Nachfolge anzuvertrauen. Eine kleine Truppe von vielleicht 2000 Europäern würde uns von allen Befürchtungen frei machen und die Gesellschaft instand setzen die Herrschaft [über Bengalen] selbst anzutreten. [...]

Möglicherweise ist die Ausübung solch umfassender Herrschaftsrechte jedoch eine Aufgabe, die die Kräfte einer Handelsgesellschaft übersteigt, und es ist auch zu befürchten, dass sie ohne Unterstützung durch die Nation nicht imstande sein wird ein so großes Gebiet zu verwalten. [...]

Entscheiden Sie selbst, ob die Aussicht auf jährliche Einnahmen in der Höhe von zwei Millionen Pfund Sterling und auf den Besitz von drei Provinzen, in denen Überfluss an den reichsten Erzeugnissen der Natur und der Kunst herrscht, nicht ein Ziel ist, das die Aufmerksamkeit der Öffentlichkeit verdient, und ob es nicht der Mühe wert wäre, dass die Nation Maßnahmen ergreift, die geeignet sind sich in den sicheren Besitz einer solchen Erwerbung zu setzen. [...]

Stellen Sie bitte bei Ihren Überlegungen auch in Rechnung, dass wir auf diese Weise unseren Einfluss bei den übrigen europäischen Nationen beträchtlich steigern könnten, die am Handel mit diesen Regionen interessiert sind.

Zit. nach Robert Muir (Hg.), The Making of British India (1756–1858), Manchester u.a. 1915, S. 61–64. Übers. von Th. Schleich.

9 *Der spätere indische Ministerpräsident Jawaharlal Nehru (1889–1964) über die Gründe für die territoriale Expansion der East India Company (1946):*

D Wenn man auf die Phase der indischen Geschichte zurückblickt, scheint es fast, als ob die Briten die Herrschaft über Indien durch eine Abfolge glückhafter Umstände und unerwarteter Glücksfälle an sich gebracht hätten. Betrachtet man die Entwicklungen genauer, wird man jedoch eine gewisse Unvermeidlichkeit des Geschehens konstatieren müssen. Das Schicksal war ihnen zwar gewogen, aber sie hatten auch die Fähigkeit die Gunst der Stunde zu nutzen. Indien war zu dieser Zeit, nach dem Zerfall des Mogul-Reiches, ein ungeordnetes, sich in einem Übergangsstadium befindliches Staatswesen. Seit Jahrhunderten war es nie mehr so schwach und hilflos gewesen. Nachdem die Staatsmacht zerbrochen war, war der Weg frei für Abenteurer und Usurpatoren aller Art. Unter all diesen Abenteurern und Herrschaftsaspiranten hatten die Briten und nur die Briten, viele für den Erfolg unabdingbare Qualitäten. [...]

Die East India Company dehnte das sich unter ihrer Kontrolle befindliche Territorium vor allem dadurch aus, dass sie in lokalen Herrschaftsstreitigkeiten einmal diesen, einmal jenen Kandidaten unterstützte.

Unzweifelhaft regte sich hier und da Feindlichkeit gegenüber den Fremden und diese Einstellung prägte sich in der Folgezeit auch stärker aus; doch erwuchs daraus keinesfalls ein allgemeines oder auch nur weit verbreitetes Nationalgefühl. Der Hintergrund der Zeit war feudal und die Loyalitäten bezogen sich immer nur auf den lokalen Herrscher. Weit verbreitetes Elend zwang die Menschen dazu sich jedem militärischen Führer anzuschließen, der eine reguläre Bezahlung oder Möglichkeit für Beutezüge in Aussicht stellte. Die Armeen der East India Company bestanden zu dem größten Teil aus Sepoys [indische Soldaten].

Jawaharlal Nehru, The Discovery of India, New Delhi 1946, S. 250f. Übers. von Th. Schleich.

10 *Der deutsche Historiker Stig Förster über die Motive der Expansionspolitik (1991):*

D Auch wenn die Direktoren [der East India Company am Sitz der Zentrale in London] sich spätestens seit 1784 bemüht hatten die Fortsetzung der Expansionspolitik in Indien und damit weitere teuere Kriege zu verhindern, so hatten sie doch weder ihren Apparat wirksam kontrollieren, noch sich dem entscheidenden Einfluss der Regierung entziehen können [...]. Unmittelbare ökonomische Motive standen jedenfalls nicht hinter dem britischen Imperialismus in Indien, was vielerorts überraschen mag. Die entscheidende Triebkraft hinter der Expansionspolitik war vielmehr der sich verselbstständigende Verwaltungsapparat in British India. Seit der Eroberung Bengalens wurde dieser Apparat zunehmend militarisiert, weil die Company eine umfangreiche Militärmaschinerie zur Verteidigung ihrer Besitzungen aufbauen musste. So waren im Jahre 1800 78 % aller Company-Angestellten in Indien Offiziere. Hinzu kam, dass die Offiziere zunehmend die Führungspositionen in der politischen Verwaltung vor Ort übernahmen. Die Durchführung der britischen Politik in Indien wurde deshalb besonders seit den späten 1790er Jahren vornehmlich von militärischem Geist geprägt. Der militarisierte Verwaltungsapparat entwickelte unter diesen Umständen Eigeninteressen, die ihn von den Interessen der Zentrale entfremdeten. Die Militärs und auch die von ihnen beeinflussten zivilen politischen Beamten verfolgten verständlicherweise primär die eigenen Karriereinteressen. Beförderungen, Nebeneinnahmen, gerade auch durch Plünderung, Ruhm und Medaillen ließen sich dabei am schnellsten im Krieg erwerben. Der Apparat der Company wurde deshalb zur Brutstätte eines kriegerischen Expansionismus. Diese Bestrebungen wurden durch sicherheitspolitische Argumente verbrämt, die bei der besorgten Regierung in London wiederholt auf fruchtbaren Boden fielen. In der Praxis betrieben die Angestellten der Company in Indien ihren eigenen Subimperialismus: Sie führten ihre Vorgesetzten in London durch Falschmeldungen und Angstpropaganda systematisch hinters Licht, provozierten Konflikte mit den einheimischen Mächten und nutzten jeden noch so fadenscheinigen Vorwand zur Fortsetzung der Expansionspolitik. Der militarisierte Apparat betrieb auf diese Weise Politik auf eigene Rechnung und auf Kosten der Company.

Stig Förster, Handelsmonopol und Territorialherrschaft. Die Krise der East India Company 1784–1813, Bamberg 1991, S. 14f.

1. *Beschreiben Sie das von den europäischen Ostindienkompanien praktizierte Handelssystem (Mat. 7 und 8); zeigen Sie dessen Folgen für die indischen Märkte auf.*
2. *Welche Argumente sprechen nach Mat. 8 für einen kolonialen Status Bengalens? Welche Rolle misst Robert Clive der einheimischen indischen Regierung und Bevölkerung zu?*
3. *Welche Gründe nennen Mat. 9 und 10 für den englischen Machtzuwachs Ende des 18. Jahrhunderts in Indien? Diskutieren Sie die Thesen zur Entstehung der englischen Herrschaft in Indien.*
4. *Informieren Sie sich (Handbücher, Lexika) über die englische Besiedlung Nordamerikas und vergleichen Sie diese mit der Entwicklung Indiens zur Kolonie.*

„Ich kann nicht anders“

Martin Luther, die Reformation und die deutsche Geschichte

Von Friedrich Schorlemmer

Die Geschichtswirksamkeit von Persönlichkeiten hängt eng zusammen mit den Legendenbildungen, die sich an historische Ereignisse anlagern. Eine Persönlichkeit, die sich für Legenden eignet, ist geschichtlich wirksamer als andere. Die gut erfundene Legende interpretiert wirkliches Geschehen und charakterisiert oft das Wesen einer Person. So auch bei Martin Luther. Ob die „Hammerschläge, die durch ganz Europa hallten“ und die die Kirche spalten sollten, wirklich an eine Tür der Schlosskirche zu Wittenberg trafen, ist höchst unsicher. Was aber wäre diese Geschichte ohne diesen Thesen-Anschlag auf das mächtige Rom?

Das Gewitter bei Stotternheim, das ihm als Gotteszeichen erschien und in seiner Angst das Mönchsgelübde ablegen ließ, macht die Dramatik seines Lebens ebenso anschaulich, wie das kurfürstliche Kidnapping auf dem Wege von Worms nach Eisenach. Der einsam nach Rom wandernde, unbekannte Mönch aus mansfeldischem Bergmannshause mit seinen mühsam unterdrückten Enttäuschungen über das dort erlebte Sündenbabel eignet sich ebenso für Geschichten wie der vom unfreiwilligen Aufenthalt auf der Wartburg in das aufrührerische Wittenberg reitende Junker Jörg. Symbolträchtig wurde schließlich der in einem dramatischen Erbstreit schlichtende, schon todkranke „Papst“ von Wittenberg, der mitten im Winter in seiner Geburtsstadt Eisleben sterben sollte, dann auf eindrucksvollem Trauerwege nach Wittenberg von Kirche zu Kirche zurückgeführt wird. „Wir sind Bettler, das ist wahr“, sollen seine letzten Worte gewesen sein ... Auch die Suche nach dem Tintenfleck an der teuflischen Wand hat nicht aufgehört. Indes hat Luther mit Tinte die Welt verändert und mit Musik und Poesie den Teufel seiner apokalyptischen Ängste, des konstitutionellen Trübsinns seiner leiblich-sexuellen Anfechtungen vertrieben.

Die studentische Rebellion nach der spektakulären Verbrennung, nicht nur der päpstlichen Bannandrohungsbulle, sondern auch der heiligen Bücher kanonischen Rechts vor den Toren der Stadt wurde makabres, missdeutbares Vorbild anderer Bücherverbrennungen.

Der jugendliche Reformator hatte Mühe die Geister zu bändigen, die er bei den jungen Frührevolutionären gerufen hatte. Sie gingen mit Äxten an die Bilder und machten *tabula rasa* mit der alten Welt, ersetzten dabei die alte Unfreiheit *nolens volens* durch neue Zwänge. Sie zweifelten am Wert jeder vorgegebenen staatlichen Ordnung und kamen in die Diktatur der Anarchie. Auch das machte Schule. Die Bauern schließlich missverstanden die neue Gerechtigkeit zuerst als soziale Gerechtigkeit, die Ablösung der geistlichen Herrschaft auch als Absetzung der weltlichen Herrschaften. Ihnen genügte nicht das Schwert des Geistes, mit dem das sanftlebende Fleisch von Wittenberg wortgewaltig wirkungslos blieb, und ergriffen geistgewiss das Schwert, während Luther sich – biblisch abgestützt – auf die alten Ordnungen stützte. Der Held wurde zum Verräter gestempelt und verlor viel von seiner Basis. Dabei war er doch zu einem „Helden der Nation“ geworden, als er vor dem Reichstag von Worms, den Scheiterhaufen des Jan Hus vor Augen, dem Kaiser und der Kurie getrotzt hatte: „Wenn ich nicht durch Zeugnisse aus der Heiligen Schrift und klare Vernunftgründe überzeugt werde – denn weder dem Papst, noch den Konzilien allein kann ich glauben, die offenkundig geirrt und sich widersprochen haben –, so bin ich an mein Gewissen und das Wort Gottes gebunden. Ich kann und will daher nichts widerrufen, weil gegen das Gewissen etwas zu tun weder sicher noch heilsam ist. Gott helfe mir. Amen.“ Überliefert aber wird und ist wirksam geworden: „Hier stehe ich, ich kann nicht anders. Gott helfe mir. Amen.“ So wird die einsame Tat eines Mönchs mit dem Eifer der Wahrheit und dem Mut zum tödlichen Risiko noch zusätzlich dramatisiert.

Historische Wahrheit wird zur wirkmächtigen Legende; aber die Legende lügt nicht. Sie lässt nur außer Acht, dass die Selbstgewissheit dieses Mannes mit Gottesgewissheit ebenso verbunden ist wie mit tiefen Zweifeln und Skrupeln. Die bronzenen Lutherstandbilder des 19. Jahrhunderts zeigen ihn indes als ein *mixtum compositum* tapferer Standhaftigkeit, finsterer Entschlossenheit und abstoßender Rechthaberei. Man führe sich das Lutherstandbild unmittelbar vor den imposanten Trümmern der Frauenkirche in Dresden vor Augen, diesem einstmals größten protestantischen Sakralbau, der im Gefolge deutscher Hybris 1945 in Trümmern versank.

Das Wort schließlich, das zum Bestsellertitel im apokalyptischen Szenario des 20. Jahrhunderts wurde: „Und wenn ich wüsste, dass morgen die Welt unterginge, so würde ich heute ein Apfelbäumchen pflanzen", ist in den Werken Luthers unauffindbar, erst nach 1945 nachweisbar. Und doch ist dieses Wort ganz aus seinem Geiste und findet sich bei Luther dem Sinne nach durchaus wieder, etwa in dem Imperativ: „Man soll arbeiten, als wollte man ewig leben, und doch so gesinnt sein, als sollten wir diese Stunden sterben."

„Wer ist Martin Luther?"

Alles, was über ihn erzählt wird, stimmt zu ihm. Es ist nicht historisch, aber es ist geschichtlich wirksam geworden, Worte wie Geschichten.

Wer die großen Städte der abendländischen Christenheit angeschaut, die Gegenwart Roms und die Vergangenheit Clunys gesehen hat, vor dem Kölner oder im Magdeburger Dom gestanden hat, wer in die Kirchen Erfurts oder Nürnbergs geht, der erlebt Städte mit imposantem Reichtum an Architektur und Kunst, Wissenschaft und Wirtschaft, äußerlich sichtbarer Macht und innerer Kraft. Er muss enttäuscht sein von diesem kleinen Provinzstädtchen an der Elbe, das heute wie damals wenig aufzuweisen hat. Das ehrgeizige Projekt des kunst- und wissenschaftssinnigen Kurfürsten Friedrichs des Weisen war es in Wittenberg eine Renaissance-Universität zu gründen, an die sehr junge Professoren berufen wurden, die etwas Unerwartetes auslösten, was aber längst an der Zeit war, und der sich dann *einen* Menschen suchte, der dem Ausdruck geben konnte. Und der Augustinermönch handelte mit nichts anderem als mit Worten.

Lucas Cranach d. Ä. (1472–1553), Martin Luther, 1525, Öl auf Leinwand, Stockholm, Nationalmuseum

Hier in Wittenberg wurde alles aufs Wort gesetzt, Wort für Wort genommen. Hier wurde an Quellen angeknüpft und alles Beiwerk weggeschoben. Hier stand der Ursinn vor der Interpretation. Hier gelang zeitweise Konzentration aufs Wesentliche *und* der unmittelbare Kontakt zum Volk: Allein das Wort, allein Gott, allein die Gnade, Christus allein, Wort und Glaube, Wirkmächtigkeit des Unfassbaren, das Bleibende im Vergehenden, Geistesgegenwart, Wort als Anhauch und Stimme, Odem des Lebens *und* des ersten Schöpfungstages, das gesprochene Wort *(viva vox)* unters Volk gebracht als Widerstand und Widerspruch gegen die *vox populi* und gegen das Wort der Mächtigen … Die Widersprüche der Schrift gelöst durch ein einfaches Unterscheidungskriterium: „Was Christus treibet". Martin Luther und die Wittenberger Reformation – das ist der Aufstand der Provinz gegen das Zentrum, des Einzelnen gegen die Institutionen, der Volkssprache gegen die Sprache des Imperiums, des gemeinen Mannes gegen die hohen Herren, des freien Gedankens gegen das festgefügte Dogma, des Konkreten gegen das Allgemeine, des lebendigen Wortes gegen die abgespulte Litanei, der inneren Entscheidung gegen den äußeren Ritus, des gemeindlichen Mitredens gegen die episkopale Vorschrift, des Ursprungs gegen die Traditionen, der freien Gnade gegen die Käuflichkeit, der theologischen Konzentration gegen das religiöse Brimborium, der Stimme des Gewissens gegen die Forderungen des Gehorsams, der Religion des unfassbaren Geheimnisses gegen den Reliquienkult eines materialisierten (Aber-)Glaubens, des Holzkreuzes von Golgatha gegen das Goldkreuz einer triumphierenden Kirche. Die Freiheit des Glaubens gibt es nicht ohne die Bindung in der Liebe. Aber aus Freisein soll nicht ein Müssen-sein werden, auch nicht zum Frei-sein. Dieses Provinznest Wittenberg in karger Landschaft sollte zum Rom des Protestantismus werden und den mächtigen Städten und all ihrer äußeren Pracht trotzen. Dies ist wesentlich durch Martin Luther verursacht. Sein Reden und Tun wurde stilbildend. Es war seine Bibelübersetzung, die Norden und Süden verband und geradezu die Nation „stiftete". Darüber hinaus wirkte seine bildkräftige Sprache über Jahrhunderte hinweg. Prägend wurden nicht nur seine Einreden zu gesellschaftlichen Konflikten wie dem Bauernkrieg, sondern auch sein häusliches Leben. Wirksam wurden nicht nur seine theologischen Spiegelfechtereien mit den Scholastikern, sondern auch seine ganz persönliche Frömmigkeit, nicht nur seine grundsätzlichen Überlegungen zum Verhältnis von Kirche und Obrigkeit, sondern auch ganz private Dinge. Er gab nicht nur der apokalyptischen Angst vor dem Weltuntergang angesichts der Brände seiner Zeit Sprache, sondern wies auch Wege aus dem kreatürlichen Trübsinn, unter dem er selbst stark litt. So nimmt es nicht wunder, dass er zum Inbild des „deutschen Wesens“ hochstilisiert wurde. Bei der Vielfalt und Widersprüchlichkeit innerhalb seines Lebensablaufes nimmt es nicht wunder, dass sich Monarchisten wie Demokraten, Orthodoxe wie Liberale, Sozialisten wie Marktwirtschaftler auf ihn beriefen und berufen. Am folgenreichsten für ihn und seine Sympathie im Volk wurde seine ungehaltene, ja maßlose Schrift „Wider die mörderischen und räuberischen Rotten der Bauern“. Auf dem Höhepunkt des Aufruhrs schreibt er: „Hier soll zerschmettern, erschlagen und stechen, wer immer kann, und bedenken, dass es nicht Giftigeres, Schädlicheres, Teuflischeres geben kann als einen aufrührerischen Menschen. Man muss ihn schlagen, wie man einen tollen Hund totschlagen muss. Schlägst du ihn nicht, so schlägt er dich und ein ganzes Land mit dir.“ Hieraus wird deutlich, aus welcher Grundangst gegenüber der Anarchie Luthers Stellungnahme kommt.

So entspricht es dann gut lutherischer Tradition, wenn über dem Eingang des Wittenberger Rathauses das Wort aus den Sprüchen Salomos steht: „Fürchte Gott, ehre die Obrigkeit und sei nicht unter den Aufrührern.“ (Aus diesem Rathaus sollte 1933 der Reichsbischof Müller vor SA-Kohorten mit Hitler-Gruß heraustreten … Die Inschrift indes beeilten sich selbst die Kommunisten zu vergolden). Darüber stehen drei Frauengestalten mit Schilden, auf denen steht: *religio, pax, justitia* und als Inschrift um den Eingangsvorbau ein Wort aus Psalm 127: „Wenn der Herr nicht das Haus baut, so arbeiten umsonst, die daran bauen. Wenn der Herr nicht die Stadt behütet, so wacht der Wächter umsonst.“ Dies ist eine eindringliche Warnung vor jeglicher Überhöhung menschlicher, auch staatlicher Gewalt und weist den Menschen auf seine kreatürliche Abhängigkeit ebenso, wie sie ihm ein kindliches Grundvertrauen einschärft.

Andererseits hat die Haltung Luthers wesentlich zur Stabilisation landesherrlicher Obrigkeit beigetragen. Gesellschaftliche Veränderung schien nur von oben, nicht von unten möglich. Damit mag zusammenhängen, dass Deutschland nie aus eigener Kraft zu einer gesellschaftlichen Revolution gefunden hat, die die politischen Verhältnisse demokratisiert und die Be-

Wider die mordischen vnd Reubischen Rotten der Pawren.

Martinus Luther.
Wittemberg.

Psalm. 7.
Seine tück werden jn selbs treffen/Vnd sein mutwill wirdt vber jn außgeen.

Titelseite der Luther-Streitschrift „Wider die mörderischen und räuberischen Rotten der Bauern“, Wittenberg 1525

sitzverhältnisse wirklich neu geordnet hätte. Die neuen weltlichen Herren bemächtigten sich der alten geistlichen Besitzstände. Bis in die sonntäglichen Fürbitten hinein wurde ein Untertanengehorsam verinnerlicht. Das reichte soweit, dass der König von Preußen am Anfang des 19. Jahrhunderts eine Agende für die Kirchen in Preußen selber entwarf und per Gesetz einführte. Konsequent ist es dann, wenn in der Wittenberger Schlosskirche Thron und Altar nebeneinander stehen.

Letztlich beruht dies auf einer anthropologischen Erkenntnis Luthers, dass die staatliche Gewalt um der Sünde der Menschen willen nötig sei, da die Christen in der Welt – selbst wenn alle formal Christen wären – fern voneinander wohnen. Luther ist der Überzeugung, dass man mit dem Evangelium die Welt nicht regieren kann. Die christliche Gemeinde aber sollte schon eine neue Welt in der alten Welt sein.

Das Reformationslied „Ein feste Burg ist unser Gott“, das Friedrich Engels die „Marseillaise der Reformation“ nannte, konnte gebraucht werden als ein kämpferisches Trutzlied gegen jedwede Feinde. Im Grunde aber ist es kein Kriegslied, sondern eher ein Abrüstungslied oder Konversionslied. Gottvertrauen setzt Luther stets gegen das Vertrauen auf Waffen. Er redet den Mächtigen wie dem Volk ins Gewissen und bekommt mit beiden Konflikte.

Wieviel Kleingeist und wieviel Großherzigkeit, wieviel destruktiver Aggressionsfrust und wieviel konstruktiver Aufbauwille, wieviel gewinnbesessener Eigensinn und wieviel demokratischer Gemeinsinn, wieviel verpflichtendes Traditionsbewusstsein und inspirierende Impulskraft, wieviel Interesse an Kunst eines Cranach, an Bildung eines Melanchthon, an Sprachkraft und Frömmigkeit eines Luther protestantische Tradition birgt und aufbringt, ist offen. Luther selbst sah Geschichte als einen fortwährenden Prozess von Werden und Neuwerden an.

„Das christliche Leben ist nicht Frommsein, sondern ein Frommwerden.
Nicht Gesundsein, sondern ein Gesundwerden.

Nicht Sein, sondern ein Werden.
Nicht Ruhe, sondern eine Übung.
Wir sind's noch nicht, wir werden's aber.
Es ist noch nicht getan und geschehen,
es ist aber im Gang und Schwang.
Es ist nicht das Ende, es ist aber der Weg.
Es glühet und glänzet noch nicht alles,
es bessert sich aber alles."

Alle Höhen und Tiefen eines Menschen hat Luther durchlebt und dem Sprache gegeben in Liedern und Fabeln, Briefen und Gebeten, Flugschriften und Petitionen, Übersetzungen und Auslegungen der Heiligen Schrift. Tiefe (Selbst-)Zweifel wie beglückende Erfahrungen haben ihn andere Menschen verstehen lassen – über die Jahrhunderte hinweg.

Von sich selber kann er bereits 1520 als von einem „feisten Madensack" sprechen, nach dem sich niemand nennen solle, und kontert auf Vorwürfe seiner Feinde: „Man gibt mir Schuld, ich sei ehrsüchtig. Was soll ich elender Mensch nach Ruhm und Ehren trachten? Der ich nichts anderes begehre, als dass ich weder schreiben, predigen noch lehren brauchte, sondern verborgen und unbekannt in einem Winkel mein Leben zubringen möchte. Es nähme meine Last, Mühe und Arbeit auf sich, wer da will; es verbrenne meine Bücher, wer Lust hat: Ich frage, was kümmert es mich?"

Gerade das Freisein von den Sorgen dieser Welt lässt ihn für die Bedrängten dieser Welt sorgen. So ist es nicht zufällig, dass die erste „Sozialversicherung" 1522 aus Wittenberg stammt, vom linken Flügel der Reformation. In dieser Kastenordnung heißt es: „Erstlich ist einhellig beschlossen, dass alle Zinsen der Gotteshäuser, aller Priesterschaften und alle Zinsen der Gewerke sollen zu Haufen geschlagen und in einen gemeinen Kasten gebracht werden, dazu sind verordnet zwei des Rates, zwei von der Gemeinde und ein Schreiber, die solche Zinsen einnehmen, innehaben und damit arme Leute versehen sollen ... Aus dem gemeinen Kasten soll man auch armen Handwerksleuten, die ohne das ihr Handwerk nicht vermögen, täglich zu treiben, leihen, damit sie sich nähren mögen ..." Weiterhin sollen aus dem „Gemeinen Kasten" die Versorgung der Kranken, armen Waisen und Kinder armer Leute, die Tilgung von Wucherzinsen sowie der Schulbesuch bzw. das Studium der Kinder armer Eltern finanziert werden. Dies wirkt wie die Keimzelle des Sozialstaates, der ein soziales Netz aufspannt, durch das niemand fallen soll.

Die Erfahrung der Unfassbarkeit

Die Reformation ist einer der vielen Versuche der Menschen, das unfassbare Geheimnis des Lebens zu fassen. Von Gott ist nur zu reden, weil Gott selbst geredet hat und „nichts ist so klein, Gott ist noch kleiner, nichts ist so groß, Gott ist noch größer, nichts ist so kurz, Gott ist noch kürzer, nichts ist so lang, Gott ist noch länger, nichts ist so breit, Gott ist noch breiter, nichts ist so schmal, Gott ist noch schmäler und so fortan, ist's ein unaussprechlich Wesen über und außer allem, das man nennen oder denken kann". Von dieser Erfahrung der Unfassbarkeit aus rät Luther alle philosophischen Lehren fahren zu lassen und zur Krippe zu eilen. Geh „zum Mutterschoß und betrachte ihn, den Säugling, den wachsenden, den sterbenden ... dieser Anblick hält dich auf rechtem Weg ... Außerhalb Jesu Gott suchen, ist der Teufel."

Der unendliche Wert jedes Einzelnen beruht nicht auf seiner Leistung, sondern auf der Einmaligkeit seiner Person. Durch jeden soll und kann Großes geschehen. „Niemand lasse den Glauben daran fahren, dass Gott an ihm eine große Tat tun will" – so steht es in der Eingangshalle der Wittenberger Universität.

Aus Liebe zur Wahrheit und in dem Bestreben diese zu ergründen, hatte Luther 1517 seine 95 Thesen formuliert. Das ganze Leben des Christen, meint er, ist eine Umkehr. Leben lässt sich nicht kaufen. Und mit Angst soll man Menschen nicht beherrschen oder erpressen, schon gar nicht religiös. So wie Umkehr lebenslang ist, so geht Reformation weiter oder sie ist nicht Reformation: Rückbesinnung und Verwandlung, getragen vom Vertrauen auf einen Gott, der auch mitten in der düsteren Welt „ein Backofen voller Liebe ist". Ehrfurcht vor dem Leben nennen wir heute, was Luther bildhaft ausdrückt: „Ein Baum, davon man Schatten hat, davor soll man sich verneigen." In einer Welt, die vom Habenwollen bestimmt ist, wird solche Ehrfurcht, solche verdankte und dankbare Existenz zur Überlebensbedingung.

Friedrich Schorlemmer (geb. 1944), 1978–1992 Dozent am Evangelischen Predigerseminar und Prediger an der Schlosskirche zu Wittenberg, seit 1992 Studienleiter an der Evangelischen Akademie Sachsen-Anhalt

Diskutieren Sie die Überlegungen Friedrich Schorlemmers zur „historischen Wahrheit". – Was fasziniert Schorlemmer an der Person Luthers?

4. Die europäische Zivilisation in der frühen Neuzeit:

Das Ende „Alteuropas“ und der Beginn der Moderne

Worin unterscheidet sich Europa von Afrika oder Asien, worin der Westen Europas von seinem Osten, worin christlich-europäische Länder von islamisch-orientalischen oder von asiatischen Ländern, die dem Hinduismus oder Budhismus anhängen? Will man eine Antwort nicht allein in der Geographie oder in der Religion suchen, sondern die Gesamtheit der menschlichen Lebensverhältnisse einbeziehen, die in der Vergangenheit dieses Kontinents im Vergleich zu den anderen Kontinenten eine Rolle gespielt haben, spricht man neuerdings von der „europäischen Zivilisation“. Dieser Begriff entstand in den romanischen und angelsächsischen Ländern (*western civilisation*). Deutschen Ohren war er bisher nicht sehr vertraut. Doch die Sache, die gemeint ist, hat auch bei uns einen Namen: die „europäische Kultur“. Da der Kulturbegriff jedoch oft auf Erscheinungen der Hochkultur (Literatur, Musik, bildende Kunst) beschränkt wird, erscheint es von Vorteil den weiteren Begriff der „Zivilisation“ auch im Deutschen heimisch zu machen.

Zivilisationen – nach herkömmlichem deutschen Verständnis also „Kulturen“ – sind nach den Worten des französischen Historikers Fernand Braudel „Realitäten von langer, unerschöpflicher Dauer“. Sie übertreffen „an Langlebigkeit alle anderen kollektiven Realitäten“ und „überleben diese“. Gemeint sind demnach alle menschlichen Lebensverhältnisse und -äußerungen, die nicht vom Strom des schnellen, ja plötzlichen Wandels erfasst werden, sondern im Verlauf der Geschichte breit und langsam dahinfließen und sich nur in sehr langsamen Rhythmen verändern. Die Art und Weise z.B., wie in großen Teilen Europas seit dem Sesshaftwerden des Menschen der Grund und Boden landwirtschaftlich genutzt und mit Hilfe sich nur sehr langsam verändernder Methoden bearbeitet wurde, ist ein besonderes Kennzeichen der europäischen Zivilisation und unterscheidet diese von anderen Zivilisationen.

Wozu brauchen wir Kenntnisse über die europäische und andere Zivilisationen, was helfen uns solche Kenntnisse in der Gegenwart? Europa ist räumlich wie zeitlich gesehen kein leicht zu fassender Begriff und doch ist es für alle Menschen, die in einem europäischen Staat leben, eine alltägliche Realität. Alle Europäer sind seit dem Ende des von Europa ausgehenden Zweiten Weltkrieges zunehmend aufgerufen eine doppelte politische Identität anzunehmen, sich nicht mehr nur als Deutsche, Franzosen, Italiener, Polen usw., sondern auch als „Europäer“ zu fühlen. Das setzt voraus, dass sie wissen, was sie meinen, wenn sie von Europa sprechen.

Hier nun ist die historisch-politische Rückbesinnung auf die europäische Zivilisation von Bedeutung. Denn diese hilft dem Menschen zu erkennen, was denn eigentlich das Gemeinsame, das „Europäische“ an der Geschichte der europäischen Länder ist, worin sich trotz aller nationalen und regionalen Unterschiede Franzosen und Tschechen, Schweden und Italiener, Friesen und Basken wiedererkennen können.

Die europäische Zivilisation geht auf sehr alte, vor- und frühgeschichtliche Voraussetzungen zurück. Für Historiker gut fassbar wird sie seit dem frühen und hohen Mittelalter, als es in Europa zur Begegnung zweier Welten, der antik-christlichen Welt West- und Südeuropas und der heidnisch-„barbarischen“ des Nordens und Ostens kam. Nicht ohne Grund spricht man von dieser Begegnung als von dem Prozess des „Zivilisiertwerden“ des Nordens und Ostens Europas. Aus dem Zusammentreffen dieser beiden Welten und der langsamen Assimilation des Nordens und Ostens an das christliche Europa entstand das – damals – „neue“ Europa, das von den Historikern heute freilich zur Abgrenzung vom heutigen Europa „Alteuropa“ genannt wird. Es ruhte auf einer stark durch das Christentum geprägten Basis und bildete einen einheitlichen, deutlich vom Islam oder anderen Zivilisationen abgegrenzten Raum.

In den folgenden Abschnitten sollen ausgewählte Grundelemente dieser europäischen Zivilisation, wie sie das Bild Europas noch in der zweiten Hälfte des 18. Jahrhunderts prägten, dargestellt und dokumentiert werden. Das spätere 18. Jahrhundert erscheint dabei als besonders günstiger Beobachtungsort: Einerseits fassen wir um diese Zeit noch zahlreiche Elemente der überkommenen, traditionellen, jahrhundertealten europäischen Zivilisation, die wir gelegentlich auch „mittelalterlich“, „vormodern“, „vorindustriell“ nennen; andererseits ist Europa, besonders West- und Nordwesteuropa, um diese Zeit dabei eine Reihe von überkommenen Strukturen zu verändern oder zu modifizieren. Indem sich die europäische Zivilisation neuen Bedingungen anpasste, etwa dem Wandel der landwirtschaftlichen oder gewerblichen Produktionsweise oder den neuen Möglichkeiten der Kommunikation, ebnete sie Europa und seinen Gesellschaften den Weg in die Moderne.

Anonymus, nach Matthäus Merian (1593–1650), Kupferstich aus dem „Chymischen Cabinet“ von Michaelis Majeri, 1708

um 1590	Erstes Mikroskop
1596	Willem Barendsz erkundet die Arktis; um 1600 ist rund die Hälfte der Erdfläche, aber nur knapp ein Drittel der Landfläche bekannt
1603–15	Samuel de Champlain unternimmt Expeditionen nach Nordamerika
1607	Einführung der Schulpflicht in Anhalt-Bernburg
1609	Galileo Galilei entdeckt die Fall- und Pendelgesetze
1610	Henry Hudson erforscht die sibirische und nordamerikanische Küste
1615–18	Johannes Kepler entwickelt die Planetentheorie; 1610 konstruiert er das erste astronomische Fernrohr
1616	Dirk Hartog landet an der australischen Westküste
1616	William Harvey entdeckt den doppelten Blutkreislauf
1637	René Descartes entwickelt die Analytische Geometrie
1651	Thomas Hobbes, *Leviathan*
1657	Christiaan Huygens baut die erste Uhr zur exakten Zeitmessung (Pendeluhr)
1660	Gründung der *Royal Society of London for Improving Natural Knowledge*
1665	Isaac Newton und Gottfried Wilhelm Leibniz (1672) entwickeln unabhängig voneinander die Infinitesimalrechnung
1666	Isaac Newton formuliert die Gravitationsgesetze
1675	Ole Romer berechnet die Lichtgeschwindigkeit
1690	Christiaan Huygens entwickelt die Wellentheorie des Lichts; John Locke, *Two Treatises of Government* (Zwei Abhandlungen über die Regierung)
1694	Gründung der Universität Halle
um 1700	Jakob Bernoulli entwickelt die Wahrscheinlichkeitsrechnung
1709	Johann Friedrich Böttger stellt als erster Europäer Porzellan her; Gründung der Meißner Porzellanmanufaktur 1710
1717	Einführung der Schulpflicht in Preußen; Gründung der Londoner Großloge der Freimaurer zur Verbreitung der Aufklärung in Europa
1718	Daniel Gabriel Fahrenheit entwickelt das Quecksilberthermometer
1728–41	Vitus Bering unternimmt Forschungsreisen an die Nordküsten Asiens und Nordamerikas
1736	Gründung der Universität Göttingen
1738	Erste Spinnmaschine
1745	Gründung der Technischen Hochschule Braunschweig
1747	Andreas Sigismund Marggraf entdeckt den Zuckergehalt des Rübensaftes
1748	Charles de Secondat Montesquieu, *De l'esprit des lois* (Vom Geist der Gesetze)
um 1750	Beginn des Anbaus der Kartoffel als menschliches Grundnahrungsmittel in Europa
1751–77	Die von Jean Le Rond d'Alembert und Denis Diderot herausgegebenen 33 Bände der *Encyclopédie* erscheinen
1752	Benjamin Franklin erfindet den Blitzableiter
1762	Jean Jacques Rousseau, *Contrat Social* (Der Gesellschaftsvertrag)
1766	Henry Cavendish entdeckt den Wasserstoff
1768–79	James Cook führt drei wissenschaftliche Reisen in den Pazifischen Ozean durch; um 1800 sind gut 80 Prozent der Erde insgesamt und 60 Prozent ihrer Landfläche bekannt
1769	James Watt konstruiert die erste Dampfmaschine
1771	Karl Wilhelm Scheele entdeckt den Sauerstoff
1772	Daniel Rutherford entdeckt den Stickstoff
1780	Antoine Laurent de Lavoisier entwickelt nach der Entdeckung des Sauerstoffs die Verbrennungstheorie und begründet damit die moderne organische Chemie
1781/88	„Kritik der reinen Vernunft" und „Kritik der praktischen Vernunft" von Immanuel Kant erscheinen
1783	Die Brüder Montgolfier konstruieren den ersten Heißluftballon
1788	Einführung des Abiturs in Preußen
1791	Nicolas Leblanc entwickelt das künstliche Soda und begründet so die Chemie-Industrie
1794	Allgemeines Landrecht in Preußen
1796	Erste Anwendung der Pockenschutzimpfung

Aufklärung: Eine viele Lebensbereiche umfassende Reformbewegung des 17./18. Jh. in Europa, die das „Licht der Vernunft" gegen klerikale, feudale und absolutistische Traditionen verbreiten wollte. Zentrale Forderungen der Aufklärer waren unbeschränkte Öffentlichkeit, freie Meinungsäußerung und Toleranz gegenüber anderen Meinungen. Mittel zur Durchsetzung der Aufklärung waren vor allem Wissenschaft und Erziehung.

Familie: In der vorindustriellen Zeit Haus-, Schutz- und Herrschaftsverband, der neben den Blutsverwandten auch alle übrigen Arbeitenden des Hauses und der dazugehörigen Wirtschaft umfasste (Ganzes Haus). Dieser Familienverband wandelte sich zuerst bei Beamten und Gebildeten im 18. Jh., dann beschleunigt in fast allen Gruppen der Gesellschaft unter dem Einfluss der Industrialisierung. Das Ergebnis dieses Prozesses war die Familie als Verwandtschaftsfamilie und heute überwiegend die Kern- oder Kleinfamilie.

Ganzes Haus: Bezeichnung für die typische Wohn- und Lebensweise in den vorindustriellen Zeiten. Der Familienverband umfasste neben der Kernfamilie (Vater, Mutter, Kinder) die im Hause wohnenden Blutsverwandten (z. B. Großeltern, Tanten, Neffen) und die im Haus Arbeitenden (z. B. Mägde, Knechte, Kutscher, Hauspersonal, Gesellen, Gehilfen). Das alle Verbindende war die Arbeit im Haus, sei sie landwirtschaftlich, handwerklich oder kaufmännisch. Da Arbeits- und Wohnstätte räumlich noch nicht getrennt waren, war die geschlechtliche Arbeitsteilung im Vergleich zum 19./20. Jh. weniger stark ausgeprägt und trotz der dominierenden rechtlichen Stellung des *pater familias* weniger hierarchisiert.

Handelskapitalismus: Erwerb von Kapital durch Gewinne aufgrund von Handelsgeschäften durch Kaufleute, zeitlich bezogen etwa vom Spätmittelalter bis zur Industrialisierung. Da die Möglichkeit zu Investitionen in produktive Anlagen, z. B. Fabriken, noch fehlte, wurde der Gewinn wieder in den Handel investiert, als Kredit gegen Zinszahlungen verliehen oder zum

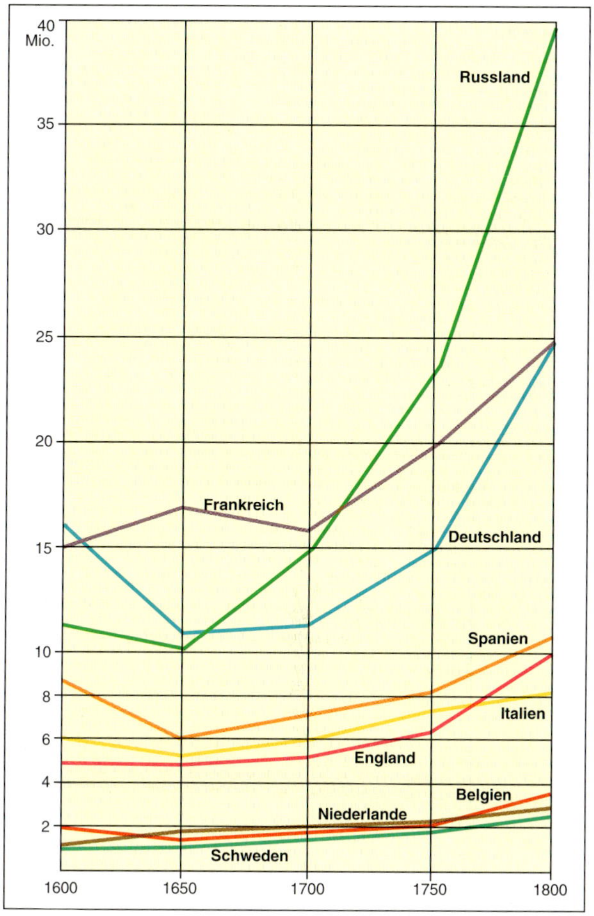

Bevölkerungsentwicklung in europäischen Ländern 1600–1800 (in Mio.)

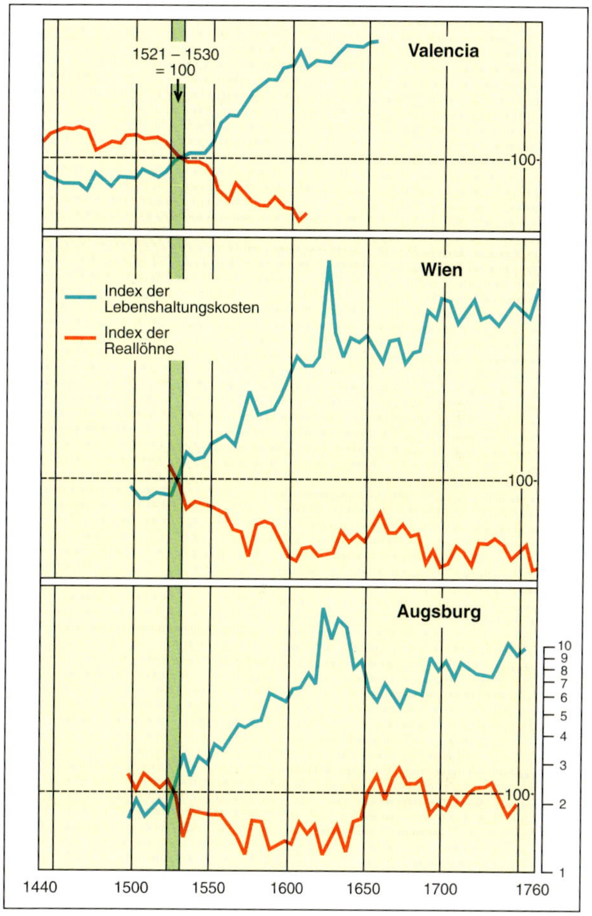

Löhne von Bauhandwerkern und Lebenshaltungskosten in einzelnen Regionen Europas 1440–1760 (in Fünf-Jahres-Durchschnitten, Index 1521–1530 = 100, logarithmischer Maßstab)

Landkauf verwendet, sofern das rechtlich möglich war wie in England, den Niederlanden und zum Teil in Frankreich.

Mobilität → Begriffe Kap. 6

Modernisierung: Prozess der beschleunigten Veränderung einer Gesellschaft in Richtung auf einen entwickelten Status, meistens verbunden mit dem in der Aufklärung entwickelten Fortschrittsbegriff und bezogen auf den Übergang von der Agrar- zur Industriegesellschaft. Kennzeichen der Modernisierung sind: Verstädterung, Säkularisierung, Rationalisierung, Erhöhung des technischen Standards (Produktion von Gütern mit Maschinen), permanentes wirtschaftliches Wachstum, Ausbau und Verbesserung der technischen Infrastruktur (Verkehrswege, Massenkommunikationsmittel), Verbesserung des Bildungsstandes der Bevölkerung (Alphabetisierung, allgemeine Schulpflicht, Wissenschaft), räumliche und soziale Mobilität, Parlamentarisierung und Demokratisierung, Nationalstaatsbildung. Wegen seiner Verbindung mit dem Fortschrittsbegriff ist der Begriff Modernisierung politisch und wissenschaftlich umstritten, weil als Maßstab der jeweilige Entwicklungsstand der westlichen Zivilisation gilt und weil die „Kosten", vor allem ökologische Probleme, bisher wenig berücksichtigt wurden.

Naturrecht: Das in der „Natur" des Menschen begründete, ihr „entspringende" Recht, das dem positiven oder „gesetzten" Recht gegenübersteht und ihm übergeordnet ist. Historisch wurde das Naturrecht zur Begründung entgegengesetzter Positionen benutzt, und zwar abhängig vom jeweiligen Menschenbild: Entweder ging man davon aus, dass alle Menschen von Natur aus gleich sind, oder, umgekehrt, dass alle Menschen von Natur aus verschieden sind. Die griechischen Sophisten leiteten aus dem Natur-

	Kaufleute Zahl	Durch-schnitt	%	Handwerker Zahl	Durch-schnitt	%
Gesellen	11	0,1	5,9	80	0,5	39,4
Lehrjungen	30	0,4	16,1	59	0,3	29,1
Knechte	16	0,2	8,6	4	0,0	2,0
Mägde	129	1,6	69,4	60	0,4	29,5
Summe	186	2,3	100,0	203	1,2	100,0
Geschäft/ Werkstatt	41	0,5	22,0	139	0,8	68,5
Haushalt	145	1,8	78,0	64	0,4	31,5

Zahl und Funktion der Dienstboten in Haushalten von Kaufleuten und Handwerkern in der norddeutschen Residenzstadt Oldenburg in Oldenbourg 1743

sozialer Status des Haushalts-vorstands	mittlere Haushalts größe (in Personen)	durch-schnittliche Anzahl der Kinder	Anteil der Haushalte mit Verwandten (in %)	Anteil der Haushalte mit Dienstboten (in %)
Gentlemen	6,6	2,9	27,6	81,1
Geistliche	5,8	3,5	25,0	81,2
Freisassen	5,9	2,8	17,0	71,9
Pächter	5,1	3,1	17,3	46,8
Kaufleute/Handwerker	4,7	2,9	12,3	23,3
Tagelöhner	4,5	2,7	7,9	2,2
Arme	4,0	2,3	7,7	–
ohne Bezeichnung	4,3	2,3	15,0	13,9

Sozialstruktur englischer Haushalte im 17. und 18. Jahrhundert

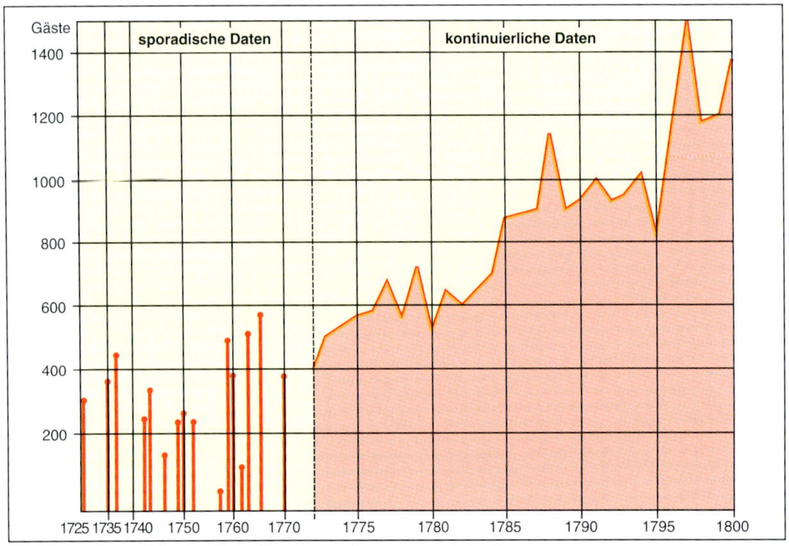

Kurgäste in Bad Pyrmont 1725–1800

recht das Recht des Stärkeren ab; Aristoteles rechtfertigte damit die Sklaverei. In der Neuzeit wurde es sowohl zur Legitimation des absoluten Fürstenstaates (Recht des Stärkeren) benutzt wie, über die Begründung des Widerstandsrechts, zu dessen Bekämpfung (Gleichheit aller Menschen). Für die politische Theorie der Neuzeit zentral sind die aus dem Naturrecht entwickelten Begriffe Souveränität und Gleichheit.

Stände → Begriffe Kap. 3

Protoindustrialisierung: „Industrialisierung" vor der Industrialisierung. Gemeint ist die ausschließlich für den Markt, d. h. nicht für den Eigenverbrauch, und nach kommerziellen Gesichtspunkten, aber noch nicht mit Maschinen organisierte dezentrale Produktion von Gütern, vor allem von Leinenstoffen, insbesondere in solchen Familien, die vom Ertrag ihrer „ersten" Arbeit nicht existieren konnten, z.B. Heuerlinge, Dorfhandwerker, -krämer oder -schankwirte. Der im 18. Jh. relativ gute Verdienst in Regionen mit ausgedehntem ländlichen Heimgewerbe führte zu einer tiefgreifenden Umgestaltung der dörflichen Lebenswelt. Das Heiratsalter sank, die Familiengrößen nahmen rasch zu, die Bedeutung der Landwirtschaft verringerte sich. Das Ende der Protoindustrialisierung kam mit der industriellen, d. h. mit Maschinen betriebenen Produktion von billigeren Baumwollstoffen. Die eigentliche Industrialisierung vollzog sich aber in der Regel an anderen Standorten. Ein literarisches Beispiel für den Niedergang des ländlichen Heimgewerbes sind „Die Weber" von Gerhart Hauptmann.

Zivilisation: Ursprünglich die verfeinerte Lebensweise in den Städten gegenüber dem einfachen bäuerlichen Leben. Zivilisation bezieht sich auf den Entwicklungsstand und die Ausprägung von Wirtschaft (Landwirtschaft, Gewerbe, Verkehr, Arbeitsteilung usw.), Technik und Politik (Machtverteilung, soziale Organisation usw.), von Kunst, Philosophie, Religion und Wissenschaft, umfasst aber auch weiterhin Elemente der ursprünglichen Bedeutung, z. B. Umgangsformen; im deutschen Sprachgebrauch oft abwertend auf den ersten Bereich eingeengt, der zweite mit dem Kultur-Begriff positiv davon abgesetzt.

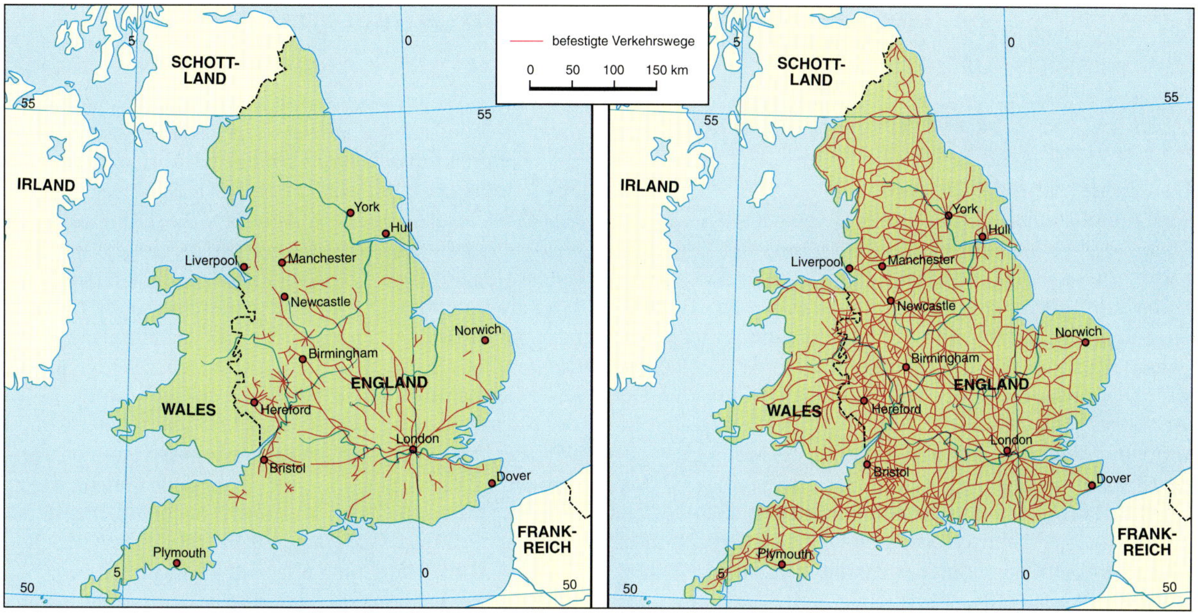

Netz der befestigten gebührenpflichtigen Straßen in England und Wales 1740 und 1770

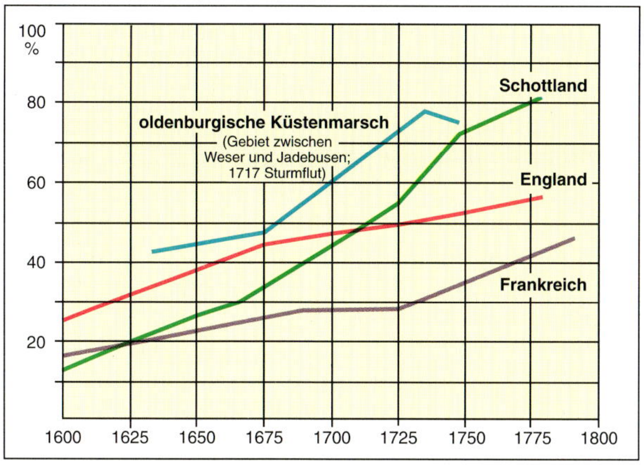

Alphabetisierungsgrad der männlichen Erwachsenen im internationalen Vergleich 1600–1800 (in Prozent)

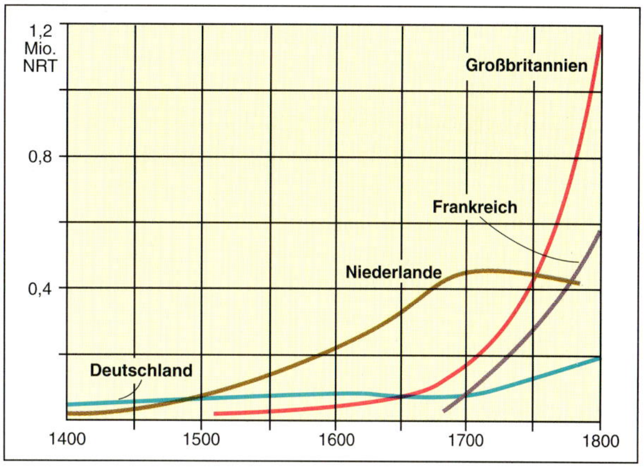

Tragfähigkeit der Handelsflotten europäischer Länder 1400–1800 (in Nettoregistertonnen)

	1675		1735		1750	
	m	w	m	w	m	w
Analphabeten	27,4	49,5	2,4	5,6	1,5	1,5
Lesen	72,6	50,5	97,6	94,4	98,5	98,5
Schreiben	46,9	9,8	79,8	48,7	75,0	43,8
Rechnen	14,5	–	46,7	6,5	36,4	6,6

Bildungsstand der erwachsenen Männer und Frauen in der oldenburgischen Küstenmarsch 1675–1750 (in Prozent)

1. *Stellen Sie aus den Materialien charakteristische Merkmale der vorindustriellen Lebenswelten zusammen.*
2. *Welcher Zusammenhang von Bildung, Wissenschaft und gesellschaftlichem Wandel in der frühen Neuzeit lässt sich aus den Materialien erschließen?*

Gesellschaft und Wirtschaft in „Alteuropa“

Bevölkerung

Das Zählen und die Zahlen

Kein mittelalterlicher europäischer Herrscher wusste genau, über wie viele Menschen er herrschte. Er brauchte es auch nicht zu wissen. Es gab damals keine Sozialversicherung, keine Wehrpflicht, kein öffentliches Schulwesen und keine allgemeine Steuererhebung – Staatsgeschäfte also, die eine genaue Kenntnis der Einwohnerzahl eines Staates verlangen. Dies änderte sich erst seit dem späten Mittelalter. Der „moderne“ Staat erweiterte seine Tätigkeitsfelder, sein Informationsbedürfnis nahm zu (siehe S. 188, Mat. 1).
Erste Volkszählungen gab es, außer in einigen italienischen Stadtstaaten, im 16. Jahrhundert in Spanien. Bald darauf wurde auch in Frankreich schon ziemlich genau gezählt. Die „Statistik“ entstand. Ihr ging es damals nicht nur um Zahlen, sondern sie sammelte alles Wissenswerte über Staat und Verwaltung und bereitete es auf. Das Wort „Statistik“ hängt mit „Staat“ zusammen und meinte damals „Staatswissenschaft“. Ihren Bemühungen verdanken die Historiker viele Informationen und einen recht präzisen Einblick in den Verlauf der Bevölkerungsentwicklung vergangener Zeiten.
Auch die Kirchen interessierten sich jetzt für Zahlen. Alle Familienereignisse wurden in Register eingetragen, die Pastoren wurden zu regelrechten Standesbeamten. Auch diese „Kirchenbücher“ – so nennt man sie in Deutschland – erweisen sich für den Historiker als besonders wertvoll. Denn er kann ihnen sehr präzise Informationen darüber entnehmen, wie Menschen mit den zentralen Ereignissen ihres täglichen Lebens umgingen.

Geburt und Heirat

Zeugung, Geburt, Heirat und Tod waren im alten Europa genauso wenig „natürliche“, von äußeren Umständen unabhängige Geschehnisse wie heute. Und wie heute wurde vor allem innerhalb der Familie* darüber entschieden. Die Mehrheit der Eltern entschloss sich zur Kinderzeugung nach nüchternen Gesichtspunkten der Versorgung und Vererbung. Kinder waren in erster Linie dazu da Höfe, Betriebe und Aufgaben zu übernehmen, die bislang von den Eltern versehen wurden, und durch ihre Arbeit für die Versorgung der Eltern aufzukommen. Da sehr viele Kinder schon im Säuglings- und Jugendalter starben – zu manchen Zeiten erreichte die Säuglings- und Kindersterblichkeit auch im 18. Jahrhundert noch weit über 30 Prozent aller Geburten –, wurden auch sehr viele geboren. Geburt und Tod hingen unmittelbar voneinander ab und sorgten dafür, dass sich die Bevölkerungszunahme vom 16. bis zur Mitte des 18. Jahrhunderts überall in Europa in Grenzen hielt.
Erst danach setzte ein Bevölkerungswachstum ein, das zu einer allmählichen Veränderung des gesamten Bevölkerungsgefüges führte. Die Säuglings- und Kindersterblichkeit nahm ab, immer mehr Kinder erreichten das Erwachsenenalter. Die Historiker wissen bis heute nicht genau, warum das geschah. Sicher spielten bessere Lebensbedingungen, bessere Ernährung, bessere Hygiene eine gewichtige Rolle. Doch der Rückgang der Sterblichkeit trat auf der ganzen Welt ein, auch dort, wo von einer Verbesserung der allgemeinen Lebensumstände keine Rede sein konnte. Heute überlegt man daher, ob eventuell auch außerhalb des menschlichen Einflusses liegende Faktoren – z. B. das Klima, die Aktivität der Sonnenflecken – wirksam waren.
Diese Entwicklung nahm dann im 19. Jahrhundert „explosionsartige“ Formen an, so dass eine Übervölkerung Europas drohte. Zwei Waffen wurden gegen diese Gefahr ins Feld geführt: die Intensivierung der Landwirtschaft, wodurch sich die Ernährungsgrundlage ausweiten ließ, und die Verallgemeinerung der Geburtenbeschränkung. Diese war in Europa vereinzelt schon seit dem 16. Jahrhundert bekannt; rudimentäre Formen der Familienplanung durch eine bewusste Einschränkung der Kinderzahl wurden in manchen Regionen nachweislich praktiziert. Allgemein wurde sie aber erst im 19. Jahrhundert. Beides – die landwirtschaftliche Intensivierung und die Familienplanung – waren entscheidende Schritte zur Modernisierung* der europäischen Zivilisation*; sie machen auch heute noch ihre Modernität gegenüber anderen Kulturen und Zivilisationen aus.
Im Allgemeinen war man im 18. Jahrhundert bei der Heirat nicht mehr jung. Die Frauen waren im Durchschnitt etwa 25, die Männer sogar 28 Jahre alt. Der Grund lag darin, dass Kirche, Staat und Gesellschaft für die Eheschließung den Nachweis einer beruflichen Existenz verlangten – eines Hofes etwa, einer eigenen Werkstatt, einer gesicherten Versorgung im Staatsdienst oder anderswo. Abhängige Mägde und Knechte, Lehrlinge, nicht sesshafte Personen, oft sogar Gesellen und die nicht erbenden Söhne von Bauern hatten es da schwer einen eigenen Haushalt zu gründen; sie mussten warten, bis etwas für sie frei wurde.
Im Allgemeinen beruhte auch die eheliche Verbindung auf einer nüchternen Verabredung zwischen den Eltern beider Partner. Ziel des zwischenfamiliären Abkommens war

es alle Fragen der Mitgift und der Sorge um die Versorgung der Eltern zu klären. Freie Verbindungen, die allein auf den Wunsch von zwei jungen Menschen zurückgingen ihr Leben gemeinsam zu gestalten, waren dagegen selten und galten als suspekt. Sie waren auch deshalb schwer durchzusetzen, weil die Ehezustimmung durch Grundherren oder Kirche – ein Bestandteil der alten Herrschaftsverfassung – im 18. Jahrhundert noch in vielen Regionen eine große Rolle spielte.
Die „Liebesheirat" setzte sich zuerst bei jenen bürgerlichen Gebildeten durch, die wegen der Neuartigkeit ihrer Berufstätigkeiten ohnehin von der geburtsständischen Gesellschaftsordnung nicht mehr richtig erfasst wurden. Sie lebten zumeist in freien Berufen – als Schriftsteller, Hauslehrer, Künstler – und überschritten gern die Heiratskonventionen der überkommenen Ständeordnung. Sie schufen gleichsam das Heiratsmodell, das sich im 19. und vor allem im 20. Jahrhundert in Europa allgemein durchsetzte.

Jost Amman (1539–1591), Die Behandlung der Pest, Kupferstich aus „Zwei Bücher von der Pestilenz und ihren Zufällen" von Paracelsus, 1565

Hunger, Seuchen, Tod

Allgegenwärtig war im 18. Jahrhundert der Tod. Durch Krieg und Naturkatastrophen brach er häufig gewaltsam über die Menschen herein. Ein Konflikt wie der Siebenjährige Krieg (1756–1763) erfasste weite deutsche Landstriche und dezimierte nicht nur die mühsam zusammengetrommelten Heere Preußens, Österreichs, Hannovers oder Frankreichs, sondern brachte auch der Zivilbevölkerung Schlesiens, Sachsens, Pommerns oder Ostpreußens verheerende Verluste bei. Die Natur wurde zur Bedrohung, wenn ihr saisonaler Fahrplan durcheinandergeriet und lang anhaltende Dürre oder späte, noch in den Mai oder Juni reichende Fröste oder sommerliche Regen- und Hagelschauer zur Katastrophe führten. An den Küsten der Nordsee gehörten Sturmfluten zum periodischen Todesbringer.
Im Gefolge solcher Ereignisse wuchs die Kraft eines anderen Feindes der menschlichen Zivilisation – des Hungers. Großen Teilen der ärmeren Bevölkerung, und dazu zählten zu dieser Zeit ganz sicher 40 bis 50 Prozent aller Menschen, war er ohnehin ein alltäglicher Bekannter, den man sich nur mit Mühe vom Leibe halten konnte. Zusätzlich gab es immer wieder naturbedingte Krisenjahre, in denen er grausam zuschlug. Die großen Teuerungen von 1708 bis 1712, von 1739 bis 1741 und von 1771 bis 1774 verdüstern das Bild des „aufgeklärten" 18. Jahrhunderts – aus dem Blickwinkel der Literatur und des Geistes eine so freundliche und strahlende Epoche. Weit verbreitet waren daher die Klagen über die „Armut bei diesen elenden, teuren und nahrungslosen Zeiten", wie es in einer zeitgenössischen Quelle noch um 1770 heißt. Und dies war umso schlimmer, als die Nahrungsgrundlage der breiten Bevölkerungsschichten in Mitteleuropa ohnehin zu dieser Zeit weit schlechter war als etwa in der Gegenwart oder auch am Ende des Mittelalters. Fleisch konnte sich kaum jemand leisten, das Getreide für die Hauptnahrung Brot aber unterlag in besonderem Maße den Witterungs- und Klimaeinflüssen.
Andere Geißeln griffen noch unerbittlicher in das Alltagsleben der Menschen ein – Krankheit und Seuchen. Insbesondere den Massenepidemien waren die Zeitgenossen der Aufklärung* hilflos ausgeliefert. Und dies, obwohl sich die Pest schon zu Beginn des 18. Jahrhunderts aus der europäischen Geschichte verabschiedet hatte. Doch mit der Ruhr, den Pocken, den Masern, der Diphterie, dem Keuchhusten, dem Scharlach und zahllosen Formen hitziger und kalter Fieber, darunter auch der Malaria, blieben noch genug Seuchen übrig. Sie vereinigten sich mit dem Kindbettfieber der Mütter und der noch weit verbreiteten Unfähigkeit von Ärzten und Hebammen die Kinder lebend und ohne bleibende Schäden für Mutter und Kind ans Licht der Welt zu holen zu einer Schreckensherrschaft vor allem über die jungen Menschen. Hier lagen die Ursachen für die hohe Säuglings- und

Kindersterblichkeit und dafür, dass die Gesamtbevölkerung Europas noch am Ende des 18. Jahrhunderts eine durchschnittliche Lebenserwartung hatte, die kaum über das 40. bis 45. Lebensjahr hinausging.
Die Medizin stand diesen Seuchen am Ende des 18. Jahrhunderts praktisch hilflos gegenüber. Manchmal, wie etwa bei der Malaria, kannte man die Ursachen nicht, in anderen Fällen nahm man die Symptome für den Krankheitsherd und verschaffte dem Leidenden mit problematischen Therapien mehr Qual als Linderung. Immerhin schritten in dieser Zeit unter dem Einfluss der Aufklärung die Verbesserung der Hygiene, die Krankenpflege und die Erforschung der Seuchen voran.
In einem Fall, der Behandlung der Blattern oder Pocken, kam man sogar einen entscheidenden Schritt weiter. Gegen sie wurde seit dem Ende des 18. Jahrhunderts die Impfung mit einem Serum üblich, das von Kühen gewonnen wurde. Die moderne, auf Immunisierung zielende Impftechnik war damit geboren. Sie führte nicht nur bald zu beachtlichen Erfolgen, sondern zeigte auch den Weg, wie in der Zukunft manch eine Schlacht gegen andere Seuchen gewonnen werden konnte.

Familie

Im Mittelpunkt des sozialen Lebens in der alteuropäischen Gesellschaft stand die Familie*. Auf dem Lande wie in der Stadt war sie nicht nur die zentrale Institution für die biologische Reproduktion des Menschen. Zumindest für die bäuerlichen und handwerklichen Bevölkerungsschichten war sie zugleich auch die zentrale Stätte des Broterwerbs, der materiellen Reproduktion.

Familie, Haushalt, Familiengröße

Wenn in den Quellen dieser Zeit von „Familie" die Rede ist, dürfen wir uns darunter nicht dasselbe vorstellen wie in der Gegenwart. Für die meisten Bauern und Handwerker war „Familie" die umfassende Funktionseinheit, in der sich ihr gesamtes Alltagsleben vollzog. Und zur Familie gehörten darum nicht nur die unmittelbaren Verwandten und Abkömmlinge des Hausherrn oder Familienvorstands, sondern alle Bewohner des Hauses, die am landwirtschaftlichen oder handwerklichen Produktionsprozess beteiligt waren – Knechte, Mägde und Inwohner auf dem Land, Gesellen, Lehrlinge und Dienstboten im Handwerker- oder Kaufmannshaushalt der Stadt. Die Historiker verwenden zur Bezeichnung dieser Einheit den Begriff „Haushalt", im 18. und 19. Jahrhundert sprach man gern vom „Ganzen Haus"*, wenn diese Funktionseinheit beschrieben werden sollte. Es war wie ein kleiner Herrschaftsbezirk organisiert, mit dem Haushaltsvorstand, dem *pater familias,* an der Spitze.
Diese Konstellation änderte sich grundsätzlich und massenweise erst in der Epoche der Industrialisierung. Der Arbeiterhaushalt, der jetzt entstand, war anders organisiert als der des Bauern, Handwerkers oder Kaufmanns. Ein Arbeiter, wenn er nicht hausindustriell produzierte, ging in die Manufaktur, später in die Fabrik; seine Arbeit hatte mit seinem Familienleben nichts mehr zu tun. Doch in anderen Berufssphären trat diese Wandlung schon viel früher ein. Kaufleute in den großen Handelsmetropolen der frühen Neuzeit kannten schon das von ihrer Wohnung getrennte Büro. Die Staatsbeamten, deren Zahl gerade in der frühen Neuzeit überall in Europa sprunghaft anwuchs, arbeiteten in den Amts- und Kollegiengebäuden, die in vielen kleineren deutschen Residenzen noch heute erhalten sind. Nicht zufällig setzten sich in diesen gehobenen bürgerlichen Kreisen schon frühzeitig neue familiäre Lebensformen durch, auf die später noch einzugehen ist (siehe S. 167 f.).
Wie sah nun die Familie im engeren, heutigen Sinne innerhalb des größeren Familienverbands des „Ganzen Hauses" aus? Hier muss vor allem über die Größe der Familie gesprochen werden. Lange glaubte man, dass im Europa vor der Industrialisierung die „Großfamilie" eine besondere Rolle spielte, und man meinte damit, dass im Haus eines Bauern oder eines Handwerkers in der Regel mehrere Generationen zusammenwohnten. Inzwischen haben die Historiker herausgefunden, dass dies für das klassische Europa, d.h. Mittel-, West- und Nordeuropa, und auch für große Teil Süd- und Osteuropas nicht zutrifft. „Urahne, Großmutter, Mutter und Kind, in dumpfer Stube beisammen sind" – dieser berühmte Gedichtanfang von Gustav Schwab aus dem Jahr 1828 beschreibt wohl eher die Ausnahme. In der Regel lebte schon damals, wie in der Gegenwart, die Kernfamilie – Vater, Mutter und Kinder – für sich, allenfalls ergänzt um alleinstehende Mitglieder der älteren Generation, die Großmutter etwa, eine unverheiratete Tante, einen verwitweten Cousin. Die Generationen trennten sich mit dem Erbgang, die ältere Generation übergab den Betrieb an die jüngere, was oft sehr spät, nicht selten erst nach dem Tod eines der Partner geschah. Das Altenteil wurde ihr Wohnsitz, von wo aus sie helfend einspringen, nicht aber bestimmend eingreifen konnte.
Auch in numerischer Hinsicht war die Familie dieser Zeit nicht, wie oft behauptet, besonders groß. Das Heiratsalter der Frauen war hoch, sie begannen also spät damit Kinder zu gebären. Zwar brachten sie in der verbleibenden Zeit ihrer Fruchtbarkeit im Allgemeinen sehr viele Kinder zur Welt,

Caspar Dilly (gest. nach 1839), Familie Middendorf (aus dem Kirchspiel Badbergen im Artland) mit dem Schwiegervater Arenhorst, 1819, kolorierter Scherenschnitt, 41 x 60,5 cm, Privatbesitz

doch nicht wenige fielen der Säuglings- und Kindersterblichkeit zum Opfer. So kam es, dass häufig nur vier oder fünf bis sieben oder acht Personen zusammenlebten, die sich, wenn die Familie arm war, auch kein Gesinde leisten konnten.

Hier gab es jedoch gewaltige Unterschiede entsprechend der sozialen Stellung der Familien. Im begüterten Adel z. B. kamen ganz andere Größenordnungen zustande. Ein deutscher Graf, ein französischer Seigneur, ein englischer Landlord hatte in der Regel viele Kinder, und Dienstboten aller Art machten einen adligen Landsitz zu einem großen Personenverband, der wie eine Welt für sich wirkte.

Die Beziehungen innerhalb der Familie

Die Beziehungen zwischen den Generationen waren im 18. Jahrhundert durchgängig noch von Erwägungen der Zweckmäßigkeit bestimmt. Insbesondere in der das Bild weithin bestimmenden Landbevölkerung beherrschte die Idee der Versorgung das alltägliche Denken. Großeltern bildeten bis zu ihrem Tod ein beträchtliches Versorgungsproblem, das vertraglich gelöst wurde. Der Übergang auf das Altenteil trug darum nicht nur räumlichen, sondern auch institutionellen Charakter; der Versorgungsleistung der nun den Betrieb leitenden neuen Generation entsprach die Verpflichtung der Alten zur tätigen Mithilfe in allen denkbaren saisonalen oder personellen Notsituationen (Erntezeit, Krankheit, plötzlicher Tod).

Auch das Verhältnis der Eltern zu ihren noch nicht erwachsenen Kindern stand unter dem Diktat der Zweckmäßigkeit. Kinder wurden mit dem Ziel des „Nachwuchses“ gezeugt, sie wurden schnell und ohne viel emotionalen Aufwand in das tätige Leben gestellt und hatten sich dort zu bewähren.

Dass Kinder auch Ziel emotionaler Zuwendung sein konnten, Gegenstand gar heftiger Mutterliebe, war zwar aus der Literatur seit langem bekannt. Im Alltagsleben der europäischen Bevölkerungen griff diese Haltung gleichwohl erst im späteren 18. Jahrhundert um sich. Zuerst geschah dies in jenen Schichten, die sich einen vermehrten Zeitaufwand für Kinderfürsorge und Kindererziehung leisten konnten: im begüterten Bürgertum, im Beamtentum, wohl auch im Adel, überall dort also, wo sich in dieser Zeit eine behutsame Trennung von beruflichen und familiären Alltagsgeschäften durchsetzte. Hier enstanden die uns bis in die jüngste Vergangenheit hinein vertrauten „Rollen" – der Ehemann und Ernährer der Familie, der draußen in der Welt tätig war und der der Ruhe und des Schutzes der Familie und des Hauses bedurfte; die nicht berufstätige Frau, die sich dem häuslichen Leben und der Kinderfürsorge zu widmen hatte; die Kinder schließlich, die nun weit mehr als früher von ihren Eltern umsorgt und umhegt wurden. Vom Bürgertum aus verbreiteten sich diese neuen, innerfamiliären Verhaltensweisen in die anderen Bevölkerungsgruppen und wurden im Verlauf des 19. und 20. Jahrhunderts allgemein.

Demselben Wandel unterlag auch die Beziehung zwischen den Eheleuten, also zwischen Frau und Mann. Auch sie wurde in weiten Bevölkerungskreisen, vor allem auf dem Lande, ursprünglich als Zweckverbund betrachtet. Kaum etwas lief in der alteuropäischen Gesellschaft nüchterner ab als der Pakt zwischen zwei Familien, die eine Verbindung zwischen ihren Kinder beschlossen hatten. Und wenn die Hochzeit in der Regel mit großem Saus und Braus gefeiert wurde, so nicht um dem jungen Paar diesen Lebensschritt möglichst prächtig zu gestalten, sondern um allen übrigen Dorf- oder Stadtbewohnern die Bedeutung dieses Bundes zu demonstrieren. Mehr als um die Liebe zwischen zwei jungen Menschen ging es um die materiellen Abmachungen, die den Bund begleiteten. Und dies galt selbst für die kleinbürgerlichen und -bäuerlichen Familien, in denen keine großen Reichtümer zu übertragen waren.

Die Frau in der Geschichte der europäischen Zivilisation

„The history of the world is nothing but the biography of great men" – so hat in der Mitte des 19. Jahrhunderts der englische Historiker und Publizist Thomas Carlyle einmal seine Auffassung von der Rollenverteilung von Mann und Frau in der Geschichte zusammengefasst. Der deutsche Historiker Heinrich von Treitschke folgte ihm mit seinem nicht minder deftigen „Männer machen die Geschichte". Beide Sprüche zielten auf eine Geschichtsauffassung, die vor allem die großen politischen Ereignisse und ihre Träger – die Könige, Politiker, die Schlachten und das handelnde Regierungspersonal – im Auge hatte, eine dominant politische Geschichte also, in der die Frauen quantitativ in der Tat eine den Männern weit unterlegene Rolle spielten. Inzwischen hat sich sowohl die wissenschaftliche als auch die allgemeine Geschichtsauffassung erheblich geändert und mit ihr auch die Einschätzung dessen, was an der Geschichte wichtig war und damit erforschenswert erscheint. Und im Zusammenhang damit hat sich, gefördert durch die Bewegung der Frauenemanzipation, auch das Bild der Frau in der Geschichte tiefgreifend geändert.

Vielleicht ist es noch zu früh ein Gesamtbild der Stellung der Frau und der geschlechtsspezifischen Rollenverteilung in den verschiedenen Sektoren des historischen Lebens Alteuropas zu zeichnen. Viele Forschungen sind noch nötig und sie müssen die sehr verschiedenartigen Sozialverhältnisse der alteuropäischen Gesellschaften vom hohen Mittelalter bis zum Beginn der Moderne berücksichtigen.

Es handelt sich auch nicht darum zu beweisen, dass das eine Geschlecht „wichtiger" war als das andere; vielmehr geht es um den Nachweis, dass die Frau in der Geschichte präsent war, dass sie ihre eigenständigen Rollen hatte und dass die Geschlechterbeziehungen ein zentrales Untersuchungsfeld für ein Verstehen vergangener und gegenwärtiger Gesellschaften sind. Einige wichtige Akzente lassen sich schon jetzt setzen.

Frauen in der Landwirtschaft

Da ist zunächst die Stellung der Frau in der ländlichen Welt Alteuropas. Natürlich gab es „die" Frau in dieser Welt nicht, sondern Frauen, die nach Raum und Zeit völlig unterschiedliche Stellungen hatten und sich in dieser Hinsicht in nichts von den Männern unterschieden. Die Vorstellung jedoch, dass im bäuerlichen Haushalt nur der Mann wichtig war, hat sich als völlig unbegründet erwiesen. Alle historisch-demographischen Studien zeigen die Bedeutung der Frau im Haushalt, nicht nur als Gebärende und Mutter, sondern ebenso als körperlich Arbeitende, Planende, Gestaltende, als Leiterin des inneren Geschehens. Die herausragende Bedeutung dieser Position wurde (z. B. in Norddeutschland) immer dann sichtbar, wenn eine Bauersfrau starb und den Hofbesitzer zum Witwer machte. Witwer schritten zumeist weit schneller zur Wiederverheiratung als Witwen; die Rolle der Hausfrau musste schnell wieder besetzt werden, weil es ohne sie nicht ging. Hingegen sind viele Beispiele bekannt, die zeigen, dass Witwen durchaus in der Lage waren auf einem Hof allein klarzukommen.

Frauen in der Literatur

Ein anderes, eingängigeres, weil aus der Literaturgeschichte schon einigermaßen geläufiges Beispiel: die Stellung der Frau in der Literatur und im literarischen Betrieb des 18. Jahrhunderts. Nicht nur von ihren Inhalten her kann die Literatur der Anakreontik, der Aufklärung, des Sturm und Drang, der Empfindsamkeit, der Klassik und Romantik etwa in Deutschland ohne die Frau nicht gedacht werden. Auch bei der Herstellung und Verbreitung dieser Literatur spielten (adlige und bürgerliche) Frauen eine herausragende Rolle – sei es als Partnerin eines Autors, mit dem sie über sein Werk diskutierten, sei es als Leiterin eines Salons, die für die Lektüre und Verbreitung von Manuskripten sorgte, sei es als Korrespondentin, die ihre Briefpartner auf Neuigkeiten auf dem literarischen Markt hinwies, sei es schließlich als Autorin selbst.

Frauen in der Politik

Ein letztes Beispiel schließlich aus der Politik. Es ist bekannt, dass viele europäische Länder in alteuropäischer Zeit von Frauen regiert wurden. Um 1570 regierten z.B. zwei bedeutende westeuropäische Monarchinnen – in Frankreich Katharina von Medici anstelle ihrer minderjährigen Söhne zwischen 1559 und 1574, in England Elisabeth I. kraft eigener Erbfolge als Tochter Heinrichs VIII. und Anne Boleyns. Mütter, Frauen oder Mätressen von Königen hatten im Verlauf der französischen Geschichte vielfach bestimmenden Einfluss auf die Politik – bis hin zur letzten Königin des Ancien Régime, Marie Antoinette, die eine so unglückliche Rolle spielte, dass die Frauen der Revolution (und viele Frauen heute) sie kaum als Frau wahrnahmen. Dass einige Frauen in alteuropäischen Staaten Königinnen wurden, lag in der Regel nicht an ihrer besonderen Durchsetzungskraft gegenüber männlichen Konkurrenten, sondern an dem jeweiligen Erbrecht. Daraus sollte nicht der Schluss gezogen werden, diese Frauen hätten wie Männer bzw. als eine Art „Ersatzmann“ gelebt und gehandelt. Königinnen, vor allem auch Mätressen, haben im Hofleben Alteuropas ganz wesentlich dafür gesorgt, dass dieses nicht in männlich-martialischen Umgangsformen erstarrte, sondern ein Fluchtpunkt der „Zivilisiertheit“ wurde und von dort seine Wirkung auf die Schlösser des Adels und die Salons des Bürgertums ausübte.

Das alles bedeutet nicht, dass die Stellung der Frau in Alteuropa der des Mannes entsprach. Durchaus nicht: Die Frau hatte insgesamt eine untergeordnete Stellung, insbesondere in allen Fragen der politisch-rechtlichen Repräsentation. Frauen unterstanden der rechtlichen Vormundschaft ihrer Männer und nahmen in der Regel keine öffentlichen Funktionen wahr, weder auf Ständeversammlungen noch in städtischen Räten und in den Institutionen der Gemeinden. Wo gewählt wurde, waren sie nicht wahlberechtigt und dies wurde von den Männern bis in das 20. Jahrhundert hinein weithin für in Ordnung befunden. In allen Fragen der Bildung und Ausbildung wurde den Frauen erst in zweiter Linie Aufmerksamkeit geschenkt; die Alphabetisierungsraten der Frauen hinkten denen der Männer um ein gutes Stück hinterher (siehe Tabelle S. 163). Die Französische Revolution, für viele Bevölkerungsschichten ein Akt der Befreiung von überholten Formen politischer Partizipation und Repräsentation, tat für die Frauen sehr wenig (siehe Mat. S. 242–245). Sie schloss Frauen vom Wahlrecht ebenso aus wie z. B. die abhängigen Knechte. Wir haben es demnach auch im 19. und selbst im beginnenden 20. Jahrhundert noch mit einer dominanten Männerzivilisation zu tun.

Allerdings lässt sich schon in der Literatur des 18. Jahrhunderts die Basis für eine erst in der Gegenwart wirklich durchdringende Emanzipationsbewegung erkennen. In den Kämpfen und Debatten der Revolution wurde dies auch politisch schon sehr deutlich: Neben den Bauern, den Sansculotten, dem Bürgertum und der niederen Geistlichkeit gehörten Frauen zu den Gruppen der Revolution, die ihre eigenen Rechte reklamierten. Es waren noch nicht sehr viele Frauen, aber einige entschlossene revolutionäre Feministinnen nutzten das Instrument der revolutionären Publizistik um auf ihre Stellung hinzuweisen – nicht nur gegenüber der Regierung und den revolutionären Parlamenten, sondern gegenüber den Männern schlechthin.

1. *Beschreiben Sie die grundlegenden „Bevölkerungsweisen“ in der frühen Neuzeit. Welchen Einfluss hatten Krankheiten im weitesten Sinne auf das Bevölkerungsgeschehen?*
2. *Skizzieren Sie die rechtliche und praktische Bedeutung der Familie in der frühen Neuzeit. Welche Rolle kam der Frau in ihr zu?*

Siedlung

Die Beharrungskraft des Mittelalters

Nirgendwo wurden am Ende des 18. Jahrhunderts die mittelalterlichen Ursprünge des historischen Lebens so deutlich wie im Siedlungsbild. Die große Mehrheit der Menschen, in manchen Regionen weit über 90 Prozent, lebte auf dem Lande, d. h. in Dörfern, in kleinen Flecken oder in Landstädten.

Die Bauerndörfer sahen sehr unterschiedlich aus, je nachdem, in welcher Zeit sie entstanden waren und in welcher Landschaft sie lagen. Ihnen allen war gemeinsam, dass sie im Mittelalter zu Dörfern geworden waren und dass sie in unmittelbarer Nachbarschaft der durch Ackerbau und Viehzucht genutzten Flächen lagen. In weiten Teilen Europas waren die im Privatbesitz der Bauern liegenden Flächen nicht säuberlich voneinander getrennt, sondern lagen in bunter Mischung durcheinander. Diese Nutzungsstruktur war im Mittelalter entstanden und prägte noch um 1800 das Bild.
Das gilt auch für die großen Flächen gemeinschaftlich genutzten Landes, die sich an die privat genutzten Landstreifen – die „Gewanne" – anschlossen. Bis über 50 Prozent des zu einem Dorf gehörenden Bodens waren in vielen Orten Mitteleuropas gemeinschaftlich genutzte Ländereien wie Wiesen, Wälder, Moore, Sümpfe, die deshalb auch „Gemeinheiten" oder „Allmenden" hießen.
Noch heute lässt sich von der Beharrungskraft mittelalterlicher Strukturen im Siedlungsbild ein guter Eindruck gewinnen, wenn man im Flugzeug über die mitteleuropäische Kulturlandschaft fliegt. Denn was sich dort zeigt, ist von allen Zutaten und Veränderungen der Moderne (Großstädte, Fabriken, Eisen- und Autobahnen usw.) abgesehen vielerorts noch mittelalterlichen Zuschnitts. Die Flur- und Feldformen, die Rodungsgrenzen zwischen Wäldern und Fluren, das Aussehen der Dorfkerne, die Streckenführung von Wegen und Landstraßen, selbst das innerstädtische Siedlungsbild der Klein- und Mittelstädte – all das ist im hohen und späten Mittelalter entstanden. In diesem Zeitraum nahm die Bevölkerung Mitteleuropas ein erstes Mal kräftig zu und legte damit die beschriebene Entwicklung des ländlichen Siedlungsbildes fest.

Das Dorf

In vieler Hinsicht war das Dorf das Zentrum der alteuropäischen Zivilisation. In den alten, durch Rodung gewonnenen Siedlungsgebieten gruppierte es eine Zahl von Bauernhöfen um einen Kern landwirtschaftlich genutzten Landes und die Nutzung dieses Landes verband und zwang die Hofbesitzer zu gemeinsamem, genossenschaftlichem Planen und Handeln. Es gab auch andere, jüngere dörfliche Siedlungsformen, etwa die Waldhufendörfer, die als lang gestreckte Straßensiedlungen in den Wald hineingetrieben wurden und andere Kommunikationsformen mit sich brachten als die um einen Kern gruppierten Haufendörfer. Überall in Europa finden sich abseits von größeren Bauerndörfern ganz kleine gemeindliche Ansiedlungen, sogenannte Weiler, und an den Küsten Nordwestdeutschlands haben die Bauern, durch die Natur erzwungen, auf neugewonnenem Land auch vielfach auf Einzelhöfen gesiedelt. Nicht nur Bauern, sondern auch Handwerker lebten auf dem Lande, Zimmerleute, Tischler, ebenso Landarbeiter, Knechte und Mägde, die von anderen Dörfern zugezogen waren oder sich aus den nicht erbenden Mitgliedern der Bauernhöfe rekrutiert hatten.
Im Mittelpunkt des Dorfes und seines geregelten Jahresablaufs stand – im wörtlichen und übertragenen Sinn – die Kirche. Sie war für das Seelenleben der Dorfbevölkerung zuständig und übte seit der Reformation in protestantischen wie in katholischen Ländern eine beträchtliche soziale Kontrolle aus. Auch das dörfliche und städtische Schulwesen wurde von ihr organisiert und überwacht.
Für weite Landstriche Europas war eine besondere Gemeindestruktur kennzeichnend: Mehrere kleinere Dörfer und Weiler bildeten zusammen eine gemeindliche Einheit und teilten sich die zentralen kirchlichen Funktionen. In Deutschland spricht man in diesem Fall vom Kirchspiel, das vor allem in Nordwestdeutschland eine große Rolle spielte.

Die Stadt

Die kleineren Flecken und Landstädte unterschieden sich vom Dorf dadurch, dass in ihnen einige städtische Funktionen, Institutionen und Berufe vertreten waren: Märkte, Zünfte, Stadt- und Lateinschulen, Apotheken, Ärzte und Goldschmiede. Auch hier lebten häufig Bauern, und wo das landwirtschaftliche Element überwog, spricht man von Ackerbürgerstädten.
Nicht jede kleine Stadt war Hort eines regen kommunalen und geistigen Lebens. Oftmals hatte sie das Stadtrecht aufgrund besonderer Umstände, z. B. wegen ihrer Nachbarschaft zu einer adligen Burg, erhalten; wurde diese Burg aufgegeben, entfiel damit nicht selten die Voraussetzung für ein gedeihliches städtisches Leben. Die benachbarte Stadt kümmerte dann vor sich hin.
Ein wirklich intensives Stadtleben entfaltete sich nur dort, wo zum Stadtrecht wichtige Aufgaben im Handel, im Verkehr oder in der Staats- und Militärverwaltung hinzukamen. Bedeutende Handelsplätze wie Frankfurt am Main, Bordeaux, Hamburg, Leipzig, Amsterdam, Zürich prägten im 18. Jahrhundert das Bild des städtischen, modernen Europa und manche von ihnen hatten schon damals etwa 100 000 Einwohner. Weil sie in der Regel „nach oben" hin relativ frei, d. h. unabhängig von staatlich-herrschaftlicher Reglementierung waren, bildeten sie zugleich das Zentrum der geistigen Bewegungen der Zeit. Durch Universitäten, Akademien, Gymnasien, Bibliotheken, patriotische Gesellschaften, Vereine, Verlage wirkten sie weit über ihre Mauern hinaus und beeinflussten das geistige Leben von Stadt und Land in weitem Umkreis.

Die großen Hauptstädte des Kontinents waren im Vergleich dazu meist schwerfälligere Gebilde, zwar glänzend ausgestattet mit prachtvollen barocken Gebäuden, aber oft mit einem Zuviel an Beamten und Behörden, auch an Bettlern und fahrendem Volk, die sich hier ein vorübergehendes Auskommen erhofften. Madrid, Brüssel, Kopenhagen, Dresden, München, Karlsruhe, Mannheim sind Beispiele für diesen Städtetyp. Zu ihnen gesellten sich in Deutschland noch die hier so typischen kleineren Residenzen und die Hauptstädte der geistlichen Territorien, z.B. Würzburg, Bamberg, Münster. In diesen prägte, bis heute spürbar, die katholische Geistlichkeit das städtische Leben – würdevoll schreitende Domherren, hastig ins Kloster eilende Nonnen sowie allerlei Dienstboten und Zulieferer, die für das leibliche Wohl der Geistlichkeit Sorge trugen und zusammen mit dieser dem Stadtleben den Eindruck des Gemütlichen und Urbanen zugleich verliehen. Den Rang bedeutender, alles überragender Metropolen besaßen in Europa im 18. Jahrhundert nur London und Paris, mit Abstrichen noch Amsterdam und Wien, hingegen nicht mehr Rom und Venedig. London hatte fast eine Million Einwohner, Paris kam auf mehr als die Hälfte. Beide Hauptstädte waren Zentren des nationalen und internationalen Lebens. Wer im Europa des ausgehenden 18. Jahrhunderts als gebildet gelten wollte, musste mindestens eine dieser Städte gesehen haben. Berichte über Reisen dahin gehörten zur Pflichtlektüre der Gebildeten.

Wirtschaftsformen

Grundbedingungen

Die wirtschaftlichen Gegebenheiten sahen in den frühneuzeitlichen Staaten wesentlich anders aus als im gegenwärtigen Europa. Große Teile der Bevölkerungen der Länder verfügten über wenig Vermögen oder waren arm. Von ihnen gingen keine besonderen Impulse auf das Wirtschaftsleben ihres Landes aus. Im Gegenteil: Wesentliche Teile ihrer Einkommen verbrauchten sich für die Grundbedürfnisse Nahrung, Kleidung und Wohnung. Für manche frühneuzeitliche Stadt ist das relativ genau berechnet worden. Im französischen Lyon beispielsweise gaben die städtischen Massen im 16. Jahrhundert 80 Prozent ihres Einkommens für Nahrung – davon etwa zwei Drittel für Brot – aus, 5 Prozent für fertige Kleidung und Stoffe und die verbleibenden 15 Prozent für Mieten, Heizung und Licht. Für andere Bedürfnisse war in einem solchen Haushalt kein Raum. Das mag im 18. Jahrhundert schon etwas günstiger ausgesehen haben, wesentlich anders jedoch nicht.

Unter solch elementaren Voraussetzungen konnte sich keine dynamische, differenzierte Wirtschaft entfalten. Zwar lagen die Dinge bei den wohlhabenden Oberschichten sehr viel günstiger und von diesen ging daher auch eine erhebliche Nachfrage nach Luxusgütern – Schmuck, Porzellan, feinen Stoffen – aus. Doch insgesamt handelte es sich um ein sehr enges Spektrum von Nachfrage und Angebot, das sich in Mittel- und Westeuropa erst im Verlauf des 18. Jahrhunderts und danach entscheidend erweiterte. Diese Begrenztheit der frühneuzeitlichen Volkswirtschaften wird auch bei einem Blick auf die Produktionsfaktoren Arbeit, Kapital, natürliche Ressourcen deutlich.

In einer Wirtschaft, in der es zunächst um Befriedigung der menschlichen Grundbedürfnisse geht, spielt die Landwirtschaft immer eine herausragende Rolle. So war es auch im frühneuzeitlichen Europa. Bis zu 90 Prozent der arbeitenden Menschen lebten im 18. Jahrhundert in und von der Landwirtschaft. Hier gab es freilich erhebliche regionale Unterschiede. Regionen und Städte, die günstig zum Meer lagen und über Häfen und Flotten verfügten, konnten ihren Nahrungsbedarf durch Importe decken und größere Teile ihrer Bevölkerungen in anderen Erwerbszweigen einsetzen, wie etwa in den Niederlanden. Insgesamt aber dominierte die landwirtschaftliche Arbeit in einem heute nicht mehr vorstellbaren Ausmaß. Erst der Prozess der Industrialisierung, der nur in England schon im 18. Jahrhundert, sonst aber im 19. Jahrhundert einsetzte, änderte daran etwas.

Die Dominanz des Handelskapitals

Die frühneuzeitlichen Volkswirtschaften verfügten noch nicht über sehr viel kapitalintensive Einrichtungen oder, wie der Ökonom sagt, über ein großes, festes Kapital. Es gab in allen größeren Ländern schon zahlreiche Manufakturen, etwa für die Seiden-, Porzellan- oder Glasherstellung. Es gab Berg- und Hüttenwerke, die nicht ohne eine beträchtliche Kapitalausstattung auskamen. Aufs Ganze gesehen war die Epoche jedoch die hohe Zeit des zirkulierenden Kapitals oder des Handelskapitalismus*. Damit sind jene Kapitalbestände gemeint, die sich durch Investition in Handelsunternehmungen, nicht aber in feste Produktionsstätten, aufbauten und vermehrten.

Mit anderen Worten heißt das: Kaufleute und ihre Wirtschaftsweise bestimmten das Gesicht der Epoche und mit ihnen die großen Handelsmetropolen wie Amsterdam, London, Lissabon, Hamburg oder Leipzig. Es ist kein Wunder, dass eine Hafenstadt wie Hamburg, in der Gegenwart die zweitgrößte Stadt Deutschlands, vor allem im 18. Jahrhundert ihre führende Stellung errang. Ihr Aufstieg verlief parallel zu dem des deutschen Handels, der sich in der Umgebung des höfischen Fürstenstaats entwickelte und sowohl

die Luxusbedürfnisse der höfischen Gesellschaft als auch die Nachfrage nach Massengütern in der übrigen Bevölkerung zu befriedigen wusste.
Kaufleute saßen jedoch nicht nur in den Handelsmetropolen, wo sie über Flüsse und Meere am direktesten mit dem zu einem weltweiten System anwachsenden Handel verbunden waren. Auch im Binnenland gerieten wichtige Geschäftsbereiche unter ihren Einfluss (siehe S. 189, Mat. 5). Dies gilt z. B. auch für die Produktion und den Vertrieb von Leinen. Dieser Stoff, aus Flachs gesponnen und gewebt, diente vor dem weltweiten Siegeszug der Baumwolle nahezu allein zur Herstellung von Massenbekleidung und war damit, neben dem Brotgetreide, das am meisten nachgefragte Wirtschaftsgut der frühen Neuzeit. Leinen wurde zu dieser Zeit zumeist noch nicht in Manufakturen oder Fabriken, sondern dezentral auf dem Land hergestellt. Kleine Bauern, Landarbeiter oder andere ländliche Bewohner spannen und webten, oft im Nebenerwerb, bei sich zu Hause und überließen es den herumreisenden Kaufleuten, den Verlegern, für den Absatz ihrer Produkte zu sorgen. Beide – Produzent und Verleger – waren Bestandteil des Systems der Hausindustrie oder auch des Verlagssystems, das im Europa der frühen Neuzeit weit verbreitet war und viele ländliche Gebiete prägte. Die Historiker, die dieses System erst in den letzten Jahren erforscht haben, sprechen sogar davon, dass durch die Hausindustrie schon lange vor der Industrialisierung des 19. Jahrhunderts eine Art „ländliche Industrialisierung" stattgefunden hat. Sie nennen das Protoindustrialisierung*, d.h. soviel wie „Erstindustrialisierung". Damit ist gemeint, dass die ländliche Hausindustrie in Verbindung mit dem aus den Städten auf das Land fließenden Handelskapital schon lange bevor Manufakturen und Fabriken das Gesicht Europas zu prägen begannen, eine ganz eigenständige, noch nicht von der Maschine, aber auch nicht mehr von der Landwirtschaft bestimmte Lebensweise der von ihr lebenden Produzenten hervorbrachte – mit einer eigenständigen Bevölkerungs- und Wirtschaftsweise und einer besonderen Mentalität (siehe S. 189, Mat. 3 und 4).

Quinten Metsijs, auch Quentin Massys genannt (1465/66–1530), Der Goldwäger und seine Frau, 1514, Öl auf Holz, 71 x 68 cm, Paris, Musée du Louvre

Die Grenzen der frühneuzeitlichen Wirtschaft

Grenzen waren der frühneuzeitlichen Wirtschaft auch durch die Knappheit der natürlichen Ressourcen gesteckt. Wichtigstes Gut dieser Art war das Land. Es war nicht, wie andere Güter, beliebig vermehrbar und seine Produktivität war bescheiden. Noch im 18. Jahrhundert waren die Hektarerträge auf vielen Böden außerordentlich niedrig. Da es keinen Kunstdünger gab, konnte nur mit tierischem Dünger, einem äußerst kostbaren Gut, gedüngt werden. Wo er fehlte, mussten große Ländereien zur Erholung brach liegen. Wenn es Lohn versprach, bemühte man sich überall in Europa durch Trockenlegung, Urbarmachung oder Eindeichungen um eine Ausweitung des verfügbaren Landes. Doch schnell gingen solche Prozesse nicht und sie hielten sich an der Schwelle zur Moderne noch in dem Rahmen, der schon im hohen Mittelalter gesteckt worden war.
Mit anderen natürlichen Ressourcen war das frühneuzeitliche Europa nur schwach ausgestattet oder aber die Verfahren zu ihrer Ausbeutung waren unbekannt bzw. steckten noch in den Kinderschuhen. Die Wälder lieferten Holz für den Hausbau, für die Heizung und für die Verhüttung von Eisenerzen. Sie wurden nicht pfleglich, sondern raubbauartig genutzt, was viele Länder zwang sich bald nach Ersatz umzusehen. In England spielte im 18. Jahrhundert die Kohle in dieser Hinsicht schon eine wichtige Rolle. Was die Energien anging, standen nur zwei Formen zur Verfügung, die uns auch heute noch vertraut sind bzw. wieder vertraut werden: Wasser und Wind.
Besonders die frühneuzeitliche Windnutzung verdient Beachtung – sei es auf dem Meer, wo der Wind als Hauptantriebsquelle für die Handels- und Kriegsflotten diente, sei es auf dem Land, in der Form von Windmühlen. Illustrationen aus früherer Zeit zeigen, wie viele dieser Geräte in windreichen Regionen auf kleinstem Raum aufgestellt waren. Ihrem großen Nachteil – der Standortgebundenheit – standen ihre Kostenvorteile im Vergleich zu tierischen und menschlichen Antriebsarten gegenüber.

1. *Entwerfen Sie ein Bild der frühneuzeitlichen Siedlungsstruktur.*
2. *Vergleichen Sie dieses Bild mit einer historischen Karte der Region, in der Sie wohnen.*
3. *Welche zentralen Merkmale kennzeichnen die Wirtschaftsstruktur der frühen Neuzeit?*
4. *Erläutern Sie die Bedeutung des Staates als Wirtschaftsfaktor für die frühe Neuzeit (siehe auch Darstellung S. 123–126).*

Die soziale Ordnung

Merkmale der Ständegesellschaft

Die frühneuzeitlichen Menschen lebten in anderen politischen Bezügen und Ordnungen als ihre Nachfahren in der Gegenwart. Heute zählt rechtlich die Gleichheit vor dem Gesetz, die im Prinzip keine Unterschiede zwischen einzelnen Menschen – vor allem nicht solche der Geburt – anerkennt. Dass trotzdem keine soziale Gleichheit, sondern beträchtliche Unterschiede nach Verdienst und Vermögen bestehen, aus denen Abstufungen des Ansehens und der gesellschaftlichen Stellung hervorgehen, folgt aus dem Besitz bzw. Nichtbesitz von Produktionsmitteln und sozialen Abgrenzungsprozessen, die man mit dem Begriff der „Klasse" zu fassen versucht. Die modernen europäischen Gesellschaften sind Klassengesellschaften, deren innere Grenzen freilich erheblich in Bewegung geraten sind. Durch soziale und geographische Mobilität* sind Veränderungen innerhalb der Klassen jederzeit möglich, die Grenzen von Klasse zu Klasse sind offen, Aufstieg und Abstieg einzelner Mitglieder finden ständig statt.
Ganz anders sah es in den frühneuzeitlichen europäischen Gesellschaften aus. Hauptkriterien der sozialen Zugehörigkeit waren und blieben bis ins späte 18. Jahrhundert die Geburt bzw. der Stand*, in den ein Einzelner hineingeboren wurde. Die frühneuzeitliche Gesellschaft war ständisch gegliedert. Jeder Stand besaß sein eigenes Wertesystem, seine eigenen Bräuche, Gesten und Symbole. So war z. B. für den Adel auch zu einer Zeit, als er nicht mehr in erster Linie Kriegerstand war, kriegerisches Tun ein unverzichtbarer Teil seines Alltagslebens. Viele Adlige des 17. und selbst noch des 18. und frühen 19. Jahrhunderts suchten selbst bei kleinsten Anlässen die Auseinandersetzung mit einem Gegner im direkten, dem mittelalterlichen Ritterwesen nachgelebten Duell. Im Frankreich des 17. Jahrhunderts trieb der Adel das Duellieren so weit, dass der französische König ernste Folgen für den ganzen Stand befürchtete und die Duelle, allerdings ohne Erfolg, verbot.

Die Hierarchie der Stände: Geistlichkeit, Adel, Dritter Stand

Grundsätzlich bestimmte die Dreizahl das ständische Gefüge, die der mittelalterlichen Vorstellung von der „Arbeitsteilung" zwischen den *oratores* (den Geistlichen), den *bellatores* (den adligen Kriegern) und den *laboratores* (den das Land bebauenden Landleuten) folgte. Der Sache nach hatte sich dieser Aufbau aber schon seit langem erheblich differenziert, sodass in der alltäglichen Realität des 18. Jahrhun-

derts ein weit stärker gegliederter ständischer Gesellschaftsaufbau vorhanden war.
Nach den Bewertungsmaßstäben der Zeit stand die Geistlichkeit an der Spitze; sie kannte in sich erhebliche soziale Abstufungen von den hohen kirchlichen Würdenträgern – den Kardinälen, Erzbischöfen, Bischöfen, Äbten usw. – bis hinab zur niederen Landgeistlichkeit. Vom Grundsatz her war der geistliche Stand kein Geburts-, sondern ein Funktionsstand, da Priesteramt und Seelsorge ursprünglich zu seiner Entstehung geführt hatten. Doch schon vom späten Mittelalter bis hin zur Auflösung der alten Ständeordnung zu Beginn des 19. Jahrhunderts erfüllte dieser Stand neben seinen beruflichen überall in Europa auch wichtige soziale Aufgaben: Er diente der Versorgung von Söhnen und Töchtern aus adligen Häusern, die anders möglicherweise der Verarmung anheimgefallen wären.
Damit erwies sich der Adel als das beherrschende Zentrum der alten Ständeordnung. Auch er war alles andere als einheitlich. Seine Spitze bildeten die großen Herrschaftsgeschlechter, die in den europäischen Staaten zur politischen Macht aufgestiegen waren – die Bourbonen in Frankreich, die Hohenzollern in Preußen, die Romanows in Russland, die Habsburger in Österreich und Spanien, die Wittelsbacher in Bayern. Ihnen folgte die differenzierte Hierarchie von den Herzögen und Grafen bis zum einfachen ritterschaftlichen Landadel, der zwar über alle Insignien des Standes verfügte, aber nach Vermögen und Lebensweise oft kaum von seiner bäuerlichen Umgebung zu unterscheiden war.
Der adlige Stand war Herrenstand, d. h., er übte von seinen Gütern aus Herrschaft aus und repräsentierte damit ein Stück übergeordneter Gewalt, die in der Gegenwart allein dem Staat zukommt. Er war in allen europäischen Ländern von einem Teil der Steuern befreit und genoss auch sonst vielfache Vorrechte (Privilegien), die es ihm ermöglichten die ihm gemäße „adlige Lebensweise" zu pflegen. Die Jagd zählte dazu, das Spiel, der Aufenthalt bei Hof, wo es zu repräsentieren und für die eigene Familie Pfründe und Machtchancen zu erwerben oder zu verteidigen galt.
In der Endphase der alteuropäischen Epoche, im späten 18. Jahrhundert, war die Stellung des Adels weithin umstritten, nicht zuletzt deshalb, weil sie in den Jahrhunderten zuvor vom Staat gründlich ausgehöhlt worden war. Dennoch gehörte adlige Herrschaft immer noch zu den Kennzeichen des alteuropäischen Alltags. Und dort, wo der Adel stark und kämpferisch war, konnte sie mit uralten, „feudalen" Herrschaftsansprüchen bis hin zur Leibeigenschaft der den adligen Gütern zugeordneten Bauern verbunden sein.
Unterhalb der zahlenmäßig sehr kleinen, politisch-sozial aber privilegierten Oberstände begann die breite Schicht der übrigen, durch keine formellen Vorrechte ausgezeichneten Bevölkerung. Auch wenn sie z. B. in Frankreich unter einem einzigen Begriff als „Dritter Stand" zusammengefasst wurde, war sie doch in sich stark differenziert. Bürger im Sinne der Zeit durften sich nur jene nennen, die zur Familie eines mit dem Bürgerrecht ausgezeichneten Stadtbewohners gehörten. Bürger im Sinne einer soziologischen Kategorie waren hingegen alle Stadtbewohner: von den hohen, fast wie Adlige wirkenden Patriziern über die breite Schicht des handwerklich und gewerblich tätigen Kleinbürgertums bis hinab zu den städtischen Armen, die keine Steuern zahlten, weil sie über keine geregelten Einkünfte verfügten.
Auch der ländliche Sektor des Dritten Stands bestand keineswegs nur aus einem einzigen Stand, den wir unter dem Begriff „Bauern" zusammenfassen dürfen. Der bäuerliche Großgrundbesitzer, der Leibeigener eines adligen Herrn sein konnte, stand hier neben dem Kleinbauern, dem Landarbeiter, dem Heuerling, dem Tagelöhner und Handlanger. Und alle hatten in den engen Verhältnissen der ländlichen Gemeinde in ihren unterschiedlichen Interessen und Bedürfnissen miteinander auszukommen. Gerade das 18. Jahrhundert, auch mit dieser Hinsicht Schwelle zur Moderne, führte auf dem Lande zu starken Gegensätzen, die mancherorts in eine Polarisierung einmündeten: auf der einen Seite die Besitzenden, die Bauern, auf der anderen die ständig anwachsenden Schichten der Landlosen, die sehen mussten, wie sie zurechtkamen. Als die Gewerbefreiheit und die Fabrikindustrie einsetzten, bot die Landflucht für sie eine Chance. Doch vorher mussten sie sich, wenn sie die noch nicht sehr attraktiven Städte mieden, auf dem Land arrangieren. Taten sie dies als Gesinde auf den Höfen besitzender Bauern, so hatten sie immerhin ein Auskommen, obwohl sie sich in einer sehr abhängigen Position befanden und keine Familie gründen konnten. Das nordwestdeutsche Heuerlingssystem bot einen erstrebenswerten Ausweg aus dieser schwierigen Situation: Die Landlosen pachteten ein Stück Land bei den Bauern, erhielten von diesem auch Gespannhilfen und anderes, mussten dafür aber Dienste auf den Höfen leisten.

Wandlungen der Ständegesellschaft

Die ständische Gesellschaftsordnung Alteuropas war ihrem Wesen nach statisch. Sie war aber nicht starr und undurchdringlich. Gerade in der Endphase Alteuropas, im 17. und 18. Jahrhundert, erwies sie sich als erstaunlich flexibel. Sozialer Aufstieg vom Bürgertum, ja vom Bauerntum in den Adel war möglich. Die Staaten und Fürsten förderten diesen Prozess der sozialen Mobilität*, weil sie auf diesem Weg den adligen Herrschaftsstand als Stütze ihres Staates zugleich erhalten und von unten ergänzen konnten. Geld, in den festge-

Zur Geschichte des Judentums in der europäischen Zivilisation

Anonymus, Jüdischer Flickschuster, Niederlande, 18. Jh., Handzeichnung, Aquarell, 28,5 x 15,5 cm, Amsterdam, Bibliotheca Rosenthaliana

In der europäischen Zivilisation von der Antike bis zum Mittelalter spielten die Juden eine unvergleichliche Rolle. Zwar galten sie auch in dieser Epoche schon häufig als Feinde, die bekämpft, verjagt, gemordet wurden. Doch insgesamt wurden sie von den Christen akzeptiert und in ihrer Besonderheit toleriert. Ihre Kolonien lagen nach den Worten Fernand Braudels „wie feine Öltröpfchen verteilt auf den tiefen Wassern der anderen Zivilisationen". Ihre Überlebenskraft beruhte darauf, dass sie sich in vielem anzupassen, ihre religiöse Identität doch zu wahren und sich, wenn nötig, den Gesetzen des Raumes zu entziehen wussten.
Die Gründe für diese historische Sonderrolle des Judentums lagen im Religiösen und Politischen. Christliche Theologen kritisierten die Juden, weil sie Jesus nicht als den Messias anerkennen wollten. Seit der Zerstörung Jerusalems durch die Römer und den Untergang des jüdischen Staates lebten die Juden in verschiedenen Regionen des Abendlandes.
Die Beiträge der Juden zur Entwicklung Europas waren vielfältig. Im Mittelalter waren sie Pioniere urbaner Wirtschafts- und Lebensformen, sie waren kompetente und agile Kaufleute, daneben aber zu dieser Zeit noch in vielen anderen Berufen tätig. Niemand hat so viel zur Verbreitung von Geschriebenem und Gedrucktem getan wie sie.
Das Judentum war keine „Rasse", wie es eine verhängnisvolle Ideologie seit dem 19. Jahrhundert meinte. Es schloss sich auch nicht gegenüber den Nichtjuden in seiner Umgebung ab. Wie hätten das z. B. die sizilianischen Juden auch anstellen sollen, die 1500 Jahre verhältnismäßig ungestört neben den Einheimischen lebten, bevor sie 1492 die Insel für immer verlassen mussten?
Wo sie sich niederließen, wurden ihre Gemeinden schnell zu Zentren eines intensiven religiösen Lebens und einer weit über ihre Grenzen hinausstrahlenden Kultur. Und wenn sie vertrieben wurden, nahmen sie ihre Kenntnisse, Erfahrungen, Lebensformen mit sich, was nicht selten zur kulturellen Verödung in ihrer bisherigen Heimat, zum Aufschwung von Handel und Kultur in der neuen Umgebung führte. Deshalb wurden Judengemeinden, wenn sie aus einer Stadt oder einem Territorium vertrieben worden waren, gern von anderen Fürsten oder Stadtherren aufgenommen. Trotz mancher Drangsalierung auch schon im Mittelalter kann für diese Zeit von einem produktiven Nebeneinander von Judentum und Christentum gesprochen werden.
Seit dem späten 13. Jahrhundert, als im Gefolge von Kreuzzügen, Wirtschaftskrisen und Machtverfall in manchen Staaten die Judenverfolgungen zunahmen, verschlechterten sich die Lebensbedingungen des europäischen Judentums kontinuierlich. Die Zeit zwischen 1300 und 1650 wurde zu einer der düstersten Epochen in seiner Geschichte. Mit den Vertreibungen aus Spanien 1492 fand sie ihren Höhepunkt. Die gesamte bisherige Geographie des europäischen Judentums änderte sich, vor allem mussten die Juden die zahlreichen, am Mittelmeer gelegenen Stadtgemeinden verlassen, zu deren Blüte sie beigetragen hatten.
In dieser Epoche wuchsen die bedeutenden Judengemeinden in Polen und Russland heran. Dort waren die Juden zunächst willkommen, weil sie den osteuropäischen Staaten Hilfe bei ihrer wirtschaftlichen und kulturellen Modernisierung zu leisten vermochten.
Als auch dort im 18. Jahrhundert Verfolgungen und Pogrome um sich griffen, wanderten viele Juden wieder nach Westen und fanden auch in Deutschland und Österreich, in einer sich durch die Aufklärung verändernden Gesellschaft, eine neue Heimat (siehe Mat. S. 196–199).

fügten Gesellschaften des Mittelalters noch ohne tiefgreifenden Einfluss, wurde nun zu jenem allgemeinen Anreiz sozialer Veränderungen, als welches es uns in der Gegenwart vertraut ist. Vieles war jetzt für Geld zu haben – nicht nur die mobilen Güter der Kaufleute, sondern auch die „immobilen" Besitzstände, Titel und Ehren eines adligen Guts.

Eine besondere Stellung nahmen innerhalb der alteuropäischen Ständegesellschaft zwei soziale Gruppen ein, die dem Bürgertum entstammten, aber wegen ihrer beruflichen Tätigkeiten nicht in diesem aufgingen: die Beamten und die Gebildeten. Beide Gruppen zeichneten sich durch ihre berufliche Mobilität und durch den hohen Stand ihrer Bildung aus, beide durchliefen im 17. und 18. Jahrhundert aber ein sehr unterschiedliches soziales Schicksal. Das europäische Beamtentum entwickelte sich zumindest in allen monarchischen Staaten, die im Zuge der Bürokratisierung immer mehr auf die Hilfe von „Staatsdienern" angewiesen waren (siehe S. 122 f.), zu einem eigenen Stand. Er wurde von den Monarchen mit Privilegien ausgestattet und in großen Ländern wie Frankreich oder Russland führten aus dieser Position viele Wege in den persönlichen oder erblichen Adel. Die Gebildeten hingegen – Schriftsteller, Dichter, Journalisten, Projektemacher – blieben außerhalb der ständischen Ordnung, weil ihre Berufe in dieser keinen Platz hatten. Sie hatten es daher schwer von ihrem Beruf zu leben und mussten nicht selten ihr Auskommen in anderen Berufen suchen. Ein bedeutender Dichter wie z. B. Gotthold Ephraim Lessing war hauptberuflich zunächst Sekretär, dann Theaterunternehmer, schließlich herzoglicher Bibliothekar in Braunschweig-Wolfenbüttel. Und wer nicht das Glück hatte wenigstens eine solche Anstellung zu finden musste sich oft mit ungeliebten Beschäftigungen, z. B. als Hauslehrer für junge adlige Herren, zufriedengeben.

Durch wachsende soziale Mobilität kam im späteren 18. Jahrhundert eine Bewegung in die ständische Gesellschaft Alteuropas, die ihre Prinzipien – Standschaft durch Geburt, ständische Exklusivität und Vorrechte – allmählich aushöhlte und den Weg hin zur modernen, „bürgerlichen" Gesellschaft bereitete. In Frankreich bedurfte es nur einiger heftiger politischer Anstöße um das ganze Gebäude der alten ständischen Ordnung zu Beginn der Französischen Revolution zum Einsturz zu bringen. Während man früher den revolutionären Klassenkampf für diesen plötzlichen Zusammenbruch des französischen Ancien Régime verantwortlich machte, sehen die Historiker dies heute als Ergebnis sehr viel längerfristiger Entwicklungen: Während des gesamten 18. Jahrhunderts war die alte ständische Gesellschaft in Frankreich durch Prozesse der sozialen Mobilität von unten nach oben derart verändert und aufgelockert worden, dass die Ereignisse von 1789 politisch nur noch etwas nachholten, was in der sozialen Realität schon seit längerem eingetreten war – die Verwandlung der geburtsständischen Ordnung in eine moderne, berufsständisch geprägte, die zwar nicht ohne das Prinzip der sozialen Ungleichheit auskam, diese aber nicht mehr als naturgegeben hinnahm. Und es gibt Historiker, die behaupten, dass dieser Prozess in Frankreich ohne die Revolution sehr viel konsequenter und schneller verlaufen wäre. Denn durch die massive Polarisierung der Meinungen, Personen und Gruppen, welche die Revolution hervorbrachte, sahen sich weit mehr Menschen zur Verteidigung des Alten veranlasst, als es bei einem evolutionären sozialen Wandel der Fall gewesen wäre.

In anderen Ländern, etwa in England, vollzog sich dieser Wandel weniger abrupt und über Jahrzehnte in einem langen Reformprozess. In Deutschland, einem sehr komplizierten politischen Gebilde, sah es von Staat zu Staat verschieden aus. Am wirkungsvollsten erwies sich hier der „preußische Weg" nach der Niederlage Preußens gegen Napoleon 1806. Unter der Führung einiger aufgeklärter, zumeist dem Adel entstammender Staatsmänner und Verwaltungsbeamter wurde die ständische Gesellschaft im Zuge einer Reihe von Reformen von oben („Preußische Reformen") schrittweise verändert oder doch zumindest auf Veränderungen vorbereitet.

Dem Ziel nach verlief dieser Wandlungsprozess in den meisten europäischen Ländern in die gleiche Richtung. An die Stelle der Freiheiten im Sinne von Vorrechten, Privilegien, die in der alten Ordnung nur die wenigen Mitglieder der bevorrechtigten Stände genossen, trat nun die eine, universelle Freiheit, die prinzipiell für jeden galt und zur Grundlage der modernen, demokratischen Gesellschaft wurde.

Die überpersonale Rechtsordnung – ein Grundzug der europäischen Zivilisation

Für die europäische Zivilisation der Gegenwart ist die Vorstellung einer überpersönlichen, auf allgemeinen Normsetzungen beruhenden Rechtsordnung charakteristisch. Diese sorgt dafür, „dass die Beziehungen der Menschen untereinander derart geregelt werden, dass die Koexistenz unterschiedlicher Überzeugungen, die Konkurrenz unterschiedlicher Interessen und der Pluralismus unterschiedlicher politischer Willensbildung auf der Grundlage eines fundamentalen Konsenses möglich ist, in dessen Mittelpunkt die Menschenrechte stehen."[1] Dies besagt natürlich nicht, dass es in dieser Zivilisation überall und immer rechtens und gerecht zugeht; sehr wohl aber, dass jedem Menschen der Weg offen steht sein Recht zu suchen und Recht zu bekommen. Wo ihm dies versagt wird, wie z. B. in der Diktatur des Nationalsozialismus, stellt sich ein solches Regime außerhalb der Traditionen der europäischen Zivilisation. Und mit der Ausrichtung des ganzen sozialen Lebens auf eine Rechtsordnung gehen die Rechte auf Freiheit und Gleichheit einher. Obwohl beide keine wie selbstverständlich erworbenen Güter sind, stellen sie prinzipiell jedem Menschen zustehende Menschenrechte dar.

Die Verrechtlichung aller Lebensbezüge bis hin zur Durchsetzung einer verfassungsrechtlichen Sicherung der Menschenrechte ist ein langer historischer Prozess. Er begann im Mittelalter und fand im 18. Jahrhundert mit der Durchsetzung allgemeiner, überpersonaler Rechtsanschauungen aus der Tradition des Naturrechts* einen unmittelbar in die Moderne führenden Höhepunkt. Die Idee der Rechtskodifikation, d. h. der in Gesetzesblättern aufgezeichneten und jedermann zugänglichen Rechtsbestände, steht im Zentrum der großen Debatten des 18. Jahrhunderts, wie sie im Zeichen der Aufklärung in vielen europäischen Ländern geführt wurden. Zu diesen Rechtsbeständen gehören die Freiheit des Eigentums, die Freiheit der Person, die Gleichheit und die Gleichstellung von bis dahin diskriminierten, am Rande oder außerhalb der Rechtsordnung angesiedelten Bevölkerungsgruppen (Juden, Schwarze, Mulatten).

Früher haben Historiker geglaubt, dass der Prozess der Durchsetzung und Anerkennung dieser Entwicklung ganz wesentlich auf die Erfolge der frühneuzeitlichen Revolutionen in England, Amerika und Frankreich zurückging. In der Tat lässt sich nicht übersehen, welch eine wichtige Rolle etwa die Revolutionen in England im 17. Jahrhundert für die Durchsetzung bestimmter Menschenrechte (z. B. Habeas-Corpus-Akte) oder die Französische Revolution für die umfassende schriftliche Festlegung der Menschenrechte insgesamt spielten. Und doch betont die Forschung heute auch wieder den Gedanken der Kontinuität. Der Sieg der Menschenrechtsidee im frühneuzeitlichen Europa war auch ein Ergebnis der Tatsache, dass Recht, Rechtsbewusstsein und Verrechtlichung das Alltagsleben der europäischen Menschen schon seit langem bestimmten und durchdrangen. Schon die deutschen Bauern beispielsweise, die im Zeitalter der Reformation in Südwestdeutschland für die Bewahrung ihrer „guten, alten Rechte" gegen die sie bedrängenden Herrschaften (Grundherren, Kirche, Fürsten) kämpften, bereiteten diese Entwicklung zu einer Universalisierung des Rechtsgedankens vor.

Dasselbe gilt für ihre Nachkommen im 17. und 18. Jahrhundert, die für die Wahrung ihrer Rechte in der Regel nicht mehr zur Gewalt griffen, sondern den zwar äußerst langwierigen, aber nicht immer erfolglosen Prozessweg gegen ihre Herrschaft beschritten. Der französische Adlige, der im späten 18. Jahrhundert empört auf die dauernden Finanzreformen der Krone reagierte und dabei auf die „Heiligkeit" seines durch Steuerreformen bedrohten Eigentums verwies, tat dies mit einem ebenso berechtigten subjektiven Rechtsempfinden wie der deutsche Bauhandwerker, der seine Arbeit durch einen Bauherrn zu unrecht hart gerügt fühlte, sich dadurch in seiner Ehre gekränkt sah und die Wiederherstellung seiner Ehre als „sein Recht" ansah.

Nicht immer kündeten solche Rechtsanschauungen von dynamischem Geist, oftmals erwiesen sie sich als Bremsklötze in einer Gesellschaft, die Veränderungen und Reformen benötigte und zu diesem Zweck auch einmal bestehendes Recht verändern oder gar abschaffen musste. Insofern ist bedeutsam, dass große Reformereignisse wie die Französische Revolution in ihren Anfängen auch als Prozess begriffen werden können, in dem das Recht mit sich selbst in Konflikt geriet – etwa, wenn ein Grundherr auf die Wahrung seiner Rechte gegenüber seinen Bauern bestand, diese gegen ihn jedoch das Recht auf Freiheit ihres Eigentums reklamierten.

Doch solche Konfliktlagen, die die Problematik dieser Entwicklung zu einem bestimmten Zeitpunkt beleuchten, zeigen zugleich die überragende Bedeutung des Rechtsgedankens für die europäischen Gesellschaften. Über allem stand die Vorstellung, dass der Mensch nicht Herr des Rechts ist, sondern dass es ein allgemeines, über dem Menschen stehendes Recht gibt, das er nicht anzutasten vermag. Solange Kirchen und Theologie noch stark bestimmend in das allgemeine Leben hineinwirkten, kam vor allem dem älteren Gottes- und Naturrecht, wie es sich in den zehn Geboten ausdrückt, diese normative Funktion zu. In den Schriften und Debatten des 17. und 18. Jahrhunderts brach sich dann ein nicht-biblisch verstandenes, allgemeines Naturrecht immer stärker Bahn. Niemand konnte diese Schranke für die Willkür menschlichen Handelns durchbrechen, auch absolute Monarchen standen nach Auffassung der frühneuzeitlichen Staatslehre unter dem Gottes- und Naturrecht (siehe S. 121).

Das tägliche Leben

Nirgendwo zeigten sich die Vielfalt und die reichhaltigen sozialen Abstufungen innerhalb der alteuropäischen Gesellschaften besser als im täglichen Leben. Wie dieses gestaltet wurde, welche materiellen Möglichkeiten der Einzelne besaß um „sein Leben zu genießen", über wieviel Freizeit er

dazu verfügte: All das hing in starkem Maße von der Position ab, in die er hineingeboren wurde. Die gegenwärtigen Gesellschaften Mittel- und Westeuropas sind Massengesellschaften, in denen tendenziell alle Menschen dieselben Alltagsbedürfnisse haben und auch dasselbe Angebot zu ihrer Befriedigung erhalten. Zwar versuchen die besonders wohlhabenden Mitglieder dieser Gesellschaften immer wieder dieser Tendenz zur wachsenden Gleichheit zu entkommen durch die gesteigerte und oft sehr künstliche (und teure) Exklusivität ihrer alltäglichen Lebens- und Freizeitgestaltung. Doch immer wieder laufen sie dabei Gefahr von der übrigen Gesellschaft „eingeholt" zu werden. Einen Beleg dafür bieten bestimmte Sportarten, die ursprünglich als Zeichen einer exklusiven Lebensweise galten. Inzwischen ist das ehemals aristokratische Tennisspiel ebenso „demokratisiert" worden wie Golfspielen, Reiten und Jagen.
In dieser Hinsicht sah es am Beginn der Moderne noch ganz anders aus. Für die Mehrzahl der Menschen gab es keine Unterscheidung zwischen Arbeit und Freizeit. Der Alltag war ganz und gar ausgefüllt mit der Sicherung des Lebensunterhalts; Muße und Freizeit standen nur in dem Maße zur Verfügung, in dem der tägliche und saisonale Ablauf des Berufslebens dies anbot. Freizeit, Feste, Feiern waren keine Werte an sich, auf die hin gelebt und geschafft wurde, sondern sie waren Bestandteil des Alltagslebens und standen in unmittelbarer Beziehung zu diesem.

Nahrung, Kleidung, Wohnung

Für die meisten Menschen war das Alltagsleben angefüllt mit dem Kampf um Nahrung, Kleidung und Wohnung. Wer wenig Besitz hatte oder wenig Geld verdiente, verbrauchte alle Mittel und viel Energie zur Befriedigung dieser Grundbedürfnisse. Von den engen Haushaltsbudgets der Menschen in Lyon im 16. Jahrhundert war an anderer Stelle schon die Rede (siehe S. 171). Blickt man in ein anderes Land und eine andere Zeit – Deutschland im ersten Drittel des 19. Jahrhunderts – so lassen sich Beispiele finden, die zeigen, dass sich nicht viel geändert hatte (siehe S. 291, Mat. 12 a). Ein Schuhmacher oder ein Schneider, so ist für Hessen um 1840 errechnet worden, verdiente etwa 100 Reichstaler im Jahr, sechs- bis siebenmal weniger als etwa ein Amtsrichter. Ein gutes Drittel musste er für Wohnung, Heizung, Licht, Kleidung und Wäsche ausgeben. Nur wenig mehr als fünfeinhalb Silbergroschen blieben ihm täglich für die Ernährung seiner Familie und das reichte nach den damaligen Preisen für den Kauf von etwa dreieinhalb Kilo Roggenbrot oder einem knappen Kilo Fleisch.
Nahrung. Weit mehr noch als in der Gegenwart waren die Menschen in Alteuropa hinsichtlich ihres Lebensstandards vom Verlauf der Konjunkturen, d. h. dem Spiel von Angebot und Nachfrage, abhängig. Das galt am stärksten für jenes Gut, auf das die Menschen am allerwenigsten verzichten konnten: das Brotgetreide. Es wurde stets mit gleichbleibender Stärke nachgefragt und schwankte daher je nach Ausfall der Ernte stark im Preis. Es war nicht leicht für die Menschen ohne großes Einkommen, ihr Leben und ihre Bedürfnisse diesem Rhythmus anzupassen. Zudem gab es Zeiten eines langfristigen Preisanstiegs für die Grundnahrungsmittel, so vor allem im 16. und im 18. Jahrhundert, als die europäischen Bevölkerungen gleichfalls stetig wuchsen. Wenn die Arbeitslöhne mit dem Anstieg der Preise nicht mithielten, wurde die Lage für viele Menschen prekär. Dramatisch aber wurde sie, wenn zusätzlich heftige Teuerungskrisen auftraten, so in der zweiten Hälfte des 16., im späten 17. und im gesamten 18. Jahrhundert (siehe Grafik S. 161). Vielerorts entwickelten sich daraus Hungerkrisen.
Über den ganzen Zeitraum, vom frühen 16. bis zum späten 18. Jahrhundert, veränderten sich die Nahrungsbedingungen der Mehrheit der Bevölkerung spürbar. Man kann diese Veränderung auch Verschlechterung nennen, wenn man etwa auf den „Fleischstandard" der europäischen Bevölkerungen am Ende des Mittelalters blickt. War Fleisch noch zu Beginn des 16. Jahrhunderts ein verhältnismäßig weit verbreitetes Nahrungsgut, das auch im Haushalt der weniger wohlhabenden Bevölkerungsschichten zu finden war, so gehörte es im 18. Jahrhundert nicht mehr zum Speiseplan der breiten Bevölkerung. Doch man darf nicht allein auf das Fleisch blicken. Man darf auch die katastrophalen Hungerkrisen einzelner Orte und Landschaften, die gerade im späteren 18. Jahrhundert vermehrt auftraten, nicht für das Ganze nehmen. Ganz Europa, vor allem aber sein „glücklicher" Westen und Nordwesten, veränderte im Verlauf des 18. Jahrhunderts seine Nahrungsgrundlagen, indem es sie vervielfältigte. Dies galt, wie immer, zunächst für jene Bevölkerungsschichten, die sich neben den Grundnahrungsmitteln raffinierte Genüsse wie etwa Kaffee, Tee und kostbare Gewürze erlauben konnten: die Reichen und die Wohlhabenden. Doch die europäische Nahrungsgeschichte ist dadurch gekennzeichnet, dass solche Fortschritte niemals „oben" Halt machten, sondern sich von dort allmählich durch alle Bevölkerungsschichten verbreiteten.
Aber auch die Massennahrung wurde vielfältiger und beschränkte sich nicht mehr allein auf das den Preisschwankungen stark unterworfene Brotgetreide. Drei neue Nahrungspflanzen eroberten im Verlauf des 17. und 18. Jahrhunderts große Gebiete Europas: der Reis die Gegend um Valencia und die Po-Ebene, der Mais Südwestfrankreich und die Kartoffel England und große Teile Nord-, Mittel- und

Die Kartoffel – die Karriere einer Knolle

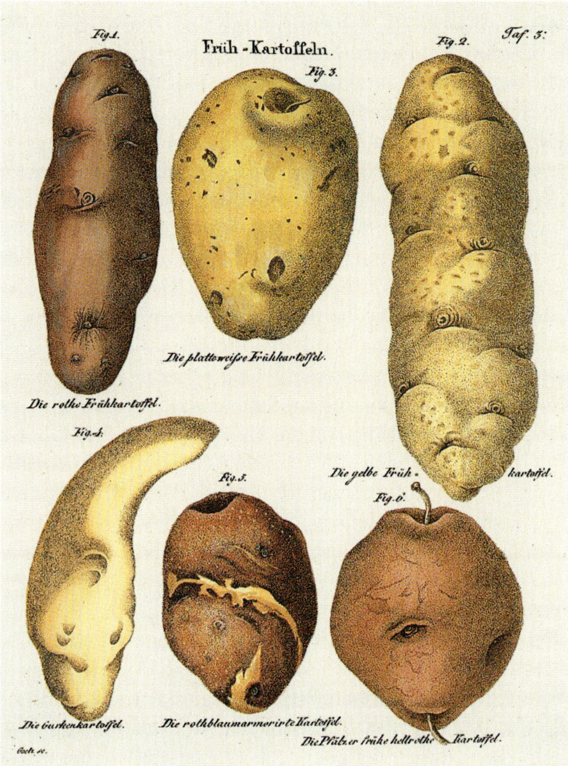

Verschiedene Sorten Frühkartoffeln aus „Versuch einer Monographie der Kartoffeln ...“ von Carl Wilhelm Ernst Putsche, Weimar 1819

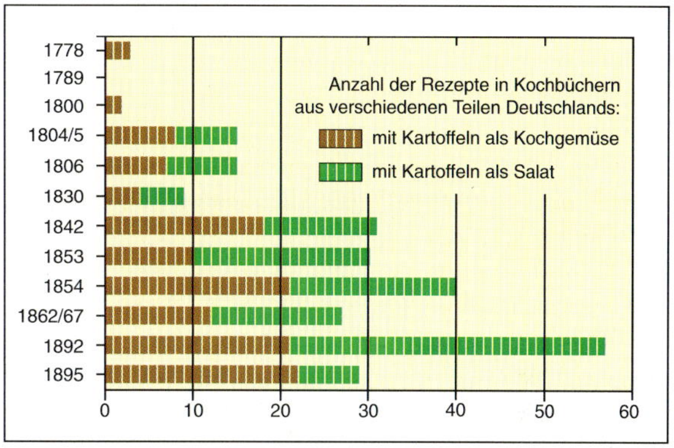

Eingliederung der Kartoffeln in Koch- und Salatzubereitungen 1778–1895

Die Kartoffel, im 16. Jahrhundert von Südamerika nach Europa gekommen und zunächst nur als Delikatesse an Adels- und Königshöfen verspeist, wurde seit der Mitte des 18. Jahrhunderts, in Irland schon früher, in größerem Umfang angebaut. Sie galt zunächst als Notnahrung, als Armeleutekost und als Schweinefutter. Während der Zeit der Napoleonischen Kriege stieß sie auf breitere Akzeptanz auch im gehobenen Bauerntum und in den Städten. Schnell zeigte sich, dass sie in Zeiten der Teuerungen des Brotgetreides ein Glücksfall für die europäische Bevölkerung war. Denn die Kartoffel verlangte weniger vom Boden als jedes Getreide und sie lieferte dennoch mehr Kalorien. Man weiß nicht recht, wie unsere Vorfahren ohne sie die schwierige Ernährungslage im Zeichen von Teuerungen und Bevölkerungswachstum am Ende des 18. und in der ersten Hälfte des 19. Jahrhunderts hätten überwinden sollen. Kartoffelmissernten bedeuteten für viele Menschen eine Katastrophe. Die sogenannte „Kartoffelseuche“ von 1845/46 in Europa löste eine beispiellose Hungerkrise aus, am schwersten in Irland, wo die Bevölkerungszahl innerhalb von fünf Jahren um 20 Prozent sank. Insofern haben die Ernährungshistoriker Recht, wenn sie die Einführung der Basiskost Kartoffel in Europa als epochales Ereignis der modernen Ernährungsgeschichte betrachten.

Ostmitteleuropas. Von allen dreien verlief die Karriere der Kartoffel am spektakulärsten.

Wohnung. Was Wohnung und Kleidung angeht, so gab es naturgemäß weniger heftige konjunkturelle Schwankungen, dafür aber noch stärkere soziale Differenzierungen als bei der Nahrung. Die großartigen Wohnverhältnisse des hohen französischen Adels lassen sich bei einer Reise durch Frankreich noch heute gut nacherleben; seine aufwendigen Stadtpalais und Schlösser außerhalb von Paris, Bordeaux, Lyon und anderswo spiegeln die Lebensweise eines Oberstandes, der im 18. Jahrhundert seine ursprüngliche Existenzgrundlage – das Land und das Heer – schon längst verlassen hatte und zu einer von Renten, Abgaben und Pachteinkünften lebenden sozialen Gruppe geworden war. Wenig wissen wir dagegen heute noch vom Wohnen der ganz kleinen Leute in Stadt und Land, die kein eigenes Haus besaßen und mit acht bis zehn Personen auf engstem Raum in einer Kammer, auf dem Speicher oder gar im Backhaus eines Bauernhofs zur Miete wohnten. Da es das Modell des privaten, „gemütlichen“ bürgerlichen Wohnens noch nicht gab und sich viel vom Alltagsleben außerhalb der Wohnung vollzog, mögen sie ihre Lage noch nicht einmal als besonders schlimm empfunden haben. Doch von den hygienischen Bedingungen, der Klimatisierung und der Heizung her gesehen, waren diese Unterkünfte oft eine Katastrophe und trugen sehr zu den vormodernen Sterblichkeitswellen bei. Selbst die Häuser der Handwerker, Patrizier und größeren Bauern, an sich geräumig und damit für eine allmähliche Ausbildung moderner Wohnungsstandards geeignet, waren in dieser Hinsicht wenig entwickelt.

Das 18. Jahrhundert ist im Hinblick auf den Wohnhausbau mehr Abschluss als Neubeginn einer sehr langen Entwicklung; sie dauerte mehr als 2000 Jahre und sah das Steinhaus aus dem Mittelmeerraum in stetigem Vormarsch gegenüber dem Holzhaus im übrigen Europa. Doch selbst um 1800 hatte das Steinhaus in Skandinavien, im Baltikum, in Polen und Russland nur die Stadt erobert, nicht jedoch das platte Land. In der Erschließung des nordamerikanischen Kontinents hat das traditionelle Holzhaus, von Skandinavien übernommen, bis heute gegen die schwerere Bauweise standgehalten.

Allen Berichten aus der frühen Neuzeit über Wohnen und Wohnungen lässt sich entnehmen, dass die uns vertraute Behaglichkeit fehlte. Das Wohnen hatte einen stark arbeits- und berufsbezogenen Charakter, und dies für alle sozialen Schichten. Eine eigene Sphäre des zweckfreien Wohnens gab es noch nicht, sie bildete sich erst im Verlauf des 19. Jahrhunderts mit der Ausgliederung der Arbeit aus dem Haus bzw. der Wohnung aus. Und dies galt für alle sozialen Schichten: Die primäre Funktion des Bauernhauses war die der landwirtschaftlichen Produktion, nicht die des Wohnens, auch wenn im 18. Jahrhundert bei den wohlhabenderen Bauern z. B. in Norddeutschland schon deutliche Tendenzen zu einer Trennung von Arbeit und Wohnen sichtbar werden (Trennung von Mensch und Vieh, Ausgrenzung von besonderen Wohnbereichen innerhalb des Hauses). Das städtische Haus enthielt in der Regel die Büros des Kaufherrn oder die Werkstatt des Handwerkers. Auch hier wurden die Belange des Wohnens deutlich denen des Berufs untergeordnet. Zwar war das Wohnen hier geräumiger und bequemer, weil das Vermögen des Hausherrn dies zuließ. Aber bürgerliche Privatheit oder gar Gemütlichkeit war bis in das frühe 19. Jahrhundert hinein nicht das Ziel. Selbst die luxuriösen Stadtpalais oder Landsitze des Adels waren keine bequemen Unterkünfte. Der Adlige lebte ein repräsentatives, öffentliches Leben, er zog viel Öffentlichkeit in sein Haus und brachte hier ganz selbstverständlich auch seine gesamte Dienerschaft unter. Jeder konnte zu jeder Zeit alles beobachten, niemandem war es vergönnt sich in einen eigenen Bereich zurückzuziehen.

Kleidung. In der Kleidung setzte sich im 18. Jahrhundert fort, was sich lange zuvor ausgebildet hatte: Europa lebte „auf zwei Etagen“ – der unteren, populären, mit ihrer schweren, traditionellen, sich nur wenig wandelnden Alltagskleidung, und der oberen, leichteren, reicheren, die sich immer wieder wandelte, weil sie schon seit Jahrhunderten der Mode unterlag. Der große französische Zivilisationshistoriker Fernand Braudel hat in diesem Zusammenhang von den „zwei sozialen Rhythmen der Kleidung gesprochen“. Doch man darf die Zeichen des Wandels nicht übersehen, die sich im späteren 18. Jahrhundert zeigten: Auf der „oberen Etage“ wird die Mode immer kurzlebiger, hektischer, und in den großen Städten Westeuropas erfasste sie zunehmend die „untere Etage“. Die breiteren Bevölkerungsschichten zumindest von London und Paris folgten in dieser Zeit schon kurzlebigen Modeeindrücken. Und es setzte eine generelle Entwicklung in Richtung auf feinere und leichtere Kleidung ein; sie gab dem Körper mehr Luft und mehr Freiheit. Und mit dem allmählich alle sozialen Schichten erfassenden Tragen von Unterwäsche, für das seit dem 16. Jahrhundert hygienebewusste Menschen kämpften, gewannen auch gesundheitliche Überlegungen immer mehr an Bedeutung.

Volksfrömmigkeit

Um die Mitte des 18. Jahrhunderts herrschten in Europa noch weithin die Formen der Frömmigkeit und des Glaubens der vorangehenden Jahrhunderte. Dies galt vor allem für jene Länder und Regionen, die nach der Reformation katholisch geblieben oder im Zeitalter der Konfessionalisierung wieder katholisch geworden waren. Überall lebte hier das Magische fort, das man als das bestimmende Merkmal der katholischen Volksfrömmigkeit erkannt hat. Ihre Ursprünge lagen in der Regel weit vor der Christianisierung und sie konnte nicht immer als spezifisch christlich im Sinne der katholischen Theologie gelten. Gott war überall, er griff persönlich in das weltliche Geschehen ein, er machte den Regen, das Gewitter, den Sonnenschein, er belohnte durch gute Ernten, strafte durch Hungersnot, Pest und Kriege. Dieser Glaube an die Kraft des Magischen war dafür verantwortlich, dass die Astrologie und verwandte Formen der Zukunftsvorhersage große Erfolge hatten. Nicht nur das „einfache“ Volk war davon gefangen, auch Gelehrte, Gebildete, Staatsmänner, die sich gern „geheimen“ Wissenschaften wie der Alchimie widmeten oder sich – wie der Feldherr des Dreißigjährigen Kriegs, Wallenstein – in ihrem Handeln von Sterndeutern leiten ließen.

Auch der Glaube an Wunder und Erscheinungen hing mit dieser Kraft des Magischen zusammen. Wunder waren sichtbare Zeichen der göttlichen Gegenwärtigkeit: geweihte

Johann Conrad Seekatz (1719–1768), Bänkelsängerin auf dem Lande, undatiert, Öl auf Leinwand, 78 x 128 cm, Dortmund, Schloss Kappenberg, Museum für Kunst und Kulturgeschichte

Hostien, die beim Brand einer Kirche unversehrt blieben; Statuen der heiligen Jungfrau, in deren Augen sich Tränen zeigten; wundersame Heilungen von Kranken und Todgeweihten; die wiedergewonnene Sehkraft eines Blinden; dazu die Kometen und zahlreiche andere Himmelserscheinungen. Und neben Gott war sein Widersacher, der Satan, immer präsent: Er war der Verführer von Mensch und Tier, er erschien selbst in menschlicher und tierischer Gestalt, er hatte, wie Gott, seine eigenen Tiere – die Katze, das schwarze Huhn –, seine eigene Gemeinde und seine eigenen Räume – den Wald, das Gebirge. Von seinem Sieg oder seiner Niederlage hing das Volkswohl ab, dessen nicht selten jammervolle Gegenwart nur durch die Aussicht auf das ewige Glück erträglich wurde.

Den Protestanten war die katholische Anfälligkeit für das Magische, für den breiten Einfluss übernatürlicher Wesenheiten auf den Gang des täglichen Lebens entschieden suspekt. Ihre Welt war weniger vom „Zauber" beeinflusst als die ihrer katholischen Landsleute. Der deutsche Soziologe Max Weber hat nicht zuletzt im Hinblick auf die Geschichte des Protestantismus die „Entzauberung der Welt" als ein wesentliches Kennzeichen Westeuropas auf dem Weg in die Moderne herausgestellt. Doch das heißt nicht, dass die protestantische Volksfrömmigkeit in der Mitte des 18. Jahrhunderts schon „modern", „rational" und frei war von Ängsten vor dem direkten, persönlichen Eingreifen Gottes in der Welt. Im Gegenteil: Die protestantische traditionelle Volksfrömmigkeit orientierte sich nur weniger an äußerlichen Zeichen der Magie, umso mehr dagegen an innerlichen Hoffnungen und Ängsten. Bezeichnend dafür sind alle unter den Protestanten im 18. Jahrhundert noch verbreiteten Vorstellungen, die etwas mit dem Ausbruch eines „Tausendjährigen Reichs" auf Erden zu tun hatten. Christus, so glaubte man, würde dieses Reich errichten und damit dem drohenden Ende der Welt zuvorkommen.

Kam in einer solchen Idee eine sehr persönliche Beziehung zu Gott und seinem Sohn zum Ausdruck, so war dies überhaupt – auch noch im 18. Jahrhundert – das wesentliche Merkmal der protestantischen Volksfrömmigkeit: Sie war direkt auf Gott und Teufel bezogen und verwirklichte sich in den unmittelbaren Bezügen der Kirchengemeinde in Stadt und Dorf. Sie rechnete mit dem konkreten Dasein Gottes, dem Fluch der Sünde, der Existenz des Teufels und dem ewigen Leben. Sie erwies sich damit, ebenso wie das magische Theater der Katholiken, als fester Teil der Welt, der sie angehörte: der Welt vor der Aufklärung.

Arbeit und Muße

In einer weithin von Frömmigkeit geprägten Welt hatten Freizeit, Spiele und Feste eine andere Bedeutung als heute.

„Freizeit" im modernen Sinn ist erst entstanden, als ihr Gegenstück, die Arbeit, so organisiert wurde, dass die Einrichtung einer besonderen, arbeitsfreien Zeit – eben freie Zeit – nötig wurde. Dies war erst seit der Industrialisierung und nach der konsequenten Trennung von Wohnung und Arbeitsplatz der Fall. Vorher gab es diese Trennung für die meisten Menschen nicht. Ein Bauer kennt noch heute in diesem Sinne keine „Freizeit", seine Arbeit ist über den ganzen Tag und nach festen, uralten Regeln über das ganze Jahr verteilt. Überall dort, wo im 18. Jahrhundert „Haus" und Berufsausübung noch zusammenfielen, gab es keine Freizeit, keinen „Urlaub", wohl aber Muße, Stunden der Untätigkeit, die der Geselligkeit gewidmet waren.

Auch das Zeitempfinden der Menschen in solchen Berufen war anders als das unsrige. Da die Verrichtung der Arbeiten in der Landwirtschaft nicht von der Uhr, sondern vom – ohne Uhr zu erkennenden – Tages- und Jahresablauf abhing, war ein allzu rechenhafter Umgang mit der Zeit nicht notwendig.

Die europäische Welt des späten 18. Jahrhunderts war noch überwiegend eine landwirtschaftlich bestimmte. Daher prägte der Tages- und Jahresablauf das Denken und Handeln vieler Menschen, ob sie nun selbst Bauern waren, ob Landarbeiter oder Tagelöhner. Auch im städtischen und ländlichen Handwerk und in den Häusern vieler kleiner Leute, in denen man einem landwirtschaftlichen und zugleich einem handwerklichen Erwerb nachging, galt dies. Man hatte keine streng abgemessene Freizeit, wohl aber viel Muße, vor allem im Winter, aber auch in jenen harten Zeiten, als nicht genug Arbeit da war.

Muße, das bedeutete Unterbrechung der Arbeit, Erholung, Warten und Vorbereitung auf neue Arbeit. Nichts war dafür kennzeichnender als der Abschluss des Tageslaufs, der Feierabend. Auch er war keine Freizeit in unserem Sinn, denn er begann erst sehr spät, nicht schon um 16 Uhr oder noch früher. Am Feierabend und auch an den Feiertagen war die Muße dem Gespräch, dem Kirchgang, dem Gang in den Krug, aber auch den zahlreichen Formen dörflicher Geselligkeit gewidmet, die von einer besonderen Wissenschaft – der Volkskunde – erforscht werden.

Ein Beispiel, in dem sich diese alteuropäischen Formen der „Freizeitgestaltung" besonders anschaulich fassen lassen, sind die sogenannten Spinnstuben. Diese waren eine feste Einrichtung für die junge, unverheiratete Bevölkerung eines Dorfes, die zwar schon viel arbeiten musste, aber, da sie noch keine eigene Stelle besaß, auch noch nicht alle Lasten der verantwortlichen Arbeit mit den Erwachsenen teilte. In den Spinnstuben, zumeist in den Wintermonaten abends, lernten die jungen Mädchen diese Arbeit kennen, hier pflegten sie zugleich eine alterstypische Geselligkeit. Sie kamen zusammen um zu spinnen, zu nähen, zu stricken, zu klöppeln oder Federn zu spleißen. Daneben unterhielt man sich, plante gemeinsame Veranstaltungen, bereitete Feste vor, heckte wohl auch Streiche aus, näherte sich, sofern gemeinsame Spinnstuben nicht verboten waren, dem anderen Geschlecht, las oder sang sich vor. Auch dies war keine „Freizeit" in unserem Sinne, wohl aber eine besonders charakteristische Verbindung von Arbeit und Muße, die in der Gegenwart in gemeinsamen Strickabenden, beim gemeinsamen Backen usw. wieder auflebt.

Auch in diesen Bereichen der alteuropäischen Zivilisation waren die Unterschiede zwischen den sozialen Schichten groß. Natürlich verfügte der begüterte Adel oder das reiche Bürgertum über sehr viel freie Zeit. Sofern diese Schichten von ihren Renten lebten und damit „arbeitslose" Einkommen hatten – und es gab in allen europäischen Ländern am Ende des 18. Jahrhunderts innerhalb dieser Gruppe sehr viele davon –, war ihr ganzes Leben in gewisser Weise „Freizeit". Und sie verbrachten diese auf höchst unterschiedliche Weise. Für den europäischen Adel war die Jagd das weitaus beliebteste Freizeitvergnügen. Ihr zur Seite standen die höfischen Feste, das höfische Theater, sportliche Veranstaltungen wie das französische *Jeu de Paume,* ein Vorläufer des Tennisspiels. Auch die Ausgestaltung der aufwendigen Wohnsitze auf dem Lande und in der Stadt, die Anlage und modischen Veränderungen von Landschaftsgärten und Parks (siehe Mat. S. 200–203) spielten eine große Rolle. Hier wurde Freizeit schon wieder zur Arbeit, einer freilich nicht dem Lebensunterhalt, sondern der umfassenden Selbstverwirklichung dienenden Arbeit. Von ihr kann der moderne Mensch mit Durchschnittseinkommen nur träumen. In Goethes Roman „Die Wahlverwandtschaften" haben Eduard – „so nennen wir einen reichen Baron im besten Mannesalter" – und seine Frau Charlotte anfangs nichts anderes zu tun als sich der liebevollen Neugestaltung ihres Anwesens, besonders ihres Landschaftsgartens, zu widmen.

Viele reiche Bürger lebten im 18. Jahrhundert wie Adlige, besonders in Frankreich, wo die Verschmelzung von Adel und Bürgertum in der Umgebung der großen Städte weit fortgeschritten war. Andererseits finden wir viele Adlige in jenen Institutionen, die das besondere Kennzeichen der bürgerlichen Geselligkeit waren: in Lesegesellschaften, Lesekabinetten, in städtischen Theatern und Opern, in Lotterie- und Kaffeehäusern, in Logen und Zirkeln, kurz: überall dort, wo Gedankenaustausch, Kommunikation, Klatsch und gesellschaftliche Betriebsamkeit eine mehr oder minder sinnvolle Nutzung der vielen freien Zeit ermöglichten.

Gerade in der Stadt freilich brachen sich im 18. Jahrhundert neue Vorstellungen Bahn. Nicht jeder Bürger war reich, nicht jeder konnte sich eine adlige Lebensweise leisten, für viele war harte Arbeit unabdingbare Voraussetzung ihrer Existenz. Und im Gegensatz zum Bauerntum und zum traditionellen Handwerk vollzog sich diese Arbeit nicht mehr im vertrauten Rahmen des Ganzen Hauses*. Die Trennung von Arbeitswelt und Privatsphäre war für Kaufleute, Beamte, Manufakturarbeiter, Dienstleistende schon weit fortgeschritten. Und da gerade diese Trennung die Zeit für das private Leben und die kostbaren privaten Kontakte reduzierte, wurde Freizeit hier ein besonders geschätzter Wert.

1. *Beschreiben Sie die frühneuzeitliche Ständegesellschaft. Was unterscheidet sie von der mittelalterlichen Ständegesellschaft (siehe Darstellung S. 70–73), was von der bürgerlichen Gesellschaft nach 1800 (siehe Essay S. 258–261)?*
2. *Erläutern Sie die Bedeutung des Rechts in den europäischen Gesellschaften.*
3. *Wodurch unterschied sich das tägliche Leben vor 1800 von dem in der Gegenwart? Welche strukturellen Ähnlichkeiten sehen Sie?*

Wandlungen der europäischen Zivilisation im 17. und 18. Jahrhundert

Die Bewältigung von Zeit und Raum

Wandlungen des Zeitverständnisses

Spätestens im 18. Jahrhundert lernte man mit der Zeit sorgsam umzugehen. Sie wurde nun gemessen. Die Uhr gewann für die Menschen im gleichen Umfang an Bedeutung, wie Sonnenaufgang und -untergang sie verloren. In einer für damalige Verhältnisse modernen Großstadt wie Hamburg wurden die Stadttore seit 1798 nicht mehr bei Sonnenuntergang, sondern zu einer bestimmten Uhrzeit geschlossen. Künstliche Straßenbeleuchtung wurde eingeführt und sie half nicht nur bei den Veranstaltungen bürgerlicher Geselligkeit in den Abend- und Nachtstunden. Sie trug auch dazu bei, dass viele bürgerliche Tätigkeiten abends oder bei Nacht ausgeübt werden konnten. Der Mensch lernte aus den natürlichen Zeitläuften herauszutreten und die Zeit seinen Bedürfnissen anzupassen.

Die Eroberung des Raums

Wandlungen des Zeitverständnisses kennzeichneten die Menschen des 18. Jahrhunderts, die sich als „modern“ empfanden. Solche Empfindungen hatten durchaus Entsprechungen in der Realität. Erst im späten 18. Jahrhundert setzte sich nämlich in voller sozialer Breite durch, was seit den Entdeckungen und Entwicklungen des Renaissancezeitalters (siehe S. 84 f.) die Modernität des Menschen ausmachte. Denn erst jetzt begannen Menschen in großer Zahl, den sie umgebenden Raum zu durchdringen, aus den engen räumlichen Verhältnissen des mittelalterlichen Lebens herauszutreten. Der Verkehr über Wasser und Land nahm zu, weil die Verkehrswege, nicht selten im Gefolge der großen Kriege, ausgebaut und sicherer gemacht wurden. Überhaupt erlebte das Verkehrssystem, zumindest in Westeuropa, im späteren 18. Jahrhundert eine kleine Revolution. Frankreich beispielsweise ragt heraus durch seine intensive Tätigkeit im Bereich des Brücken- und Chausseebaus, die von einem Historiker wie folgt beschrieben wird: „Die neuen Chausseestraßen wurden, wenn immer möglich, geradlinig geführt. Sie überquerten Flussläufe und Geländehindernisse über soliden Steinbrücken. Auf festem Unterbau angelegt war ihre Oberfläche leicht gewölbt, auf den Seiten wurden sie von Gräben und Baumbepflanzungen flankiert. Die Chausseen ließen auch bei Regen und im Winter den Fahrbetrieb zu, sie ermöglichten eine Steigerung der Geschwindigkeiten, gestatteten die Verwendung größerer Fahrzeuge und den Transport höherer Lasten, minderten das Risiko und erlaubten eine genauere Kalkulation der Kosten. Im Produktionsbetrieb kam es zur Aufstellung fester Fahrpläne, im Speditionsgewerbe zu einem geordneten Linienverkehr. Die moderne Chaussee führte aus all diesen Gründen eine spürbare Kostensenkung herbei, was höhere Frequenzen zur Folge hatte.“[2] Im Grunde beschreibt der Verfasser hier für das ausgehende 18. Jahrhundert eine Situation, die sich in Frankreich erst mit dem Bau der Autobahnen seit der Mitte des 20. Jahrhunderts änderte. Und wie in Frankreich sah es gewiss auch in England (siehe Karte S. 163) aus, während die Verkehrsverhältnisse in den Ländern des Deutschen Reichs wegen der zersplitterten politischen Verhältnisse nicht im gleichen Maße modernisiert werden konnten.

Die verbesserten Verhältnisse im Verkehrswesen kamen einem menschlichen Bedürfnis zugute, das bis dahin nur mit einigen Schwierigkeiten hatte befriedigt werden können: dem Reisen (siehe Grafik S. 162). Überall in Europa wurde

Julius Caesar Ibbetson (1759–1817), George Biggins Aufstieg in Lunardis Ballon, 1785, Öl auf Leinwand, 50,5 x 61 cm, München, Bayerische Staatsgemäldesammlung, Neue Pinakothek

es jetzt zur Mode, worüber wir aus vielen gedruckten Reiseberichten gut informiert sind. Klassische Tourismusländer wie die Schweiz wurden damals entdeckt. Und zumindest zu Beginn des 19. Jahrhunderts bot auch die Post in Mittel- und Westeuropa hinsichtlich des Streckennetzes und der Organisation ein Bild, das im Vergleich zu den Epochen davor als modern bezeichnet werden kann.

Bei der Eroberung des Raumes blieb man nicht auf der Erde. Am 5. Juni 1783 startete in Südfrankreich der erste unbemannte Luftballon, gebaut von den Brüdern Montgolfier, wenige Monate später, am 21. November, wagten sich unweit von Paris zwei Männer im Korb eines solchen Ballons in die Lüfte. Und nur elf Jahre später war es soweit, dass von Paris aus eine Telegrafenlinie nach Lille in Betrieb genommen wurde.

Wenn wir das Ausmaß der Wandlungen verstehen wollen, das in solchen Errungenschaften zum Ausdruck kommt, dürfen wir den Blick nicht nur in das 18. Jahrhundert richten. Schon zuvor waren die Voraussetzungen dafür geschaffen worden, dass viele Menschen jetzt von den alten Lebensformen Abschied nahmen, dass sie „modern“ wurden.

Wandlungen im Wissen und Denken

Alphabetisierung und wissenschaftliche Revolution im 17. Jahrhundert

Die Werke großer Philosophen und Wissenschaftler des 17. Jahrhunderts – des Italieners Galileo Galilei (1564–1642), des Franzosen René Descartes (1596–1650), des Engländers Isaac Newton (1643–1727), des Deutschen Gottfried Wilhelm Leibniz (1646–1716) – geben darüber Auskunft, wie sich das Denken der Menschen allmählich aus der bis dahin herrschenden Vormundschaft der Theologie löste. Vor allem seit der Renaissance (siehe S. 84 f.) machten sich die Menschen Schritt für Schritt frei für neue Kenntnisse, immer mehr Menschen nahmen an diesem Prozess teil. Dass sie es konnten, hängt mit einer Tatsache zusammen, die zu den fundamentalen geschichtlichen Vorgängen der europäischen frühen Neuzeit gehört: Nach der Erfindung des Buchdrucks und dem Ausbruch der Reformation lernten immer mehr Menschen lesen und schreiben.

Die Alphabetisierung, so nennen wir diesen Prozess, betraf

zunächst nur einen kleinen Teil der Bevölkerung. Wir dürfen annehmen, dass im 17. Jahrhundert in allen europäischen Ländern die städtischen und ländlichen Oberschichten den passiven und aktiven Umgang mit der Schrift dauerhaft erlernt hatten (siehe Grafik S. 163). Und das hatte Folgen: Auf dem Weg über die Lektüre erfassten die neuen Erkenntnisse der Philosophen eine große Zahl von Menschen und regten diese wiederum zu eigenem Nachdenken, eigenem Suchen und eigenem Fragen an. Lektüre gebar neue Schriften und neue Lektüre, neue Erkenntnisse brachten wiederum neue Erkenntnisse hervor, der Erfolg führte zu immer neuen Erfolgen. Auf diese Weise folgte der Alphabetisierung ein noch grundlegenderer Prozess: der der zunehmenden Kenntnisaneignung und -ausweitung. Von der Mitte des 17. bis zum Ende des 18. Jahrhunderts lässt er sich auf allen Ebenen des wissenschaftlichen Lebens verfolgen. In der Mathematik ist er ebenso zu beobachten wie in den Naturwissenschaften, in der Medizin ebenso wie in der Ingenieurkunst, in der Geographie ebenso wie in den Philologien.

Die Historiker, die sich mit der Geschichte der Wissenschaften beschäftigen, bezeichnen diesen Wandel im 17. Jahrhundert als „wissenschaftliche Revolution". Gemeint ist die vor allem auf Descartes aufbauende Erkenntnis, dass die Welt nicht – wie in der Antike und im Mittelalter im Zeichen der Philosophie des Aristoteles angenommen – begrenzt, sondern dass sie unbegrenzt, unendlich und dass sie mit Materie angefüllt ist. Sie zu erforschen war also nicht vergebliches, einem unverständlichen Gotteswerk nachspürendes, anmaßendes Tun des Menschen, sondern Nachvollzug der großen Taten Gottes. Und die Wissenschaftler begannen zu rechnen, zu messen, zu untersuchen, zu beobachten, zu experimentieren, zu sezieren, zu reisen, zu klassifizieren, zu konstruieren – je nachdem, für welchen Teil der Wirklichkeit sie sich interessierten. Im 17. und 18. Jahrhundert schuf sich die europäische Zivilisation ihr wissenschaftliches Fundament, ohne das die europäische Moderne nicht zu denken ist. Um nur einige Beispiele zu nennen: Die Differential-, Integral- und Infinitesimalrechnungen wurden unter wesentlicher Beteiligung des deutschen Philosophen Gottfried Wilhelm Leibniz entwickelt. Sein holländischer Förderer Christiaan Huygens, der Mathematiker, Physiker, Astronom und Uhrenbauer zugleich war, trieb den Bau von immer besseren Uhren, Mikroskopen und Fernrohren voran und trug auf diese Weise dazu bei, dass die Menschen seiner Zeit weiter in die Ferne und tiefer in das Detail zu blicken vermochten als je zuvor. Der englische Mathematiker, Physiker und Astronom Isaac Newton begründete die moderne Physik. In den nach ihm benannten „Axiomen" formulierte er die wesentlichen Gesetze, die das Verhältnis von Kräften und Körpern bestimmten (Trägheitsprinzip, Aktionsprinzip, Wechselwirkungsprinzip). Erst im 20. Jahrhundert, unter den völlig neuen Bedingungen der Quantenphysik und der Relativitätstheorie, wurden Newtons Erkenntnisse erweitert.

Der neue Geist der exakten Wissenschaftlichkeit blieb nicht auf spektakuläre Großtaten beschränkt. Er wehte überall und trieb die Menschen in einer bis dahin nicht erlebten Vielfältigkeit zu neuen Ufern der Erkenntnis – von der Welt der hohen Mathematik bis hin zu den handfesten technischen Errungenschaften des Straßen-, Festungs- und Bergwerkbaus (siehe S. 190, Mat. 6).

Neue Formen des Lesens und Lernens

Nicht nur die Frage, welche neuen Kenntnisse und Einsichten erworben wurden, war für die wissenschaftliche Revolution von Bedeutung; auch die Methoden ihrer Verbreitung und dauerhaften Aufbewahrung für die folgenden Generationen gehörten zu diesem Prozess. Nicht überall waren es die Universitäten, an denen der neue Geist wehte. In Frankreich z. B. versperrte sich ihm die Pariser Sorbonne, im Mittelalter die bedeutendste Universität Mitteleuropas, unter dem Einfluss der Kirche. Hier waren es Akademien und freie Vereinigungen von Gelehrten und Gebildeten, die für Diskussion und Verbreitung sorgten. Im deutschen Sprachraum dominierten protestantische Schöpfungen, so die 1694 gegründete Universität in Halle und die 1700 von Leibniz gegründete *Societät der Wissenschaften* in Berlin. In England wurde 1660 die *Royal Society of London for Improving Natural Knowledge* eingerichtet, deren etwas umständlicher Titel genau wiedergibt, worum es in der wissenschaftlichen Revolution ging: um die „Verbesserung" der Kenntnisse des Menschen über die Erscheinungen seiner Welt, über die er bisher so wenig erfahren hatte.

Zum wesentlichen Medium der Verbreitung von wissenschaftlichen Erkenntnissen entwickelte sich im Verlauf der wissenschaftlichen Revolution das gedruckte Buch. Seine Karriere als Multiplikator von Meinungen und Informationen, die sich in der Gegenwart zugunsten anderer Medien ihrem Ende zuneigt, begann im 17. Jahrhundert in den großen Verlags- und Druckhäusern Englands, der Niederlande, Deutschlands und der Schweiz. Auch die Geschichte der wissenschaftlichen Zeitschrift nahm ihren Anfang.

Doch das Buch begann in dieser Zeit weit mehr zu sein als nur Träger von wissenschaftlichen Informationen. Zwischen 1680 und 1780, so haben Historiker geschätzt, wuchs in Westeuropa der Buchbestand in öffentlichem und privatem Besitz um das Zehnfache. Hierfür waren nicht allein die Gelehrten verantwortlich. Auch die Produktion von Erbauungs- und Bildungsbüchern, Romanen und Erzählungen nahm in diesen 100 Jahren zu. Und nicht nur der wohlhabende Bürger, für den das Lesenkönnen schon seit langem selbstverständlich war, las darin, sondern in wachsendem Maße auch das mittlere Bürgertum und viele Landbewohner, die in dieser Zeit vom Prozess der Alphabetisierung erfasst wurden. Im späten 18. Jahrhundert gipfelte diese Lesebewegung in Deutschland in einer Phase regelrechter Lesewut (siehe Essay S. 204–207). Literaturhistoriker haben errechnet, dass es in Deutschland um 1765 etwa 2000 bis 3000 Schriftsteller gab; 1776 waren es bereits 4300, 1784 etwa 5200 und am Ende des 18. Jahrhunderts gar über 10000. Kein Wunder, dass der deutsche Philosoph Immanuel Kant 1798 fast klagend ausrief: „Die Leserey ist zum beynahe unentbehrlichen und allgemeinen Bedürfnis geworden."

Die europäische Aufklärungsbewegung im 18. Jahrhundert

Der Hinweis auf Kant lenkt den Blick auf eine Erscheinung, die der europäischen Zivilisation im 18. Jahrhundert wie keine andere das Gepräge gab: die Aufklärung. Diese Bildungsbewegung beruhte auf den Voraussetzungen, welche die wissenschaftliche Revolution des 17. Jahrhunderts geschaffen hatte und ging direkt aus dieser hervor. Viele Gelehrte des 17. Jahrhunderts können als unmittelbare Vorläufer der Aufklärung betrachtet werden, im Kern wollten die Aufklärer nichts anderes als jene: ihre Umwelt erkennen und entdecken und den Menschen dabei helfen diese neu gesehene und erfahrene Welt zu verstehen und sie für sich selbst nutzbar zu machen. Es war Kant, der 1783, in der Spätzeit der europäischen Aufklärung, eine berühmt gewordene Definition dieser Bewegung versuchte: „Aufklärung ist der Ausgang des Menschen aus seiner selbst verschuldeten Unmündigkeit. Unmündigkeit ist das Unvermögen sich seines Verstandes ohne die Leitung eines anderen zu bedienen. Selbstverschuldet ist diese Unmündigkeit, wenn die Ursache derselben nicht am Mangel des Verstandes, sondern der Entschließung und des Muthes liegt sich seiner ohne die Leitung eines anderen zu bedienen. Sapere aude! Habe Muth dich deines eigenen Verstandes zu bedienen! ist also der Wahlspruch der Aufklärung."

Aufklärerische Reformen. Diesem Programm entsprechend entfaltete sich die europäische Aufklärung vor allem als eine pädagogische Bewegung (siehe Mat. S. 192–195). Die Aufklärer – freie Schriftsteller, Philosophen, Pastoren, Lehrer, Professoren, Staatsmänner, Verwaltungsbeamte –, die auf der Basis der neuen Sicht der Welt ihr ganzes Vertrauen in ein vernunftgemäßes Handeln in dieser Welt setzten, glaubten an die Erziehbarkeit der Menschen im Sinne der Vernunft. Immer wieder wandten sie sich in ihren Schriften an die Menschen und verwiesen sie, wie Kant es getan hatte, auf das *Sapere aude*. Bücher, Zeitschriften, moralische Wochenschriften, Zeitungen, Schulprogrammschriften, selbst Kalender und andere alltägliche Gebrauchsschriften wurden zu Medien der Aufklärungsbewegung. Man traf sich in gelehrten Gesellschaften, Lesegesellschaften, sogenannten Patriotischen Vereinigungen und Kaffeehäusern, um über gemeinsame Interessen und Ziele zu sprechen. In den Kollegien einzelner Gymnasien und Universitäten, im späteren 18. Jahrhundert zunehmend auch in geheimen Gesellschaften, z. B. bei den Freimaurern, versicherten sich Aufklärer gegenseitig ihrer Gesinnung und ihres praktischen Tuns. Und wenn sie nicht in der Lage waren sich zu treffen, schrieben sie sich Briefe. Das 18. Jahrhundert wird nicht zuletzt durch die Schreibfreudigkeit der Aufklärer zu einem Jahrhundert der Briefkultur.

Was wollte die Aufklärung im Einzelnen? Nicht anders als die wissenschaftliche Revolution des 17. Jahrhunderts stellte sie die Basis der theologischen Weltsicht in Frage. Indem sie die menschliche Vernunft in ihre Rechte einsetzte, beschnitt sie einer nicht vernunftgemäß einsehbaren Verkündigung das Wirkungsfeld. Im weiteren Verlauf der Entwicklung hat die Aufklärung sich dann aber auch mit durchaus diesseitigen Fragen beschäftigt. Die politischen Verhältnisse, die Vernunftgemäßheit von Staaten und Regierungen, der Sinn von Reformen auf allen Gebieten des staatlich-politischen Lebens wurde ebenso zu ihrem zentralen Gegenstand wie die vernünftige Einrichtung aller Verhältnisse des täglichen Lebens. Hier zeigte sich erneut, dass die Aufklärung als breite Erziehungs- und Bildungsbewegung abschloss, was im 17. Jahrhundert im Werk einzelner Philosophen und Wissenschaftler begonnen worden war: den Menschen in die Lage zu versetzen Kenntnisse über seine Umwelt zu erlangen und sein Leben in ihr mit Hilfe dieser Kenntnisse gut einzurichten (siehe S. 188, Mat. 1 und 2).

Diese Zielrichtung der Aufklärung war vor allem in Deutschland von Bedeutung, besonders in seinem protestantischen Norden. Im Zeitraum zwischen 1760 und 1790 war hier das aufklärerische Schrifttum angefüllt mit zahllosen Reformvorschlägen, von denen viele auch tatsächlich in der Wirklichkeit erprobt wurden. Der relativ enge Kontakt, den die deutsche Aufklärung zum deutschen Fürstenstaat des 18. Jahrhunderts gewann, hat in der Bezeichnung „aufgeklärter Absolutismus" für das Preußen Friedrichs II., das Österreich Josephs II. und für viele kleinere deutsche Fürstentümer seinen Ausdruck gefunden. Reformen des Armen-, Gesundheits- und Medizinalwesens, Schulreformen, landwirtschaftliche Verbesserungen, Reformen des Straf- und Zivilrechts, Reform des Kirchenwesens und der kirchlichen seelsorgerischen Praxis – das waren typisch aufklärerische Projekte des späten 18. Jahrhunderts.

Armenfürsorge. Besondere Bedeutung kam der Reform des Armenwesens zu. Denn die Armut war ein integrierender Bestandteil der alteuropäischen Zivilisation und der Kampf gegen sie war eine der Voraussetzungen für die übrige Bevölkerung ihr Alltagsleben in Ruhe zu verbringen. Bis ins späte 18. Jahrhundert war die Versorgung der Armen im Wesentlichen Sache der Kirchen, in den großen Städten auch der städtischen Institutionen. Ihr Konzept war seit Jahrhunderten das gleiche: Hilfe für die Armen auf der Basis eines ausgedehnten Almosenwesens. Die Aufklärung führte hier ein neues Denken ein: Armut sollte nicht mehr als gegebenes Schicksal hingenommen werden, sondern als Zustand, der durch entschiedenes Handeln der Betroffenen selbst verändert werden konnte. Durch eine Erziehung zur Arbeit versuchte die Pädagogik der Aufklärung der Armut zu begegnen, durch die Einrichtung von Arbeitshäusern für die Armen, durch entsprechenden Unterricht in den Waisenhäusern, durch die Betonung von Fleiß und „Industriosität“ im Unterricht des niederen Schulwesens in Stadt und Land.

Nicht nur diese – den Armen keinesfalls schonenden, sondern ihn hart in das Arbeitsleben stoßenden – Ideen waren neu, sondern auch die Art, wie sie durchgesetzt wurden. Berühmt geworden ist die Armenpolitik der Stadt Hamburg. Die Führungsschichten der Stadt, die in der „Gesellschaft zur Beförderung der Manufakturen, Künste und nützlichen Gewerbe“ (Patriotische Gesellschaft) zusammenarbeiteten, diskutierten und verbreiteten die neuen Gedanken so lange, bis Senat und Bürgerschaft 1788 schließlich die Hamburger Armenanstalt errichteten. In ihr sollte jeder hamburgische Arme Arbeit finden und es sollte sichergestellt sein, dass kein Armer mehr „einen Schilling erhielt, den er nicht selbst zu verdienen imstande gewesen wäre“. Arbeitszwang und behördliche Arbeitsbeschaffung gingen hier ein enges Bündnis ein – für Alteuropa ein gänzlich neues Verfahren, das dazu führte, dass die Hamburger Reformen im Kreis der deutschen Aufklärer breit diskutiert wurden und zumindest in Deutschland Modellcharakter gewannen.

Das 18. Jahrhundert als historische Zäsur

Nicht alle Reformvorschläge der deutschen Aufklärung wurden dauerhaft umgesetzt, weil die politische Öffentlichkeit in Deutschland nicht alles akzeptieren wollte, was aufklärerische Projektemacher sich ausdachten, und weil diese Öffentlichkeit nicht auf Dauer reformbereit blieb. Die geistige Haltung, in welcher die Aufklärung Reformen und menschliche Verbesserungen vorschlug, blieb freilich auch erhalten, als die politischen Umstände solchen Reformen nicht mehr günstig waren. Und dies war vielleicht die wichtigste Erbschaft der europäischen Aufklärung: Sie gab den Menschen die Möglichkeit der sie umgebenden Wirklichkeit mit Kenntnissen, Urteilskraft und einem moralisch bestimmten Wollen zu begegnen. Für die europäische Zivilisation war das von ausschlaggebender Bedeutung; denn nur so war sie in der Lage das Wagnis der Moderne einzugehen.

Mit der wissenschaftlichen Revolution des 17. Jahrhunderts und der Aufklärung des 18. Jahrhunderts verabschiedete sich die europäische Zivilisation von Alteuropa. Die materiellen und politischen Lebensbedingungen der Menschen änderten sich damit zwar nicht auf einen Schlag. Doch die politischen Revolutionen des 18. und 19. Jahrhunderts und die Industrielle Revolution bewirkten auch in diesen Bereichen einen solchen Wandel, dass nachher kaum mehr etwas war wie zuvor. Die europäische Zivilisation trat in eine neue Phase ein, in der andere Erscheinungen dominierten, als wir sie für die frühe Neuzeit kennen gelernt haben:

- regelmäßiges Bevölkerungswachstum und Geburtenbeschränkung;
- deutliche Trennung von Berufsleben und Familie;
- zunehmende Zerstörung des mittelalterlichen Siedlungsbildes durch die Industrialisierung;
- Modernisierung der Landwirtschaft durch Mechanisierung und Einführung von Kunstdünger;
- Urbanisierung und Entstehung geballter städtischer Siedlungsräume mit modernen Verkehrswegen und -systemen;
- allmähliche Auflösung des ständischen Gesellschaftsgefüges, an dessen Stelle die modernen, durch Kapital und Arbeit gekennzeichneten Klassenverhältnisse traten;
- schließlich völlige Umstellung der alltäglichen Lebensbedingungen im Bereich von Wohnung, Kleidung und Nahrung auf einen modernen Lebensstil, an den wir uns in der Gegenwart längst gewöhnt haben, der für unsere Vorfahren im 19. und frühen 20. Jahrhundert jedoch zu einer ständig neuen Alltagserfahrung wurde.

1. *Welche zentralen Wandlungsprozesse der europäischen Zivilisation im 17./18. Jahrhundert nennt der Autor der Darstellung? Erläutern Sie die Bedeutung der einzelnen Elemente und ihren Zusammenhang. Sehen Sie in der Gegenwart Veränderungen des Grundmusters der europäischen Zivilisation?*
2. *Diskutieren Sie den Zusammenhang von Aufklärung, Revolution und Reform im 18. Jahrhundert.*

1 *Über die Bedeutung der Bevölkerung im frühneuzeitlichen Staat heißt es in einem Lehrbuch um 1777:*

Q Menschen sind der größte, der wesentlichste Reichtum eines Staats. Ein Reichtum, der ihn innerhalb seiner Grenzen glücklich und außerhalb derselben furchtbar machen kann. Geld, oder die aus Gold, Silber und Kupfer bestehenden Münzen, sind eigentlich kein Vermögen, sondern nur ein angenommenes Zeichen des Vermögens und ein willkürlich erwähltes Mittel beim Einkauf und Verkauf der Bedürfnisse auf eine bequeme Art auseinander zu kommen. Menschen und liegende Gründe allein sind ein wahres, ein dauerhaftes Vermögen; ein Staat kann folglich nur nach der Größe und den Eigenschaften des Erdstrichs, den er besitzt und wirtschaftlich benutzet, auch nach der Menge der Menschen, deren Fähigkeiten er gehörig anwendet, sein Vermögen berechnen. So wahr dieser Satz ist, so gewiss ist es auch, dass ein Fürst mit dem Zuwachs und dem Glück der Untertanen seine persönliche Glückseligkeit, seine Einkünfte, sein Ansehen, seine Macht wachsend und dauerhaft mache, auch durch keinen anderen Weg jemalen zu einer ansehnlichen und wohlbefestigten Größe gelangen könne.

[...] Die minder Vernünftigen [...] haben vergessen oder vielleicht niemals daran gedacht, dass, wer die Menschen vermehret, zugleich die Bedürfnisse vermehre; dass vermehrte Bedürfnisse eine vermehrte Anzahl Arbeiter erfordern; dass vermehrte Arbeiter den Aufwand vermehren; dass vermehrter Aufwand den Wert der Landesprodukte erhöhe; dass ein erhöheter Wert der Landesprodukte den Fleiß des Landmanns ermuntere, ja allen Röhren des ganzen Staatskörpers Kräfte zu einem neuen und glücklichen Leben verleihe. Spanien und Portugal sind aller ihrer Gold- und Silberbergwerke ohngeachtet nicht reich und wenig fruchtbar, weil es daselbst an Menschen, vorzüglich an arbeitsamen Menschen mangelt, die den Acker regelmäßig bauen, auch Fabriken und Manufakturen anlegen. England befindet sich in entgegengesetzten Umständen, weil es die Bevölkerung begünstigt, den Feldbau in Ehren hält, Fabriken, Manufakturen und die Benutzung der Bergwerke vollkommener macht. [...]

Die Sklaverei ist zwar, dem Christentum sei es gedankt, in Deutschland längst aufgehoben, allein die Leibeigenschaft, die so gar stark nach der Sklaverei schmeckt, ist noch in verschiedenen Provinzen üblich und in allen Absichten schädlich. Sie entvölkert die Staaten, weil der zur Freiheit geborne Mensch das erste, das beste Mittel ergreift diese Ketten abzuschütteln; sie macht die Menschen niederträchtig und boshaft, sie versaget aller Industrie den Zutritt. Unerschwingliche Abgaben, harte Behandlungen und versagte Gewissensfreiheit tragen ebenfalls die Farbe der Sklaverei an sich, bringen die Menschen zur Verzweiflung und begünstigen folglich die Entvölkerung. Wenn die Abgaben mit dem Erwerb in keinem richtigen Verhältnisse stehen, wenn selbige, ohne die Umstände in Betracht zu ziehen, durch die grausamsten Zwangsmittel beigetrieben werden, wenn der Mensch gezwungen wird sich Religionsgebräuchen zu unterwerfen, die er für irrig hält, so ist die Entvölkerung die erste und traurigste Folge von dergleichen nur Barbaren anständigen Verfahren.

Lehrbegriff sämtlicher oeconomischer und Cameralwissenschaften, Bd. 2, Teil 2, Mannheim 1777, S. 1ff. und 16f.

2 *Der Arzt Georg Kerner (1770–1812) berichtet über die Lage der Bauern in der Umgebung Hamburgs 1797:*

Q Am letzten Tag der Woche zur Stunde der Heimkehr von den Feldern, es war ein köstlicher Abend, legte ich einen ziemlich weiten Weg zurück – aber ich suchte vergebens die ländliche Ausgelassenheit, diese einfachen fröhlichen Lieder, denen man in glücklicheren Landstrichen begegnet. Statt dessen drangen bittere Klagen an mein Ohr, über die zu zahlenden Steuern und über die Schwierigkeit die dringlichsten Bedürfnisse der Familie zu befriedigen. Und tatsächlich sah ich im Innern der Hütten, ich will nicht sagen Häuser, die abstoßendste Unsauberkeit: Die Kinder, halb mit Dreck beschmiert, lagen zu dritt und zu viert auf einem Strohsack, während dass in einer anderen Ecke des von der stickigsten Luft verpesteten Loches die Eltern sich in noch beklemmenderen Umständen sielten, unter Matrazen und Leintüchern, die nie gewaschen wurden.

Manche suchen die Ursache dieser Sudelei im Elend, andere machen dafür die Böswilligkeit und den stumpfen Geiz der Bauern verantwortlich. Aber wennschon – warum trifft man auf dem Lande nur Steuereinnehmer und keine Polizei, die über öffentliche Gesundheit und die individuelle Reinlichkeit wacht? Warum bedient man sich nicht der öffentlichen Unterrichtung um die Quelle so vieler physischer und moralischer Gebrechen zu verstopfen? Aber, sagte mir eine junge Frau aus Pinneberg, es ist besser den Bauern in seiner glücklichen Unwissenheit zu belassen! Wohin sind wir geraten, dass einer sensiblen und kultivierten Seele der Gedanke kommen kann von glücklicher Unwissenheit zu sprechen: Fürwahr, es wäre besser, gänzlich in Unwissenheit über die eigene Existenz zu verharren, wenn man auf Schritt und Tritt so vielen Vorurteilen, so vielen Verbrechen, so vielen Tränen begegnen muss!

Zit. nach Georg Kerner, Jakobiner und Armenarzt. Reisebriefe, Berichte, Lebenszeugnisse, hg. von Hedwig Voegt, Berlin 1978, S. 337f.

1. *Arbeiten Sie heraus, welche Bedeutung der Bevölkerungszahl in Mat. 1 zugemessen wird.*
2. *Beschreiben Sie die Situation der Bauern in der Umgebung Hamburgs (Mat. 2).*
3. *Erarbeiten Sie, welche Ursachen der „Entvölkerung" in Mat. 1 und 2 deutlich werden. Welche Gegenmittel bieten sich an? Welche Widerstände könnten sich bei der Realisierung von Verbesserungen ergeben? Beziehen Sie auch die Darstellung (siehe S. 165 f.) ein.*
4. *Welche Textstellen in Mat. 1 und 2 lassen vermuten, dass die Autoren Prinzipien der Aufklärung vertreten?*

3 *Bevölkerungsindices für das von der Protoindustrialisierung erfasste Strumpfwirkerdorf Shepshed und das Bauerndorf Bottesford (Leicestershire, England) 1700–1824:*

	Shepshed		Bottesford	
	1700/49	1750/1824	1700/49	1750/99
Bruttoreproduktionsrate (Zahl der Geburten je Frau)	3,9	5,5	4,7	4,1
Überlebende Kinder (%)	66,8	68,6	63,3	70,2
Heiratende Kinder (%)	85,2	91,8	85,0	87,0
Nettoreproduktionsrate (heiratende Töchter je Mutter)	1,1	1,7	1,3	1,3
jährliche Wachstumsrate (%)	0,4	1,7	0,7	0,7
Zahl der Jahre, in denen sich die Bevölkerung verdoppelt	200,6	40,1	100,0	101,4

Nach Peter Kriedte, Spätfeudalismus und Handelskapital, Göttingen 1980, S. 129 ff.

1. *Erläutern Sie mit Hilfe von Mat. 3, welche Veränderungen der „Bevölkerungsweise" die frühe Industrialisierung hervorbrachte. Welche Erklärungen gibt es dafür?*
2. *Welche Indikatoren sind für die Berechnung und Beurteilung der Bevölkerungsweise besonders wichtig? Welche zusätzlichen Erläuterungen gibt die Darstellung zur Bevölkerungsweise (siehe S. 164–166)?*

4 *Aus einem Reisebericht der Jahre 1793 und 1794:*

Q Wer immer in Ländern gewohnt hat, die auf einen hohen Grad zivilisiert sind, hat, sobald er in andere von einem entgegengesetzten Charakter kommt, ein gewisses und unbehagliches Gefühl von widerlicher Eingeschränktheit und Kleinheit, das ihn ohne Unterlass verfolgt. Der ganze Teil von Deutschland zwischen Lüttich und Frankfurt ist von der Natur auf mannigfaltige Art gesegnet; aber die Menschen haben sehr wenig getan diesen Segen zu benutzen. Hier ist nichts Großes irgendeiner Art, kein großes Land, keine große Stadt, kein ausgebreiteter Handel, keine beträchtliche Schiffahrt, keine ansehnlichen Fabriken. Ja selbst im Feldbau ist man fast durchaus sehr zurück. Die Hauptursache ist wohl, dass dieser ansehnliche Strich von Deutschland unter so viele, folglich kleine Herren geteilt ist und dass in denselben kein hoher Grad von bürgerlicher Freiheit zu finden ist. Nirgends sehe ich die Triebsamkeit der Engländer und Holländer, nirgends die Tätigkeit und Industrie so mancher andern Gegenden selbst in Deutschland. Alles schien mir erschlafft und schwächlich; nirgends sah ich Spuren von großen Kapitälern, die ganze Gegenden in Bewegung setzen, den Umsatz erleichtern und vermehren und selbst den natürlichen Trägen zu einer gewissen Tätigkeit reizen. Nirgends ist der Rhein belegt und selbst von der Schiffahrt, die sich da noch findet, ist ein großer Teil in den Händen der Holländer, die mit ihren eigenen großen Fahrzeugen heraufkommen, auf denselben wohnen, sie wenig verlassen und so nicht viel mehr für diese Provinzen tun, als dass sie sie eines Teiles ihrer Produkte entledigen und andere ihnen zuführen. […] Vorzüglich unbedeutend ist alles, was zwischen Koblenz und Frankfurt liegt. Alles ist hier in kleine Teile zerstückt, lauter kleine Länder, keine einzige erträgliche Stadt, selten ein Stück gemachte Straße, Mangel an Bevölkerung und Armut unter den wenigen Einwohnern.

Carl Gottlob Küttner, Wanderungen durch die Niederlande, Deutschland, die Schweiz und Italien in den Jahren 1793 und 1794, Bd. 1, Leipzig 1796, S. 100 ff.

5 *Der Naturforscher Georg Forster (1754–1794) über die Tuchfabrikation bei Aachen (1790):*

Q Diesen ersten Stoff also bezieht der hiesige Tuchfabrikant unmittelbar aus Spanien. Die feinste Wolle erhält man aus Bilbao wegen der Nähe der vortrefflichen Weiden von Asturien und Leon, die gröbere kommt von Cadix. Nachdem sie in Ostende gelandet worden, geht sie wieder auf Kanälen bis Herzogenbusch und dann zur Achse nach Aachen. […] Die reine Wolle wird den Landleuten zum Spinnen ausgeteilt. [Man muss] von dem Satze ausgehen, dass eine jede Kunst desto vollkommener getrieben wird, je mehr sich die Kräfte des Menschen darauf konzentrieren. Unstreitig also würde man es im Spinnen weiter bringen, wenn es durch fabrikenmäßige Anstalten, wo die Spinner einerlei Licht, Wärme und Obdach genössen, so vorteilhaft eingerichtet würde, dass eine eigene, arbeitsame Klasse von Menschen sich bloß diesem Gewerbe ergeben und davon allein subsistieren könnte. Menschen, die vom siebenten Jahr an sich nur dieser Beschäftigung widmeten, müssten in kurzem die Fertigkeit erlangen besser und schneller als alle andern, die das Spinnen nur als Nebenwerk treiben, mit der Wolle umzugehen;

und indem sie beides, feinere Fäden und in größerer Menge, lieferten, würde ihre Arbeit wohlfeiler werden, ohne ihnen selbst Nachteil zu bringen. Wie aber eine solche Anstalt mit den jetzt gebräuchlichen Erwerbarten des Landmannes in eine Gleichung zu bringen wäre, sodass der Bauer, der schon nicht der glücklichste ist, durch den Verlust des Nebenverdienstes, den er vom Wollspinnen zieht, nicht zu Grunde gerichtet würde, verdiente noch eine sorgfältige Untersuchung, wobei man immer wieder auf die längst gemachte Erfahrung zurückkommen müsste, dass der ungeheure Druck, unter welchem der Landmann seufzt, das erste und unüberwindlichste Hindernis bleibt, welches sich der Vollkommnung aller Zweige der Industrie entgegensetzt. [...]

Allein das schöne Schauspiel der Arbeitsamkeit bleibt das ausschließende Eigentum freier Völker. Geistlicher und oligarchischer Zwang hat den Fleiß aus den Mauern bei Aachen vertrieben. Die Protestanten, die von manchen Bürgervorrechten ausgeschlossen und des Zunftwesens müde waren, fanden eine Stunde Weges von der Stadt, auf holländischem Gebiete, nebst der freien Religionsübung auch die Freiheit mit ihrem Vermögen und ihren eigenen Kräften nach ihrer Willkür hauszuhalten. In Vaals halten jetzt fünf Gemeinden (Katholiken, Lutheraner, Reformierte, Juden und Mennoniten) ruhig ihren Gottesdienst nebeneinander und jeder Einwohner hat außer einem festgesetzten Grundzins, nach echt physiokratischen Grundsätzen, keine andere Abgabe, unter welchem Namen es auch sei, zu erlegen.

Diese Einrichtung, welche die Republik in allen Generalitätslanden[1] eingeführt hat, verwandelte in kurzem das kleine Dorf in eine Szene des zwanglosesten Fleißes. Die Anlagen des Herrn von Clermont zeichnen sich hier besonders wegen ihres Umfanges und ihrer Zweckmäßigkeit aus und seine Fabrik beschäftigt in Vaals, Aachen und Burscheid gegen hundertundsechzig Weber. Dreißig Jahre sind hinreichend gewesen die Volksmenge und den Wohlstand eines unbedeutenden Dörfchens so unbeschreiblich zu vergrößern, dass jene fünf Gemeinden sich daselbst organisieren konnten. [...]

Aus diesem Gesichtspunkt betrachtet ist also der große Kaufmann, dessen Spekulationen das ganze Rund der Erde umfassen und Kontinente aneinanderknüpfen, in seiner Tätigkeit des Geistes und in seinem Einfluss auf das allgemeine Regen der Menschheit nicht nur einer der glücklichsten, sondern durch die Masse von praktischen Erfahrungen, welche jener Verkehr bei ihm täglich vergrößert, und durch die Ordnung und Abstraktion der Begriffe, die man bei einem umfassenden Geiste voraussetzen darf, zugleich einer der aufgeklärtesten Menschen; mithin vor vielen andern derjenige, der die höhere Bestimmung unsers Wesens (zu wirken, zu denken und vermittelst klarer Begriffe die objektive Welt in sich selbst zu konzentrieren) auf eine sehr vollständige Art erreicht.

Beneidenswert ist das Schicksal eines Mannes, dessen Unternehmungsgeist vielen Tausenden zur Quelle des Wohlstandes und des häuslichen Glückes wird; desto beneidenswerter, weil er diese wohltätigen Zwecke ohne die mindeste Beeinträchtigung ihrer Freiheit erreicht und gleichsam unsichtbarerweise die Triebfeder von Wirkungen ist, die jeder seiner eigenen Willkür zuschreibt. Der Staat ist glücklich, wenn er solche Bürger in sich fasst, deren große Unternehmungen nicht nur mit der höheren Ausbildung der Gemütskräfte seiner geringeren Mitbürger bestehen können, sondern vielmehr durch dieselbe neue Stetigkeit erhalten. [...]

Wie klein und nichtswürdig erscheint nicht ein jeder Despot, der vor der Aufklärung seiner Untertanen zittert, verglichen mit dem Privatmanne, dem Fabrikanten eines freien Staats, der seinen Wohlstand auf den Wohlstand seiner Mitbürger und auf ihre vollkommnere Einsicht gründet!

1 Die Teile von Brabant, Flandern, Limburg und Geldern, die von der Republik der Vereinigten Niederlande den Spaniern entrissen, aber nicht in die Union der niederländischen Provinzen aufgenommen, sondern der gemeinsamen Regierung der sieben Provinzen der Republik, der „Generalität“ oder den „Generalstaaten“, unterstellt worden waren.

Zit. nach Georg Forster, Ansichten vom Niederrhein, von Brabant, Flandern, Holland, England und Frankreich, im April, Mai und Junius 1790, in: ders., Werke in vier Bänden, hg. von G. Steiner, Bd. 2, Leipzig o. J., S. 483 ff.

1. *Beschreiben Sie die Wirtschaftsprozesse und -verhältnisse, von denen Mat. 4 und 5 berichten. Welche Voraussetzungen hat nach den Autoren die Beschleunigung der wirtschaftlichen Entwicklung? Welche Vorschläge machen sie? Von welcher Position aus urteilen sie?*
2. *Vergleichen Sie die deutschen Verkehrsverhältnisse mit denen in England (siehe Karten S. 163). Welche Gründe nennen die Quellen für die Missstände in Deutschland?*
3. *Gehen Sie auf die Schwierigkeiten ein, auf die Forsters Ideen treffen mussten (siehe Darstellung S. 171–176). Nehmen Sie Stellung zu Forsters Bild vom Kaufmann und Fabrikanten.*

6 *Der deutsche Philosoph Karl Jaspers (1883–1969) zur Bedeutung der Technik als Kennzeichen der europäischen Zivilisation (1949):*

D Technik ist das Verfahren der Naturbeherrschung durch den wissenschaftlichen Menschen für den Zweck sein Dasein zu gestalten um sich von Not zu entlasten und die ihn ansprechende Form seiner Umwelt zu gewinnen. Wie die Natur durch die Technik des Menschen aussieht und wie sein technisches Verfahren auf den Menschen zurückwirkt, das heißt, wie die Art seiner Arbeit, seiner Arbeitsorganisation und seiner Umweltgestaltung ihn selber verändert, das ist eine Grundlinie der Geschichte.

Aber erst die moderne Technik hat dies als das Verhängnis des Menschen fühlbar gemacht. Gegenüber der relativen Stabilität der technischen Zustände seit Jahrtausenden geschah seit dem Ende des 18. Jahrhunderts eine Revolution der Technik und damit des menschlichen Daseins im Ganzen, eine Revolution, deren Geschwindigkeit sich bis heute ständig gesteigert hat. Karl Marx hat dies zuerst in großem Stile erkannt.

Die Naturgebundenheit des Menschen wird durch die moderne Technik auf neue Weise offenbar. Durch gewaltig gesteigerte Naturbeherrschung droht sie den Menschen selbst auf früher unerwartete Weise zu überwältigen. Die Natur wird durch die Natur des technisch arbeitenden Menschen erst recht zum Tyrannen des Menschseins. Es droht die Gefahr, dass der Mensch in der zweiten Natur, die er technisch als die seine hervorbringt, erstickt, während er gegenüber der unbewältigten Natur in seinem ständigen leiblichen Mühen um sein Dasein vergleichsweise frei scheinen kann.

Die Technik hat das tägliche Dasein des Menschen in seiner Umwelt radikal verwandelt, hat Arbeitsweise und Gesellschaft in neue Bahnen gezwungen: in den Massenbetrieb, in die Verwandlung des gesamten Daseins in eine technisch-vollzogene Maschinerie, des Planeten in eine einzige Fabrik. Damit geschah und geschieht die Ablösung des Menschen von jedem Boden. Er wird Erdbewohner ohne Heimat. Er verliert die Kontinuität der Tradition. Der Geist reduziert sich auf Lernbarkeiten und Abrichtung zu brauchbaren Funktionen. […]

Wegen der Größe der Frage, was damit aus dem Menschen werden kann, ist die Technik heute vielleicht das Hauptthema für die Auffassung unserer Lage. Man kann den Einbruch der modernen Technik und ihrer Folgen für schlechthin alle Lebensfragen gar nicht überschätzen. Man hält in Blindheit über diesen Tatbestand bei gewohntem historischen Denken eine falsche Kontinuität mit dem Vergangenen fest, macht schiefe Vergleiche unseres Daseins mit dem Gewesenen. Bei aller Heranziehung historischer Parallelen zu unserem Zeitalter muss immer die Frage bleiben, ob der radikale Unterschied, der die Folge unserer Technik ist, berücksichtigt wurde.

Karl Jaspers, Vom Ursprung und Ziel der Geschichte (Erstausgabe 1949), Frankfurt/M. 1955, S. 97 ff.

1. *Was versteht Jaspers unter Technik (Mat. 6)? In welche historische Dimension ordnet er den Fortschritt der Technik ein?*
2. *Diskutieren Sie Jaspers Bewertung der Entwicklung seit Ende des 18. Jahrhunderts. Vergleichen Sie seine Position mit der des Autors dieses Kapitels (siehe S. 159). Wie beurteilen Sie selbst die Leistungen der „Moderne“? Erörtern Sie zunächst die Kategorien, an denen die „Moderne“ gemessen wird (siehe dazu Begriffe S. 161).*

7 *Anonymus, Radierung aus der „Einleitung zur Ceremoniel-Wissenschaft Der Privatpersonen“ von Julius Bernhard von Mohr, 1728*

1. *Beschreiben Sie Mat. 7. Gibt der Zeichner einer Zeit den Vorzug?*
2. *Erläutern Sie den in Mat. 7 dargestellten Wandel.*

Erziehung als Programm der Aufklärung

1 *Normallehrplan für die preußische Landschule, 1763:*

Stunden	1. Haufen Lesekinder	2. Haufen Buchstabierkinder	3. Haufen ABC-Schüler
8.00 – 9.00	Üben des Kirchenliedes (alle vier Wochen ein neues); Gebet; Lesung des monatlichen Psalms; Üben eines Stückes aus dem Katechismus (alle sechs Wochen von vorne)		
9.00 – 9.30	Lesen und Buchstabieren aus der Bibel		
9.30 – 10.00	Aufschlagen üben in Bibel und Gesangbuch; Lernen der Wochensprüche	Buchstabieren	ABC-Übungen (täglich zwei Buchstaben)
10.00 – 11.00	Schreiben; Lehrer korrigiert schriftlich	Buchstabieren; erstes Lesen	Unterscheiden von lauten und stummen Buchstaben
13.00 – 14.00	Singen einiger Kirchenlieder; Lesung des monatlichen Psalms; Lernen des Hauptinhalts der biblischen Bücher; Lesen aus dem „Lehrbüchlein zum Unterricht der Kinder auf dem Lande in allerhand nötigen und nützlichen Dingen"		
14.00 – 14.30	Lernen des neuen Stücks aus dem Katechismus		
14.30 – 15.00	Lesen	Buchstabieren	ABC-Übungen
15.00 – 16.00	Schreiben und Rechnen	Buchstabieren	ABC-Übungen

Nach Horst Möller, Fürstenstaat oder Bürgernation. Deutschland 1763–1815, Berlin 1989, S. 347.

2 *Drei Tage im Kloster Denkendorf im Sommer 1782, die das Leben des Dichters Friedrich Hölderlin (1770–1843) schildern. Die württembergischen Klosterschulen dienten der Ausbildung des theologischen Nachwuchses; die Schüler waren meistens 14 bis 15 Jahre alt:*

Q Aufstehen: Sonntag, Montag um 6 Uhr, sonst um 5 Uhr – dann Morgengebet mit Lesung biblischer Texte, darauf „Reinigung des Körpers und Morgensuppe".

Von 10.30 Uhr bis 11 Uhr Privatstudien am Sonntag, an den Wochentagen Chorandacht mit Lesung eines religiösen Textes – von 11 Uhr bis 13 Uhr Mittagessen „unter Verlesung" eines biblischen Textes, Gesang, „Recreation".

Um 17.30 Uhr Chorandacht mit Lesung eines religiösen Textes – von 18 Uhr bis 20 Uhr Abendessen „unter Verlesung" biblischer Texte, Gesang, „Recreation" – 20 Uhr Abendgebet mit Verlesung biblischer Texte, Gesang – danach Privatstudien.

Zwischen diesen Zeiten war von Sonntag bis Dienstag der folgende Stoff- und Arbeitsplan vorgesehen (die übrigen Tage verliefen nach einem ähnlichen Schema; am Ende der Woche war eine größere schriftliche Arbeit anzufertigen):

Sonntag:

7 – 9	Uhr:	Privatstudien
9 – 10.30	Uhr:	Kirchenbesuch
13 – 14	Uhr:	Lektion nach der Württembergischen Kinderlehre
14 – 15	Uhr:	Besuch der von den Schülern der Reihe nach gehaltenen Vesperlektionen
15 – 18	Uhr:	Privatstudien

Montag:

7 – 8	Uhr:	Vorbereitung auf die Lektionen der Woche
8 – 9	Uhr:	Theologische Lektion
9 – 10.30	Uhr:	Vorbereitung auf die Lektionen
13 – 15	Uhr:	Musikübung
15 – 16.30	Uhr:	Privatstudium
16.30 – 17.30	Uhr:	Kollegium, wöchentlich wechselnd in Geographie und Arithmetik

Dienstag:

6 – 7	Uhr:	Hebräisch
7 – 8	Uhr:	Privatstudium
8 – 9	Uhr:	Hebräisch
9 – 10.30	Uhr:	Privatstudium
13 – 14	Uhr:	Privatstudium
14 – 15	Uhr:	Griechisch
15 – 16	Uhr:	Privatstudium
16 – 17	Uhr:	Griechische Lektüre
17 – 17.30	Uhr:	Privatstudium

Zit. nach Friedrich Hölderlin, Sämtliche Werke, Große Stuttgarter Ausgabe, Bd. 7/1, Stuttgart 1968, S. 324 f.

3 *Jean-Jacques Rousseau (1712–1778) schrieb in seinem Roman „Emile" 1762 über Erziehung:*

Q Ob man meinen Zögling zum Soldaten, zum Geistlichen oder zum Justizdienste bestimme, ist mir ziemlich gleich. Vor der Berufswahl der Eltern bestimmt die Natur ihn zum Menschen. Leben als Mensch ist die Kunst, die ich ihn lehren will. Ich gestehe ein: Wenn er aus meinen Händen kommt, wird er weder Rechtsgelehrter noch Soldat, noch Priester sein, sondern ausschließlich Mensch. Alles, was ein Mensch sein muss, wird er im Notfall ebenso gut sein wie jeder andere; und wenn ihn das Schicksal zwingen sollte sei-

nen Platz im Leben zu wechseln, wird er auch im neuen Beruf an seinem Platze sein. [...]
Man ist nur darauf bedacht sein Kind zu bewahren; aber das ist nicht genug. Man muss es auch lehren sich selbst zu bewahren, wenn es erwachsen ist, die Schläge des Schicksals zu ertragen, dem Überfluss und der Dürftigkeit Trotz zu bieten und, wenn es sein muss, auf den Eisfeldern Islands und den glühenden Felsen Maltas zu leben. Man mag alle Vorsicht anwenden seinen Tod zu verhüten, es muss dennoch sterben. Und wäre der Tod auch nicht das Ergebnis der Fürsorge, sie wäre dennoch übel am Platze. Es handelt sich nämlich weniger darum den Tod zu verhindern als leben zu lernen. Leben, das ist nicht nur Atmen, das ist Handeln; das heißt Gebrauch machen von unsern Organen, unsern Sinnen, unsern Fähigkeiten, kurz: Leben heißt, alle Teile von uns selbst gebrauchen, die uns das Gefühl unserer Existenz geben. Der Mensch, der am längsten gelebt hat, ist nicht derjenige, der die meisten Jahre zählt, sondern derjenige, der das Leben am meisten als solches empfunden hat. Mancher ist im hundertsten Jahre begraben worden, der schon bei der Geburt starb. Für ihn wäre es ein Gewinn gewesen, wenn er als Kind gestorben wäre, vorausgesetzt, dass er wenigstens bis zu dieser Zeit gelebt hätte.
Unsere ganze Weisheit besteht in knechtischen Vorurteilen. Alle unsere Gewohnheiten sind Abhängigkeit, Einschränkung und Zwang. Der bürgerliche Mensch wird in der Sklaverei geboren, lebt und stirbt darin. Bei seiner Geburt steckt man ihn in eine Wickel, nach seinem Tode schließt man ihn in einen Sarg ein. Solange er das menschliche Antlitz trägt, ist er durch unsere Einrichtungen gebunden.
Man sagt, dass manche Hebammen behaupten, sie könnten durch Drücken dem Kopf des neugeborenen Kindes eine hübschere Form geben, und man duldet das! Unsere Köpfe sind also vom Schöpfer unseres Seins schlecht geformt! Und sie müssen erst von außen durch die Hebammen und von innen durch die Philosophen geformt werden! Die Karaiben[1] sind um die Hälfte glücklicher als wir.

1 indianische Sprachfamilie in Südamerika

Zit. nach Jean-Jacques Rousseau, Emile oder Über die Erziehung, dt. Übers., 3. durchges. Aufl., Paderborn 1963, S. 17ff.

4 *1774 formulierte Johann Bernhard Basedow (1703–1790) seine Ideen in der Schrift „Das in Dessau errichtete Philantropinum, eine Schule der Menschenfreundschaft und guter Kenntnisse für Lernende und junge Lehrer, Arme und Reiche ...“:*

Q Wir suchen die Pensionisten besonders zur Tugend und zur Geschicklichkeit und Zufriedenheit in den gewiss zuweilen erfolgenden Schicksalen des Lebens zu gewöhnen. Vor dem Gebrauch der Hilfsmittel, die wir dazu für nötig finden, machen wir nicht darum eine Ausnahme, weil die Eltern fürstlichen, gräflichen, freiherrlichen, adligen Standes oder Millionenreichtums sind. [...]
Das Philantropinum, sobald die Kosten der Anlage von einem Wohltäter gereicht sind, wohnt des Jahres zwei Monate auf dem Felde unter Zelten, wo doch ein Haus in der Nähe zum Schlafen und zum Gebrauche bei schlimmem Wetter ist. Dann wird vorzüglich Natur, Geographie, Kenntnis der Landwirtschaft, die Jägerei, Fischerei usw. studiert. [...]
Außer zum Schreiben, Zeichnen und Lesen sitzen die Pensionisten nicht bei dem Unterrichte, sondern stehen, gehen und bewegen sich so viel, dass vor dem fünfzehnten Jahre täglich nicht drei oder vier Stunden gesessen wird. Die Geographie zum Exempel wird an zwei auf dem Felde aufgeworfenen großen Halbkugeln gelernt, deren Oberfläche sich in Land, Wasser usw. unterscheidet und die, damit man darauf gehen und springen kann, freilich nicht völlig kugelförmig, sondern nur etwas gebogen sein müssen. Alles Rechnen geschieht anfangs so, dass die Kinder nicht selbst schreiben, sondern dem Lehrer nur anzeigen, welche Ziffern geschrieben werden müssen. Auf diese Weise können sie stehen und dürfen nicht zugleich mehrere Bemühungen miteinander verbinden. Man verspricht überhaupt, dass alles nötige Gedächtniswerk der Historie, Geographie, Grammatik, der Rechenkunst usw. in Spiele verwandelt werden soll – wobei Vergnügen und Bewegung vorkommt, bis die so erworbene Festigkeit die Lernenden in den Stand setzt sich auf eine männlichere Art bei anwachsendem Alter sitzend zu vervollkommnen.
Aber bei aller gewiss außerordentlich gelingenden Bemühung für Sprachen, Wissenschaften und Fertigkeiten wird uns keine derselben so wichtig sein wie die Verpflegung des natürlichen Keims zur Menschenliebe, Tugend und unschuldigen Zufriedenheit. Auf das Unkraut der Laster werden wir sorgfältig Achtung geben. Wir werden besonders böse Beispiele im Seminare verhüten. Wer ärgerlich lebt, zum Beispiel in Unzucht, Völlerei oder dem Betruge mutwilliger Schulden, wer den Wert der unsterblichen Seele und die Gewissheit künftiger Vergeltung verkennt oder seine Zunge zu Verwünschungen im Zorn oder in Ungeduld missbraucht, ist oder bleibt kein Arbeiter oder Mitgenosse des Seminars. Doch wollen wir unsere Jugend gegen die Macht böser Beispiele zu unserer verruchten Zeit, welche wider die Tugend und Ordnung so spitzfindig ist, frühe zu waffnen suchen.

Zit. nach Quellen zur Geschichte der Erziehung, ausgew. von Karl-Heinz Günther, 9. Aufl., Berlin 1980, S. 142 und 144f.

5 *Daniel Chodowiecki (1726–1801), Fürtreffliche Bildung des Geistes und des Herzens, 1774, Radierung und Kupferstich, Berlin, Märkisches Museum*

6 *Daniel Chodowiecki (1726–1801), Verbesserte Erziehung, 1801, Radierung und Kupferstich, Berlin, Märkisches Museum*

7 *Rudolph Zacharias Becker (1752–1822) schildert in einer um 1800 außerordentlich weit verbreiteten Erzählung, wie Herr von Mildheim auf seinem Besitz vielfache Reformen einführt. Dabei kommt es zu Streitigkeiten zwischen dem Herrn und seinen Bauern. In einer Rede vermittelt der Pfarrer Starke den Bauern des Dorfes Mildheim daraufhin unter anderem die folgenden Einsichten (1788):*

Q Eine dritte Ursache eures Unglücks war diese, dass manche die in dem „Noth- und Hülfs-Büchlein" beschriebenen und vom Herrn v. Mildheim und sonst euch mitgeteilten Verbesserungsvorschläge nur so nach den Worten versuchten, wie sie gelehrt wurden, ohne selbst dabei nachzudenken und reiflich zu überlegen, ob die Sache sich auch für ihre Umstände schickte? [...] So musste denn vieles schief gehen und da wurden sie ungeduldig und verwarfen die gute Sache, die sie unrecht angegriffen hatten.

Diese [...] Ursachen, meine lieben Zuhörer, waren schuld, dass ein großer Teil von euch bei allen den schönen im Dorfe gemachten Verbesserungen, woran man seine Lust sah, doch die alten Menschen blieben, die sie zuvor waren, voller Wankelmut, Misstrauen gegen ihre Herrschaft und ungerechter Habsucht, sodass sie sich so weit vergehen konnten um nichtswürdiger Ursachen willen sich wider den guten Herrn von Mildheim aufzulehnen und ihn so sehr zu erzürnen, dass er sein liebes Mildheim verlassen hat.

Doch ich will euch heute, an einem Tage, der für uns ein Freudentag sein soll, nicht wehmütig machen. Ihr habt ja den begangenen Fehler bereut und seid geneigt ihn auf alle Weise zu verbessern. Ich will euch nur noch meine Meinung darüber offenherzig sagen, was ihr nun zu tun habt um die von dem lieben Herrn v. Mildheim angefangenen Verbesserungen weiterzubringen, da er fest entschlossen ist euch für seine Person nicht weiter dabei zu helfen. Und dieses ist mit einem Worte

„Ihr müsst euch selbst helfen."

Rudolph Zacharias Becker, Das Noth- und Hülfs-Büchlein oder lehrreiche Freuden- und Trauer-Geschichten des Dorfes Mildheim (Erstausgabe 1788), Teil 1–2, Gotha 1833, S. 703f.

8 *Der deutsche Soziologe Ludwig von Friedeburg (geb. 1924) zur Bildungspolitik im 18. Jahrhundert (1989):*

D Englands führende Stellung vor dem Beginn der Industriellen Revolution und die folgende Stagnation lassen erkennen, wie wenig unmittelbarer ökonomischer Bedarf nach industrieller Qualifikation die Verbreitung von Elementarbildung zu erklären vermag.[1] Das erscheint umso bemerkenswerter in einem Jahrhundert, das sich wie keines vorher dem Segen der Nützlichkeit und zugleich dem Glauben an die Erziehung verschrieben hatte. [...]

In den Hohen Schulen als Stätten der Berufsausbildung machte sich die pragmatische Tendenz dieser Erziehung zur Brauchbarkeit zuerst bemerkbar. Berufspädagogik und Anwendungsbezug standen im Mittelpunkt landesherrlicher Einflussnahme auf das Universitätsstudium, wobei es auch um Maßnahmen gegen das sogenannte „Lotterleben" der Studenten ging. Exemplarisch waren wie immer die Neugründungen: Halle (1694) und nach seinem Vorbild Göttingen (1737) förderten die Weiterentwicklung der klassischen Berufsbildungsfakultäten, der theologischen, juristischen und medizinischen, aus dem Geist der rationalistischen Philosophie des Thomasius und Wolff, wodurch auch die inzwischen ganz abgewirtschaftete Artistenfakultät[2] als philosophische neue Bedeutung erhielt und ihre nur vorbereitende Rolle abstreifte um eigenständige Disziplinen herauszustellen. Dazu gehörten vor allem Ökonomie und Kameralistik[3], für die in Preußen auf Anregung Friedrich Wilhelms I. eigene Professuren eingerichtet wurden. Die deutsche Sprache setzte sich als offizielle Lehrsprache durch. Um, exemplarisch in Göttingen, die Naturwissenschaften zu fördern wurde die Forschung betont; erste Laboratorien und Institute entstanden und überall Bibliotheken und Kartensammlungen. Die Hochschulen sollten nicht mehr nur überliefertes Wissen vermitteln, „sie sollten nicht nur nach wirtschaftlichen Grundsätzen verwaltet werden, sondern zugleich auch die wirtschaftliche Entwicklung des Landes stimulieren". [...] Halle und Göttingen wurden zu Vorläufern der modernen Wissenschaftsuniversität. Die öffentliche Anerkennung der Lehrfreiheit, die anfangs nur für die Privatkollegs der Professoren in ihren Wohnungen galt, während alle öffentlichen Vorlesungen der Universitätszensur unterworfen waren, erleichterte die Berufung bedeutender Gelehrter. Sie wiederum zogen Studenten an, wobei man sich an den Reformuniversitäten besonders und mit Erfolg um die gut bemittelten aus Adel und Bürgertum bemühte. Half der materielle Druck der Wissenschaft, so verstand sich die Universität Göttingen doch als „akademisches Bergwerk" und die Forderung lautete, „dass Wissenschaften, die eine Praxis erfordern, auch nur von solchen Theoretikern vorgetragen werden sollten, die selber den betreffenden Beruf ausgeübt hatten". Was lag näher, als unter dem Gesichtspunkt des Praxisbezugs die Einheit der Universität überhaupt in Frage zu stellen und auf die berufspädagogische Spezialisierung ihrer Teile zu drängen? Erfolgreiche Fachhochschulgründungen, wie die der medizinisch-chirurgischen (1724) und der Tierarzneischule (1790) in Berlin, der Bergakademien in Berlin (1774), Clausthal-Zellerfeld (1775) und Freiberg in Sachsen (1776), schienen den Weg zu weisen.

1 Großbritannien führte eine allgemeine Schulpflicht erst 1876 ein.

2 Vermittelten die Kenntnis der sieben „freien Künste" *(artes liberales):* Grammatik, Rhetorik, Dialektik, Arithmetik, Geometrie, Astronomie, Theorie der Musik.

3 Lat. *camera* = fürstliche Schatzkammer; Lehre zur Hebung der Staatseinkünfte durch Wirtschaftsförderung.

Ludwig von Friedeburg, Bildungsreform in Deutschland. Geschichte und gesellschaftlicher Widerspruch, Frankfurt/M. 1989, S. 38f.

1. *Welche pädagogischen Absichten werden in den Lehrplänen (Mat. 1 und 2) deutlich?*
2. *Arbeiten Sie die pädagogischen Prinzipien und Ziele Rousseaus und Basedows heraus (Mat. 3 und 4). Erläutern Sie deren Zusammenhang mit der Philosophie der Aufklärung.*
3. *Beschreiben Sie die beiden Kupferstiche (Mat. 5 und 6). Mit welchen Mitteln stellt Chodowiecki Erziehungskonzepte dar?*
4. *Beschreiben Sie, zu welchen Eigenschaften die Bauern in der Erzählung Beckers erzogen werden sollen (Mat. 7). Wie beurteilen Sie die Rolle, die Becker dem Gutsherrn zumisst?*
5. *Fassen Sie mit Hilfe von Mat. 8 und der Darstellung auf S. 184f. den Wandel von Wissenschaft und Universitäten im 18. Jahrhundert übersichtlich zusammen. Welche Veränderungen gehören nach Ihrer Meinung zu den wichtigsten?*
6. *Diskutieren Sie die Ideen der Aufklärung zu Erziehung und Wissenschaft und vergleichen Sie mit Vorstellungen in der Gegenwart.*

Moses Mendelssohn

1 *Der Autor dieses Arbeitsteils, der Historiker Christoph Prignitz (geb. 1948), zur Biografie Moses Mendelssohns (1993; Originalbeitrag):*

D Moses Mendelssohn, geb. 1729 in Dessau, gestorben 1786 in Berlin, entstammte einer armen jüdischen Familie und kam früh nach Berlin. Er war Hauslehrer, später Buchhalter und Prokurist bei einem jüdischen Seidenhändler. Neben seiner kaufmännischen Tätigkeit machte sich Mendelssohn einen bedeutenden Namen als Schriftsteller. In den „Briefen über die Empfindungen" (1755) geht es ihm unter anderem um die Schönheit und um Moralphilosophie. In „Phädon oder über die Unsterblichkeit der Seele" (1767), einer Schrift, die als sein reifstes Werk gilt, will Mendelssohn zeigen, „was ein Mann wie Sokrates [...] in unseren Tagen, nach den Bemühungen so vieler großer Köpfe, für Gründe finden würde seine Seele für unsterblich zu halten." Daneben gilt Mendelssohn als einer der bedeutendsten Reformer der jüdischen Religion.

Mendelssohns Schriften wirken besonders dadurch, dass er selbst schwierige Fragen sprachlich und gedanklich klar und einfach zu behandeln wusste. Sein Denken wurzelte im Geist der Humanität und der Toleranz. Mendelssohn erntete hohe Anerkennung. Er korrespondierte mit Kant und Herder, war in seiner literarischen Arbeit und durch Freundschaft Lessing und dem Berliner Aufklärer und Buchhändler Friedrich Nicolai verbunden. Lessing setzte seinem jüdischen Freund im Drama „Nathan der Weise" ein Denkmal.

2 *Moses Mendelssohn. Miniaturmalerei auf Elfenbein nach einem 1767 datierten Bild, gefasst in einem Medaillon, Privatbesitz*

3 *Isaak Iselin (1728–1782), Ratsschreiber in Basel und Literat, lud Mendelssohn ein der Patriotischen Gesellschaft in Bern (Société des Citoyens) beizutreten. Mendelssohn antwortete ihm 1762 mit den folgenden Zeilen:*

Q Ich gestehe es, teuerster Menschenfreund! Ich befürchte, Sie machen sich einen allzu vorteilhaften Begriff von meinen Talenten. Sie scheinen mich für fähig zu halten in dem Felde, das Sie beeifern und die Patriotische Gesellschaft mit vereinigten Kräften anzubauen Vorhabens ist, einen Mitarbeiter abzugeben, und ich habe die gegründetsten Ursachen, vornehmlich in diesem Stücke in meine Fähigkeiten kein geringes Misstrauen zu setzen. Geburt, Erziehung und Lebensart zeigen ihren Einfluss in die Denkungsart des Menschen nie so sehr, als wenn von diesem edlern Teile der Weltweisheit die Rede ist. Der glückliche Republikaner übersiehet die menschliche Gesellschaft aus einem weit höhern Gesichtspunkte als der monarchische Untertan und der monarchische Untertan ist noch weit über den Standort hinweg, der mir im bürgerlichen Leben angewiesen worden.

Zwar blühet unter der Regierung eines Friedrichs die Freiheit zu denken fast in republikanischer Schönheit; allein Sie wissen, wie wenig Anteil meine Glaubensbrüder an allen Landesfreiheiten zu haben pflegen. Die bürgerliche Unterdrückung, zu welcher uns ein zu sehr eingerissenes Vorurteil verdammt, liegt wie eine tote Last auf den Schwingen des Geistes und macht sie unfähig den hohen Flug des Freigebornen jemals zu versuchen. Ich besitze Selbsterkenntnis genug um in diesem Stücke meine Schwäche einzusehen und allzuviel Hochachtung für die Gesellschaft um ihr dieselbe nicht zu gestehen.

Zit. nach Moses Mendelssohn, Gesammelte Schriften. Jubiläumsausgabe, Bd. 11, Briefwechsel I, Stuttgart 1974, S. 338 f.

4 *Der Sohn Moses Mendelssohns, Johann, in einem Brief an Christoph Friedrich Nicolai (1733–1811) über Moses' Schutzbrief (um 1800):*

Q Der Marquis d'Argens, der als philosophischer Gesellschafter Friedrichs II. in Potsdam lebte und der Mendelssohn sehr wohl kannte und oft mit ihm umging, vernahm zufällig, dass fremde Juden nicht im Lande bleiben dürfen. – „Aber", sagte er, „notre cher Moïse trifft dies doch nicht?" – „O ja", war die Antwort, „er wird bloß geduldet, weil er in Diensten des Fabrikanten Bernhard stehet. Wenn dieser ihn heute aus seinen Diensten entlässt und er keinen andern Schutzjuden findet, der ihn in Dienst nehmen will, so würde die Polizei ihn zwingen noch heute das Land zu verlassen." Der Marquis war darüber außer sich, er wollte nicht glauben, dass ein so weiser und gelehrter Mann, den jeder Rechtschaffene hochschätzen musste, täglich in Gefahr sein sollte sich auf so niedrige Weise behandelt zu sehen. Er sprach mit Mendelssohn darüber. Dieser bekräftigte es und sagte: „Sokrates bewies ja seinem Freunde Criton, dass der Weise schuldig ist zu sterben, wenn es die Gesetze des Staates fordern. Ich muss also die Gesetze des Staates, in welchem ich lebe, noch für milde halten, dass sie mich bloß austreiben, im Fall mich in Ermangelung eines andern Schutzjuden auch nicht ein Trödeljude für seinen Diener erklären will." Der Marquis war von dieser Lage der Sache aufs äußerste betroffen und wollte sogleich an den König darüber schreiben. Man brachte ihn mit Mühe davon ab, weil man voraussah, dass jetzt – es war im Jahr 1762 während des Krieges – nicht die rechte Zeit sein würde. Nach erfolgtem Frieden dachte der Marquis selbst daran und verlangte, Mendelssohn sollte eine Bittschrift aufsetzen, die er selbst übergeben wolle, obgleich er sich sonst nie damit befasste Bittschriften abzugeben. Mendelssohn wollte sich anfangs nicht dazu verstehen. Er sagte: „Es tut mir weh, dass ich um das Recht der Existenz erst bitten soll, welches das Recht eines jeden Menschen ist, der als ruhiger Bürger lebt. Wenn aber der Staat überwiegende Gründe hat Leute von meiner Nation nur in gewisser Anzahl aufzunehmen welches Vorrecht kann ich dann vor meinen übrigen Mitbrüdern haben eine Ausnahme zu verlangen?"

Indessen stellten Mendelssohns Freunde ihm vor, dass er es für das Wohl seiner Familie tun sollte, und so schrieb Mendelssohn folgende [...] Bittschrift: „Ich habe von meiner Kindheit beständig in Ew. Majestät Staaten gelebt und wünsche mich auf immer in denselben niederlassen zu können. Da ich aber im Auslande geboren bin und das nach dem Reglement erforderliche Vermögen nicht besitze, so erkühne ich mich alleruntertänigst zu bitten, Ew. Majestät wollen allergnädigst geruhen, mir mit meinen Nachkommen dero allergnädigsten Schutz nebst den Freiheiten, die dero Untertanen zu genießen haben, angedeihen zu lassen, in Betracht, dass ich den Abgang an Vermögen durch meine Bemühungen in den Wissenschaften ersetze, die sich Ew. Majestät Protektion zu erfreuen haben."

Der Marquis gab diese Vorstellung selbst dem König im April 1763, aber Moses bekam keine Antwort. [...] Die Sache blieb so, weil Moses auf keine Weise weiter einen Schritt tun, auch nichts darüber an den Marquis gelangen lassen wollte. Dieser erfuhr zufällig im Jahre 1763, dass Mendelssohns Bittschrift keinen Erfolg gehabt und dass der König nicht geantwortet habe. [...] Endlich fand es sich, dass ein bloßes Missverständnis bei der Sache war. Der König versicherte, die Bittschrift müsse durch einen ungewöhnlichen Zufall verloren gegangen sein, Moses solle nur noch eine Bittschrift einreichen, sodann wolle er das Privilegium auszufertigen befehlen. [...] Moses schrieb auf wiederholtes Verlangen des Marquis die Bittschrift noch einmal am 12. Juli 1763 und der Marquis fügte unter seinem eigenen Namen hinzu: „Ein Philosoph, der ein schlechter Katholik ist, bittet einen Philosophen, der ein schlechter Protestant ist, einem Philosophen, der ein schlechter Jude ist, den Schutzbrief zu gewähren. Hierin steckt zu viel Philosophie, als dass die Vernunft nicht auf Seiten der Bitte stünde."

Mendelssohn erhielt den Schutzbrief im Oktober 1763. Später bat er um die Ausdehnung dieses Privilegs auf seine Nachkommen, was ihm Friedrich II. jedoch abschlug und erst Friedrich Wilhelm II. Mendelssohns Witwe und den Kindern im Jahre 1787 gewährte.

5 *1781 veröffentlichte Christian Wilhelm Dohm (1751–1820) sein Buch „Über die bürgerliche Verbesserung der Juden", in dem er gegen alle herrschenden Vorurteile die Gleichberechtigung der Juden forderte. Dohm behandelte auch die Frage, ob die Juden zum Militärdienst taugten. Die Schrift Dohms wurde von Johann David Michaelis (1717–1791) kritisch rezensiert, gegen den sich wiederum Mendelssohn wandte:*

Q Anstatt Christen und Juden bedient sich Herr Michaelis beständig des Ausdrucks Deutsche und Juden. Er entsiehet sich wohl, den Unterschied bloß in Religionsmeinungen zu setzen, und will uns lieber als Fremde betrachtet wissen, die sich Bedingungen gefallen lassen müssen, welche ihnen von den Landeigentümern eingeräumt werden. Allein erstlich ist dieses ja die vorliegende Frage: ob den Landeigentümern nicht besser geraten ist, wenn sie die Geduldeten als Bürger aufnehmen, als dass sie mit schweren Kosten andere Fremde ins Land ziehen? – Sodann möchte ich auch erörtert wissen: wie lange, wieviel Jahrtausende dieses Verhältnis als Landeigentümer und Fremdling fortdauern soll? Ob es nicht zum Besten der Menschheit und ihrer Kultur gereiche diesen Unterscheid in Vergessenheit kommen zu lassen?

Mich dünkt ferner, die Gesetze sollen überhaupt keine Rücksicht auf besondere Meinungen nehmen. Sie sollten ihren Weg unaufhaltsam fortgehen und das vorschreiben, was dem allgemeinen Besten zuträglich ist, und wer zwischen seinen besonderen Meinungen und den Gesetzen eine Kollision findet, mag zusehen, wie er diese beheben kann. Soll das Vaterland verteidiget werden, so muss jeder hinzueilen, dessen Beruf es ist. Die Menschen wissen in solchen Fällen schon ihre Meinungen zu modifizieren und so zu wenden, dass sie mit ihrem bürgerlichen Berufe übereinstimmen. Man suche ihnen nur diesen Widerspruch nicht zu auffallend zu machen. In einigen Jahrhunderten hebt oder vergisst er sich von selbst. Auf diese Weise sind die Christen, der Lehre ihres Stifters ungeachtet, Weltbezwinger, Unterdrücker und Sklavenhändler geworden und so können auch Juden zum Dienste tauglich gemacht werden.

Quelle 4 und 5 zit. nach Moses Mendelssohn, Selbstzeugnisse, hg. v. Martin Pfeideler, Tübingen u. a. 1979, S. 195ff. und 186f.

6 *Michael Siegfried Lowe, nach einer Zeichnung von Daniel Chodowiecki (1726–1801), Examinierung Moses Mendelssohns am Berliner Tor in Potsdam, 1791, Kupferstich. 1771 lud Friedrich II. Mendelssohn nach Potsdam ein. Von der Schildwache wurde er mit den Worten angehalten: „Wo will der Jude hin?“*

1. *Erarbeiten Sie aus Mat. 1 bis 6 die rechtliche und gesellschaftliche Position der Juden in Preußen im 18. Jahrhundert.*
2. *Gehen Sie auf die Position Mendelssohns in der Auseinandersetzung um seinen „Schutzbrief“ ein (Mat. 4). Arbeiten Sie heraus, warum und in welcher Weise der Marquis d'Argens für Mendelssohn eintrat.*
3. *Welche Haltung nimmt Mendelssohn der Auffassung gegenüber ein, die Juden seien keine Deutschen (Mat. 5)?*
4. *Wie sieht Mendelssohn die Zukunft der Juden? Wie begründet er die gewünschte Entwicklung (Mat. 5)?*

7 *Brief Mendelssohns an einen Unbekannten vom 20. August 1770:*

Q Ich unterschreibe willig und von ganzem Herzen das Gute, was Sie von der Sittenlehre des neuen Testaments sagen. Ich glaube es gar gern, dass Jesus vieles von dem nicht gelehrt hat, was die christlichen Rabbinen so viele Jahrhunderte in seinem Namen gepredigt und warum sie so häufig gewürgt haben und sich haben würgen lassen.

Ein Christentum wie das Ihrige, mein Herr, würde unsere Erde in ein Paradies verwandeln, wenn es allgemein angenommen werden sollte. Und wer wird bei einer so wichtigen Sache sich bei einem Worte aufhalten? Soll man die reinste Sittenlehre Christentum nennen? Warum nicht, wenn dieser Name Nutzen bringen kann? Aber dieses Christentum ist wahrlich eine unsichtbare Kirche, die zum Teil aus Juden, Mohamedanern und Chinesen besteht, und worin vornehmlich Griechen und Römer zu rechnen sind. Es ist höchst sonderbar, dass unsere Urteile so übel zusammenhangen. In der Geschichte sind Griechen und Römer unsere Bewunderung und wir müssen in Vergleichung mit ihrer Tugend uns selbst verachten. Wenn wir aber in compendiis den Lohn der Tugend austeilen, die Seligkeit nämlich, so wird an Heiden gar nicht gedacht oder sie werden schnöde abgewiesen.

Ihre Frage: warum ich keine Proselyten[1] zu machen suche, hat mich ein wenig befremdet. Die Pflicht zu bekehren ist offenbar eine Folge aus dem Grundsatze, dass außerhalb der Kirche des Bekehrenden keine Seligkeit zu hoffen sei. Da ich, als Jude, nicht nötig habe diesen Satz anzunehmen, indem, nach der von mir angeführten Lehre der Rabbinen, die Tugendhaften eines jeden Glaubens gar wohl selig werden können, so fällt der Grund zur Bekehrung weg und ich bin vielmehr verbunden eine jede Religion, die eine gute moralische Seite hat, öffentlich nicht zu bestreiten.

[...] Es gibt, wie jedermann weiß, einen innerlichen und äußerlichen Gottesdienst, welche wohl unterschieden werden müssen. Der innerliche Gottesdienst der Juden hat keine anderen Vorschriften als die Vorschriften der natürlichen Religion. Diese sind wir allerdings verbunden auszubreiten; und so viel in meinem Vermögen steht, suche ich diese Pflicht zu erfüllen. Diese Pflicht nicht zu erkennen wäre die äußerste Lieblosigkeit; wiewohl sie auch ihre Grenzen hat und zuweilen ihre Einschränkung leidet. Hingegen ist unser äußerlicher Gottesdienst gar nicht bestimmt ausgebreitet zu werden, weil er Vorschriften enthält, die an Personen, Zeit und Umstände gebunden sind. Wir glauben zwar, unsere Religion sei die beste, weil wir sie für göttlich halten; aber daraus folgt nicht, dass sie schlechterdings die beste sei. Sie ist die beste für uns und unsere Nachkommen, die beste für gewisse Zeiten und Umstände und unter gewissen Bedingungen.

Welcher äußerliche Gottesdienst für andere Völker der beste sei, hat Gott ihnen vielleicht durch Propheten bekannt gemacht oder vielleicht ihrer Vernunft auszumachen überlassen. Ich weiß hiervon nichts und kann hierüber nichts bestimmen; aber so viel weiß ich, dass kein äußerlicher Gottesdienst allgemein sein könne und dass ich die Religion meiner Väter über ihre Grenzen ausdehne, wenn ich Proselyten zu machen suche.

1 Proselytenmacherei = aufdringliche Werbung für eine Religion oder eine andere Anschauung

Zit. nach Moses Mendelssohn, Gesammelte Schriften. Jubiläumsausgabe, Bd. 12/1, Briefwechsel II/1, Stuttgart 1976, S. 224f.

8 *Der amerikanische Rabbiner Albert H. Friedlaender (geb. 1927 in Berlin) zur Bedeutung von Moses Mendelssohn und der haskala, der jüdischen Aufklärung (1991):*

D Historiker und Theologen betrachten gewöhnlich die Zeit des Moses Mendelssohn (1729–1786) als den eigentlichen Anfang der Reformbewegung. [...] Sein ganzes Leben und seine ganze Lehre antworteten darauf, dass die europäische Judenheit damals begann die Ghettos zu sprengen und sich in eine scheinbar offene Kultur zu wagen. Mendelssohn selbst glaubte seine jüdische Identität auch ohne den Schutz der Mauern wahren zu können.

[...] Mendelssohns Korrespondenz mit den Denkern seiner Zeit erweist ihn als Teilhaber einer europäischen Kultur, der Rationalität und Ethik für vereinbar mit der Hebräischen Bibel hielt; mehr noch, ein Stück jüdisches Leben schien die Gesellschaft erreicht zu haben. Man konnte draußen an dieser Kultur partizipieren, ohne innen sein Judentum zu negieren. Freilich vergaß der Aufklärer über solcher Emphase nie die besondere, allein den Juden vergönnte Offenbarung der Tora; Jude sein hieß auch für ihn zur Leibgarde Gottes zu gehören. Später [im 19. Jahrhundert] wurde dies zum Motto: „Ein Jude zuhause, ein Mensch auf der Straße." In Wahrheit ist auch dieser Satz ein Stück Assimilation; heute würde man doch fragen: Warum nicht Jude auch auf der Straße?

Albert H. Friedlaender, Von Berlin in die Welt. Personen und Stationen der jüdischen Reformbewegung, in: Andreas Nachama u. a. (Hg.) Jüdische Lebenswelten. Essays, Berlin 1991, S. 13f.

1. *Analysieren Sie Mendelssohns Religionsbegriff und seine Stellung zur jüdischen Religion (Mat. 7 und 8). Warum bekannte er sich zum „Gottesdienst der Juden"?*
2. *Erarbeiten Sie am Beispiel Mendelssohns, welche Überzeugungen die Aufklärer im Hinblick auf die Stellung von Juden im Staat und in der Gesellschaft entwickelten. Diskutieren Sie die von Friedlaender (Mat. 8) aufgezeigten Möglichkeiten des Zusammenlebens von Christen und Juden.*

9 *Stich nach Moritz Oppenheim (1799–1882), Lavater und Lessing bei Mendelssohn, 1856, Öl auf Leinwand, 71,5 x 59,5 cm, Berkeley, C. A. Judah L. Magnes Museum*

1. *Beschreiben Sie den Stich nach Moritz Oppenheim (Mat. 9).*
2. *Welche Deutung des deutsch-jüdischen Verhältnisses gibt er mit seiner fiktiven Darstellung des Zusammentreffens der drei Männer?*

Gestaltete Natur: Park und Landschaft im 18. Jahrhundert

1 *Pierre Denis Martin (1663–1742), Schloss und Gartenanlagen in Marly, 1722, Öl auf Leinwand, Versailles, Musée National (Ausschnitt)*

2 *Ein anonymer Zeitgenosse 1796 zur Parkanlage in Machern:*

Q Sanfter als der Wollüstling auf schwellenden Polstern schlummert er [der ‚Empfindsame'] auf weichem Rasen, von deinen Eichen beschattet. Bei dir findet er Trost im Leiden. Du bist ihm alles. Mit frohem Bewusstsein, immer gut gehandelt, stets mit möglichster Treue seine Pflichten beobachtet zu haben tritt er in deinen Tempel und Tränen der Freude rollen von seinen Wangen. [...] Beseligt ihn das himmlische Gefühl reiner Liebe, dann zeichnet ihm die Zauberin Phantasie überall die Engelsgestalt seines geliebten Mädchens. [...]

Dank, inniger Dank sei dir geweiht, große Göttin der neueren Gartenkunst, dass du alles Gezwungene, alles Naturwidrige aus den Wohnungen unserer reinsten Freuden verbanntest, dass du da, wo die Natur vielleicht nur wenig Reize verstreute, eine Menge von Schönheiten ausgossest, und da, wo schon die Natur Entzücken auf die Fluren zauberte, die schönsten Kränze um die Werke deiner Schwester wandest. Doch du verbindest auch deine eigenen Werke mit denen der Natur um den stillen Beobachter zu der Erinnerung an die Vergangenheit zu führen. Dort stellst du in schattigen Hainen ein Denkmal auf, hier erinnerst du durch eine Statue an verflossne Jahrtausende. Aber du überhäufst deine Geschenke nicht, auch verdrängst du nicht die Natur aus ihrem Gebiete. [...]

Wie die leibhaftige Einbildungskraft des Landschaftsmalers ferne und schöne Gegenden wählt und aus ihnen ein reizendes Ganzes bildet, so vereinigt auch die Kunst bei der Anlage eines Lustgartens einzelne Schönheiten verschiedener Landschaften in Eines. Hier beobachtet sie den Gang der Natur und verbindet die Gegenstände, wie sie von dieser verbunden werden: denn nur die treue Nachahmung der Harmonie, welche die Werke der Natur umschlingt, gibt den Produkten der Kunst wahre, ewig dauernde Reize. Die neuere Gartenkunst ist es, welche mit wenigen Kosten verschönert, da im Gegenteil die ältere selbst mit dem größten Aufwand die schönsten Werke der Natur verstümmelte. Widernatürliche Beschneidung der Bäume und ähnliche Spielereien waren sonst die Reize der Gärten. Mitten in den Wäldern ging man schattenlos und fast bei allen Gärten, in denen alter französischer Geschmack herrschte, konnte man mit jenem großen Freund schöner Natur ausrufen:

Der Garten ist sehr schön geschmückt!
Hier Statuen und dort Kaskaden;
Die ganze Götterzunft, hier Faunen, dort Najaden
Und schöne Nymphen, die sich baden;
Und Gold vom Ganges hergeschickt
Und Muschelwerk und goldne Vasen
Und Porzellan auf ausgeschnittnem Rasen
Und buntes Gitterwerk und – Eines such ich nur
Ist's möglich, dass was fehlt? Nichts weiter – die Natur.

[...] Eigentlich ging, wie nach einer langen trüben Nacht, in vollem Glanz die Morgenröte des besseren Geschmacks aus England hervor und ihre milden Strahlen strömten auch auf Teutschland. Und nun erblicken wir in den meisten Gärten die Natur schwesterlich von der Kunst umarmt.

Zit. nach Renate Krüger, Das Zeitalter der Empfindsamkeit. 2. Aufl., Leipzig 1973, S. 56 ff.

3 *Plan des englischen Gartens in Machern bei Leipzig*

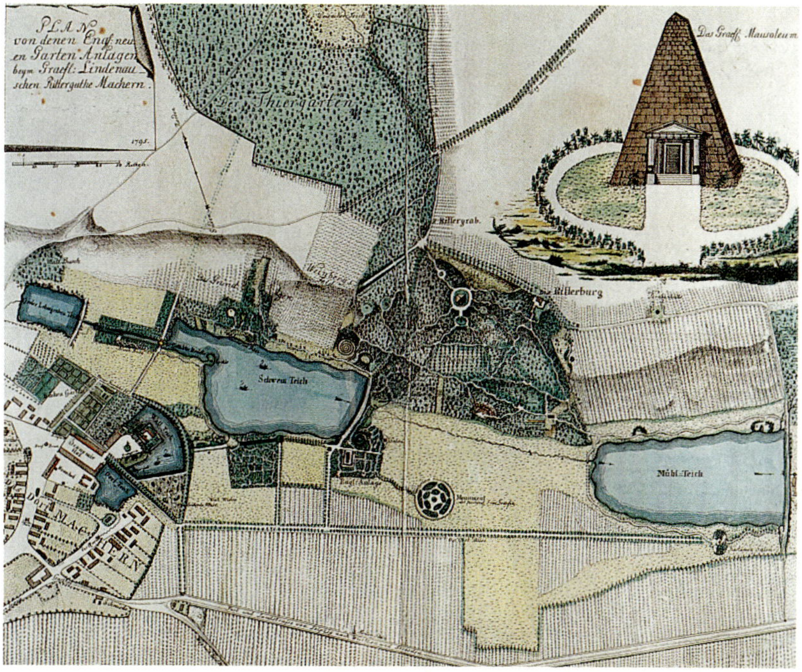

4 *Johann Wolfgang von Goethe (1749–1832) über die Parkanlagen in Wörlitz in einem Brief an Charlotte von Stein (1742–1827), 14. Mai 1778:*

Q Wörlitz, Donnerst. Nach Tische gehn wir auf Berlin über Potsdam. Hier ist's jetzt unendlich schön. Mich hat's gestern Abend, wie wir durch die Seen, Kanäle und Wäldgen schlichen, sehr gerührt, wie die Götter dem Fürsten erlaubt haben, einen Traum um sich herum zu schaffen. Es ist, wenn man so durchzieht, wie ein Mährgen, das einem vorgetragen wird, und hat ganz den Charakter der elysischen Felder; in der sachtesten Mannigfaltigkeit fließt eins ins andre, keine Höhe zieht das Aug' und das Verlangen auf einen einzigen Punkt, man streicht herum ohne zu fragen, wo man ausgegangen ist und hinkommt. Das Buschwerk ist in seiner schönsten Jugend und das Ganze hat die reinste Lieblichkeit. – Und nun bald in der Pracht der königlichen Städte, im Lärm der Welt und der Kriegsrüstungen.

Zit. nach Johann Wolfgang von Goethe, Briefe, Bd. 1, 2. Aufl., Hamburg 1968, S. 249.

5 *Aus einer Schilderung über die Landschaftsverschönerung im Seifersdorfer Tal (Wörlitz/Dessau), 1794:*

Q Hermanns Denkmal unter einer Eiche in einem deutschen Tal zu errichten ist gewiss eine der besten Ideen. Ist aber der große Schild, das Schwert, die Lanze und die Streitkolbe an einem Band befestiget, das […] sich oben in eine Schleife bildet, so finde ich diese Nebenverzierung eine Unschicklichkeit und damit gleich eine Warnung, dass man sich ja hüte auch durch gering scheinende Abweichung von dem Schicklichen eine gute Idee nicht zu verderben. Wäre die künstliche Gruppierung der Waffen vermieden, hinge jede derselben an ihrem einfachen Riem, eine auf der anderen, ohne die neumodische Schleife, so wäre keine Einwendung zu machen. […]
Der sogenannte Tempel, […] den ländlichen Freuden gewidmet, ist ein starker Beweis für das gute Herz seiner Stifter. Wer ein Tal für sich verschönert und seinen eigenen Genuss mit dem Genuss seiner Untergebenen so nahe zusammenhängt, der baut sich einen bleibenden Anspruch an allgemeine Achtung und Liebe. Dieses Gebäude ist aber auch seiner Lage und Bestimmung nach ein schönes Muster des Schicklichen. Es bezeichnet da, wo sich das verschönerte Tal gegen die Fluren des Landmanns erstreckt, den Platz, wo zuweilen die Untertanen auf Kosten des Gutsherrn sich freuen, und macht so das Glied aus, wodurch Genuss und Besitzungen des Herrn und des Untertanen zur Kette werden.

Zit. nach Taschenbuch auf das Jahr 1795 für Natur- und Gartenfreunde, Tübingen 1794, Nachdruck Stuttgart 1992, S 109ff.

6 *Karl Kuntz (1770– 1830), Der Venustempel zu Wörlitz, 1799, Aquatinta, Wörlitz, Staatliche Schlösser und Gärten*

7 *Georg Melchior Kraus (1737–1806), Die Wörlitzer Anlagen, um 1783, Tuschzeichnung, Wörlitz, Staatliche Schlösser und Gärten*

8 *Der deutsche Historiker Reinhard Alex über die zwischen 1765 und 1805 unter dem aufklärerisch gesinnten Fürsten Leopold Friedrich Franz von Anhalt-Dessau ausgeführten Maßnahmen bei Wörlitz (1988):*

D Der oft gebrauchte Begriff des Gartenreiches ist ja nicht allein wegen der zahlreichen, bereits vorhandenen und neu angelegten Gärten geprägt worden, sondern weil das gesamte Landschaftsbild entsprechend der Aufklärungsdevise „das Schöne mit dem Nützlichen" in Verbindung von Kunst und Ökonomie gestaltet wurde – eine Tatsache, die uns vom Beginn bewusster Landschaftsgestaltung auf dem Kontinent sprechen lässt. Immer wieder meinten die Zeitgenossen sich hier in einem großen Englischen Garten zu befinden. Die Auenwälder nahe von Mulde und Elbe, durch mittelalterliche Nutzung ausgelichtet, besaßen bereits eine parkähnliche Struktur. Beim Ausbau des Deichsystems gewann man neue Äcker und durch Rodungen landwirtschaftlich nutzbare Wiesenflächen im Überschwemmungsgebiet. Starke Eichen für die Schweinemast blieben jedoch als Solitärbäume erhalten. Diese weiträumigen Wiesen stellten nun die ästhetische Verbindung zwischen den Auenwaldgebieten und den hochstilisierten Gärten her. [...]

Eine weitere Erschließung der Landschaft unter ökonomischen Gesichtspunkten brachte die Einführung moderner Landwirtschaftsmethoden mit sich. Anhalt-Dessau ging seit den siebziger und achtziger Jahren des 18. Jahrhunderts auch auf diesem Gebiet voran. Angeregt durch Studien vor allem in England wurde hier die mittelalterliche Dreifelderwirtschaft durch die Fruchtwechselwirtschaft abgelöst. Dabei gewann der Anbau von Klee als Futtermittel eine wichtige Bedeutung. Neben der Einführung der Stalltierhaltung und der Schafzucht in großem Maßstab, der Futtermittelbevorratung für den Winter, der Kalkung und Humuswirtschaft auf den Äckern traten sozialökonomische Maßnahmen: die Aufteilung von Hutungen[1] und Triften[2] und der Verzicht auf das traditionelle feudale Vorrecht, im Frühjahr herrschaftliches Vieh über die Felder der Bauern auszutreiben. Zentren der Eroberung moderner Landwirtschaftsmethoden waren die fürstlichen Domänen, besonders in der Exklave Gröbzig und Wörlitz. Am östlichen Ortsrand von Wörlitz entstand zwischen 1783 und 1787, in beziehungsvoller Nachbarschaft zu den Gartenanlagen, ein von Erdmannsdorff nach architektonischen Prinzipien gestaltetes Mustergut. Es ist vorbildhaft auch insofern gewesen, als an menschenwürdige Wohnräume für die Landarbeiter, eine unter den damaligen Verhältnissen gute Entlohnung, Versorgung bei Krankheiten, Unglücksfällen und im Alter gedacht war. [...]

Von den zahlreichen Fremden, welche die aufsehenerregenden Anlagen und Bauten in Anhalt-Dessau besuchten, wurden immer wieder die hervorragend ausgebauten Wege und Straßen gerühmt. Pflanzungen mit verschiedenartigen Laub- und Nadelbäumen, vor allem jedoch mit Obstgehölzen, begleiteten sie, machten das Reisen in ihrem duftenden Schatten angenehm. Gerade der Obstanbau war eine geschätzte Nebeneinnahme der Dorfbewohner; ungehindert konnte der Reisende Früchte pflücken und sich erfrischen. Ruheplätze [...] boten dem Wanderer Erholung und Schutz vor Witterungsunbilden. Daneben gab es Raststätten [...]. Als Wegweisung für die Reisenden dienten, neben der der praktischen Schutzfunktion, die Solitärbäume an den Wällen. Andere Orientierungspflanzungen [...] wiesen auf Ausweichstellen für Kutschen und Fuhrwerke hin, hohe einzelstehende Pappeln auch auf wichtige Straßenabzweigungen im Lande. [...] So war im „wohladministrierten Land" Anhalt-Dessau, wie Goethe in „Dichtung und Wahrheit" die Wirkungen der aufgeklärten Regierungspraxis charakterisierte, das Wege- und Straßensystem mit seinen Bauten, Denkmälern, Pflanzungen und mannigfaltigen Aussichten planvoll angelegter, wesentlicher Bestandteil der Landesverschönerung.

1 minderes Weideland, in der Regel in Gemeindebesitz
2 geringwertige Weide, meist für Schafe

Reinhard Alex, Schlösser und Gärten um Wörlitz, Leipzig 1988, S. 97ff.

1. *Arbeiten Sie heraus, welche Empfindungen Goethe und seine Zeitgenossen beim Besuch der Parks von Machern und Wörlitz hatten (Mat. 2, 4 und 5). Zu Goethes Sicht können Sie sich in seinem Roman „Die Wahlverwandtschaften" (1809) informieren, in dem er darstellt, was Gartenkunst für die Menschen jener Zeit bedeutete.*
2. *Welche Gedanken sollten die Anlagen im Seifersdorfer Tal im Betrachter wecken (Mat. 5)? Welche Mittel wurden dort eingesetzt?*
3. *Beschreiben Sie anhand von Mat. 3, 6 und 7, wie die Ziele der neuen Gartenkunst verwirklicht wurden. Grenzen Sie diese Gärten von Marly (Mat. 1) ab.*
4. *Welche Maßnahmen wurden insgesamt zur „Landesverschönerung" in Anhalt-Dessau durchgeführt (Mat. 8)?*
5. *Erläutern Sie, welche politisch-sozialen und ökonomischen Ursachen und Interessen die Gartenkunst und die „Landesverschönerung" beeinflussten. Welches Menschenbild und welche Vorstellung zum Verhältnis von Mensch und Natur lässt sich aus den Quellen entnehmen?*
6. *Informieren Sie sich über die Anlagen von Machern und Wörlitz heute. Wo gibt es in Ihrer Region historische Parkanlagen? Bearbeiten Sie Frage 3 anhand eines Beispiels aus Ihrer Region.*

„Seinen Himmel wird sich jeder Einzelne ausdenken müssen“

Zur Lesesucht zwischen Aufklärung und Revolution

Von Harro Zimmermann

Deutschland im 18. Jahrhundert, im Zeitalter der Aufklärung: ein Land der Bücher. Zwischen 1740 und 1800 verdreifachte sich die Buchproduktion, Werke der „schönen Künste und Wissenschaften“ machten fast ein Viertel davon aus. Um ein Dreifaches nahm in dieser Zeit die Zahl der Autoren zu und etwa 25 Prozent der Deutschen über sechs Jahre dürften um 1800 als tatsächliche oder potentielle Leser betrachtet werden.

Auch dies erklärt, warum die Intellektuellen der deutschen Aufklärung an die Bücher und an die Lektüre die höchsten Erwartungen knüpften, ja geradewegs mit utopischen Visionen in Verbindung brachten. Bücher regieren „durch moralische Kraft die Welt“, formulierte der radikale Aufklärer Karl Friedrich Bahrdt 1798. Das Lesen, so betonte Johann Adam Bergk, dient der „Vollkommenheit unserer Kräfte. Ein vollkommener Mann beugt sich weder vor dem Schicksal, noch vor den Menschen, Freiheit gibt Würde und diese vergöttert unser Dasein.“ Bergk stand mit diesen hochgespannten Erwartungen keineswegs allein. Wer las, wer die „richtige“ Lektüre wählte, der humanisierte nicht nur sich selbst, sondern auch seine Mit- und Umwelt. Individuelle Aufklärung, verstand man sie recht, griff über auf die Gesellschaft aller Bildungsfähigen und Bildungswilligen. Kein geringerer als Immanuel Kant hatte die berühmte Maxime propagiert, dass „ein Publikum sich selbst aufkläre, (sei) möglich: ja es (sei), wenn man ihm nur Freiheit (lasse), beinahe unausbleiblich“.

Die Lesegesellschaften: „Rang kömmt gar nicht in Anschlag“

Der Kantsche Optimismus war nicht rein idealistischer Natur. Es gab dieses lesende Publikum in Deutschland. Und es war ihm längst gelungen feste Institutionen und Medien des öffentlichen Diskurses und der (Selbst-)Aufklärung zu etablieren. Die wichtigsten dieser Einrichtungen stellten die Lesegesellschaften dar; von ihnen dürfte es in der zweiten Hälfte des 18. Jahrhunderts allein in Deutschland über 500 gegeben haben.

Johann Heinrich Tischbein d. Ä. (1722–1789), Die Vorlesung, Öl auf Leinwand, 110 x 145 cm, mit der Bezeichnung „Der Hamburgischen Lesegesellschaft gewidmet von J. H. Tischbein 1773“, Hamburg, Staats- und Universitätsbibliothek (Ausschnitt)

Lektüre, so zeigen diese Institute der sich damals ausbildenden Öffentlichkeit, war nicht nur auf Vergnügliches aus: auf empfindsame Romane, auf Ritter-, Räuber-, Abenteuer- oder Liebesgeschichten, sie diente ebenso sehr der Information und Bewusstseinsbildung jener bürgerlichen Schichten, die allmählich lernten selbstbewusst gegenüber der sozial führenden Adelskultur aufzutreten. In der Satzung der Bonner Lesegesellschaft hieß es z. B.: „Die Auswahl der zu lesenden Schriften und alle anderen in der Gesellschaft nötigen Gesetze hängen ganz allein von der Mehrheit der Stimmen der Mitglieder ab: Denn es ist eine ganz gleiche Gesellschaft, in welcher jedes Mitglied gleiche Rechte hat.“ In der Lesegesellschaft war ein Stück gesellschaftlicher Utopie vorweggenommen. Bürgertum und Adel waren einander völlig gleichberechtigt: „Rang kömmt gar nicht in Anschlag.“ Gerade die Bonner Sozietät wollte deshalb „zum Besten unserer Mitmenschen“ tätig werden und die „wahren Tugenden“, „Vernunft“ und „wohlwollende Empfindungen“ in der Gesellschaft verwirklichen helfen. Der Lektüre und dem Gespräch wurde dabei nicht weniger zugetraut als die Überwindung von „Anarchie und Despotismus", von politischer „Schmeichelei und Falschheit", von „Ausschweifung und Zügellosigkeit jeder Art".

Vom „geheimen Grauen" und der „unendlichen Lust" des Lesens

An solcherart Verfehlungen mangelte es freilich nicht, nicht einmal auf dem literarischen Markt. Der Umgang mit der Lektüre verlief nicht allerorten in so geregelten Bahnen wie in den Lesegesellschaften. Gewiss, Lesen war ein Prozess der persönlichen und geselligen Kultivierung, des Wissenserwerbs und der Umsicht in der Welt, aber Lesen hatte auch mit Untergründigem zu tun, mit geheimen Wünschen und Lüsten, ja mit erschreckenden „Wallungen" und „Hitzezuständen". Anton Reiser, der leidende Held des ersten psychologischen Romans in der deutschen Literaturgeschichte, verspürte die Wirkung des Lesens als „Opium". Henrik Steffens sprach vom „geheimen Grauen" in der Lektüre. Beim Vertiefen in ein Buch war ihm, „als ahnte ich die Schmerzen, die keinem geistig bewegten Gemüt lang fremd bleiben können. Der geheime Schmerz, der kaum geahnt in der Freude des Wissens ruht, ward ein geheimer Stachel, der die Lust erhöhte. Ein geheimes Grauen verband sich mit einer unendlichen Lust. Ein neuer Grundton meines Daseins war angeschlagen und bebte leise, in gewaltigen Schwingungen in meinem Innern nach. Es war die innerste, die erste, tiefste Erschütterung des jugendlichen Gemüts." Ganz offensichtlich gerieten beim Lesen nicht nur die „höheren" Verstandeskräfte in Schwingung, sondern auch seelische Tieflagen, von denen der Leser bisweilen selbst überrascht wurde. Die Lektüre regte Bedürfnisse der Seele, verborgene Phantasien, auch narzisstische Träume an, die zu suchtartigem (Lese-)Verhalten führen konnten: einer Gefahr, der die Aufklärer aller Couleur im 18. Jahrhundert den Kampf ansagten.

Begonnen hatte die Auseinandersetzung ums gute oder schlechte Lesen bereits Anfang der siebziger Jahre mit Goethes „Die Leiden des jungen Werther" und Johann Millers schmerzensseligem „Siegwart". Die Kritik an der „Empfindelei", am Werther- und Siegwart-Fieber, lief schon bald auf den Vorwurf hinaus, die emotional übersteigerte Lektüre, das extensive Lesen, führte zu maßloser Affektivität, zu Schwärmerei, Melancholie, Hypochondrie, ja zur sozialen Rebellion und ungezügelten Geschlechtslust.

Wie musste sich dieser Disput noch verschärfen, als in den achtziger und neunziger Jahren der Buchmarkt nahezu explodierte, als immer mehr Bücher hergestellt und gelesen wurden? Von verderblichster „Vielleserei" sprach man nun, gar von einer „Leseseuche". Die skurrilsten Formulierungen aus der Seelen- und Leibespathologie kamen in Umlauf um der Verärgerung, der Verunsicherung, wenn nicht dem Entsetzen vor dieser Lektüremalaise Ausdruck zu verleihen. Ungesunde „Hitze" wurde bei den Viellesern diagnostiziert, auch von „Fieber", von „Gier" und „Pestilenz" war die Rede. Was hatte nicht alles zu gewärtigen, wer zuviel und nur aus Zerstreuung las. „Gutes" und „richtiges" Lesen war der Diätetik des Leibes vergleichbar, „falsches" hatte die ärgsten Folgen: „Das Gedächtnis gleicht dem Magen, den die Natur zur Zubereitung des Nährungssaftes bestimmt hat. Wenn dieser mit Speisen mancherley Art überladen wird, dass sie die Dauungskräfte übersteigen: So erzeugt sich kein gesunder Nahrungssaft, sondern ein drückender fremder Brei, der viele Winde und Blähungen erzeugt und der Geblütsmasse zähe und scharfe Säfte mitteilt, welche dieselbe verderben und ein Zunder von vielerley Krankheiten werden, den Leib entkräften und endlich eine gänzliche Zerstörung anrichten."

Wen diese Diagnose noch nicht zu heilsamer Mäßigung beim Lesen anhielt, der konnte in den Schriften des Pädagogen Johann Georg Heinzmann die allerschärfsten Warnungen vor der „Leserey" formuliert finden. Der nämlich befürchtete sogar „große Empfindlichkeit, Hitzblattern, Podagra, Gicht, Hämorrhoiden, Engbrüstigkeit, Schlagflüsse, Lungenknoten, geschwächte Verdauung, Nervenschwäche, Migräne, Epilepsie, hässliche Leidenschaften: Traurigkeit, Unwillen, Missvergnügen, Eifersucht und Neid, Trotz und Eigendünkel, Müßiggang und Unzucht". Zuviel Lesen, Lektüre zur bloßen Unterhaltung, musste geradewegs zur persönlichen und unter Umständen zur gesellschaftlichen Katastrophe führen. Johann Adam Bergk nannte die „Lesewut" deshalb einen „Hochverrath an der Menschheit".

„Revolutionen in der Familie …"

Schlimm genug erschien es den Lesepädagogen des 18. Jahrhunderts, dass alle Stände, sogar „Bedienstete, Bauern und Bürger aller Art", sich der unkontrollierten Leserei hingaben. Dass aber auch die Frauen und Kinder von diesem Fieber befallen waren, konnte nur die bedrohlichsten Folgen haben. Heinzmann schrieb: „Sobald ich einen jungen Menschen oder eine Jungfrau über den Lese-Läden-Büchern antreffe, so entsetzt sich mein Geist; ich sehe das Unglück dieser Menschen schon voraus. Phlegma, Indolenz, Unentschlossenheit, Furchtsamkeit ist unserm heutigen Menschengeschlecht fast durchgängig eigen; der Trieb zur Wollust wird durch so vieles Lesen, Betrachten, Selbstdichten und Schreiben genährt –

Langsamkeit, Müßiggang, Bequemlichkeit, Lernsucht und Nichtsthun nimmt überhand. Der Begattungstrieb keimt schon in unsern Knaben, wenn sie kaum sich selbst die Nase putzen können, denn es giebt keine Kinder mehr – man macht sie gleich zu Männern, zu altklugen Buben, die schon frühe die Triebe der Unzucht fühlen – durch Selbstbeleckung ihre Kräfte aufreiben und nie wahre kraftvolle, bescheidene und thätige Männer werden."

Was für das Lesen unter Kindern und Jugendlichen galt, war bei den lesenden „Frauenzimmern" nicht weniger häufig zu beobachten. „Namentlich ist schier unsere ganze Belletristik geradezu unter den Pantoffel gekommen", schrieb damals ein aufgebrachter männlicher Zeitgenosse. Längst seien die Frauen keine wirklichen „Mütter und treuen Gattinnen" mehr, so der schon zitierte Pädagoge Heinzmann. „Ungekünstelte, ungeschminkte, gute, dienstbare, geduldige Mädchen" seien Erscheinungen einer besseren Vergangenheit. „O die Weiber – die Weiber, als sie noch nicht mehr wussten, als ihre Familie glücklich zu machen, haushälterisch den Großvatersegen anzuwenden und zu vermehren, da war es eine Freude, in den deutschen Gefilden zu wohnen." Jetzt aber seien wahre „Revolutionen in der Familie sichtbar".

Nicht zufällig wählte Heinzmann den Begriff „Revolution". Denn, was dem Debakel der weiblichen Leselust die Krone aufsetzte: Mit den Büchern hatte die Politik Einzug in die traute Wohnstube gehalten und dort den Brandgeruch des „Demokratismus" verbreitet. Das „ewige Schwatzen von Rechten der Menschheit hat viele Frauenzimmer gewonnen, sie zu schwärmerischen Demokratinnen gemacht. Mancher möchte die völlige Gleichheit in ihrer Wohnstube nicht übel gefallen, wenn sie hier den Royalismus abschaffen könnte, aber der Mann und die Natur, ihr ärgster Tyrann, wollen es nicht".

„... und anderswo"

Die „Lesewut" passte zu einem Zeitalter revolutionären Denkens und revolutionärer Aktionen. Im Nachbarland der Deutschen hatte man unter gewaltsamen Eruptionen den Versuch unternommen eine jahrhundertealte soziale und politische Welt von heute auf morgen umzuwälzen. Diesseits des Rheins blieb davon kaum jemand unberührt. Ein „Meer von Meynungen" brandete in der Öffentlichkeit auf, überall erfuhr man von widerstreitenden Interessen und Anschauungen, es wurde räsonniert, debattiert und gehadert, man schwelgte in Gefühlen und Leidenschaften, die Phantasmagorien in den Romanen und Periodika kitzelten die Sensationsgier, die Selbstsucht und den Ehrgeiz der Menschen; ja, am Ende drohte die völlige Zerstörung der ge-

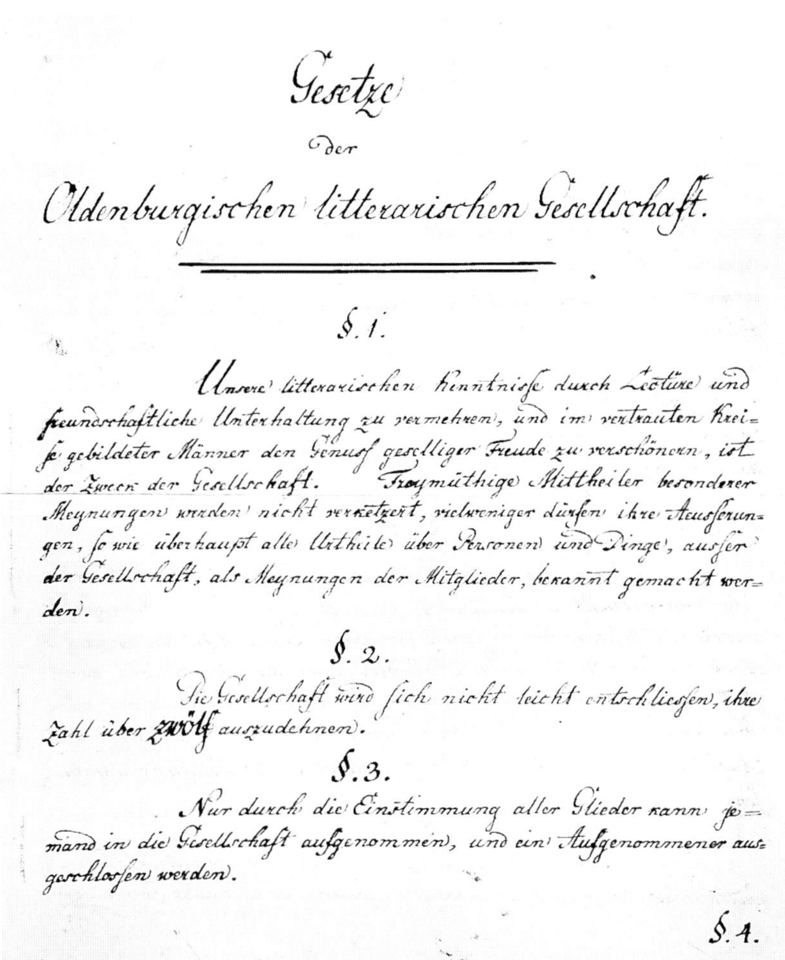
Gesetze
der
Oldenburgischen litterarischen Gesellschaft.

§. 1.

Unsere litterarischen Kenntniße durch Lectüre und freundschaftliche Unterhaltung zu vermehren, und im vertrauten Kreiße gebildeter Männer den Genuß geselliger Freude zu verschönern, ist der Zweck der Gesellschaft. Freymüthige Mittheiler besonderer Meynungen werden nicht verketzert, vielweniger dürfen ihre Aeusserungen, so wie überhaupt alle Urtheile über Personen und Dinge, ausser der Gesellschaft, als Meynungen der Mitglieder, bekannt gemacht werden.

§. 2.

Die Gesellschaft wird sich nicht leicht entschließen, ihre Zahl über zwölf auszudehnen.

§. 3.

Nur durch die Einstimmung aller Glieder kann jemand in die Gesellschaft aufgenommen, und ein Aufgenommener ausgeschlossen werden.

§. 4.

Gesetze der Oldenburgischen Literarischen Gesellschaft, nach 1778, Faksimile der ersten Seite des handschriftlichen Originals, Oldenburg, Staatsarchiv sellschaftlichen Ordnung des historisch gewachsenen Ancien Régime. Wo blieb da die aufgeklärte „Vernunft"? Was geschah mit der Utopie von der „einen" sympathischen Menschengemeinschaft, die jenseits von Despotie und Machtpolitik nur die freie Assoziation moralisch geläuterter Bürger kennen wollte?

Das Lesen hatte man einmal als die „Seele" dieser erhofften Humanisierungsprozesse verstehen können – wozu schien es am Ende des 18. Jahrhunderts heruntergekommen? Mit Erschrecken stellt sich Johann Rudolph Beyer ein lesendes „Geschöpf" vor, das ständig „bald an der Obrigkeit und Staatsverwaltung, bald an den Sitten und Gebräuchen des Landes und der Zeitgenossen etwas auszusetzen hat, und alles in der Welt reformiert und umgeschmolzen haben möchte". „Ein Land, wo sich viele solcher Leser finden", heißt es bei Heinzmann, sei „keinen Augenblick sicher vor einem Umsturz aller sittlichen Ordnung und aller Regierungsform. Und wenn selbst die Weiber und Töchter noch daran Theil nehmen, wie es jetzt bereits geschieht, so sehe ich nicht ein, an welchen starken Fäden noch das politische Gebäude aufrecht erhalten wird, es steht so unsicher, dass der erste Sturm die Grundfeste in sich selbst erschüttert, und allmählich sinkt das Gebäude zusammen."

Die Leseexplosion um 1800 war ohne jedes historische Vorbild, ebenso wie die Wirklichkeit des Revolutionszeitalters selbst. Keinem Menschen schien es mehr vergönnt sich in einer sinn- und normgebenden Tradition aufgehoben zu wissen: „Zerstückelt, zerrieben liegen die Elemente der Menschheit von Jahrhunderten da", schrieb Rahel Varnhagen 1811. Jede Orientierung in der Gegenwart schien unwiderruflich dem Bewusstsein des einzelnen Menschen auferlegt. Das Ich, jene durch falsche Lektüre so gefährdete Instanz also, sollte zurückgewinnen können, was der „äußeren" Lebenswelt abhanden gekommen war? „Seinen Himmel", schrieb Rahel Varnhagen zu Beginn des 19. Jahrhunderts, „wird sich jeder Einzelne ausdenken müssen." In den Auseinandersetzungen um die „Lesewut" blitzte auf, was fortan „Modernität" bedeuten sollte: das „Vorübergehende, das Entschwindende, das Zufällige" (Charles Baudelaire).

Dr. Harro Zimmermann (geb. 1945), Redakteur für Literatur bei Radio Bremen

Dionys van Nymegen (1705–1798), Zwei Kinder vor einem Buch, undatiert, Kohlezeichnung, 25,4 x 18,8 cm, Privatbesitz

Welche Ausführungen sind bei Harro Zimmermann zu der gängigen These zu finden, zwischen Lesen und Aufklärung herrsche eine „symbiotische Beziehung"?
Warum wird das Lesen bei Frauen für besonders gefährlich gehalten?
Diskutieren Sie den von Zimmermann hergestellten Zusammenhang von Lesen und Modernisierung.

PASSANS
CETTE TERRE
EST LIBRE.

England, Amerika, Frankreich

Es ist merkwürdig: Von den großen Revolutionen der frühen Neuzeit sind die beiden ersten, nämlich die Englische Revolution des 17. Jahrhunderts und die Amerikanische Revolution von 1776, nur Experten für Geschichte bekannt, während die Französische Revolution von 1789 fast jeder kennt. Dabei sind alle drei für das, was heute in den Feuilletons der Zeitungen als das „Projekt Moderne“ bezeichnet wird, d. h. die Formulierung und Durchsetzung der Menschen- und Bürgerrechte, die Volkssouveränität, den Parlamentarismus, die Demokratie, von großer Bedeutung und historisch aufeinander bezogen.

Von den englischen Revolutionen des 17. Jahrhunderts ist die *Glorious Revolution* von 1688/89 die bekanntere. Mit der *Bill of Rights* von 1689, die den König der Kontrolle eines freien Parlaments unterstellte, hat sie den Parlamentarismus als Gegenmodell zur absoluten Monarchie dauerhaft begründet. Die eigentliche Englische Revolution fand jedoch zwischen 1640 und 1660 statt und in ihr ging es erstmals um die politischen Freiheitsrechte jedes Einzelnen als Kern der modernen Staats- und Gesellschaftsordnung, wobei der Kampf um religiöse Rechte die libertäre, die freiheitliche Stoßrichtung der Revolution verstärkte. Die Hinrichtung Karls I., der England rekatholisieren und auf den Weg einer absoluten Militär- und Beamtenmonarchie bringen wollte, war 1649 ihr symbolischer Höhepunkt, weil die Macht des Königtums vor aller Welt als eine vom Parlament und von den Gesetzen abhängige augenfällig wurde. Die Hinrichtung Ludwigs XVI. in der Französischen Revolution knüpfte an dieses Ereignis an und zerstörte die Vorstellung von der „Heiligkeit“ der Monarchie endgültig.

Die Amerikanische Revolution bezog sich insofern auf die englischen Revolutionen, als sich die aufständischen Kolonisten anfangs auf die „Rechte jedes freien Engländers“ beriefen. Aber sie gewann rasch eine neue Qualität, indem die noch englischen Kolonisten den bis dahin theoretischen Begriff der Volkssouveränität in die Praxis umsetzten. Sie erklärten die Kolonien zu einer unabhängigen Republik, in der das Volk sich selbst regiert. Als Verfassungsrevolution schuf sie eine „völlig neue Legitimationsgrundlage politischer Herrschaft ..., das Konzept vom ‚Volk als der konstituierenden Gewalt‘“.[1]

„In Amerika“, schrieb 1833 Alexis de Tocqueville, wirke die Gesellschaft „durch sich selbst und auf sich selbst. Nur in ihr gibt es Macht ... Das Volk nimmt an der Abfassung der Gesetze teil durch die Wahl der Gesetzgeber, an ihrer Anwendung durch die Wahl der Mitglieder der ausübenden Gewalt ... Das Volk beherrscht die amerikanische politische Welt wie Gott das All. Es ist Ursprung und Ziel aller Dinge; aus ihm geht alles hervor und zu ihm kehrt alles zurück.“[2]

Und es war auch die Amerikanische Revolution, die mit der *Virginia Bill of Rights* von 1776 die erste Proklamation der Bürger- und Menschenrechte hervorbrachte. Sie blieben in der Verfassung schließlich auf die freien männlichen Bürger beschränkt. Aber in den Verfassungsversammlungen der Gemeinden und Staaten wurde sehr ernsthaft erörtert, ob es rechtens sei die Frauen und die Sklaven in den Südstaaten von den Menschen- und Bürgerrechten auszuschließen. Die relativ frühe politische Gleichberechtigung der Frauen in einigen amerikanischen Bundesstaaten hat hier eine ihrer Wurzeln. Die Verbindung von libertären und egalitären Prinzipien war ein Kennzeichen der Amerikanischen Revolution und eines Landes, in dem es zu jener Zeit viel weniger soziale Ungleichheit gab als in Europa.

Die welthistorische Bedeutung der Französischen Revolution lag vor allem darin, dass sie die Prinzipien der Englischen und der Amerikanischen Revolution universalisierte und radikalisierte. Der Sieg der Revolution in Frankreich, dem damals mächtigsten Staat auf dem Kontinent, bedeutete das definitive politische Ende Alteuropas. Die französische Revolutionsarmee und die napoleonischen Heere trugen die Ideen der Revolution in jedes europäische Land und entzündeten im Namen der Freiheit überall den Nationalismus. Wie keine der vorhergehenden Revolutionen erzeugte sie jedoch auch Gegenkräfte, nicht nur bei den um ihre Throne fürchtenden Monarchen. Die radikale Phase der Französischen Revolution bzw. die Frage, ob Freiheit, Gleichheit und Gewalt vereinbar sind, ließ viele Zeitgenossen an der „Vernunft der Revolution“ zweifeln und trennt bis heute die Geister.

Auf den folgenden Seiten sollen der Zusammenhang der drei Revolutionen und ihre Bedeutung für die politische Grundlegung der modernen Welt dargestellt werden. Die Ideen der Revolutionen des 17. und 18. Jahrhunderts wirken fort: Wir alle sind ihre Erben in den politischen Grundsatzfragen unserer Zeit, etwa der, ob eine Nation sich durch ihre liberal-demokratische Verfassung oder durch gemeinsame Herkunft definiere. Das Gleiche gilt für die Frage, ob die völkerrechtliche Geltung des Prinzips der staatlichen Souveränität wichtiger sei als die Durchsetzung der Menschen- und Bürgerrechte in allen Ländern der Welt.

Johann Wolfgang von Goethe (1749–1832), Landschaft mit Freiheitsbaum, 1792, Bleistift, Feder, braune Tinte, aquarelliert, 30,1 x 26,4 cm, Düsseldorf, Goethe-Museum

1529–40 Reformation in England unter Mitwirkung des Parlaments

1603–29 Auseinandersetzungen um die Prärogative zwischen Parlament und Krone in England

1642–48 Bürgerkriege in England zwischen Krone, Parlament und Armee

1649 Hinrichtung Karls I. von England; England unter Cromwell Republik (bis 1660)

1653 *Instrument of Government* in England: erste geschriebene Verfassung

1660 Restauration der Monarchie in England, Abschaffung der Feudallasten und königlichen Sondergerichte

1679 Habeas-Corpus-Akte in England

1688/89 *Glorious Revolution* in England

1689 *Declaration of Rights* in England

1756–63 *French and Indian War* in Nordamerika (Siebenjähriger Krieg); Kanada wird britisch

1765 Stempelsteuergesetz für die nordamerikanischen Kolonien

1767 Neue Einfuhrzölle in den nordamerikanischen Kolonien

1773 Teegesetz in den nordamerikanischen Kolonien; *Boston Tea Party*

1774 Erster Kontinentalkongress der nordamerikanischen Kolonien

1775 Erste Gefechte zwischen Engländern und Kolonisten

1776 *Virginia Bill of Rights:* Unabhängigkeitserklärung der Vereinigten Staaten von Amerika (4. Juli); Konstituierung als Staatenbund

1778 Bündnis USA-Frankreich

1783 Beendigung des nordamerikanischen Unabhängigkeitskrieges: Anerkennung der Souveränität der USA durch Großbritannien

1787 Bundesstaatliche Verfassung der USA; 1791 werden die *Bill of Rights* Bestandteil der Verfassung

1789 Französische Revolution: Der Dritte Stand der Generalstände erklärt sich zur Nation (17. Juni); Sturm auf die Bastille (14. Juli); Abschaffung der Privilegien (4. August); Erklärung der Menschen- und Bürgerrechte (26. August)

1791 Erste französische Verfassung (konstitutionelle Monarchie)

1792 Krieg Frankreichs gegen Österreich und Preußen (bis 1797); Septembermorde; Abschaffung der Monarchie

1793 Hinrichtung Ludwigs XVI.; die europäischen Staaten mit Ausnahme Russlands schließen sich dem Krieg gegen Frankreich an (1. Koalitionskrieg); Unruhen in Paris und in der Provinz, vor allem in der Vendée; Herrschaft des Sicherheits- und Wohlfahrtsausschusses; Beginn der *terreur* (September)

1794 Hinrichtung Dantons; Sturz Robespierres am 9. Thermidor (27. Juli)

1795–99 Herrschaft des Direktoriums

1796 Beginn des Italienfeldzuges unter Napoleon Bonaparte

1799 Staatsstreich Napoleon Bonapartes (18. Brumaire = 9. November); Konsularverfassung

1799–1802 2. Koalitionskrieg (England, Österreich und Russland gegen Frankreich)

1804 Bonaparte als Napoleon I. zum „Kaiser der Franzosen" gekrönt

1805 3. Koalitionskrieg

1812 Niederlage der napoleonischen Armee in Russland

1814/15 Wiener Kongress; Ende der napoleonischen Herrschaft

1830 Revolutionen in Paris („Julirevolution"), Brüssel, einigen deutschen Staaten und Polen

1848/49 Revolutionen in Frankreich, in den deutschen und in anderen europäischen Staaten

1871 Aufstand der Pariser Kommune

Revolutionäre Wellen in Europa 1640–1871

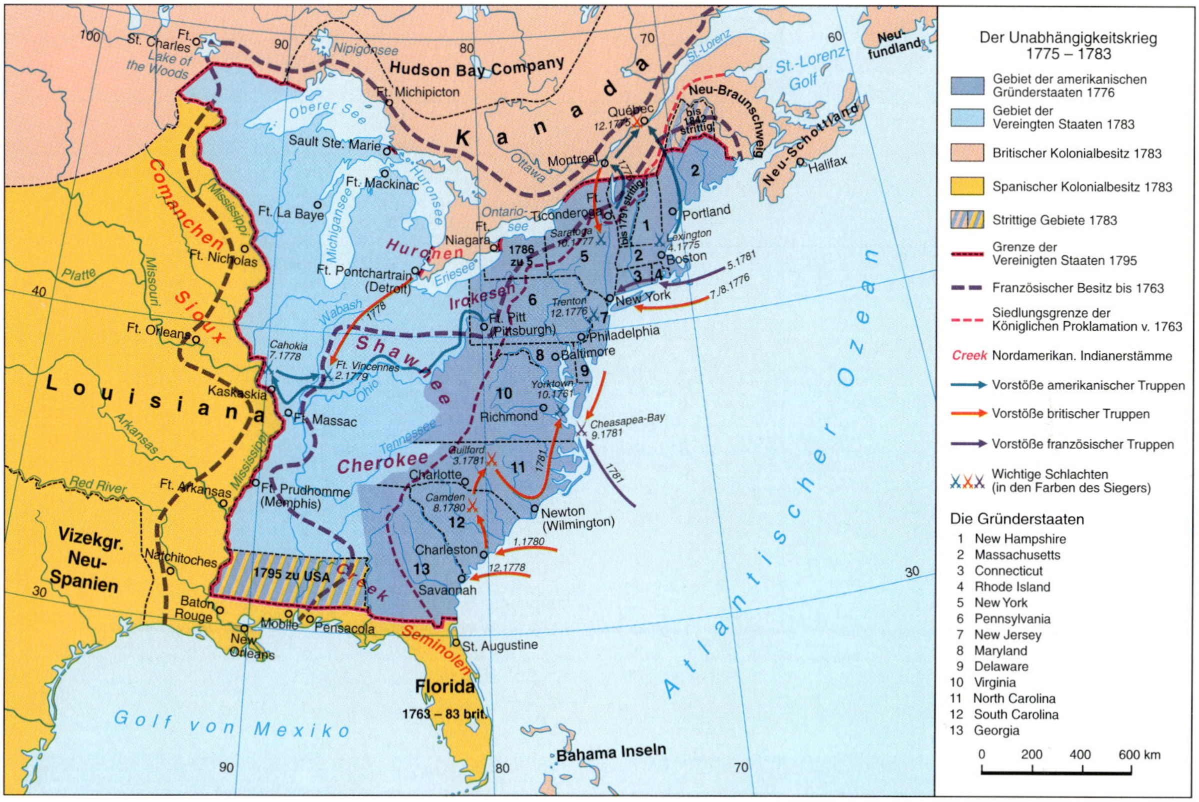

Entstehung der USA 1763–1795

Bonapartismus: Bezeichnung für eine von Napoleon I. und Napoleon III. ausgebildete Herrschaftstechnik. Sie fördert einerseits mit Hilfe der Bürokratie und des Militärs eine teilweise Modernisierung von Staat, Gesellschaft und Wirtschaft, was ihr die politische Unterstützung eines großen Teils des Bürgertums sichert. Andererseits bleibt die eigentliche Macht im Staat in der Hand des bonapartistischen Staatsmanns konzentriert.

Bundesstaat → Begriffe Kap. 8

Bürger, Bürgertum: Im Mittelalter und in der frühen Neuzeit vor allem die freien und vollberechtigten Stadtbewohner, im Wesentlichen die städtischen Kaufleute und Handwerker; im 19. und 20., in einigen Ländern (z. B. England) auch schon im 18. Jh., die Angehörigen einer durch Besitz, Bildung und spezifische Einstellungen gekennzeichneten Bevölkerungsschicht, die sich von Adel und Klerus, Bauern und Unterschichten (einschließlich der Arbeiter) unterscheidet. Zu ihr gehören Besitz- oder Wirtschaftsbürger (= Bourgeoisie, also größere Kaufleute, Unternehmer, Bankiers, Manager), Bildungsbürger (Angehörige freier Berufe, höhere Beamte und Angestellte zumeist mit akademischer Bildung), am Rande auch die Kleinbürger (kleinere Handwerker, Krämer, Wirte). Staatsbürger meint dagegen alle Einwohner eines Staates ungeachtet ihrer sozialen Stellung, soweit sie gleiche „bürgerliche" Rechte und Pflichten haben (vor Gericht, in Wahlen, in der öffentlichen Meinung). Staatsbürger im vollen Sinne waren lange Zeit nur Männer und nur die Angehörigen der besitzenden und gebildeten Schichten, im 19. Jh. allmähliche Ausweitung auf nichtbesitzende männliche Schichten, im 20. Jh. auf Frauen.

Bürgerliche Gesellschaft: Die Gesellschaft, in der das Bürgertum, insbesondere die Bourgeoisie (also das Wirtschaftsbürgertum) zur führenden Schicht oder Klasse wird. Sie löste im 18. und 19. Jh. die alte Feudalgesellschaft ab, in der Adel und Klerus die bestimmenden Stände waren. Mit der Industriellen Revolution und dem nach und nach durchgesetzten Verfassungsstaat gewann das Bürgertum immer mehr Einfluss und Macht.

Chiliasmus (griech. *chílioi* = tausend): Lehre von einer tausendjährigen Herrschaft Christi auf Erden vor dem Ende der Welt; bezeichnet religiös-politische Bewegungen, die den Anbruch eines Friedensreiches auf Erden erwarten.

Girondisten: Politische Gruppierung des liberalen Bürgertums in der Französischen Revolution, deren Name sich vom Département Gironde ableitet, aus dem

Die Verfassung Großbritanniens im 18. Jahrhundert

Die Verfassung Großbritanniens wurde nie in Form eines zusammenhängenden Verfassungsdokuments aufgezeichnet. Das britische Verfassungsrecht setzt sich zusammen aus Parlamentsgesetzen, richterlichen Entscheidungen sowie jahrhundertealten Einzelgesetzen, die die Rechte und Pflichten der Bürger festlegen und das Verhältnis der drei Gewalten (Legislative, Exekutive, Jurisdiktion) zueinander regeln.
Bestimmend für das Verfassungsrecht im 18. Jahrhundert waren die Habeas-Corpus-Akte von 1679 (Schutz vor willkürlicher Verhaftung; Sicherung der persönlichen Freiheit) und die *Bill of Rights* von 1689: Gesetze konnten seither nur von König und Parlament, d. h. von Oberhaus *(House of Lords)* und Unterhaus *(House of Commons)*, gemeinsam erlassen werden; die *Bill* garantierte ferner die Redefreiheit, verbot dem König, in Friedenszeiten ein stehendes Heer aufzustellen, und gestand dem Parlament das Steuerbewilligungsrecht zu. Die *Triennal Act* von 1694 zwang den König zu regelmäßiger Einberufung und Neuwahl des Parlaments.
Seit Ende des 17. Jh. setzten sich Parteien (Whigs, Tories) als die Institutionen durch, die die Politik bestimmten. Die Parlamentsmehrheit stellte die Minister des Kabinetts, in dem der *Prime Minister* den Vorsitz führte. Ort der wichtigsten Entscheidungen war im 18. Jh. noch das *House of Lords*, im 19. Jh. dann das Unterhaus. Wahlberechtigt war bis Anfang des 19. Jh. nur eine Minderheit von ca. 500 000 Personen, die sich aus Adligen und Personen mit hohem Steueraufkommen zusammensetzte, die aber prinzipiell Frauen einschloss.

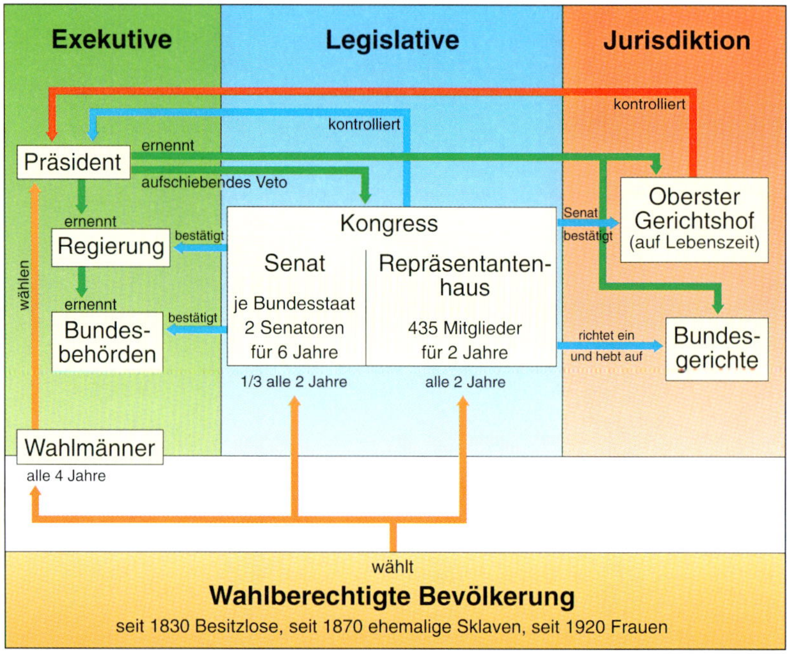

Die Verfassung der Vereinigten Staaten von Amerika

viele ihrer politischen Führer stammten. Sie waren für die Abschaffung der Monarchie, wandten sich aber gegen viele staatliche Zwangsmaßnahmen, die 1793/94 von den Jakobinern beschlossen wurden.

Independenten (engl. *independent* = unabhängig): Bezeichnung für die Gruppierung der radikalen Puritaner, die sich im England des 16. Jh. herausbildete. Sie verlangten völlige Unabhängigkeit von der anglikanischen Staatskirche und Autonomie für die einzelnen Gemeinden. Ein Teil ihrer Anhänger gehörte zu den ersten weißen Siedlern in Neuengland und beeinflusste die Entwicklung des amerikanischen Demokratieverständnisses. In der Englischen Revolution zählten sie zu den entschiedensten Gegnern des Königs.

Jakobiner: Ursprünglich Mitglieder von politischen Klubs in Frankreich, benannt nach ihrem Versammlungsort, dem Kloster Saint Jacques in Paris. Umfasste zunächst alle Reformkräfte, auch die später als Girondisten bezeichneten, von denen sich 1792/93 eine radikalere politische Gruppierung unter Robespierre abspaltete (Bergpartei), aber den Namen Jakobiner beibehielt. Ihr Ziel war die Verwirklichung der politischen und sozialen Gleichheit. Sie organisierten 1793/94 die Diktatur des Wohlfahrtsausschusses. Nach dem Sturz Robespierres wurden die Jakobinerklubs verboten.

Levellers (engl. Gleichmacher): Bezeichnung für eine königs- und adelsfeindliche politische Gruppierung, vor allem von Handwerkern, in der Englischen Revolution des 17. Jh. Sie forderte umfassende bürgerliche und religiöse Freiheiten; wurde seit 1649 unterdrückt.

Menschen- und Bürgerrechte: Der durch die Aufklärung verbreitete und in der Amerikanischen und Französischen Revolution mit Verfassungsrang ausgestattete Begriff besagt, dass jeder Mensch unantastbare Rechte besitzt, die der Staat achten muss, so vor allem das Recht auf Leben, Glaubens- und Meinungsfreiheit, Versammlungs- und Vereinigungsfreiheit, Freizügigkeit, persönliche Sicherheit, Eigentum und Widerstand im Fall der Verletzung von Menschenrechten. Im 19. und 20. Jh. wurden auch soziale Menschenrechte, besonders von sozialdemokratisch-sozialistischer Seite, formuliert, so das Recht auf Arbeit, soziale Sicherheit und Bildung.

Modernisierung → Begriffe Kap. 4
Parlament → Begriffe Kap. 7
Prärogative: Rechte des Monarchen, die er ohne Mitwirkung der Volksvertretung ausüben kann. In der vorkonstitutionellen Monarchie gehörte dazu das Recht auf die Erhebung von Steuern und die Einführung von neuen Steuern, in der konstitutionellen Monarchie vor allem die Ernennung und Entlassung von Ministern, in der Regel auch das Recht zur Einberufung und Auflösung des Parlaments.
Presbyterianer: Zuerst vor allem in Schottland verbreitete Richtung der Protestanten, die eine calvinistische Kirchenverfassung verwirklichen wollten. In der Englischen Revolution traten sie für einen Defensivkrieg und für eine nachgiebigere Haltung gegenüber dem König ein.
Puritaner: Bezeichnung für Mitglieder einer kirchlichen Reformbewegung in England seit Mitte des 16. Jh. Die Puritaner wandten sich gegen alle katholischen Reste im Anglikanismus, traten für eine strikte Trennung von Kirche und Staat, für Toleranz und Gewissensfreiheit ein und fochten für ein einfaches, gottgefälliges Leben. Nach ihrer Trennung von der anglikanischen Staatskirche wanderte ein Teil von ihnen in die nordamerikanischen Kolonien aus. In England gelangten sie 1649 mit Cromwell an die Macht und versuchten ihre Grundsätze durchzusetzen; wurden nach 1660 wieder verfolgt.
Reform: Neuordnung, Verbesserung und Umgestaltung von politischen und sozialen Verhältnissen im Rahmen der bestehenden Grundordnung; hierin, oft weniger in den Zielen, unterscheiden sich Reformen als politisches Mittel zur Durchsetzung von Veränderungen von Revolutionen.
Republik (lat. *res publica* = Angelegenheit des Volkes): Bezeichnung für nichtmonarchische Staatsformen, mit dem Gedanken der Volkssouveränität verbunden.
Restauration: Wiederherstellung früherer Zustände, z. B. der monarchischen Ordnung eines Staates. Als Epochenbezeichnung für die Jahre 1815 bis 1848 betont der Begriff, dass die staatliche Politik dieser Jahre wichtige Grundsätze der Zeit vor der Französischen Revolution wieder zur Geltung bringen wollte.
Revolution: Am Ende einer Revolution steht der tiefgreifende Umbau eines Staates und nicht nur ein Austausch von Führungsgruppen. Typisch ist das Vorhandensein eines bewussten Willens zur Veränderung, einer entsprechenden Aktionsgruppe mit Unterstützung im Volk oder in einer großen Bevölkerungsgruppe. Typisch sind auch die Rechtsverletzung, die Gewaltanwendung und die schnelle Abfolge der Ereignisse. Klassische Beispiele sind die Französische Revolution 1789 und die Russische Revolution 1917. Revolutionen werden auch Vorgänge genannt, die nicht alle genannten Merkmale aufweisen.
Staatenbund → Begriffe Kap. 8
Utopie: Begriff zur Kennzeichnung einer Denkweise, die die Realitätsbezüge von Zukunftsentwürfen bewusst oder unbewusst vernächlässigt. Utopisches Denken als Kritik und Verneinung bestehender gesellschaftlicher Verhältnisse entwirft eine ideale Gegenwelt, die oft religiös begründet wurde, z. B. im Chiliasmus. Seit der Aufklärung verbreiteten sich Sozialutopien, die möglichst rational und vernünftig argumentieren wollten, z. B. im Anarchismus und im Sozialismus.

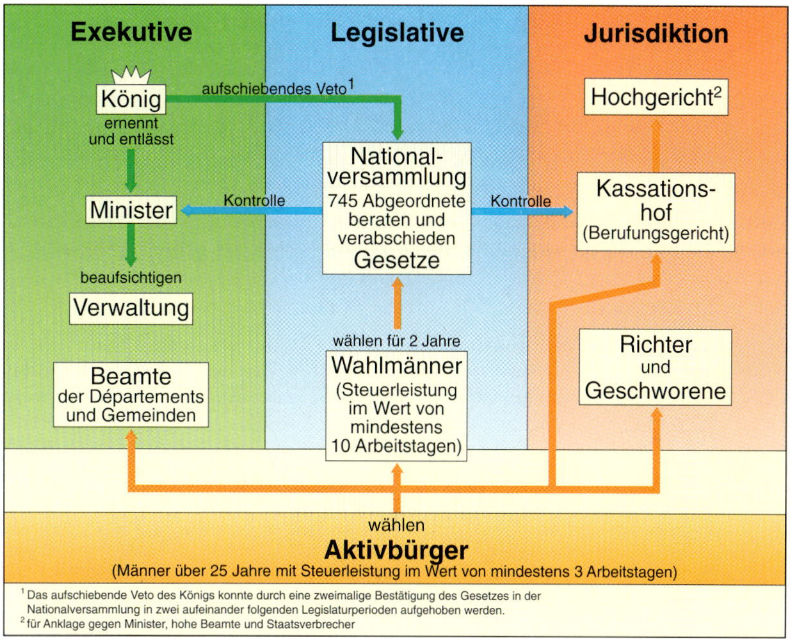

Die französische Verfassung von 1791

Verfassung → Begriffe Kap. 7
Volkssouveränität: Grundprinzip der Legitimation demokratischer Herrschaft, nach dem alle Staatsgewalt vom Volke ausgeht. Entwickelte sich aus der frühneuzeitlichen Naturrechtslehre. Die Ausübung von Herrschaft ist an die Zustimmung des Volkes durch direkte Mitwirkung (Plebiszit) oder durch Wahlen gebunden; setzte sich in der Amerikanischen und Französischen Revolution als revolutionäres Prinzip gegen die absolute Monarchie durch. Die Volkssouveränität wird durch die Geltung der Menschen- und Bürgerrechte eingeschränkt.

1. *Entwerfen Sie aus den Daten eine Verlaufskurve der drei frühneuzeitlichen Revolutionen.*
2. *Vergleichen Sie die Verfassungen Englands, der USA und Frankreichs und stellen Sie Unterschiede und Gemeinsamkeiten fest. Welche zentralen Verfassungselemente tauchen im Grundgesetzt der Bundesrepublik Deutschland wieder auf?*

Die Revolutionen in England im 17. Jahrhundert

Die Englische Revolution 1640–1660

Historiker sehen als verursachende Faktoren für die Englische Revolution* um die Mitte des 17. Jahrhunderts auf der einen Seite grundlegende strukturelle Probleme des Staates, auf der anderen Seite die Unfähigkeit und die herausfordernde Politik der Regierung. Die Strukturprobleme waren im Wesentlichen eine Folge der Preisinflation des 16. und frühen 17. Jahrhunderts, die zu einem Rückgang der Staatseinnahmen führte. Sie zeigten sich bereits unter Elisabeth I. (1558–1603), aber mehr noch unter ihren Nachfolgern Jakob I. (1603–1625) und Karl I. (1625–1649). Die finanziellen Schwierigkeiten der Krone vergrößerten sich noch dadurch, dass die in den Händen des Adels liegende Eintreibung der Steuern wegen einer oft grotesken Unterveranlagung der Steuerpflichtigen immer geringere Beträge erbrachte.

Weil die Krone versuchte den Rückgang der Steuereinnahmen durch die Erschließung anderer Einnahmequellen auszugleichen kam es zu Konflikten mit den adligen Führungsschichten. 1629 erreichten sie einen Höhepunkt, als Karl I. das Parlament* auflöste und zu einem „persönlichen Regiment“ überging. Der König baute in den 1630er Jahren das ursprünglich nur den Küstengebieten in Zeiten äußerer Bedrohung auferlegte Schiffsgeld zu einer ständigen Steuer aus. Die allgemeine Erhebung von *ship money* ohne parlamentarische Bewilligung erschien vielen Engländern als widerrechtlicher Eingriff in das Eigentum, der zugleich die Freiheit bedrohte.

Zwar gelang es dem König den Widerstand gegen das Schiffsgeld zu brechen, aber es blieb zwischen ihm und einem beträchtlichen Teil der politischen Elite eine Entfremdung zurück. In der Eintreibung einer vom Parlament nicht bewilligten Steuer und der Etablierung eines persönlichen Regiments sah diese Elite weithin den Beginn eines Absolutismus nach kontinentalem Vorbild. Zudem verfolgte die Regierung in dieser Zeit gegenüber Spanien eine Politik der Nachgiebigkeit. Sie suchte sich aus dem Dreißigjährigen Krieg (1618–1648) herauszuhalten, den viele englische Protestanten als einen Entscheidungskampf mit dem Katholizismus betrachteten, bei dem man nicht abseits stehen dürfe.

Die staatlichen Strukturprobleme wurden von politisch-religiösen Gegensätzen überlagert und verstärkt. Ihre besondere Schärfe erhielten sie dadurch, dass zwei gegensätzliche Tendenzen aufeinanderstießen und sich gewissermaßen zwei Offensiven begegneten. Auf der einen Seite bemühte sich eine Gruppe entschiedener Protestanten – die Puritaner* – um die Durchsetzung einer aktiven protestantischen Außenpolitik, um eine religiös streng disziplinierte Gesellschaft und um die Säuberung der anglikanischen Staatskirche von heidnisch-magischen und katholischen Bestandteilen. Auf der anderen Seite betrieben Karl I. und der von ihm begünstigte Geistliche William Laud, seit 1633 Erzbischof von Canterbury, eine Umwandlung der Kirche in genau entgegengesetzter Richtung. Sie wollten in ihr den Ritus, das Zeremoniell, die „Schönheit der Heiligkeit“ wieder stärker zur Geltung bringen. Sie hofften, obwohl sie keine Katholiken waren und die Eigenständigkeit des Anglikanismus betonten, letztlich eine Versöhnung mit Rom herbeiführen zu können. Die puritanische Opposition erblickte in der von Laud verkörperten Kirchenpolitik und seiner Theologie, die die calvinistische Prädestinationslehre aufgab, den verhängnisvollen Beginn einer Rekatholisierung Englands. Zwischen den in eine autoritäre Richtung gehenden politischen „Neuerungen“ und den kirchlichen „Neuerungen“ sah man einen Zusammenhang, denn sie wurden von denselben Personen betrieben; auch glaubte man ohnehin an eine innere Verwandtschaft von Katholizismus und Absolutismus.

Die Kritik an Neuerungen in Staat und Kirche verweist auf das traditionalistische Selbstverständnis der Opposition. Zugleich war jedoch in der puritanischen Forderung nach einem Weitertreiben der Reformation ein dynamisches Element enthalten. Auch waren die Puritaner gleichsam potentielle Revolutionäre: Sie stellten Gott ausdrücklich über den König, kritisierten Karl I. heftig wegen der Vernachlässigung seiner Pflichten gegenüber Gott und gaben im Fall eines Konflikts zwischen göttlichen Geboten und königlichen Anweisungen ersteren den absoluten Vorrang. Das war zwar im Grunde nichts anderes als eine allgemeine christliche Position; aber dass man unaufhörlich davon sprach und für sich selbst in Anspruch nahm, die Weisungen Gottes genau zu kennen war potentiell revolutionär.

Das „Lange Parlament“

Trotz der bestehenden politischen und religiösen Spannungen sowie einer gewissen ideologischen Vorbereitung durch den Puritanismus bedurfte es jedoch eines äußeren Anstoßes zur Revolution. Dieser ergab sich aus dem im Jahr 1637 unternommenen Versuch Karls I. und Lauds dem mit England in Personalunion verbundenen, presbyterianischen* Schottland ein neues Gebetbuch aufzuzwingen. Die Schotten lehnten sich dagegen auf. 1639 kam es zu militärischen Auseinandersetzungen, in denen die Engländer unterlagen. Um Mittel für die Fortführung des Krieges zu erhalten, berief Karl I. ein Parlament ein, das am 13. April 1640 zusammentrat. Da es aber die vom König erhoffte rasche Bewilligung von Geldern verweigerte, wurde dieses sogenannte „Kurze Parlament" vom König wieder aufgelöst und nach Hause geschickt. Als jedoch die Wiederaufnahme des Krieges gegen Schottland ebenfalls erfolglos verlief, sah sich Karl I. abermals zur Einberufung eines Parlaments gezwungen, das am 3. November 1640 eröffnet wurde.

An dieses Parlament, das als „Langes Parlament" in die Geschichte eingegangen ist und das die Englische Revolution weitgehend bestimmt hat, wurde der König gleichsam „gefesselt". Zunächst dadurch, dass er den Schotten aufgrund eines mit ihnen geschlossenen Vertrages täglich einen hohen Betrag zu zahlen hatte, der ohne parlamentarische Bewilligung nicht aufzubringen war; später dann durch ein von ihm unterzeichnetes Gesetz, wonach die Auflösung dieses Parlaments nur mit dessen Zustimmung erfolgen konnte.

Das Lange Parlament beschloss 1641 eine Reihe von Reformgesetzen, die dem König die Möglichkeit einer autoritären Herrschaft nehmen sollten. So wurden Gerichtshöfe, die in besonderem Maße der monarchischen Machtdurchsetzung gedient hatten, abgeschafft. Das Einziehen von Schiffsgeld wurde verboten. Ein besonderes Gesetz, die sogenannte *Triennial Act*, sollte das Parlament zu einer dauerhaften Institution im englischen Verfassungssystem machen. Es sah vor, dass mindestens alle drei Jahre ein Parlament mit einer Sitzungsdauer von mindestens 50 Tagen einberufen werden sollte. Diese Reformgesetze spiegelten einen breiten Konsens wider. Sie bildeten, mit Ausnahme der *Triennial Act*, ein bleibendes Ergebnis der Englischen Revolution.

Für die dann folgenden, tiefer gehenden Eingriffe in die traditionelle Ordnung gab es vor allem zwei Gründe: eine sich aus dem Puritanismus ergebende, durch die neuen Veränderungsmöglichkeiten beschleunigte religiöse Dynamik und das Misstrauen gegenüber Karl I. Die religiös-revolutionäre Dynamik äußerte sich in Bilderstürmerei und in Angriffen gegen die Bischöfe. Diese wurden im Februar 1642 aus dem Oberhaus ausgeschlossen und im September 1642 von ihrem Amt suspendiert. 1645 wurde das Bischofsamt sogar ganz abgeschafft. Das Misstrauen gegen den König wiederum führte zu einem „Sicherheitsradikalismus". Dieser schlug sich in der Hinrichtung des Earl of Strafford am 12. Mai 1642 nieder. Strafford war ein wegen seiner Rücksichtslosigkeit und Befähigung gefürchteter Berater des Königs, dem man zutraute die Wende von 1640/41 wieder rückgängig zu machen.

Die Parlamentsmehrheit bestand auch aus Sicherheitsgründen darauf dem Monarchen den Oberbefehl über ein gegen die Iren aufzustellendes Heer vorzuenthalten. Die katholischen Iren hatten sich gegen die nunmehr so eindeutig unter den Einfluss eines unduldsamen Protestantismus geratene englische Herrschaft erhoben. Am 5. März 1642 beschloss das Parlament eine Milizverordnung, die in doppelter Weise eine revolutionäre Neuerung darstellte: Sie entzog dem König mit der Kommandogewalt über das Heer eines seiner wichtigsten Prärogativrechte* und sie wurde ohne seine Zustimmung in Kraft gesetzt.

Die Bürgerkriege

Das Parlament und der König, der am 10. Januar 1642 die Hauptstadt verlassen hatte und zwei Monate später nach York gegangen war, begründeten in einem Propagandafeldzug ihre gegensätzlichen Verfassungspositionen (siehe

Die Bürgerkriege in England 1642–1648

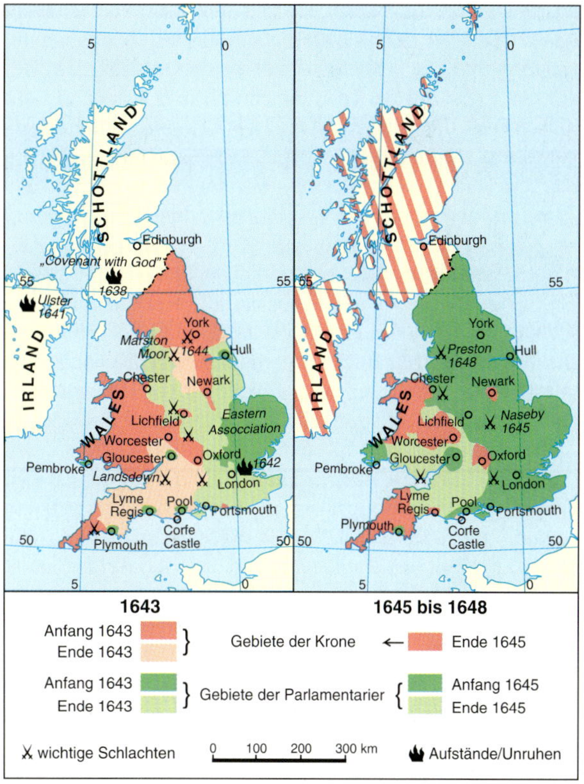

S. 237, Mat. 1) und bereiteten sich gleichzeitig militärisch auf den Bürgerkrieg vor. Am 23. Oktober 1642 kam es zur ersten, unentschieden ausgehenden Schlacht zwischen „Parlamentariern" und „Royalisten" bei Edgehill. Damit begann der sogenannte erste oder Große Bürgerkrieg, der bis 1646 dauerte und auf dessen Höhepunkt in den Jahren 1643/44 wohl ein Achtel der erwachsenen männlichen Bevölkerung (ca. 150 000 Mann) unter Waffen stand. Der Kampf endete schließlich mit einem Sieg der Parlamentspartei, wozu der 1643 erfolgte Kriegseintritt der Schotten auf der Seite des Parlaments wesentlich beigetragen hatte. Im Frühjahr und Sommer 1648 kam es zu einem zweiten Bürgerkrieg, der aber von der Parlamentsarmee rasch beendet wurde.
Für die Entwicklung der Englischen Revolution waren die Bürgerkriege aus mehreren Gründen von entscheidender Bedeutung: 1. Sie machten auf Seiten der Parlamentspartei die Armee zu einem immer selbstbewusster und selbstständiger werdenden Machtzentrum neben dem Parlament. 2. Die besondere Wichtigkeit religiöser Motivation beim Kampf gegen den König führte dazu, dass in diesem 1644 umgebildeten Heer *(New Model Army)* und vor allem in der Kavallerie unter der Führung Oliver Cromwells Mitglieder unabhängiger Kongregationen und Sektierer eine Heimstatt fanden. Der sich ausbildende Gegensatz zwischen Presbyterianern* und Independenten* fiel weitgehend mit dem Gegensatz zwischen Parlamentsmehrheit und Armee zusammen. Die Presbyterianer erstrebten eine hierarchisch geordnete Nationalkirche. Die Independenten betonten dagegen die Autonomie der einzelnen Kongregationen. 3. Wegen der großen Zahl von Independenten und Sektenmitgliedern in der Armee wurde für diese die religiöse Gewissensfreiheit zu einem neuen Ziel, an dem sie unverrückbar festhielt. 4. Mit dem Hinweis auf die besonders von den kleinen Leuten in den Kriegen erbrachten Opfer erhob sich die Forderung nach einer demokratischen Neuordnung, die von der sich vorwiegend aus den Londoner Handwerkern rekrutierenden Partei der *Levellers** vertreten wurde. 5. Die materiell und rechtlich nachteilige Behandlung der Soldaten durch die Parlamentsmehrheit nach Beendigung des Großen Bürgerkriegs führte nicht nur zur militärischen Besetzung Londons im Sommer 1647. Sie bewirkte auch eine politische Radikalisierung der Armee: Es bildeten sich Soldatenräte, und die von außen kommenden politisch-ideologischen Einflüsse der *Levellers* fanden hier einen günstigen Nährboden. 6. Dieser Radikalisierungsprozess wurde durch den Ausbruch des zweiten Bürgerkrieges, der in der Armee als frevelhafte Auflehnung des Königs gegen das Gottesurteil des ersten Bürgerkriegs betrachtet wurde, noch ungemein gefördert.

Die Revolution in der Revolution

Der erste Akt der von der Armee im Winter 1648/49 durchgeführten „Revolution in der Revolution" bestand in dem gewaltsamen Ausschluss zahlreicher presbyterianischer Abgeordneter aus dem Parlament durch die Soldaten des Obersten Thomas Pride. Den zweiten Akt bildete die Anklageerhebung gegen den König wegen Hochverrats, die Anfang Januar 1649 von dem „gesäuberten" Unterhaus beschlossen wurde. Es wurde ein *High Court of Justice* eingerichtet, der Karl I. am 27. Januar 1649 als Hochverräter zum Tode verurteilte. Am 30. Januar wurde der König, der die Rechtmäßigkeit eines gerichtlichen Verfahrens gegen ihn bestritten hatte, öffentlich hingerichtet.
Dass die offenbar bis zuletzt zögernde Armeeführung sich schließlich für die Hinrichtung des Monarchen entschied, hatte vor allem praktisch-politische Gründe: Man wollte den Unmut in der Armee beschwichtigen. Auch schien eine dauerhafte Verständigung mit Karl I. nicht möglich, weil er weiter nach der Wiedererlangung seiner Prärogativrechte* streben würde. Aus der überwiegend pragmatisch motivierten Entscheidung ergaben sich jedoch weitreichende Konsequenzen von grundsätzlicher Bedeutung, die in die Zukunft wiesen und die Englische Revolution zu einer der großen Revolutionen der Weltgeschichte gemacht haben.
Zu nennen ist hier zunächst, dass erstmals der revolutionäre Grundsatz, dass auch Könige unter dem Recht stehen und für Verbrechen zur Rechenschaft gezogen werden müssen, in die Wirklichkeit umgesetzt wurde. Entsprechend dem stark religiösen Charakter der Englischen Revolution wurde dieser Grundsatz zumeist mit der Gleichheit der Menschen vor Gott begründet.
Als zweite Konsequenz aus dem Vorgehen gegen den König ergab sich die Proklamation des Prinzips der Volkssouveränität*. Am 4. Januar erklärte das Unterhaus um dem vorgesehenen Prozess gegen Karl I. die nötige Legitimationsgrundlage zu verschaffen das Volk zum Ursprung aller Gewalt, sich selbst aber zu dem für das Volk handelnden Organ mit alleiniger Gesetzgebungskompetenz. Am 19. Mai kam es durch ein Gesetz, das England zu einem Commonwealth erklärte, zur Einführung der Republik*.
Eine letzte wichtige Konsequenz des Vorgehens gegen den König bestand darin, dass die im Puritanismus enthaltene Endzeiterwartung eine weitere Steigerung erfuhr. Eine wesentlich aus Zweckmäßigkeitserwägungen und politischem Kalkül vollzogene Handlung wurde zu ihrer Rechtfertigung chiliastisch überhöht und gab ihrerseits dem Chiliasmus* neue Nahrung. Die Abschaffung der Monarchie wurde zum Zeichen dafür, dass nun der Thron für den Herrn Jesus Christus frei geworden sei und seine Ankunft bevorstehe.

Das Regime Cromwell

Der vor allem in der Armee verbreitete Chiliasmus* erwies sich für die Stabilisierung der Republik in zweifacher Hinsicht als Nachteil. Einerseits vergrößerte er die ohnehin bestehenden Gegensätze zwischen Parlament und Heer andererseits förderte er den Gedanken, das Gottesreich durch die Herrschaft einer geistlichen Elite der „Erwählten" vorzubereiten. Auf ihn stützte sich denn auch der Anführer des Parlamentsheeres, der Landadlige Oliver Cromwell, nachdem er am 20. April 1653 das Parlament auseinander gejagt und damit den letzten Zusammenhang mit der alten Verfassungsordnung und den Anfängen der Revolution zerrissen hatte.

Auf den Vorschlag von unabhängigen Kongregationen und Pfarrern hin wurde von Cromwell und dem Offiziersrat eine Versammlung „gottesfürchtiger Personen" zusammengestellt, die ein „Parlament der Heiligen" bildeten. Dabei handelte es sich, wie bei der Hinrichtung des Königs, wiederum um eine eigenartige Verbindung von praktisch Nützlichem und chiliastisch Verheißungsvollem. Cromwell hatte das Parlament vor allem deshalb beseitigt, weil es ein Wahlgesetz vorbereitete, das keine ausreichenden Sicherungen gegen die Wahl von Monarchisten und Presbyterianern enthielt. Angesichts der Tatsache, dass wegen der Stimmung in der Bevölkerung durch freie Wahlen eine Mehrheit für das Revolutionsregime schwer zu erlangen sein würde, schien es ihm angebrachter ein nominiertes Parlament einzuberufen.

Mit der Einberufung des Parlaments der Heiligen wurde jedoch der Höhepunkt der Englischen Revolution überschritten. Als die Parlamentsmehrheit daran ging entsprechend den radikalen religiösen Vorstellungen die völlige Trennung von Staat und Kirche, von weltlichen und geistlichen Dingen vorzunehmen – wobei auch die Abschaffung des Laienpatronats sowie des Zehnten drohte, was viele Besitzer von säkularisiertem Klosterbesitz getroffen hätte –, da siegten bei Cromwell und anderen die konservativen Instinkte über die chiliastischen Erwartungen. Bereits im Dezember 1653 verschwand das nominierte Parlament wieder von der Bildfläche, teils sich selbst auflösend, teils von Soldaten auseinander getrieben. Cromwell wandte sich von den chiliastischen Ideen ab und sah nunmehr seine Aufgabe primär darin für Frieden und Ordnung im Land zu sorgen.

Als „Lordprotektor" versuchte er auf der Grundlage einer geschriebenen Verfassung* (zunächst des *Instrument of Government*, seit 1657 der *Humble Petition and Advice*) konstitutionell zu regieren. Zwei unüberwindliche Hindernisse standen dem jedoch entgegen: zum einen die Existenz einer großen, teuren und weithin verhassten Armee; zum anderen das Festhalten an dem Prinzip der Gewissensfreiheit und an einer, wenngleich eingeschränkten, religiösen Toleranz, die vor allem in der Zeit starken Anwachsens radikaler Sekten wie der Quäker als gesellschaftliche Bedrohung empfunden wurde.

Außerdem fehlte es einer „Dynastie Cromwell" letztlich doch auch an Legitimität. Dieser Mangel wurde bei dem ersten Lordprotektor durch die Kraft seiner Persönlichkeit und den Ruhm seiner militärischen Siege ausgeglichen. Er trat jedoch zutage, als nach dessen Tod am 3. September 1658 sein Sohn Richard im Amt des Lordprotektors folgte. Richard Cromwell, der keine engere Beziehung zur Armee hatte, geriet mit ihr in Konflikt und trat nach acht Monaten zurück. Es folgte die Wiederherstellung der Republik und eine äußerst verworrene Phase der militärischen Anarchie. Sie wurde von dem mit seinen Truppen aus Schottland anrückenden General Monk überwunden und endete schließlich in der Rückberufung des Langen Parlaments und der Restauration der Monarchie. Der älteste Sohn Karls I. wurde am 8. Mai 1660 als Karl II. zum König proklamiert.

Die „Glorious Revolution" 1688/89

Die „Wiederholungsrevolution"

Die *Glorious Revolution* ergab sich aus dem Versuch König Jakobs II., dem Land eine prokatholische Religionspolitik aufzuzwingen. Jakob II. war bereits 1669 zum Katholizismus übergetreten und 1685 seinem Bruder Karl II. auf den Thron gefolgt. Mit seiner Religionspolitik stieß er wegen des in England weit verbreiteten Antikatholizismus auf Widerstand. Toleranz für Katholiken und deren Bevorzugung bei der Besetzung von Ämtern, besonders in der Armee, wurden als Beginn einer Rekatholisierung gedeutet. Sie provozierten vor allem die anglikanische Geistlichkeit, die eigentlich die monarchischen Rechte betonte und dem autoritären Regierungsstil Jakobs II. durchaus wohlwollend gegenüberstand.

Die sogenannte *Glorious Revolution* kann man etwas zugespitzt als eine „Wiederholungsrevolution" bezeichnen. Ein Element der Wiederholung lag nicht nur in der Art der Herausforderung durch den König, sondern auch darin, dass die ihr folgende Revolution wiederum – und zwar in noch viel stärkerem Maße als 1639/40 – von außen herbeigeführt wurde. Sie erfolgte durch die Intervention Wilhelms von Oranien, der als militärischer Oberbefehlshaber der Niederlande und erblicher Statthalter der meisten niederländischen Provinzen ein vitales Interesse daran hatte eine Rekatholisierung Englands und dessen Bündnis mit dem Frankreich Lud-

wigs XIV. zu verhindern. Wilhelm, der als Neffe und Schwiegersohn Jakobs II. eine Art legitimer Anteilnahme an den Vorgängen in England geltend machen konnte und von englischen Hochadligen zum Eingreifen aufgefordert worden war, landete am 5. November 1688 mit holländischen Truppen an der Südwestküste Englands.
Die aktive Unterstützung, die Wilhelm nach seiner Landung fand, war insgesamt relativ gering. Sein Erfolg war im Wesentlichen der Kopflosigkeit Jakobs II. und dem Überlaufen einiger führender Offiziere des Königs zu verdanken. Die englischen Oberschichten waren anfangs unsicher über den Ausgang des Unternehmens und nach den Erfahrungen der Jahrhundertmitte von großer Revolutionsfurcht erfüllt. Sie wurde noch dadurch verstärkt, dass es in der Nacht vom 11. zum 12. Dezember 1688 in London zu heftigen antikatholischen Ausschreitungen kam, bei denen viele Häuser geplündert und zerstört wurden. Nach der endgültigen Entfernung Jakobs II. aus England, der Wilhelm etwas nachgeholfen hatte, bestanden dann bei den englischen Führungsschichten zwar erhebliche Differenzen in der Frage der Thronbesetzung. Es gab jedoch Einmütigkeit in dem Bestreben einen sich in Pamphleten und der Aktivität von Republikanern ankündigenden Radikalisierungsprozess zu verhindern und die Revolution zu beenden.

Declaration of Rights

Am 22. Januar 1689 trat das *Convention Parliament* zusammen. Es brachte einen Kompromiss zustande, der die gemeinsame Herrschaft von Wilhelm und seiner Frau Maria, der Tochter Jakobs II., vorsah. Bevor sie zur Krone „zugelassen" und am 13. Februar 1689 gekrönt wurden, verlas man in ihrer Gegenwart die *Declaration of Rights*, in der die neben dem dynastischen Wechsel wichtigsten Ergebnisse dieser Revolution zusammengefasst waren und die dann als *Bill of Rights* Gesetz wurde (siehe S. 237, Mat. 2).
Sie hielt noch einmal die Unrechtmäßigkeit von vom Parlament nicht bewilligten Steuern fest. Außerdem hatte man in sie das Verbot exzessiver Strafen und Kautionen, das Petitionsrecht sowie das Recht der protestantischen Untertanen auf Waffenbesitz hineingeschrieben. Sie legte ferner „freie" Parlamentswahlen fest, verbot den Monarchen die Aufhebung von Gesetzen und untersagte ihnen den Unterhalt eines stehenden Heeres in Friedenszeiten ohne parlamentarische Zustimmung. Damit wurde der bis dahin ungewisse Status der Armee geklärt und diese an das Parlament gebunden.
Die Frontstellung gegen die Hegemonialbestrebungen Ludwigs XIV. trug dann später zur Befestigung der Ergebnisse der Revolution von 1688 bei. Die autoritären Tendenzen Wilhelms von Oranien wurden durch die Notwendigkeit im Zaum gehalten wegen der fast permanenten Kriegsführung gegen Frankreich mit dem Parlament zu kooperieren. Das Parlament wurde, auch durch eine neue *Triennial Act* vom Jahre 1694, zu einem integralen Bestandteil des englischen Regierungssystems.

1. *Stellen Sie in einer Tabelle die Träger und die Ziele der revolutionären und gegenrevolutionären Bewegung zusammen. Welche zentralen Konflikte kennzeichnen die einzelnen Revolutionsphasen?*
2. *Erläutern Sie, welche Rolle die Religion in der Englischen Revolution gespielt hat.*
3. *Welche welthistorischen Leistungen sind von der Englischen Revolution ausgegangen?*

Die Amerikanische Revolution

Der Steuerstreit

Die Amerikanische Revolution fand in den 13 nordamerikanischen Kolonien Englands statt, deren Bewohner überwiegend englischer Herkunft waren und ein ausgeprägtes Bewusstsein von den „Rechten der Engländer" sowie den Prinzipien einer „freien Regierung" besaßen. Unter diesen nahm der Grundsatz, dass Steuern nur mit Zustimmung der Besteuerten oder der ihrer Repräsentanten erhoben werden durften, einen zentralen Platz ein. Als daher die englische Regierung nach dem überaus kostspieligen Siebenjährigen Krieg (1756–1763) dazu überging im Zusammenhang mit einer stärkeren Kontrolle und Nutzung der Kolonien den im Parlament des Mutterlandes nicht repräsentierten Kolonisten eine Stempelsteuer aufzuerlegen führte das zu heftigen Widerstandsaktionen. Die *Stamp Act* von 1765 wurde zwar unter dem Eindruck dieses Widerstandes ein Jahr später aufgehoben. Es kam jedoch 1767 mit den sogenannten *Townshend Duties* und 1773 mit dem Beschluss zur Einfuhr billigen, aber besteuerten Tees aus Indien zu weiteren Versuchen, die amerikanischen Kolonisten zur Zahlung von Steuern zu veranlassen. Die Vernichtung einer Ladung indischen Tees im Hafen von Boston durch als Indianer verkleidete Kolonisten am 16. Dezember 1773 löste englische Zwangsmaßnahmen gegen die Kolonie Massachusetts aus. Diese führten im April 1775 zu ersten Gefechten zwischen deren Miliz und englischen Truppen; damit war faktisch der Revolutionskrieg eröffnet. Angesichts der Bedeutung, welche die Frage der illegalen Besteuerung schon in der Vorgeschichte der Englischen Revolution besessen hatte, lässt sich auch die Amerikanische Revolution in gewissem Sinne als „Wiederholungsrevolution" bezeichnen. Dieser Eindruck verstärkt sich noch dadurch, dass auch andere Streitpunkte und Befürchtungen ähnlich waren. So beschworen zum Beispiel die amerikanischen Kolonisten ebenfalls die Gefahr einer Katholisierung.

Was den englischen Maßnahmen in den amerikanischen Kolonien besondere Explosivität verlieh, war die Tatsache, dass zwei entgegengesetzte Tendenzen aufeinander prallten und die Politik des Mutterlandes den Erwartungen der Kolonisten direkt zuwiderlief. Die Ausschaltung des Rivalen Frankreich als Machtfaktor in Nordamerika durch den Siebenjährigen Krieg hatte den Amerikanern die Aussicht auf größere, ihrem wachsenden Selbstbewusstsein entsprechende Bewegungsfreiheit eröffnet. Die Engländer sahen jedoch umgekehrt darin gerade die Möglichkeit die Kolonien stärker zu kontrollieren. Hinzu kam, dass die Kolonisten in ihrer Reaktion auf die englische Herausforderung nicht nur von dem allgemeinen Bewusstsein der Rechte freier Engländer bestimmt wurden. Sie standen außerdem auch unter dem Einfluss eines aus England übernommenen, besonders argwöhnischen politischen Denkens, das die Vorstellung von einem typischen Weg in die Versklavung einschloss. Danach begann jede Unterdrückung mit relativ geringfügigen Eingriffen, denen zwangsläufig immer härtere Maßnahmen folgten, bis schließlich die Freiheit völlig und unwiederbringlich beseitigt war.

Der Unabhängigkeitskrieg

Die Übernahme einer im Mutterland entstandenen und auch dort verbreiteten Ideologie des Machtmisstrauens trug dazu bei, dass der amerikanische Widerstand relativ lange auf die Zusammenarbeit mit oppositionellen Kräften in England hoffte. Erst mit der am 10. Januar 1776 erscheinenden, wie eine Bombe einschlagenden und innerhalb von drei Monaten in 120 000 Exemplaren verkauften Schrift „Common Sense" des erst kurz zuvor aus England eingewanderten Thomas Paine wurde die Forderung nach Unabhängigkeit zur zentralen Losung.

Mit der Schrift Paines erhielt die Bewegung in Amerika den Aspekt einer kolonialen Befreiungsrevolution. Der Ausbeutungsvorwurf an die Adresse der Mutterlandes war nie zuvor so massiv ausgesprochen worden. Der Kontinentalkongress,

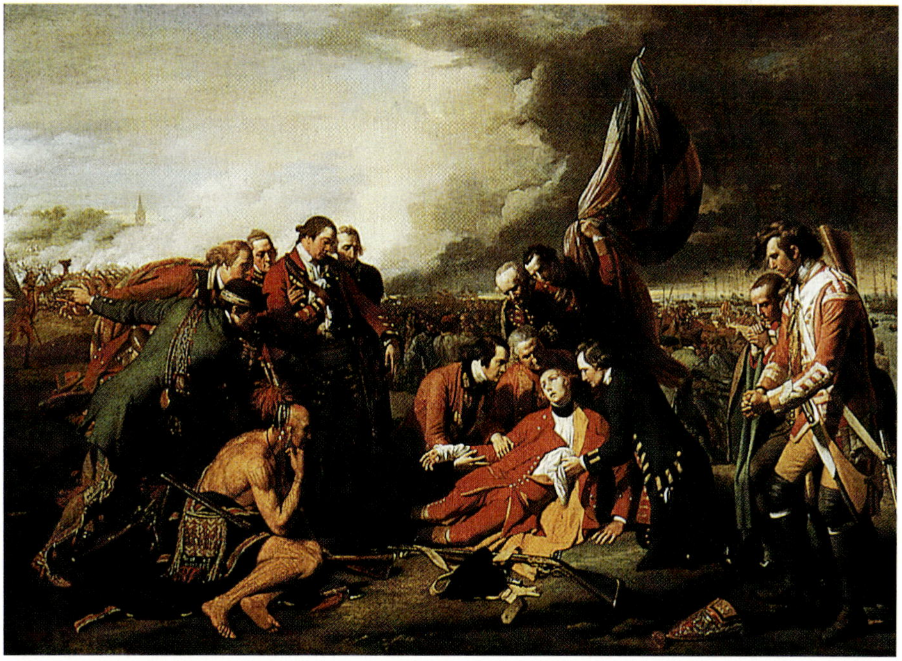

Benjamin West (1738–1820), Tod des General Wolfe in der Schlacht von Quebec, 1768, Öl auf Leinwand, 151 x 213 cm, Ottawa, National Gallery of Canada

in dem die 13 nordamerikanischen Kolonien ihr Handeln koordinierten, beschloss am 2. Juli 1776 die Unabhängigkeit der „Vereinigten Staaten“. Die Begründung wurde mit der zwei Tage später unterzeichneten, hauptsächlich von Thomas Jefferson verfassten *Declaration of Independence* (siehe S. 238, Mat. 3) nachgeliefert. Mit der Wendung zur Unabhängigkeit wurde jetzt auch eine antimonarchische Wendung vollzogen.
Dass man sich gegen das Widerstreben vieler Amerikaner zur Lossagung von England und seinem König entschloss, hatte nicht zuletzt militärisch-außenpolitische Gründe. Man glaubte Unterstützung durch andere Mächte nur erlangen zu können, wenn man zum souveränen Staat und damit zum Völkerrechtssubjekt wurde. In der Tat kam es 1778 zu einem Handels- und Bündnisvertrag zwischen den Vereinigten Staaten und Frankreich, dem ein Jahr später Spanien beitrat. Nicht zuletzt die ausländische Hilfe ermöglichte es der amerikanischen Armee unter George Washington den Krieg gegen England zu gewinnen, trotz Niederlagen, verzweifelter Situationen und verbreiteter Gleichgültigkeit unter der Bevölkerung. Im Frieden von Paris vom 3. September 1783 erkannte das ehemalige Mutterland die amerikanische Unabhängigkeit an.

Die Verfassungsrevolution

Die Amerikanische Revolution war jedoch mehr als nur ein Unabhängigkeitskrieg und eine koloniale Befreiungsrevolution. Sie war auch eine Revolution im Innern der ehemaligen Kolonien Englands: Die monarchische Regierung wurde zunächst umgangen und dann beseitigt; revolutionäre Ausschüsse und Provinzialkongresse übten 1775/76 fast überall die Macht aus. Die führenden amerikanischen Revolutionäre, deren Ziel es von Anfang an gewesen war die Widerstandshandlungen gegen England in geordneten Bahnen zu halten waren allerdings zumeist darauf bedacht so rasch wie möglich eine durch eine Verfassung* legitimierte republikanische Staatsgewalt zu schaffen, die auch das normale, für die Sicherheit des Eigentums bedeutsame Funktionieren der Gerichte ermöglichen würde.
Es war jedoch welthistorisch gerade die Verfassungsgebung in den amerikanischen Einzelstaaten, mit der man eine feste staatliche Ordnung und den Schutz des Eigentums wiederherstellen wollte, die den eigentlichen revolutionären Akt verkörperte und beispielhaft wirkte. Dabei bildete von Anfang an das Prinzip der Volkssouveränität* die Grundlage. Alle Gewalt ging, wie die *Virginia Bill of Rights* vom 12. Juni 1776 erklärte, vom Volk aus. Allmählich trug man diesem Grundsatz auch praktisch im Prozess der Verfassungsgebung Rechnung. Die ersten Einzelstaatsverfassungen waren noch von den normalen Parlamenten ausgearbeitet und verabschiedet worden. In Massachusetts wurde die Ausarbeitung der Verfassung aber einer besonderen verfassunggebenden Versammlung anvertraut. Alle männlichen Einwohner durften an sämtlichen mit der Verfassungsgebung zusammenhängenden politischen Akten teilnehmen. Der Verfassungsentwurf wurde allen Gemeinden zur Annahme vorgelegt, wobei die Zustimmung von zwei Dritteln erforderlich war. Mit der Verfassung von Massachusetts aus dem Jahre 1780 wurde der Gedanke vom Volk als der konstituierenden Gewalt zum ersten Mal in der Geschichte praktisch verwirklicht.
Innovativ war die Amerikanische Revolution auch darin, dass sie das Prinzip des Bundesstaats* einführte. Gegenüber der bis dahin bekannten lockeren staatenbündischen Organisationsform, wie sie die Vereinigten Staaten zunächst mit den *Articles of Confederation* von 1776 übernahmen, wurde mit der Unionsverfassung von 1787 eine bis dahin einmalige Teilung der Kompetenzen zwischen Bund und Einzelstaaten vollzogen. Neu war auch die dann in der *Northwest Ordinance* von 1787 geschaffene Möglichkeit hinzukommende Territorien nach einer Durchgangsphase als gleichberechtigte Mitgliedsstaaten in die Union aufzunehmen. Die Vereinigten Staaten unter der Unionsverfassung wurden zur sichtbaren Widerlegung des bis dahin geltenden Grundsatzes, dass eine republikanische Staatsform nicht in einem großen Gebiet verwirklicht werden könne.

Egalitäre und elitäre Tendenzen

Eigenartig ist, dass die schöpferische konstitutionelle Neugestaltung in Form der Unionsverfassung, mit der die Amerikanische Revolution ihren Abschluss fand, aus einer Krise hervorging. Viele amerikanische Revolutionsführer waren von der geringen Opferbereitschaft ihrer Landsleute im Revolutionskrieg enttäuscht worden. Sie sahen darin einen Mangel an „Tugend“ bei den Bürgern, die als Voraussetzung für eine Republik galt. Die Enttäuschung steigerte sich vielfach zum Entsetzen, als 1786 von hohen Steuern bedrückte, verschuldete Farmer im westlichen Massachusetts unter der Führung des ehemaligen Revolutionsoffiziers Daniel Shays dazu übergingen Gerichtssitzungen mit Gewalt zu verhindern um Zwangsvollstreckungen unmöglich zu machen. Diese sogenannte *Shays' Rebellion* löste bei den Angehörigen der Elite, die ohnehin ein der neuen Ordnung schädliches Fortwirken des rebellischen Geistes aus der Phase des Widerstandes gegen England befürchtet hatten, die Sorge vor einer Bedrohung des Eigentums aus. Der Gedanke sich angesichts der Bedrohung des Eigentums *(property)* in die Arme einer Monarchie oder selbst des Mutterlandes zu

flüchten ging um. Die Befürchtungen vor einer sozialen Gefahr, die sich mit starker Unzufriedenheit wegen der mangelnden Durchsetzungsfähigkeit des amerikanischen Staatenbundes* nach außen und der schlechten Qualität der Politiker in den Einzelstaaten verbanden, erhielten jedoch eine konstruktive Wendung durch die Bewegung für eine neue Unionsverfassung, die 1787 zum Verfassungskonvent in Philadelphia führte.
Nach den Vorstellungen der „Gründungsväter“ sollten mit der neuen Verfassung der Union die direkten Einwirkungsmöglichkeiten des Volkes und einer vulgären Interessenpolitik verringert, die Einflussmöglichkeiten einer tugendhaften, nationalen Elite dagegen vergrößert werden. Die gestärkte Unionsgewalt sollte bei der Gefährdung von Ordnung und Eigentum in einem Einzelstaat eingreifen können. Die von der Revolution geförderten egalitären und demokratischen Tendenzen waren jedoch letztlich stärker als die der Unionsverfassung (siehe Grafik S. 212) zugrundeliegenden elitären Intentionen und setzten sich langfristig durch (siehe S. 239, Mat. 4).

1. *Skizzieren Sie den Verlauf des Konflikts zwischen England und den 13 nordamerikanischen Kolonien und erklären Sie dessen politische Bedeutung.*
2. *Stellen Sie in einer Tabelle die Träger der Amerikanischen Revolution und ihre politischen Ziele zusammen. Welche Konflikte gab es zwischen ihnen? Wie wurden sie gelöst?*
3. *Diskutieren Sie, inwiefern der Begriff „Verfassungsrevolution“ für die Amerikanische Revolution angemessen ist.*

Die Französische Revolution

Die liberale Phase

Die Vorgänge in Amerika trugen in doppelter Weise zum Ende des Ancien Régime in Frankreich bei: Zum einen demonstrierten sie die praktische Anwendungsmöglichkeit von aufklärerischen Ideen. Zum anderen führte die französische Beteiligung am amerikanischen Revolutionskrieg zu einer Erhöhung der Staatsschulden. Diese wiederum trug zu einer krisenhaften Zuspitzung der Finanzlage bei (siehe Grafik S. 111), die schließlich die Regierung Ludwigs XVI. im August 1788 zur Einberufung der Generalstände für das folgende Jahr zwang. Sie traten am 5. Mai 1789 in Versailles zusammen.
Die erste große, umwälzende Entscheidung des Jahres 1789 war der Beschluss der Vertreter des Dritten Standes (Bürger und Bauern) vom 17. Juni die Generalstände zur Nationalversammlung zu erklären. Seit dem 27. Juni tagten die Stände dann nicht mehr getrennt, sondern in einer Versammlung. Damit war der Übergang von einer ständisch gegliederten Vertretung zu einer einheitlichen, nationalen Repräsentation eingeleitet. Ein weiterer wesentlicher Schritt zur Verwirklichung einer modernen Volksvertretung war die Beseitigung des imperativen Mandats am 19. November 1789. Die Durchsetzung des modernen Repräsentationsprinzips gehört zu den bleibenden Ergebnissen der Französischen Revolution.

Die Aufhebung der Feudalrechte

Eine zweite tiefgreifende Entscheidung des Jahres 1789 war der Beschluss der *Assemblée Nationale* in der Nacht vom 4. August, die „Feudalrechte“ abzuschaffen. Zwar gab es im Frankreich des 18. Jahrhunderts kein Feudalsystem im eigentlichen Sinne mehr; aber es existierte eine Fülle von Rechten und Abgaben, die sich aus der adligen Grundherrschaft und dem Lehnswesen herleiteten. Hervorzuheben ist, dass die Nationalversammlung zunächst nicht alle Feudalrechte entschädigungslos beseitigte (siehe S. 247, Mat. 6). Auf der einen Seite wurden sämtliche Jagdrechte des Adels und die grundherrliche Gerichtsbarkeit mit dem Argument entschädigungslos abgeschafft, sie beruhten auf Usurpation und Gewalt. Auf der anderen Seite wurde jedoch für alle anderen Abgaben, die angeblich auf vertraglicher Grundlage beruhten und legitime Eigentumsrechte darstellten, eine finanzielle Ablösung vorgesehen. Dies geschah im Frühjahr 1790 durch eine Reihe von Gesetzen, die für die betroffenen Bauern außerordentlich ungünstig waren.
Bauernunruhen und -revolten (siehe S. 246 f., Mat. 1 bis 6), die bereits wesentlich zu dem Beschluß vom 4. August 1789 beigetragen hatten, erzwangen drei Jahre später eine Änderung der betreffenden Gesetzgebung zugunsten der Abgabenschuldner. Im Juli 1793 wurde schließlich vom Konvent in einem Augenblick der höchsten Bedrohung von außen und innen, der eine Unterstützung des revolutionären Regimes durch die Bauern dringlich machte, die vollständige,

entschädigungslose Aufhebung aller feudalen Abgaben beschlossen.
Das Dekret der Nationalversammlung vom 11. August 1789 beseitigte noch einige andere Merkmale des alten Regimes in Frankreich: Es schaffte die Ämterkäuflichkeit, die regionalen sowie die ständischen Privilegien ab und erklärte, dass sämtliche Ämter allen Bürgern* ohne Unterschied offen stehen sollten. Das war ein wesentlicher Schritt zur Herstellung der modernen Staatsbürgergesellschaft.
Der dritte Beschluss des Jahres 1789 von grundlegender und nachhaltiger Bedeutung war die Erklärung der Menschen- und Bürgerrechte* durch die Nationalversammlung vom 26. August 1789 (siehe S. 239, Mat. 5). In ihr spiegelte sich der deutlich liberale Charakter der Anfangsphase der Französischen Revolution, der sich auch in der Verfassungsarbeit der Nationalversammlung, zumal in dem Gedanken der staatlichen Dezentralisierung Frankreichs, niederschlug.

Die radikale Phase der Revolution

Dass die liberale Phase verlassen wurde, die Französische Revolution sich radikalisierte und einen betont illiberal-gewalttätigen Charakter annahm, lag an verschiedenen, miteinander zusammenhängenden Ursachen. Die wichtigsten waren: 1. die Uneinsichtigkeit, Unaufrichtigkeit und politische Urteilslosigkeit des Hofes; 2. der Krieg gegen auswärtige Mächte und gegen konterrevolutionäre Kräfte im Innern, der eine Mobilisierung aller Kräfte erforderlich machte; 3. die durch eine Fülle von Vorkommnissen begründete Furcht vor Verrat, die zur Außer-Kraft-Setzung ohnehin noch nicht verwurzelter rechtsstaatlicher Grundsätze führte; 4. die durch den Krieg und die Inflation verschärfte Not, die zu einer sozialökonomischen Gesetzgebung führte, die eine Abkehr vom wirtschaftlichen Liberalismus darstellte und nur mit Hilfe von Terror durchzusetzen war; 5. eine ideologische Triebkraft, die auf die völlige Neuschaffung der Gesellschaft ausgerichtet war und republikanische Tugend durch Gewalt erzwingen wollte.

Die Rolle des Königs

Die Stabilisierung der Revolution auf liberaler Grundlage scheiterte zunächst vor allem daran, dass der König sich nur mit inneren Vorbehalten auf den Boden der neuen Ordnung stellte. Die Flucht der königlichen Familie am 20. Juni 1791 nach Varennes war schließlich der katastrophale Versuch die Entwicklung in Frankreich vom Ausland her und mit dessen Hilfe rückgängig zu machen. Die politische Haltung des Hofes und des Königs machte nicht nur eine liberale Monarchie letztlich funktionsunfähig. Sie brachte auch seit dem 14. Juli 1789, als verdächtige Truppenkonzentrationen zum Sturm auf die Bastille (vor allem wegen der dort lagernden Waffen) führten, immer wieder die hauptstädtische Bevölkerung als politischen Faktor ins Spiel. Diese wurde von einem stets zum Vollzug drängenden Bestrafungswillen sowie von der Forderung nach Sicherstellung der Lebensmittelversorgung und nach billigem Brot geleitet.

Krieg

Der Krieg als die zweite auf eine Radikalisierung der Revolution hinwirkende Triebkraft hing mit dem an erster Stelle genannten Faktor der politischen Unzuverlässigkeit des Monarchen aufs engste zusammen. Denn die Kriegspläne seit dem Herbst 1791 waren zunächst wesentlich von der Absicht einiger Minister und politischer Gruppen bestimmt die monarchische Autorität wiederherzustellen und die Verfassung vom September 1791 in konservativer Richtung zu verändern. Andere, wohl auch der König selbst, erhofften sich eher französische Niederlagen und davon eine Schwächung der Revolution. Die für den Ausbruch des Krieges im April 1792 hauptsächlich verantwortliche Regierung der Girondisten* wiederum versprach sich von ihm die Diskreditierung der Monarchie und die Ablenkung der inneren Probleme nach außen.
Statt der von den Girondisten erwarteten Siege kam es aber zu französischen Niederlagen und der Verabschiedung des Dekrets „Das Vaterland in Gefahr" am 5. Juli 1792. Es vollzog sich die soziale Öffnung der Nationalgarde und die Einbeziehung breiterer Volksschichten in die nationale Verteidigung. In einer Atmosphäre äußerster Erregung tagten die zunächst nur als Urwählerversammlungen für die Bestimmung von Wahlmännern gedachten Pariser Sektionen nunmehr täglich. Zu ihnen verschafften sich auch diejenigen Zugang, die bis dahin wegen ihrer geringen Steuerzahlung als bloße „Passivbürger" vom Recht der politischen Beteiligung ausgeschlossen gewesen waren. Da der König gegen einige für die Verteidigung des Vaterlands notwendige Gesetze sein Veto einlegte, kam es am 10. August 1792 – einem der wichtigsten Revolutionstage *(journées)* – zur Erhebung der Pariser Sektionen, zum Sturm auf die Tuilerien und zur Einsetzung einer radikalen aufständischen Kommune. Es folgten am 21. September 1792 die Abschaffung der Monarchie, am 21. Januar 1793 die Hinrichtung Ludwigs XVI. und eine Art Doppelherrschaft von Kommune und Parlament.

Septembermorde

Es war dann schließlich vor allem das Moment des Verrats, das die Französische Revolution im Spätsommer 1792 auf

die Bahn des Terrors führte. In einer Stunde höchster Gefahr und in einer Atmosphäre allgemeinen Misstrauens schienen nur äußerste Wachsamkeit und härteste Maßnahmen das Schlimmste verhüten zu können. Am 17. August wurde ein außerhalb der Gerichtsverfassung stehendes „Revolutionstribunal" errichtet. Die Regierung verhaftete Verdächtige und führte Hausdurchsuchungen durch. Staatsbürgerliche Unbedenklichkeitsbescheinigungen wurden eingeführt, ohne die man keine Pässe erhalten konnte.
Den Höhepunkt dieser ersten Terrorphase bildeten die Septembermorde. Die Gefängnisse der Hauptstadt waren überfüllt; das Pariser Volk glaubte, dass nach dem unmittelbar bevorstehenden Auszug gegen den Feind die Gefängnisinsassen in seinem Rücken einen Aufstand unternehmen würden. Einem solchen meinte man vorbeugen zu müssen und so kam es Anfang September 1792 in einer Art präventiver Volksjustiz zur massenhaften Abschlachtung von Gefangenen. Mehr als 1200 Menschen wurden getötet; davon waren zwei Drittel keine politischen Gefangenen, sondern gewöhnliche Verbrecher und Prostituierte.

Soziale und ökonomische Probleme

Der Radikalisierungsprozess des Jahres 1793 lässt sich allerdings nicht nur durch Krieg und Verrat erklären, obwohl diese Momente weiterhin wirksam waren. Als verschärfende Faktoren traten die mit ganzer Wucht aufbrechenden sozialen und ökonomischen Probleme hinzu. Die Assignaten, das Papiergeld der Französischen Revolution, fielen rapide – bis zum August 1793 auf 22 Prozent ihres Nennwertes. Hier rächte sich, dass die Revolutionspolitiker es versäumt hatten ein wirksames Steuersystem einzuführen. Die starke Inflation verteuerte Lebensmittel und andere Artikel des täglichen Gebrauchs. Dies führte zu Straßenaufläufen, Tumulten, Stürmen auf die Geschäfte, eigenmächtigen Preisfestsetzungen durch das Volk und der Forderung nach staatlicher Preisregulierung. Die Gironde* als dominierende Partei des Konvents machte sich mit ihrer Ablehnung einer ökonomischen Intervention sowie ihrer Kritik an den Septembermorden bei der Pariser Bevölkerung verhasst. Die Jakobiner* nutzten diese Unzufriedenheit im Machtkampf mit der rivalisierenden politischen Gruppierung.
Am 2. Juni 1793 kam es zu einer vorbereiteten bewaffneten Belagerung des Konvents durch die Nationalgarde und das Pariser Volk sowie zum Ausschluß der Girondisten. Die Jakobiner ergriffen die Macht, wobei sie den ökonomischen Forderungen der Pariser Sektionen entgegenkamen. Am 29. September 1793 wurde eine allgemeine Höchstgrenze für die Preise zahlreicher lebenswichtiger Artikel verfügt – das *maximum général* (siehe S. 247 f., Mat. 8 und 9).

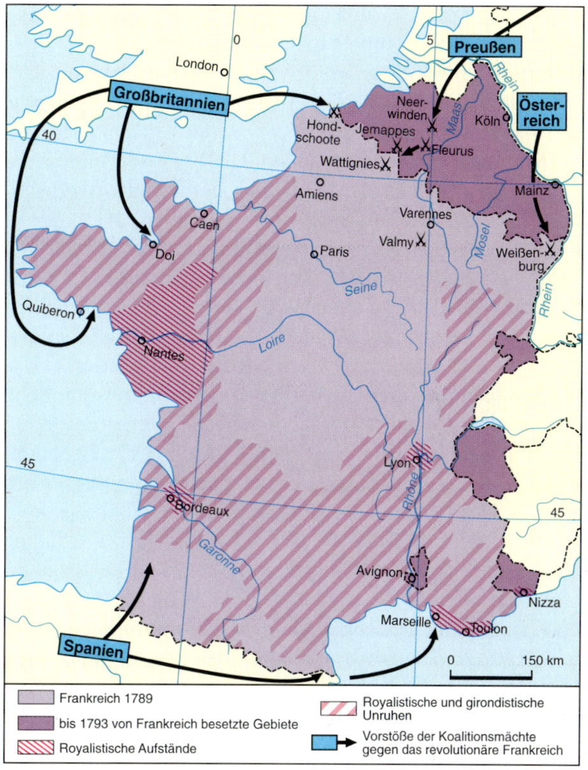

Krieg und Gegenrevolutionen in Frankreich 1793

Die jakobinische Diktatur

Jakobiner und Girondisten unterschieden sich – wie später Bolschewiki und Menschewiki in Russland zu Beginn des 20. Jahrhunderts – eher in dem von ihnen jeweils repräsentierten Menschentypus und durch den Grad ihrer Weltoffenheit als durch ihre soziale Herkunft und ideologischen Differenzen. Der größere Pragmatismus der Jakobiner und ihre Machtorientierung erleichterten das Bündnis mit den Pariser Sektionen. Dabei kam ihnen zugute, dass sie der Hauptstadt und ihrem das übrige Frankreich provozierenden Führungsanspruch weniger ablehnend gegenüberstanden als die Girondisten. Auch waren die Jakobiner eher bereit Gewalt gutzuheißen und auszuüben. Das Bündnis zwischen den Jakobinern und den kleinen Handwerksmeistern, Gesellen, Händlern und Gastwirten, die von den Zeitgenossen wegen ihrer Kleidung „Sansculotten" genannt wurden, besaß darin – neben pragmatisch-opportunistischen Motiven – auch eine psychologische Grundlage. Man traf sich in der Neigung zu extremen Maßnahmen, in dem Glauben an die praktische und heilsame Wirkung der Gewaltanwendung ebenso wie in einem besonders ausgeprägten politischen Misstrauen, das sich zum Beispiel in dem Gesetz über die Verdächtigen vom 17. September 1793 niederschlug. Dieses Gesetz bildete die rechtliche Grundlage der Herrschaft des Terrors, der insgesamt etwa 40000 Menschen zum Opfer fielen.

Die jakobinische Diktatur von Anfang Juni 1793 bis Ende Juli 1794, die als ein „Despotismus der Freiheit gegen die Tyrannei" gerechtfertigt wurde, ist vor allem über zwei Ausschüsse des Konvents ausgeübt worden. Deren in die Provinz entsandte Beauftragte sowie Mitglieder lokaler Volksgesellschaften und Jakobinerklubs sorgten für die räumliche Verbreitung. Der erste, der Sicherheitsausschuss *(comité de sûreté générale)*, war bereits am 2. Oktober 1792 gebildet worden und diente der inneren Sicherheit des revolutionären Staates. Der zweite und wichtigere war der Wohlfahrtsausschuss *(comité de salut public)*, der am 6. April des Jahres 1793 gegründet wurde und eine Art von Kriegskabinett, eine konzentrierte Revolutionsregierung, darstellte. Ihm ist es vor allem zu verdanken, dass sich Frankreich mit einer beispiellosen Kraftanstrengung militärisch zu behaupten vermochte.

Obwohl die revolutionäre Diktatur durch die militärische Selbstbehauptung ihre wichtigste Rechtfertigung verloren hatte, wurde die Schreckensherrschaft durch eine sprunghaft wachsende Zahl von Hinrichtungen im Juni/Juli 1794 sowie durch ein Gesetz vom 10. Juni 1794 noch gesteigert. Dieses Gesetz machte im Fall einer Verurteilung durch das Revolutionstribunal die Todesstrafe verpflichtend. Es führte das Delikt der Sittenverderbnis ein und definierte Wirtschaftsverbrechen sowie politische Verbrechen so vage, dass niemand mehr vor einer Anklage sicher sein konnte.

Bei dieser letzten Steigerung der Schreckensherrschaft, die als *la grande terreur* bezeichnet wird, scheint die ideologische Komponente als radikalisierende Triebkraft die entscheidende Rolle gespielt zu haben. Die Verschärfung der Repression nach der Entspannung der militärischen Situation macht deutlich, dass Diktatur und Terror nicht allein das Resultat einer Krise, gleichsam ein System von Aushilfen zur Bewältigung einer akuten Gefahrensituation darstellten. Für radikale Jakobiner wie Maximilien de Robespierre und Louis Antoine de Saint-Just war der Terror zur Durchsetzung ihrer Vision einer gesellschaftlichen Erneuerung und einer wahren Republik ein generelles Erfordernis (siehe S. 241, Mat. 7).

Der Terror musste das vorhandene Tugenddefizit ausgleichen. Er musste Volksfeinde eliminieren und eine sozial nicht gegebene republikanische Homogenität erzwingen. Er musste den Widerspruch gewaltsam überbrücken, der zwischen der in der Menschenrechtserklärung enthaltenen individualistischen Zielsetzung und der in der Brüderlichkeitslosung sowie dem antik-republikanischen Modell enthaltenen Gemeinschaftsorientierung der Revolution bestand. Tugend und Terror gehörten für Robespierre zusammen. Beide waren die Triebfedern der Volksregierung. Schließlich wurde jedoch, indem Robespierre die Tugend nur noch in seiner eigenen Person verkörpert sah und fast allen Kollegen im Wohlfahrtsausschuss misstraute, das Ideologische krankhaft übersteigert. Am 9. Thermidor des Jahres II, nach revolutionärer Zeitrechnung der 27. Juli 1794, wurde Robespierre im Konvent verhaftet und am darauf folgenden Tag hingerichtet.

Vom 9. Thermidor zur Herrschaft des Direktoriums

Die Ursachen für den Sturz Robespierres waren vielfältig. Eine wesentliche Rolle spielte dabei die zunehmende Furcht der Konventsmitglieder um ihre persönliche Sicherheit. Bereits die Hinrichtung Georges Dantons und seiner Anhänger am 5. April 1794 aufgrund gefälschter Beweise machte die Abgeordneten unsicher, ließ sie um ihr eigenes Leben fürchten.

Diese Unsicherheit verstärkte sich, als in dem Gesetz vom 10. Juni 1794 die Immunität von Konventsmitgliedern nicht mehr ausdrücklich festgehalten wurde. Die Angst steigerte sich zu einem Gefühl unmittelbarer Bedrohung, als Robespierre am 16. Juli in einer Rede vor dem Konvent vage Drohungen gegen die Abgeordneten ausstieß.

Eine weitere Ursache für die Beseitigung Robespierres lag in den Gegensätzen, die zwischen den beiden großen Ausschüssen und innerhalb des Wohlfahrtsausschusses selbst bestanden. An den Arbeiten des Wohlfahrtsausschusses, in dem er fast ein Jahr lang die beherrschende Figur gewesen war, hatte Robespierre schon einen Monat vor seinem Sturz nicht mehr teilgenommen. Bei der Mehrheit des Konvents spielten die ideologischen Motive, die ihn und Saint-Just zu einer Intensivierung der Terrorherrschaft veranlasst hatten, eine geringere Rolle. Für sie besaß die terroristische Diktatur einen rein instrumentellen Charakter und mit dem entscheidenden Sieg über die Österreicher in der Schlacht von Fleurus am 26. Juni 1794 war für sie ihre Notwendigkeit entfallen.

Dass die Niederlage Robespierres im Konvent am 27. Juli 1794 endgültig war und er von außen keine Unterstützung

Francisco de Goya (1746–1828), Der 3. Mai 1808 in Madrid: Die Erschießung der Aufständischen, 1814, Öl auf Leinwand, 266 x 345 cm, Madrid, Museo del Prado

mehr erhielt, lag vor allem an der inzwischen vollzogenen Auflösung des Bündnisses zwischen Jakobinern und Sansculotten. Eine wesentliche Ursache für die Beendigung dieses Bündnisses war die Wirtschaftspolitik der Revolutionsregierung in den vorangegangenen Monaten gewesen. Sie ordnete Neuberechnungen der Höchstpreise an, die sich in Preissteigerungen niederschlugen, und sorgte zugleich für die Einhaltung der Lohnbegrenzung, die bisher nur auf dem Papier gestanden hatte. Dadurch wurden vor allem die Arbeiter getroffen, die in den durch die Rüstungsanstrengungen enorm vergrößerten staatlichen Fabriken beschäftigt waren. Das Vorgehen der Revolutionsregierung gegen radikale Gruppen wie die Enragés und die Hébertisten sowie die Beschäftigung militanter Sansculotten in der Verwaltung und der als „Revolutionsarmee" bezeichneten Sansculottenmiliz hatten den Sektionen zudem viele ihrer Aktivisten entzogen.

Nach dem Sturz Robespierres war die Lage in Frankreich durch eine große Instabilität gekennzeichnet. Zwar gelang die Ausarbeitung und Verabschiedung einer neuen Verfassung. Sie sah ein Direktorium von fünf Männern als Exekutive vor und bildete zwischen dem Oktober 1795 und dem November 1799 die konstitutionelle Grundlage der französischen Politik. Das Direktoratsregime, das in vieler Hinsicht eine Rückkehr zu den liberalen Anfängen der Revolution darstellte, beruhte jedoch auf einer zu schmalen Basis. In der notleidenden Bevölkerung der Hauptstadt, die besonders durch den nach dem Thermidor beschleunigten Abbau der staatlichen Wirtschaftsregulierung hart getroffen wurde, fand es keine Stütze. In Paris kam es im Mai und im Oktober 1795 zu letzten, verzweifelten Aufstandsversuchen und im gesamten Land war die Stimmung gegen das Direktorium gerichtet. Das Regime versuchte sich einerseits durch den Ausschluss von Abgeordneten der Rechten und Linken, andererseits durch permanente Kriegführung sowie die Ausplünderung anderer Länder über Wasser zu halten.

Angesichts der Tatsache, dass der Krieg zu einer Lebensnotwendigkeit für das Direktorium wurde, war es nicht ohne innere Folgerichtigkeit, dass zwei Direktoren (Barras und Sieyès) mit dem erfolgreichsten und populärsten General (Napoleon Bonaparte) eine Verschwörung anzettelten, die zum Staatsstreich vom 18. Brumaire (9. November 1799) führte. Napoleon wurde erster Konsul und drängte nach und nach seine Mitkonsuln (Sieyès und Ducos) in den Hintergrund.

Die Machtergreifung und die Herrschaft Napoleons, der

sich 1802 zum Konsul auf Lebenszeit und 1804 zum Kaiser der Franzosen machte, vermitteln bereits eine für die spätere Geschichte wesentliche Erkenntnis: das Besitzbürgertum* findet sich mit einem autoritär-diktatorischen System ab, wenn es Ordnung und Eigentum zu garantieren scheint. Nach dem Staatsstreich des 18. Brumaire stiegen die Kurse an der Pariser Börse drastisch. Das Regime Napoleons wurde umso williger ertragen, als es technokratisch-modernisierenden Vorstellungen entsprach, militärischen Ruhm einbrachte und zugleich dessen Lasten auf andere Völker abwälzte (siehe Mat. S. 424–427).

1. *Stellen Sie in einer Übersicht die Phasen der Französischen Revolution mit den jeweiligen Trägern der Revolution und der Gegenrevolution und ihren politischen Zielen dar.*
2. *Welche Rolle spielten ökonomische und soziale Probleme für den Ausbruch und den Verlauf der Französischen Revolution? Vergleichen Sie mit der Englischen und der Amerikanischen Revolution.*
3. *Erläutern Sie die Gründe, die zur Terrorherrschaft und zu ihrem Ende führten.*

Die frühneuzeitlichen Revolutionen im Vergleich

Vorrevolutionäre Phase

Finanzkrise und außenpolitische Schwäche

Vergleicht man die frühneuzeitlichen Revolutionen miteinander, wobei die *Glorious Revolution* ihrer geringen Intensität wegen weitgehend außer Betracht bleiben kann, so zeigen sich bereits in der vorrevolutionären Phase wichtige Gemeinsamkeiten. Der Englischen, Amerikanischen und Französischen Revolution gingen Finanzkrisen bzw. finanzielle Schwierigkeiten voraus und die Regierungen nahmen zu Maßnahmen Zuflucht, die als Eingriffe in Eigentums- und Freiheitsrechte bekämpft wurden.

Darüber hinaus weist auch der den Revolutionen vorhergehende allgemeine Zerfall des alten Regimes ähnliche Merkmale auf. Zu ihnen gehört das mangelnde Ansehen durch außenpolitische Schwäche und militärische Niederlagen. Die Misserfolge Englands im Krieg gegen Spanien und Frankreich in den 1620er Jahren und sein Beiseitestehen während des Ringens mit dem Katholizismus in den 1630er Jahren empfanden viele Untertanen als schmachvoll. In Frankreich waren es das 1756 geschlossene, als unnatürlich betrachtete Bündnis mit Österreich sowie die Demütigung durch England und Preußen in den Niederlanden im Jahre 1787, die das Ancien Régime diskreditierten. In beiden Ländern wurde die Demütigung besonders stark empfunden, weil sie auf ein ausgeprägtes Gefühl nationaler Überlegenheit stieß. Dieses Gefühl war im England des 17. Jahrhunderts die Überzeugung ein von Gott auserwähltes Volk zu bilden; im Frankreich des 18. Jahrhunderts war es das stolze Bewusstsein das mächtigste und bevölkerungsreichste Volk Europas zu sein. Die der Englischen und Französischen Revolution gemeinsame Rethorik der nationalen Erneuerung besaß vor dem Hintergrund der außenpolitischen Schwäche des vorrevolutionären Regimes nicht zuletzt eine machtpolitische Komponente. Die von beiden Revolutionen vollzogene Steigerung der militärischen Leistungsfähigkeit und der Machtstellung ihrer Länder war unter diesem Aspekt der vorrevolutionären Kritik an der Regierung durchaus folgerichtig. Im Amerika um die Mitte des 18. Jahrhunderts waren es freilich gerade nicht außenpolitisch-militärische Mißerfolge, sondern Erfolge, die paradoxerweise die Regierung schwächten. Nach der Verdrängung Frankreichs aus Nordamerika infolge der Niederlage im Siebenjährigen Krieg waren die Kolonisten nicht länger auf den militärischen Schutz Englands angewiesen.

Legitimationskrise der Monarchie

Weniger augenfällig als die Finanzschwäche und die außenpolitische Diskreditierung des alten Regimes ist der viel schwerer zu erfassende Prozess der kulturellen Aushöhlung und des Legitimationsentzugs, dem es ausgesetzt war. So erhielt vor allem die Monarchie konkurrierende bzw. ihr eindeutig übergeordnete Bezugspunkte. Im England der 1620er und 1630er Jahre waren es Gott und die Religion, in Frankreich waren es die Nation bzw. die „öffentliche Meinung“, die man über den König stellte. Seit der Mitte des 18. Jahrhunderts höhlte eine allgemeine Tendenz zur Entsakralisierung die französische Monarchie aus. Wenn man den Begriff des Heiligen in Verbindung mit dem Monarchen überhaupt noch gebrauchte, dann war es mehr die Heiligung durch die Nation, an die man dachte. Selbst Befürworter der monarchischen Autorität verteidigten sie in einer Weise, welche die Nation aufwertete und den Monarchen zum „König der

Franzosen" machte. Hinzu kam, dass sowohl Karl I. als auch Ludwig XV. durch ihre Selbstisolierung zu einer Entfremdung zwischen König und Volk beitrugen. Ludwig XV. trauten seine Untertanen sogar zu, dass er sich im Blut entführter Kinder bade oder dass er Korn aufkaufe und zurückhalte um sich an der Not des Volkes zu bereichern.

Kultureller Wandel

Neuere Studien haben besonders die Amerikanische und die Französische Revolution in den größeren Kontext kultureller Veränderungen gestellt. Sie belegen, wie sehr sich in der Sprache, in der Literatur, in den pädagogischen Ideen und in den Vorstellungen über die Ordnung der Familie, zumal in Bezug auf die väterliche Gewalt, ein Wandel vollzog, der diese Revolutionen mit vorbereitete (siehe S. 186 f.). Nach der neuen Auffassung in der zweiten Hälfte des 18. Jahrhunderts mussten sich die Eltern die Liebe ihrer Kinder verdienen und hatten deren Bedürfnis nach Selbstständigkeit zu respektieren.

Die Bedeutung solcher Gedanken gerade für die Amerikaner, die seit dem Siebenjährigen Krieg ihre Eigenständigkeit betonten und in wachsendem Maße in ihrer Publizistik Beispiele, Symbole und Bilder aus dem amerikanischen Milieu benutzten, liegt auf der Hand. Erwiesen sich das „Mutterland" und der Vater-König als tyrannisch, so hatten sie das Recht auf Gehorsam verwirkt und die Kolonisten durften sich in Übereinstimmung mit den neuen pädagogischen Prinzipien von ihnen lossagen.

Moralische Diskreditierung

Die Autorität des alten Regimes wurde nicht nur durch die Entsakralisierung des Monarchen und die In-Frage-Stellung selbstverständlicher väterlicher Autorität, sondern auch durch lautstarke Zweifel an seiner moralischen Qualifikation ausgehöhlt. Hervorstechende Merkmale der Vorgeschichte der Englischen, der Amerikanischen und der Französischen Revolution sind die Behauptung von der Unmoral des Regimes und seiner Repräsentanten sowie das ausgeprägte Bewusstsein moralischer Überlegenheit auf Seiten der Kritiker.

In England stellten sich die Oppositionellen als tugendhafte und uneigennützige Vertreter des „Landes" gegenüber einem korrupten „Hof" dar. Bei den amerikanischen Revolutionären spielte die Vorstellung eines korrupten Mutterlandes eine Rolle, das Amerika nun ebenfalls in den Sumpf der Korruption zu ziehen versuchte. Im Frankreich vor der Revolution ist das Leitmotiv von der Unmoral und der Dekadenz des Hofes sowie der Führungsschichten am breitesten und lautstärksten variiert worden. Analysen der im vorrevolutionären Frankreich illegal vertriebenen Literatur zeigen, dass diejenigen Schriften am meisten verkauft wurden, in denen die führenden Persönlichkeiten bis hin zum König angegriffen oder lächerlich gemacht wurden. Häufig stellten solche Schriften den perversen, schwächlich-degenerierten und auch sexuell bis zur Impotenz verbrauchten Angehörigen der obersten Schichten die Gesundheit und Kraft des Volkes gegenüber.

Ablehnung der Moderne und das Vorbild der Antike

Ein gemeinsamer Zug der vorrevolutionären Periode ist ferner die Tatsache, dass die Kritik von antizivilisatorischen Gefühlen gespeist wurde und zum Teil ein Unbehagen an der Moderne* ausdrückte. Dem Regime wurden vielfach die Schattenseiten des Prozesses der Zivilisation und der Kommerzialisierung angelastet. Hinter der Kritik stand oft die ausdrückliche oder uneingestandene Sehnsucht nach einfachen Strukturen oder Lebensformen.

Dabei gab es verschiedene Varianten dieses Grundmusters. Für die Puritaner vor der Englischen Revolution war es die Schlichtheit des Urchristentums, an der sie sich vor allem orientierten. Für die Neuengländer zur Zeit der Amerikanischen Revolution war es die Rückkehr zur Einfachheit und Tugend ihrer Vorväter im 17. Jahrhundert, die sie vor Augen hatten. Für die Franzosen des 18. Jahrhunderts waren es das antike Sparta oder das republikanische Rom, die ihnen als Vorbilder dienten. In Frankreich begeisterte man sich nach 1776 auch für die amerikanischen Revolutionäre, für ihre ländlichen Tugenden und ihre von Korruption freie Zivilisation. Darin sah man, wie übrigens auch auf Seiten der Kolonisten, eine Garantie für das Gelingen der Amerikanischen Revolution.

Im Zusammenhang mit dem Legitimationsschwund des alten Regimes muss schließlich die generelle Bedeutung der Antike und antiker Schriftsteller bereits in der Vorgeschichte der frühneuzeitlichen Revolutionen bedacht werden. Thomas Hobbes hat in seinem „Behemoth" die Englische Revolution darauf zurückgeführt, dass die Söhne des Adels auf den Universitäten mit den Autoren des klassischen Altertums auch den Geist des Republikanismus in sich aufgenommen hätten. Das war sicher übertrieben. Unverkennbar ist jedoch, dass sowohl in England als auch in Amerika und in Frankreich in den Köpfen der künftigen Revolutionäre die Modelle der griechisch-römischen Antike vorhanden waren und für sie die Monarchie nicht die einzig mögliche Staatsform darstellte. Der am antiken Vorbild ausgerichtete Republikanimus stand, besonders am Vorabend der Französischen Revolution, als Reserve-Ideologie bereit.

Jean Baptiste Claude Richard de Saint-Non (1727–1791), Franklin wird von der Freiheit gekrönt, 1788, Aquatintaradierung, 24,9 x 20 cm, Paris, Bibliothèque Nationale

Anfangsphase der Revolution

Eine Gemeinsamkeit der Anfangsphase frühneuzeitlicher Revolutionen ist ihre libertäre, d.h. freiheitliche Zielsetzung und die Frontstellung gegen einen „ministeriellen Despotismus". Dass der Monarch längere Zeit von direkten Angriffen verschont blieb und man ihm gegenüber Loyalität bekundete, war ein Zeichen für die Bereitschaft zur Zusammenarbeit mit einem „guten" König bei der Bewahrung bzw. der Wiederherstellung der Freiheit. Es entsprach aber auch einer traditionellen Praxis europäischer Rebellionen, die eine mildere Behandlung im Falle ihres Scheiterns zu versprechen schien und mit der sich Schuldgefühle wegen der Auflehnung gegen die monarchische Autorität unterdrücken ließen. Tatsächlich hatten die angegriffenen Minister und sonstigen Amtsträger oft die Funktion von Sündenböcken, verbarg sich hinter den gegen sie geführten Attacken vielfach schon eine Frontstellung gegen den Monarchen selbst.

Eine weitere Gemeinsamkeit der Phasen unmittelbar vor Ausbruch und zu Beginn der Revolutionen ist die verbreitete Furcht den geeigneten Zeitpunkt zum Handeln zu versäumen und die Freiheit unwiderruflich zu verlieren, weil sich ein Willkürregime zu sehr verfestigen und den von ihm Unterjochten den Freiheitswillen rauben könnte. Der Despotismus erscheint vielfach als eine Art Krankheit, die auch die von ihm Unterworfenen ansteckt und innerlich zu Sklaven macht. Diese Sicht war vor allem bei den amerikanischen Revolutionären weit verbreitet. Paradoxerweise stärkte die von den Amerikanern selbst in Form der Sklaverei ausgeübte Unterdrückung ihren Freiheitssinn, genauso wie die vermeintliche Passivität und Gefügigkeit der schwarzen Sklaven eine abschreckende Wirkung ausübte und die Furcht vor einem Verlust der Freiheit übergroß machte.

Bei allen Revolutionen stoßen wir jedoch auf die Überzeugung an einem historischen Scheideweg zu stehen. Man war davon überzeugt, dass das eigene Handeln in entscheidendem Maße über die Freiheit oder Unfreiheit des Heimatlandes, vielleicht sogar der ganzen Welt entschied. Aus dieser Überzeugung ergaben sich ein Gefühl äußerster Dringlichkeit und starke Handlungsantriebe. Man redet oft von dem Optimismus der Revolutionäre. Viel bemerkenswerter ist jedoch ihr latenter Pessimismus: Der französische Politiker Mirabeau etwa sprach 1788 von den „letzten Spuren unserer sterbenden Freiheit" und sah als Alternative nur „unsere Wiedergeburt oder unseren völligen Verfall".

Revolutionäre Ziele

Die libertäre Zielsetzung ist – zumeist gepaart mit dem Gedanken einer freiheitssichernden politischen Beteiligung der oberen Schichten – in allen frühneuzeitlichen Revolutionen zunächst dominant. Es finden sich in ihnen jedoch von Anfang an in unterschiedlichem Maße Beimischungen anderer Art, die sich im Verlauf der Revolution verstärken.

In der Englischen Revolution bestand diese Beimischung primär in der religiösen Zielsetzung einer weiterzutreibenden Reformation. Dazu kamen anfangs gewisse Formen des sozialen Protestes, zum Beispiel Aktionen gegen Einhegungen. Eine ungleich größere Rolle spielten soziale Forderungen und Probleme in der Französischen Revolution, der eine Wirtschaftskrise und Missernten vorausgingen. Zwischen 1770 und 1789 gab es in Frankreich nur drei gute Ernten. Es erscheint geradezu von symbolischer Bedeutung, dass der Getreidepreis am Tag des Sturms auf die Bastille den Höchststand des 18. Jahrhunderts erreicht hatte. In Amerika war die Beimischung zur libertären Zielsetzung am gerings-

ten, spielten jedenfalls aktuelle soziale Probleme, im Unterschied zu Befürchtungen in Bezug auf die Zukunft, kaum eine Rolle.
Die neben dem Freiheitswillen wirksamen Triebkräfte religiöser Art in England und sozialer Art in Frankreich stärkten die Durchschlagskraft der Revolutionen und trugen zu ihrem Sieg über das alte Regime bei. Sehr bald erwiesen sie sich jedoch für die konstruktiven Aufgaben der Revolution als Nachteil. Sie behinderten das Werk der freiheitlichen Neugründung, indem sie diese mit zusätzlichen, von ihr vollkommen verschiedenen Zielsetzungen belasteten. Die „Menge der Armen", so hat Hannah Arendt in ihrem großen Revolutionsbuch formuliert, kam „der Französischen Revolution zu Hilfe, feuerte sie an, trieb sie vorwärts um sie schließlich unter dem Druck ihrer Not zu begraben".
Dass die neben der politisch-libertären Grundsubstanz vorhandenen Beimischungen im Laufe der Englischen und der Französischen Revolution an Bedeutung gewannen, hat auch mit der Haltung der Monarchen zu tun. Deren Widerstand gegen eine Beschränkung ihrer Macht zwang dazu die Unterstützung von Gruppen zu suchen, die für die freiheitlich-konstitutionellen Ziele wenig Sympathien aufbrachten, sie jedenfalls nicht als vorrangig betrachteten: die religiösen Radikalen in England und die Sansculotten in Frankreich. Die von der politischen Unzuverlässigkeit Karls I. und Ludwigs XVI. erzwungene Hinrichtung des Königs erforderte zudem eine grandiose Neudefinition des Revolutionsziels und setzte chiliastische* bzw. utopische* Erwartungen frei. Dass die *Glorious Revolution* keinen und die Amerikanische Revolution kaum einen Radikalisierungsprozess erlebte, hat mit der frühzeitig vollzogenen Trennung von den Monarchen bzw. deren Abwesenheit zu tun.

Radikalisierung und Reaktion

Das wohl schwierigste Problem einer vergleichenden Geschichte der Revolutionen betrifft ihre Radikalisierung und ihren Phasenverlauf, deren Ursachen, Gemeinsamkeiten und Unterschiede. Die drei hier behandelten frühneuzeitlichen Revolutionen durchliefen einen Radikalisierungsprozess, der das ursprüngliche Ziel einer Sicherung von Freiheitsrechten und der Beteiligung einer sozialen Elite an den politischen Entscheidungen im Rahmen des bestehenden Systems hinter sich ließ. Es gab in ihnen eine durch die Expansionskraft revolutionärer Losungen, durch die Kriegsführung und durch die politische und militärische Beteiligung breiter Bevölkerungsschichten bewirkte radikalisierende Dynamik, die dann später durch eine gegenläufige Tendenz abgelöst wurde. Dabei fällt auf, dass diejenigen Revolutionen, die am radikalsten waren und sich am weitesten von ihrem politisch-libertären Ausgangspunkt entfernten, nämlich die Englische und die Französische Revolution, zugleich diejenigen gewesen sind, die über eine „bonapartistische"* Zwischenstufe in die Restauration der Monarchie zurückglitten. Dagegen wurden die *Glorious Revolution* und die Amerikanische Revolution, die sehr viel gemäßigter waren, niemals rückgängig gemacht.
Dies erscheint zunächst paradox, doch liegt dem eine gewisse Logik zugrunde. Die radikalen Revolutionen diskreditierten sich in den Augen vieler Menschen. Sie rissen derart viele Gegensätze auf und entfernten sich so weit von der bestehenden Ordnung und jedem Konsens, dass ihre Bändigung durch ein bonapartistisches Regime bzw. eine restaurierte Monarchie notwendig schien. Die Restauration der alten Bourbonen-Monarchie 1814/15 wurde durch den Druck der übrigen europäischen Mächte erzwungen, gegen die sich die Dynamik der Französischen Revolution gekehrt hatte. In Amerika entsprach der relativ geringen Radikalisierung während der Revolutionszeit eine ebenso schwache restaurative Tendenz nach der Revolution. Sie schlug sich vor allem in der neuen Unionsverfassung von 1787 nieder, die die Herrschaft einer nationalen Elite garantieren sollte.

Die Utopie des neuen Menschen

Auserwähltsein und Tugend

Die Englische und die Französische Revolution, die durch das Verhalten der Monarchen, die Kriegsführung sowie die nichtlibertären Beimischungen am weitesten getrieben wurden, hatten in ihrer radikalen Phase die größte Ähnlichkeit miteinander. Gemeinsam war ihnen eine auf vollständige Erneuerung gerichtete chiliastische* bzw. utopische* Perspektive, die Betonung einer sittlichen Umwandlung der Gesellschaft und ein elitäres Konzept, mit dem die Herrschaft einer Minderheit legitimiert werden sollte. In der Englischen Revolution war es der Anspruch zu den Erwählten des Herrn zu gehören und den Willen Gottes auszuführen, in der Französischen Revolution war es der Anspruch zu den Tugendhaften zu zählen und den „allgemeinen Willen" zu verkörpern, was eine Minderheitsdiktatur rechtfertigen sollte. Dass man nur eine Minderheit bildete, galt dabei als Beweis dafür, auf dem richtigen Weg zu sein. Denn die von Gott Erwählten und Auserkorenen – so argumentierten independentische* Prediger – waren stets nur wenige. Ebenso erklärte Robes-pierre, Tugend sei „auf Erden immer in der Minderheit".
Grundsätzlich ähnlich war auch die Schwierigkeit, vor die

sich die radikalen englischen und die französischen Revolutionäre bei der Verwirklichung des von ihnen proklamierten, in einem Fall christlich, im anderen Fall republikanisch begründeten Prinzips der Brüderlichkeit gestellt sahen. Weder die Independenten noch die Jakobiner erstrebten eine sozialradikale Umgestaltung. Was sie wollten, war eher eine Moralisierung der Gesellschaft, eine ethische Revolution im Innern der Individuen. Als diese sich nicht einstellen wollte, zeigten sich in der radikalen Phase der Englischen und der Französischen Revolution bedeutsame Unterschiede. In England finden wir nach vereinzelten Versuchen zur Einführung einer „moralischen Reform" ein Zurückschrecken vor ihrer gewaltsamen Erzwingung, ein Zurückschrauben der Zielsetzung und eine Bescheidung. In Frankreich stoßen wir hingegen auf eine aktivistisch-terroristische Anstrengung zur Überwindung aller Widerstände.
Diese Unterschiede sind wohl nicht zuletzt darauf zurückzuführen, dass die Englische im Gegensatz zur Französischen Revolution eine christliche Grundlage besaß. Die religiöse Dimension der Englischen Revolution wirkte letztlich als „Utopiebremse". Zum einen blieben, bis auf wenige Ausnahmen, selbst die radikalsten Independenten von der Sündhaftigkeit und Unvollkommenheit des Menschen überzeugt; zum anderen hatte der Chiliasmus in England einen überwiegend passiven Charakter. Die Schritte zur Neugestaltung erfolgten stets provisorisch-zögernd, mit dem Blick auf Gott und seine Zeichen. Ließ er es an Ermutigung fehlen, so hielt man inne. Die Englische Revolution war gerade auch auf ihrem Höhepunkt eher von der *Erwartung* einer totalen Umgestaltung und eines völligen Neuanfangs geprägt, die Französische Revolution dagegen in ihrer radikalen Phase eher von der *Entschlossenheit* bestimmt, eine gänzlich neue Gesellschaft zu errichten.

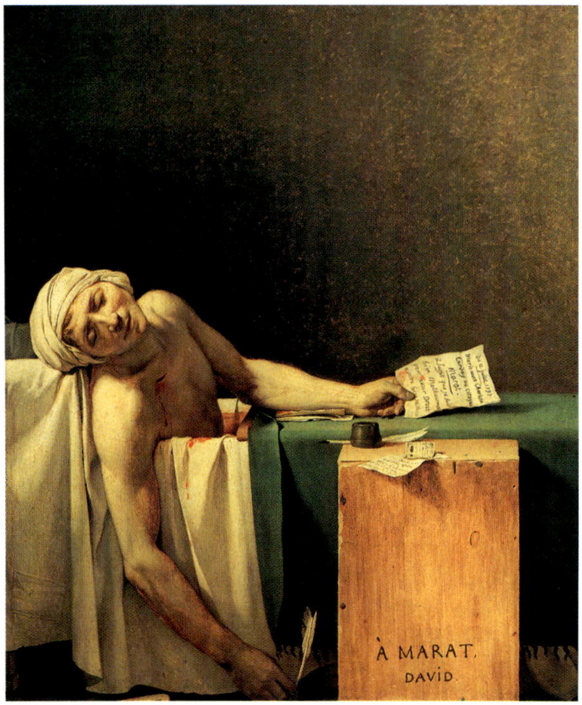

Jacques Louis David (1748–1825), Der Tod des Marat, 1793, Öl auf Leinwand, 162 x 128 cm, Brüssel, Musées Royaux des Beaux-Arts de Belgique (Ausschnitt)

Kulturrevolution

Diese Entschlossenheit der französischen Revolutionäre zeigte sich – neben dem negativen Aspekt einer terroristischen Erzwingung von Tugend und die Vernichtung der Nichttugendhaften durch die Guillotine – in dem positiven Aspekt einer Kulturrevolution, der gerade von der neuesten Forschung zur Französischen Revolution besonders herausgearbeitet worden ist. Revolutionäre Feste, neue Symbole, Namen und Begriffe sollten eine republikanische Gesellschaftsordnung und letztlich einen neuen republikanischen Menschen schaffen. Die Entschlossenheit zum Neuanfang äußerte sich beispielhaft in einer neuen Zeitrechnung, die den von keiner anderen Revolution in diesem Ausmaß vollzogenen Bruch mit der Geschichte deutlich macht. Im Oktober 1793 schaffte der Konvent den christlichen Kalender ab und ließ das Jahr I mit dem 22. September 1792 – der Proklamation der Republik – beginnen; die Sieben-Tage-Woche wurde durch Dekaden ersetzt um die zentrale Rolle des kirchlich geprägten Sonntags auszuhöhlen. Auch in der Englischen Revolution benutzte man zwar gelegentlich das Jahr 1649, den Beginn der „wiederhergestellten Freiheit", als Bezugspunkt der Datierung. Verbindlich blieb jedoch der christliche Kalender.

Recht und Gewalt

Rechtsbewusstsein und Revolution

Neben dem grundlegenden Unterschied zwischen der Englischen und Französischen Revolution aufgrund einer christlich-transzendental ausgerichteten Radikalität einerseits, einer nichtchristlich-innerweltlichen, utopischen Radikalität andererseits, zeigen sich andere Unterschiede, die in den voneinander abweichenden historischen Erfahrungen und

der andersartigen politischen Kultur der beiden Länder begründet sind.
Grundsätzlich trifft für die gesamte Revolutionsgeschichte die Beobachtung der Soziologin Hannah Arendt zu, „dass Art und Gang einer Revolution von dem Regime bestimmt sind, dem sie ein Ende bereiten". Die Englische und die Amerikanische Revolution lassen infolge der starken Ausrichtung ihrer Gesellschaften am Recht eine erstaunliche Rechtskontinuität und Beachtung von Rechtsnormen erkennen, was für die Französische Revolution nicht zutrifft. Der Unterschied wird besonders deutlich erkennbar an einem Vorgang, der die Englische mit der Französischen Revolution verbindet: die Verurteilung und Hinrichtung des Königs. Karl I. wurde von einem Gericht, wenngleich einem Sondergericht, angeklagt und zum Tode verurteilt. Ludwig XVI. dagegen wurde durch Beschluss des Konvents zum Tode verurteilt, wobei Robespierre ausdrücklich die Entscheidung durch ein Gericht ablehnte, weil sie die Allmacht und Entscheidungsfreiheit des Volkes einschränken würde (siehe S. 240, Mat. 6). In dieser Argumentation drückten sich zugleich ein schwaches Rechtsbewusstsein und eine absolutistische Vorstellung von Willkür als Element der Souveränität aus. Die Vorstellung von der Strafe als direktem Ausdruck der Volkssouveränität* und nicht als Anwendung des Rechts, bestimmte während der Terrorherrschaft auch die Hinrichtungen durch die Guillotine. Die „Inszenierung des Schaffots [war] die erhabene Demonstration der Allmacht des Volkes" (Arasse).

Das Gewaltproblem

Die Anwendung von Gewalt gehört zu den hervorstechenden Merkmalen der Französischen Revolution. Sie wurde in den anderen frühneuzeitlichen Revolutionen, sieht man von dem Verhalten der Engländer in Irland ab, nicht im gleichen Umfang ausgeübt. Die Bereitschaft zur Gewaltanwendung in einer Gesellschaft hängt offenbar von den Erfahrungen ab, die es im Umgang mit der Gewalt gibt. Man verweist in diesem Zusammenhang für Frankreich auf die grausame Art und Weise, mit der 1757 Damiens, der Ludwig XV. hatte ermorden wollen, vom Leben zum Tode befördert wurde. Vielleicht noch wichtiger für das kollektive Bewusstsein oder Unterbewusstsein als solche Fälle grausamer Bestrafung durch die Justiz war jedoch die massenhafte Abschlachtung der Protestanten im August 1572. Diese „Bartholomäusnacht" demonstrierte, was man mit seinen Feinden tun konnte und was man von ihnen befürchten musste. Manche Äußerungen von Zeitgenossen deuten auf das Fortwirken dieses Ereignisses in der Erinnerung hin. Auch die zeremoniellen Verstümmelungen von Opfern durch die Volksmenge während der Revolutionszeit verweisen auf einen Zusammenhang mit den religiösen Konflikten des 16. Jahrhunderts. Der französische Historiker Alain Corbin hat unlängst sogar die Behauptung aufgestellt, „dass die Revolution die Religionskriege wiederaufführte".
Was die Grausamkeit der unteren Schichten in der Revolution angeht, so sind dafür auch das vor einigen Jahren aufgefundene Tagebuch des französischen Glasers Ménétra und das von dem Historiker Robert Darnton beschriebene Katzenmassaker Pariser Druckergesellen aufschlussreich. Sie machen die Häufigkeit von Gewaltanwendung im Alltag sichtbar und offenbaren grausame Züge der Volkskultur. Auf einer höheren gesellschaftlichen Stufe hielt man sich andererseits während der Revolution unter dem Einfluss antiker Vorbilder viel darauf zugute unerbittlich zu sein und selbst engste Verwandte nicht zu schonen, wenn es um das öffentliche Wohl ging. Bemerkenswert ist darüber hinaus, dass unter der französischen Revolutionselite im Unterschied zu den anderen frühneuzeitlichen revolutionären Trägerschichten die Vorstellung weit verbreitet war, Gewalt sei eine erneuernde Kraft, eine Vorstellung, die sich zum Beispiel bei den Girondisten als Argument für den Krieg findet.

Nachwirkungen des Absolutismus

Die prägende Wirkung des alten Regimes, von der Hannah Arendt gesprochen hat, zeigte sich in Frankreich besonders in der Ideologie der Jahre 1793/94 mit ihren antiliberalen, ja totalitären Zügen. Die Vergöttlichung des Volkes, die Betonung seines einheitlichen Willens wirken wie die auf den Kopf gestellten Prinzipien der absoluten Monarchie. Man benutzte Begriffe wie „Allmacht des Volkes" oder „Majestät der Nation"; es gab sogar das Wort „Nationsbeleidigung" in Analogie zur Majestätsbeleidigung vergangener Zeiten. Selbst die Vorstellung, die sich Robespierre und andere Jakobiner vom Volke machten, glich der traditionellen Vorstellung vom König: immer gut und stets das Beste wollend. Wenn es irrte, dann nur vorübergehend und unter schlechtem Einfluss.
Auch die abstrakte Form ihres politischen Denkens war weitgehend eine Folge des Ancien Régime, das kaum eine politische Beteiligung zuließ und die Beschäftigung mit dem Gemeinwohl überwiegend in die Akademien und die anderen intellektuellen Gesellschaften verwiesen hatte. So wirkten in der Englischen Revolution und vor allem in der Amerikanischen Revolution die Grundmuster einer ausgebildeten Rechtskultur, eines eingeschränkten Königtums und einer parlamentarischen Praxis nach, in der Französischen Revolution dagegen das Vorbild und die Praxis einer absoluten Monarchie.

Interpretationen der Revolutionen

Ende des Feudalismus?

Die Frage nach den Wirkungen der frühneuzeitlichen Revolutionen (siehe Mat. S. 254–257) ist unter dem Einfluss des Marxismus lange dahingehend beantwortet worden, dass sie als „bürgerliche" bzw. „frühbürgerliche" Revolutionen den Weg für den Sieg des Kapitalismus und die Herrschaft der Bourgeoisie bereitet hätten. In der Tat haben diese Revolutionen „Überreste des Feudalismus" beseitigt und zur Herausbildung eines freien Eigentums und absoluter Verfügungsgewalt der Eigentümer beigetragen. Mit der Englischen Revolution verschwand die Lehnshoheit des Königs über adlige Besitztümer; in Amerika erfolgte die Abschaffung von Fideikommiss und Primogenitur überall dort, wo sie bestanden; in Frankreich wurden die Feudalrechte des Adels beseitigt und es entstand freies Bauerneigentum. Der bäuerliche Kollektivbesitz blieb allerdings in vielen Regionen bestehen.

Diese revolutionären Errungenschaften waren jedoch im Falle Englands und erst recht im Falle Amerikas praktisch wenig bedeutsam. Selbst in Frankreich, wo sie wichtiger waren, haben sie Hemmnisse einer bürgerlich-kapitalistischen Entwicklung nicht beseitigt. Der Agrarkapitalismus hatte sich, wie die Forschung gezeigt hat, auch unter dem Ancien Régime einnisten und durchsetzen können. Es ist sogar zweifelhaft, ob die durch die Revolution bewirkten Veränderungen auf dem Lande der ökonomischen Entwicklung Frankreichs förderlich gewesen sind. Manches spricht dafür, dass auch der industrielle Sektor in seiner Entwicklung durch die Französische Revolution eher zurückgeworfen und der Abstand gegenüber dem fortgeschritteneren England vergrößert worden ist.

Bruch oder Kontinuität?

Die stärkere Berücksichtigung der Wirtschafts- und Sozialgeschichte, der historischen Demographie, der Alltags- und Mentalitätsgeschichte durch die neuere Geschichtswissenschaft hat deutlich werden lassen, dass die frühneuzeitlichen Revolutionen überwiegend keine einschneidenden Zäsuren darstellten. Die Ökonomie, die Gesellschaftsstruktur, die Bevölkerungsentwicklung und das tägliche Leben waren nach der Revolution gegenüber der Zeit davor nicht oder nur wenig verändert. So war zum Beispiel die Vorherrschaft des Adels nach der Englischen und der Französischen Revolution ungebrochen.

Veränderungen hat man am ehesten in dem Bereich ausgemacht, der von den Marxisten als bloßer Überbau bezeichnet worden war: den der Kultur und der Ideen. Besonders für die Französische Revolution ist dieser Aspekt inzwischen sehr eingehend untersucht worden. Dabei hat man die traditionsbegründende Kraft eines von ihr hervorgebrachten demokratischen Republikanismus mit seinen Auswirkungen auf die politische Geographie Frankreichs im 19. und 20. Jahrhundert herausgearbeitet. Für die Amerikanische Revolution ist ihre starke egalisierende Auswirkung auf das Bewusstsein der Menschen aufgezeigt worden, die nunmehr den Führungsanspruch jeglicher Elite zurückwiesen und in einem ganz buchstäblichen Sinne davon überzeugt waren, „dass jeder derselbe war wie jeder andere" (Gordon Wood).

Bürgerliche Revolution?

Die moderne Revolutionsforschung hat die marxistische Theorie der Revolution vielfach direkt auf den Kopf gestellt. Sie vermochte – wiederum am deutlichsten für die Französische Revolution – zu zeigen, dass gerade die von den Marxisten bevorzugte radikale Phase der Revolution von autonomen, dem „bürgerlichen" Klasseninteresse nicht entsprechenden ideologischen Vorstellungen gekennzeichnet war. Die Eigendynamik der Ideologie war so stark, dass sie bis 1794 „die normale Beziehung zwischen Macht und sozialen Interessen vorübergehend ‚suspendiert(e)' " (K. M. Baker). In diesem Licht erweist sich die marxistische Kategorie der den Kapitalismus fördernden „bürgerlichen" bzw. „frühbürgerlichen" Revolution als wenig sinnvoll. Hinzu kommt, dass sie wichtige revolutionäre Trägerschichten wie den Adel oder Handwerker und Bauern ausblendet, die sich besonders in der Französischen Revolution durch eine ausgesprochen antikapitalistische Haltung auszeichneten. Ebenso problematisch ist es die von den frühneuzeitlichen Revolutionen proklamierten Freiheitsrechte als „bürgerlich" zu bezeichnen; hier gilt der Satz der Soziologin Hannah Arendt: „Es gibt keine bürgerlichen Freiheiten, es gibt Freiheiten."

Modernisierungsrevolutionen?

Plausibler als die marxistische Deutung scheint die These, es habe sich bei den frühneuzeitlichen Revolutionen um „modernisierende Revolutionen" gehandelt. In der Tat war zum Beispiel die territoriale Integrationsleistung der drei großen Revolutionen beachtlich. In den 1650er Jahren wurden erstmals England, Schottland und Irland zu einer staatlichen Einheit zusammengefasst. In den 1770er und 1780er Jahren erfolgte, wenn auch mit Rückschlägen, die Zusammenfassung der ehemaligen, zuvor unverbundenen nordamerikanischen Kolonien Englands zu einem Bundesstaat. In Frankreich gelang es der Revolution nicht nur ein Volk von mehr als 27 Millionen trotz starker zentrifugaler Tendenzen zusammenzuhalten, sondern auch eine vorher nicht gekannte Vereinheitlichung und Zentralisierung des Staates durchzuführen. Mit der gänzlich neuen Aufteilung des Landes in *départements* fand das Prinzip der rationalistischen Neugestaltung seinen bis heute gültigen Ausdruck.

Die Revolutionen haben darüber hinaus besonders in England und Frankreich die militärische Leistungsfähigkeit gesteigert, die Verwaltung effizienter und weniger korrupt gemacht. Von der Französischen Revolution wurden Maße und Gewichte vereinheitlicht. Sämtliche großen Revolutionen haben Schritte in Richtung auf eine Trennung von Staat und Kirche vollzogen und zu einer Ausweitung politischer Partizipation geführt, die ebenfalls als Bestandteile des Modernisierungsprozesses* betrachtet werden können.

Man hat dieser Modernisierung sogar die Hinrichtung der Könige zugeordnet. Der Soziologe Michael Walzer schreibt in seinem Buch über Königsmord und Revolution: „Niemand ist geboren über seine Mitmenschen zu herrschen – dies ist das zentrale Axiom moderner Politik …" Das sei an Karl I. und Ludwig XVI. nachdrücklich demonstriert worden. Zu fragen bleibt freilich, gerade mit Blick auf die Geschichte anderer europäischer Länder, ob die Umwandlung der Monarchie nicht auf weniger spektakuläre Weise möglich gewesen wäre. Die Frage, ob dafür Revolutionen notwendig waren, stellt sich ebenso für andere Modernisierungsaspekte. Hinzu kommt, dass viele der modernisierenden Veränderungen durch ihre Verbindung mit der Revolution in der Folgezeit eher diskreditiert wurden und oft wieder rückgängig gemacht worden sind. Was wir als revolutionäre Errungenschaften betrachten, waren vielfach nur vorübergehende, zumeist in der radikalen Phase vollzogene Veränderungen.

Leistungen und Ergebnisse

Vorübergehende Verbesserungen für Frauen

Die kurzfristige Wirkung von Revolutionen gilt auch in Bezug auf die Stellung der Frau. In den großen Revolutionen der frühen Neuzeit gewannen Frauen vorübergehend eine gesteigerte Bedeutung in der Gesellschaft und teilweise sogar eine verbesserte Rechtsstellung. In England spielten sie eine wichtige Rolle in den unabhängigen Kongregationen und Sekten, die um die Mitte des 17. Jahrhunderts stark anwuchsen. Diese religiösen Gruppen betonten die Wichtigkeit des Laienpriestertums und der religiösen Inspiration. Das begünstigte die Beteiligung von Frauen und gab ihnen eine besondere Wirkungsmöglichkeit. Politisch nahmen Frauen vor allem an der Levellerbewegung* und deren Petitionskampagnen teil. Auch der Bürgerkrieg förderte die Selbstständigkeit von Frauen, die oft anstelle ihrer abwesenden Männer männliche Rollen ausfüllten. Das gilt auch für die Amerikanische Revolution, die ohnehin mit einer allgemeinen, den Frauen zugute kommenden antipatriarchalischen Tendenz verbunden war. In New Jersey erhielten Frauen sogar vorübergehend das Wahlrecht, ein für diese Zeit einmaliger Vorgang.

In der Französischen Revolution haben Frauen ihre traditionell herausgehobene Beteiligung an Lebensmittelkrawallen fortgesetzt, indem sie eine wichtige Rolle bei der von Versorgungsängsten beeinflussten Zurückführung der königlichen Familie nach Paris am 5. Oktober 1789 und bei anderen Volksaktionen übernahmen. Eine eigenständige politische Organisation von Frauen und die Formulierung eines eigenen politischen Programms von Frauenrechten durch Marie Olympe de Gouges (siehe S. 243, Mat. 4) stießen jedoch gerade bei den radikalen Jakobinern und Sansculotten auf Widerstand. Diese Männer befürchteten eine Schwächung der Revolution, weil vielen Frauen eine starke Neigung zur katholischen Kirche nachgesagt wurde. Auch brachte man emanzipierte Frauen mit der Aristokratie und ihren Salons in Verbindung und glaubte, dass die Revolution durch die politische Aktivität von Frauen diskreditiert würde. Das von entschiedenen Republikanern propagierte Familienideal der bürgerlichen Gesellschaft*, das maßgebliche antike Vorbild mit der Gestalt des Bürger-Kriegers sowie der Einfluss Rousseaus (siehe S. 242, Mat. 1) wirkten ebenfalls einer öffentlichen Betätigung der Frau entgegen. Man erklärte, dass die Frauen mit der Geburt und Erziehung der Kinder die wichtigste Leistung für das Vaterland erbrächten.

Insgeheim befürchteten wohl auch viele Männer eine Fortsetzung der antipatriarchalischen Stoßrichtung der Revolution bis hin zur völligen Auflösung von Geschlechterrollen. Möglicherweise war sogar der Prozess gegen die Königin Marie Antoinette als einer „öffentlichen Frau" von solchen männlichen Ängsten beeinflusst. Immerhin brachte die Revolution den Frauen vor allem mit der Einführung der Ehescheidung einige rechtliche Verbesserungen, die jedoch sehr rasch und spätestens unter Napoleon sämtlich wieder rückgängig gemacht wurden (siehe Mat. S. 242–245).

Radikalität und Veränderung

Man darf, wie das Beispiel der Frauen zeigt, nicht von der Radikalität einer Revolution auf ihre verändernde Kraft schließen. Tatsächlich waren es gerade die gemäßigten Revolutionen, die klar erkennbare, dauerhafte Ergebnisse bewirkten. Die *Glorious Revolution* hat England auf den später nicht mehr verlassenen Kurs einer parlamentarisch kontrol-

Christian Andreas Eberlein (2. Hälfte 18. Jh.), Schützenscheibe auf die Französische Revolution, 1792, Öl auf Holz, Durchmesser 68 cm, Schwäbisch Hall, Hallisch-Fränkisches Museum

lierten Monarchie gesetzt; die Amerikanische Revolution hat die ehemaligen nordamerikanischen Kolonien Englands auf den Weg einer republikanischen Verfassungsordnung gebracht. Sie wurde in der Folgezeit nicht wieder aufgegeben, sondern nur in demokratischer Richtung, besonders durch Wahlrechtserweiterungen, ausgebaut. Eine andere Sache sind freilich die von den Revolutionen bewirkten Erschütterungen, Schockwirkungen und traumatischen Folgen sowie ihre Einflüsse auf andere Länder. Hier waren die Auswirkungen der radikalen Revolutionen, besonders der Französischen Revolution, am größten.
Der Englischen und der Französischen Revolution folgte jeweils eine längere, etwa 80 bis 90 Jahre währende Phase der Instabilität mit „Wiederholungsrevolutionen", bis eine dauerhafte Stabilisierung erreicht wurde. Nach der Englischen Revolution kam die *Glorious Revolution* und im Anschluss daran eine Periode erbitterter Parteikämpfe, ehe sich unter der Herrschaft von Sir Robert Walpole in den 1720er und 1730er Jahren das politische System festigte und auch die hannoversche Dynastie schließlich allgemein akzeptiert wurde. Frankreich fiel es noch schwerer nach seiner großen Revolution zur Stabilität zu finden. Auf 1789 folgten die Revolutionen von 1830, 1848 und 1871. Erst Ende der 1870er Jahre gelang eine, noch immer spannungsreiche „republikanische Synthese" (S. Hoffmann). Manche Historiker erklären die Französische Revolution sogar erst heute für wirklich abgeschlossen. Selbst die USA müssen in diesem Zusammenhang genannt werden. Nach der Amerikanischen Revolution gab es zwar keine neuen revolutionären Erschütterungen. Ihr folgte jedoch eine Periode erbitterter Parteiauseinandersetzungen, die sich vor allem aus der unterschiedlichen Haltung gegenüber dem revolutionären Frankreich ergaben. Einige Zeit später brach der Konflikt zwischen dem Norden und dem Süden um die Sklavenfrage aus, der den in der Unionsverfassung gefundenen Kompromiss zerstörte. Der Amerikanische Bürgerkrieg (1861 bis 1865) war es schließlich, der den von der Revolution hinterlassenen Grundwiderspruch zwischen einem freiheitlichen Gemeinwesen und der Institution der Sklaverei beseitigte und endgültig darüber entschied, dass die 1787 geschaffene Union einen dauerhaften Bundesstaat darstellte.

Entzauberung des Königtums

Über die untergründigen, psychologischen Auswirkungen von Revolutionen lässt sich kaum etwas Genaues sagen. Man wird jedoch konstatieren dürfen, dass alle frühneuzeitlichen Revolutionen früher oder später das Königtum mit Tyrannei identifizierten und der Monarchie ihren Nimbus raubten. Auch wenn es später wieder zur Einführung des Königtums kam oder man sich auf den Wechsel der Dynastie beschränkte, haben sie zur „Entzauberung" der Monarchie beigetragen und dem Königtum die bereits vorher schwindende Aura der Heiligkeit und Unverletzlichkeit fast gänzlich genommen.
Darüber hinaus wurde, selbst wenn die Revolution in der Restauration* endete, das Ideenspektrum in der betreffenden Gesellschaft erweitert. Es wurde eine republikanische Traditionslinie geschaffen, eine schon einmal verwirklichte Alternative zur Monarchie im politischen Bewusstsein in Reserve gehalten und das monarchische Regime mit diesem Gegenbild unter einen zumindest latenten Druck gesetzt. Der revolutionäre Präzedenzfall ging gleichsam als Warnung in die Geschichte dieser Länder ein.

Revolutionsfurcht des Bürgertums

Revolutionen üben freilich nicht nur auf die Regierenden einen zur Vorsicht und Rücksicht mahnenden, erzieherischen Effekt aus. Revolutionsfurcht hat zwei Seiten: Sie kann sich als vorsichtig-nachgiebige, potentiell reformfördernde Furcht der Herrschenden zeigen, aber auch als lähmend-zurückhaltende Angst von Beherrschten auftreten, die die

Radikalität und Gewalttätigkeit von Revolutionen vor Augen haben und deren Wiederholung fürchten.
Es ist vor allem die abschreckende Wirkung der Französischen Revolution auf das gesamte europäische Bürgertum* gewesen, die bei einer Bilanz der Revolutionen berücksichtigt werden muss. Die Französische Revolution hat nicht nur die größte *mobilisierende* internationale Wirkung von allen frühneuzeitlichen Revolutionen gehabt, weil sie den Universalismus der europäischen Aufklärung in für alle nachvollziehbare und gültige Losungen umsetzte. Sie hat auch durch ihre Radikalisierung, ihren Terror und ihr Abgleiten in die bonapartistische* Herrschaft den stärksten *revolutionsabwiegelnden* Effekt ausgeübt. So sind etwa die deutschen Liberalen des 19. Jahrhundert in ihrer auf einen Ausgleich und „Vereinbarung" mit den Fürsten gerichteten Haltung sehr stark von den negativen Erfahrungen der Französischen Revolution bestimmt worden. Dieser Aspekt der Revolutionsgeschichte darf nicht vergessen werden.

1. *Arbeiten Sie die zentralen Unterschiede und Gemeinsamkeiten zwischen der vorrevolutionären Phase und dem Verlauf der frühneuzeitlichen Revolutionen heraus.*
2. *Diskutieren Sie die Thesen des Autors zum Verhältnis von Radikalisierung und Reaktion.*
3. *In welcher Weise stellen die frühneuzeitlichen Revolutionen einen Bruch mit der politischen und sozialen Ordnung der „Vormoderne" dar?*
4. *Erläutern Sie die Leistungen und Ergebnisse der frühneuzeitlichen Revolutionen. Ziehen Sie dazu auch Mat. S. 254–257 heran.*

Der Abschluss des revolutionären Zeitalters in Europa im 19. Jahrhundert

Die Julirevolution 1830

1830 kam es in Frankreich erneut zu einer Revolution, der sogenannten „Julirevolution". Aus Furcht vor einer Wiederholung der revolutionären Ereignisse nach 1789 beendeten die Liberalen sie frühzeitig durch einen Wechsel der Dynastie. An die Stelle des Hauptzweiges der Bourbonen trat mit dem „Bürgerkönig" Louis Philippe die Nebenlinie des Hauses Orléans. Dabei hat man sich ausdrücklich auf das Vorbild der *Glorious Revolution* berufen. Das Verhältnis der Revolution von 1830 zu der von 1789 wurde analog zu dem zwischen *Glorious Revolution* und Englischer Revolution Mitte des 17. Jahrhunderts gesehen. Man betrachtete die Revolution von 1830 als maßvolle, alle Exzesse der vorhergehenden Revolutionen vermeidende, aber ihre wichtigsten Errungenschaften bewahrende und bekräftigende Neuordnung, die nunmehr eine anhaltende Stabilität wie in England ermöglichen würde.
Dennoch hat gerade diese maßvolle Revolution von 1830 einen starken Schock ausgelöst, der zu ihrer unmittelbaren politischen Bedeutung in keinem Verhältnis stand. Sie führte vielen Zeitgenossen vor Augen, dass die Revolutionierung keineswegs abgeschlossen war. Als Antriebsmomente galten einerseits das ritualisierte Nachspielen der großen Französischen Revolution, andererseits sich verschärfende soziale Probleme. Für die Konservativen war es die Schreckensvision einer nicht enden wollenden Revolution; für die „Partei der Bewegung" einschließlich der sich in dieser Zeit formierenden sozialistischen und kommunistischen Gruppen war es dagegen eine verheißungsvolle Perspektive. Sie eröffnete die Wiederaufnahme und das Weitertreiben der „unvollendeten" Französischen Revolution bis hin zur Abschaffung des Privateigentums und der Klassenunterschiede.

Die Revolutionen 1848/49

Die Revolutionen von 1848 schienen die Diagnose, dass man sich in einem revolutionären Zeitalter befand und dass die sozialen Probleme sich verschärften, zu bestätigen. Fast ganz Europa wurde von der Revolution erfasst, die damit erstmals zu einem internationalen Phänomen wurde.
Ausgelöst wurde die Revolutionswelle durch eine ökonomische Doppelkrise. Eine Ernte- und Versorgungskrise traditionellen Typs, wie sie der Französischen Revolution vorausgegangen war, traf mit einer modernen industriellen Krise zusammen. Der Aufstand der Pariser Arbeiter im Juni 1848 und eine ähnliche Aktion in Wien konnten als eine über die liberal-demokratische Zielsetzung hinausgehende Klassenrevolution des Proletariats gedeutet werden. Die Verwendung der roten Fahne schien die neue, die soziale Revolution zu symbolisieren und erschreckte das Bürgertum. Im Oktober 1848 benutzte der Sozialist Pierre-Joseph Proudhon in einer Rede den Begriff der permanenten Revolution, um

eine unaufhörliche Revolutionierung in Richtung auf größere Gerechtigkeit zu bezeichnen. Diesen Begriff hat Marx zwei Jahre später aufgegriffen. Die Internationalität der Revolution, ihre Verbindung mit einer Wirtschaftskrise (und dem modernen Kapitalismus überhaupt) sowie die revolutionäre Rolle des Proletariats sind dann, nicht zuletzt unter dem Eindruck der Revolution von 1848, zur Grundlage der Revolutionsvorstellung von Karl Marx und Friedrich Engels sowie der ihnen folgenden Arbeiterbewegung geworden.
Bei genauerer Betrachtung demonstrierten jedoch bereits die Vorgänge von 1848/49 das Unrealistische an dieser Perspektive. Der Internationalismus der revolutionären Bewegung dieser beiden Jahre war zum großen Teil trügerisch. Trotz des nahezu gesamteuropäischen Charakters der Revolution riss die nationale Triebkraft der einzelnen Revolutionen Gegensätze zwischen ihnen auf (siehe S. 364–366). Die Regierungen lernten sich ihrer zu bedienen, besonders im Habsburgerreich, wo geschickt der Nationalismus der einen gegen den der anderen Nation ausgespielt wurde. Es bestätigt sich in diesem Fall die Beobachtung, dass die oben genannten Beimischungen (siehe S. 228 f.) zu den Freiheitszielen einer Revolution ihr zwar zunächst als Treibsätze zugute kommen, sich aber später für die freiheitlich-antiautoritäre Zielsetzung eher als Belastung und Nachteil erweisen. Der Nationalismus ist dann von den herrschenden Gewalten nach 1848/49 zunehmend stärker als Legitimations- und Herrschaftsmittel eingesetzt worden.
Als fragwürdig offenbarte sich auch schon 1848 die behauptete Verbindung von Industrialisierung und Revolutionierung. Die Länder mit der größten Industrie im Europa dieser Zeit – England und Belgien – erwiesen sich als nicht revolutionsanfällig. Wirtschaftlich-industrielle Revolution und staatlich-politische Revolution waren nicht zusammengehörende Teile einer „Doppelrevolution“; sie waren vielmehr sich gegenseitig ausschließende Alternativen. Die verbreitete Armut, die man als Pauperismus bezeichnete, war hauptsächlich eine Folge übermäßigen Bevölkerungswachstums und fehlender industrieller Arbeitsplätze, nicht das Ergebnis der Industrialisierung. Neben dem allmählichen Verschwinden des Pauperismus durch mehr industrielle Arbeitsplätze war es vor allem das sich seit der Revolution von 1848 ausbreitende allgemeine und gleiche Männerwahlrecht, das der Revolution auf längere Sicht den Boden entzog. Es schuf erstmals Möglichkeiten nichtrevolutionärer politischer Beteiligung für alle sozialen Schichten.

Ende des revolutionären Zeitalters?

Die politische Entwicklung nach 1850 zeigte, dass in den fortgeschrittenen Ländern mit allgemeinem Männerwahlrecht und Teilhabe an den Früchten wirtschaftlichen Wachstums einerseits die Motive zur Revolution vermindert wurden. Andererseits waren diese Staaten zunehmend auf Stabilität angewiesen, weil sie sich aufgrund ihrer Komplexität Störungen immer weniger leisten konnten. Alle Klassen und Gruppen der Bevölkerung haben angesichts der engen Verflechtung der extrem arbeitsteiligen modernen Gesellschaft sowie der wechselseitigen Abhängigkeit der verschiedenen Bereiche unter Revolutionen zu leiden. Produktion, Produktivität und Vertrauen in die Volkswirtschaft werden von revolutionären Erschütterungen betroffen.
So trugen ein als Stabilisierungsmittel wirkender Nationalismus, die politische Öffnung nach unten, die allgemeine Teilhabe an den Erträgen wirtschaftlichen Wachstums ebenso wie die extreme Störanfälligkeit moderner Industriegesellschaften dazu bei, dass Revolutionen entgegen den Befürchtungen der Zeitgenossen in der ersten Hälfte des 19. Jahrhunderts nicht die Zukunft der westlichen Welt bestimmten, sondern Reformen*. Die Revolutionen von 1848 stellten vielmehr im wesentlichen den Abschluss einer Revolutionsentwicklung dar.
Die Revolution wurde, sofern sie nicht – wie die von 1871 in Paris und die deutsche Revolution von 1918 – eine Folge militärischer Niederlage war, zu einer Erscheinung ökonomisch rückständiger Länder. Die Revolutionen des Jahres 1989 und danach stehen nur teilweise im Widerspruch zu dieser Feststellung, da trotz einer industriellen Grundlage die wirtschaftliche Situation in Osteuropa durch Verfall charakterisiert war. Ihre freiheitliche Zielsetzung verweist allerdings auf eigentümliche Weise zurück auf die der frühneuzeitlichen Revolutionen. Sie lässt deren libertäre Programmatik erstaunlich modern erscheinen und macht sie – nicht zuletzt auch aufgrund der Diskreditierung der bolschewistischen Revolution – für unsere Zeit wieder unmittelbar relevant.

1. *Stellen Sie mit Hilfe der Grundinformationen auf S. 210–213 und des Registers in einem Überblick die revolutionären Ereignisse der Jahre 1830 und 1848/49 zusammen. Welche unterschiedlichen Ursachen und Motive können Sie für die revolutionären Erhebungen feststellen? Welche Unterschiede zur Englischen, Amerikanischen und Französischen Revolution bestehen?*
2. *Diskutieren Sie die Auffassung des Autors, das revolutionäre Zeitalter in Europa sei mit den Revolutionen von 1848/49 zu Ende gegangen.*

1 *Aus den neunzehn „Propositionen" des Langen Parlaments vom Juni 1642:*

Q 1. Die Lords und die sonstigen Mitglieder des Privy Council[1] Eurer Majestät sowie die hohen Beamten und Staatsminister [...] sollen aus dem Privy Council bzw. ihren Ämtern und Stellungen entfernt werden mit Ausnahme derer, die von beiden Häusern des Parlaments bestätigt werden. Alle, die an ihre Stelle treten, bedürfen gleichfalls der Bestätigung durch beide Häuser des Parlaments. [...]

2. Die bedeutendsten Angelegenheiten des Königreichs dürfen nicht von privaten, unbekannten und unvereidigten Ratgebern verhandelt und beschlossen werden, sondern alle Angelegenheiten, die die Öffentlichkeit angehen und für die der hohe Gerichtshof des Parlaments [...] zuständig ist, dürfen nur im Parlament besprochen, verhandelt und beschlossen werden und nicht irgendwo anders. [...] Solche Staatsangelegenheiten, die sich für Euer Majestät Privy Council eignen, sind von Mitgliedern des Adels und anderen, die von Zeit zu Zeit für diesen Platz mit Zustimmung beider Häuser des Parlaments ausgewählt werden, zu erörtern und zu beschließen. [...]

5. Eine Heirat der Kinder des Königs darf [...] ohne Zustimmung des Parlaments nicht vereinbart oder geschlossen werden. [...]

6. Die Gesetze gegen Jesuiten, Priester und papistische Widerspenstige sind strikt durchzuführen. [...]

8. Eure Majestät wolle einer Reform der Kirchenverfassung und der Liturgie nach dem Rat der beiden Häuser des Parlaments zustimmen. [...]

9. Bis zur gesetzlichen Regelung wolle sich Eure Majestät mit der von den Lords[2] und Commons[3] getroffenen Ordnung des Militärs zufrieden geben. [...]

15. Festungen und Burgen des Königreichs sollen dem Kommando der Männer anvertraut werden, die Eure Majestät mit Zustimmung des Parlaments ernennen werden.

1 (Geheimer) Staats- und Kronrat
2 Mitglieder des Oberhauses *(House of Lords)*
3 Mitglieder des Unterhauses *(House of Commons)*

Zit. nach Udo Margedant, Englands Weg zum Parlamentarismus, Frankfurt/M. 1979, S. 57f.

2 *Aus der Bill of Rights vom 13. Februar 1689:*

Q Die in Westminster versammelten geistlichen und weltlichen Lords und Gemeinen, die gesetzmäßige, vollständige und freie Vertretung aller Stände des Volkes in diesem Königreich, legten am 13. Tag im Februar im Jahr unseres Herrn 1689 Ihren Majestäten, zu der Zeit genannt und bekannt unter dem Namen und Titel Wilhelm und Maria, Prinz und Prinzessin von Oranien, die in eigener Person anwesend waren, eine gewisse geschriebene Erklärung vor, welche von oben angeführten Lords und Gemeinen in folgenden Worten ausgestellt wurde [...]:

Die angemaßte Befugnis Gesetze oder die Ausführung von Gesetzen durch königliche Autorität ohne Zustimmung des Parlaments aufzuheben ist gesetzwidrig.

Die angemaßte Befugnis von Gesetzen oder der Ausführung von Gesetzen durch königliche Autorität zu dispensieren, wie sie kürzlich beansprucht und ausgeübt wurde, ist gesetzwidrig.

Die Errichtung des früheren außerordentlichen Gerichtshofes für kirchliche Rechtsfälle sowie alle anderen Kommissionen und Gerichtshöfe ähnlicher Natur sind gesetzwidrig und gefährlich.

Steuern für die Krone oder zum Gebrauch der Krone unter dem Vorwand eines Prärogativs ohne Erlaubnis für längere Zeit oder in anderer Weise, als erlaubt oder bewilligt wurde, zu erheben, ist gesetzwidrig.

Es ist das Recht des Untertans dem König Bittschriften einzureichen, und jede Untersuchungshaft sowie Verfolgung wegen solch einer Petition ist gesetzwidrig.

Es ist gegen das Gesetz, es sei denn mit Zustimmung des Parlaments, eine stehende Armee im Königreich in Friedenszeiten aufzustellen oder zu halten. Den protestantischen Untertanen ist es erlaubt Waffen zu ihrer Verteidigung gemäß ihrer Stellung und wie es das Gesetz gestattet zu führen.

Die Wahl von Parlamentsmitgliedern soll frei sein. Die Freiheit der Rede und der Debatten und Verhandlungen im Parlament darf von keinem Gerichtshof oder sonstwie außerhalb des Parlaments angefochten oder in Frage gestellt werden.

Eine allzu hohe Bürgschaft darf nicht gefordert werden. Auch dürfen keine übermäßigen Geldstrafen auferlegt oder grausame und ungewohnte Strafen vollzogen werden [...].

Um allen Beschwerden abzuhelfen sowie zur Besserung, Stärkung und Erhaltung der Gesetze sollen Parlamentssitzungen häufig gehalten werden [...].

Im vollen Vertrauen, dass seine Hoheit der Prinz von Oranien seine diesbezügliche Erklärung erfüllen und sie gegen Verletzung ihrer hiermit zugesicherten Rechte sowie gegen alle sonstigen Angriffe auf ihre Religion, Rechte und Freiheiten schützen wird, beschließen die zu Westminster versammelten geistlichen und weltlichen Lords und Gemeinen, dass Wilhelm und Maria, Prinz und Prinzessin von Oranien, König und Königin von England sein und als solche erklärt werden sollen.

Zit. nach Geschichte in Quellen, Bd. 3, bearb. von Fritz Dickmann, 3. Aufl., München 1982, S. 495.

1. *Auf welchen Rechten beharrt das englische Parlament zu Beginn des Bürgerkriegs (Mat. 1)? Welche politischen Ziele werden verfolgt (siehe Darstellung S. 214 f.)?*
2. *Auf welche Weise wird in der „Bill of Rights" die königliche Macht eingeschränkt (Mat. 2)? Vergleichen Sie mit den „Propositionen" von 1642. Welche „bürgerlichen" Rechte (siehe Begriff „Bürger" S. 211) garantieren die „Bill of Rights"?*
3. *Überprüfen Sie die häufig vertretene These, die Glorreiche Revolution habe in England zum Sieg des Parlamentarismus geführt (siehe Darstellung S. 217 f. und S. 237, Mat. 1 und 2).*

3 *Die Unabhängigkeitserklärung von 1776 – eine Erklärung der im Allgemeinen Kongress versammelten Bevollmächtigten der Vereinigten Staaten von Amerika (Auszug):*

Q Wir halten diese Wahrheiten für in sich einleuchtend: dass alle Menschen gleich geschaffen sind; dass sie von ihrem Schöpfer mit gewissen unveräußerlichen Rechten ausgestattet sind, darunter Leben, Freiheit und Streben nach Glück; dass zur Sicherung dieser Rechte Regierungen unter den Menschen eingesetzt sind, die ihre gerechten Vollmachten von der Einwilligung der Regierten herleiten; dass, wenn immer eine Regierungsform diesen Zielen zum Schaden gereicht, es das Recht des Volkes ist sie zu ändern oder abzuschaffen und eine neue Regierung einzusetzen, die sich auf solche Grundsätze aufbaut und ihre Macht in einer Weise organisiert, wie sie am geeignetsten erscheint seine Sicherheit und sein Glück zu schaffen. In der Tat wird die Klugheit gebieten, dass seit langem bestehende Regierungsformen nicht aus geringfügigen und vorübergehenden Ursachen geändert werden sollten, und dementsprechend beweist alle Erfahrung, dass die Menschheit eher geneigt ist zu dulden, so lange die Mißstände ertragbar sind, als sich Recht zu verschaffen durch Abschaffung der Formen, an die sie gewöhnt ist. Aber wenn eine lange Kette von Missbräuchen und Anmaßungen, stets das gleiche Ziel verfolgend, die Absicht enthüllt ein Volk unter den unbeschränkten Despotismus zu beugen, so ist es sein Recht, ist es seine Pflicht eine solche Herrschaft abzuschütteln und sich neue Bürgschaften für seine zukünftige Sicherheit zu verschaffen. Solcherart ist das geduldige Leiden dieser Kolonien gewesen und so zwingt sie jetzt die Notwendigkeit ihr früheres Regierungssystem zu ändern. Die Geschichte des gegenwärtigen Königs von Großbritannien ist eine Geschichte wiederholter Beleidigungen und Anmaßungen, die alle das direkte Ziel verfolgen eine unbeschränkte Tyrannei über diese Staaten aufzurichten. [...]

Auf jeder Stufe dieser Bedrückungen sind wir in untertänigsten Ausdrücken um Abhilfe eingekommen; unsere wiederholten Bitten wurden nur mit wiederholten Kränkungen beantwortet. Ein Fürst, dessen Charakter so durch jede seiner Handlungen als tyrannisch gebrandmarkt ist, ist ungeeignet der Herrscher über ein freies Volk zu sein. [...]

Wir, die Vertreter der Vereinigten Staaten von Amerika, versammelt im Allgemeinen Kongress, rufen deshalb den höchsten Richter der Welt zum Zeugen an für die Rechtlichkeit unserer Absichten. Im Namen und in Vollmacht des guten Volkes dieser Kolonien geben wir feierlich bekannt und erklären, dass diese Vereinigten Kolonien sind und von Rechts wegen sein sollen freie und unabhängige Staaten, dass sie von jeder Untertanenpflicht gegen die britische Krone befreit sind und dass jeder politische Zusammenhang zwischen ihnen und dem Staate Großbritannien völlig gelöst ist und sein soll und dass sie als freie und unabhängige Staaten die volle Macht besitzen: Krieg zu führen, Frieden zu schließen, Bündnisse einzugehen, Handelsbeziehungen anzuknüpfen und alle anderen Handlungen und Dinge vorzunehmen, die unabhängige Staaten von Rechts wegen tun dürfen. Und zur Bekräftigung dieser Erklärung, in festem Vertrauen auf den Schutz der göttlichen Vorsehung, verpfänden wir uns gegenseitig unser Leben, unser Gut und unsere Heilige Ehre.

Der Kongress entfernte folgende Passage aus dem Entwurf, den Thomas Jefferson (1743–1826) erstellt hatte:

Er [Georg III.] hat einen grausamen Krieg gegen die menschliche Natur selbst geführt, indem er die heiligsten Rechte des Lebens und der Freiheit in den Angehörigen eines fernen Volkes verletzt hat, das ihn nie beleidigt hat, indem er sie gefangen nahm und als Sklaven in eine andere Hemisphäre verschleppte oder sie auf ihrem Transport dorthin einem elenden Tode preisgab. Diese seeräuberische Kriegsführung, die Schmach heidnischer Völker, ist die Kriegsführung des Christlichen Königs von Großbritannien, der entschlossen ist seinen Markt einzurichten, wo Menschen gekauft und verkauft werden sollen. Er hat sein Einspruchsrecht preisgegeben durch Unterdrückung jeden gesetzgeberischen Versuchs solchen schändlichen Handel zu verhindern oder einzuschränken. Und damit diese Häufung von Scheußlichkeiten eines Zuges ungewöhnlicher Färbung nicht entbehre, treibt er jetzt die gleichen Menschen an, mitten unter uns die Waffen zu erheben um sich jene Freiheit zu erkaufen, deren er sie beraubte, indem sie die morden, denen er sie auch aufgedrängt hatte: So bezahlt er für frühere Verbrechen gegen die Freiheit eines Volkes mit Verbrechen, die er dieses gegen das Leben eines anderen begehen lässt.

Zit. nach Geschichte in Quellen, Bd. 4, bearb. von Wolfgang Lautemann, München 1981, S. 90–94.

4 *Aus einem Schreiben von Thomas Jefferson (1743–1826) an James Madison (1751–1836) über die Bedeutung der Grundrechte, Paris, 15. März 1789. Die in der Verfassung der USA von 1787 ursprünglich nicht vorgesehene Garantie der Menschen- und Bürgerrechte musste aufgrund des Drucks der Verfassungsberatungen in den Einzelstaaten als Zusatzartikel 1–10 mit Wirkung vom 3. November 1791 in die Verfassung aufgenommen werden:*

Q Ihre Gedanken über die Erklärung von Grundrechten im Brief vom 17. Oktober habe ich mit großer Befriedigung zur Kenntnis genommen. [...] Unter den Argumenten für eine Grundrechteerklärung haben Sie eines ausgelassen, das mir sehr wichtig erscheint: die rechtlichen Kontrollmittel, die sie den Gerichten an die Hand gibt. Wenn man die Gerichte unabhängig macht und sie einzig auf ihre ureigenste Aufgabe beschränkt, verdienen sie aufgrund ihrer Kenntnisse und Integrität großes Vertrauen. [...] Hier in Kürze einige Antworten auf die in Ihrem Brief formulierten Einwände [gegen die Aufnahme des Grundrechtekatalogs in die Verfassung]:

1. Dass die besagten Rechte sowieso vorbehaltlos geworden sind aufgrund der Art der Zuweisung aller Bundeskompetenzen. Antwort: [...] Wenn in einer Verfassung einige gefährdete Rechte gar nicht genannt werden und Zweifel über andere Rechte aufkommen können, wird eine Erklärung der Rechte schon allein zum Zweck der Vervollständigung nötig. Genau das ist der Fall mit unserer neuen Bundesverfassung. Für bestimmte Zwecke macht sie uns zu einem Staat und gibt uns zu deren Erledigung eine gesetzgebende Körperschaft und eine Exekutive. Deshalb sollte sie uns auch vor Machtmissbrauch für die ihr übertragenen Bereiche schützen.

2. Es sei unmöglich gewesen, sich auf eine Erklärung einiger wesentlicher Rechte in gebotenem Umfang zu einigen: Anwort: Ein halber Laib Brot ist besser als keiner. Wenn wir nicht alle unsere Rechte absichern können, lasst uns absichern, soviel wir können. [...]

4. Die Erfahrung beweise die Wirkungslosigkeit einer „Bill of Rights“. Das stimmt zwar, aber auch wenn sie nicht immer und nicht völligen Schutz bietet, ist sie doch immer ein großer potentieller Schutz und selten völlig wirkungslos. Ein zusätzlicher Balken hat schon oft ein Haus vor dem Zusammenbruch bewahrt. Der Unterschied zwischen den mit einer Rechteerklärung verbundenen Schwierigkeiten und den Nachteilen eines Zustands ohne Rechteerklärung ist beträchtlich. Der mit einer Rechteerklärung verbundene Nachteil ist, dass sie die Regierung bei berechtigten Aktivitäten behindern kann. Dieser Nachteil ist kurzfristig, nicht gravierend und reparabel. Die mit dem Fehlen einer Rechteerklärung verbundenen Probleme sind dauerhaft, schmerzen und sind irreparabel und sie verschlimmern sich ständig. Dabei denke ich keineswegs ausschließlich und hauptsächlich an die Exekutive; die Tyrannei der Legislativen ist derzeit die ernsthafteste Bedrohung und wird es für lange Zeit bleiben. Die Bedrohung durch die Exekutive wird sich zu gegebener Zeit in einer ferneren Zukunft ergeben.

Zit. nach Angela Adams/Willi Paul Adams (Hg.), Die Amerikanische Revolution und die Verfassung 1754–1791, München 1987, S. 417ff.

1. *Erläutern Sie, wie die Amerikaner ihren Aufstand gegen die Herrschaft des englischen Königs begründeten (Mat. 3). Welche Prinzipien wollten sie in dem neuen amerikanischen Staatswesen verwirklichen?*
2. *Stellen Sie heraus, wie Jefferson in Bezug auf die Sklaven argumentiert (Mat. 3). Erklären Sie, warum diese Passage gestrichen wurde.*
3. *Erklären Sie, mit welchen Argumenten Jefferson die verfassungsmäßige Garantie der Menschen- und Bürgerrechte befürwortet (Mat. 4).*
4. *Diskutieren Sie anhand von Mat. 1 bis 4 die These des Autors (siehe S. 231), in der Englischen und Amerikanischen Revolution habe die Beachtung von Rechtsnormen eine besondere Rolle gespielt. Welche Bedeutung hatte das für die Verfassungsentwicklungen der Moderne?*

5 *Erklärung der Menschen- und Bürgerrechte durch die französische Nationalversammlung, 26. August 1789:*

Q Die als Nationalversammlung vereinigten Vertreter des französischen Volkes betrachten die Unkenntnis der Menschenrechte, die Vergessenheit oder Missachtung, in die sie geraten sind, als die einzigen Ursachen der öffentlichen Missstände und der Verderbtheit der Regierungen. Daher haben sie beschlossen in einer feierlichen Erklärung die angestammten, unveränderlichen und heiligen Rechte des Menschen darzutun, auf dass diese Erklärung jeglichem Gliede der menschlichen Gesellschaft ständig vor Augen sei und ihm seine Rechte und Pflichten für und für ins Gedächtnis rufe; auf dass die Handlungen der gesetzgebenden sowie die der ausübenden Gewalt jederzeit am Endzweck jeder politischen Einrichtung gemessen werden können und so mehr Achtung finden mögen; dass die Forderungen der Bürger, nunmehr auf klare und unerschütterliche Prinzipien gegründet, stets der Aufrechterhaltung der Verfassung und dem Wohl aller dienen.

So erkennt und verkündet die Nationalversammlung angesichts des Höchsten Wesens und unter seinen Auspizien die Rechte des Menschen und des Bürgers wie folgt:

Art. 1. Frei und gleich an Rechten werden die Menschen geboren und bleiben es. Die sozialen Unterschiede können sich nur auf das gemeine Wohl gründen.

Art. 2. Der Zweck jedes politischen Zusammenschlusses ist die Bewahrung der natürlichen und unverlierbaren Menschenrechte. Diese Rechte sind Freiheit, Eigentum, Sicherheit und Widerstand gegen Bedrückung.

Art. 3. Jegliche Souveränität liegt im Prinzip und ihrem Wesen nach in der Nation; keine Körperschaft und kein Einzelner kann eine Autorität ausüben, die sich nicht ausdrücklich von ihr herleitet.

Art. 4. Die Freiheit besteht darin alles tun zu können, was anderen nicht schadet. Also hat die Ausübung der natürlichen Rechte bei jedem Menschen keine anderen Grenzen als die, den anderen Mitgliedern der Gesellschaft den Genuss der gleichen Rechte zu sichern. Diese Grenzen können nur durch das Gesetz bestimmt werden.

Art. 5. Das Gesetz hat nur das Recht Handlungen zu verbieten, die der Gesellschaft schädlich sind. Was nicht durch das Gesetz verboten ist, darf nicht verhindert werden, und niemand kann gezwungen werden etwas zu tun, was das Gesetz nicht befiehlt.

Art. 6. Das Gesetz ist der Ausdruck des Gemeinwillens. Alle Bürger haben das Recht persönlich oder durch ihre Vertreter an seiner Schaffung mitzuwirken. Es muss für alle das Gleiche sein, mag es nun beschützen oder bestrafen. Alle Bürger sind vor seinen Augen gleich. Sie sind in der gleichen Weise zu allen Würden, Stellungen und öffentlichen Ämtern zugelassen, je nach ihrer Fähigkeit und ohne andere Unterschiede als ihre Tüchtigkeit und Begabung.

Art. 7. Niemand kann angeklagt, verhaftet oder gefangen gehalten werden in anderen als den vom Gesetz festgelegten Fällen und in den Formen, die es vorschreibt. Wer Willkürakte anstrebt, befördert, ausführt oder ausführen lässt, ist zu bestrafen; aber jeder Bürger, der durch ein Gesetz gerufen oder erfasst wird, muss augenblicklich gehorchen; durch Widerstand macht er sich schuldig.

Art. 8. Das Gesetz darf nur unbedingt und offensichtlich notwendige Strafen festsetzen und niemand darf bestraft werden, es sei denn kraft eines bereits vor seinem Delikt erlassenen, veröffentlichten und legal angewandten Gesetzes.

Art. 9. Jeder wird so lange als unschuldig angesehen, bis er als schuldig erklärt worden ist; daher ist, wenn seine Verhaftung als unerlässlich gilt, jede Härte, die nicht dazu dient sich seiner Person zu versichern auf dem Gesetzeswege streng zu unterdrücken.

Art. 10. Niemand darf wegen seiner Überzeugungen behelligt werden, vorausgesetzt, dass ihre Betätigung die durch das Gesetz gewährleistete öffentliche Ordnung nicht stört.

Art. 11. Die freie Mitteilung seiner Gedanken und Meinungen ist eines der kostbarsten Rechte des Menschen. Jeder Bürger darf sich also durch Wort, Schrift und Druck frei äußern; für den Missbrauch dieser Freiheit hat er sich in allen durch das Gesetz bestimmten Fällen zu verantworten.

Art. 12. Die Sicherung der Menschen- und Bürgerrechte macht eine öffentliche Gewalt notwendig; diese Gewalt wird demnach zum Nutzen aller eingesetzt, nicht aber zum Sondervorteil derjenigen, denen sie anvertraut ist.

Art. 13. Für den Unterhalt der öffentlichen Gewalt und für die Ausgaben der Verwaltung ist eine allgemeine Steuer vonnöten; sie ist gleichmäßig auf alle Bürger zu verteilen nach Maßgaben ihres Vermögens.

Art. 14. Die Bürger haben das Recht selbst oder durch ihre Vertreter die Notwendigkeit einer öffentlichen Auflage zu prüfen, sie zu bewilligen, ihren Gebrauch zu überwachen und ihre Teilbeträge, Anlage, Eintreibung und Dauer zu bestimmen.

Art. 15. Die Gesellschaft hat das Recht von jedem öffentlichen Beauftragten ihrer Verwaltung Rechenschaft zu fordern.

Art. 16. Eine Gesellschaft, deren Rechte nicht sicher verbürgt sind und bei der die Teilung der Gewalten nicht durchgeführt ist, hat keine Verfassung.

Art. 17. Da das Eigentum ein unverletzliches und heiliges Recht ist, darf es niemandem genommen werden, es sei denn, dass die gesetzlich festgestellte öffentliche Notwendigkeit es augenscheinlich verlangt, und nur unter der Bedingung einer gerechten und im Voraus zu entrichtenden Entschädigung.

Zit. nach Walter Markov u. a. (Hg.), Die Französische Revolution. Bilder und Berichte 1789–1799, Berlin 1989, S. 66 ff.

1. *Erarbeiten Sie, in welchen Aussagen der „Erklärung der Rechte des Menschen und Bürgers" von 1789 sich besonders deutlich der Wille spiegelt Missstände in Staat und Gesellschaft zu beseitigen (Mat. 5).*
2. *Welche Rechte lassen sich als „Menschen"-, welche als „Bürger"-Rechte bezeichnen?*
3. *Welche Prinzipien der Staatsverfassung werden festgelegt?*
4. *Welche Gruppeninteressen lassen sich entdecken?*

6 *Maximilien de Robespierre (1758–1794) vor dem Nationalkonvent über den Prozess gegen den König, 3. Dezember 1792:*

Q Die Versammlung ist ohne ihr Wissen von der eigentlichen Frage weit abgewichen. Es gibt hier keinen Prozess zu

führen. [...] Ludwig war König, nun aber ist die Republik gegründet; die berühmte Frage, die euch beschäftigt, ist allein durch diese Worte schon entschieden. Ludwig ist wegen seiner Verbrechen abgesetzt worden; er bezeichnete das französische Volk als Rebellen; er hat zur Bestrafung dieses Volkes seine Mittyrannen herbeigerufen; aber der Sieg und das französische Volk haben entschieden, dass er allein der Rebell war; Ludwig kann also nicht gerichtet werden; er ist bereits verurteilt; oder aber die Republik kann nicht freigesprochen werden. Wenn man jetzt vorschlägt einen Prozess gegen Ludwig XVI. zu beginnen, ganz gleich welcher Art er sein könnte, dann ist das ein Rückschritt zum königlichen und konstitutionellen Despotismus; es handelt sich um eine konterrevolutionäre Idee, denn sie läuft darauf hinaus der Revolution selbst einen Prozess zu machen. Wenn Ludwig tatsächlich Gegenstand eines Prozesses sein kann, dann kann er auch freigesprochen werden; er kann unschuldig sein; was sage ich: Er wird solange als unschuldig betrachtet, bis er abgeurteilt ist; aber wenn Ludwig freigesprochen wird, wenn er für unschuldig gehalten werden kann, was wird dann aus der Revolution? [...]
Bürger, nehmt euch in Acht, ihr lasst euch hier von falschen Vorstellungen täuschen. Ihr verwechselt die Regeln des zivilen und positiven Rechtes mit den Grundsätzen der Menschenrechte; ihr verwechselt die Beziehung der Bürger untereinander mit dem Verhältnis einer Nation zu einem Feind, der gegen sie konspiriert. Ihr verwechselt auch die Situation eines Volkes, das sich in einer Revolution befindet, mit der Lage eine Volkes, dessen Regierung gefestigt ist. [...]
Wenn eine Nation gezwungen gewesen ist auf das Recht des Aufstandes zurückzugreifen tritt sie dem Tyrannen gegenüber in den Naturzustand zurück. Wie könnte dieser Tyrann sich auf den Gesellschaftsvertrag berufen? Er hat ihn selbst gebrochen. Die Nation kann den Vertrag bestehen lassen, wenn sie es für angemessen hält und soweit er die Beziehungen der Bürger untereinander betrifft; aber die Tyrannei auf der einen Seite und der Volksaufstand auf der anderen bewirken, dass der Vertrag, so weit er den Tyrannen betrifft, eindeutig gebrochen wurde; beide Seiten treten wieder in einen Kriegszustand miteinander. Die Gerichte und die Gerichtsordnungen behalten ihre Zuständigkeit nur für die Mitglieder der Bürgerschaft.
Es ist ein grober Irrtum anzunehmen, dass die Verfassung diese neue Ordnung der Dinge regeln könnte; das würde bedeuten, dass sie sie selbst überleben könnte. Welche Gesetze treten also an die Stelle der Verfassung? Die Gesetze der Natur, die auch die Grundlage der Gesellschaft bilden: Sie betreffen das Wohl und Wehe des Volkes. Das Recht den Tyrannen zu bestrafen und ihn abzusetzen leitet sich genauso aus eben demselben Naturrecht her; das eine besagt nichts anderes als das andere.

7 *Maximilien de Robespierres (1758–1794) vor dem Nationalkonvent über die Grundsätze der politischen Moral, 5. Februar 1794:*

Q Was ist also das grundlegende Prinzip der demokratischen Regierung oder der Volksregierung, das heißt, was ist die wichtigste Kraft, die sie unterstützen und antreiben soll? Es ist die Tugend! Und ich meine damit die öffentliche Tugend, die in Griechenland und Rom so viele Wunder vollbracht hat und die noch weit Erstaunlicheres im republikanischen Frankreich vollbringen soll. Ich meine jene Tugend, die nichts anderes ist als die Liebe zum Vaterland und zu seinen Gesetzen. [...]
Hierauf würde sich die Darlegung unserer Theorie beschränken, wenn ihr das Schiff der Republik nur bei Windstille zu steuern hättet. Aber der Sturm wütet und im Augenblick stellt euch die Revolution eine andere Aufgabe. [...] Wenn in friedlichen Zeiten der Kraftquell der Volksregierung die Tugend ist, so sind es in Zeiten der Revolution Tugend und Terror zusammen. Ohne die Tugend ist der Terror verhängnisvoll, ohne den Terror ist die Tugend machtlos. Der Terror ist nichts anderes als die unmittelbare, strenge und unbeugsame Gerechtigkeit; er ist also eine Emanation[1] der Tugend; er ist nicht so sehr ein besonderer Grundsatz als vielmehr die Folge des allgemeinen Grundsatzes der Demokratie, angewandt auf die dringendsten Bedürfnisse des Vaterlandes. [...] Bezwingt ihr die Feinde der Freiheit durch den Terror, so werdet ihr in eurer Eigenschaft als Gründer der Republik das Recht dazu haben. Die Revolutionsregierung ist der Despotismus der Freiheit gegen die Tyrannei.

1 Ausfluss

Quelle 6 und 7 zit. nach Maximilien de Robespierre, Ausgewählte Texte, Hamburg 1971, S. 311ff. und 585ff.

1. *Analysieren Sie Robespierres Rechtsauffassung (Mat. 6 und 7). In welchem Verhältnis stehen Individuum und Gesellschaft zueinander?*
2. *Erläutern Sie, was Robespierre unter Tugend und Terror versteht (Mat. 7).*
3. *Erarbeiten Sie die Gründe, die in der Darstellung S. 222f. für die Abkehr von den liberalen Anfangsprinzipien der Revolution genannt werden. Gehen Sie auf die Erklärungen für den Terror in Frankreich ein (siehe Darstellung S. 223f.) sowie auf den in den verschiedenen Revolutionen unterschiedlichen Grad der Radikalisierung. Diskutieren Sie vor diesem Hintergrund Robespierres Position (Mat. 6 und 7).*

Frauen und Revolution

1 *Augustin Claude Le Grand (1765–1815), Jean Jacques Rousseau oder Der natürliche Mensch, um 1785, Kupferstich, 44,4 x 36,9 cm, Coburg, Kupferstichkabinett der Kunstsammlungen Veste Coburg*

2 *John Adams (1797–1801) antwortete am 26. Mai 1776 auf einen Brief von James Sullivan:*

Q Theoretisch ist nicht zu bestreiten, dass die einzige ethische Grundlage von Herrschaft die Zustimmung des Volkes ist. Aber wie weit sollen wir dieses Prinzip auslegen? Sollen wir sagen, dass jeder Einzelne in der Gemeinschaft, alt und jung, männlich und weiblich, arm und reich, jedem Gesetz explizit zustimmen muss? Nein, werden Sie sagen, das ist nicht möglich. Worauf beruht aber das Recht der Mehrheit die Minderheit gegen ihren Willen zu beherrschen? Woraus ergibt sich das Recht der Männer über die Frauen ohne deren Zustimmung zu herrschen? Worauf beruht das Recht der Alten über die Jungen zu herrschen ohne deren Zustimmung?

Aber nehmen wir zuerst einmal an, alle hätten ohne Beachtung des Alters, des Ranges, des Geschlechts und sonstiger Eigenschaften das Wahlrecht. Sie alle kämen zusammen, ein Antrag würde mit einer Stimme Mehrheit angenommen und die Minderheit wäre damit nicht einverstanden. Woher ergäbe sich dann das Recht der Mehrheit zu regieren und die Pflicht der Minderheit zu gehorchen? Sie werden antworten: aus der Notwendigkeit, weil es keine andere Regel geben kann.

Aber weshalb dann die Frauen ausschließen? Sie werden sagen: weil ihre Schwäche sie daran hindere an den großen Dingen des Lebens, an den Anstrengungen des Krieges und der Mühsal der öffentlichen Angelegenheiten mitzuwirken und Erfahrung zu erwerben. Zudem werde ihre Aufmerksamkeit von der Sorge um ihre Kinder so sehr beansprucht, dass die Natur sie am besten ausgerüstet habe für häusliche Aufgaben. Und Kinder, werden Sie sagen, haben keine Urteilskraft und keinen unabhängigen Willen.

Das ist wahr, aber gelten diese Gründe nicht auch für andere? Ist es nicht ebenso wahr, dass alle Menschen in allen Gesellschaften, die keinerlei Eigentum haben, ebenfalls zu wenig vertraut mit öffentlichen Angelegenheiten sind um sich ein Urteil bilden zu können und dass sie zu abhängig von anderen Menschen sind um einen eigenen Willen zu haben? Wenn dies stimmt und wenn jeder, der kein Eigentum besitzt, das Wahlrecht erhält, wird dann diese Bestimmung des Grundgesetzes nicht eine Einladung zur Korruption? Der menschliche Charakter ist so schwach, dass sehr wenige Menschen ohne Eigentum eigene Urteilskraft besitzen. Sie reden und stimmen nach Anweisung eines Begüterten, der ihre Gedanken seinen Interessen verpflichtet hat. [...]

Sie sind zu Recht der Ansicht, dass Gesetze, die das Leben und die persönliche Freiheit aller berühren, die z. B. körperliche Züchtigung vorsehen, sowohl Wahlberechtigte wie Nicht-Wahlberechtigte treffen. Aber sie treffen auch Frauen und Kinder. Welchen Grund gibt es dafür einen Mann von zwanzig Jahren, elf Monaten und 27 Tagen auszuschließen und einen Einundzwanzigjährigen wählen zu lassen? Der Grund liegt allein darin, dass man ein Alter festlegen muss, in dem die Öffentlichkeit normalerweise dem Verstand und der Entschlusskraft eines Menschen trauen kann. [...]

Glauben Sie mir, Sir, es ist gefährlich einen so endlosen Streit zu beginnen, wie ihn die Änderung des Wahlrechts auslösen würde. Es wird kein Ende nehmen. Frauen werden das Wahlrecht verlangen, Burschen von 12 bis 21 werden ihre Rechte nicht mehr für ausreichend geschützt halten. Und Männer, die nicht einen Pfennig besitzen, werden bei allen Maßnahmen der Regierung gleiche Mitsprache verlangen.

Der Verwischung und Zerstörung aller Unterschiede würde Vorschub geleistet und alle Rangunterschiede würden eingeebnet.

Zit. nach Die Amerikanische Revolution in Augenzeugenberichten, eingel. und übers. von Willi Paul Adams und Angela Meurer-Adams, München 1976, S. 317ff.

3 *Marie-Jeanne Roland de la Platière (1754–1793) in ihren Erinnerungen über politische Zusammenkünfte bei ihrem Mann, dem späteren Innenminister (Oktober 1791):*

Q Es wurde sogar beschlossen, dass man viermal in der Woche abends zu mir kommen wolle [...]. Diese Anordnung war mir im höchsten Maße angenehm. Sie hielt mich über die Dinge, für die ich mich lebhaft interessierte, auf dem Laufenden; sie begünstigte meine Neigung den politischen Gedankengängen zu folgen und die Menschen zu studieren. Ich wusste, welche Rolle meinem Geschlecht zukam, und bin nie aus ihr herausgetreten. Die Versammlungen wurden in meiner Gegenwart gehalten, ohne dass ich teil daran nahm; außerhalb des Kreises und an einem Tische sitzend beschäftigte ich mich mit Handarbeiten oder schrieb Briefe, während die Männer sich berieten. Wenn ich aber auch zehn Sendschreiben abzufertigen hatte, was zuweilen vorkam, so verlor ich doch kein Wort von allem, was gesprochen wurde, und es kam hier und da vor, dass ich mich in die Lippen biss um nicht dreinzureden.

Was mir hauptsächlich auffiel und mich wirklich unangenehm berührte, war diese Art oberflächlichen Geschwätzes, womit die Männer von tüchtigem Verstande drei bis vier Stunden zubringen können ohne zur Entscheidung zu gelangen. Nehmt doch die Sachen einzeln vor! Ihr gedenkt, vortreffliche Grundsätze durchzuführen, gute Ideen aufzustellen, Bahnen zu öffnen; aber in der Masse kann von keinem gezeichneten Gang, von keinem festen Ergebnis, von keinem bestimmten Punkt die Rede sein, auf dem Verabredung gemäß jeder auf diese oder jene Art ankommen soll.

Ich hätte vor Ungeduld manchmal Ohrfeigen austeilen mögen unter diesen weisen Männern, die ich wegen der Ehrlichkeit ihres Gemüts, der Reinheit ihrer Gesinnungen täglich höher achten lernte; vortreffliche Schwätzer, samt und sonders Philosophen, einsichtsvolle Politiker in der Verhandlung, die aber von der Kunst, Menschen zu leiten, folglich Einfluss in der Versammlung zu gewinnen, nichts verstanden, daher gewöhnlich ganz umsonst ihr Wissen und ihren Geist entwickelten.

Zit. nach M. Krell (Hg.), Aus den Tagen der Schreckensherrschaft. Memoiren der Frau Roland über die Französische Revolution, Dresden 1927, S. 40f.

4 *Aus der „Erklärung der Rechte der Frau und Bürgerin" von Marie Olympe de Gouges (1748–1793) von 1791:*

Q Die Rechte der Frau

Mann, bist du fähig gerecht zu sein? Eine Frau stellt dir diese Frage. Dieses Recht wirst du ihr zumindest nicht nehmen können. Sag mir, wer hat dir die selbstherrliche Macht verliehen mein Geschlecht zu unterdrücken? Deine Kraft? Deine Talente? Betrachte den Schöpfer in seiner Weisheit. Durchlaufe die Natur in all ihrer Majestät, die Natur, der du dich nähern zu wollen scheinst, und leite daraus, wenn du es wagst, ein Beispiel für diese tyrannische Herrschaft ab. Geh zu den Tieren, befrage die Elemente, studiere die Pflanzen, ja wirf einen Blick auf den Kreislauf der Natur und füge dich dem Beweis, wenn ich dir die Mittel dazu in die Hand gebe. Suche, untersuche und unterscheide, wenn du es kannst, die Geschlechter in der Ordnung der Natur, überall findest du sie ohne Unterschied zusammen, überall arbeiten sie in einer harmonischen Gemeinschaft an diesem unsterblichen Meisterwerk.

Nur der Mann hat sich aus der Ausnahme ein Prinzip zurechtgeschneidert. Extravagant, blind, von den Wissenschaften aufgeblasen und degeneriert, will er in diesem Jahrhundert der Aufklärung und des Scharfsinns, doch in krasser Unwissenheit, despotisch über ein Geschlecht befinden, das alle intellektuellen Fähigkeiten besitzt. Er behauptet von der Revolution zu profitieren, er verlangt sein Anrecht auf Gleichheit, um nicht noch mehr zu sagen.

Erklärung der Rechte der Frau und Bürgerin

Von der Nationalversammlung am Ende dieser oder bei der nächsten Legislaturperiode zu verabschieden.

Präambel:

Wir, die Mütter, Töchter, Schwestern, Vertreterinnen der Nation, verlangen in die Nationalversammlung aufgenommen zu werden. In Anbetracht dessen, dass Unkenntnis, Vergessen oder Missachtung der Rechte der Frauen die alleinigen Ursachen öffentlichen Elends und der Korruptheit der Regierungen sind, haben wir uns entschlossen in einer feierlichen Erklärung die natürlichen, unveräußerlichen und heiligen Rechte der Frau darzulegen, damit diese Erklärung allen Mitgliedern der Gesellschaft vor Augen ist und sie unablässig an ihre Rechte und Pflichten erinnert; damit die Machtausübung von Frauen ebenso wie jene von Männern jederzeit am Zweck der politischen Einrichtungen gemessen und somit auch mehr geachtet werden kann; damit die Beschwerden von Bürgerinnen, nunmehr gestützt auf einfache und unangreifbare Grundsätze, sich immer zur Erhaltung der Verfassung, der guten Sitten und zum Wohl aller auswirken mögen.

Das an Schönheit wie Mut im Ertragen der Mutterschaft

überlegene Geschlecht anerkennt und erklärt somit, in Gegenwart und mit dem Beistand des Allmächtigen, die folgenden Rechte der Frau und Bürgerin: […]

Zit. nach der Übers. von Ute Gerhard, Menschenrechte – Frauenrechte 1789, in: Viktoria Schmidt-Linsenhoff (Hg.), Sklavin oder Bürgerin? Französische Revolution und Neue Weiblichkeit 1760–1830, Marburg 1989, S. 68f.

5 *Aus der Begründung des Pariser Sicherheitsausschusses über ein prinzipielles Verbot der Frauenclubs, Oktober 1793:*

Q Die häuslichen Aufgaben, zu denen Frauen von Natur aus bestimmt sind, gehören selbst zur allgemeinen Ordnung der Gesellschaft. Diese soziale Ordnung resultiert aus dem Unterschied, der zwischen Mann und Frau besteht. Jedes Geschlecht ruft nach der ihm eigenen Art von Beschäftigung, bewegt sich in diesem Kreis, den es nicht überwinden kann. Denn die Natur, die dem Menschen diese Grenzen gesetzt hat, befiehlt gebieterisch und hält sich an kein Gesetz.
Der Mann ist stark, robust, mit einer großen Energie, mit Kühnheit und Mut geboren. Er meistert die Gefahren, die Rauheit der Jahreszeiten durch seine Konstitution. Er widersteht allen Elementen. Er ist für die Künste wie für die schweren Arbeiten geeignet. Und da er fast ausschließlich für die Landwirtschaft, den Handel, die Schifffahrt, die Reisen, den Krieg bestimmt ist, zu all jenem also, was nach Kraft, Intelligenz und Kompetenz verlangt, so scheint auch er allein zu jenen tiefgehenden und ernsthaften Meditationen geeignet, die eine große Anstrengung des Geistes und lange Studien voraussetzen, denen Frauen nicht nachgehen können.
Welches ist der der Frau eigentümliche Charakter? Die Sitten und die Natur selbst haben ihr Aufgaben zugesprochen: die Erziehung der Menschen zu beginnen, den Geist und das Herz der Kinder auf die öffentlichen Tugenden vorzubereiten, sie von früh an zum Guten hinzulenken, ihr Gemüt zu entfalten, […] neben den Sorgen um den Haushalt. […] Wenn die Frauen all diese Aufgaben erfüllen, haben sie sich um das Vaterland verdient gemacht. […] Erlaubt es die Sittsamkeit einer Frau sich in der Öffentlichkeit zu zeigen und gemeinsam mit den Männern zu kämpfen, im Angesicht des Volkes über Fragen zu diskutieren, von denen das Wohl der Republik abhängt? Im Allgemeinen sind Frauen kaum zu hohen Vorstellungen und ernsthaftem Nachdenken fähig.

Zit. nach Susanne Petersen, Brot und Kokarden – Frauenalltag in der Revolution, in: Viktoria Schmidt-Linsenhoff (Hg.), Sklavin oder Bürgerin? Französische Revolution und Neue Weiblichkeit 1760–1830, Marburg 1989, S. 35f.

6 *Die englische Historikerin Olwen Hufton (geb. 1938) zu „aufrührerischen“ Frauen im 17. und 18. Jahrhundert (1992):*

D Der Typus von Frauen, die sich in Unruhen engagierten, unterschied sich in einigen Aspekten je nach dem Typus der Unruhe. In Brotunruhen waren solche Frauen verwickelt, die auf dem Markt einkaufen gingen; bei politischen Unruhen gab es ein etwas breiteres Spektrum von Teilnehmerinnen. […] Gleichwohl war es nicht etwa so, dass Frauen, die nicht an das Leben in der Straße gewöhnt waren, bei einem Tumult plötzlich auf die Straße strömten. Ein Tumult bildete sich in der Nachbarschaft und in Treppenhäusern. Man rebellierte zusammen mit seinen Nachbarn, Freunden und Verwandten. Manchmal trat dabei ein Stadtteilführer oder Hauptmann auf und Flaggen entstanden aus Unterröcken. Gute Kleider waren unpassend und die Sprache war derb. […] Und die aufrührerischen Frauen im revolutionären Frankreich glichen wiederum nicht denen, die Priester beherbergten.[1] […]
Ein weiteres bemerkenswertes Merkmal der aufrührerischen Frau ist ihr vorgerücktes Alter. [Die Historikerin] Dominique Godineau schätzt das Alter der typischen Frau der revolutionären *journées*[2] auf ungefähr 50 Jahre und ihre Kinder waren praktisch erwachsen. Sie ist eine Lohnarbeiterin, Näherin, Wäscherin, Stickerin, Kleinhändlerin, Blumenverkäuferin, Concierge[3], Zeitungsverkäuferin und lebt oft ohne einen Mann, der sie ernährt. Ein ganz ähnlicher Typus, wenn auch ein Jahrzehnt jünger, ergibt sich aus [Rudolf] Dekkers Untersuchung der holländischen Aufstände. Frauen unter 25 Jahre sind selten dabei und die meisten unter ihnen, soweit sie in Städten lebten, mögen in häuslichen Diensten gestanden haben. Das Durchschnittsalter von Teilnehmerinnen an Brotunruhen lag bei vierzig, in religiösen und politischen Revolten bei 37 Jahren. Aber es lassen sich auch Einzelfälle von über siebzigjährigen Frauen finden, die oft die Rolle einer Anführerin innehatten und zuweilen geradezu Dynastien von Revoltierenden angehörten.
Die englischen Belege geben sich weniger leicht zu einer Verallgemeinerung her. Das englische Armenrecht bedeutete eine machtvolle Abschreckung dagegen die Mutter einer Herde von Kindern ins Gefängnis zu setzen, und diese Tatsache mag mitbestimmt haben, wer vor Gericht kam. [Die Historikerinnen] Thomis und Grimmet meinen, […] dass die typische Aufrührerin zwischen zwanzig und vierzig Jahre alt war und somit jünger als ihr Pendant auf dem Kontinent. Eine Analyse aufrührerischer Frauen lehrt uns offensichtlich einiges über die Rollen der Geschlechter in der Gemeinde; aber was genau lehrt sie uns und gibt es Hinweise auf einen Machtkampf der Geschlechter, auf den [die Historikerin]

Susan Desan aufmerksam macht? Gewiss rebellierten Frauen um das zu beschützen, was sie wertschätzten, und um die Amtsgewalt aufzufordern die Not der Unschuldigen zur Kenntnis zu nehmen. Sie sind meist, wenn nicht sogar immer, unbewaffnet und sie ziehen zur höchsten Stelle, wenn diese erreichbar ist. Aber das Recht macht es ihnen möglich sich hinter dem Bild von der unverantwortlichen und widervernünftigen Frau zu verbergen, insbesondere in Abwesenheit ihrer Ehemänner, und dieses mag der gesamten Gemeinschaft ermöglicht haben sich hinter den Frauen zu verbergen. Frauen konnten dahin stürmen, wohin Männer nicht gehen konnten. Als Aufrührerinnen mögen sie deshalb das Sprachrohr ihrer Gemeinde gewesen sein.

1 Gemeint sind die eidverweigernden Priester.
2 Tage mit wichtigen Revolutionsereignissen und -umzügen
3 Hausmeisterin

Olwen Hufton, Aufrührerische Frauen in traditionalen Gesellschaften: England, Frankreich und Holland im 17. und 18. Jahrhundert, in: Geschichte und Gesellschaft 18, 1992, S. 442f.

1. *Erarbeiten Sie aus den Mat. 1, 2 und 5 die Argumente, die gegen eine politische Tätigkeit von Frauen und gegen das Frauenwahlrecht vorgebracht werden. Welches Bild von den Aufgaben des Mannes und der Frau entwerfen die Quellen?*
2. *Analysieren Sie die Mat. 3, 4 und 7. Welche Rechte werden für Frauen gefordert und wie werden sie begründet? Welches Männer- und Frauenbild wird hier entworfen? Diskutieren Sie beide Perspektiven.*
3. *Formulieren Sie die „Erklärung der Menschen- und Bürgerrechte" vom 26. August 1789 (siehe S. 239, Mat. 5) so um, dass sie den Vorstellungen von Marie Olympe de Gouges (Mat. 4) entsprechen würde.*
4. *Beschreiben Sie die Handlungssituationen und sozialen Merkmale von „aufrührerischen" Frauen (Mat. 6). Erläutern Sie die These von der spezifischen Rolle der Frau bei Aufständen und Revolten. Vergleichen Sie mit den Thesen des Autors der Darstellung (siehe S. 233). Warum entsprechen die von Frauen überlieferten Quellen dem sozialgeschichtlichen Befund nur unzureichend?*

7 *Pierre Etienne und Jacques Philippe Lesueur, Patriotischer Frauenclub, 1791, Gouache, 30,3 x 53,3 cm, Paris, Musée Carnavalet*

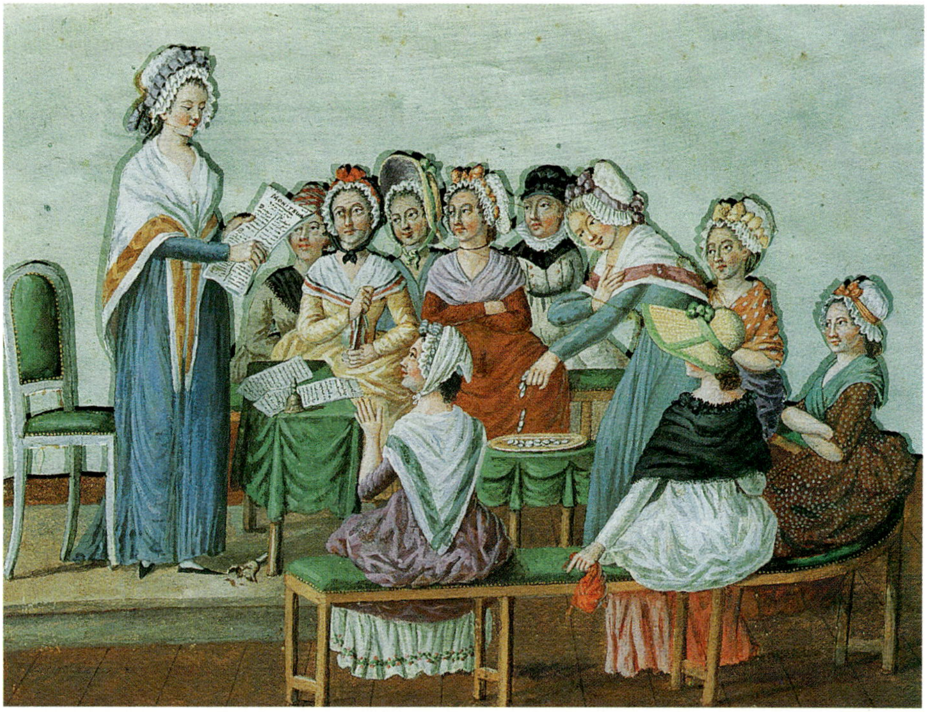

Revolution der Bauern und städtischen Unterschichten in Frankreich

Bauern

1 *Bevölkerungsentwicklung und Grundbesitzverteilung in Frankreich am Ende des Ancien Régime:*

D Die Bevölkerung Frankreichs wuchs im Laufe des 18. Jahrhunderts von ca. 20 auf ca. 27 Millionen an. Vor der Revolution zählte der Klerus rund 130000 und der Adel 350 000 Personen; der Dritte Stand umfasste etwa 98 Prozent der Bevölkerung, darunter ca. 22,5 Millionen Bauern. Klerus und Adel verfügten bei Ausbruch der Revolution über rund 10 bzw. 25 Prozent des Grundbesitzes, während Stadtbürger und Bauern im Verhältnis zu ihrem Anteil an der Bevölkerung nur 25 bzw. 35 Prozent des Landes besaßen.

2 *Bäuerliche Sozialstruktur im nördlichen Pariser Becken 1685 und 1789:*

Soziale Gruppen	1685		1789	
	in Tausend	in %	in Tausend	in %
Großpächter	243	10,2	252	8,4
unabhängige Mittelbauern	236	9,9	91	3,0
Kleinbauern	701	29,5	1021	33,0
Dienstboten, Knechte	146	6,1	337	11,2
Handwerker	269	11,3	479	15,9
Händler	166	7,0	132	4,4
Verschiedene	141	5,9	298	9,9
Witwen	474	20,0	400	13,3

Quelle 1 und 2 nach Gerd van den Heuvel, Grundprobleme der französischen Bauernschaft 1730–1794, München u. a. 1982, S. 43 und 40.

3 *Aus den „Cahiers de doléances" (Beschwerdeschriften) der Gemeinden Bears und Bouziès, 1789:*

Q Die genannte Gemeinde stellt vor, dass es keinen unglücklicheren Menschen gibt als den Bauern und den Tagelöhner. Um diese Grundwahrheit zu beweisen genügt es zu betrachten, dass nach Abführung der königlichen Steuern und nach Bezahlung der Feudallasten sowie nach Abrechnung seiner Arbeit und des Saatgutes dem Bauern und Eigentümer nicht einmal ein Zehntel des Ertrags von seinem Boden bleibt, sodass er, um die genannten Lasten und Steuern bezahlen zu können, gezwungen ist von ein wenig Hirsebrot und Buchweizen sich zu nähren, was ihm oft genug auch noch fehlt. Er hat nichts als eine Suppe von Wasser und Salz, eine Nahrung, welche die Hunde bessergestellter Menschen verweigern würden; und doch ist dieser Arbeiter, der ständig schwerer Arbeit und der Härte aller Jahreszeiten ausgesetzt ist, nichtsdestoweniger ein Untertan des Staats, der nicht härter behandelt werden sollte als andere Menschen auch. Diese Klagen und Beschwerden sollen also der Ständeversammlung vorgelegt werden, damit Abhilfe gegen die Überlastung geschaffen werde, der der Bauer bislang ausgesetzt ist.

4 *Aus den Beschwerdeschriften der Gemeinde Colmare, 22. März 1789:*

Q 1. Wenn der Klerus und der Adel so wie wir zahlten, dann würde das den Staat erheblich stärken, wodurch er imstande wäre dem unterdrückten Volk Erleichterung zu verschaffen.
2. Wir erbitten die Abschaffung der indirekten Steuern und der Salzsteuer. [...]
5. Wir erbitten ferner die Abschaffung einer großen Zahl von Ämtern. Wir halten die Abschaffung des Amtes des Einnehmers der Taille, des Obersteuereinnehmers, der Direktoren, Kontrolleure und anderer Hilfsangestellter für notwendig. [...]
8. Wir fühlen uns auch berechtigt eine Bemerkung zum Frondienst auf den großen Straßen zu machen. Wir halten es für natürlicher, dass diejenigen für Kosten und Unterhalt aufkommen, die sie beschädigen, aber ohne Behinderung des Handels. Wenn indessen neue Straßen gebaut werden müssen, soll das wie in früherer Zeit erfolgen. [...]
11. Wir bitten, dass Gemeindeland und leere Flächen zum Vorteil des Staates bestellt werden.
12. Wir bitten, dass alle Maschinen jeder Art, wie die zum Baumwollspinnen, abgeschafft werden, da sie der Bevölkerung Schaden zufügen.

Quelle 3 und 4 zit. nach Geschichte in Quellen, Bd. 4, bearb. von Wolfgang Lautemann, München 1981, S. 148 und 150 f.

5 *Der Vicomte de Noailles (1756–1804) am 4. August 1789 in der Nationalversammlung:*

Q Was haben die Landgemeinden zuallererst verlangt und erwartet? Abschaffung des Steuerdrucks, Erleichterung oder Umwandlung der Herrenrechte. Das hat ihnen die Versammlung drei Monate lang vorenthalten und nun haben sie es sich mit bewaffneter Hand selbst genommen. Will die Versammlung verhindern, dass in dieser zügellosen Selbsthilfe der ganze Staat zugrunde geht, so muss sie [...] vorangehen lassen den Beschluss, dass künftig die Steuerpflicht gleich und allgemein verbindlich wird, dass alle Herrenrechte ablösbar, alle Frondienste aber, alle Leibeigenschaft und persönliche Unfreiheit ohne Entgelt abgeschafft werden.

Zit. nach Eberhard Schmitt/Herbert Volkmann (Hg.), Absolutismus und Französische Revolution, München 1981, S. 59.

6 *Petition der Bauern der Provinz Haute-Marche an die Nationalversammlung, 8. Mai 1790 (Auszug):*

Q An unsere in der Nationalversammlung tagenden Herren!

Ehrerbietigst unterbreiten Ihnen die armen Bauern und Pächter der Provinz Haute-Marche ihre Vorhaltungen. Sie verleihen darin der Hoffnung Ausdruck sich als Bürger einiger kleiner Anteile an dieser großartigen Wiedergeburt des Königreichs erfreuen zu können, wo durch die Dekrete der erlauchten Nationalversammlung die Freiheit angekündigt worden ist. [...] Es ist wahr, dass die Dekrete der erlauchten Nationalversammlung die Bittsteller ermächtigen sich loszukaufen. Wie dem aber auch sei: Gewiss ist, dass sie trotz dieser Beschlüsse gezwungen sein werden in Knechtschaft weiterzuleben ohne sich loskaufen zu können. Und zwar deshalb, weil die erlauchte Nationalversammlung für den Loskauf von den Abgaben, die angeblich den Grundherren der Lehen geschuldet sind, einen außerordentlich hohen Preis festgesetzt hat [...]. Und das umso mehr, als die erlauchte Nationalversammlung durch ihre Dekrete den Bittstellern Fesseln angelegt hat, indem sie bestimmte, dass sich dort, wo die Abgaben gemeinschaftlich entrichtet werden, eine einzelne Person nicht loskaufen darf, falls die anderen dazu nicht in der Lage sind; es sei denn, dass derjenige, der sich freikaufen möchte, die ganze Ablösesumme für die gesamten Abgaben entrichtet. Dieser Paragraph führt den schlüssigen Beweis, dass die Unglückseligen stets unter dem Joch der Knechtschaft verbleiben werden, da sie außerstande sind die Ablösesumme für die gesamten Abgaben aufzubringen.

Zit. nach Walter Markov, Revolution im Zeugenstand. Frankreich 1789–1799, Bd. 2, Frankfurt/M. 1987, S. 135 f.

1. *Erarbeiten Sie aus Mat. 1 bis 6 die Lage der Bauern.*
2. *Durch welche Maßnahmen versuchte die Nationalversammlung die Lage der Bauern zu verbessern?*
3. *Welche Probleme blieben für die Bauern? Wie beurteilt der Autor der Darstellung (siehe S. 221 f.) deren Rolle?*

7 *Anonymus, Die Freiheit besiegt und zerstört die Missstände, aus der Zeitung Camile Desmoulins' (1760–1794) „Révolutions de France et de Brabant“, 14. November 1790, Radierung, 14,3 x 8,0 cm, Paris, Bibliothèque Nationale*

Städtische Unterschichten

8 *Aus der Petition der Sektion „Guillaume Tell“ an den Konvent, 12. November 1793:*

Q Volksvertreter! Ihr habt ein furchtbares Exempel[1] statuiert, das dazu angetan ist die Welt in Erstaunen zu setzen und den großen Schuldigen Entsetzen einzuflößen. Die Sektion „Guillaume Tell“ beglückwünscht Euch dazu. Sie wird Euch noch mehr Achtung zollen, wenn Ihr ständig darauf bedacht bleibt Entsetzen und Terror zu verbreiten, diese beiden

mächtigsten Werkzeuge der Revolutionäre. [...] Abgeordnete! Der Tod einer Handvoll Verschwörer kann nicht alle Fäden des abscheulichsten Komplotts zerreißen, das jemals in ein menschliches Herz Eingang gefunden hat; es bedarf eines Blutbades unter den Verrätern um alle Wunden zu heilen, die dem Vaterland von seinen entarteten Kindern zugefügt worden sind. [...] Es gibt noch mehr nicht weniger gefährliche Feinde; es sind die verdammten Bürger im öffentlichen Dienst; verschont also, Gesetzgeber, diese Blutsauger des Vaterlandes nicht; lasst genaue Nachforschungen über ihre unglaublichen Reichtümer anstellen, die immer wieder dem Elend des Vaterlandes Hohn sprechen; und gebt nicht eher Ruhe, bis unsere Feinde im Innern, die gemeinsten von allen, den verdienten Tod gefunden haben.
Volksvertreter, die Zeit der Gnade ist vorbei. Lasst das rächende Schwert auf alle schuldigen Köpfe niedersausen, verschont keinen Verbrecher: Ein großes Volk erwartet von Euch große Maßnahmen. Vergesst niemals das erhabene Wort des Propheten Marat: Opfert, sagte er, zweihunderttausend Köpfe und ihr werdet eine Million Köpfe retten.
Volksvertreter, Ihr habt für jede Dekade[2] einen Ruhetag dekretiert: Denkt daran, dass die Feinde keinen Ruhetag kennen. Jeder von uns sei ein Überwachungsausschuss! Die 48 Sektionen der größten Commune der Republik werden euch niemals im Stich lassen, sie werden mit Euch siegen oder untergehen, das ist ihr Wille.

1 Am 16. Oktober wurde die Königin Marie Antoinette, am 31. Oktober 1793 wurden 21 Girondeführer hingerichtet.
2 Die Revolutionäre führten eine Kalenderreform durch, die die Woche durch den zehntägigen Dekadenrhythmus ersetzte.

Zit. nach Walter Markov/Albert Soboul (Hg.), Die Sansculotten von Paris, Berlin 1957, S. 217ff.

9 *Jacques Roux (1752–1794) verlas am 25. Juni 1793 das „Manifest der Enragés" vor dem Konvent (Auszug):*

Q Abgeordnete des französischen Volkes!
Hundertmal wurden in diesem hohen Haus die Verbrechen der Eigennützigen und Gauner laut; immer wieder habt ihr uns versprochen den Blutsaugern des Volkes das Handwerk zu legen. Nun wird das Verfassungswerk dem Souverän zur Bestätigung übergeben. Habt ihr darin das Spekulantentum geächtet? Nein. Habt ihr die Todesstrafe für Schieber ausgesprochen? Nein. Habt ihr bestimmt, worin die Freiheit des Handels besteht? Nein. Habt ihr den Verkauf von Edelmetallgeld verboten? Nein. Nun, so erklären wir euch, habt ihr für das Glück des Volkes nicht genug getan.
Die Freiheit ist ein leerer Wahn, solange eine Menschenklasse die andere ungestraft aushungern kann. Die Gleichheit ist ein leerer Wahn, solange der Reiche mit dem Monopol das Recht über Leben und Tod seiner Mitmenschen ausübt. Die Republik ist ein leerer Wahn, solange Tag für Tag die Konterrevolution am Werk ist mit Warenpreisen, die drei Viertel der Bürger nur unter Tränen aufbringen können. Indessen muss man dem halsabschneiderischen Geschäftemachen Einhalt gebieten und es vom Handel genau abgrenzen. Nur wenn ihr Lebensmittel für die Sansculotten erschwinglich macht, werdet ihr sie für die Revolution gewinnen und sie um die Verfassung scharen. [...]
Seit vier Jahren ziehen allein die Reichen Nutzen aus der Revolution. Die Handelsaristokratie, schlimmer als die adlige und geistliche Aristokratie, hat sich ein grausames Spiel daraus gemacht die Privatvermögen und die Schätze der Republik an sich zu reißen. [...] Bürger Volksvertreter, es ist an der Zeit, dass der Kampf auf Leben und Tod, den der Egoist der arbeitsamsten Klasse der Gesellschaft liefert, beendigt wird. Erklärt euch gegen die Spekulanten und Schieber. Entweder gehorchen sie euren Dekreten, oder sie gehorchen nicht. Im ersten Fall habt ihr das Vaterland gerettet und im anderen Falle auch, denn dann sind wir imstande die Blutsauger des Volkes zu erkennen und zu schlagen. [...]
Bis heute haben die Großhändler, die aus Prinzip Anstifter von Verbrechen und aus Gewohnheit Helfershelfer der Könige sind, die Freiheit des Handels missbraucht um das Volk zu unterdrücken. Sie haben den Artikel der Erklärung der Menschenrechte falsch ausgelegt, der besagt, dass man alles tun darf, was das Gesetz nicht verbietet. Nun denn! Beschließt verfassungsmäßig, dass Spekulantentum, Verkauf von Edelmetallgeld und Schiebungen für die Gesellschaft schädlich sind! Das Volk, das seine wahren Feinde kennt, das Volk, das schon so lange leidet, wird sehen, dass euch sein Los bewegt und dass ihr seine Leiden ernstlich heilen wollt. Sobald es im Verfassungswerk ein klares, unmissverständliches Gesetz gegen Spekulanten und Schiebertum hat, wird es sehen, dass euch die Sache der Armen mehr am Herzen liegt als die der Reichen; es wird sehen, dass Bankiers, Reeder und Monopolisten keinen Platz unter euch haben; es wird schließlich sehen, dass ihr die Konterrevolution nicht wollt.
Zwar habt ihr eine von den Reichen zu erhebende Zwangsanleihe von einer Milliarde beschlossen. Aber wenn ihr das Spekulantentum nicht mit der Wurzel ausreißt und der Habgier der Schieber nicht im nationalen Maßstab Zügel anlegt, wird der Kapitalist, der Händler schon tags darauf mittels Monopol und Veruntreuung den Sansculotten diese Summe auferlegen. Nicht mehr den Selbstsüchtigen, sondern den Sansculotten hättet ihr dann also getroffen.

Zit. nach Walter Markow u. a. (Hg.), Die Französische Revolution, Bilder und Berichte 1789–1799, Berlin 1989, S. 236ff.

10 *Aus einem Artikel von Camille Desmoulins (1760–1794) im „Vieux Cordelier“, 24. Dezember 1793:*

Q Nein, die Freiheit, die ich anbete, ist nicht der unbekannte Gott. Wir kämpfen, um die Güter zu verteidigen, die sie auf der Stelle allen gewährt, die sie anrufen. Solche Güter sind die Erklärung der Menschenrechte, die sanfte Regel der republikanischen Grundsätze, die Brüderlichkeit, die heilige Gleichheit, die unverbrüchliche Prinzipientreue. Das sind die Spuren der Schritte der Göttin, daran erkenne ich die Völker, bei denen sie Wohnung genommen hat.

An welchen anderen Zeichen soll ich denn diese göttliche Freiheit erkennen? Ist die Freiheit etwa nur ein leeres Wort? Ist sie nur eine Operndarstellerin, [...] die man mit einer roten Mütze herumträgt [...]? Wenn ihr unter Freiheit nicht wie ich Grundsätze, sondern einen behauenen Steinbrocken versteht, hat es wohl noch nie einen geistloseren Götzendienst gegeben als derzeit bei uns.

Ach, meine lieben Mitbürger, ist es denn schon so weit mit uns gekommen, dass wir vor solchen Götterbildern im Staube liegen? Nein, die Freiheit, die vom Himmel herabgestiegene Freiheit, ist keine Opernnymphe, ist keine rote Mütze, kein schmutziges Hemd oder Lumpengewand. Die Freiheit ist das Glück, ist die Vernunft, ist die Gleichheit, ist die Gerechtigkeit, die Erklärung der Rechte, ist eure herrliche Verfassung! Soll ich sie anerkennen, soll ich ihr zu Füßen fallen, soll ich mein Blut für sie verströmen? Dann öffnet vorher die Zuchthäuser für die zweihunderttausend Bürger, die ihr Verdächtige nennt, denn in der Erklärung der Rechte ist nirgends die Rede von Verdachtshäusern. Für den Verdacht sind nicht die Gefängnisse, sondern der Staatsanwalt da. Es gibt keine Verdächtigen, sondern nur Beschuldigte, denen vom Gesetz vorgesehene Strafen angedroht werden. Und glaubt nur nicht, eine solche Maßnahme würde das Ende der Republik bedeuten. Sie wäre die revolutionärste Tat, die ihr jemals vollbracht hättet. Ihr wollt alle eure Feinde mit der Guillotine austilgen. Hat man je einen größeren Aberwitz gesehen? Könnt ihr einen einzigen auf dem Schafott umbringen ohne euch unter seinen Verwandten oder Freunden zehn Feinde zu machen? [...]

Ich denke ganz anders als die, welche euch sagen, der Schrecken müsse auf der Tagesordnung bleiben. Ich bin im Gegenteil überzeugt, dass die Freiheit gefestigt und Europa besiegt würde, wenn ihr einen Vergebungsausschuss hättet. Ein solcher Ausschuss würde die Revolution vollenden, denn auch das Vergeben ist eine revolutionäre Maßnahme, die wirksamste überhaupt, wenn sie klug eingesetzt wird.

Zit. nach Ulrich Friedrich Müller (Hg.), Die Französische Revolution 1789–1799. Ein Lesebuch, München 1988, S. 257 f.

11 *Anonymus, Triumph der einen, unteilbaren und demokratischen Freiheit, Lyon 1793/94, Radierung, 28,4 x 19,4 cm, Paris, Musée Carnavalet*

1. *Arbeiten Sie heraus, welche Gegner in Mat. 8 und 9 angegriffen werden. Welche Vorstellungen zum weiteren Verlauf der Revolution werden deutlich?*
2. *Analysieren Sie den Freiheitsbegriff in Mat. 9 und 10.*
3. *Welche Ursachen für die Radikalisierung der städtischen Unterschichten nennt der Autor der Darstellung (siehe S. 223), welche die Quellen (siehe Mat. 8 bis 11)? Welche Lösungsmöglichkeiten hatte die Revolutionsführung?*
4. *Vergleichen Sie den Artikel Desmoulins' (Mat. 10) und Robespierres Rede über die politische Moral (siehe S. 240, Mat. 6).*
5. *Analysieren Sie Bildaufbau und Bildsymbole in Mat. 11. Vergleichen Sie mit Mat. 7. Welches Selbstverständnis der jakobinischen Revolutionäre wird in ihnen sichtbar?*

Die Französische Revolution in Deutschland

1 *Revolutionäre Zentren in Deutschland 1789–1806*

2 *Ein handschriftlicher Aufruf des Seilers Christian Benjamin Geißler während des sächsischen Bauernaufstandes, 1790 (Auszug):*

Q Nunmehro ist die Höchste Zeit, aufzuwachen aus dem Schlumer, darinnen wir von Last und Druck betäubt gelegen; im gemeinen Sprüchwort heißt es, man muß das Eisen Schmieden, weil es Warm ist. Jezo ist die Zeit vorhanden, wo man sich daß unerträgliche Joch der Edelleute abschütteln kan. Sie haben nach Göttlichen und Natürlichen Rechte nicht den geringsten Behuff, ihren Menschen wie bisher ohne alle Barmherzigkeit zu Schinden. Ihre Erb Register wurden ihnen in Zeiten garantiert, da unsere Länder in einer sehr rauhen und wilden Verfassung waren [...]. Da wir aber nunmero in einem ganz anderen Periodum leben, wo der Edelmann unß mit seinem Schuz ganz Unütz worden und weiter nichts mehr zu Schüzen im Stande vermögend, alß ihrer Unterthanen Beutel, daß sie nicht deß vielen Geldes wegen zerreissen mögen, so ist ihr Schuz also sehr leicht zu entbehren [...]. Dahero erheischt nach Göttlichen und Natürlichen Rechte, daß die Edelleute auf ihr Schuz Recht Verzicht zu thun Schuldig sind, dieweil es vor Gott ein Greuel, wenn [...] einer den anderen Schindet [...]; einer lebt in der grösten Wollust und der andere muß seinen Bissen mit Seufzen und Wehklagen Essen. Das ist vor Gott ein Greuel, so will es Gott unter einem Volke, daß sich nach seinem Nahmen nennt, nicht haben [...].

Nun, o Sachsenland, ist es höchste Zeit umzukehren, denn alle Vorboten des Unglücks [...] sind zum Theil da und kommen noch Täglich [...]. Darum versagt daß Land schon bey vielen Jahren seinen gehörigen Nuzen, die Nahrung Verschwindet, [...] die Väter deß Vaterlandes sind unbarmherzig und suchen nur daß ihrige [...]. Werdet ihr meine Gebothe Hören, die ich euch Gebiete, daß ihr den Herrn, euern Gott liebet, und Ihm dienet von ganzem Herzen [so spricht Gott], [...] so will ich euerm Land Regen geben zu seiner Zeit, daß Du einsamlest Dein Getreyde und will Deinem Vieh Graß geben auf Deinem Feld, daß ihr esst und satt werdet. Wenn Du aber nicht gehorchen wirst der Stimme Deines Gottes: So wird Dein Himmel, der über Deinem Haupt ist, Ehern sein und die Erde unter dir Eisen, Der Herr wird deinem Land Staub für Regen geben [...]. Fremde Herrschen und verwirren daß Staats Ruder in Sachsen und peinigen Sachsenland wider Willen unsers Landes Fürsten, indem Ihm des Landes Noth nicht vor Ohren kommt. Sie halten ihm gleichsam die Augen zu [...]. Sie legen dem Lande Unerträgliche Bürden auf.

Zit. nach Percy Stulz/Alfred Opitz, Volksbewegungen in Kursachsen zur Zeit der Französischen Revolution, Berlin 1956, S. 59.

3 *Friedrich Gottlieb Klopstock (1724–1803), Kennet Euch selbst!, 1789:*

Frankreich schuf sich frei. Des Jahrhunderts edelste That hub
Da sich zu dem Olympus empor.
Bist Du so eng begränzt, dass du sie verkennest, umschwebet
Diese Dämmerung dir noch den Blick,
Diese Nacht: so durchwandre die Weltannalen und finde
Etwas darin, das ihr ferne nur gleicht,
Wenn Du kannst! O Schicksal! Das sind sie also, das sind sie,
Unsere Brüder, die Franken; und wir?
Ach, ich frag umsonst: ihr verstummet, Deutsche! Was zeiget
Euer Schweigen? bejahrter Geduld
Müden Kummer? oder verkündet es nahe Verwandlung
Wie die schwüle Stille den Sturm,
Der vor sich her wirbelt, die Donnerwolken, bis Glut sie
Werden und werden zerschmetterndes Eis?
Nach dem Wetter athmen sie kaum, die Lüfte, die Bäche
Rieseln, vom Laube träufelt es sanft,
Frische labet, Gerüch' umduften, die bläuliche Heitre
Lächelt, das Himmelsgemälde mit ihr,
Alles ist reg und ist Leben und freut sich, die Nachtigall flötet
Hochzeit, liebender singet die Braut,
Knaben umtanzen den Mann, den kein Despot mehr verachtet,
Mädchen das ruhige, säugende Weib.

Zit. nach Klopstocks Sämtliche Werke, Bd. 4, Teil 1, Leipzig 1854, S. 313f.

4 *Frau Reimarus aus Hamburg schreibt ihrem Bruder über das Fest am Jahrestag des Sturms auf die Bastille, 1790:*

Q Die jungen Mädchen, alle weiß gekleidet, hatten große Schleifen in den Nationalfarben am Hut und über die Schultern schräge Schärpen von dunkelblau, ponceau[1] und weiß gestreiftem Bande – die jungen Frauen trugen sie um die Taille. Zum Frühstück versammelte sich alles in Harvestehude[2] [...] und um 12 Uhr 30 Min., nach der Pariser Uhr um Mittag, wurde dreimal geschossen. Die jungen Damen stellten sich im Halbkreise und das Lied, welches ich Dir mitschicke, wurde gesungen. Erst sangen wenige im Chor mit, bald aber alle und es war fast kein Auge ohne Tränen. Es war, als ob eine Saite berührt wäre, in deren Ton alle einstimmten. Nachdem gab es eine Stille, als wenn jeder den Wert des Gutseins bei sich überdacht hätte, und nun war auch jeder für den Tag zur Freude gestimmt.

Die Musik dauerte fort, die jungen Leute fingen an zu tanzen, wir älteren gingen spazieren, setzten uns an einer schönen Stelle und baten Klopstock, von dem wir gehört hatten, dass er der Freiheit zwei Oden gedichtet, er möge sie uns vorlesen. Er sagte sie uns vor. [...] Bei dem Gesundheittrinken der Freiheit und ihrer Helden wurde immer geschossen. Am Ende der Mahlzeit verlangten alle das Lied wieder. Die jungen Sängerinnen standen auf und der ganze Tisch sang mit. Ein Amerikaner, der mit uns war, wurde recht laut, schüttelte jedem, der ihm nahe kam, die Hand: Morgen schreibe ich das nach Amerika; solch ein Tag lohnt für manche Angst und Mühe, die man gehabt hat! [...] Ehe wir vom Tisch aufstanden, gingen die Frauen mit verdeckten Tellern herum und sammelten für die Armen und erhielten über 200 M.

1 rot
2 Stadtteil Hamburgs

5 *1798 erinnert sich die Tochter Reimarus an das Revolutionsfest in Hamburg:*

Q Heute ist der 14. Juli. Ob Ihr diesen Tag wohl noch in Hamburg feiert? Wie froh, wie selig haben wir ihn [...] miteinander gefeiert! Schon damals sangen wir: „Zwar auch Blut und Tränen flossen ...“ Ach wie wenig Blut war damals geflossen! Erst nachher kam die Schreckensepoche, die Zeit der Tränen und Seufzer! Wenn ich mich an alles das erinnere, was nachher kam, kann ich nur mit Mühe wieder den Weg zu jenen ersten schönen Tagen zurückfinden. Ich denke an die schöne folgende Strophe unseres Liedes:
„Hebt den Blick! der ganzen Erde
Galt der Kampf und floss das Blut.
Dass sie frei und glücklich werde,

Aufgeklärt und weis und gut!“
Diese Zeilen können, müssen noch wahr werden, in ihnen allein liegt Trost und Hoffnung. Gute Menschen müssen eine große Sache, für die sie und andere so viel gelitten haben, nie verlassen, selbst die Leiden müssen sie fester daran ketten. Die Macht des Bösen wird dann vorübergehend sein und – die Tränen sind die Saaten hoher Freuden, großer Taten!

Quelle 4 und 5 zit. nach Heinrich Sieveking, Georg Heinrich Sieveking – Lebensbild eines Kaufmanns aus dem Zeitalter der Französischen Revolution, Berlin 1913, S. 48ff. und 52f.

6 *Daniel Chodowiecki (1726–1801), Die neue Französische Constitution, 1791, Radierung, 7,4 x 5,2 cm, Nürnberg, Germanisches Nationalmuseum*

7 *Auszug aus einem handschriftlichen Flugblatt der Jakobiner von Altona vom 3. Dezember 1792:*

Q Freyheit oder Mordt und Todt.
Einwohner Holsteins, Dännemark und Norrwegensland, ihr zusammen macht ia eigentlich denn Staatskörper aus, und seid desfals mit allem recht die Souveraine Nation, seid daher nicht länger so unvernünftig, diesen euren Vorrang einen ohnmächtigen Mann (der sich König in Unser Land nennt) zulaßen, nehmet Euer Recht von den elenden kurzsichtigen zurük, weils ihm nicht dienlich ist, vielweniger zukömt, und betrachtet ihn so, wie wir ihm umstehend geschildert, einfältiglich, abr der Warheit gemäß.
Mitbürger, Brüder, Freunde! [...]
werdet, als Menschen die Vernunft haben doch jtzt klüger, wachet aus euren Schlaf gegenwärtig auf, und betrachtet denn in Unser Land noch vorhandenen König accurat so, wie daß im Mercur am Freytag den 9ten November a. c. von Paries vom 29ten October verglichene Barthaar[1], so werdet ihr ganz richtig befinden daß er in unser Land nichts weiter und kaum soviel ist als ein solches Barthaar, welches doch bisher nur immer zu Uns sagte gebt Zoll, gebt Kopfsteuer, [...] gebt Contribution: alles solches Teuflisches Befehlen gehorchten Wir bisher, welches dieses eine befehlende Barthaar ununterbrochen wohlgefiel, Aber durch Unser stetes dummes Gehorchen und Hingeben, luden wir Uns entsetzliche Lasten auf, die Uns Mark und Bein ausleeren, und das Barthaar mit seinen Abschaum (König, Minister und Adel mit Stern Schlüßel und sonstigen Torheiten geziret), war bisher nicht allein verwegen genug, alles, was Wir von unsern Schweiß darbrachten zuverschlingen, sondern sagte noch neulich ganz trotzig in ein Unsinnig Plakaat gebt mir Vier Procent von eure geerbten Güter, u:s:w:
Die Erfahrung mache Uns also auch Weiser, Komt Mitbürger! laßt uns auf unsere Huth sein, denn dieses befehlende Barthaar in Unser Land, ist so wie in Frankreich auch nur ein kurzsichtiger ohnmächtiger Menschenschein, komt! laßt Uns das Barthaar so König heisst bis auf'm Grund ausreißen, so ist es zusamt sein Abschaum auf ewig zertrümert, und auß'm Wege: Wir sind dann Unsrer Lasten entladen, leben für ein billiges Geld welches Wir zum Wohl Unsers Landes hergeben in Unsern Wohnungen bey Unsern Familien vergnügt und zufrieden, indem kein Barthaar daß König hieß mehr in Unser Land vorhanden ist, auch kein Erbrecht mehr darin hat, noch je darin hatte sondern solches sich darin nur anmaßte.
Wir können alsdenn durch eine Repräsentantische Regierung die aus denn klügsten von Unsers Landes-Bewohner aufgestellt wird als eine freye Nation ebenso mit dem golde-

nen Segen der Zufriedenheit gekrönt in Unser land leben, als die schätzbahren Amerikaner [...].
Mitbürger, Brüder, Freunde!
Versäumet keinen Augenblick, diesen hier euch vorgeschlagenen Plan mit Ausreißung des euch so lästigen Barthaares auszuführen, denn jtzt ist der waare Zeitpunkt da, ihr könnts ia selbst mit euren Augen sehen an das edle Franken-Volk, wie es nächst denn guten Amerikanern alle Monarchische Bande Euch zum Beispiel zerrißen hat.
Gegeben im Jacobinerclub, echter Republikaner zu Altona, im November 1792.

1 Barthaar: Der Ausdruck ist dem „Altonischen Mercurius" vom 9. November 1792 entnommen, der ein „Schreiben aus Paris, vom 29. Oktober", enthält. Darin wird der radikale französische Revolutionär Marat in einem Gleichnis als „Barthaar" angegriffen, das es auszureißen gelte. Die Altonaer Jakobiner setzten den dänischen König Christian VII. – Altona gehörte zu Dänemark – an die Stelle Marats.

Zit. nach Walter Grab, Norddeutsche Jakobiner. Demokratische Bestrebungen zur Zeit der Französischen Revolution, Frankfurt/M. 1967, S. 107ff.

8 *Karl August Freiherr von Hardenberg (1750–1822) äußerte am 24. Januar 1794 über die Haltung der Deutschen gegenüber der Französischen Revolution:*

Q Man würde sich täuschen, wenn man nicht in Deutschland eine Klasse von Bösewichtern oder Schwindelköpfen sähe, die itzt noch von den französischen Grundsätzen angesteckt, die ganze Anwendung derselben wünschen. Hoffentlich ist sie nicht zahlreich, wenigstens gewiss nicht so sehr, als ehedem, bevor man die französische sogenannte Freiheit ganz kannte; aber sie hebt doch hin und wieder seit den letzten Unglücksfällen ihr Haupt wieder empor und würde durch Verführung äußerst gefährlich werden, wenn feindlicher Einfall oder etwa eine unvorsichtige Bewaffnung der Unterthanen oder andere sie begünstigende Umstände einträten.
Eine zweite Klasse verabscheut zwar die französischen Grundsätze und die dortige Zügellosigkeit, wünschte aber doch eine Revolution in Deutschland, indem sie dem deutschen Charakter, vielleicht zu gutmüthig, zutraut, er sei solcher Dinge nicht fähig und werde in gewissen Schranken bleiben. Diese weit zahlreichere als die erste zählt zuverlässig viele großen Einfluss habende Geschäftsmänner unter sich und arbeitet im Stillen nach einer Revolution hin.
Eine dritte Gattung sieht zwar manche Mängel in unseren Verfassungen, hält aber dafür, es sei besser solche nach und nach unvermerkt abzustellen, Mäßigung, Gerechtigkeit und die Gesetze, welche allmählig den Zeitumständen nach zu formieren, herrschen zu lassen, dem Talent und dem Verdienst aus allen Ständen eine freie Concurrenz zu eröffnen, darin und in unparteiischer gleicher Anwendung der Gesetze, in möglicher gleicher Vertheilung der Lasten, völliger Sicherheit des Eigenthums und der Person, wahre Freiheit zu setzen und solche mit Religion und bürgerlicher Ordnung, ohne welche sie nicht bestehen können, zu verbinden. Diese Klasse, hoffentlich auch zahlreich, wünscht einen sicheren Frieden um jene Pläne desto besser und schneller erfüllt zu sehen. Sie wird am geeignetsten sein zu allen Maaßregeln beizutragen und eigene Kräfte aufzuopfern um diesen Zweck recht bald zu bewirken.
Eine vierte, geschreckt durch den Gedanken irgendein Vorrecht zu verlieren fällt in das Extrem: Alles aufs äußerste treiben zu wollen und dadurch nicht selten in Härte, Stolz und Ungerechtigkeit, beurtheilt den Geist der Zeit gar nicht und handelt darin ganz verkehrt, indem sie gleich der ersten Klasse Animosität und Gährung vermehrt. Sie findet sich wohl nur bei einem Theile der privilegierten Stände und bei einigen Geschäftsmännern.

Zit. nach Wolfgang von Hippel (Hg.), Freiheit. Gleichheit. Brüderlichkeit? Die Französische Revolution im deutschen Urteil von 1789 bis 1945, München 1989, S. 55f.

1. *Erarbeiten Sie aus der Karte (Mat. 1) die räumlichen und zeitlichen Schwerpunkte revolutionärer Ereignisse und Unruhen in Deutschland.*
2. *Analysieren Sie Wortwahl, Syntax und Orthographie in Mat. 2 und 7 und untersuchen Sie die aufgeführten Klagen, Argumente und Lösungsvorschläge. Vergleichen Sie mit den entsprechenden Quellen aus Frankreich (siehe Mat. S. 246–249).*
3. *Interpretieren Sie das Gedicht von Klopstock (Mat. 3) und die Radierung von Daniel Chodowiecki (Mat. 6) vor dem Hintergrund der politischen Verhältnisse in Deutschland.*
4. *Wie wurde in Hamburg der erste Jahrestag des Sturms auf die Bastille gefeiert? Wie beurteilten Teilnehmerinnen dieses Festes einige Jahre später die Revolution (Mat. 4 und 5)?*
5. *Analysieren Sie Mat. 8. Ordnen Sie die in den Materialien dieses Arbeitsteils (Mat. 2 bis 7) und in der Abbildung S. 234 dokumentierten Einstellungen den von Hardenberg identifizierten vier politischen Gruppen zu. Welcher Position würden Sie Hardenberg zuordnen? Erläutern Sie die sozialen und politischen Ursachen der Einstellungen und des Einstellungswandels.*

Die frühneuzeitlichen Revolutionen im Urteil der Historiker

1 *Robert R. Palmer (geb. 1909) – Das Zeitalter der atlantischen Revolution (1959):*

D Das vorliegende Werk hat zum Ziel die westliche Welt in einem kritischen Zeitpunkt ihrer Geschichte als [...] die „Atlantische Zivilisation" darzustellen. Man nimmt an, dass diese ganze Kultur in den vier letzten Jahrzehnten des 18. Jahrhunderts durch eine einzige revolutionäre Welle hinweggespült worden sei, die sich in den einzelnen Ländern auf verschiedene Art und Weise und mit unterschiedlichem Erfolg manifestierte, jedoch in allen Ländern die gleiche Zielsetzung und die gleichen Prinzipien vertrat. Diese sich über vierzig Jahre erstreckende Bewegung war im Wesentlichen „demokratisch" und diese Zeitspanne bildet faktisch das Zeitalter der demokratischen Revolution. „Demokratisch" ist hier als allgemeiner, aber leidlich klarer Begriff zu verstehen: In gewissem Sinne bezeichnet das Wort ein neues Gefühl für relative Gleichheit oder zumindest ein Unbehagen gegenüber älteren Formen der sozialen Schichtung. Dieses Ringen war in gewissem Sinne universell. Wie Burke[1] sagte, hatte sich nichts Vergleichbares ereignet, seit die Reformation ganz Europa in einen Aufruhr versetzt hatte, der alle politischen Grenzen überrannte.

Alle diese Unruhen, Aufstände, Intrigen und Verschwörungen [in Irland 1798, in den Niederlanden 1795, in Italien 1796–1798, in Polen, Griechenland und Ungarn 1794, in Quebec 1797, in Quito und Bahia 1798, in Kapstadt 1794] waren Teil einer einzigen großen Bewegung. Es handelte sich nicht einfach um die Ausbreitung eines aus Frankreich kommenden revolutionären Virus. Revolutionäre Bestrebungen und Sympathien konnte man überall in Europa und Amerika finden. Sie entstanden überall aus lokal begründeten besonderen Ursachen; aber andererseits gingen sie auch auf allgemeine Zustände zurück, die in der westlichen Welt überall vorhanden waren. Sie wurden nicht von einem Land in ein anderes „importiert". Es handelte sich nicht um Nachahmungen – jedenfalls nicht um eine blinde Nachahmung der Franzosen. Es handelte sich um eine große revolutionäre Agitation.

Wir dürfen annehmen, dass aus der demokratischen Revolution des 18. Jahrhunderts eine bessere Gesellschaftsordnung hervorging, die humaner, weltoffener, anpassungsfähiger, Verbesserungen zugänglicher und mehr auf materielles Wohlergehen bedacht war und nach höheren Zielen strebte als die kommunistische Revolution des 20. Jahrhunderts. Doch brauchen wir sie deshalb nicht zu idealisieren. Es genügt, wenn wir sagen, Revolutionen sind wie Kriege. Sie kommen, wenn alle Bemühungen um Kompromisslösungen zusammenbrechen. Sie sind ein heftiger Zusammenprall zwischen zwei oder mehreren Gesellschaftsgruppen und betreffen die den gegnerischen Gruppen gemeinsame Gesellschaftsordnung. [...]

Die Revolution war ein Konflikt zwischen unvereinbaren Auffassungen, wie die Gesellschaft beschaffen sein sollte, und sie führte einen bereits bestehenden Kampf mit Mitteln der Gewalt aus. In Ermangelung besserer Bezeichnungen bezeichnen wir die Parteien in diesem speziellen Konflikt als Exponenten der „aristokratischen" und der „demokratischen" Gesellschaftsform. Man nimmt an, dass sowohl die demokratischen als auch die aristokratischen Kräfte nach etwa 1760 an Macht gewannen und dass es zur Revolution kam, weil beide Seiten stärker wurden. Dies nahm gegen Ende des Jahrhunderts die Form von Revolution und Gegenrevolution an. Konservatismus und Gegenrevolution sind so nicht einfach Reaktionen auf die Revolution, sondern geistige Strömungen des 18. Jahrhunderts, auf die die Revolution selbst eine Reaktion war.

1 Edmund Burke (1729–1797), britischer Politiker und Publizist

Robert R. Palmer, The Age of Democratic Revolution, Princeton 1959, S. 12ff. Übers. von Th. Schleich.

2 *Werner Conze (geb. 1910) – Die Revolutionen als Beginn der modernen Welt (1988):*

D Die Erwartung, dass die Menschheit von lastenden Traditionen und Herrschaftsverhältnissen gelöst und in einem sowohl zwingend notwendigen wie willentlich herbeigeführten Prozess gewissermaßen nach vorn gerissen werden sollte, wurde als neu empfunden und wurde bestätigt in den technischen, sozialen, wirtschaftlichen und politischen Neuerungen, die sich vor den Augen der Zeitgenossen vollzogen. Menschenrechte und Dampfmaschinen gehörten zusammen. Das Revolutionszeitalter war objektiv erkennbar an bestimmten Vorgängen und messbar an technischen und wirtschaftlichen Daten. Es war zugleich subjektiv erlebt und wurde zum Gegenstand fortgesetzter Reflexion. All das war spezifisch europäisch. Europa gewann eine neue Stufe der Kultur, mit tiefgreifenden Folgen auch für die Welt außerhalb Europas und des von den Europäern gestalteten neuen amerikanischen Kontinents [...]. Will man die moderne Revolution mit ihren Zielen und Erscheinungsformen begreifen, muss man [...] nach den Gründen und Antriebskräften fragen, die dem weltbewegenden Ereigniszusammenhang

zugrunde gelegen haben. […] Die Entstehung der modernen Naturwissenschaft […] ist sowohl Anzeichen wie Ursache der Wende zur modernen Welt geworden. Die neue Naturwissenschaft […] sah die Menschen als Meister und Besitzer der Natur. All das wurde im Einklang mit dem Willen des Schöpfergottes gesehen, der den Menschen geboten hatte sich die Erde untertan zu machen und ihnen erlaubt hatte ihre Vernunft naturgemäß zu gebrauchen. Tatsächlich aber wurde damit die Welt der göttlichen Allmacht und Einwirkung entzogen. Sie wurde freigesetzt und stand nun vor ihrer Verwandlung durch Technik.
Gegenstand der neuen Wissenschaft ist die „Natur" gewesen. Man fand deren gottgewollte, mathematisch ausdrückbare Gesetzmäßigkeit. Auch die menschliche Welt wurde vom Bewußtsein und vom Willen zupackender Rationalität erfasst. Es lag nahe auch sie auf vermutete Gesetze hin zu prüfen […]. Die gesteigerte Macht des Staates war Ausdruck und Antrieb für das neuzeitliche Streben die Gesellschaft zu organisieren und Mechanismen zu schaffen, durch welche die Leistung menschlicher Arbeit gesteigert, konzentriert und für den Staat verwendungsfähig gemacht werden sollte. Beide Tendenzen [der aufgeklärte Absolutismus und die Revolution] entstammen einer Wurzel: der neuen Wissenschaft von der menschlichen Welt oder der Politik, deren Normen aus dem Naturrecht abgeleitet wurden. Dies neuere, von seiner Bindung an die christliche Theologie gelöste Naturrecht ist in seiner revolutionierenden Wirkung für die Entwicklung der modernen Welt der neuen Naturwissenschaft des 17. Jahrhunderts durchaus gleichzusetzen. Der Grundsatz dieses Naturrechts hieß Freisetzung des Individuums. Aus der Gleichheit der Christen vor Gott wurde die Gleichheit der Menschen als von Natur aus ungebundener Individuen. Ziel der staatlich-bürgerlichen Ordnung sollte es sein die Menschen vor Unterdrückung zu schützen, sodass sie das ihnen von Natur eingeborene Recht in Freiheit und Gleichberechtigung zu leben genießen können. Der Grundbegriff solcher naturrechtlicher Zielsetzungen hieß „Glück" […]. Die Fürsten des aufgeklärten Absolutismus waren nicht fähig ihre Untertanen zu freien Bürgern mit Selbst- oder auch nur Mitbestimmung zu machen. Aus dem individualistischen Naturrecht wurde gegen sie die Forderung von Menschen- und Bürgerrechten mit der Konsequenz freiheitlich-demokratischer Verfassung abgeleitet […]. In der Amerikanischen Revolution wurde das Streben nach Glück unlösbar mit den Freiheitsrechten der Menschen und der politischen Verantwortung der Bürger verbunden.

Werner Conze, Die moderne Revolution – die Grundlegung der modernen Welt, in: Funkkolleg Geschichte 2, Frankfurt/M. 1981, S. 137ff.

3 *Rolf Reichardt (geb. 1940) – Die Französische Revolution als Kultur- und Bewusstseinsrevolution (1988):*

D Was die Revolution von 1789 mehr als etwa die Englische Revolution des 17. Jahrhunderts oder die Amerikanische Revolution zu einem weltweit beachteten Modell macht, ist nicht nur ihre idealtypische Verlaufskurve, wie sie sich z. B. noch in der iranischen Revolution wiederholt, sondern auch und besonders der engstens mit ihr verknüpfte Messianismus der Freiheit und Gleichheit. Er vor allem ist es, der in der Erinnerung fortlebt und politisch wie gesellschaftlich bis heute eine aktuelle Herausforderung bleibt. Je länger und nachdenklicher man die Quellen befragt, welche Kraft die Französische Revolution denn eigentlich vorantrieb, worin deren frappierende Selbstläufigkeit und Prozesshaftigkeit bestand, umso deutlicher erkennt man, dass selbst Schlüsselereignisse wie die Einnahme der Bastille, der Tuileriensturm, das Abschlachten der Gegenrevolutionäre in der Vendée letztlich Oberflächenerscheinungen waren. Was ihnen zugrunde lag, was sie auffordernd, kommentierend, rechtfertigend wie selbstverständlich begleitete, das waren zum einen politische Grundsatzerklärungen, Parolen, Leitbegriffe und Symbole, also im weitesten Sinne sprachlich-zeichenhafte Äußerungen, zum anderen sie tragende oder bekämpfende politische Gruppierungen […]. Lässt man sich erst einmal auf diese Perspektive ein, wird eine damals neuartige, originäre politische Kultur in der Phase ihrer ersten praktischen Erprobung und Entwicklung sichtbar. Wie einige Revolutionäre selbst erkannten, handelte es sich um nicht weniger als um das erste, modellhafte Experiment der „Demokratie" im modernen Sinne. […] Was diese demokratische Kultur kennzeichnet, ist hauptsächlich zweierlei:

– Zum einen eine permanente, sehr grundsätzliche und unitarische [Einigung erstrebende] öffentliche Debatte um die aktuelle Politik, ihre Recht- und Zweckmäßigkeit: im damaligen Verständnis eine freie Diskussion aufgeklärter Privatleute, aus deren Meinungswettstreit die „Wahrheit" von selbst als Siegerin hervorgehen würde. Um sich gegen die historisch und juristisch argumentierenden Reform- und Revolutionsgegner durchzusetzen ging der revolutionäre Diskurs von naturrechtlichen und existenziellen Grundsätzen aus […], es konnte nur eine wahre Meinung, nur eine wahre Politik zum Wohl des Volkes geben, alles Konkurrierende, Widersprechende war notwendig entweder in Vorurteilen befangen oder „konterrevolutionär".

– Zum anderen bestand die demokratische Kultur der Französischen Revolution in einer neuartigen Öffentlichkeit und ihren Kommunikationssystemen: einem Netzwerk von Versammlungen und Clubs, von Zeitungen, Flugschriften,

Bildflugblättern, Liedern und anderen Medien der Informationsvermittlung und Meinungsbildung, das es in dieser Dichte, Intensität und Aktualität zuvor nicht gegeben hatte. Es bildete den Resonanzboden jener permanenten politischen Diskussion und vermittelte diese an breite, traditionell eher unpolitische soziale Gruppen. Indem es in Hauptstadt und Provinz Teile der klein- und unterbürgerlichen Schichten politisierte und mobilisierte, verschaffte es der Revolution erst ihre Massenbasis bis hin zu Gruppen, die noch ganze oder halbe Analphabeten waren. Daher erlangten in der Revolution vom politischen Straßenbild über Bildpublizistik und Theater bis hin zu öffentlichen Feiern nichtschriftliche, halbmündliche Medien und Formen der gesellschaftlichen Wissensvermittlung an Zahl wie an Inhalt eine so große Bedeutung, dass man geradezu von der zeitweiligen Rückkehr einer von Absolutismus und Aufklärung verdrängten, „wesentlich mündlichen, karnevalistischen" Volkskultur sprechen kann.

Rolf Reichardt, Die städtische Revolution als politisch-kultureller Prozess, in: ders. (Hg.), Die Französische Revolution, Freiburg/B. u. a. 1988, S. 28ff.

4 *Manfred Kossok (geb. 1930) – Die bürgerlichen Revolutionen als Epoche des Übergangs vom Feudalismus zum Kapitalismus (1989):*

D Auf dem Hintergrund der relativen Ruhelage der vorangegangenen Epochen bedeutet es kaum eine Übertreibung die Zeit vom Beginn des 16. Jahrhunderts bis in die zweite Hälfte des 19. Jahrhunderts als eine Epoche der permanenten Revolution zu bezeichnen. Kein Sektor gesellschaftlicher Existenz blieb von dieser Umwälzung ausgenommen.
Erst bei näherer Betrachtung rücken die Ebenen, Kettenglieder und Etappen des revolutionären Prozesses deutlicher auseinander. In letzter Instanz überkreuzen sich im Übergang von der Feudalität zum bürgerlichen Zeitalter zwei Entwicklungskomponenten: die spätfeudal-absolutistische und die aufsteigend bürgerliche Komponente. Schritt für Schritt konstituierte sich das Bürgertum als Klasse der historischen Initiative, wogegen der Adel zunehmend in die Position der Klasse der historischen Defensive geriet. Dieser Prozess verlief keineswegs linear.
Für die Bestimmung des Charakters, der Richtung und der konkreten Ergebnisse in der Überwindung der Feudalität kommt dem bürgerlichen Revolutionszyklus die entscheidende Bedeutung zu. Allerdings bedarf es eines ebenso exakten wie differenzierten und flexiblen Umgangs mit der Grundkategorie „Bürgerliche Revolution". Dieser Begriff hat – obwohl Gegenstand ständiger Polemik – längst aufgehört an marxistisches Geschichtsverständnis gebunden zu sein. [...] Die Französische Revolution markierte den Höhe- und Wendepunkt im Übergang zur bürgerlichen Gesellschaft, sie leitete die Schlussphase dieses Transformationsprozesses und die endgültige Durchsetzung der neuen Formation ein. Weltgeschichte ab 1789 hieß Weltgeschichte im Zeichen der Bourgeoisie und der sich vollendenden bürgerlichen Umwälzung. Was als „bürgerliche Umwälzung" bezeichnet wird, ist eine in ihrer Dramatik kaum überbietbare Folge von Revolution – Konterrevolution – Reform – Krise – Krieg – Aufschwung – Stagnation – Dekadenz, aus deren Feuer eine neue Epoche der Menschheitsgeschichte Gestalt gewinnt, vielgestaltig und doch einheitlich in ihrem bürgerlichen Grundcharakter, eben das „bürgerliche Zeitalter" (ein Begriff, der wiederum nicht pauschal mit „Zeitalter des Bürgertums" synonym gesetzt werden sollte).
Das Verhältnis von politisch-sozialer und industrieller Revolution gestaltete sich im Prozess der bürgerlichen Umwälzung sehr unterschiedlich: Im Falle Englands ging die politisch-soziale der industriellen Umwälzung um mehr als einhundert Jahre voran, worin einer der Faktoren der kapitalistischen Produktionsweise zu suchen ist. Für Frankreich kann von einer faktischen Parallelität zwischen Revolution und industrieller Umwälzung ausgegangen werden. [...] Seit der Epochenwende von 1789 datiert die „bürgerliche Moderne" in der Vielfalt ihrer Ausdrucksformen, die in ihrer Summe einen Staat neuen Typs, den bürgerlichen Nationalstaat, prägten, vom politischen System über das Rechtswesen in Gestalt des Code Napoléon, der seinen Schöpfer bis in die Gegenwart überlebte, bis hin zum neuen politisch-gesellschaftlichen Vokabular, dem modernen Revolutionsbegriff und den neuen ethischen und ästhetischen Normen in Malerei, Architektur, bildender Kunst, Musik, Literatur und Philosophie.
Zu den entscheidenden Folgewirkungen der Französischen Revolution gehörte der Durchbruch neuer Alternativen der gesellschaftlichen Transformation, als deren wesentlicher Inhalt das qualitativ und quantitativ veränderte Verhältnis von Revolution und Reform, d.h. die neue Konstellation der Wegeproblematik angesehen werden kann. Seit dem Ausgang der 18. Jahrhunderts begannen sich grundsätzlich veränderte Voraussetzungen für den weiteren Prozess der bürgerlichen Umwälzung herauszukristallisieren. Sie resultierten aus der dialektischen Einheit von politisch-sozialer Revolution (in Frankreich) und ökonomisch-technologischer Revolution (in England) und ihrer unaufhaltsamen Wirkung als Doppelrevolution.

Manfred Kossok, 1789 – Versuch einer Positionsbestimmung, in: ders./Editha Kross, 1789 – Weltwirkung einer großen Revolution, Bd. 2, Vaduz/Liechtenstein 1989, S. 8ff.

5 *Dieter Langewiesche (geb. 1943) – Die Frühneuzeitrevolutionen und der Revolutionsbegriff (1990):*

D Revolution ist umgangssprachlich, zum Teil auch in der Wissenschaftssprache, zu einem Modewort geworden. Doch auch noch sprachlich zerschlissen, begrifflicher Trennschärfe entleert bewahrt es ein Grundelement des modernen Revolutionsverständnisses: „Revolution“ entwirft Zukunft, schafft Veränderungen, die nichts Altes, Vergangenes wiederherstellen will. Der Gleichklang mit „Zukunft“ und „Fortschritt“ weist „Revolution“ als einen neuzeitlichen Bewegungsbegriff aus, der die Erwartungen der Menschen nicht mehr in deren Erfahrungen begrenzt sieht. Dieses moderne Verständnis von Revolution als einer Art Zukunftssprung ist im 18. Jahrhundert entstanden, der alle Lebensbereiche durchdringen und für die Zukunft progressiv öffnen sollte.

[…] Die wichtigsten Etappen, in denen der politische Revolutionsbegriff im 17. Jahrhundert entstand, bildeten der Dreißigjährige Krieg, die in französischen Reiseberichten beschriebenen orientalischen *revolutions* und vor allem die englische *Glorious Revolution*. In der breiten französischen Rezeption der Glorreichen Revolution von 1688 traten erstmals zentrale Merkmale des modernen Revolutionsbegriffes auf. Er bezeichnete nun eine konkrete Staatsveränderung, die nicht mehr als eine zyklische Wiederkehr, sondern als eine unumkehrbare Entwicklung begriffen wurde. Und er wurde zu einem politischen Kampfbegriff, da Protestanten und Katholiken die englische Revolution gegensätzlich deuteten und sie schließlich in den Widerstreit von kontinentalem Absolutismus und englischer Parlamentsherrschaft einordneten.

Die verschiedenen Elemente der Wortbedeutung, die sich in einem langen Prozess herausgebildet hatten, verschmolz jedoch erst die Französische Revolution von 1789 zu einem neuartigen Begriff, der zu dem wohl zukunftsmächtigsten der Neuzeit werden sollte. Revolution wurde nun aus einem „einzelnen Ereignis zu einer Menschheitsaufgabe“, zum Grundprinzip einer „dynamischen Entwicklungsgeschichte der Menschheit“ (K. Griewank), das in sich selber seine Legitimation besaß und selbst den Gegnern den Begriff aufnötigte: *contre-révolutionaire*. Die neue Wortbedeutung registrierte nicht nur Geschehenes, sie bezeichnete auch die Machbarkeit des „Fortschritts“, der sich aber – für viele Zeitgenossen der Französischen Revolution eine überraschende Erfahrung – der Steuerung entzog. So konnte der neue Kollektivsingular „Revolution“ das Werk planender Menschen benennen und selber als handelndes Subjekt verstanden werden: Revolution wird gemacht und schreitet übermächtig über die Revolutionäre und ihre Gegner hinweg und sie kennt keine Grenzen. […] Während jede frühere Revolution, auch noch die Amerikanische, nur die Staatsgewalten oder die Staatsform ausgetauscht habe, begriff man die Französische als eine „Totalrevolution“, die in die gesamte Sozialordnung eingreife. In diesem unbegrenzten Veränderungswillen, der von der politischen zur sozialen Revolution vordringe, sahen viele Zeitgenossen die Ursache für den gewaltsamen Verlauf. Gewalt in Form von Massenunruhen und Bürgerkrieg wurde seit 1789 zu einem Merkmal des modernen Revolutionsverständnisses.

Dieter Langewiesche, Revolution, in: Richard van Dülmen (Hg.), Fischer Lexikon Geschichte, Frankfurt/M. 1990, S. 250ff.

6 *Aus einem Lexikonartikel zum Stichwort „Revolution“ (1988):*

D Umwälzung der politischen und gesellschaftlichen Verhältnisse in einem Staat oder in einer Kultur […]. Im weiteren Sinne versteht man unter R. längere Phasen eines kulturellen Umbruchs […]. Im engeren Sinne ist R. der politische und in der Regel gewaltsame Umbruch, der von einer oppositionellen Elite inszeniert und häufig von breiten Volksschichten mitgetragen wird *(Revolution von unten)*. Der jähe Bruch mit der alten (Rechts-)Ordnung unterscheidet die R. von der *Reform*; die Umgestaltung der politischen und vielfach auch sozialen Verhältnisse unterscheidet sich auch vom bloßen Staatsstreich oder Putsch. Gelegentlich spricht man auch bei durchgreifenden Reformmaßnahmen durch die etablierten Träger der Staatsgewalt von R. *(Revolution von oben)*. R. kann nicht nur in der Veränderung sozialer Verhältnisse, sondern auch in der Abschüttelung von Fremdherrschaft bestehen *(nationale Revolution)*. […] Revolutionen, die sich um die Wiederherstellung gerade abgeschaffter Verhältnisse bemühen, nennt man Konterrevolutionen.

Schülerduden Die Geschichte, 2. Aufl., Mannheim u. a. 1988, S. 361f.

1. *Fassen Sie die Hauptthesen in Mat. 1 bis 4 unter den Aspekten Ursachen, Ziele und Träger der Revolutionen zusammen und erarbeiten Sie die zentralen Elemente des jeweiligen Revolutionsbegriffs.*
2. *Vergleichen Sie die historische Erklärung von Langewiesche (Mat. 5) mit dem eher allgemeinen Revolutionsbegriff (Mat. 6).*
3. *Vergleichen Sie die Argumente und Erklärungen in Mat. 1 bis 4 mit denen des Autors der Darstellung (siehe S. 232–235).*

„... und wünschte ein Bürger zu sein"

Von der bürgerlichen Gesellschaft zur Bürgergesellschaft

Von Jürgen Kocka

Der Begriff des Bürgers schillert und schwankt. Wie viele Zentralbegriffe unserer politisch-sozialen Sprache erhielt er seine moderne Bedeutung in den Jahrzehnten um 1800, als in großen Teilen Europas die jahrhundertealte Epoche des Feudalismus zu Ende ging und die neue „bürgerliche Gesellschaft" entstand. Seitdem gibt es den Begriff des Bürgers.

„... mit dem Besten, was in mir ist, bin ich stets ein *animal politicum* gewesen und wünschte ein Bürger zu sein. Das ist nicht möglich in unserer Nation ...", schrieb der liberale Historiker Theodor Mommsen 1899 im Rückblick auf sein Leben. Auch heute sind die Begriffe „bürgerlich" und „Bürger" oft positiv besetzt, so in „Bürgerrecht", „Bürgergesellschaft" oder „Bürgerforum". Die Idee der Bürgerlichkeit, schreibt der Philosoph Stephan Strasser, orientiert sich an dem Ziel der rationalen Gestaltung der menschlichen Geschichte durch mündige, diskutierende, friedlich konkurrierende Individuen und Gruppen, im Glauben an die Möglichkeit des Fortschritts.

Dagegen steht eine vielfältige Tradition der Polemik gegen den Bürger. Ihr Ursprung war zunächst adlig-konservativ. Die sozialistische Arbeiterbewegung des 19. Jahrhunderts kritisierte im schön tönenden Bürger den hässlichen Bourgeois. In der Jugendbewegung der Jahrhundertwende spielte Bürgertumsschelte eine große Rolle, sie verkörperte das Aufbegehren gegen die ordnenden, disziplinierenden, leistungsbezogenen Momente des bürgerlichen Daseinsentwurfs in der zurückliegenden liberalen Epoche, auch die Ablehnung bürgerlicher Mittelmäßigkeit und Heuchelei. Die Nationalsozialisten verachteten den bürgerlichen Individualisten und den bürgerlichen Parteienstaat, den auch heutige Rechtsradikale als „bourgeoises Pack" denunzieren. In anderer Weise verstand sich die 68er-Bewegung als antibürgerlicher Protest von links.

In diesen gegensätzlichen Einstellungen zum Bürger drücken sich Urteilsdifferenzen über Chancen und Kosten der westlichen Modernisierung aus. Sie resultieren aber auch aus der Vieldeutigkeit des Begriffs. Mit „Bürger" übersetzen wir eben *bourgeois* und *citoyen* zugleich. Im Grunde muss man zumindest zwischen drei Bedeutungsebenen des Bürgerbegriffs unterscheiden: dem Stadtbürger des Mittelalters und der frühen Neuzeit, dem Angehörigen des durch Besitz und Bildung gekennzeichneten modernen Bürgertums seit dem 18. Jahrhundert und dem Staatsbürger *(citoyen)* als Subjekt des utopischen Modells der bürgerlichen Gesellschaft oder, wie es neuerdings häufiger heißt, der Bürgergesellschaft (Zivilgesellschaft).

Das alte Stadtbürgertum

Den Bürger der mittelalterlichen und frühneuzeitlichen Stadt zeichnete vor allem eine besondere Rechtsstellung aus, durch die er sich von den Angehörigen des adligen und des geistlichen Standes, der ländlichen Bevölkerungsmehrheit und der breiten städtischen Unterschicht unterschied. Diese Rechtsstellung, das Bürgerrecht, berechtigte zu selbstständiger Handels- oder Gewerbetätigkeit, zur Mitwirkung an der städtischen Selbstregierung und zum Empfang von Leistungen aus städtischer Fürsorge bei Armut und Hilflosigkeit. Es schloss bestimmte Pflichten ein und unterstellte den Bürger einer besonderen Gerichtsbarkeit. Das Bürgerrecht war ein ständisches Recht, ein Privileg. Es wurde durch Geburt erworben oder an Bewerber auf Antrag verliehen, falls sie bestimmte Bedingungen erfüllten, z. B. Vermögen oder gesuchte Fertigkeiten besaßen und als aufnahmewürdig galten. Die Bürger stellten in den Städten des 17. und 18. Jahrhunderts oft nur eine große Minderheit dar. Zu ihr gehörten die meist zünftigen Handwerksmeister, einige ihrer Gesellen, Kaufleute, Ladenbesitzer und Wirte, auch Ärzte und Pfarrer, nicht aber Gesinde, Arbeiter und Arme.

„Stadtluft macht frei." Die Städter unterstanden in der Regel den adligen und geistlichen Herrschaften nicht, denen die Bevölkerung des platten Landes Gehorsam, Dienste und Abgaben schuldete. Auch gegenüber den adligen oder geistlichen Landesherren hielten sie in der Regel verbriefte Privilegien und Freiheiten. Die Existenz von Städten mit verbriefter Autonomie ist ein grundlegendes Element der europäischen Geschichte seit dem Mittelalter. Dadurch unterscheidet sie sich von der Geschichte anderer Teile der Welt.

Die Träger und Nutznießer der städtischen Privilegien und Freiheiten waren vor allem die Bürger. Sie regierten die Stadt, wenngleich die Mitwirkungsrechte sich sehr ungleich unter ihnen verteilten. Sie trieben Handel und Gewerbe. Sie entwickelten eine nicht-adlige, nicht-geistliche, nicht-bäuerliche, eben städtische Kultur mit gemeinsamen Normen, Ehrvorstellungen, Lebensweisen und symbolischen Ausdrucksformen. Sie besaßen trotz ausgeprägter innerer Hierarchien und Spannungen genossenschaftliche Institutionen (Zünfte, Gilden, Rat) zur Lösung gemeinsamer Aufgaben, zur gegenseitigen Hilfe, zum Schutz und zur Interessenvertretung gegenüber Dritten.

Stadtbürgerliches Leben war tief von Herkommen und Brauchtum geprägt, oftmals eng und behäbig, defensiv gegen staatliche Eingriffe oder den Druck der ländlichen Bevölkerung gerichtet, ohne besondere Neigung zu Innovation und Modernisierung. Doch Gewerbe und Handel trugen die Keime des Wandels in sich. Arbeit und Leistung zählten in der Kultur des Stadtbürgertums mehr als in der des Adels. Gemeinsinn und Selbstständigkeit wurden im Stadtbürgertum erlernt und geübt – kulturelles Kapital für die Zukunft.

Eine wichtige Wurzel des modernen Bürgertums liegt in der frühneuzeitlichen Stadt. Wo es – wie im östlichen Europa oder in Asien – keine Tradition autonomer Stadtentwicklung gab, standen und stehen die Chancen für die Entwicklung eines modernen Bürgertums schlecht.

Das neue Bürgertum

Seit dem 18. Jahrhundert kamen neue Kräfte ins Spiel. Märkte und Mächte wirkten zusammen und brachten den Kapitalismus voran. Der überregionale, internationale und interkontinentale Handel verdichtete sich. Die Zahl der Verlage und Manufakturen nahm sprunghaft zu, ebenso die Zahl der großen Kaufleute, Verleger und Manufakturunternehmer, der Reeder und Bankiers. Diese wurden wohlhabender, sozial gewichtiger und einflussreicher. Ihre Tätigkeit sprengte oft die Grenzen der Städte. Ihre großgewerblich-kapitalistischen Unternehmungen konnten meist nur gegen die Regeln der Zünfte durchgesetzt werden, oft mit Hilfe regierungsseitiger Sonderrechte, die städtisches Recht suspendierten, häufig im Umland der Städte, wohin die bremsende Macht der Zünfte, Gilden und städtischen Behörden nicht reichte.

Entsprechende Wirkungen hatte die „innere Staatsbildung“ (Otto Hintze), die von den absolutistischen Staaten des europäischen Kontinents im 18. Jahrhundert kräftig vorangetrieben wurde. Mit sich ausdehnender Staatstätigkeit, neuen Behörden und wachsenden Verwaltungen nahm die Zahl der Staatsbeamten allmählich zu. Die oft akademisch qualifizierten Räte und Kommissare, Administratoren und Professoren identifizierten sich mehr als Untertanen ihres Königs oder Bürger eines Staates denn als Bürger einer Stadt, genossen sie doch einen rechtlich-ökonomischen Status, der sie dem Arm der städtischen Gerichtsbarkeit entzog und aus dem Stadtbürgerstand herauslöste.

So bildete sich im späten 18. und frühen 19. Jahrhundert eine neue, zunächst sehr schmale Sozialformation heraus, die eine aufsteigende wirtschaftliche Oberschicht und eine neue Schicht von Gebildeten umfasste und für die das Wort „bürgerlich“ in neuer Weise in Gebrauch kam. Die Basis dieses Bürgertums war zwar überstädtisch, doch fehlte es ihm nicht an Gemeinsamkeiten mit den wohlhabenderen und gebildeteren Teilen des herkömmlichen Stadtbürgertums, mit denen es verknüpft blieb oder verschmolz. Die kritische Distanz zum Geburtsadel und seiner Welt, die sich auf Leistung und Bildung berufende Kritik am Gottesgnadentum und an absolutistischer Willkür, zugleich die Absetzung vom niederen Volk, die städtische Lebensweise und die damit zusammenhängende Kultur – das verband dieses neue Bürgertum und grenzte es nach außen, wenngleich unscharf, ab. Man saß auch politisch im selben Boot, auf derselben Bank. Denn in den landständischen Vertretungen der Zeit gehörten die neuen wie die alten Bürger zum Dritten Stand, nicht zum Adel und nicht zur Geistlichkeit.

Bürgerliche Gesellschaft als utopisches Modell

Es war vor allem im Milieu dieses sich um- und neubildenden Bürgertums, in dem moderne, aufklärungsgeprägte Ideen Wurzeln schlugen, Ideen von einer neuen Gesellschaft, Kultur und Politik: der Entwurf einer „bürgerlichen Gesellschaft“. Er wurde in den bürgerlich dominierten Logen und Lesegesellschaften, Vereinen und Zeitschriften des späten 18. und frühen 19. Jahrhundert diskutiert, bald auf den öffentlichen Versammlungen, Festen und in den Programmen der sich ausbreitenden frühliberalen Bewegung vertreten. Es war ein zukunftsgerichteter Entwurf, zu dem sehr verschiedene Autoren beigetragen hatten – von John Locke und Adam Smith über Montesquieu und die Enzyklopädisten bis zu Immanuel Kant und den Frühliberalen des deutschen Vormärz. Im Zentrum stand das Ziel einer modernen, säkularisierten Gesellschaft freier, mündiger Bürger *(citoyens)*, die ihre Verhältnisse friedlich, vernünftig und selbstständig regelten, ohne allzu viel soziale Ungleichheit, ohne obrigkeitsstaatliche Gängelung, individuell und gemeinsam zugleich. Dazu bedurfte es bestimmter institutioneller Vorkehrungen: des Marktes, einer kritischen Öffentlichkeit, des Rechts- und Verfassungsstaates sowie der parlamentarischen Repräsentation. In dieser gesellschaftlich-politischen Zielsetzung steckte ein neuer Daseinsentwurf, der auf Arbeit, Leistung und Bildung (nicht auf Geburt), auf Vernunft und ihren öffentlichen Gebrauch (statt auf Tradition), auf individuelle Konkurrenz wie auf genossenschaftliche Gemeinsamkeit setzte und sich kritisch gegen zentrale Elemente des Ancien Régime wandte: gegen Absolutismus, Geburtsprivilegien und ständische Ungleichheit, auch gegen kirchlich-religiöse Orthodoxie.

Dieses Programm hatte, wie gesagt, seine Basis im sich neu formierenden Bürgertum, wenn auch nicht ausschließlich. Aber in der Tendenz war es ein Programm für alle, ein universales Modell, das auf Freiheit, Gleichheit und Teilnahme aller Bürger – im Sinne aller Staatsbürger – drängte, zugleich auf die Verallgemeinerung der bürgerlichen Kultur und Lebensweise, die dadurch ihre Exklusivität verlieren würde: der Bürger auf dem Weg vom *Bourgeois* zum *Citoyen*.
Dies war ein imponierender Entwurf, durchaus utopisch und besonders zu Beginn des 19. Jahrhunderts weit von der Wirklichkeit entfernt.

Das 19. Jahrhundert als bürgerliches Jahrhundert

Seitdem hat sich viel verändert. Der Umriß des Stadtbürgertums ist verblaßt. Die rechtliche Unterscheidung zwischen Stadt und Land verlor im 19. Jahrhundert ebenso an Bedeutung wie die rechtliche Unterscheidung zwischen Bürgern und sonstigen Einwohnern in den Städten. Vor allem in den großen Städten ging der innere Zusammenhalt des alten Stadtbürgertums zurück. Seine wohlhabenden und gebildeten Teile wuchsen in das Besitz- und Bildungsbürgertum hinein. Die große Zahl der kleinen Gewerbe- und Handeltreibenden rückte dagegen im Lauf des 19. Jahrhunderts an den Rand des Bedeutungsfeldes, das der Begriff „Bürgertum" bezeichnet, sie wurden zu „Kleinbürgern", auch „Mittelstand" genannt.

Georg Friedrich Kersting (1785–1847), Mann am Sekretär, 1811, Öl auf Leinwand, 46,5 x 36,5 cm, Weimar, Staatliche Kunstsammlungen

Das 19. Jahrhundert brachte den rasanten Aufstieg der Leute von Besitz und Bildung. Die Industrialisierung veränderte das Wirtschaftsbürgertum. Mit den Geschäften nahmen Reichtum, Ansehen und Selbstbewusstsein der Kaufleute, Unternehmer und Kapitalisten zu. Fabrikunternehmer wurden zu einem wichtigen Element. Mit dem Durchbruch der Aktiengesellschaft und der Vergrößerung der Unternehmen entstand die Teilgruppe der Manager und Direktoren. Das Dreiklassenwahlrecht in den Gemeinden und einzelnen Staaten (bis 1918) erleichterte die direkte Umsetzung von Reichtum in politische Macht. Mit dem Aufstieg der Wissenschaften und dem Ausbau des Hochschulsystems kam es zur Aufwertung und Expansion der Berufe mit höherer Bildung und akademischer Qualifikation. Ärzte, Pfarrer und Anwälte, Professoren, Richter und höhere Verwaltungsbeamte, bald auch diplomierte Ingenieure, Manager, Wissenschaftler und viele andere rechneten zum Bildungsbürgertum.

Die Grenze zwischen Wirtschafts- und Bildungsbürgertum verschwamm zunehmend, aufgrund vielfältiger Verwandschaften und Beziehungen, ähnlicher Schulbildung und gemeinsamer Kultur. Zu dieser gehörten die Hochschätzung von Arbeit und Leistung, Selbständigkeit und Bildung, ein bestimmtes Familienideal und ein bestimmtes Modell der Arbeits- und Machtaufteilung zwischen den Geschlechtern, auch bestimmte moralische und ästhetische Grundsätze, Lebensweisen und Sitten. Das Bürgertum stellte die wichtigste Basis des Liberalismus dar, der im zweiten Drittel und dritten Viertel des 19. Jahrhunderts seine große Zeit erlebte. Das Bürgertum stellte auch den Kern der nationalen Bewegung, die nach der Errichtung des Bismarck-Reichs immer deutlicher konservative Züge annahm und in der ersten Hälfte des 20. Jahrhunderts immer häufiger zum Nationalismus hin ausuferte. Bürgerliche Kultur prägte immer stärker die ganze Gesellschaft. Das Bürgertum erzielte imponierende Leistungen in Wirtschaft, Wissenschaft und Kultur. Insofern ist es verständlich vom 19. Jahrhundert als dem bürgerlichen Jahrhundert zu sprechen.

Doch allmählich wurde das Bürgertum defensiver. Es blieb eine Minderheit. Auch im späten 19. Jahrhundert rechneten nur sieben bis zehn Prozent der Familien dazu. Durch Wahlrecht und Lebensweise, Wohlstand und Bildung setzte es sich deutlich von den kleinen Leuten ab, von den Unterschichten, vom Kleinbürgertum und von der ländlichen Bevölkerung, während sich die soziale und kulturelle Distanz zum Adel abschwächte.

Der Erste Weltkrieg, die Demokratisierung des politischen Systems danach, die Krisen und Diktaturen des 20. Jahrhunderts, die rasante Modernisierung der zweiten Jahrhunderthälfte haben die Kultur des Bürgertums einerseits zersetzt und andererseits verbreitet, seine inneren Differenzierungen nahmen zu und seine Außengrenzen verschwammen. In den fortgeschrittenen industriellen und post-industriellen Gesellschaften von heute ist es deshalb kaum noch möglich von einem klar abgegrenzten Bürgertum zu sprechen.

Grenzen der Utopie

Schrittweise realisierte das 19. Jahrhundert Grundbestandteile des Modells der bürgerlichen Gesellschaft: die Durchsetzung der Marktwirtschaft, die Entstehung des Rechts- und Verfassungsstaats, die Ordnung der sozialen Beziehungen durch Arbeit, Leistung und Wirtschaftserfolg, später auch Öffentlichkeit ohne Zensur und Parlamentarisierung, die aber in Deutschland bis 1918 nicht recht vorankam. Überhaupt blieb die Wirklichkeit des 19. und frühen 20. Jahrhunderts weit hinter dem Modell der bürgerlichen Gesellschaft zurück. Große, ja wachsende Teile der Bevölkerung – die unteren Schichten, das mit der Industrialisierung anschwellende Proletariat – verfügten weder über Besitz noch über hinreichende Bildung und Selbstständigkeit um reale Chancengleichheit zu besitzen, die bürgerlichen Freiheiten voll zu nutzen und am politischen Leben teilzunehmen. Die Zahl der Abhängigen wuchs, die Wirklichkeit widersprach insofern dem Modell der bürgerlichen Gesellschaft. Die sozialistische Arbeiterbewegung wurde zur wichtigsten Instanz der Kritik an dieser Diskrepanz.

Und zunehmend wurde bewusst, dass die volle Teilnahme an den staatsbürgerlichen Rechten und Pflichten dem männlichen Teil der Bevölkerung vorbehalten war. Der Bürger des Modells der bürgerlichen Gesellschaft war ein Mann. Wenn sich schon der Weg zum *citoyen* als viel schwieriger herausstellte als ursprünglich gedacht, war man von der Realisierung der *citoyenne* erst recht weit entfernt und das lag letztlich an Eigenarten der bürgerlichen Gesellschaft selbst, nicht zuletzt an ihrem Familienmodell, das die ungleiche Rolle der Geschlechter voraussetzte und immer neu befestigte. Vor allem im späten 19. und dann im 20. Jahrhundert gelang es der Frauenbewegung allmählich die geschlechtsspezifische Einseitigkeit des Bürgerschaftsmodells zu kritisieren und ihre Kritik mit den Ansprüchen jenes Modells – Gleichheit, Mündigkeit und Selbstverwirklichung für alle – zu begründen.

Nur sehr allmählich ist es gelungen diese prinzipiellen Grenzen abzuschwächen, die der vollen Realisierung der Bürgergesellschaft im Wege standen. Die Demokratisierung des Wahlrechts für beide Geschlechter, der Aufstieg von Massenparteien, die Verbreiterung der Massenbildung und der Ausbau des Sozialstaats waren wichtige Schritte auf diesem Weg, der noch lange nicht ans Ziel gekommen ist.

Die Entwicklungspfade des Bürgertums und der Bürgergesellschaft haben sich getrennt. Während jenes seine progressiv-universalistischen Ansprüche seit dem späten 19. Jahrhundert erheblich reduziert hat, wurde diese zunehmend von nichtbürgerlichen Kräften vorangebracht, nicht zuletzt von der Arbeiterbewegung. Das Programm der Bürgergesellschaft wurde in den letzten zwei Jahrhunderten kräftig weiterentwickelt, ergänzt und revidiert. Erst spät hat es sich dem Problem der Geschlechterungleichheit gestellt. Jetzt steht seine ökologische Überarbeitung an. Aber das in Wandlung befindliche Programm zielt weiterhin auf ein vernünftiges Zusammenleben freier Bürger und Bürgerinnen mit gleichen Lebens- und Partizipationschancen, unter rechts- und verfassungsstaatlichen Garantien, ohne obrigkeitliche Gängelung und ohne überflüssige Herrschaft, ohne Gewalt und in Mündigkeit.

Mit allzu großen sozialen und ökonomischen Unterschieden ist dieses Programm nicht vereinbar. Ohne soziale und demokratische Erweiterung bleibt es ein Privileg von Eliten und damit im Widerspruch mit sich selbst. Seine weltweite Ausbreitung hat erst begonnen. Seiner Globalisierung stehen schon aus ökologischen Gründen enge Grenzen entgegen, die es nicht durchbrechen wird ohne sich selbst grundsätzlich zu ändern. Es bleibt ein Stück Utopie.

Jürgen Kocka (geb. 1941), Professor für Neue Geschichte an der Freien Universität Berlin

Skizzieren Sie den Wandel des Bürgertums von der frühen Neuzeit bis zur Gegenwart. Welche Aspekte sind für Jürgen Kocka zentral? Diskutieren Sie das utopische Modell der Bürgergesellschaft und seine Bedeutung für das politische Denken seit dem 18. Jahrhundert.

Zur
Vollendung der 3000sten Locomotive
in der Locomotivfabrik
Krauß und Comp. Actien-Gesellschaft
München und Linz a. d. D.
Wo Geist und Kräfte willig sich verbünden /
Wird manches große Werk vollbracht.
Es kann die Kraft kein höh'res Wirken finden /
Als zu verkörpern / was der Geist erdacht.
Vom Menschengeiste ward auch Sie erfunden /
Von Menschenkräften ward auch Sie erbaut /
Sie / deren Hochzeitstag wir heute feiern /
Die stolze Eisenbraut.
Ja / ja! Zur Hochzeit seh'n wir sie bereitet. –
Das Menschenwerk / gepanzert und gestählt /
Mit der Naturkraft urgewaltigem Wirken
Wird es an diesem Tag vermählt.
Umwindet sie mit grünenden Guirlanden
Und Blumenkränze flechtet auch hinein!
Der Tag / an dem wir sie gerüstet fanden
Zur Hochzeitsfahrt / ein Festtag soll er sein.
Und Glück zur Fahrt! Da steht sie – schön geschmücket /
Zum Fluge durch die weite Welt bereit.
Bald wird sie ihren stolzen Lauf beginnen /
Vor ihrer Schnelle schwindet Raum und Zeit.
Vom ernsten Norden / wo das Meer erstarret
Zum heit'ren Süden / wo die Sonne flammt /
Verkündet sie auf ihrem Siegeslaufe
Den Ruhm des Hauses / welchem sie entstammt.
K. BAY. STS. B.
7. Juli 1894.
Fritz Weinhöppel pinxit.

des Industriekapitalismus im 19. Jahrhundert

„The Age of Capital", das Zeitalter des Kapitals, nennt der britische Historiker Eric Hobsbawm das Vierteljahrhundert zwischen 1848 und 1875. In dieser Epoche, die dem „Age of Revolution" (1789–1848) folgte und dem „Age of Empire" (1875–1914) voranging, habe der Kapitalismus globale Triumphe gefeiert. Nicht nur in England, dem Pionier kapitalistischer Industrialisierung, sondern in (fast) ganz Europa und Nordamerika habe die kapitalistische Produktionsweise in dieser Zeit die Lebensverhältnisse der Menschen von Grund auf umgekrempelt.

Viele Zeitgenossen sahen das ebenso. Sie rühmten den überall sichtbaren, rasanten Fortschritt: die schnelleren Kommunikationsmöglichkeiten, die vielfältigeren Konsumangebote, die technischen Innovationen. Selbst Kritiker bewunderten und bestaunten die Kraft, „die so gewaltige Produktions- und Verkehrsmittel hervorgezaubert hat", die die Bevölkerung „dem Idiotismus des Landlebens" entreiße und die „Zivilisation" in entlegenste Regionen und Erdteile trage. Ein solches System, getragen von intelligenten, tatkräftigen, erfindungsreichen Unternehmern, würde, dessen war man gewiss, über kurz oder lang eine Welt materiellen Reichtums für alle schaffen.

Nicht alle glaubten das. Den Fortschrittsoptimisten standen Pessimisten gegenüber, die sich nach den überschaubaren Verhältnissen der vorkapitalistischen Ära zurücksehnten. Grundsätzliche Kritik, die indes nicht nostalgisch in die Vergangenheit blickte, sondern von der Zukunft Verbesserungen erhoffte, riefen die Eigentums- und Aneignungsverhältnisse hervor, auf denen der Kapitalismus beruhte. Einer kleinen Gruppe von Kapitalbesitzern, so hieß es, stehe die große Masse eigentumsloser Lohnarbeiter gegenüber, die ihre Arbeitskraft an die Kapitalisten verkauften. Abhängig, unterdrückt und ausgebeutet fristeten sie ein elendes Leben im Schatten unermesslichen Reichtums. Auf Dauer jedoch lasse sich dieser Zustand nicht halten: Die Arbeiter würden sich zusammenschließen, den „Sturz der Bourgeoisherrschaft" herbeiführen und die politische Macht übernehmen. An die Stelle der kapitalistischen, auf Klassengegensätze gegründeten Gesellschaft träte dann eine Gesellschaft, in der „die freie Entwicklung eines jeden die Bedingung für die freie Entwicklung aller ist".

All diese Zitate stammen aus dem Manifest der kommunistischen Partei, das der deutsche Emigrant Karl Marx 1848 in Brüssel verfasste. Seine Kapitalismus-Kritik gewann im 19. und 20. Jahrhundert enormen Einfluss. Sie inspirierte nicht nur die deutsche Arbeiterbewegung, sondern sie stand auch Pate bei jenem historischen Ereignis, das eine jahrzehntelange, spannungsgeladene Konfrontation von Kapitalismus und Sozialismus einleitete: der russischen Oktoberrevolution von 1917.

Das Ziel einer herrschaftsfreien, klassenlosen Gesellschaft ohne privates Eigentum an Produktionsmitteln und ohne Konkurrenzprinzip des freien Marktes scheiterte nach knapp einem Dreivierteljahrhundert. Dieses sozialistische System ging weniger durch äußeren Druck als vielmehr durch seine eigenen inneren Defizite zugrunde: am Mangel an Mobilität und Innovation, an der Verkrustung sozialer Verhältnisse, an geringer ökonomischer Effizienz.

Dass der Kapitalismus auf all diesen Gebieten leistungsfähiger war, heißt nun aber keineswegs, dass seine Geschichte und Gegenwart nicht auch dunkle Punkte und ungelöste Strukturprobleme aufweisen, wie z. B. die soziale Ungleichheit in der Entwicklung von Arbeitgeber- und Arbeitnehmereinkommen.

Hinzu kommt das alles andere als neue Problem ökologischer Kosten. Nun sind nichtkapitalistische Industriesysteme sicher nicht weniger destruktiv mit ihrer Umwelt umgegangen, wie ein Blick auf die ökologischen Krisenregionen im Osten zeigt. Fraglich bleibt aber, ob die Ausbeutung der Natur nicht doch unabdingbarer Bestandteil eines Wirtschaftssystems ist, dessen Antriebskraft einzelkapitalistisches Profitstreben ist und das die entstehenden Allgemeinkosten, sei es der Verschleiß menschlicher Arbeitskraft oder die Zerstörung ökologischer Ressourcen, nicht in betriebswirtschaftliche Kalkulationen einbezieht.

Ob zu diesen Kosten auch das gehört, was Zeitgenossen des 19. Jahrhunderts als Zertrümmerung der Familie empfanden, bleibt gleichfalls fraglich. Nicht zu übersehen ist allerdings, dass die damals stattfindenden ökonomischen, sozialen und kulturellen Umwälzungen auch das Verhältnis zwischen den Geschlechtern auf eine neue Grundlage stellten. Auch hier traten Veränderungen ein, deren Dynamik bis heute die Debatte um männlich-weibliche Gleichberechtigung maßgeblich bestimmt.

Die Entstehung einer Klassengesellschaft, der Umgang mit der Natur und die Ordnung der Geschlechter – diese drei aus heutiger Perspektive zentralen Aspekte kapitalistischer Entwicklung stehen im Mittelpunkt, wenn es im Folgenden darum geht, die Herausbildung des Industriekapitalismus im 19. Jahrhundert zu skizzieren und einige seiner langlebigsten Folgen zu diskutieren.

Fritz Weinhöppel (1863–1908), Schmuckblatt zur Vollendung der 3000. Lokomotive in der Lokomotivfabrik Krauss & Comp., München, 1894, Deckfarben, Aquarell, 125 x 105 cm

um 1700	Übergang von Holzkohle zu Koks bei der Verarbeitung von Eisenerz in England
um 1760	Beginn der Agrarrevolution in England als Voraussetzung und Begleiterscheinung der Industrialisierung
1763–84	Verbesserung der Dampfmaschinentechnik
1767	Erfindung der ersten industriellen Spinnmaschine (*„Spinning Jenny"*)
um 1770	Beginn der Industriellen Revolution in England
1776	Adam Smith, *The Wealth of Nations* (Der Wohlstand der Nationen)
1785	Erfindung des mechanischen Webstuhls
1789	Französische Revolution: Aufhebung der Stände, liberale Reformen in der Wirtschaft
1799	Anti-Gewerkschaftsgesetzgebung in England
1800	Der englische Unternehmer Robert Owen führt in seinem Unternehmen soziale Reformen durch
seit 1806	Reformen in Deutschland: *Code Napoléon* in den Rheinbundstaaten; Reformgesetze in Preußen (z. B. Rechtsgleichheit, Bauernbefreiung, Gewerbefreiheit)
1820	Gründung des Berliner Gewerbeinstituts als technische Schule durch Peter Christian Wilhelm Beuth
1834	Deutscher Zollverein
1837	Chartistenbewegung in England
um 1840	Beginn der Industriellen Revolution in Deutschland
1847/48	Das „Kommunistische Manifest" von Karl Marx und Friedrich Engels erscheint
1851	Erste Weltausstellung in London
1855/56	Entwicklung eines Verfahrens zur Massenerzeugung von Stahl durch den Engländer Henry Bessemer („Bessemer-Verfahren")
1863	Gründung des ersten gewerkschaftlichen Zentralverbandes in England
1863	Gründung der ersten deutschen Arbeiterpartei „Allgemeiner Deutscher Arbeiterverein" durch Ferdinand Lassalle
1869	Gründung der „Sozialdemokratischen Arbeiterpartei" durch August Bebel und Wilhelm Liebknecht
1869/70	Gründung des ersten gewerkschaftlichen Zentralverbandes in Deutschland
um 1870	Beginn der Nutzung des Erdöls als Energieträger
1871	Gründung des Deutschen Reiches
1873–95	„Große Depression" als erste weltwirtschaftliche Krise
1875	Vereinigung der Arbeiterparteien in Deutschland zur „Sozialistischen Arbeiterpartei" (ab 1891: SPD)
1878–90	Sozialistengesetz in Deutschland
1883	Beginn der Sozialgesetzgebung in Deutschland
um 1890	Durchbruch der industriellen Nutzung der Elektrizität als Energiequelle
1913	Einführung des Fließbandes zur Massenproduktion von Autos durch Henry Ford in den USA
1917	Oktoberrevolution in Russland: Versuch einer planwirtschaftlichen Industrialisierung
1929–33	Weltwirtschaftskrise

Arbeiter: In der kapitalistischen Industrieproduktion führt der Arbeiter persönlich frei und ohne Besitz von Produktionsmitteln in einem Vertragsverhältnis mit einem Unternehmer gegen Lohn fremdbestimmte Arbeit aus. Viele Arbeiter entwickelten das Bewusstsein, als Klasse zusammenzugehören. Sie verstanden sich als Proletariat, dessen Situation durch Reformen oder Revolution zu verbessern sei.

Arbeiterbewegung: gewerkschaftlicher, genossenschaftlicher und politischer (Parteien) Zusammenschluss von Arbeitern seit dem zweiten Drittel des 19. Jh. Die Arbeiterbewegung, d. h. die Institutionen, die für die Verbesserung der politischen und sozialen Lage der Arbeiter kämpften, ist begrifflich von der Arbeiterschaft als sozialer Schicht zu unterscheiden.

Bevölkerungswachstum: Im Zusammenhang mit der Industrialisierung geht das Bevölkerungswachstum dieser voraus und begleitet sie anfangs verstärkend. Gespeist wird es aus der sinkenden Sterblichkeitsrate (= Todesfälle pro 1000 Einwohner), einer zeitweise hohen Geburtenziffer (= Lebendgeburten pro 1000 Einwohner) und vor allem durch eine hohe Fruchtbarkeitsziffer bzw. Fertilität (= Lebendgeborene auf 1000 Frauen im Alter von 15 bis unter 45 Jahren). Im weiteren Verlauf der Industrialisierung nähern sich Sterberaten und Geburtenraten immer stärker an.

Bürger, Bürgertum → Begriffe Kap. 5

Industrielle Revolution: durch den englischen Sozialreformer Arnold Toynbee (1852–1883) verbreiteter Begriff. Bezeichnet die erste Phase der Industrialisierung, die in England um 1770 einsetzte (in Deutschland von ca. 1840 bis 1870). Sie stellt die Anschubphase eines tiefgreifenden wirtschaftlichen und gesellschaftlichen Wandlungsprozesses dar, der bis heute nicht abgeschlossen ist (Industrialisierung). Im Mittelpunkt stehen die Einführung und Fortentwicklung der industriellen Produktionsweise (neue Energiequellen, Maschinen, Fabrik, Arbeitsteilung auf zunehmend wissenschaftlicher Grundlage, Wachstum des Sozialprodukts) und die Umverteilung der Erwerbstätigen von der Landwirtschaft in das Gewerbe und den Dienstleistungsbereich. Bestimmten mechanische Webstühle, Dampfschiffe, Kohle- und Eisentechnologie im Wesentlichen die „erste" Industrielle Revolution, werden die Einführung der Chemie- und Elektroindustrie sowie die Erfindung des Verbrennungsmotors auch als „zweite" Industrielle Revolution, die Einführung der Raumfahrt und Computertechnologie auch als „dritte" Industrielle Revolution bezeichnet.

Kapitalismus: Wirtschaftsordnung, in der sich das Produktivkapital in den Händen von Privatpersonen bzw. -personengruppen befindet, der Kapitalisten und Unternehmer. Diesen stehen die Lohnarbeiter gegenüber. Der erwirtschaftete Gewinn geht wieder an den Unternehmer und führt zur Vermehrung des Produktivkapitals. Die wichtigsten wirtschaftlichen Entscheidungen werden in den Unternehmen im Hinblick auf den Markt und die zu erwirtschaftenden Gewinne getroffen, nicht aber vom Staat.

Klasse(n): Bezeichnung für gesellschaftliche Großgruppen etwa seit Ende des

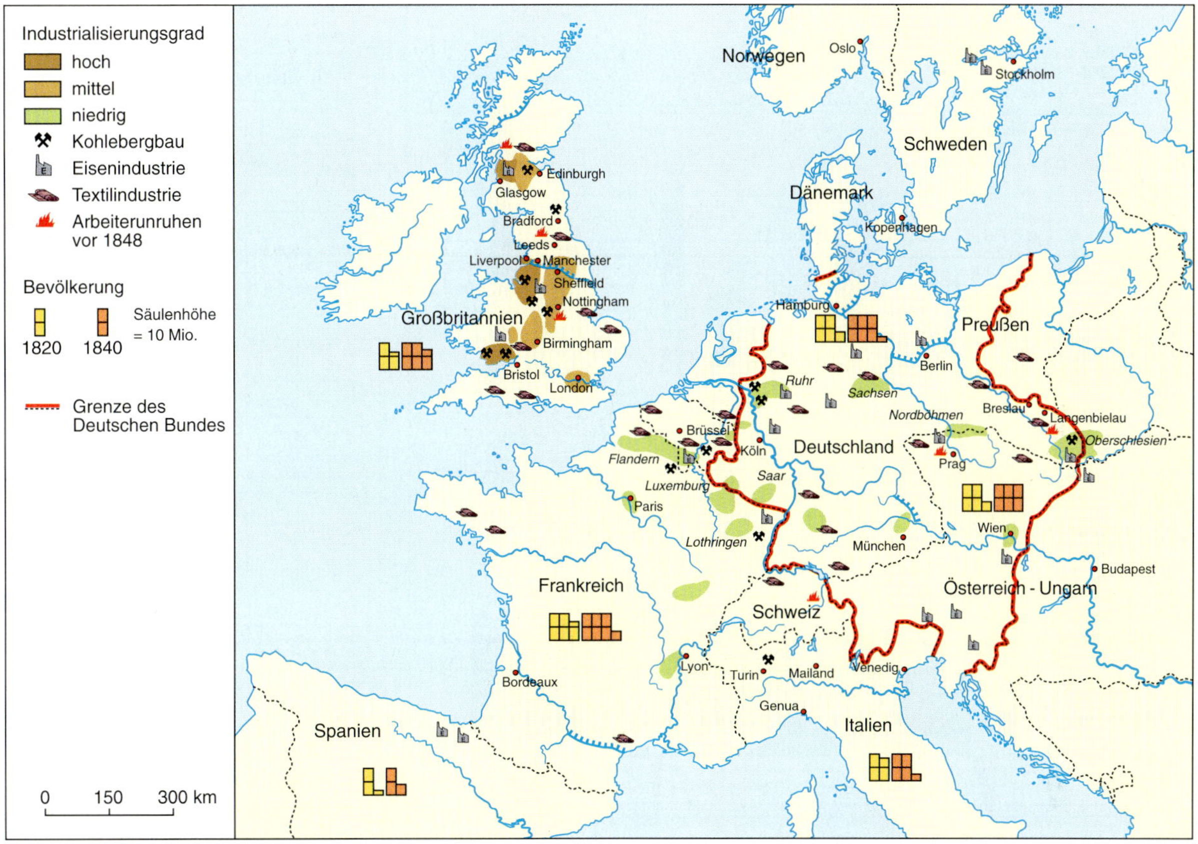

Industrielle Entwicklung in Europa um 1850

18. Jh., deren Angehörige durch Besitz bzw. Nichtbesitz von Produktionsmitteln und den sich daraus ergebenden gemeinsamen bzw. entgegengesetzten Interessen gekennzeichnet sind. Während des 19. Jh. lief in den Industriestaaten ein Prozess der Klassenbildung zwischen Unternehmern (Bourgeoisie) und Arbeitern (Proletariat) ab. Wenn sich diese Klassenunterscheidung und Klassenspannungen in einer Gesellschaft deutlich ausprägen, spricht man von einer Klassengesellschaft.

Kommunismus: seit dem 19. Jh. Bezeichnung für eine politische Ideologie und Bewegung, die durch eine Revolution die bürgerliche Gesellschaft beseitigen und durch eine klassenlose Gesellschaft ohne Privatbesitz an Produktionsmitteln ersetzen will. Die Lehre des Kommunismus wurde vor allem von Karl Marx und Friedrich Engels begründet.

Konjunktur: periodisch wiederkehrende Schwankungen einer Volkswirtschaft oder der Weltwirtschaft. Ein Konjunkturzyklus besteht in der Regel aus vier Phasen: 1. Aufschwung (Gewinne, Investitionen und Beschäftigung steigen); 2. Hochkonjunktur (hohe Gewinne und Vollbeschäftigung); 3. Abschwung (sinkende Gewinne und Investitionen, mehr Arbeitslose); 4. Konjunkturkrise oder Depression (wenig Investitionen, hohe Arbeitslosigkeit).

Markt: der Ort, wo sich zu bestimmten Zeiten Verkäufer (Anbieter) und Käufer (Nachfrager) zusammenfinden. Das Verhältnis von Angebot und Nachfrage bestimmt den Preis, wenn es keine Eingriffe in die Konkurrenz gibt (etwa durch behördliche Preisfestsetzungen). In der industrialisierten Welt werden die wichtigen Geschäfte nicht mehr wie im Mittelalter oder in der Antike auf Marktplätzen abgewickelt. Trotzdem bezeichnet man das gesamte Zusammenspiel von Angebot und Nachfrage abstrakt noch als Markt.

Mobilität: Ausdruck der Bevölkerungsstatistik für Bevölkerungsbewegungen. Horizontale Mobilität meint die Wanderung aus einem Gebiet in ein anderes, wobei zwei Formen zu unterscheiden sind: Binnenwanderung innerhalb eines Landes und Auswanderung von einem Land in ein anderes Land. Voraussetzung für horizontale Mobilität ist in der Regel ein ausgebautes Verkehrssystem. Soziale Mobilität meint den Auf- oder Abstieg von einer sozialen Schicht in eine andere. Dabei sind die intergenerationelle Mobilität

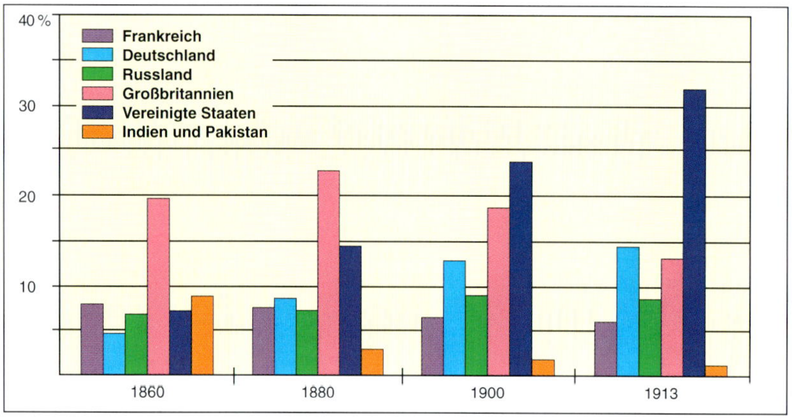

Anteile diverser Länder an der Weltindustrieproduktion 1860–1913 (ohne Bergbau)

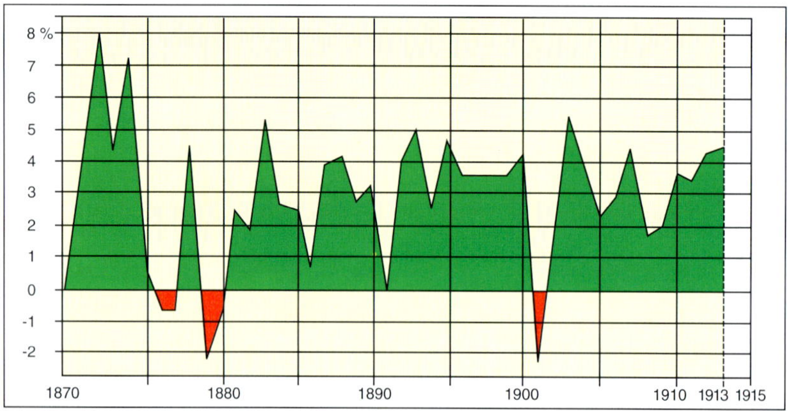

Jährliche Wachstumsrate des Nettoinlandsproduktes in Deutschland 1870–1913 (in Preisen von 1913)

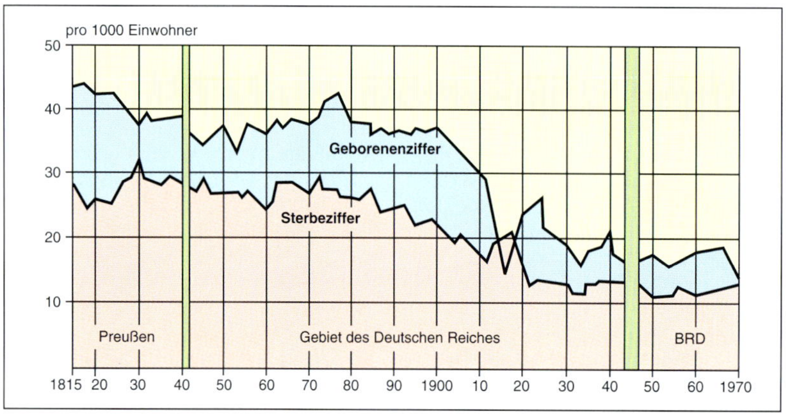

Geborenen- und Sterbeziffern in Deutschland 1815–1969 (in gleitenden Dreijahresdurchschnitten)

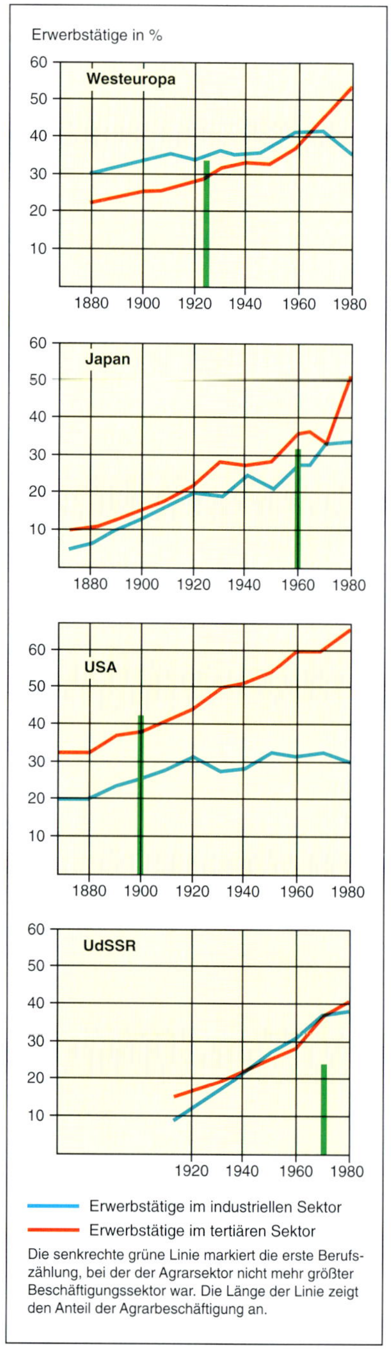

Beschäftigungsstruktur in Westeuropa, Japan, der Sowjetunion und den USA 1880–1980

Jahr	Streiks Anzahl	Streiks Teilnehmer	Aussperrungen Anzahl	Aussperrungen betroff. Pers.
1900	806	101 081	46	14 630
1901	692	40 062	35	8 460
1902	805	48 922	56	6 791
1903	1 200	75 830	82	45 763
1904	1 513	104 555	112	31 402
1905	2 010	363 917	253	144 047
1906	3 059	222 686	421	93 356
1907	2 469	176 292	323	104 738
1908	1 795	66 307	257	60 576
1909	1 839	96 750	206	34 494
1910	2 224	142 113	970	226 898
1911	2 707	211 896	207	113 357
1912	2 469	397 490	356	82 099
1913	2 173	177 594	427	71 392

Streiks und Aussperrungen in Deutschland 1900–1919

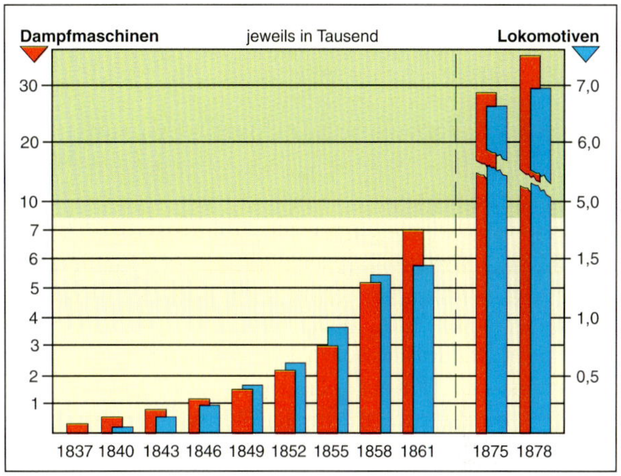

Dampfmaschinen und Lokomotiven in Preußen 1837–1878

(der Sohn oder die Tochter erreichen eine höhere soziale Schicht als die Eltern bzw. steigen ab) und die intragenerationelle Mobilität (Auf- oder Abstieg innerhalb eines Lebensschicksals) zu unterscheiden.

Pauperismus (lat. *pauper* = arm): Bezeichnung für Massenarmut, besonders in der ersten Hälfte des 19. Jh. Der Pauperismus wurde hervorgerufen durch das schnelle Bevölkerungswachstum, dem eine nur langsam steigende Nahrungsmittelproduktion und ein Mangel an Arbeitsplätzen bzw. Verdienstmöglichkeiten gegenüberstanden. Er endete mit der Industriellen Revolution.

Proletarier → Arbeiter

Protoindustrialisierung → Begriffe Kap. 4

Soziale Frage: bezeichnet die Notlage und die ungelösten Probleme vor allem der Industriearbeiter speziell in den frühen Phasen der Industrialisierung. Dazu gehörten: unsichere Arbeitsplätze, häufige Arbeitslosigkeit, niedrige Löhne bei langen Arbeitszeiten, Wohnungselend, fehlende Versorgung bei Krankheit, Invalidität und Tod; verstärkt wurden die Probleme durch die Trennung von der alten Lebenswelt beim Zug in die Städte und die ungewohnte Fabrikarbeit. Lösungsversuche kamen von einzelnen Reformern und den Kirchen, besonders aber vom Staat (Sozialgesetzgebung) und von den Arbeitern selbst (Organisation und Selbsthilfe).

Sozialismus: Im liberal-kapitalistischen Gesellschaftssystem der Industrialisierung entstand der Sozialismus als Antwort auf die soziale Frage. Den verschiedenen Richtungen des Sozialismus geht es um Steuerung des Marktes, um den Abbau bzw. die Beseitigung einer sozial ungleichen, als ungerecht empfundenen Verteilung von Besitz (häufig um die Beseitigung des Privatbesitzes an Produktionsmitteln), um eine am Wohl des Ganzen orientierte Gesellschaftsordnung und um die demokratische Gleichberechtigung der Unterprivilegierten. Die Frage nach Reform oder Revolution der bestehenden Ordnung bestimmte von Anfang an die Überlegungen, Vorschläge und Forderungen der Sozialisten.

Sozialprodukt: Summe aller Güter (Sachgüter für Konsum und Investition sowie Dienstleistungen), die in einer Volkswirtschaft, d. h. von den Menschen eines Staates, innerhalb eines Jahres erstellt werden. Das *Bruttosozialprodukt* zählt die gesamten Investitionen mit, das *Nettosozialprodukt* nur die Investitionen abzüglich der Abschreibungen. Das Sozialprodukt wird in Geldwerten ausgedrückt.

Take-off: Begriff des amerikanischen Wirtschaftshistorikers Walt W. Rostow zur Charakterisierung der Industriellen Revolution; wie beim Start eines Flugzeugs haben danach gewaltige Antriebskräfte die wirtschaftliche Entwicklung derart vorangetrieben, dass wie bei der Phase des Abhebens eines Flugzeugs der Aufstieg von der weitgehend stagnierenden Agrarwirtschaft zur wachstumsorientierten Industriewirtschaft möglich geworden ist. Das anschließende Wirtschaftswachstum wird mehr oder weniger automatisch aufrecht erhalten.

Unternehmer: eine Person, die einen Gewerbebetrieb leitet, d. h. als wirtschaftliches „Unternehmen" führt. In der Industriellen Revolution kam den Leitern der jetzt entstehenden Industrieunternehmen immer größere Bedeutung zu. In dieser Phase waren Unternehmer und Kapitalist, d. h. der Eigentümer der Fabrik, der Maschinen usw., meist noch dieselbe Person. Sie entschieden über Investitionen, Einstellung und Entlassung der Arbeiter. Später wurden die Rolle des Kapitalbesitzers und die des Unternehmers von verschiedenen Personen oder Personengruppen wahrgenommen, so in der Aktiengesellschaft, die von „Managern" geleitet wird.

1. *Erläutern Sie anhand der Materialien die wesentlichen Merkmale der Industrialisierung.*
2. *Entwerfen Sie anhand der Materialien ein Phasenmodell für die Industrialisierung in Deutschland.*

Der Industriekapitalismus im 19. Jahrhundert – Begriff und Periodisierung

Kapitalismus und Industrialisierung

Begriffsklärung

In den meisten westdeutschen Fach- und Handbüchern zur Sozial- und Wirtschaftsgeschichte des 19. Jahrhunderts sucht man das Wort „Kapitalismus" vergeblich. Die Rede ist stattdessen von „Industrialisierung", „Industrieller Revolution" oder „Industriesystem". Eine andere Begrifflichkeit bevorzugten die Historiker der DDR. Zwar sprachen auch sie, etwa mit Blick auf die rasante Wirtschaftsentwicklung seit der Jahrhundertmitte, von „Industrieentfaltung" und „Industrieller Revolution". Zugleich banden sie die Begriffe aber in eine Gesamtgeschichte des „Kapitalismus" ein.

Dass westdeutsche Historiker den Kapitalismus-Begriff eher mieden, hängt nicht zuletzt damit zusammen, dass ihre ostdeutschen Kollegen ihn systematisch und nicht ohne polemischen Unterton benutzten. „Kapitalismus" galt lange als politischer Kampfbegriff; in ihm schwangen Anklage und Verurteilung gleichermaßen mit.

Kapitalismus* – das war für seine Kritiker ein sozioökonomisches Herrschaftssystem, in dem die Lebenschancen der Menschen entscheidend davon abhingen, ob sie auf der Seite des Kapitals oder der Arbeit standen. Kapitalist war derjenige, der mobiles und immobiles Kapital (Geld, Maschinen, Fabrikgebäude) besaß und darüber gebot; zur Klasse der Lohnarbeiter gehörten all jene, die dem Kapitalisten ihre Arbeitskraft gegen ein Entgelt verkauften, das sehr viel geringer war als der damit erzielte Gewinn. Diese Ungleichheit aufzuheben und Arbeiter zu vollen Nutznießern ihres Arbeitsertrages zu machen – so lautete, vereinfachend gesagt, das Ziel der sozialdemokratischen Bewegung, die seit den 1860er Jahren immer lautstarker auftrat. Ihre an Karl Marx geschulte Rhetorik erwies sich als so prägend, dass der Kapitalismus-Begriff im Deutschen seinen kritisch-polemischen Klang nicht mehr abzulegen vermochte.

Politisch unbelastet waren dagegen Begriffe wie Industrialisierung oder Industrielle Revolution*, die in die Wissenschaftssprache nichtmarxistischer Historiker Eingang fanden. Sie beschrieben eine ökonomische Entwicklung, die sich im Wesentlichen in Wachstumsziffern ausdrücken ließ: Steigerung des Sozialprodukts*, der Warenproduktion, des Einsatzes von Maschinen, Ausbau der Verkehrswege, des Binnen- und Außenhandels oder des Finanzwesens.

Damit lenkten sie die Aufmerksamkeit geradewegs auf jene Entwicklung, die in den Augen von Zeitgenossen und nachfolgenden Interpreten den Rang einer „Kulturschwelle" (Arnold Gehlen) besaß. Die im 19. Jahrhundert einsetzende Industrialisierung stellte einen Transformationsprozess dar, der nicht zu Unrecht mit der Neolithischen Revolution – dem Übergang zu Ackerbau, Sesshaftigkeit und Großsiedlung – verglichen wurde.

Diese „Fundamentalzäsur" (Hans-Ulrich Wehler) mit ihren schnellen und radikalen Neuerungen wird durch den Begriff der Industriellen Revolution sicher besser erfasst als durch den des Kapitalismus. Schließlich bezieht sich Letzterer, so wie er von Karl Marx, Werner Sombart oder Max Weber benutzt wurde, auf eine sehr viel längere Zeitspanne. Kapitalismus gab es schon in der frühen Neuzeit, als Kaufleute weitflächige Handelsmärkte aufbauten und den Austausch von Waren und Kapital in großem, Staaten und Kontinente übergreifendem Maßstab organisierten (Handelskapitalismus). Auch die Re-Investition der Gewinne in eine expansive gewerbliche Warenproduktion war keine Erfindung des 19. Jahrhunderts, sondern bereits aus der Protoindustrialisierung* bekannt.

Der Kapitalismus-Begriff besitzt den analytischen Vorzug diese Entwicklungen mit einer langfristigen, historischen Perspektive zu verknüpfen. Er rückt die Vorläufer des Industriesystems in den Blick und legt die Frage nahe, auf welchen Bedingungen und Voraussetzungen sein Erfolg beruhte. Zudem vereitelt er eine enge ökonomische Sicht: Für ihn zählen nicht nur Warenströme und Markterweiterungen, sondern auch Herrschaftsbeziehungen und soziale Konflikte. Damit erleichtert er es, Widersprüchlichkeiten wahrzunehmen und kritische Fragen zu stellen, die alternative Perspektiven eröffnen.

Aus all diesen Gründen erscheint es als sinnvoll am Kapitalismus-Begriff festzuhalten, ihn aber zugleich genauer zu umgrenzen. Die im Folgenden gewählte Bezeichnung „Industriekapitalismus" erlaubt es die wirtschaftlichen Entwicklungssprünge des 19. Jahrhunderts stärker hervorzuheben, ohne den Gesamtzusammenhang aus den Augen zu verlieren (siehe Mat. S. 300–303).

Periodisierung

Die Frage, wann der Industriekapitalismus moderner Prägung seinen weltgeschichtlichen Siegeszug antrat, beschäftigt Wirtschaftshistoriker seit mehreren Jahrzehnten. Gerade wenn er nicht, wie Phönix aus der Asche, urplötzlich auftauchte, sondern eine jahrhundertelange Inkubationszeit als Handels-, Gewerbe- und Agrarkapitalismus durchlief, fällt

es schwer seinen Eintritt in die Geschichte einigermaßen exakt zu bestimmen.
In der Forschung ist es mittlerweile üblich geworden drei Phasen zu unterscheiden: eine zögerlich-verhaltene Anfangsphase, eine wachstumsintensive Durchbruchs- und Expansionsphase und eine durch erneute technisch-organisatorische Entwicklungssprünge gekennzeichnete dominante Phase. Die erste Phase, auch Frühindustrialisierung genannt, begann in Deutschland etwa im späten 18. Jahrhundert und endete mit der Industriellen Revolution. Ihr „wuchtiger Auftakt" (Hans-Ulrich Wehler) wird gemeinhin auf die späten 1840er und frühen 1850er Jahre datiert; seinen Abschluss fand er in den 1870er Jahren. Obwohl es auch danach immer wieder Wachstumsstörungen und Krisen in der Konjunktur* gab, gelten die folgenden dreieinhalb Jahrzehnte als Periode der Hochindustrialisierung, in der Deutschland endgültig zum Industriestaat wurde.
Diese Periodisierung bezieht sich nur auf Deutschland. Für andere Länder müssen andere Zeitlinien gezogen werden. So setzte die Industrielle Revolution in England bereits in den 1770er Jahren ein, in Frankreich und Belgien um 1820. Die USA folgten etwa zeitgleich mit Deutschland. Russland und Japan dagegen erlebten den ersten Industrialisierungsschub *(Take-off*)* nicht vor 1880.

Regionale Ungleichheiten

Warum manche Länder schneller als andere waren, ist nicht aus einer einzigen Ursache heraus zu erklären. Um den Übergang zum Industriesystem erfolgreich zu bewältigen war nicht nur ein relativ fortgeschrittener wirtschaftlicher Entwicklungsstand notwendig, sondern auch besondere politisch-rechtliche Bedingungen. Letztere legen es nahe die Herausbildung des Industriekapitalismus im nationalstaatlichen Rahmen zu verfolgen. Zwar gab es auch auf dem europäischen Kontinent schon im späten 18. Jahrhundert Gewerberegionen, deren Wirtschaftskraft und -organisation sich durchaus mit englischen Verhältnissen vergleichen ließen. Zu nennen wären etwa Böhmen und Flandern, Nordfrankreich und das Elsass, Sachsen, Südwestdeutschland oder das Bergische Land. Trotzdem kam es hier erst sehr viel später als in Manchester oder Südwales zum Durchbruch industrieller Massenproduktion.
So wichtig es deshalb ist am Nationalstaat als industriekapitalistischem Entwicklungsraum festzuhalten, so wenig dürfen die krassen Unterschiede und Ungleichzeitigkeiten im Innern jenes nationalen Raumes übersehen werden. Das galt – und gilt – für England ebenso wie für Frankreich oder Deutschland. Noch heute stehen in demselben Land hochindustrialisierte Regionen überwiegend agrarisch strukturierten Gebieten gegenüber. Man denke etwa an das Ruhrrevier und Mecklenburg-Vorpommern, an Lothringen und die Provence, an die englischen Midlands und Cornwall. Im 19. Jahrhundert war das Gefälle noch sehr viel stärker ausgeprägt.
Die Herausbildung des Industriekapitalismus, soviel ist gewiss, vollzog sich in Europa weder flächendeckend noch zeitgleich. Ebenso wenig nahm sie einen linearen, stets nach oben weisenden Verlauf. Immer wieder traten Produktions- und Absatzkrisen auf, die teilweise gravierende politische und soziale Wirkungen zeitigten. Und dennoch: Schaut man auf das 19. Jahrhundert als Ganzes, ist der Wachstumstrend im Vergleich zu früher imposant und unübersehbar.

1. *Erarbeiten Sie aus dem Text den Begriff des „Industriekapitalismus".*
2. *Erörtern Sie, inwiefern die kapitalistische Industrialisierung im besonderen Maß das Problem von „Gleichzeitigkeit" und „Ungleichzeitigkeit" in der historischen Entwicklung aufwirft.*

Voraussetzungen kapitalistischer Industrialisierung

Adam Smith und „der Markt"

Grundvoraussetzung kapitalistischen Wirtschaftens ist der Markt*, der Angebot und Nachfrage vermittelt. Auf dem Markt treten Produzenten und Konsumenten in Kontakt und handeln die Bedingungen aus, unter denen die Ware den Besitzer wechselt. Der Theorie nach basiert der Tausch auf Freiwilligkeit und offener Konkurrenz; Zwang – privat oder staatlich organisiert – gilt als ausgeschlossen.
Der Markt, so wollte es der schottische Moralphilosoph Adam Smith (1723–1790), sollte gleichsam mit unsichtbarer Hand die Beziehungen der Menschen regeln und jedem Einzelnen zu seinem Glück verhelfen. Smiths 1776 erschienenes, vielfach wiederaufgelegtes Hauptwerk „The Wealth of Nations" (Der Wohlstand der Nationen) verstand sich als

Kampfansage an eine bürokratisch verformte und politisch geplante Wirtschaft, wie sie Zeitgenossen in den Merkantilismus-Konzepten des kontinentaleuropäischen Absolutismus vor Augen stehen mochte (siehe S. 300, Mat. 1). Anders als in Großbritannien suchten die absolutistischen Herrscher Frankreichs, Deutschlands oder Italiens die ökonomische Entwicklung ihrer Länder durch massive Eingriffe und Beschränkungen zu steuern. Staatsfreie Märkte für Kapital, Boden oder Waren konnten sich hier kaum entwickeln. Besonders weit war man von dem entfernt, was Smith als wichtigste Bedingung allgemeinen Wohlstands definiert hatte: einen freien Arbeitsmarkt. Auf all diesen Gebieten war Großbritannien sehr viel fortgeschrittener, so dass es kein Zufall ist, dass die „Bibel des Kapitalismus" einen britischen Autor fand.

Freie Arbeitsmärkte in der Landwirtschaft

Die Agrarverfassung in England

Dass gerade England zum Schrittmacher industriekapitalistischer Marktwirtschaft wurde, lag nicht zuletzt an seiner Agrarverfassung. In weiten Teilen der Insel gab es bereits um 1750 keine landbesitzende Bauernschaft mehr; die damit eng verbundene agrarische Subsistenzwirtschaft war längst zerfallen. Stattdessen konzentrierte sich der Landbesitz in den Händen einer kleinen Gruppe von Grundeigentümern, die ihre Ländereien verpachtet hatten. Die Pächter wiederum bewirtschafteten sie mit Hilfe von Landarbeitern, Knechten und Kleinstbauern, die sich auf Zeit verdingten und vorwiegend bar bezahlt wurden.

Eine solche Agrarverfassung bot der Herausbildung industriekapitalistischer Produktionsverhältnisse hervorragende Startbedingungen. Da war zum einen die Kommerzialisierung der Landwirtschaft selbst, die zunehmend für den (groß-)städtischen Markt produzierte und trotz zeitweiliger Engpässe eine schnell wachsende Bevölkerung zu ernähren verstand. Mindestens ebenso wichtig war jedoch die soziale Komponente jener Verfassung: die Tatsache nämlich, dass sie die Landbewohner lediglich kontraktmäßig an die Scholle band und ihre Mobilität* nicht behinderte.

Organisation der Landwirtschaft in Preußen

Letzteres unterschied England von vielen Staaten des Kontinents. Man muss nicht nur an Russland und das dortige System der Leibeigenschaft denken; auch in Preußen, vor allem in seinen ostelbischen Gebieten, waren der Mobilität der Landbevölkerung noch im 18. und frühen 19. Jahrhundert enge Grenzen gezogen.

Zwar hatte sich auch hier eine leistungsfähige, exportorientierte Agrarproduktion entwickeln können, die der junkerlichen Herrenschicht satte Einnahmen sicherte. Anders als in England steckte sie jedoch in einem feudalen Korsett, das nur langsam aufgeschnürt wurde. Die ostelbische Gutswirtschaft beruhte eben nicht auf frei vereinbarter Lohnarbeit, sondern auf einem System persönlicher Abhängigkeiten, die von Generation zu Generation weitervererbt wurden. Die gutsuntertänigen Bauern, Knechte, Mägde und Häusler waren nicht nur verpflichtet dem Gutsherrn einen Großteil ihrer Arbeitskraft zu überlassen. Es stand auch im Belieben des Junkers, ob und wann sie heiraten durften, ob sie den Hof verlassen und einen anderen Dienst aufnehmen konnten.

Solche Beschränkungen individueller Mobilität waren der Herausbildung freier Arbeitsmärkte – als unerlässlicher Bedingung industriekapitalistischer Entwicklung – alles andere als förderlich. Von der deutschen Landwirtschaft gingen denn auch nur wenige Impulse für eine erfolgreiche Industrialisierung aus. Weder erwirtschaftete die Landwirtschaft maßgebliche Investitionsmittel für den Gewerbesektor, noch stellte sie frühzeitig einen aufnahmefähigen Absatzmarkt für industrielle Produkte (z. B. Landwirtschaftsmaschinen) dar. Was ihr hingegen gelang, war die Versorgung der wachsenden Konsumentenzahl – zumindest bis in die 1890er Jahre, als immer mehr Nahrungsmittel eingeführt werden mussten und der Export um das Drei- und Vierfache hinter dem Import zurückblieb.

Diese Versorgungsleistung erbrachte sie, auf einem niedrigen technologischen Niveau, im Wesentlichen dank einer extensiven Nutzung der Arbeitskraft. Anstatt wie in England Arbeitskräfte freizusetzen und sie der gewerblichen Wirtschaft zur Verfügung zu stellen, hielt sie sie bis in die 1850er Jahre hinein fest.

Daran änderten auch die preußischen Agrarreformen wenig. Obwohl beispielsweise die Gutsuntertänigkeit in Preußen 1807/10 abgeschafft wurde und die Junker statt auf Fronnunmehr auf Lohnarbeit angewiesen waren, setzten sich alte Abhängigkeiten oft nahezu unverändert fort. An die Stelle erbuntertäniger Kleinbauern traten vertraglich gebundene Dienstleute, die als Tagelöhner mitsamt ihren Familien auf den Gütern Arbeit, Wohnung und Kost fanden. Erst seit den 1860er Jahren ging man verstärkt zu einem System freier, saisonal einsetzbarer Tagelöhner über, mit dem das Gut langfristig billiger zu wirtschaften vermochte.

In diese Zeit fiel denn auch die massenweise Abwanderung ländlicher Unterschichten in die Städte. Als ungelernte Arbeiter füllten sie hier eine „industrielle Reservearmee" auf, die allmählich von den entstehenden industriellen Großbetrieben aufgesogen wurde.

Protoindustrialisierung, Bevölkerungswachstum, Pauperismus

Protoindustrialisierung

Es waren aber keineswegs nur das abwandernde ländliche Gesinde oder die Nachkommen der überflüssig gewordenen Dienstleute, die die aufblühende Industrie mit Arbeitskräften versorgten. Vielmehr setzte auch das sogenannte protoindustrielle* Gewerbe zunehmend Arbeitskräfte frei, die sich dann um industrielle Arbeitsplätze bemühten.

Abseits der großen Städte hatten sich seit dem Ausgang des Mittelalters in vielen Teilen Europas florierende Gewerbelandschaften entwickelt. Sie basierten auf der Heimarbeit ländlicher Unterschichten, die von städtischen Verlegerkaufleuten gesteuert und marktmäßig angeschlossen wurde. Besonders erfolgreich war das ländliche Heimgewerbe auf dem Gebiet der Textilherstellung. Gehörte es traditionell zu den Aufgaben bäuerlicher Subsistenzwirtschaft textile Rohstoffe und Gewebe für den Eigenbedarf zu bearbeiten und herzustellen entwickelte sich daraus mit steigender Nachfrage vielerorts eine lebhafte Marktproduktion. Ganze Familien arbeiteten nunmehr auf Rechnung eines Verlegers, der ihnen das Material zur Verfügung stellte und die fertige Ware abnahm.

Auf diese Weise geriet ein großer Teil der ländlichen Bevölkerung zwar in den Sog konjunktureller Nachfragekrisen und Absatzflauten. Zugleich aber löste er sich aus den engen Fesseln des agrarischen Nahrungsspielraums. Viele Menschen, die als Knechte oder Mägde kaum jemals die Möglichkeit gehabt hätten zu heiraten und eine Familie zu gründen, konnten das als heimgewerbliche Spinner oder Weber tun. Der von der Landwirtschaft unabhängige Verdienst eröffnete ihnen die Chance auf einer eigenen „Stelle“ zu wirtschaften. Als Mieter kleiner Anwesen waren sie wohl noch mit ländlichen Lebensformen verbunden, scherten jedoch aus den ökonomischen Bezügen und Beschränkungen bäuerlicher Nahrungssicherung aus. Hatte auf nicht erbende Bauernsöhne und -töchter vormals nur ein unselbstständiges Gesindedasein gewartet, bot ihnen die protoindustrielle Entwicklung einer Region mehr Möglichkeiten. Vor allem legte sie ihnen nahe eine Ehe einzugehen und einen eigenen Hausstand zu gründen. Schließlich bildete die Arbeitskraft einer ganzen Familie – Frau, Mann und Kinder – die Grundlage heimgewerblicher Existenz.

Bevölkerungswachstum

Indem die Protoindustrialisierung Familiengründungen erleichterte, beförderte sie zugleich ein Bevölkerungswachstum*, das den Anteil landloser und landarmer Schichten an den Bewohnern des „platten Landes“ stetig erhöhte. Vor allem seit der Mitte des 18. Jahrhunderts wies die Bevölkerungsentwicklung in Deutschland außerordentlich hohe Wachstumsraten auf, die hauptsächlich auf das Konto ländlicher Unterschichten gingen. In diesem Prozess wurde die traditionelle Bevölkerungsweise der europäischen Agrargesellschaft zunehmend außer Kraft gesetzt. Jahrhundertelang hatten ein hohes Heiratsalter im Verbund mit einer insgesamt eher geringen Heiratshäufigkeit dazu geführt, dass sich die Bevölkerung nur maßvoll vermehrte. Bestimmte Elemente dieses „demographischen Systems“ blieben zwar auch fortan wirksam. So passten sich die landlosen und landarmen Schichten weitgehend an das hohe bäuerliche Heiratsalter an. Anders aber war es mit der Heiratshäufigkeit. Die Tatsache, dass mehr Menschen als früher eine Ehe eingingen und Kinder bekamen, setzte ein Bevölkerungswachstum in Gang, das zu den wichtigsten Bedingungen der Industrialisierung gehörte.

In England, wo die Norm agrarischer Nahrung sehr viel weniger bindend gewesen war als auf dem Kontinent, hatte jene Enwicklung entsprechend früher eingesetzt. Schon 1798 warnte der anglikanische Geistliche Thomas Robert Malthus (1766–1834) hier vor den Gefahren der Überbevölkerung. Seiner Meinung nach wuchs die Bevölkerung schneller als die Möglichkeiten sie zu ernähren und Arbeitsplätze zu schaffen. Das müsse, so Malthus, auf Dauer zu einer großflächigen Verarmung der englischen Gesellschaft und zu einer rapide steigenden Belastung ihrer wohlhabenderen Mitglieder führen.

In Deutschland fand die These Malthus' von der „relativen Überbevölkerung“ seit den 1830er Jahren Verbreitung. Dahinter stand die Beobachtung eines auch statistisch belegten Wachstums der Bevölkerung, vor allem in den ländlichen Regionen. Die schon in der zweiten Hälfte des 18. Jahrhunderts wirksamen Tendenzen hatten sich nach den Agrarreformen des frühen 19. Jahrhunderts noch beschleunigt. So stieg die Einwohnerzahl Preußens zwischen 1816 und 1849 um 59 Prozent; im Zeitraum von 1778 bis 1811 hatte sie sich „nur“ um ein Drittel erhöht.

Pauperismus

Am größten war der Bevölkerungsdruck im Osten Deutschlands, wo die Ablösung bäuerlicher Dienstpflichten den Bedarf an Arbeitskräften enorm gesteigert und zur Einrichtung neuer Familienstellen für Gutstagelöhner geführt hatte. Aber auch in den protoindustriell durchsetzten Gebieten des Westens wuchs die ländliche Bevölkerung in einem Tempo, das Beobachter zunehmend irritierte. Das Wort vom Paupe-

rismus*, von der Massenverarmung, machte die Runde. Die Zeitgenossen fürchteten sich vor Hungerkrisen. Kaum jemand konnte sich vorstellen, dass die Produktion von Nahrungsmitteln so zu steigern sei, wie es dann tatsächlich geschah. Allgemein war die Ansicht verbreitet, dass die Vermehrung der Erwerbsmöglichkeiten der Vermehrung der Köpfe nicht mehr die Waage halte.
Dazu trug nicht zuletzt die Tatsache bei, dass die protoindustrielle Entwicklung zahlreicher Gewerbelandschaften stagnierte. In vielen Regionen kam es gar zu einer Rückentwicklung, bedingt durch schwere Einbrüche in der Konjunktur* oder die wachsende Konkurrenz des Fabriksystems. In dem Maße, wie etwa die englische Textilproduktion auf maschinelle Grundlage umgestellt wurde und immer größere Mengen kostengünstig auf den Markt warf, erwies sich das kontinentale Heimgewerbe als nicht mehr wettbewerbsfähig. Hier gab es langfristig nur eine Alternative: dem englischen Modell zu folgen.

Staatliche Modernisierungspolitik

Reformen in Preußen

Den Zeitgenossen war sehr wohl bewusst, dass man über kurz oder lang auf das englische Modell zurückgreifen musste um wettbewerbsfähig zu werden. In den ersten Jahrzehnten des 19. Jahrhunderts entfaltete sich denn auch ein reger „Industrie-Tourismus" über den Kanal hinweg. Privatleute, Unternehmer, Techniker, aber auch staatliche Beamte reisten auf die Insel um die Erfolge des englischen Modells vor Ort zu studieren (siehe S. 286, Mat. 2).
Vor allem in Preußen stand man den englischen Verhältnissen sehr aufgeschlossen gegenüber. In diesem Staat war der Problemdruck am größten, die Notwendigkeit radikaler Problemlösungen am sinnfälligsten. Nicht nur die demographische Entwicklung weckte Befürchtungen eines drohenden sozialen Kollapses; auch der politisch-militärische Zusammenbruch im Gefolge napoleonischer Eroberungspolitik hatte gezeigt, dass grundlegende Reformen der Wirtschafts- und Sozialverfassung nicht auf die lange Bank geschoben werden durften.
Den Reformbeamten, die sich seit 1807 an die Modernisierung des preußischen Staats begaben, war das englische Modell industriekapitalistischer Entwicklung theoretisch geläufig. Die „Bibel des Kapitalismus", Adam Smiths „Wohlstand der Nationen", hatte auch in Deutschland begeisterte Aufnahme gefunden. „Seit der Zeit des Neuen Testaments", lobte ein Königsberger Professor, „hat kein Werk segensreichere Wirkungen gehabt."[1]

Die Leitbegriffe dieses Werks – Besitzindividualismus, Leistungsprinzip, Arbeitsteilung, freie Märkte, Konkurrenz – weckten Hoffnungen auch auf dem Kontinent. Dass Smith zudem die Bedeutung positiver staatlicher Interventionen und planmäßiger Nationalerziehung hervorhob, sicherte ihm unter den preußischen Reformern treue Gefolgsleute.
Eingeleitet wurde das, was Historiker die „defensive Modernisierung" nennen, durch das Oktoberedikt von 1807, einer Mischung aus politischem Manifest und nationalökonomischem Programm (siehe S. 286, Mat. 1). An die Stelle einer gebundenen Ständegesellschaft, die jedem Menschen eine feste, durch Geburt erworbene soziale Position zuwies, konnte nun nach und nach eine mobile Marktgesellschaft treten. Dazu passten auch die Ablösung sozialer Abhängigkeitsverhältnisse auf dem Land und der Erlass der Gewerbefreiheit im Jahre 1810.
Vor allem Letztere sollte, so die Absichten der Reformbürokratie, die Wirtschaftskraft des Landes nach englischem und französischem Vorbild stärken und damit zugleich die Steuereinnahmen des Staates erhöhen. Indem die Macht der Zünfte gebrochen und die traditionellen Begrenzungen gewerblicher Produktion aufgehoben wurden, näherte man sich rein rechtlich gesehen dem Ideal einer von freien Wirtschaftssubjekten bevölkerten Gesellschaft. Eben diese Freiheit sollte die Entfesselung aller ökonomisch kreativen Kräfte einleiten und eine dynamische Konkurrenzwirtschaft aus der Taufe heben, die den Wohlstand der Einwohner und die Macht des Staates garantierte.
Der Staat räumte aber nicht nur die rechtlichen Hindernisse beiseite, die der freien Entfaltung wirtschaftlicher Energien entgegenstanden. Er sorgte nicht nur dafür, dass freie Arbeits-, Kapital- und Bodenmärkte entstehen konnten; er schuf auch die infrastrukturellen Voraussetzungen dafür, dass sich die einzelnen Wirtschaftsfaktoren miteinander verbinden konnten. Dazu gehörte es zum Beispiel mit staatlichen Investitionen das Verkehrsnetz zu erweitern und leistungsfähiger zu gestalten. Dazu gehörte des weiteren der Ausbau des Binnenmarktes durch die Abschaffung von Zollschranken – ein Prozess, der mit dem 1834 gegründeten Zollverein seinen vorläufigen Höhepunkt erreichte. Dazu gehörte auch die Errichtung staatlicher Gewerbeschulen und -akademien, die helfen sollten den technologischen Vorsprung der englischen Industriekonkurrenz aufzuholen.
Mit all diesen Maßnahmen leistete der Staat einen aktiven Beitrag zur ökonomischen und sozialen Modernisierung des Landes. Stellenweise war er seinen Untertanen bzw. Bürgern in diesem Bemühen sogar voraus. Teile des alten Stadtbürgertums standen den obrigkeitlichen Versuchen die überkommene genossenschaftliche Struktur des Gewerbes aus

den Angeln zu heben und durch privatkapitalistische Verhältnisse zu ersetzen zutiefst ablehnend gegenüber. Das Ideal einer stabilen Bürgergesellschaft ohne extreme Besitzunterschiede schien ihnen von einer ungehemmten Wirtschaftsentwicklung nach englischem Muster bedroht. Selbst unter Großkaufleuten und frühindustriellen Unternehmern waren die Meinungen über das englische Industriesystem durchaus geteilt. Gerade in den Anfangsjahrzehnten des 19. Jahrhunderts überwog die Kritik an einer Produktionsweise, die sich rücksichtslos über die traditionelle bürgerliche Ordnung hinwegsetzte und in Gestalt riesiger, bindungsloser Arbeitermassen einen sozialen Treibsatz schuf, der jederzeit explodieren konnte. Erst als das Phänomen des Pauperismus* ins öffentliche Bewusstsein drang, schwächten sich die industriekritischen Bedenken ab. Je mehr die ländliche Überschussbevölkerung in die Städte abwanderte und dort die Reihen der besitzlosen, auf den Verkauf ihrer Arbeitskraft angewiesenen Unterschichten anschwellen ließ, desto intensiver suchte man nach Möglichkeiten diesen Menschen eine dauerhafte wirtschaftliche Existenz zu sichern. Diese Herausforderung leitete allmählich einen folgenreichen Perspektivenwechsel ein. Hatte der entfesselte „Industrialismus" englischer Prägung vielen kontinentalen Beobachtern bisher als Herd ökonomischer Krisen und sozialer Ungleichheit gegolten, erschien er ihnen nun zunehmend als zentrales Mittel zur Eindämmung des Pauperismus. Nur eine forcierte Industrialisierung, so meinte man jetzt, könne den wachsenden Menschenmassen Arbeit und Brot geben. Auch wenn dabei, wie es der Kölner Großkaufmann Gustav Mevissen prophezeite, ein „Durchgangspunkt voller Elend, voll gänzlicher Verkennung der gemeinschaftlichen Interessen aller" durchschritten werden müsse, sei dieser Weg doch ohne Alternative.[2]

1. *Erarbeiten Sie aus diesem Abschnitt die Voraussetzungen des industriellen „Take-off" (siehe Begriffe S. 267) vor allem in Deutschland und gewichten Sie die einzelnen Elemente.*
2. *Informieren Sie sich anhand des Textes von Adam Smith (siehe S. 300, Mat. 1) über die Funktion des Staates in der liberalen Wirtschaftstheorie und beurteilen Sie vor diesem Hintergrund die preußischen Reformen.*

Der Industriekapitalismus als sozioökonomisches System: Wachstum und Strukturwandel

Das Wachstum und seine Indikatoren

Von der Industrialisierung erwarteten optimistisch gesinnte Zeitgenossen vor allem Wachstum: die Zunahme von Arbeitsplätzen und Erwerbsmöglichkeiten, die Steigerung der Produktivität, die Erhöhung von Produktions-, Umsatz- und Gewinnraten. Die tatsächlich eintretenden Wachstumsprozesse gingen aber auch mit einem tiefgreifenden ökonomischen Strukturwandel einher. Dieser setzte große gesellschaftliche Umwälzungen und schmerzhafte Anpassungsprozeduren in Gang und veränderte die Lebenswelt des Menschen innerhalb weniger Generationen bis zur Unkenntlichkeit.

Ökonomen benutzen verschiedene Indikatoren um wirtschaftliches Wachstum zu messen. Da ist zum einen die statistische Größe des Sozialprodukts*, der Summe aller Einkommen aus unselbstständiger Arbeit, Unternehmertätigkeit und Vermögen. Lag es in Deutschland um 1800 noch bei schätzungsweise 250 Mark pro Kopf, stieg es bis 1870 auf 347 Mark und erreichte im Jahre 1913 pro Kopf 726 Mark. Schaut man genauer hin und unterscheidet nach den einzelnen Wirtschaftsbereichen, stellt sich heraus, dass dieses Wachstum keineswegs überall gleich verlief. So verbuchte die in der Landwirtschaft erzielte Wertschöpfung in Deutschland zwischen 1850 und 1913 einen Zuwachs von 250 Prozent. Die Wertschöpfung des sekundären Sektors (Bergbau, Industrie und Handwerk) dagegen erhöhte sich im gleichen Zeitraum um 1116 Prozent, die des tertiären Sektors (Handel, Verkehr, Banken und andere Dienstleistungen) um 500 Prozent.

Die größten Wachstumsraten wies folglich das produzierende Gewerbe auf. Nicht alle Branchen expandierten jedoch im gleichen Tempo: Stieg das Produktionsvolumen der Baumwollweberei zwischen 1835 und 1870 um gut 500 Prozent, erhöhte sich die Roheisenerzeugung um fast 900, die Braunkohleförderung um 950 und die Eisenerzförderung gar um 1242 Prozent. Noch größer war der Anstieg bei der Erzeugung von Kupferfarben: Zwischen 1848 und 1870 betrug er 1342 Prozent!

Die Textilindustrie blieb demnach in ihrem Wachstum weit hinter Bergbau-, Metall- und Chemieindustrie zurück – ein wichtiger Unterschied zu England, wo sie den Führungssektor der Industrialisierung gestellt hatte. Anders als in England wurden in Deutschland die Eisenbahnen zum entscheidenden Antrieb der Industrialisierung. Das zeigt sich z. B. daran, dass 1851 nur etwas mehr als 4 Prozent aller im Maschinenbau Beschäftigten für das Textil- und Bekleidungsgewerbe arbeiteten, aber fast 20 Prozent für den Eisenbahnbau. Sein Bedarf an Schienen, Zugmaschinen und Waggons setzte eine beispiellose Produktionssteigerung in Gang. Die Zahl der preußischen Maschinenfabriken etwa versiebenfachte sich zwischen 1852 und 1875 beinahe, die Zahl der dort beschäftigten Arbeiter stieg um das Sechzehnfache. Besonders eindrucksvoll war die Entwicklung der Kruppschen Gussstahlfabrik. 1822 gegründet, beschäftigte sie im Jahre 1835 nur 67 Personen, 1873 dagegen knapp 12 000.

Überhaupt nahm die Zahl der Beschäftigten im produzierenden Gewerbe rasant zu: von etwa 2,2 Millionen im Jahre 1800 auf 9,5 Millionen hundert Jahre später. Noch viel beachtlicher als diese Steigerungsrate war jedoch der Produktivitätsanstieg, der in dieser Zeit zu verbuchen war. Nicht allein produzierten immer mehr Menschen immer mehr Waren, sondern jeder Einzelne arbeitete immer effektiver. So erhöhte sich etwa die Produktivität im Textil- und Bekleidungsgewerbe zwischen 1800 und 1913 um mehr als das Fünffache. Ursache war vor allem der vermehrte Einsatz von Maschinen, jener „wohlerzogensten, fleißigsten und willigsten Geschöpfe", die nach Auskunft des Statistikers Ernst Engel 1875 überall, wo sie standen, „Glück und Segen" brächten.[3]

Maschinen erleichterten die Arbeit und verkürzten die Zeit, die zur Herstellung eines Produkts notwendig war. Damit verbilligten sie es auch – ohne dass die Einsparung aber in gleicher Höhe an die Verbraucher weitergegeben wurde. So lagen die Preise für Textilerzeugnisse im Jahre 1913 ungefähr auf demselben Niveau wie 1830, obwohl die Produktivität inzwischen immens gestiegen war. Da die Löhne der Beschäftigten hinter dem Anstieg der Produktivität weit zurückblieben, die Preise für Textilrohstoffe sogar gesunken waren, kann man darauf schließen, dass Textilunternehmer (und nicht nur sie) im 19. Jahrhundert enorme Gewinne realisierten.

Ein weiteres Kennzeichen des industriekapitalistischen Wachstumsprozesses ist es, dass ein erheblicher Teil jener Gewinne wieder investiert wurde und damit zu erneuten Produktionserweiterungen, Produktivitätszuwächsen und Gewinnsteigerungen führte. Dieser expansive Kreislauf ist gemeint, wenn man vom Industriekapitalismus als einem System „selbstgeregelten industriellen Wachstums" spricht. Das schließt nicht aus, dass es auch Einbrüche und Stagnation gab (siehe Grafik S. 266). Im Großen und Ganzen jedoch war der Aufwärtstrend ungebrochen und er war sowohl in seiner Stetigkeit als auch in seinem Ausmaß historisch ohne Beispiel.

Stielhämmer im Eisenwerk Maffei bei München (die 1837 erworbenen Hämmer waren bis zu ihrem Abriss um 1900 in Betrieb) Fotografie, um 1900

Hammerschmiede im Eisenwerk Maffei Mitte der 1920er Jahre. Fotografie, um 1925

Gesellschaftlicher Strukturwandel

Die Wirtschaftsentwicklung des 19. Jahrhunderts zeichnete sich nun aber nicht nur dadurch aus, dass immer mehr Waren und Dienstleistungen immer schneller produziert und rascher umgesetzt wurden. Mit diesem Wachstumsprozess ging auch ein struktureller Wandel einher. Er beschränkte sich keineswegs auf die Ökonomie, sondern bezog nach und nach alle Bereiche menschlicher Lebenswelten und Erfahrung ein.

Veränderungen in der Wirtschafts- und Berufsstruktur

Zunächst führte die rapide Industrialisierung dazu, dass sich das Verhältnis der einzelnen Wirtschaftssektoren zueinander nachhaltig verschob. Das zeigt sich bereits bei einem ersten Blick auf die gewerbliche Produktion selbst. Gliedert man sie nach ihrer Organisationsform in Handwerk, Verlag und Fabrik (einschließlich Manufaktur und Bergbau), lässt sich eine großflächige Umschichtung beobachten: Immer mehr Beschäftigte des gewerblichen Sektors arbeiteten in Fabriken, immer weniger – relativ zur Gesamtzahl – in Heimgewerbe (Verlag) oder Handwerk. Galten um 1800 noch der städtische Handwerker und die ländliche Heimweberfamilie als typische Repräsentanten des Gewerbes, waren um 1900 Fabrikarbeiter und Fabrikarbeiterinnen an ihre Stelle getreten.
Ähnlich dramatische Strukturveränderungen werden erkennbar, wenn man die Gesamtwirtschaft ins Auge fasst, vor allem das Verhältnis von Landwirtschaft und produzierendem Gewerbe. Wurde zu Beginn des 19. Jahrhunderts noch fast die Hälfte des Volkseinkommens in der Landwirtschaft erwirtschaftet, war es hundert Jahre später nur noch ein knappes Drittel. Dem entsprach ein drastischer Rückgang des Beschäftigtenanteils von 62 Prozent im Jahre 1800 auf 35 Prozent 1907 – und das, obwohl die landwirtschaftliche Produktion insgesamt und die absolute Zahl der dafür benötigten Arbeitskräfte erheblich stiegen. Relativ zu anderen Wirtschaftssektoren jedoch ging die Bedeutung des Agrarsektors deutlich zurück. Das äußerte sich auch darin, dass immer weniger Menschen auf dem Land lebten. Um 1830 wohnten 92,3 Prozent aller Einwohner des Deutschen Bundes in Dörfern und Kleinstädten, nur 1,3 Prozent in Großstädten mit über 100 000 Einwohnern. Achtzig Jahre später sah das Bild ganz anders aus: Ein gutes Fünftel der Bevölkerung des Deutschen Reiches ballte sich in Großstädten und nur noch rund 40 Prozent wohnten in kleinen Landgemeinden.

Verstädterung und Mobilität

Schaut man sich einzelne Städte an, tritt die Umschichtung noch plastischer hervor. Berlin zum Beispiel, bis 1871 die Hauptstadt Preußens und danach die des neugegründeten Deutschen Reichs, hatte um 1815 knapp 200 000 Bewohner, 1910 bereits über zwei Millionen. Besonders rasant war das Bevölkerungswachstum jedoch in Ruhrgebietsstädten. Sie waren zu Beginn des 19. Jahrhunderts noch Dörfer oder kleine Ackerbürgerstädte mit wenigen tausend Einwohnern gewesen. Die um die Jahrhundertmitte einsetzende Industrialisierung ließ sie dann binnen weniger Jahrzehnte zu Großstädten werden, in denen Hunderttausende von Menschen Arbeit und Wohnung fanden.
Woher kamen diese Menschen? Ein großer Teil des Zuwachses ging auf das Konto dessen, was Bevölkerungswissenschaftler Wanderungsgewinn nennen. Das Ruhrgebiet, aber auch viele andere Städte des Deutschen Reichs profitierten ganz erheblich von der zunehmenden räumlichen Mobilität* der Bevölkerung. Sie nahmen jene Männer und Frauen auf, die auf der Suche nach Arbeitsplätzen ihre ländliche Heimat verließen und ihr Glück in den Zentren der Industrialisierung suchten.
Auch das war Teil jenes großen Umwälzungsprozesses, der das 19. Jahrhundert charakterisiert: Menschen setzten sich in Bewegung, überschritten regionale und nationale Grenzen um besser leben zu können. Mehrere Millionen Deutsche wanderten nach Übersee aus, ließen sich in Nord- und Südamerika oder in Australien nieder, wo sie mehr politische Freiheit und ökonomische Sicherheit erwarteten als in der Heimat. Polnische Arbeiter zogen ins Ruhrgebiet, böhmische Arbeiterinnen nach Ostwestfalen. Pendlerexistenzen nahmen zu, wie beispielsweise bei den westfälischen Arbeiterbauern, die den Großteil des Jahres in den Hüttenbetrieben des Dortmunder Reviers verbrachten, während Frauen und Kinder daheim blieben und die kleine Landwirtschaft besorgten.
Erleichtert wurde die neue Mobilität durch deutlich verbesserte Verkehrsverhältnisse. Allen voran trug die Eisenbahn dazu bei nicht nur Waren, sondern auch Menschen schneller von Ort zu Ort zu transportieren: So verzehnfachte sich die Summe der von allen Fahrgästen zurückgelegten Kilometer zwischen 1870 und 1913. Ein weiteres Indiz für erhöhte Mobilität und verdichtete Kommunikation war die Entwicklung des Postwesens: Wurden 1872 schätzungsweise 500 Millionen Briefe befördert, waren es 1913 bereits mehr als sieben Milliarden.
Hauptgewinner dieses Mobilitätsanstieges waren, wie bereits erwähnt, die städtischen Verkehrsknotenpunkte und Industrialisierungszentren. Durchschnittswerte verdecken

allerdings, dass das Wachstum von „Industriedörfern" wie Hamborn oder Gelsenkirchen sehr viel stärker von Zuwanderungen abhing als der Bevölkerungsanstieg lange etablierter Gewerbestandorte und Handelsstädte.

Das „natürliche" Bevölkerungswachstum

Erst dann, wenn ein bestimmter Bevölkerungsstand vorhanden war, konnte der zweite gewichtige Wachstumsfaktor greifen, und zwar das sogenannte „natürliche" Bevölkerungswachstum*. Es ergab sich aus dem Überschuss der Geborenen über die Gestorbenen – eine Differenz, die sich im 19. Jahrhundert stetig und nach 1871 geradezu sprunghaft vergrößerte.

Fragt man nach den Ursachen des „natürlichen" Bevölkerungswachstums, darf man keine einfache Antwort erwarten. Dass im 19. Jahrhundert, und zwar mit zunehmender Tendenz, mehr Menschen geboren wurden als starben, lag vor allem daran, dass die Sterblichkeitsrate deutlich zurückging. Kamen 1872 noch 29 Todesfälle auf 1000 Einwohner, waren es 1913 nur noch 15 (siehe Grafik S. 266). Immer mehr Menschen erreichten ein relativ hohes Alter, immer weniger wurden in jungen Jahren von Seuchen oder Krankheiten dahingerafft. Das lag weniger an den – in dieser Zeit noch sehr zögerlichen – Fortschritten der Medizin als an verbesserten Lebens- und Ernährungsverhältnissen. Auch die Intensivierung der öffentlichen Hygiene, zunächst in den Städten, trug dazu bei, dass mehr Menschen älter wurden. Zu Buche schlugen hier vor allem eine zentrale, amtlich überwachte Trinkwasserversorgung und der Ausbau der Abwasserkanalisation im Kaiserreich.

Angesichts dieser erfolgreichen Verringerung der Sterblichkeit vornehmlich seit den 1870er Jahren war ein schnelles Wachstum der Bevölkerung bereits vorprogrammiert, ohne dass es dazu einer außerordentlichen Steigerung der Geburtenziffern bedurft hätte. Eine solche Steigerung gab es auch nicht, im Gegenteil: Bereits seit 1877 sank die Geburtenziffer. Hatte sie 1876 noch 40,9 auf 1000 Einwohner betragen, lag sie 1913 bei 27,5 (siehe Grafik S. 266).

Das Bevölkerungswachstum der Kaiserzeit ist indes nicht allein auf sinkende Sterblichkeitsraten zurückzuführen. Entscheidend trug dazu bei, was Bevölkerungswissenschaftler eine „hohe Fertilität" (Zahl der Lebendgeburten pro 1000 Frauen im gebärfähigen Alter) nennen. Erst die hohe Fertilität führte zu Geburtenüberschüssen, die bewirkten, dass sich die Bevölkerung des Kaiserreichs letztlich um 65 Prozent vermehrte.

Kinderreichtum und eine höhere Lebenserwartung waren die entscheidenden Faktoren für den rapiden Bevölkerungsanstieg. Für die Herausbildung des Industriekapitalismus war dies Antrieb und Voraussetzung gleichermaßen. Zum einen wäre der Bedarf an zusätzlichen Arbeitskräften, der von einer stetig expandierenden Ökonomie ausging, anderweitig kaum zu decken gewesen; andererseits aber hätte die wachsende Bevölkerung ohne eine solche wirtschaftliche Expansion gar nicht ernährt werden können. Bevölkerungs- und Wirtschaftsentwicklung liefen demnach zunehmend Hand in Hand. Das lässt sich nicht zuletzt an der zurückgehenden Zahl der Auswanderer – heute würde man sie Wirtschaftsflüchtlinge nennen – ablesen. Hatten zwischen 1850 und 1860 rund 1,1 Millionen Deutsche ihre Heimat verlassen, waren es im ersten Jahrzehnt des 20. Jahrhunderts nur noch etwa 280 000.

Der Kampf um Märkte

Absatzmärkte

Das Deutsche Reich bzw. seine Vorläuferstaaten exportierten somit immer weniger Menschen, dafür aber immer mehr Waren. Längst nicht alles, was im Lande produziert wurde, fand hier auch Abnehmer. Zwar hatte sich der Binnenmarkt im Laufe des 19. Jahrhunderts enorm ausgeweitet, wie am Beispiel der Metall- und Maschinenbauindustrie deutlich wurde. Bau und Betrieb eines weitflächigen innerdeutschen Eisenbahnnetzes erzeugten einen Bedarf an Eisen und Maschinen, der die Produktionskapazität der Lieferfirmen zunächst sogar überforderte. Besonders Lokomotiven mussten daher aus dem Ausland, vornehmlich England, eingeführt werden. Erst nach der Jahrhundertmitte waren die deutschen Maschinenfabriken leistungsfähig genug um die Inlandsnachfrage selbst zu decken. Bald produzierten sie mehr, als der Binnenmarkt aufnehmen konnte. Deshalb sahen sie sich im Ausland nach Absatzmärkten um. Krupp exportierte in den 1870er und 1880er Jahren fast zwei Drittel seiner Produktion in andere Länder, z. B. in die USA, wo sich die Firma am Ausbau des Eisenbahnsystems beteiligte.

Betrachtet man die Statistik des deutschen Außenhandels im 19. Jahrhundert, tritt die zunehmende Exportorientierung des produzierenden Gewerbes klar zutage. Um 1830, also vor dem industriellen *Take-off**, machten Halb- und Fertigwaren nur ein knappes Fünftel des deutschen Exports aus, im Jahre 1913 bereits drei Viertel. Auch auf der Importseite zeichneten sich Strukturveränderungen ab. Abgesehen davon, dass Deutschland immer mehr Nahrungsmittel einführen musste, stiegen auch die Rohstoffimporte steil an. Die deutsche Industrie war also nicht nur auf ausländische Absatzmärkte, sondern auch auf ausländische Rohstoffmärkte angewiesen.

Internationale Konkurrenz

Damit stand sie nicht allein. Rasant zunehmende Außenhandelsvolumen waren allen Industriestaaten gemein. Die Vorreiterrolle nahm auch hier Großbritannien ein, das aufgrund seines Industrialisierungsvorsprungs (siehe Grafik S. 266) den Welthandel zunächst relativ unangefochten dominierte. Je mehr Staaten dem englischen Modell jedoch nacheiferten, desto heftiger wurden die internationalen Verteilungskämpfe um Rohstoff- und Exportmärkte. Dank seines riesigen Kolonialbesitzes brauchte sich das britische Empire darum nicht zu sorgen. Anders sah die Situation für Frankreich und Deutschland aus, die mit entsprechendem „Säbelrasseln" um die noch nicht verteilten Stücke des Weltkuchens konkurrierten. Industrialisierung und Imperialismus hingen eng zusammen.

Dass das Deutsche Reich im Streit um Kolonien schlecht abschnitt, bedeutete für seine wirtschaftliche Entwicklung letztlich keinen Schaden, im Gegenteil: In dem Maße, wie sich die Industrie nicht auf feste, politisch garantierte Außenmärkte verlassen konnte, musste sie sich verstärkt um internationale Wettbewerbsfähigkeit und Flexibilität bemühen. Dieser Innovationsdruck sollte sich im 20. Jahrhundert, gerade im Vergleich zu Großbritannien, auszahlen.

1. *Erläutern Sie die Begriffe des „Wachstums" und „Wandels" als konstitutive Bedingungen des Industriekapitalismus. Beachten Sie dabei auch die Bedeutung der Technik.*
2. *Die Sozialistin Rosa Luxemburg (1870–1919) hat die These vertreten, dass die ungleichzeitige regionale Entwicklung in der Welt und der Imperialismus lebensnotwendige Bedingungen für den Kapitalismus seien. Überprüfen Sie diese These anhand der Darstellung.*

Folgen und Begleiterscheinungen kapitalistischer Industrialisierung

Soziale Ungleichheit in der Klassengesellschaft

Klassen und Konflikte

Schon unter seinen Zeitgenossen galt der entstehende Industriekapitalismus als ein System eingebauter sozialer Konflikte. Nicht die „gemeinschaftlichen Interessen aller", so der Großkaufmann und liberale Politiker Gustav von Mevissen (1815–1899), bildeten sein Lebenselixier, sondern der rücksichtslose Eigennutz der Einzelnen, die mit- und gegeneinander konkurrierten. Im Wesentlichen standen sich dabei zwei große Interessengruppen gegenüber: Kapitalbesitzer und Arbeiter*. „Lohnarbeit und Kapital" – um diese beiden Pole organisierte sich die kapitalistische Klassengesellschaft, die sich als Folge und Begleiterscheinung der Industrialisierung seit der Mitte des 19. Jahrhunderts immer deutlicher herauszuschälen begann.

Schon Friedrich Engels, Wuppertaler Fabrikantensohn und langjähriger Mitstreiter von Karl Marx, hatte 1845 mit Blick auf England davon gesprochen, dass die „wichtigste Frucht" industrieller Umwälzung „das englische Proletariat*" sei. Damit meinte er die allein von ihrem Arbeitslohn lebenden Fabrikarbeiter, die zum Haupttypus unselbstständiger Gewerbetreibender geworden waren und alle anderen Typen – Handwerksgesellen, Heimarbeiter, gewerbliches Gesinde – an den Rand drückten. Ihren Gegenpart bildeten die „reichen Kapitalisten", auch „Bourgeois" genannt. Ihnen gehörten die „kolossalen Etablissements", in denen die Arbeiter Beschäftigung fanden. Sie verfügten über das Kapital, aber auch über technisches Wissen und Marktkenntnisse. So konnten sie Investitionen tätigen, den Absatz der produzierten Waren organisieren und Produktinnovationen in Gang setzen. Die Gewinne, die ihnen diese Tätigkeiten und Fähigkeiten zuführten, lagen um ein Vielfaches höher als die Summe der kargen Arbeitslöhne, die ihre Arbeiter nach Hause trugen. Schon Engels sagte deshalb der englischen Gesellschaft einen baldigen „Krieg der Armen gegen die Reichen" voraus. Eine friedliche Lösung hielt er für ausgeschlossen: „Die Klassen sondern sich schroffer und schroffer, der Geist des Widerstandes durchdringt die Arbeiter mehr und mehr, die Erbitterung steigt."[4]

Erbitterung und Widerstand richteten sich auch gegen die sozialen Herrschaftsverhältnisse, in denen sich die industriekapitalistische Produktion abspielte. Unternehmer* und Arbeiter* standen sich eben nicht als gleichgewichtige Ver-

tragspartner gegenüber, sondern ihr Verhältnis war hierarchisch und asymmetrisch. Die Asymmetrie drückte sich nicht nur in der Fabrik aus, wo die unternehmerische Herrschaft am krassesten ausgeprägt war. Sie zeigte sich auch im sozialen und politischen Bereich.
Jener Herrschaftsaspekt war aus dem Begriff Klasse* nicht wegzudenken. Darauf machte nicht zuletzt seine dualistische Struktur aufmerksam. Man sprach von Klasse immer im Zusammenhang mit Gegensätzen, mit Konfrontation und Kampf. Geradezu „klassisch" findet sich diese Begrifflichkeit im Kommunistischen Manifest von 1848: „Die ganze Gesellschaft spaltet sich mehr und mehr in zwei große feindliche Lager, in zwei große einander direkt gegenüberstehende Klassen – Bourgeoisie und Proletariat."[5]
Dieses Bild des Kommunismus* von einer antagonistischen Klassengesellschaft war im 19. Jahrhundert weit verbreitet. Überall sprach man, spätestens seit den 1840er Jahren, von „arbeitenden" und „besitzenden", „unteren" und „höheren" Klassen. Zwar stimmten nicht alle der Marxschen Behauptung zu, wonach es in der modernen Gesellschaft nur noch zwei Klassen gebe und alle anderen gesellschaftlichen Gruppierungen letztlich darin aufgingen. Darüber allerdings, dass die Gesellschaft des 19. Jahrhunderts nach Klassen gegliedert sei, herrschte allgemeine Übereinstimmung.

Auflösung der ständischen Ordnung

Was war neu an dieser Gliederung? Immerhin hatte sich auch die vormoderne Gesellschaft nicht durch eine egalitäre Ordnung ausgezeichnet, die Lebenschancen und -risiken für alle gleich verteilte. Vielmehr waren soziale Über- und Unterordnungen hier sogar rechtlich fixiert gewesen. Der Theorie nach gehörte jeder Einwohner einem bestimmten Stand an, war entweder Bauer, Bürger oder Adliger. Als Standesmitglied kamen ihm bestimmte, traditionell vorgegebene Rechte und Pflichten zu, eine bestimmte Form des Einkommens, der politischen Teilhabe und der sozialen Ehre. In ihrem Inneren war die ständische Gesellschaft hierarchisch aufgebaut. Es war selbstverständlich, dass der Adel größere politische Herrschaftsrechte als Bauern oder Bürger* besaß und dass seine Ehre um ein Vielfaches höher taxiert wurde. Gegen diese Ausprägungen sozialer, politischer und ökonomischer Ungleichheit erhob sich erstaunlich wenig Protest. Zwar kam es hin und wieder zu Unruhen, vor allem auf seiten von Bauern und Handwerksgesellen. Ihr Unmut richtete sich aber nicht gegen die Ständepyramide als solche, sondern gegen das, was sie als unzumutbaren Angriff auf ihr „altes Recht" empfanden. Mit anderen Worten: Sie hatten nichts dagegen die Basis der Pyramide zu bilden, bestanden aber darauf, dass die ihnen damit zukommenden Rechte und Verbindlichkeiten nicht angetastet wurden.
Gefahr drohte der ständischen Sozialverfassung von außen: von denen, die nicht dazugehörten. Bereits im ausgehenden 18. Jahrhundert, als das Preußische Allgemeine Landrecht (1794) die Gliederung des Untertanenverbandes in Bauern, Bürger und Adlige noch einmal festschrieb, war jedem unvoreingenommenen Beobachter klar, dass ein großer und wachsender Teil der Bevölkerung darin keinen Platz mehr fand. Wenn um 1800 die Mehrheit der Landbevölkerung aus landarmen oder landlosen Familien bestand, wenn in den Städten die Zahl der weder mit Bürger- noch mit Zunftrechten ausgestatteten Tagelöhner rasant anstieg, bedeutete das, dass die ständische Gesellschaftsordnung gleichsam von unten ausgehöhlt wurde.
Unterstützt wurde dieser Prozess von der staatlichen Reformgesetzgebung (siehe S. 272 f.), die im frühen 19. Jahrhundert einen Großteil ständischer Bindungen und Privilegien abschaffte und damit den rechtlichen Rahmen für die Herausbildung einer Markt- und Eigentümergesellschaft schuf. Noch „destruktiver" wirkte die beginnende Industrialisierung, die die Menschen anfangs noch zögernd, dann aber mit immer größerer Wucht aus ihren traditionalen Lebensformen herauslöste und in neue soziale, ökonomische und politische Zusammenhänge stellte.

Klassenlage und Marktlage

„Vom Stand zur Klasse" – so haben Historiker diese sozialgeschichtliche Umwälzung umschrieben (siehe Mat. S. 300–303). Sie griffen dabei auf theoretische Konzepte zurück, die bereits von Sozialwissenschaftlern des 19. und frühen 20. Jahrhunderts entwickelt worden sind: von Karl Marx vor allem und von Max Weber (1864–1920), dem Gründervater der deutschen Soziologie. Weber hatte Klassen, im Unterschied zu Ständen, an die Existenz von Märkten gebunden. Nur unter den Bedingungen von Güter- oder Arbeitsmärkten könnten Klassen entstehen, die durch gemeinsame ökonomische Besitz- bzw. Erwerbsinteressen ihrer Mitglieder gekennzeichnet seien (siehe S. 288, Mat. 5).
Diese Definition entsprach den Gegebenheiten der industriekapitalistischen Marktgesellschaft, wie sie sich im Verlauf des 19. Jahrhunderts immer klarer herauskristallisierten. Über Lebenschancen und -risiken eines Menschen entschieden nicht mehr ständische Zuordnungen, sondern Marktpositionen und Eigentumstitel. Je nachdem, ob jemand nur seine Arbeitskraft auf dem Markt anzubieten hatte oder darüber hinaus noch mit besonderen fachlichen Qualifikationen aufwarten konnte, verbesserten sich seine wirtschaftliche Lage und sein sozialer Status. Die Besitzer von Produktionsmitteln wiederum befanden sich von vorn-

herein in einer überlegenen Marktposition. Sie diktierten die Bedingungen, unter denen sie die gekaufte Arbeitskraft nutzten und verwerteten; sie übten eine umfassende Herrschaft über ihre Arbeiter aus und sie verfügten in der Regel über den gesellschaftlichen und politischen Einfluss diese Herrschaft auf Dauer zu sichern.
Auch die nachständische Klassengesellschaft installierte demnach soziale Ungleichheiten großen Stils. So manchem Zeitgenossen schienen sie sogar größer als in der alten Gesellschaft. Vor allem das Los der „Proletarier" galt ihnen als Anklage gegen das neue System. Besonders in der Phase der Frühindustrialisierung häuften sich kritische Berichte über den schlechten Gesundheitszustand der Fabrikarbeiter, über ihre unmenschlichen Arbeitsbedingungen, über ihre erbärmlichen Wohnungen und ihre karge Ernährung. In der Tat lagen die Löhne auf niedrigem Niveau, waren die Arbeitszeiten lang und die körperliche Beanspruchung hoch. Gerade in den zuerst maschinisierten Baumwollspinnereien herrschten kaum erträgliche Arbeitsbedingungen, die auch Frauen und Kindern zugemutet wurden. Die Fabrik als Ort industrieller Produktion führte die verstreut arbeitenden Produzenten zusammen; sie unterwarf sie einem strikten, vom Fabrikherrn vorgegebenen Zeitreglement und einer harten Arbeitsdisziplin. Sie nahm keine Rücksicht auf individuelle Befindlichkeiten und Vorlieben, sondern legte Wert auf Uniformität und gehorsame Leistung.

Gegenwelten

Angesichts der schlechten Arbeitsverhältnisse träumten sich viele Kritiker in eine vorindustrielle Idylle zurück, die es allerdings kaum jemals gegeben hatte. Friedrich Engels etwa kontrastierte die Lage des englischen Industrieproletariats mit der „romantisch gemütlichen" Existenz seiner Vorfahren, die als ländliche Spinner und Weber „ein rechtschaffenes und ruhiges Leben in aller Gottseligkeit und Ehrbarkeit" geführt hätten.[6] Die Schilderung vorindustrieller Verhältnisse war sicherlich übertrieben und geschönt. Gerade deshalb aber vermittelt sie einen anschaulichen Eindruck davon, wie stark Zeitgenossen den Bruch empfanden, der mit der Einführung des Fabriksystems verbunden war.
Nicht nur viele bürgerliche Zeitgenossen, auch die potentiellen Arbeiter standen dem neuen System kritisch-ablehnend gegenüber. Handwerksgesellen, die an eine freiere Zeitökonomie gewöhnt waren, beugten sich nur widerwillig dem strengen Arbeitsrhythmus der Fabrik. Auch die fortgeschrittene, durch den Einsatz von Maschinen geförderte Arbeitsteilung missfiel ihnen, fühlten sie sich davon doch in ihrer Qualifikation abgewertet und zu einem bloßen Rädchen im Maschinengetriebe degradiert. Nicht immer konnten industrielle Unternehmer daher aus einem großen Arbeitskräftereservoir schöpfen. Zuweilen mussten sie Werber in weit entlegene Gebiete schicken um die benötigten Arbeitskräfte zu rekrutieren. Sie mussten höhere Löhne zah-

Herman Heijenbrock (1871–1948), Zug der Kohlenhauer, um 1908, Öl auf Leinwand, 48 x 62 cm, Privatbesitz

len und durch zusätzliche Sozialleistungen dafür sorgen, dass die Belegschaft nicht zur Konkurrenz abwanderte. Je knapper die Arbeiter, desto günstiger war, dem Gesetz von Angebot und Nachfrage folgend, ihre Marktposition.

Von der Klassenlage zum Klassenhandeln: „Arbeiterkoalitionen" und „Proletariat"

Arbeiter erreichten eine weitere Verbesserung ihrer Marktposition dadurch, dass sie Koalitionen bildeten. Als Einzelne – diese Erfahrung machten sie schnell – konnten sie gegen den Unternehmer kaum etwas ausrichten. Schlossen sie sich hingegen zusammen und vertraten ihre Interessen gemeinsam, waren sie sehr viel mächtiger. Sie verfügten dann sogar über ein gewichtiges Mittel ihren Forderungen Gehör zu verschaffen: die zeitlich befristete Arbeitsniederlegung, den Streik. „Alle Räder stehen still, wenn dein starker Arm es will" – dieser Slogan der späteren Arbeiterbewegung* wurde seit den 1850er Jahren in zahlreichen Einzelaktionen ausprobiert (siehe S. 290, Mat. 9).
Erst die Organisation, der Zusammenschluss zum Zweck kollektiver Interessenvertretung, ließ die Arbeiter zu einer wirklichen Klasse werden. Klassen, hatte Max Weber definiert, seien noch nicht unbedingt „Gemeinschaften", sondern „stellten nur mögliche (und häufige) Grundlagen eines Gemeinschaftshandelns" dar. Damit ein solches Handeln möglich wurde, bedurfte es außer einer gemeinsamen Klassenlage der intellektuellen und emotionalen Einsicht in ihre gesellschaftliche „Bedingtheit und Wirkung". Erst dann könne der „Kontrast der Lebenschancen als etwas nicht schlechthin Gegebenes und Hinzunehmendes" empfunden und kollektiv kritisiert werden.[7]
Als „das wichtigste historische Beispiel" einer solchen „Vergesellschaftung" erwähnte Weber das „moderne ‚Proletariat'". Sein „Klassenhandeln" nahm in Deutschland seit den 1840er Jahren Gestalt an. Ganz allmählich bildeten sich, von Unternehmern und Staat heftig bekämpft, Arbeitervereine, Gewerkschaften und schließlich, in den 1860er Jahren, Arbeiterparteien (siehe Mat. S. 337–341). Die industriekapitalistische Klassengesellschaft gewann politische Konturen, die Fronten klärten sich, der organisierte Widerstand nahm zu. Nur dieser Organisation war es zu verdanken, dass sich die „Klassenlage" der Arbeiter langfristig verbesserte: dass die Reallöhne stiegen, die Arbeitszeiten sanken, die Arbeiterschutzmaßnahmen intensiviert wurden.
Auch der in den 1880er Jahren beginnende Auf- und Ausbau einer staatlichen Sozialpolitik, die die beschäftigungsbedingten Risiken der Arbeiterschaft zu mindern suchte, wäre ohne die Existenz einer oppositionellen Arbeiterbewegung undenkbar gewesen. Es gelte, meinte Reichskanzler Otto von Bismarck 1881 im Zusammenhang mit der sozialen Frage* und mit Blick auf die Sozialdemokratie, „die Ursachen des Sozialismus*, insoweit ihnen eine Berechtigung beiwohnt, zu beseitigen". Die „Vorwände, die zur Aufregung der Massen benutzt werden, die sie für verbrecherische Lehren erst gelehrig machen", müssten durch eine „positive" Politik, z. B. Gesetze zur Sozial- und Unfallversicherung, aus dem Weg geräumt werden.[8] Solche Zugeständnisse wären ohne die organisierte Marktmacht der Arbeiter wohl kaum jemals zustande gekommen. Die Entwicklung einer positiven Klassenidentität und die Herausbildung solidarischen Klassenhandelns seitens der Arbeiter waren demnach in Deutschland die Voraussetzungen dafür, dass sich die krassen sozialen Ungleichheiten der industriekapitalistischen Klassengesellschaft mit der Zeit abschwächten – ohne doch jemals ganz zu verschwinden.

Naturaneignung und Umweltzerstörung

Der industrielle Kapitalismus begründete nicht nur eine neuartige Form der Herrschaft des Menschen über den Menschen mit typischen Klassenidentitäten, Klassengegensätzen und Klassenkämpfen. Er installierte auch eine vorher unbekannte Herrschaft des Menschen über die Natur.
Viele Jahrzehnte lang stand diese Herrschaft ganz im Schatten der Klassenherrschaft. Erst seit den 1980er Jahren rückte sie mehr und mehr ins Licht der Öffentlichkeit. Mit dem neuen Umweltbewusstsein stieg auch das Interesse an Umweltgeschichte. Anders als die Sozialgeschichte aber, die seit den 1960er Jahren die Ausprägungen und den Gestaltwandel der industriekapitalistischen Klassengesellschaft analysiert, steht eine solche Umweltgeschichte noch ganz am Anfang. Manches kann hier deshalb nur in Umrissen skizziert werden; viele Fragen bleiben offen.

Von der vorindustriellen Naturaneignung zur modernen Naturerfahrung

Davon, dass der Industriekapitalismus die Herrschaft des Menschen über die Natur erfunden hätte, kann sicherlich keine Rede sein. Seit jeher waren Menschen dem Bibelwort gefolgt sich die Erde untertan zu machen und natürliche Ressourcen für ihr Überleben zu nutzen. Seit jeher war dieser Aneignungsprozess mühevoll und gewalttätig gewesen. Immer wieder entzog sich die Natur den menschlichen Ordnungs- und Nutzungsinteressen. Immer wieder bedurfte es enormer Anstrengungen diese Interessen auch durchzusetzen. Gerade die Agrargesellschaften der Vormoderne waren

der Natur in einer Weise ausgeliefert, die heute kaum noch vorstellbar ist. Klimakatastrophen konnten Missernten nach sich ziehen, die eine ganze Bevölkerung an den Rand des Hungertodes brachten. Hier war das andere Extrem erfahrbar: die Herrschaft der Natur über den Menschen.
Andererseits fügten Menschen auch der Natur gravierende Verletzungen zu. Schon in der frühen Neuzeit führten ihre Ein- und Übergriffe dazu, dass sich ganze Landschaften verschoben. Riesige Waldflächen wurden abgeholzt und als Brenn- und Baustoffe verwertet. Immer mehr Land kam unter den Pflug und wurde neuen, intensiveren Nutzungsverfahren unterworfen. Wüstes Gelände wurde urbar gemacht, Sümpfe trockengelegt. Dieser Prozess setzte sich im Laufe des 19. Jahrhunderts fort – mit dem Ergebnis eines 50prozentigen Zuwachses an Ackerland allein in diesem Jahrhundert.
Insgesamt hatte man im 19. Jahrhundert den Eindruck, der Mensch habe den Kampf mit der Natur gewonnen. Dazu trug nicht nur die Rationalisierung und Intensivierung der Landwirtschaft bei, die es schaffte eine rasch wachsende Bevölkerung zu ernähren. Internationale Handelsverflechtungen und stetig verbesserte Verkehrsmittel erlaubten es überdies Versorgungsengpässe durch Nahrungsmittelimporte auszugleichen, sodass die Agrar- und Hungerkrisen alten Typs seit der Mitte des 19. Jahrhunderts der Vergangenheit angehörten. Zudem bewirkten die forcierte Industrialisierung und Urbanisierung, dass sich zunehmend mehr Menschen von der Natur „emanzipierten“. In Fabriken beschäftigt und in Städten ansässig, konnten sie die Natur gewissermaßen aus ihrem Leben aussperren. Natur, Klima, Landschaft entwickelten sich für die Masse der Stadtbewohner zu einer Art Gegenwelt – einer Welt, die zu Ausflügen und Erkundungen am arbeitsfreien Sonntag einlud, das Alltagsleben aber kaum noch behelligte.
Erst die lebenspraktische Ferne zur Natur ließ letztlich auch das entstehen, was man als modernes Naturgefühl bezeichnen könnte: jene sehnsuchtsgeschwängerte Idyllisierung heiliger Eichenhaine und melodischen Vogelgezwitschers, die das „deutsche Wesen“ seit der Romantik beseelte. Hundertfach besungen und bedichtet wurde die Natur in dem Maße zur Heils- und Glücksbringerin, wie sie dem modernen Menschen vom Leib rückte und ihre gefährlichen Tücken verlor. Sie war nur noch Muse für Mußestunden, Konsumartikel, Erholungsspenderin – Luxus.
Auch diese Umwidmung war Teil des Prozesses, der die Naturbeherrschung im 19. Jahrhundert zu ungeahnter Perfektion steigerte. Erst die Erfahrung extremer Beschleunigung, wie sie die Eisenbahn seit den 1830er Jahren vermittelte, schärfte die Wahrnehmung des Langsamen, Gleichbleibenden, das der Natur als Ort stiller, geruhsamer Kontemplation anhaftete. Zugleich ermöglichte die Eisenbahn einer wachsender Zahl von Menschen ihre städtische Lebensumwelt kurzfristig zu verlassen und Natur als „Kontrastprogramm“ zu erleben. Indem Stadt und Land, Kultur und Natur immer enger miteinander verbunden wurden, öffnete sich der menschliche Erfahrungsraum für beides.

Die Märkische Schweiz vom Schnellzug aus gesehen. Karikatur aus der deutschen Zeitschrift „Kladderadatsch“, 1860

Industrie und Umwelt

Eisenbahnen ermöglichten aber nicht nur neue Naturerfahrungen. Sie veränderten auch Natur, zerschnitten Landschaften, überzogen sie mit schwarzem Kohlenrauch und dumpfem Getöse. Hatte sich der vorindustrielle Verkehr an die äußere Natur angepasst, leistete ihr die Dampfkraft der Eisenbahn Widerstand. Die natürliche Topographie stellte kein Hindernis mehr dar, sondern wurde dank kühner Brückenbauten und Tunnelanlagen überwunden.
Die Zeitgenossen bewunderten diese gigantischen Leistungen menschlicher Erfindungsgabe und moderner Technik. Aber sie sahen auch die Schattenseiten: den Verlust an Landschaft, den „ungesunden Auswurf der dröhnenden Lokomotive“.[9] Dass technische Innovationen nicht nur Erleichterungen, sondern auch Belastungen schufen, traf besonders auf die Industrie zu. Sie zog ihre lokale Umwelt in einem bisher nicht dagewesenen Maße in Mitleidenschaft (siehe S. 287, Mat. 3 und 4). Anders als die alten handwerklichen Kleinbetriebe meldeten die großen, zentralisierten Produktionsstätten einen schier unersättlichen Bedarf an natürlicher Energie (Wasser und Kohle) an und gaben ihre häufig giftigen Abfallprodukte ungeklärt und ungefiltert an die Umgebung zurück.
Vor allem in den Anfangsjahren der Industrialisierung lösten

solche Übergriffe schockartige Reaktionen aus. Nicht das, was in der Fabrik selbst passierte, erregte die Gemüter, sondern die Auswirkungen auf die unmittelbare Umwelt. Das zeigte sich etwa in den von Medizinern verfassten sanitätspolizeilichen Handbüchern. Zwar befassten sie sich auch mit dem Gesundheitsschutz der Gewerbetreibenden und Fabrikarbeiter. Sehr viel größeren Raum aber nahmen die Hinweise zur Eindämmung unangenehmer und gesundheitsschädlicher Immissionen ein. Die nachteiligen Folgen einer Industrieanlage für die Nachbarschaft standen auf der Prioritätenliste einer öffentlichen Gesundheitspflege weit vor den Gefährdungen für die Beschäftigten.

Das änderte sich in der zweiten Hälfte des 19. Jahrhunderts. Die öffentliche Aufmerksamkeit verlagerte sich nun von der Außenwelt der Fabrik auf ihr Innenleben. In diesem Perspektivenwechsel spiegelte sich die zunehmende Anerkennung der Industrie als „Quelle des Wohlstandes für die ganze übrige Bevölkerung", wie es Friedrich Harkort (1793–1880), einer der „Väter" der Industriellen Revolution in Deutschland, ausdrückte.[10] Je mehr sich die Ansicht durchsetzte, dass das „Maschinen- und Fabrikwesen" die Entwicklung der Volkswirtschaft äußerst vorteilhaft beeinflusste, desto geringere öffentliche Resonanz fand die immer wieder aufflackernde Industrieschelte.

Proteste von Anwohnern gegen Fabriken und Industrieansiedlungen blieben denn auch zunehmend erfolglos. So klagten etwa Landwirte des Emschergebietes in den 1880er Jahren gegen eine Zeche, die fortwährend Abwässer in den Fluss einleitete und damit seine Nutzung zur Düngung und Berieselung umliegender Ländereien unmöglich machte. Die zuständige Münsteraner Behörde vertrat jedoch die Ansicht, „dass bei dem Widerstreit der Interessen der Landwirtschaft einerseits und des Bergbaus andererseits … der zu Gunsten der ersteren geforderte Schutz eine unverhältnismäßig große Benachteiligung des letztgenannten Gewerbezweiges mit sich bringen wurde. Denn unzweifelhaft steht ein Verbot, die in Ausübung desselben sich ansammelnden Abwässer in die Privatflüsse einzuleiten, der Schließung des Betriebes überhaupt gleich, mithin würden Hunderte von Arbeitern brotlos gemacht."[11]

Industrieschutz statt Naturschutz

Gegen solche Argumente konnten weder die Schutzansprüche lokaler Kleinbauern noch die Industriekritik bürgerlicher Naturfreunde etwas ausrichten. Nicht Naturschutz, sondern Industrieschutz stand seit dem letzten Drittel des 19. Jahrhunderts auf der politischen Tagesordnung. Nur wenn die Interessen einflussreicher Bürger durch Industrieansiedlungen beeinträchtigt wurden, konnten sich die Behörden zu einer Politik der Schadensbegrenzung und -vermeidung veranlasst sehen. So wehrten sich im Jahre 1891 Blankeneser Anwohner erfolgreich gegen eine geplante Bleihütte, deren Immissionen den Villen- und Grundstücksbesitzern Nachteile gebracht hätten: Schließlich hätten „die Errichtung neuer Villen und die Benutzung der schon gebauten als Luxusaufenthalt keine weitere Verwendung" gefunden.[12]

Die Annahme liegt nahe, dass die Besitzer der Villen zu einem großen Teil selbst Fabrikanten waren, deren Etablissements an anderem Ort andere Anwohner belästigten. Um Lärm und Luftverunreinigung zu entgehen hatten sie sich mit ihren Familien an den Stadtrand zurückgezogen und waren nun nicht bereit dort ein ähnliches Schicksal zu erleiden. Beispielhaft für diese Stadt- und Fabrikflucht war der Essener Unternehmer Alfred Krupp. Hatte er im Jahre 1842 sein Stammhaus noch mitten auf dem Fabrikgelände errichtet, zog er 1873 auf den „Hügel" vor der Stadt, wo er inmitten ausgedehnter, mühsam angepflanzter Parkanlagen eine Villa hatte bauen lassen. Dagegen lagen die Siedlungen für seine Arbeiter zumeist in unmittelbarer Nähe der Fabrikgebäude.

Obwohl die industriell verursachte Naturzerstörung keineswegs unbemerkt blieb, gab es bis weit ins 20. Jahrhundert hinein keine mächtige Lobby, die dagegen anzukämpfen bereit und fähig war. Die Arbeiterbewegung* als wichtigste Oppositionskraft des Kaiserreichs war alles andere als industriefeindlich eingestellt. Ihre Kritik richtete sich gegen sozioökonomische Verteilungs- und Herrschaftsstrukturen, nicht aber gegen den kurz- und langfristigen Verschleiß natürlicher Ressourcen. Die um 1900 gegründete sozialistische Naturfreunde-Bewegung rieb sich denn auch weniger an der Zerstörung der Umwelt als an deren Privatbesitz. Die zeitgleich entstehende bürgerliche Naturschutzbewegung wiederum verlegte sich darauf die Einrichtung geschützter Reservate (Naturschutzparks) zu fordern.

Kam es doch einmal zu konkreten, lokal begrenzten Konflikten um die Umweltbelastungen einer Fabrikanlage, wurde der Bau höherer Schornsteine empfohlen und betrieben. Damit war das Einzelproblem zugleich entschärft und vergesellschaftet worden: Die Schornsteine verteilten die Schadstoffe über eine größere Region und verurteilten damit auch das Projekt unberührter Naturenklaven zum Scheitern. Erst diese Verallgemeinerung der Umweltprobleme aber, ihre Entgrenzung und Loslösung von einigen unmittelbar betroffenen Industrierevieren, schufen die Voraussetzung dafür, dass sich allmählich ein gesellschaftliches Problembewusstsein herausbildete und einen gesamtstaatlichen Handlungsbedarf einklagte.

Geschlechterverhältnisse in Familie und Gesellschaft

Zerfall der Familie?

Vielen Zeitgenossen des 19. Jahrhunderts stand es klar vor Augen: Der Kapitalismus, das Industriesystem hatten nicht nur überkommene gesellschaftliche Ordnungen zertrümmert und eine neue, aggressive Phase der Naturzerstörung eingeleitet. Sie hatten sich darüber hinaus an einem vitalen Unterpfand sozialer und politischer Stabilität vergangen: an der Familie. Die „große Industrie", hieß es im Kommunistischen Manifest, habe „alle Familienbande für den Proletarier zerrissen". Ähnliches las man seit 1879 in dem Erfolgsbuch des sozialdemokratischen Parteiführers August Bebel, „Die Frau und der Sozialismus".
Auch auf konservativer Seite übte man scharfe Kritik an den familienzerstörenden Wirkungen des Industriekapitalismus. Er habe, schrieb der Volkskundler Wilhelm Heinrich Riehl 1852, dem „vierten Stand" entweder die „Familienlosigkeit" oder die „social entfesselte Familie" – „freie Liebe, wilde Ehe" – aufgezwungen. „Das Weibliche" komme hier „nicht zur eigentümlichen Entfaltung, weil die Frau zumeist als isoliertes Individuum von ihrem natürlichen Boden, der Familie, losgelöst ist". Die Gefahren einer solchen Familienlosigkeit seien groß: Weil dem „Fabrikproletarier … das Leben in der naturgemäßen Beschränkung der Familie verwehrt ist, wie es ihm meist auch immer verwehrt bleibt sich selber eine Familie zu gründen so verfällt er in krankhaftem Drange um so leichter auf die Phantasiegebilde der kommunistischen Familie der Menschheit. Das Leben in der Familie ist das beste Schutzmittel vor allen sozialen Verirrungen, und wenn diese jetzt so übermächtig allwärts emporwuchern, so ist dies das sicherste Zeichen, dass das Heiligtum des Hauses gar vielfach zertrümmert sein muss." [13]
Die Motive, aus denen Konservative und Sozialisten den angeblichen Zerfall der Familie beklagten, waren verschieden. Die Diagnose aber blieb gleich. Doch auch sie erscheint im Licht neuerer Forschungen als höchst fragwürdig. Ideologische Vorannahmen und normative Leitbilder beeinflussten eine Wahrnehmung, die die Realität mehr verzeichnete als abbildete. Heute weiß man: Die Entfaltung des Industriekapitalismus als sozioökonomisches System ging keineswegs mit der Verallgemeinerung von „Familienlosigkeit", mit der „Auflösung von Ehe und Familie" oder mit ihrer „sozialen Entfesselung" einher. Im Gegenteil: In dem Maße, wie sich das kapitalistische Lohnarbeiterverhältnis durchzusetzen begann, gewann auch die Familie an Bedeutung. Immer mehr Arbeiter und Arbeiterinnen gründeten eine Familie und der Anteil der Ledigen an der Gesamtbevölkerung sank. Solange dagegen handwerklich-kleingewerbliche Strukturen vorherrschten, waren die Chancen als abhängig Beschäftigte zu heiraten und eine Familie zu versorgen weitaus geringer. Für Gesellen des Bäcker-, Fleischer- oder Friseurgewerbes lag das Risiko lebenslang ledig zu bleiben, bei eins zu drei. Die Arbeiterschaft der expandierenden Schwerindustrie und des Maschinenbaus dagegen war 1882 bereits zu über 60 Prozent verheiratet. Ehe- und Familienlosigkeit gehörten daher eher zu einer vorindustriellen, handwerklich-bäuerlich geprägten Gesellschaft.
Statistisch gesehen hatten die familienbewussten Kritiker des Industriesystems also Unrecht. Waren große Gruppen der vorindustriellen Gesellschaft von der Familiengründung ausgeschlossen gewesen – man denke an Handwerksgesellen, Knechte und Mägde –, schuf die Industrialisierung Arbeitsplätze ohne strukturelle Heiratsbarrieren. Die Familie verschwand folglich nicht, sondern setzte sich als Lebensform auch in den Unterschichten jetzt erst durch.

Familienbilder

Aber, könnte man fragen, steckte nicht vielleicht doch ein Körnchen Wahrheit in dem zeitgenössischen Lamento über Auflösung und Zerfall der Familie? Konnte denn bei Fabrikarbeitern wirklich von einem Familienleben die Rede sein, das diesen Namen verdiente?
Tatsächlich sagt die Häufigkeit von Eheschließungen noch nichts aus über den Charakter und die Qualität der geschlossenen Ehe. Dennoch gibt es keine verlässlichen Hinweise, dass sich diese im Verlauf des 19. Jahrhunderts zum Schlechteren verändert hätten. Unsicheres Einkommen, beengte Wohnverhältnisse und knappe Budgets waren kein Privileg des Industrieproletariats; die Unterschichten der vorindustriellen Gesellschaft hatten materiell kaum besser gelebt.
Diesen Vergleichsmaßstab legten Kritiker nicht an. Sie kontrastierten das Arbeiterfamilienleben stattdessen mit einem idyllisierten Bild bäuerlich-handwerklicher bzw. bürgerlicher Familien. Gekennzeichnet durch wertbeständige patriarchalische Strukturen, klare Arbeits- und Rollenzuweisungen und ein hohes Maß an Stabilität und Kontinuität über die Generationen hinweg, schienen solche Familientypen das genaue Gegenstück zu den instabilen, konfliktgeschüttelten und chronischen Mangel verwaltenden Fabrikarbeiterfamilien darzustellen (siehe S. 288, Mat. 6).

Frauenerwerbsarbeit und hausväterliches Regiment

Das zeitgenössische, die politischen Lager mühelos übergreifende Unbehagen an den proletarischen Familienver-

hältnissen bündelte sich in der Figur der erwerbstätigen Ehefrau. Dass eine verheiratete Frau fern von Haus und Familie in der Fabrik Geld verdiente, galt vor allem in der bürgerlichen Öffentlichkeit als Wurzel allen Übels. Hier fand man den eigentlichen Grund für die wahrgenommene Zerrüttung der Arbeiterfamilie. Wie konnte eine Familie funktionieren, deren Mittelpunkt, die Frau, nicht ständig anwesend war?
Dieser misstrauischen Frage gesellte sich eine andere, nicht minder bedenkliche hinzu: Was passiert mit dem Regiment des Hausvaters, wenn seine ökonomisch und sozial bedingte Macht durch die außerhäusliche Erwerbstätigkeit der Ehefrau untergraben wird? Ganz offensichtlich brachte das Industriesystem nicht nur die Familienverhältnisse, sondern auch die Geschlechterverhältnisse, die Beziehungen zwischen Frauen und Männern, in Unordnung. Frauen, so schien es, emanzipierten sich von Untergebenen zu Konkurrentinnen; sie machten Männern nicht nur Arbeitsplätze streitig, sondern auch, in logischer Konsequenz, die Macht im Haus. Das Fabriksystem, notierte Friedrich Engels 1845, stelle die Familie „auf den Kopf“, rufe „die Herrschaft der Frau über den Mann“ hervor, „entmanne“ den Mann und raube „dem Weibe seine Weiblichkeit“.[14]
Wiederum zeigt ein Blick in die Statistik, dass sich eine solche Entwicklung allenfalls der Tendenz nach, keineswegs aber als allgemein gültige Regel abzeichnete. Zwar nahmen marktvermittelte Beschäftigungsverhältnisse von Frauen seit der zweiten Hälfte des 19. Jahrhunderts stark zu; verheiratete Frauen aber hielten sich dabei eher zurück. 1875 war nur ein Fünftel der Fabrikarbeiterinnen verheiratet, 1907 etwas mehr als ein Viertel. Die weitaus meisten Ehefrauen von Arbeitern gingen keiner regelmäßigen außerhäuslichen Erwerbsarbeit nach, sondern verdienten mit Heimarbeit, Zugehdiensten oder Untervermietung ihren Teil des Familieneinkommens. Vor allem in den Kreisen besser verdienender Facharbeiter behauptete der Mann seine Rolle als hauptsächlicher oder alleiniger Familienernährer. Hier waren Frauen vornehmlich für Haushalt, Kindererziehung, Nachbarschafts- und Verwandtenpflege zuständig.

Lohnarbeit versus Hausarbeit

Von dem befürchteten Rollenwechsel, der Umkehr männlich-weiblicher Machtverhältnisse konnte in diesen Familien keine Rede sein. Vielmehr erhielten sich auch hier Autoritätsstrukturen, die Männer begünstigten und Frauen auf nach- und untergeordnete Plätze verwiesen. Je mehr sich zudem die Vorstellung vom Mann als Familienernährer verallgemeinerte und zur Leitlinie gewerkschaftlicher Tarif- und Arbeitsmarktpolitik avancierte, desto geringer wurde der ökonomische „Wert“ der Frau veranschlagt. War das Familieneinkommen in einer Zeit, die Lohnarbeit noch nicht oder kaum kannte, eine komplexe, schwer auseinanderzudividierende Größe gewesen, galt es nun als identisch mit dem Verdienst des außerhäuslich erwerbstätigen Mannes. Die wirtschaftlichen Leistungen der Haus-Frau – als Konsumentin, aber auch bei der Weiterverarbeitung von Nahrungsmitteln und Bekleidung – tauchten in der Rechnung nicht mehr auf. Indem der Industriekapitalismus die Lohnarbeit für Männer verallgemeinerte, wirkte er folglich mittelbar darauf hin die Arbeit von Frauen ökonomisch unsichtbar zu machen. In einer Gesellschaft, die zunehmend dem Prinzip der Nützlichkeit, der maximalen und messbaren Ausnutzung aller Ressourcen huldigte, kam dies einer sozialen Entwertung der Frauen und einer Aufwertung der Männer gleich.

Geschlechterverhältnisse und Arbeitsmarkt

Aber auch auf direkte Weise trug das Industriesystem dazu bei die soziale Ungleichheit der Geschlechter zu verschärfen und zu verfestigen. Selbst dann, wenn es Frauen ebenfalls als Lohnarbeiterinnen in seinen Dienst nahm, legte es dabei andere Maßstäbe an als bei Männern (siehe Mat. S. 292–295). Frauen bekamen in der Regel schlechter bezahlte und ausgestattete Arbeitsplätze als ihre männlichen Kollegen. Ihnen wurden minder bewertete Qualifikationen und Fertigkeiten abverlangt. Ihre Aufstiegsmöglichkeiten waren noch beschränkter als die von Männern. Die Fabrik reduzierte Männer und Frauen eben nicht auf geschlechtslose Arbeitsinstrumente, sondern verteilte die Arbeit durchaus unterschiedlich nach Maßgabe des Geschlechts.
Das Schreckbild des 19. Jahrhunderts – die Industrie zerstört die Familie und emanzipiert die Frauen – erweist sich folglich als leerer Wahn. Zwar setzte die kapitalistische Industrialisierung in der Tat Veränderungen in Gang, die die Familien- und Geschlechterbeziehungen nicht unangetastet ließen. Keineswegs aber wirkten jene Veränderungen auf den Abbau patriarchalischer Herrschaftsverhältnsse innerhalb und außerhalb der Familie hin. Vielmehr stellte sich auch in den neuen Familien der Lohnarbeiter die hierarchische Ordnung wieder her.
Manches spricht sogar dafür, dass die Geschlechterordnung eher ungleicher als gleicher wurde. Schließlich war die messerscharfe Trennung männlicher und weiblicher Funktionsbereiche im Wesentlichen ein Produkt des 19. Jahrhunderts. Das heißt nicht, dass es nicht schon vorher soziale Unterschiede zwischen Frauen und Männern gegeben hätte. Die bürgerlich-kapitalistische Gesellschaft hat diese Unterschiede nicht erfunden, sondern sie sich lediglich zunutze gemacht. Zugleich aber hat sie sie in besonderer Weise zugespitzt, normiert und verallgemeinert.

Das Doppelgesicht des Industriekapitalismus – ein Ausblick

Der Industriekapitalismus trug im 19. Jahrhundert – und darüber hinaus – ein Doppelgesicht. Eine Geschichte beeindruckender Erfolge wurde von einer Geschichte neuartiger, schwieriger Probleme begleitet. So trug die Industrialisierung einerseits dazu bei, dass die Masse der Bevölkerung materiell immer besser leben konnte, dass ihre räumliche und soziale Mobilität wuchs, dass individuelle Wahlmöglichkeiten und Emanzipationschancen zunahmen. Krisen, hervorgerufen durch Krankheit, Alter oder Arbeitslosigkeit, konnten durch Leistungen des Sozialstaats abgemildert werden.

Andererseits fand diese deutliche Verbesserung im Rahmen einer durch den Kapitalismus teils hervorgerufenen, teils verfestigten Klassengesellschaft statt. Unterschiede in Besitz, Macht, Bildung, Gesundheit haben zwar ihr Gesicht und Gewicht verändert, sind aber nicht verschwunden. Mehr und mehr rücken heute neben den sozialen auch die kulturellen und ökologischen Folgekosten der industriekapitalistischen Erfolgsgeschichte ins Bewusstsein: die Zerstörung natürlicher Lebensressourcen, die Auflösung traditionaler, nichtmaterieller Bindungsverhältnisse, die Verflüssigung verbindlicher Werthaltungen.

Nichts bezeugte den dynamischen Charakter des Industriekapitalismus bislang besser als seine Fähigkeit Lösungen für solche selbst erzeugten Probleme zu finden. So brachten etwa die Klassenspannungen und -konflikte des 19. Jahrhunderts eine kritisch-oppositionelle Arbeiterbewegung hervor, die sich in vielen Ländern Europas als wichtiger Integrations- und Modernisierungsfaktor behauptete.

Ob der Industriekapitalismus die ökologische Frage ähnlich effizient wird bearbeiten können wie die soziale Frage, ist noch nicht abzusehen. Erschien er lange Zeit als ausgesprochen erfolg- und erfindungsreicher Zauberlehrling, der die Natur mit kühnen technischen Konstruktionen zu beherrschen wusste, sind die zerstörerischen Folgen jener Unterwerfung mittlerweile überall sichtbar. Im Unterschied zur Arbeiterfrage aber sind die Interessen an einer sauberen und intakten Umwelt erst sehr spät organisationsfähig geworden. Die Geschichte des Umweltbewusstseins zeigt zwar, dass es an einzelnen Initiativen zur Schadensbegrenzung schon im 19. Jahrhundert nicht gefehlt hat. Sie zeigt aber auch, dass nur dann, wenn Prioritäten deutlich anders gesetzt werden, konstruktive Strategien entwickelt und gesamtgesellschaftlich durchgesetzt werden können.

Dies gilt im Übrigen auch für die Geschlechterfrage, die, im 19. Jahrhundert als „Frauenfrage“ bezeichnet, seither immer mehr zu einer Männer ebenfalls betreffenden Problematik geworden ist. Die neuen Strukturen der industriekapitalistischen Erwerbsgesellschaft hatten die relative Nähe der Geschlechter in der vorindustriellen Haushaltsökonomie aufgehoben. Arbeitsöffentlichkeit und Familienprivatheit entwickelten sich zu nach Geschlechtern getrennten und hierarchisch angeordneten Lebenssphären. Daran änderte selbst die steigende Erwerbsbeteiligung von Frauen nichts: Im Unterschied zu Männern, die ohne Einschränkung ihren materiell und sozial lukrativen Berufspflichten nachgehen, bleiben Frauen – bis heute – in erster Linie an die Familie gebunden. Das hierdurch geschaffene Machtungleichgewicht im öffentlichen Raum wird zunehmend als Problem empfunden; lösbar ist es wohl nur durch eine konsequente Umverteilung von Arbeit zwischen den Geschlechtern.

Zu den Erfolgen des Systems zählt sicherlich das, was man als Vereinheitlichung von Lebensverhältnissen bezeichnen kann. Kontraste zwischen Stadt und Land, zwischen Zentrum und Peripherie, aber auch zwischen sozialen Klassen bzw. Ständen schliffen sich ab. Eisenbahn, Glühlampen und Telefon brachten den „Fortschritt“ allmählich in jedes Dorf, in jeden Haushalt. Sie eröffneten auch Menschen, die in abgelegenen, industriell wenig erschlossenen Regionen lebten, neue Erfahrungsräume und Traumwelten. Nach und nach überwand die neue Mobilität von Menschen, Waren und Informationen zudem nicht nur inner-, sondern auch zwischenstaatliche Grenzen. Die Internationalisierung der Ökonomie ging einher mit der Internationalisierung von Kultur, Recht und Lebensformen. Nach und nach wurde aber deutlich, dass Vereinheitlichung auch Monotonie bedeutet, Verlust an Differenz- und Fremdheitserfahrung. Diesen Verlust auszugleichen reichen moderner Massentourismus und moderne Massenunterhaltung längst nicht mehr aus. Gegentendenzen in Form aggressiver Regionalismen und Nationalismen treten auf und erfreuen sich europaweiter Beliebtheit.

1. *Beschreiben Sie Voraussetzungen für „Klassenbildung“ und „Klassenhandeln“ sowie deren Entwicklung in der Arbeiterbewegung. Sammeln Sie Informationen über die Organisierung der Unternehmer, und überprüfen Sie, inwieweit sich darin „Klassenhandeln“ widerspiegelt.*
2. *Erarbeiten Sie aus der Darstellung die Entwicklung der Geschlechterbeziehungen im 19. Jahrhundert unter dem Aspekt von Gleichberechtigung und Gleichstellung. Welche Probleme von damals sind heute gelöst bzw. dauern noch an?*

1 *Die Reformen in Preußen: Auszug aus dem „Oktober-Edikt" von 1807:*

Q Wir Friedrich Wilhelm, von Gottes Gnaden, König von Preußen etc. etc.

Thun kund und fügen hiermit zu wissen:

Nach eingetretenem Frieden hat Uns die Vorsorge für den gesunkenen Wohlstand Unserer getreuen Unterthanen, dessen baldigste Wiederherstellung und möglichste Erhöhung vor Allem beschäftigt. Wir haben hierbei erwogen, dass es, bei der allgemeinen Noth, die Uns zu Gebot stehenden Mittel übersteige, jedem Einzelnen Hülfe zu verschaffen, ohne den Zweck erfüllen zu können, und dass es eben sowohl den unerlässlichen Forderungen der Gerechtigkeit als den Grundsätzen einer wohlgeordneten Staatswirthschaft gemäß sey, Alles zu entfernen, was den Einzelnen bisher hinderte, den Wohlstand zu erlangen, den er nach dem Maaß seiner Kräfte zu erreichen fähig war; Wir haben ferner erwogen, dass die vorhandenen Beschränkungen theils in Besitz und Genuss des Grund-Eigenthums, theils in den persönlichen Verhältnissen des Land-Arbeiters Unserer wohlwollenden Absicht vorzüglich entgegen wirken und der Wiederherstellung der Kultur eine große Kraft seiner Tätigkeit entziehen, jene, indem sie auf den Werth des Grund-Eigenthums und den Kredit des Grundbesitzes einen höchst schädlichen Einfluss haben, diese, indem sie den Werth der Arbeit verringern. Wir wollen daher beides auf diejenigen Schranken zurückführen, welche das gemeinsame Wohl nöthig macht, und verordnen daher Folgendes:

Freiheit des Güter-Verkehrs

§ 1. Jeder Einwohner Unsrer Staaten ist, ohne alle Einschränkung in Beziehung auf den Staat, zum eigenthümlichen und Pfandbesitz unbeweglicher Grundstücke aller Art berechtigt; der Edelmann also zum Besitz nicht blos adelicher, sondern auch unadelicher, bürgerlicher und bäuerlicher Güter aller Art, und der Bürger und Bauer zum Besitz nicht blos bürgerlicher, bäuerlicher und anderer unadelicher, sondern auch adelicher Grundstücke, ohne dass der eine oder der andere zu irgend einem Güter-Erwerb einer besonderen Erlaubnis bedarf, wenn gleich, nach wie vor, jede Besitzveränderung den Behörden angezeigt werden muss. Alle Vorzüge, welche bei Güter-Erbschaften der adeliche vor dem bürgerlichen Erben hatte, und die bisher durch den persönlichen Stand des Besitzers begründete Einschränkung und Suspension[1] gewisser gutsherrlichen Rechte, fallen gänzlich weg.

In Absicht der Erwerbsfähigkeit solcher Einwohner, welche den ganzen Umfang ihrer Bürgerpflichten zu erfüllen, durch Religions-Begriffe verhindert werden, hat es bei den besonderen Gesetzen sein Verbleiben.

Freie Wahl des Gewerbes

§ 2. Jeder Edelmann ist, ohne allen Nachtheil seines Standes, befugt, bürgerliche Gewerbe zu treiben; und jeder Bürger oder Bauer ist berechtigt, aus dem Bauer- in den Bürger- und aus dem Bürger- in den Bauer-Stand zu treten. [...]

Auflösung der Guts-Unterthänigkeit[2]

§ 10. Nach dem Datum dieser Verordnung entsteht fernerhin kein Unterthänigkeits-Verhältnis, weder durch Geburt noch durch Heirath noch durch Uebernehmung einer unterthänigen Stelle noch durch Vertrag.

§ 11. Mit der Publikation der gegenwärtigen Verordnung hört das bisherige Unterthänigkeits-Verhältnis derjenigen Unterthanen und ihrer Weiber und Kinder, welche ihre Bauerngüter erblich oder eigenthümlich, oder erbzinsweise, oder erbpächtlich besitzen, wechselseitig gänzlich auf. [...]

Urkundlich unter Unserer Höchsteigenhändigen Unterschrift. So geschehen Memel, den 9ten Oktober 1807.

Friedrich Wilhelm

Schrötter. Stein. Schrötter II.

1 Außerkraftsetzung
2 Die Gutsuntertänigkeit oder Erbuntertänigkeit war eine besondere Form der Leibeigenschaft in den östlichen Provinzen.

Zit. nach Sammlung der für die königlich Preußischen Staaten erschienenen Gesetze und Verordnungen von 1806 bis zum 27ten Oktober 1810, Berlin 1822, S. 170–173.

1. *Informieren Sie sich über die Unterzeichner Schrötter und Stein (Herkunft, Position, Weltanschauung usw.) sowie über den unmittelbaren historischen Zusammenhang des Oktober-Edikts (Mat. 1).*
2. *Stellen Sie fest, welche Maßnahmen zur Neuordnung des Wirtschaftssystems durchgesetzt werden sollen.*
3. *Vergleichen Sie die Bestimmungen des Oktober-Edikts mit der Wirtschaftstheorie von Adam Smith (siehe S. 300, Mat. 1).*

2 *Auszug aus dem Schreiben des preußischen Agenten[1] Esenwein aus London an den preußischen Handelsminister und Industrieförderer Peter Christian Wilhelm Beuth (1781–1853) vom 18. November 1823:*

Q Sollte ich von Seiten Ihrer Regierung animirt werden oder einem fixirten Honorar entgegensehen können, so würde es mir ein Vergnügen machen, Ihnen über alles was Sie verlangen Auskunft zu verschaffen, indem ich kürzlich einige neue Bekanntschaften gemacht habe, wodurch ich in den Stand gesetzt bin über jeden Gegenstand, sollte ich auch nicht die Geringste Kenntnisz selbst davon haben doch die gehörige Belehrung und Beschreibung davon zu bekommen, ebenso kann ich auf Verlangen, Modelle von allen alten oder neuen Erfindungen, seyen sie patentisirt oder nicht gemacht erhalten; als z.B. ein vollständiges Model von Perkin's Steam Engine; oder eines von der hiesigen Bley Kugeln Gieszerey, welche zu sehen mit so sehr großer Schwierigkeit verbunden ist, oder von irgendeinem anderen Gegenstand; dass solches ein Freundschaftsdienst ist, der mir geleistet wird, und geheim gehalten werden muss, versteht sich von selbst. Auch werde ich mich wahrscheinlich von der Gesellschaft der Künste und Wissenschaften als Mitglied aufnehmen lassen, um immer an der Quelle zu sitzen, und sollte ich sehen, dass mein Vortheil daraus entspränge, eynen oder zwey Tage in der Woche zu Nachforschungen anwenden.

1 Agent: hier ein Beauftragter der preußischen Regierung

Zit. nach Hansjoachim Straube, Die Gewerbeförderung Preußens in der ersten Hälfte des 19. Jahrhunderts, Berlin 1933, S. 48–51.

1. *Welche Ziele der „Industriespionage" kommen in Mat. 2 zum Ausdruck?*
2. *Informieren Sie sich über den politischen Hintergrund des „Industrietourismus".*

3 *Friedrich Engels (1820–1895) beschreibt in Manchester von der Ducie Bridge aus gesehen einen Fluss (um 1840):*

Q In der Tiefe fließt oder vielmehr stagniert der Irk, ein schmaler, pechschwarzer, stinkender Fluss, voll Unrat und Abfall, den er ans rechte, flachere Ufer anspült; bei trockenem Wetter bleibt an diesem Ufer eine lange Reihe der ekelhaftesten schwarzgrünen Schlammpfützen stehen, aus deren Tiefe fortwährend Blasen miasmatischer[1] Gase aufsteigen und einen Geruch entwickeln, der selbst oben auf der Brücke, vierzig oder fünfzig Fuß über dem Wasserspiegel, noch unerträglich ist. Der Fluss selbst wird dazu noch alle Fingerlang durch hohe Wehre aufgehalten, hinter denen sich der Schlamm und Abfall in dicken Massen absetzt und verfault. Oberhalb der Brücke stehen hohe Gerbereien, weiter hinauf Färbereien, Knochenmühlen und Gaswerke, deren Abflüsse und Abfälle samt und sonders in den Irk wandern, der außerdem noch den Inhalt der anschließenden Kloaken und Abtritte aufnimmt. Man kann sich also denken, welcher Beschaffenheit die Residuen sind, die der Fluss hinterlässt. Unterhalb der Brücke sieht man in die Schutthaufen, den Unrat, Schmutz und Verfall der Höfe auf dem linken, steilen Ufer; ein Haus steht immer dicht hinter dem anderen und wegen der Steigerung des Ufers sieht man von jedem ein Stück – alle schwarzgeraucht, bröckelig, alt, mit zerbrochnen Fensterscheiben und Fensterrahmen. Den Hintergrund bilden kasernenartige, alte Fabrikgebäude. Auf dem rechten, flacheren Ufer steht eine lange Reihe Häuser und Fabriken – gleich das zweite Haus ist eine Ruine ohne Dach, mit Schutt angefüllt, und das dritte steht so niedrig, dass das unterste Stockwerk unbewohnbar und infolgedessen ohne Fenster und Türen ist. Den Hintergrund bildet hier der Armenkirchhof, die Bahnhöfe der Liverpooler und Leedser Eisenbahnen, und dahinter das Arbeitshaus, die „Armengesetz-Bastille" von Manchester, das wie eine Zitadelle von einem Hügel hinter hohen Mauern und Zinnen drohend auf das gegenüberliegende Arbeiterviertel herabschaut.

1 Bis zu den Entdeckungen Pasteurs wurden vermeintlich giftige Ausdünstungen des Bodens als „Miasmen" bezeichnet. Das entsprechende Adjektiv bedeutet heute „giftig".

Friedrich Engels, Die Lager der arbeitenden Klasse in England, in: Karl Marx/Friedrich Engels, Werke, hg. vom Institut für Marxismus-Leninismus, Bd. 2, Berlin 1969, S. 282f.

1. *Welche ökologischen Probleme und Gefährdungen beschreibt Friedrich Engels für die englische Industrialisierung (Mat. 3)? Wie sind diese Probleme und Gefährdungen mit den heutigen Umweltproblemen vergleichbar (siehe auch Mat. 4)?*
2. *Welche Beziehung kann zwischen Umweltverschmutzung bzw. -zerstörung und industriekapitalistischer Entwicklung bestehen? Nehmen Sie Stellung dazu.*

4 *„The Silent Highway-Man". Karikatur aus der englischen Zeitschrift „Punch", 1858*

5 *„Klasse“ und „Stand“ – zwei Definitionen des Soziologen Max Weber (1864–1920):*

Q Wir wollen da von einer „Klasse“ reden, wo 1. einer Mehrzahl von Menschen eine spezifische ursächliche Komponente ihrer Lebenschancen gemeinsam ist, soweit 2. diese Komponente lediglich durch ökonomische Güterbesitz- und Erwerbsinteressen, und zwar 3. unter den Bedingungen des (Güter- oder Arbeits-)Markts dargestellt wird („Klassenlage“). Es ist die allerelementarste ökonomische Tatsache, dass die Art, wie die Verfügung über sachlichen Besitz innerhalb einer sich auf dem Markt zum Zweck des Tausches begegnenden und konkurrierenden Menschenvielheit verteilt ist, schon für sich allein spezifische Lebenschancen schafft. [...] „Besitz“ und „Besitzlosigkeit“ sind daher die Grundkategorien aller Klassenlagen, einerlei, ob diese im Preiskampf oder im Konkurrenzkampf wirksam werden. Innerhalb dieser aber differenzieren sich die Klassenlagen weiter, je nach der Art des zum Erwerb verwertbaren Besitzes einerseits, der auf dem Markt anzubietenden Leistungen andererseits. [...] Immer aber ist für den Klassenbegriff gemeinsam: dass die Art der Chance auf dem Markt diejenige Instanz ist, welche die gemeinsame Bedingung des Schicksals der Einzelnen darstellt. „Klassenlage“ ist in diesem Sinn letztlich: „Marktlage“. [...]
Stände sind, im Gegensatz zu den Klassen, normalerweise Gemeinschaften, wenn auch oft solche von amorpher[1] Art. Im Gegensatz zur rein ökonomisch bestimmten „Klassenlage“ wollen wir als „ständische Lage“ bezeichnen jede typische Komponente[2] des Lebensschicksals von Menschen, welche durch eine spezifische, positive oder negative, soziale Einschätzung der „Ehre“ bedingt ist, die sich an irgendeine gemeinsame Eigenschaft vieler knüpft. [...]
Inhaltlich findet die ständische Ehre ihren Ausdruck normalerweise vor allem in der Zumutung einer spezifisch gearteten Lebensführung an jeden, der dem Kreise angehören will. Damit zusammenhängend in der Beschränkung des „gesellschaftlichen“, d. h. des nicht ökonomischen oder sonst geschäftlichen, „sachlichen“ Zwecken dienenden Verkehrs, einschließlich namentlich des normalen Konnubium[3], auf den ständischen Kreis bis zu völliger endogener[4] Abschließung.

1 formlos, gestaltlos
2 Bestandteil eines Ganzen
3 lat. für Ehe
4 aus der eigenen Gruppe heraus entstehend

Zit. nach Max Weber, Grundriss der Sozialökonomie, III. Abteilung: Wirtschaft und Gesellschaft, 2. Halbband, Tübingen 1947, S. 632–635.

1. *Erarbeiten Sie die Unterschiede von Klasse und Stand bei Max Weber (Mat. 5).*
2. *Überprüfen Sie davon ausgehend mit Hilfe der Darstellung (siehe S. 278–280) die soziale Stellung der Arbeiter und Unternehmer im Industriekapitalismus.*
3. *Konfrontieren Sie Ihre Ergebnisse mit der Klassenanalyse bei Marx/Engels im Kommunistischen Manifest (siehe S. 301, Mat. 2).*

6 *Der sozialdemokratische Fabrikarbeiter Moritz Th. W. Bromme aus Sachsen schreibt in einer Autobiografie über sein Familienleben (um 1900):*

Q Meiner Verheiratung stand [nach der umgangenen Einziehung zum Militärdienst] also nichts mehr im Wege, doch soviel steht fest: Hätte ich meine Braut nicht geschwängert gehabt, ich hätte noch lange nicht geheiratet und wäre vielleicht Soldat geworden.
So zogen wir denn im Juli 1895 zusammen und bewohnten das Erkerlogis in dem kleinen Häuschen des Schwiegervaters. [...] Am 10. August fand die Hochzeit statt. [...] Es war gerade ein herrlicher Sommertag; an Essen und Trinken – da muss ich meine Schwiegereltern loben – hat es nicht gefehlt und jeder hat sich in der besten Weise amüsiert. Freilich hatten die alten Weiber uns gewarnt während der Hundstage zu heiraten. Aber wir mussten eben. Denn am 28. desselben Monats kam meine erste Tochter an, die ich Hedwig genannt habe. [...]
Zum Ball des Arbeitervereins am 20. Oktober machte ich Kindstaufe. [...] Auch diese erste Taufe war noch ein fröhliches echtes Familienfest. Wir hatten Freude, was bei späteren Gelegenheiten nicht der Fall war. Übrigens habe ich nur drei Taufen ausgerichtet, bei den andern dreien ist die Hebamme allein mit dem Kind zur Kirche gegangen und die Namen der Paten sind nur eingeschrieben worden.
Meine Frau ging dann wieder mit auf Arbeit und das Kind behielt die Schwiegermutter, wenn ich nicht irre, für 4 Mark wöchentlich. [...]
Im März schenkte [meine Frau] einem zweiten Töchterchen das Leben. Erna wurde diese genannt. Jetzt hieß es schon die „Ohren steif halten“: Sollten wir nun 7 oder 8 Mark für die Pflege der beiden Kinder ausgeben?[1] Das wäre doch Unsinn gewesen. Meine Frau musste also nun zu Hause bleiben. Sie nähte nun zu Hause weiter aus. In der ersten Zeit ging es dabei noch mit dem Verdienst. Dann aber kam ein neuer Putzmeister, der von ihrer früheren Tätigkeit in der Fabrik nichts wusste. Sie bekam schlechtere Stücke und der Verdienst ging zurück. Jetzt hieß es noch mehr aufpassen, denn die Kinder kosteten immer mehr Geld. Meine Frau ward

manches Mal ärgerlich! In solcher Laune schlug sie auch öfters mittags die Kleine auf die Hände, weil sie nach den Tassen griff und eine derselben umwarf. Schließlich schlug sie gleich mit dem Löffel auf die kleinen Finger. Das erste Mal hatte ich es ruhig angesehen und ihr's verboten; denn ich wusste ja, warum sie es tat: nur der Ärger über den elenden Mammon, der nicht ausreichen wollte. [...] Sollten nun noch mehr Kinder kommen? Es wurde mir schon Angst, wenn ich daran dachte. Eines Tages brachte unser Chef Pariser Artikel mit in die Arbeitsräume, von denen ich da zum ersten Male hörte. Vorher hatte ich noch nichts von Schwangerschaftsverhütung vernommen. Der Chef schwatzte auch mir eine Dose Pessare für 1,20 Mark auf. [...] Als sicherstes Mittel wurde außer der völligen Enthaltsamkeit das „Vorortsgeschäft" bezeichnet. „Coitus interruptus" ist der medizinische Ausdruck dafür. Erst später erfuhr ich, dass dies höchst schädlich für Mann und Weib ist. Trotzdem ich die Pessare und ebenfalls auch das letztgenannte Mittel anwandte, war mir ein Jahr später mein Sohn Ernst beschert. [...] Meine Familienverhältnisse aber wurden dadurch immer misslicher.

1 Bromme verdiente zu der Zeit ca. 13 Mark in der Woche, seine Frau 9 Mark, zusätzlich 2 bis 5 Mark in der Woche durch Hausarbeit.

Zit. nach Moritz Th. W. Bromme, Lebensgeschichte eines modernen Fabrikarbeiters. Nachdruck der Ausgabe von 1905. Mit einem Nachwort hg. von Bernd Neumann, Frankfurt/M. 1971, S. 219–225.

1. *Beschreiben Sie am Beispiel der Familie Bromme Aufgabe und Wesen der Arbeiterfamilie um 1900 (Mat. 6).*
2. *Vergleichen Sie den Abschnitt der Darstellung über die Familie (siehe S. 282–284) mit Ihren Ergebnissen aus Aufgabe 1.*
3. *Häufig wird die These vertreten, dass das bürgerliche Ideal der binnenorientierten Familie auch Leitbild der Arbeiterfamilie gewesen sei. Inwieweit bestätigt Mat. 6 diese These?*
4. *Welche Bedeutung hatte die Erwerbsarbeit der Ehefrauen in der Arbeiterfamilie?*
5. *Was bedeutete diese Erwerbsarbeit für das Familienleben?*
6. *Welcher Zusammenhang zwischen Bevölkerungswachstum und wirtschaftlicher Entwicklung wird aus der Statistik deutlich (Mat. 7)?*
7. *Im Zusammenhang mit der Bevölkerungsbewegung wird der Begriff der „Landflucht" gebraucht. Erläutern Sie mit Hilfe der Statistik (Mat. 7) diesen Begriff.*

7 *Bevölkerungswachstum und wirtschaftliche Entwicklung Deutschlands und ausgewählter deutscher Regionen 1816–1913 (Gebietsstand 1913):*

	Bevölkerungszuwachs in %		Pro-Kopf-Einkommen 1913	
	1816 bis 1855	1871 bis 1910	Mark	in % des Reichsschnitts
Dtl. insgesamt	*46,9*	*58,2*	*748*	*100,0*
Preußen	56,6	62,9	747	99,9
Ostpreußen	81,0	13,2	468	65,0
Westpreußen		29,5	480	64,2
Berlin	132,8	150,8	1254	167,7
Brandenburg	65,1	103,6	962	128,6
Pommern	88,7	20,2	576	77,0
Posen	69,9	32,6	465	62,2
Schlesien	63,9	41,0	603	80,6
Prov. Sachsen	55,6	46,8	700	93,6
Schleswig-Holst.	37,4	56,0	763	102,0
Hannover	13,0	50,0	697	93,2
Westfalen	43,2	131,9	735	96,0
Rheinprovinz	56,2	97,3	832	111,2
Bayern	25,0	41,8	629	84,1
Kgr. Sachsen	70,8	88,2	897	119,9
Württemberg	18,4	34,6	672	89,9
Baden	31,2	46,6	710	94,9
Hamburg	58,4	199,3	1313	175,5

Zit. nach Dirk Hoffmann u. a., Industrialisierung – sozialer Wandel – soziale Frage, München 1988, S. 36.

8 *Strukturveränderungen der erwerbstätigen Bevölkerung in Deutschland 1882–1989:*

a) Anzahl der Erwerbstätigen (in 1000):

Jahr[1]	insgesamt	männlich	weiblich
1882	18957	13415	5542
1895	22110	15532	6578
1907	28092	18599	9493
1925	32009	20531	11478
1950	23489	15003	8486
1989	27742	16948	10794

1 Die Statistiken von 1882, 1895 und 1907 haben die weiblichen „mithelfenden Familienangehörigen" nur unvollständig erfasst. Realistische Zahlen liegen weit höher als die oben angegebenen.

b) Erwerbstätige nach der Stellung im Beruf (in Prozent):

Jahr[1]	Selbstständige	Mithelfende Familienang.[2]	Beamte und Angestellte	Arbeiter
1882	28,0	10,2	6,5	55,8
1895	25,2	9,4	8,3	57,2
1907	19,6	15,3	10,3	54,9
1925	16,5	17,0	17,3	49,2
1950	14,5	13,9	20,6	51,0
1989	8,9	2,0	50,6	38,5

c) Erwerbstätige Frauen nach der Stellung im Beruf (in Prozent aller Erwerbstätigen):

Jahr[1]	Selbstständige	Mithelfende Familienang.[2]	Beamte und Angestellte	Arbeiter	Erw. insges.
1882	5,5	4,9	0,5	18,5	29,4
1895	5,0	5,2	0,7	18,8	29,7
1907	3,4	11,3	1,3	17,3	33,3
1925	2,7	12,9	4,5	15,0	35,1
1950	2,7	11,1	7,7	14,6	36,1
1989	2,1	1,7	24,4	10,6	38,8

Lesebeispiel zu Mat. 8c: Im Jahre 1882 waren 5,5 Prozent aller selbstständig Erwerbstätigen Frauen; im Jahre 1895 waren von den Erwerbstätigen insgesamt 29,7 Prozent Frauen.

1 Die Statistiken von 1882, 1895 und 1907 haben die weiblichen „mithelfenden Familienangehörigen" nur unvollständig erfasst. Realistische Zahlen liegen weit höher als die oben angegebenen.
2 1882–1907: Gebiet des Deutschen Kaiserreichs, 1925: Gebiet des Deutschen Reichs, 1950–1989: Gebiet der BRD (alte Bundesländer)

Nach Statistisches Bundesamt (Hg.), Bevölkerung und Wirtschaft 1872–1972, Stuttgart 1972, S. 142 und 145; Statistisches Jahrbuch 1990 für die Bundesrepublik Deutschland, Stuttgart 1990, S. 96.

1. *Skizzieren Sie anhand von Mat. 10 die strukturellen Veränderungen in der gewerblichen Wirtschaft zwischen 1800 und 1913 (siehe auch Darstellung S. 275).*
2. *Beschreiben Sie anhand von Mat. 8 die strukturellen Veränderungen bei den Erwerbstätigen seit Ende des 19. Jahrhunderts.*
3. *Analysieren und interpretieren Sie die geschlechterspezifischen Entwicklungen in der Erwerbstätigenstruktur (Mat. 8). Ziehen Sie dazu auch S. 292, Mat. 1 und 2 heran.*
4. *Diskutieren Sie die Probleme, die sich aus diesem Wandel ergeben (siehe auch Darstellung S. 282–284).*

9 *Wandschmuck aus einer Arbeiterwohnung, letztes Drittel 19. Jh.*

10 *Beschäftigte in Deutschland im gewerblich-industriellen Sektor nach Branchen 1800–1913:*

Gewerbezweig	1800 in Tsd.	1800 %	1835 in Tsd.	1835 %	1875 in Tsd.	1875 %	1913 in Tsd.	1913 %
Bergbau	40	1,8	80	2,5	268	5,3	863	7,4
Metall	170	7,6	250	7,7	751	13,9	2330	20,1
Bau	240	10,4	325	10,0	530	9,8	1630	14,0
Steine, Erden	70	3,1	150	4,6	398	7,3	1042	8,9
Feinmechanik	20	0,9	30	0,9	83	1,5	217	1,9
Textil, Leder	1170	52,5	1585	48,7	2048	37,7	2705	23,3
Holz, Druck, Papier	230	10,3	360	11,1	652	12,0	1430	12,2
Nahrung	300	13,4	470	14,5	676	12,5	1427	12,2
insgesamt	*2240*	*100,0*	*3250*	*100,0*	*5424*	*100,0*	*11644*	*100,0*

Nach Friedrich-Wilhelm Hennig, Die Industrialisierung in Deutschland 1800–1914, Paderborn 1973, S. 137.

11 *Durchschnittliche jährliche Wachstumsraten der Nominallöhne (NL), der Lebenshaltungskosten (LHK) und der Reallöhne (RL) im internationalen Vergleich (in Prozent):*

Land	1883 bis 1899			1899 bis 1913		
	NL	LHK	RL	NL	LHK	RL
Großbritannien	0,9	–1,1	2,0	0,9	1,3	–0,3
Frankreich	0,8	–0,9	1,6	0,9	1,0	–0,1
Deutschland	2,0	0,1	1,9	2,2	1,7	0,5
USA	0,7	–1,2	1,8	2,3	1,3	1,1

Nach Gerhard A. Ritter/Klaus Tenfelde, Arbeiter im Deutschen Kaiserreich 1871 bis 1914, Bonn 1992, S. 470.

12 *Verteilung der Ausgaben von Arbeiterfamilien 1800–1985 (in Prozent des Einkommens):*

a) Lebenshaltungskosten einer fünfköpfigen Maurerfamilie[1] in Berlin um 1800:

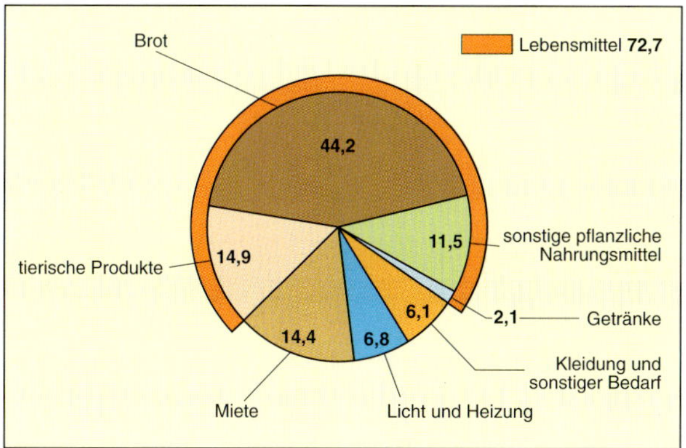

b) Lebenshaltungskosten einer fünfköpfigen Arbeiterfamilie[2] im Deutschen Reich 1907:

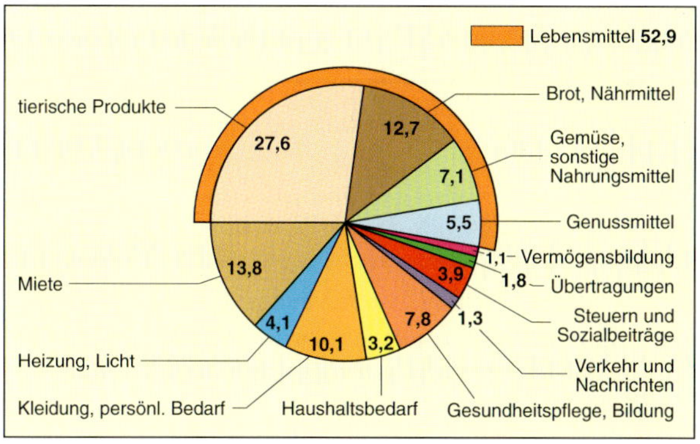

c) Ausgaben eines 4-Personen Arbeitnehmerhaushalts mit mittlerem Einkommen in der Bundesrepublik Deutschland 1985:

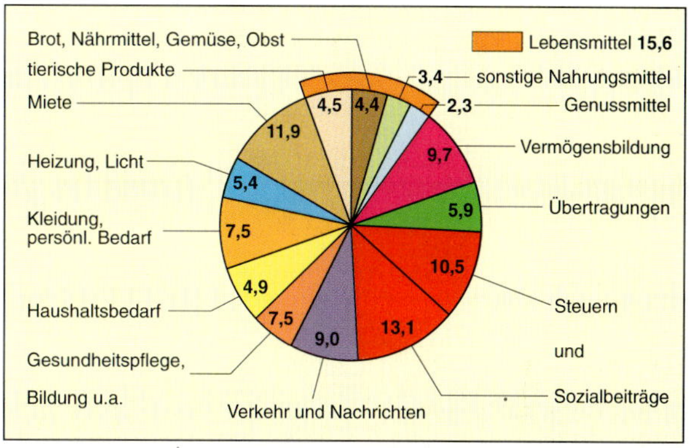

1 Ein Maurer gehörte zu den besser verdienenden Arbeitern.
2 Die Reichsstatistik beruht auf 523 Arbeiterhaushalten, von denen 482 (92,2%) großstädtische waren. Die Repräsentativität der Statistik ist also als eingeschränkt zu betrachten.

Nach Dirk Hoffmann u. a., Industrialisierung – sozialer Wandel – soziale Frage, München 1988, S. 113; Erhebung von Wirtschaftsrechnungen minderbemittelter Familien im Deutschen Reich. Bearbeitet im Kaiserlichen Statistischen Amte, Berlin 1909; 320 Haushaltsrechnungen von Metallarbeitern, bearb. und hg. vom Vorstand des Deutschen Metallarbeiter-Verbandes, Stuttgart 1909, S. 182.

1. *Vergleichen Sie die Entwicklung der Löhne und der Lebenshaltungskosten in Deutschland und in anderen Ländern (Mat. 11).*
2. *Welche Größen der Lohnstatistik (Mat. 11) dürften Ihrer Ansicht nach den stärksten Einfluss auf das Bewusstsein der Lohnempfänger gehabt haben?*
3. *Erörtern Sie Vor- und Nachteile der hochaggregierten, d. h. stark verallgemeinernden Daten in Mat. 11. Welche Aspekte werden ausgeblendet?*
4. *Inwieweit hat sich die Ausgabenstruktur zwischen 1800 und 1985 (Mat. 12) verändert (siehe auch Darstellung S. 171 und 177)?*
5. *Informieren Sie sich über das sogenannte „Engelsche Konsumgesetz" des Statistikers Ernst Engel (1821–1896) und erörtern Sie, inwieweit Mat. 12 dieses Gesetz bestätigt.*

Männerarbeit – Frauenarbeit

Männer- und Frauenarbeit in Zahlen

1 *Erwerbsstatistik von Frauen und Männern in Deutschland 1882–1907:*

Frauen	1882 Mio.	1882 %	1895 Mio.	1895 %	1907 Mio.	1907 %
Erwerbsquote[1]		37,5		37,4		45,9
Erwerbspersonen insgesamt[2]	5,54		6,58		9,49	
Erwerbspersonen nach Wirtschaftsbereichen:						
Landwirtschaft	2,53	45,6	2,75	41,9	4,60	48,4
Industrie/Handwerk	1,13	20,4	1,52	23,1	2,10	22,2
Handel/Verkehr	0,30	5,4	0,58	8,8	0,93	9,8
Häusliche Dienste	1,47	26,5	1,55	23,5	1,57	16,6
Verwaltung, Militär, Freie Berufe	0,12	2,1	0,18	2,7	0,29	3,0

Männer	1882 Mio.	1882 %	1895 Mio.	1895 %	1907 Mio.	1907 %
Erwerbsquote[1]		95,5		95,0		95,2
Erwerbspersonen insg.	13,42		15,53		18,6	
Erwerbspersonen nach Wirtschaftsbereichen:						
Landwirtschaft	5,70	42,5	5,54	35,7	5,28	28,4
Industrie/Handwerk	5,27	39,3	6,76	43,5	9,15	49,2
Handel/Verkehr	1,27	9,5	1,76	11,3	2,55	13,7
Häusliche Dienste	0,26	1,9	0,22	1,4	0,17	0,9
Verwaltung, Militär, Freie Berufe	0,92	6,8	1,25	8,1	1,45	7,8

1 Bezieht sich auf Erwerbspersonen im erwerbsfähigen Alter.
2 Die weiblichen „mithelfenden Familienangehörigen" sind nicht erfasst. Realistische Zahlen liegen weit höher als die oben angegebenen.

Nach Statistisches Bundesamt (Hg.), Bevölkerung und Wirtschaft 1872–1972, Stuttgart 1972, S. 142 und 145; A. Willms, Grundzüge der Entwicklung der Frauenarbeit von 1880–1980, in: W. Müller u. a., Strukturwandel der Frauenarbeit 1880–1980, Frankfurt/M. 1983, S. 25–54.

2 *Erwerbstätige in Deutschland in ausgewählten Gewerben nach Geschlecht und Stellung im Beruf 1895–1907 (in Prozent):*

Branche	Stellung im Beruf in % der männl./weibl. Erwerbstätigen: Männer 1895	Männer 1907	Frauen 1895	Frauen 1907	Frauen in % aller Erwerbst. in der berufl. Stellung 1895	1907
Maschinenbau/ Elektrotechnik						
Selbstständige	21,4	8,8	12,3	3,3	1,7	1,8
Heimarbeiter	0,5	0,4	1,9	2,0	10,2	19,8
Aufsichtspersonal	2,2	3,5	0,1	0,3	0,1	0,4
Technische Angestellte	3,2	4,6	0,0	0,1	0,0	0,1
Gelernte Angestellte	3,2	5,5	3,4	16,7	3,0	13,1
Gelernte Arbeiter	46,8	49,6	12,6	11,7	0,8	1,1
Ungelernte Arbeiter	22,7	27,5	69,7	65,8	8,3	10,6
Lederindustrie						
Selbstständige	26,8	22,2	9,1	5,2	2,2	2,4
Heimarbeiter	1,2	1,2	1,8	2,7	8,9	18,9
Aufsichtspersonal	1,0	2,2	0,2	0,5	1,5	2,2
Technische Angestellte	0,1	0,2	0,0	0,0	0,0	1,8
Kaufm. Angestellte	1,7	3,4	1,3	6,0	4,7	15,5
Gelernte Arbeiter	50,5	45,5	20,3	11,7	2,5	2,6
Ungelernte Arbeiter	18,6	25,3	67,2	74,0	19,0	23,4
Textilindustrie						
Selbstständige	9,8	5,3	3,9	2,0	24,2	27,5
Heimarbeiter	14,9	7,2	13,3	8,4	14,9	53,4
Aufsichtspersonal	2,4	5,6	0,2	0,5	5,6	7,5
Technische Angestellte	0,2	0,4	0,0	0,0	2,0	5,3
Kaufm. Angestellte	4,2	7,8	0,2	1,0	3,4	11,6
Gelernte Arbeiter	40,0	37,2	41,5	36,6	45,7	49,2
Ungelernte Arbeiter	28,4	36,5	40,0	51,5	53,9	58,1

Lesebeispiel: Von 1000 männlichen Beschäftigten in Maschinenbau/Elektrotechnik (1895) sind 214 Selbstständige, 5 Heimarbeiter, 22 Aufsichtspersonal, etc.; von 1000 Selbstständigen in dieser Branche (1895) sind 17 Frauen, von 1000 Heimarbeitern sind 102 Frauen, etc.

Nach Gerhard A. Ritter/Klaus Tenfelde, Arbeiter im Deutschen Kaiserreich 1871 bis 1914, Bonn 1992, S. 215.

1. *Vergleichen Sie Männer- und Frauenarbeit anhand von Mat. 1 und 2 unter folgender Fragestellung: In welchen Wirtschaftssektoren bzw. Branchen waren vorwiegend Männer, in welchen vorwiegend Frauen beschäftigt?*

2. *Wie lassen sich die Unterschiede erklären? Was zeichnete die Berufe aus, in denen vorwiegend Frauen bzw. Männer beschäftigt waren? Berücksichtigen Sie auch S. 294 f. Mat. 8 und 11.*

Motive

3 *In der 1877 veröffentlichten Enquete über Frauen- und Kinderarbeit in Fabriken wurde die Frage gestellt, ob eine Einschränkung der Frauenarbeit zu befürworten sei. Die Mehrzahl der Befragten (Unternehmer, Handelskammern usw.) sprach sich mit folgender Begründung dagegen aus:*

Q [1.] Die den Frauen entzogenen Arbeiten würden für Männer in vielen Fällen nicht geeignet und ausführbar sein, bei gewissen Verrichtungen erlangten die Frauen eine größere Geschwindigkeit und Fertigkeit als die Männer; so namentlich in den Spinnereien (Anknüpfen der Fäden), Kunstwollfabriken (Garnieren der Hüte), Papierfabriken (Sortieren der Lumpen, Anfertigung von Kuverts, Eisenbahnbillets und ähnliche Manipulationen), in der Band- und Eisengarnindustrie.

[2.] Der Mehrbedarf an Arbeitern würde nur schwer sich decken lassen und auch nur mit Nachtheil für andere Erwerbszweige, insbesondere für die Landwirtschaft.

[3.] Schon eine Einschränkung in der täglichen Arbeitszeit der Frauen würde den Betrieb empfindlich stören [...]. Eine solche Maßregel würde für viele Zweige der Fabrikthätigkeit die weiblichen Arbeiter unverwendbar machen, da sie mit den Männern an einem Stücke, einer Maschine zusammen arbeiten und deshalb die Arbeit nicht früher als diese verlassen können.

[4.] Die für den Betrieb erforderliche Arbeitskraft würde eine Vertheuerung erfahren, welche entweder überhaupt die Preise der Fabrikate in einer den Absatz hemmenden Weise erhöhen oder wenigstens die Konkurrenz mit anderen Orten, insbesondere des Auslandes, gefährden würde.

Ergebnisse der über die Frauen- und Kinderarbeit in den Fabriken auf Beschluss des Bundesraths angestellten Erhebungen, hg. vom Reichskanzler-Amt, Berlin 1877, S. 75.

4 *Motive der Arbeiterinnen – eine Befragung in verschiedenen Industrien in Oberbayern (mit München) von 1899:*

Gründe	absolut	%
1. ungenügender Verdienst des Mannes	548	43,7
2. bessere Lebenshaltung	219	17,5
3. verwitwet/geschieden/getrennt lebend	167	13,3
4. um Ersparnisse zu machen	120	9,6
5. Unterhalt Verwandter	100	8,0
6. Krankheit und Erwerbsunfähigkeit des Mannes	59	4,7
7. Ehemann verwendet Verdienst weitgehend allein bzw. besteht auf Fabrikarbeit der Ehefrau	40	3,2

Nach Die Jahresberichte der Königlich-Bayerischen Fabriken- und Gewerbe-Inspektoren für das Jahr 1899, München 1900, S. 9f.

1. *Welche Gründe gab es nach Mat. 3 für Unternehmer weibliche Arbeitskräfte einzustellen bzw. nicht einzustellen?*
2. *Welche Einstellung der Frauen zur außerhäuslichen Erwerbsarbeit lässt sich Mat. 4 entnehmen?*

Löhne

5 *Löhne in Bielefeld in den 1860er Jahren:*

Beruf	Tag	Woche	Jahr
Textilarbeiter	15 Sgr.	3 Taler	150 Taler
Textilarbeiterin	9 Sgr.	2 Taler	100 Taler
Näherin	12 1/2 Sgr.	2 1/2 Taler	125 Taler
Handwerksgeselle	20 Sgr.	3–4 Taler	150–175 Taler
Maschinenbauarbeiter	20–40 Sgr.	4–5 Taler	200–300 Taler
Tagelöhner	12 1/2–15 Sgr.	2 1/2–3 Taler	125–150 Taler

Nach Karl Ditt, Industrialisierung, Arbeiterschaft und Arbeiterbewegung in Bielefeld 1850–1914, Dortmund 1982, S. 115.

6 *Durchschnittlicher Wochenlohn der Spinner und Spinnerinnen (18–50 Jahre) in deutschen Städten 1913:*

Ort	Männliche Arbeiter		Weibliche Arbeiter	
	Personen	Lohn in Mark	Personen	Lohn in Mark
Augsburg	45	25,55	243	14,54
Mülhausen/Els.	71	29,01	325	15,59
Chemnitz	83	26,62	276	13,41
Leipzig	158	29,41	558	13,88
Zwickau	31	26,68	100	13,85

Nach Johannes Queck, Die Frauenarbeit in der Spinnereiindustrie Sachsens, Leipzig 1915, S. 92.

1. *Beschreiben Sie auf der Basis von Mat. 5 und 6 die wirtschaftliche Lage der arbeitenden Frauen im Verhältnis zu der der arbeitenden Männer.*
2. *Um die „wirtschaftliche Lage" von Frauen und Männern angemessen interpretieren zu können reicht das Einkommen als Indikator nicht aus. Stellen Sie eine kurze Übersicht der Indikatoren zusammen, die Ihrer Meinung nach für eine adäquate Interpretation zur Verfügung stehen müssten.*
3. *Informieren Sie sich über die Verdienste von Frauen und Männern in der Gegenwart (Statistisches Jahrbuch der Bundesrepublik, Zeitungsberichte). Inwieweit hat sich die Lage gegenüber 1913 verändert?*

Arbeitsplätze

7 *Frauen- und Kinderarbeit in Deutschland 1877:*

Q Bayern: In den mit maschinellen Einrichtungen versehenen, weibliche Arbeiter beschäftigenden Fabriken liegt die unmittelbare Benutzung der Maschinen in der Regel den Männern ob, die weiblichen Arbeiter sind meist nur mit Transportierung des Produktes von und zu den Maschinen beschäftigt. [...]

Sachsen: Eine grundsätzliche Sonderung der Arbeitsräume für die männlichen und weiblichen Arbeiter scheint nach den angestellten Erhebungen nicht durchgeführt zu sein [...]. Da, wo den weiblichen Arbeitern die Aufgabe zufällt, den männlichen Mitarbeitern gewisse Vor- und Hülfsarbeiten zu liefern pflegen dieselben an bestimmten Maschinen oder Arbeitsstücken gemeinschaftlich thätig zu sein [...]. In den Flachsspinnereien finden sich zum Theil gesonderte Arbeitsräume und in den Webereien arbeitet in der Regel jede Arbeiterin an ihrem Webstuhle allein, und nur wenn es sich um Ingangsetzung oder Reparatur desselben, Andrehen der Ketten und ähnliche Arbeiten handelt, kommt sie mit den männlichen Arbeitern zusammen [...]. In den Stickereifabriken bedienen die Frauen die Maschinen als sogenannte „Aufpasserinnen" und stehen dem Maschinensticker zur Seite, von dem sie auch gewöhnlich zur Arbeit angenommen und gelohnt werden. [...]

Zur Anstellung weiblicher Aufseherinnen für diejenigen Räume, in denen nur Arbeiterinnen beschäftigt sind, scheint in den Kreisen der Arbeitgeber nur geringe Neigung zu herrschen. Von mehreren Seiten wird versichert, dass die Arbeiterinnen bei der Arbeit sich nur vertragen, wenn sie von männlichen Aufsehern überwacht werden [...]. Selbst in denjenigen Industriezweigen, in denen die ausschließliche Verwendung weiblicher Arbeitskräfte die Regel bildet, gehören die Aufseher zum Theile dem männlichen Geschlecht an.

Ergebnisse der über die Frauen- und Kinder-Arbeit in den Fabriken auf Beschluss des Bundesraths angestellten Erhebungen, hg. vom Reichskanzler-Amt, Berlin 1877, S. 26f. und 47.

1. *Erörtern Sie die unterschiedliche Struktur männlicher und weiblicher Arbeitsplätze in der Fabrik und ihre Folgen für die Beziehungen zwischen Männern und Frauen. Ziehen Sie auch Mat. 8 und 11 heran.*
2. *1877 wurde eine amtliche Erhebung über Frauenarbeit in den Fabriken des Deutschen Reichs veröffentlicht. Erhebungen über Frauenarbeit in der Landwirtschaft, im häuslichen Dienst oder im Heimgewerbe, wo sie weitaus verbreiteter war, folgten erst später. Wie lässt sich das frühe Interesse an der Fabrikarbeit von Frauen erklären?*

8 *R. Reinhardt, Die Stahlfederfabrikation, 1885, Holzstich*

Von links nach rechts: 1. Das Schneiden des Stahls in Streifen. 2. Das Glühen der Streifen. 3. Das Walzen der Streifen. 4. Das Ausstanzen. 5. Das Stempeln. 6. Das Biegen der Federn. 7. Das Tempern (biegsam halten im Glühkasten). 8. Das Schleifen. 9. Das Spalten.

9 *Else Lüders (1878–1966), eine bürgerlich-radikale Frauenrechtlerin, zur Zukunft der Frauenarbeit (1913):*

Q In den nächsten Jahrzehnten ist aller Wahrscheinlichkeit nach mit einer steigenden Tendenz für die Verbindung von Beruf und Ehe zu rechnen, sowohl aus wirtschaftlichen wie den oben angedeuteten geistigen Ursachen heraus. Es lässt sich sehr wohl vorstellen, dass später auch einmal wieder eine rückläufige Bewegung einsetzen kann. Sollte es z. B. gelingen durch Fortschritte der Technik, durch eine andere Schutzzollpolitik, durch grundlegende Wohnungsreform die Lebenshaltung bedeutend zu verbilligen, so werden viele Frauen sich gern wieder nur ihren Hausfrauen- und Mutterpflichten widmen, die dies heute nicht können. Ebenso lässt sich vorstellen, dass durch starke Innenkolonisation oder auch durch Schaffung von mehr und mehr Gartenstädten manche Frauen durch Betreiben von Gartenbau, Vieh- und Geflügelzucht wieder im alten Sinne „produktiv" werden könnten, also nicht außerhalb des Hauses der Erwerbsarbeit nachzugehen brauchen; die Verbindung von produktiver Arbeit und Mutterschaft würde sich dann für sie in Formen abspielen, die den Formen früherer Epochen wieder angenähert sind. Doch wer kann prophezeien, welche Entwicklung einsetzen oder möglich sein wird! Für die Gegenwart und die nächsten Jahrezehnte müssen wir mit der Tatsache der außerhäuslichen Erwerbsarbeit auch für die verheiratete Frau und Mutter rechnen, doch dürfen in keiner Weise die Schwierigkeiten der Verbindung von Beruf und Ehe verkannt oder gar geleugnet werden. Im Gegenteil müssen wir diesen Schwierigkeiten voll und mutig ins Auge sehen, denn gerade aufgrund dieser Schwierigkeiten müssen auch von allen Seiten die Wege gesucht und geebnet werden, die Verhältnisse so zu gestalten, dass mit der Gesundheit der Frauen kein Raubbau getrieben wird, dass namentlich die Aufzucht der Kinder keinen Schaden leidet. Eine Reihe von Maßnahmen sind dazu erforderlich, Maßnahmen der Gesetzgebung, Maßnahmen der Gemeindepolitik, Maßnahmen der Selbsthilfe.

Zit. nach Elke Frederiksen (Hg.), Die Frauenfrage in Deutschland 1865–1915. Texte und Dokumente, Stuttgart 1981, S. 361 f.

1. *Erarbeiten Sie aus der Stellungnahme von Else Lüders die möglichen Entwicklungslinien der Frauenarbeit (Mat. 9). Erklären Sie dabei auch die vorsichtige Positionsbestimmung der Frauenrechtlerin.*
2. *Die „Doppelbelastung" der außerhäuslich arbeitenden Frauen durch Beruf und Familie wird als eines der kennzeichnenden Merkmale von Frauenarbeit gegenüber der Männerarbeit bezeichnet. Untersuchen Sie die Materialien dieses Arbeitsteils unter diesem Aspekt und konfrontieren Sie Ihre Befunde mit den Zukunftsvorstellungen der bürgerlichen Frauenrechtlerin Else Lüders zur Frauenarbeit.*
3. *Stellen Sie einen begründeten Forderungskatalog für das Verhältnis von Männer- und Frauenarbeit unter dem Aspekt der Gleichberechtigung und Gleichstellung von Mann und Frau für den Anfang dieses Jahrhunderts auf.*
4. *In welchem Maße sind diese Forderungen heute verwirklicht?*
5. *Interpretieren Sie Mat. 10 unter geschlechterhistorischen Aspekten.*

10 *Krankheitsindikatoren der Versicherten der Bremer Textilbetriebe, der Pflichtversicherten der Leipziger AOK und der Pflichtversicherten aller Fabrikkrankenkassen des Deutschen Reiches (Jahresmittel[1] 1896–1905):*

	Krankheitsfälle je 100 Versicherte		Durchschnittliche Erkrankungsdauer je Fall (in Tagen)	
	m	w	m	w
Norddt. Wollkämmerei	29,7	38,4	14,4	18,6
Jute Delmenhorst	41,1	61,1	13,2	13,5
Jute Bremen	35,4	53,7	13,2	12,2
Textil Bremen	35,3	51,1	13,6	14,3
Textil Leipzig AOK	41,6	56,9	20,0	23,3
Leipzig AOK insges.	39,6	41,8	21,6	24,6
Deutsches Reich	44,0	37,1	16,0	17,7

1 Für die AOK Leipzig im Jahresmittel von 1887–1905.

Nach Marlene Ellerkamp, Industriearbeit, Krankheit und Geschlecht, Göttingen 1991, S. 61 f.

11 *Im Kontor, Werbeplakat, um 1905, Lithographie*

Industrialisierung in der Malerei

Die Eisenbahnreise

1 *Joseph Mallord William Turner (1775–1851), Rain, Steam and Speed. The Great-Western-Union, 1844, Öl auf Leinwand, 91 x 122 cm, London, National Gallery*

Anmerkung: Der Zug überquert die neu erbaute Brücke zwischen Maidenhead und Teplow, die das Themsetal mit der Grafschaft Devon verbindet.

1. *Beschreiben Sie die Wirkung der Eisenbahn, wie sie Mat. 1 zum Ausdruck bringt.*
2. *Stellen Sie sich vor, Sie säßen in dem Zug. Welchen Eindruck von der Umgebung hätten Sie dann wohl? Welchen Einfluss hätte das auf Ihr Sehverhalten?*
3. *Die „Vernichtung des Vordergrundes“ und das „panoramatische Sehen“, schreibt der Mentalitätshistoriker Wolfgang Schivelbusch, stellten im Kern das neue industrielle Sehen dar. Inwieweit bestätigt das Gemälde diese Ansicht? Berücksichtigen Sie auch die Karikatur S. 281.*

Fabrik und Landschaft

2 *Heinrich Arnold Tilmann (1820–1913), Hohenlimburg an der Lenne (Westfalen), Flusslandschaft mit Fabriken, 1887, Öl auf Leinwand, 34 x 45,5 cm, Privatbesitz*

3 *Otto Bollhagen (1861–1924), Das Werk Leverkusen, 1911/20, Öl auf Leinwand, 183 x 580 cm, Leverkusen, Bayer AG*

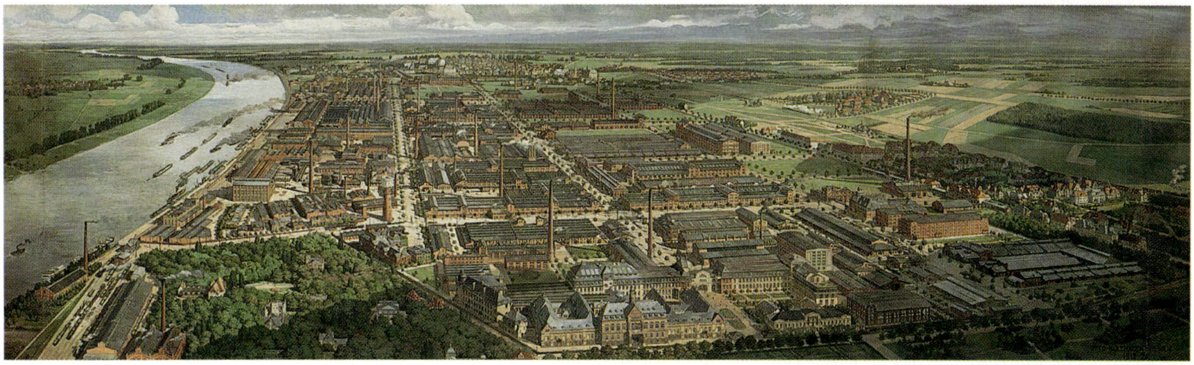

1. *Beschreiben Sie das Verhältnis von Landschaft und Industrie anhand der beiden Gemälde (Mat. 2 und 3).*
2. *Welche Einstellungen der Maler zu Umwelt, Industrie und Mensch lassen sich daraus erschließen?*
3. *Welche Stellung nimmt der Mensch in den beiden Gemälden ein? Ziehen Sie dazu auch die Abbildung von S. 279 heran.*

Die Innenansicht

4 *Otto Bollhagen (1861–1924), Hammerwerk Abt. Sterkrade (vor einer Schmiedepresse lässt sich Kommerzienrat Hugo Jacobi Konstruktionspläne erläutern), um 1913, Öl auf Leinwand, 80 x 125 cm, Oberhausen-Sterkrade, MAN Gutehoffnungshütte AG*

5 *Iwan Alexejewitsch Wladimiroff (1870–1947), Werkstückkontrolle, 1903, Öl auf Leinwand, 62,5 x 49 cm, Privatbesitz (Ausschnitt)*

1. *Welche Beziehungen zwischen den Menschen werden auf den Gemälden zum Ausdruck gebracht (Mat. 4 und 5)?*
2. *Die Gemälde sind zeitlich nicht lange voneinander entstanden. Wie lassen sich die so unterschiedlichen Darstellungen erklären?*

Die Arbeit

6 *Oskar Detering (1872–1928), Hinter der Front (Rüstungsarbeiterinnen), 1916, Öl auf Leinwand, 77,5 x 114,5 cm, Privatbesitz*

7 *Otto Bollhagen (1861–1924), Ammonsulfat-Herstellung in der BASF (Raum für Wackelrinnen), um 1919, Öl auf Leinwand, 76 x 115 cm, Leverkusen, BASF-Unternehmensarchiv*

1. *Beschreiben Sie die verschiedenen Darstellungen der Arbeit auf den beiden Gemälden (Mat. 6 und 7).*
2. *Welche Absichten könnten sich hinter den jeweiligen Darstellungen verbergen?*

Industriekapitalismus – Soziale Ungleichheit – Klassenkonflikte: Orientierung durch theoretische Deutungen

1 *Adam Smith (1723–1790) – Über Natur und Ursachen des Wohlstands der Nationen (1776):*

Q Ist aber die Arbeitsteilung überall einmal eingeführt, so kann der Einzelne seinen täglichen Bedarf nur noch teilweise aus dem Ertrag eigener Arbeit decken. Den weitaus größeren Teil stellen dann andere her. Er kauft ihn mit Gütern, die er selbst anfertigt oder, was das Gleiche ist, mit deren Preis. So kann sich ein Weber erst dann seiner besonderen Beschäftigung vollständig widmen, wenn entweder er selbst oder ein anderer im Voraus Kapital angesammelt hat, von dem er leben kann und aus dem er mit Rohmaterialien und Handwerkszeug so lange versorgt wird, bis er sein Tuch gewebt und vor allem auch verkauft hat.

Da nun, natur- oder sachbedingt, Kapital vor der Arbeitsteilung angehäuft sein muss, kann die Arbeit nur dann, nach und nach, weiter aufgeteilt werden, wenn vorher entsprechend Kapital gebildet worden ist. Die Menge an Rohmaterialien, die eine bestimmte Anzahl von Menschen verarbeiten kann, wird jedoch mit zunehmender Arbeitsteilung erheblich größer. Und da sich die Tätigkeit eines jeden Arbeiters nach und nach weiter vereinfacht, kann eine Vielzahl neuer Maschinen erfunden werden, die den Arbeitsablauf erleichtern und abkürzen. Will man daher mit fortschreitender Arbeitsteilung gleich viele Arbeiter dauernd beschäftigen, muss ein gleicher Vorrat an Lebensmitteln, aber ein größeres Lager an Rohstoffen und Werkzeugen angelegt werden, im Vergleich zum Vorstadium dieser Entwicklung. […]

So, wie die Kapitalbildung notwendigerweise einer solch tiefgreifenden Verbesserung der produktiven Arbeitskräfte vorangehen muss, so führt sie auch ganz natürlich zu diesem Fortschritt. Verwendet jemand sein Vermögen dazu Arbeitskräfte zu beschäftigen wird er sie natürlich so einsetzen, dass sie soviel wie möglich an Arbeit leisten. Er ist daher bestrebt die Tätigkeiten unter seinen Arbeitern so günstig wie nur möglich aufzuteilen und ihnen die besten Maschinen zur Verfügung zu stellen, die er entweder selbst erfinden oder zu kaufen sich leisten kann. In beiden Fällen stehen seine Möglichkeiten in engem Bezug zum Umfang seines Vermögens oder zu der Anzahl der Leute, die er damit beschäftigten kann. Deshalb nimmt in jedem Land die Erwerbstätigkeit nicht nur mit wachsendem Kapitaleinsatz zu, sondern der gleiche Arbeitseinsatz bringt einen höheren Ertrag als Folge erhöhter Kapitalbildung. […]

Da aber jeder Mensch Kapital zur Unterstützung eines Erwerbsstrebens nur mit Aussicht auf Gewinn einsetzt, wird er stets bestrebt sein es zur Hilfe für solche Gewerbe anzulegen, deren Ertrag voraussichtlich den höchsten Wert haben wird oder für den er das meiste Geld oder die meisten anderen Waren bekommen kann.

Nun ist aber das Volkseinkommen eines Landes immer genauso groß wie der Tauschwert des gesamten Jahresertrags oder, besser, es ist genau dasselbe, nur anders ausgedrückt. Wenn daher jeder Einzelne soviel wie nur möglich danach trachtet sein Kapital zur Unterstützung der einheimischen Erwerbstätigkeit einzusetzen und dadurch diese so lenkt, dass ihr Ertrag den höchsten Wertzuwachs erwarten lässt, dann bemüht sich auch jeder Einzelne ganz zwangsläufig, dass das Volkseinkommen im Jahr so groß wie möglich werden wird. Tatsächlich fördert er in der Regel nicht bewusst das Allgemeinwohl noch weiß er, wie hoch der eigene Beitrag ist. Wenn er es vorzieht die nationale Wirtschaft anstatt die ausländische zu unterstützen denkt er eigentlich nur an die eigene Sicherheit und wenn er dadurch die Erwerbstätigkeit so fördert, dass ihr Ertrag den höchsten Wert erzielen kann, strebt er lediglich nach eigenem Gewinn. Und er wird in diesem wie auch in vielen anderen Fällen von einer unsichtbaren Hand geleitet um einen Zweck zu fördern, den zu erfüllen er in keiner Weise beabsichtigt hat. Auch für das Land selbst ist es keineswegs immer das Schlechteste, dass der Einzelne ein solches Ziel nicht bewusst anstrebt, ja, gerade dadurch, dass er das eigene Interesse verfolgt, fördert er häufig das der Gesellschaft nachhaltiger, als wenn er wirklich beabsichtigt es zu tun. Alle, die jemals vorgaben ihre Geschäfte dienten dem Wohl der Allgemeinheit haben meines Wissens niemals etwas Gutes getan. Und tatsächlich ist es lediglich eine Heuchelei, die unter Kaufleuten nicht weit verbreitet ist, und es genügen schon wenige Worte um sie davon abzubringen. Der Einzelne vermag ganz offensichtlich aus seiner Kenntnis der örtlichen Verhältnisse weit besser zu beurteilen, als es irgendein Staatsmann oder Gesetzgeber für ihn tun kann.

Adam Smith, Der Wohlstand der Nationen (1776), dt. von Horst Claus Recktenwald, München 1974, S. 227f. und 370f.

1. *Beschreiben Sie das Verhältnis von Kapital und Arbeit, d.h. von Unternehmern und Arbeitern, wie Adam Smith es sieht (Mat. 1).*
2. *Nehmen Sie Stellung zu Smith' These, dass gleichsam „eine unsichtbare Hand" im Wirtschaftsprozess das „allgemeine Wohl" am besten garantiere.*

3. *Konfrontieren Sie die These von Smith auch mit Max Webers 1920 formulierter Ansicht, dass die Voraussetzung für das Funktionieren des modernen industriellen Kapitalismus der „rationale, prinzipiell berechenbare Charakter der Rechtsfindung und Verwaltung", d. h. die moderne Bürokratie, sei.*

2 *Karl Marx (1818–1883)/Friedrich Engels(1820–1895) – Bourgeoisie und Proletariat (1847/48):*

Q Die Bourgeoisie kann nicht existieren ohne die Produktionsinstrumente, also die Produktionsverhältnisse, also sämtliche gesellschaftlichen Verhältnisse fortwährend zu revolutionieren. [...] Das Bedürfnis nach einem stets ausgedehnteren Absatz für ihre Produkte jagt die Bourgeoisie über die ganze Erdkugel. Überall muss sie sich einnisten, überall anbauen, überall Verbindungen herstellen. [...]

Die bürgerlichen Produktions- und Verkehrsverhältnisse, die bürgerlichen Eigentumsverhältnisse, die moderne bürgerliche Gesellschaft, die [durch das Prinzip der „freien Konkurrenz"] so gewaltige Produktions- und Verkehrsmittel hervorgezaubert hat, gleicht dem Hexenmeister, der die unterirdischen Gewalten nicht mehr zu beherrschen vermag, die er heraufbeschwor. [...]

Es genügt die Handelskrisen zu nennen, welche in ihrer periodischen Wiederkehr immer drohender die Existenz der ganzen bürgerlichen Gesellschaft in Frage stellen. In den Handelskrisen wird ein großer Teil nicht nur der erzeugten Produkte, sondern der bereits geschaffenen Produktivkräfte regelmäßig vernichtet. In den Krisen bricht eine gesellschaftliche Epidemie aus, welche allen früheren Epochen als ein Widersinn erschienen wäre – die Epidemie der Überproduktion. [...]

Die Waffen, womit die Bourgeoisie den Feudalismus zu Boden geschlagen hat, richten sich jetzt gegen die Bourgeoisie selbst. Aber die Bourgeoisie hat nicht nur die Waffen geschmiedet, die ihr den Tod bringen; sie hat auch die Männer gezeugt, die diese Waffen führen werden – die modernen Arbeiter, die Proletarier.

In demselben Maße, worin sich die Bourgeoisie, d. h. das Kapital, entwickelt, in demselben Maße entwickelt sich das Proletariat, die Klasse der modernen Arbeiter, die nur so lange leben, als sie Arbeit finden, und die nur so lange Arbeit finden, als ihre Arbeit das Kapital vermehrt. Diese Arbeiter, die sich stückweise verkaufen müssen, sind eine Ware wie jeder andere Handelsartikel und daher gleichmäßig allen Wechselfällen der Konkurrenz, allen Schwankungen des Marktes ausgesetzt. [...]

Die wachsende Konkurrenz der Bourgeois unter sich und die daraus hervorgehenden Handelskrisen machen den Lohn der Arbeiter immer schwankender; die immer rascher sich entwickelnde, unaufhörliche Verbesserung der Maschinerie macht ihre ganze Lebensstellung immer unsicherer; immer mehr nehmen die Kollisionen zwischen dem einzelnen Arbeiter und dem einzelnen Bourgeois den Charakter von Kollisionen zweier Klassen an. Die Arbeiter beginnen damit Koalitionen gegen die Bourgeois zu bilden; sie treten zusammen zur Behauptung ihres Arbeitslohns. Sie stiften selbst dauernde Assoziationen um sich für die gelegentlichen Empörungen zu verproviantieren. [...]

Die wesentliche Bedingung für die Existenz und für die Herrschaft der Bourgeoisklasse ist die Anhäufung des Reichtums in den Händen von Privaten, die Bildung und Vermehrung des Kapitals; die Bedingung des Kapitals ist die Lohnarbeit. Die Lohnarbeit beruht ausschließlich auf der Konkurrenz der Arbeiter unter sich. Der Fortschritt der Industrie, dessen willenloser und widerstandsloser Träger die Bourgeoisie ist, setzt an die Stelle der Isolierung der Arbeiter durch die Konkurrenz ihre revolutionäre Vereinigung durch die Assoziation. Mit der Entwicklung der großen Industrie wird also unter den Füßen der Bourgeoisie die Grundlage selbst hinweggezogen, worauf sie produziert und die Produkte sich aneignet. Sie produziert vor allem ihren eigenen Totengräber. Ihr Untergang und der Sieg des Proletariats sind gleich unvermeidlich.

Karl Marx/Friedrich Engels, Manifest der Kommunistischen Partei (1848), in: Karl Marx/Friedrich Engels, Werke, hg. vom Institut für Marxismus-Leninismus, Bd. 4, Berlin 1971, S. 465 ff.

1. *Welche Rolle spielen nach Marx und Engels die Bourgeoisie und das Proletariat in der Entwicklung der kapitalistischen Gesellschaft (Mat. 2)?*
2. *Vergleichen Sie das Verhältnis von Kapital und Arbeit bei Smith und Marx/Engels (Mat. 1 und 2).*
3. *Beurteilen Sie auch unter Einbeziehung der Grafik zur Beschäftigungsstruktur in Westeuropa (siehe S. 266) die Klassentheorie von Marx/Engels. Vergleichen Sie dabei auch das Klassenverständnis von Marx/Engels mit dem von Max Weber (siehe S. 288, Mat. 5).*

3 *Bruno Hildebrand (1812–1878) – Industrie und Arbeiter (1848):*

Q Die Arbeitsteilung, die Maschinen und alle jene großen mechanischen Erfindungen und Fortschritte der Industrie, welche während der letzten 70 Jahre der englischen Geschichte in ununterbrochener Reihenfolge ins Leben getreten sind und lediglich der freien Konkurrenz ihr Dasein verdanken, haben zunächst Wirkungen gehabt, die sie als notwendiges Glied in der Kulturentwicklung der Menschheit legitimieren und die sich durch nichts in der Welt ersetzen lassen. Sie haben die Armut der unteren Schichten der Gesellschaft nicht geschaffen oder vergrößert, sondern nur ans Tageslicht gebracht. Sie haben das Elend und das Laster ebenso wie den Reichtum, die Bildung und die sittliche und geistige Kraft der Menschen konzentriert und dadurch den vorhandenen Gegensatz zu einer sichtbaren und unleugbaren Tatsache erhoben. Sie haben die Hände des Arbeiters durch den gleichmäßigen Takt der Maschinen an angestrengte regelmäßige Tätigkeit, Ausdauer und gewissenhafte Zeitbenutzung gewöhnt und in ihm Tatkraft und Energie des Willens großgezogen. Sie haben die Arbeiter aus einem Geschäftszweige in den anderen gedrängt und durch diese Nötigung zum Gewerbewechsel ihren Blick erweitert und ihnen eine gewisse Beweglichkeit des Geistes und Selbstvertrauen verliehen. Sie haben die einzelnen isolierten Berufsgenossen in große Gemeinschaften vereinigt und dadurch in ihnen zum ersten Male ein Selbstbewusstsein, gesellschaftliche Ansprüche und einen Trieb nach Vervollkommnung geschaffen. [...]

Hiermit ist aber die Aufgabe der modernen Industrie in der Kulturentwicklung der Menschheit noch nicht vollendet. Sie reicht, abgesehen von der immer umfangreicheren Herrschaft, welche die gewerblichen Erfindungen dem Menschen über die Natur verschaffen, auch in Bezug auf die arbeitenden Klassen, noch weiter. Dieselben Maschinen, welche das Einkommen des Handwerkers, mit dessen bisheriger Tätigkeit sie in Konkurrenz treten, herabdrücken und ihn endlich nötigen eine andere Berufsart zu ergreifen, dieselben Maschinen, welche den Arbeiter aus einem Geschäft nach dem anderen verdrängen, bis sie ihn endlich zu einem Arbeitszweige geführt haben, der von der Konkurrenz der Maschinen nicht mehr berührt wird, dieselben Maschinen befreien die Arbeiterwelt immer mehr von aller mechanischen und geisttötenden Tätigkeit und führen das Menschengeschlecht allmählich einer Zukunft entgegen, in welcher jedem Individuum bei erleichterter Befriedigung aller physischen Bedürfnisse ein weit größeres Maß von geistiger Bildung möglich ist.

Bruno Hildebrand, Die Nationalökonomie der Gegenwart und Zukunft (1848), hg. von Hans Gehrig, Jena 1922, S. 184 ff.

1. *Vergleichen Sie die Bedeutung der Arbeitsteilung bei Smith (Mat. 1) und Hildebrand (Mat. 3).*
2. *Nehmen Sie Stellung zu der Meinung Hildebrands, dass die Maschinen die Menschen von „geisttötender Tätigkeit" zu menschenwürdigen Tätigkeiten befreit hätten.*

4 *Werner Sombart (1863–1941) – Das Wirtschaftssystem des Kapitalismus (1928):*

Q Unter Kapitalismus verstehen wir ein bestimmtes Wirtschaftssystem, das folgendermaßen sich kennzeichnen lässt: Es ist eine verkehrswirtschaftliche Organisation, bei der regelmäßig zwei verschiedene Bevölkerungsgruppen: die Inhaber der Produktionsmittel, die gleichzeitig die Leitung haben, Wirtschaftssubjekte sind und besitzlose Nurarbeiter (als Wirtschaftsobjekte), durch den Markt verbunden, zusammenwirken, und die von dem Erwerbsprinzip und dem ökonomischen Rationalismus beherrscht wird.

Die verkehrswirtschaftliche Organisation, zu der Einzel- oder Privatwirtschaft, Berufsdifferenzierung zwischen den einzelnen Wirtschaften und marktmäßige Verknüpfung gehören, hat der Kapitalismus also mit dem Handwerk gemein; morphologisch[1] unterscheidet er sich von diesem durch die soziale Differenzierung des persönlichen Produktionsfaktors in die beiden Bestandteile des leitenden und ausführenden Arbeiters, die sich gleichzeitig als Besitzer der Produktionsmittel und technische Nurarbeiter gegenübertreten und sich vom Markte zu der notwendigen Vereinigung im Produktionsprozesse zusammenführen lassen müssen. [...]

Die Eigenart des Erwerbsprinzips äußert sich darin, dass unter seiner Herrschaft der unmittelbare Zweck des Wirtschaftens nicht mehr die Bedarfsbefriedigung eines lebendigen Menschen, sondern ausschließlich die Vermehrung einer Geldsumme ist.

Der ökonomische Rationalismus, das heißt also die grundsätzliche Einstellung aller Handlungen auf höchstmögliche Zweckmäßigkeit, äußert sich in dreifacher Weise:

1. als Planmäßigkeit der Wirtschaftsführung;
2. als Zweckmäßigkeit im engeren Sinne;
3. als Rechnungsmäßigkeit.

Die Planmäßigkeit bringt in das kapitalistische Wirtschaftssystem das Wirtschaften nach weitausschauenden Plänen; die Zweckmäßigkeit sorgt für die richtige Mittelwahl; die Rechnungsmäßigkeit für die exakt-ziffernmäßige Berechnung und Registrierung aller wirtschaftlichen Einzelerscheinungen und ihre rechnerische Zusammenfassung an einem sinnvoll geordneten Zahlensysteme.

1 Gestalt oder Form eines Gegenstands- oder Sinnbereichs betreffend

Werner Sombart, Der moderne Kapitalismus, Erster Halbband: Die vorkapitalistische Wirtschaft (1928), München 1987, S. 319 f.

1. *Beschreiben Sie das Verhältnis von Kapital und Arbeit bei Sombart (Mat. 4).*
2. *Nehmen Sie Stellung zu der Auffassung Sombarts aus der Sicht von Smith (Mat. 1) und Marx/Engels (Mat. 2).*

5 *Anthony Giddens (geb. 1938) – Kapitalistische Gesellschaft und Klassenkonflikte (1973):*

Q [Es gibt] eine innere Verbindung zwischen Kapitalismus und liberaler Demokratie, die tiefer geht als gemeinhin angenommen wird. In Marx' Denken ist die Ethik der „Chancengleichheit", die sich mit dem Übergang von der postfeudalen Gesellschaft in der ökonomischen Sphäre durchzusetzen beginnt, unmittelbar mit dem Auftreten von Ideologien der politischen Demokratie verbunden. Aber die bürgerliche politische Demokratie ist, wie Marx in seiner frühen Hegelkritik deutlich gemacht hat, ein „Schwindelsystem", weil (unter anderem) nur eine kleine Minderheit der Bevölkerung tatsächlich am Wahlsystem partizipieren kann. Die Tatsache, dass die Organisationen der Arbeiterklasse eine Ausweitung des Wahlrechts erzwingen können, bedeutet eine Schwäche in der Gesamtstruktur des Kapitalismus, denn sie erlaubt den Aufstieg von großen Arbeiterparteien, die zumindest in einigen Ländern durch die Ausnutzung des existierenden politischen Rahmens tatsächlich den revolutionären Umsturz der kapitalistischen Ordnung herbeiführen können. […] Eine solche Interpretation ist falsch, weil sie einen fundamental „politischen" Aspekt der Arbeiterbewegung des 19. Jahrhunderts vernachlässigt. Die Arbeiterklasse oder die politischen Organisationen, die sie repräsentieren, mussten sich die volle Eingliederung in die politische Ordnung des modernen Nationalstaates erkämpfen. Diese Eingliederung hat jedoch im Ergebnis die institutionelle Vermittlung der Macht in der kapitalistischen Ordnung nicht geschwächt, sondern stabilisiert und vervollständigt. Die Sozialdemokratie ist, mit anderen Worten, die normale Form der systematischen politischen Einbeziehung der Arbeiterklasse in die kapitalistische Gesellschaft. […]

Ich habe stets betont, dass das grundlegende Strukturmerkmal der kapitalistischen Gesellschaft die institutionelle Vermittlung der Macht ist, die eine Trennung des „Politischen" und „Ökonomischen" einschließt, d.h. derzufolge die spezifischen Formen der Partizipation in einer Sphäre nicht von denen in der anderen bestimmt sind. Die Trennung dieser beiden Sphären bedeutet zugleich beider wechselseitige Abhängigkeit. […]

Staatsintervention – der Ausdruck ist natürlich missverständlich, hat sich aber eingebürgert – ins ökonomische Leben verträgt sich also nicht nur mit dem Kapitalismus, sie ist ihm wesentlich. Das Ende des Laissez-faire und der Aufstieg des modernen Wohlfahrtsstaates muss auf der Ebene solcher Mechanismen der wechselseitigen Neuausrichtung von Politik und Wirtschaft verstanden werden. Die Rolle des Staates bei der Entwicklung von Steuersystemen, der Begrenzung von Monopolen, der Beeinflussung der Arbeitsverwendung und der Arbeitsmobilität und im Neokapitalismus sogar bei der Einführung langfristiger Planung kann die Bedingungen erheblich verändern, unter denen vertragliche Beziehungen eingegangen und aufrechterhalten werden; aber keiner dieser Interventionsmodi verstößt gegen das Wesen der Organisation der wirtschaftlichen Tätigkeit. […]

Was die „Institutionalisierung des Klassenkonfliktes" betrifft, so unterscheidet sich auch hier meine Auffassung von der der vorherrschenden Orthodoxie[1], die Marx zustimmt um ihn zu widerlegen. Die allgemeine Vorstellung lautet folgendermaßen: Die kapitalistische Gesellschaft beinhaltet eine Tendenz zu Klassenkonflikten, die, wenn sie „ungelenkt" bleiben, eine revolutionäre Arbeiterklasse hervorbringen; in gewaltsamen Klassenkämpfen bringt diese sich sodann in Gegensatz zu ihrem gesamten gesellschaftlichen Umfeld. Die Erkenntnis unterschiedlicher Klasseninteressen, die in Kollektivverhandlungen formalisiert werden, dient dazu solche Konflikte zu kontrollieren und ihnen ein Ventil zu geben und untergräbt so das revolutionäre Potential der Arbeiterklasse. Nach meiner Interpretation jedoch charakterisiert revolutionäres Bewusstsein vor allem den Moment des Zusammenstoßes von Postfeudalismus und kapitalistischem Industrialismus und gehört nicht zum Wesen der kapitalistischen Gesellschaft. Die „Institutionalisierung von Klassenkonflikt" ist kein Prozess, der das Auftreten oder die Wirkungen des Klassenkonflikts minimiert und seine mögliche revolutionäre Bedeutung negiert, sondern sie ist die charakteristische Form, in der sich Klassenkonflikt in der entwickelten kapitalistischen Gesellschaft ausdrückt.

1 Rechtgläubigkeit; engstirniges Festhalten an Lehrmeinungen

Anthony Giddens, Die Klassenstruktur fortgeschrittener Gesellschaften (1973), übers. von Cora Stephan, Frankfurt/M. 1984, S. 354–357.

1. *Welche Bedeutung misst Giddens der „Institutionalisierung des Klassenkonflikts" in der demokratischen Gesellschaft des Kapitalismus bei (Mat. 5)?*
2. *Welche politischen Wandlungsmöglichkeiten eröffnen die Beschreibungen bei Giddens?*
3. *Überprüfen Sie, in welchem Maße die vorgestellten theoretischen Ansätze die Entwicklung der kapitalistischen Industriegesellschaft erfasst haben und über die jeweilige Entstehungszeit hinaus Gültigkeit behalten haben.*
4. *Stellen Sie fest, welche Ansätze in der Darstellung ihren Niederschlag gefunden haben und welches Gewicht die Verfasserin ihnen gegeben hat.*
5. *Welcher der Ansätze überzeugt Sie am ehesten? Begründen Sie Ihre Ansicht und gehen Sie dabei auch auf mögliche Defizite der Ansätze ein.*

„Wir müssen auch die enge Verbindung zwischen politischer und wirtschaftlicher Freiheit erkennen“

*Von Milton und Rose Friedman**

Schon seit die ersten Europäer sich in der Neuen Welt ansiedelten – in Jamestown 1607 und in Plymouth im Jahre 1620 – ist Amerika ein Magnet für Menschen, die das Abenteuer suchen, die vor der Tyrannei fliehen oder die einfach ein besseres Leben für sich und ihre Kinder erstreben.

Das anfänglich kleine Rinnsal nach der Amerikanischen Revolution und nach der Gründung der USA schwoll im 19. Jahrhundert zu einer Flut an, als Millionen von Menschen über den Atlantik strömten – eine kleinere Anzahl kam über den Pazifik –, vertrieben von Elend und Tyrannei und magisch angezogen von den Verheißungen von Freiheit und Wohlstand.

Als sie ankamen, fanden sie keine goldgepflasterten Straßen, es erwartete sie auch kein bequemes Leben. Aber sie fanden die Freiheit und die Chance das Beste aus ihren Begabungen machen zu können. Durch harte Arbeit, Einfallsreichtum, Sparsamkeit und Glück gelang es den meisten von ihnen ihre Hoffnungen und Träume so weit zu realisieren, dass Freunde und Verwandte ermutigt wurden es ihnen gleichzutun.

Die Geschichte der USA ist die Geschichte eines wirtschaftlichen, aber auch eines politischen Wunders. Dieses Wunder wurde Realität, weil zwei geistige Strömungen in die Praxis umgesetzt werden konnten, die durch ein seltsames Zusammentreffen im gleichen Jahr, nämlich 1776, formuliert und publiziert wurden.

Die eine geistige Strömung ist niedergelegt im „Wealth of Nations“, dem „Wohlstand der Nationen“, dem Meisterwerk, das der Schotte Adam Smith als Vater der modernen Volkswirtschaftslehre schuf. Er analysierte die Methode, wie ein Marktsystem die Freiheit von Einzelnen, die ihre eigenen Ziele verfolgen, kombinieren kann mit einem umfassenden Zusammenwirken und einer Zusammenarbeit, die auf wirtschaftlichem Gebiet notwendig ist um unsere Nahrung, unsere Kleidung, unsere Wohnungen bereitzustellen. Adam Smiths' grundsätzliche Überlegung war, dass jeweils beide Partner von einem Austausch profitieren können und dass, solange die Zusammenarbeit *ausschließlich freiwillig* ist, kein Austausch stattfinden kann, von dem nicht beide Partner profitieren. Keine Kraft von außen, kein Zwang, keine Verletzung der Freiheit ist nötig um eine Zusammenarbeit von Einzelpersonen zu erreichen, bei der alle Beteiligten profitieren. Und deshalb wird ein Einzelner, der „seine eigenen Ziele verfolgt“ – wie Adam Smith es formuliert hat – „von einer unsichtbaren Hand geführt und erreicht schließlich ein Ziel, das er gar nicht angestrebt hat. Es ist für die Gesellschaft auch gar kein Nachteil, dass er dieses Ziel gar nicht suchte. Wenn er seine eigenen Interessen verfolgt, dann fördert er meistens auch die Ziele der Gesellschaft viel wirkungsvoller, als wenn er das wirklich beabsichtigt hätte.

Ich habe nie viel Gutes von jenen erlebt, die vorgaben für die Allgemeinheit etwas zu tun.“

Die zweite geistige Strömung nahm ihren Ausgang von der Unabhängigkeitserklärung, die – von Thomas Jefferson verfasst – die prinzipiellen Gedanken seiner Landsleute zum Ausdruck brachte. Jefferson proklamierte eine neue Nation, die erste in der Geschichte, die aufgebaut war auf dem Grundprinzip, dass jedermann berechtigt sei seinen eigenen Nutzen zu verfolgen: „Wir gehen von der selbstverständlichen Wahrheit aus, dass alle Menschen gleich geschaffen sind, dass sie von ihrem Schöpfer mit gewissen unveräußerlichen Rechten ausgestattet sind; dazu gehören das Leben, die Freiheit und das Streben nach Glück.“ Oder wie es viel extensiver und weiterführend fast ein Jahrhundert später von John Stuart Mill ausgedrückt wurde: „Das Einzige, was die Menschheit, einzeln oder kollektiv, berechtigt die Freiheit eines anderen oder einer Anzahl von Menschen zu beschränken ist Selbstschutz …

Der einzige Grund, der es rechtfertigt gegenüber einem Mitglied einer zivilisierten Gesellschaft gegen seinen Willen Macht anzuwenden ist, wenn man andere beschützen muss. Sein eigener Vorteil, sei er physisch oder moralisch, ist kein ausreichender Grund … Der einzige Punkt im Verhalten ei-

* *Milton und Rose Friedman, Chancen, die ich meine. Ein persönliches Bekenntnis, Berlin u.a. 1980, S. 13–19, Einleitung (amerikanische Erstveröffentlichung unter dem Titel „Free to choose. A Personal Statement“, New York u. a. 1979).*

nes jeden, für den er der Gesellschaft Verantwortung schuldet, ist der, der andere betrifft. In dem Bereich, der ihn ausschließlich *selbst* betrifft, ist seine Unabhängigkeit zurecht absolut. Über sich selbst, über seinen eigenen Körper, über seinen Geist, seine Seele, ist das Individuum Alleinherrscher."

Ein großer Teil der Geschichte der Vereinigten Staaten dreht sich um den Versuch die Prinzipien der Unabhängigkeitserklärung in die Praxis umzusetzen – vom Kampf gegen die Sklaverei, der zuletzt durch einen blutigen Bürgerkrieg beendet wurde, bis zum fortwährenden Versuch die *Chancengleichheit* herzustellen bis zu dem jüngsten Versuch die Gleichheit der *Ergebnisse* zu erreichen.

Wirtschaftliche Freiheit ist eine Voraussetzung für politische Freiheit. Wenn man den Menschen gestattet ohne Zwang oder zentrale Anweisung miteinander zusammenzuarbeiten, wird der Bereich, in dem politische Macht angewandt werden kann, reduziert. Außerdem bietet der freie Markt, weil er die Macht verteilt, ein Gegengewicht zu jeder politischen Macht, wie immer sie geartet ist. Die Kombination von politischer und wirtschaftlicher Macht in einer Hand ist ein sicheres Rezept für die Tyrannei.

„Wer hat dieses Wunder produziert?"

Die Kombination von wirtschaftlicher und politischer *Freiheit* schuf das Goldene Zeitalter sowohl in Großbritannien als auch in den Vereinigten Staaten im 19. Jahrhundert. Die Vereinigten Staaten waren noch erfolgreicher als Großbritannien. Man machte schon zu Beginn reinen Tisch: weniger Überreste von Klassen- und Statusbewusstsein; weniger Beschränkungen durch die Regierung; ein sehr viel fruchtbarerer Boden für Energie, Dynamik und Innovation und ein leerer Kontinent, der erobert werden konnte!

Die Freiheitsstatue am Hafeneingang von New York. Fotografie

Die Produktivität, die durch Freiheit entsteht, wird am dramatischsten und klarsten im Bereich der Landwirtschaft deutlich. Als die Unabhängigkeitserklärung erlassen wurde, hatten gerade kaum drei Millionen Menschen europäischen und afrikanischen Ursprungs (ausgenommen die eingeborenen Indianer) von einem kleinen Streifen entlang der Ostküste Amerikas Besitz ergriffen. Die Landwirtschaft war die hauptsächliche ökonomische Aktivität. Man brauchte 19 von 20 Arbeitern um die Bevölkerung satt zu machen und einen Überschuss für den Export zu produzieren, der dem Austausch fremder Güter diente. Heute braucht man weniger als einen von 20 Arbeitern um 220 Millionen Einwohner satt zu machen und einen Überschuss zu produzieren, der die USA zum größten Nahrungsmittelexporteur der Welt macht!

Wer hat dieses Wunder produziert? Sicherlich keine zentrale Regierungsmacht – Staaten wie Russland und seine Satelliten, Rot-China, auch Jugoslawien und Indien, deren Wirtschaft heute auf zentraler Verwaltung basiert, beschäftigen ein Viertel bis zur Hälfte ihrer Bevölkerung in der Landwirtschaft und sind dennoch häufig von der Landwirtschaft der USA abhängig, wenn sie Massenhungersnot vermeiden wollen. Fast während der gesamten Periode der raschen landwirtschaftlichen Expansion in den USA spielte die Regierung eine untergeordnete Rolle. Land wurde zur Verfügung gestellt – aber dieses Land war vorher unproduktiv. In der zweiten Hälfte des 19. Jahrhunderts entstanden spezielle staatlich unterstützte Schulen, die umfassende Informationen und Technologien für die Landwirtschaft als Dienstleistung der Regierung vermittelten. Jedoch die Urquelle der landwirtschaftlichen Revolution war die Privatinitiative, die sich in einem freien Markt entfalten konnte – ausgenommen davon die Schande der Sklaverei! Und das große Wachstum kam, *nachdem* die Sklaverei abgeschafft war! Die Millionen von Einwanderern aus aller Welt hatten die Freiheit als unabhängige Farmer oder Geschäftsleute selbständig zu arbeiten oder für andere tätig zu sein zu Bedingungen, die ihnen passten. Sie hatten auch die Freiheit mit neuen Techniken zu experimentieren: auf ihr eigenes Risiko – wenn die Experimente fehlschlugen; zu ihrem eigenen Vorteil – wenn die Experimente gelangen! Sie bekamen wenig Unterstützung von der Regierung und – was noch wichtiger war – die Regierung mischte sich kaum ein!

Die Regierung begann in der Landwirtschaft erst eine größere Rolle zu spielen während und nach der „Großen Depression“ der dreißiger Jahre. Sie griff hauptsächlich ein um die Produktion zu drosseln und um damit die Preise künstlich hoch zu halten.

Das Wachstum der Landwirtschaft hing ab von der gleichzeitig einsetzenden Industriellen Revolution. Neue Maschinen wurden produziert, die die Landwirtschaft revolutionierten. Umgekehrt hing auch wiederum die Industrielle Revolution davon ab, dass Arbeitskräfte freigesetzt wurden als Folge der landwirtschaftlichen Revolution. So marschierten Industrie und Landwirtschaft Hand in Hand

Adam Smith und Thomas Jefferson hatten erkannt, welch große Gefahr für den Durchschnittsbürger die konzentrierte Macht der Regierung darstellt. Für sie war es ein nie endendes Bedürfnis, dass der einzelne Bürger vor der Tyrannei des Staates geschützt werden musste. Das war ein Ziel der „Virginia Declaration of Rights“ im Jahre 1776 und der „Bill of Rights“ der USA im Jahre 1791; das war der Grund für die Teilung der Gewalten in der Verfassung der USA; das war auch die Bewegkraft, die hinter der Veränderung in der britischen Rechtsstruktur stand, von dem Erlass der Magna Charta im 13. Jahrhundert bis zum Ende des 19. Jahrhunderts. Für Smith und Jefferson war die Rolle der Regierung die eines *Schiedsrichters, nicht* die eines Beteiligten! Jeffersons Ideal, wie er es bereits in seiner ersten Amtsantrittsrede im Jahre 1801 ausdrückte, war „eine weise und sparsame Regierung, die Menschen davon abhalten sollte sich gegenseitig zu verletzen, die ihnen aber die Freiheit lassen sollte das eigennützige Streben nach Erfolg und Gewinn selbst in die Hand zu nehmen.“

Ironischerweise fand dieser Erfolg der ökonomischen und politischen Freiheit bei den späteren Denkern weniger Anklang. Die sehr klein angelegte Verwaltung des späten 19. Jahrhunderts besaß sehr wenig konzentrierte Macht, die dem Mann auf der Straße hätte gefährlich sein können. Die andere Seite der Medaille war, dass die staatliche Verwaltung auch sehr wenig Macht hatte, die es ermöglichte guten Menschen Gutes zu tun. In einer ganz und gar nicht perfekten Welt gab es immer noch sehr viel Böses. Und der Fortschritt, den die Gesellschaft machte, rückte in der Tat das Negative mehr in den Vordergrund. Und wie immer nahmen die Menschen die angenehmen Seiten der Entwicklung als Selbstverständlichkeit hin, sie vergaßen dabei die Gefahr die der Freiheit von einer starken Regierung drohte. Sie dachten nur an all das Gute, was eine starke Regierung tun könnte – wenn nur die Macht des Staates in den „richtigen“ Händen war.

Die „Große Depression“ und der Mythos vom Fehlschlag des Marktmechanismus

Diese Ideen begannen die Regierungspolitik in Großbritannien zu Beginn des 20. Jahrhunderts zu beeinflussen. Sie wurden unter den Intellektuellen der Vereinigten Staaten immer mehr akzeptiert, hatten aber wenig Einfluss auf die Regierungspolitik bis zur „Großen Depression“ der frühen dreißiger Jahre. Wie wir zeigen, entstand die Depression durch die Misserfolge der Regierung in einem Bereich, in dem die Regierung seit der Staatsgründung volle Autorität hatte, nämlich im Bereich des Geldes! Man erkannte weder damals noch heute, dass die Regierung für die Depression verantwortlich war. Stattdessen wurde die Depression weitgehend als Fehlschlag des kapitalistischen Marktmechanismus interpretiert. Dieser „Mythos“ führte dazu, dass die Menschen mehr und mehr ihre Meinung änderten und sich der Auffassung der Intellektuellen hinsichtlich der Verantwortung der Einzelnen und der Regierung anschlossen. Die ursprüngliche Begeisterung für die Verantwortung des Einzelnen für sein eigenes Glück wurde ersetzt durch die fast emphatische Begeisterung für die neue Rolle des Einzelnen, der wie ein Faustpfand in der Hand von fremden Kräften bewegt wird, die außerhalb seiner Kontrolle liegen. Die Aussicht, dass die Rolle der Regierung die eines Schiedsrichters sein sollte, der die Einzelnen davor zu bewahren hat sich gegenseitig zu verletzen wurde ersetzt durch die Ansicht, dass die Rolle der Regierung ähnlich der von Vater und Mutter ist, die ein Kind zwingen können den anderen Kindern zu helfen. Solche Ansichten beeinflussten wesentlich die Entwicklung der Vereinigten Staaten während des vergangenen halben Jahrhunderts. Sie führten zum Anwachsen der Regierungsbürokratie in allen Bereichen, sie führten aber zu einer Verschiebung der Macht von der kommunalen Verwaltung und Kontrolle zur zentralen Regierung und Kontrolle! Der Staat hat zunehmend die Aufgabe übernommen den einen zu nehmen und den anderen zu geben – im Namen der Sicherheit und Gleichheit! Es werden immer neue Regierungsverfügungen erlassen um *unser* „Streben nach Erfolg und Gewinn“ zu reglementieren. Damit werden die Maximen von Jefferson auf den Kopf gestellt.

Diese Entwicklung mag von guten Absichten geleitet gewesen sein, war aber wirkungsvoll unterstützt vom Eigennutz staatlicher Organe. Sogar die stärksten Verteidiger der Wohlfahrt und eines väterlich bevormundenden Staates geben zu, dass die Ergebnisse enttäuschend sind. Im Bereich der Verwaltung wie im Bereich des Marktes schien nun eine unsichtbare Hand zu operieren, die aber in einer Adam Smith entgegengesetzten Richtung wirksam wurde: Ein Einzelner, der die Absicht vorgibt *nur* dem *allgemeinen* Interesse zu dienen (!), indem er die Eingriffe der Regierung verstärkt wird geführt, wie von einer „unsichtbaren Hand" um die *privaten Interessen* zu fördern (!), „was keineswegs von ihm beabsichtigt war".

Diese Schlussfolgerung wird wieder und wieder verdeutlicht; in den verschiedenen Bereichen, in denen die Macht der Verwaltung praktiziert wurde, ganz gleich, ob sie dazu diente Sicherheit zu gewährleisten oder Gleichheit, um die Erziehung zu fördern oder um den Konsumenten zu schützen oder den Arbeiter oder ob sie dazu diente die Inflation zu vermeiden und die Beschäftigung zu fördern.

Um mit den Worten von Adam Smith zu sprechen, war „das andauernde und ununterbrochene Streben der Menschen ihre Situation zu verbessern" – das Prinzip, dem der private und der nationale Fortschritt seine Entstehung verdankt – stark genug um den natürlichen Gang der Dinge sich zu verbessern aufrechtzuerhalten, *trotz* der Verschwendungssucht der Regierung und *trotz* der größten Fehler der Bürokratie! Wie lautet doch der von einem Unbekannten formulierte Grundsatz der Lebenserfahrung: „Oft gewinnt dank seiner Konstitution ein Patient die Gesundheit wieder – nicht nur *trotz* der Krankheit, sondern *trotz* der absurden Verordnungen der Ärzte!" Soviel zu Adam Smith' „unsichtbarer Hand", die offenbar mächtig genug war um die tödlichen Auswirkungen der unsichtbaren Hand, die in der politischen Szenerie wirksam wird, zu überwinden.

Die Erfahrung der letzten Jahre – langsameres Wachstum und rückläufige Produktivität – erweckt Zweifel, ob es der private Unternehmergeist weiterhin schaffen wird die tödlichen Auswirkungen der Verwaltungsherrschaft zu überwinden, wenn wir so weitermachen und der staatlichen Bürokratie immer mehr Macht zugestehen eine „neue Klasse" von Verwaltungsbürokraten zu beauftragen, immer größere Teile unseres Einkommens angeblich zu unserem Nutzen auszugeben. Früher oder später – und vielleicht schon früher als manche von uns erwarten – wird eine immer größere Regierungsbürokratie sowohl den Wohlstand zerstören, den wir dem freien Markt verdanken, als auch die persönliche Freiheit, die so überzeugend in der Unabhängigkeitserklärung verkündet wurde.

„Auf die freiwillige Zusammenarbeit freier Bürger verlassen"

Wir haben den Punkt, von dem es kein Zurück mehr gibt, noch nicht erreicht. Noch sind wir freie Menschen und können uns entscheiden, ob wir weiterhin vollen Kurs auf die „Straße der Knechtschaft" nehmen sollen – wie Friedrich Hayek sein scharfsinniges und einflussreiches Buch genannt hat – oder ob wir der Staatsbürokratie engere Grenzen setzen sollen und uns stärker auf freiwillige Zusammenarbeit freier Bürger verlassen sollen um unsere verschiedenen Ziele zu erreichen. Wird unser goldenes Zeitalter zu Ende gehen, weil wir wieder zurückfallen in die Tyrannei und das Elend, das früher herrschte und in dem die Mehrzahl der Menschen immer noch lebt? Oder werden wir weise und vorausblickend sein, vor allem aber den Mut haben unseren Kurs zu ändern, aus der Erfahrung zu lernen um dann von der Wiedergeburt unserer Freiheit zu profitieren?

Wenn wir diese Wahl weise treffen wollen, dann müssen wir die *grundlegenden Regeln* unseres Systems verstehen: die *ökonomischen* Regeln von Adam Smith, die zeigen, wie es möglich ist, dass sich ein komplexes, wohlorganisiertes und ruhig funktionierendes System ohne zentralen Befehl entwickeln und blühen kann, wie man Koordination ohne Zwang erreicht; die *politischen* Regeln, wie sie Thomas Jefferson formuliert hat. Wir müssen erkennen, woher es kommt, dass Versuche die Kooperation durch zentrale Lenkung zu ersetzen so viel zerstören können und wir müssen auch die enge Verbindung zwischen politischer und wirtschaftlicher Freiheit erkennen.

Glücklicherweise wendet sich das Blatt. In den Vereinigten Staaten, in Großbritannien, in den Staaten Westeuropas und in vielen anderen Staaten rund um die Welt wächst das Bewusstsein, wie gefährlich große Staatsbürokratien sind, wächst die Unzufriedenheit mit den Praktiken, die sie verfolgen. Diese Wandlung spiegelt sich nicht nur in den persönlichen Meinungen, sondern auch im politischen Bereich wider. Es zahlt sich politisch für unsere Abgeordneten aus einen anderen Ton anzustimmen – und vielleicht sogar anders zu handeln.

Milton Friedman, geb. 1912, Volkswirtschaftler, erhielt 1976 den Nobelpreis für Wirtschaftswissenschaften; Rose Friedman, geb. 1918, Volkswirtschaftlerin

Konfrontieren Sie die Hauptthesen von Milton und Rose Friedman mit der Entwicklung des Industriekapitalismus im 19. Jahrhundert. Beziehen Sie dabei auch die theoretischen Betrachtungen von Anthony Giddens (siehe S. 303, Mat. 5) mit ein. Diskutieren Sie die Thesen der Autoren unter dem Aspekt der Wohlfahrtsstaatsidee.

LIBERTÉ
EGALITÉ
FRATERNITÉ

Demokratisierung im 19. Jahrhundert

Der Übergang vom 18. zum 19. Jahrhundert war in Europa und Nordamerika durch eine Serie revolutionärer Ereignisse und Prozesse gekennzeichnet. Sowohl politische Revolutionen – vor allem die Amerikanische und Französische Revolution – als auch grundlegende wirtschaftliche und soziale Umwälzungen, wie sie mit dem Stichwort „Industrielle Revolution" verbunden sind, haben die Lebensbedingungen und die politischen Handlungsmöglichkeiten der Menschen damals entscheidend verändert. Dieser Übergang vom Ancien Régime zur westlichen Moderne, d. h. von der ständischen zur bürgerlichen Gesellschaft, in der wir heute noch leben, war ein Epochenwandel von weltgeschichtlicher Bedeutung.
Liberalisierung der alten Ordnung – das war in allen Gesellschaftsbereichen das Zeichen der Epoche. Erste politische Organisationsformen, in denen sich die Emanzipation von der Ordnung Alteuropas vollzog, waren Clubs, Vereine oder Genossenschaften. Ihnen folgten im Lauf des 19. Jahrhunderts die Parteien, ehe schließlich gegen Ende des Jahrhunderts die politische Öffentlichkeit zum „politischen Massenmarkt" (Hans Rosenberg) wurde. In der Politik verband sich die Liberalisierung der Herrschaftsverhältnisse insbesondere mit der verfassungsmäßig verbürgten Ablösung absolutistischer Herrschaft durch eine vom Volk bzw. von seinen Vertretern ausgeübte Herrschaft. Damit wurden die großen historischen Prozesse der *Demokratisierung* und *Parlamentarisierung* eingeleitet.
Das aus dem Griechischen stammende Wort Demokratie bezeichnet ein Herrschaftssystem und bedeutet: Herrschaft des Volkes. Der amerikanische Präsident Lincoln bezeichnete 1863 diese Herrschaftsform treffend als eine Herrschaft, die aus dem Volk hervorgeht und durch das Volk und in seinem Interesse ausgeübt wird: „Gouvernment of the people, by the people, for the people." Im Gegensatz zur unmittelbaren Demokratie, in der Herrschaft direkt durch das zur Entscheidung politischer Fragen versammelte Volk und in seinem Interesse ausgeübt wird, wie z. B. im antiken Athen oder heute noch in einigen Kantonen der Schweiz, ging der Prozess der Demokratisierung in der westlichen Moderne vor allem mit der Herausbildung der repräsentativen Demokratie, d. h. des Parlamentarismus als Regierungssystem, einher. Die politischen Entscheidungen werden dabei nicht vom Volk direkt, sondern von dem durch das Volk gewählten Repräsentativorgan als ausschlaggebender Gewalt im Staat gefällt.
Demokratisierung und Parlamentarisierung sind historisch keine identischen Prozesse, denn der Parlamentarismus als Regierungssystem muss nicht auf demokratischen Wahlen beruhen. Misst man die verwirklichte Demokratie der parlamentarischen Systeme des 19. Jahrhunderts in der westlichen Moderne z. B. an dem Geschlecht, so muss man feststellen, dass hier überall ein entscheidendes Defizit besteht. Denn bis in das 20. Jahrhundert hinein durften Frauen im Allgemeinen nicht wählen.
Bei allen politischen Modernisierungen handelt es sich weder um einen plötzlich auftretenden noch flächendeckenden oder geradlinig verlaufenden Wandel. Beschleunigt wurde die Entwicklung immer wieder von Revolutionen, ohne dass diese jedoch mit einem dauerhaften Wandel und Fortschritt in Richtung auf eine stärkere Demokratisierung verbunden gewesen wären. So folgte auf die Französische Revolution von 1789, die in Frankreich vor allem dem Bürgertum politische Mitwirkungsrechte gebracht hatte, die Alleinherrschaft Napoleons und nach 1815, d. h. nach dem Wiener Kongress, wie überall in Europa eine Phase der Restauration und Repression. Desgleichen galt für die Revolution von 1848/49, die in Frankreich wiederum mit einem Staatsstreich endete; 1852 wurde das republikanische Staatswesen unter Napoleon III. in ein Kaisertum umgewandelt, das die Rechte des Parlaments erheblich einschränkte. Erst die Pariser Kommune von 1871 leitete den Übergang zu der sogenannten „Dritten Republik" ein.
Politische Errungenschaften im Sinne liberalen Fortschritts und Rückfall in vormoderne Herrschaftsformen konnten also im 19. Jahrhundert dicht beieinander liegen. Außerdem unterschieden sich die Zustände in einzelnen Ländern wie Deutschland, Frankreich, England oder den USA erheblich. Selbst im Deutschen Bund und später im Deutschen Reich klafften die Verhältnisse weit auseinander. So war Mecklenburg bis 1918 kein Verfassungsstaat, sondern wurde nach dem altständischen System regiert. Es dauerte bis zum Ende des Ersten Weltkriegs, ehe sich Parlamentarismus und Demokratie als Regierungs- bzw. Herrschaftssystem in Europa durchsetzen konnten.

Anonymus, Versammlung eines Pariser Volksclubs, 1848, Holzschnitt (Ausschnitt)

1688/89	Durchsetzung der Souveränität des Parlaments in der Glorreichen Revolution in England
1776	Amerikanische Unabhängigkeitserklärung; Verfassung mit Gewaltenteilung
1789	Französische Revolution; Erklärung der Menschen- und Bürgerrechte
1791	Liberale Verfassung und konstitutionelle Monarchie mit Zensuswahlrecht für Männer in Frankreich
1793	Demokratische Verfassung mit allgemeinem, gleichem Männerwahlrecht in Frankreich
1815	Beginn der Phase der Restauration in Europa
1830	Juli-Revolution in Frankreich; Verfassungen in verschiedenen europäischen Staaten und in Südwestdeutschland
1832	Erste Wahlrechtsreform in Großbritannien
1837	*People's Charter* in Großbritannien
1848/49	Demokratische Revolutionen in Europa; allgemeines Männerwahlrecht in Frankreich
1849	Preußen konstitutionelle Monarchie
1864	I. Arbeiter-Internationale
1867	Zweite Wahlrechtsreform in Großbritannien; Forderung John Stuart Mills nach dem Frauenwahlrecht abgelehnt
1871	Gründung des Deutschen Reiches: allgemeines, gleiches, geheimes Männerwahlrecht auf Reichsebene
1889	II. Arbeiter-Internationale
1918	Allgemeines, gleiches, geheimes Wahlrecht ab 21 Jahren in Deutschland; in Großbritannien für Männer ab 21, für Frauen ab 30 Jahren
1928	Allgemeines, gleiches, geheimes Wahlrecht in Großbritannien

Arbeiterbewegung → Begriffe Kap. 6

Demokratie, Demokratisierung (griech. demokratia = Herrschaft des Volkes): Demokratie ist eine Regierungsform, in der der Wille des Volkes ausschlaggebend ist. Die direkte Demokratie beruht auf der unmittelbaren Teilhabe der Bürger an den politischen Entscheidungen, sie setzt damit Überschaubarkeit der Bevölkerungszahl, des Staatsgebietes und der politischen Probleme voraus. Die moderne Form der Demokratie entwickelte sich in den europäischen Nationalstaaten als mittelbare oder repräsentative Demokratie, d. h., die Herrschaft wird nicht direkt vom Volk ausgeübt, sondern durch vom Volk gewählte Repräsentanten, die Abgeordneten. Kennzeichen der modernen freiheitlichen Demokratie sind: Garantie der Menschenrechte, allgemeines, gleiches und freies Wahlrecht, Gewaltenteilung, Parlamente, Mehrparteiensystem, Minderheitenschutz.

Diktatur: Auf Gewalt und Zwang beruhende unbeschränkte Herrschaft eines Einzelnen oder einer Gruppe über andere Menschen. Die moderne Form der Diktatur begann mit der Jakobinerherrschaft in der Französischen Revolution. Kennzeichen jeder modernen Diktatur ist die Aufhebung der Gewaltenteilung und die weitgehende Rechtlosigkeit der Bürger. Opposition ist in einer Diktatur verboten.

Gewaltenteilung: Aufteilung der staatlichen Gewalt in eine gesetzgebende (legislative), gesetzesvollziehende (exekutive) und rechtsprechende (judikative) Gewalt. Sie geht auf die Aufklärung zurück und soll die Konzentration der staatlichen Gewalt in einer Hand verhindern. Als Verfassungsorgane haben sich aus dem Prinzip der Gewaltenteilung das Parlament, die Regierung und das selbstständige Gerichtswesen entwickelt.

Konservatismus: Gegenbewegung zur Französischen Revolution und zum Liberalismus, später auch zu Demokratie und Sozialismus. Der Konservative will nur behutsame Veränderungen und schätzt das in der Vergangenheit Bewährte. Er bezweifelt die Planbarkeit geschichtlichen Wandels. Im 19. Jh. betonten Konservative oft die religiöse Gebundenheit politischer Ordnungen und – in Europa – die Notwendigkeit eines starken Staates.

Liberalismus: Politische Bewegung seit dem 18. Jh., die die Freiheit des Individuums gegenüber kollektiven Ansprüchen von Staat und Kirche betont. Merkmale des politischen Liberalismus sind die Forderung nach Glaubens- und Meinungsfreiheit, der Sicherung von Grundrechten des Bürgers gegen staatliche Eingriffe, nach Unabhängigkeit der Rechtsprechung (Gewaltenteilung) und nach angemessener Teilnahme an politischen Entscheidungen. Merkmal des wirtschaftlichen Liberalismus ist die Forderung nach uneingeschränkter Freiheit aller wirtschaftlichen Betätigungen.

Monarchie (griech. *monarchia* = Herrschaft eines Einzelnen): Gewöhnlich werden Monarchen durch Erbfolge oder Wahl zur Herrschaft bestellt. Ihre Amtsdauer ist zumeist lebenslänglich. Oft wird ihre Herrschaft religiös begründet (Gottesgnadentum). In der absoluten Monarchie herrschte der Monarch der Tendenz nach uneingeschränkt. In der konstitutionellen Monarchie ist der Monarch an eine Verfassung gebunden, die einer Volksvertretung Rechte bei einer Gesetzgebung zugesteht. In der parlamentarischen Monarchie hat allein das gewählte Parlament das Recht, Gesetze zu verabschieden und die Regierung zu wählen oder zu entlassen. Der Monarch ist in der parlamentarischen Monarchie vor allem für repräsentative Handlungen zuständig.

Öffentliche Meinung, Öffentlichkeit: Gesamtheit der von den Bürgern eines Staates öffentlich vertretenen und formulierten Ansichten. Die öffentliche Meinung entstand mit der Aufklärung in England und Frankreich in Klubs, Parlamenten und Presse. Sie ist angewiesen auf Meinungs-, Presse- und Wissenschaftsfreiheit. Regierung, Parteien, Verbände versuchen über die Massenmedien (Presse, heute auch Radio und Fernsehen) seit dem 19. Jh. die öffentliche Meinung in ihrem Sinne zu beeinflussen und so politische Mehrheiten zu gewinnen.

Parlament, Parlamentarisierung: In parlamentarischen Regierungssystemen ist das Parlament das oberste Staatsorgan. Es entscheidet mit Mehrheit über die Gesetze und den Haushalt und kontrolliert oder wählt die Regierung. Das Parlament kann aus einer oder zwei Kammern (Häusern) bestehen. Im Einkammersystem besteht das Parlament nur aus der Versammlung der vom Wahlvolk gewählten Abgeordneten (Abgeordnetenhaus), im Zweikammersystem tritt dazu ein nach ständischen oder regionalen Gesichtspunkten gewähltes oder ernanntes Haus. Im demokratischen Parlamentarismus

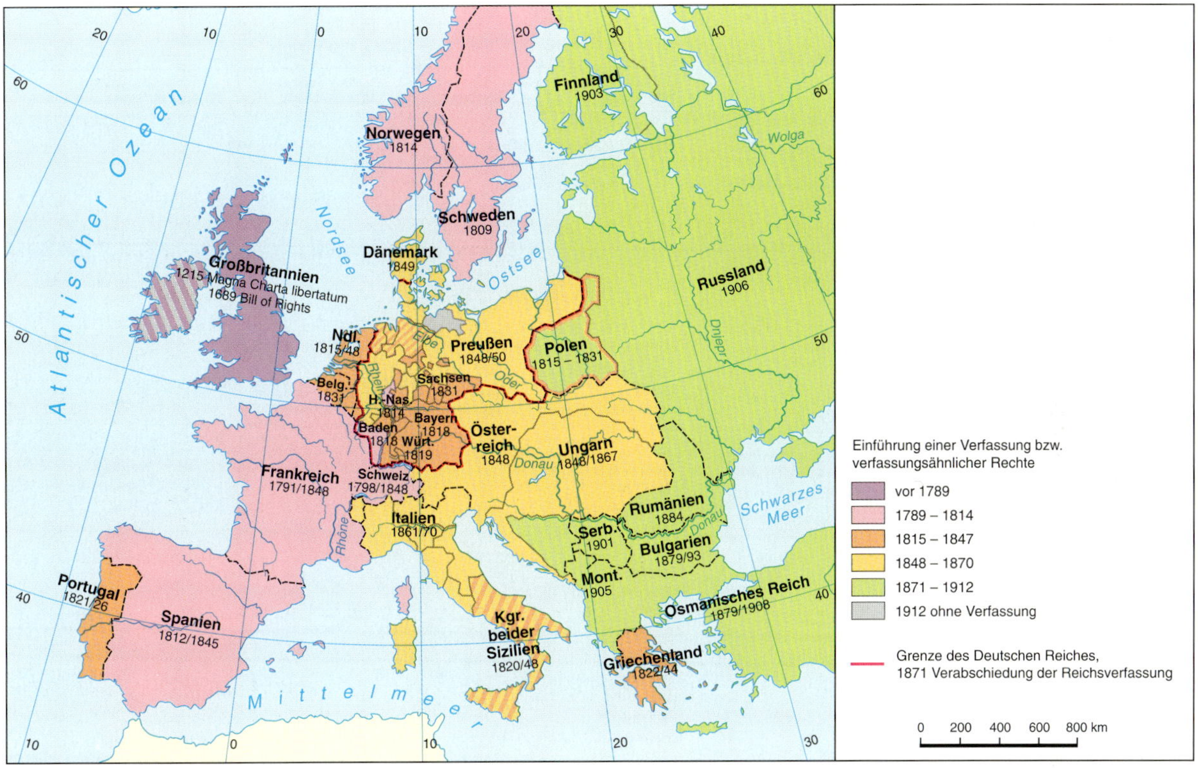

Europäische Verfassungen bis 1914

herrscht allgemeines und gleiches Wahlrecht. Im Deutschen Reich bestand seit 1871 ein Zweikammersystem: Reichstag und Bundesrat, heute: Bundestag und Bundesrat.

Partei: In der Politik der Zusammenschluss von Bürgern mit gemeinsamen politischen Vorstellungen und Zielen, häufig auch mit gemeinsamen sozialen Interessen. Merkmale einer Partei sind: 1. dauerhafte Organisation; 2. Parteiprogramm, in dem die Ziele formuliert sind; 3. Wille zur Beeinflussung der Politik (z. B. über Wahlen) und Teilnahme an der Regierungsgewalt. Parteien in diesem Sinne setzen eine repräsentative Demokratie voraus. Die Parteien entstanden seit der Mitte des 19. Jh. aus Wahlvereinen, Vorläufer waren die politischen Klubs.

Präsidialsystem: Regierungssystem mit konsequenter Anwendung des Prinzips der Gewaltenteilung nach dem Vorbild der Vereinigten Staaten von Amerika im Gegensatz zur Gewaltenverschränkung in den parlamentarischen Regierungssystemen nach britischem Vorbild. Der Präsident ist Staatsoberhaupt und Regierungschef zugleich; die Regierung darf nicht mit dem Parlament verbunden sein und nicht von dessen Vertrauen abhängen. Die Partei des jeweiligen Präsidenten ist nicht seiner Kontrolle unterworfen. Mehrheiten für die Gesetzgebung muss er sich im Parlament suchen. Der Präsident kann das Parlament nicht auflösen.

Reform → Begriffe Kap. 5

Revolution → Begriffe Kap. 5

Souveränität → Begriffe Kap. 3

Verfassung: Grundgesetz eines Staates, in dem die Regeln der Herrschaftsausübung und die Rechte und Pflichten der Bürger festgelegt sind. Demokratische Verfassungen beruhen auf der Volkssouveränität und dementsprechend kommt die Verfassung in einem Akt der Verfassungsgebung zustande, an der das Volk direkt oder durch von ihm gewählte Vertreter (Verfassungsversammlung) teilnimmt. Eine demokratische Verfassung wird in der Regel schriftlich festgehalten (zuerst in den USA 1787), garantiert die Menschenrechte, legt die Verteilung der staatlichen Gewalt (Gewaltenteilung) und das Mitbestimmungsrecht des Volkes (Wahlrecht, Parlament) bei der Gesetzgebung fest.

Wahlrecht: Recht des Volkes in regelmäßigen Abständen durch Wahl von Abgeordneten an der staatlichen Herrschaftsausübung teilzunehmen und diese zu kontrollieren. Unter passivem Wahlrecht versteht man das Recht als Abgeordneter wählbar zu sein, unter aktivem Wahlrecht das Recht zu wählen. Beim direkten Wahlrecht bestimmt der Wähler unmittelbar den zu Wählenden, etwa den

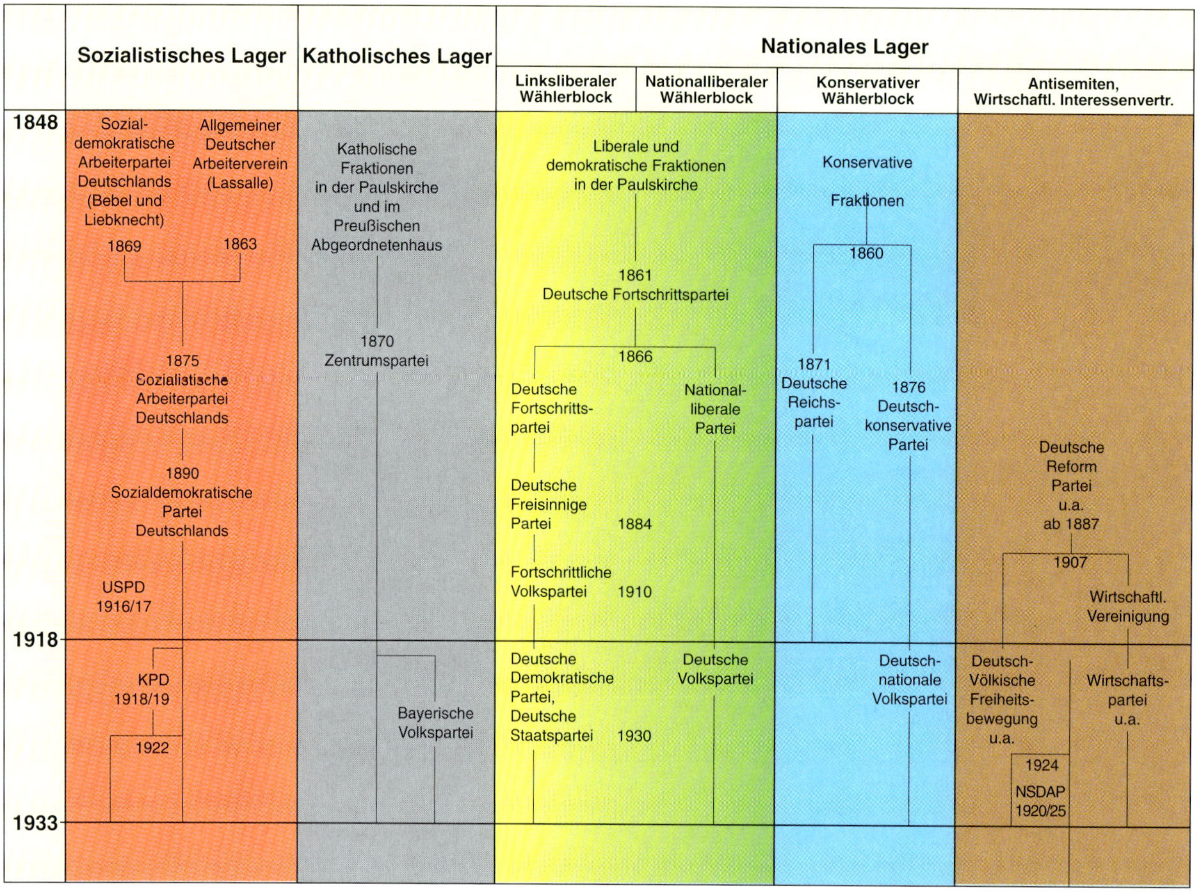

Entwicklung des Parteiensystems in Deutschland 1848–1933

Abgeordneten des Wahlkreises, beim indirekten Wahlrecht werden Wahlmänner gewählt, die dann erst den zu Wählenden bestimmen, etwa bei der Wahl des amerikanischen Präsidenten. Der Kampf um die Ausweitung des Wahlrechts auf alle erwachsenen Bürger, unabhängig von Geschlecht, Rasse oder Einkommen, bestimmte das 19. Jh., da das Wahlrecht meistens an eine bestimmte Steuerleistung gebunden (Zensuswahlrecht oder das Dreiklassenwahlrecht in Preußen) und auf die Männer beschränkt war. Das allgemeine und gleiche Wahlrecht für Männer und Frauen wurde in vielen Ländern erst nach 1918 eingeführt.

Staat	Jahr	Männliche Wahlberechtigte in % der Bevölkerung über 20 Jahren
Frankreich	1816	0,4
	1830	0,5
	1848	36,3
	1852	42,0
	1871	43,7
	1875	42,0
Niederlande	1848	4,6
	1887	11,8
	1896	20,9
	1917	39,3
Norwegen	1815	11,4
	1884	11,4
	1898	34,8
England	1832	4,2
	1867	8,3
	1884	14,0
	1918	48,6

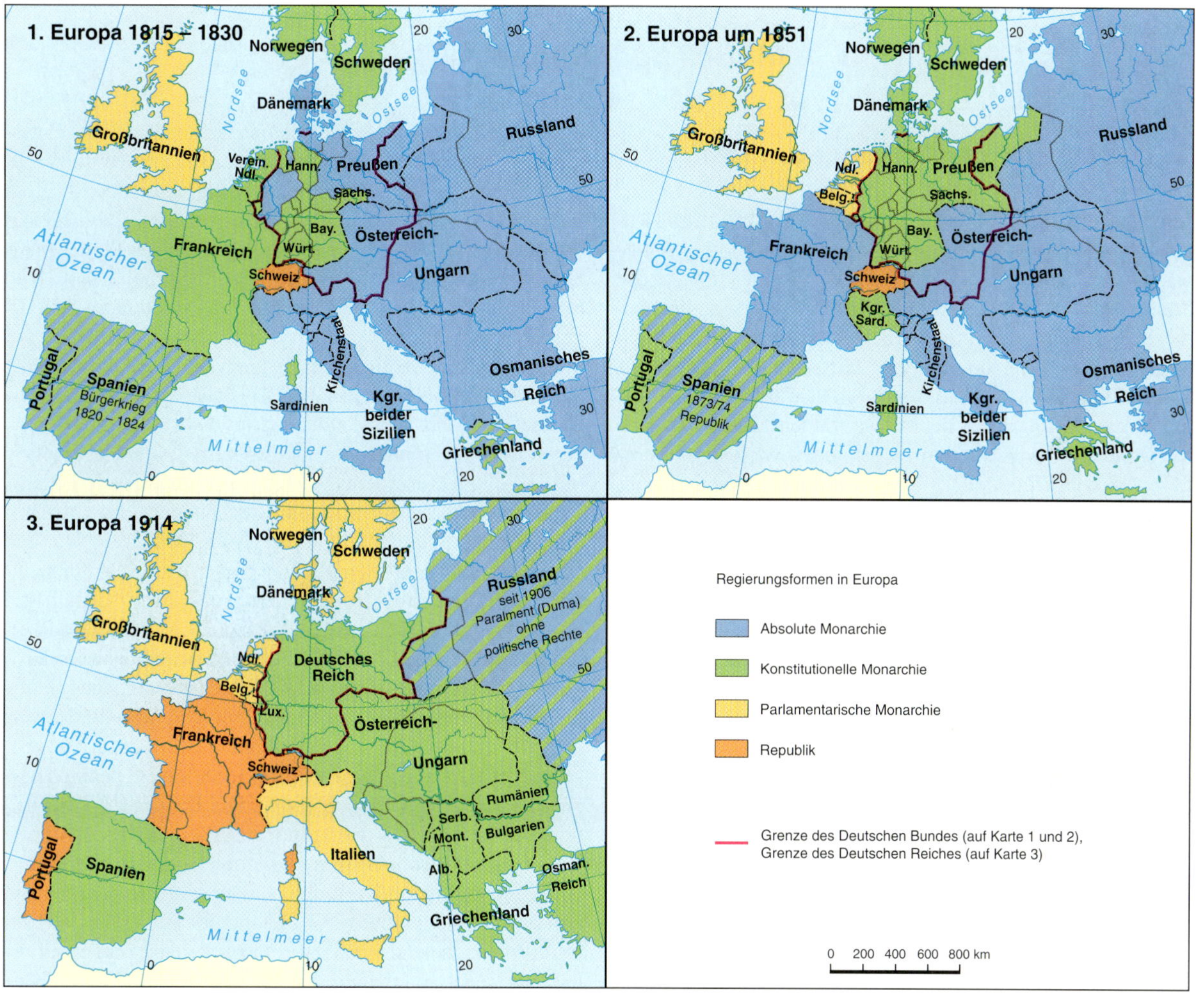

Regierungsformen in Europa 1815–1830, um 1851 und 1914

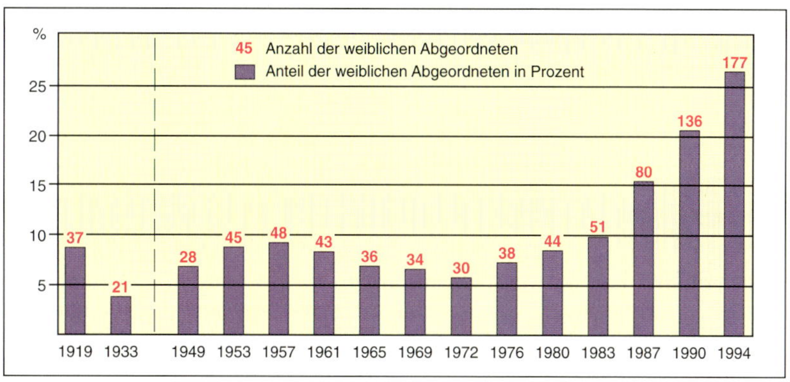

Frauen im deutschen Parlament 1919–1994

1. Stellen Sie mit Hilfe der Materialien eine Übersicht über die Verfassungsentwicklung in England, Frankreich und Deutschland auf.
2. Skizzieren Sie die Phasen der Entwicklung des Wahlrechts.

Der britische Parlamentarismus im 19. Jahrhundert: Modell oder Sonderfall?

Staatsformen in Europa um 1830

Ein Blick auf die politische Landkarte Europas um 1830 zeigt, dass – mit Ausnahme der Schweiz oder einiger Stadtstaaten des Deutschen Bundes – die Monarchie* die übliche Staatsform war (siehe Karte S. 313). Die Regierungsformen dieser Monarchien folgten jedoch unterschiedlichen Mustern. Während die Monarchien in Mittel- und Osteuropa eine absolutistische Herrschaft ausübten, waren sie in Nord- und Westeuropa und in den süddeutschen Staaten an eine Verfassung*, eine Konstitution, gebunden. Man spricht deshalb von konstitutionellen Monarchien. Lediglich in Großbritannien fand sich die Herrschaftsform einer parlamentarischen Monarchie. Der englische König konnte nur als *King in Parliament* handeln. Das Parlament* war integraler Bestandteil des Herrschaftssystems, sodass Großbritannien nicht nur als Land der Industriellen Revolution an der Spitze des westlichen Fortschritts in Europa stand. Auch sein parlamentarisch verfasstes politisches System hatte für die Liberalen* auf dem Kontinent Modellcharakter. War der Grad der Partizipation am politischen Geschehen in Großbritannien größer als anderswo in Europa, so war das Land doch weit davon entfernt eine Demokratie zu sein. Die gesellschaftspolitischen Schranken, die aufgrund der Klassen- und Schichtzugehörigkeit, des Reichtums und des Geschlechts bestanden, sind erst nach und nach durch Wahlrechts- und Sozialreformen abgebaut worden. Die Parlamentarisierung* ging dort der Demokratisierung* voraus. Während der britische Parlamentarismus im 19. Jahrhundert einen tiefgreifenden Wandel erfuhr und sich das Unterhaus als die von Männern gewählte Vertretung des Volkes zum politischen Zentrum des Landes entwickelte, verlief die Demokratisierung äußerst verhalten und setzte sich erst nach dem Ersten Weltkrieg durch. England ist die Wiege des Parlamentarismus, aber nicht der Demokratie.

Die Frühform des britischen Parlamentarismus

Die Souveränität des Parlaments bis zum Ende des 18. Jahrhunderts

Gemessen an der Entwicklung in Kontinentaleuropa beeindruckt das britische Parlament durch sein Alter. Obwohl sich in England das mittelalterliche und frühneuzeitliche Parlament mit seinen beiden Kammern *House of Lords* und *House of Commons* (Ober- und Unterhaus) grundlegend vom Parlament des 19. Jahrhunderts unterscheidet, spielt für das Bewusstsein der Briten die historische Kontinuität der Institution eine prägende Rolle. Denn es hatte schon relativ früh beansprucht nicht nur für sich, sondern im Interesse der Allgemeinheit zu sprechen.

Sucht man nach historischen Etappen auf dem Weg des Parlaments zu seiner beherrschenden Stellung im politischen System Englands, so ist zunächst auf das 16. Jahrhundert zu verweisen, als Heinrich VIII. (1509–1547) die Reformation mit Hilfe von Parlamentsgesetzen durchführte. Die Beteiligung des Parlaments an diesem Vorgang, der für die Ausbildung der nationalen Identität von großer Bedeutung war und durch die Enteignung der Klöster zugleich zu einer der größten Eigentumsumwälzungen der englischen Geschichte führte, war aber noch auf den Willen des Königs zurückzuführen. Im 16. und 17. Jahrhundert hing es noch von der Krone ab, ob das Parlament zusammentrat. Dass sich dies änderte und sich die Entwicklung Englands vom übrigen Europa fundamental zu unterscheiden begann, war eine Errungenschaft der Glorreichen Revolution 1688/89 und der sich daran anschließenden Gesetzgebung. Die Krone verlor ihr Initiativrecht und die Souveränität* des Parlaments bestimmte fortan das politische System. Parlamentswahlen hatten seitdem regelmäßig stattzufinden, zunächst alle drei Jahre und ab 1716 alle sieben Jahre. Vergleicht man England mit anderen europäischen Großmächten und will man es auf eine Formel bringen, so kann man sagen: England hatte kein stehendes Heer, sondern ein stehendes Parlament. Damit war es nach den Kämpfen des 17. Jahrhunderts, d. h. nach den englischen Revolutionen, gelungen früher als anderswo einen Konflikt zu lösen, der zu den zentralen Auseinandersetzungen der europäischen Neuzeit gehörte: Volkssouveränität gegen Fürstensouveränität und Gottesgnadentum.

Auch in dem Verhältnis von der Zentral- zu den Regionalgewalten sowie in der Auseinandersetzung zwischen Kirche und Staat gelangte England früher zu Lösungen, sodass die weiteren Konfliktfelder ohne Zeitdruck und ohne politisch-soziale Revolution* wie z. B. 1789 in Frankreich angegangen werden konnten: die Spannungen zwischen Grundbesitz bzw. adliger Agrargesellschaft auf der einen und bürgerlicher Industriegesellschaft auf der anderen Seite sowie der Gegensatz zwischen Unternehmer und Arbeiterschaft.

Der Adel als politisch bestimmende Gruppe

Mit der früh erreichten Vorrangstellung des Parlaments hängt es zusammen, dass England erst spät demokratisiert wurde. Die politischen Freiheiten, die das parlamentarische System mit sich brachte, ließen lange übersehen, dass nur ein begrenzter, wenn auch wachsender Teil der Bevölkerung daran teilhatte. Im 18. Jahrhundert war das Parlament nichts anderes als das Herrschaftsinstrument des Adels. Dazu gehörten die Familien des Hochadels *(aristocracy)*, deren jeweiliges Oberhaupt als Peer im *House of Lords* Sitz und Stimme hatte. Im ersten Drittel des 18. Jahrhunderts saßen 179 englische Peers im Oberhaus. Es handelte sich also um einen gut überschaubaren Personenkreis. Im *House of Commons,* dem Unterhaus, dominierte der mittlere Landadel, die sogenannte *gentry.*

Diese beiden Gruppen der sozialen Oberschicht regierten das Land und bildeten den Kern der politischen Nation. Das Volk, bei dem die Souveränität lag, war also nicht mit der Masse der Bevölkerung identisch. Samuel Johnson, ein berühmter Kritiker und Literat, meinte gegen Ende des 18. Jahrhunderts, der Vorteil der „Regierung Großbritanniens, die auf dem Parlament begründet ist", bestehe darin, „dass eine große Zahl von begüterten Männern an der Gesetzgebung beteiligt ist". Sie würden „im eigenen Interesse schlechten Gesetzen nicht zustimmen".[1] Mit etwas mehr kritischem Abstand hätte Johnson hinzufügen können, dass die Gesetze den Interessen der „begüterten Männer" entsprachen – ein zentraler Punkt, der die Wirklichkeit des britischen Parlamentarismus auch im 19. Jahrhundert erfasste. Politische Macht und politische Rechte waren an Besitz gekoppelt. Regierung, großgrundbesitzende Aristokratie und mittlerer Landadel verfügten über zahlreiche Möglichkeiten der Einflussnahme auf die Unterhauswahlen, die dazu noch öffentlich waren. Außerdem wurde in vielen Wahlbezirken erst gar nicht gewählt, weil sich überhaupt nur ein Kandidat um den Sitz im Unterhaus bewarb, nämlich der Kandidat des über den größten Einfluss verfügenden Adligen.

Der englische Adel unterschied sich allerdings deutlich vom kontinentaleuropäischen Adel. Er schirmte sich nicht kastenartig von der übrigen Gesellschaft ab, sondern teilte ihre leistungsbezogenen Normen und Wertorientierungen und war auch durch Heirat mit ihr verbunden. Der Adel musste sich ökonomisch behaupten und zahlte Steuern, war also nicht vor der sozial-ökonomischen Wirklichkeit geschützt. Die feudalen und absolutistischen Hierarchien des Kontinents waren ihm fremd und mit ökonomischer Rationalität nicht vereinbar, wie der englische Sozialhistoriker Eric Hobsbawm feststellt: Ein deutscher Junker verfügte über ein größeres Gefolge von Dienern und häuslichen Vasallen als der Herzog von Bedford, dem weite Teile der Grafschaft Bedfordshire sowie ausgedehnter Grundbesitz in anderen Teilen Englands, einschließlich London, gehörten.

Wahlen und Wahlkreise

An der Wende vom 18. zum 19. Jahrhundert war das Wahlrecht* kein Grundrecht, sondern ein Privileg besitzender Schichten. Die Geschichte des Wahlrechts, das bis zum Ersten Weltkrieg an Besitzqualifikation gebunden blieb, kann für das 19. Jahrhundert als langsame Erweiterung der männlichen Wählerschaft und Vereinheitlichung der unterschiedlich großen Wahlkreise beschrieben werden.

Das zu Beginn des 19. Jahrhunderts 558 Mitglieder umfassende Unterhaus wurde nach sehr unterschiedlichen Bestimmungen gewählt. Die 82 Grafschaften *(counties)* wählten je zwei *Members of Parliament.* Voraussetzung für das aktive Wahlrecht war, dass man aus freiem Grundbesitz einen jährlichen Nettomindestertrag von 40 Shilling erwirtschaftete. In den städtischen Wahlkreisen *(boroughs)* war das Wahlrecht nicht so einheitlich geregelt. Meist war es an Steuerzahlungen, Haus- und Grundbesitz oder an die Zugehörigkeit zu Gilden und Korporationen geknüpft. Zahlreiche kleinere *boroughs* hatten weniger als tausend Wahlberechtigte und waren als *pocket borough* fest unter der Kontrolle des Adels. So bestimmte in dem Städtchen Bedford wie selbstverständlich der Herzog von Bedford die Richtung der Politik. Erst recht war dies der Fall, wenn es sich um Wahlkreise wie zum Beispiel Old Sarum in der Nähe von Salisbury handelte, wo infolge von Bevölkerungsbewegungen überhaupt niemand mehr wohnte *(rotten boroughs).* Trotzdem bestand die aus dem Mittelalter stammende Privilegierung als Wahlbezirk fort, sodass der Grundherr die *Members of Parliament* selbstherrlich ernennen konnte.

Aus allem wird deutlich, dass das Unterhaus nur in der Theorie eine Volksvertretung war. Tatsächlich repräsentierte es die sozialen Eliten des Landes. Aufgrund der aus dem Mittelalter stammenden Wahlkreiseinteilung kamen Ende des 18. Jahrhunderts 25 Prozent der Unterhausmitglieder aus den fünf Grafschaften Südwestenglands. Insgesamt wählten nur 20 000 Wähler rund die Hälfte der Abgeordneten.

Die Herausforderungen der Agrargesellschaften und die Reformdebatte um 1800

Forderungen nach „wirklicher Repräsentation"

Zu Beginn des 19. Jahrhunderts gab es 70 Wahlkreise, in denen überhaupt keine Wahlberechtigten mehr lebten, und 134 Wahlkreise, die zwischen 50 und 250 Wahlberechtigte auf-

wiesen. Mehr als die Hälfte der Unterhausmitglieder stammte also aus Kleinstwahlkreisen. Die Benachteiligung der Städte des modernen, sich industrialisierenden England gegenüber dem agrarischen Süden war offenkundig. Die neuen Zentren des industriellen Wachstums, z. B. Manchester oder Birmingham, entsandten keine Vertreter ins Unterhaus und waren nur auf Grafschaftsebene vertreten.
Kein Wunder also, dass die Kritiker des Systems Reformen und eine „wirkliche Repräsentation" forderten. In diesem Sinne hielt John Wilkes seinen Kollegen im Unterhaus 1776 vor, dass 254 von ihnen von nur 5 723 Briten gewählt worden seien. Wilkes war in der Grafschaft Middlesex, zu der die nördlichen Londoner Stadtteile mit ihrer politisch unabhängig votierenden Geschäftswelt der Händler und Handwerker gehörten, als *radical* gewählt. Seine im Jahr 1776, dem Jahr der amerikanischen Unabhängigkeitserklärung, vorgebrachte Forderung nach dem Ende der „aristokratischen Tyrannei" blieb ein Dauerthema in der öffentlichen Debatte der nächsten Jahrzehnte.

Reformen statt Revolution

Die Kluft zwischen der politischen Verfassung und der sozial-ökonomischen Entwicklung wurde im Laufe des 19. Jahrhunderts durch Reformen des Wahlrechts nicht wirklich beseitigt. Dennoch konnte sie in England in einer Weise überbrückt werden, die das Land im Übergang zur industriellen Moderne den Weg der Reformen* beschreiten und Revolutionen* vermeiden ließ. Es kam hier weder zu einer „Revolution von unten" wie in Frankreich noch zu einer „Revolution von oben" wie in Preußen. Der spezifisch britische Weg der Reformen zeichnete sich dadurch aus, dass ein schrittweiser Wandel erfolgte und keine als Bruch empfundenen Zäsuren eintraten. Altes blieb neben Neuem bestehen, sodass ein Moment der Kontinuität gewahrt blieb. Wichtig zum Verständnis des britischen Parlamentarismus, ja der Geschichte Großbritanniens überhaupt, ist also beides: die Anpassungsfähigkeit an die Bedingungen der industriellen Moderne und das langsame Tempo des Wandels.
Bis heute wirkt als historische Grunderfahrung der Briten nach, was sich zu Beginn des 19. Jahrhunderts herausschälte: Das politische System und das Land sind weder nur antiquiert noch nur modern, sondern sie besitzen von beidem etwas. Die Begrenztheit der Reformen lässt sich daran ablesen, dass die Erweiterung der Zahl der Wahlberechtigten im 19. Jahrhundert sehr bescheiden ausfiel und dass politische Kräfte, die unter dem Eindruck der Französischen Revolution und als Konsequenz aus der Industriellen Revolution nach weitergehenden Veränderungen oder gar nach Demokratisierung riefen, nicht zum Zuge kamen. Noch in der Mitte des 19. Jahrhunderts verfügten nur etwa fünf Prozent der Bevölkerung über das aktive Wahlrecht.

Whigs und Tories

Vorstöße zur Reform des Wahlrechts hatte es seit den 1780er Jahren gegeben. Zu grundlegenden Veränderungen kam es aber erst, als die reformorientierten Whigs die Unterhauswahlen 1830 gewonnen hatten.
Die Begriffe Whig und Tory waren schon in den Auseinandersetzungen vor der Glorreichen Revolution von 1688/89 entstanden und dienten seitdem als Bezeichnung für die beiden politischen Hauptströmungen in England. Es handelte sich um locker gefügte Gruppen, die zwar erste Merkmale von Parteien* aufwiesen, die aber nicht über eine Parteiorganisation verfügten. Beide Gruppierungen hatten ihre soziale Basis im Landbesitz und die programmatischen Aussagen bestanden aus wenigen Kernelementen: Während sich die Tories für eine starke Stellung der Krone und die Bewahrung der bestehenden Institutionen, vor allem der Anglikanischen Kirche, einsetzten, galten die Whigs als Vertreter der Interessen des aufblühenden Handels und der Industrie. Vor allem aber gaben sich die Whigs dadurch ein progressives Image, dass sie sich für politische Reformen einsetzten.

Konservativer Grundzug der Reformpolitik

Als Vertreter der Whigs versuchte der seit 1830 amtierende neue Premierminister Lord Grey Beharrung und Wandel zu verbinden. Insbesondere lehnte er die Position der *radicals* ab, die der Motor der öffentlich agitierenden und sich in Massendemonstrationen artikulierenden Reformbewegung waren und die politische Führungsrolle des Adels in Frage stellten. Genau diese aber sollte nach Greys Überzeugung bewahrt bleiben. Er bewegte sich damit auf der Ebene, die auch der über Englands Grenzen hinaus bekannte Publizist und Whig-Abgeordnete Edmund Burke (1729–1797) in seiner Auseinandersetzung mit der Französischen Revolution 1790 als verbindlich hingestellt hatte. Nach Burkes Auffassung lehre die Geschichte, dass nicht revolutionäre Umwälzungen, sondern nur die organische Entwicklung von gesellschaftlichen und staatlichen Ordnungen zu Verbesserungen und Fortschritt führen. Entsprechend der bewährten Tradition müsse Mitwirkung in der Politik an Besitz gebunden bleiben. Keinesfalls könne eine zahlenmäßige Mehrheit – also das Prinzip „One man, one voice" – Grundlage für politische Entscheidungen sein. Jeden Gedanken an Demokratie wies Burke daher zurück. Wichtig ist aber, dass Burke sich nicht zum Anwalt des französischen Ancien Régime machte. Ihm hielt er vor die Chance zur Reform verpasst zu haben. Re-

„Die Reformer wollen den alten verrotteten Baum zerstören." Zeitgenössische Karikatur zu den Auseinandersetzungen um die englische Wahlrechtsreform 1832

form war der Schlüsselbegriff seiner Kritik sowohl an den französischen Monarchen als auch an der Revolution. Zugleich forderte er für die britische Politik die Wechselbeziehung von „Erhaltungs- und Verbesserungsprinzip".

Im März 1831 leitete die britische Regierung unter Lord Grey eine Wahlrechtsreform ein. Worum es ihr dabei ging, erläuterte der Historiker Thomas Babington Macauley in einer Rede vor dem Unterhaus: Damit es zur nötigen Anpassung der politischen Verfassung an die veränderte soziale und ökonomische Verfassung komme, müsse das Wahlrecht auf die aufsteigenden Mittelschichten ausgeweitet werden. Verweigere man diese Anpassung, so werde es zum Konflikt „zwischen der jungen Energie einer Schicht und den überkommenen Privilegien einer anderen Schicht" kommen. Ganz im Sinne Burkes mussten für Macauley aber auch politische Rechte an Besitz gebunden bleiben. Insbesondere eine Ausdehnung des Wahlrechts auf die *labouring classes* kam für ihn nicht in Betracht (siehe S. 328, Mat. 3).

Die Wahlrechtsreform von 1832 und die politischen Folgen

Das neue Wahlrecht

In der Tat hatten sich die *middle classes* der städtischen Händler, Bankiers und Industriellen stärker als sonst zu Wort gemeldet. Sie waren es auch, die von dem neuen Wahlrecht profitierten, das nach heftigen Auseinandersetzungen im Jahr 1832 angenommen wurde. Die Neuerungen betrafen vor allem die Wahlkreiseinteilung und die Besitzqualifikation für das aktive Wahlrecht. Von den *boroughs* verloren 56 ihren Status als eigener Wahlkreis ganz. 30 Wahlbezirke durften in Zukunft nur noch einen statt der üblichen zwei Vertreter ins Unterhaus schicken, während man in den Industrieregionen 22 neue *boroughs* einrichtete. Diese Umstrukturierung darf jedoch nicht übersehen lassen, dass auch weiterhin Kleinstwahlkreise bestanden. So musste zwar das wirtschaftlich bedeutungslose und nur etwas über 1000 Einwohner zählende Städtchen Lyme Regis auf einen seiner bisherigen beiden Unterhaussitze verzichten. Aber im Vergleich zu den zwei Abgeordneten, die die 182 000 Einwohner von Manchester vertraten, war der Kleinstwahlkreis Lyme Regis immer noch überrepräsentiert.

Das Wahlrecht war unterschiedlich geregelt. Allgemein galt, dass man sich termingerecht in Wahllisten registrieren lassen musste. Ferner war nachzuweisen, dass man Eigentümer oder Mieter von Häusern mit einem jährlichen *Mindestertrag* von 10 Pfund war und dass man die Armensteuer und andere örtliche Abgaben zahlte. Die „Zehn-Pfund-Grenze" wirkte sich von Ort zu Ort unterschiedlich aus. In London waren die Mieten so hoch, dass fast jeder Hausbesitzer wählen konnte. Arbeiter in Leeds zahlten für ihre Häuser jährlich fünf bis acht Pfund Miete. Ihre Kollegen in Manchester dagegen hatten höhere Mieten zu zahlen und erhielten folglich oft das Wahlrecht. Generell begünstigt von den neuen Bestimmungen waren die städtischen Mittelschichten.

Es handelte sich aber nicht um eine bürgerliche Reform oder gar Machtumverteilung zugunsten des Bürgertums, allenfalls um eine stärkere Beteiligung der männlichen Hälfte aus den sozialen Mittelschichten. Der Adel verlor zwar das Machtmonopol, sein Machtverlust hielt sich jedoch in Grenzen. Dafür sorgten die Veränderungen im Wahlrecht auf der *County*-Ebene. Auch hier kam es nach einem Schema, das zahlreiche Abstufungen in den Besitzqualifikationen vorsah, zu einer Vermehrung der Wahlberechtigten. Nicht zuletzt gelangte ein große Gruppe von Pächtern, die leicht kündbar und damit dem politischen Druck des Grundherren ausgeliefert waren, in den Genuss des aktiven Wahlrechts. Der landbesitzende Adel behielt auch in vielen kleinstädtischen *boroughs* die politische Kontrolle. Die Stimmabgabe blieb öffentlich und die Wahlbestechung ein gängiges Mittel. Infolge der Bindung des Wahlrechts an Besitz wurden die Stimmen zum Wahltermin oft genug wie eine Ware gehandelt und verkauft.
Der die Besitz-, Geschlechts- und Standesschranken bewahrende Grundzug der großen Wahlrechtsreform von 1832 ist unübersehbar. Die politische Nation blieb also auch nach 1832 gegenüber der Gesamtnation eng begrenzt, was nicht zuletzt für die Geschlechterdifferenz galt, die jetzt endgültig zementiert wurde (siehe S. 331, Mat. 8). Doch hatten die opponierenden Tories nicht völlig Unrecht, wenn sie auf die ihnen unheimliche Dynamik hinwiesen, die in der Reform von 1832 enthalten war. Denn ungeachtet der Tatsache, dass sich die vom Adel gesteuerte soziale Zusammensetzung des Unterhauses nicht wesentlich veränderte, zeigte sich doch sehr rasch, dass der relativ kleine Reformschritt von 1832 weitere Schritte nach sich ziehen und eine Umgestaltung des politischen Lebens einleiten würde.

Machtzuwachs des Unterhauses

Das Gewicht des Unterhauses nahm nach 1832 zu. Das Oberhaus erlitt 1832 eine schwere Niederlage, als es sein Veto gegen die Wahlrechtsreform unter der Drohung eines Peer-Schubs, d. h. der Ernennung neuer, in diesem Fall reformbereiter Lords, zurückzog. Auch König Wilhelm IV. musste 1832 zurückstecken, als der Herzog von Wellington seinen Auftrag zur Bildung einer reformfeindlichen Regierung nicht erfüllen konnte. Ein letzter Versuch scheiterte 1834, als der König den reformorientierten Tory Robert Peel zum Premierminister ernannte, der im Parlament jedoch keine Mehrheit fand, sodass Neuwahlen angesetzt werden mussten. Seit 1834 konnte ohne Mehrheit im Unterhaus keine Regierung mehr gebildet werden. Und erstmals in der Geschichte der britischen Unterhauswahlen erfolgte ein direkter Wahlaufruf an die Öffentlichkeit*. Im sogenannten Tamworth-Manifest von 1834 wandte sich Peel nicht nur an die Wähler seines Wahlkreises Tamworth. Vielmehr wollte er sich auch als Parteiführer der Tories profilieren und seine Partei auf den Weg der Reform festlegen. Peel warb für „Ehrerbietung gegenüber der Autorität", bekannte sich aber auch zur Wahlrechtsreform, hinter die man „im Interesse von Frieden und Wohlfahrt" niemals mehr zurückfallen könne. Die Reform von 1832 sei „die unwiderrufliche Beilegung einer großen Verfassungsfrage" (siehe S. 329, Mat. 5). So wichtig diese Aussage für die weitere Entwicklung des britischen Parlamentarismus war, so deutlich fiel das Votum der Wähler gegen die Tories aus. Peel verlor sein Amt. Damit war der letzte Versuch der Krone gescheitert eine Regierung gegen die Mehrheit des Unterhauses ins Amt zu bringen.

Entstehung von Parteien

Eine weitere Folge der Wahlrechtsreform von 1832 war die Entstehung von Parteiorganisationen*. Aus den bisher wenig organisierten Gruppen *Tories* und *Whigs* wurden die Konservativen* bzw. die Liberalen*. Während sie vorher nur parlamentsintern als Gruppe in Erscheinung getreten waren, bewegten sie sich seit den 1830er Jahren in der Öffentlichkeit. Immer mehr konzentrierten sich seitdem die Möglichkeiten politischer Einflussnahme auf die Parteien. Ihnen musste zunächst einmal daran gelegen sein, dass sich möglichst viele ihrer Anhänger in die Wählerverzeichnisse eintragen ließen. Um dies zu bewerkstelligen bedurfte es einer gewissen Organisationsform. Den Anfang machten die Konservativen mit dem *Carlton Club* in London. Es war ein Kommunikationszentrum, aber noch keine Parteizentrale im modernen Sinn. Erst 1870 wurde das *Conservative Central Office* eingerichtet. Die Liberalen organisierten sich in *Liberal Associations* oder *Reform Associations* in den Wahlkreisen. Im 1836 gegründeten *Reform Club* besaßen sie ihr Londoner Zentrum. Ein stärker zentralistisches Parteihauptquartier richteten sie 1861 mit der *Liberal Central Association* in London ein.

Arbeiterbewegung und Wahlrechtsreform: die Chartisten

Die Arbeiter, die noch überwiegend in den traditionellen Handwerksberufen und in der Landwirtschaft und nur zu einem kleineren Teil in den neuen Industrien und Großbetrieben tatig waren, blieben vom Wahlrecht weitgehend ausgeschlossen, obwohl sie wie die bürgerlichen Mittelschichten zu den Trägern der Reformbewegung gehört hatten und zu beeindruckenden Massendemonstrationen zusammengekommen waren.
Parallel zur Gewerkschafts- und Genossenschaftsarbeit kam

es in den 30er Jahren des 19. Jahrhunderts zu einer Politisierung der Arbeiterschaft (siehe Mat. S. 337–341). Daraus ging die erste politische Arbeiterbewegung* der Welt hervor, der Chartismus, der politische, soziale und wirtschaftliche Veränderungen forderte. Ihren Namen hatte die Bewegung von der *People's Charter*, die 1837 formuliert wurde und sechs Forderungen enthielt: allgemeines Wahlrecht für Männer, geheime Wahlen, Wegfall der Besitzqualifikation für Unterhausmitglieder und Zahlung von Diäten, gleich große Wahlkreise, jährliche Wahlen. Auch für die Chartisten hieß Wahlrecht Männerwahlrecht, obwohl an ihren Demonstrationen gegen die Einschränkung des Wahlrechts längst Frauen teilnahmen. Insgesamt beinhalteten die Forderungen der Chartisten jedoch ein Demokratisierungspotential, das den britischen Parlamentarismus hätte grundlegend verändern können (siehe S. 330, Mat. 6).
Im Mai 1839 präsentierten die Chartisten dem Unterhaus 1,3 Millionen Unterschriften zur Unterstützung der *People's Charter*. Es fanden sich aber nur 46 Abgeordnete bereit sie wenigstens zu diskutieren. Die überwältigende Mehrheit lehnte jede Behandlung des Gegenstands ab.
Die programmatisch und organisatorisch zersplitterten Chartisten trafen auf eine entschlossene Staatsmacht, die nach einzelnen Fällen von Gewaltanwendung hart durchgriff und die chartistische Führung durch Verhaftungen und Deportationen nach Australien schwächte. Die Chartisten versuchten in der Folgezeit wiederholt durch die Sammlung von Unterschriften und Petitionen an das Unterhaus Einfluss zu gewinnen. Die Höhepunkte der Chartistenbewegung 1839, 1842 und 1848 fielen in Zeiten wirtschaftlicher Depression, während sie mit dem Mitte des Jahrhunderts einsetzenden allgemeinen wirtschaftlichen Aufwärtstrend an Einfluss verlor. Übrig blieb die gewerkschaftliche Organisationsform der britischen Arbeiterschaft, zunächst allerdings nur der sogenannten Arbeiteraristokratie, die sich aus gelernten und gut verdienenden Fachkräften zusammensetzte.

Die Wahlrechtsreform in der zweiten Hälfte des 19. Jahrhunderts

Wahlkreisverschiebungen

Die besser gestellten Schichten der Arbeiterschaft kamen erst nach 1867 in den Genuss des Wahlrechts. Die Diskussion über eine neuerliche Anpassung des Wahlrechts hatte schon in den 1850er Jahren begonnen. Seit der Reform von 1832 hatte sich Großbritannien als „Werkstatt der Welt" und als Schnittpunkt von Welthandel und Weltfinanz stürmisch entwickelt. Entsprechend setzte sich die Bevölkerungswanderung in die Industrieregionen fort, wo es zu einem sprunghaften Anstieg der Stadtbevölkerung kam. Liverpool beispielsweise hatte die Marke von 200 000 Einwohnern 1831 gerade überschritten. 1851 zählte es bereits 376 000, 1864 450 000 Einwohner. An der parlamentarischen Vertretung aber hatte sich nichts geändert. 1864 gab es 67 *boroughs* unter 10 000 Einwohnern mit insgesamt 106 Abgeordneten und 145 *boroughs* zwischen 10 000 und 20 000 Einwohnern mit insgesamt 215 Abgeordneten. Die 15 größten *boroughs* dagegen entsandten nur 32 Vertreter ins Unterhaus.

Forderungen nach Ausweitung des Wahlrechts

Prominenter Fürsprecher einer neuen Wahlrechtsreform war 1864 William Gladstone, Schatzkanzler in der damaligen liberalen Regierung und später wiederholt Premierminister. Nach seiner Meinung hätte ein wesentlich größerer Teil der Bevölkerung als bisher Anspruch darauf „in den Geltungsbereich der Verfassung einbezogen" zu werden, und zwar nicht zuletzt „unsere Brüder aus den arbeitenden Klassen". Allerdings zielten auch die Reformen der 60er Jahre nicht auf ein allgemeines Wahlrecht und Demokratisierung. Worum es ging, war vielmehr eine begrenzte Erweiterung der politischen Nation.
Außerhalb des Parlaments wurden mit Nachdruck ähnliche Forderungen erhoben. Zu nennen sind die 1865 gegründete *Reform League,* in der sich frühere Chartisten und Gewerkschaftsführer zusammenfanden, die die Arbeiterbewegungen wieder politisieren wollten, aber auch Vertreter bürgerlicher Mittelschichten wie der radikalliberale Abgeordnete John Stuart Mill (1804–1873) oder der Baumwollfabrikant John Bright. Das „Parlament von Grundbesitzern und Reichen" müsse Reformen einleiten, verlangte Bright auf zahlreichen Massenversammlungen. Sonst sei eine innenpolitische Zuspitzung unvermeidlich.

Die Wahlrechtsreform von 1867

Durchgeführt wurde die Reform des Jahres 1867 von der inzwischen ins Amt gekommenen konservativen Regierung, in der vor allem Benjamin Disraeli (1804–1881) als Schatzkanzler die treibende Kraft war. Auch die Konservativen hatten erkannt, dass sie das Verlangen der unteren Mittel- und der oberen Arbeiterschichten nach Ausweitung des Wahlrechts nur zum Schaden ihrer eigenen Partei ignorieren konnten. Für den nüchtern kalkulierenden Disraeli war die Unterscheidung in kleinere *boroughs* mit konservativem Übergewicht und größere Industriestädte wichtig. Die oft proklamierte Einheit der Arbeiterklasse, von der eine Gefahr für bestehende Machtstrukturen ausgehe, hielt er für ein Hirngespinst: „Was man die ‚arbeitenden Klassen' in den kleinen *boroughs* nennt, so sind es die, welche unter der Vormundschaft der Oberklassen stehen und von diesen für ihren Arbeitsplatz und ihre Existenz abhängig sind. In den großen Städten sind die ‚arbeitenden Klassen' mächtige Handwerksberufe und in Gewerkschaften zusammengefasst; die Arbeitgeber sind von ihnen abhängig."[2] Disraeli erkannte, dass die gewerkschaftlich organisierte Arbeiterschaft die Elite der Lohnabhängigen darstellte. Sie bestand aus handwerklich ausgebildeten Facharbeitern, die sich von den nicht qualifizierten Arbeitskräften abgrenzten und die man daher mühelos in die politische Nation integrieren konnte.

Das parlamentarische Verfahren in den 60er Jahren des 19. Jahrhunderts war längst nicht so diszipliniert und gesteuert, wie wir es heute beispielsweise vom deutschen Bundestag kennen, wo immer wieder über mangelnden Bewegungsspielraum der einzelnen Abgeordneten geklagt wird. Es ist daher bemerkenswert, dass die Führung der Konservativen 1867 zu dem gänzlich ungewöhnlichen Mittel der Fraktionssitzung griff um die konservativen Abgeordneten auf die Reformpolitik einzuschwören. Es war der erste vorsichtige Schritt zur Fraktionsdisziplin. Angesichts der starken Zersplitterung der Liberalen in gemäßigte und radikale Reformer einerseits sowie Reformgegner andererseits erwuchs den Konservativen daraus ein Vorteil für die parlamentarischen Auseinandersetzungen, sodass noch in demselben Jahr ein neues Wahlrecht vom Unterhaus verabschiedet wurde.

Danach durfte in den *boroughs* wählen, wer Eigentümer oder Mieter eines Wohnhauses war, wenn er zum Stichdatum mindestens zwölf Monate dort gewohnt hatte. Wahlberechtigt war jetzt auch, wer Mieter einer Wohnung war, deren Jahresmiete mindestens zehn Pfund betrug. In den *counties* waren Grundeigentümer oder Pächter mit einem Pachtvertrag über mindestens 60 Jahre wahlberechtigt, wenn der jährliche Reinertrag fünf Pfund nicht unterschritt, und sonstige Pächter, wenn sie einen versteuerbaren Jahresertrag von zwölf Pfund nachwiesen und der zwölfmonatigen Residenzpflicht genügten. Im Übrigen mussten alle Wahlberechtigten, die in das Wahlregister eingetragen werden wollten, ihren Beitrag zur Armensteuer entrichtet haben.

Nach der Verabschiedung entsprechender Gesetze auch für Schottland und Irland hatten im Vereinigten Königreich trotzdem nur etwa acht Prozent der Bevölkerung das Wahlrecht. Von den volljährigen Männern durften in den *counties* von England und Wales 23,8 Prozent, von Schottland 16,7 und von Irland 14,8 Prozent wählen; in den *boroughs* waren es 44,7 bzw. 49,7 und 21,9 Prozent. Auch wenn es eine beträchtliche Zahl an Neuwählern aus den Mittel- und Arbeiterschichten gab, war die Kontinuität bestehender Herrschaftsverhältnisse im Wesentlichen gewahrt, was sich nicht zuletzt auch auf den völligen Ausschluss der Frauen bezog. Königin Viktoria stellte in ihrer Thronrede 1867 fest, dass die Ausweitung des Wahlrechts keine Störungen des innenpolitischen Gleichgewichts nach sich ziehe. Das Wahlrecht blieb auch nach 1867 ein Privileg. Allerdings trat erstmals im britischen Parlamentarismus das Prinzip der Zahl in Konkurrenz zum Prinzip des gesellschaftlichen Gewichts.

Für viele Zeitgenossen war die Reform von 1867 ein „Sprung ins Dunkle", wie es der britische Premierminister nannte. Es zeigte sich allerdings schnell, dass die Arbeiterwähler – zum großen Teil als Wähler der Liberalen – nicht aus dem bestehenden Zweiparteiensystem ausbrachen. Vorerst sollte die organisierte Arbeiterschaft auf die Gewerkschaftsarbeit orientiert bleiben, sodass – im Gegensatz etwa zu Deutschland – eine politische Arbeiterpartei erst sehr spät gegründet wurde. Bezeichnend ist, dass die 1864 in London unter Mitwirkung englischer Gewerkschaftler gegründete *International Working Men's Association*, die erste Arbeiter-Internationale, in England wenig Rückhalt hatte. Die englische Arbeiterschaft suchte nicht wie Karl Marx, der in London lebte, wissenschaftlich arbeitete und von dort aus politisch wirken wollte, die Konfrontation mit dem System, sondern die schrittweise Öffnung des Systems für die eigene Sache. „Keine Politik!" lautete daher der Ruf, der von den englischen Gewerkschaften immer wieder zu hören war.

Weitere Reformschritte bis 1885

Auf die Wahlrechtsreform von 1867 folgte 1872 eine weitere wichtige Neuerung, mit der eine alte Forderung der Chartisten endlich erfüllt wurde: Die Stimmabgabe war in Zukunft geheim, sodass die Möglichkeiten der Einschüchterung und Bestechung begrenzt wurden. 1883 verabschiedete das Parlament ein Gesetz gegen Wahlkorruption, dehnte 1884 das Wahlrecht auch in den Grafschaften auf Hauseigentümer und Wohnungsinhaber aus und führte 1885 – von wenigen Ausnahmen abgesehen – das Prinzip ein nur einen Abgeordneten pro Wahlkreis in das Parlament zu entsenden, wie es das britische Mehrheitswahlrecht heute noch kennt. Damals hatten diese Wahlkreise allerdings sehr unterschiedliche Größen, während sie heute ausgeglichen sind.

Der englische Parlamentarismus im Zeitalter des Imperialismus

In den Jahrzehnten vor dem Ersten Weltkrieg gelangte Großbritannien an die Schwelle zur Massendemokratie, die dann mit der Wahlrechtsreform von 1918 überschritten wurde.

Die Öffentlichkeit* und ihre Meinung spielte für die Politik eine ständig größer werdende Rolle. Politik wurde zunehmend auch unabhängig von den politischen Führern der Parteien im Parlament betrieben, obwohl diese bis zum Ersten Weltkrieg ihre starke Stellung behaupten konnten. Der Einfluss des grundbesitzenden Adels ging kontinuierlich zurück. Die Unterhausmitglieder kamen zwar immer noch überwiegend aus der reichen Oberschicht. Immer häufiger aber entstammten sie nun auch den Mittelschichten (siehe S. 328, Mat. 3). Diäten für Abgeordnete, die ein größeres Maß an Unabhängigkeit erlaubten, wurden jedoch erst 1911 eingeführt.

Veränderungen im Parteiensystem

Im Parteiensystem kam es zu Umschichtungen und Neugründungen. Die Liberalen spalteten sich 1886 wegen der Irland-Politik ihres Premierministers Gladstone. Eine größere Gruppe, die gegen die Einführung der *Home Rule* für Irland war, d. h. der nationalen Selbstständigkeit Irlands im Britischen Empire, ging unter der Führung von Joseph Chamberlain zu den Konservativen über. Vor allem aber kam es zur Bildung einer politischen Arbeiterpartei, zunächst noch in Anlehnung an die Liberalen, bald aber unter Ablösung von ihnen. Die Arbeiterbewegung emanzipierte sich von ihrem innenpolitischen Bündnispartner und löste die Liberale Partei nach dem Ersten Weltkrieg auch in der Rolle als alternative Regierungs- bzw. Oppositionspartei ab. Damit verschwand die sogenannte Lib-Lab-Formation, mit der Arbeiterrepräsentanten bei Wahlen unter dem Dach der Liberalen ins Unterhaus gelangt waren. Anders als in Deutschland, wo die politische Arbeiterbewegung bereits sehr früh entstand, blieb sie in England lange politisch abstinent. Die britische Arbeiterschaft konzentrierte sich auf die Gewerkschaftsarbeit und nutzte politisch die Parteiorganisation der Liberalen. Die Liberalen ihrerseits verzichteten in einigen Wahlkreisen auf eigene Kandidaten und ließen die in an sich liberalen Wahlkreisen gewählten Arbeitervertreter in der eigenen Unterhausfraktion mitarbeiten. Nach diesem Muster gelangten 1874 zwei Funktionäre der Bergarbeitergewerkschaft ins Unterhaus. Die Entwicklung setzte sich 1880 mit drei Lib-Lab-Abgeordneten fort, 1885 mit elf und 1892 mit zwölf.

Die Entstehung der Labour Party

Erste Forderungen nach Abkehr von den Liberalen und Aufbau einer eigenen politischen Organisation der Arbeiterschaft tauchten auf, als sich das wirtschaftliche Wachstum in den 1870er Jahren verlangsamte und die gewerkschaftliche Arbeit nach der Streikwelle der Jahre 1872/73 kraftloser wurde. Liberale Wirtschaftspolitik, gepaart mit einer Gewerkschaftspolitik, die sich nur um bessere Löhne und Arbeitsbeziehungen bemühte, wurde jetzt für diejenigen unannehmbar, die die Situation als Krise des Kapitalismus deuteten. Es bildeten sich Gruppen und Parteien mit sozialistischer Zielsetzung. Ihre Mitgliederzahlen waren jedoch klein. Die 1881 gegründete *Democratic Federation,* die sich 1884 *Social Democratic Federation* nannte, hatte es Ende der 80er Jahre auf noch nicht 1000 Mitglieder gebracht. Die ebenfalls seit 1884 bestehende *Fabian Society* war eine Gruppe bürgerlicher Intellektueller, die in ihren Publikationen Sozialreformen und auch Sozialisierungspläne propagierte, aber immer auf dem Weg evolutionärer Veränderungen. Mit ihrem Konzept bereits bestehende Institutionen zu durchdringen und mit ihrem Grundgedanken einen gewaltfreien, schrittweisen Wandel herbeizuführen sollten die Fabier großen Einfluss auf die weitere Programmbildung der britischen Arbeiterbewegung ausüben.
Die neuen Organisationen standen unverbunden neben den Gewerkschaften, die als Facharbeitergewerkschaften „unpolitisch“, also im Schoß der Liberalen bleiben wollten und Sozialisierungsvorstellungen völlig ablehnten. Dies änderte sich erst, als die Gerichte dazu übergingen die Gewerkschaften im Streikfall unter bestimmten Umständen zu Schadensersatz zu verurteilen. Einzelne Gewerkschaften fanden sich daraufhin im Jahr 1900 zur Gründung eines Wahlbündnisses bereit, dem die Sozialdemokraten, die Fabier und die 1893 gegründete *Independent Labour Party* angehörten und das 1906 den Namen *Labour Party* erhielt. Wahlabsprachen mit den Liberalen blieben bei Unterhauswahlen aber bis zum Ersten Weltkrieg die Regel.

Innenpolitische Konflikte im Zeitalter des Imperialismus

War der Zusammenschluss zur Labour Party die Reaktion der Linken auf wirtschaftliche Stagnation und relativen Machtverlust Großbritanniens in der internationalen Politik, so reagierte die politische Rechte auf diese Situation mit dem Ruf nach größerer „Effizienz“ und einer Absage an das überkommene parlamentarische System. Auf diese Weise wollten Imperialisten wie Lord Milner den ökonomischen Rückstand Englands gegenüber Ländern wie Deutschland oder den USA wettmachen. Milner war seit 1897 Gouverneur der Kapkolonie in Südafrika und gehörte zu denen, die den Krieg gegen die Buren befürworteten und in aller Schärfe führten. 1905 wurde er deswegen von der neu ins Amt gekommenen liberalen Regierung abgelöst. In seinem politischen Programm verbanden sich Imperialismus, der sich durch kulturelles Überlegenheitsgefühl und rassistische

Zielsetzung auszeichnete, und Antiparlamentarismus, der gegen die politischen Parteien als Träger der Politik gerichtet war und für überparteiliche nationale Regierungen eintrat. Aufgrund seiner Fundamentalkritik am Parlamentarismus sah Milner keine Möglichkeit die Fragen nationaler Politik „durch das Verfahren des Parteienkonflikts" lösen zu können. Das Unterhaus war für ihn die „abgewirtschaftete Versammlung von Westminster".
Es gelang Milner zwar nicht die britische Politik spürbar zu beeinflussen, doch kehrte er im Ersten Weltkrieg in die politische Arena zurück, als er in der durch den Krieg bedingten Allparteienregierung Minister wurde. Das von Premierminister David Lloyd George geführte Kriegskabinett entsprach der von Milner schon immer geforderten starken Stellung der Regierung. Der Parlamentarismus wurde jedoch nicht außer Kraft gesetzt. Vielmehr bewies sich jetzt, dass gerade parlamentarisch regierte Staaten zu einem Höchstmaß an „Effizienz" in der Lage sind.
Entscheidend für die weitere Entwicklung des parlamentarischen Systems war, dass die seit 1905 regierenden Liberalen mit einer Reihe von Sozialgesetzen (Unfall-, Kranken- und Arbeitslosenversicherung, Altersrente für Mittellose, Achtstundentag im Bergbau) Großbritannien auf den Weg des Wohlfahrtstaates führten. Die Kosten der neuen Sozialpolitik sollten durch die Einführung einer progressiven Einkommensteuer, wie sie heute in allen westlichen Industrieländern üblich ist, gedeckt werden. Als das Oberhaus sich dem widersetzte, wurde es durch das Parlamentsgesetz von 1911 entmachtet. Danach hatte ein Veto des Oberhauses nur noch aufschiebende Wirkung.

Der Kampf um das Frauenwahlrecht

Eine Demokratisierung des Wahlrechts – d. h. die Einführung des allgemeinen Wahlrechts für Männer und Frauen – blieb vor dem Ersten Weltkrieg aus. Schon 1867 hatte John Stuart Mill das Frauenwahlrecht gefordert. Seit 1897 tat dies die Sufragettenbewegung, die in einen gemäßigten und in einen militanten Flügel zerfiel. Letzterer wollte sich unter Führung von Emmeline Pankhurst nicht auf friedliche Demonstrationen und Verhandlungen mit Regierung und Parlament beschränken, sondern veranstaltete Hunger- und Sitzstreiks und machte durch Sachbeschädigungen auf sich aufmerksam. Dass das Unterhaus die Frage des Frauenwahlrechts immer wieder abblocken konnte, lag – neben der prinzipiell ablehnenden Haltung der meisten Männer aller politischen Richtungen in England und in anderen Ländern – auch an der organisatorischen Zersplitterung der Frauenbewegung.

Der Erste Weltkrieg mit seinem in allen Ländern geschlossenen Burgfrieden zwischen den innenpolitischen Gegnern lenkte den Blick zunächst wieder auf den äußeren Feind. Er war aber gleichzeitig auch ein Beschleuniger politischen Wandels, sodass 1918 ein letztes großes Gesetz zur Reform des Wahlrechts verabschiedet wurde. Jetzt konnten Männer ab 21 und Frauen ab 30 Jahren wählen. Aber erst 1928 wurden die Frauen im Wahlrecht endgültig politisch gleichgestellt. Ihre tatsächliche Repräsentanz in den Parlamenten ist allerdings bis heute gering (siehe S. 331 f., Mat. 7 bis 9).

Englischer Parlamentarismus – ein Fazit

Fasst man die englische Entwicklung unter der Fragestellung der Parlamentarisierung und Demokratisierung im 19. Jahrhundert zusammen, so ist hervorzuheben:

- Das englische Parlament verfügte über eine lange Tradition, die identitätsstiftend für die Nation wirkte.
- Das gewählte Unterhaus entwickelte sich in den 30er Jahren des 19. Jahrhunderts zum Zentrum des politischen Geschehens und wurde unter Zurückdrängung von Krone und Oberhaus zur stärksten Gewalt im Staat. Das nicht durch Wahlen legitimierte Oberhaus verlor zu Beginn des 20. Jahrhunderts noch einmal drastisch an Bedeutung.
- Das Wahlrecht wurde erst gegen Ende des Ersten Weltkriegs demokratisiert und nur schrittweise auf Frauen ausgedehnt.

Parlamentarische Regierung, d.h. die Verantwortlichkeit der Regierung gegenüber dem Parlament, ging in England also nicht mit demokratischer Partizipation der Bevölkerung am politischen System einher.

1. *Erarbeiten Sie die Rolle und Bedeutung des Parlaments im englischen politischen System in seiner historischen Entwicklung. Beachten Sie dabei auch den Unterschied zwischen „Parlamentarisierung" und „Demokratisierung".*
2. *Bereitschaft zu Anpassung und Kompromiss werden immer wieder als die entscheidenden Fähigkeiten der englischen politischen Eliten genannt. Beurteilen Sie unter diesen Aspekten die Parlamentarisierung und Demokratisierung Großbritanniens. Berücksichtigen Sie dabei auch die Basismaterialien S. 328–332.*
3. *Wahlkreiseinteilung und repräsentative Vertretung der Bevölkerungsschichten waren Kernpunkte der Debatten zu Wahlrechtsreformen. Nehmen Sie Stellung zu der Forderung nach Widerspiegelung der Bevölkerungsgruppen als notwendiger politischer Legitimation eines Parlaments.*

Parlament und Wahlen im 19. Jahrhundert: Ein internationaler Vergleich

Die Entstehung parlamentarischer Regierungsformen in Europa

Ein Überblick: West-Ost-Gefälle

England war die Wiege des Parlamentarismus, aber nicht der Demokratie. Umgekehrt konnte es vorkommen, dass das Wahlrecht demokratisiert wurde, die Stellung des Parlaments im politischen System aber zweitrangig blieb. Die Schweiz z. B. erhielt 1848 ein allgemeines und gleiches Wahlrecht für Männer, doch war das nach dem amerikanischen Vorbild geschaffene Zweikammersystem mit der aus National- und Ständerat bestehenden Bundesversammlung kein vollständig ausgebildetes parlamentarisches System, weil das Parlament zwar die Regierung bilden, aber in der Praxis nur schwer absetzen konnte.

In Deutschland gab es auf Reichsebene zwar seit 1871 ein allgemeines und gleiches Männerwahlrecht, aber keine parlamentarische Regierung. Sie wurde erst 1918 eingeführt, als die von der Obersten Heeresleitung dominierte Reichsführung unter dem Eindruck der Kriegsniederlage keine Alternative mehr zum parlamentarischen System sah. Der Erste Weltkrieg wirkte hier als Parlamentarisierungsschub, wie es in vergleichbarer Weise im Verlauf des 19. Jahrhunderts sozial-ökonomischer Wandel und politische Revolutionen getan hatten. Allerdings ist es im 19. Jahrhundert nur in England zu einer kontinuierlichen Entfaltung des Parlamentarismus gekommen. In Deutschland zum Beispiel entstanden im Zuge der Revolution von 1848 parlamentarische Verfassungen, ohne dass sie von Dauer gewesen wären. In Osteuropa gab es nicht einmal Ansätze zu einer Parlamentarisierung.

Frühkonstitutionelle Systeme

Auf dem europäischen Kontinent liegen die Wurzeln der parlamentarischen Regierung in der Französischen Revolution. Allerdings konnte die französische Nationalversammlung, auch wenn mit ihr erstmals auf dem Kontinent eine moderne Nationalrepräsentation entstand, kein parlamentarisches System begründen. Auch nach den Napoleonischen Kriegen, als die Bourbonen-Dynastie zurückkehrte und 1814 die *Charte constitutionnelle* erlassen wurde, blieb das Parlament von der Regierung ausgeschlossen. Nach englischem Vorbild bestand die Legislative aus zwei Kammern, der Pairskammer und der Deputiertenkammer. Letztere hatte das Steuerbewilligungsrecht, aber keine Gesetzgebungsinitiative.

Wesentlich weiter war 1812 die *Cortes*-Verfassung in Spanien gegangen, die eine Gewaltenteilung mit Schwerpunkt bei der Volksvertretung vorsah. In der Praxis ist es aber auch hier nicht zu einer parlamentarischen Regierung mit dem Parlament als ausschlaggebendem Faktor gekommen. Hinzu kam, dass die von den *Cortes,* den alten spanischen Reichsständen, ausgearbeitete Verfassung nur zwei Jahre Bestand hatte. In den deutschen Ländern, für deren Frühkonstitutionalismus die französische *Charte* von 1814 richtungweisend war, blieb es beim monarchischen Prinzip. Alleinige Inhaber der Souveränität waren die Fürsten. Die Rahmenbedingungen für die Verfassungsentwicklung im Bereich des Deutschen Bundes bildeten die Bundesakte von 1815 und die Wiener „Bundes-Supplement Akte“ von 1820. Nach Artikel 13 der Bundesakte sollte in allen Bundesstaaten „eine landständische Verfassung stattfinden“. Vor dem Hintergrund der Restauration durch die Karlsbader Beschlüsse schränkte die Wiener Akte dies jedoch in Artikel 57 wieder ein: „Der Souverän kann durch die landständische Verfassung nur in der Ausübung bestimmter Rechte an die Mitwirkung der Stände gebunden werden.“ Preußen und Österreich blieben so zunächst ohne Verfassung. Der deutsche Frühkonstitutionalismus entwickelte sich in den süddeutschen Staaten, wo z.B. Bayern, Baden und Württemberg Zwei-Kammer-Parlamente wie in Frankreich einführten.

Parlamentarisierungsschub nach der Juli-Revolution von 1830

Epochemachend für den europäischen Kontinent waren die Vorgänge der Juli-Revolution von 1830 in Frankreich, als sich zeigte, dass die *Charte* von 1814 entwicklungsfähig war und eine parlamentarische Regierung ermöglichte. Die beiden Kammern des Parlaments erhielten wie die Regierungen jetzt die Gesetzgebungsinitiative zugesprochen, sodass zwischen König und Parlament ein Gleichgewicht herrschte. Das Parlament konnte Minister allerdings nicht politisch zur Verantwortung ziehen. Dieses zentrale Kriterium parlamentarischer Regierung erfüllte sich in Frankreich erst im Jahr 1875. Demgegenüber verfügte das neue Königreich Belgien, das 1830 durch Herauslösung aus dem Königreich der Niederlande seine Unabhängigkeit erlangt hatte, von Anfang an über ein parlamentarisches System. Auch wenn der König im Laufe des 19. Jahrhunderts immer wieder gegen einzelne Minister intervenierte, so war doch anerkannt, dass auf Dauer nicht gegen die parlamentarische Mehrheit regiert werden konnte.

„Der König sperrt die Verfassung aus." Deutsche Karikatur aus dem Jahr 1847 auf den preußischen König Friedrich Wilhelm IV.

Parlamentarismus nach 1848

Der nächste große Parlamentarisierungsschub erfolgte durch die Revolution von 1848/49.

In Frankreich verlor das Parlament allerdings zunächst an Macht, denn der Präsident der Zweiten Republik wurde vom Volk gewählt und konnte die Minister ernennen und entlassen. Anstelle des Zweikammersystems entstand ein Einkammersystem mit der Nationalversammlung als einzigem parlamentarischen Gremium. Nach dem Staatsstreich Louis Napoleons im Dezember 1851 verlor das Parlament, nun *Corps législatif* genannt, alle politischen Rechte. Erst 1869 kam es wieder zu einer Parlamentarisierung mit Gesetzesinitiativrecht der Deputiertenkammer. Eine Ministerverantwortlichkeit bestand ihr gegenüber und parallel dazu gegenüber dem Kaiser. Daneben existierte der Senat als erste Kammer, was sich auch ab 1871 in der Dritten Republik nicht änderte.

Im dreigeteilten Italien ging der Parlamentarismus von Piemont aus, wo der 1848 vorgelegte *Statuto Albertino*, eine monarchisch-repräsentative Verfassung, entgegen den ursprünglichen Intentionen König Alberts zur Parlamentarisierung führte. Nach der Bildung des Königreichs Italien im Jahr 1861 änderte sich nichts daran. Die Auswirkungen der Revolutionsereignisse von 1848 waren auch in den Niederlanden zu spüren, wo eine Liberalisierung der Verfassung erfolgte und gegen Ende der 1860er Jahre auch eine Ministerverantwortlichkeit entstand. Dagegen erfolgte in den skandinavischen Staaten die Parlamentarisierung zum Teil sehr spät, in Norwegen 1884, in Dänemark 1901 und in Schweden sogar erst 1917.

In Deutschland hätte ein glücklicherer Verlauf der Revolution von 1848/49 zur Parlamentarisierung geführt. Die am 28. März 1849 verkündete Reichsverfassung, die die parlamentarische Verantwortung der Minister vorsah, wurde freilich durch den Sieg der Gegenrevolution in den Einzelstaaten hinfällig. Immerhin: Preußen und – verzögert – auch Österreich erhielten nun eine Verfassung. Allgemein setzte sich in der zweiten Hälfte des 19. Jahrhunderts die Vorstellung einer allgemeinen Staatsbürgerschaft durch, die ohne ständische Abstufungen im Parlament repräsentiert war, wie begrenzt die Kompetenzen der Parlamente im Einzelnen auch sein mochten.

Die Verfassung des Norddeutschen Bundes (1867) und des Deutschen Reiches (1871) wiesen dem deutschen Parlament, dem Reichstag, eine zweitrangige Rolle zu. Der Reichstag wirkte zwar bei der Gesetzgebung mit und ihm stand auch das Budgetrecht zu, d. h., er konnte über die Zustimmung oder die Ablehnung des Haushaltes die Politik mitbestimmen. So wichtig sein Anteil an der Macht auch war: Im Unterschied zum britischen Unterhaus wirkte er an der Regierung nicht mit. Die Minister waren nur dem Kaiser verantwortlich.

An der Wende zum 20. Jahrhundert waren die für den Verlauf der europäischen Politik so bedeutenden Großmächte Deutsches Reich, Österreich-Ungarn und erst recht das noch faktisch absolutistische Russland von der Parlamentarisierung weit entfernt. In Deutschland erfolgte sie erst im Oktober 1918, als Artikel 15 der Reichsverfassung ergänzt wurde: „Der Reichskanzler bedarf zu seiner Amtsführung des Vertrauens des Reichstags."

Für den Parlamentarismus in Deutschland war bezeichnend, dass seine Durchsetzung in einer Reform von oben erfolgte und nicht von der Reichstagsmehrheit erkämpft wurde. Die sich abzeichnende Kriegsniederlage war hier ein entscheidender Schrittmacher für die Parlamentarisierung, wie überhaupt der Erste Weltkrieg in dieser Funktion gesehen werden kann: Solange der Krieg erfolgreich zu verlaufen schien, waren die Regierenden im wilhelminischen Deutschland nur zu kosmetischen Zugeständnissen bereit. Denn um ein solches Zugeständnis handelte es sich, als man 1915 am Berliner Reichstagsgebäude die Inschrift „Dem Deutschen Volke" anbringen ließ.

Wahlrecht und Phasen der Demokratisierung in Europa

Parlamentarische Regierung und demokratisches Wahlrecht, das zeigt die europäische Entwicklung im 19. Jahrhundert, müssen nicht zusammengehen. Am englischen Beispiel ist deutlich geworden, wie spät – weit später als im nicht-parlamentarisch regierten Deutschen Reich (siehe Mat. S. 342–345) – die Demokratisierung des Wahlrechts erfolgte. Das allgemeine und gleiche Männerwahlrecht wurde zuerst 1848 in Frankreich und in der Schweiz eingeführt. Auch die Frankfurter Reichsverfassung von 1849 hatte es vorgesehen. Vergleichsweise früh, nämlich 1868, wurde es in Spanien beschlossen. Die USA, wo die Wahlrechtsregelungen den Einzelstaaten zustand und zunächst überall ein Zensuswahlrecht galt, gingen bis zur Jahrhundertmitte zum allgemeinen und gleichen Männerwahlrecht für Weiße über. Von einzelstaatlichen Abweichungen abgesehen bekamen seit 1870 dann auch Schwarze das Wahlrecht.

Allgemeines Wahlrecht hieß im 19. Jahrhundert immer Männerwahlrecht. Frauen kamen erst mit dem Ersten Weltkrieg in den Genuss des aktiven Wahlrechts. Ihre vielfältige Einbindung in die nationale Mobilisierung während des Krieges ließ augenfällig werden, dass die Trennung von privater Häuslichkeit, wo die Frau hauptsächlich zu wirken hatte, und öffentlicher Politik, wo der Mann dominierte, in erheblichem Maß aufgehoben war. Dies schlug sich in vielen westlichen Ländern im Wahlrecht nieder, wenn es auch bemerkenswerte Ausnahmen gab. In Frankreich, Italien, Belgien, Portugal und Spanien mussten die Frauen bis zum Zweiten Weltkrieg warten, in der Schweiz sogar bis 1971 (siehe Tabelle S. 348).

Der europäische Normalfall war im 19. Jahrhundert das Zensuswahlrecht. Das Wahlrecht war an bestimmte Besitzverhältnisse gekoppelt und schloss die unteren sozialen Schichten von der politischen Mitwirkung aus. So wählte in Frankreich 1815 nur die reiche Oberschicht. Von 29 Millionen Franzosen waren nur etwa 100 000 Männer wahlberechtigt. Nach der Juli-Revolution 1830 wurde der Zensus gesenkt, wodurch sich die Zahl der Wähler bei einer Gesamtbevölkerung von inzwischen 35 Millionen verdoppelte. 1846 waren nur zwei Prozent der französischen Männer wahlberechtigt. Das Zensuswahlrecht galt auch in den Niederlanden und in Belgien. In Norwegen wurde es immerhin schon 1898 abgeschafft.

In Deutschland garantierten die Verfassungen des Norddeutschen Bundes und des Deutschen Reiches von 1867 bzw. 1871 das allgemeine, direkte und geheime Männerwahlrecht. Für die Wahl zum Norddeutschen Reichstag 1867 griff man auf das Reichswahlgesetz von 1849 zurück. Bismarck setzte sich für dieses Wahlrecht ein, weil er sich von ihm – zunächst mit Recht – eine Unterstützung seitens der konservativ eingestellten Massen erwartete und in ihm eine Waffe gegen die Liberalen sah. In Westeuropa – etwa in England oder in Belgien – brachte das fortschrittliche Wahlrecht Bismarck gelegentlich Anerkennung seitens der Arbeiterbewegung ein, obwohl er alles andere als ein Freund der organisierten Arbeiterbewegung war. Im Arbeitszimmer des belgischen Sozialistenführers Emile Vandervelde hing um die Jahrhundertwende ein Portrait Bismarcks, was Vandervelde einem erstaunten deutschen Gast gegenüber damit

Zweifelhafte Wertobjekte. Karikatur aus „Der wahre Jakob", April 1906. Die Monarchen: „Mein Herr, wir wünschen unsere Kronen zu versichern." Der Versicherungsbeamte: „Ich bedaure sehr – aber wir versichern keine Gegenstände, die so leicht verloren gehen können."

Demonstration vor dem preußischen Abgeordnetenhaus am 10. Januar 1908 anlässlich der Debatte über das preußische Dreiklassenwahlrecht. Zeitgenössische Fotografie

begründete, dass Bismarck „seinem Land das allgemeine Wahlrecht und die Sozialgesetze gebracht" habe.
Das fortschrittliche Wahlrecht im Deutschen Reich wurde allerdings nicht nur durch die schwache Stellung des Reichstags relativiert, sondern auch durch die Wahlkreiseinteilung. Die Wahlen zum Reichstag erfolgten nach der absoluten Mehrheitswahl in Wahlkreisen, die nicht gleich groß waren und die infolge zunehmender Bevölkerungsdichte in den industriellen Ballungsgebieten immer ungleicher wurden. Der kleinste Wahlkreis in Deutschland hatte 1912 nur 50 000 Einwohner, während im größten über eine Million Menschen lebten. Die Arbeiterschaft blieb also trotz allgemeinen Wahlrechts unterrepräsentiert und politisch ausgegrenzt. Zusammen mit Bismarcks Sozialistengesetz der Jahre 1878 bis 1890 hat dies dazu geführt, dass sie, anders als in England, nicht in das politische System integriert wurde.
In den Einzelstaaten des Deutschen Reiches galt durchgängig das Zensuswahlrecht weiter, in Preußen, dem mit Abstand größten deutschen Land, das sogenannte Dreiklassenwahlrecht. Es war allgemein, aber nicht gleich, denn die Wähler wurden in drei Steuerklassen eingeteilt, die jede für sich gleich viele Abgeordnete wählte. In Sachsen galt ein Fünfklassenwahlrecht. Die Auswirkungen des Zensuswahlrechts in den Ländern minderte vor allem den Einfluss der SPD. Im Reichstag gehörten 1906 von 23 sächsischen Abgeordneten 22 der SPD an. Im sächsischen Landtag dagegen saß nur ein sozialdemokratischer Abgeordneter.

1. *Die Beschränkung des Wahlrechts auf Besitz, Bildung und männliches Geschlecht in den Verfassungen des 19. Jahrhunderts wurde damit begründet, dass nur Steuerzahler und Gebildete zu verantwortlichem, unabhängigem und rationalem politischen Handeln fähig seien. Nehmen Sie historisch-kritisch zu dieser These Stellung.*
2. *Führen Sie eine Debatte über das allgemeine, freie, gleiche und geheime Wahlrecht zwischen weiblichen und männlichen Angehörigen verschiedener europäischer Nationen des 19. Jahrhunderts.*

Parlamentarismus und Demokratie an der Wende zum 20. Jahrhundert

An der Wende vom 19. zum 20. Jahrhundert waren Demokratie und Parlamentarismus historisch noch junge Erscheinungen. Parlamentarisch regierte Länder waren immer noch die Ausnahme. Der im Ersten Weltkrieg erfolgte Parlamentarisierungsschub sollte sich als wenig gesichert erweisen. In Russland siegte 1917 die Oktoberrevolution, die die Diktatur* des Proletariats verkündete. In Deutschland konnte sich der linke Antiparlamentarismus ein Jahr später mit seiner Forderung „Alle Macht den Räten!" nicht durchsetzen. Aber die parlamentarische Republik von Weimar zerbrach unter den Schlägen des rechten Antiparlamentarismus, der in der Spannung von konservativ-autoritären und rechtsextremen Vorstellungen in den Nationalsozialismus mündete. Das schon zu Beginn des 19. Jahrhunderts bestehende politische West-Ost-Gefälle blieb also erhalten. Viele Historiker meinen sogar, die Neigung zu „diktatorischen" Lösungen in Mittel- und Osteuropa (Nationalsozialismus, Stalinismus) hingen mit der späten Parlamentarisierung zusammen.
Von den USA ging 1917, als sie in den Krieg eintraten, die Botschaft aus, die Welt müsse „sicher gemacht werden für die Demokratie". Der amerikanische Präsident Woodrow Wilson erhoffte sich von der „Partnerschaft demokratischer Nationen" die Herstellung einer internationalen Ordnung ohne Krieg. Von einer bürgerlich-liberalen Internationale des Friedens war man bei Ende des Ersten Weltkriegs, mit dem das „lange" 19. Jahrhundert endete, freilich weit entfernt. Parlamentarisch-demokratische Regierungssysteme stellten eine Form der Herrschaft dar, die aus politischen oder gesellschaftlichen Gründen längst nicht überall begrüßt wurde. Liberalisierung im Sinne westlicher Pluralität oder bürgerlicher Ökonomie wurde vielfach gerade nicht, wie Wilson es gemeint hatte, mit der Idee des historischen Fortschritts identifiziert. Für Thomas Mann zum Beispiel war 1918 die „Demokratisierung Deutschlands" gleichbedeutend mit seiner „Entdeutschung". Aus der Sicht Lenins, der in seinem „Dekret über den Frieden" 1917 die „klassenbewussten Arbeiter" in Europa zur „Befreiung der werktätigen und ausgebeuteten Volksmassen" aufrief, war Parlamentarismus eine Form bürgerlicher Herrschaft mit formaldemokratischen Elementen.
Blickt man auf Westeuropa und die USA, so besaßen die zu Beginn des 20. Jahrhunderts bestehenden Demokratien ein hohes Maß an Integrationsfähigkeit, seien es parlamentarisch verfasste Demokratien wie Großbritannien mit seinem „Redeparlament", wo man von Gewaltenverschränkung sprechen muss, oder seien es Präsidialsysteme* wie in den USA mit ihrem „Arbeitsparlament", wo das Prinzip der Gewaltenteilung vorherrscht. Vom englischen Beispiel ausgehend hat der Überblick zum Parlamentarismus im 19. Jahrhundert gezeigt, dass es sich um eine Regierungsform handelt, die auf unterschiedlichen Stufen der Demokratisierung die politische Nation integrieren und Schritt für Schritt die gesamte Bevökerung erfassen konnte. Aber auch in England gab es Kritik am parlamentarischen System. 1914 kam es sogar zu einer – infolge des Kriegsbeginns nicht ausgetragenen – Kraftprobe zwischen dem parlamentarischen Souverän und dem protestantischen Ulster, als die vom Unterhaus beschlossene und für ganz Irland geltende *Home-Rule*-Gesetzgebung nicht durchgesetzt werden konnte. Die Folgen der „irischen Frage" sind noch heute in den gewalttätigen Auseinandersetzungen um Nordirland sichtbar.
Im Prozess der Demokratisierung verloren die Parlamente ihre Abschirmung gegenüber der außerparlamentarischen Öffentlichkeit. Schon immer hatten gesellschaftliche Interessen ihren Niederschlag in der Gesetzgebung gefunden – und dies nicht zuletzt im Männerwahlrecht. Im Zuge der industriellen Massengesellschaft kam es im letzten Drittel des 19. Jahrhunderts dazu, dass die „Masse" den „politischen Markt" betrat, wie es der Historiker Hans Rosenberg formulierte, der 1933 nach der Niederlage von Demokratie und Parlamentarismus in Deutschland über England in die USA emigrierte. Neben der verfassungsmäßigen Funktion des Parlaments erlangten Verbände, Massenorganisationen oder die Ende des 19. Jahrhunderts aufkommende Massenpresse ein eigenes Gewicht (siehe Mat. S. 333–336). Dies führte nicht notwendigerweise zur Bedeutungslosigkeit von Parlamenten. Aber die Verfassungsorgane verfügten im aufkommenden Zeitalter des „politischen Massenmarkts" nicht mehr wie selbstverständlich über das Politikmonopol.

1. *Skizzieren Sie die Entwicklung von Parlamentarisierung und Demokratisierung unter dem Einfluss der industriellen Massengesellschaft.*
2. *Der Sozialphilosoph Arnold Gehlen (1904–1976) bezeichnete um 1950 die industrielle Massengesellschaft als eine „entriegelte Gesellschaft", deren Kennzeichen „der Ersatz der Institutionen durch Organisationen, die allgemeine Enthemmung des Zwecksetzens und damit eine ungemeine Ausdehnung der Willkür" seien. Nehmen Sie Stellung zu dieser Einschätzung aus den Perspektiven von Parlamentarisierung und Demokratisierung.*

1 *Vier Staatsformen. Anonyme Karikatur, 1895*

1. *Beschreiben Sie die in Mat. 1 symbolisierten Staatsformen und ordnen Sie sie begrifflich zu.*
2. *Welche politische Tendenz verfolgt der Karikaturist?*
3. *Nehmen Sie zu der Charakterisierung der einzelnen Staatsformen Stellung. Welche Elemente der einzelnen Staatsform werden hervorgehoben?*

2 *Wahlreform und Wählerschaft in Großbritannien 1832–1918 (männliche Wahlberechtigte in 1000)*

Reformjahr	vor der Reform	nach der Reform	in ca. % der Bevölkerung
1832	500	1000	4,2
1867	1500	2500	8,3
1884	3000	5000	14,0
1918	8400	21400	48,6

Quelle 2 und 3 nach Hans Setzer, Wahlsystem und Parteienentwicklung in England, Frankfurt/M. 1973, S. 268ff.

3 *Zusammensetzung des britischen Unterhauses nach Interessengruppen 1832–1910 (in Prozent)*

Interessengruppen	1832	1867	1868	1884	1885	1910
Grundbesitz	51	36	34	26	18	13
Industrie, Gewerbe, Verkehr	15	21	23	26	30	28
Handel und Kredit	13	20	20	24	24	30
Beamte und Militärs	12	11	10	8	8	8
Freie Berufe, Erziehung, Wissenschaft	9	12	13	16	19	18
Interessenvertreter der Arbeiter	–	–	–	–	1	3

4 *Aus der Rede des Historikers und liberalen Abgeordneten Thomas Babington Macaulay (1800–1859) im britischen Unterhaus am 2. März 1831:*

Q Wenn die Lage der arbeitenden Bevölkerung Englands so wäre, wie ich es ihr aus tiefster Seele wünschte, wenn überall reichlich Beschäftigung herrschte, die Löhne immer gut bemessen wären, Nahrungsmittel immer billig, wenn viele Köpfe in einer Familie nicht als Behinderung gälten, sondern als Segen, dann fielen meiner Meinung nach die Haupteinwände gegen das allgemeine Wahlrecht fort. Das allgemeine Wahlrecht besteht in den Vereinigten Staaten und zeitigt dort keine sonderlich schlimmen Folgen; ich glaube nicht, dass die Menschen in jenen Staaten oder irgendwo sonst auf der Welt in irgendeiner positiven Eigenschaft unseren Landsleuten natürlich überlegen sind. Leider befinden sich aber die arbeitenden Klassen in England, wie auch in allen anderen Ländern der alten Welt, von Zeit zu Zeit in einer jammervollen Lage. Manche Ursachen ihres Elends entziehen sich, fürchte ich, jeder Regierungskontrolle. Wir wissen, wie sich Elend auswirkt, und zwar selbst auf Leute, die ein viel größeres Wissen haben, als es dem Großteil der arbeitenden Klassen zur Verfügung stehen kann. Wir wissen, dass eine solche Lage auch kluge Menschen ungeduldig, einsichtslos und leichtgläubig macht; sie sind auf sofortige Linderung versessen und weniger sofortigen Konsequenzen gegenüber gleichgültig. Es gibt keine ärztliche, keine religiöse, keine politische Quacksalberei, der nicht auch Menschen von sonst scharfem Verstand erliegen, wenn dieser Verstand durch Schmerz oder Angst getrübt ist. Es bedeutet daher keine Kritik an den ärmeren Klassen Englands, die nicht viel Bildung genossen haben – eine Bildung ja gar nicht genießen konnten, so wie die Dinge liegen – wenn man feststellt, dass Not ihre natürlichen Auswirkungen auf sie hat, Auswirkungen, die sie auf die Amerikaner und auf jegliches andere Volk ebenfalls hätte; wenn man feststellt, dass Not das Urteilsvermögen der Menschen aufs Gröbste beeinträchtigt, dass sie ihre Leidenschaften entfacht und dass sie dazu verleitet Schmeichlern Glauben zu schenken und denen zu misstrauen, die versuchen zu helfen. Um der Gesellschaft als Ganzes willen, um der arbeitenden Klassen selbst willen halte ich es daher für unbedingt ratsam, dass das Wahlrecht in einem Land wie unserem von den Vermögensverhältnissen der Menschen abhängen sollte.

Aber, sehr verehrter Herr Sprecher, alle Gründe, die mich dazu bewegen ein allgemeines Wahlrecht abzulehnen veranlassen mich auch den Plan zu unterstützen, der uns hier vorliegt. Ich wehre mich gegen das allgemeine Wahlrecht, weil ich glaube, dass es zu einer verheerenden Revolution führen würde. Ich unterstütze diesen Plan, weil ich überzeugt bin, dass er unseren besten Schutz gegen eine Revolution darstellt.

[…] Ich unterstütze diese Vorlage, weil sie eine Verbesserung unserer bestehenden Einrichtungen bedeutet; ich unterstütze sie aber auch, weil sie dazu beiträgt, diese Einrichtungen zu erhalten. Damit wir diejenigen ausschließen können, zu deren Ausschluss wir gezwungen sind, müssen wir diejenigen zulassen, die wir mit einiger Sicherheit zulassen können. Im Augenblick begegnen wir den schlauen Plänen von Revolutionären lediglich mit der Hälfte, ja nur mit einem Viertel der Macht, die wir haben könnten. Wir sagen und sagen zu Recht, dass das Land nicht einfach durch eine Vielzahl von Leuten, sondern durch Leute mit Besitz und Bildung regiert werden sollte. Und während wir das sagen, schließen wir gleichzeitig riesige Mengen an Besitz und Intelligenz – und das heißt auch eine große Anzahl derer, die das meiste Interesse daran haben Ruhe und Ordnung zu bewahren und die am allerbesten wissen, wie man sie bewahrt – von jeglichem Anteil an der Regierung aus. Ja, wir tun noch mehr. Wir treiben diejenigen, die wir von der Macht ausschließen, dazu eine Revolution zu unterstützen. […]

Zu allen Zeiten der Geschichte gab es Revolutionen, die auf ähnliche Verhältnisse zurückzuführen sind, wie sie zur Zeit in England herrschen. Ein Teil der Gesellschaft, der bis dahin unwichtig war, strebt nach oben und wird stark. Er fordert im gesellschaftlichen System einen Platz, der seiner jetzigen Stärke entspricht und nicht einer Schwäche, die der Vergangenheit angehört. Wenn dieser Platz eingeräumt wird, ist alles in Ordnung. Wenn er aber verweigert wird, kommt es zum Kampf zwischen der jungen, unverbrauchten Energie einer Klasse der Gesellschaft und den alten, ererbten Privilegien einer anderen.

Zit. nach John F. C. Harrison (Hg.), Society and Politics in England. 1780–1960, New York u.a. 1965, S. 131f. Übers. von J. Williams.

1. *Geben Sie die wichtigsten Argumente Macaulays (Mat. 4) wieder.*
2. *Nehmen Sie zu seiner Position Stellung.*

5 *Das „Tamworth-Manifest“ des britischen Premierministers Robert Peel (1788–1850), Januar 1835 (Auszug):*

Q An die Wähler des Bezirks Tamworth

Meine sehr geehrten Herren, […]

Da ich das Amt an der Spitze der Regierung angenommen habe, ist meine politische Verbindung mit Ihnen nun fürs Erste beendet. Ich muss natürlich versuchen sie zu erneuern, sobald Sie Ihrer Pflicht nachkommen einen Vertreter für

Ihre Interessen ins Parlament zu wählen; ich meine, es obliegt mir daher eine Erklärung über meine Ansichten zur öffentlichen Politik abzugeben, und zwar so umfassend und offen, wie ich es im Einklang mit meinen Verpflichtungen als Minister Seiner Majestät tun darf. [...]
Nun will ich Ihnen eines sofort erklären: Ich werde meine Macht nicht unter der Bedingung annehmen, dass ich mich von allen Prinzipien lossage, nach denen ich bisher gehandelt habe. Gleichzeitig werde ich niemandem je zugestehen, dass ich, sei es vor oder nach Verabschiedung des Reformgesetzes, Missstände verteidigt oder mich wohldurchdachten Reformen widersetzt haben sollte. [...]
Aber das Reformgesetz, sagt man, bedeute ein ganz neues Zeitalter und es ist Pflicht eines Premierministers öffentlich zu erklären, ob er erstens das Gesetz selbst bestehen lassen und zweitens in dem Geist handeln werde, in dem es formuliert wurde.
Was das Reformgesetz selbst betrifft, so will ich jetzt und hier die Erklärung wiederholen, die ich bereits bei meinem Einzug ins Unterhaus als Mitglied des reformierten Parlaments abgab, dass ich nämlich das Reformgesetz als endgültige und unwiderrufliche Beilegung einer sehr wichtigen Verfassungsfrage betrachte, eine Beilegung, die niemand auch nur versuchsweise in Frage stellen wird, sei es direkt oder indirekt durch Sticheleien, dem Friede und Wohlergehen dieses Landes am Herzen liegen.
Nun zum Geist des Reformgesetzes und zur Bereitschaft es als Leitfaden für die Regierung des Landes anzuwenden und durchzusetzen: Falls wir den Geist des Reformgesetzes einhalten sollen, indem wir in einem ewigen Wirbel von Aufruhr leben; indem Leute im Dienst an der Öffentlichkeit sich die öffentliche gute Meinung nur dann erhalten können, wenn sie jede vorübergehende Modemeinung äffen, – zum Beispiel dadurch, dass sie die sofortige Wiedergutmachung jedes Vorfalls versprechen, bei dem irgendjemand das Wort „Missbrauch" in den Mund genommen hat – oder auch dadurch, dass sie sich jener wertvollsten Regierungsstütze, mächtiger als Gesetz oder Vernunft, nämlich der Achtung für althergebrachte Rechte und des Respekts für Obrigkeit, in Bausch und Bogen entledigen; wenn das also der Geist des Reformgesetzes sein soll, dann will ich mich nicht verpflichten ihn einzuhalten.
Wenn aber mit dem Geist des Reformgesetzes lediglich eine sorgfältige Überprüfung weltlicher und geistlicher Einrichtungen gemeint sein soll, die in wohlwollendem Sinn unternommen wird und eine Korrektur erwiesener Missstände sowie die Beseitigung berechtigter Klagegründe zur Folge hat, während alte Rechte unverletzt erhalten bleiben – wenn das also der Fall ist, dann kann ich mich persönlich und für meine Kollegen dafür verbürgen, dass wir in dem Geist und mit solcher Absicht zu handeln bereit sind.

Zit. nach G. M. Young/W. D. Handcock (Hg.), English Historical Documents 1833–1874, London 1970, S. 127–131. Übers. von J. Williams.

1. *Fassen Sie Peels Wahlaufruf in eigenen Worten zusammen (Mat. 5). Was beabsichtigt er hiermit?*
2. *Wodurch unterscheidet er sich von der „traditionellen" Art, wie in England Politik betrieben wurde (siehe Darstellung S. 317 f.)?*

6 *Auf einer Versammlung der 1836 gegründeten „London Working Men's Association" am 28. Februar 1837 wurde folgende Eingabe verabschiedet, die den Kern der später so genannten „People's Charter" bildete (Auszug aus der Einleitung):*

Q An das Ehrwürdige Unterhaus von Großbritannien und Irland. Die Eingabe der unterzeichnenden Mitglieder des Arbeiterverbands und anderer besagt Folgendes:
Dass der einzige vernünftige Gebrauch gesellschaftlicher Einrichtungen und unserer Gesetze darin liegt all das zu schützen, zu ermutigen und zu fördern, was zum Glück aller Menschen beitragen kann.
Dass man Gesetze in gemeinsamer Übereinstimmung erlassen sollte, da das Ziel, das man erreichen will, ja der gemeinsame Nutzen ist.
Dass man Gesetzesgehorsam gerechterweise nur dann durchsetzen kann, wenn diejenigen, welche die Gesetze befolgen sollen, persönlich oder durch ihre Vertreter tatsächlich die Möglichkeit gehabt haben diese Gesetze zu erlassen, Zusätze durchzubringen oder Gesetze abzuschaffen.
Dass man alle diejenigen, die von diesem Anteil an politischer Macht ausgeschlossen sind, gerechterweise nicht in den Geltungsbereich der Gesetze einbeziehen kann; für die Ausgeschlossenen stellen die Gesetze nur despotische Erlasse dar und sie können die Mitglieder der gesetzgebenden Versammlung, von der solche Erlasse ausgehen, nur als Mitverschwörer an einem bösen Pakt betrachten, die ausgeklügelte Pläne entwerfen und Ränke schmieden um den Großteil der Menschen im Land mit Besteuerungen und anderen Willkürakten zu plagen.
Dass das absolut gültige politische Recht eines jeden Menschen über allem anderen steht und von irgendwelchen Sitten, Gepflogenheiten oder überlieferten Bräuchen nicht berührt wird. Es handelt sich hier um ein grundsätzliches Recht; niemand hat die Macht es zu gewähren und es darf gerechterweise auch niemandem genommen werden.

Dass man Gerechtigkeit und Vernunft Hohn spricht, wenn man dieses heilige Recht dem Menschen selbst raubt und es stattdessen an seinen Besitz bindet; denn Schaffung und Erhaltung von Besitz sind nur Folgen der Gesellschaft – das große Ziel, das dabei angestrebt wird, ist das Glück der Menschen selbst.

Dass keine Verfassung und keine Gesetzessammlung, welche die politischen und gesellschaftlichen Rechte der Menschen bricht, durch die Zeit unverletzlich gemacht wird oder durch langen Gebrauch einen Heiligenschein bekommt. [...]

Dass es Absicht und Zweck dieser Eingabe ist erstens dem Ehrwürdigen Haus Tatsachen vorzuhalten, die sie und das ganze Land davon überzeugen können, dass sie keineswegs das Volk dieses Landes vertreten; und zweitens an ihren Sinn für Recht und Gerechtigkeit sowie an jedes ehrenhafte Prinzip, das ihnen lieb ist, zu appellieren, sodass sie schnellstmöglich Gesetze erlassen, die der Masse des Volkes Vertretung im Unterhaus erwirken. Ziel ist allen Klassen der Gesellschaft die größte Zufriedenheit zuzusichern. [...]

Dass die Verfasser dieser Eingabe, da sie sehen, welch enorme Macht sie über das Leben, die Freiheit und die Arbeitskraft der nicht vertretenen Millionen besitzen – da sie die militärischen und zivilen Mächte sehen, die ihnen gehorchen – die finanziellen Einkünfte, die ihnen zur Verfügung stehen – die Unterstützung der Armen, die in ihren Händen liegt – da sie die öffentliche Presse unter ihrer Kontrolle sehen, durch gesetzliche Erlasse ausdrücklich gehalten nur die Arbeiterklassen auszuschließen – mehr noch, da sie ihre Macht sehen die gesamte Kontrolle über die finanzpolitischen Regelungen unseres Königreiches, durch welche die Arbeiterklassen in aller Stille ausgeplündert oder plötzlich ihrer Arbeit enthoben werden dürfen, an andere weiterzudelegieren – da sie also sehen, dass alle diese Elemente der Macht ihrem Ehrwürdigen Haus, so, wie es zur Zeit zusammengesetzt ist, zur Verfügung stehen, und da sie die Folgen fürchten, die entstehen könnten, wenn eine gründliche Reform nicht schleunigst stattfindet – dass die Verfasser dieser Eingabe aus allen diesen Gründen dem Ehrwürdigen Haus dringend ans Herz legen Folgendes als Gesetz für dieses Land zu verabschieden (und wir möchten das Ehrwürdige Haus bitten wichtige Einzelheiten, die ihnen nötig erscheinen, selbst hinzuzufügen).

Zit. nach Frank F. Rosenblatt, The Chartist Movement in its social and economic aspects, Teil 1, New York 1970, S. 208ff. Übers. von J. Williams.

1. *Skizzieren Sie die wichtigsten Forderungen und Zielsetzungen der Eingabe (Mat. 6). Wer sind die Träger dieser Forderungen?*
2. *Was wurde erreicht (siehe Darstellung S. 318f.)? Erklären Sie, warum der Chartismus kurzfristig scheiterte, von ihm mittel- und langfristig aber wichtige Demokratisierungsimpulse ausgingen?*

7 *Weibliche Parlamentsabgeordnete in Großbritannien 1918–1992:*

Jahr	weibliche Kandidaten	in Prozent aller Kandidaten	Frauen gewählt	in Prozent der Abgeordneten
1918–28	*	*	11	*
1929	*	*	13	*
1931–35	*	*	*	*
1945	87	5,2	24	3,8
1950	126	6,8	21	3,4
1951	77	5,6	17	2,7
1955	92	6,5	24	3,8
1959	81	5,3	25	4,0
1964	90	5,1	29	4,6
1966	81	4,7	26	4,1
1970	99	5,4	26	4,1
1974	161	7,2	27	4,3
1980	206	8,0	19	2,9
1983	276	10,7	23	3,5
1987	325	14,0	41	6,3
1992	568	19,2	60	9,2

*keine Angaben vorhanden

Nach Tina Hoffhaus, Wahlsysteme und Frauenrepräsentation, in: Aus Politik und Zeitgeschichte 1993, B 45, S. 23; ergänzt nach Silke Hanschke, Der Kampf um das Frauenwahlrecht in Großbritannien, in: Christl Wickert (Hg.), „Heraus mit dem Frauenwahlrecht", Pfaffenweiler 1990, S. 39 und Chronicle of Britain, Dortmund 1992, S. 1076.

8 *Aus einer Untersuchung über die Entwicklung des britischen Wahlrechts im 19. Jahrhundert (1990):*

D Bis 1832 besaßen nämlich in England auch die Frauen das Wahlrecht, wenn sie ebenso wie die stimmberechtigten Männer gewisse Voraussetzungen erfüllten. Wahlberechtigt waren zum Beispiel männliche und weibliche Adlige, Grundbesitzer/innen, Lehnsträger/innen, Pairs, Äbte und Äbtissinnen sowie Haushaltsvorstände, die als Steuerzahler über ein gewisses Einkommen verfügten. Frauen waren natürlich als Wählerinnen in der Minderheit, da wesentlich weniger von ihnen die Voraussetzungen für das Wahlrecht erfüllten. Die Reform Bill von 1832 setzte dann im Gesetzestext das Wort „male", also männlich, vor den Begriff

„persons". Somit bezog sich das Wahlrecht jetzt eindeutig und ausschließlich nur noch auf Männer, Frauen waren ausgeschlossen. [...]
Hinsichtlich des Wahlrechts war unter Männern auch die Meinung verbreitet, dass Frauen sowieso nur die Partei wählen würden, die ihre Männer favorisierten. Sie seien nicht in der Lage sich über Politik ein eigenes Urteil zu bilden. Schon deshalb sei es unnötig den Frauen das Wahlrecht einzuräumen, denn das hätte nur zur Folge, dass ihre Ehemänner oder Väter praktisch über zwei Stimmen verfügten.
Berücksichtigt frau/mann diese Ansichten, so wird es verständlich, dass auch die Lord Brougham's Act von 1850 noch eine Änderung im Wahlrecht brachte. Hier wurde zwar festgelegt, dass das „Masculinum in allen Gesetzen, die nicht ausdrücklich das Gegenteil bemerken, auch das Femininum bedeute". Die Reform Bill hatte noch ausdrücklich das Gegenteil bemerkt.
Die Lord Brougham's Act wurde zur Grundlage eines leider fehlgeschlagenen Versuches von John Stuart Mill den Frauen zum Wahlrecht zu verhelfen. Als 1867 nach einer zweiten Änderung der Reform Bill auch Teile der männlichen Arbeiterklasse das Wahlrecht erhielten, schlug Mill im Unterhaus vor den Begriff „male person" im Gesetzestext durch „man" zu ersetzen um so auch Frauen das Wahlrecht zu garantieren. Das Wort „man" bedeutet in der Entwicklung der englischen Sprache Frau und Mann, ist im eigentlichen Sinne eher dem deutschen „Mensch" verwandt als der Übersetzung „Mann".
Die Korrektur der Reform Bill im Sinne John Stuart Mills wurde abgelehnt. Daraufhin begannen die Verfechter des Frauenwahlrechts einen Rechtsstreit mit dem Ziel, dass Wörter männlichen Geschlechts in Zukunft auch für Frauen Gültigkeit besitzen sollten. Es handelt sich hierbei um eine Erweiterung der Lord Brougham's Act, die die Anwendung männlicher Ausdrücke auf Frauen ja nur dann zulässt, wenn nicht ausdrücklich das Gegenteil bestimmt wurde. In der Öffentlichkeit fand dieser Rechtsstreit große Beachtung. Die Suffrage Society aus Manchester eröffnete eine breite Kampagne zur Unterstützung der Forderung, die auch diesmal erfolglos blieb. Ein Gericht entschied, dass nur im Fall von Bestrafungen und Verpflichtungen der Begriff „person" auch Frauen betreffe.

Silke Hanschke, Der Kampf um das Frauenwahlrecht in Großbritannien, in: Christl Wickert (Hg.), „Heraus mit dem Frauenwahlrecht", Pfaffenweiler 1990, S. 14 f.

9 *Suffragettendemonstration in London im Juni 1910. Zeitgenössische Fotografie. Die Demonstration stand unter dem Motto „Vom Gefängnis zum Bürgerrecht": 617-mal waren Suffragetten bis dahin im Gefängnis und deshalb trugen 617 Frauen einen Stab als Zeichen der Gefängniskleidung.*

1. *Beschreiben Sie die Entwicklung der weiblichen Repräsentation im englischen Parlament (Mat. 7). Vergleichen Sie mit anderen Ländern.*
2. *Arbeiten Sie aus Mat. 8 heraus, mit welchen Mitteln die Männer versucht haben das Frauenwahlrecht zu verhindern.*
3. *Diskutieren Sie über die Bedeutung des Frauenwahlrechts als Indikator der Demokratisierung (zum Begriff „Demokratisierung" siehe S. 310). Ziehen Sie dazu auch den Essay S. 346–349 heran.*

Politischer Massenmarkt

Der Eintritt der Massen in die Politik

1 *In der Diskussion über eine deutsche Verfassung in der Frankfurter Nationalversammlung 1849 spielte das Wahlrecht eine zentrale Rolle. Aus der Rede des Ausschussberichterstatters Georg Waitz (1813–1886) von der Casino-Fraktion (liberale Mitte) vom 15. Februar 1849:*

Q Unter allen politischen Behauptungen und Formeln zugleich die planste und umfassendste ist die von der allgemeinen Gleichheit der Menschen; leicht gesprochen und ebenso leicht widerlegt oder verspottet enthält sie doch eine gewaltige Kraft, welche fort und fort arbeitet um sich Geltung zu verschaffen, welche dann aber freilich in der natürlichen Beschaffenheit der Dinge ihre notwendige Grenze findet. [...] Den Besitzenden und Besitzlosen, den selbstständig Wirkenden und den Gehilfen oder Diener wird man nie vollständig gleichstellen, man wird sie für die Verhältnisse des öffentlichen Lebens ebenso wenig gleich behandeln können wie im Hause, wo sie zusammen wohnen, in der Gemeinde, wo sie nebeneinanderstehen, wo aber Lasten und Pflichten verschieden sind. – Das politische Recht ist mitnichten als ein solches zu betrachten, welches der Person unmittelbar und eigentümlich anhaftet; es ist nicht die individuelle Freiheit, welche in demselben Befriedigung und Schutz erhalten soll, sondern das Beste der Gesamtheit muss bestimmen, wer geeignet ist als der Träger dieses Rechts zu erscheinen und es zum Frommen der Gesamtheit zur Ausübung zu bringen. – Die Mehrheit des Verfassungsausschusses war darin einig, dass bei direkter Wahl eine Beschränkung des allgemeinen Stimmrechts notwendig sei. Keine Staatsordnung, möge sie sein, welche sie wolle, monarchisch oder republikanisch, wird bestehen oder doch zu irgendwelcher Stetigkeit gelangen können, wenn die Entscheidung aller politischen Fragen in die Hände der großen Masse, die sich nur zu oft willenlos leiten lässt oder launenhaft Tag um Tag dem einen oder andern Führer folgt, gelegt wird.

2 *Aus der Rede des Mindener Abgeordneten August Ziegert (1810–1882) von der Fraktion „Württemberger Hof“:*

Q Ich bin überhaupt der Ansicht, dass die Geschichte überall auf die Emanzipation des Menschen, auf die Verwirklichung der wahren Demokratie hinausläuft und dass unser durch seinen Entwicklungsgang dazu vorbereitetes Vaterland dazu berufen ist die Stätte der wahren Demokratie zu werden. Es ist vor kurzer Zeit mit Recht gesagt worden, dass eine neue Weihe über den Menschen gekommen ist und dass nicht, wie früher der Besitz, das Grundstück, der Stand, die Steuerquote, die der Mensch zahlt, in Betracht kommt, sondern der Mensch gilt in seiner abstrakten sittlichen Berechtigung ohne Rücksicht auf seine Qualität [...]. Aber, wendet man ferner ein, die politische Unreife des Volkes, die Bestechlichkeit! Meine Herren! Kommen Sie uns nicht mit der Behauptung der politischen Unreife, welche auf den früheren Satz des alten Polizeistaates vom beschränkten Untertanenverstande hinausläuft. Ich meine, die sogenannten unteren Klassen, welche die Bewegungen des vorigen Jahres mit durchgemacht haben, die zur Verbesserung der jetzigen Zustände mit Hand angelegt und auch in dieser Zeit ebenso den Lockungen der Demagogen als den Verführungen der Reaktion Widerstand geleistet haben, welche in dem Versammlungsrecht, in der freien Presse, im freien Gemeinwesen und in der Öffentlichkeit des Staatslebens die Mittel zur weiteren Ausbildung besitzen, sind nicht mehr politisch unreif zu nennen. Ich bin auch der Meinung, dass der Ausfall der Wahlen in den einzelnen Ländern und selbst hierher zur Nationalversammlung kein Zeugnis von der politischen Unreife dieser Klassen abgelegt hat. Ich glaube endlich auch, dass die einzelnen Staaten kein Anerkenntnis dieser politischen Unreife abgeben, wenn sie Fabrikarbeiter und Handwerksgehilfen zu Konferenzen und Beratungen über neue Gewerbegesetze herbeiziehen und den untern Volksklassen sonst die wichtigsten Rechte und Pflichten, ja sogar die Verteidigung des Vaterlandes, anvertrauen. [...] Statten Sie jetzt, wo von uns zur Verbesserung der Lage der arbeitenden Klassen noch nichts geschehen ist, den Besitz und das Kapital mit einer bevorzugten politischen Berechtigung aus und schließen Sie auf der anderen Seite die arbeitende Klasse von der Möglichkeit aus Männer ihres Vertrauens in die Reichsversammlung zu wählen, so wird der ohnehin gestörte Friede in der Gesellschaft dadurch nicht wiederhergestellt, es wird der Kampf dadurch nur noch vermehrt. Es scheint mir daher zur friedlichen Lösung der sozialen Frage das allgemeine Stimmrecht eine Notwendigkeit zu sein, weil nur durch eine Beteiligung aller Volksklassen an der Gesetzgebung, an der Steuerbewilligung und Verwendung der Staatsgelder sowie an der inneren und äußeren Politik die soziale Lage, soweit durch Staatseinrichtungen und Organisationen die materiellen Zustände überhaupt verbessert werden können, gelöst wird.

Quelle 1 und 2 zit. nach Stenographischer Bericht über die Verhandlungen der deutschen constituirenden Nationalversammlung zu Frankfurt am Main, Bd. 7, Frankfurt 1849, S. 5222 und 5234 f.

3 *Kundgebung der SPD gegen das preußische Dreiklassenwahlrecht (Redner: Richard Fischer). Fotografie, um 1913*

1. *Untersuchen Sie die Reden aus der Frankfurter Nationalversammlung hinsichtlich der Bedeutung, die den Phänomenen „Masse" und „Volk" beigemessen wird (Mat. 1 und 2).*
2. *Inwieweit kündigen sich in Mat. 3 im Vergleich zum frühen 19. Jahrhundert neue Bedingungen politischen Handelns an?*

Die Mobilisierung der öffentlichen Meinung: die Affäre Dreyfus in Frankreich

4 *Ein Überblick (Originalbeitrag des Autors des Arbeitsteils, Dietmar von Reeken, geb. 1959):*

D Mit der Verhaftung des jüdischen Generalstabsoffiziers Alfred Dreyfus im Oktober 1894 unter dem Verdacht der Spionage für Deutschland begann eine Affäre, die sich in der Folgezeit zu einer der größten innenpolitischen Krisen der Dritten Republik entwickelte. Obwohl der Verdacht jeder Grundlage entbehrte und Dreyfus immer seine Unschuld beteuerte, verurteilte ihn ein nicht öffentlich tagendes Kriegsgericht zu lebenslänglicher Verbannung auf der vor der Küste Südamerikas gelegenen Teufelsinsel. Versuche seiner Familie und anderer Persönlichkeiten ihn zu rehabilitieren wurden gestützt durch zunehmende Anzeichen für das Vorliegen einer Verschwörung gegen Dreyfus in höchsten Militärkreisen. Von der Jahreswende 1897/98 an wurden die Auseinandersetzungen mit zunehmender Heftigkeit in der Öffentlichkeit, vor allem der Presse, ausgetragen und spalteten Frankreich mit der Zeit in zwei feindliche Lager. Ein weiteres Ereignis heizte die Debatte Anfang 1898 zusätzlich an: Trotz Vorliegens eindeutiger Beweise für seine Schuld in der Spionageangelegenheit sprach ein Kriegsgericht einen anderen Offizier, Major Esterhazy, frei, woraufhin der bekannte Schriftsteller Emile Zola seinen offenen Brief „J'accuse!" (Ich klage an!) veröffentlichte und deswegen in einem Prozess verurteilt wurde. Eine erneute Untersuchung des Falles Dreyfus vor dem Kassationsgericht, d. h. dem Obersten Gerichtshof, führte 1899 wiederum zu seiner Verurteilung, allerdings nunmehr mit einer milderen Strafe; wenige Tage später begnadigte ihn die Regierung. Erst 1906 gelang die offizielle Rehabilitierung Dreyfus'.

5 *Zur Erhebung der Anklage gegen Dreyfus benötigte Kriegsminister General Mercier die Ermächtigung durch den Ministerrat. Um die Öffentlichkeit zu mobilisieren wurde am 28. Oktober 1894 ein anonymer Brief an den Redakteur der nationalistischen Zeitung des bekannten Antisemiten Edouard Drumont, „Libre Parole", geschickt:*

Q Mein lieber Freund, ich hatte es Ihnen ja gesagt, es ist der Hauptmann Dreyfus, der auf der Avenue du Trocadéro, Nummer 6, wohnt, den man am 15. wegen Spionage verhaftet und ins Gefängnis des Cherche-Midi eingeliefert hat. Man sagt, er sei verreist. Aber das ist eine Lüge, weil man die Angelegenheit vertuschen will.
Ganz Israel ist in Bewegung.
Ihr Henry [...].

In der Zeitung wurde daraufhin am nächsten Tag eine kurze Notiz veröffentlicht; drei Tage später erschien die „Libre Parole" dann mit folgendem Aufmacher:

LANDESVERRAT!
Verhaftung des jüdischen Offiziers A. Dreyfus
Der wegen Landesverrats verhaftete Offizier ist dem Generalstab im Kriegsministerium zugeteilt.
Man wird die Angelegenheit vertuschen, weil dieser Offizier ein Jude ist. Suchet unter den Dreyfus, den Maiers, den Levys, und Ihr werdet finden!
Vor 14 Tagen wurde er verhaftet. Er hat ein umfassendes Geständnis abgelegt. Man hat den bestimmten Beweis dafür, dass er unsere Geheimnisse an Deutschland verkauft hat. Was man auch immer behaupten mag, er sitzt im Cherche-Midi, allerdings nicht unter seinem Namen. Man will ihn nach Mülhausen entwischen lassen, wo seine Familie wohnt.

Brief zit. nach Siegfried Thalheimer (Hg.), Die Affäre Dreyfus, München 1963, S. 48; Artikel zit. nach Wilhelm Herzog, Der Kampf einer Republik. Die Affäre Dreyfus. Zürich u. a. 1933, S. 370f.

6 *Am 6. Januar 1898 gab der Schriftsteller Emile Zola (1840–1902) eine Broschüre unter dem Titel „Brief an Frankreich" heraus (Auszug):*

Q In den entsetzlichen Tagen der sittlichen Verwirrung, die wir durchmachen, in dem Augenblick, wo sich das öffentliche Gewissen zu verdunkeln scheint, wende ich mich an dich, Frankreich, an die Nation, an das Vaterland!

Jeden Morgen, wenn ich in den Zeitungen lese, was du über die beklagenswerte Dreyfus-Angelegenheit zu denken scheinst, wächst mein Befremden, bäumt sich meine Vernunft höher auf. […] Es ist wahr, es handelt sich um die große Masse, besonders um die Masse der Armen und Geringen, die Bevölkerung der Städte, beinahe die ganze Provinz und das ganze platte Land, jene ungeheure Mehrheit derer, die die Meinungen der Zeitungen oder der Nachbarn annehmen. Die nicht imstande sind sich Dokumente zu verschaffen oder nachzuprüfen.

Was ist denn geschehen, wie konnte dein Volk, Frankreich, dein Volk mit dem guten Herzen und dem gesunden Verstande, zu dieser wild um sich schlagenden Furcht, zu dieser finstern Unduldsamkeit kommen? Man sagt ihm, dass ein vielleicht unschuldiger Mann die grausamste der Martern erduldet, man hat tatsächliche und moralische Beweise um die Revision des Prozesses ins Werk zu setzen und siehe da, dein Volk hintertreibt mit allen Mitteln der Gewalt die Aufklärung, stellt sich noch eine Stufe tiefer als Sektenanhänger und Raubmörder, tiefer als Leute, deren Interesse es ist den Leichnam in der Erde zu lassen, dasselbe Volk, das vor kurzem noch von neuem die Bastille zerstört hätte um einen Gefangenen zu befreien. […]

Bedenkst du auch, dass die Gefahr gerade in dieser hartnäckigen Verdunklung der öffentlichen Meinung liegt? Hundert Zeitungen wiederholen es täglich, die öffentliche Meinung wolle es nicht, dass Dreyfus unschuldig sei, seine Schuld sei zum Heile des Vaterlandes notwendig. Und fühlst du, wie sehr du der Schuldige sein würdest, wenn man sich höheren Ortes mit einem solchen Trugschluss deckte um die Wahrheit zu ersticken? Frankreich, würde es heißen, hat es gewollt, du hast das Verbrechen verlangt; aber welche Verantwortung trügest du eines Tages! Auch diejenigen deiner Söhne, die dich lieben und ehren, Frankreich, haben nur den einen glühenden Wunsch in dieser ernsten Stunde mit Nachdruck auf die öffentliche Meinung einzuwirken, sie aufzuhellen, sie zur Besinnung zu bringen, sie von dem Irrtum zu befreien, in den blinde Leidenschaften sie hineintreiben. […] Und das ist es, Frankreich, was ich zunächst in dem Wahnsinn, der dich fortreißt, finde: die Lügen der Presse.

Zit. nach Wilhelm Herzog, Der Kampf einer Republik. Die Affäre Dreyfus. Dokumente und Tatsachen, Zürich u. a. 1933, S. 543 ff.

7 *Eine Woche später erschien Emile Zolas berühmter offener Brief an den Präsidenten der Republik, „J'accuse!" (Auszug):*

Q Herr Präsident, […] Aber welch eine Befleckung Ihres Namens – ich hätte fast gesagt Ihrer Regierungszeit – ist diese abscheuliche Affäre Dreyfus! Ein Kriegsgericht hat es gerade gewagt auf Befehl einen Esterhazy freizusprechen und das ist die äußerste Schändung aller Wahrheit, aller Gerechtigkeit. Nun ist es geschehen, Frankreich hat auf seiner Wange diesen Schandfleck, die Geschichte wird schreiben, dass ein solches Verbrechen gegen die Gesellschaft unter Ihrer Präsidentschaft begangen werden konnte.

Da sie es gewagt haben, werde ich es auch wagen. Ich werde die Wahrheit sagen, denn ich habe versprochen sie zu sagen, wenn die Justiz, die regelrecht angerufen wurde, sie nicht ganz und vollständig zum Vorschein brächte. Es ist meine Pflicht zu sprechen, ich will nicht Komplize sein. Meine Nächte würden gestört sein von dem Geist des Unschuldigen, der dort unter den furchtbarsten Qualen für ein Verbrechen büßt, das er nicht begangen hat. […]

Ich klage das Kriegsministerium an in der Presse […] eine ungeheuerliche Propaganda unternommen zu haben um die öffentliche Meinung irrezuführen und seinen schuldhaften Irrtum zu verdecken. […]

Indem ich diese Anklagen erhebe, bin ich mir bewusst, dass ich mich der Verfolgung auf Grund der Artikel 30 und 31 des Pressegesetzes vom 20. Juli 1881 aussetze, das die Vergehen der üblen Nachrede betrifft. Das nehme ich absichtlich auf mich. Was die Leute, die ich anklage, angeht, so kenne ich sie nicht, ich habe sie niemals gesehen, ich habe ihnen gegenüber weder Rachegefühle noch Hass. Sie sind für mich nur Einheiten, Schädlinge der Gesellschaft. Und die Tat, die ich vollbringe, ist nur ein revolutionäres Mittel um den Durchbruch der Wahrheit und der Gerechtigkeit zu beschleunigen. Ich habe nur eine Leidenschaft, die der Aufklärung im Namen der Menschheit, die so viel gelitten hat und die ein Recht auf Glück besitzt. Mein glühender Protest ist nur der Schrei meiner Seele. Wage man es, mich vor das Assisengericht zu bringen und möge die Erörterung in aller Öffentlichkeit stattfinden. Ich warte! Genehmigen Sie, Herr Präsident, die Versicherung meines tiefen Respekts. Emile Zola

Zit. nach Siegfried Thalheimer (Hg.), Die Affäre Dreyfus, München 1963, S. 185–193.

1. *Zolas Ausführungen wurden in Frankreich kontrovers diskutiert. Geben Sie seine zentralen Argumente wieder (Mat. 6 und 7). Mit welchen Mitteln arbeitete er?*
2. *Analysieren Sie die Funktion der Presse und der öffentlichen Meinung in der Dreyfus-Affäre (Mat. 4 und 5).*

Die preußischen Wahlrechtsdemonstrationen

8 *In Preußen galt bis 1918 das Dreiklassenwahlrecht, das vor allem von der SPD heftig bekämpft wurde. In einem Antrag Eduard Bernsteins (1850–1932) auf dem preußischen Parteitag der SPD Ende Dezember 1904 heißt es:*

Q Wer einigermaßen die politische Entwicklung Preußens und auch Deutschlands in der letzten Zeit verfolgt hat, der wird sagen müssen, dass wir mit Entwicklungen rechnen müssen, wo schärfere Formen der Agitation, als bisher üblich waren, unumgänglich notwendig sein werden. Welche Formen haben wir aber noch außer der Straßendemonstration? Dass andere Demonstrationen keine genügende Wirkung ausüben, das wissen wir alle [...]. Gewöhnliche Versammlungsproteste werden einfach ignoriert. [...] Wir haben die Erfahrung ja in Sachsen gemacht, wo ein Wahlrechtsraub auf dem Spiele stand. Da hat man auch Versammlungen veranstaltet, aber an Straßendemonstrationen, die auf die Gesetzgeber hätten Eindruck machen können, hat es gefehlt; weil unsere Massen in einer ganz anderen Auffassung erzogen sind. Wir müssen eine andere Auffassung erst in sie hineinerziehen. Das soll gegen niemand ein Vorwurf sein. Aber wer unser Volk und unsere Parteigeschichte kennt, der weiß, dass wir noch ungeheuer polizeifromm sind und dass wir zu starken Gebrauch von der unter Umständen berechtigten Meinung gemacht haben: ‚Lasst Euch nicht provozieren, die Reaktion will schießen.' Es gibt auch Verhältnisse, in denen man sagen muss: ‚Lasst Euch nicht verblüffen, so schnell schießen die Preußen nicht!' [...] Und darum müssen wir etwas Präziseres in Vorschlag bringen, als wir bisher gegeben haben und müssen die Überzeugung in den Massen wachrufen und wach erhalten, dass sie unter Umständen zu größeren Demonstrationen übergehen müssen, selbst in Straßendemonstrationen, insbesondere in den großen Zentren und vor allen Dingen hier in Berlin.

9 *Der Kieler Delegierte Eduard Adler sagte in der gleichen Debatte:*

Q Wenn wir auf die Straße steigen, verletzen wir das preußische Vereinsgesetz und müssen darauf gefasst sein, dass wir die Polizei zum Eingreifen zwingen. Eingriff der Polizei bedeutet aber, wenn wir im Ernst auf die Straße gegangen sind, Straßenkampf. Der Straßenkampf bedeutet aber die sogenannte bewaffnete Revolution. [...] Nein, wer das meint, dass der Landtag der Revolution wert ist, der irrt sich sehr. Der preußische Landtag ist nur ein Produkt der preußischen Verhältnisse, die wollen wir beseitigen. [...] Und wenn wir das wollen, dann dürfen wir keine Revolution à la Bernstein machen, dann machen wir ganze Arbeit und nicht halbe, dann machen wir Arbeit im Sinne der Revolution des Referenten, im Sinne einer planmäßigen Arbeit auf allen Gebieten. Nur dann graben wir die Wurzeln ab und sorgen dafür, dass der Baum fällt, wenn Tag und Stunde gekommen ist. Aber mit Straßendemonstrationen, mit der Drohung einer Revolution, die wir nicht machen wollen und nicht machen können, vergeuden wir einen Teil unserer Kraft.

10 *Die größten Wahlrechtsdemonstrationen in Preußen Februar bis April 1910:*

Datum	Ort	Teilnehmer
13. Februar	Berlin	150 000
27. Februar	Frankfurt am Main	60 000
6. März	Berlin	150 000
6. März	Hannover	40 000
10. April	Berlin	250 000
10. April	Elberfeld	50 000
10. April	Dortmund	40 000

11 *Die Massendemonstrationen wurden in der Presse ausführlich gewürdigt. So berichtete etwa die Schwäbische Tagwacht" am 14. Februar 1910 (Auszug):*

Q In schwarzen Reihen strömt die Masse aus dem Portal, Viererreihen bilden sich und marsch marsch geht's durch die Straßen. Überall schließen sich Gruppen an und der Zug schwillt unübersehbar. Brausend erklingen die Rufe: Hoch das freie Wahlrecht! Nieder mit Bethmann-Hollweg! Und die Wahlrechtsmarseillaise ertönt. [...] Plötzlich hört man von Ferne Rufe und Gesang, sie kommen immer näher und schon tauchen im Nebel am anderen Ende der Straße gedrängte Schatten auf. Zwei Züge begegnen einander, Zehntausend hier – Zehntausend dort und das Hochrufen und Hüteschwenken will kein Ende nehmen. ‚Schwenkt!' lautet das Kommando und im Bogen die freie Straße überquerend schließt sich der erste Zug dem zweiten an.

Quelle 8 bis 11 zit. nach Als die Deutschen demonstrieren lernten. Das Kulturmuster „friedliche Straßendemonstration" im preußischen Wahlrechtskampf 1908–1910, Tübingen 1986, S. 7, 24 u. 36.

1. *Beschreiben Sie den Charakter der Wahlrechtsdemonstrationen in Preußen (Mat. 8 bis 11). Bürgerliche Kreise reagierten vielfach mit Angst auf diese neue Erscheinung. Diskutieren Sie die Wirkung der Demonstration auf Außenstehende. Ziehen Sie dazu auch Mat. 3 heran.*
2. *Worin unterscheidet sich das Mittel der Demonstration von dem der Pressekampagne oder der parlamentarischen Debatte?*

Europäische Arbeiterbewegung im 19. Jahrhundert

1 *Entstehung von Gewerkschaften und Arbeiterparteien in Europa:*

Land	Einführung des Koalitionsrechts	Gründung des ersten gew. Zentralverbands	Mehr als 50 % aller Männer wahlberechtigt	Gründung einer Arbeiterpartei	Arbeiterpartei erstmals im Parlament	Industrialisierungsgrad[1] um 1850	Industrialisierungsgrad[1] 1880/90	Industrialisierungsgrad[1] um 1910
Deutschland	1869 (1908)	1869/1870	1871	1863/69/75	1871	24	34	40
Frankreich	1864/1884	1903	1848	1880/1905	(1893)	27	26	30
Österreich	1870	1892	1907	1889	(1907)	*	21[2]	24[2]
Italien	1890	1906	1912	1882/1892	1895	*	25	27
Niederlande	1855 (1872)	1893/1905	1896	1894	1897	25	31	33
Schweiz	1848	1880	1848	1888	1893	33	42	46
Großbritannien	1824 (1871)	1863	1885	1900/1906	1900	51	52	54

1 Anteil der Erwerbsbevölkerung im sekundären Sektor
2 Österreich-Ungarn

Nach Jens Alber, Vom Armenhaus zum Wohlfahrtsstaat, Frankfurt/M. u. a. 1982, S. 231 und 240; Wolfram Fischer (Hg.), Europäische Wirtschafts- und Sozialgeschichte von der Mitte des 19. Jahrhunderts bis zum Ersten Weltkrieg, Stuttgart 1985, S. 126.

2 *Gewerkschaftstypen im 19./20. Jahrhundert in kapitalistischen Ländern Europas:*

	Großbritannien	Deutschland	Frankreich
Organisation: Monopolisierung der Repräsentation	hoch (TUC)	sehr hoch (ADGB/DGB)	schwach (CGT, später mehrere weitere)
Programmatik	pragmatisch	für demokratischen Sozialismus, reformistisch	sozialistischer Ideologie verpflichtet
Finanzkraft	mittel	reich	arm
Streik	viele, kurze und lange Streiks, vielfach dezentralisiert und spontan	wenige, aber lange Streiks in großen Gebieten, kaum politische und wenige spontane Streiks	viele, kleine spontane und politische Streiks, Fortleben von Generalstreikideologie
Lohnverhandlungen	Betriebsebene	große Tarifgebiete	Betriebsebene, geringe Zentralisation
Kooperation mit einer Partei	kollektive Mitgliedschaft (Labour)	eng, aber nicht formalisiert (SPD)	anfangs strikte Trennung von Gewerkschaftsbewegung und sozialistischer Partei; später Kooperation

Nach Klaus von Beyme, Gewerkschaften in kapitalistischen Industriestaaten, in: Siegfried Mielke (Hg.), Internationales Gewerkschaftshandbuch, Opladen 1983, S. 62 f.

3 *Mitgliederstand der wichtigsten Gewerkschaften und Arbeiterparteien (in 1000):*

Jahr	Deutschland			Frankreich		Großbritannien	
	Freie Gew.	Christliche Gew.	SPD	CGT	SFIO	TUC	Labour Party
1895	256	6	–	–	–	1076	–
1904/06	1052	119	384	150	43	1541	998
1910	2017	316	720	357	53	1662	1430
1914	2075	218	1085	400	90	2682	1612

Nach Walter Kendall, Gewerkschaften in Europa, Hamburg 1977, S. 325, 328 und 338.

4 *Gewerkschaftlicher Organisationsgrad (in Prozent):*

Jahr	Deutschland	Frankreich	Großbritannien
1895	2,5	*	10,1
1900	5	5	13
1910	18	8	15

Nach George Sayers Bain/Robert Price, Profiles of Union Growth, Oxford 1980, S. 170; Hartmut Kaeble, Auf dem Weg zu einer europäischen Gesellschaft, München 1987, S. 84.

1. *Vergleichen Sie die Entwicklung der Arbeiterbewegungen in Großbritannien, Deutschland und Frankreich (Mat. 1 bis 4).*
2. *Worauf führen Sie die Unterschiede zurück?*

5 *Programm der Sozialdemokratischen Partei Deutschlands (SPD), Erfurt 1891 (Auszug):*

Q Die ökonomische Entwicklung der bürgerlichen Gesellschaft führt mit Naturnotwendigkeit zum Untergang des Kleinbetriebes, dessen Grundlage das Privateigentum des Arbeiters an seinen Produktionsmitteln bildet. Sie trennt den Arbeiter von seinen Produktionsmitteln und verwandelt ihn in einen besitzlosen Proletarier, indes die Produktionsmittel das Monopol einer verhältnismäßig kleinen Zahl von Kapitalisten und Großgrundbesitzern werden. […]

Nur die Verwandlung des kapitalistischen Privateigentums an Produktionsmitteln – Grund und Boden, Gruben und Bergwerke, Rohstoffe, Werkzeuge, Maschinen, Verkehrsmittel – in gesellschaftliches Eigentum und die Umwandlung der Warenproduktion in sozialistische, für und durch die Gesellschaft betriebene Produktion kann es bewirken, dass der Großbetrieb und die stets wachsende Ertragsfähigkeit der gesellschaftlichen Arbeit für die bisher ausgebeuteten Klassen aus einer Quelle des Elends und der Unterdrückung zu einer Quelle der höchsten Wohlfahrt und allseitiger, harmonischer Vervollkommnung werde. Diese gesellschaftliche Umwandlung bedeutet die Befreiung nicht bloß des Proletariats, sondern des gesamten Menschengeschlechts, das unter den heutigen Zuständen leidet. Aber sie kann nur das Werk der Arbeiterklasse sein, weil alle anderen Klassen, trotz der Interessenstreitigkeiten unter sich, auf dem Boden des Privateigentums an Produktionsmitteln stehen und die Erhaltung der Grundlagen der heutigen Gesellschaft zum gemeinsamen Ziel haben. […]

Die Sozialdemokratische Partei Deutschlands kämpft also nicht für neue Klassenprivilegien und Vorrechte, sondern für die Abschaffung der Klassenherrschaft und der Klassen selbst und für gleiche Rechte und gleiche Pflichten aller ohne Unterschied des Geschlechts und der Abstammung. Von diesen Anschauungen ausgehend bekämpft sie in der heutigen Gesellschaft nicht bloß die Ausbeutung und Unterdrückung der Lohnarbeiter, sondern jede Art der Ausbeutung und Unterdrückung, richte sie sich gegen eine Klasse, eine Partei, ein Geschlecht oder eine Rasse.

Ausgehend von diesen Grundsätzen fordert die Sozialdemokratische Partei Deutschlands zunächst:

1. Allgemeines, gleiches, direktes Wahl- und Stimmrecht mit geheimer Stimmabgabe aller über 20 Jahre alten Reichsangehörigen ohne Unterschied des Geschlechts für alle Wahlen und Abstimmungen. […]
2. Direkte Gesetzgebung durch das Volk vermittelst des Vorschlags- und Verwerfungsrechts. […]
3. Erziehung zur allgemeinen Wehrhaftigkeit. Volkswehr an Stelle der stehenden Heere. […]
4. Abschaffung aller Gesetze, welche die freie Meinungsäußerung und das Recht der Vereinigung und Versammlung einschränken oder unterdrücken.
5. Abschaffung aller Gesetze, welche die Frau in öffentlich- und privatrechtlicher Beziehung gegenüber dem Manne benachteiligen.
6. Erklärung der Religion zur Privatsache. […]
7. Weltlichkeit der Schule. Obligatorischer Besuch der öffentlichen Volksschulen. Unentgeltlichkeit des Unterrichts, der Lehrmittel und der Verpflegung […].
8. Unentgeltlichkeit der Rechtspflege und des Rechtsbeistands. […]
9. Unentgeltlichkeit der ärztlichen Hilfeleistung […].

Zum Schutze der Arbeiterklasse fordert die Sozialdemokratische Partei Deutschlands zunächst:

1. Eine wirksame nationale und internationale Arbeiterschutzgesetzgebung […].
2. Überwachung aller gewerblichen Betriebe […].
3. Rechtliche Gleichstellung der landwirtschaftlichen Arbeiter und der Dienstboten mit den gewerblichen Arbeitern; Beseitigung der Gesindeordnungen.
4. Sicherstellung des Koalitionsrechts.
5. Übernahme der gesamten Arbeiterversicherung durch das Reich mit maßgebender Mitwirkung der Arbeiter an der Verwaltung.

Zit. nach Wilhelm Mommsen, Deutsche Parteiprogramme, München 1952, S. 102–106.

1. *Beurteilen Sie die Aussage des an der Erstellung des Erfurter Programms beteiligten Sozialdemokraten Karl Kautsky: „Die Sozialdemokratie ist eine revolutionäre, nicht aber eine Revolutionen machende Partei“ (Mat. 5).*
2. *Begründen Sie Ihr Urteil anhand des Programms.*

6 *Programmatische Resolution des Parteitages der Sozialistischen Partei Frankreichs (SFIO) in Toulouse 1908:*

Q Als Partei der Arbeiterklasse und der sozialen Revolution führt die sozialistische Partei den Kampf um die Eroberung der politischen Macht mit dem Ziel der Emanzipation aller Proletarier, indem sie das kapitalistische Regime zerstört und die Klassen aufhebt.

In ihrer Propaganda ruft sie dem Proletariat immer wieder in Erinnerung, dass sein Heil und seine vollständige Befreiung nur im kollektivistischen oder kommunistischen Regime zu verwirklichen sind. Diese Idee trägt sie überall hin um überall den Geist sozialer Forderungen und Kämpfe wachzurufen. Sie gewinnt die Arbeiterklasse für den täglichen Kampf, für ein kontinuierliches Handeln zur Verbesserung der Arbeits-, Lebens- und Kampfbedingungen um neue Garantien und neue Aktionsmittel zu erringen.

Gerade weil sie eine Partei der Revolution ist, gerade weil sie sich in ihrem unermüdlichen Ringen nicht durch das ihrer Meinung nach überholte kapitalistische und bürgerliche Eigentumsrecht zurückhalten lässt, ist sie ihrem Wesen nach die aktivste Reformpartei, die einzige, die jeder einzelnen Arbeiterforderung die volle Wirkung verleihen kann, die einzige, die aus jeder Reform, aus jeder Errungenschaft den Ausgangs- und Stützpunkt weitergehender Forderungen und noch kühnerer Eroberungen machen kann. Wenn sie der Arbeiterklasse neben der Nützlichkeit, Notwendigkeit und Wohltätigkeit jeder Reform zugleich deren durch die kapitalistische Umwelt bedingte Beschränktheit erklärt, so geschieht dies nicht um die Arbeiterklasse an der unmittelbaren Verwirklichung von Reformen zu hindern, sondern um sie anzuregen weitere Reformen durchzusetzen und um ihr immer klarer vor Augen zu führen, wie notwendig im ununterbrochenen Kampf für Verbesserungen die totale Reform, d.h. die endgültige Umwälzung des Eigentums ist. [...]

Parallel zu dieser Bewegung der Produktivkräfte müssen alle Anstrengungen unternommen werden um das Proletariat zu erziehen und zu organisieren. In diesem Sinne erkennt die sozialistische Partei die absolute Notwendigkeit an kollektive Kampf- und Organisationsformen zu schaffen und zu entwickeln (Gewerkschaften, Genossenschaften usw.), die notwendige Elemente der sozialen Umwälzung sind. [...]

Wie alle ausgebeuteten Klassen erhebt das Proletariat Anspruch auf sein höchstes Recht auf aufständische Gewalt. Aber es verwechselt diese breiten, kollektiven Bewegungen, die nur aus der allgemeinen und tiefen Betroffenheit des Proletariats entstehen können, nicht mit kleinen Scharmützeln, bei denen sich die Arbeiter nur in abenteuerliche Auseinandersetzungen mit allen Kräften des bürgerlichen Staates einlassen. Die sozialistische Partei kämpft bewusst und kontinuierlich um die Eroberung der politischen Macht [...], wobei sie davon ausgeht, dass die Hauptaufgabe ihrer Mitglieder darin besteht durch Wahlkämpfe die parlamentarische und legislative Macht des Sozialismus zu stärken.

Zit. nach Claude Willard, Geschichte der französischen Arbeiterbewegung. Eine Einführung, Frankfurt/M. 1981, S. 125–127.

7 *Programm der britischen Independent Labour Party von 1906/07 (Auszug):*

Q Ziel

Das Ziel der Partei ist die Errichtung des sozialistischen Staates, sobald Grund und Boden sowie Kapital in den Händen der Gesellschaft liegen und für die Wohlfahrt der Gesellschaft genützt werden und sobald der Austausch von Waren auch von der Gesellschaft organisiert wird, sowie die Sicherung des höchstmöglichen Lebensstandards für die Individuen. [...]

Um diese Ziele zu erreichen nimmt die Partei folgendes wahr:

1. erzieherische Mittel, einschließlich der Publikation sozialistischer Literatur, der Abhaltung von Versammlungen usw.
2. politische Mittel, einschließlich der Wahl ihrer Mitglieder für lokale und nationale Körperschaften der Verwaltung und Gesetzgebung.

Programm

Da der eigentliche Zweck der Industrie die Produktion für die Befriedigung der Lebensbedürfnisse ist, muss die Gesellschaft dafür die kollektive Verantwortung tragen:

Grund und Boden, die den Vorrat für alle lebensnotwendigen Güter bereitstellen, sind zu öffentlichem Eigentum zu erklären und als solches zu behandeln.

Das Kapital, das für industrielle Unternehmungen notwendig ist, ist in Gemeineigentum zu überführen.

Die Arbeit – und der Reichtum, der aus ihr entspringt – ist gerecht über die Bevölkerung zu verteilen.

Als Mittel zu diesem Zweck fordern wir die gesetzliche Verankerung folgender Maßnahmen:

1. Die 48-Stundenwoche als Höchstarbeitszeit [...].
2. Die Bereitstellung von Arbeit für jeden arbeitsfähigen erwachsenen Bewerber zu den gewerkschaftlich anerkannten Sätzen mit einem gesetzlichen Minimum von 6 Pence pro Stunde [...].
3. Staatliche Pensionen für jede über 50-jährige Person [...].
4. Freie, konfessionsungebundene, ethische Erziehung in der Primar- und Sekundarstufe und in der Universität, bei freiem Unterhalt während der Schul- bzw. Universitätszeit.
5. Anhebung der Altersgrenze für Kinderarbeit mit dem Ziel ihrer gänzlichen Beseitigung.

6. Kommunalisierung und öffentliche Kontrolle des Handels mit alkoholischen Getränken.
7. Kommunalisierung und öffentliche Kontrolle aller Krankenhäuser und Pflegeanstalten.
8. Aufhebung der indirekten Steuern und die schrittweise Übertragung aller öffentlichen Lasten auf die arbeitslosen Einkommen mit dem Ziel diese endgültig zu beseitigen.
Die Independent Labour Party setzt sich ein für das Erwachsenenwahlrecht mit allen politischen Rechten und Vorteilen für Frauen und die sofortige Ausdehnung des Bürgerrechts auf Frauen unter denselben Bedingungen wie für Männer.

Zit. nach J. F. Harrison (Hg.), Society and politics in England, 1780–1960, New York u. a. 1965, S. 321–324. Übers. von D. Hoffmann.

1. *Vergleichen Sie die Zielsetzungen der Arbeiterparteien in Deutschland, Frankreich und England (Mat. 5 bis 7). Unterscheiden Sie dabei nach kurz- und langfristigen Zielen.*
2. *Welche Mittel wollen die Arbeiterparteien zur Verwirklichung ihrer Ziele einsetzen?*

8 *Der deutsche Historiker Peter Lösche (geb. 1942) über die I. Internationale der Arbeiterbewegung, die sich 1872 mit der gegen den Willen der Anarchisten beschlossenen Erweiterung der Befugnisse für den Generalrat und seiner Verlegung nach New York zu spalten und aufzulösen begann (1977):*

D In den acht Jahren ihres Bestehens, 1864–1872, war die Internationale Arbeiterassoziation (besonders nach der Pariser Kommune) zu einer Legende für die europäische Arbeiterschaft und zu einem Gespenst für die europäischen Regierungen geworden. In Wirklichkeit jedoch wurde die Internationale bestenfalls durch die emotionale Solidarität der europäischen Arbeiter zusammengehalten, während im Rahmen ihrer Organisation und auf ihren Kongressen sich divergierende Fraktionen [...] bis auf das Messer bekämpften. [...]
Die Auseinandersetzung zwischen Marx, Engels sowie ihren Anhängern und den Anarchisten brach an den folgenden prinzipiellen und politisch-strategischen Fragen auf: 1. Welche Funktion hat die „Internationale Arbeiterassoziation" und welche Kompetenzen hat der Generalrat: politische Partei des europäischen Proletariats und relativ zentralistisch organisiert um die Diktatur des Proletariats ausüben zu können (Marxisten) oder lockere Föderation autonomer Regionalverbände und lokaler Gruppen, die – geheimbündlerisch den Augen der Öffentlichkeit entzogen – den Tag der großen sozialen Revolution abwarten (Anarchisten)? 2. Verstaatlichung der Produktionsmittel in der Phase der Diktatur des Proletariats (Marxisten) oder deren genossenschaftliche Verwaltung als Gemeineigentum (Anarchisten)? 3. Ist die Mitarbeit in den Institutionen der kapitalistischen Gesellschaft zur Durchsetzung begrenzter Reformen wie der 10-Stunden-Bill oder der Limitierung von Frauen- und Kinderarbeit, unter Umständen mit Hilfe von Gewerkschaften und Streik, sinnvoll (Marxisten) oder nicht (Anarchisten)?
Der Konflikt zwischen Marxisten und Anarchisten entzündete sich jedoch nicht so sehr an theoretischen Fragen als vielmehr – und von hier aus ist die starke Emotionalisierung zu verstehen, die bis in unsere Zeit anhält – an der Organisationsfrage und im Kampf um die Kontrolle der „Internationalen Arbeiterassoziation".

Peter Lösche, Anarchismus, Darmstadt 1977, S. 37 ff.

9 *Am 4. August 1914 erschien in der französischen Zeitschrift „L'Humanité", dem Organ der Sozialisten, folgender Artikel (Auszug):*

Q Nach den Provokationen, den kühnen Rechtsverletzungen kommt nun der Bruch. Herr Schoen verabschiedete sich nach Bekanntgabe der Kriegserklärung. Es gibt keinen Ausweg mehr. Morgen oder übermorgen werden sich die Kammern[1] für die Bewilligung der Kriegskredite aussprechen müssen, die die Regierung fordert. Diese Kredite werden einstimmig bewilligt werden.
Der germanische Imperialismus, den die sozialistische Partei noch vor einigen Tagen in einem ihrer Manifeste angeprangert hat, offenbart sich jetzt in seiner ganzen Brutalität. Die Stunde ist anscheinend gekommen, da Europa, will es nicht unter das Joch des Imperialismus gezwungen werden, ihm den „Missbrauch, den er von der brutalen Gewalt macht", vergelten muss. Der Fall Österreich und Serbien scheint nun nichts weiteres zu sein als der willkommene Anlass für Deutschland gegen Frankreich vorzugehen. – Die Frage ist nur, ob Deutschland wirklich alle Möglichkeiten erwogen hat, als es zur Tat schritt. – Wie dem auch sei, Italiens Neutralitätserklärung, Englands Eingreifen, das bereits letzte Nacht Heer und Marine mobilisierte um die Nordsee abzuriegeln, der Mut des kleinen Belgiens, das sich mit ganzem Herzen der Verteidigung seines Bodens widmet, dies sind Fakten, die das Vertrauen in den Ausgang des ungeheuren Konflikts, der sich anbahnt, nur stärken können.
Deutschland hat ganz Europa gegen sich aufgebracht. – Warten wir also auf das Urteil der Waffen, in der Hoffnung, dass es zu unseren Gunsten entscheiden wird. [...]
Und wir, Sozialisten, erinnern wir uns an die Worte unserer

Redner in der Salle Wagram[2], schöpfen wir aus dem Abschied, den wir Jaurès zukommen lassen werden, den Mut, den die Internationale erfordert, jene verwundete Internationale, die sich doch lebendiger denn je wird erheben müssen, wenn die Greuel des Krieges den Männern des 20. Jahrhunderts den abscheulichen Alptraum offenbaren werden, dem es letztlich zu entrinnen gilt.

1 Parlament und Senat
2 Veranstaltungsort in Paris

Zit. nach Carl Grünberg (Hg.), Archiv für die Geschichte des Sozialismus und der Arbeiterbewegung 6 (1916), Reprint Graz 1965, S. 527f. Übers. von Ch. Baumann.

10 *Erklärung der sozialdemokratischen Reichstagsfraktion vom 4. August 1914 (Auszug):*

Q Wir stehen vor einer Schicksalsstunde. Die Folgen der imperialistischen Politik, durch die eine Ära des Wettrüstens herbeigeführt wurde und die Gegensätze zwischen den Völkern sich verschärften, sind wie eine Sturmflut über Europa hereingebrochen. Die Verantwortung hierfür fällt den Trägern dieser Politik zu, wir lehnen sie ab. Die Sozialdemokratie hat diese verhängnisvolle Entwicklung mit allen Kräften bekämpft und noch bis in die letzten Stunden hinein hat sie durch machtvolle Kundgebungen in allen Ländern, namentlich im innigen Einvernehmen mit den französischen Brüdern, für die Aufrechterhaltung des Friedens gewirkt. Ihre Anstrengungen sind vergeblich gewesen.
Jetzt stehen wir vor der ehernen Tatsache des Krieges. Uns drohen die Schrecknisse feindlicher Invasionen. Nicht für oder gegen den Krieg haben wir heute zu entscheiden, sondern über die Frage der für die Verteidigung des Landes erforderlichen Mittel.
Nun haben wir zu denken an die Millionen Volksgenossen, die ohne ihre Schuld in dieses Verhängnis hineingerissen sind! Sie werden von den Verheerungen des Krieges am schwersten getroffen. [...] Wir denken auch an die Mütter, die ihre Söhne hergeben müssen, an die Frauen und Kinder, die ihres Ernährers beraubt sind, denen zu der Angst um ihre Lieben die Schrecken des Hungers drohen. Zu ihnen werden sich bald Zehntausende verwundeter und verstümmelter Kämpfer gesellen. Ihnen allen beizustehen, ihr Schicksal zu erleichtern, diese unermeßliche Not zu lindern erachten wir als zwingende Pflicht.
Für unser Volk und seine freiheitliche Zukunft steht bei einem Siege des russischen Despotismus, der sich mit dem Blute der Besten des eigenen Volkes befleckt hat, viel, wenn nicht alles, auf dem Spiel. Es gilt diese Gefahr abzuwehren, die Kultur und die Unabhängigkeit unseres eigenen Landes sicherzustellen. Da machen wir wahr, was wir immer betont haben: Wir lassen in der Stunde der Gefahr das Vaterland nicht im Stich. Wir fühlen uns dabei im Einklang mit der Internationale, die das Recht jedes Volkes auf nationale Selbstständigkeit und Selbstverteidigung jederzeit anerkannt hat, wie wir in Übereinstimmung mit ihr jeden Eroberungskrieg verurteilen.
Wir fordern, dass dem Kriege, sobald das Ziel der Sicherung erreicht ist und die Gegner zum Frieden geneigt sind, ein Ende gemacht wird durch einen Frieden, der die Freundschaft mit den Nachbarvölkern ermöglicht. Wir fordern dies nicht nur im Interesse der von uns stets verfochtenen internationalen Solidarität, sondern auch im Interesse des deutschen Volkes. Wir hoffen, dass die grausame Schule der Kriegsleiden in neuen Millionen den Abscheu vor dem Kriege wecken und sie für das Ideal des Sozialismus und des Völkerfriedens gewinnen wird. Von diesen Grundsätzen geleitet bewilligen wir die geforderten Kredite.

Zit. nach Die Internationale und der Weltkrieg. Materialien gesammelt von Carl Grünberg. Erste Abteilung: Vor dem Kriege und während der ersten Kriegswochen, Leipzig 1916, S. 76f.

1. *Warum schlossen sich die Arbeiterbewegungen international zusammen (Mat. 8)?*
2. *Welche Probleme standen einer erfolgreichen internationalen Zusammenarbeit der Arbeiterbewegung entgegen? Untersuchen Sie die Ursachen des Scheiterns der I. Internationale und überprüfen Sie, inwieweit die Arbeiterbewegungen ihren Zielen gerecht wurden. Beziehen Sie dabei auch Ihre Erkenntnisse aus der Analyse der deutschen, französischen und britischen Arbeiterbewegung ein.*
3. *Arbeiten Sie die wichtigsten Argumente der deutschen und französischen Sozialdemokratie für die Unterstützung ihrer jeweiligen Regierungen bei Kriegsbeginn heraus (Mat. 9 und 10).*
4. *Die II. Internationale (1883–1914/23) nahm 1907 in der Stuttgarter Resolution zum möglichen Ausbruch eines Krieges in Europa folgendermaßen Stellung: „Falls der Krieg dennoch ausbrechen sollte, ist es die Pflicht, für dessen rasche Beendigung einzutreten und mit allen Kräften dahin zu streben die durch den Krieg herbeigeführte wirtschaftliche und politische Krise zur Aufrüttelung des Volkes auszunutzen und dadurch die Beseitigung der kapitalistischen Klassenherrschaft zu beschleunigen." Diskutieren Sie vor diesem Hintergrund die Haltungen der deutschen und französischen Arbeiterbewegung bei Ausbruch des Ersten Weltkrieges (Mat. 9 und 10).*

Die deutsche Geschichte im 19. und 20. Jahrhundert – ein „Sonderweg" in Europa?

1 *Noch vor der Gründung des deutschen Kaiserreichs von 1871 kommentierte der deutsche Historiker Heinrich von Treitschke (1834–1896) die Lage in Deutschland:*

Q Die unzufriedenen Massen, man täusche sich nicht, hegen mehr Vertrauen zu dem Königtum als zu dem Parlamente. [...] Die Zustände der Gesellschaft sind in Deutschland im Ganzen gesünder, die Klassengegensätze minder schroff als in Frankreich; niemand denkt bei uns an eine populare Tyrannis, einen *socialisme autoritaire.* Doch ein starkes Königtum, das über den socialen Gegensätzen steht, ist uns unentbehrlich um den Frieden in der Gesellschaft zu wahren und zu festigen, die gewaltigen Probleme, welche die rasch anwachsende Volkswirtschaft noch aufwerfen wird, unbefangen zu lösen. [...] Dies große Vaterland der Freiheit des Gedankens hat eine Tyrannei der Mehrheit nie gewollt, weder im Staate noch in der Gesellschaft; und dass dem so bleibe, dass es in Deutschland der Mehrheit nie gelinge die Minderheit zu unterjochen, sie mundtot zu machen, dafür soll unser nationales Königtum schützend einstehen. Erwägen wir diese Macht des preußischen Königtums und die großen Aufgaben, welche die deutsche Nation noch mit seiner Hilfe zu lösen hat, so scheint unverkennbar, dass unser Liberalismus einige seiner Lieblingswünsche ermäßigen muss, die mit einer lebendigen monarchischen Gewalt sich nicht vertragen. Dazu zählt vornehmlich das Verlangen nach einer Parteiregierung im englischen Sinne und nach dem Rechte der unbeschränkten Steuerverweigerung. [...] Eine solche monarchische Regierung besitzt unleugbar größere Stetigkeit als ein Parteiregiment; dass sie den Fortschritt hemme, ist durch die Erfahrung nicht erwiesen. [...] Das Verlangen nach parlamentarischer Parteiregierung entstammt der urteilslosen Bewunderung englischer Zustände; der Gedanke des absoluten Steuerverweigerungsrechts dagegen ist das rechtmäßige Kind neufranzösischer Doctrinen.

Zit. nach Heinrich von Treitschke, Das constitutionelle Königthum in Deutschland, in: ders., Historische und politische Aufsätze, 6. Aufl., Bd. 3, Leipzig 1903, S. 494 f. und 504 f.

2 *Der deutsche Historiker Otto Hintze (1861–1940) analysiert 1911 das deutsche Regierungssystem:*

Q Das monarchisch-konstitutionelle Regierungssystem – im Gegensatz zum parlamentarischen – kann als das eigenartige preußisch-deutsche System bezeichnet werden. Es besteht gegenwärtig in einer ganz reinen und entschiedenen Form nur bei uns. [...] Im Auslande, namentlich in England und Frankreich, ist man ja im Allgemeinen geneigt das monarchische System als eine Art von hinkendem Konstitutionalismus anzusehen, als ein unvollkommenes Entwicklungsstadium der wahren Repräsentativverfassung. [...] Der gewaltige Eindruck, den die Festigkeit der Regierung und die unerhörten Erfolge der Bismarckschen Politik machen, erklärt die Befestigung des monarchisch-konstitutionellen Systems in Preußen und seine Übertragung auf das Deutsche Reich. Dieses System wurzelt aber doch nicht bloß in der Persönlichkeit Bismarcks und in den Erfolgen seiner Politik, sondern in der gesamten Tradition des preußischen Staates und überhaupt in den historisch-politischen Bedingungen unserer staatlichen und nationalen Existenz; und diese Bedingungen dauern auch in der Gegenwart noch fort, wenn auch die lange Friedenszeit begreiflicherweise die Kraft ihres Einflusses auf das Volksbewusstsein erheblich abgeschwächt hat. Es muss mit Nachdruck betont werden, dass das stärkste Argument für die Beibehaltung des monarchischen Regierungssystems in derselben Tatsache liegt, die zugleich das historische Fundament seines Bestandes gewesen ist: nämlich in der Tatsache, dass Preußen ein im eminenten Sinne militärischer Staat ist und dass es ebenso wie das von ihm begründete Reich durch die allgemeine politische Lage gezwungen ist es auf absehbare Zeit zu bleiben. Die Volksgesamtheit hat bei uns eigentlich keine einheitliche politische Form. Das Volk in Waffen ist rein monarchisch organisiert, wenn auch die allgemeine Wehrpflicht dieser Organisation eine nationale volkstümliche Grundlage gegeben hat. In seinem Verhältnis zum Heer ist der Monarch durch keine konstitutionellen Rücksichten gebunden. Die konstitutionelle Verfassung bezieht sich eigentlich nur auf das Volk in seiner Eigenschaft als bürgerliche Gesellschaft. Da aber die Kriegsverfassung doch das Rückgrat der staatlichen Organisation ausmacht, so kann die Vertretung der bürgerlichen Gesellschaft, d. h. der Landtag, niemals zum beherrschenden Einfluss im Staate gelangen. Es kommt hinzu, dass es ihm durchaus an der nötigen inneren Einheit und Geschlossenheit fehlt, die unter allen Umständen die Vorbedingung für eine politische Machtrolle sein würde. [...] Die Voraussetzung für die Ausbildung des parlamentarischen Regierungssystems in England war eine Einheit und Geschlossenheit der politischen Gesellschaft, wie sie ihren

Ausdruck in dem Parteisystem der alten Whigs und Tories fand. […] Bei uns sind die Parteien eigentlich keine politischen, sondern mehr wirtschaftlich-soziale oder religiös-konfessionelle Bildungen. Das hängt damit zusammen, dass es eigentlich nur das Leben der bürgerlichen Gesellschaft ist, im Gegensatz zum eigentlichen politischen Betrieb, was in unseren Volksvertretungen zu Worte kommt. […] Das ist aber eine Gestaltung des Parteiwesens, die mehr zu monarchischer Staatsleitung als zu parlamentarischem Einfluss führt. Und vollends der himmelweite Abstand in Politik und Weltanschauung, wie er z.B. zwischen dem Zentrum und der Sozialdemokratie besteht, schließt die Möglichkeit eines abwechselnden Parteiregiments ganz und gar aus. […]
Vielleicht ist die allmähliche Demokratisierung des Staatslebens ein unabwendbares Geschick der modernen Welt, aber ein Glück und ein zu erstrebendes Ziel ist sie nicht, und vor allem dann nicht, wenn sie sich in zu schnellem Tempo vollzieht. Hier gilt es, wenn die Tendenz im Ganzen auch nicht aufzuhalten ist, mehr retardierend[1] als stimulierend zu wirken. Nur ein langsamer Fortschritt auf dieser Bahn kann ersprießlich sein; wie aber bei uns die Dinge liegen, würde bei Einführung des parlamentarischen Regiments die Bremse am Staatswagen bald unbrauchbar werden.

1 verzögernd

Otto Hintze, Das monarchische Prinzip und die konstitutionelle Verfassung, in: Preußische Jahrbücher 141, 1911, S. 381–401.

1. *Worin unterscheidet sich nach Treitschke (Mat. 1) die deutsche Verfassungsentwicklung von der ihrer westlichen Nachbarn?*
2. *Hintze trennten 1911 vierzig Jahre Erfahrung mit der parlamentarischen Arbeit in Deutschland von Treitschke: Überprüfen Sie, ob seine Argumentation (Mat. 2) hierdurch beeinflusst wurde, benennen Sie Gemeinsamkeiten und Unterschiede und begründen Sie sie.*
3. *Überprüfen Sie Hintzes Ausführungen über Englands parlamentarisches System mit Hilfe der Darstellung S. 314–322.*

3 *Zum Problem der „verspäteten Nation" urteilte der deutsche Soziologe Ralf Dahrendorf (geb. 1929) in den 1960er Jahren:*

D Das Motiv der „Verspätung" spielt ja in vielen Interpretationen der deutschen Sonderentwicklung eine Rolle. Meist wird dieses Motiv auf Deutschlands nationale Entwicklung bezogen. […] Auch wirtschaftlich hat die Verspätung gegenüber England und Frankreich ihre Folgen. Diese sind zum Teil durchaus positiv in ihrer Wirkung. […] Das kaiserliche Deutschland hat die Industrialisierung rasch und gründlich absorbiert. Es hat diesen Prozess aber hineingenommen in die sozialen und politischen Strukturen, die es vor allem prägten. In diesen Strukturen war kein Platz für eine breite, politisch selbstbewusste Bourgeoisie; daher spielten wirtschaftliche Großgebilde von vornherein eine erhebliche Rolle. In diesen Strukturen hatte der Staat eine herausgehobene Stellung; daher nahm der Staat als Förderer und Eigentümer am Prozess der wirtschaftlichen Entwicklung von vornherein teil. Der Staat, der so die neue Macht zur Stärkung der alten zu benutzen vermochte, war seinerseits durch die charakteristisch autoritäre Mischung von Strenge und Wohlwollen bestimmt; daher gehörte die sozialpolitische Fürsorge zu den frühen Korrelaten der Industrialisierung. Auch die Industrialisierung hat in Deutschland nicht dazu geführt das Eigengewicht der bürgerlichen Gesellschaft gegenüber dem Staat durchzusetzen; als Motiv für alle gesellschaftlichen Wandlungen blieb die mächtige Nation in den Köpfen der Politiker, ihren Ideologen und ihres Publikums lebendig. Das alles ergab eine widerspruchsvolle Mischung. […] Nicht die rasche und späte Industrialisierung als solche, auch nicht die vorgefundenen Strukturen des „dynastischen Staates", Preußen, der inneren Zersplitterung und späten Bildung zur Nation, des Luthertums und der Liebe zur Obrigkeit, des Junkertums oder des Militarismus – wohl aber die Verbindung, die diese beiden Entwicklungsstränge im kaiserlichen Deutschland eingegangen sind, bilden also den explosiven Kern einer Sozialstruktur, in der sich das liberale Prinzip nur mühsam und gelegentlich ansiedeln konnte.

Ralf Dahrendorf, Gesellschaft und Demokratie in Deutschland, München 1965, S. 55 und 58f.

1. *Vergleichen Sie die von Dahrendorf genannten Ursachen und Auswirkungen des deutschen „Sonderwegs" (Mat. 3) mit den Ausführungen Treitschkes und Hintzes (Mat. 1 und 2). Wo liegen Gemeinsamkeiten, wo Unterschiede?*
2. *Welche Bedeutung wird dem deutschen Bürgertum und dem Liberalismus in den verschiedenen Interpretationen beigemessen?*

4 *Der britische Historiker Geoffrey Eley (geb. 1904) setzte sich 1980 mit der Sonderwegsthese auseinander:*

D Auf diese Weise wird also der gesamte Verlauf der deutschen Geschichte im 19. und 20. Jahrhundert auf einen historischen Mangel und seine Folgen, nämlich das Versagen der deutschen Bourgeoisie einem kämpferischen, politischen Liberalismus ähnlich dem englischen auszubilden reduziert. Als der deutsche Liberalismus aus dem Schatten der nationalistischen Reaktion gegen die Französische Revolution mit seinen verhängnisvollen, romantischen und militaristischen Einfärbungen trat, wurde er durch eine Reihe politischer Niederlagen geprägt: 1848, 1864–1871 und 1878–1879. [...] [Aber:] der deutsche Verlauf der „Revolution von oben" in den Jahren 1864–1871 war ebenso in der Lage die Vorherrschaft der Bourgeoisie sicherzustellen wie die anderen Entwicklungen in England oder Frankreich und er wird der Bezeichnung „bürgerliche Revolution" ebenso gerecht. [...] Daher traten die führenden Fraktionen der Bourgeoisie nicht aus Mangel an „Selbstvertrauen" oder „politischer Reife" in die Allianz mit den Großgrundbesitzern ein, sondern weil dies das geeignete Mittel zur Wahrung bestimmter bürgerlicher Interessen war. [...] Denn in der deutschen Geschichtsschreibung hat man wenig Verständnis für die Auffassung, dass die Interessen der Bourgeoisie als Klasse auch in anderer Weise verwirklicht werden können als durch die fortgeschrittene liberale Demokratie oder dass die bürgerliche Revolution einen anderen Verlauf nehmen kann als den des französischen „Vorbilds" von 1789. Wenn man diese These konsequent zu Ende denkt, erscheint das Problem der Allianz mit dem Großgrundbesitz in der wilhelminischen Politik in einem ganz neuen Licht. Nicht das Fehlen oder das Scheitern der bürgerlichen Revolution war es, das eine träge und gleichgültige Bourgeoisie zum Juniorpartner einer „vorindustriellen Machtelite" werden ließ, sondern die Eigenart der bürgerlichen Revolution in Deutschland (einer Revolution von oben unter der Ägide des preußischen Staates durch die militärisch erzwungene Einigung), die sich mit der beschleunigten kapitalistischen Entwicklung in Deutschland verband um eine spezifische Logik von Klassenbündnissen auszubilden. In der Praxis bedeutet das sich einer nicht reformierten staatlichen Struktur auf verschiedene Weise anzupassen.

Geoffrey Eley, Deutscher Sonderweg und englisches Vorbild, in: David Blackbourn/Geoffrey Eley, Mythen deutscher Geschichtsschreibung. Die gescheiterte bürgerliche Revolution von 1848, Frankfurt/M. u. a. 1980, S. 16f., 29 und 52f.

5 *Auf die Kritik von Eley und seinem Kollegen David Blackbourn schrieb ein Jahr später, 1981, der deutsche Historiker Heinrich August Winkler (geb. 1938):*

D Die Ausgangsfrage jener Historiker und Soziologen, die in kritischer Absicht von einem deutschen Sonderweg sprachen, lautete und lautet heute noch: Warum war Deutschland das einzige hochindustrialisierte Land, das im Zuge der Weltwirtschaftskrise nach 1929 sein demokratisches System aufgab und durch eine totalitäre Diktatur von rechts ersetzte? Die Antworten gehen weit auseinander, aber sie haben doch einen gemeinsamen Nenner: Deutschland war zu spät eine Demokratie geworden. Ohne die Weltwirtschaftskrise hätte Weimar vermutlich noch lange überleben können, aber ohne das fortwirkende Erbe der obrigkeitsstaatlichen Vergangenheit hätte die erste deutsche Demokratie wohl auch die Weltwirtschaftskrise überstanden. Dass Deutschland vor 1918 nicht parlamentarisch, sondern autoritär regiert wurde, hat seine politische Entwicklung nach 1918 entscheidend bestimmt. Wer wie die neueren revisionistischen Autoren [d. h. Eley und Blackbourn] hinter diese Einsicht zurückfällt, hat bei aller Gelehrsamkeit im Detail von der deutschen Geschichte nicht viel begriffen. Deutschland unterschied sich von Frankreich und England viel weniger als etwa Russland. Es gab eine Fülle von gesellschaftlichen und kulturellen Gemeinsamkeiten zwischen Deutschland und Westeuropa. Im Gegensatz zum Zarenreich war Deutschland von den großen europäischen Emanzipationsbewegungen – von der Reformation über die Aufklärung bis hin zum bürgerlichen Liberalismus und zum demokratischen Sozialismus – tief erfasst worden. Und auch von den Ländern der Pyrenäenhalbinsel gilt, dass sie sich leichter von Europa abkapseln konnten als Deutschland. Aber gerade auf dem Hintergrund der Gemeinsamkeiten fallen die Unterschiede auf. Die Nähe zu Westeuropa berechtigt dazu von einem deutschen Sonderweg zu sprechen. [...] Eine bürgerliche Revolution war es eben nicht, was Bismarck wollte und zuwege brachte. Das liberale Bürgertum Deutschlands erstrebte Einheit und Freiheit – und damit mehr als die französischen Revolutionäre von 1789. Denn die fanden den Nationalstaat ja schon vor, in dessen Rahmen sie dem „Dritten Stand" zu seinem Recht verhelfen wollten. Die doppelte Aufgabe, die sich die liberale Bewegung in Deutschland setzte, erwies sich als historische Überforderung. Die Einheit, wie sie die Paulskirche wollte, konnte Europa nicht verkraften; den liberalen Vorstellungen von Freiheit widersprach das Interesse der alten Führungsschichten. Deren Widerstand revolutionär zu brechen war 1848 misslungen – und einen zweiten Versuch gab es nicht.

Heinrich August Winkler, Der deutsche Sonderweg: Eine Nachlese in: Merkur 35, 1981, S. 801f.

6 *Die deutsche Historikerin Helga Grebing (geb. 1930) unternahm 1986 den Versuch die verhärteten Diskussionsfronten aufzuweichen:*

D Wenn erhebliche Bedenken dagegen sprechen, dass es einen „deutschen Sonderweg" gegeben hat, wenn kein all-

gemeiner „normaler" europäischer Weg in die moderne industriekapitalistische bürgerliche Welt nachzuweisen ist und deshalb auch kein „deutscher Sonderweg", [...] welche Schlüsse soll man daraus ziehen? [...]
Selbst wenn man einräumen muss, dass nicht nur in Deutschland, sondern auch in England, Frankreich und Italien – um von den südosteuropäischen Ländern zu schweigen – die parlamentarisch-demokratischen Systeme bei der Lösung der massiven wirtschaftlichen und sozialen Probleme [...] versagt haben, es bleibt eben doch für Deutschland das factum brutum der nationalsozialistischen terroristischen Diktatur – als deutsche Besonderheit! Es könnte sich also derjenige, der den deutschen Sonderweg als tragfähiges Interpretationsmuster für die deutsche Geschichte des 19. und 20. Jahrhunderts nicht mehr ohne Zweifel gelten lassen kann, an die Seite derjenigen gestellt sehen, die – wie Karl Dietrich Bracher – den deutschen Sonderweg „auf die Epoche der NS-Herrschaft [...] begrenzen" möchten: „Der Weg von der Demokratie zur Diktatur war kein deutscher Sonderfall, wohl aber entsprach die Radikalität der NS-Diktatur jener Schärfe eines deutschen Sonderbewusstseins, das nun, 1933–1945, auch politisch voll und totalitär zur Geltung kam." Damit würde die Diskussion über eine spezifische deutsche Vorgeschichte des Nationalsozialismus [...] entfallen (nicht jedoch – wie bei Bracher – die Diskussion über die Kontinuität eines deutschen Sonderbewusstseins). Doch mit solchen Überlegungen leitet man womöglich Wasser auf die Mühlen derjenigen Rechtskonservativen in der Bundesrepublik, die die nationalsozialistische Terrorherrschaft am liebsten als Betriebsunfall aus der dann „eigentlichen" deutschen Geschichte entfernen möchten.
Wenn man nun aber den Sonderweg-Historikern in der Rigidität der Beurteilung der Katastrophe, die der Nationalsozialismus an der Macht für die deutsche Geschichte, ja für die Geschichte dieser Welt überhaupt bedeutet hat, absolut in nichts nachstehen möchte, dann muss man sich gewiss die Frage gefallen lassen, mit welchen Kategorien man dann diese geschichtliche Katastrophe fassen will. Unsere Argumentation mit einer „deutschen Eigenproblematik" zumindest seit den 70er Jahren des 19. Jahrhunderts – gekennzeichnet erstens durch die Notwendigkeit innerhalb eines kurzen Zeitraums mehrere Entwicklungsschritte gleichzeitig machen und Lösungen für anstehende Probleme suchen zu müssen, zweitens durch den unauflösbaren, jedenfalls nicht aufgelösten Komplex „Junker, Militär, Bürokratie" im Kaiserreich und in den Folgewirkungen über das Kaiserreich hinaus, drittens durch das Fehlen der in langen historischen Phasen gewachsenen homogenisierenden Kraft einer breit wirksamen demokratischen politischen Kultur – mag einen heuristischen Vorzug haben: Sie vermeidet Determinationen und die Postulierung von Zwangsläufigkeiten sowie Konstruktionen von geraden Wegen in den Faschismus. [...] So könnte man neben die „schwarze Linie" der historischen Kontinuität, die von bestimmten Denkstilen der Aufklärung bis zum Nationalsozialismus reicht, wie von den Sonderweg-Historikern immer wieder beschrieben, eine „weiße Linie" setzen. In sie könnte all das eingebracht werden, was auch und des Öfteren sogar gerade und zuerst in Deutschland gedacht und getan worden ist für die Selbstbefreiung und Selbstbestimmung des Individuums in der bürgerlichen Gesellschaft und deren Transformation in eine Gesellschaft der sozialstaatlich garantierten relativen Gleichheit, die die Selbstbestimmung des Individuums erst begründen kann. [...]
Was gewinnt man, wenn man sich bemüht anstelle des einen Sonderweges die zwei Linien zu ziehen? Vielleicht gelänge es auf diese Weise den Fragen nach neuen (nationalen) Identitäten eine andere Richtung zu geben, die einen höheren Grad an Konsens ermöglichte, als er sich bislang abzeichnet. Einerseits müsste dann für die deutsche Geschichte nicht immer nur vom Scheitern, Versagen, Irrwegen und Schuld gesprochen werden und es ließe sich vielleicht Übereinstimmung darüber finden, dass der Nationalsozialismus die national-demokratische Kontinuität zwar abgebrochen hat, aber nicht zerstören konnte. Andererseits bleiben wir immun gegenüber Anfechtungen unsere Identität nationalistisch verengt oder gar verzerrt zu definieren und unsere Werte und Normen anders denn im Kontext der Nationen der humanen Traditionen Westeuropas zu interpretieren.

Helga Grebing, Der „deutsche Sonderweg" in Europa 1806–1945. Eine Kritik, Stuttgart u. a. 1986, S. 196f. und 199f.

1. *Die Thesen von Eley und Blackbourn (Mat. 4) lösten 1981 eine heftige kontroverse Debatte vor allem in der deutschen Geschichtswissenschaft aus. Arbeiten Sie aus Mat. 4 bis 6 wichtige Argumente der Kontrahenten heraus und stellen Sie sie in einem Streitgespräch zur Diskussion.*
2. *Beurteilen Sie die Rolle, die die Erfahrung der nationalsozialistischen Machtübernahme für die Einschätzung der jüngeren deutschen Geschichte gespielt hat.*
3. *Wie beurteilen Sie den Lösungsversuch von Helga Grebing (Mat. 6)?*
4. *Diskutieren Sie angesichts der sehr unterschiedlichen Interpretationen der jüngeren deutschen Geschichte von Treitschke bis Grebing den Einfluss aktueller politischer Entwicklungen auf die Arbeit des Historikers.*

„Wo sie das Volk meinen, da zählen die Frauen nicht mit“

Frauenwahlrecht und Demokratie

Von Ute Gerhard

Es ist, als ob sich in der Geschichtsschreibung die Geschichte wiederholt. Da ist in Lehrbüchern, Verfassungskommentaren und politischer Theorie die Rede vom „allgemeinen“ Wahlrecht, obwohl nur die Rechte der einen, der männlichen „Hälfte der Menschheit“ behandelt werden. Der beschwerliche und ungleichzeitige Prozess der Parlamentarisierung und Demokratisierung wird in allen Facetten untersucht, doch die geschlechtsspezifisch halbierte Moderne, der bis in die Gegenwart wirkende Ausschluss der Frauen aus der politischen Öffentlichkeit, ist kein Thema – allenfalls eine Fußnote. Differenziert werden die geburts- und besitzständischen Privilegien analysiert, jedoch die Beibehaltung oder gar Verstärkung männlicher, patriarchalischer Vorrechte beiseite gelassen. „Wo sie das Volk meinen, da zählen die Frauen nicht mit“, stellte schon 1849 die Initiatorin der ersten deutschen Frauenbewegung, Louise Otto, fest. Wenn das Männerwahlrecht doch wenigstens beim Namen genannt würde! Aber auch diese terminologische Kurskorrektur ändert wenig. Die Geschichte wiederholt sich in der Geschichtsschreibung. Demokratie wird ohne Frauen gedacht.

Die Widerstände gegen die Anerkennung der Frau als Staatsbürger haben System. Eines der häufigsten Argumente war ihre traditionelle Fehdeunfähigkeit, d. h. ihre Freistellung vom Waffendienst, und – so die neuzeitliche Version – die Unfähigkeit, das Vaterland zu verteidigen. Andere wiederum waren der Meinung, dass Mutterpflichten oder im weiteren Sinne die häuslichen Pflichten der entscheidende Hinderungsgrund für staatsbürgerliche und politische Partizipation seien. Gegen diese Argumente zog bereits 1876 Hedwig Dohm in ihrer polemischen Streitschrift „Der Frauen Natur und Recht“ zu Felde: „Die naiven Männer meinen, dass die Frauen deshalb so gut kochen oder nähen, weil sie das Stimmrecht nicht haben, und in jedem mit dem Stimmrecht behafteten Weibe sehen sie das Urbild einer Confusionsrätin, der sie zutrauen, dass sie Zeitungsblätter anstatt Petersilie an die Suppe tut und dass sie Fische, anstatt sie zu braten, politisch haranguiert … Wie aber kommt es, dass der wissenschaftliche, industrielle oder künstlerische Beruf eines Mannes sich mit seiner politischen Thätigkeit verträgt?“

Plakat der englischen Frauenwahlrechtsbewegung, 1905

Ein „Fauxpas“ der Weltgeschichte?

Die Vorurteile, Sottisen und Anmaßungen der politisch Verantwortlichen in der Frage des Frauenwahlrechts sind jedoch alles andere als eine ungewollte Rückständigkeit oder ein Fauxpas der Weltgeschichte. Den Hintergrund bildet ein Verständnis von Politik, wonach die öffentlichen, die Allgemeinheit betreffenden Angelegenheiten, grundsätzlich von der Privatsphäre, dem wirtschaftlichen und familiären Bereich zu trennen sind. Diesem politischen Modell einer „bürgerlichen Gesellschaft“, in der die Bürger, zunächst als Hausväter, später Familienoberhäupter, nur als männliche gedacht werden, entspricht die traditionelle geschlechtsspezifische Arbeitsteilung und die Philosophie polarisierter Geschlechterrollen. Dies ist kein Zufall. Denn eine Gesellschaft, deren Rechts- und Staatsordnung vor allem anderen dem Schutz individueller Freiheiten und den Interessen von Privateigentümern dient, bleibt auf solidarische, d.h.

nicht nur auf rationale oder käufliche Beziehungen angewiesen. Damit diese Gesellschaft funktioniert, benötigt sie Solidarität und die Reproduktion ihrer Mitglieder in der Familie.

„In dem Maße, in dem der Warenverkehr die Grenzen der Hauswirtschaft sprengt, grenzt sich die kleinfamiliale Sphäre gegenüber der Sphäre gesellschaftlicher Reproduktion ab: Der Prozess der Polarisierung von Staat und Gesellschaft wiederholt sich innerhalb der Gesellschaft noch einmal. Der Status des Privatmannes kombiniert die Rolle des Warenbesitzers mit der des Familienvaters, die des (männlichen, U. G.) Eigentümers mit der des ‚Menschen' schlechthin." In diesem Satz von Jürgen Habermas handelt es sich keineswegs um Ironie oder eine sprachliche Unachtsamkeit, wenn nur vom Familienvater und Eigentümer als „Menschen schlechthin" geredet wird. Es war und ist nicht selbstverständlich, dass Frauen auch Menschen – oder zumindest gleiche Rechtspersonen – sind.

Wer die Rechtsgeschichte kennt, weiß, wie spät gerade das bürgerliche Familienrecht Gleichberechtigung formal auch „in allen die Ehe betreffenden Angelegenheiten" zugelassen hat. „Ein Leib – ein Gut", lautete die Formel in der bürgerlichen Eherechtslehre. Oder noch drastischer im englischen Common Law: „In law husband and wife are one person, and the husband is that person" (Im Recht sind Ehemann und Ehefrau eine Person und der Ehemann ist diese Person). Die Familie galt und gilt nicht nur als „Kinderstube des Menschheitsgeschlechts" (Samuel von Pufendorf) oder als „Keimzelle des Staates". Sie ist auch der Ort, an dem die Geschlechterverhältnisse geregelt sind. Ihre Ordnung war daher ein Anliegen sowohl der bürgerlichen Rechts- und Staatstheorie als auch der Pädagogik einer besonderen Mädchenerziehung: der Erziehung der Frau zur Hausfrau, Gattin und Mutter. In dieser Sichtweise gefährdete die Emanzipation der Frau aus hausväterlicher oder eherechtlicher Gewalt nicht nur die Familie, sondern den Aufbau und die Balance des gesamten Gemeinwesens. Aus diesem Grund ist die oft beklagte Krise der Familie nur den Frauen, ihrem Streben nach Selbstständigkeit und Rechtsgleichheit angelastet worden, ohne das Grundübel, die systematische Ungleichheit und Ungerechtigkeit der Lebenschancen von Männern und Frauen, zu beheben.

Parallel zur sogenannten allgemeinen Politik- und Verfassungsgeschichte ist also immer noch eine andere, eine Gegengeschichte zu erzählen, die die allgemeine Geschichte nicht nur in aparter Weise ergänzt, sondern deren Ergebnisse radikal verändert. Zum Beispiel waren es keineswegs die ältesten und ehrwürdigen Demokratien, die sich als Wegbereiter für die politische Beteiligung von Frauen hervortaten. Im Gegenteil: Die basisdemokratische Schweiz war 1971 in der westlichen Welt der letzte Staat, in dem die allein stimmberechtigten Männer den Frauen staatsbürgerliche Gleichheit zubilligten.

Widersprüche und Ungleichzeitigkeiten

Es muss verwundern, warum gerade in England, das eine Vorreiterrolle im Parlamentarismus spielte, der Kampf um das Frauenwahlrecht auf so aufsehenerregende Weise geführt werden musste. Und es gehört zu den Widersprüchen, dass die englische Wahlreform von 1832 durch die bewusste Einfügung des Wörtchens *male* vor *persons* die Frauen vom Wahlrecht ausdrücklich ausschloss, nachdem Frauen, sofern sie reich und adlig waren, vormals durchaus wählen durften. Die gleiche Erfahrung hatten übrigens vorher schon die Amerikanerinnen gemacht: Schloss das Wahlrecht von 1790 durch die Rede über „er und sie" die Frauen zunächst mit ein, wurde 1807 ein Gesetz verabschiedet, das das Wahlrecht explizit auf „weiße männliche Bürger" beschränkte.

In England hat der Kampf um das Frauenwahlrecht eine unerbittliche und brutale Reaktion der Staatsmacht

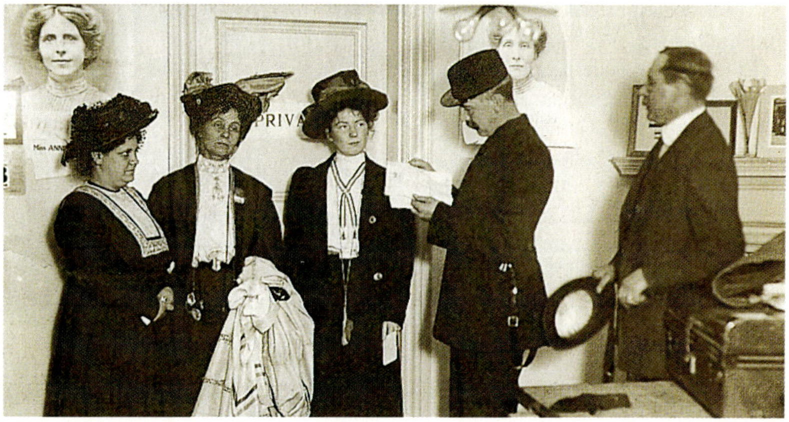

Die Führerinnen der englischen Suffragettenbewegung auf einer Polizeistation (von links: Drummond, Emmeline Pankhurst, ihre Tochter Christabel), um 1905

hervorgerufen. Die Heldinnen dieses Kampfes, die Suffragetten, gelten noch heute als Schreckbilder weiblicher Emanzipation. Dabei hatte Mahatma Ghandi im Kampf Indiens um die Unabhängigkeit von der englischen Kolonialmacht ausdrücklich hervorgehoben, dass er das Konzept des zivilen Ungehorsams von den Suffragetten gelernt hätte. Es gilt also: Das Recht zum Widerstand gegen eine imperiale Übermacht ist aus Gründen nationaler Autonomie legitim, die Forderung nach persönlicher und politischer Selbstbestimmung der Frauen ist „ungehörig".

Ebenso verwunderlich ist, dass die Französinnen, die schon in der Revolution von 1789 als Republikanerinnen hervorgetreten sind und die Menschenrechte für Frauen eingeklagt haben, erst im Zweiten Weltkrieg zu Staatsbürgerinnen avancierten. Es gab neben dem gesellschaftlichen Fortschritt also auch andere Ursachen, die eine Durchsetzung des Frauenwahlrechts bewirkten. In Australien oder Neuseeland beispielsweise, d. h. in Staaten und Territorien, die am Rande der großen Mächte und ihrer politischen Einflusssphären lagen, gewannen Frauen die politischen Partizipationsrechte durch ihre starke Beteiligung an Moralisierungs- und Antialkoholkampagnen. Frauen wurden hier zur Eroberung und Etablierung der weißen Machthaber gebraucht.

Chronologie des Frauenwahlrechts

1869	Wyoming (Territorium der USA)
1893	Colorado, Neuseeland
1895	Süd-Australien
1896	Idaho, Utah
1902	australischer Commonwealth
1906	Finnland
1913	Norwegen, Island
1915	Dänemark
1917	UdSSR
1918	Deutschland, Österreich, Polen, Kanada
1919	Niederlande, Luxemburg, Tschechoslowakei, Schweden
1920	Vereinigte Staten von Amerika
1928	Großbritannien (1918: alle weiblichen Haushaltsvorstände über 30 Jahre)
1930	Indien
1931	Spanien
1932	Uruguay
1934	Türkei, Brasilien
1935	Irland
1938	Bulgarien
1944	Frankreich
1945	Italien, Japan, Ungarn
1946	Rumänien, Jugoslawien
1947	Malta
1948	Belgien, Israel
1949	China
1952	Griechenland
1953	Mexiko
1956	Ägypten
1958	Albanien
1959	Zypern, Marokko
1971	Schweiz
1976	Portugal (1931 beschränktes Wahlrecht)
1984	Liechtenstein

Nach Lexikon der Frau, 2 Bde., Zürich 1950; Sally Shreis (Hg.), Women's Movement of the World, London 1988.

Wegmarken zum Stimmrecht der Frauen

Die Ungleichzeitigkeiten und Widersprüche zeigen, wie unterschiedlich die politischen Bedingungen im Einzelnen waren und wie genau die Machtverhältnisse und Widerstände zu studieren sind.

Frauen waren aktiv und in großer Zahl bereits an der Französischen Revolution beteiligt. Zu diesen Frauen gehörte auch Marie Olympe de Gouges, die 1791 eine „Erklärung der Rechte der Frau und Bürgerin" formulierte und darin betonte: „Die Verfassung ist null und nichtig, wenn die Mehrheit der Individuen, die die Nation darstellen, an ihrem Zustandekommen nicht mitgewirkt hat." Zu den Verteidigern der Frauenrechte gehörten in dieser Zeit auch der Politiker und Sozialphilosoph Jean Antoine de Condorcet mit seinem aus der Vernunft begründeten Plädoyer für das Bürgerrecht der Frauen sowie die Engländerin Mary Wollstonecraft, die in ihrer Verteidigungsschrift „A Vindication of the Rights of Women" mit den Inkonsequenzen der Revolutionäre und Freiheitsphilosophen abrechnete.

Auch an der demokratischen Bewegung des Vormärz und der 1848er Revolution waren Frauen beteiligt. Als sie in Deutschland nach der Verabschiedung eines Reichswahlgesetzes jedoch feststellen mussten, dass das aktive und passive Wahlrecht selbstverständlich nur für die männlichen Deutschen vorgesehen war, entstand unter Führung von Louise Otto die erste politische Frauenbewegung, die für Staatsbürgerinnen-Rechte und die politische Partizipation der Frauen in Deutschland eintrat. Die politische Bedeutung dieser ersten Frauenbewegung ist an den scharfen Repressionen abzulesen, mit denen Frauen nach dem Scheitern der Revolution jegliche politische Betätigung untersagt wurde – in Preußen bis 1908.

Die Amerikanerinnen gingen 1848 unter Bezugnahme auf die Unabhängigkeitserklärung von 1776 an die Öffentlichkeit. Mit ihrer *Declaration of Sentiments* nahmen sie die *Bill of Rights,* den Grundrechtskatalog der amerikanischen Verfassung, beim Wort und forderten die Befreiung der Frau in allen Bereichen der Gesellschaft ein, einschließlich des „unveräußerlichen Anspruchs auf das politische Stimmrecht". Von großer Bedeutung für die internationale Mobilisierung einer Stimmrechtsbewegung war das Engagement des englischen Nationalökonomen und Liberalen John Stuart Mill. Mill hatte im englischen Unterhaus 1866 im Zusammenhang mit den Beratungen der zweiten Wahlrechtsreform leidenschaftlich die Petition von 1500 Frauen vertreten, die sich für das Frauenwahlrecht einsetzten, und 1869 sein in viele Sprachen übersetztes Buch „Die Hörigkeit der Frau“ veröffentlicht.

Im Jahr 1894, d.h. ein Jahr bevor der Sozialdemokrat August Bebel die Forderung nach dem Frauenstimmrecht erstmals vor den deutschen Reichstag brachte, bildete in Deutschland eine viel beachtete Rede von Lily Braun zur „Bürgerpflicht der Frau“ den Auftakt zu einer neuen Agitationswelle in der bürgerlichen Frauenbewegung, aus der in der Folge eine radikale Richtung entstand. Denn die Gruppe der sogenannten Gemäßigten hatte dafür plädiert sich zunächst für näherliegende Ziele, für typisch weibliche Aufgaben der Fürsorge und Kommunalarbeit zu engagieren um ihre Eignung und Befähigung als Staatsbürgerinnen unter Beweis zu stellen. Das Wahlrecht war für sie erst die „Krone“ aller Frauenbestrebungen. Für die Radikalen hingegen war der Kampf ums Stimmrecht nicht nur eine Frage der Gerechtigkeit, sondern die Voraussetzung, das „Fundament“, von dem aus unter Mitwirkung der Frauen bei der Gesetzgebung Rechtsgleichheit in der Familie, im Beruf und im öffentlichen Leben erst herzustellen war.

Unterschiedliche Meinungen gab es auch über die Form des Wahlrechts: Sollten Frauen nur das geltende Wahlrecht der Männer einklagen, das – abgesehen von den Wahlen zum Reichstag – in vielen deutschen Ländern noch ein Klassenwahlrecht war, oder war nicht ein allgemeines, gleiches und geheimes Wahlrecht für alle zu erkämpfen? Doch jenseits aller Richtungskämpfe war schließlich das Prinzip „allgemeinen“ Rechts, der Gleichheit aller Menschen „vor dem Gesetz“, auf der Seite der Frauen und trug die gemeinsame, schon von Lily Braun formulierte Forderung: „Wir verlangen Anwendung der Prinzipien des modernen Staates – der allgemeinen Menschenrechte – auch auf die andere Hälfte der Menschheit, die Frauen.“

Nachfragen

Und dennoch: Das Prinzip des Rechts, die einmal als Möglichkeit gedachte und diskutierte Freiheit und Gleichheit aller Menschen, hat die ungleiche Rechtswirklichkeit andauernd in Frage gestellt und verändert. Die 200 Jahre seit der Französischen Revolution sind deshalb nicht nur eine Geschichte fortwährender Diskriminierung, sondern auch zunehmender Befreiung und bedeutender Rechtsfortschritte. Allerdings enthielt der Anspruch der Frauen auf politische Partizipation und Mitbestimmung auch die Hoffnung die Verhältnisse grundlegend zu verändern um andere Maßstäbe für Recht und Moral in der Politk zur Geltung zu bringen. So war es kein Zufall, dass die radikalen Stimmrechtlerinnen im Ersten Weltkrieg zugleich überzeugte aktive Pazifistinnen waren.

Auf die skeptische Nachfrage, was denn aus diesen Utopien in der politischen Wirklichkeit geworden ist, lautete bereits in den zwanziger Jahren die Antwort der Pazifistin und Frauenrechtlerin Lida Gustava Heymann: „Die Gleichberechtigung der Frauen ... stand in der Verfassung, war auf dem Papier vorhanden, das war aber auch alles. Die Wirtschaft, die Finanzen, Verwaltung, der gesamte Staatsapparat, der bei Revolutionen und Umwälzungen ausschlaggebender Faktor ist, befanden sich ausschließlich in den Händen der Männer ... Denn diese allein beherrschten wiederum den Parteiapparat wie die Parteikassen und damit die Propaganda.“ Daran hat sich bis heute im Kern wenig geändert. Denn obwohl die Gleichberechtigung von Frauen, z. B. in der bundesrepublikanischen Verfassung, formal verankert ist, ist ihre Verwirklichung, die tatsächliche Gleichstellung von Frauen, bisher nicht erreicht. Die einzige Chance die gesellschaftlichen Verhältnisse zu verändern bleibt daher die selbstbestimmte und gleichberechtigte Beteiligung aller an der politischen Willensbildung – auch der Frauen.

Das gilt auch für ihre Beteiligung und für die Berücksichtigung ihrer Erfahrungen und Perspektiven in der Geschichtswissenschaft. Wie wir am Beispiel der Geschichte des Frauenwahlrechts gesehen haben, beeinflusst die Geschlechtszugehörigkeit mehr noch als andere Strukturmerkmale, wie beispielsweise Schichtzugehörigkeit, Bildung oder Einkommen, die Chancen und das Maß an gesellschaftlicher oder politischer Partizipation. Erst wenn die Geschichtswissenschaft auch diesen Befund zur Grundlage ihrer Begrifflichkeiten und Interpretationen macht, wird sich zeigen, ob und seit wann ein Gemeinwesen tatsächlich die Bezeichnung Demokratie verdient. Denn „zum Volk gehören auch die Frauen“!

Prof. Dr. Ute Gerhard (geb. 1939), Professorin für Soziologie mit dem Schwerpunkt Frauenforschung an der Universität Frankfurt am Main

Welches sind nach Ute Gerhard die entscheidenden Hemmnisse, die sich der Durchsetzung des universalen Geltungsanspruchs der Menschen- und Bürgerrechte auch für Frauen in den Weg stellen?
Diskutieren Sie über die Forderung der Autorin, dass für das wirkliche Verständnis der Geschichte eine Gegengeschichte der Geschlechterbeziehungen notwendig sei.

Schützen, Sänger, Turner, ein einig Volk von Brüdern!
Was ist das Deutsche Vaterland?
Das ganze Deutschland soll es sein!
Der Schützengesellschaft zur Erinnerung
an das 1te deutsche Bundesschiessen zu Frankfurt a/M

und Nationalstaatsbildung im 19. Jahrhundert

Wenn heute von „Nationalismus“ gesprochen wird, geschieht dies meist abwertend. Man versteht darunter ein übersteigertes, aggressives Nationalbewusstsein und Nationalgefühl. Dabei wird dem Nationalismus so Unterschiedliches zugeordnet wie Vorbehalte gegen einen Souveränitätsverzicht zugunsten der Europäischen Union, der gewaltsame und auch mit Terror geführte Unabhängigkeitskampf eines Teils der Basken oder die fremdenfeindlichen Kampagnen rechtsextremer Parteien. Aber auch der nationale Gedanke und der Nationalstaat als solche gelten vielfach als historisch überholt. Besorgt registrieren manche die offenkundige Wiederbelebung nationaler Forderungen und Auseinandersetzungen seit dem Ende der kommunistischen Herrschaft in Osteuropa.

Der Nationalismus ist keine einheitliche Größe. Er schließt zeitlich die Französische Revolution ebenso ein wie die Umgestaltung Südafrikas in den 1990er Jahren. In der politischen Spannbreite reicht er vom irischen Sozialisten James Connolly bis zum Führer des italienischen Faschismus Benito Mussolini. Selbst der verbindende Bezugspunkt, die Nation als Vorstellung und Ziel des Handelns, bleibt nicht unverändert. Der Rassenimperialismus Hitlers hat mit der Idee eines demokratischen deutschen Nationalstaats im Bündnis der Völker Europas, wie sie um 1830 verbreitet war, inhaltlich nichts mehr zu tun.

Wie immer man die Rolle der Nationalstaaten und nationaler Bestrebungen in Geschichte und Gegenwart beurteilt: Ihre Entstehung und ihr Wirken bilden – wie die Industrialisierung und die schrittweise Demokratisierung des politischen Lebens im 19. Jahrhundert – eine der bestimmenden Tendenzen der modernen Geschichte, zuerst in Europa und Amerika, dann auch in Asien und Afrika. Das nationale Phänomen ist nur im Zusammenhang mit der Auflösung der feudal-ständisch-agrarischen Gesellschaft und der Herausbildung einer neuen, industriekapitalistischen und zugleich staatsbürgerlichen Gesellschaft zu verstehen, d.h. mit den grundlegenden demographischen, wirtschaftlichen, sozialen, politischen und kulturellen Umwälzungen seit dem 18. Jahrhundert. Wie bei anderen Aspekten dieses schnellen Wandels lassen sich die historischen Vorläufer indes bis ins Mittelalter zurückverfolgen.

Der Nationalismus war in der Regel eine bürgerliche Bewegung, der Adlige nur angehörten, sofern sie die Normen der bürgerlichen Gesellschaft für sich als gültig akzeptierten. In Ländern mit einem zahlenmäßig und in seiner sozialen Stellung starken Adel, gleichzeitig einem schwach entwickelten Bürgertum und einer Tradition ständischer Opposition gegen fremdländische Herrscher – etwa in Ungarn und in Polen – konnte das adlige Element zeitweilig bestimmend sein. Eine führende Rolle spielten in den nationalen Bewegungen des 19. Jahrhunderts fast immer Akademiker, in manchen Fällen auch Angehörige des niederen Klerus. Die Massenbasis stellten kleinbürgerliche Bevölkerungsgruppen, einschließlich halbproletarischer Gruppen wie z. B. der Handwerksgesellen, seltener Bauern und Industriearbeiter. Der Anteil der Unternehmer wuchs mit der Industrialisierung; sie wurden mit ihren Wirtschaftsinteressen aber nie allein bestimmend.

Sozialwissenschaftler bezeichnen den Nationalismus als „Integrationsideologie“. Er habe die alten ständischen und religiösen Bindungen abgelöst und den vielen Einzelnen ein Gefühl von Zusammengehörigkeit gegeben. In den ersten Jahrzehnten des 19. Jahrhunderts war dieses Zusammengehörigkeitsgefühl meist mit liberalen und demokratischen Ideen verknüpft. Nation und Freiheit – das waren fast Synonyme: „Es ist in einem Staatsgrundgesetze für ein gesamtes Deutschland nicht von der Nationalität in ihrem natürlichen Sinne, sondern von Nationalität im politischen Sinne die Rede“, sagte der Abgeordnete Michelsen 1848 in der Frankfurter Nationalversammlung.

Für den „integralen Nationalismus“ seit dem späten 19. Jahrhundert zählte nur noch die eigene Nationalität. Juden und nationale Minderheiten wurden als Fremde ausgegrenzt. Die Übersteigerung des Nationalismus im 20. Jahrhundert verschaffte dem Wort dann jenen negativen Beigeschmack, den wir heute kennen.

Im folgenden Kapitel wird die Geschichte des Nationalismus als politische Bewegung und als politische Ideologie von ihren Anfängen im 18. Jahrhundert bis zu Beginn des 20. Jahrhunderts dargestellt. Schwerpunkte bilden die deutsche und die mitteleuropäische Entwicklung in Österreich-Ungarn und in dem im 19. Jahrhundert staatlich zwischen Preußen, Österreich-Ungarn und Russland aufgeteilten Polen. Wenn dabei immer wieder von Nationalismus die Rede ist, dann ist dieser Begriff nicht als Schimpfwort aufzufassen, sondern als ein wissenschaftlich üblicher Terminus, der – ebenso wie die anderen um das Begriffsfeld Nation gruppierten Unterbegriffe (Nationalstaat, Nationsbildung, Nationalbewegung, Nationalgegfühl, Nationalgedanke, Nationalbewusstsein) – dazu dient Elemente der Wirklichkeit herauszuarbeiten.

Lorenz Kaim, Schützenscheibe, 1862, Öl auf Holz, 47 x 47 cm, Kronach, Frankenwaldmuseum

1801–1921	Irische *Home-Rule*-Bewegung
1803	Reichsdeputationshauptschluss
1806	Rheinbund; Auflösung des Heiligen Römischen Reiches Deutscher Nation
1807–22	Preußische Reformen
1808–14	Spanischer Unabhängigkeitskampf gegen die napoleonische Herrschaft
1811	Gründung der Berliner Turngemeinde
1812	Niederlage der napoleonischen Armee in Russland
1813/14	Befreiungskriege
1814/15	Wiener Kongress
1815–66	Deutscher Bund
1817	Wartburgfest der deutschen Burschenschaften
1819	Karlsbader Beschlüsse zur Verfolgung der nationalen und liberalen Opposition
1821–29	Griechischer Unabhängigkeitskampf
1830/31	Julirevolution in Paris; Aufstände in Polen, Mittelitalien und mitteldeutschen Staaten; Belgien wird unabhängiger Staat
1832	Hambacher Fest
1834	Gründung des Deutschen Zollvereins
1840	Rheinlandbewegung
1842	Wiederzulassung der Turn- und Gesangsvereine im Deutschen Bund
1846	Aufstände in Polen (Posen, Galizien)
1848	Pariser Februarrevolution; Revolutionen im Deutschen Bund, in Österreich-Ungarn, Polen und Italien; Gründung des modernen Schweizer Bundesstaates nach Bürgerkrieg
1849	Ablehnung der deutschen Kaiserkrone durch Friedrich Wilhelm IV.; Niederschlagung der Revolution in Deutschland
1859–70	Nationale Einigung Italiens
1861–65	Bürgerkrieg in den USA
1863	Polnischer Aufstand gegen russische Herrschaft
1864	Deutsch-Dänischer Krieg
1866	Preußisch-Österreichischer Krieg
1867	Norddeutscher Bund
1870/71	Deutsch-Französischer Krieg und Gründung des Deutschen Reiches
1878	Berliner Kongress: Rumänien, Serbien, Montenegro und Bulgarien werden von den Großmächten als selbstständige Staaten anerkannt
1881/82	Judenpogrome in Russland
1894–1906	Dreyfus-Affäre in Frankreich
1897	Erster Zionistenkongress
1905	Norwegen wird unabhängiger Staat

Antisemitismus: Ablehnung oder Bekämpfung von Juden aus rassischen, religiösen oder sozialen Gründen. Der Begriff entstand 1879, gleichwohl gab es vor allem religiös begründete Judenfeindschaft schon in der Antike und im Mittelalter. Seit etwa 1860 verstärkte eine pseudowissenschaftliche, völkisch-rassische Begründung den Antisemitismus; die Juden galten als „minderwertige Rasse". Dieser rassisch begründete Antisemitismus wurde später zentraler Bestandteil der nationalsozialistischen Ideologie.

Assimilation (lat. = Ähnlichmachung): Bezeichnung für die bewusste oder unbewusste Angleichung einer ethnischen, religiösen oder sozialen Gruppe (in der Regel einer Minderheit) an eine andere (in der Regel die Mehrheit), z. B. die Angleichung von Einwanderern an die Werte des Einwanderungslandes oder die Angleichung der Juden an die Mehrheit in den europäischen Nationalstaaten seit Beginn des 19. Jh.

Autonomie (griech. = Selbstbestimmung): bezeichnet die Selbstständigkeit und Unabhängigkeit von Völkern, Nationalitäten und Staaten. Als völkerrechtlicher Begriff gewann er im Zusammenhang mit der Verkündung des Selbstbestimmungsrechts nach dem Ersten Weltkrieg Bedeutung. Innerhalb bereits bestehender Nationalstaaten meint Autonomie ein gewisses Maß an Eigenständigkeit, das ethnische Minderheiten oder Regionen besitzen, z. B. in der Kulturpolitik oder im Justiz- und Verwaltungswesen das Recht zur Verwendung der eigenen Sprache als Amts- oder Schulsprache.

Bundesstaat: aus Einzelstaaten zusammengesetzter Gesamtstaat, wobei die Einzelstaaten einen Teil ihrer souveränen Rechte in der Gesetzgebung und Verwaltung an den Gesamtstaat übertragen, z. B. die Außen-, Verteidigungs- und Finanzpolitik, einen anderen Teil aber behalten, z. B. die Schul- und Kulturpolitik. Man bezeichnet dieses Gestaltungsprinzip von Staaten als Föderalismus (z. B. USA, Bundesrepublik Deutschland, Schweiz).

Deutscher Bund: auf dem Wiener Kongress 1814/15 gegründeter Staatenbund der souveränen deutschen Fürsten und freien Reichsstädte mit 38, später 39 und zuletzt bei der Auflösung 1866 33 Mitgliedern. Organe waren der Bundestag, eine Versammlung der bevollmächtigten Gesandten der einzelnen Staaten (also keine Volksvertretung) und der Engere Rat, dem Regierungsvertreter der elf größten Mitgliedsstaaten angehörten. Nach innen waren die Mitgliedsstaaten souverän; nach außen durften sie kein Bündnis schließen, das sich gegen die Sicherheit des Deutschen Bundes insgesamt oder die eines seiner Mitgliedsstaaten richtete.

Minderheit: Bevölkerungsgruppen in einem Staat, die sich von der Mehrheit durch ein einzelnes Merkmal oder mehrere Merkmale wie Rasse, Sprache, Religion, Moralvorstellungen unterscheiden. Die Mehrheit begegnet solchen Minderheiten häufig mit Vorurteilen, Diskriminierung sowie Feindseligkeiten und benachteiligt sie. In extremen Fällen kommt es zu einer physischen Vernichtung der Minderheit durch die Mehrheit, wie der Verfolgung und Vernichtung der Juden im Nationalsozialismus.

Nation (lat. = Abstammung): Im Mittelalter und in der frühen Neuzeit Bezeichnung für Großgruppen mit gemeinsamer Herkunft; seit dem 12. Jh. stimmten die Teilnehmer auf den kirchlichen Konzilien nach Nationen ab; an vielen Universitäten organisierten sich die Studenten nach Nationen. Seit dem 18. Jh wird der Begriff auf ganze Völker übertragen. Er bezeichnet große Gruppen von Menschen mit gewissen, ihnen bewussten Gemeinsamkeiten, z. B. gemeinsame Sprache, Geschichte oder Verfassung, und vielen inneren Bindungen und Kontakten (wirtschaftlich, politisch, kulturell). Diese Gemeinsamkeiten und Bindungen werden von den Angehörigen der Nation positiv bewertet und teilweise leidenschaftlich gewollt.

Nationen haben oder wollen eine gemeinsame staatliche Organisation und grenzen sich von anderen Nationen ab. Staatsbürgernationen („subjektive" Nation) haben sich in einem vorhandenen Staatsgebiet durch gemeinsames politisches Handeln entwickelt (z. B. Frankreich). Kulturnationen („objektive" Nation, Volksnation) verfügen über sprachlich-kulturelle Gemeinsamkeiten (z. B. eine Nationalliteratur) und Nationalbewusstsein, nicht jedoch unbedingt über einen Nationalstaat (z. B. Deutschland vor 1871, Polen vor 1918).

Nationalismus: Als wissenschaftlicher Begriff meint er die auf die moderne Nation und den Nationalstaat bezogene politische Ideologie zur Integration von Großgruppen durch Abgrenzung von anderen Großgruppen. Der demokratische Nationalismus entstand in der Französischen Revolution und war verbunden mit den Ideen der Menschen- und Bürgerrechte, des Selbstbestimmungsrechts und der Volkssouveränität. Der integrale Nationalismus entstand im letzten Drittel des 19. Jh. und setzte die Nation als absoluten, allem anderen übergeordneten Wert. Zur politischen Macht wurde er insbesondere in der Zeit zwischen dem Ersten und Zweiten Weltkrieg. Daraus hat sich die negative Besetzung des Begriffs in der politischen Öffentlichkeit nach dem Zweiten Weltkrieg ergeben, in der Nationalismus in der Regel als übersteigerte und aggressive Form des Nationalgefühls verstanden wird (frz. Chauvinismus; engl. Jingoismus).

Nationalitäten: Völkerrechtliche Bezeichnung für nationale (ethnische) Minderheiten in einem Staat. Als Nationalitätenstaaten werden solche Staaten bezeichnet, in denen eine Vielzahl von Nationalitäten leben, im 19. Jh. z. B. Österreich-Ungarn oder Russland.

Nationalstaat: Bezeichnung für die annähernde Übereinstimmung von Staat und Nation durch die staatliche Konstituierung einer gegebenen Nation. Der Nationalstaat löste im 19. Jh. weitgehend den frühneuzeitlichen Territorialstaat ab. In der Regel, aber in unterschiedlichen Mischungsverhältnissen, spielten dabei sowohl ethnisch-kulturelle Gesichtspunkte als auch das Prinzip der Volkssouveränität und der Selbstbestimmung eine Rolle.

Nationalitäten im Deutschen Kaiserreich

Mit der Realisierung der „kleindeutschen Lösung" 1866 und der Annexion Elsass-Lothringens 1871 wurde der Grundstein für die spezifische Ausformung des Nationalitätenproblems im kaiserlichen Deutschland gelegt. [...] Am ehesten noch waren die Dänen im Norden des Reiches eine quantité négligeable[1], die u. U. auf dem Weg der Abtretung an Dänemark ohne Schaden zufriedenzustellen waren.
Ganz andere Dimensionen besaß demgegenüber die historisch seit den Teilungen überaus belastete „polnische Frage". Selbst wenn die 3,326 Mio. Polen (1905; ohne Masuren und Kaschuben) nur 5,5 Prozent der Reichsbevölkerung darstellten [...], stellte doch die Tatsache, dass etwa jeder elfte Einwohner Preußens Polnisch sprach, eine politische Herausforderung an den deutschen Nationalstaat dar.
Diese quantitativen Daten erweisen ihre historische Bedeutung freilich erst, wenn man sie regional und sozial differenziert. Die für Ostmitteleuropa kennzeichnende ethnische Gemengelage macht eine wie auch immer ausfallende Grenzziehung nach Sprachkriterien unmöglich. Das hatte sich schon 1848 erwiesen. Neben der Masse der polnischen Bevölkerung in der Provinz Posen und einer sehr starken polnischen Minderheit in der Provinz Westpreußen verschwammen Volkstums-, Sprach- und politische Bekenntnisgrenzen insbesondere in Oberschlesien so stark, dass eine aussagekräftige Nationalitätenstatistik fast unmöglich wurde. In die bunte Palette der Nationalitäten im Osten des Reiches gehörten darüber hinaus die katholischen Kaschuben im Gebiet der Weichselniederung (1905 ca. 72 500), die evangelischen Masuren – die einen altpolnischen Dialekt sprachen, aber preußisch-königstreu fühlten und insofern nicht zu den Polen zu rechnen sind (1905 ca. 248 000) – und die Litauer (1905 ca. 101 500). Gegenüber diesen Gruppen hat die preußische Politik – anders als gegenüber den Polen – nicht ohne Erfolg eine in den Mitteln behutsame, aber zielgerichtete Assimilation im Zeichen eines staatsnationalen Prinzips betrieben.
Gerade hier trat jedoch das Dilemma einer überzeugenden Legitimation der Nationalitätenpolitik im Westen, in Elsass-Lothringen, zutage. Zwar war die Zahl der nur Französisch Sprechenden vor allem in den östlichen Bezirken Lothringens mit ca. 146 000 (1910) relativ gering, jedoch fielen bei der großen Mehrheit der Bewohner Elsass-Lothringens Sprache und politisches Bekenntnis auseinander. Die deutsche kulturelle Vergangenheit hatte seit der Französischen Revolution kein entsprechendes politisches Selbstverständnis zur Folge.

1 1900 ca. 132 000 Personen = 0,43 % der Reichsbevölkerung

Christoph Kleßmann, Nationalitäten im deutschen Nationalstaat, in: Dieter Langewiesche (Hg.), Das deutsche Kaiserreich, Freiburg u. a. 1984, S. 128.

Neuhumanismus: Bezeichnung für die wiedererwachende Beschäftigung mit der Antike Ende des 18./Anfang des 19. Jh. (auch Klassik genannt), in Deutschland vor allem durch Wilhelm von Humboldt, Gotthold Ephraim Lessing, Johann Wolfgang Goethe, Friedrich Schiller, Johann Gottfried Herder.

Patriotismus (griech. *patriotes* = Landsmann, Mitbürger): Als Patrioten (Vaterlandsfreunde) bezeichneten sich in Frankreich die Anhänger der Revolution von 1789, in Deutschland die Anhänger der Befreiungskriege 1813/14. Ein Patriot setzt sich aktiv und mit gefühlsbetonter Hingabe für das Wohl des Vaterlandes ein; in Notlagen ist er bereit freiwillig das Vaterland mit der Waffe zu verteidigen.

Reichsdeputationshauptschluss: am 25. Februar 1803 gefasster Beschluss eines Ausschusses des deutschen Reichstages zur Entschädigung derjenigen Fürsten, die nach dem Frieden von Lunéville (beendete den 2. Koalitionskrieg gegen Frankreich) linksrheinische Gebiete an Frankreich abtreten mussten. Durch die

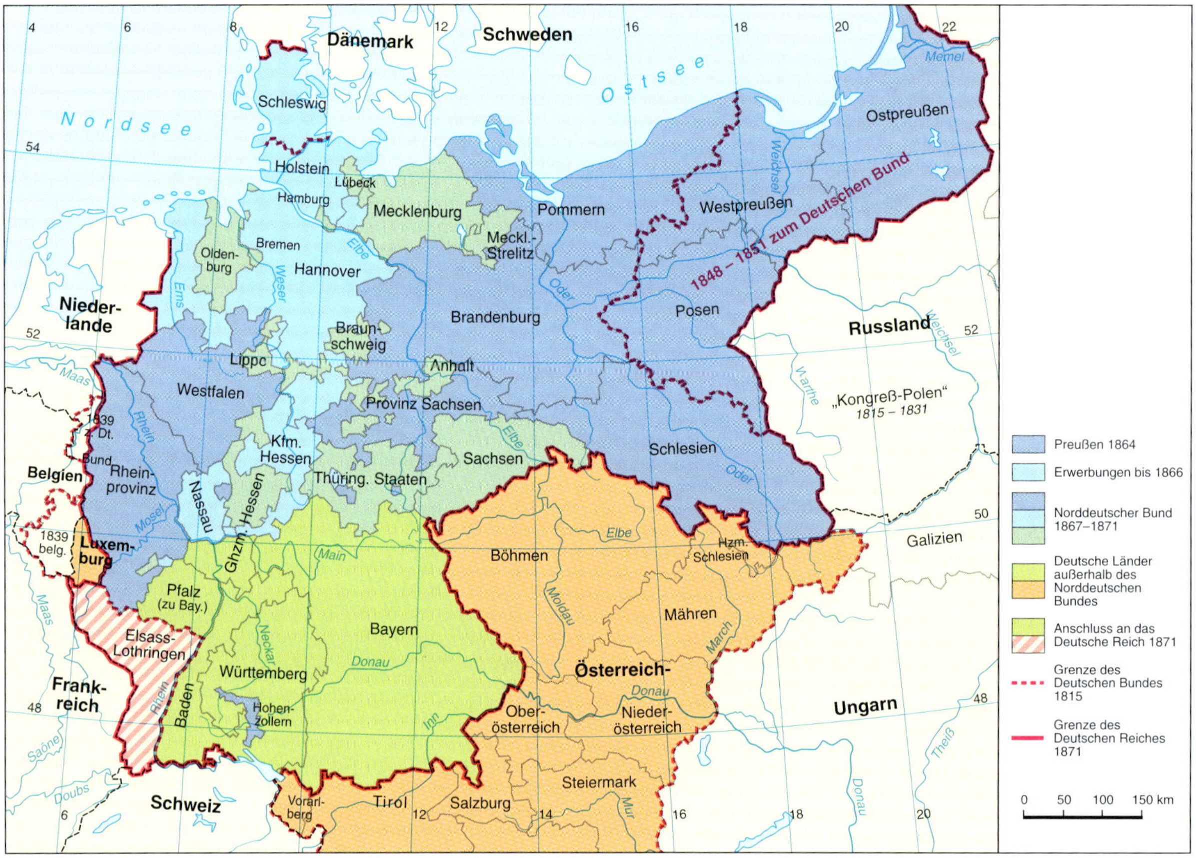

Vom Deutschen Bund zum Deutschen Reich 1815–1871

Säkularisation wurden alle geistlichen Fürstentümer und durch die Mediatisierung fast alle Reichsstädte und sonstigen reichsunmittelbaren Herrschaften aufgehoben und anderen Staaten zugeschlagen. Neben Preußen profitierten von dieser territorialen Neuordnung vor allem Bayern, Baden und Württemberg. Mit dem Reichsdeputationsschluss begann die Auflösung des Heiligen Römischen Reiches Deutscher Nation.

Romantik: bezeichnete im 17. und 18. Jh. zunächst die volkstümliche Dichtung im Unterschied zur lateinischen Bildungspoesie, auch das Romanhafte, überhaupt das Wunderbare und Phantastische. Als philosophisch-politischer Begriff kennzeichnet er den Versuch den humanistisch-idealistischen Universalismus um 1800 zu nationalisieren und zu psychologisieren. Vertreter sind u. a. Johann Gottlieb Fichte und Friedrich Daniel Schleiermacher.

Selbstbestimmungsrecht: das Recht von Völkern und Nationen ihre Staatszugehörigkeit frei und ohne fremde Einmischung zu bestimmen. Selbstbestimmung schließt Selbstregierung ein. Obwohl schon in der Französischen Revolution verkündet, nach dem Ersten Weltkrieg zum Prinzip für eine Friedensregelung erhoben und gegenüber den Kolonien während des Zweiten Weltkrieges erneut bekräftigt ist das Selbstbestimmungsrecht bis heute kein anerkannter Satz des Völkerrechts.

Sozialdarwinismus: Anwendung der biologischen Auslesetheorie Charles Darwins (1809–1882) auf das soziale Leben. Sozialstrukturelle und sozialgeschichtliche Vorgänge und Konflikte werden als Auslese- und Anpassungsprozess gedeutet, in dem der Tüchtigste und Stärkste siegt, d.h. der soziale Erfolg, wie immer er auch herbeigeführt wurde, bestimmt, wer zur Elite innerhalb einer menschlichen Großgruppe gehört. Seit dem Ende des 19. Jh. wurden auch die Konflikte zwischen einzelnen Staaten und Nationen sozialdarwinistisch interpretiert. Der Sozialdarwinismus ist eine der ideologischen Grundlagen des Nationalsozialismus.

Staatenbund: Zusammenschluss von Staaten, wobei die einzelnen Staaten ihre eigenständige Staatsgewalt vollständig behalten. Es gibt aber gemeinsame Einrichtungen, in denen eine gemeinschaftli-

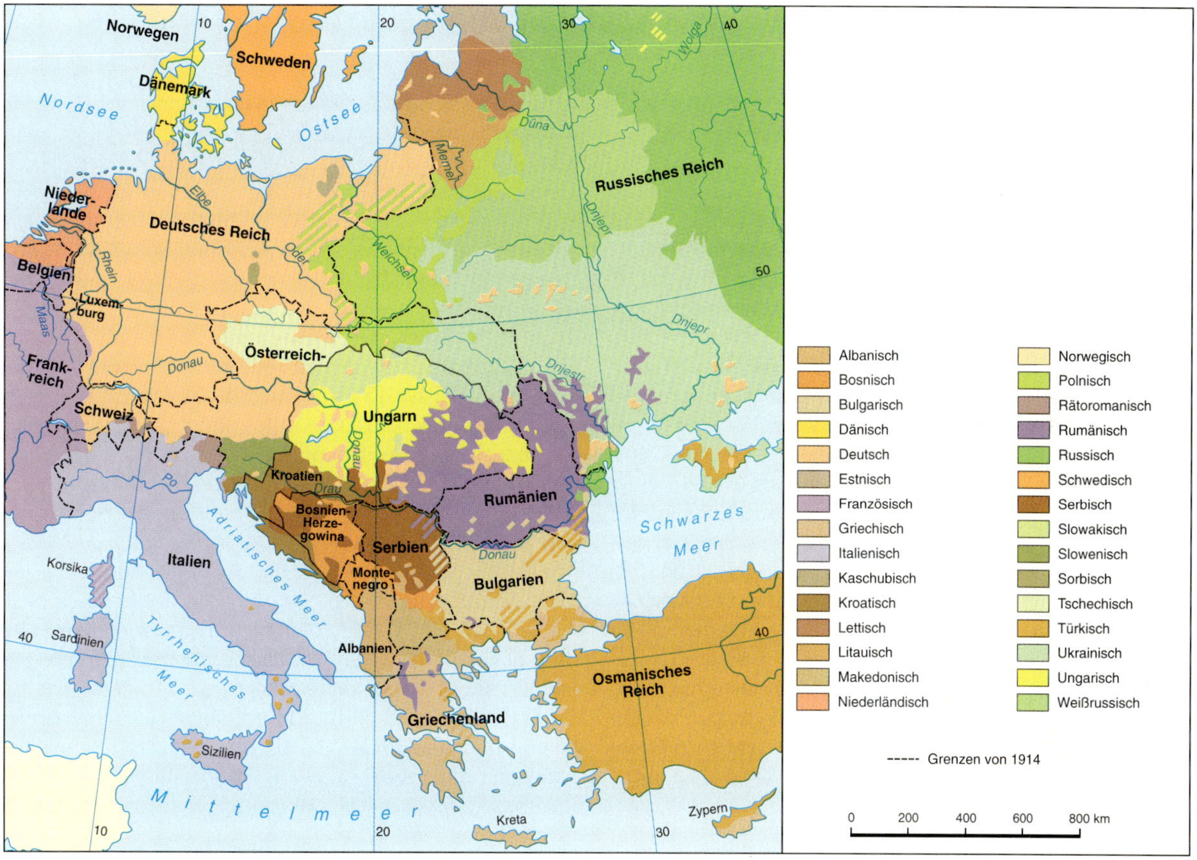

Nationalstaatsbildungen und Sprachgruppen in Europa bis 1913

che Politik für alle Mitgliedsstaaten verbindlich festgelegt wird. Diese zentralen Einrichtungen sind aber eher schwach im Vergleich zur Macht der Einzelstaaten oder auch zu einem Bundesstaat. Beispiele für einen Staatenbund sind die USA 1776–1787, die Schweiz vor 1848 und der Deutsche Bund 1815–1866.

Volk: bezeichnet eine Gemeinschaft von Menschen mit einer gemeinsamen Herkunft, wird oft synonym mit Nation verwendet. In den romanischen Sprachen (ital. *populo,* frz. *peuple*) und im Englischen *(people)* setzt der Begriff die reale Anwesenheit einer Anzahl von Menschen voraus. Volk ist in diesem Sinne die Aktivbürgerschaft, die sich mittels Wahl- und Stimmrecht willensmäßig äußert. Im Deutschen bezeichnet Volk seit dem letzten Drittel des 18. Jh. eine feste, unveränderbare Gemeinschaft von Menschen mit gemeinsamen ideellen Werten (Sprache, Religion, Kultur, Geschichte). Das Volk selbst ist danach als zusammengeschlossenes Ganzes mit Individualität ausgestattet. Im Staatsrecht heißt die Gesamtheit aller Bürger eines Staates Staatsvolk (lat. *populus*). Daneben ist Volk im Deutschen bis in die Moderne eine Bezeichnung für die sozialen Unterschichten.

Volkssouveränität → Begriffe Kap. 5

Zionismus: Bewegung zur Errichtung einer nationalen jüdischen Heimstätte in Palästina. Er entstand Ende des 19. Jh. als Folge des aufkommenden integralen Nationalismus und des Antisemitismus. Der Zionismus war vor allem in Osteuropa weit verbreitet. Spätestens seit dem von Theodor Herzl organisierten Ersten Zionistenkongress 1897 ist der Zionismus als politische Bewegung anzusehen.

1. *Fassen Sie mit Hilfe der Materialien den Prozess der europäischen Nationalstaatsbildungen im 19. Jahrhundert zusammen. Welche Probleme sehen Sie als Folge der Verwirklichung des Nationalstaatsprinzips?*
2. *Fertigen Sie eine Übersicht zur deutschen Nationalstaatsgründung im 19. Jahrhundert an. Welche Gruppen dominierten in den einzelnen Etappen?*

Nationalismus und Nationalstaatsbildung als historische Begriffe

Nationsbildung und Nationalstaatsbildung

Wir wollen unter „Nation“* eine Bevölkerung verstehen, die sich ihrer Zusammengehörigkeit bewusst geworden ist und in der sich die Vorstellung besonderer gemeinsamer Interessen, auch gegenüber anderen Völkern, durchgesetzt hat. Das nationale Zusammengehörigkeitsgefühl beruht in der Regel auf typischen gemeinsamen Merkmalen: Sprache, Kultur, Geschichte, eventuell Religion. Um von einer Nation sprechen zu können muss kein gemeinsamer Staat existieren. So war beispielsweise Polen bis zum Ersten Weltkrieg zwischen Russland, Österreich und Preußen-Deutschland aufgeteilt. Trotzdem gab es um 1900 im Bewusstsein einer großen und wachsenden Zahl von Polen zweifellos eine polnische Nation, ohne dass ein polnischer Nationalstaat existierte (siehe Mat. S. 381–384). Vom „Nationalstaat“* wollen wir sprechen, wenn eine sich als Nation verstehende Bevölkerung in einem Staat die übergroße Mehrheit bildet und diesen Staat als Ausdruck ihrer Nation ansieht.
Die Schweiz und auch die Donaumonarchie Österreich-Ungarn setzten sich aus verschiedenen Sprachgruppen zusammen. In der Schweiz gelangten die vier sprachlichen Gruppen seit dem 18. Jahrhundert zu der Auffassung einer einzigen, föderativ gegliederten eidgenössischen Nation anzugehören. Die Donaumonarchie blieb dagegen bis zu ihrem Ende 1918 ein Nationalitätenstaat*, dessen Volksgruppen ihr nationales Bewusstsein gegeneinander und gegen das Habsburger Kaiserreich entwickelten (siehe Mat. S. 377–380).
Aus der Konkursmasse Österreich-Ungarns und des Osmanischen Reiches ging 1918/19 der Staat Jugoslawien hervor. Sein Beispiel zeigt, wie religiöse Abgrenzungen an die Stelle sprachlicher treten können. Trotz einer nahezu identischen Schriftsprache überdauerte der staatliche Verbund von Serben und Kroaten nicht das Ende der kommunistischen Herrschaft in Osteuropa. Gegen die Gegensätze zwischen katholischen, nach Westen orientierten und das lateinische Alphabet benutzenden Slowenen und Kroaten, griechisch-orthodoxen, slawisch orientierten und kyrillisch schreibenden Serben und muslimischen Bosniaken vermochte sich die jugoslawische Staatsidee letztlich nicht durchzusetzen.
Diese beispielhaften Gegenüberstellungen deuten schon darauf hin, dass gesellschaftliche und politische Vorgänge bei der Nationsbildung und bei der Nationalstaatsbildung eine entscheidende Rolle spielen. Dass z. B. die Schweizer sprachübergreifend eine Vorstellung gemeinsamer nationaler Eigenarten und Interessen gewinnen konnten, hat – neben geographischen Faktoren – sehr viel mit einem Geschichtsbild zu tun, in dem die Verteidigung der „Schweizerfreiheit“ einen zentralen Stellenwert hatte. Begünstigt durch Geschichtsmythen über die seit dem Mittelalter nach innen und außen für ihre Freiheit eintretenden Bergbewohner, bildete sich im 19. Jahrhundert der moderne Schweizer Staat heraus. Seine Voraussetzung war eine gesellschaftliche Nationsbildung. Hierbei traten die bislang sozial und räumlich weitgehend voneinander getrennten Teile der schweizerischen Bevölkerung, die bis 1848 in einem Staatenbund* lebten, in einen so dichten Austausch miteinander, dass sie imstande waren sich als eine nationale Gemeinschaft zu begreifen. Nationsbildung ist nur möglich durch eine sprunghafte Ausweitung der Kommunikation – besonders der Schriftlichkeit, des Schulwesens und des Verkehrs –, durch den Abbau ständischer Schranken sowie die Herausbildung überregionaler Marktbeziehungen. Nationen entstehen jedoch nicht automatisch durch Verdichtung von Kommunikation, sondern nationale Bewegungen entscheiden mit darüber, wo und wie die Nationsbildung erfolgt.
In der Donaumonarchie und ihren Teilgebieten förderten die Nationsbildungsprozesse nicht den Gesamtstaat, sondern bereiteten seine Auflösung vor. Am Beispiel des zu Österreich (und zum Deutschen Bund) gehörenden, zweisprachigen Böhmen wird deutlich, wie sehr die gesellschaftliche Nationsbildung durch politische Faktoren beeinflusst werden kann: Ohne die Meinungsverschiedenheiten zwischen Deutsch-Böhmen und Tschechen über die staatliche Zugehörigkeit und die politische Rolle des Landes ist die während des 19. Jahrhunderts fortschreitende Trennung der beiden Volksgruppen hier nicht zu erklären. Vom deutschen Frühnationalismus direkt beeinflusst knüpften tschechische Intellektuelle bei ihrem Bemühen um die „nationale Wiedergeburt“ an die mittelalterliche und frühneuzeitliche Vergangenheit Böhmens (Hussitenkriege, ständisch-protestantische Opposition gegen Habsburg) an. Diese Bestrebungen spitzten sich sozial zu, weil in Böhmen auch außerhalb des geschlossenen deutschen Siedlungsgebiets das Bürgertum, die Beamtenschaft und der Adel größtenteils deutschsprachig waren, während Bauern, Kleinbürger und Arbeiter in der Regel Tschechisch sprachen.
Die Komponente sozialen Protests und sozialer Hoffnungen, die sich hier zeigt und die die meisten Nationalbewegungen kennzeichnet, ist z. B. auch für den irischen Nationalismus von entscheidender Bedeutung. In dem von

England unterdrückten katholischen Irland verbanden sich konfessionell-nationale und soziale Gegensätze, verschärft durch die Zuwanderung protestantischer Briten nach Nordirland. Auf dem Höhepunkt einer schweren Agrarkrise bildeten um 1880 arme Pächter die Basis der gegen die Großgrundbesitzer gerichteten nationalrevolutionären Vereinigungen. Und die 1919 gegründete militante Irisch-Republikanische Armee (IRA) rekrutierte sich weitgehend aus gewerkschaftlich organisierten Arbeitern. Daneben existierte eine zahlenmäßig stärkere, friedlich und legal ausgerichtete Autonomie- und Unabhängigkeitsbewegung.

„Nationalismus"* umfasst also die Nationalbewegung ebenso wie den Nationalgedanken. Die Nation bildet dabei den zentralen Wert, der starke Gefühlskräfte für das zentrale politische Ziel zu mobilisieren vermag: den einheitlichen Nationalstaat. Der Nationalismus will Massen mobilisieren mit den Individuen als prinzipiell gleiche Angehörige der nationalen Gemeinschaft. Er schafft eine neue, auf die ständeübergreifende Großgruppe „Nation" bezogene Art des politischen und kulturellen Verhaltens.

Subjektive und objektive Nation

Bis heute wird vielfach ein „subjektiver" von einem „objektiven" Nationsbegriff unterschieden. Bezeichnet der zuerst genannte die Nation als einen freien Willensakt freier Staatsbürger, als eine Art „tägliche Volksabstimmung" (Ernest Renan), so unterstellt der zweite die Existenz einer Volks-Nation, die sich – unabhängig von staatlicher Zugehörigkeit und Verfassung – durch vorgegebene Merkmale wie gemeinsame Abstammung, Sprache und Kultur begründet. Der subjektive Nationsbegriff knüpft an die revolutionäre Konstituierung moderner Verfassungsstaaten in England, den USA und Frankreich im 17. und 18. Jahrhundert an (siehe Kap. 5), ist geographisch also auf Westeuropa und Nordamerika zugeschnitten. Der objektive Nationsbegriff bezieht sich hauptsächlich auf das „nationale Erwachen" vieler Völker Mittel-, Ost-, Nord- und Südeuropas im 19. Jahrhundert. Zwischen 1820 und 1920 entstanden hier durch Vereinigung bestehender Einzelstaaten (Italien, Deutschland) oder durch Abfall von Österreich, Russland und der Türkei eine Reihe neuer Nationalstaaten. Aber auch Norwegen und Irland (Nationalstaatsgründungen 1905 und 1921/22) gehören in diese Gruppe.

So wie die Konstituierung eines Nationalstaats „westlichen" Typs als politische Umsetzung der Ideen der Aufklärung verstanden werden konnte, so bedeuteten die Bestrebungen der Nationalbewegungen „östlichen" Typs die Politisierung der von der Romantik* aufgegriffenen Gedanken des Theologen, Philosophen und Sprachforschers Johann Gottfried Herder, der 1774 erstmals kritisch den Begriff „Nationalismus" prägte. Auch er ging von den zentralen Werten der Aufklärung aus. Zwischen dem Individuum und der Menschheit insgesamt komme jedoch den einzelnen Völkern eine unverwechselbare Eigenart zu. Sprache und Kultur, insbesondere die Volkskultur, drückten den Geist des jeweiligen Volkes* („Volksgeist") aus. Je unverfälschter diese Sprache erhalten werden könne, desto eher würde es gelingen das jeweils Eigentümliche und damit menschheitlich Wertvolle herauszuarbeiten.

Die Bedeutung der Nationalsprache lässt sich an vielen Beispielen belegen. In Norwegen, das mehrere Jahrhunderte als Nebenreich zu Dänemark gehört hatte, bevor es 1814 trotz eigener Verfassungsgebung in eine Union mit Schweden gezwungen wurde und dessen Schriftsprache danisiert worden war, entwickelten nationalbewusste Philologen aus den Dialekten eine „neunorwegische" Sprache. Für einige kleine Völker des Ostens, deren Führungsschichten die einheimischen Sprachen nicht benutzten und teilweise kaum kannten, existierten gar keine Schriftsprachen.

Damit ist ein wichtiger Unterschied bezeichnet: die zentrale Bedeutung, die der inneren Selbstbestimmung* im nationalen Selbstverständnis der alten Verfassungsstaaten zukommt, und die geringere Rolle, die die Sprache darin spielt. Umgekehrt haben in den anderen Teilen Europas muttersprachlich-kulturelle Faktoren eine herausragende Bedeutung. Bei genauerem Hinsehen erweist sich aber dieser Gegensatz als ein bedingter. Auch in England und Frankreich war ein Nationsbildungsprozess bereits längere Zeit im Gange, bevor sich diese Staaten als Staatsbürgernationen revolutionär neu bildeten. Die Staatsgrenzen waren zwar Produkte dynastischer Diplomatie, Kriege und Heiratspolitik; sie umschlossen Angehörige verschiedener Sprachgruppen. Aber es dominierte jeweils eine Nationalsprache und eine Nationalkultur. Mit der Zeit schmolz sie die ursprünglich eigenständigen anderen Gruppen ein. Umgekehrt verbanden sich die Nationalismen der Völker ohne Staat fast überall mit der Verfassungsbewegung. Nationale und konstitutionelle Freiheit bedingten sich in der Vorstellung der mittel- und ost-, nord- und südeuropäischen Nationalbewegungen.

1. *Beschreiben Sie den Prozess der Nationsbildung. Auf welche historischen Schwierigkeiten musste der Prozess der Nationalstaatsbildung in Europa stoßen?*
2. *Arbeiten Sie die Merkmale der „subjektiven" und „objektiven" Nation heraus.*

Europäische Nationalbewegungen bis 1870

Die Französische Revolution als Ausgangspunkt

Das eigentliche Zeitalter des Nationalismus beginnt mit der Französischen Revolution. Der Dritte Stand praktizierte die Volkssouveränität*, indem er sich als „Nationalversammlung“ und damit Frankreich als moderne Nation freier und gleicher Staatsbürger *(citoyens)* neu konstituierte. Bereits in den frühen Revolutionskriegen ab 1792 begegnen wir der charakteristischen Verquickung von Freiheitspathos, Universalismus und nationaler Egozentrik, deren gemeinsamer Nenner die Auffassung der französischen Nation als Trägerin des Menschheitsfortschritts darstellte (siehe S. 230).

Die Französische Revolution wurde zum Auslöser der nationalen Bewegungen durch ihre direkte oder indirekte Vorbildfunktion, zugleich aber auch durch die imperiale und hegemoniale Praxis Napoleons, die bei anderen Völkern nationale Reflexe auslöste (siehe Mat. S. 424–427). In Frankreich selbst wurde der Nationalismus nach 1815 zu einer wirksamen agitatorischen Waffe des oppositionellen liberalen Bürgertums, der sich gegen die Restaurationsbestrebungen des Hofes, des alten Adels und des hohen Klerus wandte. Es fiel mit Blick auf die anfängliche Besetzung und Kontrolle des Landes durch die Siegermächte nicht schwer die restaurativen Kräfte als „Antination“ abzustempeln.

Spanien

Zum ersten Kristallisationspunkt nationaler Hoffnungen in ganz Europa – besonders in Deutschland – entwickelte sich der antinapoleonische Unabhängigkeitskampf der Spanier (1808–1814, siehe Abb. S. 225). Charakteristisch für Spanien war die Diskrepanz zwischen der von der Aufklärung beeinflussten nationalen Konzeption einer besitz- und bildungsbürgerlichen Minderheit, der „Liberalen“ (1812 Verfassung von Cadiz), und den vom katholischen Klerus beeinflussten traditionalistischen Volksmassen.

Das ganze 19. Jahrhundert hindurch gelang es den liberal-nationalen Kräften nicht, ihre Vorstellungen gegen die teilweise noch feudalen Strukturen so tief in der spanischen Gesellschaft zu verankern, dass sich eine Staatsbürgernation im westeuropäischen Sinn bilden konnte. Vielmehr entstanden in den wirtschaftlich dynamischen Regionen des Baskenlandes und Kataloniens eigene Nationalbewegungen mit sprachlich-kultureller Ausrichtung.

Griechenland

Manche Ähnlichkeiten mit Spanien, z. B. der Widerspruch zwischen aufgeklärtem, liberalem Nationalismus (Verfassungsgesetz von 1822) und teilweise archaischen Sozialverhältnissen, weisen der Unabhängigkeitskrieg der Griechen gegen das Osmanische Reich (1821–1829) und die folgende Entwicklung des neugriechischen Staates auf. Auch in Griechenland spielten die Religion und die Einflussnahme des dort orthodoxen Klerus für die Mobilisierung der Landbevölkerung und der städtischen Unterschichten eine entscheidende Rolle. Träger des griechischen Nationalismus waren nicht nur Teile der Bevölkerung des heutigen Griechenlands, sondern auch die auf dem Balkan, an der Schwarzmeerküste und am Bosporus ansässige griechische Kaufmannsschicht der Phanarioten. Der Rückgriff auf das „griechische“, d. h. byzantinische Kaisertum mündete in die „große Idee“ der Rückgewinnung Konstantinopels (Istanbuls). In mehreren Kriegen dehnte Griechenland sein Territorium aus, bis es zu Beginn der 1920er Jahre von der reformerischen türkischen Nationalbewegung Mustafa Kemals geschlagen wurde.

Polen

Im „Philhellenismus“ der europäischen Intelligenz – prominentester Kriegsfreiwilliger war der 1824 gefallene Dichter Lord George Byron – verbanden sich Begeisterung und Protest. Die Begeisterung galt den im Neuhumanismus* wieder aufgegriffenen menschlichen Werten der Antike; der Protest richtete sich gegen das internationale System der „Heiligen Allianz“ und der „Solidarität der Mächte“, das den Status quo bewahren wollte (siehe S. 401 f.). Dieses System wurde noch radikaler durch die polnische Nationalbewegung in Frage gestellt, die die drei konservativen Ostmächte Russland, Österreich und Preußen direkt in ihrem territorialen Bestand bedrohte (siehe Mat. S. 381–384). Das ganze 19. Jahrhundert hindurch begleiteten die Sympathien der Liberalen, Demokraten und Sozialisten Europas, insbesondere Westeuropas, die Emanzipationsbemühungen der polnischen Patrioten*. Besonders für die liberale und nationale Oppositionsbewegung in Deutschland spielte die teilweise in Vereinen organisierte Polenfreundschaft zwischen 1830 und 1848 eine wichtige Rolle (siehe S. 381 f., Mat. 3 bis 5).

Im polnischen Nationalismus verbanden sich liberale Verfassungsideen mit der Erinnerung an die vormoderne polnische Adelsnation. Mit über zehn Prozent der Bevölkerung um ein Vielfaches stärker als der Adel in den meisten anderen Staaten Europas umfasste der polnische Adel auch einen großen Teil der Intelligenz. Mit dem breiten, verarmten Kleinadel bildete sie die Basis für zahlreiche radikal-demokratische und sozialrevolutionäre Zirkel im Lande wie auch in der Emigration. Seit den französischen Revolutionskriegen kämpften polnische Freiwillige in ganz Europa gegen die Status-quo-Mächte. Neben den „Roten“ standen die eher großadligen und gemäßigt-liberalen „Weißen“.

Die Lösung der „polnischen Frage“ auf dem Wiener Kongress (1814/15) akzeptierten die Patrioten nicht. Posen und Westpreußen blieben bei Preußen, Galizien bei Österreich. Ein verkleinertes „Königreich Polen“ wurde zunächst in Personalunion mit Russland vereinigt und nach dem Aufstand von 1831 faktisch annektiert. Die national-polnischen Aufstände in den Jahren 1831, 1846, 1848 und 1863/64 scheiterten auch an der nie überbrückten Kluft zwischen abhängiger Bauernschaft und feudalen Grundherren, die im östlichen Galizien durch den polnisch-ukrainischen Nationalitätenunterschied noch vergrößert wurde. In Galizien schlossen sich die Bauern 1846 nicht der von revolutionären Demokraten vorbereiteten Volkserhebung gegen die Teilungsmächte an, sondern wandten sich, von österreichischen Beamten teilweise ermutigt, gewaltsam gegen die polnischen Grundbesitzer und die Nationalpatrioten.

Nach dem Scheitern dieser und folgender Erhebungen blieb das polnische Nationalbewusstsein unter dem Russifizierungs- bzw. Germanisierungsdruck der Teilungsmächte lebendig. Die katholische Kirche wirkte dabei als Nationalkirche und durch den sozialen Wandel im Zuge der beginnenden Industrialisierung verbreiterte der Nationalismus seine Basis erheblich. Der Gedanke an die Wiederherstellung der polnischen Eigenstaatlichkeit berief sich dabei nicht nur auf polnischsprachiges Territorium, sondern war auf die Grenzen von 1772 gerichtet. Diese „jagiellonische Idee“ – also die weitgehende Einbeziehung Litauens, Weißrusslands und der Ukraine in einen polnischen Staat – versuchte später der aus dem national-polnischen Flügel der Sozialisten stammende Präsident Josef Pilsudski nach der Wiederherstellung der polnischen Unabhängigkeit mit dem Angriff auf Sowjetrussland 1920 vergeblich durchzusetzen.

Italien

Gesellschaftspolitisch fortschrittlicher als der griechische und polnische Nationalismus war die italienische Nationalbewegung orientiert. Zersplittert in Einzelfürstentümer und Stadtrepubliken hatten sich um 1800 die Hoffnungen der entstehenden liberalen Elite aus Großbürgern und manchen Adligen auf ein *Risorgimento* (Wiederauferstehung) Italiens als einer unabhängigen und einigen Nation auf die napoleonischen Heere gerichtet. Diese Hoffnungen erfüllten sich jedoch nicht. Nach 1814/15 wurde Österreich die Hegemonialmacht in Italien. Seine Herrschaft wurde 1820/21 und in den europäischen Revolutionsjahren 1830 und 1848/49

Die Einigung Italiens 1859–1870

durch liberal-nationale Aufstände erschüttert. Die Nationalbewegung Italiens wurde von der wirtschaftlichen Führungsschicht des Nordens dominiert. Der zurückgebliebene Süden und die Unterschichten wurden vom liberalen Nationalismus des Bürgertums hingegen kaum ergriffen. Der 1860/61 gegründete italienische Nationalstaat kam dann zustande durch die im Bündnis mit Frankreich verfolgte, zielgerichtete Einigungspolitik, die das liberal-kapitalistische Königtum Piemont-Sardinien unter der Regierung des Ministerpräsidenten Cavour verfolgte. In der nationalrevolutionären Aufstandsbewegung Mittel- und Süditaliens trat im Anschluss an die Kriegsniederlage Österreichs 1859 das radikal-demokratische Element in der italienischen Nationalbewegung noch einmal hervor, als der Freischarenführer Giuseppe Garibaldi mit Freiwilligen („Zug der Zehntausend“) durch Süditalien und Sizilien zog. Es gewann aber keinen erheblichen Einfluss auf den neu gegründeten italienischen Nationalstaat, der einen Staat der gemäßigt-liberalen Eliten des Nordens darstellte.

1. *Charakterisieren Sie die verschiedenen Formen der Nationalbewegungen in den europäischen Ländern.*
2. *Erörtern und diskutieren Sie, in welchem Zusammenhang Sozialstrukturen und Nationalismus stehen.*

Nationalbewegung und Nationalstaatsbildung in Deutschland

Der deutsche Frühnationalismus bis 1830

Landespatriotismus und Kulturnation

Die Geschichte des deutschen Nationalismus* beginnt mit dem Widerstand gegen die napoleonische Herrschaft; seine unmittelbare Vorgeschichte reicht jedoch weit ins 18. Jahrhundert zurück. Das 1806 aufgelöste „Heilige Römische Reich Deutscher Nation" war kein Nationalstaat* oder eine Vorform davon, sondern bildete mit seinem Universalreichsanspruch einen lockeren Herrschaftsverband. Dieser war in der frühen Neuzeit durch die Herausbildung souveräner Staaten in den größeren Territorien mehr und mehr ausgehöhlt worden (siehe S. 114). Die alleinige Trägerschicht des Alten Reiches war der Hochadel. In der zweiten Hälfte des 18. Jahrhunderts entstand nun ein bürgerlicher Reichspatriotismus, der an die Möglichkeit glaubte die Institutionen des kaum noch handlungsfähigen Reiches für eine Neugestaltung „Teutschlands" nutzen zu können. Es waren aber zunächst nur wenige Publizisten, die diese Ansicht vertraten, wie Friedrich Carl von Moser, der 1766 eine Schrift „Von dem Deutschen Nationalgeist" veröffentlichte. Im 19. und 20. Jahrhundert trug der Begriff des „Reiches" – wie auf andere Weise der des „Volkes" – dazu bei gerade dem deutschen Nationalismus seine territorial ausgreifende und zugleich häufig unklare Zielsetzung zu verleihen.

In den letzten zwei bis drei Jahrzehnten des 18. Jahrhunderts bildeten sich politische Richtungen und eine politische Öffentlichkeit heraus, doch gesamtdeutsche Ziele hatten noch keine größere Bedeutung. Der Patriotismus* war ganz überwiegend Landes- oder einzelstaatlicher Patriotismus. In der Auffassung des 18. Jahrhunderts bedeutete Vaterlandsliebe nicht etwas Gegebenes, sondern etwas Aufgegebenes. Es galt die Heimatliebe bewusst mit solchen Vorstellungen zu durchdringen, die dem Staatsgebäude Dauer und Festigung verschaffen konnten. Die Tugend des Patriotismus sollte sich in tätiger Verbesserung des Bestehenden ausdrücken und enthielt meist eine auf Veränderung gerichtete Komponente. Dieses Ziel setzten sich auch die „Patriotischen Gesellschaften", deren wohl bedeutendste 1765 in Hamburg gegründet wurde und noch heute besteht. Fortschritt und Reform erwarteten die Patrioten von aufgeklärten Regierungen, die durch die freie öffentliche Meinung unterstützt und eventuell auch unter Druck gesetzt werden sollten.

Dieselbe schmale Schicht der Gebildeten (Beamte, Schriftsteller, Studenten, Buchhändler und -verleger, die entstehenden Gruppen der Unternehmer und freien Berufe, auch ein Teil des Adels), die den einzelstaatlichen Patriotismus trug, wurde auch zum Träger einer überstaatlichen und informellen Kulturnation. Dazu gehörten das deutsche Universitätssystem mit dem Austausch von Beamten und anderen Akademikern über die einzelstaatlichen Grenzen hinweg, das überregionale Verlags- und Zeitschriftenwesen sowie die entstehende Nationalliteratur (Klopstock, Lessing, Schiller, Goethe u. a.). Mit der deutschen Hochsprache setzte sich die Bildungsschicht gegen die dialektverhaftete Volkskultur und gegen die französischsprachige adlig-höfische Kultur ab. Indem sie sich gegen die über die Höfe vermittelte kulturelle Vorherrschaft Frankreichs wehrten, protestierten die Gebildeten zugleich indirekt gegen die Allmacht der Fürsten und den Einfluss des Adels.

Parallel zu diesem kulturellen Nationsbildungsprozess, der auf einen sehr kleinen Teil der Bevölkerung begrenzt war, vollzog sich in den deutschen Territorialstaaten eine Art politische Nationsbildung. Diese war am stärksten in den großen Monarchien Österreich und Preußen, aber auch in manchen Mittelstaaten wie Bayern. Es ist nicht auszuschließen, dass sich im Rahmen dieser dynastischen Staaten eigene Nationen* gebildet hätten, wenn die Reformbestrebungen des aufgeklärten Absolutismus und der napoleonischen und nachnapoleonischen Zeit bis zur Errichtung einer liberalen Staatsbürgergesellschaft weitergetrieben worden wären. Es gab solche Bestrebungen in den süddeutschen Verfassungsstaaten, die aber in dem entscheidenden Stadium der Nationsbildung nach 1819 und nach 1832 gestoppt wurden. Diese politischen Nationen hätten dann neben der gesamtdeutschen Kulturnation existiert, so wie die eidgenössische Nation der Schweiz in ihren deutschsprachigen Gebieten Bestandteil der deutschen Kulturnation blieb.

In den Großstaaten Österreich und Preußen bildete sich im 18. Jahrhundert so etwas wie ein separates Nationalbewusstsein heraus, das weit ins 19. Jahrhundert hineinwirkte. Aber dieses Bewusstsein blieb im Wesentlichen auf die konservativen Führungsschichten begrenzt: Adlige, Beamte, Offiziere. Für sie bedeutete die österreichische bzw. die preußische Staatsnation alles; Deutschland schien ihnen lediglich ein geographischer Begriff und Gegenstand weltfremder Träumereien zu sein. Das österreichische und preußische staatsnationale Bewusstsein wurde während des 19. Jahrhunderts zu einem mächtigen Hindernis der gesamtdeutschen Nationalstaatsbildung.

Reformen von oben, Befreiungskriege und Nationalvereine

Der frühe deutsche Nationalismus erwuchs aus dem Protest gegen die französische Fremdherrschaft. Die Angliederung der linksrheinischen Gebiete an Frankreich mit der Maßgabe die betroffenen deutschen Fürsten territorial zu entschädigen setzte einen Austausch von Gebieten in Gang. Er erreichte 1803 mit dem Reichsdeputationshauptschluss* seine erste Stufe, als die kleinsten „reichsunmittelbaren" Herrschaften aufgehoben und den Mittelstaaten zugeschlagen wurden, die 1806 die Hauptträger des Rheinbunds wurden. Dieser Fürstenbund unter dem Protektorat Napoleons führte in demselben Jahr zum formellen Ende des Alten Reiches. Nach Österreich wurde 1806/07 auch Preußen von Napoleon militärisch besiegt und auf seine Kernprovinzen östlich der Elbe reduziert (siehe Karte S. 424).

Der zum Teil mehrfache Wechsel des Landesherrn in weiten Gebieten Westdeutschlands erschütterte die Loyalität zu den Fürsten. Damit bereitete er der deutschen Nationalbewegung den Boden und die Auflösung des Reiches und die Niederlage Preußens schufen die Voraussetzung für einen erfolgreichen Unabhängigkeitskampf 1813/14. Erst angesichts der Katastrophe von 1806 gelangten Staatsmänner und Beamte in führende Stellungen (z. B. Stein, Hardenberg), die sich den Errungenschaften der Französischen Revolution nicht verschlossen, deren Erfahrungen vielmehr für ihre Reformpolitik nutzen wollten.

Die preußischen Reformen zielten auf die Beteiligung der besitz- und bildungsbürgerlichen Schichten an der Gesetzgebung und Verwaltung, auf militärische Leistungssteigerung, ein verbessertes Schul- und Hochschulsystem und auf die Freisetzung wirtschaftlicher Dynamik durch Gewerbefreiheit und die Bauernbefreiung. Auch die rheinbündischen Reformen erstreckten sich auf diese Bereiche. Doch in Preußen hatten die Reformen von vornherein eine gegen die französische Vorherrschaft gerichtete Tendenz und sie wurden von ihren Vertretern teilweise als Modell für ganz Deutschland betrachtet.

Etwa seit 1810 nahm die Abneigung der Bevölkerung der deutschen Staaten gegen die französische Herrschaft zu. Der Hauptgrund waren die enormen finanziellen Belastungen, die sich aus Friedens- und Bündnisverträgen ergaben. Handelsnachteile erwuchsen aus den Folgen der Kontinentalsperre und der französischen Zollpolitik, weitere Belastungen aus Requirierungen und Einquartierungen französischer Soldaten sowie der Pflicht, Truppenkontingente für Napoleons Eroberungskriege zu stellen. In der Armee, mit der Napoleon 1812 in Russland einfiel, stellten Deutsche den größten Anteil und ihre Vernichtung ließ die Stimmung in Deutschland, jedenfalls im Osten und Norden, endgültig gegen die Franzosen umschlagen.

Die Befreiungskriege von 1813/14 und 1815 hatten in Preußen Züge eines echten Volkskrieges. Bestimmend blieben indes die monarchischen Regierungen, insbesondere nach dem Eintritt Österreichs in den Krieg. Die Motive der Kämpfenden unterschieden sich erheblich. Im allgemeinen überwog noch der elementare Hass gegen die Fremden und die naive Anhänglichkeit an die angestammten Herrscherhäuser. Aber anders als in früheren, rein dynastischen Kriegen waren breite Volksschichten jetzt zum Kampf aufgerufen worden und eine Kriegspropaganda bisher unbekannten Ausmaßes ergoss sich über das Land. National-deutsche und meist noch ganz unklare freiheitliche Ideen vertraten in erster Linie Teile des Bildungsbürgertums und der Studenten, die sich, wie die Handwerker, weit überproportional freiwillig meldeten. Insbesondere das Freikorps Lützow, auf „das Vaterland" und nicht auf den preußischen König ausgerichtet, bildete eine Keimzelle des deutschen Nationalismus.

Bereits vor 1813 hatten sich preußische und gesamtdeutsche Patrioten in Gruppen und Geheimbünden zusammengeschlossen. Am bedeutendsten war die von Friedrich Ludwig Jahn, einer Art nationalem Berufsrevolutionär, im Jahr 1811 gegründete Berliner Turngemeinde, die rasch Ableger in anderen Städten bildete. Die Turner waren Gymnasiasten und Studenten, daneben Lehrlinge und Gesellen. Die Selbstorganisation in Turnvereinen schockierte viele konservative Zeitgenossen. Sie hielten das Unterfangen, öffentlich gemacht durch sonntägliche Vorführungen, für jugend- und staatsgefährdend. Denn es ging nicht allein um Abhärtung, Leibesübung und vormilitärische Ausbildung, auch nicht allein um den Ausdruck antifranzösischer Gefühle. Indem sich die Turner in einfaches Leinen kleideten und mit „Du" anredeten, wandten sie sich gegen Standesunterschiede, die nicht durch Leistung begründet sind und damit gegen ein Grundprinzip der bestehenden Gesellschaft.

Dass mit Vereinigungen wie den Turngemeinden der frühe deutsche Nationalismus zwischen 1807 und 1813 gerade in der preußischen Hauptstadt Berlin seinen Kristallisationspunkt fand, erklärt sich aus der Politisierung in der preußischen Reformzeit. In ihrem Streit mit konservativen und profranzösischen Gruppen hatten die patriotischen Reformer in der staatlichen Bürokratie ein unmittelbares Interesse daran die Unterstützung einer zunehmend kritischen Öffentlichkeit zu gewinnen.

Politische Positionswechsel waren in dieser frühen Phase nicht selten und die politischen Gruppierungen noch nicht fest gegeneinander abgegrenzt. Protest gegen die Franzosen konnte auch gegenreformerisch-konservativ begründet sein wie bei manchen Romantikern. Umgekehrt waren keineswegs alle Anhänger von Reformen national-deutsch orientiert. Trotzdem entstand in den Jahren vor dem Sturz Napoleons erstmals eine klar umrissene nationale Ideologie.

Die nationale Ideologie

Diejenigen, die diese Ideologie hauptsächlich formulierten, waren Geisteswissenschaftler, wie der Philosoph Johann Gottlieb Fichte (siehe S. 372, Mat. 1), Historiker oder auch Publizisten wie der erwähnte Friedrich Ludwig Jahn und Ernst Moritz Arndt, zeitweise Sekretär des Freiherrn vom Stein. Auch der Theologe Friedrich Daniel Schleiermacher gehörte von Anfang an dazu. Die Nationalideologen entstammten vorwiegend nord- und mitteldeutschen Pfarrers- und Landwirtsfamilien. Alle gelangten zu einer Auffassung von „Volk"* und Staat, die in das Postulat der Einheit beider mündete. Die naturgegebene Differenzierung der Menschheit in Völker – mit den Deutschen als einem zur Verwirklichung der weiterhin gültigen Menschheitsideale besonders veranlagten „Urvolk" – habe durch die Geschichte, besonders durch die Entwicklung von Sprache und Kultur, Gestalt angenommen. Anstelle der Freiheit vom Staat, die es nicht gebe, müsse der Einzelne die Freiheit durch den Staat und im Staat erringen, wie auch das Volk und das Vaterland den Boden abgäben, auf dem allein das Individuum für menschheitliche Ziele arbeiten könne. So würde der „Volksstaat" (= Nationalstaat) zum Mittler zwischen Individuum und menschheitlichem Kollektiv. Feind des deutschen Volkstums sei der französische Nationalgeist, besonders der Hegemonismus Napoleons. Die Erringung der Unabhängigkeit und Sicherung Deutschlands sei aber wiederum nur bei Überwindung des deutschen Partikularismus und bei politischem Zusammenschluss der Deutschen möglich. Über die Form eines nationalen Zusammenschlusses bestanden jedoch sehr unterschiedliche Vorstellungen.
Der „volkstümliche" Nationalismus hatte auch eine gesellschaftspolitische Stoßrichtung. Er musste sich im Interesse der inneren Einheit der Nation gegen Absolutismus, Kleinstaaterei und Feudalismus, insbesondere gegen die persönliche Unfreiheit der Bauern, wenden. Die Reformvorschläge blieben in diesem frühen Stadium allerdings meist vage. Die meisten Nationalpatrioten dachten sich das neue Deutschland als konstitutionelle Monarchie und bürgerlichen Rechts-staat. Volksbewaffnung würde das stehende Heer zumindest ergänzen, wenn nicht ersetzen. Am politischen Leben sollten alle oder zumindest alle ökonomisch selbstständigen männlichen Bürger teilnehmen, indem sie über die öffentliche Meinung (Pressefreiheit) und repräsentative Körperschaften Gesetzgebung und Regierung mitgestalteten.

Der nationale Mythos

Breitenwirksamkeit erlangte der Nationalismus durch die Flugschriften, Gedichte und Lieder der Befreiungskriege. In hohen Auflagen verbreitet beeinflussten sie das Denken und Fühlen von Massen. Dabei ging es nicht nur gegen die „Schelmenfranzosen" und ihre „Büttel", gegen „Henkersblut und Tyrannen". Auch die mit Napoleon paktierenden Fürsten und der Partikularismus wurden scharf angegriffen wie bei Arndt in seinem Einheitslied „Des Deutschen Vaterland", das mit dem Ausruf endet: „Das ganze Deutschland soll es sein!" In einer schon 1813 in manchen Abdrucken weggelassenen Strophe heißt es: „Ist's, was der Fürsten Trug zerklaubt? / Vom Kaiser und vom Reich geraubt?"
In der Befreiungslyrik Arndts und anderer finden sich in populärer Form politisch-ideologische Elemente wieder, die wir schon benannt haben: aggressive Franzosenfeindschaft, Verherrlichung des deutschen Volkes und seiner Geschichte mit egalitärer Tendenz, Eintreten für „Freiheit" und nationale Einheit. Die Stoßrichtung gegen Kleinstaaterei und die regierenden Fürstenhäuser ist unübersehbar. Deshalb führt es eher in die Irre, diesen Nationalismus einer „politischen Romantik" zuzuordnen. Mindestens ebenso wichtig wie die Romantik* war für die Entwicklung des deutschen Nationalismus die idealistische Philosophie, die das Erbe der Aufklärung in sich aufgenommen hatte. Stark von der Romantik beeinflusst war die Auffassung, die Nationen seien geschichtlich geprägt und nicht nach einem einheitlichen, aus der Vernunft gewonnenen Schema sozial und politisch einzurichten. In der Aneignung des historischen Erbes gewinne der Einzelne seine nationale Identität und die Gemeinschaft des „Volkes" den Bezugspunkt ihres Handelns. Auch die universalen liberalen Forderungen, die die Nationalbewegungen übernahmen, mussten als Ausdruck besonderer nationaler Bedürfnisse und Fähigkeiten interpretiert werden, z.B. die vermeintliche altgermanische Freiheit als Argument für eine moderne Verfassungsgebung.
Die Nation wurde zum höchsten innerweltlichen Wert. Indem sie den Menschen in die Kontinuität der Geschichte stellte, ihm kulturelle und politische Ziele setzte und einen neuen Lebenssinn verlieh, bekam sie religiösen Charakter: Sich für die Nation zu engagieren bedeutete Hingabe an eine überpersönliche und in gewisser Weise überzeitliche Instanz. Die Lyrik der Befreiungskriege ist voll von religiösen Prädikaten wie Opfer, Erlösung, Heil; die Liturgie nationaler Feste war der von Gottesdiensten nachgebildet.

Burschenschaft und Wartburgfest

Das erste gesamtdeutsche Nationalfest feierten 800 Studenten und Angehörige des Bürgertums, hauptsächlich aus

Nord- und Mitteldeutschland, am 18. und 19. Oktober 1817 auf der Wartburg bei Eisenach: in Erinnerung an Luthers Thesenanschlag, der als Akt der geistigen Rebellion gewürdigt wurde, sowie an den Sieg über Napoleon in der Leipziger Völkerschlacht 1813, deren Auftrag man von den Herrschenden verraten glaubte.
Mit dem Wartburgfest beschleunigte sich die Politisierung derjenigen Organisation, die, neben den Turnern und eng mit ihnen verknüpft, nach 1813 die Anfänge der deutschen Nationalbewegung repräsentierte: die Allgemeine Deutsche Burschenschaft. Für die Burschenschaft (Bursche = Student) waren die sittliche „Veredelung" und eine überregionale Zusammenfassung der Verbindungsstudenten Schritte zur Umgestaltung des nationalen Lebens auf freiheitlicher Grundlage. Die Gründer der ersten Einzelburschenschaften kamen meist aus den Freiwilligeneinheiten der „Freiheitskriege", insbesondere aus dem Lützower Korps. Sie sahen in den Verkündern der nationalen Ideologie ihre Lehrmeister. Mit der Turnbewegung waren viele reformerische Burschenschafter eng verbunden, sodass die bis zu 12 000 Turner und die bis zu 3000 Burschenschafter (etwa ein Drittel aller Studenten des Deutschen Bundes) auch als eine einzige zweigliedrige Bewegung verstanden werden können.
Der Deutsche Bund*, auf dem Wiener Kongress begründet, stand dem Wunsch nach engerer Verbindung zwischen den deutschen Staaten zwar nicht theoretisch, aber praktisch im Wege. Er funktionierte trotz wiederholter Reformbemühungen nur bei der Unterdrückung nationaler und freiheitlicher Bestrebungen. Die frühe, hauptsächlich auf Turnvereine und Burschenschaften gestützte Nationalbewegung wurde auf Initiative des österreichischen Staatskanzlers Fürst von Metternich polizeilich unterdrückt, nachdem der Mord des Burschenschafters Carl Sand an dem Lustspieldichter und zaristischen Agenten August von Kotzebue am 23. März 1819 den Anlass geliefert hatte. Auf diese Weise gelang es zwar die 1820er Jahre hindurch die sprichwörtliche biedermeierliche Ruhe in Deutschland herzustellen und die politische Formierung des national-liberalen Bürgertums um ein bis zwei Jahrzehnte zu verzögern. Doch wurde auch der Prozess der Verfassungsgebung und Liberalisierung in den Einzelstaaten abgebrochen und damit die mit den Verfassungen Süddeutschlands beabsichtigte einzelstaatliche Nationsbildung (siehe S. 360). Seit 1819 waren die auf innerstaatliche Veränderungen drängenden Kräfte verstärkt auf die gesamtdeutsche Ebene verwiesen. „Einheit und Freiheit" verschmolzen zu einer einzigen Forderung. Die Meinungsverschiedenheiten darüber, was davon an erster Stelle stehen sollte, blieben bis in die 1860er Jahre dabei eher ein Methoden- als ein Zielkonflikt.

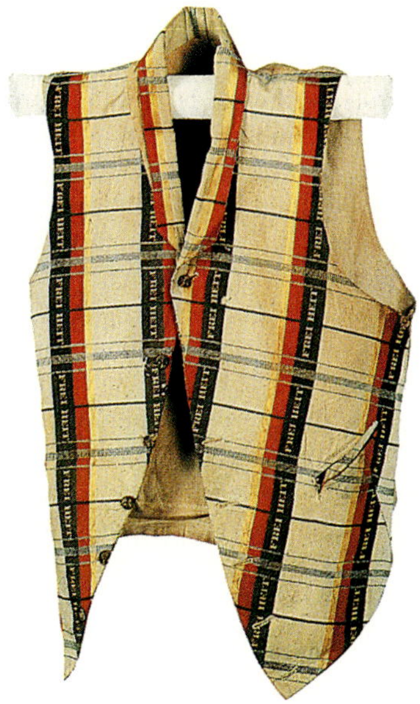

„Freiheitsweste", um 1832, Textil, Jönköpings läns museum

Der liberale Nationalismus

Vom Eliten- zum Massennationalismus

Ab 1830 griff der Nationalismus als Ideologie und Bewegung der bildungsbürgerlichen Elite auf breite bürgerliche und kleinbürgerliche Massen über. Seine Kraft schöpfte der Nationalismus daraus, dass die ausdrücklich politisch-nationalen Aktivitäten, die meist mit liberalen oder radikal-demokratischen Zielen verknüpft waren, durch vielfältige kulturnationale Bestrebungen gestützt wurden. Die Verbindung zwischen Politisch-Nationalem und Kulturnationalem zeigte sich z. B. bei den ab 1842 in Preußen wieder zugelassenen Turnern und den seit den 1820er Jahren aufblühenden Männer-Gesangvereinen. 1847 waren 80 000 bis 90 000 Turner in ca. 250 Vereinen und mehr als 100 000 Sänger in mehr als 1100 Vereinen organisiert.
Als im Gefolge der französischen Julirevolution 1830 in einigen deutschen Klein- und Mittelstaaten Verfassungsforderungen des Bürgertums und sozialer Protest der Unterschichten politische Unruhen hervorriefen, war die deutsche Einheit sofort wieder im Gespräch. Liberale Publizisten forderten eine „Nationalrepräsentation" beim Deutschen Bundestag in Frankfurt, also eine Volksvertretung für ganz Deutschland. Ein „Press- und Vaterlandsverein", gegründet

von den Journalisten Johann Georg August Wirth und Philipp Jakob Siebenpfeiffer, verstand sich als Unterstützerorganisation oppositioneller Blätter. Die „Wiedergeburt Deutschlands im Geiste" sollte die „materielle Vereinigung" vorbereiten. Die rund 5000 Mitglieder des Vereins waren nur noch zu einem Fünftel Schüler und Studenten. Die Mehrzahl bildeten Handwerker und kleine Kaufleute.

Das Hambacher Fest am 27. Mai 1832 drückte schon durch seine 25 000 Teilnehmer die Veränderung aus, die seit dem Wartburgfest mit der Nationalbewegung vor sich gegangen war. Es machte auch deutlich, dass zumindest der demokratische Flügel die franzosenfeindliche Stoßrichtung der Burschenschafter und Turner um 1817 hinter sich gelassen hatte (siehe S. 372, Mat. 2). Neben den schwarz-rot-goldenen Farben der Burschenschaft, die sich als deutsche Trikolore durchgesetzt hatten, sah man auf dem Hambacher Schloss auch die französische und die polnische Fahne. Die anderen Völker stießen in ihren freiheitlich-nationalen Bestrebungen nach Meinung der meisten Redner auf denselben Feind wie die Deutschen: Fürsten, Adel, Gegner der „Volkshoheit" und des „Völkerfrühlings". Der wichtigste Theoretiker eines revolutionär-demokratischen, sozusagen inter-nationalistischen Nationalismus wurde der Italiener Giuseppe Mazzini, der 1834 in der Schweiz den Geheimbund „Junges Europa" mit italienischen, polnischen und deutschen Unterorganisationen gründete.

Die Verfolgungen nach dem Hambacher Fest vermochten die Nationalbewegung nicht mehr so weit zurückzuwerfen wie in den 1820er Jahren. Bereits 1840 kündigte sich ein neuer Aufschwung an, der dann in die Revolution von 1848 überging. Liberale Politiker knüpften ein Netz persönlicher Verbindungen auf gesamtdeutscher Ebene, das nicht mehr zu zerreißen war. Regionale und nationale Gelehrtenkongresse, Sängertage und Turnfeste zeigten neue Formen öffentlicher Demonstration und Selbstdarstellung, deren politische Stoßrichtung unübersehbar war. Bis zur Reichsgründung von 1871 behielt der deutsche Nationalismus seine oppositionelle Grundtendenz. Doch schon in der Fremdenfeindlichkeit, insbesondere Franzosenfeindlichkeit der Befreiungsideologie von 1813/14 war eine Tendenz zur Verselbstständigung und Verabsolutierung „volkstümlicher" Eigenart angelegt. Auf der anderen Seite begannen die Regierungen einiger deutscher Einzelstaaten, vor allem Preußen, zu begreifen, dass der Appell an das Nationalgefühl auch dazu dienen konnte innerstaatliche Spannungen nach außen abzulenken. In der „Rheinkrise" von 1840, die mit der „Orientkrise" eng verknüpft war (siehe S. 405), entwickelte die deutsche Nationalbewegung wieder eine starke antifranzösische Stoßrichtung, was indirekt die Oppositionsbewegung schwächte. Diese Ambivalenz kam auch bei der Errichtung von Nationaldenkmälern zum Ausdruck, denen jetzt das Interesse galt (siehe Mat. S. 389–392). Eine herausragende symbolische Bedeutung erhielt die Fertigstellung des Kölner Doms, die, von zahlreichen Unterstützungsvereinen gefördert, nach jahrhundertelanger Pause 1842 wieder aufgenommen wurde. Der demokratische Dichter Ferdinand Freiligrath allerdings hielt das von dem preußischen König Friedrich Wilhelm IV. unterstützte Dombauprojekt für „eine Kinderrassel, die der Nation nur in die Hand gegeben wird um wichtigeres (freie Presse und Constitution) darüber zu vergessen".

Die Revolution von 1848/49

Die Revolution im Jahr 1848, die außer Russland die meisten Länder auf dem europäischen Kontinent erfasste, zeigte noch einmal den Gleichklang von nationalen und freiheitlichen Forderungen. Überall gingen diese beiden Aspekte Hand in Hand. Gleichzeitig deckte die gesamteuropäische revolutionäre Bewegung jedoch die Interessengegensätze zwischen den verschiedenen Nationalbewegungen auf. Das zweisprachige Herzogtum Schleswig wurde von der deutschen Nationalbewegung und den liberal-nationalen „Eiderdänen" gleichermaßen beansprucht. Der Konflikt eskalierte bis zum Krieg. Weniger dramatisch war die Kontroverse über die nationale Zugehörigkeit Südtirols, das als Bestandteil Österreichs damals das italienischsprachige Trentino einschloss. Im österreichischen Böhmen, das seit jeher Bestandteil des Heiligen Römischen Reiches Deutscher Nation war, weigerten sich die tschechischen Nationalpatrioten, einem deutschen Nationalstaat anzugehören, ähnlich wie in der preußischen Provinz Posen die polnischen. Dort, wo die deutsche Volksgruppe in der Minderheit war, kam es zu bewaffneten Kämpfen zwischen polnischen Freischaren und der preußischen Armee. Die früher verkündete Brüderlichkeit der Nationalbewegungen stieß in der Praxis rasch auf nationale Sonderinteressen.

Alles in allem banden die Nationalitätenkonflikte 1848/49 Kräfte, die der Auseinandersetzung mit den alten Herrschaftsträgern entzogen wurden. „Einheit und Freiheit", die Parole des deutschen Liberal-Nationalismus, enthielt die Vorstellung, dass beides – der einheitliche deutsche Nationalstaat und der liberale Verfassungsstaat – nur zusammen erreicht werden könnte. Das war durchaus folgerichtig, denn anders als in England und Frankreich hatte der Absolutismus in Deutschland keine gesamtnationale Monarchie hervorgebracht, sondern die einzelstaatliche Zersplitterung auf die Spitze getrieben. Jetzt verteidigten die Einzelstaaten den bestehenden Zustand trotz einer Reihe modernisierender und

liberalisierender Reformen, vor allem in der Wirtschaft. Politisch blieb die Liberalisierung selbst in den süddeutschen Verfassungsstaaten strikt begrenzt.
Die regional-partikularen Besonderheiten und das Fehlen eines nationalen Zentrums, wie es Paris für Frankreich darstellte, bewirkten, dass die diversen politischen Richtungen der deutschen Nationalbewegung unterschiedliche Vorstellungen zum Verhältnis zwischen Zentralgewalt und Einzelstaaten in dem zu schaffenden deutschen Nationalstaat entwickelten. Dabei ging es in erster Linie um die Entscheidung für eine „großdeutsche" oder „kleindeutsche" Lösung.

Die „großdeutsche" Option

„Großdeutsch" konnte mindestens zweierlei bedeuten. Erstens konnte das deutsche Sprachgebiet, sofern es zu Staaten des Deutschen Bundes gehörte und sogar darüber hinaus, ohne Rücksicht auf dynastische Grenzen zu einem Einheitsstaat zusammengefasst werden: Das war die großdeutsch-demokratische Perspektive der Linken. Der großdeutsche Einheitsstaat hätte eine gesamtdeutsche revolutionäre Umwälzung bedeutet – nicht wegen des Problems einer monarchischen oder republikanischen Staatsspitze, sondern wegen der einzelstaatlichen und gesellschaftspolitischen Schranken, die zu überwinden waren. Eine solche radikale Lösung hätte vor allem wegen der Auflösung des österreichischen Vielvölkerstaats eine tiefgreifende Umwälzung des europäischen Staatensystems mit sich gebracht und daher neben den deutschen Monarchen sämtliche ausländischen Großmächte auf den Plan gerufen (siehe S. 406). Ohnehin scheiterte diese Option an der grundsätzlichen Ablehnung des liberalen Bürgertums. Zumindest jedoch bedeutete die Möglichkeit einer großdeutsch-demokratischen Einigung „von unten" im Denken von Regierungen und bürgerlichen Politikern eine große Gefahr, der es zu begegnen galt.
Darüber hinaus repräsentierte die Habsburgermonarchie als eine katholische und übernationale Macht für viele das Alte Reich. Ihr unmittelbarer politischer Anhang fand sich vorwiegend in klerikalen, adligen und konservativen Kreisen Süddeutschlands. Bei der Alternative Preußen oder Österreich konnte Österreich aber über seine eigentliche Klientel hinaus Unterstützung finden.
Die große Mehrheit der Paulskirchenabgeordneten trat 1848 dafür ein nur die dem Deutschen Bund zugehörigen Teile des österreichischen Vielvölkerstaats in das neue Deutsche Reich einzugliedern, also nur die deutschsprachigen einschließlich tschechischer, slowenischer und kleinerer italienischer Gebiete. Zu den anderen Teilen der Monarchie sollte nur eine lose Verbindung aufrechterhalten werden. Die Verwirklichung dieser Idee musste faktisch zu einer Auflösung der Donaumonarchie führen. Es war daher folgerichtig, dass der österreichische Ministerpräsident Schwarzenberg am 9. März 1849 die Aufnahme des österreichischen Gesamtstaates in den künftigen deutschen Bundesstaat* verlangte. Dadurch wäre statt des erstrebten Nationalstaats ein imperialer Nationalitätenstaat mit den Deutschen als beherrschendem „Reichsvolk" und Österreich als eindeutiger Hegemonialmacht entstanden. In der Frankfurter Paulskirche setzten sich daraufhin die „Erbkaiserlichen" durch, die Preußen als Führungsmacht und den preußischen König als deutschen Kaiser wünschten.

„Halm, Kein Österreich! ein Preußen oder: ein Hessen-Darmstadt", 1848/49, Lithographie, 25,3 x 19,2 cm, Bundesarchiv, Außenstelle Frankfurt/M.

Die „kleindeutsche" Alternative

Die liberal-national gefärbten Sympathien für Preußen aus der Zeit der Reformen und Befreiungskriege waren in der Restaurationszeit enttäuscht worden, blieben aber latent vorhanden. Sie erhielten seit der Gründung des Zollvereins 1834 eine neue Basis. Dieser förderte mit der Entwicklung

Hermann Wislicenus (1825–1899), Die Wiedererstehung des Reiches 1871, 1880–1882, Caseinfarben auf Putz, 720 x 710 cm, Goslar, Kaisersaal in der Kaiserpfalz

eines nationalen Marktes die Industrialisierung und stärkte das Wirtschaftsbürgertum. Auch nachdem Friedrich Wilhelm IV. die ihm von der Nationalversammlung angebotene Kaiserkrone wegen ihres revolutionären Ursprungs abgelehnt hatte, hielt der Kern der „Erbkaiserlichen" an der Idee fest Deutschland unter preußischer Führung zu vereinigen. Nach der Revolution versuchten Preußen und Österreich mit diplomatischen Mitteln unterschiedliche staatliche Zusammenschlüsse unter ihrer jeweiligen Hegemonie durchzusetzen. Die Reichsgründung von 1871 bildet in gewisser Weise den Schlusspunkt dieser Entwicklung.
Preußen setzte sich in dieser Auseinandersetzung durch, weil es gegenüber Österreich der relativ homogenere, wirtschaftlich entwickeltere und modernere Staat war. Die preußische Wirtschafts-, insbesondere die Außenhandelspolitik fand die fast uneingeschränkte Unterstützung der liberalen Opposition. Die preußische Industrie konnte dem Druck der freien Konkurrenz standhalten und in diesem Wettbewerb wachsen. Österreichs ungünstig gelegene und sich weitaus langsamer entwickelnde Industrie benötigte dagegen hohe Zollmauern. 1865 besaß Preußen zwei Drittel der deutschen Dampfmaschinen, beherbergte die größten Banken, erzeugte die Hälfte der in Deutschland produzierten Textilien, neun Zehntel des Roheisens und der Kohle. Die entstehende deutsche Schwerindustrie konzentrierte sich in preußischen Territorien: in Oberschlesien, in der Provinz Sachsen, im Saargebiet und vor allem im Ruhrgebiet. Die deutschen Eisenbahnlinien waren um das preußische Netz angelegt und begünstigten die Bildung eines geeinten kleindeutschen Wirtschaftsmarktes. Das Ergebnis dieser Entwicklung – der wirtschaftliche Aufschwung des Bürgertums – brachte wiederum das Bedürfnis nach stärkerer Vereinheitlichung des Gebietes des Zollvereins hervor: gemeinsame Post, Währung und Maße, vollständige Freizügigkeit und Gewerbefreiheit, vor allem eine einheitliche Wirtschaftsgesetzgebung und ein einheitliches Gerichtswesen, nicht zuletzt den militärischen Schutz des deutschen Handels und der deutschen Industrie, wie sie der Norddeutsche Bund bzw. der erneuerte Zollverein und das Deutsche Reich ab 1867 bzw. 1871 verwirklichten.

Nationalbewegung und Reichsgründung

Die Reichsgründung von 1870/71 als letzte große Nationalstaatsbildung vor dem Ersten Weltkrieg war nur vordergründig das Werk des preußischen Ministerpräsidenten Otto von Bismarck, eines Konservativen, der erkannt hatte, dass er den Zeittendenzen Rechnung tragen musste um erfolgreich zu sein. Den Zeitgenossen erschien die Reichsgründung keineswegs einseitig als Triumph der preußischen Militärmonarchie. Sie stellte vielmehr in hohem Maß eine Erfüllung des jahrzehntelangen Strebens der deutschen Nationalbewegung – genauer gesagt: ihres gemäßigt-liberalen, kleindeutschen Hauptteils – nach nationaler Einheit in einem Rechts- und Verfassungsstaat dar.
Wie in Italien das Königreich Piemont-Sardinien ein Jahrzehnt zuvor (siehe S. 359) hatte der mächtigste und dynamischste deutsche Einzelstaat vollbracht, wozu die in sich gespaltene Nationalbewegung allein nicht imstande gewesen war. Ebenso richtig ist es aber auch, dass die Einigungspolitik Preußens ohne die vom Nationalismus und der kulturellen und wirtschaftlich-sozialen Nationsbildung seit dem frühen 19. Jahrhundert geschaffenen Voraussetzungen gar nicht denkbar gewesen wäre.
Die Nationalliberalen, die staatsnationale und zugleich wählerstärkste Partei der 1870er Jahre, identifizierten sich mit dem Kaiserreich, weil sie hofften es freiheitlich ausgestalten zu können. Es war aber unverkennbar, dass in ihrem Nationsverständnis machtstaatliche und nationalhegemoniale Gesichtspunkte in den Vordergrund getreten waren. Mit der Annexion des zwar muttersprachlich überwiegend deutschen, aber mehrheitlich offenbar französisch empfindenden Elsass-Lothringen, dem „Kulturkampf" gegen die katholische Kirche – Schutzmacht auch der nationalen Minderheiten* – und der wachsenden Repression gegenüber der jungen Arbeiterbewegung trat der deutsche Nationalstaat von 1871 in scharfer Frontstellung gegen einen großen Teil seiner Bewohner ins Leben. Das geschah nicht nur mit Unterstützung, sondern sogar auf Drängen der Nationalliberalen, die in den 1880er Jahren auch zu den Anhängern einer imperialistischen „Weltmachtpolitik" wurden.

1. *Kennzeichnen Sie die Träger und die Ziele der Nationalbewegung bis 1830. Wie begründeten sie ihre Ziele? Wer waren die politischen Gegner?*
2. *Beschreiben Sie die Methoden der politischen Mobilisierung bis 1848. Welche politischen Gruppierungen sind zu erkennen? Arbeiten Sie die jeweiligen politischen Ziele heraus und diskutieren Sie deren Vereinbarkeit.*
3. *Erläutern Sie die Begriffe „großdeutsch" und „kleindeutsch".*
4. *Welche Entwicklungen begünstigten den Aufstieg Preußens zur deutschen „Vormacht"?*
5. *Diskutieren Sie die Erklärung des Autors zur deutschen Reichsgründung 1870/71.*

Europa in der Epoche des „integralen Nationalismus“ nach 1870

Ideologische Grundlagen

Im letzten Drittel des 19. Jahrhunderts änderte sich die Stellung des Nationalismus im politischen Koordinatensystem. Viele sahen jetzt in der jeweils eigenen Nation einen absoluten, allem anderen übergeordneten Wert. Historiker sprechen von einem „integralen Nationalismus“. Diese neue Konzeption des Nationalismus war – neben dem Sozialismus und der Erneuerung des (insbesondere katholischen) Christentums – eine Antwort auf das vermeintliche Versagen des Liberalismus, einschließlich des nationalen Liberalismus. Dessen wirtschaftlich-soziale Verheißungen schienen einmal durch die Krise der 1870er Jahre und die nachfolgende Phase des gebremsten Wachstums widerlegt (siehe Grafik S. 266); ebenso durch den Staatsegoismus, der die Außenpolitik nach wie vor beherrschte, und durch die Begrenzung der politischen Mitwirkung des Volkes gerade auch in Ländern mit starkem Parlament.

War es da nicht besser die „natürlichen Lebensgesetze“ zu beachten – im Innern wie nach außen – und die eigenen nationalen Belange zum Maßstab zu machen? Die Lehre Darwins von der natürlichen Auslese und vom Überleben der Tüchtigsten, von Humanwissenschaftlern auf die menschlichen „Rassen“ übertragen, faszinierte viele. Die sozialdarwinistische* Vorstellung vom Kampf aller Völker gegen alle verdrängte Herders Konzeption einer Menschheit, in der jedem Volk sein ganz spezifischer Platz und damit sein Eigenwert zukam (siehe S. 357). Der Einzelmensch war nicht mehr Maß aller Dinge, seine Entfaltung nicht mehr der Zweck der gemeinschaftlichen Einrichtungen. Vielmehr wurde das Individuum zum Diener des „Vaterlands“, der „Nation“, des „Volkes“, des „Reiches“ als eines höheren Ganzen degradiert. Der ideologische Nährboden für den späteren Nationalsozialismus in Deutschland und andere faschistische Bewegungen in Europa entstand.

Die Unterordnung unter die größere Gemeinschaft der Nation wirkte der Verunsicherung entgegen, die aus der Durchsetzung des modernen Industriekapitalismus resultierte. Die Nation erschien wertvoller als der einzelne Mensch und seine persönlichen Interessen. Sie verlieh auch solchen Handlungen ihrer Angehörigen eine sittliche Weihe, die im Privatleben als völlig inakzeptabel galten. Cavour, der Einiger Italiens, meinte: „Wenn wir für uns selbst das gleiche täten, was wir für unsere Nation tun, was für Lumpen wären wir da!“

Bei der Transformation des Nationalismus in eine rechte, emanzipationsfeindliche Bewegung spielte eine wichtige Rolle, dass die konservativen, adlig-großbürgerlichen Führungsschichten nach einem Instrumentarium suchten auch im Übergang zur Industriegesellschaft und zur Massendemokratie die Macht zu bewahren. Es ging darum die Nationalstaaten zu integrieren und politisch-soziale Spannungen abzulenken. Der Begriff „national“ bekam nach 1870 mehr und mehr eine staats- und gesellschaftserhaltende statt einer gesellschaftsverändernden Bedeutung. „National“ und „konservativ“, ursprünglich eher Gegensätze, verbanden sich jetzt für das Spektrum rechts der Mitte sogar zu zwei

„Soweit die deutsche Zunge klingt!“, Postkarte, herausgegeben vom Alldeutschen Verband, um 1900

Seiten einer Medaille. Die 1876 neu konstituierten, nach wie vor stark großagrarisch und ostelbisch geprägten Konservativen Deutschlands nannten sich nun Deutsch-Konservative Partei, das Novum schon im Namen ausdrückend. Dieser neue, konservative Nationalismus war militaristisch orientiert. Der zeittypische Kult alles Militärischen fand in Deutschland einen besonders günstigen Nährboden in der verfassungsrechtlich starken Stellung der Armee.

Deutschland

Der Nationalismus im Hohenzollernstaat war aber nicht nur und nicht einmal in erster Linie ein Manipulationsinstrument der Herrschenden. Er drückte nach wie vor Bestrebungen breiter bürgerlicher und kleinbürgerlicher Schichten aus, die im Zeitalter des Imperialismus (siehe S. 413) nach einer neuen Mission des „Deutschtums" suchten. „Nationale" Verbände, die um 1900 zusammen mehrere hunderttausend Mitglieder hatten, agitierten für nationalistische und imperialistische Ziele in klarer Frontstellung gegen Sozialdemokraten und Linksliberale. Manche dieser Verbände, die – wie der Flottenverein – mit Regierungsunterstützung gegründet worden waren, lösten sich aus dieser Bindung und operierten weitgehend eigenständig.

Aus der Kolonialagitation der 1880er Jahre ging der Alldeutsche Verband hervor, dessen bis zu 23 000 Mitglieder, meist Angehörige des städtisch-protestantischen Bildungs- und Besitzbürgertums, sich als Pioniere eines radikalen Nationalismus verstanden. Ein mitteleuropäisches Reich unter deutscher Führung sollte die kontinentale Basis schaffen für die Erlangung großen Kolonialbesitzes. Dafür schien ihnen nicht nur die Aufrüstung von Heer und Flotte erforderlich, sondern auch die Einheit des Reiches im Innern. Diese Einheit sollte freilich nicht etwa durch Suche nach Konsens, sondern durch scharfen Kampf gegen die „Reichsfeinde" hergestellt werden. Die Alldeutschen gerieten wiederholt und zunehmend in Gegensatz zur Reichsregierung und wurden damit zu Vorreitern einer „nationalen Opposition", der die offizielle Außen- und Innenpolitik der kaiserlichen Regierungen zu inkonsequent und zu vorsichtig schien.

Zur zentralen Kategorie des radikalen deutschen Nationalismus wurde das „Volk". Man wollte nicht einfach „national" sein – der Ausdruck erinnerte zu sehr an westliche Vorbilder –, sondern „völkisch". Das „Volkstum" hatte schon zu Beginn des deutschen Nationalismus im Mittelpunkt gestanden, war aber, trotz mancher gedanklicher Anknüpfungspunkte, eingebunden in einen anderen politisch-gesellschaftlichen Zusammenhang. Auch die Volkstümler des frühen 19. Jahrhunderts hatten das Volk als einen Organismus, eine natürliche Wesenheit, angesehen (siehe S. 362). Neu war jetzt die Biologisierung dieser „organischen" Sicht, die es erlaubte universelle ethische Prinzipien zu leugnen, die lange Zeit kaum umstritten gewesen waren. Schon vor dem Ersten Weltkrieg propagierte der Vorsitzende des Alldeutschen Verbandes, Heinrich Claß, umfangreiche Aus- und Umsiedlungsmaßnahmen gegen nationale Minderheiten (siehe S. 373, Mat. 3).

Im Zuge seiner Radikalisierung nach rechts verband sich der deutsche Nationalismus mit antisemitischen Vorstellungen, zuerst unter den Studenten. Der Antisemitismus* im Kaiserreich wurde, anders als in der älteren, religiös, wirtschaftlich oder kulturell begründeten Judenfeindschaft, zunehmend „rassisch" abgeleitet (siehe S. 385 f., Mat. 4 bis 6).

Großbritannien

Der Gestalt- und Funktionswandel des Nationalismus im letzten Viertel des 19. Jahrhunderts war kein speziell deutsches Phänomen. Er korrespondierte mit dem Übergang zum Imperialismus. Die Flottenrivalität bestärkte etwa auch in Großbritannien die Formierung einer radikalen, antidemokratischen Rechten, deren aggressiv imperialistisches Auftreten als „Jingoismus" (engl. jingo = Chauvinist) bezeichnet wurde. Auch dort gab es antisemitisches und rassistisches Gedankengut. Die Lehren vom „Kampf ums Dasein", vom „Recht des Stärkeren" und von der „Kraft der Tatsachen", die sich überall tief in das Bewusstsein der Gebildeten gruben, stammten zum Teil von Engländern.

Russland

In Russland gab es seit jeher einen traditionalen, auf den Zaren und die orthodoxe Kirche gerichteten Reichspatriotismus. Aufgrund der wirtschaftlich-sozialen Rückständigkeit und der damit verbundenen zurückgebliebenen inneren Nationsbildung entstand allerdings kein moderner Nationalismus bürgerlichen Typs. Unter den Bedingungen ungebrochener Selbstherrschaft im Innern, der Einigung Deutschlands und der Umwandlung des Nationalismus in ganz Europa radikalisierte sich der russische Nationalismus vielmehr. Er war in einen nationalrussischen und einen „panslawistischen" Flügel geteilt. Die Panslawisten propagierten die Vereinigung aller slawischen Völker unter der Führung Moskaus und stellten damit das gesamte europäische Staatensystem in Frage. Gemeinsam waren beiden Richtungen die Forderungen nach einer expansiven Außenpolitik, nach Schutzmaßnahmen gegen die deutsche Wirtschaftskraft und nach völliger „Einschmelzung" der Randprovinzen, vor allem des Baltikums mit seiner deutsch-evangelisch-adligen Führungsschicht, aber auch slawischer Teile des Reiches wie Russisch-Polen. Der imperialistische Panslawismus, wie ihn N. J. Danilewskij in seinem Buch „Russland und Europa“ zuerst 1869 begründete, entwickelte durch seine Ausstrahlung auf die Nationalbewegungen in anderen slawischen Ländern, z. B. die tschechische und südslawische, eine besondere ideologische Sprengkraft.

Frankreich

Der Begriff für den neuartigen, „integralen“ Nationalismus und seine systematischste Ausformulierung stammt aus Frankreich. Der integrale Nationalismus ist als Reaktion auf die Niederlage Frankreichs gegen Deutschland 1870/71 gedeutet worden. Diese war zwar nicht unmittelbar der Republik anzulasten, die ja erst während des Krieges im Zeichen des nationalen Widerstands proklamiert worden war. Aber viele konservativ-monarchistisch eingestellte Franzosen verziehen den republikanischen Politikern nicht, dass sie die Revanche aus realpolitischen Gründen zurückstellen wollten. Die 1882 gegründete, 1889 verbotene *Ligue des patriotes* und ebenso die 1898 gegründete *Ligue de la patrie française* versammelte viele Persönlichkeiten der intellektuellen Elite Frankreichs.

Die französische Rechte grenzte sich prinzipieller vom bestehenden bürgerlichen Staat ab, als das die deutsche Rechte tat, die sich auf illiberale, autoritäre Elemente in Staat und Gesellschaft stützen konnte. Anders als östlich der Vogesen konnte der integrale Nationalismus daher niemals zu einer das französische Nationalbewusstsein dominierenden Kraft werden. Die revolutionären und demokratischen Traditionen verschafften dem republikanischen Nationalismus in Frankreich letzten Endes mehr Legitimität. Zur Kraftprobe der beiden unvereinbaren Nationsverständnisse wurde seit 1894 die Affäre um den jüdischen, der Spionage für Deutschland beschuldigten Armeehauptmann Alfred Dreyfus (siehe S. 334 f., Mat. 4 bis 7).

Der Schriftsteller Maurice Barrès fügte dem französischen Nationalismus das Magische hinzu. „Nach vielen Demütigungen kommt mein Denken ... dazu seine Abhängigkeit von der Erde und von den Toten festzustellen, die es lange vor meiner Geburt bis in seine Färbungen bestimmt haben.“ Barrès begründete eine neue, nationalistische Mystik, in der die Erde und die Toten die bestimmenden Mächte sind, denen sich niemand entziehen könne. Er war antiparlamentarisch, verwarf aber nicht das nationale Erbe der Revolution (siehe S. 375, Mat. 6).

Die prägende Gestalt des integralen Nationalismus wurde jedoch Charles Maurras mit der *Action Française,* die zu den Vorläufern der faschistischen Bewegungen gezählt wird. Maurras' Mitstreiter waren nicht selten enttäuschte Republikaner, die das Heil in autoritären Lösungen suchten, seine Anhänger meist junge Leute, überwiegend Studenten, die das „Schwätzerregiment“ der „Geldsack-Republik“ verachteten und sich unter dem Namen „Marktschreier des Königs“ *(Camelots du Roi)* straff organisierten und die Repräsentanten und Anhänger der Republik gewaltsam angriffen (siehe S. 376, Mat. 7).

Maurras trat für die erbliche Monarchie ein und pries die segensreiche Existenz der katholischen Kirche (siehe S. 375, Mat. 5). Die Monarchie als Symbol der geschichtlichen Wurzeln Frankreichs schien ihm allein geeignet das „nationale Interesse“ über die sozialen Gruppen hinweg hochzuhalten. Die Kirche repräsentiere den Geist der Disziplin, wie er der lateinischen Tradition entspreche. Sie banne das „Gift des Individualismus“, wie es für das Germanentum und den germanischen Protestantismus typisch sei. (Auf deutscher Seite sahen die Nationalisten umgekehrt in der französischen Geschichte, besonders in der Revolution, den individualistischen Geist verkörpert.) Neben dem Einfluss des „zersetzenden“ Judentums und der Freimaurerei attackierte die *Action Française* auch die Rolle hugenottischer Unternehmer in der französischen Wirtschaft. Das internationale Finanzkapital beherrschte nach ihrer Auffassung den Staat in der Dritten Republik. Die Revolution von 1789 bedeutete für Maurras nicht die Konstituierung der Nation, sondern ihre Zerstörung, die Auflösung der Ordnungsprinzipien Frankreichs in der Anarchie. Alles, was Frankreich seit 1789 auszeichnete – der Individualismus, der Rationalismus der Aufklärung, die Demokratie –, habe sich als falsch erwiesen. Die Erneuerung der Nation könne nur aus den alten Kraftquellen des „ewigen Frankreich“ kommen. Dieses nach außen elitäre Nationsverständnis schloss auch nach innen die Bejahung einer festgefügten sozialen Hierarchie ein.

Der Nationalismus Maurras', dessen Lehre später für mehrere führende Persönlichkeiten der autoritären Kollaborationsregierung in Vichy (1940–1944) bestimmend wurde, war zunächst ästhetisch begründet – die Schönheit Frankreichs als „Wunder aller Wunder“. Er setzte das Vaterland als „Göttin“ absolut und befreite den „Kult des Vaterlandes“ von allen ethischen Fesseln. In der praktischen Politik bekämpfte die *Action Française* vor allem jeden Ansatz und jeden Gedanken einer Verständigung mit Deutschland, wie sie die bürgerliche und sozialistische Linke im Auge hatte.

1. *Erklären Sie den Begriff „integraler Nationalismus“ und ordnen Sie ihn historisch und ideologisch ein. Wer waren die Träger des integralen Nationalismus?*
2. *Welche Gründe nennt der Text für den Wechsel vom „linken“ zum „rechten“ Nationalismus nach 1870?*

Eine demokratische Alternative?

Der Nationalismus enthielt auch in seiner „linken", im wesentlichen emanzipatorischen Phase, die etwa bis 1870 dauerte, aggressive, fremdenfeindliche, rückwärtsgewandte Elemente. Er war nicht unbedingt weniger blutig und toleranter als später, auch wenn an dem prinzipiell unterschiedlichen Charakter festzuhalten ist. Umgekehrt setzte sich nach 1870 der „rechte", emanzipationsfeindliche Nationalismus niemals so vollständig durch, dass nicht andere Formen nationalen Denkens weiterbestanden hätten.

Das gilt zunächst für die Vertreter des Liberalismus, besonders der linken, demokratisch und sozialstaatlich orientierten Strömung wie der Radikalen Partei in Frankreich. Sie bewahrten teilweise die Verbindung von Nationalbewusstsein und Freiheitsideen, die für den liberalen Nationalismus typisch gewesen war. Doch auch in der bürgerlichen Mitte und in der bürgerlichen Linken überlagerten integral-nationalistische Auffassungen die ursprüngliche Konzeption der Nation, und die Bejahung des Imperialismus, der mit seiner zivilisatorischen Mission gerechtfertigt werden konnte, schuf eine Brücke zur Rechten.

Eine im Ansatz konsequente Alternative zum rechten Nationalismus des imperialistischen Zeitalters vertraten die Sozialisten als Anhänger des Internationalismus. In ihrer Mehrheit negierten sie nicht einfach die Nation, sondern knüpften an die zur Zeit des Vormärz entstandene Vision eines brüderlichen Bundes der Völker an, der die Entfaltung ihrer nationalen Eigenart besser ermöglichen werde als das bestehende Staatensystem. Für diese Auffassung von Nation war neben der Unabhängigkeit von außen die Einbeziehung der breiten, bisher aus der nationalen Kultur ausgeschlossenen Volksmassen und die innere Selbstbestimmung grundlegend.

Bei Ausbruch des Ersten Weltkrieges 1914 gaben die europäischen Sozialisten dann aber die Unterscheidung zwischen den Interessen der Herrschenden und den „wahren" Interessen der Nation auf, die den Kern der besonderen sozialistischen Einstellung zur Nation ausgemacht hatte (siehe S. 340 f., Mat. 9 und 10). Seit den 1930er Jahren löste sich selbst die kommunistische Richtung der Arbeiterbewegung von einem engen Verständnis des „proletarischen Internationalismus" und propagierte in den verschiedenen Ländern gezielt einen eigenen Patriotismus.

Nach dem Zweiten Weltkrieg war es vor allem der antiimperialistische Nationalismus der Befreiungsbewegungen und der neuen Staaten der Dritten Welt, der historisch bedeutsam wurde. Ethnische Kriterien traten dabei meist zurück. Wichtiger war die Abgrenzung nach außen, gegenüber den Kolonial- bzw. Hegemonialmächten der westlichen Industriewelt. Die Separations- und inneren Nationsbildungsprozesse in der Dritten Welt sind aber auch heute noch lange nicht abgeschlossen.

In Mittelost-, Ost- und Südosteuropa haben der Nationalstaat und nationale Bewegungen mit dem Zusammenbruch der sowjetischen Ordnung wieder an Bedeutung gewonnen. Dabei vermischen sich Freiheitsbestrebungen jahrzehntelang unterdrückter Völker und Volksgruppen mit verdeckten sozialen Spannungen und mit dem Bedürfnis nach nationaler Identität, die das ideologische Vakuum füllen soll, das der Kommunismus hinterlassen hat. Wie weit der Nationalisierungsprozess im Osten und Südosten Europas gehen wird, hängt wohl maßgeblich davon ab, wann unter parlamentarisch-demokratischen Verhältnissen deutliche materielle Verbesserungen für die Mehrheit der Bevölkerung spürbar werden und ob es gelingt die osteuropäischen Staaten einschließlich Russlands in irgendeiner Form an den westeuropäischen Integrationsprozess anzukoppeln.

Die westeuropäische Einigung war nach 1945 unter dem Druck des Kalten Krieges zustande gekommen. Trotz wiederholter Rückschläge hat die Verflechtung der Staaten Westeuropas inzwischen eine Stufe erreicht, die eine Wiederherstellung unabhängiger Nationalstaaten alten Typs kaum vorstellbar erscheinen lässt, auch wenn die Vereinigung Deutschlands und die Renaissance der Nationalstaatsbildung im Osten den Prozess kompliziert. Andererseits sind die alten Nationen auch in Westeuropa keineswegs nur noch historische Museen. Selbst in den USA, wo zwischen den Einzelstaaten keine ethnisch-kulturellen Unterschiede mit jahrhundertelanger Tradition bestanden, wurde der Bundesstaat* mit starken zentralen Institutionen erst nach und nach geschaffen. Umso weniger wird man in Europa eine einfache Auflösung der Nationen und Nationalstaaten erwarten dürfen.

Vermutlich wird (West-)Europa für längere Zeit weder in einer Konföderation souveräner Staaten noch in einem Bundesstaat wie den USA seine Form finden, sondern Elemente beider verbinden. Wird sich am Ende der Traum der weltbürgerlichen National-Demokraten des Vormärz doch noch als realitätstüchtig erweisen: ein vereintes Europa freier, gleichberechtigter Völker, die ihre Nationalität nicht gegeneinander entwickeln und sich gemeinsamen, universellen Werten verpflichtet fühlen?

1 *1807/08 hielt der deutsche Philosoph Johann Gottlieb Fichte (1762–1814) in Berlin eine Vorlesung unter dem Titel „Reden an die deutsche Nation", die unter den Gebildeten der Stadt großen Anklang fand und veröffentlicht wurde (Auszug):*

Q Gehet ihr ferner so hin in eurer Dumpfheit und Achtlosigkeit, so erwarten euch zunächst alle Übel der Knechtschaft: Entbehrungen, Demütigungen, der Hohn und Übermut des Überwinders; ihr werdet herumgestoßen werden in allen Winkeln, weil ihr allenthalben nicht recht und im Wege seid, solange, bis ihr, durch Aufopferung eurer Nationalität und Sprache, euch irgendein untergeordnetes Plätzchen erkauft und bis auf diese Weise allmählich euer Volk auslöscht. Wenn ihr euch dagegen ermannt zum Aufmerken, so findet ihr zuvorderst eine erträgliche und ehrenvolle Fortdauer und sehet noch unter euch und um euch herum ein Geschlecht aufblühen, das euch und den Deutschen das rühmlichste Andenken verspricht. Ihr sehet im Geiste durch dieses Geschlecht den deutschen Namen zum glorreichsten unter allen Völkern erheben, ihr seht diese Nation als Wiedergebärerin und Wiederherstellerin der Welt.

Es hängt von euch ab, ob ihr das Ende sein wollt und die Letzten eines nicht achtungswürdigen und bei der Nachwelt gewiss sogar über die Gebühr verachteten Geschlechtes, bei dessen Geschichte die Nachkommen, falls es nämlich in der Barbarei, die da beginnen wird, zu einer Geschichte kommen kann, sich freuen werden, wenn es mit ihnen zu Ende ist, und das Schicksal preisen werden, dass es gerecht sei; oder ob ihr der Anfang sein wollt und der Entwicklungspunkt einer neuen, über alle eure Vorstellungen herrlichen Zeit. […]

Bedenket, dass ihr die Letzten seid, in deren Gewalt diese große Veränderung steht. Ihr habt doch noch die Deutschen als Eins nennen hören, ihr habt ein sichtbares Zeichen ihrer Einheit, ein Reich und einen Reichsverband gesehen oder davon vernommen, unter euch haben noch von Zeit zu Zeit Stimmen sich hören lassen, die von dieser höheren Vaterlandsliebe begeistert waren. Was nach euch kommt, wird sich an andere Vorstellungen gewöhnen, es wird fremde Formen und einen anderen Geschäfts- und Lebensgang annehmen; und wie lange wird es noch dauern, dass keiner mehr lebe, der Deutsche gesehen oder von ihnen gehört habe?

Was von euch gefordert wird, ist nicht viel. Ihr sollt es nur über euch erhalten euch auf kurze Zeit zusammenzunehmen und zu denken über das, was euch unmittelbar und offenbar vor den Augen liegt. Darüber nur sollt ihr euch eine feste Meinung bilden, derselben treu bleiben und sie in eurer nächsten Umgebung auch äußern und aussprechen. Es ist die Voraussetzung, es ist unsre sichere Überzeugung, dass der Erfolg dieses Denkens bei euch allen auf die gleiche Weise ausfallen werde und dass, wenn ihr nur wirklich denket und nicht hingeht in der bisherigen Achtlosigkeit, ihr übereinstimmend denken werdet; dass, wenn ihr nur überhaupt Geist euch anschaffet und nicht in dem bloßen Pflanzenleben verharren bleibt, die Einmütigkeit und Eintracht des Geistes von selbst kommen werde. Ist es aber einmal dazu gekommen, so wird alles Übrige, was uns nötig ist, sich von selbst ergeben.

Zit. nach Johann Gottlieb Fichte's sämmtliche Werke, hg. von J. H. Fichte, Bd. 7, Berlin 1846 (Nachdruck Berlin 1965), S. 485 ff.

1. *Beschreiben Sie die beiden Zukunftsmöglichkeiten, die Fichte skizziert (Mat. 1). Für welche der beiden tritt er ein? Welchen Weg schlägt er vor um das Ziel zu erreichen?*
2. *Beurteilen Sie, welchen Realitätsgehalt Fichtes Vorschlag angesichts der politischen Situation der Jahre 1807/08 besaß.*
3. *Erklären Sie mit Hilfe der Darstellung (siehe S. 361 f.) den großen Anklang, den Fichtes Ausführungen in Berlin fanden.*

2 *1832 machte sich der liberale Politiker und spätere Paulskirchenabgeordnete Paul Achatius Pfizer (1801–1867) „Gedanken über das Ziel und die Aufgabe des Deutschen Liberalismus":*

Q Freiheit im Innern und Unabhängigkeit nach außen oder persönliche Freiheit und Nationalität sind die beiden Pole, nach denen alles Leben des Jahrhunderts strömt, und die französische Nation ist die erste Nation der Welt geworden, weil sie diese beiden Grundrichtungen der Gegenwart am reinsten in sich aufgenommen hat, in ihrer Unzertrennlichkeit am kräftigsten und entschiedensten der Welt vor Augen stellt.

Nachdem Jahrhunderte lang alle Rechte der Völker in dem Recht und der Persönlichkeit der Fürsten aufgegangen, hat man sich endlich überzeugt, dass nicht die Völker um der Fürsten, sondern die Fürsten um der Völker willen vorhanden sind und dass die Völker selbst auch Rechte besitzen, welche von der Person des sie regierenden Monarchen unabhängig bleiben. […] Die Nationen sind jetzt das geworden, was früher die Monarchien oder die Dynastien waren.

Zwar glauben manche, mit dem Fall jener mittelalterlichen Art von Fürstenmacht müsse auch der Gegensatz der Länder und Völker seine Bedeutung verlieren, ein gemeinschaftliches Band werde künftig die gesamte Menschheit verknüpfen und so das goldene Zeitalter wiederkehren, wo kein Unterschied des Standes und der Abkunft mehr gelte, sondern an deren Stelle die absolute Freiheit und Gleichheit trete. Aber wie es zu einem vollkommenen Organismus gehört, dass jeder Körperteil seine eigentümliche Bestimmung, Bildung und Verrichtung habe, indem nur auf der niedrigsten Stufe der Organisation verschiedenartige Funktionen in einem Organ zusammenfallen, so gehört es auch zum Organismus der Menschheit, dass jede Nation ihre eigentümliche Lebensaufgabe löse und erfülle und in diesem Geschäfte nicht durch die Herrschsucht und Gewalt der anderen gestört und aufgehalten werde. Deutschland, die Heimat des Gemüts und des Gedankens, der tiefsten Innerlichkeit, wird ewig mit Frankreich, dem Lande der Bewegung und des äußerlichen Lebens, einen Gegensatz bilden, der es unmöglich macht, dass sich Deutschland unter Frankreichs Oberherrschaft auf die Dauer wohl befinde; und dieser Gegensatz wird, wenn auch gemildert und versöhnt, selbst dann noch fortdauern, wenn dereinst nicht mehr ein bloß völkerrechtliches, sondern ein positiv staatsrechtliches Band alle Völker unseres Erdteils vereinigen sollte.

Die Nationalunterschiede werden nicht aufhören; aber Nationalität und persönliche Freiheit müssen forthin Hand in Hand gehen und man sollte endlich anerkennen, dass die ganze Größe Frankreichs darin besteht das Prinzip der innern Freiheit in ihrer wesentlichen Einheit mit der äußeren darzustellen. Es wäre Zeit, dass man sich endlich einmal gestände und klar darüber würde, dass die Franzosen die Führer und Leiter der Zivilisation, das tonangebende Volk in Europa nicht dadurch geworden sind, dass sie die Grundsätze der Freiheit bekennen und predigen, sondern dadurch, dass sie dieselben als Nation bekennen und mit dem ganzen Gewicht ihrer Nationalität unterstützen.

Will daher Deutschland in die Schule der Franzosen gehen, so darf die Nachahmung nicht auf halbem Wege stehen bleiben. [...]

Es ist freilich eine Torheit zu verlangen, dass die Deutschen die innere Freiheit ganz vergessen sollen, bis sie die äußere Unabhängigkeit gesichert haben; es ist aber ebenso verkehrt oder noch verkehrter, die letztere der erstern aufopfern zu wollen.

Paul Achatius Pfizer, Gedanken über das Ziel und die Aufgabe des Deutschen Liberalismus, Tübingen 1832, neu hg. von Georg Küntzel, Berlin 1911, S. 340ff.

1. *Erläutern Sie anhand von Mat. 2 die Ziele des liberalen Nationalismus.*
2. *Untersuchen Sie Pfizers Urteil über Frankreich und erklären Sie seine Haltung mit Hilfe der Darstellung (siehe S. 362–364).*

3 *In einer unter einem Pseudonym erschienenen Schrift mit dem Titel „Wenn ich der Kaiser wär' – Politische Wahrheiten und Notwendigkeiten" skizzierte der Vorsitzende des Alldeutschen Verbands, Justizrat Heinrich Claß (1868–1953), die Grundsätze eines Staates nach seinen Vorstellungen (1912):*

Q Eine radikale Arbeiterpartei, die auf dem Boden des Staates, der Nation, der Monarchie steht, kann unser öffentliches Leben verdauen, vielleicht sogar ganz gut gebrauchen um die Gewissen gegenüber jeder Hinneigung zu einer „Bourgeoispolitik" nötigenfalls zu wecken – nicht aber eine dem Anarchismus zutreibende Vertretung der Massen, die dem eigenen Volke, dem eigenen Vaterlande die Absage erteilt hat. [...] Es heißt deshalb der Masse die Gelegenheit zur Umkehr oder zum Haltmachen dadurch zu bereiten, dass man sie von der jetzigen Führerschaft befreit, indem alle Reichstags- und Landtagsabgeordneten, alle Parteibeamten, alle Herausgeber, Verleger, Redakteure sozialistischer Zeitungen und Zeitschriften, alle sozialistischen Gewerkschaftsführer – kurz alle im Dienste der sozialistischen Propaganda Stehenden aus dem Deutschen Reiche ausgewiesen werden; dasselbe gilt natürlich auch für alle Anarchisten.

[...] Gleichzeitig muss die Gesellschaft alles tun um die Massen dem Vaterlande zurückzugewinnen. Gemeinnützige Gesellschaften werden die Herausgabe billigster Tageszeitungen in die Wege leiten um das Volk mit unvergiftetem Lesestoff zu versorgen und damit die Lücke schließen, die durch die Unterdrückung der sozialistischen Presse entstanden ist; eine großzügige nationale Versammlungstätigkeit muss einsetzen, wobei die Besten aller Stände und Berufe an der Versöhnung mitarbeiten werden; vaterländische Festfeiern für das Volk sind zu veranstalten – kurz, es ist nachzuholen, was in den Jahren ungeahnten wirtschaftlichen Aufschwungs nach der Reichsgründung und nachher in den Jahren der Erbitterung versäumt worden ist: wir müssen den „Kampf um die Seele des Volkes" aufnehmen, wie man es mit einem schönen Schlagwort umschrieben hat. Die Heeresverwaltung wird die bürgerliche Gesellschaft in diesem Bemühen unterstützen und Gelegenheit bieten, dass den Soldaten Vorträge aus der deutschen Geschichte gehalten werden. [...] Wenn man den Kampf aufnehmen will, muss man sich darüber klar sein: keine Halbheit, keine Schwäche, keine Sentimentalität – ganze Arbeit mit festem, hartem Willen. [...]

Eine Gesundung unseres Volkslebens, und zwar aller seiner Gebiete, kulturell, moralisch, politisch, wirtschaftlich, und die Erhaltung der wiedergewonnenen Gesundheit ist nur möglich, wenn der jüdische Einfluss entweder ganz ausgeschaltet oder auf das Maß des Erträglichen, Ungefährlichen,

zurückgeschraubt wird. Bei der Erörterung des nach dieser Richtung Notwendigen wird man sich darüber klar sein, dass der Unschuldige mit dem Schuldigen leiden muss. […]
Die Losung lautet: entschlossene Kampfpolitik gegen die Polen durch die Anwendung der Enteignung und die Einführung des Parzellierungsverbots, […] Ausdehnung der Kampfgesetze auf alle vom polnischen Ansturm gefährdeten Landesteile, besonders also auf Oberschlesien […]. [Insbesondere] muss man verlangen, dass die Erwählten des polnischen Volkes nur als Sachwalter in den Parlamenten sitzen, also kein Stimmrecht haben, sondern nur Gehör verlangen können in den Fragen, an denen ihre Volksgenossen oder ihre Heimat beteiligt sind. Sollte sich herausstellen, dass diese Bestimmung durch den Anschluss oder das Aufgehen in andere Parteien umgangen würde, so dürfte man vor dem weiteren Schritt nicht zurückschrecken den Polen endgültig das aktive und passive Wahlrecht zu entziehen. Wer Pole ist, ließe sich in solchem Falle entsprechend dem Vorschlage der Zugehörigkeit zum Judentum festlegen, wobei natürlich die Sprache den Ausschlag gäbe. […]
Sollte [ein dauernder Erfolg dieser Politik] durch polnischen Widerstand in Frage gestellt werden, der zu Mitteln greift, die bis heute vermieden worden sind, so dürfte der Staat auch vor dem Äußersten nicht zurückschrecken – aber davon braucht man heute noch nicht und hoffentlich nie zu reden. […]
Mit anderen Worten, an einen Angriffskrieg zur Wegnahme fremden Landes zum Zwecke der Evakuierung sollten wir nicht denken, uns aber daran gewöhnen eine solche Maßregel für zulässig zu halten als Antwort auf einen gegnerischen Angriff; ein Raubkrieg widerspricht unseren Begriffen, eine Strafe für ruchlosen Überfall erscheint uns gerechtfertigt, auch wenn sie diese härteste Form annimmt, denn „Not bricht Eisen". Einem Verteidigungskrieg in diesem Sinne darf auch ein von deutscher Seite angriffsweise geführter gleichgeachtet werden, den wir unternehmen müssten um den Gegnern zuvorzukommen.

Daniel Frymann (Heinrich Claß), Wenn ich der Kaiser wär' – Politische Wahrheiten und Notwendigkeiten (1912), 5. erw. Aufl., Leipzig 1914, S. 66ff.

1. *Stellen Sie mit Hilfe von Mat. 3 die wichtigsten Programmpunkte des „Reichsnationalismus" von Claß zusammen.*
2. *Welche politische Bedeutung hatte dieses Programm im Kaiserreich? Wie erklären Sie sich die Attraktivität?*
3. *Welche „Reichsfeinde" werden in der Quelle benannt? Vergleichen Sie dieses Feindbild mit Vorstellungen aus der ersten Hälfte des 19. Jahrhunderts.*
4. *Vergleichen Sie das Programm der Alldeutschen mit den politischen Vorstellungen und Zielsetzungen der Nationalsozialisten: Wo sehen Sie Gemeinsamkeiten, wo Unterschiede? Begründen Sie Ihr Urteil.*

4 *In einer Haushaltsdebatte im deutschen Reichstag am 18. Februar 1913 sagte der sozialdemokratische Abgeordnete Georg Ledebour (1850–1947; 1917 Mitbegründer der USPD):*

Q Meine Herren, das ist nicht etwa ein Gedanke, den wir erst jetzt aus der Situation heraus für uns Sozialdemokraten entwickelt haben – diese Auffassung der Berechtigung des Nationalbewusstseins entspricht eben der Auffassung vom Nationalbewusstsein, die gerade die Vorkämpfer des deutsch-nationalen Gedankens in Deutschland gehabt haben. Es ist jetzt die Zeit daran zu erinnern, wie denn die Männer, die mit Einsetzung ihrer ganzen Persönlichkeit, mit Gefahr ihres Leibes und ihres Lebens vor 100 Jahren den nationalen Gedanken in Deutschland entfacht haben, über diese Frage dachten. Die Vorkämpfer des nationalen Gedankens in Deutschland waren Männer, die die Freiheit ihres und anderer Völker wollten. Der deutsch-nationale Gedanke in Deutschland ist am Anfang des vorigen Jahrhunderts entstanden aus dem Gedanken der Volksbefreiung heraus. Man wollte das Volk befreien von der Unterdrückung durch eine Fremdherrschaft, man wollte das Volk befreien von der Unterdrückung durch die eigenen Gewaltherrscher. Das verband sich unauflöslich im Denken der Männer, die damals den nationalen Gedanken in Deutschland entfachten.
Es ist eine sehr zeitgemäße Lektüre, wenn Sie sich jetzt einmal vertiefen wollten z. B. in die Reden, die Johann Gottlieb Fichte an die deutsche Nation gehalten hat. Darin werden Sie keine Gedanken finden zur Unterstützung Ihrer Unterdrückungspolitik. Darin werden Sie eine Auffassung finden des nationalen Gedankens, wie wir Sozialdemokraten sie heutzutage in Deutschland vertreten. […]
Sie aber, meine Herren, sind es, die den deutschen nationalen Gedanken in seiner Entartung vertreten. Wenn wirklich späterhin einmal, nach Überwindung der gegenwärtigen Geschichtsperiode, in Deutschland ein wirkliches Reich der Freiheit und des gleichen Rechts für alles, was Menschenantlitz trägt, errichtet wird, dann wird ein kommender Geschichtsschreiber auf die Entartung des nationalen Gedankens in dieser Zeit als auf eine Erscheinung hinweisen, die zeigt, wie in den Händen der Machthaber alles Gute und Edle stets entartet und wie alle Bestrebungen, die zur Förderung des Volkswohls dienen, wenn sie von den Unterdrückern aufgegriffen werden, ihnen stets nur als ein Mittel

zur Unterdrückung dienen. So ist auch der nationale Gedanke, der geboren wurde als ein Kind der Freiheitsbestrebungen, in den Händen der heutigen Machthaber entartet zu einem Werkzeug der Unterdrückung. Wir werden diese Machthaber und ihre Handlanger bekämpfen mit aller Macht, bis in Deutschland das Reich der Freiheit und des Rechts verwirklicht ist, das Fichte und andere Männer mit ihm vor hundert Jahren ersehnt haben! (Lebhafter Beifall bei den Sozialdemokraten.)

Zit. nach Carl Christoph Schweitzer (Hg.), Die deutsche Nation. Aussagen von Bismarck bis Honecker, Köln 1976, S. 89.

1. *Analysieren Sie Ledebours Interpretation des deutschen Nationalismus im 19. Jahrhundert (Mat. 4).*
2. *Informieren Sie sich über die Haltung Ledebours und der SPD zu Beginn des Ersten Weltkrieges (siehe S. 341, Mat. 10) und suchen Sie eine Erklärung dafür.*

5 *Der französische Schriftsteller Charles Maurras (1868–1952) kündigte in der „Gazette de France" am 6. Mai 1899 die Entstehung einer gegenrevolutionären Bewegung an (Auszug):*

Q Seit zehn Jahren […], seit Renan[1] den Bankrott der Revolution erklärte, hat jeder standhafte Geist in irgendeiner Art danach gestrebt das eine oder andere der Großen Prinzipien, gar alle Großen Prinzipien zugleich, zu ersetzen. Erst dieses Zerstören von Zerstörungsgründen ermöglichte den allgemeinen Wiederaufbau.

Zählen wir auf:

Kritik am revolutionären Nachfolgesystem. Testierfreiheit.[2] Wiederaufbau der Familie. […]

Kritik am städtischen Zentralismus. Lokale Freiheit. Wiederaufbau der Gemeinde. […]

Kritik am Departement. Regionale Freiheit. Wiederaufbau der Provinz. […]

Kritik am wirtschaftlichen Liberalismus. Freiheit der Gewerkschaften. Wiederaufbau der Berufsgruppen oder Körperschaften. […]

Addieren Sie die fünf Kritiken: Daraus ergibt sich die Kritik an jedwedem liberalen, parlamentarischen und republikanischen System.

Addieren Sie die fünf Freiheiten: Daraus ergeben sich die fünf Freiheiten bzw. die fünf Naturrechte, auf denen die Verfassung des einstigen Frankreichs gründete.

Schließlich, addieren Sie zur Institution des Familienerbrechts das Statut der Gemeinde und der Provinz, die berufliche Institution und das dauerhafte Prinzip der politischen Gewalt: Daraus ergibt sich die Formel der Monarchie.

All diese Thesen werden vertreten, gestützt und unterstützt von erheblichen Teilen der französischen Elite, oft sogar von mächtigen Organisationen. Es steht noch aus sie zu vereinen, sie zusammenzuschließen, sie zu ordnen. Und dies ist nicht der Fall! Und die Royalisten gedenken noch nicht dies zu tun!

Wenn die Royalisten nur wollten!

Wenn die Royalisten nur wüssten!

Binnen einiger Monate würden sie zu den unbestrittenen Führern des Gewissens Frankreichs und die Monarchie wäre eingerichtet, mindestens in den Augen der Öffentlichkeit. Es stünde nur noch aus sie zu verwirklichen als die Forderung der gesamten öffentlichen Meinung.

1 Ernst Renan (1823–1892), frz. Religionshistoriker, hatte am 11. März 1882 an der Pariser Sorbonne einen Vortrag über die Frage „Was ist eine Nation?" gehalten. In diesem Vortrag und auch später hatte er sich mit dem Begriff der „Nation" auseinandergesetzt.

2 Fähigkeit ein Testament zu errichten

Zit. nach Charles Maurras, Enquête sur la monarchie. Cinquième tirage, Paris 1913, S. 533 f. Übers. von Ch. Baumann.

6 *1902 veröffentlichte der französische Schriftsteller Maurice Barrès (1862–1923) seine Schrift „Scènes et doctrines du nationalisme" (Auszug):*

Q Unsere Erde gibt uns Verhaltensregeln und wir sind die Fortsetzung unserer Toten. Das ist die Realität, auf die wir uns stützen müssen. Die Auffassung, dass die Menschen in der Erde und in den Toten, in der Erde unserer Toten, verwurzelt sein müssen um es dem Bewusstsein eines Landes wie Frankreich zu ermöglichen sich zu erheben, diese Auffassung erscheint jenen Personen überaus materiell, die sich einbilden ein um so höheres Ideal erreicht zu haben, je mehr sie in sich die Stimme des Blutes und den Instinkt der heimatlichen Scholle erstickt haben. Und doch, welch prächtige soziale Ergebnisse, welch edle Persönlichkeiten entstünden, zöge man aus dem Prinzip, das ich aufstelle, die notwendigen gesetzgebenden Konsequenzen! […]

Diejenigen, die auch nur ein wenig über die Entwicklung der Nationalitäten nachgedacht haben und die wissen, dass die Tage aller Völker gezählt sind, werden wohl den Keim der Zerstörung erkennen, den unsere Nation in sich trägt. Der Rückgang unserer Geburtenzahl, das Zermürben unserer Energien seit hundert Jahren, seit die aktivsten unserer Landsleute in den Kriegen und Revolutionen zugrunde gerichtet wurden, führten dazu, dass unser Territorium und unser Blut von fremden Elementen durchdrungen wurden, die danach streben uns zu unterwerfen.

Einst lebten wir unter der Leitung gemeinsamer Ideen und mit (guten oder bösen) Instinkten, die auf unserem ganzen Territorium allgemein für gut befunden wurden; heute hat sich eine große Anzahl neuer Ansiedler [verschiedener Kulturen] unter uns gemischt, die wir nicht vermögen zu assimilieren, die vielleicht nicht assimiliert werden können, denen man zumindest einen Platz zuweisen müsste und die uns ihre Wahrnehmung der Dinge aufzwingen wollen. Indessen glauben sie uns zu zivilisieren; sie widersprechen unserer eigenen Zivilisation. Der Sieg ihrer Sichtweise ginge einher mit dem tatsächlichen Verfall unseres Vaterlandes. Der Name Frankreich könnte zwar überleben, gar seine Bedeutung in der Welt beibehalten, der spezifische Charakter unseres Landes wäre jedoch zerstört und das Volk, welches sich unseren Namen, unser Territorium, unsere Geschichte angeeignet hätte, ginge einem Schicksal entgegen, die dem Schicksal und den Bedürfnissen der alten Franzosen widersprechen.

Zit. nach L'œuvre de Maurice Barrès, Bd. 5, Paris 1966, S. 92 f. und 99 f. Übers. von Ch. Baumann.

1. *Analysieren Sie Maurras' Vorstellungen zur französischen Gesellschaft und zur Rolle des Staates (Mat. 5). Erläutern Sie, gegen welche Vorstellungen und gesellschaftlichen Kräfte sich die Forderungen von Maurras richten.*
2. *Ermitteln Sie die Rolle der „Dreyfus-Affäre" bei der Herausbildung dieser Bewegung (siehe Darstellung S. 370 sowie S. 334, Mat. 4).*
3. *Was meint Barrès, wenn er als zentrale Prinzipien die „Erde" und die „Toten" nennt (Mat. 6)? Was will er mit seiner Analyse erreichen? Gegen wen richten sich seine und Maurras' Mahnungen?*
4. *Welche Rolle spielten die „Camelots du Roi" im französischen Nationalismus der Jahrhundertwende? Untersuchen Sie anhand von Mat. 7, inwieweit die „Camelots" zu den Vorläufern faschistischer Bewegungen gehörten?*
5. *Vergleichen Sie den deutschen und französischen Nationalismus im Hinblick auf Ziele und Methoden. Erklären Sie mit Hilfe der Darstellung (siehe S. 368–370), warum in verschiedenen europäischen Staaten im späten 19. Jahrhundert vergleichbare nationalistische Bewegungen entstanden.*

7 *Das offizielle Angriffslied der „Camelots du Roi" (siehe Erläuterungen S. 370), verfasst von dem französischen Schriftsteller Charles Maurras (1868–1952):*

Der Jude hat alles genommen,
Alle Dinge geraubt in Paris
Und er sagt zu Frankreich:
„Nur mir gehörst du,
Pariere!
Alle Welt auf die Knie!"

Refrain:
Nein, nein, Frankreich erwacht,
Zornvoll den Blick,
Nein, nein,
Genug jetzt an Verrat.

Unverschämter Jude, schweige,
Der König erscheint
Und Frankreichs Rasse
Marschiert vor ihm.
Jude an deinen Platz,
Es führt uns der König!

Refrain:
Eins, zwei, Frankreich erwacht,
Zornvoll den Blick,
Eins, zwei,
Die Franzosen sind zu Haus.

Morgen auf unserem Grabe
Steht der Weizen schöner,
Die Linien formiert!
Diesen Sommer haben wir
Wein im Kelter,
Der König führt.

Refrain:
Eins, zwei, Frankreich erwacht,
Zornvoll den Blick,
Eins, zwei,
Die Franzosen sind zu Haus.

Zit. nach Ernst Nolte, Der Faschismus in seiner Epoche. Die Action française. Der italienische Faschismus. Der Nationalsozialismus, München 1963, S. 562 f.

Österreich-Ungarn: Ein Staat und viele Völker

1 *Nationalitäten in Österreich nach Umgangssprachen 1900 (in Prozent):*

	Deutsche	Tschechen	Polen	Ruthenen	Slowenen	Serbokroaten	Italiener	Rumänen	Sonstige
Niederösterreich	95,9	4,7	0,2	–	0,1	–	–	–	–
Oberösterreich	99,4	0,4	–	–	0,1	–	0,1	–	–
Salzburg	99,5	0,3	–	–	0,1	–	0,1	–	–
Steiermark	68,7	0,1	–	–	31,2	–	–	–	–
Kärten	74,8	0,1	–	–	25,1	–	–	–	–
Krain	5,6	0,1	–	–	94,2	–	0,1	–	–
Triest	5,9	0,1	–	–	16,3	0,3	77,4	–	–
Görz/Gradisca	1,6	–	–	–	62,1	0,1	36,0	–	–
Istrien	2,1	0,1	0,1	–	14,2	42,6	40,5	0,4	–
Tirol	55,5	0,2	–	–	–	–	44,3	–	–
Vorarlberg	94,7	0,2	–	–	–	–	5,0	–	–
Böhmen	37,3	62,7	–	–	–	–	–	–	–
Mähren	27,9	71,4	0,6	–	–	0,1	–	–	–
Schlesien	44,7	22,0	33,2	–	–	–	–	–	–
Galizien	2,9	0,1	54,8	42,2	–	–	–	–	–
Bukowina	22,0	0,1	3,7	41,2	–	–	–	31,7	1,3
Dalmatien	0,4	0,2	–	–	0,1	96,7	2,6	–	–
Insgesamt	35,8	23,2	16,6	13,2	4,7	2,8	2,8	0,9	–

Nach Adam Wandruszka/Peter Urbanitsch (Hg.), Die Habsburgermonarchie 1848–1918, Bd. 3/1, Wien 1980, nach S. 38.

2 *Zeittafel zur politischen Entwicklung 1848–1918:*
Habsburgermonarchie:

1848 Revolution

2. Dez. 1848 Thronwechsel zu Kaiser Franz Joseph I. (bis 1916): Kremsierer Reichsverfassungsentwurf: Prinzip der absoluten Gleichberechtigung aller Völker, Föderalismus

4. März 1849 Verkündung der oktroyierten Reichsverfassung, stark zentralistisch

21. Dez. 1851 Verfassung wird auf unbestimmte Zeit „sistiert“: Beginn der Phase des „Neoabsolutismus“

26. Febr. 1861 Erlass des Februarpatents: zentralistische Verfassung

20. Sept. 1865 Aufhebung der Februarverfassung

15. März 1867 Beginn des österreichisch-ungarischen Dualismus mit gemeinsamem Oberhaupt, gemeinsamer Außen- und Militärpolitik und getrennter Verfassung, Verwaltung und Gesetzgebung; Krönung Franz Josephs zum König von Ungarn

Österreich-Ungarn:

1867 Erlass der Dezemberverfassung in Österreich

1868 Ungarisches Nationalitätengesetz

1875–1890 Magyarisierungspolitik in Ungarn gegen die südslawischen Völker

1878 Okkupation Bosniens und der Herzegowina (1908 Annexion)

1897 Mai: Sprachenverordnungen des Ministerpräsidenten Graf Badeni für Böhmen und Mähren; November: Sturz Badenis

1905 Ausgleich Österreichs mit Mähren

1906 Einführung des allgemeinen Wahlrechts in Österreich; slawische Mehrheit im Reichsrat

1914 Beginn des Ersten Weltkriegs nach Attentat auf den österreichischen Thronfolger Franz Ferdinand

1916 Tod Franz Josephs, Nachfolger Karl I.

1918 Niederlage und Zerfall der Donaumonarchie in mehrere Nachfolgestaaten

3 *„Die schlimmen Buben in der Schule." Karikatur aus der Zeitschrift „Die Glühlichter", 19. Januar 1839*

4 *Artikel 19 der österreichischen Dezemberverfassung von 1867:*

Q Alle Volksstämme des Staates sind gleichberechtigt und jeder Volksstamm hat ein unverletzliches Recht auf Wahrung und Pflege seiner Nationalität und Sprache.
Die Gleichberechtigung aller landesüblichen Sprachen in Schule, Amt und öffentlichem Leben wird vom Staate anerkannt.
In den Ländern, in welchen mehrere Volksstämme wohnen, sollen die öffentlichen Unterrichtsanstalten derart eingerichtet sein, dass ohne Anwendung eines Zwanges zur Erlernung einer zweiten Landessprache jeder dieser Volksstämme die erforderlichen Mittel zur Ausbildung in seiner Sprache erhält.

Zit. nach Das Nationalitätenproblem in Österreich 1848–1918, ausgew. und eingel. von Hartmut und Silke Lehmann, Göttingen 1973, S. 44.

1. *Erarbeiten Sie aus der Tabelle (Mat. 1) und der Karte S. 355 die Nationalitätenverteilung in Österreich-Ungarn. Wie könnte man die Tabelle kartographisch umsetzen? Welche Vorteile bietet die Kartographie, welche die statistische Darstellung?*
2. *Benennen Sie die wichtigsten Konfliktregionen in Österreich-Ungarn. Berücksichtigen Sie dabei, dass einige Nationalitäten auch noch einen eigenen Staat besaßen.*
3. *Artikel 19 der Dezemberverfassung (Mat. 4) war die wichtigste staatsrechtliche Grundlage der Nationalitätendiskussion in den folgenden fünfzig Jahren. Beurteilen Sie seine Zielsetzung und Umsetzbarkeit. Sehen Sie Schwächen dieser Bestimmung?*

Der Mährische Ausgleich von 1905

5 *Nach vielen vergeblichen Versuchen, in Böhmen einen Ausgleich zwischen den deutschen und den tschechischen Forderungen zu erreichen, kam 1905 in Mähren ein solcher Ausgleich zustande. Er bestand im Wesentlichen aus mehreren Gesetzen (Auszüge):*

Q Zur Behördensprache:
§ 1. Der Gemeindevertretung bleibt es vorbehalten ihre Amts- oder Geschäftssprache für alle Angelegenheiten des selbstständigen und übertragenen Wirkungskreises zu bestimmen. […]
§ 2. Schriftliche, an die Gemeinden einlangende Eingaben sind auch dann anzunehmen und in Verhandlung zu nehmen, wenn dieselben in jener Landessprache abgefasst sind, welche nicht die Amts- oder Geschäftssprache der Gemeinde ist. […]
Zum Schulwesen:
§ 19. Das dem Bezirksschulrat unterstehende Schulgebiet ist der Schulbezirk. Derselbe umfasst in der Regel alle Schulgemeinden, deren Schulen innerhalb desselben politischen Bezirkes gelegen sind. Wo jedoch die zum politischen Bezirke gehörigen Schulgemeinden der Unterrichtssprache nach verschieden sind, werden aus derselben entweder zwei Schulbezirke gebildet, von denen der eine sämtliche böhmische […], der andere sämtliche deutsche Schulgemeinden umfasst, oder es werden, falls die Zahl der Schulgemeinden der einen Sprache zur Bildung eines Schulbezirks zu gering ist, diese Schulgemeinden […] dem nächsten gleichsprachigen Schulbezirke zugewiesen. […]
§ 35. Die oberste Schulaufsichtsbehörde im Lande ist der k. k. Landesschulrat. […] Derselbe besteht aus zwei Sectionen, einer böhmischen und einer deutschen Section, welche innerhalb ihres Wirkungskreises selbstständige Beschlüsse fassen. […]
Zur Landtagswahlordnung:
§ 3. Der Landtag besteht aus 151 Mitgliedern, nämlich:
a) dem Fürsterzbischofe von Olmütz und dem Bischofe von Brünn; dann
b) aus 149 gewählten Abgeordneten, und zwar:

I. aus 30 Abgeordneten des großen Grundbesitzes;
II. aus 46 Abgeordneten der durch die Wahlordnung bezeichneten Städte und Industrialorte sowie der Handels- und Gewerbekammern;
III. aus 53 Abgeordneten der übrigen Gemeinden der Markgrafschaft Mähren;
IV. aus 20 durch die allgemeine Wählerklasse gewählten Abgeordneten.

§ 3a. [...] Von den im § 3/II genannten 46 Abgeordneten der Städte und Industrialorte entfallen 20 Abgeordnete auf die böhmische Bevölkerung, 20 Abgeordnete auf die deutsche Bevölkerung und je 3 Abgeordnete auf die Handels- und Gewerbekammern in Brünn und Olmütz.

Von den in § 3/III genannten 53 Abgeordneten der Landgemeinden in Mähren [...] entfallen 39 Abgeordnete auf die böhmische Bevölkerung und 14 Abgeordnete auf die deutsche Bevölkerung.

Von den im § 3/IV genannten 20 Abgeordneten der allgemeinen Wählerklasse entfallen 14 Abgeordnete auf die böhmische Bevölkerung und 6 Abgeordnete auf die deutsche Bevölkerung.

§ 3b. Die Abgeordneten der Wählerklassen des § 3/II (mit Ausschluss der Handels- und Gewerbekammern), III, IV werden in national getrennten Wahlkörpern böhmischer und deutscher Nationalität, für welche je besondere Wahlbezirke gebildet werden, gewählt. [...]

§ 67. Sobald die gegenwärtige Landtagswahlordnung Gesetz geworden ist, ordnet der Statthalter eine allgemeine Aufnahme der in Mähren [...] zur Wahl in den Landtag berechtigten Wähler in Betreff ihrer Zugehörigkeit zu einem der beiden das Land bewohnenden Volksstämme zu dem Zwecke an um die Grundlagen für die Anlage der Wählerlisten der Wahlkörper böhmischer und deutscher Nationalität in der Wählerklasse der Städte und Landgemeinden sowie in der allgemeinen Wählerklasse für die erste nach den Vorschriften dieser Landtagswahlordnungen vorzunehmende allgemeine Wahl zu gewinnen.

§ 69. [...] Die Vertretungen der Gemeinden werden [...] aufgefordert nach Maßgabe der ihnen bekannten persönlichen Verhältnisse, die Wähler nach deren Zugehörigkeit zum böhmischen oder zum deutschen Volksstamme in zwei getrennte Listen einzutragen. [...]

§ 71. [...] Jeder in der Liste Eingetragene kann durch die Erklärung, dass er der anderen Nationalität, als welcher er in die Liste eingetragen wurde, angehöre, herbeiführen, dass sein Name aus der einen Liste gestrichen und in die von ihm gewünschte andere Liste aufgenommen werde. Er hat zu diesem Ende seinen Namen eigenhändig in die Liste der Nationalität, zu welcher er sich bekennt, einzutragen. In solchem Falle kann keine dieser Erklärung widersprechende Verfügung getroffen werden. [...]

Wähler, welche weder der böhmischen noch der deutschen Nationalität angehören, sind in die Liste jener Nationalität aufzunehmen, zu welcher sich die Mehrheit der Wähler der betreffenden Gemeinde bekennt. Doch steht ihnen gleichfalls das Recht zu ihre Einbeziehung in die Liste der anderen Nationalität zu verlangen.

Zit. nach Das Nationalitätenproblem in Österreich 1848–1918, ausgew. und eingel. von Hartmut und Silke Lehmann, Göttingen 1973, S. 81–86.

1. *Fassen Sie die Bestimmungen des Mährischen Ausgleichs zusammen (Mat. 5). Welche Ziele verfolgte die Regierung mit diesen Gesetzen?*
2. *Was bedeutet die im Gesetz geschaffene Möglichkeit, sich freiwillig zu einer Nationalität zu bekennen für die Definition von „Nation"?*

6 *Nach einigen Jahren versuchte der österreichische Jurist Rudolf von Herrnritt (1865–1945), ein Kenner der Praxis des Nationalitätenrechts, eine erste Bilanz des Mährischen Ausgleichs zu ziehen (1914):*

Q Es ist nicht zu leugnen, dass die „nationalen Ausgleichsgesetze" Mährens und der Bukowina einen originellen Versuch enthalten auf dem Wege der Verwirklichung des Prinzips der nationalen Gleichberechtigung den nationalen Gegensatz zu mildern. Zu den glücklichen Gedanken der Ausgleichsgesetze gehört vor allem die hier zum ersten Male bei uns durchgeführte nationale Gliederung der Wählerschaft, welche für die Landtagswahl den nationalen Streit ausschaltet und alle Stimmen für den nationalen Kandidaten erhält. [...]

[Doch] scheinen mir wichtige Bedenken gegen [das Autonomieprinzip] überhaupt vom Standpunkte der gesamten Politik des Einheitsstaates zu sprechen. Die Einführung der „nationalen Autonomie" in die Verwaltung bildet ein Eingeständnis des gegenseitigen Misstrauens der Volksstämme, der Unmöglichkeit einer friedlichen Schlichtung ihrer Gegensätze, sie sucht den nationalen Kampf zu vermindern durch möglichste Isolierung, Trennung der Volksstämme. Dieser allerdings schon durch Art. 19 des Staatsgrundgesetzes, welcher schon der Erlernung der zweiten Landessprache in gemischtsprachigen Ländern Hindernisse entgegenstellt, betretene Weg muss aber allmählich zur Entfremdung der Volksstämme untereinander und, was noch schlimmer ist, gegenüber dem einheitlichen Staatsgedanken führen, welcher neben den nationalen Sonderbestrebungen immer mehr in den Hintergrund tritt. Eine Annäherung der Volksstämme und damit eine Kräftigung des Staatsgedankens setzt gegenseitige Kenntnis und Achtung der kulturellen Werte desselben voraus, welche aber durch die der nationalen Autonomie entsprechende Abschließung der Volksstämme gegeneinander wesentlich erschwert wird.

Rudolf von Herrnritt, Die Ausgestaltung des österreichischen Nationalitätenrechts durch den Ausgleich in Mähren und in der Bukowina, in: Österreichische Zeitschrift für öffentliches Recht 1, 1914, S. 614 f.

7 *Der Sozialist, spätere Regierungschef und Bundespräsident Österreichs Karl Renner (1870–1950) schrieb 1917/18:*

Q Heißt die Autonomisierung der Nationen etwas anderes, als Österreich aus Furcht, dass es zerfalle, lieber selbst in Trümmer schlagen? […] Die nationale Autonomie in der Art und dem Umfang, wie wir sie als möglich und notwendig erwiesen haben, ist keine Gefahr, sondern eine Bürgschaft des Bestandes Österreichs. […] Erstens schielen freie Nationen nicht über die Grenze. […] Wenn zweitens die Nationen in nationalen Dingen staatsfrei sind und überdies das verhältnismäßige Mitbestimmungsrecht im Gesamtstaate besitzen, dann gibt es für sie keine bessere Heimat als diesen Donaustaat. […] Als dritten Grund führt hier die erste Auflage [dieses Buches von 1917] an: „Die nationale Autonomie ist die Wiedergewinnung der Machtstellung Österreichs im Orient. Sind die kleinen Nationen Österreichs frei und zugleich Glieder eines starken demokratischen Gemeinwesens, eines mächtigen Wirtschaftsgebietes mit geordnetem Finanz- und Kreditwesen, dann sind die Rollen vertauscht: Dann wird man zu uns herein über die Grenze schielen, von Nord und Ost. […]

Die Autonomie der Polen und Ruthenen in Galizien schafft uns eine Position gegen Ost- und Südrussland, die ein Armeekorps wert ist." Der Krieg, seine Ursachen und seine unmittelbaren Folgen rückten diese Begründung durch ihre dunkle Folie in grelle Beleuchtung. […]

Ein Völkerkonglomerat kann nur auf zweifache Weise regiert werden und nur, wenn jede dieser Regierungsweisen folgerichtig und ohne Schwanken durchgeführt wird: absolutistisch oder demokratisch. Jeder Mittelweg ist ausgeschlossen, jeder Schritt von einem der Wege verderblich. Wir haben es vor 1848 und unter Bach[1] absolutistisch versucht, der Versuch hat fehlgeschlagen. […] Der eine Weg ist und bleibt ausgeschlossen. So bleibt nur der andere. Man kann ihn beherzt, man kann ihn zögernd und mit Vorbehalten einschlagen. Solche halbe Demokratie aber ist unsere Auflösung, denn sie ist die ganze Demagogie des Groß- und Kleinbürgertums. Das Nationalitätenprinzip ist das oberste politische Prinzip des Bürgertums, es ist das Staatsprinzip der Bourgeoisie. Der Höhepunkt der bürgerlichen Entwicklung ist durch die deutschen und italienischen Nationalkriege und durch die nationalen Revolutionen am Balkan und in Polen gekennzeichnet, er lag schon vor dem Kriege hinter uns und wird nach dem Kriege noch weiter zurückrücken. […]

Jedes Vorrecht der bürgerlichen Klassen steigert die Macht des Nationalismus, die volle Demokratie die Macht der internationalen Idee. Bei uns war der Nationalismus nur darum bis in das zwanzigste Jahrhundert die beherrschende politische Idee, weil wir so lange dem Proletariat die Tore des Parlaments verschlossen hatten.

1 Österreichischer Innenminister 1849–1859

Karl Renner, Das Selbstbestimmungsrecht der Nationen in besonderer Anwendung auf Österreich. Erster Teil: Nation und Staat, Leipzig u. a. 1918, S. 249–252.

1. *Erläutern Sie den Begriff „Autonomie" (siehe Grundinformation S. 352).*
2. *Herrnritt (Mat. 6) und Renner (Mat. 7) beurteilen die langfristigen Konsequenzen der Mährischen Gesetze sehr unterschiedlich: Benennen Sie die Unterschiede und ihre möglichen Ursachen.*
3. *Erläutern Sie die Bedeutung der Sprache für die Nationalitätenproblematik (siehe Darstellung S. 357). Kennen Sie vergleichbare Konflikte der Gegenwart, in denen Sprache eine wichtige Rolle spielt? Welche Ursachen und Anlässe für Nationalitätenspannungen gibt es außerdem?*
4. *Vergleichen Sie die Lösungsansätze und ihre Konsequenzen mit aktuellen Entwicklungen, z. B. in der ehemaligen Sowjetunion und im ehemaligen Jugoslawien.*

Die polnische Nation in der Teilungszeit

1 *Entwicklung Polens im 18. und 19. Jahrhundert*

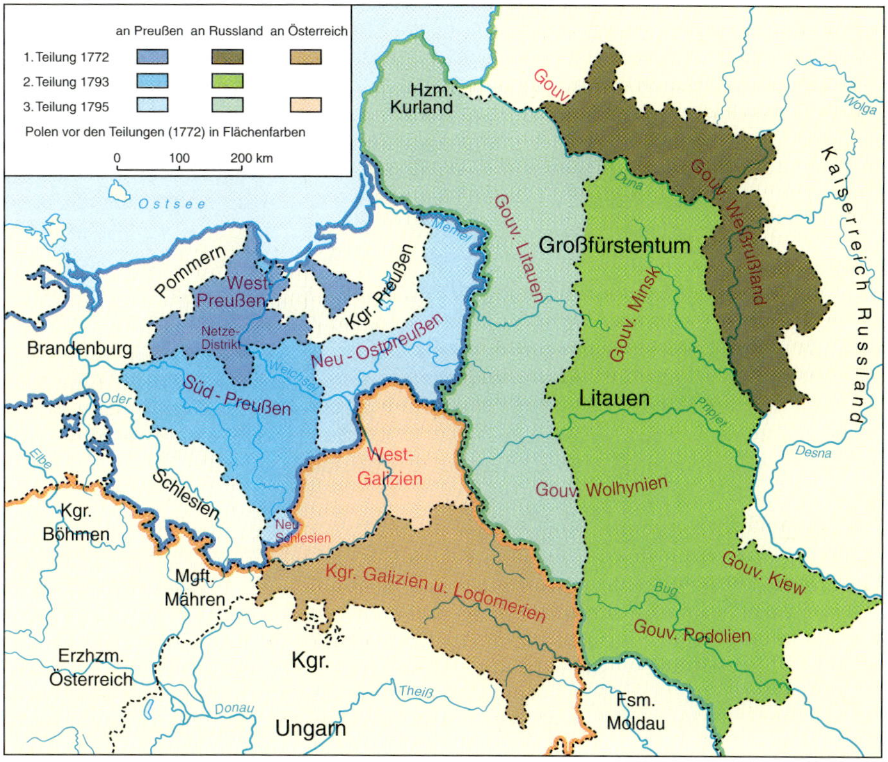

2 *Geheimartikel des Teilungsvertrags vom 15./26. Januar 1797 zwischen Russland, Österreich und Preußen:*

Q Da die beiden kaiserlichen Höfe ebenso wie Seine Majestät der König von Preußen es für notwendig erachten alles zu zerstören, was die Erinnerung an die Existenz des Königreichs Polen zurückrufen könnte, nachdem dieses politische Gebilde endgültig beseitigt worden ist, kommen die Hohen Vertragsschließenden Parteien überein und verpflichten sich niemals in Ihre Titel die Benennung oder die Zusatzbezeichnung „Königreich Polen" aufzunehmen, eine Bezeichnung, die von jetzt an und für immer unterdrückt bleiben muss.

Zit. nach Frédéric de Martens, Recueil des Traités et Conventions conclus par la Russie avec les Puissances étrangères, Bd. 2, St. Petersbourg 1875, S. 303 f. Übers. von H. H. Hahn.

1. *Skizzieren Sie die Geschichte Polens (siehe Register und Längsschnitt Nr. 26 im Anhang) von der frühen Neuzeit bis 1914.*
2. *Geben Sie eine Erklärung für den Inhalt des Geheimartikels (Mat. 2).*

3 *Aus dem Tagebuch von Józef Alfons Potrykowski, 21. Januar 1832:*

Q Drei Meilen nach Eilenburg überschritten wir die preußische Grenze, d. h. die Grenze, die der Wiener Kongress zwischen Sachsen und Preußen gezogen hat und damit Sachsen Gebiete weggenommen und sie Preußen gegeben hat. Kaum hatten wir die neue Grenze Sachsens überschritten, als wir sofort eine große Anzahl sächsischer Jugend, Arbeiter, vor allem aber Studenten und Schüler vorfanden, die uns entgegenkamen. Rufe: „Es leben die Polen, es lebe Polen!" hallten zum ersten Mal um unsere Ohren und diese Rufe waren so zahlreich, so beständig, dass wir unsere eigene Unterhaltung nicht mehr vernehmen konnten. In dem Maße, wie wir uns der Stadt näherten, vergrößerte sich die Volksmenge und wurde schließlich so zahlreich, dass wir mit unseren Fuhr-

werken keinen Schritt mehr weiterfahren konnten, die Hochrufe wurden aber zu einem einzigen unablässigen Ruf. Hier wurden plötzlich aus allen Fuhrwerken die Pferde ausgespannt und die Jugend, zum größten Teil die akademische Jugend, bei ihnen aber auch sehr hübsch gekleidete Damen, Fräuleins, dazu Handwerker und Bürger unterschiedlichen Standes und Alters zogen unsere Wagen, wobei sie niemandem von uns erlaubten auszusteigen. Man kann ohne die kleinste Übertreibung sagen, dass die ganze Stadt uns entgegenkam, uns hochleben ließ und uns Kusshände zuwarf. So wurden wir zu einem Platz gebracht. […] Auf diesem Platz wurden wir eine Zeitlang umarmt und geküsst mit solcher Freude, mit so viel Begeisterung, wie es keinem Mächtigen der Welt, keinem Herrscher, Papst oder Kaiser je entgegengebracht wurde. Unsere Kolonne bestand zu dieser Zeit aus 280 Personen. Wir wurden in Gruppen zu je 20 aufgeteilt und zu den ersten und besten Hotels, d. h. Gasthäusern geführt und dort wurden die Wirte angewiesen es uns an durchaus nichts fehlen zu lassen und uns so gut zu essen zu geben und zu versorgen, wie nur irgend möglich. […]
In dieser Stadt verweilten wir in Lustbarkeiten und Festlichkeiten fast fünf Tage. Jeden Abend waren wir eingeladen ins Kasino und dort sahen wir überall in den Salons Transparente mit Anspielungen auf Polen oder auf uns. Am besten gefiel mir ein Transparent, auf dem eine Deutsche dargestellt war, die die Ketten Polens sprengt und zermalmt, mit der Aufschrift: „Noch ist Polen nicht untergegangen und es wird nicht untergehen, solange Deutsche leben."

Józef Alfons Potrykowski, Tułactwo Polaków we Francji. Dziennik emigranta (Das Exil der Polen in Frankreich. Tagebuch eines Emigranten), Bd. 1, Kraków 1974, S. 55 f. Übers. von H. H. Hahn.

4 *Aus der Proklamation des Polnischen Nationalkomitees in Paris an die Deutschen und den Deutschen Pressverein, 1832:*

Q Die Freiheit ist nicht Anteil *eines* Volkes; sie gehört der ganzen Menschheit. Von welcher Seite des Erdballs daher auch ihre Stimme erscholl, sie klang wieder ohne Unterschied in allen edlen Herzen und forderte sie auf überall die Bemühungen zu teilen, welche das feurige Geschlecht im Kampf mit der verglimmenden Vergangenheit aufbietet.
Dein Aufruf, o Deutschland! wird widerhallen überall, wo die Rechte wieder errungen werden sollen. Pressfreiheit ist das sicherste Mittel dazu. Deshalb streben Europas Tyrannen und Despoten nach ihrer Vernichtung; die Völker reichen sich die Hände um sie zu erhalten und die mörderischen Angriffe auf die Freiheit abzuwehren.
Wir, Trümmer eines betörten und verratenen Volkes, schöpften aus unseren Erfahrungen mehr als je die Überzeugung, dass das Schicksal, das Glück des teuren Vaterlandes und des polnischen Volkes nicht früher gesichert wird, bis andere Völker ihre Selbstständigkeit so wie ihre ganze und vollkommene Freiheit gesichert haben würden. […]
Die Völker wünschen anderen Völkern Glück. Deshalb pochen wir an die Tore der europäischen Zivilisation, im Namen der Millionen Polen, welche auf Despotismus gegründete Privilegien in niedriger Knechtschaft erhalten wollen. Wir glauben nämlich, dass es kein Volk und keine Nationalität gebe, wenn man aus ihr eine Masse, ein Volk ausstößt. Diese Völkerrechte werden in Euch, wie Euer Aufruf bekundet, tapfere, aufopfernde Verteidiger finden. Wir verbinden damit unsere Wünsche und unsere Tat und alsdann wird durch das freie, demokratische Deutschland die Wiedergeburt des demokratischen Polens erfolgen.

Zit. nach Wilhelm Binder, Diplomatische Geschichte der Polnischen Emigration, Stuttgart 1842, S. 313 f.

5 *Der Publizist Richard Otto Spazier über Deutsche und Polen, 1832:*

Q Wir glauben so wahr wie an einen Gott, dass das polnische Volk, dessen Seele bereits erstand und in den Herzen der edelsten Bewohner des Weltteils lebt, über kurz oder lang auch als Körper dastehen werde in jugendlicher Kraft und Frische und mit Lorbeer geschmückt unter seinen *freien* Brüdern in Europa. Denn wir glauben, dass ein Paradiesesmorgen über unseren Welttheil hereinbrechen, dass aber der Ruf: *Polen ist erstanden,* erst der Frühruf zu diesem Tag sein werde. Wir glauben, Polens Wiederherstellung sei, wie die heiligste Schuldabtragung, so das erste Unterpfand für die Ruhe und das Glück Europas; dass so lange der Fluch der Sünde, das Bewusstsein eines Mordes den Welttheil niederdrücke. – Dies ist unser politisches Glaubensbekenntnis und es ist ein rationalistisches; denn der *Verstand* und die Lehren der *Geschichte* verbinden sich dazu mit dem Glauben unseres Herzens.

Richard Otto Spazier, Über die letzten Ereignisse in Polen, besonders seit der Schlacht von Ostrolenka, mit einem Sendschreiben an Herrn Professor Krug, Altenburg 1832, S. 7 f.

1. *Erarbeiten Sie aus Mat. 3 bis 5 die übereinstimmenden politischen Grundsätze von Deutschen und Polen. Wie erklären sich diese Übereinstimmungen?*
2. *Wer waren nach Mat. 3 die Träger der deutschen „Polenfreundschaft"?*
3. *Wie lässt sich der Umschwung im deutsch-polnischen Verhältnis seit etwa 1848 erklären?*

6 *Aus den Instruktionen des Exilpolitikers Fürst Czartoryski für einen Agenten, der nach Polen reiste, 1834:*

Q Polen kann nur wiederaufleben durch einen starken, im ganzen Land allgemeinen und zu einem günstigen Zeitpunkt unternommenen Aufstand. Was heißt zu einem günstigen Zeitpunkt? Wenn Umstände eintreten werden, die einen günstigen Erfolg unserer Anstrengungen versprechen. Welche Umstände sind das? Ein großer Krieg gegen Moskau selbst oder gegen die Heilige Allianz und eine Revolution, sei es in Moskau, sei es in Österreich, Preußen oder Deutschland. In Frankreich und England sind ein Wechsel des Geistes der Regierungen, ein richtigeres und energischeres Auftreten für uns notwendig, aber keine Revolutionen. Neue Revolutionen in Frankreich oder England können für uns aller Wahrscheinlichkeit nach nicht nützlich sein, denn sie werden nur eine schwächliche Erschütterung, Entzweiung, Bürgerkrieg bedeuten.

Zit. nach Hans Henning Hahn, Außenpolitik in der Emigration. Die Exildiplomatie A. J. Czartoryskis 1830–40, München 1978, S. 158f.

7 *Der demokratische Exilpolitiker Ludwik Mieroslawski, vorgesehen als Anführer eines Aufstandes 1846, kurz zuvor 1845 in einer Rede in Paris:*

Q Die Revolution ist das Aufberufen aller erstarrten nationalen Kräfte zur Realisierung des uns verpflichtenden staatlichen Ideals. Und da unser Ideal ein geographisch unteilbares, sozial gleichberechtigtes und politisch allmächtiges Polen ist, so wird nach unseren Begriffen Polen im Revolutionszustand bleiben, bis es zu den äußersten Landesgrenzen von der Fremdherrschaft, bis in die letzten sozialen Tiefen von Privilegien und in seinem ganzen Mechanismus von Kraftlosigkeit befreit wird.

8 *Der Pole Z. Miłkowski in einer in Paris erscheinenden Exilzeitschrift, 1858:*

Q Weder Regierungen noch Völker, weder reguläre Kriege noch fremde Revolutionen werden den politischen Wiederaufbau Polens bewirken: In Friedenszeiten will niemand an uns denken, während des Krieges oder einer Revolution kann man es nicht tun oder man hat keine Zeit dazu. Frankreich wird immer zu weit sein, England zu egoistisch, die Türkei zu schwach, die Völker viel zu sehr von inneren Angelegenheiten in Anspruch genommen und die deutsche (sic!) und die moskowitische Regierung sind trotz aller Reform unseren Interessen zu sehr entgegengesetzt, als dass wir in unserer Sklavenlage eine unmittelbare Hilfe erhoffen dürften. Dafür können aber alle diese Elemente, unsere Feinde inbegriffen, uns sogar unwillkürlich die Gelegenheit bieten durch eigene Energie und Opfermut die uns im europäischen Staatenbund entrissene Stellung zu erkämpfen.

Quelle 7 und 8 zit. nach Wilhelm Feldmann, Geschichte der politischen Ideen in Polen seit dessen Teilungen (1795–1914), München 1917 (Nachdruck Osnabrück 1964), S. 182f. und 192.

1. *Erarbeiten Sie aus Mat. 6 bis 8 die Ziele und die Methoden der polnischen Politiker im Exil. Wo gibt es Übereinstimmungen, wo Differenzen?*
2. *Diskutieren Sie die in den Quellen vertretenen Positionen zum Zusammenhang von polnischer Frage und europäischer Politik.*

9 *Aus dem Artikel „Und was hier tun?" der „Gazeta Polska", 1848:*

Q O, wir alle, die wir rufen: „Und was hier tun?" – schauen wir uns um und wenn wir nicht alles sehen, was uns fehlt, wenn wir nicht verstehen, dass nur durch stetige, emsige Arbeit, durch ständiges und unermüdliches Verbessern der in einem Augenblick zerstörten langjährigen Arbeit wir die moralischen und materiellen Reserven sammeln können, die einst das Vaterland fordern wird. [...] Lernen wir also und erkennen wir, bis wir gelernt haben und wissen werden: Dass es nicht reicht, dass jeder seine Bereitschaft zeigt im Rat zu sitzen und in den Krieg zu gehen, ohne sich im Übrigen darum zu kümmern, ob er dazu Kräfte hat, während er jedoch jede kleinere, geringere Arbeit verachtet; dass jede Nation zu ihrer Existenz und besonders eine, die wieder von den Toten auferstehen will, moralische und materielle Kräfte benötigt, und zwar reale, grundlegende. [...]
Und die einen werden sich den politischen Wissenschaften widmen, der schwierigen Kunst des Regierens, andere werden die Verwaltung öffentlicher Gelder erlernen, andere werden sich der Erziehung der Jugend widmen; diese werden sich vorbereiten darauf musterhafte Kapläne zu werden, jene werden sich mit dem gründlichen Studium verschiedener Wissenschaften und Fähigkeiten befassen, von denen jede der Gesellschaft nützlich sein wird. Denn das Vaterland wird einst rufen: „Gebt mir Ratsleute, gebt mir Finanziers, gebt mir Pädagogen, gebt mir christliche Hirten, gebt mir Gesetzgeber und Richter, gebt mir Spezialisten und Ärzte und Mathematiker und Physiker und Bauleute und Mechaniker und Verwalter." [...]
Und die einen werden das Land bereichern, indem sie die Landwirtschaft fördern und vervollkommnen, andere werden den Kapitalumsatz in ihre geschickten Hände nehmen, wieder andere werden sich der Industrie des Landes wid-

men oder in die unterschiedlichen Branchen des Handels gehen oder sich in der Landwirtschaft oder im Handwerk beschäftigen. [...] Und diejenigen, die in den Dörfern leben, werden Tag und Nacht mit Tat und Wort arbeiten um noch ungebildete, unaufgeklärte Brüder zu bilden, sie aufzurichten und dahin zu führen, dass sie sich selbst und die Gemeinschaft eines einzigen Vaterlandes erkennen, und werden ständig dieser Gemeinschaft ein Unterpfand geben. Und zu dieser Arbeit benötigt man nicht schlaue und gebildete Köpfe, sondern vor allem ein christliches und polnisches Herz. [...]
Und alle, wo das nur möglich sein wird, werden sich um dieses oder jenes einzelne Ziel vereinigen, werden sich klug und stark organisieren: Und jede Vereinigung, jede kleinere Organisation, wird einem Leitgedanken ergeben sein, dem polnischen Gedanken.

Zit. nach Witold Jakóbczyk (Hg.), Wielkopolska (1815–1850). Wybór źródeł (Großpolen 1815–1850. Quellenauswahl), Wroclaw 1952, S. 160f. Übers. von H. H. Hahn.

10 *Aus dem Manifest des Nationalen Zentralkomitees anlässlich des „Januaraufstandes" im russischen Teilungsgebiet vom 22. Januar 1863:*

Q Polen will und kann sich nicht widerstandslos dieser schändlichen Gewalt unterwerfen; es muss energischen Widerstand leisten, will es nicht vor der Nachwelt schmachvoll dastehen. Die Schar der tapferen, opferwilligen Jugend, belebt von heißer Vaterlandsliebe und unerschütterlichem Glauben in die Gerechtigkeit und Hilfe Gottes, hat geschworen das verfluchte Joch abzuwerfen oder unterzugehen. Ihr nach, polnische Nation, ihr nach! Nach der schrecklichen Schmach der Unfreiheit, nach unerhörten Qualen der Unterdrückung ruft das Nationale Zentralkomitee, jetzt deine einzige legale Nationalregierung, dich auf zur schon letzten Schlacht, auf das Feld des Ruhms und des Sieges. [...] Ja, du wirst deine Freiheit, deine Unabhängigkeit mit so großer Tapferkeit, so heiligem Opfermut erringen, wie noch kein Volk es in der Geschichte vermochte. Dem wiedererstehenden Vaterland gibst du ohne Bedauern, Schwachheit oder Zögern dein Blut, dein Leben und deine gesamte Habe, die es benötigt. Dafür gibt dir das Nationale Zentralkomitee die Zusage, dass die Energien deiner Tapferkeit nicht vertan werden, dass dein Opfer nicht umsonst sein wird. [...]
Sofort am ersten Tag seines öffentlichen Auftretens, als ersten Akt des heiligen Kampfes erklärt das Nationale Zentralkomitee alle Söhne Polens ohne Unterschied des Glaubens und des Stammes, der Herkunft und des Standes zu freien und gleichen Bürgern des Landes. Der Boden, den das ackerbauende Volk bisher als Zinsbauer oder Fronbauer bearbeitete, wird von diesem Augenblick an sein bedingungsloses Eigentum mit dem Recht ewiger Erblichkeit sein. [...]
Also zu den Waffen, Nation Polens, Litauens und Rutheniens[1], zu den Waffen! Denn die Stunde der gemeinsamen Befreiung hat schon geschlagen, das alte Schwert ist gezogen, das heilige Banner mit Adler, Reiter und Erzengel flattert. Und jetzt wenden wir uns an dich, moskowitische Nation: unsere traditionelle Losung ist die Freiheit und Brüderlichkeit der Völker; deshalb verzeihen wir dir sogar den Mord an unserem Vaterland. [...] Wir verzeihen dir, denn auch du bist erbärmlich und gequält, traurig und gemartert, die Leichen deiner Kinder baumeln an den Galgen der Zaren, deine Seher frieren im Eis Sibiriens. Aber wenn du in dieser Entscheidungsstunde nicht Gewissensbisse empfindest für die Vergangenheit und heilige Sehnsucht für die Zukunft, wenn du Unterstützung gewährst im Ringen mit uns dem Tyrannen, der uns tötet und dich mit Füßen tritt – wehe dir! Denn vor dem Angesicht Gottes und der ganzen Welt verfluchen wir dich für die Schmach ewiger Untertänigkeit und die Qual ewiger Unfreiheit und fordern dich heraus zu einem schrecklichen Vernichtungskampf – zur letzten Schlacht der europäischen Zivilisation mit der wilden Barbarei Asiens.

1 Der Aufruf sieht Polen, Litauer und Ruthenen als eine Nation an, wie in der polnischen Adelsrepublik vor den Teilungen, aber jetzt bezogen auf alle Bewohner.

Powstanie styczniowe. Materiały i dokumenty. Dokumenty Komitetu Centralnego Narodowego i Rządu Narodowego 1862–1864. (Der Januaraufstand. Materialien und Dokumente. Dokumente des Nationalen Zentralkomitees und der Nationalregierung 1862–1864), Warszawa 1968, S. 37f. Übers. von H. H. Hahn.

1. *Stellen Sie die in Mat. 9 und 10 vertretenen politischen Konzeptionen gegenüber. Inwieweit schließen sie sich aus, inwieweit ergänzen sie sich? Welche Gefahren für den „Widerstandswillen" der Bevölkerung sehen Sie jeweils in den Alternativen?*
2. *Das Konzept der „organischen Arbeit" entstand als Reaktion auf die gescheiterten Aufstände von 1830/31 und 1846. Nach einem Ausspruch von Ignacy Lyskowski war es ihr Ziel „die polnische Gesellschaft von ihrem kränklichen Idealismus zu heilen, wodurch sie bisher Rettung nur in aufgeregtem Eifer und in zerstörerischen Theorien suchte oder in Abstraktionen und Wundern oder schließlich in der Abstinenz, im Indifferentismus, im Quietismus oder Gott weiß wo, nur nicht in Arbeit und gesellschaftlicher Zivilisation". Diskutieren Sie die Berechtigung dieser innerpolnischen Kritik. Wie beurteilen Sie selbst die „polnische Politik" im 19. Jahrhundert?*

Juden im Nationalstaat

Rechtliche und soziale Stellung

1 *Die rechtliche Gleichstellung der Juden in Europa:*

Frankreich	1791	Österreich	1866
Belgien	1831	Ungarn	1867
Niederlande	1848	Preußen	1869
Dänemark	1849	Italien	1870
England	1858	Schweiz	1874

Nach Juden in Preußen, hg. vom Bildarchiv Preußischer Kulturbesitz, Dortmund 1981, S. 167.

2 *Preußisches Emanzipationsedikt von 1812 (Auszug):*

Q § 1. Die in Unsern Staaten jetzt wohnhaften, mit General-Privilegien, Naturalisations-Patenten, Schutzbriefen und Konzessionen versehenen Juden und deren Familien sind für Einländer und Preußische Staatsbürger zu achten [...].

§ 7. Die für Einländer zu achtenden Juden hingegen sollen, in sofern diese Verordnung nichts Abweichendes enthält, gleiche bürgerliche Rechte und Freiheiten mit den Christen genießen.

§ 8. Sie können daher akademische Lehr- und Schul- auch Gemeinde-Aemter, zu welchen sie sich geschickt gemacht haben, verwalten.

§ 9. Inwiefern die Juden zu andern öffentlichen Bedienungen und Staats-Aemtern zugelassen werden können, behalten Wir Uns vor in der Folge der Zeit gesetzlich zu bestimmen.

§ 10. Es steht ihnen frei in Städten sowohl als auf dem platten Lande sich niederzulassen.

Zit. nach Dokumente zur deutschen Verfassungsgeschichte, hg. von Ernst Rudolf Huber, Bd. 1, Stuttgart 1978, 3. Aufl., S. 49–51

3 *Die Historikerin Monika Richarz (geb. 1937) zur Sozialstruktur der deutschen Juden im Kaiserreich (1979):*

D Über die Hälfte gehörte zu den Selbstständigen, während das allgemein bei weniger als einem Viertel der Bevölkerung der Fall war. [...] An der Spitze der jüdischen Gesellschaft stand eine Gruppe von Großkapitalisten und Multimillionären [...]. Im jüdischen Bürgertum bildeten wohlhabende Unternehmer, Kaufleute und Rentiers sowie Ärzte und Rechtsanwälte jene Oberschicht, die in den Gemeindevorständen zu finden war und auch in den jüdischen Organisationen die führende Rolle spielte. Auf diese Honoratioren folgte das mittlere Bürgertum der zahlreichen Ladeninhaber und selbstständigen Gewerbetreibenden mit gutem Einkommen. Das Kleinbürgertum bestand teils aus weniger bemittelten Händlern und Handwerkern, teils aus den angestellten Verkäufern, Reisenden, Buchhaltern, Gemeindebeamten und Volksschullehrern. Zur jüdischen Unterschicht schließlich muss man vor allem Gehilfen, Fabrikarbeiter, Hauspersonal und Gelegenheitshändler rechnen. [...]

Mehr als drei Viertel aller Juden gehörten demnach dem Bürgertum oder dem ländlichen Mittelstand an, weshalb ihre Einkommensverhältnisse im Kaiserreich wesentlich besser waren als die der Gesamtbevölkerung. [...] 1910 waren von den hundert reichsten Preußen mindestens 29 Juden und diese wohnten überwiegend in Berlin. Die Mehrheit der deutschen Juden gehörte dem Einkommen nach zum gehobenen städtischen Bürgertum.

Monika Richarz (Hg.), Jüdisches Leben in Deutschland, Stuttgart 1979, S. 21 f.

1. *Wie hat sich sich die Gleichstellung der Juden in Europa entwickelt (Mat. 1)? In welchen politischen und ökonomischen Zusammenhängen ist die Entwicklung zu sehen?*
2. *Erläutern Sie die Bestimmungen und Auswirkungen der Emanzipationsgesetzgebung in Preußen für das Leben der jüdischen Bevölkerung (Mat. 2).*
3. *Erläutern Sie die Sozialstruktur der jüdischen Bevölkerung im Kaiserreich (Mat. 3).*

Judenfeindschaft und Antisemitismus

4 *Der Dichter und Professor Ernst Moritz Arndt (1769–1860) im Jahr 1814 über die Juden in Deutschland:*

Q Man kann sie bedauren und man muss sie bedauren, aber lieben kann man sie nicht; denn Liebe wird nur geboren aus dem Gleichartigen und Geselligen, welches diesem Volke fehlt, das in seiner abgeschlossenen Art und Weise und mit seinem wunderbaren Gesetze unter den europäischen Völkern dieser Zeit wie ein Fremdling ist. Die Juden als Juden passen nicht in diese Welt und in diese Staaten hinein und darum will ich nicht, dass sie auf eine ungebührliche Weise in Teutschland vermehrt werden. Ich will es aber auch deswegen nicht, weil sie ein durchaus fremdes Volk sind und weil ich den germanischen Stamm so sehr als möglich von fremdartigen Bestandtheilen rein zu erhalten wünsche.

Ernst Moritz Arndt, Blick aus der Zeit auf die Zeit, Germanien 1814, S. 188.

5 *Aus einem Votum des preußischen Staatsministeriums vom 28. November 1816:*

Q 1. Es wäre zu wünschen, wir hätten gar keine Juden im Lande. 2. Die wir einmal haben, müssen wir dulden aber unablässig bemüht sein sie möglichst unschädlich zu machen. 3. Das Einwandern fremder Juden, gegen welche wir noch keine Verpflichtung zum Dulden haben, muss erschwert, wo nicht ganz verhindert werden. 4. Der Uebertritt der einländischen Juden zur christlichen Religion als der allein herrschenden des Landes muss erleichtert werden und mit demselben sind ohne Ausnahme alle staatsbürgerlichen Rechte verknüpft. 5. Weder directer noch indirecter Zwang zu solchem Uebergang darf statthaben. 6. Solange der Jude aber Jude bleibt, kann er keine Stellung im Staate einnehmen, in welcher er als Repräsentant der Regierung über christliche Staatsbürger gebieten würde. 7. Außer diesem wird nur derjenige jüdische Untertan dem christlichen völlig gleichgestellt, welcher diejenige Art des bürgerlichen Wirkens gewählt hat, womit unzweideutig der Charakter der Einbürgerung im Lande verbunden ist. In dem Maße wie die Lebensweise des Juden hiervon zurückbleibt, nehmen seine Berechtigungen im Staate ab und ziehen sich in die Grenzen der notdürftigen Hospitalität zurück.

Zit. nach Ismar Freund, Die Emanzipation der Juden in Preußen, Bd. 2, Berlin 1912, S. 482 f.

6 *Der Historiker und Publizist Heinrich von Treitschke (1834–1896) über Deutsche und Juden nach der Gründung des Deutschen Reiches, 1879:*

Q Unter den Symptomen der tiefen Umstimmung, welche durch unser Volk geht, erscheint keines so befremdend wie die leidenschaftliche Bewegung gegen das Judenthum […]. Antisemitenvereine treten zusammen, in erregten Versammlungen wird die „Judenfrage" erörtert, eine Fluth von judenfeindlichen Libellen überschwemmt den Büchermarkt […]. Sind diese Ausbrüche eines tiefen, lang verhaltenen Zornes wirklich nur eine flüchtige Aufwallung, so hohl und grundlos wie einst die teutonische Judenhetze des Jahres 1819? Nein, der Instinkt der Massen hat in der That eine schwere Gefahr, einen hochbedenklichen Schaden des neuen deutschen Lebens richtig erkannt; es ist keine leere Redensart, wenn man heute von einer deutschen Judenfrage spricht […]. Bis in die Kreise der höchsten Bildung hinauf […] ertönt es heute wie aus einem Munde: Die Juden sind unser Unglück! […]

Wenn Engländer und Franzosen mit einiger Geringschätzung von dem Vorurtheil der Deutschen gegen die Juden reden, so müssen wir antworten: […] Ihr lebt in glücklicheren Verhältnissen, welche das Aufkommen solcher „Vorurtheile" unmöglich machen. Die Zahl der Juden in Westeuropa ist so gering, dass sie einen fühlbaren Einfluss auf die nationale Gesittung nicht ausüben können; über unsere Ostgrenze aber dringt Jahr für Jahr aus der unerschöpflichen polnischen Wiege eine Schaar strebsamer hosenverkaufender Jünglinge herein, deren Kinder und Kindeskinder dereinst Deutschlands Börsen und Zeitungen beherrschen sollen […] Was die Juden in Frankreich und England zu einem unschädlichen und vielfach wohlthätigen Elemente der bürgerlichen Gesellschaft gemacht hat, das ist im Grunde doch die Energie des Nationalstolzes und die festgewurzelte nationale Sitte dieser beiden alten Culturvölker. Unsere Gesittung ist jung; uns fehlt noch in unserem ganzen Sein der nationale Stil, der instinctive Stolz, die durchgebildete Eigenart, darum waren wir so lange wehrlos gegen fremdes Wesen. Jedoch wir sind im Begriff uns jene Güter zu erwerben und wir können nur wünschen, dass unsere Juden die Wandlung, die sich im deutschen Leben als eine nothwendige Folge der Entstehung des deutschen Staates vollzieht, rechtzeitig erkennen […]. Was wir von unseren israelitischen Mitbürgern zu fordern haben, ist einfach: Sie sollen Deutsche werden, sich schlicht und recht als Deutsche fühlen.

Zit. nach Walter Boehlich (Hg.), Der Berliner Antisemitismusstreit, Frankfurt/M. 1988, S. 7–14.

1. *Stellen Sie aus Mat. 4 bis 6 die Argumente zusammen, die gegen die jüdische Bevölkerung vorgebracht werden. Worauf sind die Unterschiede zurückzuführen?*
2. *Welche Stereotype und Vorurteile werden verwendet? Nehmen Sie dazu aus heutiger Sicht Stellung.*

Jüdische Abwehrreaktionen: Assimilation und Zionismus

7 *Moses Hess (1812–1875) in seinem 1862 erschienenen Buch „Rom und Jerusalem. Die letzte Nationalitätenfrage":*

Q Zu den totgeglaubten Völkern, welche im Bewusstsein ihrer geschichtlichen Aufgabe ihre Nationalitätsrechte geltend machen dürfen, gehört unstreitig auch das jüdische Volk, das […] von allen Enden der Welt aus den Blick stets nach Jerusalem gerichtet hat und noch richtet […]. Kein modernes, nach einem Vaterlande ringendes Volk kann ihm das seinige vorenthalten ohne den tödlichsten Widerspruch mit sich herumzutragen an sich selbst irre zu werden und einen moralischen Selbstmord zu begehen. So zeitgemäß aber die jüdische Nationalitätsfrage dem unbefangenen Beobachter, so unzeitgemäß muss sie dem Kulturjuden in Deutschland erscheinen, wo der liberale wie der reaktionäre Judenfeind

zur Beschönigung seines Judenhasses auf den Unterschied zwischen der jüdischen und germanischen Rasse hinweist – in Deutschland, wo die jüdische Nationalität das letzte Argument zu sein scheint für die Verweigerung von politischen und bürgerlichen Rechten, die man von ganz anderen Bedingungen, als der Übernahme aller bürgerlichen und politischen Pflichten abhängig macht. [...]
Die meisten deutschen Juden schämen sich noch ihrer Religion und Abstammung, sobald sie mit der europäischen Bildung in Berührung gekommen sind. Die Deutschen haben uns so lange und so gründlich demonstriert, dass unsere Nationalität ein Hindernis für unsere „innerliche“ Emanzipation sei, dass wir am Ende selbst daran glaubten und alles aufboten uns durch Verleugnung unserer Abstammung des blonden Germanentums würdig zu zeigen. Doch abgesehen von den vortrefflichen Rechenmeistern, die ihr Judentum für eine Staatsstelle verhandelten, hatten alle unsere jüdischen Germanomanen sich schmählich verrechnet. [...]
Was wir heute für die Wiederherstellung der jüdischen Nationalität zu tun haben, besteht zunächst darin die Hoffnung auf unsere politische Wiedergeburt lebendig zu erhalten und sie da, wo sie schlummert, wieder zu erwecken. Erlauben sodann die Weltereignisse, welche sich im Orient vorbereiten, einen praktischen Anfang zur Wiederherstellung des jüdischen Staates, so wird dieser Anfang zunächst wohl in der Gründung jüdischer Kolonien im Land der Väter bestehen, wozu Frankreich ohne Zweifel die Hand zu bieten geneigt ist.

Moses Hess, Rom und Jerusalem. Die letzte Nationalitätenfrage (1862), Neudruck Wien 1935, S. 6f., 55 und 109.

8 *Aus einer Rede des russischen Studenten Leo Motzkin im russisch-jüdischen wissenschaftlichen Verein Berlin, 1892:*

Q Wir Nationaljuden sind der Überzeugung, dass wir Juden nur deswegen verspottet werden, weil wir [...] uns meistens selbst verachten, weil wir uns als Volk zersetzen, weil wir in die Welt hinausposaunen, dass wir uns in andere Nationen aufgelöst haben oder auflösen müssen, ein Irrthum, in welchen wir durch tausendjähriges Ghettoleben beim Anblick der Freiheit gerathen sind. So tief sind wir durch unsere Assimilationsperiode gesunken, so sehr sind wir gefallen, dass wir unsere Geschichte vergessen, unsere Sprache verlernt, unsere Ideale verlassen ohne die fremden in uns aufnehmen zu können und daher nur Halbes, Zwiespältiges schaffen [...]. Wie ganz anders klingt die Lehre der Nationaljuden: Setzen wir die Wahrheit, heißt es, auf unsere Fahne, lernen wir uns selbst kennen, verleugnen wir nirgends unsere Abstammung [...] und wenn wir die Größe und Erhabenheit unserer Geschichte und die unbegrenzte, gewaltige intellectuelle Kraft unseres Volkes eingesehen, lasst uns selbst Schmiede unseres Schicksals werden, lasst uns zu normalem, selbstständigem Leben auferstehen.

Zit. nach Jehuda Reinharz (Hg.), Dokumente zur Geschichte des deutschen Zionismus, Tübingen 1981, S. 26.

9 *Aus dem Gründungsaufruf der ersten jüdischen Studentenvereinigung „Viadrina“ in Breslau (1886):*

Q Dass wir Juden in weiten Kreisen der Bevölkerung verachtet, gehasst, mindestens aber als Fremde und nicht als ebenbürtige Mitbürger betrachtet werden, darüber können wir uns keinem Zweifel hingeben; mit Schmerz aber sehen wir diese Gefühle gerade bei den gebildeten Ständen sich kundgeben [...]. Wir vertreten dabei [...] den Grundsatz und werden durch unser Verhalten den Beweis dafür liefern, dass wir Juden und zugleich Deutsche im wahren Sinne des Wortes sein können.

Zit. nach Juden in Preußen, hg. vom Bildarchiv Preußischer Kulturbesitz, Dortmund 1981, S. 253.

10 *Aus den Leitsätzen des 1893 gegründeten Central-Vereins deutscher Staatsbürger jüdischen Glaubens:*

Q 1. Wir deutschen Staatsbürger jüdischen Glaubens stehen fest auf dem Boden der deutschen Nationalität. Unsere Gemeinschaft mit den Juden anderer Länder ist keine andere als die Gemeinschaft der Katholiken und Protestanten Deutschlands mit den Katholiken und Protestanten anderer Länder. Wir erfüllen als Staatsbürger freudig unsere Pflicht und halten fest an unseren verfassungsmäßigen Rechten.
2. Wir gehören als Juden zu keiner politischen Partei. Die politische Meinung ist wie die religiöse Sache des Einzelnen.
3. Wir haben keine andere Moral als unsere andersgläubigen Mitbürger. Wir verdammen die unsittliche Handlung des Einzelnen, wes Glaubens er sei.
4. Wir verwahren uns gegen die leichtfertige oder böswillige Verallgemeinerung, mit der Vergehen einzelner Juden der jüdischen Gesamtheit zur Last gelegt werden.

Zit. nach Werner Mosse (Hg.), Juden im Wilhelminischen Deutschland, Tübingen 1976, S. 488.

11 *Thesen der national-jüdischen Vereinigung Köln aus dem Jahr 1896:*

Q I. Durch gemeinsame Abstammung und Geschichte verbunden bilden die Juden aller Länder eine nationale Gemeinschaft. Die Betätigung patriotischer Gesinnung und die

Erfüllung der staatsbürgerlichen Pflichten seitens der Juden, insbesondere der deutschen Juden für ihr deutsches Vaterland, wird durch diese Überzeugung in keiner Weise beeinträchtigt.

II. Die staatsbürgerliche Emancipation der Juden innerhalb der anderen Völker hat, wie die Geschichte zeigt, nicht genügt um die sociale und kulturelle Zukunft des jüdischen Stammes zu sichern, daher kann die endgültige Lösung der Judenfrage nur in der Bildung eines jüdischen Staates bestehen; denn nur dieser ist in der Lage die Juden als solche völkerrechtlich zu vertreten und diejenigen Juden aufzunehmen, die in ihrem Heimatland nicht bleiben können oder wollen. Der natürliche Mittelpunkt für diesen auf legalem Wege zu schaffenden Staat ist der historisch geweihte Boden Palästinas.

III. Dieses Endziel muss sowohl durch die Hebung des jüdischen Selbstbewusstseins als durch zielbewusste praktische Thätigkeit vorbereitet werden. Als Mittel dienen:

a) Die Förderung der jüdischen Kolonien in Syrien und Palästina.

b) Die Pflege jüdischen Wissens und jüdischer Sitte (Literatur, Geschichte und hebräische Sprache).

c) Die Verbesserung der socialen und kulturellen Lage der Juden. Wer sich zu diesen Thesen bekennt, ist für uns ein Zionist, mit dem wir zusammenarbeiten können.

Zit. nach Jehuda Reinharz (Hg.), Dokumente zur Geschichte des deutschen Zionismus, Tübingen 1981, S. 37 f.

12 *1895 veröffentlichte der Central-Verein einen Artikel, in dem es hieß:*

Q Wir sind nicht zionistisch! So anerkennenswerth Stolz und Selbstbewusstsein sein mögen, welche der zionistischen Bewegung ihren Hintergrund geben, so fehlerhaft erscheint die Grundanschauung dieser Partei; sie hat mit dem Antisemitismus das gemeinsam, dass sie die Juden entnationalisiert und das ist die größte Gefahr des Judenthums.

Zit. nach Werner Mosse (Hg.), Juden im Wilhelminischen Deutschland, Tübingen 1976, S. 520.

13 *Daraufhin gab die Kölner National-Jüdische Vereinigung ein Flugblatt mit dem Titel „Der Nationaljude als Staatsbürger" heraus:*

Q Was sagen die Herren Staatsbürger jüdischen Glaubens? Die jüdisch-nationale Partei soll den Juden entnationalisieren? Das ist ja Unsinn! Weil wir behaupten, dass wir als Juden weder Germanen, Slaven oder Romanen sind? Dann müssten wir mit der Verleugnung der jüdischen Nationalität auch die verschiedenen Kennzeichen des jüdischen Stammes, den jüdischen Typus verleugnen können. Gerade das Gegentheil ist der Fall. Die Folge der Verleugnung der jüdischen Nationalität ist eine ungesunde Schwärmerei weiter jüdischer Kreise für einen internationalen Menschheitsbrei, in welchem alle andern Nationen entnationalisiert werden sollen.

Zit. nach Jehuda Reinharz (Hg.), Dokumente zur Geschichte des deutschen Zionismus, Tübingen 1981, S. 46.

14 *Die Autorin dieser Materialsammlung, die Historikerin Ute Frevert (geb. 1954), beurteilt die Diskussion um Zionismus und Assimilation (1993; Originalbeitrag):*

D Die Geschichte des 20. Jahrhunderts, vor allem seiner ersten Hälfte, gab dem Zionismus Recht. Von der Unüberwindbarkeit des Antisemitismus überzeugt setzte er sich beharrlich für einen eigenen jüdischen Staat ein. Als Begründer des politischen Zionismus gilt Theodor Herzl (1860–1904), assimilierter österreichischer Jude, der als Journalist 1894/95 über die Dreyfus-Affäre in Frankreich berichtete und den dabei zutage tretenden Antisemitismus als Widerruf des 1791 erlassenen, revolutionären Emanzipationsedikts deutete. 1896 veröffentlichte er die Broschüre „Der Judenstaat", in der er sich für die Errichtung eines jüdischen Staates in Palästina oder Argentinien aussprach. Diese Broschüre inspirierte eine politische Massenbewegung: Bereits 1897 trat in Basel der erste Zionistische Weltkongress zusammen, der „für das jüdische Volk die Schaffung einer öffentlich-rechtlich gesicherten Heimstätte in Palästina" forderte. Zwanzig Jahre später akzeptierte die britische Regierung in der Balfour-Deklaration dieses Ziel. 1948 wurde der Staat Israel gegründet.

Dazwischen lag die nationalsozialistische Politik des Holocaust, der geplanten, zielstrebig verfolgten Vernichtung des europäischen Judentums. Dieser staatlich exekutierte Antisemitismus stellte alle bisherigen Formen und Wirkungen des Judenhasses in den Schatten. Er war beispiellos, aber nicht voraussetzungslos. Zu seinen Voraussetzungen gehörte der soziale, kulturelle und politische Antisemitismus des späten 19. Jahrhunderts, der breite Bevölkerungsschichten – nicht nur in Deutschland – erfasste und prägte.

1. *Stellen Sie die Argumente der Befürworter der Assimilation denen der Zonisten gegenüber (Mat. 7 bis 13). Diskutieren Sie Chancen und Gefahren beider Positionen.*
2. *Vergleichen Sie den in den jüdischen Quellen gebrauchten Nationenbegriff mit dem aus nichtjüdischen Quellen.*
3. *Beziehen Sie Stellung zu der Deutung in Mat. 14.*

Denkmäler als Ausdruck des Nationalbewusstseins im 19. Jahrhundert

Die Befreiungskriege

1 *Aus einer Denkschrift des Baumeisters und Malers Karl Friedrich Schinkel (1781–1841) vom Januar 1815:*

Q Wenn Gott den Völkern neues Leben einhauchte gegen den Untergang sich zu erheben, wenn er sie stark machte die Freiheit zu erkämpfen und wenn so ein großer Akt in der Weltgeschichte geschlossen ward, dann ist hiernach das Edelste, was der Mensch beginnen kann, das Andenken einer solchen Zeit im religiösen Sinne recht fest zu halten und würdig zu ehren und dazu ist nur ein Medium: die schöne Kunst. Was auch Herrliches getan und in den Verhältnissen der menschlichen Gesellschaft niedergelegt wurde, es verlebte sich mit der Zeit, da die vorhandenen Gebrechen ohnehin verhinderten, dass es in vollkommener Reinheit hervorgehen konnte, und nach Jahrhunderten sucht man oft vergeblich seine Spuren. – Eine große und herrliche Handlung, durch die schöne Kunst erfasst, hält sich in ihrer höchsten Reinheit durch Jahrtausende und der Anblick großer Monumente führt uns das ideale Bild ganzer Nationen in die Gegenwart zurück. Der erhabene Gedanke Seiner Majestät des Königs dieser ewig merkwürdigen Zeit ein großes und heiliges Denkmal zu errichten wird der Geschichte unserer Tage einen höheren Reiz und unserem an Denkmalen armen Lande einen edleren Charakter verleihen. Preußen ist in dem Kampf den anderen Deutschen vorangegangen, es tritt auch hierin zuerst auf und wird gleichfalls Nachfolger finden und so des Ruhms gewiss sein für die Wiedergeburt des Edelsten überall den Keim gelegt zu haben.

2 *Aus einem Aufruf des preußischen Königs Friedrich Wilhelm III. (1797–1840) vom 19. September 1818 an die Teilnehmer der Befreiungskriege:*

Q Nachdem auf den denkwürdigsten Wahlplätzen der gefallenen Helden Denkmäler errichtet worden, ist es Mein Wunsch auch in der Hauptstadt des Reichs, Meinem treuen Volke und insbesondere allen denen, die aus seiner Mitte den Kampf für Freiheit und Recht bestanden, als gemeinsames Anerkenntnis edler Hingebung für König und Vaterland ein Denkmal von Eisen zu widmen. Am heutigen Tage ist der Grundstein dazu gelegt worden. Die Anwesenheit Meines erhabenen Freundes und Bundesgenossen, des Kaisers von Russland Majestät, hat die Feier dieser Handlung verherrlicht. In Jahresfrist wird das Denkmal vollendet sein: eine ehrende Erinnerung für die mutigen Streiter der großen Zeit und eine ernste Mahnung an die Jugend des Volks ihnen nachzueifern in Tapferkeit und treuter Liebe für König und Vaterland!

Quelle 1 und 2 zit. nach Michael Nungesser, Das Denkmal auf dem Kreuzberg von Karl Friedrich Schinkel, Berlin 1987, S. 114 und 119.

3 *Carl Georg Enslen, Das Denkmal von Schinkel auf dem Tempelhofer Feld, 1818, Lithographie, Berlin, Kupferstichkabinett*

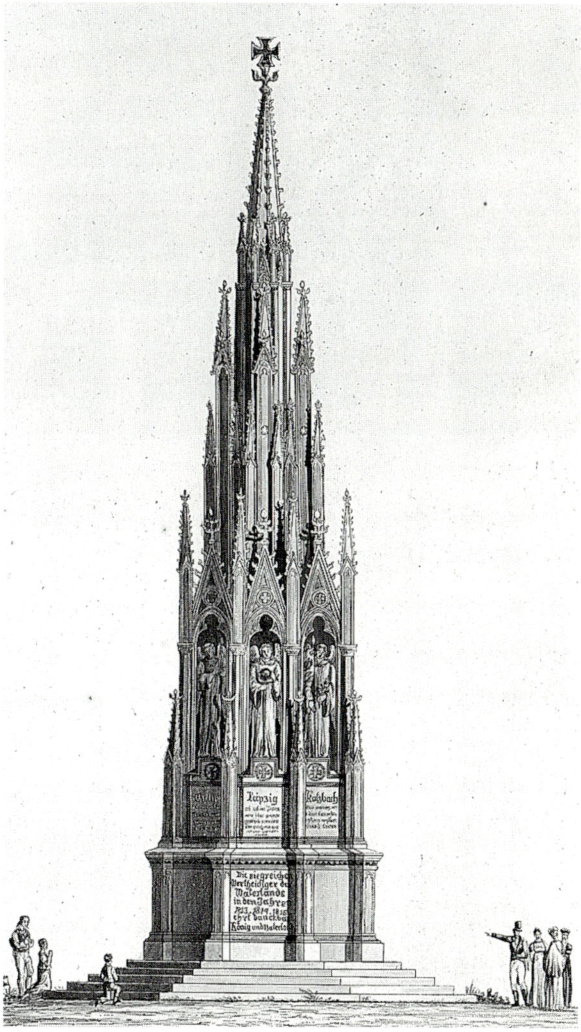

1. An welches Ereignis und an welches Ziel soll das Denkmal von Schinkel erinnern (Mat. 1 bis 3)? Welche Nation meinen Schinkel und der König (Mat. 1 und 2)?

2. Aus welchen Gründen wird das Denkmal errichtet? Inwieweit entsprechen sich Idee und Form?

Denkmäler des Bürgertums

4 *Das Goethe-Schiller-Denkmal vor dem Deutschen Nationaltheater in Weimar, 1852–1857, Entwurf und Ausführung Ernst Rietschel (1804–1861), Bronzegruppe, überlebensgroß*

5 *Der Kunsthistoriker Hans-Ernst Mittig (geb. 1933) über bürgerliche Denkmäler (1987):*

D Die Exponenten der ersten Denkmäler, die in Deutschland nicht für Fürstlichkeiten und Feldherren errichtet wurden, erscheinen zunächst als unpolitische Figuren: Luther (aufgestellt 1821 in Wittenberg), Dürer (1821 durch ein Brunnendenkmal in Nürnberg geehrt) und Beethoven (aufgestellt 1840–1845 in Bonn). Aber gerade derartige Denkmäler sind als Signale einer politischen Emanzipationsbewegung des Bürgertums erkannt worden. Nicht Höfe, sondern Vereine brachten diese Denkmäler hervor; sie zeichnen nicht eine Residenz als solche, sondern den Geburts- oder Wirkungsort eines produkten Menschen aus; Inschriften nennen nicht wie bei vielen fürstlichen Standbildern ererbte Würden und traditionelle Lobesformeln, sondern sie weisen auf Verdienste hin oder nur auf den Namen dessen, der sich durch seine Werke selbst bekannt gemacht hat. Die Verdienste des dargestellten Menschen begründen seine Denkmalwürdigkeit und den Appell ihm nachzueifern. Die Darstellung sollte in Porträt und Tracht historisch richtig sein. Denn als geschichtsbewegend und verpflichtend galt das Vergangene in seiner wechselnden Gestalt, nicht unwandelbarer Erbgang im Fürstenhaus.

Hans-Ernst Mittig, Das Denkmal, in: Werner Busch (Hg.), Funkkolleg Kunst, Bd. 2, München u. a. 1987, S. 544 ff.

6 *Aus dem „Aufruf an alle Deutschen!" eines Schweinfurter „Local-Comites" dem Dichter Friedrich Rückert (1788–1866) ein Denkmal in seiner Geburtsstadt Schweinfurt zu errichten (1878):*

Q Friedrich Rückert, dessen Namen unter den Klassikern unserer Nation glänzt, der Dichter der geharnischten Sonette, der Sänger des Liebesfrühlings, der Lehrer der Weisheit der Brahmanen[1], hat sich allezeit als ein für sein deutsches Volk begeisterter, als ein ächt deutscher Dichter erwiesen.
Noch im alten Reiche geboren, dessen schmachvolle Auflösung er mit durchlebte, trat er als ein deutscher Tyrtäus[2] für des Vaterlandes Freiheit ein und zeichnete in seinen geharnischten Sonetten die Bahnen, in welchen nunmehr die deutsche Nation zu Ehre und Größe gelangt ist. Und er sang ferner die Liebe seines Volkes, die ächte deutsche Liebe: Sein Liebesfrühling ist ein Muster deutscher Lyrik, wie seine Weisheit der Brahmanen ein Muster der didactischen Poesie, welche die Wahrheit in klassischer Form zur Erkenntnis bringt.
Als Gelehrter endlich hat Rückert den Geist orientalischer Sprachen in vollendeter Formengewandtheit unserem deutschen Sprachgeiste zu vermählen gewusst. […]
Es ist eine Ehrenpflicht der deutschen Nation ihrem ruhmgekrönten Sohne als Liebes- und Dankesopfer auch ein Denkmal aus Erz zu errichten, das den kommenden Geschlechtern von des Dichters Geistesgröße Zeugnis giebt, ähnlich wie solche unsern Classikern Schiller, Göthe und anderen Coryphäen unserer Literatur an verschiedenen Orten unseres Vaterlandes errichtet worden sind. […]
Das Local-Comite.
Friedrich Bach, Privatier. Dr. Carl Bayer, Professor. Alfred von Berg, Fabrikant. G. Breitung, Rechtsanwalt. Theod. Diem, Pfarrer. Ludw. Dürbig, Privatier. Phil. Gottschalk, Spengler. Heinr. Herbert, Offic., Vorstand des Turnvereins. Friedr. Herding, Fabrikant und Magistratsrath. Gust. Ad. Hermann, Glockengießer, Hauptmann der Feuerwehr. Friedr. Rahl, Bezirksgerichtsdirector. Herrm. Krönlein, Gerber. M. Lebrecht, Districtsrabbiner. J. Jac. Leininger, Kaufmann. Jac. Lieblein, Civilarchitekt. Ernst Müller, rechtl. Magistratsrath. Heinrich Müller, Stadtbaurath. Paul Müller,

Decan und Oberpfarrer. Wilh. Pollich, Buchdrucker und Redacteur, Vorstand des Gewerbe-Vereins. German Raab, Kaufmann, I. Schriftführer des Collegiums der Gemeindebevollmächtigten. Franz Jos. Reichardt, Buchdrucker u. Redacteur. Rob. Roth, Bierbrauer, II. Schriftführer des Collegiums der Gemeindebevollmächtigten. Ernst Sandtrock, Kaufmann, Vorstand des Gesangvereins. Carl Sattler, Privatier und Magistratsrath. Jens Sattler, Privatier. Ernst Schneider, Bezirksgerichtsrath. Friedr. Schröder, Goldarbeiter, Vorstand des Liederkranzes. Carl von Schultes, rechtl. Bürgermeister. Heinrich von Segnitz, Privatier. Dr. Friedr. Stein, Rechtsanwalt, I. Vorstand des Collegiums der Gemeindebevollmächtigten. H. Strößenreuther, Bezirksgerichtsrath., II. Vorstand des Collegiums der Gemeindebevollmächtigten. Adolph Freiherr von der Tann. Ludw. Throner, Rechtsanwalt, Bal. Völker, Rector des Gymnasiums. Theodor Wiesing, Fabrikant.

1 Angehörige der obersten, heiligen Kaste der Hindus: Priester, Gelehrte, Dichter, Politiker
2 Spartanischer Kriegslyriker aus dem 7. Jahrhundert v. Chr.

Zit. nach Rolf Selbmann, Friedrich Rückert und sein Denkmal. Eine Sozialgeschichte des Dichterkults im 19. Jahrhundert, Würzburg 1989, S. 305ff.

1. *Erarbeiten Sie aus Mat. 5 Merkmale der von Bürgern errichteten Denkmäler und die Motive des Bürgertums.*
2. *Beschreiben Sie das Goethe-Schiller-Denkmal und erklären Sie seine charakteristischen Merkmale (Mat. 4).*
3. *Informieren Sie sich in Literaturlexika und Handbüchern über Friedrich Rückert. Welche Bücher von ihm können Sie heute noch kaufen? Welche Gedichte Rückerts sind in den großen Gedichtsammlungen enthalten?*
4. *Erarbeiten Sie aus Mat. 6 die Gründe, die nach Meinung des „Local-Comites" für die Errichtung eines Rückert-Denkmals sprachen. Analysieren Sie das in dem Aufruf zum Ausdruck kommende Geschichts- und Nationalbewusstsein.*
5. *Wie erklären Sie sich die soziale Zusammensetzung des „Local-Comites" (Mat. 6)?*

Das Kaiserreich und seine Denkmäler

7 *Der Historiker Helmut Scharf (geb. 1947) über das Niederwald-Denkmal bei Rüdesheim (1983):*

D Seit 1871 fanden Wettbewerbe für das Niederwalddenkmal statt und schon bald traten ein Rüdesheimer und ein Berliner Denkmalkomitee, vornehmlich aus nationalliberalen und freikonservativen Honoratioren, zusammen, die über Entwürfe berieten und die Finanzierung durch Vereinssammlungen, Spenden der Fürsten und Zuschüsse des Reiches koordinierten. Schließlich wurde am 16. September 1877 die feierliche Grundsteinlegung begangen und das Werk nach den Entwürfen des Bildhauers Johannes Schilling und des Architekten Karl Weisbach in Angriff genommen. Als das Denkmal sechs Jahre später vollendet war, hatte das Reich bereits viel von seinem Glanz eingebüßt: Der ersten wirtschaftlichen Depression und dem Kulturkampf folgten die Sozialistengesetze und die antiliberale Schutzzollpolitik Bismarcks. Mit diesem historischen Hintergrund erklärt sich auch der misslungene Dynamitanschlag durch „Anarchisten" auf das Niederwalddenkmal am Tage seiner Einweihung. [...] Dennoch war das Niederwalddenkmal ein Monument, mit dem sich auch große Teile der Arbeiterschaft, die man doch eigentlich als „vaterlandslose Gesellen" bezeichnete, identifizieren konnten. Nicht zuletzt seine Ikonographie mit für damalige Zeiten geringen militärischen und dynastischen Anspielungen machte dies möglich: die für ganz Deutschland gültige Germania mit dem gesenkten Schwert in der Linken (im Gegensatz zum erhobenen Schwert des Hermannsdenkmals), der neu zu schaffenden Reichskrone in der erhobenen Rechten und dem allgemeinen Ruhmessymbol des Eichenkranzes auf dem Haupt. Im zentralen Sockelrelief werden die Reichsgründer nicht nur durch die Gestalten Wilhelms I. und Bismarcks repräsentiert, wie dies nach 1888 fast nur noch geschieht, sondern durch alle deutschen Fürsten – unter ihnen an exponiertester Stelle König Ludwig II. von Bayern. Flankiert wird das Relief nicht nur durch die Allegorie des Krieges, sondern auch des Friedens. Unter dem Hauptrelief wurde statt einer bombastischen Inschrift das populäre Gedicht „Die Wacht am Rhein" angebracht, darunter die Allegorien des Vaters Rhein mit der wiedergewonnenen Tochter Mosel. In den Seitenreliefs schließlich werden mit ungewohntem Realismus der Abschied der in den Krieg ziehenden Soldaten und deren glückliche Heimkehr dargestellt.

Helmut Scharf, „Zum Stolze der Nation". Deutsche Denkmäler des 19. Jahrhunderts, Dortmund 1983, S. 67f.

8 *Aus einer Rede E. J. Broichers bei der Versammlung der Freunde und Förderer des Kaiserdenkmals auf der Hohensyburg bei Dortmund vom 18. Oktober 1890. Das Denkmal wurde 1902 eingeweiht:*

Q Was will denn das Denkmal? Zunächst und vor allem sollen, wie wir, so die spätesten Geschlechter sich hier zusammenfinden in liebender Erinnerung und staunender Bewunderung vor der Heldengestalt des mächtigen Kriegsfürsten und erhabenen Friedensherrschers Kaisers Wilhelm I.,

der im gewaltigsten Ringen mit dem Erbfeinde des deutschen Volkes der deutschen Stämme Einigung nach Jahrhunderte langem Sehnen geschaffen und des Deutschen Reiches Kaiserkrone davongetragen hat und der dann in fast zwanzigjähriger Regierung dieses neu geeinte und mächtig im Bewusstsein seiner Stärke emporstrebende Volk der reichsten Segnungen ungetrübten Friedens hat teilhaftig werden lassen. Erblicken sollen und wollen wir unsern hochverehrten und heißgeliebten Kaiser aber nicht allein; sondern wie er in seinem überbescheidenen Sinne stets seiner Verdienste größere Hälfte auf seine Mitarbeiter übertragen hat, so soll sich sein Bild auch hier erheben, umgeben von den wohlbekannten und vielgeliebten Gestalten der großen Männer, seiner Paladine des Friedens und des Krieges, vor allen anderen namentlich der Gestalten Ottos von Bismarck und Helmuts von Moltke. Das Denkmal, das sich hier auf dem schönsten und erhabensten Berge der Grafschaft Mark und der westfälischen Industriegegend erhebt, soll uns diesen unseren Kaiser namentlich auch vor Augen bringen als den Vater des Volkes, als den Hort namentlich der kleinen Leute, der Arbeiter in seinem weiten Reiche, – mit einem Worte: als den Kaiser der Botschaft vom 17. November 1881.[1] Das Denkmal aber, das wir hier erbauen wollen, soll sein ein Denkmal des Volkes für das Volk. [...]
Die bewundernde und liebevolle Betrachtung dieses großen Herrschers, zu dessen Füßen sie hier zusammengekommen, wird den Männern aus dem Volke die Liebe und Treue von neuem befestigen auch gegen die Erben der Kronen Königs und Kaisers Wilhelm des Ersten, – sie wird sie lehren, dass die Frömmigkeit und Pflichttreue, die Aufopferung und Unermüdlichkeit, die Selbstlosigkeit und Weisheit, wie des Kaisers Wilhelm, so auch seiner Nachfolger nur von einem Könige und Kaiser dem Gemeinwohl geopfert wird, wie nur unter Leitung eines solchen königlichen und kaiserlichen Leiters und Führers des Volkes Wohl in wahrhaft wirksamer Weise gefördert werden kann; hier wird also entgegen allen hinfälligen Träumen von vielköpfiger Volksbeglückung der monarchische Sinn, die Königstreue des Volkes immer wieder neue, gesunde Kräftigung erfahren.
Des großen Kriegshelden Bild und seiner Paladine Gestalten werden den Mann aus dem Volke zurückversetzen in die glorreiche Zeit des großen Krieges 1870/71; aus dieser Erinnerung an die Großthaten dieser glorreichen Zeit wird er saugen nicht unberechtigten und blinden Hass gegen alles, was ausländisch, nicht unbegründete und selbstische Vorliebe für alles, was in Deutschland, und wäre es noch so verkehrt, aber er wird schöpfen Verehrung und Begeisterung für alle guten und großen Seiten des deutschen Wesens und des deutschen Volkes, er wird aus der Auffrischung dieser Erinnerung mit nach Hause nehmen das rege Gefühl des berechtigten Stolzes ein Deutscher zu sein.

1 Gemeint ist die Ankündigung der Sozialgesetzgebung.

Zit. nach Wolfgang Vomm, Reiterstandbilder des 19. und frühen 20. Jahrhunderts in Deutschland, Köln 1977, S. 554 f.

9 *Das Denkmal auf dem Niederwald bei Rüdesheim, erbaut 1877–1883*

1. *Vergleichen Sie die Aktivitäten zur Errichtung des Niederwalddenkmals (Mat. 7) mit der politischen Entwicklung im Deutschen Reich in den 1870er Jahren.*
2. *Aus welchem Geschichts- und Nationalbewusstsein heraus wurde nach Mat. 8 das Kaiserdenkmal errichtet?*
3. *Vergleichen Sie in Mat. 7 und 8 die Motive der jeweiligen Denkmalserrichtung. Wie erklären Sie sich den Wandel?*
4. *Vergleichen Sie die Interpretation in Mat. 7 mit der Abbildung (Mat. 9). In welche Tradition des deutschen Nationalismus im 19. Jahrhundert würden Sie das Niederwalddenkmal einordnen?*
5. *Stellen Sie eine Fotoausstellung zu Denkmälern des 19. Jahrhunderts in Ihrer Stadt oder Region zusammen und ergänzen Sie sie durch historische Materialien zu der Entstehung der Denkmäler, z. B. aus dem Lokalarchiv.*

„Nationen sind Episoden der Zivilisationsgeschichte“

Von Peter Glotz

Nationen sind Episoden der Zivilisationsgeschichte, natürlich. Florian Cejnowa zum Beispiel, der letzte Großherold der kaschubischen Nation, hat die Assimilation seines Volkes – teils an die Polen, teils an die Deutschen – nicht verhindern können. Zwar hatte er große Erfolge bei der Standardisierung der kaschubischen Sprache. Aber er griff den polnischen Adel und die Geistlichkeit gleichzeitig an; das waren zuviel der Feinde auf einmal.

So sind die Kaschuben heute kein Volk mehr, sondern nur noch eine Erinnerung. Und dass es anderen Herolden gelang ihre ebenfalls verfallenden Völker im letzten Moment vom Abgrund zurückzureißen ist kein Gegenbeweis. Als der tschechische Historiker Frantisek Palacky anfing eine eindrucksvolle Geschichte der tschechischen Nation von Hus bis zu den Böhmischen Brüdern zu erzählen und eine „tschechische Idee“ erfand war das Tschechische nur noch die Haussprache auf dem Land in Böhmen und in den kleinen Städten. Der eine hatte Pech, der andere Glück, vielleicht war der eine auch großzügiger und der andere eigensinniger oder der eine schwächer und der andere stärker.

Der Nationalismus ist ein Produkt „made in Europe“, eine fixe Idee des späten 18. Jahrhunderts mit zwei Wurzeln, einer jakobinischen und einer romantischen. Kein Zweifel, die vornationalistischen Epochen der europäischen politischen Kultur sind weit länger und eindrucksvoller als die nationalistischen. Es gab zwar immer „Völker“, also Menschen mit verketteten Kommunikationsmethoden, die die gleiche Sprache benutzten, lange Zeit auf dem gleichen Stück Erde gelebt hatten und von Generation zu Generation die gleichen Geschichten weitergaben, die sie alsbald für „ihre Geschichte“ hielten. Die Idee aber, dass jedes Volk seinen eigenen Staat haben müsse, dass in diesem Staat das ganze Volk leben solle und möglichst nur dieses Volk, ist neu und flüchtig. Die Litauer haben ihren Staat wiederbekommen, die Slowaken haben erstmals einen selbstständigen Staat erreicht und vielleicht setzen sich auch die Makedonen und die Kurden noch durch. Aber wenn man weiß, dass es auf der Welt weit mehr als 2000 Sprachen gibt, aber nur gut 200 Staaten, dann bleibt man bei seinem weltgeschichtlichen Urteil: Die Nationen sind Episoden der Zivilisationsgeschichte.

„Gefühlskitt“

Sie sind im Übrigen auch Kopfgeburten. Nichts zeigt dies plastischer als eine wunderbare Geschichte des gerade verstorbenen amerikanischen Politikwissenschaftlers Karl Deutsch. Deutschs Erfahrungen kamen – wie bei den meisten bedeutenden Nationalismus-Forschern – aus dem österreich-ungarischen Vielvölkerstaat; er war 1912 in Prag geboren worden.

Deutsch erzählt: Als nach dem Ersten Weltkrieg eine Kommission die Grenzen zwischen Ungarn, der Tschechoslowakei und Polen festlegen

Zwei Frauen nähen heimlich eine italienische Trikolore, Mitte 19. Jh., Florenz, Museo del Risorgimento

sollte, kam sie in ein kleines Dorf in den Karpathen, wo die drei Länder aufeinanderstoßen. Die erste Frage, die die Kommission den Dorfbewohnern stellte, lautete: „Welche Nationalität habt ihr?“ Die Antwort war ein unverständliches Brummen. Dann wurde erneut gefragt: „Was seid ihr – Ungarn, Polen, Tschechen, Slowaken, Ukrainer?“ Die Dorfbewohner antworteten einfach: „Wir sind von hier.“ Die Folgerung, die Prof. Deutsch aus dieser Geschichte gezogen hat, lautet: „Noch 1918 hatte also der Begriff, zu einer Nation zu gehören, für die Bewohner dieses Dorfes keine Bedeutung.“

Zum letzten Mal: Nationen sind Episoden der Zivilisationsgeschichte. Aber hartnäckige. Fanatisch verteidigte. Blutig ernstgenommene. Wer sich in einer komplizierten Welt zurechtfinden will und etwas sucht, woran er glauben kann, findet im Nationalismus einen einfach aufzutragenden und rasch wirkenden Gefühlskitt. Wie wäre sonst der umfassende und für die Betroffenen geradezu betäubende Erfolg des Serben Slobodan Milosewic, des Kroaten Franjo Tudjman oder des Slowaken Vladimir Meciar zu erklären? In einer Situation, in der alle politischen Kräfte des alten Mitteleuropa Marktwirtschaft und Demokratie predigten, gelang diesen drei neurotisch aufgeladenen Führungsfiguren das Kunststück kommunistische Machtapparate mit geringfügigen Säuberungen in nationalistische umzuwandeln. Der ethno-pathetische, romantische, laienreligiöse Zug der mittel- und südosteuropäischen National-idee war allemal stärker als die blasse Plausibilität der aufklärerischen Toleranz-Philosophie oder die komplizierte Rechtsgestalt des Vielvölkerstaats. Nationen sind Episoden, aber im Zweifel lange, wechselhafte und blutige. Sie können offensichtlich ganze Generationenfolgen mühelos verschlucken.

Deutscher Reichsadler aus Meyers Konversationslexikon von 1897 in einer Montage aus „Die Zeit“ vom 16. März 1990

Eine Sprache, ein Volk, eine Nation – aber ein Staat?

So ist es wissenschaftlich unstreitig, dass von den Alpen bis zum Schwarzen Meer eine einzige slawische Sprache gesprochen wird, in verschiedenen Dialekten und vermundartlichen Abstandssprachen. Schon Ranke hielt das für ganz selbstverständlich; im Wiener Sprachenvertrag von 1850 haben nicht nur Serben und Kroaten, sondern sogar die Slowenen festgehalten, dass sie eine einzige Sprache sprechen. Aber natürlich kann man – zum Beispiel – auf der südslawischen Dialektkette das Bulgarische einerseits und das Serbokroatische andererseits soweit an die Peripherie schieben, dass man eine eigene makedonische Sprache entwickeln kann. Selbstverständlich kann man das Kroatische durch die Pflege versunkener Begriffe und die systematische Kanonisierung in neuen oder alten Wörterbüchern vom Serbischen abheben; vielleicht auch das Slowakische vom Tschechischen. Genau das geschieht derzeit. Wer weiß, ob morgen nicht das Berner Oberländisch nicht als eigenständige Einzelsprache gefeiert wird?

Auch kann es gar keine Zweifel darüber geben, dass es keine „heilige“ Bindung zwischen einem Volk und einem Territorium gibt. Sind die Juden kein Volk mehr, weil sie in alle Winde zerstreut wurden, weil viele dem alten Glauben abschworen, weil sie in zahlreichen Sprachen sprechen? Oder sind sie erst wieder ein Volk, seitdem sie über ein Stück Landes verfügen, über den Staat Israel? Wäre die Lage vielleicht anders, wenn man den jüdischen Staat nicht in Palästina, sondern an einer anderen Stelle der Weltkugel eingerichtet hätte? Sind die Palästinenser kein Volk, weil sie derzeit nur über ein bestrittenes, zerrissenes Territorium halb verfügen? Alle diese Fragen muss man verneinen. Aber was geschieht? Erklären die Serben nicht, dass das Kosovo – in dem heute über neunzig Prozent der Bevölkerung albanisch ist – die Wiege des Serbentums sei und deshalb niemals preisgegeben werden könne? Verlangen die Kroaten nicht, dass die Kraina – obwohl dort mehrheitlich Serben siedeln, die zu einer kroatischen Regierung nicht das geringste Vertrauen haben – ganz unbestritten zu Kroatien gehören müsse, mit der vollen Geltung kroatischer Gesetze? Wer garantiert uns also, dass die Deutschen sich auf Dauer damit abfinden, dass Königsberg russisch ist und

Schlesien polnisch? Die Deutschen haben diese Tatsachen zwar gerade eben mit großer Mehrheit akzeptiert, in völkerrecht-lich gültigen Verträgen unterschrieben. Aber wer weiß, ob Brandt und Kohl in dreißig Jahren in ihrem Land noch als Staatsmänner gelten und nicht als Verräter?

„Die Europäer sind nicht dazu verurteilt in die Konflikte der Zwischenkriegszeit zurückzufallen“

Niemand garantiert es; wir müssen dafür kämpfen. Die übernationale Staatsbildungskraft scheint derzeit wieder abzunehmen; während der Nationalismus in der Mitte und im Osten Europas wieder zum herrschenden Paradigma wird, stockt die europäische Einigung. Noch bleiben die meisten deutschen Politiker, bis zu den liberalen Konservativen, tapfer bei ihren Überzeugungen von der Überlebtheit des Nationalstaats. Aber längst bilden sich nationale Zirkel in ihren Rücken, steigen verdrängte Begriffe aus obskuren Zirkularen in überregionalen Zeitungen auf. Ein jüdischer Professor, Michael Wolfssohn aus München, hat sogar wieder von einem „demokratischen Nationalismus“ gesprochen. Das wagen die Protestanten erst in einigen Jahren, dann aber vermutlich mit Verve. Fallen wir wieder zurück in die erste Hälfte des 20. Jahrhunderts, in der Europa eine läppische Utopie und nur der Nationalstaat eine lebenstüchtige Realität war?

Das ist nicht ausgemacht. Die moderne Wirtschaft drängt auf großräumige Zusammenarbeit. Ein konkurrenzfähiger Wirtschaftsraum verträgt keine sieben oder siebzehn geldpolitischen Souveränitäten; er braucht ein Entscheidungszentrum, in dem über Geldmenge und Zinshöhe entschieden wird. Schmelzende Polarkappen, überflutete Küstenregionen, zunehmende Wüstenausbreitung, Ernteschäden, Hungersnöte oder Völkerwanderungen sind nicht mehr deutsch, französisch oder holländisch bekämpfbar, sondern nur zugleich international und dezentral. Auch sind alte Definitionen wie zum Beispiel die, dass souverän sei, wer über den Ausnahmezustand entscheide, beim Stand der heutigen Waffentechnik sinnlos geworden. Bündnisse wie die NATO sind der Beweis dafür, dass das sogar begriffen worden ist. Die Europäer sind nicht dazu verurteilt in die Begriffe und Konflikte der Zwischenkriegszeit zurückzufallen.

„Sternenstaub einer verlorenen Geschichte?“

Aber es gibt, das muss man zugeben, erstaunliche Entwicklungen. In Berlin zum Beispiel haben die Kommunisten im Jahr 1950 die Ruinen des alten Stadtschlosses abgerissen und später dort den sogenannten „Palast der Republik“ gebaut. Das Ding ist architektonisch banal, aber die Ostberliner hatten es angenommen. Deutschland ist nicht gerade pleite, aber hochverschuldet und in ernsten ökonomischen Schwierigkeiten. Und was passiert? Tausende ernstzunehmende Menschen erörtern sorgfältig und ohne Ironie die Frage, ob man jenen Palast nicht abreißen und für Hunderte von Millionen Mark das alte Stadtschloss an seine Stelle setzen sollte. Zwar wendet ein Historiker ein, man könne doch nicht den „Sternenstaub einer verlorenen Geschichte zusammenkehren“. Zwar sagt ein berühmter, alter Architekt, das Schloss sei bereits zwischen den Kriegen ein verlassener Ort gewesen, eine Nachbildung des Baus in seinen gewaltigen Ausmaßen sei nie mehr zum Leben zu erwecken. Was aber antwortet darauf der Protagonist des Wiederaufbaus? Er lehnt schon solche Fragen ab. Die „Frankfurter Allgemeine“ berichtet: „Ihm geht es, statt um praktische Nutzbarkeit, um die Wiedergewinnung eines historischen Bildes, das nun einmal zu unserer Geschichte gehöre: das Schloss erkläre, warum Berlin zur Hauptstadt geworden sei.“

Kein Zweifel, wer 1990 solche Entwicklungen und Diskussionen vorhergesagt hätte, wäre für verrückt erklärt worden. Trotzdem bleibt es dabei: Nationen sind eine Episode der Zivilisationsgeschichte. Aber wir sollten uns nicht zu sicher sein, dass die Vergangenheit nicht zurückkehren kann. Vielleicht ist die Episode des Nationalismus eine Episode jener Art, die William Shakespeare zu Theaterstücken verarbeitet hat?

Dr. Peter Glotz (geb. 1939), Kommunikationswissenschaftler, seit 1961 in der SPD; Senator für Wissenschaft und Forschung in Berlin 1977–1981; Bundestagsabgeordneter. Der Essay wurde im Herbst 1993 verfasst.

Diskutieren sie die Hauptthese von Peter Glotz, dass Nationen Episoden der Zivilisationsgeschichte seien. Verändert sich die Sicht, wenn nationale Konflikte in Westeuropa, z. B. in Nordirland, im Baskenland, in Belgien oder auf Korsika, in den Blick kommen? Welche Lösungen gibt es angesichts des Problems von „2000 Sprachen und 200 Staaten“? Vergleichen Sie die Erklärung und Bewertung des Nationalismus von Peter Glotz mit der von Peter Brandt (siehe Darstellung S. 351 und 371).

9. Internationale Politik im 19. Jahrhundert

Hegemonie und Gleichgewicht gelten als die beiden bestimmenden, widerstreitenden Prinzipien in den internationalen Beziehungen der neuzeitlichen europäischen Geschichte. Das nichtfranzösische Europa erlebte die Epoche zwischen der Französischen Revolution und der Niederlage des napoleonischen Frankreich 1814 als einen Versuch Frankreichs eine hegemoniale Herrschaft über Europa zu errichten. Die französische Propaganda führte dagegen ins Feld, das europäische Gleichgewicht sei bereits im 18. Jahrhundert in eine Anarchie ausgeartet, in der das Recht der Stärkeren auf Kosten der Schwächeren sich durchgesetzt habe, was z. B. die Aufteilung Polens zeige. Das Scheitern Napoleons bedeutete, dass das Prinzip des Gleichgewichts sich durchgesetzt hatte und für das gesamte Jahrhundert Bestand haben sollte.

Wenn man ein Staatensystem als ein Gleichgewichtssystem beschreiben will, dann geht es um gleiche oder ungleiche Verteilung von Macht sowie darum, wie in diesem System Veränderungen zu Konflikten führen. Aber ungeachtet der problematischen Frage, wie „Macht" exakt zu messen ist (Territorium, Bevölkerung, Militär, Organisationsgrad, Wirtschaftskraft), geht diese Perspektive stärker von den einzelnen Mächten aus und weniger vom Staatensystem als Ganzem. Wenn man hingegen ein Staatensystem als Funktionszusammenhang begreift, dann stehen die Fragen im Vordergrund: Wie gehen die führenden Mächte miteinander um und wie gelingt es ihnen (oder nicht) ihre partikularen Interessen in Übereinstimmung zu bringen mit den allgemeinen, am Erhalt des Systems und damit des Friedens orientierten Interessen? Diese Betrachtungsweise geht davon aus, dass der Charakter eines Staatensystems davon bestimmt wird, in welchem Verhältnis die staatengemeinschaftlichen, solidarischen Elemente zu den agonalen, den Wettbewerb, ja Wettkampf zwischen den Staaten und Völkern um Macht und Einfluss betonenden Elementen stehen. Streben die Hauptakteure der internationalen Politik vor allem nach Machtsteigerung, wann immer sich die Gelegenheit dazu bietet, oder überwiegt das Interesse an der Stabilität des Staatensystems, d.h. am Erhalt des Status quo und an der gemeinschaftlichen Lösung auftretender Krisen?

Man kann die hundert Jahre von 1814 bis 1914 als den Weg von einem großen europäischen Krieg zum nächsten großen europäischen Krieg begreifen. Denn die 1815 auf dem Wiener Kongress geglückte Kombination eines multipolaren Gleichgewichtssystems mit einem kollektiven Sicherheitssystem hatte langfristig keinen Bestand. Die agonalen Elemente gewannen in der zweiten Jahrhunderthälfte die Überhand. Der für den Erhalt des Friedens notwendige Konsens zwischen den Großmächten schwand dahin und dementsprechend stieg die Konfliktbereitschaft. Konfliktstoffe waren in Europa stets vorhanden, bis 1870 vor allem solche um Nationalstaatsgründungen. Aber der Umgang mit ihnen und damit auch die Fähigkeit der Großmächte Krisen zu steuern und zu entschärfen veränderte sich. Dies geschah in einer Epoche rasanten sozialen, ökonomischen, technologischen und mentalen Wandels, den friedlich zu meistern die Politiker sich als immer weniger fähig erwiesen. Dazu kamen Veränderungen des Staatensystems durch den Aufstieg der „pazifischen" Großmächte USA und Japan. Die Konkurrenz aller Großmächte im Zeichen des Imperialismus, der seit ungefähr 1880 eine neue Stufe erreichte, bildete den Hintergrund jener Entwicklungen, die schließlich zum Kriegsausbruch 1914 führten und das Zeitalter der europäischen Vorherrschaft in der Welt beendeten.

Honoré Daumier (1808–1879), Europäisches Gleichgewicht, Lithographie aus „Le Charivari", 3. April 1867

Im Folgenden steht nicht die Außenpolitik eines einzelnen Staates im Mittelpunkt, sondern das Verhältnis zwischen den europäischen Großmächten als dem bestimmenden Faktor des europäischen Staatensystems. Die mittleren und kleinen Staaten kommen dabei etwas kurz. Völkerrechtlich gibt es im Prinzip keinen Unterschied zwischen der Souveränität kleiner und großer Staaten. Jedoch ist zu bedenken, dass jede internationale Ordnung von Großmächten eingerichtet, getragen und garantiert wird. Der Widerspruch zwischen dem rechtlichen Gleichheitsprinzip (alle Staaten sind gleich souverän) und dem auf der Privilegierung der Großmächte basierenden Ordnungsprinzip bestand im 19. Jahrhundert ebenso wie im 20. Jahrhundert, in dem er mit dem Völkerbund und der UNO (Sicherheitsrat) sogar eine institutionalisierte Form gefunden hat.

Der Historiker Theodor Schieder schrieb 1977: „Die Beziehungen zwischen Völkern und Staaten bestehen aus einem Geflecht von Interessen, Emotionen, Erfahrungen und Vorurteilen. Der diplomatischen Kunst fällt, wenn sie Kunst sein will, die Aufgabe zu aus dem Syndrom zwischenstaatlicher Beziehungen die Elemente sichtbar zu machen und herauszulösen, die ein gemeinsames Interesse zweier oder mehrerer Staaten begründen können. Das führt weit über die Diplomatie im engsten Sinne des Wortes hinaus."[1] Die Kunst gemeinsamer Interessenfindung möglichst vieler Mitglieder eines Staatensystems bestimmt somit auch die Friedensfähigkeit internationaler Politik.

1804 Kaiserkrönung Napoleons I.; *Code Civil*
1806 Rheinbund; Beginn der Kontinentalsperre
1812 Niederlage der napoleonischen Armee in Russland
1813/14 Befreiungskriege
1814/15 Wiener Kongress
1815 Quadrupelallianz der vier Siegermächte Großbritannien, Russland, Österreich und Preußen; Heilige Allianz zwischen Russland, Österreich und Preußen
1815–66 Deutscher Bund
1823 Monroe-Doktrin der USA
1834 Gründung des „Jungen Europa" durch Giuseppe Mazzini
1839/40 Orient-Krise
1854–56 Krimkrieg
1859–61 Italienischer Einigungskrieg; Gründung des Königreichs Italien
1864 Deutsch-Dänischer Krieg
1866 Preußisch-Österreichischer Krieg
1870/71 Deutsch-Französischer Krieg; Gründung des Deutschen Reiches
1872 Dreikaiserabkommen
1875 „Krieg-in-Sicht-Krise"
1877/78 Russisch-Türkischer Krieg
1878 Berliner Kongress
1879 Abkehr des Deutschen Reiches vom Freihandel; deutsch-österreichischer Zweibund
1881 Beginn der systematischen Kolonisierung Afrikas
1882 Dreibund zwischen dem Deutschen Reich, Österreich-Ungarn und Italien
1884/85 Kongo-Konferenz in Berlin; Erwerb deutscher Kolonien
1887 Abschluss des Rückversicherungsvertrages zwischen Russland und dem Deutschen Reich; Mittelmeerentente zwischen Großbritannien, Frankreich und Italien
1890 Beginn der Politik des „Neuen Kurses" im Deutschen Reich; Nichterneuerung des Rückversicherungsvertrages mit Russland
1898 Beginn des deutschen Flottenbaus; Spanisch-Amerikanischer Krieg
1899 1. Haager Friedenskonferenz vereinbart die Haager Landkriegsordnung und die Errichtung des Ständigen Schiedshofes
1900/01 „Boxer"-Aufstand in China
1903 Baubeginn der Bagdadbahn
1904 *Entente cordiale* zwischen Großbritannien und Frankreich
1904/05 Russisch-Japanischer Krieg
1905/06 1. Marokko-Krise
1907 2. Haager Friedenskonferenz: Scheitern einer internationalen Rüstungsregelung; britisch-russische Entente
1908/09 Bosnien-Krise
1911 2. Marokko-Krise
1912/13 Balkan-Kriege
1914–18 Erster Weltkrieg

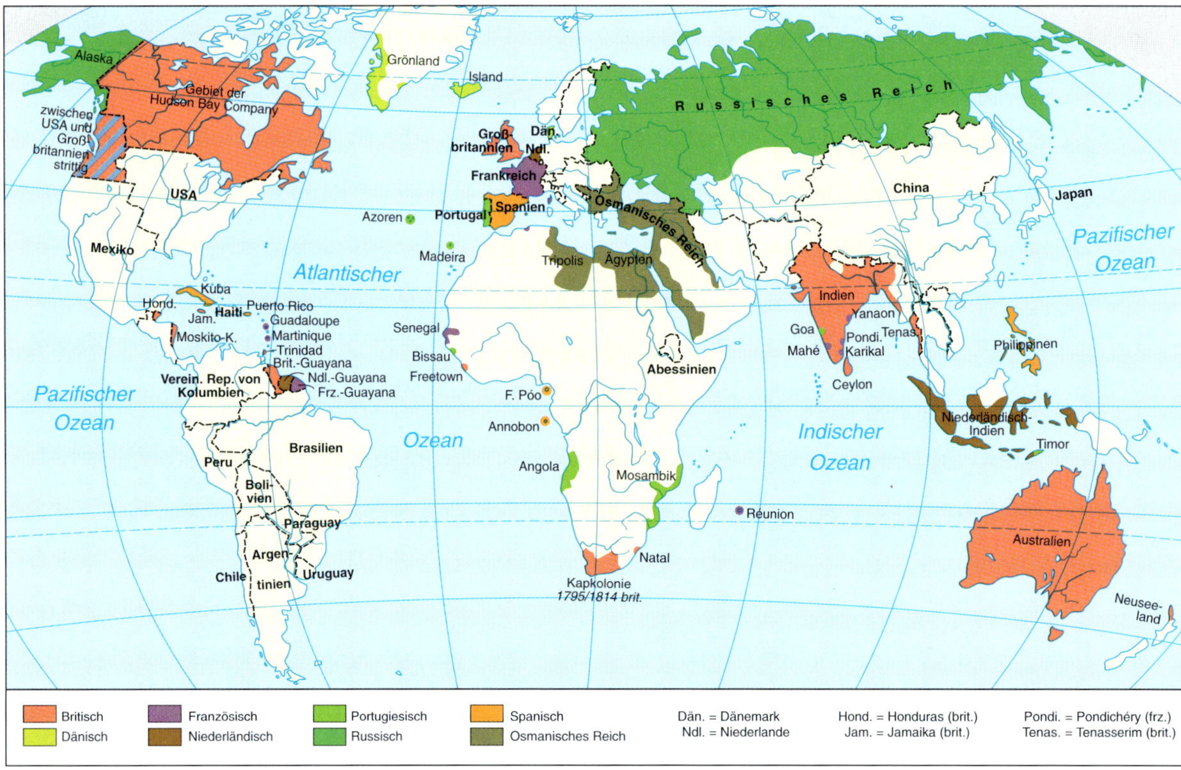

Die Entwicklung der europäischen Kolonialreiche bis 1830

Land	1879		1913	
	Friedens-stärke	Kriegs-stärke	Friedens-stärke	Kriegs-stärke
Großbritannien	136	600	160	700
Indien	200	–	249	–
Österreich-Ungarn	267	772	800	3000
Frankreich	503	1000	1200	3500
Deutschland	419	1300	2200	3800
Russland	766	1213	1400	4400

Stärke der Landstreitkräfte der Großmächte 1879 und 1913 (in 1000)

Dreibund: Bezeichnung für ein 1882 abgeschlossenes und bis 1914 mehrfach erneuertes geheimes Verteidigungsbündnis zwischen dem Deutschen Reich, Österreich-Ungarn und Italien, das sich vor allem gegen Frankreich, indirekt aber auch gegen Russland richtete. Endete mit der Neutralitätserklärung Italiens 1914 und dessen Eintritt in die Kriegsallianz gegen das Deutsche Reich und Österreich-Ungarn 1915.

Entente cordiale (frz. = herzliches Einverständnis): Bezeichnung für die seit 1904 zwischen Großbritannien und Frankreich bestehenden Absprachen über die Vermeidung von Konflikten zwischen ihnen (insbesondere in der Kolonialpolitik) und über gemeinsame politische Ziele, insbesondere die Abwehr einer deutschen Hegemonie auf dem europäischen Kontinent. Die Summe der politischen und später auch militärischen Absprachen kam praktisch einem Bündnis gleich, in das seit 1907 schrittweise Russland einbezogen wurde (= Tripell-Entente).

Freihandelspolitik: Prinzip der Außenhandelspolitik eines Staates, die auf einen von Zöllen oder anderen Beschränkungen ungestörten internationalen Handel dringt. Entstand als Forderung des Wirtschaftsliberalismus in England und richtete sich zunächst gegen den Merkantilismus, seit den 1870er Jahren gegen die Schutzzollpolitik europäischer Staaten und der USA.

Frieden: Zum einen völkerrechtlich der Zustand rechtlich geordneter Verhältnisse zwischen Staaten. Im politischen Denken der Neuzeit bedeutete Frieden allerdings immer mehr als die Abwesenheit von Krieg, sondern im Sinne Immanuel Kants eine am Wohl aller Staaten und seiner Bürger orientierte internationale Rechtsordnung, die den inneren und äußeren Frieden garantiert. Zum anderen Bezeichnung für eine Vereinbarung zwischen kriegführenden Parteien, die den Krieg definitiv durch einen völkerrechtlich bindenden Vertrag (Friedensvertrag) beendet und in der Regel Vereinbarungen über Gebietsabtretungen, Reparationen usw. enthält. In der historisch-politischen Beurteilung wird zwischen einem Sieg- und einem Verständigungsfrieden unterschieden. Von einem *Siegfrieden* spricht man, wenn der militärische Sieger im Friedensvertrag seine Vorstellungen weitgehend durchsetzen kann und so nicht selten den Keim zu einem neuen Krieg legt. Bei einem *Verständigungsfrieden* dagegen versucht der Friedensvertrag die politischen Gründe, die zum Krieg führten, zu beseitigen oder doch zumindest eine erhebliche politische und wirtschaftliche Schwächung des unterlegenen Gegners zu vermeiden.

Hegemonie → Begriffe Kap. 3

Militärausgaben der Großmächte (Deutschland, Österreich-Ungarn, Großbritannien, Russland, Italien und Frankreich) 1880 – 1914 (in Mio. £)

Jahr	Mio. £
1880	132 000
1890	158 000
1900	205 000
1910	288 000
1914	397 000

Stärke der Seestreitkräfte der Großmächte 1900 und 1914 (in Zahl der Schlachtschiffe)

Land	1900	1914
Großbritannien	49	64
Deutschland	14	40
Frankreich	23	28
Österreich-Ungarn	6	16
Russland	16	23

Imperialismus: Im neuzeitlichen Verständnis bedeutet Imperialismus zunächst die Ausdehnung der Herrschaft eines Staates über andere Länder durch Eroberung, Annexion und Durchdringung; eine seiner Formen ist der Kolonialismus. Mit Bezug auf die Zeit seit der Hochindustrialisierung bedeutet Imperialismus ein ausgeprägtes, in verschiedenen Formen auftretendes, zugleich wirtschaftliches und politisches Ausnutzungs- und Abhängigkeitsverhältnis zwischen industriell weit fortgeschrittenen und wirtschaftlich wenig entwickelten Staaten und Regionen (besonders in Afrika und Asien). Vor allem die Zeit zwischen 1880 und 1918 gilt als Epoche des Imperialismus.

Protektionismus: Bezeichnung für wirtschaftspolitische Maßnahmen eines Staates zur Abwehr ausländischer Konkurrenz; steht im Gegensatz zur liberalen Freihandelspolitik. Neben der Setzung von technischen Normen, die Importgüter erfüllen müssen, sind Zölle das wirksamste Instrument um die heimische Wirtschaft und ihren Absatz zu schützen. Schutzzölle können zum Ziel haben:
1. als vorübergehende Maßnahme den Aufbau eigener Wirtschaftszweige vor zu früher Konkurrenz abzuschirmen und
2. ausländische Konkurrenz eigener, bereits entwickelter Wirtschaftszweige zu bekämpfen.

In der Zwischenkriegszeit des 20. Jh. führte die protektionistische Politik fast aller Industriestaaten zu einem Zusammenbruch des Welthandels.

Sozialdarwinismus → Begriffe Kap. 8

Sozialimperialismus: Zum einen Be-

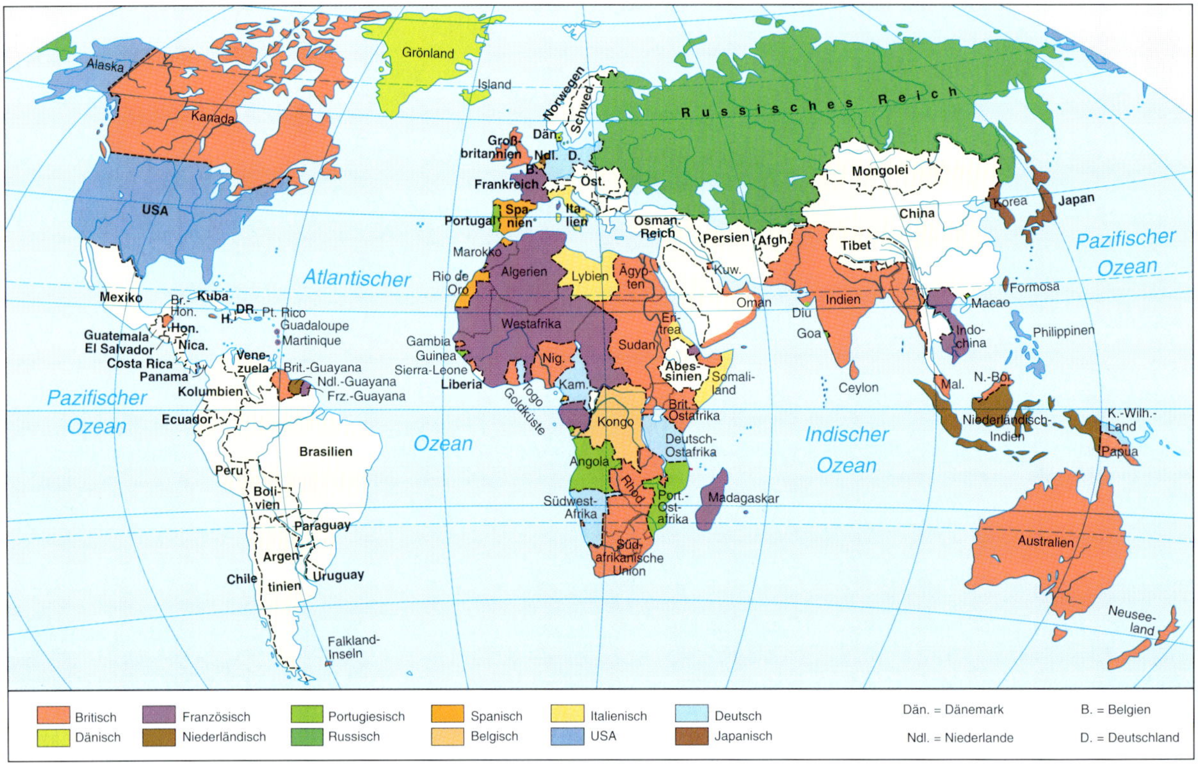

Die Aufteilung der Welt im Zeitalter des Imperialismus

zeichnung für einen wissenschaftlichen Ansatz zur Erklärung des Imperialismus, der in den innenpolitischen Krisen von Staaten als Folge von Industrialisierung und Demokratisierung eine der zentralen Ursachen des Imperialismus sieht. Mit außenpolitischen Erfolgen und einem gesteigerten Nationalismus – so die Theorie – versuchte die bürgerlich-adlige Elite ihre Herrschaft gegen die immer stärker werdende politische und gewerkschaftliche Arbeiterbewegung zu behaupten. Zum anderen eine von Lenin stammende Bezeichnung für jene Teile der europäischen Sozialdemokratie, die im Ersten Weltkrieg ihre jeweilige nationale Regierung unterstützten und damit nach Auffassung Lenins ins imperialistische Lager übergewechselt waren.

Splendid isolation (engl. *splendid* = herrlich; *isolation* = Abschließung, Abgeschiedenheit): Politisches Schlagwort für die Bündnislosigkeit Großbritanniens vor 1900.

Stereotyp: Vorgefasste, von den Mitgliedern einer Gruppe geteilte Meinung über die Merkmale anderer Gruppen von Menschen. Soziale Stereotype werden nicht durch Wirklichkeits-, sondern durch soziale Erfahrung erworben und auch verändert. Wenn an negativen sozialen Stereotypen trotz entgegenstehender oder fehlender Wirklichkeitserfahrung festgehalten wird, spricht man von Vorurteilen oder auch von Feindbildern. Vorurteile und Feindbilder werden häufig für politische Zwecke instrumentalisiert.

Zweibund: Bezeichnung für das 1879 zwischen dem Deutschen Reich und Österreich-Ungarn abgeschlossene Defensivbündnis gegen einen russischen Angriff auf Österreich-Ungarn oder einen französischen Angriff auf das Deutsche Reich (wechselseitiger Beistand). 1882 mit Italien zum Dreibund erweitert. Blieb bis 1890 ein reines Verteidigungsbündnis, wandelte sich jedoch unter dem Einfluss der deutschen Politik des „Neuen Kurses“ zu einem Bündnis im Kriegs- und Verteidigungsfalle.

1. *Skizzieren Sie mit Hilfe der Materialien die Grundzüge in der Entwicklung der internationalen Politik 1815 bis 1914.*
2. *Bestimmen Sie den Beginn und die Mittel des Wettrüstens und erörtern Sie die Folgen.*

1815–1848: Die Pentarchie als Staatengemeinschaft

„[Es] besteht also in Europa ein großer, alle Völker und Mächte umfassender Verein, welcher sich, man mag ihn nun einen Völkerstaat oder einen Völkerbund nennen, der Idee eines Staatenvereines nähert … An der Spitze dieses größeren Vereins steht ein engerer Verein, eine Pentarchie. Die fünf Mächte … haben zusammen und gleich als eine Körperschaft die oberste Leitung der Europäischen Angelegenheiten, das *Directorium Europae* (daher ist die heutige Verfassung des Europäischen Völkerstaates eine Aristokratie) … Die übrigen Europäischen Staaten … stehen nun zu der Gesamtheit jener fünf Mächte in einem Verhältnis der Schutzgemeinschaft."[2] Das europäische Staatensystem, das der Heidelberger Jurist K. S. Zachariae 1841 mit diesen Worten zu beschreiben versuchte, beruhte auf der den Wiener Kongress abschließenden Wiener Schlussakte vom 8. Juni 1815, die Zachariae als „Grundgesetz (oder als die Konstitutionsakte)" des „Europäischen Völkerstaates" bezeichnete. Wie kam sie zustande, auf welchen Prinzipien beruhte die neue europäische Ordnung, die nach der napoleonischen Epoche (siehe Mat. S.424–427) geschaffen worden war, und welche Beweggründe brachten die europäischen Politiker dazu sich auf so viel Staatengemeinschaftlichkeit einzulassen?

Die Begründung einer neuen internationalen Ordnung 1814/1815

Nach der Beendigung des Krieges gegen das napoleonische Frankreich im Frühjahr 1814 luden die vier Siegermächte Österreich, Russland, England und Preußen zu einem großen Kongress aller europäischen Staaten nach Wien ein. Dabei ging es nicht nur um Detailfragen, die der Friedensschluss mit Frankreich (Erster Pariser Friede vom 30. Mai 1814) offen gelassen hatte. Allen Beteiligten stand die Notwendigkeit vor Augen für das seit über zwei Jahrzehnten von Kriegen und revolutionären Erschütterungen heimgesuchte Europa eine stabile Ordnung auszuhandeln.

Zwar schickten fast alle Staaten ihre Vertreter nach Wien; auch fanden sich viele gekrönte Häupter ein. Trotzdem war der Wiener Kongress weder ein Völkerparlament noch eine Versammlung gleichberechtigter Staatsoberhäupter. Die Vertreter der vier siegreichen Großmächte, der britische Außenminister Viscount Castlereagh, der österreichische Staatskanzler Fürst Metternich, der preußische Außenminister Fürst Hardenberg und Zar Alexander I. von Russland, wollten sich keinesfalls die uneingeschränkte Entscheidungsbefugnis nehmen lassen. Allein dem besiegten Frankreich gelang es durch das geschickte Taktieren seines Außenministers Talleyrand in den Kreis der Großmächte (wieder) aufgenommen zu werden. Dadurch stellten die Beschlüsse von Wien kein bloßes Diktat der Siegermächte dar. Vielmehr beruhte die hier ausgehandelte internationale Staatenordnung auf dem Konsens der fünf Großmächte, die für sich das Recht in Anspruch nahmen im Namen Europas zu sprechen und über sein Schicksal – und damit auch über das der mittleren und kleineren Staaten – zu entscheiden. Dieses hierarchische Ordnungsprinzip ist während des gesamten 19. Jahrhunderts bestimmend geblieben.

Trotz der häufigen Benutzung von Begriffen wie Legitimität und althergebrachte Rechte kann man für die internationalen Beziehungen 1815 nicht von einer Restauration sprechen. Eine Wiederherstellung der vorrevolutionären internationalen Ordnung fand nicht statt. Gleichwohl war die neue Ordnung stark geprägt vom negativen Erfahrungshintergrund der Politikergeneration, die 1815 und später die Geschicke Europas bestimmte. Sie war gleichzeitig antirevolutionär, antihegemonial und antianarchisch (siehe S.418, Mat.2).

– Antirevolutionär: Die revolutionären Erschütterungen seit 1789 waren in den Augen aller Politiker die Ursache für den Zusammenbruch der traditionellen internationalen Ordnung gewesen. Daraus zogen sie den Schluss, dass Frieden* und Revolution unvereinbar seien. Neben dem Wunsch das bestehende politische und gesellschaftliche System zu erhalten und die Forderungen bürgerlicher Schichten nach politischer Beteiligung abzuwehren war die antirevolutionäre Haltung stark geprägt von der Auffassung, dass ein direkter Zusammenhang zwischen Revolution und Krieg bestehe: Aus Revolutionen entstünden Kriege und größere Kriege könnten leicht zu Revolutionen führen, da sie ohne eine Mobilisierung breiter Bevölkerungsschichten nicht mehr denkbar seien.

– Antihegemonial: Nach Meinung vieler Zeitgenossen hatte bisher vor allem Frankreich das europäische Gleichgewicht mit seinen Bestrebungen zur Hegemonie* gefährdet. Das gelte es für die Zukunft zu verhindern. Deshalb wurde an der französischen Ostgrenze von der Nordsee bis zum Mittelmeer eine Barriere von Mittelstaaten (Vereinigtes Königreich der Niederlande, Piemont-Sardinien und die Schweiz, deren Neutralität von den Großmächten garantiert wurde) errichtet, hinter denen die militärisch starken Großmächte Preußen (mit seiner neuen Rheinprovinz) und Österreich

Stutzuhr mit „Apotheose auf den Wiener Kongress" – Bildnisse von Zar Alexander I., Kaiser Franz I. und König Friedrich Wilhelm III. von Preußen, um 1815, Birnbaum, Messingfigur, Holz vergoldet, 80 x 45 x 25 cm, Wien, Museum für angewandte Kunst

(mit der Provinz Lombardo-Venetien) standen. Der Deutsche Bund besaß durch seinen Charakter als Staatenbund kein machtpolitisches Eigengewicht, ließ aber doch eine Art politisch-territoriale Einheit Deutschlands bestehen. Mit seiner Militärverfassung war er ein wichtiger Eckstein des antifranzösischen, d. h. antihegemonialen Sicherheitssystems. Frankreich verlor damit seine traditionellen Einflussgebiete in Deutschland und Italien an Österreich und Preußen.

– Antianarchisch: In bewusster Absetzung vom Staatensystem des 18. Jahrhunderts, in dem der machtstaatliche Egoismus *de facto* zu einer Anarchie in den internationalen Beziehungen geführt hatte, betonten die Schöpfer der Ordnung von 1815 den staatengemeinschaftlichen Charakter des neuen Systems. Alle Großmächte waren an einer funktionierenden internationalen Ordnung interessiert und deshalb bereit ihre Einzelinteressen zurückzustellen. Die Form des Kollektivvertrages anstelle einer Ansammlung bilateraler Einzelverträge sanktionierte die Regelung von Wien in besonderer Weise völkerrechtlich. Die Wiener Schlussakte hatte die Funktion einer europäischen Gesamtverfassung und trug damit erheblich zur Verrechtlichung der internationalen Beziehungen bei. Das Völkerrecht erhielt eine neue Qualität.

Dieses neue System bedeutete für ganz Europa eine faktische Garantie des Status quo. Wenn auch ein Versuch diese Garantie ausdrücklich in das Vertragswerk hineinzuschreiben scheiterte, so galt doch für die nächste Zukunft, dass Grenzveränderungen nur unter Beteiligung und mit Zustimmung aller Großmächte in der Quadrupelallianz vollzogen werden konnten. Die Siegermächte in der Quadrupelallianz verabredeten darüber hinaus im November 1815 in regelmäßigen Kongressen die gemeinsamen europäischen Interessen zu beraten. Diese Absicht konnte zwar nur ein knappes Jahrzehnt verwirklicht werden, stellte aber trotzdem einen wichtigen Schritt in Richtung auf eine föderative Struktur des Staatensystems und damit den ersten Ansatz einer den ganzen Kontinent umfassenden Staatenorganisation dar.

Das Staatensystem von 1815 bestand nicht aus mehreren gegeneinander stehenden Bündnissystemen, sondern besaß eine vertikale dreifache Allianzstruktur:

1. Die Pentarchie, oft als das Direktorium oder der Areopag Europas bezeichnet, bedeutete eine Art Kollektivhegemonie der fünf Großmächte.
2. Die Quadrupelallianz der vier Siegermächte von 1813/14, am 20. November 1815 in Paris erneuert, existierte quasi als Notbremse für den Fall einer nochmaligen französischen Aggression weiter.
3. Die „Heilige Allianz" vom 26. September 1815, ursprünglich eine von Zar Alexander I. entworfene und von Metternich umformulierte Selbstverpflichtung auf christliche Grundsätze in der Außen- und Innenpolitik, der formal fast alle Staatsoberhäupter beitraten, galt bald als Ausdruck der Solidarität der Throne gegenüber liberalen und nationalen Strömungen. Faktisch blieb sie auf das formal erst 1833 in München-Grätz vertraglich besiegelte enge Verhältnis zwischen den drei „Ostmächten" Russland, Österreich und Preußen beschränkt.

Konfliktpotentiale des Staatensystems

1815 ist nicht für alle anstehenden internationalen Probleme eine Lösung gefunden worden. Deren Ausklammern bzw. sich als nicht dauerhaft erweisende, scheinbare Lösungen führten dazu, dass mehrere Konfliktherde der internationalen Politik weiter bestanden. Dieses ständig vorhandene Konfliktpotential war damit ein ungewollter Strukturbestandteil des europäischen Staatensystems im 19. Jahrhundert.

Die nationale Frage

Dazu gehörten die drei offenen nationalen Fragen in Deutschland, Italien und Polen. Die Nationalbewegungen dieser Länder, in Deutschland und Italien vor allem von bürgerlichen Schichten, in Polen von dem ungemein zahlreichen Adel getragen, sahen ihre Ansprüche durch das Wiener System nicht befriedigt. Die oft historisch begründeten Wünsche nach nationalstaatlicher Eigenexistenz verbanden sich in allen drei Ländern mit liberalen Forderungen nach Verfassungen und politischer Partizipation. Während im Deutschen Bund zumindest eine schwache institutionelle Bindung der deutschen Länder geschaffen worden war, wurden das zersplitterte Italien und das aufgeteilte Polen den Gleichgewichtsinteressen der Großmächte geopfert. In Deutschland und Italien ging es den „Patrioten" um nationalstaatliche Einigung gegen die Politik der einheimischen und fremden Dynastien sowie gegen die Interessen der Großmächte. Die polnische Nationalbewegung hatte die drei stärksten Militärmächte des Kontinents zum Gegner und befand sich daher in der vergleichsweise ungünstigsten Situation.

Südosteuropa

Das Osmanische Reich war, obwohl faktisch eine europäische Macht, an den Wiener Verhandlungen nicht beteiligt gewesen. Infolgedessen galt die Festschreibung des territorialstaatlichen Status quo auch nicht für Südosteuropa. Diese Ausklammerung ist vor allem darauf zurückzuführen, dass das Osmanische Reich nicht zur traditionellen *res publica christiana*, zur christlichen Staatenwelt, gehörte. Angesichts einer sich zusehends säkularisierenden Welt stellte sich damit im 19. Jahrhundert in Südosteuropa die Frage, wie weit Europa reicht. Die Rivalitäten der Großmächte, verursacht durch den Anspruch Russlands, diesen Raum zu kontrollieren, und das Interesse Englands, Frankreichs und Österreichs ein Vordringen Russlands zum Mittelmeer zu verhindern, prallten in Südosteuropa unvermittelter aufeinander als anderswo. Die sich immer wieder zuspitzenden Krisen auf dem Balkan wurden verschärft durch den inneren und äußeren Verfall des Osmanischen Reiches. In Europa machte das Wort vom „kranken Mann am Bosporus" die Runde. Trotz mancher innerer Reformen, die das islamische, agrarisch bestimmte Reich im europäischen Sinne „modernisieren" sollten, gelang es dessen Herrschern nicht die nationalen Emanzipationsbestrebungen der ethnisch und religiös unterschiedlichen Balkanvölker dauerhaft einzudämmen. Die sogenannte „Orientfrage" blieb bis zum Ersten Weltkrieg im europäischen Staatensystem ein Konfliktherd, dessen Fernwirkungen bis in die Gegenwart reichen.

Das System der Einflusssphären in Europa

Zu den unbestrittenen Attributen des Großmachtstatus gehörte es Einflusssphären zu besitzen, d. h., dass mittlere und kleinere Staaten unter formaler Wahrung ihrer Souveränität zum Einflussgebiet einer Großmacht gehörten. Während die europäischen Grenzen und damit der territoriale Status quo (mit Ausnahme des Osmanischen Reiches) in Wien festgeschrieben worden waren, galt diese Festlegung nicht für die Einflusssphären. Hinter den Rivalitäten um sie standen sowohl militärische als auch politische und wirtschaftliche Interessen. Während Skandinavien lange Zeit als russisches Einflussgebiet galt und der Deutsche Bund als gemeinsames Kondominium Österreichs (als Führungsmacht des Bundes) und Preußens (durch den Zollverein), entwickelte sich der Mittelmeerraum zum direkten Austragungsort der einander widerstrebenden Großmachtinteressen. Frankreich, dem 1815 keine Einflusssphäre zugestanden wurde und dem man den Weg nach Mitteleuropa gezielt verbaut hatte, rivalisierte auf der Iberischen Halbinsel mit England, in Italien seit den 1830er Jahren mit Österreich und England und im Ostmittelmeerraum einschließlich Südosteuropa mit England, Österreich und Russland. Ab 1830 versuchte Frankreich durch die Eroberung Nordafrikas seinen Anspruch als Mittelmeermacht durchzusetzen, vor allem gegen die Seemacht England, die durch den Besitz von Gibraltar, Malta und der Ionischen Inseln eine wichtige Rolle im Mittelmeer spielte. Preußen galt mit seinem auf den Zollverein beschränkten Einflussgebiet als der „Juniorpartner" der Pentarchie.

Grundfragen des „Kongresssystems" und „Ideologische Blockbildung"

Trotz ihrer offensichtlichen Unvollkommenheit erwies sich die Ordnung von 1815 als relativ stabil. Das multipolare Gleichgewichtssystem, das jeder Großmacht genügend Bewegungsspielraum ließ, war gekoppelt mit einem kollektiven Sicherheitssystem, denn die Pentarchie sah die Bewahrung des Status quo und den Erhalt des Friedens als ihre Hauptaufgabe an. Darunter verstand sie sowohl die Unterdrückung aller das System und den Status quo bedrohenden nationalen und liberalen Bewegungen als auch die Verhinderung militärischer Auseinandersetzungen zwischen den Großmächten. Friedenswille und Revolutionsfurcht entsprachen einem Bedürfnis nach Stabilität und verliehen dem Staatensystem einen defensiven und keinen Wandel zulassenden Charakter, der in eine wachsende Spannung zur Dynamik der gesellschaftlichen, ökonomischen und geistigen Entwicklung in Europa geriet.

Dissens und Konsens

Zwei Grundprobleme jeder internationalen Ordnung nahmen im 19. Jahrhundert eine spezifische Gestalt an:

1. In der Frage nach dem Verhältnis zwischen *solidarischen,* staatengemeinschaftlichen Elementen, die das Interesse des europäischen Gesamtsystems in den Vordergrund stellen, und den *agonalen,* den Wettkampf zwischen den Staaten und Völkern um Macht und Einfluss betonenden Tendenzen entschieden sich die Politiker nach den Erfahrungen des 18. Jahrhunderts und der napoleonischen Zeit eindeutig für eine staatengemeinschaftliche Lösung. Das Interesse am Erhalt des Status quo war größer als an einer, bei sich bietender Gelegenheit, realisierbar erscheinenden Aussicht auf Machtsteigerung. Das bedeutete, dass die Konfliktbereitschaft der Mächte geringer war als das vorhandene Konfliktpotential. Das sollte sich im Laufe des Jahrhunderts ändern.

2. Jedes stabile Staatensystem steht vor der Frage, auf welche Weise Veränderungen in ihm möglich sind, ohne dass es zu kriegerischen Konflikten kommt. Wie kann der Status quo verändert und dem sozialen, ökonomischen, technologischen, verfassungspolitischen und geistigen Wandel in einzelnen Ländern und auf dem ganzen Kontinent in den Staatenbeziehungen Rechnung getragen werden? Wandlungsbereitschaft und -fähigkeit hängen ebenso von effizienten Instrumenten der Krisenbewältigung wie von der Konsensfähigkeit der Beteiligten ab.

Genau an diesem Problem scheiterte jedoch das „Kongresssystem", d. h. der Versuch auf regelmäßigen Zusammenkünften der Pentarchie über alle Fragen Einigung zu erzielen. Konnte man sich auf dem Kongress von Aachen 1818 noch über die Aufhebung aller Beschränkungen für Frankreich einigen, so zeigten sich in Troppau 1820, Laibach 1821 und Verona 1822 tiefgreifende Meinungsunterschiede über die Frage der Intervention gegen revolutionäre Bewegungen in Italien, Spanien und Südamerika sowie über die Haltung zum griechischen Aufstand gegen die Türken (1821–1829). Metternich und Zar Alexander I. meinten, das Staatensystem könne nur mit einem maximalen Konsens aller Großmächte funktionieren. Dieser beruhe auf der in der Heiligen Allianz formulierten ideellen Gemeinsamkeit. Ganz Europa habe sich dem, auch innenpolitisch, unterzuordnen. Wandel war in dieser Konzeption nicht vorgesehen. Der britische Außenminister Castlereagh und sein Nachfolger Canning hielten dies für unpraktikabel (siehe S. 418, Mat. 1). Sie vertraten eine Konzeption des kontrollierten Dissenses: Meinungsverschiedenheiten seien etwas Normales, man müsse nur durch diplomatische Instrumente verhindern, dass aus ihnen Konflikte entständen. Die britische Politik wollte das Staatensystem nicht für antirevolutionäre Interventionen, deren Zielsetzungen die Interessen Russlands, Österreichs und Preußens widerspiegelten, missbrauchen lassen. England und bald auch Frankreich empfanden Wandel für sich als weniger bedrohlich als die drei Ostmächte, die ein ausgeklügeltes Repressionssystem errichteten und liberale und konstitutionelle Reformen in ihren Einflussbereichen (Deutscher Bund, Italien, Polen) unterdrückten.

„Ideologische Blockbildung"

Daraus entwickelte sich in den 1820er und 1830er Jahren eine relative Spaltung des Systems in konstitutionelle West- und konservative Ostmächte, eine Spaltung, die später von Historikern als „ideologische Blockbildung in den internationalen Beziehungen" bezeichnet worden ist. Gegen das vor allem von Metternich vertretene antirevolutionäre Interventionsprinzip befürworteten England und Frankreich ein Nichtinterventionsprinzip, das gelegentlich zu einem liberalen antireaktionären Interventionsprinzip mutierte: In den spanischen Bürgerkriegen 1834–1839 wurden Liberale und Absolutisten jeweils finanziell, diplomatisch und mit Freiwilligen durch die West- bzw. Ostmächte unterstützt: Auf der Iberischen Halbinsel fand eine Art Stellvertreterkrieg statt. Der Zusammenhang von innenpolitischen Entwicklungen mit außenpolitischen Orientierungen (siehe S. 419, Mat. 3) brachte es mit sich, dass in der öffentlichen Meinung das Interesse an der internationalen Politik wuchs. Länderübergreifende Bewegungen wie der Philhellenismus in den 1820er Jahren zur Unterstützung des griechischen Aufstands und die Polenfreundschaft nach 1830 in Westeuropa und Deutschland brachten dies deutlich zum Ausdruck.

Internationale Krisen und ihre Lösung

Die von der öffentlichen Meinung oft überschätzte ideologische Spaltung der Pentarchie wurde indes nicht zum bestimmenden Faktor der internationalen Politik. Die Fähigkeit des Staatensystems Krisen zu meistern und trotz unterschiedlicher Interessen und Grundpositionen Konflikte zu vermeiden bewies sich vor allem, als 1830 die französische Julirevolution, die belgische Revolution, der polnische Novemberaufstand und revolutionäre Unruhen in Deutschland und Italien den europäischen Status quo zu erschüttern drohten. Während man die polnischen, deutschen und italienischen Revolutionäre und Liberalen ihrem Schicksal und der Unterdrückung überließ, gelang es einen antirevolutionären Kreuzzug gegen Frankreich zu verhindern. Fast problemlos wurde die französische Julimonarchie der Orléans wieder in

Europa nach dem Wiener Kongress 1815

das Mächtekonzert eingebunden. Und über Belgien erzielten die Großmächte in langen Konferenzen ein Übereinkommen, dem die belgische Monarchie ihre Existenz verdankt. Ein europäischer Krieg brach nicht aus, ebensowenig wie in der Orientkrise 1839/40: In der Auseinandersetzung zwischen dem Sultan und seinem Vasallen Mohammed Ali, dem Vizekönig von Ägypten, geriet Frankreich durch eine einseitige Unterstützung Ägyptens in eine gefährliche Isolation, die wiederum zu starken Spannungen zwischen den Großmächten und zu Kriegsangst in Europa führte.

Als wirksamstes Instrument der Krisenbewältigung erwiesen sich Ad-hoc-Konferenzen der fünf Großmächte, auf denen ein erheblicher Konsenszwang herrschte. Gemeinsame Entscheidungen wurden gegen kleine Länder durchgesetzt, denn die Pentarchie sprach sich das Recht zu im Namen ganz Europas zu entscheiden und zu handeln. Die Leistung dieses Staatensystems – eine relativ lange Friedenszeit, in der kein Krieg zwischen Großmächten ausbrach – darf aber nicht übersehen lassen, wie labil dieser Friede war: Er beruhte weniger auf der Einsicht in die Verwerflichkeit des Krieges als auf zwei anderen Faktoren: Zum einen auf der Furcht vor revolutionären Umstürzen und zum zweiten auf dem Grundsatz, dass keine Macht stärker als die Allianz der übrigen sein durfte, da andernfalls das Mächtegleichgewicht erschüttert worden wäre. Diejenigen, die sich mit einer gewissen Berechtigung als die Opfer dieses Staatensystems empfanden, vor allem die radikaleren Vertreter der Nationalbewegungen in Polen, Italien und Deutschland, erkannten den Zusammenhang zwischen repressiver Innenpolitik und äußerer Friedenspolitik. Dem Europa der Könige wollten sie ein Europa der Völker entgegenstellen. 1834 gründete der italienische Demokrat Giuseppe Mazzini im Schweizer Exil mit dem „Jungen Europa" eine Art Internationale der Nationalbewegungen. Das Gebet des polnischen Exildichters Adam Mickiewicz „um einen allgemeinen Krieg für Völker-Freiheit" (1832) machte allerdings deutlich, in welch fataler Situation sich Europa befand: Viele Menschen assoziierten Frieden mit Unterdrückung und Freiheit mit Krieg – ohne einen allgemeinen Krieg sei, so glaubten sie, der Status quo in Europa nicht zu verändern.

1. *Beschreiben Sie Ziele, Organisation und Instrumentarium des Wiener Kongresssystems. Welche Rolle spielten Frankreich und der Deutsche Bund darin?*
2. *Was versteht der Autor unter einem solidarischen, was unter einem agonalen Staatensystem? Suchen Sie für beides Beispiele aus Geschichte und Gegenwart.*

1848 – 1870: Revolutionäre Unruhe in der internationalen Politik

1848: Wandel ohne Krieg?

Im Revolutionsjahr 1848 sah es so aus, als ob der von Teilen der Nationalbewegungen erhoffte und von den Großmächten befürchtete allgemeine Krieg in Europa ausbrechen werde. Aber trotz einiger regional begrenzter Kriege (Schleswig, Italien, Ungarn) erwies sich bald, dass keine Großmacht bereit und in der Lage war einen großen Krieg gegen andere Großmächte zu riskieren. Das radikal-demokratische Lager in Europa war zu schwach: Der Krieg als großer revolutionärer Kreuzzug fand nicht statt.

Die Zweite Französische Republik, in der Februarrevolution 1848 entstanden, ließ sich leichter in das Staatensystem integrieren, als manch gekröntes Haupt geglaubt hatte. Zwar provozierte der französische Außenminister Alphonse de Lamartine alle Großmächte mit der Feststellung, die Verträge von 1815 seien nicht mehr gültig, sie seien nur eine Tatsache, die durch gemeinsame Übereinkunft zu ändern sei. Aber die Französische Republik wollte nicht das Staatensystem revolutionieren. Vielmehr stellte Lamartine die Gretchenfrage des Systems: Wie ist ein Wandel ohne Krieg, d. h. durch den Konsens der Beteiligten, zu bewerkstelligen? Darauf fand sich trotz mehrerer erfolgloser Versuche einen europäischen Kongress einzuberufen keine Antwort.

Im Gegenteil: Die konservativen Großmächte behaupteten sich 1848/49 gegen die Revolution, sogar das Kaiserreich Österreich, das durch die deutschen und italienischen Einigungsversuche, das Unabhängigkeitsstreben der Ungarn und durch die Gleichberechtigungsansprüche der slawischen Völker am stärksten in seiner Existenz bedroht war. Im Herbst 1849 hatte es den Anschein, dass der vorrevolutionäre Status quo vollkommen wiederhergestellt worden sei: Die letzten Funken der Revolution wurden von preußischen (in Südwestdeutschland und Sachsen), österreichischen (in Italien und Ungarn), russischen (Ungarn, Walachei) und französischen Truppen (in Rom) niedergeschlagen.

Die Lehren der Revolution

Aus der Revolutionszeit 1789 bis 1815 hatten europäische Politiker den Schluss gezogen, dass man sich nur gemeinsam behaupten könne. Aus der Revolution von 1848/49 hingegen zogen sie die Lehre, dass sich nur jeder selbst behaupten könne. Nicht die das Staatensystem verkörpernde Allianz der Großmächte hatte die Revolution besiegt. Vielmehr hatte sich jede Großmacht selbst gegen die revolutionäre Bedrohung durchgesetzt. Nur die Habsburger hatten die Hilfe der russischen Armee in Anspruch nehmen müssen um den Ungarischen Aufstand 1849 niederzuschlagen – ein deutliches Zeichen für die militärische Schwäche Österreichs. Die Großmächte vertrauten immer weniger auf die stabilisierende Macht des Gesamtsystems. Jeder verließ sich immer stärker auf die eigenen Kräfte oder auf Sonderallianzen. Die Durchsetzung partikularer Interessen wurde in zunehmendem Maße zur allgemeinen Richtschnur außenpolitischen Handelns. Unter „Realpolitik“ – dieser Ausdruck wurde 1853 zum ersten Mal von August Ludwig von Rochau geprägt – verstand man die Steigerung der eigenen militärischen, wirtschaftlichen und politischen Machtposition durch diplomatisches Jonglieren, geschickte Bündnispolitik und durch die Ausnutzung günstiger Gelegenheiten. Die Befürchtung plötzlich isoliert einer stärkeren Koalition der übrigen Mächte gegenüberzustehen wurde zum Alptraum aller kontinentaleuropäischen Politiker – auch dies war ein Indiz für das Schwinden von Gemeinsamkeiten in der europäischen Politik. Die Konfliktbereitschaft in der internationalen Politik wuchs; nach 1849 erreichten die revolutionären Unruhen das Feld der Staatenbeziehungen. Vor allem die italienische und die deutsche, aber auch die polnische Frage verlangten nach Antworten. Das 1815 entstandene Staatensystem schien dazu mit den bisherigen Mitteln nicht fähig.

Der Krimkrieg (1854–1856)

Die erste militärische Konfrontation zwischen den Großmächten fand jedoch nicht in Zentraleuropa statt, sondern entzündete sich an der Orientfrage. Russland bestand traditionell darauf, dass es zum Osmanischen Reich in einem Sonderverhältnis stehe, das unter anderem mit einer Schutzfunktion für die unter osmanischer Herrschaft lebenden christlichen Balkanvölker begründet wurde. Die übrigen Großmächte erkannten diesen Anspruch nicht an und hatten in der Orientkrise von 1840 durchgesetzt, dass alle Großmächte gleichberechtigt mit dem Osmanischen Reich verkehrten. Gut zehn Jahre später fühlte sich das von den revolutionären Turbulenzen 1848/49 kaum berührte Russische Reich stark genug seine Ansprüche auf dem Balkan durchzusetzen. Der Widerstand des von den Westmächten unterstützten Osmanischen Reiches führte zum Krimkrieg zwischen Russland auf der einen und dem Osmanischen Reich, England, Frankreich und dem kleinen Piemont-Sardinien auf der anderen Seite. Preußen blieb neutral, während Österreich in die antirussische Allianz eintrat ohne aktiv am Krieg teilzunehmen.

Dieser erste Krieg seit 1815 zwischen mehreren Großmächten wurde um begrenzte Ziele (Neutralisierung des Schwarzen Meeres, Zurückdrängung russischer hegemonialer Ansprüche auf dem Balkan) und mit eingeschränkter Intensität geführt. Die militärischen Auseinandersetzungen konzentrierten sich weitgehend auf die Halbinsel Krim. Trotz mancher Versuche die Kriegsziele auszuweiten (z. B. durch die polnische Frage) waren auch die Westmächte nicht an einer Ausschaltung Russlands als Großmacht interessiert. Dessen militärische Niederlage brachte im Frieden von Paris (30. März 1856) mit der Neutralisierung des Schwarzen Meeres ein vorläufiges Ende der russischen Balkanambitionen. Durch die offizielle Einbindung des Osmanischen Reiches in das europäische Mächtekonzert hofften die Westmächte die Orientfrage zu entschärfen und damit den Fehler von Wien 1815 zu korrigieren. Dies erwies sich jedoch als Irrtum: Bis 1914 und noch darüber hinaus blieb der Balkan ein ständiger Konfliktherd.

Der Krimkrieg war kein „Beinahe-Weltkrieg“, weil alle Beteiligten einen gesamteuropäischen Krieg bewusst vermeiden wollten. Vielmehr leitete er eine Epoche kurzer „Duellkriege“ ein, die erst durch die eigenartige Konstellation nach 1856 ermöglicht wurden. Die Interessen der „Flügelmächte“ England und Russland verlagerten sich in den außereuropäischen Raum (Indien, China, Zentralasien); dazu kamen innere Strukturprobleme (Aufhebung der Leibeigenschaft in Russland 1861, Wahlrechtsreformen in England). Zwischen beiden Mächten bestand eine Spannung schon allein aufgrund des russischen Strebens das Ergebnis des Krimkriegs rückgängig zu machen. Eine britisch-russische Kooperation in europäischen Angelegenheiten war somit für lange Zeit kaum möglich. Österreich, durch seine Haltung im Krimkrieg des bisherigen russischen Rückhalts beraubt, stand in den kommenden Auseinandersetzungen um die italienische und deutsche Frage weitgehend isoliert.

Kriegerische Nationalstaatsgründungen zwischen 1859 und 1871

Die drei Großmächte, die 1848 von der Revolution erfasst worden waren (Frankreich, Preußen und Österreich), hatten auch nach dem Sieg über die revolutionären Bewegungen erhebliche innere Probleme. Weder das Kaiserreich Napoleons III. (1852–1870) noch das Preußen der Reaktionsära (1850–1858), noch der österreichische Neoabsolutismus konnten die anstehenden Modernisierungsprobleme ohne eine Beteiligung der bürgerlichen Schichten an der Politik lösen. Dies führte sowohl zu einer innenpolitischen Liberalisierung (in Preußen „Neue Ära“ seit 1858, in Frankreich Entwicklung zum „Empire Libéral“, in Österreich liberale Verfassungsexperimente in den 1860er Jahren) als auch zu einem veränderten außenpolitischen Verhalten. Die innenpolitische Systemerhaltung hing zunehmend von außenpolitischen Prestigeerfolgen ab.

Zwischen den Zielen der bürgerlichen Nationalbewegungen und den partikularen Großmachtinteressen entstand eine neue und folgenreiche Verbindung: Napoleon III. stellte sein Bekenntnis zum Nationalitätsprinzip (Italien, Polen, Deutschland) in den Dienst französischer Großmachtpolitik; Preußen und Österreich verhehlten nicht, dass sie auf „moralische Eroberungen“ in Deutschland aus seien. Eine Mehrheit der Mächte – Frankreich, Preußen, Russland und das kleine Piemont, das seinen Anspruch Italien zu einigen, anmeldete – waren daher aus unterschiedlichen Gründen an einer Veränderung des Status quo interessiert. Das Konfliktpotential in Europa war geblieben, gleichzeitig aber die Konfliktbereitschaft gestiegen. Durch die Verbindung nationalpolitischer Ziele mit partikularen Großmachtinteressen schien auch die Gefahr gebannt, ein großer Krieg werde schnell in eine Revolution entgleisen. Kriege zwischen Großmächten in Europa schienen wieder kalkulierbar und als Mittel der Politik einsetzbar. Auf der Strecke blieb bei dieser Entwicklung die Gemeinsamkeit des Staatensystems als Friedensbewahrer; die solidarischen, staatengemeinschaftlichen Elemente traten zurück zugunsten agonaler Kräfte. Mit dem Schwinden der Revolutionsfurcht verminderte sich die Konsensfähigkeit und der Zwang zum friedlichen Interessenausgleich. Die Pentarchie war nicht mehr das die europäischen Angelegenheiten maßgebend leitende Direktorium.

Diese Situation sich gegenseitig blockierender Großmachtinteressen nutzten die Bewohner der Donaufürstentümer Moldau und Walachei Anfang 1859 geschickt aus, als sie mit französischer Rückendeckung durch die gemeinsame Wahl Alexander Cuzas zum Fürsten Rumäniens gegen die Bestimmungen des Pariser Friedens von 1856 beide Fürstentümer vereinigten und so 1862 den rumänischen Nationalstaat gründeten.

1858 verabredeten in Plombières Napoleon III. und der piemontesische Ministerpräsident Cavour einen gemeinsamen Krieg gegen Österreich. Dessen norditalienische Provinzen Lombardei und Venetien sollten erobert werden um einen italienischen Bundesstaat zu schaffen. Zum ersten Mal seit 1815 schlossen Politiker eine offensive Militärallianz ab. Die zentralen offenen nationalen Fragen Europas, die Einigung Italiens und Deutschlands, wurden in den nächsten zwölf Jahren auf dem Weg militärischer Konflikte zwischen Großmächten in nationalstaatlichem Sinne gelöst. Der von Italienern und Franzosen gemeinsam geführte Krieg gegen

Österreich 1859 endete mit der Niederlage Österreichs und der Gründung des italienischen Nationalstaates 1861. Der siegreiche Krieg Preußens und Österreichs gegen Dänemark 1864 um Schleswig, der Krieg Preußens gegen Österreich 1866 und schließlich der Deutsch-Französische Krieg 1870/71, der mit der Ausrufung des preußischen Königs zum deutschen Kaiser im Spiegelsaal von Versailles die Einigung Deutschlands brachte, veränderten die Landkarte Zentraleuropas. Die Siege über Österreich und Frankreich schufen mit dem Deutschen Kaiserreich einen mächtigen Staat in der Mitte Europas und brachten eine erhebliche Verschiebung des europäischen Gleichgewichts.

Bei diesen Kriegen versicherte sich jedesmal die kriegstreibende Macht (1859 Frankreich unter Napoleon III.; 1864, 1866 und 1870 Preußen unter Bismarck) der Neutralität Englands und Russlands. Da es sich um relativ kurze, feldzugartige Kriege handelte, hatten die nichtbeteiligten Mächte kaum Möglichkeiten zum Eingreifen. Sowohl Napoleon III. 1859 als auch Bismarck 1866 drängten gegen jeweils erhebliche Widerstände im Innern auf schnelle Friedensschlüsse. Darüber hinaus gewann Bismarck 1863 die für ihn wichtige Rückendeckung Russlands: Während des national-polnischen Januar-Aufstands 1863/64 im russischen Teilungsgebiet Polens unterstützte er vorbehaltlos Russland, während die übrigen Mächte sich in St. Petersburg mit wirkungslosen diplomatischen Noten für die Polen einsetzten, jedoch keinen Krieg riskieren wollten. So gab die preußisch-russische Zusammenarbeit gegen die polnische Nationalbewegung Bismarck die Möglichkeit seine deutsche Einigungspolitik durchzusetzen und Europa aufzuzwingen. In Zentraleuropa wurde das Nationalstaatsprinzip auf Kosten seiner Nichtberücksichtigung in Osteuropa verwirklicht.

1. *Diskutieren Sie die Bedeutung der Revolutionen für das Staatensystem vor und nach 1848.*
2. *Erläutern Sie Ursachen und Folgen des Krimkrieges. Inwiefern kann er als Wendepunkt der internationalen Beziehungen im 19. Jahrhundert bezeichnet werden?*

1871 – 1914: Internationales System und Weltpolitik in einer Epoche beschleunigten Wandels

Nationalismus und Machtstaat

Für die Epoche 1815 bis 1870 kann man noch sagen, dass einem Europa der Großmächte ein Europa der Nationalbewegungen gegenüberstand. Seit 1871 gab es ein Europa der Nationalstaaten. Mit Ausnahme des Osmanischen Reiches und des Habsburgerreiches, das 1867 mit dem österreichisch-ungarischen Ausgleich in der Form der Doppelmonarchie zumindest die Ansprüche der Ungarn und zum Teil die der galizischen Polen befriedigte (siehe S. 377 f., Mat. 1 bis 4), empfanden sich alle europäischen Staaten als Nationalstaaten, durch das Vordringen panslawistischer Stimmungen auch zunehmend das russische Zarenreich. Die Tatsache, dass in vielen Staaten nationale Minderheiten lebten, wurde verdrängt. Die meisten Europäer hielten nach der Lösung der italienischen und deutschen Frage den Prozess der Nationalstaatsbildung für abgeschlossen. Einzig in Südosteuropa schien die Situation noch offen. Die Nation galt als der höchste Wert, der Nationalstaat als das Ziel der Geschichte. Angesichts eines sich beschleunigenden wirtschaftlichen, technischen und sozialen Wandels bildete die nationale Ideologie zunehmend ein kontinuitäts- und identitätsstiftendes Element, das breite Bevölkerungsschichten, vor allem das Bürgertum, aber auch Arbeiter und Bauern erfasste.

Der inneren Nationalisierung der Gesellschaften (siehe S. 356 f.) entsprach nach außen, dass staatliche Souveränität immer mehr zu einer absoluten Größe wurde. Die Vorstellungen eines „richtigen“ Verhaltens in den internationalen Beziehungen waren fast ausschließlich bestimmt von Kategorien wie nationales Selbstinteresse und Staatsräson. Hinter Bismarcks berühmtem Ausspruch: „Nicht durch Reden und Majoritätsbeschlüsse werden die großen Fragen der Zeit entschieden – das ist der große Fehler von 1848/49 gewesen –, sondern durch Eisen und Blut“[3], verbarg sich die unverhüllte Auffassung, nur der nationale Machtstaat habe letztlich eine Existenzberechtigung, nur mit nationaler Machtpolitik seien die Modernisierungsaufgaben zu lösen und die daraus entspringenden Gefahren zu meistern.

Bismarck lockte damit die liberale Nationalbewegung auf den Pfad preußischer Großmachtpolitik. Auch für die Bevölkerung der übrigen Großmächte – das habsburgische Kaiserreich Österreich-Ungarn, die konstitutionellen Königreiche Großbritannien und Italien, die Französische Republik und das autokratische, verfassungslose Kaiserreich Russland – ergaben sich über nationale Ideologien zunehmend Identifikationsmöglichkeiten mit den politischen Großmachtinteressen. Bismarcks Formulierung nahm eine Erfahrung vorweg, die bald allenthalben geteilt wurde: Internationale Politik bestehe in einem ständigen „Kampf ums Dasein“, in dem nur die Starken, die Machtbewussten überleben. Charles Darwins biologische Entwicklungstheorie von der ausschließlichen Überlebensfähigkeit der am besten den Lebensbedingungen angepassten Arten degenerierte zu einem politischen Sozialdarwinismus*.

Internationale Politik bestand in dieser Weltsicht aus einem ständigen unerbittlichen Wettstreit zwischen Völkern und Staaten um Einfluss, Reichtum, Ressourcen und letztlich um Macht. Die Popularisierung dieser Vorstellung vom agonalen Charakter der internationalen Beziehungen hatte verheerende Folgen für die Beziehungen der Völker untereinander: Immer mehr Menschen glaubten, ihr Staat oder Volk sei einem gnadenlosen Verdrängungskampf ausgesetzt. Die Vorstellungen voneinander bezog man vor allem aus der seit den 1840er Jahren überall aufkommenden Massenpresse. Nationale Stereotypen* wurden seitdem zu einem spezifischen Ausdruck des Außenverhaltens von Nationalgesellschaften im 19. und 20. Jahrhundert.

Nationale Stereotypen

Unter nationalen Stereotypen versteht man wertende Pauschalurteile über das eigene Volk (Auto-Stereotyp) und andere Völker (Hetero-Stereotyp) oder auch über Minderheiten im eigenen Land. Sie werden entweder über die Be-

Prophezeiungen des Papagallo über Europa für das Jahr 1877, Ende 1876, 41,5 x 62 cm, Einblattdruck des „Papagallo“, Bologna (Ausschnitt)

ziehungen – z. B. eine häufig unterstellte „Erbfeindschaft" zwischen Deutschen und Franzosen oder zwischen Deutschen und Polen – oder über Völker selbst gefällt. Im letzteren Fall entsprechen sich Hetero- und Auto-Stereotyp meist spiegelbildlich: Wenn in Deutschland damals die Franzosen als aggressiv und revanchistisch gekennzeichnet wurden, dann bedeutete das gleichzeitig, die Deutschen seien friedfertig und nur auf die Bewahrung des Status quo bedacht; der von deutschen Publizisten oft behaupteten Unfähigkeit slawischer Völker stabile staatliche und soziale Strukturen aufzubauen entsprach das Selbstbewusstsein des Deutschen Kaiserreichs als eines stabilen, krisenfesten Nationalstaats. Nationale Stereotypen sind langlebig: Das „perfide Albion" als eine angeblich typische Verhaltensweise der Engländer (verräterisch, egoistisch) taucht schon in den Kreuzzügen im 12. Jahrhundert auf und das bis heute funktionierende Stereotyp der „polnischen Wirtschaft" stammt aus dem 18. Jahrhundert. Eine breite Massenwirksamkeit von Stereotypen ist aber erst seit dem 19. Jahrhundert feststellbar. In ihrer emotionalen Aufgeladenheit sind nationale Stereotypen meist Audruck von Bedrohungsängsten oder Überlegenheitsgefühlen. Sie begnügen sich nicht mit der Feststellung „wir sind anders als die anderen", sondern betonen „wir sind besser" oder „wir sollten besser sein", „die anderen sind schlechter, bedrohen uns, sind unsere Feinde, gehören nicht zu uns". Bis heute werden sie als Instrumente zur Manipulierung der öffentlichen Meinung benutzt.

Probleme des Friedens in der Bismarck-Ära (1871–1890)

Die Reichsgründung 1870/71

Das Deutsche Reich betrat die europäische Bühne mit einem machtpolitischen Paukenschlag. Der Deutsch-Französische Krieg 1870/71 unterschied sich von den vorangegangenen „Duellkriegen". Er wurde bis zur völligen Niederwerfung des Gegners geführt und mit einem Siegfrieden, keinem Verständigungsfrieden abgeschlossen. Das inzwischen wieder republikanische Frankreich musste die Provinz Elsass-Lothringen abtreten. Während für die deutsche Öffentlichkeit dabei nationale Gründe maßgebend waren – Elsass-Lothringen hatte bis zum 17. Jahrhundert zum Reich gehört –, ließ sich Bismarck vor allem von strategisch-sicherheitspolitischen Gesichtspunkten leiten: Er hielt Frankreich für revanchelüstern und nicht friedensfähig. Das deutsch-französische Verhältnis wurde so für lange Zeit vergiftet.
Bismarck wusste, dass die kleindeutsche Lösung (deutsche Einigung ohne Österreich) das Äußerste darstellte, was Europa, d. h. den übrigen Mächten, zuzumuten war. Der britische Oppositionsführer Benjamin Disraeli sprach im Parlament von der „deutschen Revolution", deren Bedeutung größer sei als die der Französischen Revolution von 1789 und die das europäische Gleichgewicht zerstöre. Das neue Reich löste eher Befürchtungen als Hoffnungen aus. Es war die stärkste Militärmacht des europäischen Kontinents und wurde binnen weniger Jahrzehnte auch zur stärksten Wirtschaftsmacht. Würde das vereinigte Deutschland versuchen seine halbhegemoniale Stellung weiter auszubauen? Nur eine realistisch abwägende deutsche Politik konnte das Reich für Europa verträglich und akzeptabel machen und damit vom Deutschen Reich selbst die bedrohlichen Folgen seiner Gründung abwenden. Bismarcks Beteuerungen, das Reich sei „saturiert", es strebe keine weiteren Erwerbungen an, musste erst in glaubhafte Politik umgesetzt werden.
Die Situation nach der deutschen Reichsgründung wurde nicht wie 1815 durch ein auf Konsens der Beteiligten beruhendes Vertragswerk bestätigt; ebenso wenig gab es eine umfassende Allianzstruktur des Mächtesystems. Vielmehr setzte sich die offene Situation der 1860er Jahre in den internationalen Beziehungen fort. Als Konstanten galten der deutsch-französische Gegensatz, die Spannungen zwischen Österreich-Ungarn und Russland auf dem Balkan und der Antagonismus zwischen der maritimen Weltmacht Großbritannien und Russland im Nahen Osten und in Mittelasien.

Das Kissinger Diktat

1875 kam es zu der sogenannten „Krieg-in-Sicht-Krise", hervorgerufen durch deutsche Besorgnisse über die unerwartet rasche militärische Erholung Frankreichs. Die englische und die russische Regierung machten Bismarck klar, dass sie angesichts der neu geschaffenen Mächtekonstellation einen weiteren Krieg in Mitteleuropa im Stil der vorherigen Auseinandersetzungen nicht hinnehmen würden. Bismarck sah sich dadurch veranlasst die deutsche Position im Mächtesystem grundsätzlicher zu bestimmen. War es möglich, dass das Reich angesichts der relativen Bindungslosigkeit der Mächte und der latenten Spannungen zwischen ihnen auf Dauer die Rolle eines Mediators, eines ständigen Vermittlers, spielte um damit sowohl seinen eigenen Sicherheitsbedürfnissen nachzukommen als auch gleichzeitig für Europa friedenserhaltend zu wirken?
Im Kissinger Diktat (siehe S. 419, Mat. 4) formulierte Bismarck 1877, ihm schwebe als Bild der internationalen Beziehungen vor, „nicht das irgend eines Ländererwerbs, sondern das einer politischen Gesamtsituation, in welcher alle Mächte außer Frankreich unser bedürfen und von Koalitionen gegen uns durch ihre Beziehungen zueinander nach

Möglichkeit abgehalten werden".[4] Das hieß: Die Isolierung Frankreichs galt als lebensnotwendig für das Reich. Ansonsten ruhte seine Sicherheit vor allem auf Interessengegensätzen zwischen den übrigen Mächten, die antideutsche Bündnisse verhinderten.
Damit aber das Deutsche Reich nicht in Konflikte hineingezogen und gezwungen werde Partei zu ergreifen sollten Spannungen in die europäische Peripherie bzw. nach Übersee verlagert werden. Denn wenn das Reich sich einer Seite deutlich zuneigen würde, würde die andere Seite sich mit Frankreich verbünden. Dahinter stand Bismarcks „Alptraum der (feindlichen) Koalitionen", der wegen der verwundbaren Mittellage des Reiches verständlich war.

Der Berliner Kongress

Die nächste europäische Krise entstand in Südosteuropa, wo die Bildung von Nationalstaaten noch nicht abgeschlossen war. Antitürkische Aufstände in Bulgarien und Bosnien-Herzegowina sowie ein Krieg Serbiens und Montenegros gegen die Türken 1875/76 führten zu einem russischen Eingreifen. Im Russisch-Türkischen Krieg von 1877/78 gelangte die russische Armee bis kurz vor Istanbul. Der Frieden von San Stefano (3. März 1877) sah vor auf dem gesamten Balkan ein System russischer Klientelstaaten aufzubauen. England und Österreich wollten dies nicht dulden. Auf dem Berliner Kongress 1878, der letzten derartigen Zusammenkunft der europäischen Großmächte im 19. Jahrhundert, versuchte Bismarck als „ehrlicher Makler" die von ihm für das Deutsche Reich angestrebte Vermittlerrolle zu spielen.
Russland musste zurückstecken. Mit Rumänien, Serbien und Montenegro entstanden jetzt nach der Unabhängigkeit Griechenlands 1830 erstmals formal souveräne Balkanstaaten (siehe Karte S. 355). Bulgarien wurde in zwei vom Sultan abhängige Fürstentümer geteilt. England annektierte Zypern und Österreich erhielt Bosnien-Herzegowina zur Verwaltung (1908 formal annektiert). Enttäuschung und Missstimmung in Gesellschaft und Regierung in Russland waren groß. Man fühlte sich um den Sieg betrogen und beschuldigte Bismarck sich zu wenig für seinen früheren Verbündeten eingesetzt zu haben.

Anton von Werner (1843–1915), Der Kongress zu Berlin (Schlusssitzung des Berliner Kongresses, 13. Juli 1878), ehemals Wandbild im Festsaal des Berliner Rathauses, 1881, Öl auf Leinwand, 360 x 615 cm, Berlin, Senat von Berlin

Das Bismarcksche Bündnissystem

Bismarck zog aus den russischen Reaktionen die Lehre, das praktisch bündnislose Mächtesystem sei zu labil und eine Schiedsrichterrolle in ihm riskant. In den folgenden Jahren schloss er eine Reihe von Sonderallianzen, die man allgemein als das „Bismarcksche Bündnissystem" bezeichnet (siehe Karte S. 415): 1879 den Zweibund* mit Österreich-Ungarn (gegen Russland), an den über einen österreichisch-rumänischen Beistandsvertrag 1883 Rumänien und 1888 Italien lose angebunden wurden; 1881 den Dreikaiservertrag mit Russland und Österreich (wohlwollende Neutralität im Fall des Angriffs anderer Mächte – gedacht war an Frankreich, durch diesen Vertrag sollte aber auch ein russisch-österreichischer Konflikt verhindert werden); 1882 den Dreibund* mit Italien und Österreich (gegen Frankreich, das durch die Besetzung von Tunis 1881 große Besorgnis in Rom ausgelöst hatte). Als 1887 der Dreikaiservertrag aufgrund russisch-österreichischer Spannungen nicht mehr erneuert werden konnte, schloss Bismarck den Rückversicherungsvertrag mit Russland ab, in dessen Zusatzprotokoll er Unterstützung in der Frage der erstrebten russischen Kontrolle über die Bosporus-Meerenge zusagte. Gleichzeitig förderte er das Zustandekommen des Mittelmeer- oder Orientdreibunds, in dem Großbritannien, Italien und Österreich sich verpflichteten den Status quo im Mittelmeer und den Besitzstand des Osmanischen Reiches aufrechtzuerhalten und der gegen Russland und Frankreich gerichtet war. Die Widersprüche, vor allem zwischen Rückversicherungsvertrag und Orientdreibund, erklären sich durch den eigentlichen Sinn dieser Verträge: gegenseitig zu verhindern, dass sie zur Anwendung kamen.

Das Deutsche Reich saß in diesem Bündnissystem wie eine Spinne im Netz – alle Mächte schienen mittelbar oder unmittelbar vom Reich abhängig. Alle Bündnisse beruhten auf zeitlich befristeten (meist drei oder fünf Jahre) Geheimverträgen; sie konnten verlängert werden oder auch nicht; keine Macht wollte sich für länger binden. Es handelte sich um defensive Militärbündnisse in Friedenszeiten. Aus dem Denken vom Ernstfall her ergab sich eine schleichende Militarisierung der internationalen Politik, der eine wachsende Bedeutung des Militärs im Innern entsprach (siehe Tabelle S. 399).

Dieses wenig stabile und nicht widerspruchsfreie Gleichgewichtssystem barg hohe Risiken in sich. Es band alle europäischen Spannungsfelder und damit das gesamte Konfliktpotential aneinander; die Konfliktbereitschaft wurde durch die Bindung der Partner und die Abschreckung der Nichtpartner der einzelnen Bündnisse nur mühsam eingedämmt. Eine wirkliche Alternative dazu wurde von dem britischen Politiker William Gladstone vorgeschlagen: eine Politik des europäischen Konzerts und eines gemeinschaftlichen Zusammenarbeitens aller Staaten bei der Lösung von Streitfragen. Aber zu einem derartigen solidarischen Verhalten war niemand mehr bereit, auch Großbritannien nicht, das nicht zufällig – neben dem von Bismarck vorsätzlich isolierten Frankreich – weitgehend außerhalb dieses Bündnissystems blieb. Der britischen *splendid isolation** lag nicht nur die Abneigung des Verfassungsstaats Geheimverträge abzuschließen und das Bewusstsein als maritime Weltmacht unverwundbar zu sein zugrunde. Dahinter stand auch ein wirtschaftlicher Faktor: Seit dem Umschlag der europäischen Konjunktur in die Große Depression nach 1873 gingen immer mehr Staaten von einer Freihandelspolitik* zu einem Protektionismus* in der Handels- und Wirtschaftspolitik über. Einzig Großbritannien blieb seinen freihändlerischen Prinzipien treu.

Wechsel der Bündnisse

Die Veränderungen des europäischen Gleichgewichts durch die deutsche Reichsgründung hatten bewirkt, dass nicht mehr starke Flügelmächte, sondern ein Gravitationszentrum in der Mitte des Kontinents das Geschehen zu bestimmen versuchte. Doch Ende der 1880er Jahre zeigte sich: Bismarcks Bemühen um eine Festigung der Position bzw. eine Überwindung der Nachteile, die sich aus der Zentrallage des Reichs ergaben, war nicht wirklich gelungen.

Das wirtschaftlich schwach entwickelte Russische Reich bedurfte für seine notwendigen Modernisierungsaufgaben Absatzmärkte für seine Agrarprodukte und Kapitalimporte. Vom Deutschen Reich kam keine Hilfe. Es sperrte aus innenpolitischen Gründen seit den 1880er Jahren seinen Agrarmarkt durch hohe Schutzzölle auf Getreideimporte aus Russland und anderen Ländern ab. Auch verwehrte es Russland 1887 den Zugang zum deutschen Kapitalmarkt, weil man hoffte so dessen rüstungs- und verkehrstechnische Modernisierung zu verhindern oder zumindest zu verzögern. Beide Maßnahmen führten zu einer außenpolitischen Umorientierung Russlands. Frankreich öffnete seinen Kapitalmarkt, was politisch eine französisch-russische Annäherung zur Folge hatte. Bismarck hatte 1882 bis 1885 in kolonialpolitischen Auseinandersetzungen mehrfach Frankreich gegen Großbritannien unterstützt um die französische Öffentlichkeit von Revanchepländen für 1870/71 abzulenken. 1888/89 suchte er mit Großbritannien eine Allianz. Die britische Regierung lehnte jedoch ab, da dies möglicherweise zu einer Polarisierung der europäischen Verhältnisse in zwei Bündnisgruppen (Berlin–London–Wien gegen Paris–St. Petersburg) geführt hätte.

Der Imperialismus

Die Expansion der europäischen Mächte in Afrika, Asien und Ozeanien trat seit den 1870er Jahren in eine neue Phase (siehe Karten S.398 und 400). 1872 entwickelte der britische Politiker Benjamin Disraeli in seiner berühmten Kristallpalastrede in London das Programm einer offen imperialistischen Kolonial- und Weltmachtpolitik als Mission der britischen Nation (siehe S. 420, Mat. 5). Andere Mächte, vor allem Frankreich (siehe S.421, Mat.6 und 7), das nach 1871 mit kolonialer Expansion gewissermaßen die Niederlage im Krieg gegen Deutschland und den Verlust Elsass-Lothringens kompensierte, dann auch Russland, Deutschland, Belgien, Italien und schließlich die außereuropäischen Mächte Japan und die USA (siehe S.421, Mat.8 sowie Mat. S.428–430) glaubten, nicht zurückbleiben zu dürfen. Es entstand ein regelrechter Wettlauf um die Aufteilung der Welt. Kolonialer Besitz wurde zu einer Frage des nationalen Prestiges. Es genügte nicht mehr europäische Großmacht zu sein. Als Weltmacht musste man Kolonien besitzen. Die Handels- und Flottenmacht des Britischen Empire und sein großer Kolonialbesitz galten als Maßstab imperialistischen Weltmachtstrebens.

Der neue Imperialismus*, gelegentlich auch als „Hochimperialismus" bezeichnet, unterschied sich von der bisherigen kolonialen Ausbreitung einiger europäischer Mächte nicht durch neue Expansionsformen, sondern vor allem in der Dynamik, der Aggressivität und der politisch-ökonomischen Programmatik. Der Wettbewerb zwischen den europäischen Mächten um Macht und Einfluss beschleunigte das Tempo imperialer Ausbreitung erheblich. Der antagonistische Charakter des europäischen Staatensystems wurde so auf die Welt übertragen und ökonomisch aufgeladen. Kolonialismus begriff man nicht mehr freihändlerisch als einen Weg zur ökonomischen Öffnung der Welt um eine Weltwirtschaft im Sinne des klassischen Liberalismus herzustellen. Der wachsende Wirtschaftsprotektionismus der europäischen Staaten (außer Großbritannien) führte vielmehr dazu die Weltwirtschaft (siehe S.420–423, Mat. 5, 8 und 11) als ein System konkurrierender protektionistischer Nationalwirtschaften zu verstehen. Die Gewinnung von Rohstoffquellen und Absatzmärkten sowie von Räumen für die Ansiedlung eines angeblichen Bevölkerungsüberschusses waren neben dem nationalen Prestige die Hauptargumente, die von imperialistischen Bewegungen mit nicht zu unterschätzender Massenwirkung (*Imperial Federation League* ab 1884 in Großbritannien, in Deutschland der Deutsche Kolonialverein ab 1882) propagiert wurden.

Dabei spielte auch die Ablenkung innergesellschaftlichen Drucks und innenpolitischer Spannungen bzw. das Ausweichen vor sozialen und politischen Konflikten in den rapide sich wandelnden Industriegesellschaften eine nicht unerhebliche Rolle – für diesen Aspekt ist der Begriff Sozialimperialismus* geprägt worden. Der immer größere technologische, ökonomische, politisch-organisatorische und damit auch militärische Abstand zwischen den europäischen Staaten, die mitten im Prozess der Industrialisierung standen, und den alten Kulturvölkern Asiens sowie den eingeborenen Stammesbildungen und Staatsgebilden Afrikas wurde als Herausforderung zur Intervention interpretiert. Dabei spielten wissenschaftlicher Forschungsdrang, zivilisatorisches Sendungsbewusstsein (siehe S.421, Mat.6 und 7) oder religiöse Missionsaufgabe eine ebenso große Rolle wie nationalistisches Machtstreben und ökonomische Interessen (siehe S.423, Mat.11).

Die Rivalität der europäischen Mächte führte zu einer Verschärfung des imperialen Zugriffs auf die Welt; es ging nicht mehr um einzelne koloniale Stützpunkte, sondern um eine flächendeckende Ausdehnung. Der damit notwendig werdende Aufbau von Kolonialverwaltungen führte, vor allem in Afrika und Südasien, zu einer stärkeren Formalisierung kolonialer Herrschaft und unterwarf die eingeborenen Gesellschaften viel direkter als vorher der Herrschaft der Europäer (siehe Mat. S.431–435). Andere Gebiete – z. B. China, Persien, Afghanistan, das Osmanische Reich – unterlagen einer indirekten, aber nicht weniger fühlbaren politischen und ökonomischen Abhängigkeit von den europäischen Großmächten. So entstand bis zum Ersten Weltkrieg ein weitgefächertes Netz imperialer Kontrolle über weite Regionen der Erde (siehe Karte S.400).

Mit der realen Weltherrschaft Europas wurde das europäische Konfliktpotential in die außereuropäische Welt verlagert. Ob durch diese Schwerpunktverschiebung der Spannungen nach Übersee die Konfliktbereitschaft in Europa wirklich gemildert wurde, ist eine offene Frage, die abschließend nicht beantwortet werden kann. Den heftigen Interessengegensätzen der Kolonialmächte standen auch zahlreiche Vereinbarungen über die Abgrenzung von Interessensphären, selbst gemeinsame Aktionen der Großmächte gegenüber (z.B. eine gemeinsame militärische Aktion aller Großmächte einschließlich Japans und der USA gegen den „Boxer"-Aufstand in China 1900/01). Zu Kriegen wegen kolonialer Konflikte kam es nur zwischen europäischen und außereuropäischen Staaten (1898 Spanien gegen USA; 1899–1902 Großbritannien gegen die südafrikanischen Burenrepubliken; 1904/05 Russland gegen Japan). Untereinander in den Kolonien in kriegerische Auseinandersetzungen zu geraten, davor schreckten die europäischen Mächte zurück, denn die Folgen für Europa waren für sie nicht kalkulierbar.

Die Wende zu einer dualistischen Allianzstruktur

Der „Neue Kurs" im Deutschen Reich

Die außenpolitische Lage des Deutschen Reiches verschlechterte sich seit Bismarcks Entlassung 1890, ohne dass dies den deutschen Politikern sofort bewusst wurde. Nach der Nichtverlängerung des Rückversicherungsvertrages mit Russland 1890 entstand 1892/93 mit dem französisch-russischen Militärbündnis ein Gegengewicht zum deutsch-österreichisch-italienischen Dreibund. Es sollte, so wurde vereinbart, „zur Aufrechterhaltung des Friedens" solange gültig bleiben, wie der Dreibund bestehe.
Bismarcks Nachfolger, Georg Leo Graf von Caprivi, bemühte sich um die Schaffung eines großen mitteleuropäischen Wirtschaftsraumes durch eine Reihe von Handelsverträgen mit Österreich, Italien, Belgien, der Schweiz, Spanien, Rumänien, Serbien und 1894 gar mit Russland. Bündnispolitisch fest mit Österreich-Ungarn verbunden ging die Konzeption des „Neuen Kurses" davon aus, dass langfristig gesehen ein Zusammenstoß der „Mittelmächte" mit ihren kontinentalen Hauptgegnern Russland und Frankreich unausweichlich sei. Da der britisch-französische und der britisch-russische Gegensatz in Afrika und Asien für unüberbrückbar gehalten und auch der Übergang der USA zu einer offen imperialistischen Machtpolitik als gegen Großbritannien gerichtet interpretiert wurde, glaubte die deutsche Regierung Großbritannien als Bundesgenossen des Deutschen Reiches in einer kontinentaleuropäischen Auseinandersetzung gewinnen zu können. Denn Großbritannien benötigte gegen seine globalen Gegner Russland, USA und Frankreich Deutschland und den Dreibund. Dabei übersah man in Berlin, dass ein den Kontinent beherrschendes Deutschland nicht im britischen Interesse liegen konnte. Trotz eines zunächst vielversprechenden Beginns (1890 Tausch Helgolands gegen Sansibar) verhinderte der Zick-Zack-Kurs der Reichsregierung eine Anbindung Großbritanniens an den Dreibund.

Weltpolitik und Flottenrüstung

Seit 1897 wurde in Berlin neben der Linie des „Neuen Kurses" von Kaiser Wilhelm II., dem Staatssekretär im Auswärtigen Amt Bernhard Graf von Bülow und dem Staatssekretär im Reichsmarineamt Alfred von Tirpitz ein offensiver „weltpolitischer" Neuansatz entwickelt (siehe S. 422, Mat. 9). Dahinter stand eine damals weitverbreitete Stimmung in der deutschen Gesellschaft. Der Soziologe Max Weber drückte dies im Jahre 1895 mit den Worten aus: „Wir müssen begreifen, dass die Einigung Deutschlands ein Jugendstreich war, den die Nation auf ihre alten Tage beging und seiner Kostspieligkeit halber besser unterlassen hätte, wenn sie der Abschluss und nicht der Ausgangspunkt einer deutschen Weltmachtpolitik sein sollte."[5]
Den Durchbruch zur Weltmacht sollte vor allem der Bau einer riesigen Flotte bringen. Diese sollte nicht nur jedem Gegner den Angriff auf das Deutsche Reich als mit einem zu hohen Risiko belastet verleiden. Mit ihr sollte auch entweder Großbritannien zu deutschen Bedingungen in ein Bündnis gezwungen oder zusammen mit Russland das britische Weltreich „aus den Angeln" gehoben werden, sodass das Deutsche Reich dessen koloniales Erbe antreten könnte. Bülow wollte neben dem Reichsgründer Bismarck als Begründer eines deutschen Weltreichs in die Geschichte eingehen. Doch deutsch-britische Bündnissondierungen 1898 bis 1901 scheiterten und spätere Versuche mit Russland ein antibritisches Bündnis abzuschließen blieben ebenfalls erfolglos. Dass man bei einer Politik der „freien Hand" die Auswahl zwischen Großbritannien und Russland als Bündnispartner habe, bis die große Schlachtflotte gebaut sei, oder gar aus einem britisch-russischen Zusammenstoß als der „lachende Dritte" hervorgehen könne, erwies sich als gefährliche Illusion, ja führte direkt in die Isolation.

Dualistisches Mächtesystem

Großbritannien gab seine seit dem Krimkrieg vorherrschende Doktrin einer Politik der *splendid isolation** auf, weil man in London befürchtete dem „weltpolitischen" Anspruch des Deutschen Reiches alleine nicht gewachsen zu sein. Es zeigte sich, dass die kolonialpolitischen Gegensätze überwindbar waren. Die britische Politik bemühte sich konsequent um einen Ausgleich mit seinen weltpolitischen Rivalen: 1901 gab sie den USA in Panama freie Hand; 1902 schloss sie mit Japan eine Defensivallianz zur Aufrechterhaltung des Status quo in China und Korea; 1904 entstand die *Entente cordiale** zwischen Großbritannien und Frankreich durch eine Verständigung über die beiderseitigen Interessen in Ägypten und Marokko; 1907 einigten sich Großbritannien und Russland über eine Absteckung ihrer Interessensphären in Persien, Afghanistan und Tibet.
Damit entstand ein dualistisches Mächtesystem aus zwei Blöcken, das sich im Laufe der Jahre verfestigte. Versuche der deutschen Politik den zum Teil selbst geschmiedeten „Einkreisungsring" zu sprengen schlugen fehl. Denn die

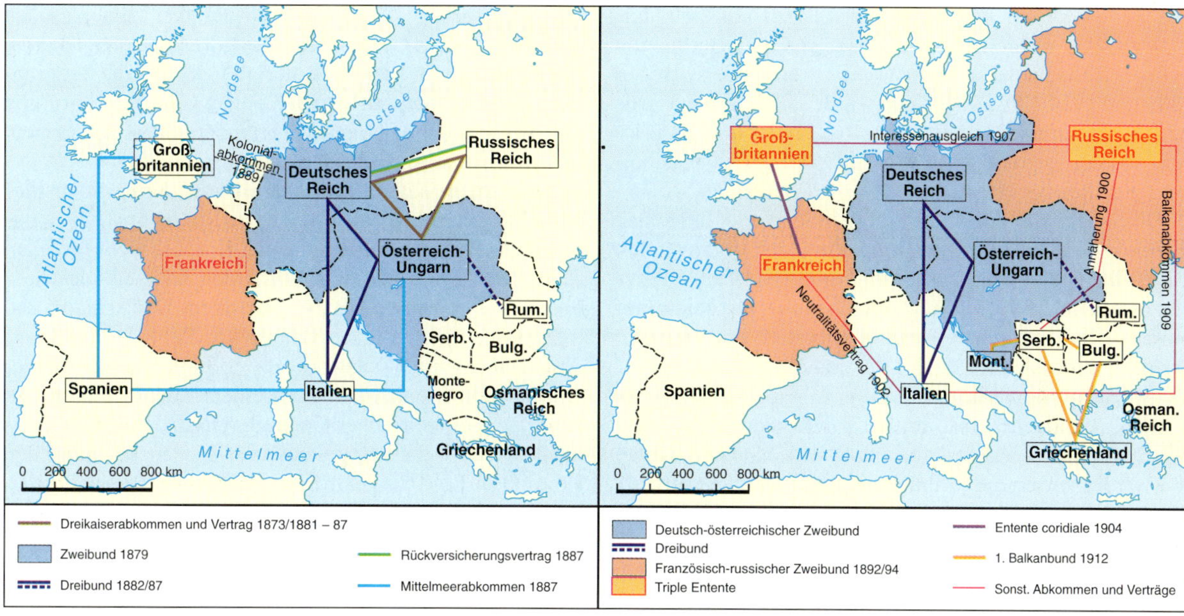

Das europäische Bündnissystem unter Bismarck und kurz vor dem Ersten Weltkrieg

deutsche Regierung war nicht bereit auf ihre weltpolitischen Ambitionen und die Flottenrüstung zu verzichten, obwohl deren Undurchführbarkeit im Grunde schon erwiesen war. Deutsche Außenpolitik erschien den übrigen europäischen Politikern in wachsendem Maße als wenig kalkulierbar: oft anmaßend und bramarbasierend auftretend, sprunghaft agierend und ohne konsequente Linie – Anspruch ohne konkrete Umgrenzung.

So versuchte das Reich mit dem Projekt der Bagdadbahn in einem Gebiet Fuß zu fassen, das dem Osmanischen Reich gehörte und wo britische und russische Einflusszonen aufeinanderstießen, ohne dass man dabei Ziel und Grenzen der Absichten genau umriss und mitteilte. In den europäischen Hauptstädten wuchs der Argwohn, Deutschland plane die Revolutionierung und Zerstörung des Staatensystems und die Errichtung einer Hegemonie über Europa. Vor allem in Großbritannien wurde die Flottenrüstung als ein Beweis für diesen Verdacht angesehen.

Internationale Kommunikation und Friedensbewegung

Die europäische Weltherrschaft basierte auf einem gesamteuropäischen Bewusstsein der „zivilisierten" Staaten und Völker gegenüber dem Rest der Welt. Diese Gemeinsamkeit führte aber nicht zu einem außenpolitischen Verhalten, dem ein gesamteuropäisches Verantwortungsgefühl zugrunde gelegen hätte. Die Verabsolutierung des nationalen Machtstaates und der einzelstaatlichen Souveränität ließen die staatengemeinschaftlichen Elemente des Staatensystems immer geringer werden.

Dabei gab es durchaus gegenläufige Entwicklungen, die sich zum Teil aus den Notwendigkeiten der fortschreitenden Industrialisierung und der Kommunikationsverdichtung ergaben. Der zunehmende Verkehr sowie der Austausch von Gütern und Gedanken zwang zu einer Art technisch-administrativem und juristischem Internationalismus, der z. B. zur Gründung des Weltpostvereins (1874) oder des Internationalen Gesundheitsamts (1909, Vorläufer der heutigen Weltgesundheitsorganisation) oder zum Abschluss der Pariser Union (1883) zum Schutz von Patenten und Warenzeichen führte. Zwischen 1875 und 1899 schlossen diverse Regierungen zwölf Konventionen bzw. Verwaltungsunionen untereinander, zwischen 1900 und 1919 schließlich 21; noch beeindruckender ist die Anzahl privater (d. h. nichtstaatlicher) internationaler Organisationen: 1875–1899 gab es 130 Gründungen, 1900–1919 gar 355.

Die gesellschaftliche Unterstützung von Nationalismus und Imperialismus darf nicht vergessen lassen, dass auch Friedensbewegungen in Europa und den USA, aus politischen, religiösen und humanitären Motiven gegründet und getra-

gen von Sozialisten und bürgerlichen Pazifisten, sich lautstark zu Wort meldeten (siehe S. 422, Mat. 10). Bertha von Suttners Bestseller „Die Waffen nieder!" erreichte zwischen 1889 und 1914 40 Auflagen und wurde in fast alle europäische Sprachen übersetzt. Institute zur Förderung des Friedens wurden gegründet, im Jahre 1896 der Friedensnobelpreis gestiftet.
Der Versuch allerdings die auf beträchtliche Resonanz stoßende Friedensbewegung (die Zahl der organisierten Mitglieder blieb gering) auf dem Felde der Mächtebeziehungen fruchtbar werden zu lassen scheiterte. Die beiden auf Initiative des russischen Zaren Nikolaus II. einberufenen Haager Friedenskonferenzen 1899 und 1907 konnten zwar mit der Haager Landkriegsordnung eine Verrechtlichung des Krieges vereinbaren. Instrumente der Kriegsverhinderung zu schaffen, dies gelang jedoch nicht: Die Mächte konnten sich weder auf eine Beschränkung des Rüstungswettlaufs noch auf die Einrichtung einer obligatorischen Schiedsgerichtsbarkeit bei zwischenstaatlichen Streitfällen einigen. Der im Jahre 1899 eingesetzte Ständige Schiedshof in Den Haag bestand in Wirklichkeit nur aus einer ständigen Liste von Persönlichkeiten, aus denen ein besonderes Schiedsgericht gebildet werden konnte, sofern sich die streitenden Parteien freiwillig dazu bereit erklärten. Das Deutsche Reich vertrat dabei am schroffsten die Doktrin der absolu-.ten nationalen Souveränität, während die angelsächsischen Mächte und Russland eine möglichst weite Ausdehnung schiedsgerichtlicher Lösungen internationaler Streitfälle befürworteten.

Der Weg in den Ersten Weltkrieg

Als Russland nach der Niederlage im Krieg gegen Japan und der ersten russischen Revolution 1905 sein Interesse wieder dem Balkan zuwandte, kam es zu immer stärkeren russisch-österreichischen Spannungen. Angesichts der jungtürkischen Revolution annektierte Österreich 1908 Bosnien und Herzegowina. Das führte zu einer internationalen Krise, in der die deutsche Reichsleitung Österreich vorbehaltlos unterstützte, damit aber das dualistische System nur bestärkte. Italien, das 1911/12 in einem siegreichen Krieg gegen die Türkei die Abtretung von Tripolis (Libyen) erkämpft hatte, schloss 1912 mit Frankreich ein Neutralitätsabkommen und verließ damit faktisch den Block der Mittelmächte.
Die Tage der türkischen Herrschaft in Europa schienen gezählt. Im Ersten Balkankrieg nahmen die verbündeten Balkanstaaten Serbien, Montenegro, Bulgarien und Griechenland den Türken 1912 fast deren gesamten europäischen Besitz bis auf das Gebiet zwischen Adrianopel und Istanbul ab um dann im Zweiten Balkankrieg 1913 über die Beute aneinander zu geraten. In beiden Kriegen konnten die britsche und die deutsche Diplomatie verhindern, dass es zu einem Zusammenstoß der Großmächte kam.
Jedoch machte sich inzwischen eine Art Kriegsfatalismus breit. In Deutschland, Österreich und Russland glaubten immer mehr Politiker dem drohenden Konflikt nicht entgehen zu können. War es da nicht besser den Zeitpunkt des Ausbruchs selbst zu bestimmen? Vor allem Deutschland und Russland steigerten in den Jahren vor 1914 die Rüstungsausgaben erheblich (siehe Tabelle S. 399). Die Konfliktbereitschaft äußerte sich weniger in einem direkten Willen zum Krieg, sondern in einer erhöhten Bereitschaft den für unvermeidbar angesehenen gesamteuropäischen kriegerischen Konflikt in Kauf zu nehmen. Begleitet war dieser Prozess von dem hoffenden Hintergedanken, die Gegenseite werde doch noch im letzten Moment zurückweichen und man könne dann die politischen Früchte dieses Pokerspiels ernten. Als am 28. Juni 1914 das österreichische Thronfolgerpaar in Sarajevo ermordet wurde, gab die deutsche Regierung Österreich eine Blankovollmacht für deren Vorgehen gegen Serbien, obwohl sie wusste, dass Russland eine Demütigung oder gar Besetzung Serbiens nicht dulden könne ohne sein Gesicht zu verlieren. Der bündnispolitische Mobilmachungsmechanismus führte direkt in den Ersten Weltkrieg. Der allgemeine, von allen Großmächten geführte Krieg, den zu verhindern sich alle europäischen Politiker seit 1815 angestrengt hatten, begann. Er veränderte die Welt grundlegend.

1. *Analysieren Sie die Struktur der europäischen Bündnissysteme vor und nach 1890. Was unterscheidet sie von den Staatensystemen vor 1848 und vor 1870?*
2. *Erläutern Sie die zentralen Merkmale des Imperialismus. Vergleichen Sie die Erklärung des Autors mit denen des Arbeitsteils (siehe Mat. S. 436–439).*
3. *Arbeiten Sie die Ursachen des Ersten Weltkrieges heraus.*
4. *Was sind nationale Stereotypen? Diskutieren Sie deren Ursachen und mögliche Folgen zwischen 1870 und 1914 und in der Gegenwart. Ziehen Sie auch den Essay S. 54–57 heran.*

Internationale Beziehungen und Konflikte im 20. Jahrhundert – Ein Ausblick

„Der jetzige Krieg“, notierte der französische Botschafter in St. Petersburg am 20. August 1914, „gehört nicht zu denjenigen, die durch einen politischen Vertrag beendet werden wie nach einer Schlacht bei Solferino oder Sadova; es ist ein Krieg auf Leben und Tod, in welchem jeder Kämpfende seine nationale Existenz aufs Spiel setzt.“[6] Der Erste Weltkrieg bedeutete den Zusammenbruch des Staatensystems nicht nur deshalb, weil an ihm, wie hundert Jahre zuvor in den napoleonischen Kriegen, alle Großmächte beteiligt waren. Vielmehr empfanden und erlebten ihn alle beteiligten Staaten und Völker als einen existenziellen Überlebenskampf, als letzten Beweis für die Richtigkeit eines politischen Sozialdarwinismus. Die Kriegsziele, wie unterschiedlich sie im Detail auch waren, liefen auf beiden Seiten auf eine Zerstörung der bisherigen internationalen Ordnung hinaus: Dem Deutschen Reich ging es nicht bloß um territoriale Gewinne, sondern um eine unangefochtene Hegemonie über Europa als Ausgangsstellung für die Erringung einer Weltmachtposition; die Entente-Mächte wollten die europäische Großmachtstellung des Deutschen Reiches für immer zerstören, da es sich in ihren Augen als notorisch aggressiver Friedensstörer erwiesen hatte. Es ging um das Ende des bisherigen und die Begründung eines neuen Staatensystems.

Eine säkulare Auseinandersetzung – so hämmerte es die Kriegspropaganda den Bevölkerungen aller beteiligten Länder ein. Es gehe nicht um bloße Interessen, sondern um kollektive nationale Wertsysteme, um das Wesen der eigenen Nation gegen das bedrohende Fremde, um Zivilisation gegen Barbarei, um Germanen gegen Slaven. Der Kriegspatriotismus entwickelte eine ungeheure Integrationskraft, der die inneren Spannungen der Völker verdeckte und gerade dadurch die Gräben zwischen den Nationen vertiefte. Seit den Religionskriegen des 16./17. Jahrhunderts waren die Massen der Bevölkerung nicht mehr in solchem Maße in das Kriegsgeschehen als Kämpfende und Leidende einbezogen worden – und das bedeutete Mobilisierung, Nationalisierung, Fanatisierung sowie soziale und mentale Entwurzelung in bisher nicht gekannten Dimensionen. Die Diskrepanz zwischen anfänglicher Kriegsbegeisterung und der Realität des technisierten Krieges tat ihr Übriges.

Das Ergebnis des Ersten Weltkrieges und die ihn abschließenden Friedensverträge schufen eine neue internationale Ordnung. Durch die Auflösung Österreich-Ungarns, des Russischen Reiches, des Osmanischen Reiches kam das Nationalstaatsprinzip nun auch – vierzig bis sechzig Jahre nach den Nationalstaatsbildungen in Zentral-, Süd- und Südosteuropa – in Ostmitteleuropa zum Tragen. Das Prinzip der Selbstbestimmung der Völker stieß als das neue staatenbildende und Frieden verbürgende Ordnungsprinzip schnell an seine Grenzen, da es angesichts der nationalen Gemengelage überall in Europa nur unvollkommen verwirklicht wurde. Viele Menschen sowohl in den neuen wie in den „alten“ Staaten wollten sich weder mit der inneren und äußeren Form ihres Staatswesens oder ihrer Gesellschaft identifizieren noch die neue internationale Ordnung akzeptieren. Der internationale Status quo galt allenthalben als provisorisch. Seit der bolschewistischen Revolution in Russland 1917 schien sich eine radikale, sich „internationalistisch“ gebende Alternative zu bieten, die von allen übrigen Staaten als Export der „Weltrevolution“ gefürchtet wurde. Die Sowjetunion ihrerseits empfand die Gegnerschaft aller als tödliche Bedrohung und trat in die imperialen Fußstapfen des Zarenreiches: Aus dem „Ausgestoßenen“ des Versailler Systems wurde eine anerkannte Großmacht und schließlich als Ergebnis des Zweiten Weltkriegs eine Weltmacht.

Trotz aller Bemühungen die staatengemeinschaftlichen Elemente vertraglich und institutionell durch Völkerbund und den ständigen Internationalen Gerichtshof abzusichern und ein System kollektiver Sicherheit aufzubauen erhielten agonale Tendenzen im 20. Jahrhundert ein größeres Gewicht als in den hundert Jahren nach 1815. Die Vermehrung der Staaten hat nach 1918 ebenso wie nach 1989 in Europa das Funktionieren multipolarer Gleichgewichtssysteme schwieriger gemacht, vor allem angesichts erheblicher Entwicklungsunterschiede der einzelnen Länder. Die Entwicklung von Handel und Wirtschaftsproduktion hat zu einer Weltwirtschaft geführt, die zwar noch nicht dem Ideal der liberalen Freihändler entspricht, in der aber die Nationalstaaten immer weniger die bestimmende wirtschaftliche Größe sind. Insofern werden möglicherweise in Zukunft nationalwirtschaftliche Interessen weniger Gegensätze herbeiführen als im 19. und in der ersten Hälfte des 20. Jahrhunderts.

1848 hatte der französische Außenminister Lamartine das grundsätzliche Problem jedes Staatensystems und damit des langfristigen Friedenserhalts benannt: Wie ist ein offensichtlich notwendiger Wandel ohne Krieg, d. h. durch den Konsens aller Beteiligten zu bewerkstelligen? Diese Frage ist bis heute offen, deshalb bleibt jedes Staatensystem krisenanfällig. Die Stärkung staatengemeinschaftlicher Elemente kann die Konfliktbereitschaft mindern und dem Frieden größere Chancen geben, aber sie schafft noch nicht die Konfliktursachen aus der Welt.

1 *Aus einer Zirkulardepesche des britischen Außenministers Robert Stewart, Viscont Castlereagh (1769–1822) an alle britischen diplomatischen Vertretungen im Ausland vom 1. Januar 1816:*

Q Nach Abschluss der in Paris geführten diplomatischen Verhandlungen, die aufgrund ihrer Bedeutung als die Grundlage unserer zukünftigen Außenpolitik betrachtet werden müssen, halte ich es für notwendig Ihnen zu Ihrer Information und Beachtung die Hauptschriftstücke zu übersenden, die dieses große politische Übereinkommen der europäischen Nationen bilden.

Obwohl es das Ziel dieser Verhandlungen gewesen ist, in Unparteilichkeit und Gerechtigkeit für die Interessen aller Mächte – ob sie nun Teilnehmer dieser Beratungen waren oder nicht – zu sorgen, werden Sie doch bemerken, dass die Verhandlungsleitung notwendigerweise in wenigen Händen liegen musste und fast ausschließlich von den vier Hauptmächten ausgeübt wurde, deren Anstrengungen und deren Hilfsquellen bei der Unterdrückung der revolutionären Macht in Frankreich ausschlaggebend gewesen sind.

Da die Schwierigkeit, diese großen Mächte in einem gemeinsamen politischen System zu vereinen, vielleicht die Hauptursache war, warum Europa solange durch revolutionäre Gewalt verwüstet wurde, ist es jetzt, wo dies endlich erreicht ist, umso wichtiger [...] diesen Bund als die beste denkbare Sicherheit gegen die Wiederkehr einer ähnlichen Gefahr zu pflegen.

Der Allianzvertrag, der in Paris zwischen den Höfen von London, Petersburg, Wien und Berlin unterzeichnet worden ist, wird Ihnen die innige Verbindung zwischen den Herrschern verdeutlichen, die sich auf diese Weise zum Zweck der Erhaltung des Friedens und der Unabhängigkeit Europas vereinigt haben. Er wird Sie zugleich von der Wichtigkeit überzeugen das vertrauliche Verhältnis der Gesandten dieser Mächte zu pflegen, die bei demselben Herrscher wie Sie selbst beglaubigt sind. Alle haben eine gemeinsame Pflicht zu erfüllen und sind gemeinsam mit Ihnen dazu beauftragt über den Frieden zu wachen und ihn zu bewahren. [...]

Eine solche Allianz konnte nur aus dem Bewusstsein gemeinsamer Gefahr erwachsen. Ihrer Natur nach muss sie konservativ sein, Sie darf weder die Sicherheit noch die Freiheit anderer Staaten bedrohen. [...]

Es gibt indessen eine natürliche Neigung an sonst freundlich gesinnten Höfen an den sie ausschließenden Vereinbarungen Anstoß zu nehmen. Es gibt auch einige, die sich in ihrer Würde gekränkt fühlen mögen, weil die vier alliierten Höfe neuerdings gezwungenermaßen die Leitung der europäischen Angelegenheiten in die Hand genommen haben.

Alles, was getan werden kann um dieses Gefühl zu beschwichtigen und zu zerstreuen, werden Sie pflichtgemäß tun, damit jene freundlichen Beziehungen gewahrt bleiben, die in so beträchtlicher Weise zur Rettung der Welt beigetragen haben. Dabei darf aber nicht die Wirksamkeit des Vertrages geopfert werden, in den die wahren Interessen auch der anderen Staaten, gemeinsam mit den unseren, eingebunden sind. [...]

Ich wünsche, dass Sie soweit als möglich eine Stimmung der Gesittung und des gegenseitigen Vertrauens unter denjenigen wachrufen, die bei demselben Hof akkreditiert sind. Die Sprache einer Macht wie Großbritannien gilt an sich sehr viel. Aber wenn seine Ansichten und Grundsätze verstanden werden, wenn es klar ist, dass es mit keinem bestimmten Hof gegen einen anderen verbunden ist, sondern dass sein einziges Ziel der Weltfriede ist und dass es entschlossen ist mit allen Mitteln die Mächte Europas gegen einen Staat zu vereinen, dessen verderbliche Politik oder verbrecherischer Ehrgeiz die Ruhe stört, an der alle ein gemeinsames Interesse haben, dann bin ich zuversichtlich die heilsamsten Resultate von einem solchen politischen Kurs erwarten zu können.

Zit. nach Gottfried Niedhart, Internationale Beziehungen im 19. und 20. Jahrhundert, Düsseldorf 1978, S. 35 f.

1. *Erläutern Sie Ziele und Methoden der britischen Politik nach den Wiener und Pariser Verhandlungen (Mat. 1).*
2. *Wie begründet Castlereagh die besondere Rolle der Großmächte? Was versteht er unter „konservativ“?*

2 *Aus der Instruktion Fürst Metternichs (1773–1859) für den österreichischen Gesandten in der Schweiz, Baron von Binder, vom 9. Juni 1826:*

Q Das erste Ziel der Bemühungen unserer Regierung und aller seit der Wiederherstellung der Unabhängigkeit Europas mit ihr verbündeten Regierungen ist die Aufrechterhaltung der gesetzlichen Ordnung, die das glückliche Ergebnis dieser Wiederherstellung ist; eines Zustandes der Ruhe, der allen die Früchte eines so teuer erkauften Friedens sichert und dadurch allein die für die Zukunft gesäten Keime des Guten fruchtbar zu machen vermag. Seit einigen Jahren sehen wir zu unserer Genugtuung, wie mehrere der Regierungen, die am spätesten die Notwendigkeit der zur Erreichung dieses Zieles geeigneten Maßnahmen einsahen, sich endlich zu der Überzeugung durchrangen, dass die Unterdrückung des noch bestehenden Übels die erste und unerlässlichste Vorbedingung dafür ist. Dieses Übel, man kann es nicht verhehlen, hat gerade seit der allgemeinen Befriedung erschreckende Fortschritte gemacht. Es ist allumfassend in seiner unheilvollen Betätigung, es äußert sich in allen möglichen Formen, in fast allen Ländern. Da es in seiner destruktiven Betätigung allumfassend ist, kann es nur durch einen allumfassenden Widerstand bekämpft und besiegt werden. Dieses Übel ist der revolutionäre Geist, geboren aus jener ordnungswidrigen Unruhe, welche die Umwälzungen der Epoche der heutigen Generation aufgeprägt haben, gespeist durch begehrliche Leidenschaften und tiefe Entsittlichung der einen, begrüßt durch den Fanatismus der anderen. Systematisch in ihren Plänen, streng folgerichtig in ihrem lichtscheuen Treiben finden die Führer dieser gottlosen Sekte, die sich zum Umsturz der Altäre und Throne zusammenschloss, von einem Ende Europas zum anderen Verbündete für die Durchführung ihrer verbrecherischen Unternehmungen überall da, wo dieselben Leidenschaften, dieselben sozialen Verhältnisse in gleicher Weise auf die Geister sich auswirken. Wo sie im Augenblick ihre Brandfackel noch nicht schleudern können, bauen sie ihre Batterien für die Zukunft auf; durch Unglauben und Freigeisterei korrumpieren sie die Gesinnung einer irregeleiteten Jugend, um ihr im günstigen Augenblick die Waffen in die Hand zu drücken. [...]

Es ist Zeit, dass alle Regierungen Europas, welches auch immer ihre Verfassungsform sein mag, zu der Einsicht gelangen, dass isolierte Maßnahmen der Schwere des Übels nicht mehr gewachsen sind; dass es um ihrer aller gemeinsame Sache geht; dass sie handeln müssen, im gleichen Geist und durch gemeinsame Maßnahmen gegen ein Übel, das sie alle in gleicher Weise bedroht, und dass die Notwendigkeit ihrer Selbsterhaltung ihnen die Pflicht auferlegt einander aus freien Stücken zu helfen um eine destruktive Kraft auszutilgen, welche das Schicksal der Staaten in Frage stellt, die Jahrhunderte voller Kriege und politischer Stürme unerschüttert überstanden haben.

1. *Beschreiben Sie die Grundsätze und die Motive der Metternichschen Europapolitik (Mat. 2).*
2. *Vergleichen Sie Metternichs Politik mit der britischen Politik (Mat. 1). Welche Gemeinsamkeiten, welche Unterschiede sehen Sie? Wie lassen sich diese erklären?*

3 *Nach dem Tod Johanns VI. von Portugal 1826 verzichtet dessen ältester Sohn auf sein Thronfolgerecht zugunsten seiner Tochter Maria. Die spanische Regierung unterstützte die Gegner dieses Weges. Die britische Position legte Außenminister George Canning (1770–1827) in einer Rede vor dem Unterhaus am 12. Dezember 1826 dar:*

Q Wir gehen nach Portugal in der Erfüllung einer heiligen Verpflichtung, die durch neue und alte Verträge festgesetzt ist. Aber dort soll nichts von uns geschehen um die Einführung der Konstitution zu erzwingen – aber wir müssen auch Sorge tragen, dass nichts von anderen geschieht um zu verhindern, dass sie schon in Kraft trete. In der inneren Politik mögen die Portugiesen ihre eigenen Angelegenheiten selbst regeln; was jedoch die äußeren Angelegenheiten betrifft, so muss England, solange es dazu irgend fähig ist, seinen Arm erheben gegen die Anstrengungen irgendwelcher Macht, die versuchen sollte mit Gewalt die Wahl zu verhindern zwischen der Annahme der Konstitution und ihrer Ablehnung und die Unabhängigkeit Portugals zu fesseln. [...]

Wenn dies Land [England] gezwungen sein wird in den Kampf einzutreten, so werden wir dies tun mit dem aufrichtigen und ernsten Bestreben den Kampf lieber zu mildern als zu verschlimmern – und mit der Einschränkung, dass wir uns nur in den Waffenkampf mischen, nicht aber in den fataleren Streit von Meinungen. Aber ich fürchte gar sehr, dass dies Land – wie angestrengt es auch immer versuchen mag dies zu vermeiden – in solchem Falle es nicht würde vermeiden können, wenn es eingeordnet unter seine Banner alle diese Unruhigen und Unbefriedigten einer Nation sieht, mit der es etwa in Konflikt kommen möchte.

1. *Von welchen politischen Grundkräften in Europa geht George Canning in seiner Positionsbestimmung der britischen Politik aus? Welche politischen Ziele formuliert er (Mat. 3)?*
2. *Vergleichen Sie die in den Mat. 1 bis 3 formulierten politischen Grundsätze. Wie lassen sie sich in das Grundmuster solidarische bzw. agonale staatliche Beziehungen (siehe S. 404) einordnen? Erörtern Sie, welche Kräfte Sie unterstützt hätten.*

4 *Aus dem „Kissinger Diktat" des deutschen Reichskanzlers Otto von Bismarck (1815–1898) vom 15. Juni 1877:*

Q Ich wünsche, dass wir, ohne es auffällig zu machen, doch die Engländer ermutigen, wenn sie Absichten auf Ägypten haben: Ich halte es in unserem Interesse und für unsere Zukunft eine nützliche Gestaltung einen Ausgleich zwischen England und Russland zu fördern, der ähnliche gute Beziehungen zwischen beiden, wie im Beginn dieses Jahrhunderts, und demnächst Freundschaft beider mit uns in Aussicht stellt. Ein solches Ziel bleibt vielleicht unerreicht, aber wissen kann man das auch nicht. Wenn England und Russland auf der Basis, dass Ersteres Ägypten, Letzteres das Schwarze Meer hat, einig würden, so wären beide in der Lage auf lange Zeit mit Erhaltung des status quo zufrieden zu sein und doch wieder in ihren größten Interessen auf

eine Rivalität angewiesen, die sie zur Teilnahme an Koalitionen gegen uns, abgesehen von inneren Schwierigkeiten Englands für dergleichen, kaum fähig macht.
Ein französisches Blatt sagte neulich von mir, ich hätte „le cauchemar des coalitions"; dieser Art Alp wird für einen deutschen Minister noch lange und vielleicht immer ein sehr berechtigter bleiben. Koalitionen gegen uns können auf westmächtlicher Basis mit Zutritt Österreichs sich bilden, gefährlicher vielleicht noch auf russisch-österreichisch-französischer; eine große Intimität zwischen zweien der drei letztgenannten Mächte würde der dritten unter ihnen jederzeit das Mittel zu einem sehr empfindlichen Drucke auf uns bieten. In der Sorge vor diesen Eventualitäten, nicht sofort, aber im Lauf der Jahre, würde ich als wünschenswerte Ergebnisse der orientalischen Krisis[1] für uns ansehen:

1. Gravitierung der russischen und der österreichischen Interessen und gegenseitigen Rivalitäten nach Osten hin,
2. der Anlass für Russland eine starke Defensivstellung im Orient und an seinen Küsten zu nehmen und unseres Bündnisses zu bedürfen,
3. für England und Russland ein befriedigender status quo, der ihnen dasselbe Interesse an Erhaltung des Bestehenden gibt, welches wir haben,
4. Loslösung Englands von dem uns feindlich bleibenden Frankreich wegen Ägyptens und des Mittelmeers,
5. Beziehungen zwischen Russland und Österreich, welche es beiden schwierig machen die antideutsche Konspiration gegen uns gemeinsam herzustellen […].

Wenn ich arbeitsfähig wäre, könnte ich das Bild vervollständigen und feiner ausarbeiten, welches mir vorschwebt: nicht das irgendeines Ländererwerbes, sondern das einer politischen Gesamtsituation, in welcher alle Mächte außer Frankreich unser bedürfen und von Koalitionen gegen uns durch ihre Beziehungen zueinander nach Möglichkeit abgehalten werden.

1 Russland hatte der Türkei am 24. April 1877 den Krieg erklärt, nachdem Österreich-Ungarn Neutralität zugesagt hatte.

1. *Erarbeiten Sie aus dem „Kissinger Diktat" Bismarcks Grundideen für die Beziehungen der europäischen Mächte (Mat. 4) und vergleichen Sie diese mit der in der Darstellung beschriebenen Entwicklung (siehe S. 410–412).*
2. *Manche Historiker bezeichnen das „Kissinger Diktat" als die „Idee einer deutschen Gleichgewichtspolitik". Diskutieren Sie diese Einordnung unter Hinzuziehung der Darstellung. Berücksichtigen Sie auch den Essay S. 440–443.*

5 *Aus der Rede Benjamin Disraelis (1804–1881) am 24. Juni 1872 im Londoner Kristallpalast:*

Q Meine Herren, es gibt noch ein anderes […] großes Ziel der Tory-Partei. Wenn es das erste Ziel ist die Institutionen des Landes aufrechtzuerhalten, so ist es meiner Meinung nach das zweite das englische Imperium zu stützen. Wenn Sie auf die Geschichte dieses Landes seit dem Erscheinen des Liberalismus – vor vierzig Jahren – blicken, so werden Sie finden, dass keine Bemühung so anhaltend und so subtil gewesen, von so viel Energie unterstützt und mit so viel Fähigkeit und Scharfsinn vorangetrieben worden ist, wie die Versuche des Liberalismus die Desintegration des Englischen Empire zu erreichen. Und, meine Herren, von allen Bemühungen ist diese eine dem Erfolg am nächsten gekommen. Staatsmänner von höchstem Ansehen, Schriftsteller von hervorragendster Fähigkeit, die organisiertesten und wirksamsten Mittel sind bei diesem Bemühen angewendet worden. Es ist uns allen bewiesen worden, dass wir durch unsere Kolonien Geld verloren haben. Es ist mit mathematischer Genauigkeit nachgewiesen worden, dass es noch nie ein Juwel in der Krone Englands gegeben hat, das so wahrhaft teuer gewesen ist wie der Besitz Indiens. Wie oft ist uns nicht geraten worden, wir sollten uns auf der Stelle von diesem Alpdruck befreien. Nun, dies wurde nahezu bewerkstelligt. […] Aber als die Selbstverwaltung zugestanden wurde, hätte sie meiner Meinung nach als Teil einer großen Politik imperialer Konsolidierung zugestanden werden müssen. Sie hätte zusammen mit einem Reichszoll, mit Sicherheiten für das englische Volk hinsichtlich der Nutznießung der nicht-appropriierten[1] Länder erfolgen müssen, die dem Herrscher als ihrem Treuhänder gehörten, und mit einem Militärgesetz, das die Mittel und die Verantwortlichkeiten genau hätte festlegen müssen, mit denen die Kolonien verteidigt werden sollten […]. Ferner hätte gleichzeitig die Einrichtung eines Kolonialrates (representative council) in der Hauptstadt getroffen werden müssen, der die Kolonien in feste und dauernde Beziehungen zur Regierung des Mutterlandes (Home Government) gebracht hätte. Alles dieses wurde jedoch unterlassen.

1 nicht angeeigneten

Quelle 2 bis 5 zit. nach Geschichte in Quellen, Bd. 5, bearb. von Günter Schönbrunn, München 1980, S. 36 f., 454 f. und 570 f.

1. *Beschreiben Sie die Grundsätze der Politik Disraelis. Welche Motive lassen sich aus Mat. 5 erschließen?*
2. *Diskutieren Sie Disraelis Auseinandersetzung mit der „liberalen" Kolonialpolitik. Welche Ursachen für den Übergang vom „Kolonialismus" zum „Imperialismus" nennt der Autor der Darstellung (siehe S. 413)?*

6 *„Frankreich wird Marokko Kultur, Wohlstand und Frieden bringen können." Titelseite aus der französischen Zeitschrift „Le Petit Journal", 19. November 1911 (Ausschnitt)*

7 *Rede des (gerade gestürzten) französischen Ministerpräsidenten Jules Ferry (1832–1893), 28. Juli 1885:*

Q Wir haben viele Rechte auf der Erdoberfläche. Nicht von ungefähr ist Frankreich, woran gerade erinnert wurde, eine der größten Seemächte der Welt. Es hat seit zwei Jahrhunderten [...] von vielen Punkten der Erde Besitz ergriffen und es hat auch ein weites Versuchsfeld für die Kolonialpolitik. Ist das nun ein Grund dafür, dass diese Politik überall zugleich entwickelt wird? Muss man ihre Maßnahmen nicht vielmehr aufeinander abstimmen, nach und nach entwickeln, abschnitts- und reihenweise verwirklichen? [...] An dem einen Punkt gilt es nur die erworbenen Stellungen zu behaupten, an einem andern ist es nötig einen Schritt vorwärts zu machen; schließlich gibt es Punkte, an denen eine endgültige und vollständige Lösung sich aufdrängt, weil die Gelegenheit sich bietet, weil sie vorübergeht und sich vielleicht nie wiederfinden wird. Ganz gewiss, meine Herren, führen uns in diesem Ideenbereich, bei diesen Unternehmungen die Ereignisse mehr, als dass wir sie führen. Man muss eine Wahl treffen, einerseits die Nützlichkeit neuer Erwerbungen und andererseits den Stand unserer Hilfsmittel erwägen. Diese kluge und maßvolle Kolonialpolitik ist für Frankreich einfach lebensnotwendig zu einer Zeit, in der alle Länder sich gegen ausländische Erzeugnisse sperren, was jedes Land nötigt sich die für seine Landwirtschaft und seine Industrie unentbehrlichen Absatzmärkte zu sichern [...]. Ja, was unserer großen Industrie, welche die Handelsverträge von 1860 unwiderruflich in die Bahn des Exportes gelenkt haben, mehr und mehr fehlt, das sind die Absatzmärkte. Warum? Weil Deutschland und die Vereinigten Staaten von Nordamerika sich durch Schutzzölle absperren und die Gefahr besteht, dass auch der seit alters Frankreich gehörige große Markt Südamerikas streitig gemacht und vielleicht weggenommen wird. [...] Die überlegeneren Rassen haben außerdem ein Recht gegenüber den unterlegeneren Rassen und in dieser Hinsicht sollte Frankreich sich nicht der Pflicht entziehen die Völker zu zivilisieren, die mehr oder minder barbarisch geblieben sind. [...] Wenn Frankreich verzichtet, wenn es seine Rechte verfallen lässt, werden andere seinen Platz einnehmen, und während es auf den dritten oder vierten Platz herabfallen wird, werden sie auf den ersten gelangen.

Zit. nach Gottfried Niedhart, Internationale Beziehungen im 19. und 20. Jahrhundert, Düsseldorf 1978, S. 58 f.

1. *Erläutern Sie Ferrys Begründungen für eine imperialistische Politik Frankreichs. Vergleichen Sie mit Mat. 5.*
2. *Inwiefern lässt sich an Mat. 7 der Zusammenhang von Industrialisierung und Imperialismus belegen?*
3. *Analysieren Sie die bildliche Darstellung imperialistischer Ziele in Mat. 6.*

8 *Im Jahr des Spanisch-Amerikanischen Kriegs 1898 umriss Albert J. Beveridge (1862–1927) die Ziele der amerikanischen Politik. Beveridge war republikanischer Politiker, der die politischen Vorstellungen des späteren Präsidenten Theodore Roosevelt (1858–1919) teilte:*

Q Die amerikanischen Fabriken produzieren mehr, als das amerikanische Volk verbrauchen kann. Der amerikanische Boden bringt mehr hervor, als wir essen können. Das Schicksal hat uns die Wege vorgeschrieben, die wir zu gehen haben. Der Welthandel muss und wird uns gehören. Wir werden überall in der Welt Handelsstützpunkte einrichten um die amerikanische Produktion zu verteilen. Wir werden den Ozean mit unserer Handelsmarine bedecken. Wir werden nach dem Maß unserer Bedeutung und Größe eine Kriegsmarine bauen. Große autonome Kolonien, die unsere Flagge führen und mit uns Handel treiben, werden um unsere Handelsstützpunkte wachsen. Unsere Institutionen werden im Gefolge unseres Handels der Flagge folgen. Amerikanisches Recht, amerikanische Ordnung, amerikanische Zivilisation und die amerikanische Flagge werden in Länder getragen, die vorher blutig und unwissend waren, aber von neuem durch das Wirken Gottes schön und heiter gemacht werden.

Zit. nach Gottfried Niedhart, Internationale Beziehungen im 19. und 20. Jahrhundert, Düsseldorf 1978, S. 59.

1. *Analysieren Sie die Ziele der amerikanischen Politik vor dem Hintergrund der internationalen Politik um die Jahrhundertwende. Ziehen Sie auch Mat. S. 428–430 heran.*
2. *Welches Selbstverständnis von der Rolle der USA in der Staatenwelt kommt in Mat. 8 zum Ausdruck?*

9 *Tagebuch der Baronin Spitzemberg (1843– 1914), der Frau des württembergischen Gesandten in Berlin:*

Q 14. März [1903] Donnerstag frühstückte ich bei Harrach[1], nur mit Kurt Kessel[2]. [...] Er erzählte mancherlei Vorkommnisse aus der innern Verwaltung und dem Parteileben, was sehr betrübend lautet, leider aber wahr sein wird, da er es zum größten Teile aus Theobald Bethmanns[3] Munde hat, der ein hochbedeutender Mann nicht nur, sondern dem Kaiser sehr nahestehend ist, aber nicht einer seiner blinden Bewunderer. Danach täten die dem Kaiser Unrecht, die seine Politik eine schwankende nannten. Seine erste und Grundidee sei Englands Weltstellung zugunsten von Deutschland zu brechen; dazu bedarf es einer Flotte, um diese zu haben, vielen Geldes, und da nur ein reiches Land dies geben kann, soll Deutschland reich werden; daher die Bevorzugung der Industrie und die Wut auf die Landwirte, die, um nicht zugrunde zu gehen, sich gegen diese Politik wehren. Konsequent als Folge dieser seiner Ansicht ist auch ein Ausspruch S. M. neulich bei einem Diner bei Gustav Kessel, der betrübenderweise unter die Leute kam; er sagte dort, die Sozialdemokratie betrachte er gar nicht als eine Gefahr, mit diesen werde man leicht fertig, für ihn seien viel bedenklichere Feinde, die sich in die Speichen seines Wagens würfen, der Bund der Landwirte.[...] Gegen diese obige Grundidee des Kaisers Gründe anzuführen, lohnt sich kaum, so viele sind es, die Anrecht auf Berücksichtigung haben; einstweilen buhlt man deshalb um Amerikas Gunst, das uns doch nimmermehr Englands Erbe antreten ließe, selbst wenn dieses Erbe frei würde, woran nicht zu denken ist, und vergisst ganz, dass wir als Kontinentalmacht niemals unsere Armee können schwächen lassen, Armee und Flotte aber uns auffressen. Zudem zieht erhöhte Industrie immer mehr das Volk in die Städte und gibt sie damit den Sozialdemokraten anheim. Ein so grundfalscher Grundgedanke ist eigentlich noch unheilvoller als ein schwankender Kurs, wenn er getragen wird von einer so mächtigen Persönlichkeit wie unserem Kaiser; ein bisschen Größenwahn, d. h. der Ehrgeiz etwas ganz anders Geartetes zu schaffen als sein Großvater, ist doch, meiner Ansicht nach, die Triebfeder von des Kaisers Handeln. Jener gründete mit der Armee das Deutsche Reich, er will mit der Flotte Deutschland zur Handels- und Kolonialmacht erheben. Wenn nur unsere Zukunft nicht damit statt aufs Wasser ins Wasser kommt und zu Wasser wird.

1 Ferdinand Graf von Harrach (1832–1915), Maler und Professor an der Berliner Akademie der Künste
2 Kurt von Kessel (1846–1918), preußischer General und Gouverneur von Berlin
3 Theobald von Bethmann Hollweg (1856–1921), Oberpräsident von Brandenburg, 1909–1917 Reichskanzler

Zit. nach Das Tagebuch der Baronin Spitzemberg, geb. Freiin von Varnbüler, hg. von Rudolf Vierhaus, Göttingen 1976, S. 427 f.

1. *Welche Motive der deutschen Weltmachtpolitik nach 1900 nennt Baronin Spitzemberg? Erläutern Sie die vertretenen Grundpositionen. Diskutieren Sie die Prognose der Baronin für die Zukunft der deutschen Weltpolitik.*
2. *Vergleichen Sie Mat. 5 und 7 bis 9. Welche Gemeinsamkeiten lassen sich erkennen? Welche Beziehungen zwischen Innen- und Außenpolitik werden deutlich? Welche Auswirkungen hatte die jeweils einzelstaatliche Politik auf die Staatenbeziehungen (siehe auch S. 408 f.)?*

10 *Aus der Einleitung zu dem Vortragszyklus „Aus der Werkstatt des Pazifismus" von Bertha von Suttner (1843–1914), Wien 1912:*

Q Die kriegerischen Ereignisse, die uns umtoben und die uns bedrohen, beweisen gar nichts gegen die Postulate der Friedensbewegung – ebensowenig als ausgebrochene Seuchen etwas gegen die Berechtigung der Hygiene beweisen – sie zeigen nur, dass diese Postulate noch nicht genügend in das Bewusstsein der Völker und ihrer Lenker eingedrungen sind um schon so bald, wie wir hoffen, die Bestätigung der alteingewurzelten Gewaltinstitutionen zu verdrängen. Wir haben uns geirrt, das geben wir zu. Aber nicht in unseren Prinzipien, sondern in der Einschätzung der zeitgenössischen Zivilisationshöhe und des öffentlichen Gewissens.

[…] Unsere Überzeugungen aber [sind], dass:

1. die Kultur synonym ist mit Zurückdrängung aller brutalen Gewalt;
2. dass die Völker von ihrem Erzpanzer bedrückt und – wenn er immer schwerer wird – schließlich erdrückt werden;
3. dass die Einsetzung von Rechtsverhältnissen zwischen den Staaten ebenso möglich ist, wie sie – nach und nach – zwischen den Individuen, den Stämmen und immer größeren Verbänden sich als möglich erwiesen hat;
4. dass die wirtschaftliche Interdependenz der Nationen und die Gemeinschaft ihrer Interessen so zunimmt, dass durch Kriege keinerlei Vorteile mehr errungen werden können; und schließlich: dass durch Organisation und Föderation die Welt zu ungeahnt materieller Bereicherung und moralischer Erhebung gelangen würde.

Alle diese und noch andere damit verknüpfte Theorien verlieren nicht ein Jota von ihrem logischen Gehalt, nichts von ihrer virtuellen Kraft, wenn auch die betörte Menschheit noch immer mit ihren mächtigsten Faktoren – Regierung, Schule, Presse – die entgegengesetzten Lehren in Wirksamkeit setzt. Die Friedenskämpfer beharren also auf ihren Grundsätzen: Sie geben ihre Arbeit nicht auf – sie verdoppeln sie eher und die bereits gewonnenen Erfolge lassen sie sich nicht entgleiten. Sie wissen, dass die Linie des Fortschrittes nicht gerade, sondern spiralförmig sich erhebt und dass Augenblicke des Stillstandes, mitunter auch des Rückfalles eintreten, wonach aber ein desto kräftigeres Emporschnellen erfolgt.

Zit. nach Bertha von Suttner, Kämpferin für den Frieden, hg. von Gisela Brinker-Gabler, Frankfurt/M. 1982, S. 150 f.

1. *Erläutern Sie die politischen Prinzipien von Bertha von Suttner (Mat. 10). Welche von ihnen sind heute verwirklicht?*
2. *Erarbeiten Sie aus Mat. 11 die finanzielle Verflechtung der Weltwirtschaft 1875 bis 1914. Welche Schwerpunkte der Expansion werden deutlich, welche möglichen Zonen der Kooperation und des Konflikts?*

11 *Internationale Kapitalströme 1875–1914*

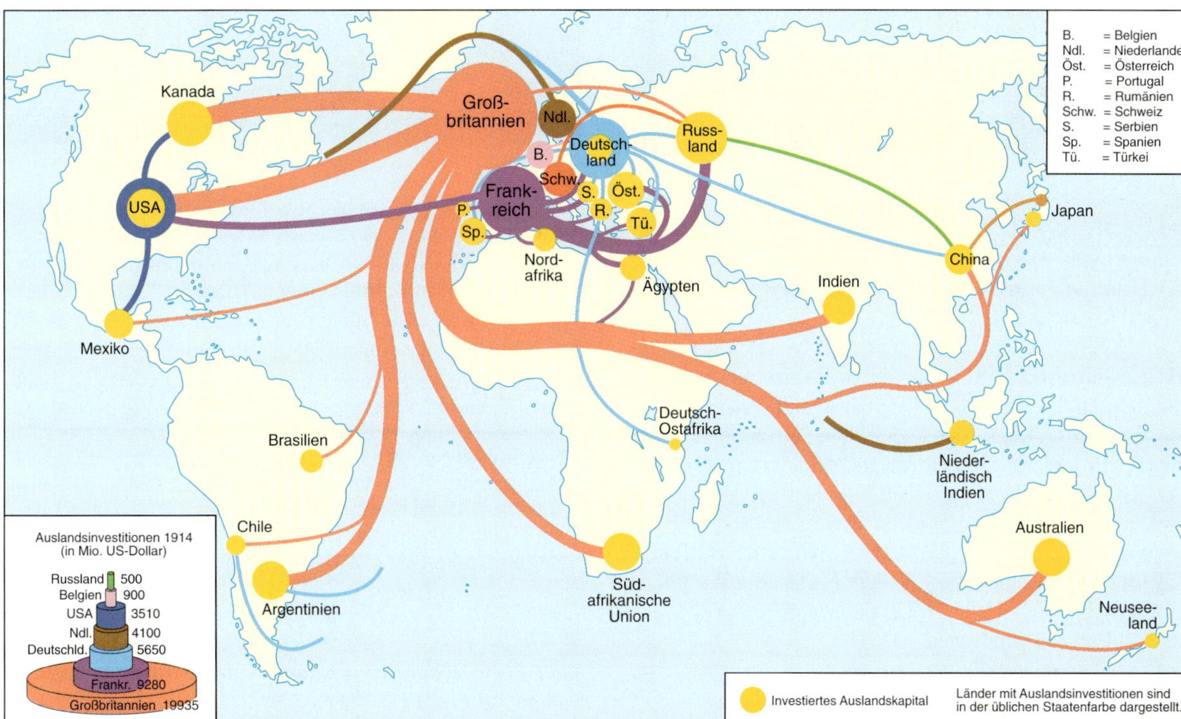

Nach Eric J. Hobsbawn, Das imperiale Zeitalter 1875–1914, Frankfurt/M. 1989, S. 437.

Das napoleonische Europa

1 *Europa unter napoleonischer Herrschaft*

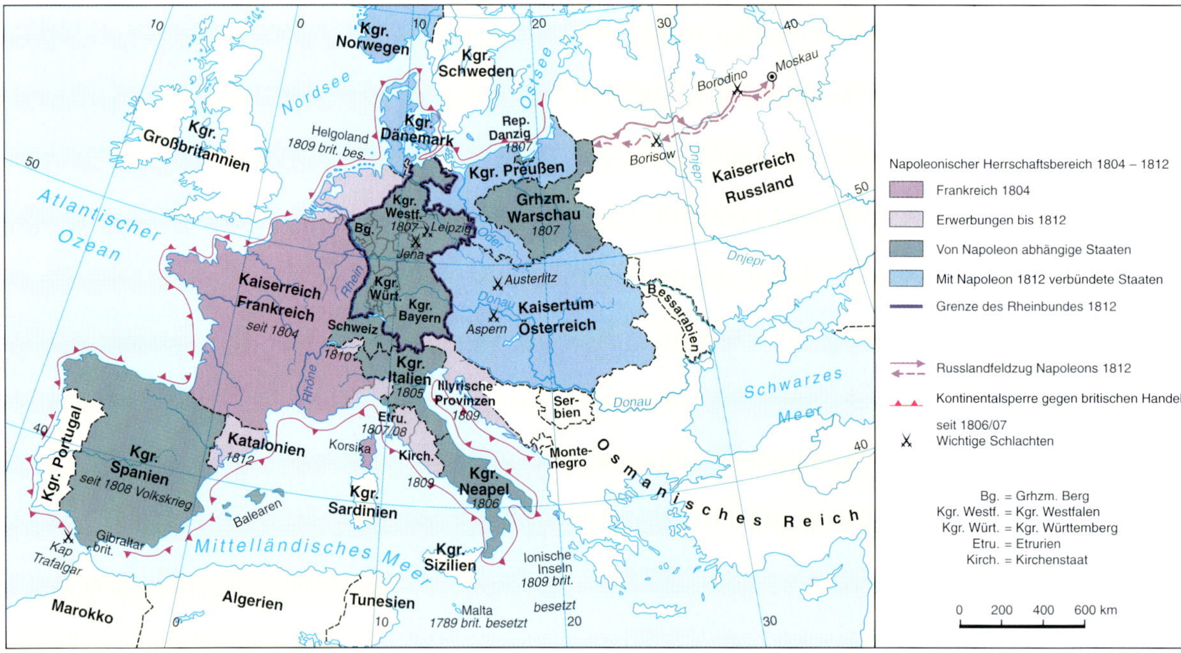

2 *Aus der Rheinbundakte vom 12. Juli 1806:*

Q Art. I: Folgende Staaten [Aufzählung der vertragschließenden Staaten1] trennen sich für immer vom deutschen Reich und schließen unter sich einen Sonderbund mit dem Namen Rheinbund. [...]

Art. XXXV: Zwischen dem französischen Reich und den Rheinbundstaaten wird insgesamt und einzeln eine Allianz geschlossen, in deren Folge jeder Krieg auf dem Kontinent, den eine der vertragschließenden Mächte führen muss, sofort für alle anderen zur gemeinsamen Sache wird. [...]

Art. XXXVIII: Das Kontingent, das jeder der Verbündeten im Kriegsfall stellen muss, wird wie folgt festgesetzt:

Frankreich stellt	200 000	Mann aller Waffen;
Bayern	30 000	Mann aller Waffen;
Württemberg	12 000	Mann
Der Großherzog von Baden	8 000	
Der Großherzog von Berg	5 000	
Der Großherzog von Hessen-Darmstadt	4 000	

Ihre Hoheiten der Herzog und der Fürst von Nassau stellen mit den anderen verbündeten Fürsten ein Kontingent von 4 000 Mann [...].

Art. XXXIX: Die hohen vertragschließenden Parteien behalten sich vor in Zukunft in den neuen Bund auch weitere deutsche Fürsten und Staaten aufzunehmen, wenn sie befinden, dass die Aufnahme im gemeinsamen Interesse liege.

1 Frankreich einerseits und folgende deutsche Monarchen andererseits: Bayern, Württemberg, Erzbischof (Erzkanzler und Kurfürst) von Mainz, Baden, Berg und Kleve, Hessen-Darmstadt, Nassau-Usingen, Nassau-Weilburg, Hohenzollern-Hechingen, Sigmaringen, Salm-Salm, Salm-Kyburg, Isenburg-Birstein, Aremberg, Lichtenstein, Leyen. Nach der Ratifikation der Akte am 21. Juli 1806 in München legte Kaiser Franz II. die Krone des Heiligen Römischen Reiches nieder.

3 *Holland wird Königreich. Aus dem Schreiben Napoleons (1769–1821) an Erzkanzler Jean-Jacques Régis de Cambacérés vom 14. März 1806:*

Q Ich habe heute abend Herrn Ver Huell[1] gesehen. Ich habe die ganze Frage in zwei Worten zusammengefasst: Holland ist ohne ausführende Gewalt[2], da es eine solche haben muss, werde ich das Land dem Prinzen Ludwig geben. Man wird einen Vertrag schließen, auf Grund dessen die Religion des Landes bestehen bleibt; der Prinz wird die seinige behalten, ebenso wie jeder Landesteil. Die gegenwärtige Verfassung wird beibehalten; nur dass es an Stelle eines Großpensionärs einen König gibt. Ich würde nicht einmal Schwierigkeiten machen ihm den Titel Statthalter zu geben. Im Übrigen bleibt die Verfassung des Landes dieselbe. Schimmelpenninck wird dem Hohen Rat vorstehen. [...] Bekräftigen Sie Herrn Ver Huell in diesen Ansichten und sagen Sie ihm, dass er übermorgen abreise. Setzen Sie einen Entwurf auf und senden Sie eine geschickte Persönlichkeit nach dem Haag um die Angelegenheit zu ordnen. [...] In spätestens 20 Tagen muss Prinz Ludwig seinen Einzug in Amsterdam halten.

1 Gesandter der Batavischen Republik
2 Da der Großpensionär Schimmelpenninck fast erblindet war, sollte Napoleons Bruder Louis die Krone Hollands übernehmen, obwohl er sich selbst für dieses Amt ungeeignet befand. Er geriet über die Politik der Kontinentalsperre in Widerspruch zu seinem Bruder, wurde 1810 abgesetzt und Holland dem französischen Reich eingegliedert.

4 *Aus einem Schreiben Napoleons (1769–1821) an den Botschafter des Russischen Reiches in Paris, Kurakin, vom Mai 1811:*

Q Ich habe Ihren Kaiser[1] zum Beherrscher des Nordens ernannt: Das konnte ihm beweisen, was ich aus ihm machen wollte. Ich brauchte ihn für mein System, aber wenn er es antasten will, dann ändere ich meine Pläne und bewillige anderen Mächten die Vorteile, die ich erst ihm zugedacht hatte. [...] Fürst Kurakin, ich regiere durch mich selbst, ich regiere allein und man regiert mich nicht. [...] Wenn ein französisches Heer auf Petersburg marschiert um den Angriff gegen den Frieden auf dem Festland zu rächen und die dort herrschende englische Partei zu vernichten, dann wird England aber nicht die Ursache dazu sein. [...] Es ist unvereinbar mit der Ehre Frankreichs, das seit 1500 Jahren als vorherrschende Macht in Europa besteht, sich von einem Reich beleidigen zu lassen, dessen Existenz erst beginnt und das nur durch die Grausamkeit seiner Zaren und die Barbarei seiner Einwohner bekannt ist. [...]
Die Besetzung der Hansestädte ist eine natürliche Folge des Kontinentalsystems [...]. Nicht aus Ehrgeiz habe ich mich dieser Städte bemächtigt: Sie waren mir im Frieden unbedingt notwendig. Ich brauche Häfen, Matrosen und Schiffe um Krieg führen zu können. Euer Kaiser beklagt sich, dass ich die Städte des kleinen Herzogtums Oldenburg besetzt und den Herzog gezwungen habe sich nach Russland zu retten? Aber warum lehnte er sich gegen mich auf? Warum verweigerte er mir, um was ich ihn bat?

1 Zar Alexander I.

1. *Erarbeiten Sie aus Mat. 1 bis 4 das politische und militärische Vorgehen Napoleons in Europa.*
2. *Welches Selbstverständnis Napoleons und welche Auffassung von der Rolle Frankreichs im Staatensystem werden in den Briefen deutlich? Welche Gegner musste Napoleon damit auf den Plan rufen?*

5 *Aus einem Brief Napoleons (1769–1821) an den Polizeiminister Joseph Fouché vom 20. Mai 1805:*

Q Herr Fouché, es ist mein Wille, dass von jetzt an das „Journal des débats" nicht mehr erscheint, wenn es nicht am Abend vorher der Zensur unterzogen worden ist. Ernennen Sie einen Zensor, einen zuverlässigen, ergebenen und taktvollen Mann, dem die Besitzer der Zeitung 12 000 Francs Gehalt zahlen sollen. Unter dieser Bedingung ganz allein werde ich erlauben, dass diese Zeitung weiterhin erscheint. Übrigens soll sich die Zensur nicht auf das Feuilleton oder literarische Aufsätze erstrecken, sondern nur auf die Politik und den Teil der Literatur, der in einem schlechten politischen Geist gehalten ist [...]. Der schlechte Geist belebt die Redakteure. Wenn ihnen trotz der Zensur noch einmal eine solche Dummheit entschlüpft, dann kann ich die Zeitung nur verbieten. Teilen Sie diese Maßnahme auch den anderen Zeitungen mit und machen Sie ihnen klar, dass ich, wenn sie die Absicht haben allzu dumme, von schlechtem Geist getragene Meldungen auszustreuen, ebenso mit ihren Blättern verfahren werde. Jede unangenehme und für Frankreich unheilvolle Meldung müssen sie in Quarantäne nehmen, denn sie müssen immer den Verdacht haben, sie sei von den Engländern diktiert.

Quelle 2 bis 5 zit. nach Geschichte in Quellen, Bd. 4, bearb. von Wolfgang Lautemann, München 1981, S. 549 f., 554, 568 und 606 f.

6 *Nachdem im Königreich Westfalen am 1. Januar 1808 mit der Einführung des Code Napoléon (der 1803 fertiggestellte Code Civil wurde auch Code Napoléon genannt) alle feudalen Rechte aufgehoben wurden, vor allem die Leibeigenschaft und der Gesindezwang, schuf ein königliches Dekret vom 27. Januar 1808 die Rechtsgrundlage für die Judenemanzipation:*

Q Die Juden können, ohne wie vormals einer besonderen Erlaubnis zu bedürfen, sich verheiraten, für die Erziehung ihrer Kinder und deren Etablissement sorgen, ihnen ihre Güter abtreten, jedoch unter der Verpflichtung bei diesen verschiedenen Handlungen nach den Vorschriften des Code Napoléon sich zu richten. Es steht ihnen gleichfalls frei in jeder Stadt oder an jedem andern beliebigen Orte sich niederzulassen und daselbst ihren Handel einzurichten, vorausgesetzt, dass sie der Munizipalobrigkeit davon gehörig Anzeige machen und die Zunft- und Handwerker-Verordnungen, worin sie wünschen aufgenommen zu werden, beachten.

7 *Aus einem Brief König Jerôme Bonapartes von Westfalen (1784–1860) an seinen Bruder Napoleon vom 5. Dezember 1811:*

Q Da ich eine Stellung einnehme, die mich zu einer vorgerückten Schildwache Frankreichs gemacht hat, und sowohl aus Neigung als auch als Pflicht alles überwache, was die Interessen Eurer Majestät betrifft, so halte ich es für schicklich und notwendig, dass ich Eure Majestät freimütig über alles unterrichte, was ich um mich herum beobachte. Ich beurteile die Ereignisse mit Ruhe und betrachte die Gefahren ohne sie zu fürchten, jedoch muss ich Eurer Majestät die Wahrheit sagen und wünsche, dass sie genügend Vertrauen zu mir habe um sich auf den Standpunkt zu stellen, wie ich die Dinge ansehe.

Ich weiß nicht, Sire, unter welchem Gesichtspunkt Ihre Generale und Agenten die öffentliche Meinung in Deutschland betrachten. Wenn sie von Unterwerfung, Ruhe und Schwäche sprechen, so täuschen sie sich und Eure Majestät. Die Gärung ist auf dem höchsten Grad angelangt. Man gibt sich den verrücktesten Hoffnungen hin und ist überaus begeistert. Man nimmt Spanien zum Beispiel und falls der Krieg [mit Russland] ausbrechen sollte, werden alle zwischen Rhein und Oder gelegenen Gegenden der Schauplatz einer ausgedehnten und lebhaften Erhebung werden.

Der Hauptgrund dieser gefährlichen Bewegungen ist nicht nur der Hass gegen die Franzosen und die Ungeduld das fremde Joch abzuschütteln; es ist vielmehr im Unglück der Zeiten begründet, in dem völligen Ruin aller Klassen, in der Vermehrung der Steuern und Kriegsbeiträge, dem Unterhalt der Truppen, dem Durchmarsch der Soldaten und der ständigen Wiederkehr von einer Unzahl von Plackereien aller Art. Die Verzweiflung der Völker, die nichts mehr zu verlieren haben, da ihnen alles genommen wurde, ist zu fürchten.

Aber nicht nur in Westfalen und in den Frankreich einverleibten Ländern wird diese Feuersbrunst ausbrechen, sondern bei allen Herrschern des Rheinbundes. Sie selbst werden die ersten Opfer ihrer Untertanen werden, wenn sie nicht ihre Gewalttätigkeiten teilen, denn Eure Majestät weiß, dass der einheitliche Charakter der Revolutionen darin besteht alle Grundsätze umzustoßen und alle Banden und alle Beziehungen zur Gesellschaft zu zerstören.

Quelle 6 und 7 zit. nach Eckart Rußmann (Hg.), Deutschland unter Napoleon in Augenzeugenberichten, 2. Aufl., München 1982, S. 284 und 380 f.

8 *Johann Michael Voltz (1784–1858), Wahre Abbildung des Eroberers, Holzstich, 1814*

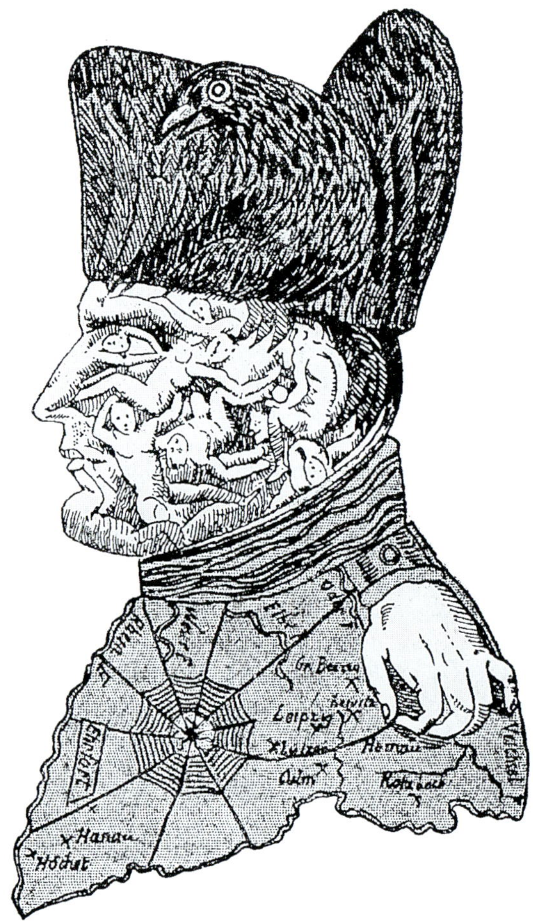

1. *Erarbeiten Sie aus den Mat. 5 bis 8 die innenpolitischen Veränderungen durch die napoleonische Hegemonie in Europa. Inwiefern ist es berechtigt auch die „nationalen Gegenrevolutionen" als revolutionär zu kennzeichnen?*

2. *Der Code Civil bzw. Code Napoléon blieb auch nach dem Ende der Herrschaft Napoleons in vielen Staaten bestehen und beeinflusste deren Verfassung bzw. Gesetzgebung. Benennen Sie die möglichen Ursachen.*
3. *Beschreiben Sie die Karikatur über Napoleon (Mat. 8). Beziehen Sie die politischen und militärischen Entwicklungen der Jahre 1812/13 bei der Deutung mit ein. Beurteilen Sie danach die Aussage der Karikatur.*

9 *Aus der Erklärung der gegen Napoleon verbündeten Mächte vom 13. März 1815:*

Q Durch den Bruch des Vertrages, der ihm Elba zugewiesen hatte, zerstört Bonaparte den einzigen Rechtstitel, auf dem seine Existenz beruhte. Durch sein Auftauchen in Frankreich mit Plänen, die Unruhen und Umsturz bedeuten, hat er sich selbst des Schutzes der Gesetze beraubt und vor aller Welt bewiesen, dass es mit ihm weder Frieden noch Vertrag gibt.

Und obwohl aufs tiefste überzeugt, dass sich ganz Frankreich um seinen legitimen Herrscher sammeln und unverzüglich diesen letzten Versuch eines verbrecherischen und ohnmächtigen Wahnsinnes ins Nichts zurückstoßen wird, erklären alle Souveräne Europas, bewegt von denselben Gefühlen und geleitet von den gleichen Grundsätzen, dass sie bereit sind, falls gegen eine jede Erwartung aus diesem Ereignis eine wirkliche Gefahr entstehen sollte, dem König von Frankreich und der französischen Nation und jeder anderen angegriffenen Regierung, sobald die Bitte darum ausgesprochen wird, die notwendige Hilfe zu leisten um die öffentliche Ruhe wiederaufzurichten und dass sie gemeinsam Sache machen wollen gegen alle, die es wagen sie zu stören. [...] Sie werden all ihre Mittel aufbieten und alle Anstrengungen vereinen, damit der allgemeine Friede, dieser Gegenstand der Wünsche Europas und beständiges Ziel ihrer Arbeit, nicht von neuem gestört werde, sondern vor jedem Attentat, das die Völker wieder in die Unordnung und das Unheil von Revolutionen zu stürzen droht, bewahrt werde. Diese ins Protokoll des zu Wien zusammengetretenen Kongresses in der Sitzung des 13. März 1815 aufgenommene Erklärung soll publiziert werden.

Zit. nach Geschichte in Quellen, Bd. 4, bearb. von Wolfgang Lautemann, München 1981, S. 576.

1. *Was werfen die verbündeten Mächte Napoleon vor und welche Konsequenzen ziehen sie daraus (Mat. 9)?*
2. *Erarbeiten Sie aus Mat. 9 die Vorstellungen der verbündeten Mächte über die Grundlagen für die Sicherheit der Staaten in Europa (siehe auch S. 401 f. und S. 418, Mat. 1).*

10 *Die Bedeutung Napoleons für Europa im Urteil eines französisch-deutschen Autorenteams (1969):*

D Das napoleonische Europa war offensichtlich in erster Linie ein Europa, das einer militärischen Eroberung anheimfiel, wie sie in ihrer geographischen Ausdehnung bis dahin ohne Beispiel in der Geschichte Frankreichs gewesen war; zweifellos erfüllte sie die höchsten Forderungen, welche an eine organisierte und über die damaligen Mittel verfügende Armee gestellt werden konnten. Diese Eroberung unterscheidet sich von der vor 1799 darin, dass sie allein die politische Konstruktion stützte, die der Eroberer sich vorstellte. Gewiss, sie blieb durchaus revolutionär. [...] Doch der Geist der Eroberung ist nicht mehr der gleiche, ebenso wenig wie ihre technischen Modalitäten und ihr politisches Ergebnis. Es ist kein ideologischer Eroberungsgeist mehr: kein Kreuzzug für die Freiheit, kein nationaler Verteidigungskrieg mehr – zumindest nicht in der Zeit zwischen der Stabilisierung von 1801/1802 und den düsteren Tagen von 1814/1815. [...]

Zu den politischen Richtungen, die sich teilweise noch aus den herkömmlichen Verfassungsmodellen einer Republik, einer Aristokratie oder einer Monarchie ableiteten, trat nunmehr eine neue in Konkurrenz, die als spezifisches Produkt der allgemeinen Übergangszeit angesehen werden muss: der Bonapartismus. Er fand seine emotionalen Anhänger nicht nur bei den auf halben Sold gesetzten alten Veteranen in Frankreich, sondern in allen europäischen Ländern, in denen Napoleon nicht nur als Heros, sondern auch als Typus eines großen Mannes gefeiert wurde (Heine), der die alten Schranken zugunsten freier Aufstiegsmöglichkeiten für den Tüchtigen niedergerissen habe. Der Bonapartismus gehörte zu jenen sozialen Erlösungsmythen und politischen Rettungsideologien, die den Zerfall des Herkommens nicht nur voraussetzten, sondern auch vorantreiben sollten.

Louis Bergeron u. a. (Hg.), Das Zeitalter der Revolution 1780–1848, Frankfurt/M. 1969, S. 144, 147 und 301.

1. *Welche Leistungen der napoleonischen Herrschaft über Europa heben die Historiker in Mat. 10 hervor? Welche Entwicklungen beurteilen sie kritisch?*
2. *Der Komponist Ludwig van Beethoven hatte die Symphonie „Eroica" (Die Heroische) Napoleon gewidmet, später strich er diese Widmung. Der Philosoph Friedrich Hegel hatte Napoleon als den „Weltgeist zu Pferde" bezeichnet. Später sah er im preußischen Staat die zukunftsweisende politische und geistige Kraft. Erklären Sie aus den verschiedenen Sichtweisen der napoleonischen Herrschaft in Europa (Mat. 3 bis 10) den Wandel in der Haltung Beethovens bzw. Hegels.*

Die Monroe-Doktrin und die USA in der internationalen Politik des 19. Jahrhunderts

1 *George Washington (1732–1799) in seiner Farewell Address vom 17. September 1796 über das Verhältnis der USA zu anderen Nationen:*

Q Europa hat eine Reihe wesentlicher Interessen, die für uns gar keine oder eine sehr geringe Bedeutung haben. – Daher muss es häufig in Verwicklungen geraten, deren Ursachen unseren Interessen wesentlich fremd sind. – Es kann für uns deshalb nicht klug sein uns durch künstliche Bande in die üblichen Wechselfälle seiner Politik oder in die üblichen Verbindungen und Zusammenstöße seiner Freundschaften und Feindschaften zu verwickeln. [...]

Unsere gesonderte und abgetrennte Lage fordert von uns und macht uns auch fähig einen eigenen Weg zu gehen. – Wenn wir ein Volk bleiben, unter einer tatkräftigen Regierung, ist die Zeit nicht fern, da wir ernsthafte Kränkungen und Belästigungen von außen abweisen können; da wir in der Lage sind eine Haltung einzunehmen, durch die dafür Sorge getragen wird, dass die Neutralität, zu der wir uns jederzeit entschließen können, peinlich genau geachtet wird; – eine Zeit, da kriegführende Staaten in der Erkenntnis der Unmöglichkeit, bei uns Eroberungen zu machen, uns nicht leichtherzig herausfordern werden; da wir zwischen Frieden und Krieg wählen können, wie unsere Interessen, von unserem Gerechtigkeitssinn geleitet, es uns gebieten. [...]

Die richtige Politik für uns ist an dauernden Bündnissen mit irgendeinem Teil der übrigen Welt glücklich vorbeizukommen – insoweit natürlich nur, als wir gegenwärtig frei sind es zu tun. [...] Darum wiederhole ich: Haltet solche Verpflichtungen in ihrem genauen Sinne ein. – Meiner Überzeugung nach ist es aber unnötig und unklug sie zu erweitern.

2 *In seiner Jahresbotschaft an den Kongress vom 2. Dezember 1823 formulierte Präsident James Monroe (1758–1831) die später so genannte Monroe-Doktrin. Der Anlass waren russische Expansionsbestrebungen in Alaska und befürchtete Interventionen der Heiligen Allianz in Südamerika zugunsten des monarchischen Prinzips:*

Q Wir sind stets eifrige und interessierte Zuschauer gewesen bei den Ereignissen in jenem Teile der Erde, mit dem wir so starken Verkehr haben und von dem wir unseren Ursprung ableiten. Die Bürger der Vereinigten Staaten hegen die freundlichsten Gefühle für die Freiheit und das Glück ihrer Mitmenschen auf jener Seite des Atlantischen Ozeans. An den Kriegen der europäischen Mächte um ihre eigenen Angelegenheiten haben wir nie teilgenommen, noch verträgt sich eine solche Handlungsweise mit unserer Politik. Nur wenn in unsere Rechte eingegriffen wird oder sie ernstlich bedroht sind, nehmen wir Kränkungen übel oder treffen Vorbereitungen zu unserer Verteidigung. Mit den Wandlungen, die auf dieser Hemisphäre vor sich gehen, sind wir notwendigerweise und aus Gründen, welche allen erleuchteten und unparteiischen Beobachtern klar sein müssen, unmittelbarer verbunden. Das politische System der verbündeten Mächte ist in dieser Hinsicht grundverschieden von dem Amerikas. [...]

Wir schulden es deshalb der Aufrichtigkeit und den freundschaftlichen, zwischen den Vereinigten Staaten und jenen Mächten bestehenden Beziehungen, zu erklären, dass wir jedweden Versuch ihrerseits, ihr System auf irgendwelchen Teil dieser Hemisphäre auszudehnen, als gefährlich für unseren Frieden und unsere Sicherheit ansehen würden. In die bestehenden Kolonien oder Dependenzen irgendeiner europäischen Macht haben wir uns nicht eingemischt und werden wir uns nicht einmischen. Aber wir könnten einen Eingriff seitens einer europäischen Macht in die Regierungen, die ihre Selbstständigkeit erklärt und sie aufrecht erhalten haben und deren Unabhängigkeit wir nach großer Überlegung und auf Grund gerechter Prinzipien anerkannt haben, zu dem Zweck sie zu unterdrücken oder in irgendeiner Weise ihr Schicksal zu bestimmen, in keinem anderen Lichte denn als Kundgebung eines unfreundlichen Verhaltens gegenüber den Vereinigten Staaten ansehen. In dem Kriege zwischen diesen neuen Regierungen und Spanien erklärten wir zur Zeit ihrer Anerkennung unsere Neutralität und dabei sind wir geblieben und werden fortfahren dabei zu bleiben, vorausgesetzt, dass keine Änderung eintritt, die nach dem Urteile der zuständigen Autoritäten dieser Regierung eine entsprechende Äußerung seitens der Vereinigten Staaten für ihre Sicherheit unerlässlich notwendig macht.

Quelle 1 und 2 zit. nach Herbert Schambeck u. a. (Hg.), Dokumente zur Geschichte der Vereinigten Staaten von Amerika, Berlin 1993, S. 238 f. und 303 f.

3 *Aus einem Memorandum Friedrich von Gentz' (1764–1832) für den Fürsten Metternich zur Monroe-Doktrin vom Februar 1824:*

Q Die Rede des Präsidenten der Vereinigten Staaten ist ein Aktenstück, welches in der Geschichte unserer Zeit Epoche machen wird. […] Nicht bloß die heutige Stellung jener so mächtig und furchtbar gewordenen Föderation gegen Europa, auch das Verhältnis des gesamten amerikanischen Kontinents zur alten Welt ist hier mit einer Deutlichkeit und Präzision ausgesprochen, die allen Zweifeln und Zweideutigkeiten ein Ziel setzt.

Die politische Trennung zwischen Amerika und Europa ist vollendet und unwiderruflich vollendet. Wenn die Wiedereroberung der Kolonien auf dem Kontinent oder ihre freiwillige Rückkehr zur alten Herrschaft nicht bereits unmöglich geworden wäre, so würde diese, längst im Stillen vorbereitete, jetzt offen erklärte Opposition der nordamerikanischen Masse allein hinreichend sein jeden Gedanken daran zu entfernen.

Möge die uns jetzt aufgeschlossene Ansicht der Dinge große Staatsmänner beizeiten veranlassen in gründliche und tiefe Erwägung zu ziehen, was jenem neuen, aus feindseligen und gefahrvollen Elementen gebildeten transatlantischen Koloss gegenüber – nicht sowohl für die materielle Sicherheit Europas (denn diese kann in den nächsten fünfzig oder hundert Jahren von dorther noch nicht wirksam bedroht werden), aber für die moralische und politische Erhaltung der alten Welt auf ihrer jetzigen Basis geschehen muss.

Zit. nach Geschichte in Quellen, Bd. 5, bearb. von Günter Schönbrunn, München 1980, S. 55 ff.

1. *Die Abschiedsbotschaft des ersten amerikanischen Präsidenten wird meistens als der Ausgangspunkt für eine Isolationspoltik der USA gedeutet. Untersuchen Sie Mat. 1 unter diesem Aspekt.*
2. *Erarbeiten Sie anhand der Bezugspaare Isolationismus – Internationalismus bzw. Idealpolitik – Realpolitik die Monroe-Doktrin (Mat. 2). Inwieweit spielen dabei auch Vorstellungen von Interessensphären und Politik der offenen Tür eine Rolle? Inwieweit lassen sich agonale und gleichgewichtsorientierte Zielsetzungen ausmachen?*
3. *Der amerikanische Historiker R. W. van Astyne bezeichnete 1960 die Monroe-Doktrin als Programm des „Imperialismus". Nehmen Sie Stellung zu dieser Beurteilung.*
4. *Erläutern Sie, wie Gentz Folgen der Monroe-Doktrin für das Europa der Heiligen Allianz (Mat. 3) beurteilt. Diskutieren Sie seine Beurteilung und Zukunftsprognose.*

4 *Der amerikanische Reverend Josiah Strong (1847–1916) in seinem Buch „Our Country" (1885) zur Bestimmung (manifest destiny) der amerikanischen Nation:*

Q Ich brauche denen, für die ich schreibe, nicht auseinanderzusetzen, welches die zwei größten Bedürfnisse der Menschheit sind, deren Erfüllung alle Menschen in das Licht der höchsten christlichen Zivilisation emporheben würde: Freiheit. Ohne Zweifel liegen hier die Kräfte, die in der Vergangenheit so sehr zur Erhebung der Menschheit beigetragen haben: Und sie müssen auch in Zukunft die besten Wegweiser zum Fortschritt sein. Daraus folgt, dass die Angelsachsen – die Hauptrepräsentanten dieser zwei Grundideen, die Bewahrer dieser zwei größten Segnungen – in ganz besonderer Weise der Zukunft der Welt verbunden sind und im göttlichen Auftrag eine außerordentliche Verantwortung für ihre Mitmenschen tragen. Nimmt man dazu die Tatsache ihres rapiden Machtaufstiegs in der Gegenwart, so ist das fast ein Beweis für den höheren Beitrag. […]

Lasst uns die verschiedenen Argumente, die wir geschmiedet haben, in einer Kette zusammenfügen. Ist es offenkundig, dass der Angelsachse die Geschicke der Menschheit in den kommenden Jahrhunderten in der Hand hält? Ist es augenfällig, dass die Vereinigten Staaten die Heimat der Menschheit, der Hauptsitz seiner Macht, das große Zentrum seines Einflusses sein sollen? Ist es wahr […], dass im großen Westen die Zukunft unserer Nation bestimmt wird? Ist es klar geworden […], dass diese Generation den Charakter und damit auch die Geschicke des Westens bestimmt? Dann möge Gott dieser Generation die Augen öffnen! […]

Trotz der großen Gefahren, die unserer Zivilisation drohen, kann ich mir ihren Untergang nicht vorstellen; aber ich glaube, dass es völlig in der Hand der Christen in den Vereinigten Staaten liegt die Heraufkunft des Königreiches Christi in der Welt in den kommenden fünfzehn oder zwanzig Jahren zu beschleunigen oder sie um Hunderte oder vielleicht Tausende von Jahren hinauszuzögern. Wir Angehörige dieser Generation und dieser Nation sitzen an der Schaltstelle der Jahrhunderte, wo über die Zukunft der Welt entschieden wird.

5 *Aus Präsident Theodore Roosevelts (1858–1919) Zusatz zur Monroe-Doktrin vom 6. Dezember 1904:*

Q Es ist nicht wahr, dass die Vereinigten Staaten Hunger auf Land haben und irgendetwas mit anderen Nationen der westlichen Hemisphäre vorhaben, es sei denn, es dient deren eigener Wohlfahrt. Dieses Land wünscht nur, seine Nachbarländer stabil, geordnet und blühend zu sehen. Jedes Land, dessen Bewohner sich gut betragen, kann unserer herzlichen Freundschaft sicher sein. Wenn eine Nation zeigt, dass sie weiß, wie man mit angemessener Tüchtigkeit und Anständigkeit soziale und politische Angelegenheiten anfasst, wenn sie für Ordnung sorgt und ihre Schulden bezahlt, braucht sie kein Eingreifen der Vereinigten Staaten zu be-

fürchten. Chronisches Fehlverhalten oder Schwäche, die auf eine allgemeine Lockerung der Bindungen einer zivilisierten Gesellschaft hinauslaufen, kann in Amerika wie überall schließlich die Intervention einer zivilisierten Nation erfordern und in der westlichen Hemisphäre kann die Bindung der Vereinigten Staaten an die Monroe-Doktrin die Vereinigten Staaten zwingen in besonders schlimmen Fällen von Fehlverhalten oder Schwäche, wenn auch widerstrebend, eine internationale Polizeigewalt auszuüben. [...]
Unsere Interessen und die unserer südlichen Nachbarn sind in Wirklichkeit identisch. Sie besitzen große Naturschätze und wenn in ihren Grenzen Gesetz und Gerechtigkeit hergestellt werden, dann kommt bestimmt auch der Wohlstand zu ihnen. Halten sie sich also an die Normen der zivilisierten Gesellschaft, dann können sie versichert sein, dass wir sie im Geiste herzlicher und hilfreicher Anteilnahme behandeln. Wir würden uns bei ihnen nur einmischen, wenn uns kein anderer Ausweg bleibt, und auch dann nur, wenn offenkundig geworden ist, dass sie unfähig oder nicht willens sind Gerechtigkeit im Innern walten zu lassen und wenn sie nach außen die Rechte der Vereinigten Staaten verletzen oder den Angriff eines anderen Landes zum Schaden der Gesamtheit der amerikanischen Nationen herausgefordert haben. Es ist eine Binsenwahrheit, dass jede Nation, in Amerika oder irgendwo anders, die Freiheit und Unabhängigkeit aufrechtzuerhalten wünscht, letzten Endes erkennen muss, dass das Recht auf solch eine Unabhängigkeit nicht von der Verpflichtung zu trennen ist von ihr auch guten Gebrauch zu machen.

Quelle 4 und 5 zit. nach Herbert Schambeck u. a. (Hg.), Dokumente zur Geschichte der Vereinigten Staaten von Amerika, Berlin 1993, S. 407 f. und 418.

1. *Welches Selbstverständnis von der Rolle der USA in der internationalen Staatenwelt drücken die Mat. 4 und 5 aus? Auf welchen Raum bezieht es sich jeweils?*
2. *Vergleichen Sie Ihre Ergebnisse mit den Doktrinen Washingtons und Monroes (Mat. 1 und 2). Inwieweit lassen sich Kontinuitäten und Diskontinuitäten feststellen?*
3. *Welche Phasen des amerikanischen Imperialismus und welche Interessensphären der USA zeigt Mat. 6?*
4. *Die Handhabung der Monroe-Doktrin durch Präsident Roosevelt wurde als Politik des „big stick“ gekennzeichnet. Nehmen Sie Stellung zu dieser Charakterisierung.*
5. *Der US-amerikanischen Politik gegenüber Lateinamerika wird vorgeworfen diese Hemisphäre auf der Basis der Monroe-Doktrin als den eigenen „Hinterhof“ zu behandeln. Wägen Sie ab, inwieweit dieser Vorwurf zutrifft.*

6 *Das „Amerikanische Empire“ 1917*

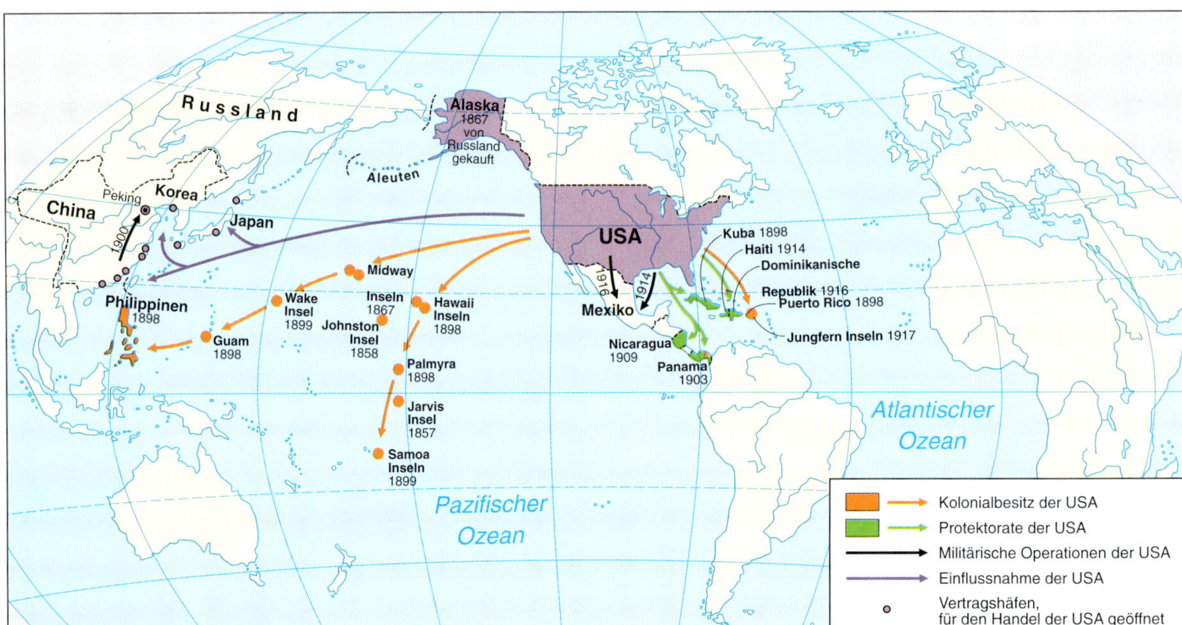

Indien – Von der Kolonie zur Unabhängigkeit

Das Zeitalter des Kolonialismus

1 *Eine Übersicht in Daten:*

1784–1818 Die englische Ostindienkompanie bringt durch eine rigorose Expansionspolitik sowie durch eine taktisch geschickte Bündnispolitik weite Teile Indiens unter ihre Herrschaft.

1793 Das *Permanent Settlement* macht die Steuereintreiber in Bengalen zu Grundeigentümern und die Bauern zu Pächtern europäischen Rechts. Dadurch erhielt die Kompanie zwar sichere Steuern, aber das Land wurde zum Spekulationsobjekt und der Pächter zum Objekt der Ausbeutung.

1806–1858 Die Ausbildung der englischen Kolonialbeamten an der Schule in Haileybury in England schuf einen Korpsgeist und ein Elitebewusstsein, das die höheren Stellen Indern faktisch verschloss. Von den 1152 Angehörigen des *Indian Civil Service* waren nur 42 Inder.

1813 Im Zuge des *Evangelical Revival* wird die Mission in Indien zugelassen, es kommt zur Gründung der *Indian Protestant Church*.

1828–1835 In der sogenannten Ersten Reformära unter Bentinck kommt es im Zuge eines missionarischen Überlegenheitsgefühls zu einer forcierten Verwestlichung und zur Einführung des englischen Bildungssystems.

1848–1856 In der sogenannten Zweiten Reformära unter Dahousie beginnt eine Annexionspolitik, die auf die Beseitigung unabhängiger Fürstentümer zielt, gleichzeitig zu einem Ausbau des Straßen- und Eisenbahnnetzes und zum Aufbau eines Post- und Telegraphensystems führt.

1857 Aufstand der Truppen, sogenannter indischer Unabhängigkeitskrieg. Gründung der Universitäten Kalkutta, Bombay, Madras.

1858 Die *East India Company* wird abgeschafft, Indien der Oberhoheit der englischen Krone unterstellt.

1867–1941 Die Bevölkerung verdoppelt sich nahezu (von 198 auf 389 Millionen).

1877 Queen Victoria wird *Empress of India*.

1885 Der pensionierte Beamte des *Indian Civil Service*, Allan Hume, gründet den *Indian National Congress*.

1905 Bengalen wird in West-Bengalen (mit Hauptstadt Kalkutta) und Ost-Bengalen (mit Hauptstadt Assam) geteilt um den Einfluss westlich gebildeter Inder zurückzudrängen.

1906 Gründung der *All Muslim League*.

1911 Die Teilung Bengalens, die zu einer Spaltung von Hindus und Moslems geführt hatte, wird zwar widerrufen, aber mit Neu-Delhi wird eine neue Hauptstadt geschaffen, die bis 1932 prunkvoll ausgebaut wird.

1917–1944 Der aus Südafrika nach Indien gekommene Anwalt Mahatma Gandhi wird zum Sprecher und Former der indischen Unabhängigkeitsbewegung.

1940 Die von dem Anwalt Jinnah aus Bombay zum Sprachrohr der indischen Muslime entwickelte *All Indian League* fordert mit der Pakistan-Resolution einen eigenen Staat.

1947 Indien und Pakistan werden unabhängig.

2 *Britisch-Indien um 1900*

3 *Emily Eden (1797–1869), die Schwester des britischen Generalgouverneurs von Indien, Lord Auckland, gibt Eindrücke von einer Reise durch die nördlichen Fürstentümer wieder (1838):*

Q Der Prinz von Lucknow gab nachher uns zu Ehren ein Frühstück in dem Palast, den wir dringend zu sehen wünschten, und er war wirklich ganz so aus dem Märchen von Tausendundeiner Nacht entsprungen, wie ich es mir vorgestellt hatte. Der Thron ist golden, Baldachin und Schirm und Säulen sind mit Goldstoff bedeckt und mit Perlen und kleinen Rubinen bestickt. Unser fetter Freund, der Prinz, war so gewandet, dass er zu dem Thron passte [...]. Nach dem Frühstück wurde ein Kampf von wilden Tieren veranstaltet, mit Elefanten, Nashörnern, Widdern usw. [...]. Am Nachmittag machten wir uns zu einer Besichtigung der königlichen Yacht auf, die er für uns herausgeputzt hatte, und danach seinen Garten. Welch ein Platz! Die einzige Residenz in Indien, die ich unbedingt für mich haben wollte. Erinnerst Du Dich, wo in Tausendundeiner Nacht Zobeide ihren Garten der Freuden gegen den Palast der Bilder des Kalifen verwettet? Ich bin sicher, dies hier war der Garten der Freuden. Es gibt vier kleine Paläste darin, die auf östliche Weise mit Samt und Gold und Marmor ausgestattet sind, mit ornamentierten Decken, Orangenbäumen und Rosen, wohin der Blick auch fällt, mit wilden, in allen Farben schillernden Papageienvögeln. [...].

Wir verließen Caunpur am Dienstag und jetzt, nachdem wir uns außerhalb der Sphäre der Distriktgesellschaft bewegen, ist das Elend vollends abschreckend. Du kannst Dir die sich uns darbietenden schrecklichen Anblicke gar nicht vorstellen; vor allem Kinder, völlige Skelette in manchen Fällen, ihre Knochen scheinen durch die Haut, ohne einen Fetzen Kleidung und menschlichen Wesen gänzlich unähnlich. Unser Lager tut glücklicherweise mehr Gutes, als dass es Schaden anrichtet. Wir bekommen all unsere Vorräte aus Oudh und können mehr verschenken als alle anderen Reisenden. Wir fingen gestern an Essen zu verteilen, es waren ungefähr 200 Leute zusammengekommen [...], ich konnte nicht bleiben: Denn wir können nicht mehr tun als geben und der Anblick ist denn doch zu entsetzlich. Die Frauen sehen aus, als seien sie aus den Gräbern wieder hervorgekrochen [...]. Dies [Kynonze] ist ein großes Dorf und das Elend ist noch größer. Gestern kamen 700 Menschen zur Essensverteilung und der Kampf unter ihnen war so heftig, dass ich mich nun an den Distriktbeamten gewandt und ihn um Polizeikräfte gebeten habe. Wir haben zwar viele Soldaten und Bedienstete, aber sie wissen einfach nicht, wie sie sich verhalten sollen, denn sie können nicht auf die erbarmungswürdigen Geschöpfe einschlagen.

Zit. nach Emily Eden, Up the Country. Letters written to her Sister from the Upper Provinces of India, London 1930, S. 60–66. Übers. von Th. Schleich.

4 *Der deutsche Biologe Werner Hoffmeister schildert Freunden in Deutschland die Stadt Kalkutta (1847):*

Q Die Stadt ist ein Gemisch der prachtvollsten Paläste auf der einen Seite und der erbärmlichsten Bambusbaracken auf der anderen. Ebenso verschiedenartig ist die Bevölkerung. Hier braunrote Kulis oder Palankus [Sänftenträger], die den ganzen Tag mit dem schweren Baume auf den nackten Schultern laufen, und die schmutzigen Muhamedaner, welche ein paar unansehnliche Ochsen vor einem roh aus Bambus zusammengebundenen, mit ganz hölzernen, knarrenden Rädern versehenen Karren vor sich her treiben. Dort die elegantesten Equipagen, die man auf der Welt sehen kann, elegante Damen darin und vergoldete indische Livreen von den schönsten Stoffen hintenauf, dazu die Pferde von der edelsten arabischen Rasse. Die größte Pracht und die größte Armut, der größte Stolz und die größte Niederträchtigkeit. [...] Ich werde mich nie an diese Art Fahrwerk gewöhnen. Es ist mir schrecklich Menschen wie Zugvieh davor arbeiten zu sehen [...]. Dabei singen diese armen Geschöpfe einen stöhnenden Gesang, der zuerst jämmerlich anzuhören ist, wie eine qualerpresste Klage.

Werner Hoffmeister, Briefe aus Indien, Braunschweig 1847, S. 124–128.

5 *Ein Engländer beaufsichtigt indische Arbeiter auf einer Teeplantage. Indische Malerei eines unbekannten Künstlers, um 1850, London, Victoria und Albert Museum*

1. *Welche Charakteristika der indischen Gesellschaft in der ersten Hälfte des 19. Jahrhunderts schildern die Mat. 3 bis 5?*

2. *Welche Lösungsvorschläge bieten die Mat. 3 und 4 für die Probleme Indiens an? Wie beurteilen Sie private Wohltätigkeit als Antwort auf Massenelend? Sehen Sie Unterschiede in den Attitüden der Engländerin und des Deutschen?*
3. *Inwieweit ist die Zweiteilung der indischen Gesellschaft von den Engländern verursacht, inwieweit ist sie „hausgemacht" (siehe auch S. 150–153, Mat. 3 bis 10)? Vergleichen Sie die Struktur der indischen Gesellschaft mit westeuropäischen Gesellschaften (siehe Darstellung S. 173–177) zu Beginn des 19. Jahrhunderts.*

Der Indische Aufstand – Reform und Rebellion

6 *Aus der im Namen des Königs von Delhi, Bahadur Schah II. (1775–1862), am 25. August 1857 veröffentlichten Proklamation:*

Q Es ist wohlbekannt, dass in diesen Zeiten das Volk von Hindustan, sowohl Hindus als auch Mohammedaner, durch die Tyrannei und Unterdrückung von Seiten der feigen und schurkischen Engländer in den Ruin getrieben wird […]. Was die Großgrundbesitzer [Zemindars] angeht, so ist es eine allgemein bekannte Tatsache, dass die britische Regierung im Zuge der Steuerschätzung exorbitante Grundrenten erhoben hat und zahlreiche Zemindars entehrt und ruiniert hat, indem sie deren Güter wegen Zahlungsrückständen in öffentlichen Auktionen feilgeboten hat. […] Was die Kaufleute anbetrifft, liegt es klar zutage, dass die treulose und schurkische britische Regierung den Handel mit allen feinen und wertvollen Waren – wie etwa Indigo, Baumwolle und andere auf Schiffen transportierte Güter – monopolisiert und dem Volk nur den Handel mit Kleinkram und Belanglosigkeiten überlassen hat […]. Was die öffentlichen Bediensteten anbelangt, ist es wahrlich kein Geheimnis, dass Einheimische, die in der Militär- oder Zivilverwaltung tätig waren, nur geringe Bezahlung erhielten und keinerlei Einfluss erreichen konnten; alle würdigen Positionen wurden ohne Ausnahme allein Engländern übertragen […]. Was die Handwerker anlangt, so ist es offensichtlich, dass die Europäer, indem sie englische Waren nach Indien einführten, die Weber, die Wollkämmer, die Zimmerleute, die Schmiede, die Schuhmacher und viele andere um ihre Beschäftigung und ihr Brot gebracht haben, sodass man heute einheimische Handwerker nurmehr als Bettler kennzeichnen kann […]. Was nun [die Religionsgelehrten] Pundits und Fakirs und andere weise Männer betrifft, so sind sie sowohl bei den Hindus als auch bei den Mohammedanern die Wächter der Religion. Und da die Europäer erklärte Feinde dieser beiden Religionen sind und weil nun aus religiösen Gründen ein Krieg gegen die Engländer ausgebrochen ist, so sind die Pundits und Fakirs gehalten sich mir zu unterstellen und aktiv an diesem Heiligen Krieg teilzunehmen.

Zit nach Charles Ball, History of the Indian Mutiny, London 1859, S. 630–632. Übers. von Th. Schleich.

7 *Ein indischer Radscha, Taluadar Hanmant Singh, der dem leitenden Verwaltungsbeamten von Oudi, Captain Barrow, Schutz vor den Aufständischen gewährt hatte, erläutert diesem seine Gründe für die Verweigerung weiterer Unterstützung (1858):*

Q Sahib, Eure Landsleute kamen in dieses Land und vertrieben unseren König. Ihr schicktet Eure Beamten durch die Distrikte um den Besitz an Ländereien zu überprüfen. Mit einem Schlag habt Ihr mir dann Landbesitz genommen, der sich seit undenklichen Zeiten in Händen meiner Familie befunden hatte. Ich habe das hingenommen. Dann traf Euch aber ein Schicksalsschlag. Die Einwohner dieses Landes erhoben sich gegen Euch. Ihr kamt zu mir, den Ihr beraubt hattet, mit der Bitte um Schutz. Ich habe ihn Euch gewährt und Euch bei mir aufgenommen. Aber nun – nun marschiere ich an der Spitze meiner Gefolgsleute nach Lucknow und werde alles daran setzen Euch aus diesem Land zu vertreiben.

Zit. nach Colonel G. B. Malleson, History of the Indian Mutiny 1857–58, London 1896. Übers. von Th. Schleich.

1. *Auf welche Ursachen für die gewaltsame Erhebung im Jahr 1857/58 verweisen Mat. 6 und 7 indirekt (siehe auch Mat. 1)?*
2. *In der englischen Geschichtsschreibung wurden die Ereignisse des Jahres 1857/58 als „indischer Aufstand, indische Meuterei, indische Rebellion" bezeichnet; in der indischen gelten die gleichen Ereignisse als „nationale Erhebung, Protest gegen Fremdherrschaft, Freiheitskampf". Nehmen Sie Stellung zu dieser Beurteilung.*
3. *Vergleichen Sie den „Indischen Aufstand" mit den europäischen Revolutionen des Jahres 1848 (siehe Darstellung S. 235 f. und 324). Zeigen Sie Ähnlichkeiten und Unterschiede auf.*

Indien als Vizekönigreich

8 *Vizekönig Lord Dufferin (1826–1902) legt 1866 in einer Aktennotiz die Gründe für den Mündelstatus von Indien dar:*

Q Unter einer Gesamtbevölkerung von 200 Millionen kann man allenfalls einige wenige tausend finden, die über die notwendigen Qualifikationen verfügen um sich überhaupt ein intelligentes Bild von den lokalen öffentlichen Angelegenheiten zu machen. Und die, die man für befähigt erachten kann ein Verständnis für die großen Probleme aufzubringen, die tagtäglich der Aufmerksamkeit der Regierung bedürfen, wird man eher nach Zehnern als nach Hunderten zu zählen haben. Dieser unendlich kleinen und doch auch nur teilweise qualifizierten Fraktion des indischen Volkes auch nur etwas anderes als beratende Funktionen einräumen zu wollen, als ihren Rat und ihre Vorschläge zur Kenntnis zu nehmen wäre in jeder Hinsicht undurchführbar. Die vorrangige Aufgabe der Regierung von Indien ist der Schutz und die Förderung der Interessen des Volkes von Indien, das Volk von Indien sind nicht die sieben- oder achttausend Studenten, die Grade an der Universität erworben haben, oder die Anwälte, die sich aus ihnen rekrutieren und an den Gerichtshöfen zugelassen sind, oder die Zeitungsschreiber oder die europäisierten Grundbesitzer oder die reichen Kaufleute, sondern die sprachlosen Millionen, die weder durch Erziehung noch durch Kultur noch durch den Einfluss europäischer Ideen oder modernes Denken sich auch nur einen Zoll von dem fortbewegt haben, wie schon ihre Vorfahren vor tausend Jahren lebten und dachten.

Unveröffentlichter Aktenvermerk über die britische Politik in Indien, November 1888 (Indian Office Library, London: L/P & J/3/86). Übers. von Th. Schleich.

9 *Der deutsche Historiker Wolfgang Reinhard (geb. 1937) skizziert die wirtschaftliche Entwicklung von Britisch-Indien (1988):*

D Die Frage der unter britischer Herrschaft ausgebliebenen oder verspäteten Industrialisierung im Zusammenhang mit dem Außenhandel ist schon lange kontrovers […]. 1876 hat Dadabhai Naoroji die Theorie des *Drain of Wealth* aufgestellt, nach der [aus] Indien 1835–1872 […] 500 Millionen abgeflossen sind. Außerdem hat nach Autoritäten wie dem legendären Wirtschaftshistoriker R. C. Dutt, Karl Marx und Mahatma Gandhi Großbritannien im Interesse der Baumwollindustrie von Lancashire das hochentwickelte indische Textilgewerbe ruiniert und Indien vom Exporteur von Baumwollfertigwaren zum Importeur und zum Exporteur von Rohstoffen, nicht zuletzt Rohbaumwolle, umgedreht, von De-Industrialisierung und Re-Ruralisierung ist die Rede […]. Immerhin stand die indische Baumwollindustrie 1914 bereits an vierter Stelle der Welt […], Kapital und Unternehmer waren größtenteils indisch. In der bengalischen Juteindustrie hingegen, die eine Art Weltmonopol für Verpackungsstoffe hatte, dominierte […] der schottische Unternehmer. Kohleabbau wurde zwar schon 1774 eingeleitet, einen Aufschwung nahm die Förderung aber erst mit steigender Nachfrage, insbesondere der Eisenbahn. Obwohl Eisen und Stahl in Indien eine große Tradition hatten, war die moderne industrielle Produktion zunächst gar nicht erfolgreich, denn die Indienregierung bezog ihren Bedarf, insbesondere für den Eisenbahnbau, zum großen Teil aus dem Mutterland […]. Wenn die indische Industrie im 20. Jahrhundert beachtliche Wachstumsraten aufzuweisen hat und mit Importsubstitution erfolgreich war, so verdankt sie dies nicht zuletzt den beiden Weltkriegen. Allerdings fehlen wichtige Zukunftsindustrien, die chemische, elektrische, der Maschinenbau, bis 1914 fast ganz.

Wolfgang Reinhard, Geschichte der europäischen Expansion, B. 3, Stuttgart 1988, S. 31–35.

1. *Der Aktenvermerk in Mat. 8 lässt deutlich erkennen, dass sich die Einstellung Großbritanniens gegenüber Indien verändert hat. Wodurch erklärt sich dieses uneingeschränkte Überlegenheitsgefühl? Erläutern Sie die Ursachen für die bei ihm zutage tretende Frontstellung gegen die einheimischen Intellektuellen, die dem englisch geprägten Bildungssystem Indiens entstammen.*
2. *Indien wurde nach 1860 verstärkt in das englisch dominierte Weltwirtschaftssystem eingebunden. Charakterisieren Sie die Funktion Indiens in diesem System und zeigen Sie die Folgen dieser Einbindung für Indien auf (Mat. 9).*
3. *Die Engländer beließen nach 1860 indische Fürsten an der Macht bzw. setzten zuvor entmachtete Herrscherhäuser wieder ein, sodass es 1945 noch über 600 regierende Fürsten gab. Welche Auswirkungen hatte dies für die politische und gesellschaftliche Entwicklung Indiens im 19. und 20. Jahrhundert?*

Der Kampf für die indische Unabhängigkeit

10 *Aus der Rede des Präsidenten des Indischen Nationalkongresses, Sir Satyendra Prassano Sinha (1864–1928), im Dezember 1915:*

Q Was, um damit zu beginnen, sollte das politische Ideal Indiens sein? […] Mir scheint, Brüder Delegierte, dass die einzige befriedigende Form der Selbstregierung, nach der Indien verlangt, nichts anderes sein kann, als das, was [der amerikanische] Präsident Lincoln so prägnant umschrieb als Regierung des Volkes, für das Volk und durch das Volk. Wenn ich das sage, will ich damit auch nicht einen Augenblick lang behaupten die britische Regierung sei nicht die beste Regierung, die wir seit Jahrhunderten hatten. Wir müssen uns nur umschauen um die vielfältigen Segnungen zu erblicken, die dieses Land durch diese Regierung erhalten hat. Aber wie ein britischer Premierminister zu Anfang dieses Jahrhunderts ganz treffend bemerkte: Eine gute Regierung kann kein Ersatz für eine Autonomie sein. [...] Unglückseligerweise haben nun vor einigen Jahren unangebrachte Äußerungen und auch ebenso unglückliche Handlungen verantwortlicher Staatsmänner unter einer großen Zahl von Bevölkerungsschichten in allen Teilen Indiens einer Ausbreitung von Misstrauen Nahrung gegeben, dass sich ein Wechsel in der Politik vollzog – ein entschiedener Wille von dem erreichten Stand Abstriche zu machen und das Rad der Geschichte zurückzudrehen [...].

Wenn wir uns unter der Führung und unter dem Schutz Englands soweit entwickelt haben, dass wir fähig sind nicht nur unsere heimischen Angelegenheiten selbst zu regeln, sondern auch inneren Frieden herstellen und Aggressionen von außen verhindern können, dann glaube ich, ist es im wohlverstandenen Eigeninteresse Englands eine Pflicht Indien die vollständigste Autonomie zu geben [...]. Indien ist niemals im wörtlichen Sinne erobert worden und stellt auch rechtlich sowenig einen tributpflichtigen Staat dar wie die anderen Kolonien.

Zit. nach Angadipuram Appadorai (Hg.), Documents on Political Thought in Modern India, Bd. 1, London u. a. 1973, S. 149–150. Übers. von Th. Schleich.

11 *Mahatma Gandhis (1869–1948) Verhaltensvorschläge für den Fall seiner Verhaftung (1920):*

Q Immer wieder habe ich darüber nachdenken müssen, was das Volk wohl beginnen würde, wenn ich verhaftet werden sollte. [...]. Es hieße mir Schmach antun, wenn das Volk bei meiner Verhaftung sein Gleichgewicht verlöre. Die Nation kommt nicht vorwärts, wenn sie sich nur auf mich verlässt. Fortschritt ist für sie nur möglich, wenn sie den von mir vorgezeichneten Weg als den richtigen erkennt und innehält. Aus diesem Grunde wünsche ich, dass das Volk vollkommene Selbstbeherrschung bewahre, den Tag meiner Verhaftung als einen Freudentag begehe, alle Schwäche, Zaghaftigkeit, Unentschiedenheit, denen es heute noch verfallen, überwinde. [...] Wie kann die Regierung das Volk auf die Probe stellen? [...] Das kann sie durch meine Verhaftung. Wenn das Volk zur Gewalt greift, wird es damit nur der Regierung einen Gefallen erweisen. Ihre Flieger werden dann Bomben auf das Volk werfen, ihre *Dyers*[1] werden auf das Volk schießen lassen und ihre Smiths werden unseren Frauen die Schleier vom Gesicht reißen. [...]

Was soll das Volk tun, wenn ich verhaftet werde? Die Antwort ist einfach genug. Das Volk soll 1. Ruhe und Frieden bewahren; 2. keine Hartals [Streiks] veranstalten; 3. keine Versammlungen abhalten, dagegen 4. immer wach und aufmerksam bleiben. Bestimmt möchte ich erwarten, dass 5. alle Regierungsschulen verlassen und zur Schließung genötigt werden, 6. die Anwälte in größerer Zahl ihre Praxis einstellen, 7. die bei den Gerichten anhängigen Fälle durch private Schiedsgerichte beigelegt werden, 8. zahlreiche Nationalschulen eröffnet werden, 9. Hunderttausende von Männern und Frauen auf die Verwendung von Stoffen fremder Herkunft verzichten und nur noch handgesponnene und handgewobene Stoffe tragen und die Lager fremder Stoffe verkauft und verbrannt werden, 10. niemand einen zivilen oder militärischen Dienst annimmt, 11. diejenigen, die ihren Lebensunterhalt anderweitig verdienen können, ihren zivilen oder militärischen Dienst bei der Regierung aufgeben, 12. den nationalen Fonds die nötigen Beiträge zur Verfügung gestellt werden, 13. Würdenträger in größerer Zahl ihre Würden niederlegen, 14. Wahlkandidaten sich nicht wählen lassen oder, wenn sie schon gewählt sind, auf ihre Sitze verzichten, 15. die Wähler, die sich bis jetzt der Einsicht verschlossen, darüber aufgeklärt werden, dass es eine Sünde ist Abgeordnete in die gesetzgebenden Räte zu entsenden.

Wenn sich das Volk dazu entschlösse und dabei beharren könnte, brauchte es kein Jahr mehr auf Svaraj [Autonomie] zu warten. Sobald es soviel Kraft aufgebracht, haben wir Svaraj erreicht.

1 Reginald E. H. Dyers (1864–1927), britischer General, berüchtigt für sein brutales Vorgehen gegen unbewaffnete indische Demonstranten in Amritsar 1919.

Zit. nach Emil Roniger (Hg.), Mahatma Gandhis Leidenszeit, Zürich u. a. 1928, S. 16–19.

1. *Welche Argumente werden in den Mat. 10 und 11 gegen die englische Herrschaft angeführt? Verändern sich diese Argumente im Laufe der Zeit? Vergleichen Sie diese mit der politischen Diskussion im Vorfeld der Amerikanischen Revolution (siehe Darstellung S. 218f. sowie S. 238f., Mat. 3 und 4).*
2. *Welche Wege zur Autonomie Indiens zeigen die Mat. 10 und 11? Worin sehen Sie Gandhis Erfolg begründet?*
3. *Aus welchen Motiven verweigerte die englische Regierung Indien lange Zeit die Autonomie? Wodurch könnte der englische Gesinnungswandel nach 1940 herbeigeführt worden sein?*
4. *Vergleichen Sie die Entwicklung und die Erscheinungsform der indischen Unabhängigkeitsbewegung mit anderen Unabhängigkeitsbestrebungen in der Dritten Welt. Bereiten Sie diesen Vergleich mit Einzel- und Gruppenreferaten vor (z. B. mit Hilfe von Länderkunden, Handbüchern zur Dritten Welt, historischen Atlanten).*

Der Imperialismus: Theorien – Erklärungen – Kritik

1 *Der englische Publizist und Politiker John Atkinson Hobson (1858–1940), 1902:*

D Es liegt nun klar zutage, dass es ein Trugschluss ist anzunehmen, imperiale Expansion sei unvermeidlich, um einer aufstrebenden Industrie Absatzgebiete zu verschaffen. Nicht der industrielle Fortschritt erfordert die Erschließung neuer Märkte und Investitionsgebiete, sondern die mangelhafte Verteilung der Konsumkraft. Nur sie verhindert die Absorbierung der Waren und der Kapitalien im Lande selbst. Bei näherer Analyse finden wir, dass die Überersparnisse, welche die wirtschaftliche Hauptwurzel des Imperialismus sind, aus Zinsen, Monopolgewinnen und sonstigen unverdienten oder exzessiven Elementen des Einkommens bestehen. Sie haben keinerlei Daseinsberechtigung, weil sie nicht durch Kopf- oder Handarbeit verdient werden. […] Der Kampf um die Märkte, der Umstand, dass der Eifer zu verkaufen bei den Produzenten größer ist als der Eifer zu kaufen bei den Konsumenten, ist der krönende Beweis für die Verkehrtheit dieser Verteilungswirtschaft. Der Imperialismus ist die Folge dieser verkehrten Wirtschaft; „Sozialreform" ist ihr Heilmittel. Der oberste Zweck einer „Sozialreform" (um den Ausdruck in seiner ökonomischen Bedeutung zu verwenden) ist die Hebung des angemessenen privaten und öffentlichen Normalverbrauchs einer Nation […].
Nur echter Konsum verleiht dem Kapital Leben und versetzt es in die Lage Gewinne abzuwerfen. Eine Wirtschaft, die den „besitzenden" Klassen ein Übermaß an Konsumkraft zuweist, das sie nicht zu benutzen und auch nicht in wirklich nützliches Kapital umzuwandeln vermögen, verfolgt eine Neidhammelpolitik. Die Sozialreformen, welche die Besitzenden um ihren Überschuss erleichtern werden, werden ihnen darum nicht den empfindlichen Schaden zufügen, den sie so sehr befürchten. Sie können diesen Überschuss jedoch nur verwerten, indem sie ihrem Lande eine ruinöse Politik des Imperialismus aufzwingen. Die einzige Sicherheit der Nationen liegt darin den besitzenden Schichten den unverdienten Einkommenszuwachs wegzunehmen und ihn den Lohneinkommen der arbeitenden Klassen oder dem öffentlichen Einkommen zuzuleiten, damit er zur Erhöhung des Verbrauchsstandards verwendet werden kann. […]
Die Gewerkschaftsbewegung und der Sozialismus sind demnach die natürlichen Feinde des Imperialismus, nehmen sie doch den „imperialistischen" Schichten die überschüssigen Einkommen fort, welche den ökonomischen Antrieb des Imperialismus bilden.

John A. Hobson, Der Imperialismus (1902), Köln u. a. 1970, S. 76 ff.

1. *Erarbeiten Sie den Kern der Imperialismustheorie Hobsons und die von ihm entwickelte Alternative (Mat. 1).*
2. *Hobson war ein linksliberaler Theoretiker und vertrat eine streng an Adam Smith (siehe Darstellung S. 270 sowie S. 300, Mat. 1) orientierte Politik. Inwieweit spiegelt seine Theorie diese Einstellung wider?*

2 *Der deutsch-österreichische Historiker und Publizist Heinrich Friedjung (1851–1920) im Jahr 1919:*

D In den drei das 19. Jahrhundert füllenden Generationen herrschten der Reihe nach drei Ideen vor, die liberale, die nationale und die imperialistische. […]
Der Liberalismus trat mit dem Anspruch auf die allein seligmachende Lehre zu sein und es glückte ihm in den Revolutionen von 1830 und 1848 den Widerstand niederzuwerfen. Auf diesem Höhepunkt meldete sich der Zweifel und der nationale Gedanke trat die Herrschaft an. Seine Unwiderstehlichkeit schien sich durch die Einigung Deutschlands und Italiens zu erweisen. […]
Nie aber ist das menschliche Herz befriedigt und gesättigt. Der Ausbau der neugebildeten und der schon bestehenden Nationalstaaten füllte den ruhelosen Geist nicht aus. Eine neue Leidenschaft ergriff die Völker: Sie strebten aus der Heimat in die Weltweite und erfanden für diese alte, aber niemals gleich mächtige Begierde den tönenden Namen Imperialismus. Die neue Generation stand zwar unter unendlich verschiedenen Fluten und Gegenströmungen, aber am gewaltigsten waren die Folgen des imperialistischen Strebens. Danach wagen wir die Namenstaufe des Zeitalters. […]
Name und Begriff entstand zwischen 1880 und 1890 in England, als die Briten sich durch das Aufkommen der anderen seefahrenden Völker in der Herrschaft über die Meere bedroht sahen. Die Träger des Imperialismus mit Chamberlain[1] an der Spitze waren sich klar, dass sie bloß die Fortsetzer der Conquistadoren des 16., der Merkantilisten des 17. Jahrhunderts waren, aber sie prägten für die Politik die Formel, sie schufen das System. Für den Liberalismus hatten die Franzosen diese Arbeit besorgt, im Zeitalter der Nationalpolitik waren die Deutschen das Vorvolk, in dem des Imperialismus die Briten. Unter Imperialismus versteht man den Drang der Völker und der Machthaber nach einem wachsenden Anteil an der Weltherrschaft, zunächst durch überseeischen Besitz. Diese Begriffsbestimmung ist aber durch das Merkmal zu ergänzen, dass der Trieb zu klarem Bewusstsein gediehen, zur Richtschnur des Handelns erhoben

worden ist. […] Als nach 1870 durch mehr als vierzig Jahre in Mittel- und Westeuropa die Waffen ruhten, wuchs der Reichtum der Nationen und die aufgespeicherten Lebenskräfte suchten sich ein neues Feld: Kapital, Unternehmungsgeist, technisches Können wollten sich zur Geltung bringen. Sie warfen sich auf die Eroberung ferner Kontinente und Inseln […]. Das Streben nach Reichtum, Macht und Lebensglück hüllte sich in den Mantel der imperialistischen Idee. Als der nationale Gedanke sich in der Hauptsache durchgesetzt hatte, schlug er in sein Gegenteil um. Die Völker begnügten sich nicht mit dem überkommenen oder neu errungenen Nationalstaat, sondern wollten sich zum Weltstaat ausweiten und damit einen möglichst großen Teil der Erde umspannen. Der Nationalismus berief sich auf das unverjährbare Recht der Enkel auf das Erbe ihrer Väter, der Imperialismus erkannte nur die von anderen starken Völkern gezogenen Schranken an. Aus der Gewalt geboren rief er die Macht zur Richterin auf und ruhte nicht früher, bis sich die Leidenschaften in einem Weltkrieg ausgetobt hatten.

1 Joseph Chamberlain (1836–1914), britischer Kolonialminister 1895–1903

Heinrich Friedjung, Das Zeitalter des Imperialismus 1884–1914, Bd. 1, Berlin 1919, S. 3ff.

1. *Analysieren Sie Friedjungs Ausführungen zum Imperialismus (Mat. 2). Vergleichen Sie mit Mat. 1.*
2. *Geben Sie den Theorien Hobsons und Friedjungs charakterisierende Kennzeichnungen und diskutieren Sie ihre Angemessenheit für die Epoche von 1880 bis 1914.*

3 *Der deutsche Historiker Hans-Ulrich Wehler (geb. 1931), 1969:*

D Was wir […] unter Sozialimperialismus verstehen, der immer auch ökonomische Expansion impliziert, ist vorab knapp zu definieren. Die Industrialisierung und der technologische Fortschritt haben in der weltwirtschaftlichen Krisenphase nach 1873 zuerst die industrie-, dann auch die agrarwirtschaftliche Wachstumsproblematik ungeheuer verschärft. Die Mitlebenden haben intensiv nach Auswegen aus ihrer bedrängten Lage gesucht. Eine Aushilfsmöglichkeit schien die ökonomische Expansion über die nationalen Grenzen hinweg, mithin der Waren- und Kapitalexport zu bieten. Das entsprach vollauf der Motorik des stetig sich ausdehnenden, prinzipiell grenzenlosen Marktes der kapitalistischen Wirtschaft […].

Mehr noch als der ökonomische Vorteil und das Streben nach Gewinnmaximierung war die gesellschaftliche Ruhelage [Ziel des Sozialimperialismus], aber er blieb sich des Abhängigkeitsverhältnisses von wirtschaftlicher Prosperität und Erhaltung des Sozialgefüges vollauf bewusst. Dieser fundamentalen Einsicht entsprangen seine Aktionen. Das gilt sowohl für seine eher unreflektierte, naiv-selbstverständliche, sozusagen ehrlich an wirtschaftliche Abhilfe glaubende, auf unmittelbare Erleichterung gerichtete, als auch für seine bewusste, manipulatorische Form – oder die Verquickung beider in der historischen Wirklichkeit. Vor allem aber der manipulatorische, auf Ersatzbefriedigung zielende Sozialimperialismus strebte danach die Dynamik der Wirtschaft und der sozialen und politischen Emanzipationskräfte in die äußere Expansion zu leiten, von den inneren Mängeln des sozial-ökonomischen und politischen Systems abzulenken und durch reale Erfolge seiner Expansion oder zumindest die Steigerung des nationalideologischen Prestiges zu kompensieren. In jedem Fall behielt er das Wirtschafts- und Sozialsystem als Ganzes und die konservative Utopie einer gleichsam bewegungsarmen Gesellschaftsordnung mit einer ungefährdeten Sozial- und Machthierarchie im Auge. Das bildete trotz aller Dynamik seinen zutiefst konservativen, seinen statischen Zug, der ihn in der industriellen Welt letztlich zum Scheitern verurteilte.

Das häufig ausschließlich betonte dynamische Element, das in dem Wachstum der Industrie mit ihrer Überproduktion und der hektischen Suche nach Märkten zutage trat, verschlang sich von Anbeginn an mit einer bewusst sozialdefensiven Haltung, die sich des Imperialismus als gesellschaftspolitischen Integrationsmittels bedienen wollte. Auch dem frühen deutschen Imperialismus war die Funktion einer „Abwehrideologie" […] gegen die auflösenden Einwirkungen der Industrialisierung auf das Sozial- und Wirtschaftsgefüge zu eigen. Der Sozialimperialismus war die moderne, in entscheidendem Maße sozialökonomisch motivierte Form einer alten, schon von Machiavelli beschriebenen Herrschaftstechnik: um der Bewahrung des sozialen und politischen Status quo willen die inneren Bewegungskräfte und Spannungen nach außen abzulenken.

Hans-Ulrich Wehler, Bismarck und der Imperialismus (1969), 3. Aufl., Köln 1972, S. 114ff.

1. *Erarbeiten Sie Wehlers Erklärung des Imperialismus (Mat. 3). Welchen Faktoren oder Entwicklungen kommen danach besonderes Gewicht zu?*
2. *Wehler rechtfertigt die Anwendung von Theorien in der Erklärung historischer Entwicklungen damit, dass er eine die Vielfalt der Geschichte einengende Theorie und damit „einen klaren Durchblick" für besser halte, als eine „vage Synthese oder eine Summierung, die keine Prioritätenskala erkennen lässt". Erörtern Sie diese These.*

4 *Der englische Historiker David R. Fieldhouse (geb. 1925), 1973:*

D Das notwendige Bindeglied zwischen wirtschaftlichem Wohlergehen und formeller Kolonialherrschaft war weder die wirtschaftliche Notwendigkeit für die Metropolen nach Kolonien noch waren es die Bedürfnisse privatwirtschaftlicher Interessen. Es war vielmehr die nachträgliche Folge von Problemen, die an der Peripherie durch die wirtschaftlichen und anderen europäischen Unternehmungen geschaffen worden waren und für die es keine einfachen ökonomischen Lösungen gab. In dem einen Extremfall bewirkten solche Probleme direkt, was europäische Regierungen als „lebenswichtige" nationale Interessen betrachteten. Zum anderen steigerten sie untergeordnete politische Schwierigkeiten wie z. B. die Instabilität von einheimischen politischen Regimen oder die Obstruktion anderer Europäer gegen zufriedenstellende Handels- oder Investitionstätigkeit. Aber in nahezu jedem Fall war die letzte Erklärung für formelle Annexion die Tatsache, dass ursprünglich wirtschaftliche Absichten auf einer bestimmten Entwicklungsstufe „politisiert" wurden und deshalb eine politische Lösung verlangten. Gemessen in einem groben Zeitmaß scheint es daher, dass die Kolonialreichsbildung gerade in den letzten beiden Jahrzehnten des 19. Jahrhunderts in einem so großen Ausmaß voranschritt – mehr als zu irgendeiner vorherigen Zeit – und Teile Afrikas, Asiens und des pazifischen Raumes und keine anderen Regionen berührte, weil in dieser zeitlichen Periode und in diesen Regionen es dazu kam, dass die Beziehungen zwischen den Vertretern der fortgeschrittenen Ökonomien Europas und anderen, weniger entwickelten Gesellschaften in ihren Grundlagen instabil wurden. Diese Tatsache kann in Übereinstimmung mit früheren Vermutungen erklärt werden. Für den Neo-Marxisten zeigt dies nur die wachsende Krise des entwickelten Kapitalismus an, der nur dadurch überleben kann, dass er die weniger entwickelten Regionen der Welt in sein System hineinreißt und ausbeutet. Für andere wieder mag es deutlich machen, dass damals durch zufälliges Zusammentreffen die Aktivitäten der Europäer zunehmend in Widerspruch zur Aufrechterhaltung der einheimischen wirtschaftlichen, politischen und kulturellen Systeme in diesen Gebieten gerieten. Wahrscheinlich war, wie die Neo-Marxisten meinten, dieser Prozess historisch unvermeidbar, wenn auch nicht aus den ökonomischen Gründen, die sie nannten. Wenn dieser Prozess unvermeidbar war, dann nur als eine zeitweilige Unterstützung um die zeitliche Lücke zwischen dem „modernisierten" Europa und der vorkapitalistischen Peripherie zu überbrücken. Und aus demselben Grund sorgten die Kolonialreiche eventuell auch für ihre eigene Auflösung.
Ein halbes Jahrhundert nach 1914 konnte Europa seine Truppen im vernünftigen Vertrauen darauf abziehen, dass die grundlegenden Probleme der internationalen Beziehungen, die den Imperialismus des späten 19. Jahrhunderts erzeugt hatten, nicht mehr länger bestanden. In der zweiten Hälfte des 20. Jahrhunderts konnten die Investoren erfolgreich innerhalb der politischen Rahmenbedingungen operieren, die von den wiederhergestellten einheimischen Staaten geschaffen worden waren. Sie konnten nun so arbeiten, wie es ihre Vorgänger ein Jahrhundert zuvor gerne getan hätten.

David R. Fieldhouse, Economics and Empire 1830–1914, London 1973, S. 476f. Übers. von D. Hoffmann.

1. *Analysieren Sie Fieldhouses Erklärung des Imperialismus und seine Perspektive (Mat. 4).*
2. *Dem theoretischen Ansatz von Fieldhouse ist vorgeworfen worden, dass er dazu beitrage von der Verantwortung der imperialistischen Staaten für die Folgen dieser Expansion für die unterworfenen Völker abzulenken. Diskutieren Sie diese Kritik.*

5 *Der deutsche Historiker Winfried Baumgart (geb. 1938), 1975:*

D Die Besetzung Tunesiens durch Frankreich [1881] und Ägyptens durch England [1882] ist das direkte Bindeglied zwischen der traditionellen Orientpolitik der europäischen Großmächte und ihrer neuen imperialistischen Afrikapolitik. So wie in der ersten Hälfte des 19. Jahrhunderts das orientalische Gleichgewicht in das Gesamtsystem des europäischen Gleichgewichts integriert worden war, bildete sich als neuer Bestandteil das koloniale Gleichgewicht heraus. Der Kolonialerwerb der Mächte ist in dieser Hinsicht als unmittelbare Fortsetzung der überkommenen Großmächtepolitik des voraufgegangenen Jahrhunderts zu verstehen. Seit 1833 war die ursprünglich bilaterale, nur Russ land und Österreich direkt berührende orientalische Frage durch den Zutritt Englands europäisiert worden.
In analoger Weise wurde die anfangs nur England und Frankreich interessierende koloniale Frage durch die Beteiligung der neuen Nationalstaaten Deutschland und Italien und weiterer Staaten internationalisiert. Auf dem Berliner Kongress von 1878 errichteten die Mächte eine Kolonialbörse, auf der in den folgenden Jahren Kolonien gehandelt wurden. Die Berliner Kongokonferenz von 1885, die darauf folgenden Teilungsverträge der neunziger Jahre, die beiden Ententen von 1904 und 1907 sowie die beiden Marokko-Konferenzen von 1905 und 1911 sind die markantesten Handels- und Tauschoperationen.

Die durch die Internationalisierung verursachte Rivalität unter den Mächten dürfte, wenn man überhaupt nach einzelnen vorrangigen Motiven für die imperialistische Expansion suchen will, dem Imperialismus die Hauptschubkraft verliehen haben. Wo immer sich die Interessen mehrerer Mächte kreuzten – wie im Kongogebiet, am Oberen Nil und in Samoa in den letzten beiden Jahrzehnten des 19. Jahrhunderts oder in China um die Jahrhundertwende –, wurde die Rivalität am heftigsten ausgetragen.

Winfried Baumgart, Der Imperialismus. Idee und Wirklichkeit der englischen und französischen Kolonialexpansion 1880–1914, Wiesbaden 1975, S. 128.

1. *Erarbeiten Sie Baumgarts Imperialismuserklärung (Mat. 5). Welcher der klassischen Imperialismustheorien (siehe Mat. 1 und 2) ließe sich seine Erklärung zuordnen?*
2. *Baumgart schlägt vor die historisch konkreten Imperialismen der einzelnen Länder jeweils charakterisierend zu benennen: so etwa Prestigeimperialismus für das französische Beispiel oder militärischer Imperialismus für Russland. Vergleichen Sie diese historische Methode mit der Wehlers (siehe Mat. 3) und beurteilen Sie diese hinsichtlich ihrer Erklärungskraft.*

6 *Der englische Historiker Eric J. Hobsbawm (geb. 1917), 1987:*

D Doch der eigentlich entscheidende Punkt der weltwirtschaftlichen Lage bestand darin, dass eine Reihe von entwickelten Wirtschaften gleichzeitig dasselbe Bedürfnis nach neuen Märkten verspürte. [...] Eine Aufteilung der noch nicht besetzten Teile der „Dritten Welt" war die logische Folge. In gewisser Hinsicht war dies eine Erweiterung des Protektionismus[1], der nach 1879 fast überall um sich griff. [...] Insofern war der „neue Imperialismus" das natürliche Abfallprodukt einer internationalen Wirtschaft, die sich auf eine – durch die Rezession der 80er Jahre noch verschärfte – Rivalität mehrerer konkurrierender Industriewirtschaften gründete. Zwar erwartete man keineswegs, dass sich diese oder jene Kolonie von allein zu einem Eldorado mausern würde (auch wenn genau das in Südafrika der Fall war, das zum größten Goldproduzenten der Erde wurde). Es genügte bereits, wenn die Kolonien eine geeignete Ausgangsbasis für eine regionale Erschließung durch den Handel boten.
An diesem Punkt lässt sich das wirtschaftliche Motiv zum Erwerb eines kolonialen Territoriums nur schwer von dem politischen trennen. Protektionismus bedeutet immer staatliche Unterstützung der eigenen Wirtschaft. [...]
Der Imperialismus des ausgehenden 19. Jahrhunderts war zweifelsohne „neu". Er war das Kind einer Zeit der Konkurrenz zwischen rivalisierenden, industriekapitalistischen Volkswirtschaften – in einer Zeit, in der „Schutzzoll und Expansion [...] die gemeinsame Forderung der herrschenden Klasse"[2] wurden. Er war Bestandteil eines Prozesses der Abkehr von einem Kapitalismus des laissez-faire und brachte den Aufstieg von Großunternehmen und Oligopolen sowie zunehmende Eingriffe des Staates in die wirtschaftliche Sphäre mit sich. Er gehörte zu einer Zeit, in der die Ränder der Weltwirtschaft zunehmend an Bedeutung gewannen. Er war ein Phänomen, das 1900 ebenso „natürlich" erschien, wie man es 40 Jahre zuvor für unwahrscheinlich gehalten hätte. Alle Erklärungsversuche, die den Imperialismus von den besonderen Entwicklungen des Kapitalismus im späten 19. Jahrhundert trennen wollen, müssen als – freilich vielfach gelehrte und zuweilen auch scharfsinnige – Übungen in Ideologie betrachtet werden.

1 Begriff für eine staatliche Wirtschaftspolitik, welche die eigene Industrie und Landwirtschaft vor ausländischer Konkurrenz abschirmt.
2 Es handelt sich hier um ein Zitat Rudolf Hilferdings, eines wichtigen marxistischen Imperialismus-Theoretikers, von 1923.

Eric J. Hobsbawm, Das imperiale Zeitalter 1875–1914, Frankfurt/M. u. a. 1989, S. 91ff.

1. *Erarbeiten Sie aus Hobsbawms Text den Kern seiner Erklärung des Imperialismus (Mat. 6) und vergleichen Sie sie mit anderen Therorieansätzen.*
2. *Erörtern Sie Hobsbawms These im letzten Satz von Mat. 6.*

Zusammenfassende Aufgaben:

1. *Wenn man mit dem bedeutenden Historiker des 19. Jahrhunderts, Theodor Mommsen, der Geschichtswissenschaft eine „Pflicht der politischen Pädagogik" unterstellt: Welche der theoretischen Ansätze des Arbeitsteils scheinen dieser Aufgabe am nächsten zu kommen? Welche Probleme verbinden sich jedoch mit einer solchen Aufgabenbestimmung der Geschichtswissenschaft und damit auch des Geschichtsunterrichts?*
2. *Skizzieren Sie Grundpositionen zu einer Debatte zwischen Angehörigen kolonisierter Völker und den verschiedenen Theoretikern des Imperialismus.*
3. *Konfrontieren Sie die Darstellung S. 413 mit den imperialismustheoretischen Ansätzen dieses Arbeitsteils. Welche Theorien und Erklärungsansätze übernimmt der Autor der Darstellung, wo bietet er eigene theoretische und erklärende Ansätze?*

„Ein Daueranfall von Paktomanie“

Bismarck und die deutsche Außenpolitik

Von Josef Joffe

Deutschland ist „wiedervereinigt“ – nach dem ersten nun zum zweiten Mal. Damals, am 18. Januar 1871, wurden unter der Hand des Architekten Otto von Bismarck 25 kleine Staaten zu einem einzigen großen zusammengefügt – am 3. Oktober 1990 West- und Ostdeutschland vereinigt. Damals wie heute: In Berlin wurde gefeiert, im Ausland kroch die Sorge hoch. Die London Times schrieb am 7. September 1876: „Eine enorme Macht, sei es zum Guten oder zum Bösen, ist plötzlich in unserer Mitte auferstanden und unser waches Interesse gilt ihrem Wesen und ihren Absichten.“ Ähnlich die ausländischen Medien im Jahre 1990: Von einem „Vierten Reich“ war die Rede in Anspielung auf das „Dritte Reich“ Hitlers, das sechs Jahre nach seiner Gründung den Zweiten Weltkrieg verursacht hatte.

Erneut steht also im Zentrum Europas ein „größeres Deutschland“, ein Koloss, der die geopolitische Situation auf dem alten Kontinent umwerfen könnte. Kann in dieser Situation das historische Beispiel, die „Sicherheitsarchitektur“ Bismarcks, ein Modell für zukünftige deutsche Außenpolitik sein?

Die Bismarck-Schöpfung von 1871 hatte mit ihrer neuen Macht große Probleme hervorgerufen. Zum einen war es die „Erbfeindschaft“ mit Frankreich als Folge der Einverleibung von Elsass und Lothringen. Zum zweiten bedeutete die Reichsneugründung eine kräftige Störung des überlieferten Kräftegleichgewichts, denn das neue Deutschland drängte an den Tisch der Großmächte, als dieser schon eng besetzt war. Schließlich stand der demographische und wirtschaftliche Gigant strategisch auf tönernen Füßen: mit offenen Grenzen und umringt von anderen Großmächten. Das Reich war eben nur eine „halbhegemoniale Macht“ (Ludwig Dehio), d.h. stark genug um jeden einzelnen Gegner niederzukämpfen, aber zu schwach um allen auf einmal standzuhalten, wie zwei verlorene Weltkriege im Nachhinein beweisen sollten.

Dies war die Bühne, auf der Bismarck zwanzig Jahre lang agieren musste. Im Westen stand Frankreich, dem man im Überschwang des Nationalismus (gegen Bismarcks bessere Einsicht) zwei Provinzen geraubt hatte. Und so schrieb der Reichskanzler 1874, dass „niemand sich Illusionen“ machen möge: Der Frieden werde vorbei sein, wenn Frankreich wieder stark genug sei ihn zu brechen. Im Südosten stand das riesige Habsburger-Reich, das von Preußen im Krieg von 1866 aus Deutschland verdrängt worden war, im Nordwesten das Weltreich England, im Osten das unberechenbare Russland. Folglich, so Bismarck, müsse Berlin *toujours en vedette* sein – immer auf der Hut.

Bismarck war zu klug um jener imperialen Hybris zu verfallen, welche Wilhelm II. und Adolf Hitler zum Verhängnis wurde, also Sicherheit für Deutschland in der Unterwerfung aller anderen zu suchen. Stets stand Bismarck das Schicksal Friedrichs des Großen vor Augen, dessen opportunistischer Ehrgeiz ihn schließlich in die Falle des Siebenjährigen Krieges gelockt hatte. Plötzlich stand Preußen fast allein auf weiter Flur und war umzingelt von einer gesamteuropäischen Koalition. Dies war Bismarcks ewiger Alptraum – und der Schlüssel zu seiner gesamten Politik: der *„cauchemar des coalitions“*.

Bismarcks Sicherheits-Architektur beruhte auf einer simplen Blaupause, die er in dem berühmten „Kissinger Diktat“ von 1877 vorzeichnen sollte. Da das amputierte Frankreich der vorbestimmte Gegner war, galt es eine „politische Gesamtsituation zu schaffen, in welcher alle Mächte außer Frankreich unser bedürfen und von Koalitionen gegen uns durch ihre Beziehungen untereinander nach Möglichkeit abgehalten werden.“

Um den Zusammenschluss der Flankenmächte zu verhindern musste Berlin sozusagen die Position des gesamteuropäischen „Streckenwärters“ besetzen, der den politischen Verkehr des Kontinents regelt. Deutschland musste die Macht in der Mitte sein, die niemand umgehen konnte – mit Bismarcks eigenen Worten: das „Bleigewicht am Stehaufmännchen Europa“. An dem Stehaufmännchen rüttelten indes viele Konflikte. Um das „Bleigewicht“ zu spielen musste Bismarck aus gefährdeter Mittellage die Kräfte austarieren, die

– einen Zusammenstoß zwischen Russland und Österreich auf dem Balkan heraufbeschworen,

– einen Krieg zwischen England und Russland im nahöstlichen Krisenbogen androhten,
– jeden von den dreien dazu verleiten konnten einen Verbündeten in Paris zu suchen.

Doch wie? Anfänglich nahm sich Bismarck erneut ein Beispiel an Friedrich dem Großen, der seinen Nachfolgern geraten hatte: „garder les mains libres", also: keine festen Bindungen eingehen. Bismarcks diplomatische Mittel gehörten zum klassischen Repertoire des 19. Jahrhunderts: Vermittlung, Kompensation, Ablenkung – und alles zu dem einzigen Zweck die anderen Großmächte von der Mitte fernzuhalten und sie gleichzeitig an Berlin zu fesseln.

„Das schlaue Berliner Spiel"

Ein exemplarisches Beispiel für diese frühe Technik ist der Kongress von Berlin, wo Bismarck die Bühne 1878 als „ehrlicher Makler" (in Wahrheit aber als Regisseur) betrat. Das Problem war der Dreieckskonflikt zwischen England, Österreich und Russland auf dem Balkan und im Nahen Osten. Dort hatte der Zar gerade das Osmanische Reich geschlagen, was prompt den Widerstand der beiden anderen provozierte. Denn eine Ur-Regel der Gleichgewichtspolitik besagt, dass der Gewinn des einen der Verlust des anderen sei. Folglich mussten London und Wien „Kompensation" erhalten, oder Russland musste die Beute wieder zurückgeben.

Was aber wollte Bismarck? Scheinbar wollte er nichts für sich, sondern nur den „ehrlichen Makler" spielen. In Wahrheit aber versuchte er eine allzu raffinierte Strategie zu inszenieren. Die Balkan-Wunde sollte sterilisiert werden – und zugleich weitereitern. Die Sterilisierung sollte den Krieg zwischen den Großen Drei verhindern, der auch auf Deutschland übergreifen würde; das Weiterschwären sollte sie von der europäischen Mitte ablenken und ihre Kräfte in fernen Randgebieten binden. Die gleiche Ablenkungstaktik wurde auch dem „Erzfeind" Frankreich zuteil: Paris möge doch mit deutschem Segen seine Herrschaft über Tunesien ausweiten.

hatten. Fazit: Mit dem angeblich so schlauen Berliner Spiel hatte Bismarck den Keim der Entfremdung von Russland gepflanzt, aus dem 1892 das antideutsche Bündnis mit Frankreich sprießen sollte.

Bismarck erkannte sehr wohl, dass sein Heimspiel in Berlin allenfalls ein knapper Etappensieg gewesen war.

Einzug Kaiser Wilhelms I. an der Spitze seiner Truppen am Brandenburger Tor in Berlin am Nachmittag des 16. Juni 1871. Zeitgenössische Fotografie

Funktioniert hat das „Management von der Mitte" nur zur Hälfte. Zufrieden gingen nur die Briten nach Hause. Sie hatten einen „ehrenvollen Frieden" errungen; vielleicht war dieses neue, unheimliche Deutschland tatsächlich „saturiert". Doch die Russen waren verstimmt. Unter deutscher Regie mussten sie dem Druck Englands und Österreichs nachgeben und einen Großteil ihrer türkischen Beute wieder ausspucken. Sie fühlten sich von Bismarck betrogen, nachdem sie ihm im Einigungskrieg gegen die Franzosen 1870/71 den Rücken freigehalten

Wer auf Dauer den ungebundenen Makler und Schiedsrichter spielen will, muss stärker und unverletzlicher sein als alle anderen. Das „Bleigewicht am Stehaufmännchen Europa" war offensichtlich nicht schwer genug, Berlin war nicht das Weltreich England, das im Schutze der Meere tatsächlich „freie Hand" behalten und das Zünglein an der Waage spielen konnte. Folglich markierte der Berliner Kongress 1878 einen tiefen Einschnitt in der Bismarckschen Außenpolitik. Wenn Berlin sein Umfeld weder dominieren noch isolieren, also dessen Kräfte ableiten konnte, war eine frei flottierende Außenpolitik à la Friedrich II. nicht das richtige Rezept.

Nach dem Berliner Kongress schlug Bismarck ein neues Kapitel auf, so, als hätte ihn ein Daueranfall von Paktomanie erwischt. Das Herzstück des neuen Systems war der Zweibund mit Österreich, der 1879, ein Jahr nach dem Berliner Kongress, geschlossen wurde. Zwei Jahre später wurde diese „Achse" in den wiederbelebten Dreikaiserbund mit Russland eingebettet, in dem sie einander wohlwollende Neutralität in einem Krieg mit einer vierten Macht (sprich: Frankreich) gelobten. Gleichzeitig sollte der Dreibund im Sinne Bismarckscher „Bleigewichtspolitik" für Ruhe unter den Dauer-Rivalen Habsburg und Romanow sorgen. Demnach musste jede Veränderung auf dem Balkan von allen dreien abgesegnet werden.

Dem „Kissinger Diktat" wurde somit die „Saburow-Regel" hinzugefügt. „Sie unterschätzen allzu oft," dozierte Bismarck im Gespräch mit dem russischen Berlin-Botschafter Saburow Anfang 1880, „wie wichtig es ist auf dem europäischen Schachbrett selbdritt zu sein. Dies ist das unabänderliche Ziel aller Kabinette, insbesondere des meinigen … Man muss selbdritt sein, solange die Welt von einem labilen Gleichgewicht von fünf Großmächten regiert wird. Das ist der wahre Schutz gegen Koalitionen."

„Management von der Mitte"

Nur ein halbes Jahrzehnt nach dem Berliner Kongress hatte Bismarck sein Bündnisnetz über das halbe Europa geworfen. Der wackelige Schlussstein wurde 1887 mit dem „Rückversicherungsvertrag" zwischen Berlin und St. Petersburg gesetzt. Warum dieses Sonderbündnis mit Russland? Bismarck hatte erkennen müssen, dass der Zwist zwischen Österreich und Russland zu vehement war, als dass die beiden in seinem Bündnissystem auf Dauer zusammengeschirrt werden konnten. Im Jahre 1887 war die Fassade des Dreikaiserbundes zu einer Ruine verkommen. Aber Bismarck konnte es sich nicht leisten Russland in die Arme Frankreichs abdriften zu lassen. Also tüftelte er den Rückversicherungsvertrag aus. Dessen Verpflichtungen waren ebenso verschlungen wie geheim,

Die Teilung des Kuchens. Karikatur aus der Wiener Zeitschrift „Der Floh", 12. September 1886. Bismarck: „Na, Jungens, den Kuchen will ick jerne zwischen Euch theilen, dann lasst mir aber ooch meen französisches Omelett in Ruhe pfluabern!"

weil sie an Wien, dem deutschen Hauptpartner, vorbeimanövriert werden mussten. Jeder garantierte dem anderen die wohlwollende Neutralität bei einem Angriff von dritter Seite. Aber wer war der „Dritte"? Er hatte zwei verschiedene Namen: Für Berlin hieß er wie eh und je Frankreich, für Russland war es Österreich.

Nur: Hatte nicht Bismarck den Habsburgern im Zweibund von 1879 (ebenfalls insgeheim) Beistand gegen einen russischen Angriff versprochen? Historiker haben Bismarck nicht nur die Verlogenheit, sondern auch die Widersinnigkeit seiner Diplomatie angekreidet. Die Bündnisfäden seien kreuz und quer gelaufen – bis sie sich in einem Knäuel widersprüchlicher Verpflichtungen selbst aufgehoben hätten. Ergo wären Bismarcks Bündnisse als Machtverstärker im Kriegsfall nutzlos gewesen. Die Kritik ist zwar richtig, trifft aber nicht den Kern der Sache.

Die Hauptfunktion eines Bündnisses ist die Addition militärischer Macht. Doch die beiden verfeindeten Ostmächte Russland und Österreich ließen sich nicht mehr „addieren". Folglich musste Bismarck die zweitbeste Lösung akzeptieren: nicht Anhäufung, sondern die Aufhebung – die Neutralisierung – militärischer Macht. In Berlin verankert sollte das Netz der konterkarierenden Allianzen den prekären Frieden sichern, indem es den Krieg unmöglich machte. Wenn niemand sich bewegen konnte ohne sich in dem Netz zu verheddern würden alle an ihren Platz gefesselt bleiben. So bliebe auch der europäische Status quo festgezurrt, der durch die Reichsgründung 1871 in eine gefährliche Schieflage geraten war.

Warum kam es dann trotzdem zum Ersten Weltkrieg? Als Bismarck dem zögerlichen Kaiser Wilhelm I. 1879 den Zweibund mit Wien einzureden suchte, sprach er davon, dass jede Allianz ein Ross und einen Reiter habe – also einen, der folgt, und einen, der führt. Dieses Bild bedeutete, dass Deutschland stets im Sattel bleiben müsste um die vielen Bündnispferde am Ausbrechen zu hindern. Folglich hing alles von dem Geschick und der Stärke Deutschlands ab – oder umgekehrt von der Bereitschaft der Rösser am deutschen Zügel zu gehen. Frei gallopieren durften sie nur in sicherer Entfernung von der europäischen Mitte.

Doch haben sich die Rösser dem deutschen Reiter nicht unterworfen. Berlin hat es auf Dauer nicht geschafft Österreich und Russland zu zügeln; ihr Zusammenprall auf dem Balkan war nur eine Frage der Zeit. Außerdem: Im Augenblick der Wahrheit, also im Sommer 1914, wurde nicht Berlin von Wien in den Krieg gezogen, sondern eher umgekehrt. So mancher Historiker glaubt, dass Bismarcks Sicherheitsarchitektur an der Unfähigkeit seiner Nachfolger zuschandegekommen sei (Bismarck wurde 1890 von Wilhelm II. geschasst). Freilich hieße das den Hausmeister für die Erdbebenzone verantwortlich zu machen, in der sich das „Zweite Reich“ nach 1871 einrichten musste. Allein kraft seiner Vereinigung hatte Deutschland die Tektonik Europas in Unruhe versetzt. Deutschland war zu schwer um sich reibungslos in das alte Gleichgewicht einzufügen – und doch zu leicht um auf Dauer das „Bleigewicht“ zu spielen.

Hinzu kam eine unglückliche strategische Lage, die dafür sorgte, daß Deutschland – offen nach allen Seiten – viel besser in der Offensive als in der Defensive war. Daraus resultierte die furchtbare Versuchung, der das Reich im 20. Jahrhundert gleich zweimal verfallen ist: den „Alptraum der Koalitionen“ ein für alle Male durch den gewaltsamen Ausbruch zu verscheuchen. Dies war der Kern des „Schlieffen-Plans“ an der Schwelle zum Ersten Weltkrieg: Erst den Gegner im Westen (Frankreich), dann den im Osten (Russland) niederkämpfen. Doch ob Wilhelm II. oder Adolf Hitler: Beiden fiel es leichter am Anfang zu siegen als am Ende zu bestehen. In beiden Fällen haben sie genau jene übermächtigen Koalitionen provoziert, die der Rundumschlag dauerhaft verhindern sollte.

„Als Modell von der Geschichte ad acta gelegt“

Europa von der offenen, verwundbaren Mitte heraus zu organisieren war und ist Deutschland nicht gegeben. Das war die eigentliche Tragödie des großen Sicherheitsarchitekten Bismarck und deshalb kann seine Blaupause genauso wenig als Modell künftiger deutscher Außenpolitik dienen wie die „Schaukelpolitik“ eines Gustav Stresemann in der Weimarer Republik. Mit all seiner Brillanz hat Bismarck den Augenblick der Wahrheit nur hinauszögern können. Denn sein Deutschland – so wie das von Wilhelm II. und Hitler – war eben nur eine „halbhegemoniale“ Macht: Stark genug um jedem einzelnen Widersacher Paroli zu bieten, aber zu schwach um sie alle zurückzuwerfen. Oder: Zu stark um allein gelassen zu werden war Deutschland zu schwach um allein zu bestehen. Bismarck hatte Recht: In einer Fünf-Mächte-Welt musste Deutschland zumindest „selbdritt“ sein.

Geschafft haben es nur seine Nachfolger nach 1945. Auch Konrad Adenauer (Kanzler von 1949 bis 1963) war besessen vom „Alptraum der Koalitionen“, doch hat seine Lösung des deutschen Problems viel länger gehalten. Seine Politik war eine radikale Abkehr von Friedrich dem Großen, Bismarck und Stresemann. Nicht das „Management von der Mitte“ war sein Rezept, sondern die unverrückbare Westbindung in einer mächtigen Verteidigungsgemeinschaft, die sowohl die Sicherheit Deutschlands als auch die Stabilität Europas garantierte. Auch seine sozialdemokratischen Nachfolger – Willy Brandt und Helmut Schmidt (1969 bis 1982) – haben die Westbindung nie in Frage gestellt, ganz gleich wie dezidiert sie die Entspannung mit dem Osten vorantrieben. Diese Politik hat sich viel länger bewährt als die Bismarck-Variante. Kraft ihres historischen Erfolges hat sie auch die Wiedervereinigung und den Zusammenbruch sowjetischer Macht überdauert: NATO und Europäische Union sind Pfeiler der deutschen Außenpolitik geblieben. Bismarck bleibt ein faszinierendes Beispiel deutscher Staatskunst, als Modell aber ist seine Diplomatie von der Geschichte *ad acta* gelegt worden.

Dr. Josef Joffe (geb. 1944), Ressortleiter Außenpolitik der Süddeutschen Zeitung und Dozent für Internationale Politik an der Universität München

Setzen Sie sich kritisch mit der These von Josef Joffe zu Erfolg bzw. Misserfolg der Bismarckschen „Sicherheitsarchitektur“ auseinander. Wie würde sich die Perspektive des Autors verändern, wenn man neben geopolitischen auch innenpolitische Aspekte (Übereinstimmungen oder Differenzen in den Regierungsformen der Bündnispartner bzw. Gegner) berücksichtigt? – Diskutieren Sie über Voraussetzungen und Ziele der Außenpolitik in dem seit 1990 vereinten Deutschland.

Zum Umgang mit schriftlichen Quellen (Antike, Mittelalter, frühe Neuzeit)

Quellenarten

In der Geschichtswissenschaft werden als Quellen alle Materialien bezeichnet, die Aufschluss über die Vergangenheit geben. Zu diesen ganz unterschiedlichen Materialien gehören *Sachzeugnisse*, und zwar konkrete, wie z. B. Bauwerke, Münzen, Sarkophage, Schmuck, Werkzeuge, Malereien oder Skulpturen, und abstrakte, wie z. B. Sprache, historische Landschaften. Daneben treten *schriftliche Zeugnisse*, die seit der Erfindung der Schrift und der Erfindung des Buchdrucks im 15. Jahrhundert immer größere Ausmaße annehmen, als wichtigste Quellen für die Rekonstruktion der Vergangenheit. Aus der Vielzahl schriftlicher Zeugnisse seien Gesetzestexte, Lebensbeschreibungen, Grabinschriften, Annalen, Urkunden, Briefe und Memoiren genannt.

Klassifizierung schriftlicher Zeugnisse

Seit dem 19. Jahrhundert hat sich folgende Unterteilung für die schriftlichen Quellen durchgesetzt: Zu den *erzählenden* Quellen rechnet man Chroniken, Annalen, Mono- und Biografien und Geschichtsepen. Sie wurden verfasst, damit spätere Generationen ein Zeugnis vergangener Zeiten erhielten. Zu den *dokumentarischen* Quellen hingegen rechnet man Urkunden, Akten, Sterbe- und Geburtsregister, Zeitungen und andere. Sie halten politische oder private Ereignisse unmittelbar und unkommentiert fest.

Wie jede Einteilung bleibt auch diese eine formale und dient nur zu einer ersten Orientierung. Sie ist nicht in jedem Falle trennscharf und kann Überschneidungen nicht vermeiden. Eine Inschrift auf einem römischen Bauwerk z. B. gehört nach dieser Einteilung zu den dokumentarischen Quellen, kann aber von ihrer Intention eher *mehr* als ein Dokument sein; sie kann propagandistischen, ideologischen Zwecken gedient haben.

Eine Besonderheit antiker und mittelalterlicher Schriftquellen liegt darin, dass sie in griechischer oder lateinischer Sprache geschrieben sind und eines Übersetzers bedürfen, der eine Sprache verwendet, die in Begrifflichkeit und Wortwahl nicht mehr mit der Vorstellungswelt der Originalsprache identisch sein muss. Dies gilt auch für mittelhochdeutsche Quellen und solche aus der frühen Neuzeit. Der Begriff *res publica*, zu deutsch „Republik“, hat in verschiedenen Jahrhunderten verschiedene Bedeutung gehabt; die Übersetzung des Begriffs *polis* mit Stadtstaat täuscht darüber hinweg, dass es in der Antike so etwas wie einen Staat in unserem Sinne nicht gegeben hat.

Textsorten als Interpretationshilfe

Wer aus schriftlichen Quellen vergangene Wirklichkeit rekonstruieren will, muss sich auf den Wortlaut der Texte einlassen, darf aber nicht das „Geschriebene“ ungeprüft als wahre Aussage über die Wirklichkeit übernehmen. Historische Quellen haben, je nachdem, welche Fragen man an sie richtet, einen unterschiedlichen Aussagewert. Dabei gilt es die Textart kritisch zu befragen und zu würdigen.

So erweisen sich beispielsweise Gesetzestexte keineswegs als objektive Aussage über das, was in der Vergangenheit vorgeherrscht hat. Sie sind als *normative Texte* zu verstehen, d. h., sie enthalten eher eine Aussage über das, was sein soll, ohne dass sich in ihnen auch schon vergangene Wirklichkeit spiegelt. Andererseits gibt es *deskriptive Texte*, die zwar einen hohen Wirklichkeitsgehalt haben können, wobei aber das Beschriebene von einseitiger bis falscher Beurteilung der Situation bestimmt sein kann. Dies kann abhängig sein vom Informationsstand oder getragen von einer vorherrschenden Weltanschauung (Ideologie). Es gilt also bei der Interpretation solcher Texte die „Brille“ zu finden, durch die der Verfasser die Welt betrachtet hat.

Von der Textart herkommend lässt sich zwischen Selbst- und Fremdzeugnissen unterscheiden. *Selbstzeugnisse* werden meist durch einen hohen Grad an Subjektivität charakterisiert, erlauben uns aber den Blick auf die „inneren Vorgänge“ zu richten und geben uns – z. B. bei Briefen, Tagebüchern, Memoiren – einen Einblick in Bewusstseinslagen. *Fremdzeugnisse* wie (diplomatische) Gutachten oder Memoranden sollten zwar um Objektivität bemüht sein, ihnen kann es aber dafür an vollständigem Einblick mangeln, bisweilen zeichnet sie sogar eine gewisse Verständnislosigkeit aus.

Auf eine ähnliche Problematik weist auch die Unterscheidung in *öffentliche* und *interne Dokumente* hin. Erstere müssen keinesfalls Wirklichkeit wiedergeben, sondern können von einer absichtsvollen Selbstdarstellung getragen sein um eine bestimmte Wirkung in einer bestimmten Situation zu erzielen. Mitunter sind sie allein für die Öffentlichkeit erstellt. Interne Dokumente hingegen bieten oft wesentliche Hintergrundinformationen über Einstellungen und Wertungen, ihnen fehlt allerdings oftmals die gebotene Distanz zu dem Berichteten.

Bei der Interpretation von schriftlichen Quellen gilt es, neben dem Herausfiltern des Informationsgehaltes, über die Textsorte einen Einblick in den Wert (Bedeutung) der Aussage zu bekommen. Dabei muss der Interpretierende Subjektives und Objektives abwägen, Tatsachen und Meinungen zu scheiden trachten um sich der Wirklichkeit, die hinter dem Text steht, zu nähern.

Fragen zum kritischen Umgang mit schriftlichen Quellen

Die nachfolgenden Fragen zum kritischen Umgang mit Quellen sind nicht als schematische Anleitung gedacht, sondern als eine Hilfestellung. Nicht immer sind alle Fragen von gleicher Wichtigkeit, die Reihenfolge der Fragen ist nicht festgelegt.

- *Frage nach Autor/in bzw. Verfasser/in:* Was für eine Persönlichkeit war der Autor, welche politische bzw. öffentliche Stellung hatte er, aus welcher sozialen Schicht kam er, welche Position vertrat er? Wichtig ist es zu klären, in welchem Verhältnis er zu dem Geschehen und zu den beteiligten Personen steht. Aus welcher Weltanschauung und von welchen Wertmaßstäben aus fällte er ein Urteil über die historische Wirklichkeit?
- *Frage nach Entstehungsort, Situation, Zusammenhang und Datum:* Wann, wo und unter welchen Umständen wurde die Quelle verfasst?
- *Frage nach dem Inhalt und nach der Form:* Worüber spricht der Autor und welcher Form bedient er sich (z. B. Rede, Brief, Kommentar)?
- *Frage nach dem Zweck bzw. nach der Absicht des Textes:* Aus welcher Perspektive ist der Text verfasst? Welche Interessen vertritt der Verfasser, wem nützen seine Aussagen, wem geben sie zu nützen vor? Was verschleiert er, was hätte er wissen können?
- *Frage nach der Sprache und Begrifflichkeit.*
- *Frage nach dem Adressaten:* An wen wendet er sich, an Freunde, an die Öffentlichkeit, an Machtträger usw.?

Systematisiert man diesen Fragenkatalog, so lassen sich zwei grundlegende Schritte voneinander trennen:
1. Analyse der inhaltlichen und formalen Merkmale;
2. Werten und Beurteilen des Aussagegehalts. Dabei geht es darum den Erkenntniswert der Quelle durch Erklärung der Argumentation, der Darstellungsperspektive, des Interesses und der Aussageabsicht so zu überprüfen, dass die Aussage in ihrem historischen Gehalt problematisiert wird. Dabei kann ein Vergleich mit anderen Darstellungen und Dokumenten hilfreich sein. Die Skizze (siehe Abbildung rechts) soll zusammenfassend und vereinfachend den komplexen Prozess einer Quelleninterpretation verdeutlichen.

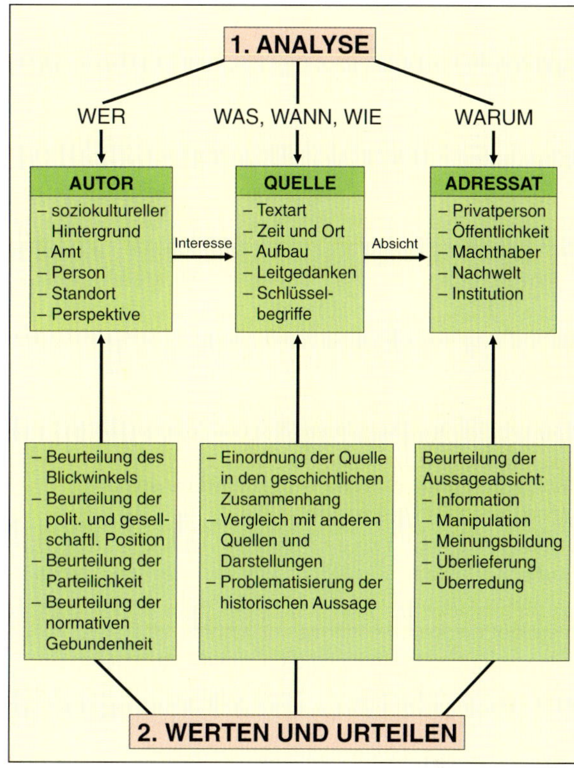

Übersicht zum kritischen Umgang mit schriftlichen Quellen

1. *Klassifizieren Sie die schriftlichen Materialien des Basisarbeitsteils zu „Die Revolutionen der frühen Neuzeit" (siehe S. 237–241). Welche Textsorten fehlen?*
2. *Schreiben Sie mit Hilfe der Anregungen eine ausführliche Textinterpretation von Mat. 3, S. 243 zum Thema „Geschlechtergeschichte".*
3. *Diskutieren Sie die Vor- und Nachteile schriftlicher und bildlicher Quellen.*
4. *Versetzen Sie sich in die Rolle eines Historikers oder einer Historikerin, die in Büchern und Akten aus dem 18. und 19. Jahrhundert neue Materialien gefunden haben, die sie herausgeben wollen. Gehen Sie in das Stadtarchiv ihres Ortes und bereiten Sie einen Auszug aus einem Buch oder ein Aktenstück für eine „quellenkritische" Edition vor.*

Zum Umgang mit Sekundärliteratur

Die Arbeit mit Quellen gehört zu den zentralen Aufgaben des Historikers. Da er jedoch nicht alles selbst erforschen kann, stützt er sich in vielem auf das, was andere Historiker vor ihm zu bestimmten Detailfragen erforscht haben. Er verwendet deren Ergebnisse, indem er sie teilweise übernimmt, korrigiert, zurückweist oder weiterführt. Insofern tritt neben die Arbeit mit Quellen die Arbeit mit Darstellungstexten. Darstellungen, in denen Historiker und Historikerinnen ihre Quellenforschungen sowie ihre Ergebnisse und Deutungen der Vergangenheit veröffentlichen oder in denen sie den fachlichen Kenntnis- und Problemstand ergebnisorientiert zusammenfassen, werden als Sekundärliteratur bezeichnet.

Fachwissenschaftliche und populärwissenschaftliche Darstellungen

Grundsätzlich lässt sich die Sekundärliteratur in zwei große Gruppen gliedern: in fachwissenschaftliche und populärwissenschaftliche Darstellungen. Obwohl die Übergänge zwischen beiden Darstellungsformen fließend sind, lassen sich grundlegende Unterschiede festmachen.

Die *fachwissenschaftliche Darstellung* wendet sich in der Regel an ein professionelles Publikum, bei dem spezifische Fachkenntnisse, Methoden und die Kenntnis einer bestimmten Begrifflichkeit vorausgesetzt werden können. Zu den Kennzeichen einer guten fachwissenschaftlichen Darstellung gehört weiterhin, dass alle Einzelergebnisse entweder durch Verweise auf Quellen oder auf andere Untersuchungen detailliert belegt werden, d.h. der Verfasser hat nachzuweisen, woher er etwas weiß und von wem er etwas übernommen hat. Der Historiker muss in seiner Darstellung auch Auskunft geben über das, was man in der Forschung nicht oder noch nicht weiß oder was nicht direkt zu belegen oder zu beweisen ist. Dieses aufwendige Verfahren führt dazu, dass fachwissenschaftliche Darstellungen wegen ihrer Fußnoten und Verweise beim Lesen oftmals viel Mühe bereiten.

Populärwissenschaftliche Darstellungen verzichten auf solchen „Ballast", und zwar deshalb, weil sie sich nicht an Fachmann oder Fachfrau, sondern an ein breiteres Publikum interessierter Laien wenden. Dieses Publikum versucht man vor allem durch eine spannende Erzählweise zu gewinnen, die nicht primär Erkenntnisse über historische Befunde und Interpretationen vermittelt, sondern die das Erzählte auch mit- und nacherleben lässt. Für die populärwissenschaftliche Darstellung sind Lebensnähe sowie das Nachvollziehen bestimmter Situationen und Entscheidungsmomente wichtiger als die nüchterne Bilanzierung von Fakten; die Identifikation mit Täter und Opfer ist bedeutungsvoller als das ständige differenzierte Befragen der Vergangenheit. Populärwissenschaftliche Darstellungen sind im Hinblick auf den historischen Erkenntnisgewinn nicht von vornherein abzulehnen, vorausgesetzt, sie bemühen sich an die historische Wahrheit heranzukommen, verwandeln sich nicht in einen historischen Roman und hüten sich vor pauschalen Verallgemeinerungen und einseitigen Erklärungen. Ihr Vorteil besteht darin, dass sie komplexe Zusammenhänge nicht einseitig, sondern vereinfacht erklären. Man sollte ihnen allerdings skeptisch gegenübertreten und dazu könnten folgende Fragen eine Hilfe bieten:

- Setzt sich der Verfasser mit anderen Auffassungen auseinander?
- Stützt sich der Verfasser auf Quellen und andere wissenschaftliche Darstellungen?
- Äußert er offen, was nicht genau bekannt ist, was sich widerspricht oder einer einfachen Erklärung entzieht?
- Hält er sich mit allzu plakativen psychologischen Deutungsversuchen zurück?
- Lässt er sich bei der Schilderung von Prozessen und Ereignissen allzu stark von modernen Gegenwartsvorstellungen beeinflussen oder bemüht er sich Alltagssituationen, über die nur wenige wissenschaftlich abgesicherte Befunde vorliegen, zurückhaltend zu rekonstruieren?
- Liegt seiner Darstellung ein starres, einseitiges Geschichtsbild zugrunde, aus dem er alles erklärt?

Gesamtdarstellungen, Biografien, Monographien

Aus der Fülle der fach- und populärwissenschaftlichen Darstellungen sollen drei herausgegriffen und näher erläutert werden:

1. *Gesamtdarstellungen* geben einen Überblick über Epochen oder lange Zeiträume und beabsichtigen große Zusammenhänge zu beschreiben, zu charakterisieren und zu beurteilen, z. B. „Die Welt der Karolinger", „Das Zeitalter des Absolutismus" oder „Deutsche Geschichte im Mittelalter und in der Neuzeit".
2. *Biografien* (griech. = Lebensbeschreibungen) schildern das Leben und Wirken einer historisch bedeutsamen Persönlichkeit, wobei allerdings nicht nur Lebenslauf und Lebensstationen wiedergegeben, sondern auch die politischen, geistigen und sozialen Kräfte berücksichtigt werden, die das Leben dieser Persönlichkeit geformt haben (z. B. Hildegard von Bingen, Moses Mendelssohn).

3. *Monographien* nennt man Darstellungen, die nicht große Zusammenhänge und Epochen untersuchen, sondern sich auf einen klar abgegrenzten Bereich oder eine spezifische Fragestellung konzentrieren. So gibt es beispielsweise Untersuchungen zur „Rolle der Reichswehr in der Weimarer Republik" oder zur „Entstehung des politischen Denkens bei den Griechen".

Wie geht man mit Sekundärliteratur um?

Jede historische Darstellung ist bei allem Bemühen um Objektivität immer eine perspektivisch gebundene Bewertung eines Sachverhalts, dem eine bestimmte Fragestellung und ein bestimmtes Erkenntnisinteresse zugrunde liegen. Dies trifft auch auf Darstellungen in Schulbüchern zu, da in ihnen vielseitige Forschungsergebnisse oft ohne genauere Erklärungen ergebnisorientiert zusammengefasst werden. Aus vielen Gründen können daher in einem Schulbuch Entwicklungen nicht in allen einzelnen Stufen und Zusammenhängen dargelegt werden. So erfährt man im Darstellungsteil zur Antike z. B. nicht, wie es nach Caesars Tod im Verlauf von langen kriegerischen Auseinandersetzungen zur Entwicklung des Prinzipats kam, sondern nur, wodurch sich das Prinzipat von der vorangegangenen Zeit unterscheidet, denn im Zentrum des Interesses steht der Vergleich der gesellschaftlichen Ordnungen (siehe S. 28–31).

Wenn man an einen solchen Text herangeht, sollte man zunächst herauszufinden versuchen, womit sich die Darstellung beschäftigt (Thema), welcher Leitfrage der Autor nachgeht (Zusammenhang) und zu welchem Ergebnis er gelangt (zentrale Aussage). Dabei bietet es sich an historische Darstellungen durch einen Dreischritt zu untersuchen:

- Was wird festgestellt? (Befunderhebung)
- Was wird dadurch erklärt? (Analyse)
- Wie wird das Dargelegte bewertet? (Interpretation)

Nach dieser Untersuchung gilt es nun den Text zu überprüfen um zu einer kritischen Würdigung der Darstellung zu gelangen. Zunächst wird man die Gliederung und den Gedankengang unter dem Gesichtspunkt untersuchen, ob es logische Brüche oder Schlussfolgerungen gibt, die sich nicht aus dem Dargestellten herleiten lassen. Sodann kann man die Perspektive der Darstellung analysieren und die Frage stellen, ob der Sachverhalt durch eine überbetonte Einseitigkeit eingeschränkt wird. Berücksichtigt der Autor mehrere Perspektiven oder erklärt er das Zusammenwirken der einzelnen Ereignisse nur aus einem einzigen Handlungsmotiv (Monokausalität)? Hat man diesen Schritt vollzogen, kann man sich der Sprache und Begrifflichkeit des Textes genauer zuwenden: Gibt es Ausdrücke, sprachliche Wendungen oder Begriffe, die eine bestimmte Wertung erkennen lassen, die als Prämisse oder Deutungsmuster der Argumentation zugrunde liegen? Geht der Autor von Maßstäben und Wertungen aus, die eine bestimmte politische Position aus der eigenen Zeit auf die Vergangenheit übertragen? Im Jahr 1943 beispielsweise erschien ein Buch mit dem Titel „Rom und Karthago", in dem sich zahlreiche fachwissenschaftliche Aufsätze befanden, so z. B. „Karthago in rassengeschichtlicher Betrachtung" oder „Der Rassengegensatz als geschichtlicher Faktor beim Ausbruch der römisch-karthagischen Kriege".

Durch die oben genannten Fragen kann man herausfinden, ob ein Autor bei seiner Darstellung einer bestimmten Ideologie verhaftet ist. Der Vergleich mit anderen Darstellungen kann hierbei die Arbeit erleichtern, da häufig erst im Vergleich deutlich wird, aus welcher Perspektive und mit welchem Erkenntnisinteresse die Autoren und Autorinnen an ihr Werk herangehen, welche Fragen sie stellen und welche sie bewusst oder unbewusst auslassen.

Geschichtsdarstellung jenseits der Sekundärliteratur: Der historische Essay

Der *Essay* ist eine besondere Darstellungsform, durch welche der Übergang zu einer allgemeinen Geschichtsreflexion versucht wird. Er lebt von der prägnanten Verkürzung eines Sachverhaltes, von spontanen Einfällen und provozierenden Formulierungen. Im Essay verzichtet der Verfasser auf genaue Belege, denn ihm geht es nicht um stringente Beweisführung. Sein Ziel ist nicht die abgewogene Würdigung eines Sachverhaltes, sondern die Anregung zu neuartigem Überdenken.

1. *Bearbeiten Sie die Darstellung von Ernst Hinrichs zur „Geschichte der europäischen Zivilisation in der frühen Neuzeit" (siehe S. 159 und 164–187) nach den hier dargelegten Kriterien zum Umgang mit Sekundärliteratur.*
2. *Setzen Sie sich kritisch mit dem Ansatz der Darstellung zur „mittelalterlichen Welt" auseinander (siehe S. 59).*
3. *Bearbeiten Sie mit Hilfe dieses Methodenarbeitsteils die Materialen S. 436–439 zum Imperialismus.*
4. *Die Darstellung von Peter Brandt S. 356–371 und der Essay von Peter Glotz S. 393–395 beschäftigen sich beide – wenn auch mit unterschiedlichen zeitlichen Schwerpunkten – mit dem Nationalismus. Untersuchen Sie anhand von Argumentationsstruktur und Sprache (Wortwahl, Syntax) die Unterschiede beider Textsorten.*

Werke der Malerei und der Bildhauerkunst als Quellen für die Geschichte von der Antike bis zum 19. Jahrhundert

Warum bezeichnen wir „jenen hellen Farbkomplex … in der Mitte“ des Auferstehungsbildes von Matthias Grünwald als „einen aufschwebenden Christus“ und nicht als „einen schwebenden Menschen mit durchlöcherten Händen und Füßen“? Das fragte der Kunsthistoriker Erwin Panofsky 1931 in seinem epochemachenden Aufsatz „Zum Problem der Beschreibung und Inhaltsdeutung von Werken der bildenden Kunst“.[1] Die Antwort: Weil wir nicht nur beschreiben, was wir sehen, also Farben und Formen oder Dinge wie Hände und Füße. Hinzu kommt bereits eine Deutung des Dargestellten, die sich aus dem Wissen unserer Kultur speist. Jemand, der nicht in der Tradition des Christentums aufgewachsen ist, wird die Bedeutung des Auferstehungsbildes kaum erschließen können – ebenso wie uns Bilder aus anderen Kulturen ohne Erklärung fremd bleiben.
Kunstwerke bilden weder die Wirklichkeit so ab, wie sie war oder ist, noch sind sie alleine eine Erfindung des Malers bzw. Bildhauers oder seine ästhetische Interpretation der Wirklichkeit. Die Themen und die Form der Darstellung reflektieren vielmehr epochenspezifische Einstellungen und Denktraditionen und deshalb sind sie für den Historiker Quellen, wenn auch auf eine andere Weise als Urkunden, Rechnungen oder Briefe.

Methoden der Interpretation

Die Interpretation von Kunstwerken muss unterschiedliche „Sinnschichten“ berücksichtigen. Von allen in der Kunstgeschichte geläufigen Methoden der Bildinterpretation, von formanalytischen und stilgeschichtlichen bis hin zu kunstpsychologischen Ansätzen, eignet sich die von Erwin Panofsky begründete ikonographisch-ikonologische Methode am ehesten zur Interpretation von Bildern als historische Quelle, weil Inhalt und Bedeutung des Dargestellten im Mittelpunkt der Analyse stehen. Die Interpretation erfolgt in drei Schritten:
(1) *Vorikonographische Beschreibung*, d. h. die genaue Beschreibung des Dargestellten: Formen, Farben, Raumbeziehungen, Größenverhältnisse, Gegenstände, Personen, Bildaufbau. Die erforderliche sprachliche Genauigkeit ist oft mühsam – angeblich sieht man ja alles! –, doch unerlässlich. Das Betrachten und Beschreiben des Bildes entspricht der Inhaltsangabe bei der historisch-kritischen Methode zur Interpretation schriftlicher Quellen (siehe S. 445).
(2) *Ikonographische Analyse*, d. h. das Erklären der Bedeutung bildlicher Elemente, was Vertrautheit mit bestimmten Themen und Vorstellungen der Vergangenheit voraussetzt. Panofsky nennt diesen Schritt Interpretation des „Bedeutungssinns“. Ein Beispiel: Schornsteine, aus denen Rauch aufsteigt, können aufgrund praktischer Erfahrung leicht identifiziert werden. Auf vielen Bildern sind Schornsteine tatsächlich nicht mehr als rauchende Schornsteine. Auf manchen Bildern des 19. Jahrhunderts sind sie jedoch gleichzeitig Symbole für industrielle Dynamik und Fortschrittsglauben. In der Sprachwendung „Erstmal muss der Schornstein rauchen“ lebt diese Bedeutung weiter.
Zur ikonographischen Analyse gehört so die Kontrolle durch andere Bilder oder schriftliche Quellen und Fachliteratur. Bei schriftlichen Quellen nennen wir diesen Schritt „innere Kritik“ oder „Analyse“ (siehe S. 447) d.h. die sprachliche und sachliche Aufschlüsselung einer Quelle.
(3) *Ikonologische Analyse*, d. h. das Erkennen der „eigentlichen“ Bedeutung eines Bildes, was über das genaue Sehen des Bildes und das Erfassen der Bedeutung einzelner Bildelemente hinaus die Kenntnis der Geschichte einer bestimmten Zeit voraussetzt. Nach Panofsky ist das die Interpretation des „Dokumentsinns“: Für welche politisch-moralische Aussage, soziale Erwartung, historische Wirklichkeit ist das Bild ein Dokument? Zur Absicherung der ikonologischen Interpretation gehört:
- die Angabe der Darstellungstechnik und Größe des Bildes: Ein Gemälde von 40 x 70 cm erzielt eine ganz andere Wirkung und war in der Regel auch für einen anderen Zweck bestimmt als ein Gemälde von 400 x 700 cm – eine kleine antike Opferfigur hat eine andere Wirkung und einen anderen Zweck als eine Kolossalstatue;
- der Vergleich mit anderen bildlichen, literarischen und historischen Quellen;
- die Frage nach den „Quellen“ des Künstlers, z. B. war er Zeuge des dargestellten Ereignisses? Oder auf welche andere Art hat er davon erfahren und was?
- Die Aufhellung der Entstehungs- und Wirkungsgeschichte des Bildes;
- die Frage nach der Bedeutungs- und Mitteilungsabsicht des Künstlers und des Auftraggebers.

Bei der Beschaffung entsprechender Informationen bieten sich kunsthistorische Handbücher und Lexika als Hilfe an.

Kunstwerke der Antike

Römische Staatskunst: Die Statue von Kaiser Augustus

Die Statue des Kaisers Augustus (siehe Abbildung rechts) wurde in der Villa der Livia, der Frau des Kaisers, gefunden. Der Name des Künstlers ist nicht bekannt; es handelt sich wohl um eine Auftragsarbeit. Livia hatte sich nach dem Tod des Augustus in diese Villa unweit von Rom, in der Nähe des Ortes Prima Porta, zurückgezogen und dort diese Statue, die ihr sicher viel bedeutete, aufstellen lassen. Sie zeigt den Kaiser barfuß, was darauf hinweist, dass Augustus nicht mehr am Leben, sondern bereits unter die Götter aufgenommen war – sicher eine Veränderung gegenüber dem Original. Der Kaiser ist als Feldherr dargestellt. Er hebt den rechten Arm zum Gruß. Wen grüßt er? Mit wem tritt er in Verbindung? Sind es seine Soldaten oder ein anderer, größerer Personenkreis? Was für ein Zeichen gibt er? Augustus trägt eine Tunika, darüber einen Panzer und einen Feldherrnmantel. Der figurenreiche Panzer zeigt im Mittelpunkt eine Szene, die in der damaligen Zeit ohne weiteres verstanden wurde: die Rückgabe der Feldzeichen, die der Feldherr Crassus im Jahre 53 v. Chr. durch eine unrühmliche Niederlage an die Parther verloren hatte und die im Jahre 20 v. Chr. wieder an die Römer zurückgegeben wurden. Diese Episode wird vom Künstler in eine bedeutungsvolle Szenerie eingebettet. Der Himmelsgott Caelus – er spannt das Himmelsgewölbe wie ein Segel über sich – und die Erdgöttin Tellus am unteren Ende des Panzers – mit einem Füllhorn voller Früchte – verbinden das Geschehen, das so in einen universalen Zusammenhang gestellt wird. Der Sonnengott Sol fährt mit seinem Wagen am Himmel entlang, Luna und Morgenröte, die beiden weiblichen Gestalten rechts, entweichen. Unterhalb, an den Rippen, sitzen trauernd ergeben zwei Frauengestalten, Personifikationen unterworfener Provinzen. Links und rechts in der Leistengegend sind Apoll mit der Leier und Diana, die Göttin der Jagd, angesiedelt. Auf den Schulterklappen bewachen Sphingen diesen Kosmos, in dem jeder den ihm gebührenden Platz hat.

Der Panzer verkörpert somit einen zugleich allegorischen, historischen und politischen Themenkreis. Welche Weltsicht, welches Herrscherverständnis wird durch die Statue erkennbar? Die Rückgabe der Feldzeichen ist die zentrale Aussage, im konkreten und übertragenen Sinn. Mit ihr tritt Frieden ein, jetzt bricht das lang ersehnte neue Zeitalter an, die römisch gewordene Welt ist befriedet. Augustus wird zum Friedensbringer, sein Gruß zum Friedensgruß. Bezeichnenderweise übergibt der Parther die Feldzeichen nicht dem Römer, der die Hände danach ausstreckt, sondern er reicht sie nach oben, zum Haupt des Augustus, das über allem ruht. Dank Augustus walten Ordnung, Frieden, Fruchtbarkeit. Siege galten im altrömischen Verständnis als Zeichen für gute Beziehungen zwischen Göttern und Menschen, Niederlagen als Hinweis auf ein gestörtes Verhältnis, an dem die Menschen durch Pflichtvergessenheit und Unachtsamkeit Schuld trugen. Augustus ließ zerfallene Tempel wiederherstellen, nahm alte Kulte wieder auf, erneuerte religiöse Bräuche, er knüpfte das in den Bürgerkriegen zerrissene Band zwischen Menschen und Göttern neu – und die Götter schenkten den Römern und ihrem Herrscher ihr Wohlwollen, Siege und Glück. Der Herrscher ist somit Garant für ein neues, „goldenes" Zeitalter, in dem Götter und Staat im Einvernehmen sind. Das historische Ereignis des

Kaiser Augustus als Feldherr, Marmor, Höhe 204 cm, Rom, Vatikanische Museen

Sieges über die Parther wird zugleich zum Sinnbild für eine neue Qualität. Ewige Dauer wird der „Pax Romana" prophezeit durch die ewige Wiederkehr von Sonne und Mond. So lässt die Augustusstatue vor der Öffentlichkeit Herrschaftsrecht, Selbstverständnis und Herrschaftsanspruch anschaulich werden. Das Kunstwerk erfüllt neben der ästhetischen auch eine emotionale und politische Funktion, spiegelt sich doch in ihm ein Stück der Herrschaftsideologie des augusteischen Prinzipats.
Diese Art der Herrscherdarstellung hat weit gewirkt; in ähnlicher Weise grüßten die Statuen römischer Kaiser in den Häfen die ankommenden Schiffe. Herrscherdarstellungen späterer Zeiten nehmen diese Figuration auf und knüpfen bewusst an den symbolisierten Machtanspruch an.

Griechische und römische Statuen im Vergleich

Die Haltung des Augustus steht auch in einer kunstgeschichtlichen Tradition. Sie ist einer klassischen griechischen Statue entlehnt, dem sogenannten Doryphoros (Speerträger) des Bildhauers Polyklet (siehe Abbildung rechts). Diese Statue galt schon in der Antike als Musterbeispiel für die ausgewogene, in sich ruhende griechische Figur der Klassik. In ihr sind Bewegung und Ruhe, Spannung und Gelöstheit, tragende und lastende Teile in großer Harmonie zusammengefügt. Der Jüngling scheint im Schreiten innezuhalten, der Blick ist auf ein fernes Ziel gerichtet. Stand- und Spielbein, linker und rechter Arm zeigen Spannung und Entspanntsein; der Kopf wendet sich nach der leicht kontrahierten Standbeinseite. Der gespannte Arm und das entspannte Bein reichen in den Raum hinein. Dieses dreidimensionale Ganze stellt wohl Achill, den jugendlichen Helden und damit das Idealbild des Mannes dar, der durch die Einheit von Körper und Geist, von Kraft und Leichtigkeit, von Tat und Idee schön und zeitlos ist. Der Vergleich mit der Augustusstatue weist auf einen wesentlichen Unterschied zwischen griechischer und römischer Kunst, Denkweise und Sinnrichtung. Die Augustusstatue ist durch den über den Arm fallenden Mantel und den auf einem Delphin reitenden Amor in die Fläche ausgeweitet. Es geht weniger um den ganzheitlichen Menschen als um den Menschen in seiner Welt. Für den Römer ist diese Welt das Amt, die Familie, der Staat. Augustus erscheint als Abkömmling der Götter – darauf weist der Amorknabe hin –, als Feldherr und Friedensbringer, schließlich als unter die Götter aufgenommener Begründer eines neuen Zeitalters. Die Deutung dieses und anderer römischer Kunstwerke lässt den Schluss zu, dass römische Kunst hauptsächlich politische Kunst, Ausdruck römischen Staatsbewusstseins ist, dass sie religiöse, soziale und politische Ideen sichtbar machen will. Sie ist ohne die griechische Kunst nicht zu denken; die Einflüsse sind vielfältig. Griechische Bildhauer arbeiteten in römischem Auftrag und stellten für kunsthungrige Römer Kopien be-

Speertragender Jüngling, Bronzerekonstruktion nach den erhaltenen Repliken des Polyklet (2. Hälfte 5. Jh. v. Chr.), Höhe 212 cm, München, Universität

rühmter Werke her. Aber sie setzten auch in Statuen von berühmten Personen, in historischen Darstellungen auf Triumphbögen, in Reliefs auf Altären römisches Denken um, das den Menschen in seinem Können, in seiner Leistung für den Staat vergegenwärtigen und erinnerungswerte geschichtliche Situationen und Ereignisse der Nachwelt mitteilen will.

Kunstwerke des Mittelalters

Wenn wir Kunstwerke aus dem Mittelalter betrachten, begegnen wir einer oftmals noch fremder anmutenden Welt als der antiken. Die mittelalterlichen Künstler – anonyme Mönche, Buchmaler, Bildhauer, Baumeister – scheinen eine verschlüsselte Sprache zu sprechen, deren Übersetzung uns in schrittweisem Vorgehen gelingen kann.

Mittelalterliche Herrscherbilder: Kaiser Otto III.

Die Darstellung Ottos III. (983–1002), die um die Jahrtausendwende vielleicht im Kloster auf der Reichenau oder am Kaiserhof entstand, kann exemplarisch zur Deutung von Menschenbild und Herrschaftsverständnis herangezogen werden (siehe Abbildung rechts). Man sieht in der Mitte den Kaiser, reich gekleidet, mit den Herrschaftsinsignien Krone, Zepter und Reichsapfel. Er thront in starrer Haltung unter einem Baldachin. Sein Blick ist auf ein unbestimmtes Ziel gerichtet. Je zwei Männer stehen ihm rechts und links zur Seite; sie blicken zu ihm auf. Jedes Detail dieser scheinbar naiven Darstellung wird zum Symbolträger. Die vier Männer stehen stellvertretend für die gesellschaftlichen Schichten Klerus und Adel. Sie stützen seine Herrschaft: der Bischof berührt den kaiserlichen Thron, der Adlige hebt stützend seine Hand. Die Säulen, die den Baldachin tragen, unterstreichen die symbolische Aussage, dass die Herrschaft des Kaisers auf der bereitwilligen Gefolgschaft von Klerus und Adel beruhe. Nicht das „natürliche" Erscheinungsbild ist wesentlich, sondern die „übernatürliche" symbolische Wirklichkeit: Die Krone wird flächig in ihrer ganzen Breite gezeigt, der Kaiser ist erheblich größer als die anderen Personen, seine Füße berühren den Boden nicht – dies alles betont die außerordentliche Stellung des Kaisers. Die Weltkugel mit dem Kreuz weist auf seine Aufgabe als Schirmherr der christlichen Welt hin. Der Stil der Darstellung nimmt in Haltung, Kleidung und Ausstattung Formelemente der römischen Antike auf, wird aber durch neue Details bereichert, z. B. durch die Menschenköpfe an den Säulen. Die mittelalterliche Kaiseridee knüpft an das römische Kaisertum an, verändert aber Organisation und Legitimation. Niemand

Otto III. (983–1002). Miniatur aus einem Evangeliar, um 1000, München, Staatsbibliothek

trägt individuelle Züge, keine Geste ist naturgetreu. Alle Figuren stehen stellvertretend für Amt oder Stand, alle Gesten sind Sinnträger. Menschen werden nicht in ihrer Individualität dargestellt, sondern sie werden durch ihren Bedeutungszusammenhang typisiert. Demzufolge gibt es auch kein von der Individualität oder von weltlichen Vorstellungen geprägtes Schönheitsideal. Mittelalterliche Kunst muss vorwiegend unter dem Gesichtspunkt gesehen werden, dass sie in christlichem Sinn die Welt deutet und nicht unter ästhetischen Gesichtspunkten die Welt darstellt.

Kunstwerke der frühen Neuzeit und des 19. Jahrhunderts

Seit der Renaissance lernten die Maler auf Kunstakademien die Bedeutung von Allegorien und anderen bildhaften Vorstellungen der Antike und des Christentums, später auch der jeweiligen vaterländischen Geschichte. Nicht der Gegenstand oder das Ereignis allein verliehen dem Dargestellten Bedeutung, ähnlich wichtig waren die verwendeten Attribute. Ihr überwiegend adliges und höfisches Publikum verstand diese Bildsprache und wäre nicht auf die Idee gekommen einen Stich oder ein Gemälde nur als Abbild von Wirklichkeit zu interpretieren. Als Auftraggeber der Maler nahmen sie auf die Darstellung ihrer Person oder die Ausführung eines Wandbildes in ihren Palästen großen Einfluss. Die Bedeutung eines Kunstwerks und seiner Auftraggeber drückte schließlich noch die Gattung (Bildnisse, Landschaften, Architektur, Genres, Historien, Stilleben) aus.

Historienbilder

Seit der Renaissance galt die Wiedergabe von religiöser und weltlicher „Geschichte“ als die höchste Kunst und diese Vorherrschaft dauerte bis weit in das 19. Jahrhundert. Wie ist dieser Erfolg zu erklären? Nicht immer mit der künstlerischen Qualität. Es war eher die didaktische Absicht der Historienbilder, ihre Position als Medium der moralischen Erziehung. Historienbilder sollten das Publikum zur Reflexion der eigenen Weltanschauung und Lebensführung auffordern, die historischen Helden und Ereignisse beispielhaft wirken. Der „Geist einer Epoche“ spiegelt sich in keiner Gattung so umfassend wie in den Historienbildern. Die moralische oder politische Interpretation eines Ereignisses war Auftraggebern wie Malern wichtiger als Darstellungstreue im Detail. In seinem „Lob der Malkunst“ schrieb der niederländische Maler Philips Angel (um 1618– ca. 1645): „Es ist höchst lobenswert … fleißig in staubigen alten Büchern herumzukramen und sich Geschichtskenntnisse anzueignen …, doch wenn wir diese in Zeichnungen, Stichen oder Gemälden zum Ausdruck bringen wollen, müssen wir unsere eigenen Vorstellungen und künstlerischen Freiheiten zu Hilfe nehmen ohne den Sinn der ‚Historie‘ zu verletzen um unser Werk weiter auszuschmücken, wie es die Alten taten und wie es viele der heutzutage gefeierten Denker noch tun.“[2] Die Freiheit der Deutung durch bildliche „Ausschmückung“ gilt es bei jeder Art von Historienmalerei zu bedenken, auch wenn die Maler ihre eigene Zeitgeschichte auf die Leinwand bannten. Faktentreue war für sie ein relativer Begriff.
Zu unterscheiden sind drei Hauptformen des Historienbildes: 1. das allegorisierende oder antikisierende Historienbild der „vormodernen“ Zeit; 2. das retrospektive Historienbild, das zeitlich zurückliegende Ereignisse für die Gegenwart deutet; 3. das authentische oder dokumentarische Historienbild in Form eines zeitgenössischen Ereignis- oder Reportagebildes. Es unterscheidet sich von den beiden anderen Formen vor allem dadurch, dass der Maler Augenzeuge des dargestellten Ereignisses war. Trotzdem sind auch die authentischen Historienbilder keine wahrheitsgetreuen Abbildungen, sondern Deutungen der Geschichte.
Jacques-Louis Davids Gemälde „Der Schwur der Horatier“ steht am Übergang von der „vormodernen“ zur „modernen“ Historienmalerei des 19. Jahrhunderts (siehe Abbildung links). Es erzählt die Geschichte vom Heldenmut des altrömischen Patriziergeschlechts der Horatier, das im Kampf mit dem abtrünnigen Geschlecht der Curiatier Rom die Vorherrschaft der Städte sichert. Auf einer schmalen, eher dunkel bedrohlichen, antik gestalteten Raumbühne sind die für Rom todesbereiten Drillingsbrüder zu sehen, die vom Vater das Schwert erhalten. Die Hände und die Schwerter bilden das formale und das Bedeutungszentrum des Bildes. David verzichtet in seinem Bild auf die bis dahin üblichen allegorischen „Beigaben“. Die – wenn auch noch antike – Geschichte ist selbst die Allegorie. Und das Pariser Publikum verstand wenige Jahre vor der Revolution ihren Sinn: die Erinnerung an römische Bürgertugenden und republikanische Freiheiten, die es auch in Frankreich zu erkämpfen galt (siehe S. 227). Das *Journal de Paris* schrieb am 17. September 1785: „Man wird beim Anblick diese Gemäldes von einem Gefühl ergriffen, das Euch die Seele erhebt und das … etwas Herzerhebendes hat, das einen packt.“

Jacques-Louis David (1748–1825), Der Schwur der Horatier, 1784, Öl auf Leinwand, 330 x 427 cm, Paris, Louvre

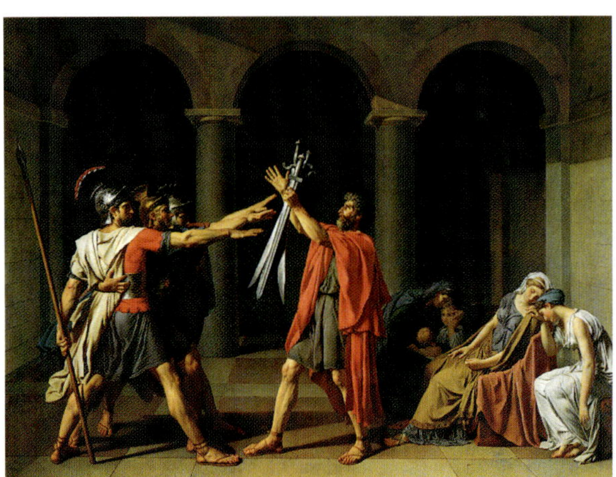

Herrscherbilder

„Bedeutung“ enthielten freilich nicht nur die Historienbilder. Viele Genrebilder, die besonders beim bürgerlichen Publikum sehr beliebt waren, verkünden ebenso Maximen der Lebensgestaltung. Und selbst Landschaftsbilder und Porträts enthalten zeittypische Vorstellungen und Bildideen. Der Wandel der Darstellung von Herrschern ist dafür nur ein besonders markantes Beispiel. Welch ein Unterschied besteht zwischen dem Bildnis Ludwigs XIV. von Hyazinthe Rigaud und der Darstellung Friedrich Wilhelms IV. in seinem Arbeitskabinett durch Franz Krüger (siehe Abbildungen unten): hier der dem Volk enthobene Herrscher mit allen Insignien der Macht, z. B. dem Hermelin als Herrschaftszeichen; dem Marschallstab als Zeichen für den obersten Kriegsherrn; dem zur Seite geschlagenen Vorhang, der bereits auf byzantinischen Darstellungen erscheint und den Herrscher als eine Erscheinung des Hilfe bringenden Gottes ausweist; die Säule als Zeichen der Beständigkeit des Herrschers, als Stütze des Reichs. Dort der bürgerähnliche König, an einen Tisch gelehnt in seinem Arbeitszimmer, dessen Ausstattung in jener Zeit auch für einen Gelehrten oder wohlhabenden Kaufmann typisch war und der nur durch seine Uniform noch als Träger von politischer Macht zu identifizieren war. Trotzdem dient auch die Darstellung Friedrich Wilhelms IV. der Propagierung des monarchischen Prinzips, bürgerliche Tugenden werden zur Legitimation fürstlicher Macht genutzt.

Zum „Dokumentensinn" von Kunstwerken: Familienbilder des Biedermeier

Für das Bild als historische Quelle hat der Historiker Rainer Wohlfeil Panofskys Begriff des „Dokumentsinns" zum Begriff des „Dokumentensinns" erweitert. Bilder vermitteln aufgrund ihres spezifischen Charakters als Kunstwerke Erkenntnisse über die Vergangenheit, die aus anderen Quellen nicht zu erschließen sind. Darüber hinaus enthalten Bilder unbeabsichtigte Aussagen zu Fragen, die erst heute an das Werk gestellt werden, z. B. Aussagen zur Stellung von Frauen und Kindern in einer Gesellschaft oder zu kollektiven Ängsten. Bilder sind insofern nicht nur Dokument für sich

Hyazinthe Rigaud (1659–1743), Ludwig XIV. im Krönungsornat, 1701, Öl auf Leinwand, 276 x 196 cm, Paris, Louvre

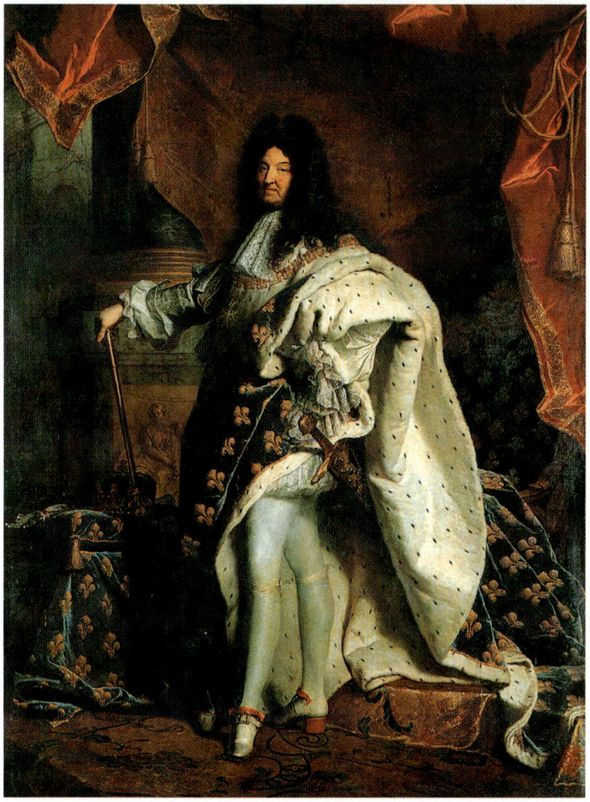

Franz Krüger (1797–1857), Friedrich Wilhelm IV. in seinem Arbeitskabinett, um 1846, Öl auf Leinwand, 62 x 40 cm, Potsdam, Staatliche Schlösser und Gärten

Karl Begas (1794–1854), Die Familie Begas, 1821, Öl auf Leinwand, 76,5 x 85,5 cm, Köln, Wallraf-Richartz-Museum

selbst, sie können auch Dokumente für etwas anderes sein.[3] Ein biedermeierliches Familienbild z. B. (siehe Abbildung oben) teilt uns unbeabsichtigt zeitgenössische Details zur Kleidung, zur Wohnungseinrichtung oder Gartengestaltung, zum Spielzeug der Kinder und anderes mit. Wichtiger als die „realkundlichen" Aussagen im Bild sind solche zur Familienstruktur: Welche Positionen zueinander nehmen die Personen ein? Womit beschäftigen sie sich, welche Gegenstände sind ihnen zugeordnet? Warum wird von der Welt außerhalb des Hauses gerade die Kirche gezeigt? Dass die Familie einen Kreis mit dem Vater als höchstem Punkt bildet, ist kein Zufall. Die Familienbilder des Biedermeier gleichen sich: Sie bilden nicht einfach eine Familie ab, sie stellen eine sittliche Idee der Familie dar, wie zur gleichen Zeit die Philosophen Hegel oder Schleiermacher in ihren Schriften: Die Familie ist das Fundament aller sittlichen Ordnung, in ihr verwirklicht sich Harmonie. Haus und Garten schützen sie vor den schädlichen Einflüssen der äußeren Welt, dem Mann gebührt als „Hausvater" die dominierende Stellung. In vielerlei Hinsicht ist so das Bild eine Quelle: für realkundliche Aussagen und für den Geist einer Epoche.

1. *Interpretieren Sie nach der ikonographisch-ikonologischen Methode (siehe S. 448) die Darstellung von Herrschaft und Staat auf Bildern des Mittelalters und des 19. Jahrhunderts (siehe S. 78 und 366). Welche Veränderungen lassen sich feststellen?*
2. *Bearbeiten Sie mit Hilfe dieses Methodenarbeitsteils die Materialsammlung S. 296–299 zum Industriekapitalismus im 19. Jahrhundert.*
3. *Vergleichen Sie die in diesem Band abgedruckten Werke der Bildhauerkunst zur Antike (siehe S. 55, 56 und 449) mit den Denkmälern des 19. Jahrhunderts (siehe Mat. S. 389–392 oder auch andere Nationaldenkmäler aus Ihrem Ort). Welche mentalitätsgeschichtlichen Befunde lassen sich daraus ablesen?*
4. *Erkundigen Sie sich, welche älteren oder auch neueren öffentlichen Bauwerke in Ihrem Ort oder in der nächsten größeren Stadt mit Fresken oder Gemälden geschmückt sind. Interpretieren Sie eines davon im Zusammenhang mit seinem Standort.*

„Geschichte mit dem Zeichenstift": Die Karikatur

Als „Geschichte mit dem Zeichenstift" bezeichnet der Historiker Hans Dollinger die Karikatur. In der Tat, Karikaturen stehen immer in Bezug zu realen Personen, Geschehnissen oder Zuständen und damit zur Geschichte im weitesten Sinne. Denn der Karikaturist nutzt diese Wirklichkeit um sie verzerrend zu verändern und ihr eigentliches Wesen bloßzulegen. Damit interpretiert und beurteilt er sie um schließlich eine bessere Wirklichkeit, eine Gegenwelt, sichtbar zu machen.

Die Karikatur will Eigenheiten, Schwächen oder Fehler von einzelnen Personen, gesellschaftlichen Gruppen und Institutionen durch Überzeichnung der Lächerlichkeit preisgeben, dadurch angreifen und verletzen. Aber nur, wenn die Verzerrung die Wirklichkeit noch wiedererkennen lässt und nicht zur reinen Fiktion wird, behält jene ihr Wesen als Karikatur und damit ihre Fähigkeit in ihrer spezifischen Weise zu wirken. Die Empfindung des Lächerlichen ergibt sich dabei aus dem Widerspruch zwischen dem jeweiligen Zerrbild und den allgemein anerkannten ästhetischen Normen „des Schönen und Wohlgeformten".[1]

Zur Geschichte der Karikatur

Schon in der Antike und im Mittelalter gab es satirische und verzerrende Darstellungen von Personen und Vorgängen, doch schaffte erst die europäische Neuzeit die Bedingungen, unter denen sich Absichten und Wirkungsmöglichkeiten der Karikatur voll entfalten konnten. Die Karikatur braucht die Öffentlichkeit, die erst durch den Buchdruck ab etwa 1500 und damit die massenhafte Vervielfältigung von Bildern entstanden ist. Sie braucht ein Schönheitsideal des Wahren und Schönen, wie es seit der Renaissance am Vorbild der griechisch-römischen Antike herausgebildet worden ist um durch seine Verzerrung überhaupt verletzen zu können. Sie benötigt schließlich auch die kontroverse, öffentliche Diskussion und den Willen breiterer Bevölkerungsschichten zur Emanzipation um in der politischen und sozialen Auseinandersetzung Stellung nehmen und zur Veränderung aufrufen zu können.

So erfährt zu Beginn des 16. Jahrhunderts, während der Reformation und des Bauernkriegs, die Karikatur eine erste Blüte, wenn auch nur in allegorischer oder grotesker Form, d. h. am Rande des Wirklichkeitsbezugs. Ihren eigentlichen Charakter findet die Karikatur nach weit verbreiteter Meinung aber erst im 17. Jahrhundert durch die städtische Kultur Italiens. So hat sie auch von dem italienischen Wort *caricare* in der Bedeutung von „übertreiben, verzerren" ihren Namen erhalten. Im 18. Jahrhundert erfuhr die Karikatur in der bürgerlichen Gesellschaft Englands geradezu einen Boom. In der Sozialkritik findet sie durch den englischen Maler und Kupferstecher William Hogarth (1697–1764) ein neues Feld. Karikaturen wurden jetzt auch in öffentlichen Ausstellungen – anfangs jedoch nur anonym – gezeigt.

Die Französische Revolution löste dann einen weiteren Aufschwung der Karikatur aus. In deren Gefolge wurde das gesamte 19. Jahrhundert mit seinen politischen und sozialen Revolutionen und Kämpfen zu *der* Epoche der Karikatur. Im ersten Drittel des Jahrhunderts entstanden in Frankreich die berühmten bürgerlichen Satirezeitschriften „La Caricature" und „Charivari", in der Mitte des Jahrhunderts der englische „Punch", in Deutschland im letzten Drittel der sozialdemokratische „Wahre Jakob" und der bürgerlich-liberale „Simplicissimus".

Auflagenzahlen können Hinweise auf die öffentliche Verbreitung der in der Karikatur ausgedrückten Anschauungen geben.

Über die Wirkungsweise von Karikaturen

Wenn wir eine Karikatur zum tagespolitischen Geschehen zu Gesicht bekommen, dann bringt sie uns im Moment des Anschauens zum Lachen. Diese Wirkung erzielt „ihr offener, fasslicher Charakter, ihre ästhetische Evidenz und ihr inhaltlicher Reiz"[2], zudem die Verwendung bestimmter, wiederkehrender Elemente bzw. Symbole wie der Kopf als Birne (siehe Abbildung S. 456) oder Figuren/Personen für bestimmte Völker. Erkennen wir nicht recht schnell ihre Absicht, dann ist ihre Wirkung dahin. Dieser unmittelbare Erkenntnisakt kann uns bei früheren Karikaturen, je weiter entfernt, umso seltener gelingen. Hier liegt auch eines der Hauptprobleme bei der Interpretation älterer Karikaturen: Während uns der tagespolitische oder -kulturelle Kontext meist präsent ist, müssen wir ihn uns im Falle historischer Karikaturen erst mühsam erschließen. Aber die Mühe lohnt sich. Denn weit mehr als andere Quellen sind Karikaturen in der Lage ein Problem zuzuspitzen und damit auf seinen Kern zu reduzieren.

Hinweise zur Interpretation

Am Anfang der Interpretation von Karikaturen stehen dabei die schon formelhaften Fragen: Wer sagt was, wann, zu wem, mit welchen Mitteln, mit welcher Wirkung?

Je nach unserem Erkenntnisziel kommen Leitfragen hinzu wie: Absicht des Künstlers? Historisches Umfeld? Und schließlich: Aussage der Karikatur? Diese Aussage zu erkennen und historisch-kritisch zu beurteilen ist schließlich das Hauptziel im Umgang mit Karikaturen.

Karikaturen: Das Beispiel „Gargantua" von Honoré Daumier

Die Karikatur „Gargantua" (darstellend den französischen König Louis-Philippe; 1830–1848) verweist durch ihre Benennung auf die gleichnamige Hauptfigur des satirischen Romans von François Rabelais (1534) und damit auf eine alte und anerkannte französische Tradition zur spottenden Kritik. Daumier brachte die Karikatur wegen Beleidigung des Königs eine sechsmonatige Haftstrafe ein, die er erstaunlicherweise in einer Irrenanstalt verbüßen musste.
Daumier war aber bekanntermaßen nicht geisteskrank. Deshalb drängt sich die Frage auf, was an der Karikatur so verletzend, entlarvend und damit gefährlich war, dass der Staat auf diese seltsame Weise reagierte. Um die Frage zu beantworten muss man wissen (z. B. mit Hilfe einer Darstellung zur Geschichte Frankreichs im 19. Jahrhundert), dass Louis-Philippe als König des Großbürgertums insbesondere wegen der Ablehnung der Pressezensur 1830 eingesetzt worden war. Daumier nun stellt ihn bereits 1831 als lächerliche Ausbeuterfigur auf einem Thron wie einem Klo dar, aus dem den Beamten Privilegien, den Großbürgern Zuwendungen zukommen, während von höhnisch grinsenden Steuereintreibern die den Arbeitern und Bürgern abgepressten Abgaben in den Riesenkönig über seine leguanartige Zunge gefüllt werden. Der feiste Körper hat dürre Beine, die ihn wohl kaum tragen können. Und oben darauf der Kopf als Birne, eine dem König geradezu verhasste Karikierung. Für diese Verhöhnung und Bloßstellung seiner Herrschaft und die Entstellung seiner Person musste Daumier bestraft werden. Aber wegen der Zusicherung der Pressefreiheit konnte man Daumier nicht ins Gefängnis schicken, also sperrte man ihn in eine Irrenanstalt. So blieb die Pressefreiheit (äußerlich) unverletzt. In ihrer Wirkung aber haben die Karikatur und die dahinterstehende Kritik sowie die Bestrafung Daumiers langfristig die Herrschaft Louis-Philippes destabilisiert.[3]

Honoré Daumier (1808–1879), Gargantua, 1831, Lithografie. Die Zeichnung war für die Zeitschrift „La Caricature" bestimmt, blieb aber unpubliziert, da das Blatt vorab beschlagnahmt wurde.

1. *Analysieren Sie, ausgehend von den methodischen Hinweisen und der Beispielinterpretation, eine der Karikaturen, die Sie in diesem Band zum Industriekapitalismus (siehe S. 281), zur Parlamentarisierung (siehe S. 317, 324 und 325) und zum Nationalismus (siehe S. 365) im 19. Jahrhundert finden.*
2. *Besorgen Sie sich einige Tageszeitungen und suchen Sie dort Karikaturen zur heutigen internationalen Politik. Vergleichen Sie Themen, Stile und Aussagen mit Karikaturen zur internationalen Politik im 19. Jahrhundert (siehe S. 396, 409 und 442).*
3. *Gehen Sie in das Stadtarchiv ihres Ortes und schauen Sie mehrere Jahrgänge einer älteren Zeitung oder Zeitschrift nach Karikaturen durch. Listen Sie für einen bestimmten Zeitraum die am häufigsten behandelten Themen auf. Sind Wandlungen erkennbar? Stellen Sie eine kleine Ausstellung dieser (reproduzierten) Karikaturen zusammen und schreiben Sie dazu eine kurze Eröffnungsrede.*
4. *Versetzen Sie sich zurück in die Epoche Ende des 19. Jahrhunderts und entwerfen Sie eine Karikatur zu einem der großen gesellschaftlichen Probleme jener Zeit.*

„Architektur erzählt Geschichte“: Zur historischen Interpretation von Bauwerken

Glauben Sie, dass Architektur spricht? Sie tut es. Nicht mit Worten oder Sätzen: mit ihren Formen, dem Aufbau und der Anordnung ihrer Bestandteile, ihrem Material, ihrer Ausstattung. Ebenso wie Sprache ist Architektur ein „Bedeutungsträger“ und übermittelt bestimmte Inhalte, nicht zufällig, sondern vorsätzlich – und mindestens so dauerhaft wie das Wort. Allerdings ist es eine Sprache, die man wie eine Fremdsprache in ihren einzelnen Teilen und in ihrem Gefüge lernen und entschlüsseln muss. Grundkenntnisse in dieser Fremdsprache können dazu beitragen die uns überall umgebende Architektur nicht als unveränderliche Größe hinzunehmen, sondern in ihren Absichten zu deuten, mit ihr in Dialog zu treten.

Ansätze zur Interpretation

Architektur spricht. Eine Fremdsprache lernt man am besten, indem man das Land dieser Sprache bereist und dort lebt. Auch die Sprache der Architektur lernt man am besten in der Begegnung. Um ein Bauwerk zu verstehen muss man sich ihm nähern. Zunächst muss man es um- und beschreiten, seine Größe und verschiedenen Formen erfassen, man muss es gliedern wie einen Satz in seine Haupt- und Nebenbestandteile sowie seinen Schmuck. Dann fragt man nach den Funktionen der einzelnen Teile und ihrem Verhältnis zueinander. Dabei muss man sich jedoch vor Augen halten, dass alte Bauwerke, so wie sie sich dem Betrachter heute präsentieren, immer wieder umgebaut, erweitert oder restauriert worden sind. Die Interpretation eines Bauwerks als Ausdruck einer Epoche setzt also die Beschreibung bzw. Kenntnis des epochenspezifischen Zustandes voraus.

Hat man das Bauwerk als solches entschlüsselt, sollte man den Bedingungen seiner Entstehung nachgehen. Wann, wie lange, warum wurde es gebaut, wer waren die Auftraggeber, welche technischen Probleme wurden gelöst, in welcher Beziehung steht es zu anderen, ähnlichen Bauten, gab es Vorbilder oder wurde es selbst zum Vorbild? Zur Beantwortung dieser Fragen geben bei öffentlichen Bauten ebenso wie bei Kirchen oder Rathäusern meist schon die ausliegenden Informationshefte oder Tafeln zur Baugeschichte gute Hinweise.

Anderes muss man sich selbst „ergehen“ oder „ersehen“. Die mögliche Wirkung der Größe einer Kathedrale zum Beispiel kann man nur ermessen, wenn man sie im Verhältnis zur Größe der umliegenden (bzw. ehemals umliegenden) Bauten betrachtet, die Bedeutung des Rathauses nur dann einschätzen, wenn man seinen Standort an zentraler Stelle berücksichtigt. Das veränderte Image eines Wirtschaftsunternehmens wiederum kann man erst erkennen, wenn das alte und das neue Verwaltungsgebäude im Vergleich gesehen werden.

Die hier aufgeführten Beispiele beschränken sich auf die Repräsentationsbauten der kirchlichen, kommunalen und privatwirtschaftlichen Träger. Neben den mehrschiffigen Kathedralen erzählen aber auch die einschiffigen Pfarrkirchen Geschichte, neben den großartigen mittelalterlichen Rathäusern auch die niedrigen, einräumigen Häuslein an der Stadtmauer und neben den großen Bankpalästen auch die unterschiedlichen Möglichkeiten des sozialen Wohnungsbaus.

Sakralbauten

Kirchen im Hochmittelalter: Die Ordnung der Kathedrale

Der historische Kontext. Nach Jahrhunderten der Stagnation, ja des Niedergangs, blühte seit dem 11. Jahrhundert die Wirtschaft in Europa wieder auf. In den wachsenden Städten konzentrierte sich das Handelskapital und ein guter Teil davon floss den Kirchen zu, wo man allen weltlichen Widrigkeiten zum Trotz das Seelenheil zu erlangen hoffte. Und als im 12. Jahrhundert die Universitäten entstanden, an denen man sich mühte den Glauben durch die Vernunft zu erklären oder doch zumindest beides in widerspruchsfreien Einklang zu bringen, da wurden Kathedralen konzipiert und erbaut, die gleichzeitig von der Größe Gottes und von der Finanzkraft der Städte Zeugnis ablegten. Die Kathedralen waren in Stein erschaffene Ideen von Gott in der Aufhebung von Zeit und Raum. Die Vorstellung einer Gottesstadt, eines himmlischen Jerusalem, diente als das Vorbild, in dem alles in einem vollkommenen, göttlichen Verhältnis nach Maß, Zahl und Gewicht geordnet war.

Der Grundriss. Kein kompletter mittelalterlicher Bauplan hat sich erhalten, nur hier und da eine Skizze. Wahrscheinlich wurde überwiegend nach empirischen Daten gebaut. Die meist unbekannt gebliebenen Architekten und Baumeister gaben ihre Erfahrung und ihr Wissen über Material und Statik von Bauhütte zu Bauhütte, der Schaltstelle eines jeden

Die Kathedrale von Chartres, Frankreich. Fotografie

größeren Bauwerks, weiter. In Nachbildung des bedeutendsten christlichen Symbols wurde die Kathedrale meist kreuzförmig angelegt und der Altar nach Osten, nach Jerusalem ausgerichtet. Der Schnittpunkt von Längs- und Querachse, die Vierung, trennte Geistliche und Weltliche.
Im Osten, im Chorraum, befolgten die Geistlichen die Vorschriften der Liturgie und zelebrierten die Eucharistiefeier. Im Westen, im Langschiff, erlebte das gemeine Volk die wundersame Wandlung von Brot in Fleisch und Wein in Blut Christi als ein großes, geheimnisvolles Ritual.
Der Innenraum. Die Wände der romanischen Kirchen waren wuchtig und massig, fast ohne Öffnungen und mit nur kleinen, tiefliegenden Fenstern versehen. Bei den gotischen Kathedralen sind die Wände stark gegliedert, die Steinmassen durch luftige Wandelgänge und große Fenstergalerien auf ein Minimum reduziert. Die Wand und Gewölbe stützenden Säulen wurden gleichzeitig zu Trägern bildlicher und skulpturaler Programme. So verkörperten die Säulen die Gestalten des Alten und Neuen Testaments. Die Skulpturen waren mit stets gleichbleibenden, also wiedererkennbaren Attributen ausgestattet und wurden gemeinsam mit den übrigen in Stein gemeißelten Geschichten rund um die Eingangstore zu Vermittlern biblischen Grundwissens.
Klarheit und Durchsichtigkeit des Bauprinzips bestimmte den Aufbau der gotischen Kirchen. Verfolgt man z. B. die dem Säulenkern vorgelagerten Halbsäulen, die sogenannten Dienste, von der Basis einer einzigen Säule aus, stellt man fest, dass jede einzelne von ihnen zu einem anderen Bauabschnitt geführt wird um dort den Druck von oben bzw. den Schub zur Seite aufzufangen.
„Die Ordnung der Zahlen“. Ordnung bedeutete auch eine Ordnung der Zahlen und Zahlenmystik ist in die gotischen Kathedralen geradezu „eingebaut“. Um nur einige Beispiele zu nennen: Drei ist die Zahl der göttlichen Einigkeit von Vater, Sohn und Heiligem Geist und drei Hauptteile umfasst die Kathedrale – Langschiff, Querschiff, Chor –, dreiseglie-

Das Rathaus in Goslar. Fotografie

dert ist meist auch der Wandaufbau – Säulenarkade, Triphorium (echter oder durch entsprechende Säulenordnung vorgetäuschter Laufgang zwischen unteren Arkaden und oberen Fenstern), Obergaden (obere Fenstergalerie). Vier ist die Zahl der Welt: vier Winde, vier Himmelsrichtungen, vier Elemente (Feuer, Wasser, Luft und Erde) und aus vier Säulen besteht die stets wiederholte Grundeinheit des Kirchenbaus, das Joch. Dreimal vier, Himmel und Welt zusammen, bilden den Kosmos. Die Zwölf ist die Zahl der Apostel, und zwölf Säulen bilden die Hauptachse der Kirche.

Die Stellung der Kathedralen in der Stadt. Die Länge, Breite und Höhe einer Kathedrale übertraf Jahrhunderte lang jedes andere Gebäude in einer Stadt und nirgendwo sonst traf man innen wie außen auf so vielfältigen Schmuck. Die Bildwerke der Portale, selbst die Kapitelle, die „Köpfe" der Säulen, erzählten die Geschichten des Alten und Neuen Testaments. Trotz ihrer Mächtigkeit und „heiligen" Aura war die Kathedrale in das Alltagsleben der städtischen Bevölkerung einbezogen. Das gilt nicht nur für die Teilnahme an den Prozessionen zu Ehren der vielen Heiligen und des Stadtpatrons. Immer wieder erneuerte Verbote zeigen, dass vor den Pforten der Kathedralen Handel getrieben wurde, denn die Händler erhofften sich von den vielen heranströmenden Gläubigen guten Verdienst und mitunter wurden „zur Abkürzung" des Weges die Schweine ins Querschiff hinein- und auf der anderen Seite wieder hinausgetrieben.

Kommunalbauten

Spätmittelalterliche und frühneuzeitliche Rathäuser: Der Anspruch auf Selbstständigkeit

Rathäuser, als ein besonderer Typ städtischer Baukunst, entstehen erst im hohen Mittelalter. Anfangs noch einfache Gebäude von mäßiger Größe werden sie nach und nach ein herausragender Ort zur Selbstdarstellung des bürgerlichen Gemeinwesens. Neben den vielen Rathäusern aus dem 19. Jahrhundert haben sich vor allem solche aus dem 14. bis 16. Jahrhundert erhalten.

Eine Art „Grundtyp" des spätmittelalterlichen und frühneuzeitlichen Rathauses macht deutlich, wie Wirtschaft und Politik einer Stadt miteinander verflochten waren. Das Rathaus bestand aus einem hallenartigen, zu den Seiten offenen Erdgeschoss und einem Obergeschoss, das über einen äußeren Aufgang, eine seitliche Treppe oder eine beidseitig begehbare Freitreppe auf der Vorderfront erreichbar war. Die Halle im Erdgeschoss beherbergte die Stände bestimmter Händlergruppen, meist der Wandschneider, also derjenigen Kaufleute, die eines der gefragtesten Produkte des Mittelalters, das Tuch, verhandelten. Sie zählten in aller Regel zu den reichsten Familien einer Stadt und zu den die Stadt regierenden Ratsherren. Die Ratsherren tagten im Obergeschoss, das oft in eine große Ratsstube für allgemeine Versammlungen,

Bayerische Hypotheken- und Wechselbank, München. Fotografie

eine kleine Ratsstube für die Zusammenkünfte des inneren Rates und eine Schreibstube eingeteilt war. Außen wie innen waren die Aufgaben des Rates am Bau ablesbar. Stiegen die Ratsherren ins Obergeschoss hinauf, so endete die erwähnte Treppe meist in einer Art Balkon oder es gab an einer anderen markanten Stelle der Rathausfront einen Ausbau, von dem aus obrigkeitliche Anordnungen verkündet wurden. So wurde in vielen Städten einmal im Jahr das Stadtrecht verlesen, hierarchisch korrekt, von oben nach unten.

War dem Rathaus eine Gerichtslaube angeschlossen, in der Recht gesprochen wurde über mindere Vergehen gegen die städtischen Gesetze, so fand sich dort oft ein Verweis auf das spätere, viel wichtigere himmlische Gericht – gleichzeitig als Anspielung darauf, dass auch die irdischen Richter nach Gottes Ratschluss walteten. Stadtwappen und manchmal auch die Wappen der reichen Familien zierten das Rathaus und machten jedem Bewohner und Gast das hohe Selbstverständnis der ratsfähigen Familien von der Freiheit ihrer Stadt und der Bedeutung ihrer Entscheidungen deutlich. Im Inneren mahnten biblische Szenen und Sinnsprüche die Ratsherren daran ihren Aufgaben nachzukommen, den Frieden der Stadt zu wahren und stets deren Nutzen und Wohl zu mehren. Hohe Gäste der Stadt, z. B. Kaiser, Könige, Bischöfe, empfing man mit vielen Ehrenbezeugungen vor der Stadt und geleitete sie zur Demonstration der eigenen Wehrhaftigkeit durch die meterdick gemauerten, wappen- und bildgeschmückten Stadttore zum politischen Mittelpunkt der Stadt, dem Rathaus. Dort wartete im oberen Saal eine mit teurem Ratssilber gedeckte Tafel auf die Gäste, die bei mehreren Gängen köstlichster Speisen und beim Anblick freskogeschmückter Wände und blitzender Ratsherrenketten die Solidität, Ehrwürdigkeit und das selbstbewusste Gebaren der städtischen Autorität, des Rates, kennen lernten.

„Giganten der Wirtschaft“ – Selbstdarstellung des Industriekapitalismus

Bürohäuser im 20. Jahrhundert

In den demokratisierten Massengesellschaften des 20. Jahrhunderts finden sich die Bauten der öffentlichen Körperschaften und der privatwirtschaftlichen Unternehmen an

Bauelemente als Zeichen der Macht

„Die Aufrichtung einer isolierten Vertikalen ist in der Geschichte meist ein Vorgang von symbolischer Bedeutung gewesen."[1] Der Turm, ursprünglich ein Element von Wehranlagen, gilt seit jeher auch als Zeichen der Macht. Er ist ein Zeichen für die Herrschaft über die Menschen, die in seinem Umkreis leben. Daher kann seine Verwendung als Element der Baukunst auch etwas über die soziale Ordnung aussagen, in der Menschen miteinander leben.
Im Bereich der mittelalterlichen Profanarchitektur (d. h. der weltlichen, nicht sakralen Baukunst) galt der Turmbau zunächst als Vorrecht des Adels. Die sogenannten Geschlechtertürme dienten besonders bei Familienfehden als sichere Zufluchtsstätten, von denen aus der Gegner bekämpft werden konnte. Mit immer höheren Türmen versuchten sich die Familien in ihren Machtansprüchen zu übertrumpfen, wie z. B. in der oberitalienischen Stadt San Gimignano, in der zeitweilig 72 bis zu 51 m hohe Geschlechtertürme standen. Als die Macht des Adels zurückging und vor allem in den Städten die Herrschaft in die Hände von Kaufleuten und Handwerkern gelangte, wurden Verordnungen erlassen, wie beispielsweise in Florenz im Jahre 1251, die die Höhe der Türme begrenzten. Die städtische Gesellschaft war auf Gleichheit innerhalb der Oberschicht bedacht.
Mit der Entfaltung der bürgerlichen Gesellschaft und der Industrialisierung wird das Rathaus zu jenem Symbol, in dem sich die Machtansprüche des aufstrebenden Bürgertums spiegeln. Türme sind daher nicht zufällig ein festes Element in der Rathausarchitektur des 19. und 20. Jahrhunderts. Die bürgerlichen Bauherren waren häufig darauf aus mit dem Rathausturm die Höhe der Kirchtürme und damit Macht und Ansehen der Kirche zu übertreffen. Oder sie zielten darauf ab, wie z. B. beim Bau des Berliner Rathauses in den 1860er Jahren, die Höhe der Kuppel des naheliegenden Stadtschlosses zu überschreiten, um damit ihre politischen Ansprüche gegenüber König und Adel zu demonstrieren.
Mit der Industrialisierung beginnt nicht nur die Herrschaft der Rathaustürme, sondern auch die Herrschaft der Hochhäuser und technischen Türme. Der 1889 zur Weltausstellung eröffnete Pariser Eiffelturm wird zu einem der bedeutendsten Symbole des technischen Zeitalters. Als erstes modernes Bauwerk übertrifft er die Türme des Mittelalters – nicht nur an Höhe, sondern auch an Leichtigkeit. Ihm folgen einige Jahrzehnte später die Funk- und Fernmeldetürme, so der 1926 eröffnete Berliner Funkturm, und schließlich in der zweiten Hälfte des 20. Jahrhunderts die ständig wachsende Anzahl der Fernsehtürme. Sie dienen zwar rationalen, technischen Zwecken, sind aber zugleich auch Symbol einer sich weltweit organisierenden internationalen Kommunikationsgesellschaft, in der Macht besitzt, wer Kommunikationswege beherrscht.

zentralen Plätzen in der Innenstadt. Die Fassaden der kantigen, stählernen Skelettgerüste zeigen in der unzähligen Wiederholung der standardisierten Bauteile die Funktionalität der Massenproduktion.
In den Fensterreihen aus reflektierendem Glas werden die Werte der Industriegesellschaft vorgespiegelt: Durchsichtigkeit und Zweckdienlichkeit von Wirtschaftsabläufen, gepaart mit Leistungswillen und Durchsetzungsvermögen.
Dem hochaufragenden, mit den übrigen Bauten gleicher Art konkurrierenden Machtblock aus Stahl und Glas ist oft ein imposantes Eingangsportal oder eine beeindruckende Empfangshalle vorgelagert, in der ein übersichtliches Leitsystem auf eine Vielzahl einzelner Funktionsabteilungen hinweist. Hochwertige Materialien wie Marmor oder Edelhölzer künden allen Besuchern von Effizienz und Solidität.
Und selbst die immer häufiger zu findenden Skulpturen sind nicht nur Dekoration. Vielmehr vermitteln sie eine Botschaft: In diesem Gebäude, so wird suggeriert, haben nicht nur Geld und Gewinn, sondern auch Kunst und Kultur ihren Platz.

1. *Suchen Sie, z. B. mit Hilfe eines Kunstreiseführers, nach einem bedeutenden Kirchenbau (aus Romanik, Gotik, Renaissance, Barock oder Rokoko) und untersuchen Sie mit den Interpretationshilfen dieses Arbeitsteils, was das Bauwerk über die Kultur, die soziale Ordnung, die Herrschaftsverhältnisse, die Bedeutung der Religion, die Stellung der Institution Kirche und das Alltagsleben seiner Zeit aussagt. Beschränken Sie sich auf ein oder zwei Leitfragen.*
2. *Organisieren Sie in Ihrem Ort oder in einer nahe gelegenen größeren Stadt eine architekturgeschichtliche Stadtbegehung. Untersuchen Sie – in Gruppenarbeit – Gebäude, die Ihnen Auskunft über die soziale Ordnung, die Herrschaftsverhältnisse und/oder das Alltagsleben der verschiedenen sozialen Gruppen in einer bestimmten Epoche (z. B. in der Kaiserzeit 1871–1918) geben. Erarbeiten Sie aus Ihren Einzelergebnissen gemeinsam eine kleine Gesellschaftsgeschichte Ihres Ortes. Sie können Ihre Ergebnisse auch in Form einer kleinen Ausstellung präsentieren.*

Zum Umgang mit historischen Karten und Geschichtskarten

In unserer Lebenswelt sind Karten ein alltägliches Medium. Redakteure von Presse und Fernsehen stellen Kartenskizzen für eine bessere räumliche Orientierung zur Verfügung. Auch Tourismus ist ohne Karten unvorstellbar.
Die Vorzüge kartographischer Darstellungen liegen auf der Hand: Karten sind anschaulich, übersichtlich, sie reduzieren Tatsachen und Erscheinungen auf das Wesentliche. „Auf einen Blick" eröffnen sie uns eine dichte Fülle von Informationen über Raumstrukturen und deren zeitliche Zustände oder Verläufe. Die Prägnanz ihres Erscheinungsbildes ist das Resultat ziel- und zweckbestimmter Arbeit von Kartenautor/innen. Karten übermitteln Raumerfahrungen, Machtstrukturen, Weltbilder. Durch Karten „wird die Formenvielfalt des menschlichen Lebensraumes eingegrenzt, die Welt begehbar gemacht. Karten laden zu Augenspaziergängen ein, sie setzen Phantasie frei und verschieben Erfahrungshorizonte. Das vereinfachte Bild der Erde erzeugt neue Anschauungen ..."[1]

Zur Geschichte der Karten

Karten sind ein Spiegel der Weltkenntnis und Weltanschauung und zählen zu den ältesten Kulturgütern der Menschheit. Frühe Funde sind jedoch rar. Aufsehen erregte ein in Ton gravierter Plan der babylonischen Stadt Nippur (im heutigen Irak). Entstanden um 3500 v. Chr., zeigt er Ummauerung, Stadttore, Gebäude, den Lauf des Euphrat und angelegte Kanäle; Keilschrift präzisiert einzelne Objekte. Die Nippur-Karte bekundet Kartentypisches, nämlich die Absicht Herrschaftsräume zu beschreiben, aber auch Geplantes abzubilden. Das große Interesse Räume politisch, militärisch, wirtschaftlich und kulturell zu beeinflussen oder zu beherrschen, aber auch das Bestreben die Welt besser zu erkennen und zu beschreiben bestimmten das Kartenschaffen. Besondere Leistungen erbrachten in der Antike vor allem Griechen, Römer und Chinesen, z. B. Hekataios (um 500 v. Chr.), Strabo (ca. 63 v. Chr.–26 n. Chr.), Ptolemäus (um 100–nach 160 n. Chr.) und Chang Heng (ca. 2. Jh. n. Chr.). Sie schufen Küstenbeschreibungen (griech. *periploi*), Straßenbeschreibungen (lat. *itinerare*), Globen und Landkarten. Ihre Werke gingen zwar weitgehend verloren, doch wird in schriftlichen Quellen von ihrem Schaffen berichtet.
Die Kartenzeugnisse des europäischen Mittelalters knüpfen kaum an das antike Wissen an. Sieht man von den relativ genauen Seekarten (Portolane) ab, schufen mittelalterliche Kartenzeichner, oft Kleriker, vorrangig Ideenbilder einer Gotteswelt. Auf sogenannten Radkarten gruppierten sie die bekannten Kontinente Europa, Asien und Afrika um das „Himmlische Jerusalem", wie z. B. bei der Ebstorfer Weltkarte, die um 1339 für das nahe Lüneburg gelegene Kloster geschaffen wurde. Diese Karten verfolgten nicht das Ziel exakte Informationen zu liefern. Das Besondere war vielmehr, dass sie über Symbole die Welt erklären wollten, wobei man das Irdische und das Himmlische, Diesseits und Jenseits als *eine* Welt verstand.[2]
Die Neuzeit mit ihren Entdeckungsreisen, der Erfindung von Buchdruck und Kupferstich veränderte auch die Kartographie. Weltbeschreibungen (lat. *cosmographiae*) wurden mit immer genaueren, dem neuesten Stand der geographischen Erkundungen entsprechenden Karten ausgestattet, wie z. B. von Sebastian Münster (1488–1552). Aber erst im 19. Jahrhundert fanden jene Entwicklungen statt, die Experten veranlassten vom „Zeitalter der Kartographie" zu sprechen: die Herausbildung von modernen Nationalstaaten mit ihren verfeinerten statistischen Erhebungen von Flächen und Einwohnerzahlen, Gewerbestandorten und Straßennetzen sowie typografischen und kartographischen Neuerungen.

Historische Karten und Geschichtskarten

Historiker unterscheiden zwischen historischen Karten und Geschichtskarten. *Historische Karten* sind Produkte der Vergangenheit und spiegeln den Stand der Erkenntnisse und Weltsichten der jeweiligen Zeit wider. Sie werden wie schriftliche Quellen und Gemälde als Primärquellen betrachtet und ihre Erschließung erfolgt weitgehend in Anlehnung an das für diese Gattungen festgelegte methodische Vorgehen (siehe S. 444 f. und 448). *Geschichtskarten* hingegen stellen die Vergangenheit aus der Sicht des gegenwärtigen Wissenschaftsstandes dar und sind mit der Sekundärliteratur zu vergleichen. Für diese Karten wurden besondere Klassifikations-, Darstellungs- und Erschließungsverfahren entwickelt.

Klassifikation und Darstellungselemente von Geschichtskarten

Geschichtskarten, definiert als maßstäblich verkleinerte, vereinfachte und verebnete Grundrissbilder geographischer Räume, werden auf vierfache Weise klassifiziert. Je nach *Verwendungszweck* werden sie als Wandkarten, Atlaskarten, Lehrbuchkarten oder Computerkarten hergestellt. Ihre *Darstellungsgegenstände* umfassen das ganze Spektrum der Geschichte: Politikgeschichte (siehe S. 62), Wirtschafts- und Sozialgeschichte (siehe S. 265) oder Kulturgeschichte (sie-

he S. 74). Der *modellierte Raum* bezeichnet den gewählten Ausschnitt, also beispielsweise die Welt (siehe S. 113), Erdteile (siehe S. 112), Staaten (siehe S. 145) oder Regionen (siehe S. 86). Das *Strukturniveau* schließlich zeigt an, wie viele Informationsebenen die Karte vereinigt: Analytische Karten stellen eine überschaubare Situation zu einem Zeitpunkt oder einem engen Zeitraum dar, z. B. die territoriale Gliederung Europas um 1550 (siehe S. 112); komplexe Karten umfassen immer einen längeren Zeitraum (sie werden daher auch Entwicklungskarten genannt) und bieten ein vielfältiges Spektrum von Inhalten, wie z. B. eine sehr komplexe Karte zur industriellen Entwicklung Europas um 1850 (siehe S. 265).
Eine Geschichtskarte ist kein reales Bild, sondern eine Kunstsprache, die von Autor/innen aus vielen Zeichen zusammengesetzt wird und die „übersetzt" werden muss (siehe Grafik).

Darstellungselemente von Geschichtskarten

Kartenelement	Signatur	Bedeutung
Punkt	• ○ ⊙	Einzelerscheinungen (Siedlungen, historische Zentren u.ä.)
Linie	—— ----- ⟶	Grenzen, Bewegungsrichtungen (Reisewege, Kriegszüge, Wanderungen u.ä.)
Farbe		Gebietsausdehnungen, Ordnung (Gliederung, Betonung, Entwicklung)
Fläche		Mengen- und Artunterschiede
Symbol		Bildhafte Darstellung historischer Ereignisse
Schrift	**KGR. SACHSEN** Kfm. Sachsen *Dresden*	Objektbenennung Schriftart und -größe als Ordnungsfaktor

Zur Analyse und Interpretation von Geschichtskarten

Jeder, der sich mit Geschichtskarten beschäftigt, greift auf bereits vorhandene, d. h. entweder selbst- oder über Karten gewonnene Raumerfahrungen zurück. Unser Gedächtnis gleicht also einer „privaten Kartothek", die gefüllt ist mit *„maps in mind"* bzw. *„mental maps"*.[3] Der Umgang mit neuen Karten und Raumerfahrungen schafft auch neue „Karten im Kopf".
Die Arbeit mit Geschichtskarten gliedert sich in drei Phasen:

1. Orientierung:
- Erfassen des Titels: Welcher Gegenstand wird für welche Zeit und welchen Raum dargestellt?
- Studium der Zeichenerklärung: Welches Zeichen hat welche Bedeutung?

2. Befunderhebung und Analyse:
- Was ist für welchen geographischen Raum dargestellt?
- Was ist für welchen Zeitpunkt oder Zeitraum dargestellt?
- Was ist wie verteilt (quantitativ, qualitativ)?

3. Karteninterpretation:
- Welche Ursachen, welche Entwicklungen und welche Folgen lassen sich aus den Einzelbefunden ablesen? Welche Rolle spielen dabei Raumstrukturen und Entfernungen?
- Welche weitergehenden Schlüsse lassen sich aus der Kartenanalyse ziehen?
- Wo liegen die Grenzen hinsichtlich der Aussagefähigkeit der Karte? Welche thematischen, quantitativen, chronologischen und räumlichen Aspekte fehlen?

1. *Erläutern Sie den Unterschied zwischen Geschichtskarten und historischen Karten.*
2. *Informieren Sie sich darüber, ob in Ihrem Orts- oder Stadtarchiv historische Karten vorhanden und zu besichtigen sind. Falls ja, stellen Sie eine Liste der Titel zusammen und organisieren Sie einen Archivbesuch. Interpretieren Sie vor Ort einzeln oder in Gruppen die historischen Karten und werten Sie Ihre Ergebnisse im Unterricht aus.*
3. *Interpretieren Sie die Geschichtskarte S. 265 zur industriellen Entwicklung in Europa um 1850 anhand der oben genannten Hinweise.*
4. *Fertigen Sie mit Hilfe eines Atlasses zur Geschichte und der Tabelle S. 377 eine Geschichtskarte zu den Nationalitäten in Österreich im Jahre 1900 an. Begründen Sie Ihre Auswahl der verwendeten Zeichen. Diskutieren Sie über Vor- und Nachteile der tabellarischen und kartographischen Darstellung.*

Anmerkungen

Kapitel 1: Die antike Welt

1 Zit. nach Jochen Martin, Spätantike und Völkerwanderung, München 1987, S. 99.

2 Zit. nach Panegyrici Latini, hg. von R. A.B. Mynors, Oxford 1964, S. 186.

Kapitel 2: Die mittelalterliche Welt

1 Otto Gerhard Oexle, Das entzweite Mittelalter, in: Gerd Althoff (Hg.), Die Deutschen und ihr Mittelalter, Darmstadt 1992, S. 10f.

Kapitel 3: Staat und Staatensystem in der frühen Neuzeit

1 Otto Brunner, Land und Herrschaft, 5. Aufl., Wien 1965, S. 423.

Kapitel 4: Die europäische Zivilisation in der frühen Neuzeit

1 Rudolf Vierhaus, Grundlagen europäischer Zivilisation. Zum Problem der Darstellung europäischer Geschichte, in: Karl-Ernst Jeismann/Rainer Riemenschneider (Hg.), Geschichte Europas für den Unterricht der Europäer, Braunschweig 1980, S. 21.

2 Wilfried Mager, Frankreich vom Ancien Régime zur Moderne. 1630 bis 1830, Stuttgart u. a. 1980, S. 162.

Kapitel 5: Die Revolutionen der frühen Neuzeit

1 Hans-Christoph Schröder, Die Amerikanische Revolution. Eine Einführung, München 1982, S. 200.

2 Alexis de Tocqueville, Über die Demokratie in Amerika. Beide Teile in einem Band (1833), dt. Übers., München 1976, S. 65.

Kapitel 6: Die Herausbildung des Industriekapitalismus

1 Zit. nach Hans-Ulrich Wehler, Deutsche Gesellschaftsgeschichte, Bd. 1, München 1987, S. 405.

2 Zit. nach Rudolf Boch, Von der begrenzten zur forcierten Industrialisierung, in: Hans-Jürgen Puhle (Hg.); Bürger in der Gesellschaft der Neuzeit, Göttingen 1991, S. 149.

3 Zit. nach Dolf Sternberger, Panorama oder Ansichten vom 19. Jahrhundert, Frankfurt/M. 1974, S. 23.

4 Friedrich Engels, Die Lage der arbeitenden Klassen in England (1845), in: Karl Marx/ders., Werke, hg. vom Institut für Marxismus-Leninismus, Bd. 2, Berlin 1969, S. 250, 254, 504 und 506.

5 Karl Marx, Manifest der Kommunistischen Partei, London 1848, Nachdruck Berlin 1965, S. 4.

6 Engels, Lage (siehe Anm. 4), S. 238.

7 Max Weber, Wirtschaft und Gesellschaft, Tübingen 1972, S. 631 und 633.

8 Zit. nach Lothar Gall (Hg.), Bismarck. Die großen Reden, Berlin 1981, S. 211 und 219.

9 Zit. nach Wolfgang Schivelbusch, Geschichte der Eisenbahnreise, Frankfurt/M. 1979, S. 53.

10 Zit. nach Ute Frevert, Krankheit als politisches Problem 1770–1880, Göttingen 1984, S. 186.

11 Zit. nach Franz-Josef Brüggemeier/Thomas Rommelspacher, Blauer Himmel über der Ruhr. Geschichte der Umwelt im Ruhrgebiet 1840–1900, Essen 1992, S. 97.

12 Zit. nach Funkkolleg Jahrhundertwende 1880–1930, Studienbegleitbrief 1, Weinheim 1988, S. 137.

13 Wilhelm Heinrich Riehl, Die Frauen, in: Deutsche Vierteljahrsschrift, H. 3, 1852, S. 266; ders., Die bürgerliche Gesellschaft, Nachdruck Frankfurt/M. 1976, S. 243.

14 Engels, Lage (siehe Anm. 4), S. 369 und 371.

Kapitel 7: Parlamentarisierung und Demokratisierung

1 Zit. nach James Boswell, Das Leben Samuel Johnsons, München 1985, S. 235 und 340

2 Disraeli an Premierminister Derby am 28. Februar 1867. Zit. nach R. Blake, Disraeli, Frankfurt/M. 1980, S. 383.

Kapitel 9: Internationale Politik im 19. Jahrhundert

1 Theodor Schieder, Staatensystem als Vormacht der Welt 1848–1918, Frankfurt/M. 1977, S. 279.

2 Karl Salomo Zachariae, Vierzig Bücher vom Staate, Heidelberg 1841, V, S. 218–221.

3 Zit. nach Lothar Gall, Bismarck. Der weiße Revolutionär, Frankfurt/M. 1980, S. 256f.

4 Zit. nach Die große Politik der europäischen Kabinette, Bd. 2, Berlin 1922, S. 153f.

5 Zit. nach Andreas Hillgruber, Die gescheiterte Großmacht. Eine Skizze des Deutschen Reiches 1871–1945, Düsseldorf 1980, S. 31.

6 Zit. nach Theodor Schieder, Staatensystem als Vormacht der Welt 1848–1918 (= Propyläen Geschichte Europas Bd. 5), Frankfurt/M. 1977, S. 331.

Methodenarbeitsteil „Malerei und Bildhauerkunst“

1 Erwin Panofsky, Aufsätze zu Grundfragen der Kunstwissenschaft, hg. von Hariolf Oberer und Egon Verheyen, Berlin 1980.

2 Zit. nach Bob Haak, Das Goldene Zeitalter der holländischen Malerei, Köln 1984, S. 79.

3 Siehe Rainer Wohlfeil, Methodische Reflexionen zur historischen Bildkunde, in: Brigitte Tolkemitt/ders. (Hg.), Historische Bildkunde, Berlin 1991, S. 17–35.

Methodenarbeitsteil „Karikatur“

1 Stichwort: „Karikatur“, in: Werner Hofmann, Bildende Kunst II (= Das Fischer Lexikon), Frankfurt/M. 1960, S. 132.

2 Herwig Guratzsch, Karikatur und Kunst oder Karikatur contra Kunst. Einige Bemerkungen, in: ders. (Hg.), Karikatur. Europäische Künstler der Gegenwart, Stuttgart 1991, S. 13.

3 Siehe Michel Melot, Die Karikatur. Das Komische in der Kunst, Stuttgart u. a, 1975, S. 182 und 186.

Methodenarbeitsteil „Architektur“

1 Werner Müller/Gunter Vogel, dtv-Atlas zur Baukunst, Bd. 2, München 1981, S. 555.

Methodenarbeitsteil „Historische Karten und Geschichtskarten“

1 Gerald Sammet, Der vermessene Planet, Hamburg 1990, S. 5.

2 John Gross, Karten-Kunst. Die Geschichte der Kartographie, Braunschweig 1994, S. 36.

3 Roger M. Downs/David Stea, Kognitive Karten. Die Welt in unseren Köpfen, New York 1982, S. 23.

Literaturhinweise

Die folgenden Bücher stellen eine begrenzte Auswahl moderner Überblicksdarstellungen zu den einzelnen Kapitelkursen dar. Sie dienen dem vertiefenden Weiterlesen und können zur Vorbereitung von Referaten herangezogen werden. Bei der Auswahl wurden insbesondere Taschenbuch- und Paperbackausgaben berücksichtigt.

Kapitel 1: Die Antike Welt

Jochen Bleicken, Die athenische Demokratie, Paderborn 1985.

Jochen Bleicken, Das politische Leben in der antiken Welt, München 1986.

Jérôme Carcopino, Rom. Leben und Kultur in der Kaiserzeit, Stuttgart 1977.

Moses I. Finley, Das politische Leben in der antiken Welt, München 1986.

Jochen Martin, Spätantike und Völkerwanderung, München 1987.

Kapitel 2: Die mittelalterliche Welt

Arno Borst, Lebensformen im Mittelalter, Frankfurt/M. u. a. 1979.

Peter Hilsch, Mittelalter. Grundkurs Geschichte 2, Frankfurt/M. 1989.

Erich Meuthen, Das 15. Jahrhundert, 2. Aufl., München u. a. 1985.

Ernst Pitz, Lust an der Geschichte. Leben im Mittelalter, München u. a. 1990.

Ferdinand Seibt, Glanz und Elend des Mittelalters. Eine endliche Geschichte, Berlin 1987.

Kapitel 3: Staaten und Staatensystem in der frühen Neuzeit

Heinz Duchardt, Das Zeitalter des Absolutismus, 2. Aufl., München 1992.

Ernst Hinrichs (Hg.), Absolutismus, Frankfurt/M. 1986.

Ernst Hinrichs, Einführung in die Geschichte der frühen Neuzeit, München 1980.

Johannes Kunisch, Absolutismus. Europäische Geschichte vom Westfälischen Frieden bis zur Krise des Ancien Régime, Göttingen, 1986.

Kapitel 4: Die europäische Zivilisation in der frühen Neuzeit

Fernand Braudel, Sozialgeschichte des 15.–18. Jahrhunderts, 3 Bde, München 1990.

Richard van Dülmen, Kultur und Alltag in der frühen Neuzeit, 5 Bde, München 1990 ff.

Paul Münch, Lebensformen in der frühen Neuzeit 1500–1800, Berlin 1992.

Kapitel 5: Die Revolutionen der frühen Neuzeit

Horst Dippel, Die Amerikanische Revolution 1763–1787, Frankfurt/M. 1985.

Hans-Christoph Schröder, Die Revolutionen Englands im 17. Jahrhundert, Frankfurt/M. 1986.

Ernst Schulin, Die Französische Revolution, 2. Aufl., München 1989.

Michel Vovelle, Die Französische Revolution. Soziale Bewegung und Umbruch der Mentalitäten, Frankfurt/M. 1985.

Kapitel 6: Die Herausbildung des Industriekapitalismus

Jürgen Kocka (Hg.); Europäische Arbeiterbewegungen im 19. Jahrhundert. Deutschland, Österreich, England und Frankreich im Vergleich, Göttingen 1983.

David S. Landes, Der entfesselte Prometheus. Technologischer Wandel und industrielle Entwicklung in Westeuropa von 1750 bis zur Gegenwart, Köln 1973.

Wolfgang Ruppert, Die Fabrik. Geschichte von Arbeit und Industrialisierung in Deutschland, München 1983.

Richard H. Tilly, Vom Zollverein zum Industriestaat. Die wirtschaftlich soziale Entwicklung Deutschlands 1834 bis 1914, München 1990

Kapitel 7: Parlamentarisierung und Demokratisierung

Lothar Gall, Europa auf dem Weg in die Moderne 1850–1890, 2. Aufl., München 1989.

Kurt Kluxen, Geschichte und Problematik des Parlamentarismus, Frankfurt/M. 1983

Dieter Langewiesche, Europa zwischen Restauration und Revolution 1815–1849, 2. Aufl., München 1989.

Kapitel 8: Nationalstaatsbildung und Nationalismus

Otto Dann, Nation und Nationalismus in Deutschland 1770–1990, München 1993.

Elisabeth Fehrenbach, Verfassungsstaat und Nationsbildung 1815–1871, München 1992.

Eric J. Hobsbawm, Nationen und Nationalismus. Mythos und Realität seit 1780, Frankfurt/M. u. a. 1991.

Theodor Schieder, Nationalismus und Nationalstaat. Studien zum nationalen Problem im modernen Europa, 2. Aufl., Göttingen 1992.

Kapitel 9: Internationale Politik im 19. Jahrhundert

Peter Burg, Der Wiener Kongress. Der Deutsche Bund im europäischen Staatensystem, München 1984.

Michael Fröhlich, Imperialismus. Deutsche Kolonial- und Weltpolitik 1880–1914, München 1994.

Eric J. Hobsbawm, Das imperiale Zeitalter 1875–1914, Frankfurt/M. u. a. 1989.

Gregor Schöllgen, Das Zeitalter des Imperialismus, 2. Aufl., München 1991.

Nachweise zu Materialien der Grundinformationen

Kapitel 2: Die mittelalterliche Welt

Seite 61, Bevölkerung: nach Friedrich-Wilhelm Henning, Das vorindustrielle Deutschland 800–1800, 3. Aufl., Paderborn 1977, S. 19.

Seite 61, Getreidepreise: nach Hermann Aubin und Wolfgang Zorn (Hg.), Handbuch der deutschen Wirtschafts- und Sozialgeschichte, Bd. 1, Stuttgart 1971, S 308.

Seite 61, Städtegründungen: nach Wilhelm Abel, Geschichte der deutschen Landwirtschaft, Stuttgart 1962, S. 46.

Kapitel 3: Staaten und Staatensystem in der frühen Neuzeit

Seite 111, Staatssteuern in Frankreich: nach Gerold Niemetz/Uwe Uffelmann (Hg.), Ploetz. Epochen der modernen Geschichte, Freiburg u. a. 1986, S. 35.

Seite 111, Überschüsse und Defizite: nach Wolfgang Mager, Frankreich vom Ancien Régime zur Moderne 1630–1830, Stuttgart u. a. 1980, S. 116.

Seite 111, Heeresstärken: nach Geoffrey Parker/Leslay M. Smith, Introduction, in: Geoffrey Parker (Hg.), The Seventeenth Century Crisis, London 1978, S. 14; ergänzt nach Theodor Schieder (Hg.), Handbuch der europäischen Geschichte, Bd. 4, Stuttgart 1968, S. 244.

Kapitel 4: Die europäische Zivilisation in der frühen Neuzeit

Seite 161, Bevölkerungsentwicklung: nach Gerold Niemetz/Uwe Uffelmann (Hg.), Ploetz. Epochen der modernen Geschichte, Freiburg u. a., S. 32.

Seite 161, Löhne und Lebenshaltungskosten: nach Edwin Ernest Rich/Charles Henry Wilson (Hg.), The Cambridge Economic History of Europe, Bd. 4, Cambridge 1967, S. 482.

Seite 162, Dienstboten in Oldenburg: nach Ernst Hinrichs, Einführung in die Geschichte der frühen Neuzeit, München 1980, S. 56.

Seite 162, Sozialstruktur englischer Haushalte: nach Peter Laslett, Verlorene Lebenswelten. Geschichte der vorindustriellen Gesellschaft, Frankfurt/M. 1991, S. 120.

Seite 162, Kurgäste: nach Rainhold P. Kunert, Urbanität auf dem Lande. Badereisen nach Pyrmont im 18. Jahrhundert, Göttingen 1984, S. 45.

Seite 163, Straßennetz England: nach Eric Pawson, Transport and Economy. The Turnpike roads of Eighteenth Century Britain, London u. a. 1977, S. 139 und 151.

Seite 163, Alphabetisierungsgrad international: nach Wilhelm Norden, Die Alphabetisierung der oldenburgischen Küstenmarsch im 17. und 18. Jahrhundert, in: Ernst Hinrichs/ders., Regionalgeschichte, Hildesheim 1980, S. 161 f.

Seite 163, Tragfähigkeit der Handelsflotten: nach Friedrich-Wilhelm Henning, Das vorindustrielle Deutschland 800 bis 1800, Paderborn 1974, S. 273.

Seite 163, Bildungsstand Oldenburg: nach Wilhelm Norden, a. a. O., S. 123 f.

Kapitel 6: Die Herausbildung des Industriekapitalismus

Seite 266, Weltindustrieproduktion: nach Gerhard A. Ritter/Klaus Tenfelde, Arbeiter im Deutschen Kaiserreich 1871 bis 1914, Bonn 1992, S. 13.

Seite 266, Konjunkturelle Schwankungen: nach Gerd Hohorst u. a., Sozialgeschichtliches Arbeitsbuch, Bd. 2, 2. Aufl., München 1978, S. 92.

Seite 266, Geborenen- und Sterbeziffern: nach Hermann Aubin/ Wolfgang Zorn (Hg.), Handbuch der deutschen Wirtschafts- und Sozialgeschichte, Bd. 2, Stuttgart 1976, S. 24.

Seite 266, Beschäftigungsstruktur: nach Hartmut Kaelble, Europäische Gesellschaft 1880–1918, München 1987, S. 27.

Seite 267, Streiks und Aussperrungen: nach Gerd Hohorst u. a., a. a. O., S. 132 f.

Seite 267, Dampfmaschinen und Lokomotiven: nach Sigrid Jacobeit/ Wolfgang Jacobeit, Illustrierte Alltagsgeschichte des deutschen Volkes 1810–1900, Köln 1987, S. 76.

Kapitel 7: Parlamentarisierung und Demokratisierung

Seite 312, Parteiensystem Deutschland: nach Karl Rohe, Wahlen und Wählertraditionen in Deutschland, Frankfurt/M. 1992, Anhang Abb. 1.

Seite 312, Männerwahlrecht: nach Peter Flora, State, Economy, and Society in Western Europa 1815–1975, Frankfurt/M. 1983, S. 89 ff.

Seite 313, Frauen im deutschen Parlament: nach Staatsbürgerliche Arbeitsmappe. Zahlenbilder aus Politik, Wirtschaft und Kultur, Berlin u. a. 1991, Blatt 88 750

Kapitel 9: Internationale Politik im 19. Jahrhundert

Seite 399, Militärausgaben der Großmächte: nach Eric J. Hobsbawm, Das imperiale Zeitalter 1875–1914, Frankfurt/M. u. a. 1989, S. 433.

Seite 399, Stärke der Landstreitkräfte: nach ebd., S. 434.

Seite 399, Stärke der Seestreitkräfte: nach ebd., S. 432.

Lexikon

Das Lexikon stellt eine Ergänzung der zentralen Begriffe der Grundinformationen dar. Erklärt werden Fremdwörter sowie historische Ereignisse und Begriffe, die in den darstellenden Texten dieses Lehrwerks auftauchen. Die zentralen Begriffe der Grundinformationen erscheinen hier mit Verweis.

Absolutismus → Begriffe Kap. 3
absorbieren (lat. *absorbere* = aufsaugen, verschlingen): in sich aufnehmen, völlig in Anspruch nehmen.
Abstraktum: Zusammenhang, der nur durch theoretische Vorstellung zu erfassen ist.
Abt: Vorsteher eines Klosters, der von den Ordensbrüdern auf Lebenszeit gewählt wird und in seiner Abtei umfassende Führungs- und Rechtsvollmachten besitzt.
Adel → Begriffe Kap. 1 und 3
Administration (lat. *ministrare* = bedienen): Verwaltung, Verwaltungsbehörde.
agonal (griech. *agon* = Kampf): kämpferisch, wettkampfmäßig.
Alchimie: bez. im Mittelalter die wissenschaftliche Beschäftigung mit chemischen Stoffen, deren Ziel meist die künstliche Herstellung von Gold oder des Steins der Weisen war. Die geheimnisvolle Beschäftigung mit Substanzen und Symbolen aus Tier- und Pflanzenreich führte immer wieder zu Verfolgung und Geheimbündlerei.
Allmende: Gemeindeland eines mittelalterlichen Dorfes, das von allen Bauern genutzt und immer wieder neu verteilt wurde. Erst allmählich gingen Weide, Wald und Ödland in privates Eigentum über; Könige und Fürsten beanspruchten Wälder und Jagdrechte.
Alphabetisierung: Maßnahmen zur Bekämpfung der Unfähigkeit zu lesen und zu schreiben.
Altenteil: alle Rechte eines abtretenden Bauern, der seinem Nachfolger den Hof übergibt und der sich vor allem lebenslanges Wohn- und Nutzungsrecht und Rentenzahlungen sichert.
Altes Reich → Begriffe Kap. 3
ambivalent (lat. *ambiguus* = zweideutig, *valere* = stark sein): doppelwertig (woraus Zwiespältigkeit und innere Zerrissenheit resultiert).
Amtssprengel: Amtsbezirk eines Geistlichen oder einer Behörde, eines Gerichts.
Anakreontik: dt. und frz. Lyrik des Rokoko (18. Jh.), die Liebe, Wein und Freude an der Welt besingt (nach dem griech. Dichter Anakreon, 6. Jh. v. Chr.).
analog (griech. *ana* = entlang, *logos* = sprechen): entsprechend, übertragbar.
Anarchie (griech. *anarchos* = führerlos; wörtlich „Herrschaftslosigkeit"): Seit der frühen Neuzeit wird der Begriff meist als negativer Gegenbegriff zur Gesetzesgewalt benutzt, im 19. Jh. wurde dagegen oft der positive Aspekt der Freiheit hervorgehoben (z. B. russ. Anarchisten).
Ancien Régime: Bez. für das alte, vorrevolutionäre Frankreich; später auf vorrevolutionäre Gesellschaftssysteme anderer europäischer Staaten der frühen Neuzeit übertragen.
Anglikanismus, Anglikanische Kirche: Bez. für die englische Staatskirche, die aus konkurrierenden Strömungen des Anglokatholizismus, des Luthertums, des Calvinismus und des Puritanismus hervorgegangen ist. Ihr Oberhaupt ist der Erzbischof von Canterbury.
Annexion (lat. *annectere* = anbinden): Aneignung, gewaltsame Einnahme eines fremden Staatsgebietes.
antagonistisch (griech. *anti-* = gegen, *agon* = Kampf): widerstreitend, gegensätzlich, unversöhnlich.
Antipode (griech. „Gegenfüßler"): Gegenspieler, Widersacher, Gegenstück.
Antisemitismus → Begriffe Kap. 8
Apotheose: Vergöttlichung eines lebenden oder verstorbenen Herrschers.
apriorisch (lat. *a priori* = vom Früheren her): von Erfahrungen unabhängig, allein durch logisches Schließen gewonnene Erkenntnis.
Arbeiter → Begriffe Kap. 6
Arbeiterbewegung → Begriffe Kap. 6
archaisch (griech. *archaikos* = ursprünglich, alt): altertümlich, aus der Frühstufe einer historischen oder künstlerischen Entwicklung stammend.
Archonten (griech. *archon* = Herrscher): in der griech. Antike höchste, meist adlige Beamte der Stadtstaaten. Das Aufkommen des Archontats kennzeichnet politisch den Übergang von der Monarchie zur Aristokratie bzw. den Übergang von der stammes- zur stadtstaatlichen Organisationsform. Dabei wurden die Aufgaben des Königs geteilt und auf mehrere Beamte verteilt (religiös-kultische Angelegenheiten, militärisches Kommando, Verwaltungs- und Rechtssprechungsaufgaben); das Archontat entwickelte sich vom lebenslänglichen über ein zehnjähriges zum einjährigen Amt.
Areopag (griech. *Areios pagos* = Areshügel): Hügel westlich der Akropolis (alte Blutgerichtsstätte), nach dem in der griech. Antike der hier tagende Rat Athens benannt wurde. Der Areopag bestand aus Adligen und ehemaligen Archonten. Bis zur Mitte des 5. Jh. v. Chr. kontrollierte er die Beamten und übte die Gerichtsbarkeit in Mordfällen aus; als oligarchisches Gerichts- und Regierungsorgan war er höchste Autorität der Polis. Mit den Reformen des Ephialtes 462/61 v. Chr. wurden ihm, mit Ausnahme der Gerichtsbarkeit in Mordsachen, alle Funktionen aberkannt.
Aristokratie → Begriffe Kap. 1
Arrondierung (frz. *rond* = rund): Abrundung, Zusammenlegung.
Askese (griech. *askein* = sich enthalten, üben): in der griech. Antike das Training und die Enthaltsamkeit der Athleten; später die religiös oder ethisch bedingte Enthaltsamkeit (z. B. von Speisen) oder die Abkehr von der Gemeinschaft (z. B. durch Einsamkeit). Sie dient oft der Befreiung von irdischen Bindungen und der Konzentration auf Geistiges.
Assimilation → Begriffe Kap. 8
Aufklärung → Begriffe Kap. 4
Augsburger Religionsfriede: am 25. Sept. 1555 geschlossenes Grundsatzabkommen zwischen König Ferdinand I. und den dt. Reichsständen; garantierte allen weltlichen Fürsten die Religion ihrer Untertanen zu bestimmen (lat. *cuius regio, eius religio* = Wessen Land, dessen Religion), brachte dem Protestantismus offizielle Gleichberechtigung und beendete die Kämpfe der Reformationszeit.
Autonomie → Begriffe Kap. 8
Axiom (griech. *axioma* = Würde, Wichtigkeit): Grundsatz, gültige Wahrheit, die keines Beweises bedarf; in der Wissenschaft nicht abgeleitete Aussage, aus der andere Aussagen abgeleitet werden.

Bagdadbahn: Eisenbahnlinie von Konya nach Bagdad und Basra (3200 km); galt als wichtigste Landverbindung zwischen Europa und dem Persischen Golf; 1903 mit starker finanzieller Beteiligung des Dt. Reiches begonnen, 1940 fertiggestellt. Das dt. Engagement wurde von Großbritannien und Russland als Bedrohung empfunden.
Balance of power → Begriffe Kap. 3
Bartholomäusnacht (auch „Pariser Bluthochzeit"): Ermordung von etwa 10000 frz. Hugenotten am 23./24. Aug. 1572 auf Anstiftung der frz. Königin-Mutter Katharina von Medici. Grund war die Heirat des hugenottischen Königs Heinrich von Navarra mit der Schwester des frz. Königs, Margarethe, die als Aussöhnung der verfeindeten Religionsparteien Frankreichs geplant war.
Beamte → Begriffe Kap. 1
Beginen: fromme unverheiratete Frauen, die gemeinschaftlich leben, z. T. mit Gründung von Orden (Blütezeit 13./14. Jh.).
Behemoth (hebr. = Großtier): im Alten Testament Name des Nilpferds, in der jüdischen Tradition ein Tier der Endzeit, für manche Kirchenväter das Symbol des Satans.
Bettelorden: Sammelbegriff für die im 13. Jh. entstandenen Orden der Dominikaner, Franziskaner, Augustiner und Karmeliter. Ihre Kennzeichen waren gemeinschaftliche Armut, Betteln als Existenzgrundlage und aktive Seelsorge.
Bevölkerungswachstum → Begriffe Kap.6
Biedermeier: Der Begriff geht auf den Arzt Adolf Kussmaul zurück, der unter dem Pseudonym Gottlieb Biedermaier 1855/57 Gedichte veröffentlichte, in denen er die zurückgezogene Lebensart des Vormärz (Rückzug aus der Politik, Streben nach häuslichem Glück, Geselligkeit, künstlerische und literarische Interessen) verspottete. Das aus „Biedermann" und „Bummelmeier" zusammengesetzte Pseudonym wurde schließlich zur kulturhistorischen Epochenbezeichnung der 1820er/30er Jahre.
bilateral: zweiseitig. Ein bilaterales Abkommen ist ein völkerrechtlicher Vertrag zwischen zwei Ländern.
Biologisierung: Betrachtung philosophischer, ethischer und soziologischer Fragen unter rein biologischen Gesichtspunkten. Formen menschlichen Handelns und Denkens werden dabei vor allem auf Naturgesetze oder Erbanlagen zurückgeführt.
bipolar: zweipolig, mit zwei gegensätzlichen Schwerpunkten.
Bischof: nach katholischer Lehre Nachfolger der Apostel, dessen Aufgabe besonders das Lehr- und Priesteramt ist. Er wird vom Papst ernannt, steht einer Diözese vor und hat Vollmachten in kirchlicher Gesetzgebung und Rechtsprechung. Im Mittelalter erfüllte der Bischof wichtige Aufgaben in weltlicher Verwaltung und Herrschaftsausübung.
Blutgerichtsbarkeit: staatlich organisierte Rechtsprechung, die historisch die Blutrache (Vergeltung von Unrecht durch die Selbsthilfe einer Familie) ablöst; im antiken Athen Aufgabe des Areopags.
Bonapartismus → Begriffe Kap. 5
„Boxer"-Aufstand: Erhebung der Anhänger eines Geheimbundes (chin. *k'üan-fei* = Faust-Rebellen) in China 1900/01, die sich gegen jene Konzessionen und Gebietsabtretungen wandte, die die Mandschu-Dynastie den europäischen Mächten Deutschland, Großbritannien und Frankreich sowie den USA und Japan zugestanden hatte. Der Aufstand wurde durch ein internationales Expeditionskorps niedergeschlagen.
bramarbasieren: prahlen, aufschneiden. Der Begriff stammt von der Figur des Bramarbas, des großsprecherischen Capitano in der ital. *Commedia dell'arte.*
Buddhismus: nach ihrem Stifter Buddha (altind. = der Erleuchtete) benannte Religion, die zwischen Nepal, Tibet, Thailand, China und Japan verbreitet ist. Sie lehrt keine Seelenwanderung, sondern die Wiedergeburt der Menschen aus dem Karma, den guten und schlechten Taten eines Toten. Buddhisten praktizieren ihre Religion durch Schriftauslegung, Meditation und Wallfahrt, sie lehnen gesellschaftliche Kasten ab und predigen Toleranz.
Bundesstaat → Begriffe Kap. 8
Bundschuh: aus germanischer Zeit stammender einfacher Lederschuh, der im 13. Jh. zum Symbol des Bauerntums wurde; seit dem 15. Jh. Begriff für bäuerliche Oppositions- und Aufstandsbewegungen in Deutschland.
Buren: niederl. Begriff für Bauern; im besonderen die Nachkommen der 1652 in Südafrika eingewanderten niederl. Siedler, die bis heute die weiße Minderheit des Landes stellen und Afrikaans sprechen.
Bürger, Bürgertum → Begriffe Kap. 5
Bürgerkrieg: bewaffneter Kampf innerhalb eines Staates, der zwischen Rebellen und Regierung oder zwischen verfeindeten Gruppen einer Gesellschaft ausgetragen wird. Im Völkerrecht gilt er nicht als Krieg, sondern als innere Angelegenheit eines Staates.
Bürgerliche Gesellschaft → Begriffe Kap.5
Bürgerrecht → Begriffe Kap. 1
Bürokratie → Begriffe Kap. 3

Charisma (griech. *charisma* = Gnadengabe): aus Naturreligionen stammende Vorstellung der gottbegnadeten, übernatürlichen Fähigkeiten eines Menschen, meist eines Herrschers. Heute versteht man darunter die einnehmende Ausstrahlung einer Persönlichkeit, die zu unbestrittener Autorität und außergewöhnlichen Erfolgen führt.
Chiliasmus → Begriffe Kap. 5
Cirkus (lat. *circus* = Kreis): in der röm. Antike eine langgestreckte Bahn für Wagen- und Pferderennen.
Commonwealth (wörtlich „Gemeinwohl"): Bez. für die engl. Republik zwischen 1649 und 1660; später wurde der Begriff als *British Commonwealth* auf das gesamte brit. Kolonialreich ausgedehnt.
Concilium plebis: im antiken Rom Versammlung der Plebs, also des nicht-patrizischen Volkes, deren Aufgabe die Wahl von Volkstribunen und die Verabschiedung von Gesetzen war. Ihr Beschluss, das Plebiszit, galt ursprünglich nicht für Patrizier. In der Republik wurde jedoch auch die allgemeine Gesetzgebung zunehmend durch Plebiszite vorgenommen.

Dekade (griech. *deka* = zehn): Zehnereinheit (zehn Tage, Wochen, Monate oder Jahre).
Dekadenz (lat. *cadere* = fallen, sinken): kultureller Niedergang, sittlicher Verfall.
Demographie (griech. *demos* = Volk, *graphein* = schreiben): wissenschaftliche Beschreibung der Entwicklung der Bevölkerungszahl und -zusammensetzung.
Demokratie, Demokratisierung → Begriffe Kap. 1 und 7
Demos (griech. *demos* = Gemeinde, Volk): im alten Griechenland sowohl die Gesamtheit der Staatsbürger als auch das nicht-patrizische Volk. Seit Kleisthenes (Ende 6. Jh. v. Chr.) war der Demos als Stadtbezirk oder Landgemeinde Grundeinheit des Staates. Das Bürgerrecht war an die Zugehörigkeit zu einem Demos gebunden.
Despotismus (griech. *despotes* = Hausherr): Willkür- oder Gewaltherrschaft.
Deutscher Bund → Begriffe Kap. 8

Diakon (griech. *diakonein* = dienen): kirchlicher Amtsträger, der bestimmte Aufgaben im Gottesdienst, in der Seelsorge und Sozialfürsorge übernimmt; in der alten Kirche Gehilfe des Bischofs und Gemeindediener.
Diäten (lat. *dies* = Tag): Tagegelder für Abgeordnete, deren politische Tätigkeit (mit Ausnahme zur Zeit der attischen Demokratie) bis ins 19. Jh. ehrenamtlich und unbezahlt war. Auch heute gelten Diäten nicht als Gehalt, sondern als Aufwandsentschädigung, die die materielle Unabhängigkeit der Politiker sichern soll.
Differentialrechnung: mathematisches Teilgebiet, das sich mit der Bestimmung von Tangenten und Kurven sowie dem Rechnen mit unendlich kleinen Größen befasst.
Diktatur → Begriffe Kap. 7
Diözese (griech. *dioikesis* = Verwaltungsbezirk): in der griech. Antike die Finanzverwaltung, später die gesamte Verwaltung des Staates. Im alten Rom ein Verwaltungsbezirk, der das Territorium einer Stadt oder Teile einer Provinz umfasste. Seit dem Mittelalter ist Diözese gleichbedeutend mit Bistum und bildet heute die Grundeinheit kirchlicher Territorialgliederung in der katholischen Kirche.
Diplomatie → Begriffe Kap. 3
Dirigismus (lat. *dirigere* = lenken, herrschen): teilweise oder vollständige Lenkung eines Wirtschafts- bzw. Gesellschaftssystems mittels bürokratischer Kontrollmaßnahmen.
diskreditieren: jemanden in Verruf bringen, seinem Ansehen schaden.
Diskrepanz (lat. *discrepare* = abweichen, nicht übereinstimmen): Missverhältnis, Widersprüchlichkeit, Unstimmigkeit.
Dominat: in der röm. Geschichte das spätere Kaisertum seit Diokletian (im Gegensatz zum Prinzipat der frühen Kaiserzeit).
Dreibund → Begriffe Kap. 9
Dreifelderwirtschaft: vom Mittelalter bis ins 19. Jh. übliche Anbaumethode, bei der zwei Drittel des Ackers mit Sommer- und Wintergetreide bebaut werden und ein Drittel brachliegt; dadurch größere Produktivität als bei Zweifelderwirtschaft.
Dualismus (lat. *dualis* = zwei enthaltend; allgemein „zwiespältig", „gegensätzlich"): historischer Begriff für das Konkurrieren von zwei politischen Kräften eines Systems, z. B. Könige oder Stände oder auch zweier Staaten wie Preußen und Österreich innerhalb des Dt. Reiches im 19. Jh.
Dynastie (griech. *dynasteia* = Macht, Herrschaft): Herrschergeschlecht.

egalitär (frz. *égal* = gleich): auf Gleichheit, Gerechtigkeit bedacht.
Egozentrik (lat. *ego* = ich, *centrum* = Mittelpunkt): Verhalten einer Person oder einer Gruppe, die sich selbst in den Mittelpunkt stellt, alles nur in Bezug auf eigene Interessen wertet und sich nicht in andere hineinversetzen kann.
Einhegungen: Überführung von Gemeindeweide, Wald und Brachland in Sondereigentum. Das überführte Land wurde mit Hecken eingehegt. Folgen waren unter anderem die Zurückdrängung der Mittel- und Kleinbauern und daraus resultierend die Entstehung eines ländlichen Proletariats.
Emanzipation (lat. *emancipare* = in die Selbstständigkeit entlassen): (Selbst)befreiung aus einem Zustand der Abhängigkeit und Unterdrückung, meist im Zusammenhang mit benachteiligten Gesellschaftsschichten (Arbeiter, Frauen, Juden).
Emigration: Unfreiwillige Auswanderung, die durch politische, wirtschaftliche oder religiöse Gründe motiviert ist.
Enragés (frz. *enragé* = wütend): 1792 in Paris formierte radikale Gruppe von Sansculotten, die für Zwangsenteignungen der Oberschicht und Verwirklichung gesellschaftlicher Gleichheit kämpften.
Entente cordiale → Begriffe Kap. 9
Entsakralisierung: Abrücken von religiösen Vorstellungen und Rechtsnormen.
Episkopat (lat. *episcopus* = Bischof): einerseits das Amt und die Würde eines Bischofs, andererseits die Gesamtheit aller Bischöfe eines Reiches oder Staates.
Erzbischof: in der katholischen Kirche Amtstitel für den Leiter einer Kirchenprovinz (Metropolit) oder für einen Bischof, der einer Erzdiözese vorsteht. Im Dt. Reich des Mittelalters hatten die Erzbischöfe von Mainz und Köln großen Einfluss auf die Königswahl und wurden zu mächtigen Landesherren.
evolutionär (lat. *evolvere* = auseinanderrollen, entwickeln): auf allmähliche Entwicklung von Zusammenhängen im geschichtlichen Ablauf beruhend; Gegensatz: revolutionär.
Expansion (lat. *expandere* = ausbreiten): Ausdehnung, Vergrößerung eines Staatsterritoriums durch Krieg oder durch Schaffung von militärischen, wirtschaftlichen und politischen Einflusszonen.
Familie → Begriffe Kap. 4
Faszinosum (lat. *fascinare* = behexen): Gegenstand, der große Anziehungskraft ausübt oder äußerstes Interesse weckt.
Fehde → Begriffe Kap. 2
Feudalismus → Begriffe Kap. 2
Fideikommiss (lat. *fidei commissus* = zu treuen Händen gegeben): Einrichtung des dt. Rechts, wonach Familienvermögen und Grundbesitz (meist des niederen Adels) ungeteilt in der Hand eines Familienmitglieds blieb, diesem aber nur der Ertrag der Güter zur freien Verfügung stand.
Fiskus (lat. *fiscus* = Geldkorb): Staatskasse.
Föderalismus (lat. *foedus* = Bündnis): Bemühen um die Schaffung bzw. Erhaltung eines Bundesstaates mit weitgehend eigenständigen Gliederstaaten; Gegensatz: Zentralismus.
Fraktion (lat. *fractio* = Bruch): Teil, Gruppierung; in der Politik Zusammenschluss der Abgeordneten einer Partei innerhalb des Parlaments.
Freihandelspolitik → Begriffe Kap. 9
Frieden → Begriffe Kap. 9
Frondienst → Begriffe Kap. 2
frühe Neuzeit: Geschichtsperiode zwischen dem Ende des Mittelalters und der Französischen Revolution (16. bis 18. Jh.); geprägt von zahlreichen Entdeckungen auf wissenschaftlich-technischem Gebiet, von geistig-kulturellem Wandel, von Humanismus und Reformation, Absolutismus und Aufklärung.
Frühkapitalismus → Begriffe Kap. 2

Gallikanismus: Bez. für den frz. Katholizismus, der sich seit dem Spätmittelalter von Rom abgesetzt hat. 1663 lehnte die gallikanische Kirche die Unfehlbarkeit des Papstes ab, räumte dem Staat Einfluss auf kirchliche Angelegenheiten ein und erklärte ihre Freiheit.
Ganzes Haus → Begriffe Kap. 4
Generalstände (frz. *états généraux*): in Frankreich vor 1789 die ständige Vertretung des Königreichs durch Geistliche, Lehnsfürsten und Abgeordnete königlicher Städte; wichtigste Aufgaben waren Steuerbewilligung und Vorlage von Beschwerden; wurden nach 1614 erst wieder 1789 einberufen.
Gesellschaftsvertrag → Begriffe Kap. 3
Gewaltmonopol: Privileg des Staates sich gegen Übergriffe durch Anwendung physischer Gewalt zu verteidigen. Das Ge-

waltmonopol wird begrenzt durch das Völkerrecht und die Grundrechte jedes Staatsbürgers. In modernen Staaten ist die Staatsgewalt geteilt in Gesetzgebung (Legislative), Verwaltung (Exekutive) und Rechtsprechung (Jurisdiktion).

Gewann: ursprünglich Ackergrenze, an der der Pflug gewendet wurde; Unterabteilung der Dorfflur.

Girondisten → Begriffe Kap. 5

Gottesgnadentum: Nach mittelalterlicher Vorstellung war das Königtum ein von Gott verliehenes Amt, das zur Wahrung von Frieden und zur Verwirklichung göttlicher Ordnung auf Erden verpflichtete. Fürsten und Monarchen der Neuzeit legitimierten damit ihre Dynastien und weitreichenden Machtbefugnisse.

Graf: im frühen Mittelalter der königliche Amtsträger, der in seinem Bereich (Grafschaft) die hohe Gerichtsbarkeit ausübte, zur Heeresfolge aufrief und den Frieden im Innern sicherte. Das Amt wurde im 9. Jh. erblich und vom örtlichen Adel übernommen, der selbst neue Grafschaften gründete. Einige Grafen bauten ihre Herrschaftsbereiche seit dem 12. Jh. zu eigenständigen Gebieten aus und wurden damit zu Landesherren. Vom 14. Jh. an wurde die Grafenwürde als bloßer Titel ohne Recht vom Kaiser verliehen.

Grundherr → Begriffe Kap. 2

Grundhold: im Mittelalter der von einem Grundherrn abhängige Bauer.

Gymnasium (griech. *gymnazesthai* = sich nackt üben): In der griech. Antike war das *gymnasion* Übungs- und Ausbildungsstätte der männlichen Jugend und diente geistiger und militärischer Erziehung. In Mittelalter und früher Neuzeit übernahmen Klöster und Domschulen den Namen. Seine heutige Prägung erhielt es durch das humanistische Bildungsideal Wilhelm von Humboldts.

Habeas-Corpus-Akte (lat. *habeas corpus* = Du habest den Körper, bzw. die Person um sie dem Gericht vorzuführen; Anfangsworte eines mittelalterlichen Haftbefehls): Im Rahmen der englischen Verfassungsentwicklung legte die Akte 1679 fest, dass ein Verhafteter die Abschrift eines richterlichen Haftbefehls verlangen konnte. Sie war ein Mittel gegen ungerechtfertigte Verhaftung und gilt als Kernstück bürgerlicher Freiheitsrechte. Sie hat daher auch Eingang in das Grundgesetz der Bundesrepublik Deutschland, Art. 104, gefunden.

Häusler: Bez. für einen armen Bauern, der zwar Eigentümer von Haus und Grund ist, aber davon nicht leben kann und sich bei Großbauern durch Lohnarbeit verdingen muss.

Handelsbilanz: Erfassung aller Aus- und Einfuhren eines Landes; übersteigt der Wert der Exporte den der Importe, spricht man von einer positiven, im umgekehrten Fall von einer negativen Handelsbilanz; zeigt die Leistungskraft eines Wirtschaftssystems an.

Handelskapitalismus → Begriffe Kap. 4

Hausmacht → Begriffe Kap. 2

Hausmeier: Vorsteher der königlichen Hofverwaltung in den germanischen Teilreichen. Als Inhaber des höchsten Staatsamtes drängten sie im 7. Jh. die merowingischen Könige beiseite. Das Amt wurde 751 vom Karolingerkönig Pippin d. J. abgeschafft.

Hébertisten: Anhänger des frz. Revolutionärs Jacques René Hébert (1758–1794), der 1793 in der Französischen Revolution den Sturz der Girondisten betrieb. Die Hébertisten gehörten zu den radikalsten Gruppen und kämpften für Zwangswirtschaft und Entchristianisierung.

Hegemonie → Begriffe Kap. 3

Heilige Allianz: am 26. Sept. 1815 auf Initiative Zar Alexanders I. zwischen Russland, Österreich und Preußen geschlossenes antirevolutionäres Bündnis zur Aufrechterhaltung der politischen Ordnung des Wiener Kongresses; beigetreten sind später alle europäischen Staaten mit Ausnahme Großbritanniens, des Vatikans und des Osmanischen Reiches. Die Allianz zerfiel nach der russischen Niederlage im Krimkrieg 1854–1856.

Heiliges Römisches Reich Deutscher Nation → Begriffe Kap. 2

Hellenismus (griech. *hellenizein* = griechisch sprechen, griechische Denkart haben): Begriff zur Bez. der Epoche von Alexander dem Großen bis Augustus; der vor allem auf die Kulturgeschichte bezogene Epochenbegriff schließt geistesgeschichtlich gesehen die Zeit bis zum Ausgang der Antike mit ein.

Herzog: hoher Adelstitel, der ursprünglich germanischen Stammesführern zukam. Im Hochmittelalter war er durch das Lehnsrecht an das Königtum gebunden. Seit dem 13. Jh. entwickelte sich das Herzogtum zum Territorialfürstentum.

Heuerling: Pächter landwirtschaftlicher Güter, der sich vom Ertrag seiner Güter nicht ernähren kann, sodass er sich zur Arbeit auf großen Nachbargütern verpflichten bzw. „heuern" (mieten) lassen muss.

Hierarchie (griech. *hieros* = heilig, *archein* = herrschen): ursprünglich kirchliche Rangordnung, später allgemein Rangfolge, Über- und Unterordnung gesellschaftlicher Organisationen, Ämter oder Personen; im wissenschaftlich-technischen Bereich die nach Abhängigkeit geordnete Gliederung eines Systems.

Hinduismus: Bez. für die religiösen Traditionen und Lebenformen der Hindus, die zum Großteil in Indien leben. Der Hinduismus geht von Seelenwanderung und Wiedergeburt aus und kennt eine Vielzahl verschiedener Götter. Bedingung für die Aufnahme ist die Zugehörigkeit zu einer gesellschaftlichen Kaste.

Hof: Haushaltung von Fürsten und ihren Familien oder die Residenzen von Kaisern, Königen und geistlichen Würdenträgern samt Gefolgschaft. Seit der frühen Neuzeit Zentrum der Verwaltung und gesellschaftlicher Mittelpunkt der adligen Oberschicht.

höfischer Roman: Form der mittelhochdeutschen höfischen Dichtung (um 1170 bis 1250), die sich an ein adlig-höfisches Publikum richtete und eine idealisierte ritterliche Welt thematisiert. Zentrale Figur ist der höfische Ritter, der nach gesellschaftlichem Ansehen und göttlicher Gnade strebt.

Hofjuden: Familien jüdischer Leibärzte und Bankiers, die an Fürstenhöfen oft für Kreditvermittlung, Handel und Münzwesen zuständig waren. Viele von ihnen wurden in den Beamten- oder Adelsstand erhoben und traten zum christlichen Glauben über.

Homogenität (griech. *homogenes* = gleicher Herkunft): Gleichartigkeit, gleichmäßige Zusammensetzung, Übereinstimmung.

Honoratioren (lat. *honoratus* = geehrt): Der Begriff stammt aus der Kanzleisprache des 18. Jh. und bezeichnete die Angesehensten eines Ortes. In der Ständegesellschaft waren Angehörige des Volkes von dieser gebildeten und einflussreichen Schicht ausgeschlossen. Heute hat das Wort einen ironischen Unterton.

Hörige → Begriffe Kap. 2

Hostie (lat. *hostia* = Opfertier): im katholischen und protestantischen Gottesdienst verwendetes ungesäuertes Weizenbrot, das an die Gemeinde verteilt wird.

Hufe: im Mittelalter Bez. für die zur Ernährung einer bäuerlichen Familie ausreichende Ackerfläche mit Gehöft. Sie war Grundlage für die Bemessung von Diensten und Abgaben.
Humanismus → Begriffe Kap. 2
Hybris: Selbstüberhebung, Vermessenheit, Übermut.

Ideologie: Bez. für eine umfassende Deutung gesellschaftlich-politischer Verhältnisse und historischer Entwicklungen, wobei diese Deutung durch Interessen bedingt und daher einseitig oder gar verzerrt ist, weil bestehende Verhältnisse oder angestrebte Veränderungen begründet bzw. gerechtfertigt werden sollen. Ideologiekritik meint die argumentierende Aufdeckung der Interessenbedingtheit von Programmen, Forderungen, Zielen oder Lehren, die sich als interessenunabhängig darstellen und allgemeine Geltung beanspruchen.
Immissionen (lat. *immissio* = Hineinlassen): Zuführung von Stoffen (Steine, Gase, Gerüche), aber auch allgemein Störungen, Belästigungen.
Immunität (lat. *immunis* = frei von Abgaben): Unantastbarkeit; gesetzlicher Schutz vor Strafverfolgung für Abgeordnete und Diplomaten (Immunisierung hingegen ist eine Impfung, „Unempfindlichmachung").
imperatives Mandat: bindet einen Abgeordneten jederzeit an die Weisungen seiner Wähler oder Partei. Weicht er von ihrem Auftrag ab, kann er abberufen werden. Im Gegensatz dazu ist der Abgeordnete mit freiem Mandat nur seinem Gewissen verpflichtet.
Imperialismus → Begriffe Kap. 9
Imperium (lat. = Befehlsgewalt): im antiken Rom ursprünglich das militärische und zivile Befehlsrecht; wurde später auf die militärische Gewalt eingeschränkt; unter Augustus bez. es seit 27 v. Chr. auch das Reich selbst. Im Mittelalter wird das Reich seit Karl dem Großen als *Imperium Romanum*, seit dem 11. Jh. als *Sacrum Imperium* bez. In der Neuzeit dient es zur Umschreibung eines Kaiserreichs, Großreichs oder Weltreichs.
Impetus (lat. *impetus* = Vorwärtsdrängen): innerer Impuls, Schwung, Antrieb.
Independenten → Begriffe Kap. 5
Indigenatsrecht (lat. *indigena* = eingeboren): Privileg der Bevölkerung einer Region, bei der Besetzung öffentlicher Ämter fremden Bewerbern vorgezogen zu werden.
Indikator (lat. *indicare* = anzeigen): in der Geschichtswissenschaft ein Merkmal (z. B. Entwicklung der Erwerbstätigenstruktur, der Kinderzahl, des Sozialprodukts), das als beweiskräftiges Zeichen für einen historischen Prozess (z. B. Industrialisierung, Individualisierung, Modernisierung) dient.
Industrielle Revolution → Begriffe Kap. 6
Industriosität (lat. *industriosus* = betriebsam): Fleiß, Eifer, Geschicklichkeit.
Infinitesimalrechnung: Teilbereich der Mathematik, der Differentialrechnung und Intergralrechnung einschließt und sich mit der Berechnung von Vektoren, Tangenten und Integralen befasst.
Infrastruktur (wörtlich „innerer Aufbau"): alle für die Wirtschafts-, Rechts- und Sozialordnung eines Staates notwendigen Einrichtungen.
Inkubationszeit (lat. *incubare* = brüten): Zeitraum zwischen Aufnahme eines Krankheitserregers und Ausbruch der Krankheit.
Insignien (lat. *insigne* = Abzeichen): Herrschaftszeichen, deren Besitz zur Übernahme eines geistlichen oder weltlichen Amts berechtigen. Im Mittelalter waren Krone, Zepter und Reichsapfel die wichtigsten Reichsinsignien.
Institution (lat. *instituere* = einrichten): im konkreten Sinn gesellschaftliche, staatliche oder kirchliche Einrichtung, oft auch private Organisation (z. B. Stiftung, Körperschaft); im abstrakten Sinn soziale Norm oder kulturelle Tradition, die für die Stabilität einer Gesellschaft sorgt (z. B. Familienstruktur, Erziehungsmuster, Verteilungssystem für Wirtschaftsgüter).
Integralrechnung: mathematisches Teilgebiet, das sich mit der Bestimmung krummlinig begrenzter Flächen und der Berechnung des Rauminhalts rotierender Körper befasst.
integrieren (lat. *integrare* = wiederherstellen, vereinigen): zu einem Ganzen zusammenschließen, einbeziehen.
Intervention: Vermittlung oder Eingreifen eines oder mehrerer Staaten in die Angelegenheiten anderer Staaten; man kann zwischen diplomatischer, wirtschaftlicher und militärischer Intervention unterscheiden.
Investitur: ursprünglich Einweisung in einen Besitz; im Lehnswesen Übertragung weltlicher und geistlicher Befugnisse an den gewählten Abt oder Bischof durch den König.
irrational (lat. *errare* = sich verirren, *ratio* = Verstand): mit dem Verstand, dem logischen Denken nicht fassbar, gegen die Vernunft.

Jakobiner → Begriffe Kap. 5
Jungtürkische Revolution: von der nationaltürkischen Reformpartei der Jön Türkler oder Jungtürken 1908/09 betriebener Umsturz des Osman. Reiches. Die Jungtürkische Regierung verfolgte ein umfangreiches Reformprogramm, nahm aber seit 1913 zunehmend diktatorische und zentralistische Züge an. Nach dem Ersten Weltkrieg wurden die Jungtürken von Mustafa Kemal Atatürk ausgeschaltet.
Juristenmonopol: Privileg des Staates durch Richter und Gerichte Recht zu sprechen, in juristischen Streitfällen zu entscheiden und Strafen zu verhängen.

kanonische Wahl: Wahl eines kirchlichen Würdenträgers, oft eines Papstes, nach den Regeln des kanonischen Rechts, d. h. des katholischen Kirchenrechts. Im Mittelalter regelte das kanonische Recht nicht nur innerkirchliche Fragen, sondern auch weite Bereiche des gesellschaftlichen Lebens (z. B. Ehe, Familie, Schulwesen).
Kapitalismus → Begriffe Kap. 6
Kardinal: in der katholischen Kirche der höchste Würdenträger nach dem Papst und ausschließlich von ihm ernannt; seit 1179 ist sein vornehmstes Recht die Papstwahl.
Kaution (lat. *cautio* = Vorsicht): Sicherheitsleistung zur Erfüllung vertraglicher Pflichten.
Ketzer: Person, die von der offiziellen kirchlichen Lehre abweicht. Wichtige Forderungen mittelalterlicher Ketzerbewegungen waren Freiheit der Predigt und Besitzverzicht der Geistlichen.
Kirchenväter: Ehrentitel verschiedener Verfasser christlicher Schriften und Lehrbücher des 2. bis 7. Jh., deren Werke neben der Bibel im Mittelalter zur Grundlage der christlichen Theologie wurden.
Klasse(n) → Begriffe Kap. 6
Klerus → Begriffe Kap. 3
Klientel → Begriffe Kap. 1
Kolonialismus → Begriffe Kap. 3
Komitien (lat. *comire* = zusammenkommen): im alten Rom Versammlungen des gesamten Volkes, des *Populus Romanus*. In den Zenturiatskomitien wurden Krieg und Frieden, Gesetze und Todesstrafen beschlossen oder höhere Beamte gewählt. In den Tributkomitien wählte man niedere Beamte und verabschiedete andere Gesetze.

Da die Komitien nach Besitz- und Einkommensklassen gegliedert waren, dominierten Adel und reiche Patrizier.
Kommendation: Huldigung des Lehnsmanns gegenüber seinem Lehnsherrn. Gemeinsam mit dem Treueeid begründet die Kommendation im Lehnsrecht die Bindung des Vasalls an seinen Lehnsherrn.
Kommunismus → Begriffe Kap. 6
Kondominium: gemeinsame und einvernehmliche Ausübung der Gebietshoheit über ein Territorium durch zwei oder mehr Staaten.
Konfessionalisierung → Begriffe Kap. 3
Kongregation (lat. *congregatio* = Vereinigung): Zusammenschluss selbstständiger Religionsgemeinschaften oder Orden zu einem festen Verband mit eigenen Regeln.
Konjunktur → Begriffe Kap. 6
Konkordat (lat. *concordare* = übereinstimmen): Abkommen zwischen dem Papst und einem Staat, das Angelegenheiten von kirchlichem und weltlichem Interesse regelt (z. B. Steuerrecht, Besetzung von Bischofsstühlen, Ehefragen).
Konservatismus → Begriffe Kap. 7
Konstitution (lat. *constituere* = gründen): Verfassung.
konstitutionelle Monarchie: Staatsform, bei der ein regierender Monarch von Verfassung (Konstitution) und Volksvertretung kontrolliert wird; im Übergang von der Stände- zur Industriegesellschaft in Europa weit verbreitet.
Konsul (lat. *consulere* = sich beraten): in der Röm. Republik Titel der beiden höchsten Beamten, die aus Angehörigen patrizischer, später auch plebejischer Familien gewählt wurden. Als Träger höchster Staatsgewalt leiteten sie Staatsgeschäfte, Senats- und Volksversammlungen, führten deren Beschlüsse aus und waren im Krieg Oberbefehlshaber des Heeres. Ihr Einfluss wurde in der Kaiserzeit eingeschränkt.
Kontemplation (lat. *contemplatio* = Betrachtung): Beschaulichkeit, Versenkung in geistige Beschäftigung, Muße.
Konvent (lat. *convenire* = zusammenkommen): Bez. für eine klösterliche Gemeinschaft, einen Orden, aber auch für die Volksvertretung in der Französischen Revolution 1792–1794.
Konvention: Übereinkunft, gesellschaftliche Norm, Brauch, teilweise auch (völkerrechtlicher) Vertrag.
Konzil: Versammlung von Bischöfen und anderen hohen Geistlichen zur Beratung und Entscheidung von Glaubensfragen und kirchlichen Angelegenheiten. In der evangelischen Kirche auch Versammlungen von Geistlichen und Laien.
Korrelat: Begriff, der zu einem anderen in Wechselbeziehung steht.
Krondomäne: Ländereien und daraus hervorgehende Einnahmen, über die ein Herrscher verfügt.
Kurfürsten: Fürsten, die das Recht besaßen den dt. König zu wählen. Das Kurfürstenkolleg, dem drei geistliche und vier weltliche Fürsten angehörten, enstand im 13. Jh. vielleicht nach dem Vorbild des Kardinalkollegiums, das den Papst wählte. Die Goldene Bulle (1356) legte ihre Befugnisse und den Ablauf der Königswahl reichsrechtlich fest. Die Länder der Kurfürsten waren unteilbar und von der Rechtssprechung der Reichsgerichte befreit. Diese Spitzengruppe der dt. Reichsfürsten übte entscheidenden Einfluss auf die Politik im Reich aus. Seit dem Ende des 15. Jh. bildeten die Kurfürsten im Reichstag ein eigenes Kollegium.
Kurie: in der Röm. Republik Versammlungsort des Senats; im Heiligen Römischen Reich Vertretung der Kurfürsten auf Reichstagen, seit dem 11. Jh. auch Sammelbezeichnung für die päpstlichen Zentralbehörden und Gerichte.

Laienpatronat: das Recht von mittelalterlichen Laien, also von Nicht-Klerikern, bei der Rechtsnachfolge eines Kirchenprobstes oder Stifters (Patronus) einen Kandidaten verbindlich vorzuschlagen.
Landesherr → Begriffe Kap. 2
Legitimation (lat. *lex* = Gesetz): rechtliche Anerkennung von Herrschaft (z. B. König, Regierung); sie muss durch höhere Werte wie das Gottesgnadentum oder den Willen der Mehrheit begründet sein; die Rechtmäßigkeit (Legitimität) einer Regierung sorgt für die Zustimmung ihrer Untertanen oder Staatsbürger.
Legitimität → Legitimation
Lehnswesen → Begriffe Kap. 2
Leibeigenschaft → Begriffe Kap. 2
Levellers → Begriffe Kap. 5
Liberalismus → Begriffe Kap. 7
libertär (lat. *libertas* = Freiheit): nach Freiheit und unbeschränkter Entfaltung der Persönlichkeit strebend.
Liktor: Amtsdiener und Begleiter eines höheren röm. Beamten, der als Zeichen der Autorität des Beamten die Rutenbündel (lat. *fasces*) voraustrug. Die Zahl der Liktoren richtete sich nach dem Rang des jeweiligen Beamten.
Liturgie → Begriffe Kap. 1
Logistik (frz. *loger* = unterbringen): Bereitstellung von militärischem Material und strategische Planung von Kriegszügen.

Mächtegleichgewicht → Begriffe Kap. 3
Magistrat → Begriffe Kap. 1
Manipulation (lat. *manus* = Hand, *plere* = füllen): ursprünglich geschickte Handhabung, Kunstgriff. Heute hat der Begriff einen negativen Beiklang und meint die gezielte Beeinflussung des Verhaltens eines Menschens oder der öffentlichen Meinung.
Manufaktur (lat. *manu factum* = mit der Hand gemacht): vorindustrielle Produktionsstätte, in der durch Arbeitsteilung, aber noch ohne Maschinen große Mengen von Waren hergestellt wurden (z. B. Porzellan, Textilien, Waffen).
Markt → Begriffe Kap. 6
Mediatisierung: im Heiligen Römischen Reich Deutscher Nation die Einziehung eines Mediats, d. h. eines weltlichen Territoriums, durch einen mächtigeren Reichsstand. Im Reichsdeputationshauptschluss von 1803 wurden Reichsstädte und kleine Fürstentümer größeren Territorien eingegliedert, ihre Dynastien als regierende Häuser abgeschafft.
Menschen- und Bürgerrechte → Begriffe Kap. 5
Mentalität (lat. *mens* = Verstand): Denkart, Geisteshaltung, Auffassungsweise, die das Verhältnis eines Menschen zur Wirklichkeit bestimmt.
Merkantilismus → Begriffe Kap. 3
Metöken (griech. *metoikoi* = Mitbewohner): im antiken Athen ständig ansässige Fremde. Obwohl sie Steuern zahlten und Kriegsdienst leisteten, hatten sie keine politischen Rechte und konnten keinen Grundbesitz erwerben. Metöken waren meist Handel- und Gewerbetreibende, nahmen am Religionskult teil und hatten zeitweilig eine gesicherte wirtschaftliche Position.
Minderheit → Begriffe Kap. 8
Ministeriale → Begriffe Kap. 2
Mittelmächte: im Ersten Weltkrieg Bez. für die Bündnispartner Dt. Reich, Österreich-Ungarn sowie deren Verbündete Osman. Reich und Bulgarien.
Mobilität → Begriffe Kap. 6
Modernisierung → Begriffe Kap. 4
Monarchie → Begriffe Kap. 7

multipolar (lat. *multus* = viel, griech. *polos* = Achse, Pol): mehrere Pole besitzend, mit mehreren verschiedenen Schwerpunkten.
Mystiker (griech. *mysterion* = Geheimnis): Vertreter einer besonderen Form religiösen Lebens und Erlebens, die sich der inneren Versenkung hingeben um einer geheimen Gotteserfahrung teilhaftig zu werden; im Christentum vor allem seit dem 14. Jh. in den Zisterzienser-, Franziskaner- und Dominikanerorden zu finden.
Mythos (griech. *mythos* = Wort, Erzählung, Sage): Überlieferung aus der Vorzeit eines Volkes, meist in Form von Legenden, Götter- oder Heldensagen; bez. auch die legendenhafte Verklärung von Personen und Ereignissen.

Nation → Begriffe Kap. 8
Nationalismus → Begriffe Kap. 8
Nationalitäten → Begriffe Kap. 8
Nationalstaat → Begriffe Kap. 8
Naturrecht → Begriffe Kap. 4
Nennwert: der auf Aktien, festverzinslichen Wertpapieren usw. aufgedruckte Betrag; Gegensatz: Kurswert.
Neolithische Revolution: Übergang von der nomadisierenden Lebensweise des Jagens und Sammelns in der Altsteinzeit zur Sesshaftwerdung der Menschen als Ackerbauern und Viehzüchter in der Jungsteinzeit, dem Neolithikum; z.B in Mesopotamien und Ägypten seit 8000 v.Chr. mit allmählicher Ausbreitung nach Nord- und Westeuropa, in Mexiko um die Zeitwende.
Nettoregistertonne: Raummaß für Schiffe.
„Neue Welt“: Bez. für Amerika, die im 16. Jh. aufkam, nachdem bekannt geworden war, dass Kolumbus nicht Indien erreicht, sondern einen neuen Kontinent entdeckt hatte.
Neuhumanismus → Begriffe Kap. 8
Neuplatonismus: philosophische Strömung der griech. Spätantike, die sich der Tradition Platons zurechnet, die aber entscheidend von der religiösen Grundstimmung des ausgehenden Altertums geprägt ist. Kennzeichnend ist die Vorstellung von einer göttlichen Ordnung, die auf das sogenannte Eine rückführbar ist. Ammonios Sakkas und Plotin (3. Jh. n. Chr.) waren die Begründer des Neuplatonismus, der bis in die Neuzeit vor allem mystische Vorstellungen angeregt hat.
Nikolaitismus: im Mittelalter Priesterehe bzw. Gegnerschaft zum Zölibat.
Nimbus (lat. *nimbus* = strahlender Glanz): Ansehen, Glanz, Ruhm.
Nobilität → Begriffe Kap. 1

öffentliche Meinung, Öffentlichkeit → Begriffe Kap. 7
Ökumene (griech. *oikumene* = die bewohnte Erde): theologischer Begriff für die Gesamtheit der christlichen Kirchen und deren Bestreben die zwischen ihnen bestehenden Unterschiede auszugleichen um eine neue Gemeinschaft zu gründen. Oberstes Gremium ist der Ökumenische Rat der Kirchen, der sich mit theologischen Fragen sowie mit Sozialarbeit, Entwicklungshilfe und Menschenrechten befasst.
Oligarchie (griech. *oligos* = wenig, *archein* = herrschen): Herrschaft einer kleinen Bevölkerungsgruppe, die ihre Macht zugunsten eigennütziger Interessen gebraucht. In der griech. Antike wurden Oligarchien meist von aristokratischen Familien getragen, heute bezeichnet der Begriff Regierungsformen, in denen einzelne Interessengruppen, Parteien oder Militärs herrschen.
opportun (aus der lat. Seemannssprache *opportunus* = zur Fahrt bequem): günstig, angebracht; demgegenüber meint der Begriff opportunistisch: angepasst, auf persönliche Vorteile bedacht, charakterlos.
orthodox (griech. *orthos* = rechtgläubig, *doxa* = Meinung): wörtlich „strenggläubig“, „der Lehre folgend“. Die orthodoxe christliche Kirche entwickelte sich aus der Kirche des oströem. Reiches. Seit dem 5. Jh. n. Chr. unterstand sie dem Patriarchen von Byzanz. Nach dem Fall Konstantinopels 1453 zerfiel sie in einzelne Landeskirchen (z. B. russ.-orthodoxe, griech.-orthodoxe Kirche).

Pamphlet: im mittelalterlichen Englisch kleine Schrift, in der frühen Neuzeit allgemein Flugschrift. Heute wird der Begriff im Sinn polemischer und unsachlicher Schriften verwendet.
paranoid (griech. *paranoia* = Wahnsinn): wahnhaft, schizophren.
Pariser Sektionen: Verwaltungsbezirke der Stadt Paris, deren gewählte Vertreter in der Frz. Revolution eine wichtige politische Rolle spielten.
Parlament, Parlamentarisierung → Begriffe Kap. 7
Partei → Begriffe Kap. 7
Parther: iranisches Volk aus dem Gebiet östlich des Kaspischen Meeres. In hellenistischer Zeit gewannen die Parther unter der Herrschaft der Arsakiden große Bedeutung als Gegenspieler der Römer. Sie beherrschten ein mächtiges Reich zwischen Euphrat und Indus, das 224 n. Chr. im neuen Perserreich der Sassaniden aufging.
Partizipation (lat. *pars* = Teil): Teilnahme, Beteiligung.
Parvenu (frz. *parvenir* = emporkommen): Emporkömmling, Aufsteiger, Neureicher.
pathologisch (griech. *pathologia* = Lehre von den Leiden): krankhaft.
Pathos (griech. *pathos* = Leiden, Leidenschaft): feierlicher und leidenschaftlicher Gefühlsausdruck; im Theater erhabene Darstellung; heute oft übertriebener Gefühlsausbruch.
Patriotismus → Begriffe Kap. 8
Patrizier → Begriffe Kap. 1 und 2
Paulskirche: ehemalige evangelische Kirche in Frankfurt am Main; im übertragenen Sinn für die dort tagende deutsche Nationalversammlung von 1848/49 gebraucht.
Pauperismus → Begriffe Kap. 6
Peisistratiden: Adelsgeschlecht im antiken Athen, das auf den Tyrannen Peisistratos (560–527 v. Chr.) zurückgeht.
Pentarchie → Begriffe Kap. 3
Personenverbandsstaat → Begriffe Kap. 2
Petitionsrecht (lat. *petere* = bitten): bis ins 19. Jh. das Recht der Volksvertretung an den Herrscher Bittschriften zu richten; heute ein Grundrecht aller Bürger Eingaben bei Behörden machen zu können.
Pfalz (lat. *palatium* = Palast): im Mittelalter königliches Verwaltungs- und Wirtschaftszentrum, das den reisenden Herrscher und sein Gefolge aufnahm. In der Umgebung dieser befestigten Anlage bildeten sich häufig Marktsiedlungen.
Pfründe: nach mittelalterlichem Kirchenrecht ein Kirchenamt, das dauerhaft mit einem Einkommen aus Land und Geldvermögen verbunden war. Die Erträge der Pfründe dienten zum Unterhalt des Amtsträgers.
Philhellenismus: politische und kulturelle Bewegung der ersten Hälfte des 19. Jh. , die aus der Verehrung der griechischen Antike entstand. Sie unterstützte den griechischen Unabhängigkeitskampf gegen die osman. Herrschaft (1821–1829) durch Freiwilligenaufgebote; beispielhaft war das Engagement des engl. Literaten Lord Byron.
Philologie (griech. *philologia* = Liebe zum Sprechen, zur Sprache): im engeren Sinne Wissenschaft der Deutung von Texten, allgemein die Wissenschaft, die die geistige

Entwicklung und Eigenart eines Volkes aufgrund seiner Sprache und Literatur erforscht.

Phylen (griech. *phylai* = Unterabteilungen der Gemeinde): ursprünglich verwandtschaftlich zusammengesetzte Familien- und Kultverbände der griech. Antike, die häufig Basis politischer Parteien waren. Kleisthenes (Ende 6. Jh. v. Chr.) ersetzte sie durch zehn geographisch gegliederte Phylen, die Grundlage der athenischen Staatsordnung wurden.

Plebejer → Begriffe Kap. 1

Plebiszit: Begriff aus der röm. Antike für den Versammlungsbeschluss der Plebejer. Heute bedeutet er Volksabstimmung aller stimmberechtigten Bürger über eine Sachfrage, der meist ein Volksentscheid vorangeht. Das Plebiszit ist ein Element der direkten Demokratie.

Polis → Begriffe Kap. 1

Prädestinationslehre (lat. *praedestinatio* = Vorbestimmung): theologische Strömung, die von der Vorbestimmung des Menschen zu ewigem Seelenheil oder Verdammnis durch göttliche Allmacht ausgeht. In der Vorstellung reformierter Kirchen kündigt sich die Rettung einiger Auserwählter durch Erfolg und Wohlstand im irdischen Leben an.

Pragmatismus (griech. *pragmatikos* = zweckmäßig): auf die Tatsachen, den praktischen Nutzen bezogenes Handeln.

Prärogative → Begriffe Kap. 5

Präsidialsystem → Begriffe Kap. 7

präventiv (lat. *praevenire* = zuvorkommen): vorbeugend, verhütend.

Präzedenzfall (lat. *praecedere* = vorangehen): Musterfall, der anderen Fällen als Vorbild dient.

Presbyter (griech. *presbyteros* = der Ältere): ursprünglich Oberhaupt der jüdischen Familie bzw. Gemeinde; in frühchristlicher Zeit angesehenes Gemeindemitglied mit Leitungsaufgaben, das dem Bischof unterstellt war; in der evangelischen Kirche als Kirchenältester in den Kirchenrat gewählt.

Presbyterianer → Begriffe Kap. 5

Primogenitur (wörtlich „Erstgeborenenrecht"): Nach der Primogenitur-Ordnung, die in dt. Fürstenhäusern seit dem 14. Jh. existiert, liegt das Recht der Thron- und Erbfolge beim Erst- oder Ältestgeborenen eines regierenden Hauses. Ziel war es die Zersplitterung des Hausgutes zu vermeiden.

Princeps → Begriffe Kap. 1

Prinzipat → Begriffe Kap. 1

Produktivität: Ergiebigkeit; resultiert aus der Verrechnung der eingesetzten Rohstoffe und Herstellungskosten mit dem Wert des Produktionsergebnisses.

Progressive Einkommenssteuer: Personensteuer, die mit der Höhe des Einkommens prozentual ansteigt (Progression).

Projektion (lat. *proicere* = voranwerfen, niederwerfen): Plan, Konzept, Vorhaben.

Proletarier → Begriffe Kap. 6

Propaganda (lat. *propagare* = ausbreiten): ursprünglich ein Synonym für Werbung, bez. der Begriff vor allem die schriftliche und mündliche Verbreitung politischer Lehren und Ideen. Mit dem Begriff verbindet sich die Vorstellung von werbender und einseitiger Beeinflussung der öffentlichen Meinung.

Proskynese (griech. *proskinesis* = Verehrung, Anbetung): Geste der Verehrung von Göttern oder Monarchen, meist durch Kniefall, Niederwerfen oder Küssen des Bodens; als Symbol für die Vergöttlichung des Herrschers in der Antike von Alexander dem Großen und Diokletian eingeführt.

Protektionismus → Begriffe Kap. 9

Protestantismus: Ausprägung des Christentums, die aus der Reformation hervorgegangen ist; umfasst im weiteren Sinne die christlichen Kirchen, die nicht zur katholischen oder zur Ostkirche gehören (Lutheraner und Reformierte, Unionskirchen und überkonfessionelle Gruppen, Altlutheraner, Altreformierte, Schwenkfelder, Mennoniten, Unitarier, Waldenser, Brüderunität, Independenten, Baptisten, Quäker); stellt im Gegensatz zum Katholizismus keine organisatorische Einheit dar.

Protoindustrialisierung → Begriffe Kap. 4

Puritaner → Begriffe Kap. 5

Quäker: religiöse „Gesellschaft der Freunde"; im 17. Jh. in England entstanden und den Grundsätzen der Gewaltfreiheit, Gleichheit und Toleranz verpflichtet.

Quantenphysik: zusammenfassende Bezeichnung für Theorien und Phänomene aus dem Bereich der Atomphysik. Sie befasst sich unter anderem mit der Messung von Molekülen und Elementarteilchen.

Rationalisierung (lat. *ratio* = Verstand): Ersatz traditioneller und zufälliger Handlungsweisen durch geplante und effiziente Methoden. Ihr Ziel ist die größere Wirkung technischer Vorgänge, aber auch eine von Vernunft und Zweckmäßigkeit geleitete moderne Gesellschaft.

Reaktion: Politische Haltung, die geschichtlich überwundene politische und gesellschaftliche Zustände, Einrichtungen oder Anschauungen wiederherstellen will und die Notwendigkeit von Neuorientierung missachtet; Vertreter dieser Haltung werden als „reaktionär" bezeichnet. Reaktion wird auch als Epochenbezeichnung für die dt. Geschichte in der Zeit von 1819 bis 1830 und 1850 bis 1858 verwendet.

Rechtskodifikation: schriftliche Fixierung eines für alle gültigen Rechtssystems in einem einheitlichen und öffentlichen, d.h. allen zugänglichen Rechtsbuch (Kodex).

Reform → Begriffe Kap. 5

Reformation → Begriffe Kap. 3

Regalien: Bez. für die dem König zustehenden Herrschaftsrechte und Einkünfte. Unter Friedrich I. (1152–1190) zählten dazu Zölle, Hafenrechte, Geleit, Münzrechte, Gerichtsrechte und das Recht Burgen zu bauen und Städte zu gründen. In den Privilegien von 1220 und 1231 bestätigte Friedrich II. (1212–1250) die Ausübung der meisten dieser Rechte durch die Fürsten.

Regime (lat. *regimen* = Regierung): ursprünglich politische Herrschaft, Regierung. Heute wird der Begriff meist abwertend für unfreie politische Systeme gebraucht (z. B. NS-Regime, Militärregime).

Reichsdeputationshauptschluss → Begriffe Kap. 8

Reichsfürsten → Begriffe Kap. 2

Reichskirchensystem → Begriffe Kap. 2

Reichsstände → Begriffe Kap. 3

Reichstag → Begriffe Kap. 3

Reichsunmittelbarkeit: im dt. Staatsrecht der frühen Neuzeit Bez. für die Bindung von Personen, Städten oder Regionen direkt an Kaiser und Reich. Die Steuern der reichsunmittelbaren Institutionen gingen nicht an einen Landesherrn, sondern unmittelbar an den König.

rekrutieren (lat. *recrescere* = nachwachsen): aus der Militärsprache stammender Begriff für das Anwerben und Mustern neuer Soldaten; im übertragenen Sinn die Beschaffung von Nachwuchskräften.

Relativitätstheorie: von Albert Einstein (1879–1955) begründete fundamentale Gravitationstheorie, die Voraussetzung der gesamten modernen Physik ist. Sie knüpft die Eigenschaften von Raum und Zeit an das Vorhandensein von Materie.

Renaissance → Begriffe Kap. 2
Repräsentation → Begriffe Kap. 3
Republik → Begriffe Kap. 1 und 5
Res publica → Republik
Ressourcen (frz. *ressource* = Hilfs-, Zahlungsmittel): Geldmittel, Reserven, Rohstoffquellen.
Restauration → Begriffe Kap. 5
Revanchismus: politische Einstellung, die auf Vergeltung für politische oder militärische Niederlagen und auf Rückgewinnung verlorener Gebiete zielt.
Revolution → Begriffe Kap. 5
Ritter → Begriffe Kap. 2
Romantik → Begriffe Kap. 8
rudimentär: nur im Ansatz, andeutungsweise vorhanden.

sakral (lat. *sacer* = heilig): die Religion oder den Gottesdienst betreffend.
Säkularisierung: bez. im allgemeinen Verweltlichung, d.h. dass die Lebenswelt des Menschen immer weniger durch die Religion bestimmt wird. Der Begriff meint im Besonderen die Übernahme kirchlicher Güter und Herrschaftsrechte durch den Staat (insbesondere Anfang des 19. Jh.).
Salons: intellektuelle Zirkel von Künstlern, Schriftstellern und Gelehrten der Aufklärung (17./18. Jh.), die sich vor allem in den Häusern gebildeter Frauen zu philosophischem Gedankenaustausch und politischer Diskussion trafen.
sanktionieren: bestätigen, gutheißen oder: Strafmaßnahmen bei Rechtsverletzung ergreifen.
Sansculotten (frz. „ohne Kniehosen"): Bez. für eine radikale politische Gruppierung in der Französischen Revolution (ab 1792), die anstelle der adligen Kniehosen die langen Hosen der niederen Stände bevorzugte und sich überwiegend aus kleinen Händlern, Handwerkern und Arbeitern zusammensetzte. Neben der politischen strebte sie auch die soziale Gleichheit der Bürger an.
Scherbengericht: im antiken Athen eine Gesetzesregelung, nach der das Volk die Verbannung eines Bürgers aussprechen konnte. Es sollte politischen Umsturz oder die Alleinherrschaft eines Tyrannen verhindern. Bei dem geheimen Vorgang schrieben die Bürger den Namen eines Verdächtigen auf eine Tonscherbe; die Mehrheit entschied über die Verbannung.
Schisma: Spaltung der Kirche. Seit 1054 besteht ein Schisma zwischen der röm.-katholischen und der byzantinisch-orthodoxen Kirche. Auch innerhalb der abendländischen Kirche gab es mehrmals ein Schisma. Beim „Großen abendländischen Schisma" (1378–1417) waren in Rom und Avignon gleichzeitig Päpste im Amt.
Scholastik → Begriffe Kap. 2
Schultheiß: Amtsträger weltlicher oder geistlicher Herren, der häufig Vorstand eines Dorfes war.
Schutzzölle: Zuschlag auf Einfuhren um den heimischen Markt von ausländischer Ware abzuschirmen und damit einheimische Produkte konkurrenzfähig zu halten.
Schwurgemeinschaft: durch gemeinsamen Eid begründetes Bündnis, das im Mittelalter bestimmte Gesellschaftsgruppen rechtsgültig zusammenschloss. Es diente gegenseitiger Unterstützung und war an ein festes Regelwerk, z. B. eine Gilde- oder Zunftordnung gebunden.
Sektierer: Begriff für die Mitglieder einer religiösen Splittergruppe, aber auch für Personen, die zu religiösem Fanatismus und Intoleranz neigen.
selbdritt: Begriff aus der Bismarckschen Außenpolitik; im Konzert der fünf europäischen Großmächte sollte das Dt. Reich zu jeder möglichen Dreiergruppierung dazugehören.
Selbstbestimmungsrecht → Begriffe Kap. 8
Senat → Begriffe Kap. 1
Sheriff: in engl. und irischen Städten bis ins 19. Jh. oberster Polizei-Chef. Meist war er ein angesehenes Mitglied des städtischen Rates und kümmerte sich um Gerichtswesen, Strafvollzug und die ordnungsgemäße Abhaltung von Wahlen.
Sklaven → Begriffe Kap. 1
sondieren: vorsichtig erkunden, ausforschen, vorfühlen.
Sonnenflecken: dunkle Flecken in der Photosphäre der Sonne, die durch starke Magnetfelder entstehen und auffällige Zeichen eines elfjährigen Zyklus der Sonnenaktivität sind.
Souveränität → Begriffe Kap. 3
Sozialdarwinismus → Begriffe Kap. 8
Soziale Frage → Begriffe Kap. 6
Sozialimperialismus → Begriffe Kap. 9
Sozialismus → Begriffe Kap. 6
Sozialprodukt → Begriffe Kap. 6
Splendid isolation → Begriffe Kap. 9
Staatenbund → Begriffe Kap. 8
staatliche Hoheitsrechte: sollen dem Staat die Ausübung seiner Autorität ermöglichen; zu ihnen gehören Rechtsetzungs-, Polizei- und Finanzgewalt sowie Wehrhoheit und Gerichtsbarkeit.
Staatsräson → Begriffe Kap. 3
Stände → Begriffe Kap. 1 und 3
Status quo: gegenwärtiger Zustand.
Stehende Heere → Begriffe Kap. 3
Stellvertreterkrieg: Bez. für einen Krieg, in dem über regionale oder nationale Motive hinaus weltpolitische Gegensätze oder die Auseinandersetzungen zweier oder mehrerer Großmächte ausgefochten werden. Ein Stellvertreterkrieg findet in einem dritten, oft weniger mächtigen Land statt (z. B. Spanische Bürgerkriege 1834–1839).
Stereotyp → Begriffe Kap. 9
Stratege (griech. *stratos* = Heer, *agein* = führen): im antiken Griechenland Heer- oder Flottenführer, später auch hoher Beamter mit Befugnissen in Verwaltung und Finanzwesen. Seit Kleisthenes (Ende 6. Jh. v. Chr.) wurden jährlich zehn Strategen gewählt, die abwechselnd den militärischen Oberbefehl innehatten; einziges Amt, das nach den Reformen des Ephialtes 462/61 v. Chr. nicht durch Losverfahren, sondern durch Wahl vergeben wurde; Strategen konnten unbegrenzt wiedergewählt werden.
Struktur (lat. *struere* = zusammenfügen): im konkreten Sinn der äußere Aufbau oder die Gliederung einer Funktionseinheit (z. B. Staat, Gesellschaft); im abstrakten Sinn bez. der Begriff das Zusammenspiel verschiedener Regeln, Normen und Vorstellungen einer Kultur, die das Denken und Handeln von Personen und Gruppen beeinflussen oder gar bestimmen.
Sturm und Drang: Bez. für eine geistig-literarische Bewegung in Deutschland im späten 18. Jh; typisch sind Genie- und Naturbegriff, Wirkung der Volkspoesie, Wertschätzung des Primitiven, Opposition gegen herrschende Verhältnisse und lat. Bildungstradition, Auflösung von Verhaltenskonventionen.
Subsistenzwirtschaft: landwirtschaftliche Wirtschaftsform, die ganz oder überwiegend für die Selbstversorgung produziert.
Suspendierung (lat. *suspendere* = aufhängen, in der Schwebe lassen): zeitweilige Entlassung vom Dienst, vorübergehende Befreiung von einer Pflicht.
Synonym (griech. *synonymos* = von gleichem Namen, von gleicher Bedeutung): Wort, das mit einem oder mehreren anderen

Worten derselben Sprache bedeutungsgleich oder sinnverwandt ist.

Taille: Kopfsteuer, die die frz. Stände seit 1439 jährlich an ihren König zu zahlen hatten. Adel und Klerus waren von dieser Abgabe befreit.
Take-off → Begriffe Kap. 6
Technokrat (griech. *techne* = Kunstfertigkeit, *kratein* = herrschen): Person, die technischen und wirtschaftlichen Fortschritt über politische und menschliche Aspekte stellt.
Technologie: Gegenüber dem Begriff der Technik (Bezeichnung für konstruktives Schaffen von Erzeugnissen, Vorrichtungen und Verfahren unter Benutzung von Stoffen und Kräften der Natur und unter Berücksichtigung von Naturgesetzen) ist der Technologie-Begriff weiter gefasst: Er bezeichnet die Lehre von der Entwicklung der Technik in ihren gesellschaftlichen Zusammenhängen.
Territorialstaat → Begriffe Kap. 2
Tetrarchen (griech. *tetra* = vier, *archein* = herrschen): aus der griech. Antike stammender Begriff für Viererherrschaft. Im alten Rom bezeichnete er das Regierungssystem Diokletians, wo jeweils zwei Kaiser (Augusti) und zwei Unterregenten (Caesares) gemeinsam herrschten.
Theten: Bez. für die grundbesitzlose, unterste Gesellschaftsklasse freier Bürger im antiken Athen. Die Theten waren meist Lohn- oder Landarbeiter, später auch Handwerker. Sie gewannen unter Themistokles (um 525–460 v.Chr.) als Ruderer und Deckoffiziere der griech. Flotte innenpolitische Bedeutung.
Transformation (lat. *transformare* = umformen): Umwandlung, Veränderung, Entwicklung.
transzendental (lat. *transcendere* = überschreiten): die sinnliche Wahrnehmung überschreitend, übernatürlich, göttlich.
Tyrannis (griech. *tyrannos* = Alleinherrscher): seit der Antike die Gewaltherrschaft, die sich nicht an Gesetze hält; Folgen sind in der Regel Zwang und Unterdrückung.

universell (lat. *universus* = ganz, weltweit): umfassend, allgemeingültig, ganzheitlich.
Unternehmer → Begriffe Kap. 6
Urbare (Lagerbücher): Bez. für Güter- und Abgabenverzeichnisse aus dem Mittelalter, in denen Rechte und Einkünfte des Grundherrn festgehalten wurden. Sie sind wichtige Quellen für die Rechts-, Wirtschafts- und Sozialgeschichte des Mittelalters.
Usurpation (lat. *usurpare* = Besitz ergreifen): widerrechtliche Besitz- oder Machtergreifung.
Utopie → Begriffe Kap. 5

Vakuum (lat. *vacuus* = leer, frei): wörtlich „materialfreier, luftleerer" Raum. Im übertragenen Sinn ein von konkreten Vorstellungen oder Organisationsformen freier Raum.
Vasall → Begriffe Kap. 2
Verfassung → Begriffe Kap. 7
Verlag: bereits im 14. Jh. entstandene Form des zunftfreien, großen, aber dezentralisierten Gewerbebetriebs (vor allem im Textilbereich). Heimarbeiter produzieren dabei Waren für einen selbstständigen Unternehmer (Verleger), der ihnen Rohstoffe und Arbeitsgeräte „vorlegt" und die Abnahme der Produkte garantiert. Mit Arbeitsteilung und Lohnarbeit gilt der Verlag als Vorläufer industrieller und frühkapitalistischer Produktionsweisen.
Veto (lat. *veto* = ich verbiete): Einspruch, Einspruchsrecht.
Vikar (lat. *vicarius* = stellvertretend): in der röm. Antike Stellvertreter eines Beamten oder Offiziers, der Aufgaben im Gerichts- und Steuerwesen oder in der Verwaltung übernahm. Als Leiter eines Verwaltungsbezirkes (Diözese) wurde er vom Kaiser ernannt. In der katholischen Kirche gilt der Papst als „vicarius Christi", d. h. als Stellvertreter Christi auf Erden.
Volk → Begriffe Kap. 8
Volkssouveränität → Begriffe Kap. 5
Volksversammlung → Begriffe Kap. 1
Vormärz: Bez. für die Geschichtsperiode zwischen Wiener Kongress (1814/15) und Märzrevolution in Deutschland (1848/49), in der die nationalen und liberalen Kräfte gegen staatliche Zwangsmaßnahmen kämpften und die Revolution mit herbeiführten.

Wahlrecht → Begriffe Kap. 7
Weistum: Aufzeichnung oder mündliche Überlieferung von Gewohnheitsrechten, besonders häufig im bäuerlichen Bereich des 15. und 16. Jh.

Zehnt: regelmäßige Naturalabgabe an die Kirche, die ursprünglich ein Zehntel des landwirtschaftlichen Ertrages betrug.
zentrifugal (lat. *centrum* = Mittelpunkt, *fugere* = fliehen): vom Mittelpunkt wegstrebend, mehrere Schwerpunkte bildend, sich auflösend.
Zenturie: militärische und politische Einteilung der röm. Bürgerschaft in der Antike. Ursprünglich nur als militärische Einheit gedacht, bildete sie später die Grundlage für die Wahlordnung der Zenturiatskomitien und teilte die Bevölkerung nach Vermögensklassen ein.
Zionismus → Begriffe Kap. 8
Zivilisation → Begriffe Kap. 4
Zölibat: Ehelosigkeit und sexuelle Enthaltsamkeit von Priestern und Mönchen. Seit dem Mittelalter wird es bei Amtsträgern der katholischen Kirche vorausgesetzt und soll deren volle Hingabe an Gott und die Kirche ermöglichen.
Zunft → Begriffe Kap. 2
Zweibund → Begriffe Kap. 9

Anregungen für thematische Längsschnitte

Erläuterungen		
	Darstellung:	kürzerer darstellender Text
	Arbeitsteil:	geschlossene Materialsammlung
	M (plus Zahl):	einzelne Materialien aus den Arbeitsteilen
	Kapitelkurs:	geschlossenes Kapitel
	Methodenteil:	Methodenarbeitsteil (geschlossen oder Einzelabschnitte)
	Tabelle, Karte etc.:	einzelne Materialien aus Darstellungen, Essays, Grundinformationen

1. Grundformen menschlicher Existenz: Familie und Arbeit

Antike	Patria Potestas und die politische Funktion der Familie in Rom	26 – 27	Darstellung
	Frau, Familie und Gesellschaft in der Antike	44 – 48	Arbeitsteil
Mittelalter	Grundherren, Bauern und Grundherrschaft	64 – 65	Darstellung
	Ländliche Gesellschaft und Wirtschaft seit dem 11. Jh.	70 – 72	Darstellung
	Wirtschaft und Gesellschaft in der Stadt	72 – 73	Darstellung
	Die Krise am Ausgang des Mittelalters	74 – 76	Darstellung
	Zünfte	100 – 101	M 2 – M 5
	Frauenarbeit – Männerarbeit	93	M 4, M 5
	Frauenarbeit in der Stadt	94	M 6 – M 9
	Frau und Mann in der Familie	95	M 10 – M 12
	Einzelmaterialien	87 – 90	M 5, M 13, M 14
		98	M 6
Frühe Neuzeit	Familie	166 – 168	Darstellung
	Wirtschaftsformen	171 – 173	Darstellung
	Das tägliche Leben	177 – 183	Darstellung
	Einzelmaterialien	188 – 189	M 2, M 3
		246 – 247	M 3, M 4, M 6
19. Jahrhundert	Gesellschaftlicher Strukturwandel	275 – 276	Darstellung
	Geschlechterverhältnisse in Familie und Gesellschaft	283 – 284	Darstellung
	Männerarbeit – Frauenarbeit	292 – 295	Arbeitsteil
	Familienbilder des Biedermeier	453 – 454	Methodenteil
	Einzelmaterialien	288 – 291	M 6, M 8 – M 12
		298 – 299	M 4 – M 7

2. Krieg und Frieden

Antike	Kampf- und Feindbilder in der Antike	54 – 57	Essay
Mittelalter	Kreuzzugsbewegung	79	Darstellung
	Einzelmaterialien	71	Abbildung
		87	M 6, M 7
		96	M 1
Frühe Neuzeit	Souveränität und Gewaltmonopol, Diplomatie und Kriegswesen	114 – 115	Darstellung
	Das Heerwesen	122	Darstellung
	Adelsaufstände und Volksaufstände im Absolutismus	126 – 127	Darstellung
	Das europäische Ausgreifen nach Übersee: Der Kolonialismus	127	Darstellung
	Der Westfälische Frieden (1648)	128	Darstellung
	Der Nordische Krieg (1701–1721)	130	Darstellung
	Der Siebenjährige Krieg (1756–1763)	135 – 136	Darstellung
	Die Bürgerkriege in England (1642–1648)	215 – 216	Darstellung
	Der amerikanische Unabhängigkeitskrieg	219 – 220	Darstellung
	Krieg in der Französischen Revolution	222	Darstellung
	Einzelmaterialien	111	Tabelle

19. Jahrhundert	Die deutschen Befreiungskriege	361 – 362	Darstellung
	Kriegsdenkmäler	389 – 392	M 1 – M 3, M 7 – M 9
	1848: Wandel ohne Krieg?	406	Darstellung
	Der Krimkrieg (1854–1856)	406 – 407	Darstellung
	Kriegerische Nationalstaatsgründungen zwischen 1859 und 1871	407 – 408	Darstellung
	Der Imperialismus	413	Darstellung
	Internationale Friedensbewegung	415	Darstellung
	Der Weg in den Ersten Weltkrieg	415 – 416	Darstellung
	Der Indische Aufstand – Reform und Rebellion	433	M 6, M 7
	Der Kampf für die indische Unabhängigkeit	434 – 435	M 10, M 11
	Der Imperialismus: Theorien – Erklärungen – Kritik	436 – 439	Arbeitsteil
	Einzelmaterialien	389	M 1 – M 3
		398 – 399	Karte, Tabellen
		422	M 10
		424 – 427	M 1, M 8, M 9

3. Mensch und Natur

Mittelalter	Die Krise am Ausgang des Mittelalters	74 – 75	Darstellung
	Einzelmaterialien	96 – 99	M 1, M 2, M 8
Frühe Neuzeit	Geburt, Heirat, Hunger, Seuchen, Tod	164 – 166	Darstellung
	Siedlung	169 – 171	Darstellung
	Die Bewältigung von Zeit und Raum im 17. und 18. Jh.	183 – 184	Darstellung
	Gestaltete Natur: Park und Landschaft im 18. Jh.	200 – 203	Arbeitsteil
19. Jahrhundert	Naturaneignung und Umweltzerstörung	280 – 282	Darstellung
	Eisenbahnreise, Fabrik und Landschaft	296 – 297	M 1 – M 3
	Einzelmaterialien	287	M 3, M 4

4. Bevölkerungsentwicklung, Siedlungsweise, Umwelt

Mittelalter	Bevölkerung und Siedlung seit dem 11. Jh.	70	Darstellung
	Ländliche Gesellschaft und Wirtschaft	70 – 72	Darstellung
	Wirtschaft und Gesellschaft in der Stadt	72 – 73	Darstellung
	Die Krise am Ausgang des Mittelalters	74 – 76	Darstellung
	Einzelmaterialien	61	Grafiken
		86	M 1, M 2
		96 – 98	M 1, M 2, M 8
Frühe Neuzeit	Bevölkerung	164 – 166	Darstellung
	Siedlung	169 – 171	Darstellung
	Einzelmaterialien	147	M 6
		161	Grafik
		188 – 189	M 1, M 3
19. Jahrhundert	Bevölkerungswachstum	271 – 272	Darstellung
	Verstädterung und Mobilität, „Natürliches“ Bevölkerungswachstum	275 – 276	Darstellung
	Naturaneignung und Umweltzerstörung	280 – 282	Darstellung
	Fabrik und Landschaft	297	M 2, M 3
	Einzelmaterialien	265 – 266	Karte, Grafik
		286 – 289	M 3, M 4, M 7

Siehe auch Längsschnitt 17: Entwicklung von Stadt und Stadtgesellschaft

5. Freiheit und Unfreiheit im Wandel

6. Das alltägliche Leben

Siehe auch Längsschnitt 1: Grundformen menschlicher Existenz: Familie und Arbeit
Siehe auch Längsschnitt 7: Frauen- und Geschlechtergeschichte

7. Frauen- und Geschlechtergeschichte

8. Religion und Kirche

Siehe auch Längsschnitt 22: Zur jüdischen Geschichte

9. Bildung und Wissenschaft

Frühe Neuzeit	Frauen in der Literatur	169	Darstellung
	Die Bewältigung von Zeit und Raum im 17. und 18. Jh.	183 – 184	Darstellung
	Wandlungen im Wissen und Denken im 17. und 18. Jh. (Aufklärung)	184 – 187	Darstellung
	Erziehung als Programm der Aufklärung	192 – 195	Arbeitsteil
	Zur Lesesucht zwischen Aufklärung und Revolution	204 – 207	Essay
	Kultureller Wandel und frühneuzeitliche Revolutionen	227	Darstellung
	Einzelmaterialien	163	Grafiken
		190 – 191	M 6, M 7

10. Menschenbilder im Wandel

Antike	Kultur in der Antike – Menschenbild und Kunst	49 – 53	Arbeitsteil
Mittelalter	Frauenbilder	93	M 3
	Menschenbilder	96 – 97	M 3, M 4
	Ein neues Menschenbild in der Renaissance	85	Darstellung
Frühe Neuzeit	Die europäische Aufklärungsbewegung im 18. Jh.	186 – 187	Darstellung
	Erziehung als Programm der Aufklärung	192 – 195	Arbeitsteil
	Utopie des neuen Menschen und frühneuzeitliche Revolutionen	229 – 230	Darstellung
	Einzelmaterialien	190	M 6
		238 – 240	M 3 – M 5
		242 – 243	M 1, M 4

11. Zur Geschichte der politischen Partizipation

Antike	Die attische Demokratie	18 – 23	Darstellung
	„Senat und Volk von Rom“: Herrschaft in der Römischen Republik	23 – 28	Darstellung
	Basismaterialien	38 – 42	Arbeitsteil
	Einzelmaterialien	17	Grafiken
Mittelalter	Wandel der Gesellschaftsstruktur in der Stadt	72 – 73	Darstellung
Frühe Neuzeit	Ständisch-korporative Gesellschaft und Fürstenherrschaft	115 – 118	Darstellung
	Opposition gegen den Absolutismus	126 – 127	Darstellung
	Nichtabsolutistische Staaten in Europa	131 – 132	Darstellung
	Abkehr von der absoluten Monarchie im 18. Jh.	133 – 134	Darstellung
	Die Republik der Vereinigten Niederlande im 17. Jh.	145 – 148	Arbeitsteil
	Die Revolutionen der frühen Neuzeit: England, Amerika, Frankreich	208 – 261	Kapitelkurs
19. Jahrhundert	Parlamentarisierung und Demokratisierung im 19. Jh.	308 – 349	Kapitelkurs

12. Soziale Gleichheit – soziale Ungleichheit

Antike	Bedingungen und Kosten des demokratischen Systems in Athen	19 – 21	Darstellung
	Bedingungen und Grenzen des römisch-republikanischen Systems	26 – 28	Darstellung
Mittelalter	Grundherren, Bauern und Grundherrschaft	64 – 65	Darstellung
	Die Grundlagen der politischen Herrschaft und das Lehnswesen	65 – 66	Darstellung
	Ländliche Gesellschaft und Wirtschaft	70 – 72	Darstellung
	Wirtschaft und Gesellschaft in der Stadt	72 – 73	Darstellung
	Einzelmaterialien	86 – 91	M 3 – M 9, M 13, M 14
Frühe Neuzeit	Die soziale Ordnung	173 – 176	Darstellung
	Die Aufhebung der Feudalrechte in der Französischen Revolution	221 – 222	Darstellung
	Revolution der Bauern und städtischen Unterschichten in Frankreich	246 – 249	Arbeitsteil
	Einzelmaterialien	145 – 147	M 3 – M 5
		150 – 151	M 4, M 5
		188	M 2
		238 – 240	M 3 – M 5
		243	M 4

13. Revolutionen von der frühen Neuzeit bis zur Gegenwart

14. Staat und Herrschaft in der Geschichte

15. Verlaufsformen säkularer Krisen

Antike	Der Wandel von Herrschaft, Macht und Religion in der Spätantike	31 – 37	Darstellung
Mittelalter	Die Krise am Ausgang des Mittelalters	74 – 76	Darstellung
	Einzelmaterialien	61	Grafiken
		86	M 2
		99	M 8
Frühe Neuzeit	Hunger, Seuchen, Tod	165 – 166	Darstellung
	Die Kartoffel – die Karriere einer Knolle	179	Darstellung
	Einzelmaterialien	161	Grafiken
19. Jahrhundert	Die Herausbildung des Industriekapitalismus im 19. Jh.	262 – 307	Kapitelkurs

Siehe auch Längsschnitt 13: Revolutionen von der frühen Neuzeit bis zur Gegenwart

16. Wirtschaftsformen und Wirtschaftssysteme im Wandel

Mittelalter	Grundherren, Bauern und Grundherrschaft	64 – 65	Darstellung
	Ländliche Gesellschaft und Wirtschaft seit dem 11. Jh.	70 – 72	Darstellung
	Wirtschaft und Gesellschaft in der Stadt	72 – 73	Darstellung
	Aufschwung der Zünfte	75	Darstellung
	Beginn des Frühkapitalismus	75 – 76	Darstellung
	Frauenarbeit – Männerarbeit	93	M 4, M 5
	Frauenarbeit in der Stadt	94	M 6 – M 9
	Zünfte	100 – 101	M 2 – M 5
	Frühkapitalismus	97 – 99	M 6 – M 10
	Einzelmaterialien	63	Karte
Frühe Neuzeit	Staatsfinanzen und Gesellschaft im Absolutismus	122 – 125	Darstellung
	Merkantilismus	125 – 126	Darstellung
	Wirtschaftsformen	171 – 173	Darstellung
	Einzelmaterialien	203	M 8
		189 – 191	M 4 – M 6
19. Jahrhundert	Die Herausbildung des Industriekapitalismus im 19. Jh.	262 – 307	Kapitelkurs
	Einzelmaterialien	423	M 11

17. Entwicklung von Stadt und Stadtgesellschaft

Antike	Die Funktion der Städte im Imperium Romanum	28 – 29	Darstellung
Mittelalter	Wirtschaft und Gesellschaft in der Stadt	72 – 74	Darstellung
	Die Städte überwinden die spätmittelalterliche Krise	75 – 76	Darstellung
	Frauen in der Stadt	94	M 6 – M 9
	Städtisches Leben im Mittelalter	100 – 103	Arbeitsteil
	Einzelmaterialien	61	Grafik
		90 – 91	M 15, M 16
Frühe Neuzeit	Die Stadt	170 – 171	Darstellung
	Von der bürgerlichen Gesellschaft zur Bürgergesellschaft	258 – 261	Essay
19. Jahrhundert	Verstädterung und Mobilität	275 – 276	Darstellung
	„Architektur erzählt Geschichte“: Kommunalbauten	459 – 460	Methodenteil

18. Europa als Traditionsraum

Antike	Antike und moderne Demokratie	22 – 23	Darstellung
	Das Römische Reich damals und die Europäische Einigung heute	29	Darstellung

19. Zur Geschichte der europäischen Moderne und der westlichen Zivilisation

20. Entwicklung zwischenstaatlicher Beziehungen

21. Kolonialismus, Imperialismus, Dekolonisierung

Siehe auch Längsschnitt 29: Zur Geschichte Indiens

22. Zur jüdischen Geschichte

23. Zur Geschichte Englands

Siehe auch Längsschnitt 29: Zur Geschichte Indiens

24. Zur Geschichte Frankreichs

25. Zur Geschichte Deutschlands

	Einzelmaterialien	61 – 63	Grafik, Karten
		68	Karte
		74	Karte
		96 – 98	M 1–M 6
Frühe Neuzeit	Ständisch-korporative Gesellschaft und Fürstenherrschaft: Das Kurfürstentum Brandenburg	115 – 118	Darstellung
	Reformation, Obrigkeit bei Luther und Calvin, Konfessionalisierung	118 – 120	Darstellung
	Der Aufstieg Brandenburgs	130	Darstellung
	Aufgeklärter Absolutismus: Preußen	134	Darstellung
	Der Siebenjährige Krieg (1756–1763)	135 – 136	Darstellung
	Martin Luther, die Reformation und die deutsche Geschichte	154 – 157	Essay
	Basismaterialien zum frühneuzeitlichen Staat	137 – 140	Arbeitsteil
	Basismaterialien zur frühneuzeitlichen Zivilisation	188 – 191	Arbeitsteil
	Erziehung als Programm der Aufklärung	192 – 195	Arbeitsteil
	Moses Mendelssohn	196 – 199	Arbeitsteil
	Gestaltete Natur: Park und Landschaft im 18. Jh.	200 – 203	Arbeitsteil
	Die Französische Revolution in Deutschland	250 – 253	Arbeitsteil
	„Architektur erzählt Geschichte": Rathäuser	459 – 460	Methodenteil
	Einzelmaterialien	111 – 112	Tabelle, Karte
		129	Karte
		135	Karte
		161 – 163	Grafiken, Tabellen
		210	Karte
19. Jahrhundert	Die Herausbildung des Industriekapitalismus im 19. Jh. (Schwerpunkt Deutschland im Vergleich mit England)	262 – 307	Kapitelkurs
	Parlament und Wahlen im 19. Jh.: Ein internationaler Vergleich	323 – 326	Darstellung
	Der Eintritt der Massen in die Politik	333 – 334	M 1 – M 3
	Die preußischen Wahlrechtsdemonstrationen	336	M 8 – M 11
	Deutsche Geschichte im 19. und 20. Jh. – ein „Sonderweg" in Europa?	342 – 345	Arbeitsteil
	Einzelmaterialien zur Parlamentarisierung	311 – 313	Karten, Grafiken
		337 – 341	M 1 – M 5, M 10
		452	Abbildung
	Nationalismus und Nationalstaatsbildung im 19. Jh. (Schwerpunkt Deutschland)	351 – 395	Kapitelkurs
	Probleme des Friedens in der Bismarck-Ära	410 – 412	Darstellung
	Der „Neue Kurs" im Deutschen Reich, Weltpolitik und Flottenrüstung	414	Darstellung
	Internationale Kommunikation und Friedensbewegung	415	Darstellung
	Der Weg in den Ersten Weltkrieg	415 – 416	Darstellung
	Bismarck und die deutsche Außenpolitik	440 – 443	Essay
	Einzelmaterialien zur Internationalen Politik	398 – 400	Karten, Tabellen
		405	Karte
		418 – 423	M 2, M 4, M 9 – M 11
		424 – 426	M 1, M 2, M 6 – M 8

26. Zur Geschichte Polens

Mittelalter	Einzelmaterialien	62 – 63	Karten
		68	Karten
		74	Karte
Frühe Neuzeit	Einzelmaterialien	112	Karte
		119	Karte
19. Jahrhundert	Europäische Nationalbewegungen bis 1870: Polen	358 – 359	Darstellung
	Die polnische Nation in der Teilungszeit	381 – 384	Arbeitsteil
	Einzelmaterialien	311 – 313	Karten
		355	Karte
		424	Karte

27. Zur Geschichte Russlands und der UdSSR

28. Zur Geschichte der USA

29. Zur Geschichte Indiens

30. Umgang mit Geschichte

Sach- und Personenregister

Fettgedruckte Zahlen verweisen auf Erläuterungen in den Grundinformationen und im Lexikon.

Bildquellen: aus Erika Uitz, Die Frau in der mittelalterlichen Stadt, Stuttgart (Verlag Dr. Bernhard Abend) 1988, S. 95: 105; aus Aspekte der Gründerzeit, hg. von der Akademie der Künste, Berlin 1974, S. 174: 294; Archiv für Kunst und Geschichte, Berlin: 411, 426, 450; Arte e immagini, Florenz: 84; Artotek, Peissenberg: 184; Archiv der Staatlichen Schlösser und Gärten Wörlitz: 202 (o) (u); Bayer-Archiv, Leverkusen: 297 (u); Bayerische Hypotheken- und Wechselbank, München: 460; aus Richard van Dülmen, Kultur und Alltag in der Frühen Neuzeit, Bd. 2, München (Beck) 1992, S. 215: 191; aus Einladung ins 18. Jahrhundert. Ein Almanach aus dem Verlag C. H. Beck, München (Beck) 1988, S. 80: 207; Berlin Museum, Berlin: 194 (li) (re); Bibliothèque Nationale, Paris: 72, 228, 247, 421; Biblioteca Apostolica Vaticana, Rom: 78; Bildarchiv Preußischer Kulturbesitz, Berlin: 12, 52 (re), 67, 140, 198, 199, 324, 325, 389; Bridgeman Art Library, London: 317; aus Asa Briggs, Iron Bridge to Crystal Palace. Impact and Images of the Industrial Revolution, London 1979, S. 162: 287; British Library, London: 73, 122; Bundesarchiv Koblenz: 365; aus Wilhelm Stöckle, Deutsche Ansichten. 100 Jahre Zeitgeschichte auf Postkarten, München (dtv) 1982, S. 17: 368; Deutsches Museum, München: 165; aus Die Große Französische Revolution. 1789–1795. Illustrierte Geschichte, Berlin (Dietz) 1989, S. 444: 308; aus Das Sozialistengesetz 1878–1890, hg. vom Zentralinstitut der Geschichte der Akademie der Wissenschaften der DDR, Berlin (Dietz) 1980,S.48:290; Edimedia, Paris: 106; Frankenwaldmuseum, Festung Rosenberg, Kronach: 350; Galleria Sabauda, Turin: 138; Germanisches Nationalmuseum, Nürnberg: 158, 252, 442; Giraudon, Paris: 30, 172, 200, 245, 453 (li); aus Ferdinand Seibt, Glanz und Elend des Mittelalters, Berlin (Goldmann) 1987, S. 155: 71; Goethe-Museum Düsseldorf, Kippenberg-Stiftung: 208; Hallisch-Fränkisches Museum in der Keckenburg, Schwäbisch-Hall: 234; aus Leselust. Niederländische Malerei von Rembrandt bis Vermeer, hg. von Sabine Schulze, Stuttgart (Verlag Gerd Hatje) 1993, S. 221: 148; aus Eduard Fuchs, Die Karikatur der europäischen Völker vom Jahre 1848 bis zur Gegenwart, Berlin o. J. (1903), S. 480: 328; aus Werner Fuchs, Die Skulptur der Griechen, 2. Aufl., München (Hirmer) 1979, S. 155 und 222: 52 (mi), 53 (li); Franz Hafner, Berlin: 305; aus Die Chronik der Frauen, hg. von Annette Kuhn, Dortmund (Harenberg) 1992, S. 408 und 387: 332,346; Historisches Museum Frankfurt/M.: 295; aus Fritz J. Raddatz (Hg.), Zeitmuseum der 100 Bilder, Frankfurt/M. (Insel-Taschenbuch) 1989, S. 21: 51; Jönköpings läns museum, Jönköping: 363; Joods Historisch Museum, Amsterdam: 175; Christine Keitz, Berlin: 33; aus Lars U. Scholl, Der Industriemaler Otto Bollhagen. 1861–1924, Herford (Koehler Verlagsgesellschaft) 1992, S. 69: 299 (u); Krauss-Maffei AG, München: 262, 274 (li) (re); Kunsthistorisches Museum Wien: 56; Kupferstichkabinett der Kunstsammlungen Veste Coburg, Coburg: 242; Landesbibliothek Eutin: 151; Landesbildstelle Berlin: 334; Lutherhalle, Wittenberg: 156; Märkisches Museum, Berlin: 441; MAN Gutehoffnungshütte AG, Oberhausen-Sterkrade: 298 (o); Musée Carnavalet, Paris: 249; Musée du Louvre, Paris: 452; Musée Picasso, Paris: 53 (re); Österreichische Nationalbibliothek, Wien: 58; Musées royaux des Beaux-Arts de Belgique, Brüssel: 230; Museo del Risorgimento, Florenz: 393; Museo Nacional del Prado, Madrid: 108, 225; Museum für angewandte Kulturgeschichte der Stadt Dortmund, Dortmund, Schloss Kappenberg: 181; National Gallery of Canada, Ottawa: 219; National Gallery London: 296; Niederösterreichisches Landesmuseum, Wien: 378; Niedersächsisches Freilichtmuseum, Cloppenburg: 167, 179; Niedersächsische Landesbibliothek, Hannover: 94; Niedersächsisches Staatsarchiv, Oldenburg: 206; Österreichisches Landesmuseum für angewandte Kunst, Wien: 402; Österreichische Nationalbibliothek Wien: 56; aus Hildegard von Bingen, Welt und Mensch. Das Buch „De operatione Dei", übers. und erl. von Heinrich Schipperges, Salzburg (Otto Müller Verlag) 1965, S. 64: 97; Parkdirektion Schloss- und Landschaftsgarten zu Machern: 201; Christoph Prignitz, Oldenburg: 196; aus Propyläen Weltgeschichte, Bd. 7, hg. von Golo Mann und August Nitschke, Berlin u. a. (Propyläen) 1991, S. 108: 117; Rheinisches Bildarchiv, Köln: 454; Sammlung G. Böhmer, München: 409; Scala, Istituto Fotografico, Florenz: 91; Volker Schadach, Goslar: 366, 459; Ernst Schmacke, Hamburg: 279, 297 (o), 298 (u), 299 (o); Schwedisches Nationalmuseum, Stockholm: 155; Staatliche Kunstsammlungen Weimar: 260; Staatliche Münzsammlung, München: 36; Staatsbibliothek München: 451; Staats- und Universitätsbibliothek Hamburg, Handschriftensammlung: 204; Stadtmuseum St. Pölten: 133; Stadt- und Universitätsbibliothek Frankfurt/M.: Umschlagbild, 396, 456; Stiftung Schlösser und Gärten Potsdam-Sanssouci, Potsdam: 453 (re); Stiftung Weimarer Klassik, Weimar: 390; Süddeutscher Verlag, Bilderdienst: 326; aus Christopher Wilson, The Gotic Cathedral. The Architecture of the Great Church 1130-1530, London (Thames and Hudson) 1992, S. 98: 458; Topham Picture Library, London: 347; Universitätsbibliothek Heidelberg: 88; Vatikanische Museen, Rom: 35, 55, 449; Verband Deutscher Verkehrsunternehmen, Köln: 11; Verkehrsamt der Stadt Rüdesheim: 392; Victoria and Albert Museum, London: 432; Wolf Jobst Siedler Verlag GmbH, Berlin: 281.